JN422119

크라스키노 발해성

- 발굴 40년의 성과 -

Kraskino Balhae Fortress :
40 Years of Excavation Accomplishments

일러두기

- 이 책은 2019년도 동북아역사재단 기획연구 수행 결과물임(NAHF-2019-기획연구-17).

- 유구와 유물 도면은 발굴조사보고서의 것을 모두 포함하지는 못하였다. 발굴조사보고서의 도면을 쉽게 찾을 수 있도록 발굴조사보고서 도면번호를 (도면 2014-733, 3) 혹은 토기의 경우 (2014-도591, 1)과 같이 발굴조사 연도를 표기하여 함께 수록하였다.

- 유물 도면의 축척은 발굴조사보고서의 것을 그대로 남겨 두었다. 그것은 축척과 발굴조사보고서에 기재된 크기가 서로 다른 경우가 종종 확인되어 축척을 통일할 경우 인위적 오류의 가능성이 있기 때문이다. 다만 축척과 기재된 크기가 불일치한 것이 명백한 경우에는 축척을 수정하였다. 그리고 동일 도면번호 안에 있는 것들은 축척을 비슷한 크기로 맞추었다.

- 러시아어 알파벳과 아라비아 숫자로 된 방안 표시에서 러시아어 알파벳은 다음과 같이 음역하여 표기하였다: А(아), Б(베), В(붸), Г(게), Д(데), Е(예), Ж(줴), З(제), И(이), К(까), Л(엘), М(엠), Н(엔), О(오), П(뻬), Р(에르), С(에쓰), Т(떼), У(우), Ф(에프), Х(하), Ц(쯔), Ч(치), Ш(쉬), Щ(쉐), Э(에), Ю(유), Я(야).

크라스키노 발해성

- 발굴 40년의 성과 -

Kraskino Balhae Fortress :
40 Years of Excavation Accomplishments

김은국 · 정석배 지음

책머리에

크라스키노성은 러시아 연해주 하산 지구 크라스키노 마을 남서쪽 가까이의 동해 엑스뻬디찌야만 바닷가 들판에 위치한다. 남서쪽으로 두만강의 가장 가까운 부분과는 직선거리로 21.5㎞, 서서북쪽으로 발해 동경용원부의 치소이자 발해 동경성이었던 훈춘의 팔련성과는 43㎞ 각각 떨어져 있다. 성의 동쪽에서 쭈까노브까강이 북쪽에서 남쪽으로 흘러 바다로 들어가는데 크라스키노성의 남문지에서 이 강의 하구까지는 870m 거리이다.

크라스키노성은 평면 모양이 오각형에 가깝다. 동벽, 남벽, 서벽에 문지가 있는데 모두 옹성이 시설되어 있다. 외견상 치나 각루 등의 흔적이 보이지 않지만 동벽의 동문지 남쪽 가까이에서 치가 하나 발굴되었다. 성벽은 토심석축이다. 성벽의 둘레는 1,380m이다.

오늘날 크라스키노성은 발해 동경용원부 염주의 치소이자 발해 일본도의 출항지로 인식되고 있다. 『신당서』「발해전」에 의하면 발해에는 5개의 주요 교역-교통로가 있었는데 일본도, 신라도, 조공도, 영주도, 거란도가 바로 그것이다(龍原東南濱海 日本道也, 南海 新羅道也, 鴨淥朝貢道也, 長嶺 營州道也, 扶餘 契丹道也). 물론 발해에는 이 외에도 담비길 등 다수의 대외 교통로가 더 있었다.

1980년부터 시작된 이 유적의 발굴조사에서 쌍봉낙타의 뼈, 청동 쌍봉낙타상, 금박구슬, 화병모양 거란토기 등과 같은 서역-북방과 관련된 유물들과 함께 해로를 통해 신라와도 교류하였음을 보여 주는 편병, 발해의 놀이문화가 서쪽으로 위구르에서도 공유되었음을 보여 주는 고누판 등과 같은 유물이 출토되었다. 또한 당과의 교역을 보여 주는 자기들이 깨어진 편 상태이기는 하나 적지 않게 출토되었다. 이 유적에서 출토된 쌍봉낙타의 뼈와 청동으로 만든 쌍봉낙타상은 크라스키노성이 육로와 해로의 연결거점이었음을 보여 주는 결정적인 증거라고 할 수 있다.

크라스키노성에서 출토된 이 유물들은 발해의 활발했던 대외교류에 대해서도 증명하고 있다. 이 유적에서 출토된 서역-북방, 당, 통일신라 관련 유물들은 크라스키노성이 육로와 해로의 연결거점이었음을 잘 보여 주고 있다. 낙타를 타거나 낙타에 짐을 실은 대상들이 이곳까지 왕래하였고, 발해와 일본의 사절들이 이곳을 지나 상대방의 도성을 왕래하였던 것이다. 다시 말해서 염주성은 발해 육로의 동쪽 끝 지점이었으며, 발해 일본도의 바닷길 시발점이었고, 일본으로 가는 길목이었을 뿐만 아니라 신라로 가는 길목의 역할도 하였다.

크라스키노성 발굴조사는 1980년에 러시아과학원 극동지소 역사학고고학민족학연구소의 V.I.볼딘에 의해 시작되었다. 이 책은 1980~2018년까지의 발굴조사 내용을 담고 있다. 이 기간은 38년의 세월을 포함하고 있지만 실제 발굴조사는 28번에 걸친 여름 발굴 기간에 실시되었다.

1980년, 1981년, 1983년, 1990년, 1994~1995년, 1997~2003년, 2005~2007년에는 V.I.볼딘이, 2008~2018년에는 러시아과학원 극동지소 역사학고고학민족학연구소의 E.I.겔만이 각각 러시아 발굴조사단을 이끌었다. 이 기간 중에 대한민국의 발굴조사단도 크라스키노성 발굴조사에 참여하였다. 1993~1994년에는 대륙연구소, 1998년에는 한국미술사연구소, 2001년과 2002년에는 고구려연구회가 각각 이 유적에서 러시아와 공동으로 발굴조사를 실시하였다. 하지만 대한민국이 장기적인 계획하에 체계적으로 크라스키노성에서 발굴조사를 시작한 것은 2004년부터였다. 2004~2006년에는 고구려연구재단이, 2007~2015년, 2017~2018년에는 동북아역사재단이 각각 이 유적에서 발굴조사를 수행하였다. 한편 일본의 청산학원대학(青山學院大學)에서도 1998년부터 성의 동벽과 동문지 일대에서 간헐적으로 발굴조사를 수행하고 있으며, 2011년에는 중국 길림대학이 성 내 일부 지역에 대해 탐침조사를 실시한 바 있다. 크라스키노성 발굴조사 보고서 목록은 참고문헌에 제시하였다.

그동안 한국에서는 많은 학자들과 학생들이 크라스키노성 발굴조사에 참여하였지만 크라스키노성 발굴조사를 대표하는 한국학자는 김은국이라고 말할 수 있다. 김은국은 1992년에 대륙연구소의 일원으로서 크라스키노성을 방문하였고, 1993년에는 꼬르사꼬브까 절터 및 남우

쑤리스크 성 내 절터의 발굴조사, 그리고 1994년에는 크라스키노성내 사원지 발굴 조사에 참여하였다. 2004~2018년까지는 고구려연구재단과 동북아역사재단의 일원으로서 크라스키노성 발굴조사를 수행하였다. 특히 2007년 이후의 크라스키노성 발굴은 동북아역사재단이 러시아과학원 극동지소 역사학고고학민족학연구소와의 발굴협정을 3년 단위로 체결하고 크라스키노성 발굴을 본 궤도에 올려놓았다. 그와 함께 재단은 김은국 연구위원 총괄하에 국내 발굴단을 구성하였다. 먼저 2007~2010년 발굴은 경희대학교의 강인욱 교수와 김재윤 교수가 재단 발굴단의 공동 책임자로 참여하였다. 2011년부터는 한국전통문화대학교의 정석배 교수가 김은국 연구위원과 함께 크라스키노성 발굴조사의 한국 발굴조사단 공동 책임자로 참여하였다.

이 책은 1980~2018년까지의 발굴조사 내용을 담고 있다. 1980년, 1981년, 1983년, 1990년, 1995년, 1997년, 1999~2003년에 실시한 발굴조사보고서는 모두 러시아어로만 보고서가 발간되었다. 1994년도와 1998년도 그리고 2004년도부터의 발굴조사보고서는 한국어로도 보고서가 발간되었다. 그 외에 일본이 동벽과 동문지 일대에서 실시한 발굴조사에 대한 보고서는 일본어로도 발간되었다. 이로 인해 크라스키노성은 러시아 연해주에서 가장 오랫동안 그리고 가장 체계적으로 발굴조사가 된 발해유적임에도 불구하고 전체적인 발굴조사 성과를 파악하는데 많은 어려움이 있다. 때문에 이미 오래전부터 그동안의 발굴조사 성과를 종합하고 분석한 책이 필요하다는 학계의 의견이 있었다. 크라스키노성 발굴조사는 앞으로도 계속될 것이고 또 새로운 유구와 유물들이 많이 발견될 것이지만, 지금까지의 발굴조사 성과를 종합하는 것도 큰 의미가 있다고 생각된다.

이 책은 2019년도 동북아역사재단 기획연구 결과물로 김은국과 정석배가 집필하였다. 김은국은 집필 총괄과 함께 역사학적인 내용과 일부 유물에 대한 분석 집필을 하였고, 정석배는 고고학적인 내용에 대해 각각 집필하였다. 러시아의 E.I.겔만은 보고서 외 추가로 필요한 자료들을 제공해 주었고 또 집필과정에서 생기는 여러 가지 의문점에 대해 토론을 해 주었다. V.I.볼딘은 러시아어 보고서를 제공해 주었다. 유구와 유물에 대한 도면 정리와 일러 작업은 한국전통문화대학교의 김영길 박사과정, 최슬기 석사과정, 최재경 석사과정 대학원생들이 각각 도움을 주었다.

동북아역사재단은 그동안 크라스키노성 발굴조사에 참여한 한국과 러시아의 모든 발굴조사단원들에게 감사를 드린다. 재단이 크라스키노성 발굴을 이렇게 추진할 수 있었던 것은 한국 전통문화대학교와 러시아과학원 극동지소 역사학고고학민족학연구소의 역할이 있었기에 가능하였다. 이들 세 기관의 협력과 지속적인 발굴 추진은 한국과 러시아에서 크라스키노성 발굴의 금자탑을 정립할 수 있었다. 이 책의 출간은 나아가 발해 유적에 대한 발굴과 보존에 대한 논의를 위한 시금석을 제공할 수 있다는 점에서 그 의미가 더욱 크다 할 것이다.

이 책이 출판되기까지 우여곡절을 감내해 주신 재단 출판 관계자들의 수고에 감사드린다. 재단 안팎의 분주한 일정 속에서도 마음을 조아리며 출간을 기다려준 재단 이사장님과 여러 선생님들에게 지면을 통해 거듭 감사 말씀드린다.

2021년 2월

집필자를 대표하여

김은국 씀

사진 1 | 크라스키노성 원경

사진 2 | 크라스키노성 항공사진

사진 3 | 크라스키노성 항공사진(위에서)

사진 4 | 크라스키노성 모습(구글어스)

사진 5 | 2011년도 발굴조사단

사진 6 | 2014년도 발굴조사단

사진 7 | 2017년도 발굴조사단

사진 8 | 2018년도 발굴조사단

사진 9 | 2011년도 제47구역 섹터1 표토 제거 모습

사진 10 | 2011년도 제47구역 섹터2 구들 조사 모습

사진 11 | 2012년 제47구역 섹터4 구들 노출 모습

사진 12 | 2014년도 제49구역 도로유구 조사 모습

사진 13 | 2015년도 제50구역 발굴조사 모습

사진 14 | 2017년도 제51구역 도로유구 조사 모습

사진 15 | 2018년도 제53구역 발굴조사 모습

차례

Краскинское городище

I 크라스키노성의 입지와 발굴 경과

1. 크라스키노성의 입지

크라스키노성은 러시아 연해주 하산 지구 크라스키노 마을 남서쪽에 위치한다. 이곳은 크라스키노 마을에 있는 기차역에서 남서쪽으로 1.7㎞ 떨어져 있는 동해 엑스뻬디찌야만 바닷가 들판이다. 성의 동쪽에는 얀치헤(중국어명칭 岩杵河 yanchuhe)라고 불린 쭈까노브까강이 북쪽에서 남쪽으로 흘러 바다로 들어간다. 이 강의 하구와 크라스키노성 남문지 간의 거리는 약 870m이다. 크라스키노성은 남서쪽으로 두만강의 가장 가까운 부분과는 직선거리로 21.5㎞, 서서북쪽으로 발해 동경용원부의 치소이자 발해 동경성이었던 훈춘의 팔련성과는 43㎞ 각각 떨어져 있다(도면 01~05).

크라스키노성은 동해 큰 바다에서 안쪽으로 매우 깊숙하게 들어간 만의 해안에 위치한다(도면 02). 동해 큰 바다에서 이곳으로 가기 위해서는 먼저 포시에트만을 지나야 한다. 포시에트만은 너비가 20~30㎞이고 크게 벌린 입과 같은 형세를 하고 있다. 포시에트만은 서북쪽으로 크게 좁아지는 레이드 빨라드만과 이웃한다. 레이드 빨라드만은 너비가 4.5~7㎞이고 길이가 약 11㎞로서 길쭉한 편이며 서북쪽이 나지모바 모래톱으로 막혀 있다.

도면 01 | 크라스키노성 위치도(붉은 점)

도면 02 | 크라스키노성 위치 (구글어스)

도면 03 | 크라스키노성과 주변 유적

도면 04 | 크라스키노성과 주변 모습 (구글어스)

도면 05 | 크라스키노성 항공사진 원경(동쪽 위에서)

이 모래톱의 서북쪽에 다시 엑스뻬디찌야만이 서북 방향으로 약 10㎞ 정도 더 뻗어 있다. 두 만 사이의 통행로는 나지모바 모래톱의 북쪽 끝 부분과 맞은편 해안 사이에 나있는 폭 약 0.9㎞의 출입구인데 이 출입구의 가운데에는 작은 섬이 하나 있어 두 만 사이의 출입구는 완벽하게 통제할 수 있다. 레이드 빨라드만과 엑스뻬디찌야만은 전체 길이가 약 21㎞로서 그 안쪽에 위치하는 크라스키노성은 천혜의 요충지에 위치한다고 평가할 수 있을 것이다. 크라스키노성에서 큰 바다로 나가는 이 연속적으로 배치된 3개의 만들 해안과 섬들에 발해유적들이 다수 분포한다.

크라스키노성은 태풍이나 외부의 공격으로부터 매우 안전한 곳으로, 발해 동경용원부의 치소이기도 하였던 훈춘의 팔련성과도 가장 가까운 거리의 바닷가에 위치한다. 팔련성에서 바로 곁의 두만강을 따라 바다로 나가는 것보다 산령을 지나 크라스키노성으로 가는 것이 훨씬 더 편한 길이었다는 사실은 팔련성에서 두만강 하구까지의 직선거리가 약 71㎞인 점에서도 확인된다. 더욱이 팔련성과 두만강 하구 사이의 산악지역 중간 부분에는 크게 굴곡진 곳들이 있어 두만강 길은 크라스키노성으로 가는 육로에 비해 거리도 멀고 또 험난하였을 것이다. 따라서 크라스키노성이 발해 일본도의 출발지이자 육로와 해로의 연결거점으로 파악되고 있는 것은 결코 우연이 아니다.

2. 크라스키노성 발굴 경과

크라스키노성에 대한 발굴조사는 1980년에 러시아과학원 극동지소 역사학고고학민족학연구소의 V.I.볼딘에 의해 시작되었다. 이후 2018년까지 크라스키노성에서는 모두 53개의 발굴구역을 설정하여 발굴조사를 실시하였다(도면 06). 발굴조사 지역은 크게 성 내의 서북지역, 중북지역, 중남지역 광장 일대, 동문지 일대로 각각 구분된다. 서북지역과 중북지역은 다시 서북지역 북부 사찰구역, 서북지역 남부 주거구역, 서북지역 동부 일대, 서북지역 동북부 일대, 서북지역 서부 도로구역, 중북지역 도로-주거구역, 중북지역 북부 일대로 세분된다(도면 07; 08).

발굴조사는 먼저 서북지역의 동북부 일대와 사찰구역에서 시작되었다. 크라스키노성의 서북지역에서 처음 발굴조사가 시작된 것은 이곳에 나지막한 둔덕이 형성되어 있어 성의 내부와 외부가 다 잘 조망되었기 때문일 것이다. 더욱이 이곳에서는 1980년에 처음 설정한 서북지역 동북부 일대의 제1구역과 제2구역에서 1호 가마가 조사되었고, 또 서북지역 사찰구역에 설정한 시굴피트(제3구역)에서 다량의 기와가 출토되었다. 따라서 이곳에 크라스키노성에서 매우 중요한 시설들이 위치하였다는 사실이 파악되었고 이후의 발굴조사는 기와가 다량으로 확인된 사찰구역을 중심으로 진행되었다.

1981년에는 작은 시굴피트로 된 제3구역을 포함하는 제5구역을 설정하여 위 생활면 금당지의 존재를 확인 후 조사하였다. 1981년에는 제1구역의 남쪽으로 확장을 한 제4구역도 조사하였다.

1983년에는 금당지 남쪽과 동북쪽에 각각 설정한 제6구역과 제7구역을 조사하였다.

1990년에는 금당지의 동쪽에 설정한 제8구역을 조사하였다.

1994년에는 다시 금당지의 남동쪽과 남서쪽에 제9구역과 제10구역을 각각 설정하여 조사하였다. 제9구역에서는 전각지, 1994-1호 가마(나중에 2호 가마로 개칭), 1994-2호 가마(나중에 3호 가마로 개칭) 등의 유구가, 제10구역에서는 석축담장과 담장 내 중문지가 각각 발굴되었다.

1995년과 1996년에는 금당지 남쪽에 설정한 제11구역과 남서쪽으로 약간 떨어진 곳에 설정한 제12구역에서

도면 06 | 크라스키노성 평면도

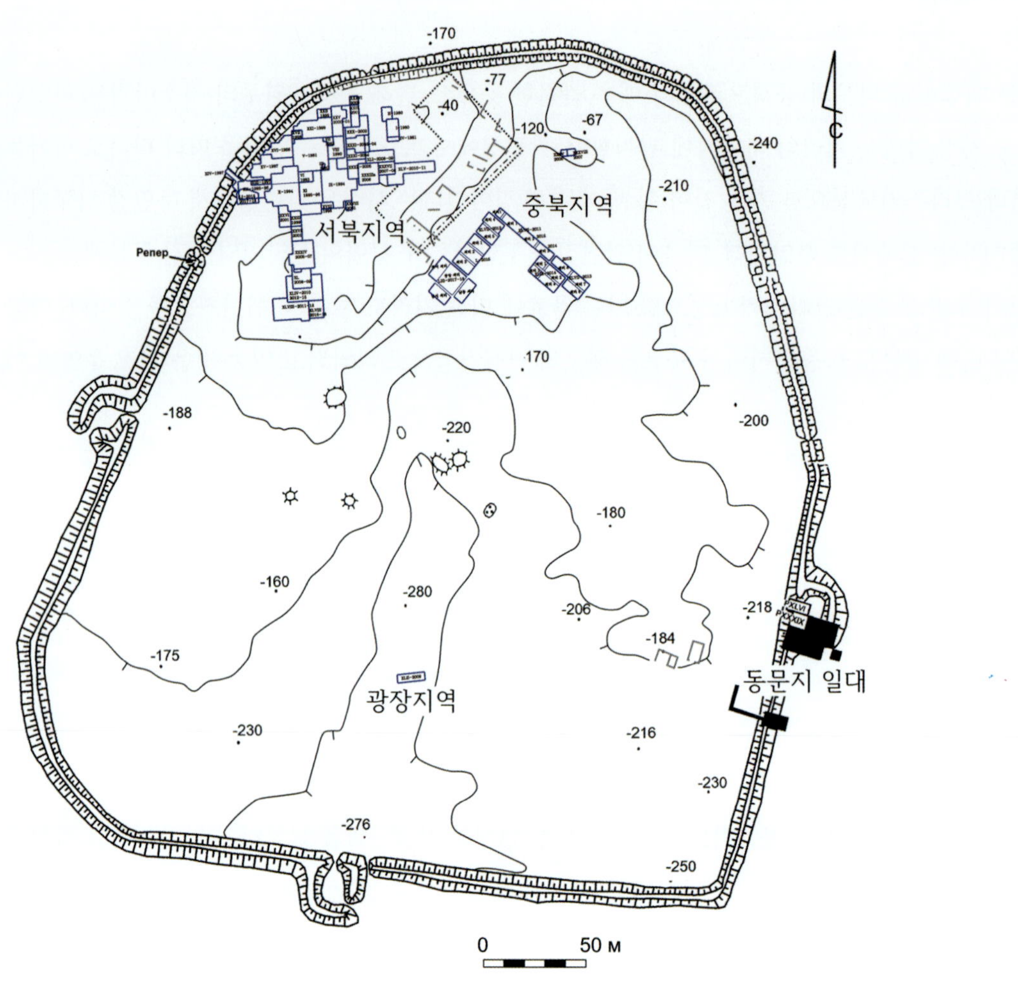

각각 조사를 실시하였다. 제12구역에서는 석축담장 서서북쪽의 나머지 부분이 발굴되었다.

1997년에는 금당지를 기준으로 하여 남서쪽과 서쪽에 제13, 제14, 제15구역을 설정하였다. 제14구역에서는 성벽에 대한 절개조사가 실시되었고, 제15구역에서는 우물, 4호 가마, 중간 생활면 금당지 담장의 남쪽부분이 각각 조사되었다.

1998년에는 금당지의 서쪽과 서북쪽에 제16구역과 제17구역을, 남쪽 조금 떨어진 곳에 제18구역을 각각 설정하였다. 제16구역에서는 5호 가마, 6호 가마, 7호 가마, 8호 가마, 9호 가마, 19호 가마, 노(爐)를 조사하였고, 또한 제16구역과 제17구역에서는 중간 생활면 금당지 담장의 북쪽 부분을 노출시켰다. 또한 제15구역의 우물에 대한 발굴조사를 마무리 하였고, 제14구역의 성벽 부분에서 배수로를 추가로 조사하였다.

1998년에는 또한 성의 동벽과 동문지에 제19구역과 제20구역을 각각 설정하여 동문지 일대에 대한 발굴조사를 시작하였다.

1999년에는 금당지의 북쪽으로 제21구역과 제22구역을 설정하여 중간생활면 금당지를 노출시켰다.

1999년에는 또한 사찰구역의 남쪽으로 제23구역을 설정하여 서북지역 남부 주거구역에 대한 발굴조사를 시작

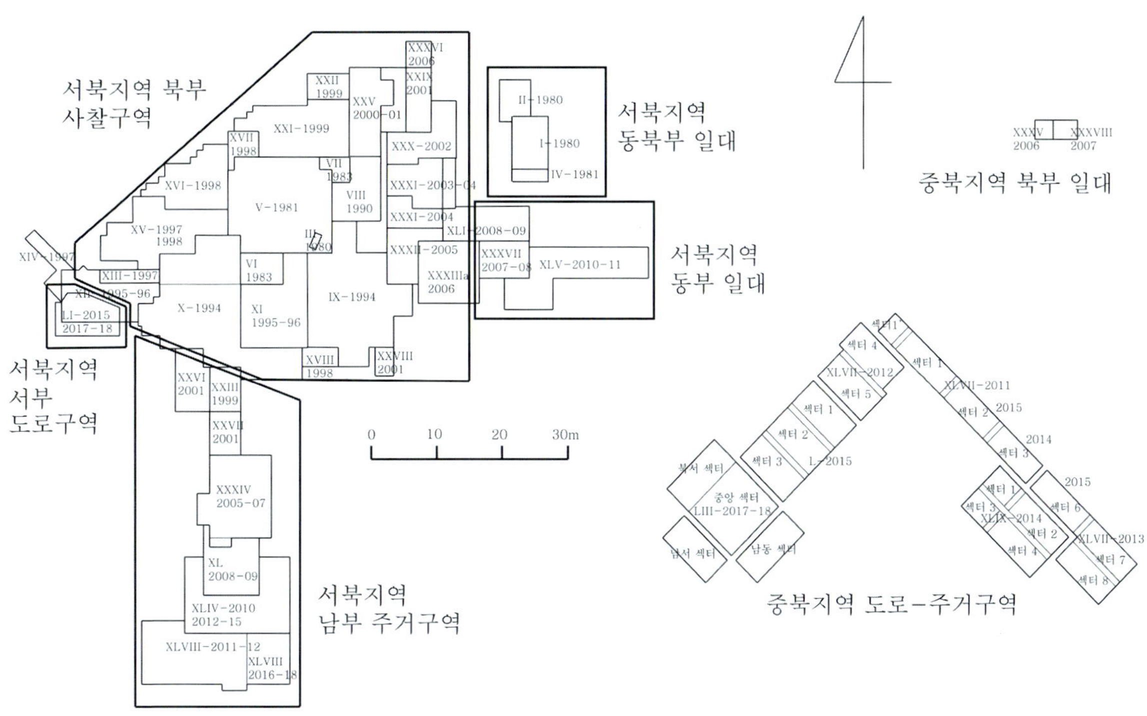

도면 07 | 크라스키노성 서북지역과 중북지역 구획도

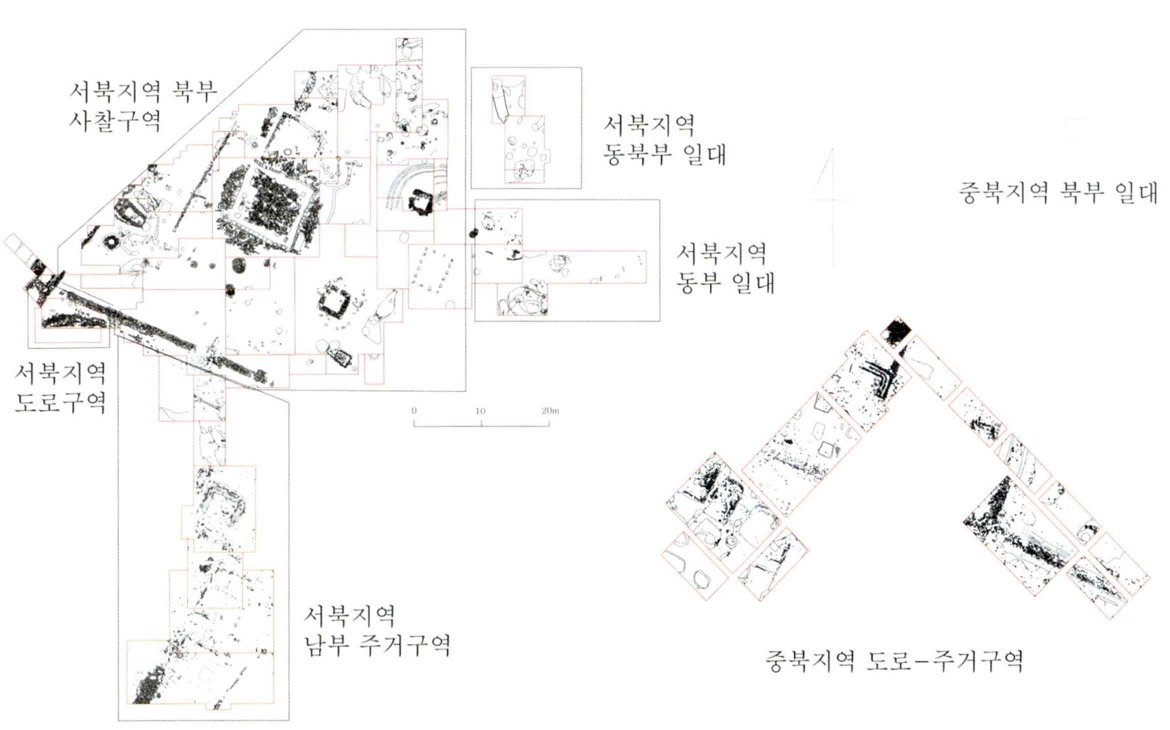

도면 08 | 크라스키노성 서북-중북지역 전체 평면도

하였다. 다만 제23구역에서는 따로 유구가 노출되지는 못하였다.

1999년에는 또한 동벽에 설정한 제19구역의 서쪽 성 내에 설정한 제24구역을 조사하였다.

2000년에는 금당지에서 동북쪽으로 약간 떨어진 곳에 설정한 제25구역을 조사하였다.

2001년에는 제25구역에서 11호 가마, 12호 가마, 추정가마자리 등의 유구가 조사되었다. 제29구역은 제25구역에 바로 인접하여 동쪽에 설정한 것이다.

제26구역과 제27구역은 사찰구역 석축담장의 남쪽에 있는 제23구역의 서쪽과 남쪽에 각각 설정한 것이다. 제28구역은 전각지의 남동쪽에 설정한 것이다.

2002년에는 금당지 동북쪽에 해당하는 곳에 제30구역을 설정하였다.

2003년과 2004년에는 제30구역의 남쪽에 설정한 제31구역에서 와실유구를 조사하였다. 이곳은 금당지의 동쪽에 해당된다.

2005년에는 사찰구역의 남동쪽과 북동쪽에 각각 제32구역(혹은 제33a구역)과 36구역을 설정하여 조사를 하였다. 제33a구역에서는 초석 건물지가 확인되었다.

2005년에는 또한 서북지역 남부 주거구역에 제34구역을 조사하기 시작하여 1호 주거지와 2호 주거지를 노출시켰다.

2006년에는 제33a구역에서 초석 건물지를 계속 조사하였다. (이곳은 2005년에 제32구역으로 지칭하였고, 또 2005년에 제33구역의 확장이라고 하였지만, 2005년도 도면에는 33a구역으로 표시되어 있고, 또 2006년도에 제33a구역이라 하였다).

2006년에 제34구역에서는 제3생활면에 속하는 3호 주거지와 4호 주거지, 그리고 5호 주거지가 조사되었다.

2006년에는 또한 중북지역 북부 일대에 제35구역을 설정하여 조사하였다. 제35구역에서는 적석유구가 조사되었다.

2007년에는 제34구역, 제37구역, 제38구역을 조사하였다. 제34구역에서는 제5생활면에서 6호 주거지가 소사되었다.

제37구역은 초석 건물지의 동쪽에 위치한다. 제37구역과 그 동쪽의 발굴구역들에서 조사된 유구들은 사실상 서북지역 북부 사찰구역과는 다른 양상이다. 이곳은 서북지역 동부 일대로 따로 구분하기로 한다.

제38구역은 중북지역 북쪽 일대에 설정된 제35구역을 동쪽으로 확장한 것이다.

2008년에는 제37구역, 제40구역, 제41구역을 조사하였다. 제40구역은 제34구역의 남쪽에 위치한다. 제41구역은 제37구역의 북쪽에 위치한다. 제41구역에서는 7호와 8호 주거지 등이 조사되었다. 제40구역에서는 제2생활면에서 9호 주거지가, 제3생활면에서 10호, 11호, 14호, 15호 주거지 등이 조사되었다.

2009년에는 서북지역 남부 주거구역에 위치하는 제40구역과 서북지역 동부 일대에 위치하는 제41구역에 대한 발굴조사를 하였다. 그 외에도 2009년에는 중남지역(남문지 북쪽) 광장 일대에 설정한 제42구역도 조사를 하였다.

2010년에는 서북지역 남부 주거구역에 위치하는 제44구역과 서북지역 동부 일대에 위치하는 제45구역을 조사하였다.

2011년에는 서북지역 남부 주거구역의 제48구역, 서북지역 동부 일대의 제45구역, 그리고 중북지역의 제47구역에서 조사를 하였다.

2012년에는 서북지역 남부 주거구역의 제44구역과 제48구역, 중북지역의 제47구역을 조사하였다.

2013년에는 제44구역과 제47구역을 조사하였다.

2014년에는 제44구역과 중북지역의 제49구역을 조사하였다.

2015년에는 제44구역, 사찰구역 남서쪽의 제51구역, 중북지역의 제50구역에서 발굴조사를 실시하였다.

2016년에는 서북지역 남부 주거구역의 제48구역에 대해 조사를 하였다.

2017년과 2018년에는 서북지역 사찰구역 석축담장 남서쪽의 제51구역과 중북지역의 제53구역에서 조사를 하였다.

크라스키노성에서의 발굴조사는 대한민국과 러시아의 공동발굴조사라는 관점에서 볼 때에 몇 개의 단계로 구분이 된다. 제1기에는 러시아에서 단독으로 발굴조사를 실시하였다. 1980~1981년, 1983년, 1990년의 발굴조사가 이 단계에 해당한다. 제2기는 1994년부터 2003년까지로서 대한민국의 대륙연구소(1994년), 한국미술사연구소(1998년), 그리고 고구려연구회(2001~2002년)가 각각 공동으로 발굴조사를 수행하기도 하고 또는 러시아가 단독(1995년, 1997년, 2003년)으로 발굴조사를 수행하기도 한 시기이다. 제3기는 2004년부터 2006년까지 고구려연구재단이 공동으로 발굴조사를 수행한 시기이다. 제4기는 2007년부터 2010년까지이다. 이 시기에는 동북아역사재단이 부경대학교와 함께 러시아와 공동으로 발굴조사를 수행하였다. 제5기는 2011년부터 2018년까지이다. 이 시기에는 동북아역사재단이 한국전통문화대학교와 함께 러시아와 공동으로 발굴조사를 수행하였다.

제1기에는 제1구역~제8구역이 조사되었다. 1980년에 가장 먼저 발굴조사가 시작된 지점은 서북지역 동북부 일대로서 이곳의 제1구역과 제2구역에서 1호 가마가 발굴되었다. 당시 제3구역으로 설정한 곳에서 금당지의 존재가 확인되었고, 1981년에 이곳에 제5구역을 설정하여 위생활면 금당지를 발굴하였다. 1983년과 1990년의 발굴조사는 금당지의 주변으로 남서쪽 및 동쪽으로 확장조사를 한 것이었다. 이곳은 서북지역 사찰구역의 중심부에 해당한다.

제2기에는 서북지역 사찰구역인 제9구역~31구역을 조사하였다. 1994년에 대륙연구소와의 공동조사에서 제9구역에서는 전각지와 함께 2기의 가마가, 제10구역에서는 사찰구역의 석축담장 동남쪽 부분 및 중문지가 각각 발굴되었다. 1995년과 1996년에는 제12구역에서 사찰구역 석축담장의 북서쪽 부분과 성벽 일부 그리고 도로 일부를 각각 조사하였다. 1997년에는 사찰구역 석축담장과 서쪽으로 인접하는 제14구역에서 성벽 단면조사를 하였고, 그 외에도 제15구역에서 겹 놓인 상태의 가마들과 함께 우물도 조사를 하였다. 이때 제15구역에서는 중간생활면 금당지의 석축담장 남서쪽 끝부분 일부가 노출되었다. 1998년에 한국미술사연구소와 공동으로 조사할 때에는 제16구역과 제17구역에서 가마들과 함께 중간생활면 금당지의 석축담장 중간 및 북동쪽 부분을 노출시켰다. 1999년에는 제21구역에서 중간생활면 금당지를, 사찰구역 석축담장의 남쪽에 설정한 제23구역을 각각 조사하였다. 2001년과 2002년에 고구려연구회와 공동으로 발굴조사를 할 때에는 금당지의 북동쪽으로 제25구역, 제29구역, 제30구역을, 그리고 사찰구역 석축담장의 남쪽으로 제26구역과 제27구역을 각각 설정하여 조사를 하였다. 2003년에는 제31구역에서 와실유구를 조사하였다.

제3기는 고구려연구재단과 공동발굴조사를 수행한 시기이다. 2004년에는 제31구역에서 와실유구에 대한 조사를 마무리하였다. 2005년에는 서북지역 북부 사찰구역과 석축담장 남쪽의 주거구역에서 동시에 조사를 진행하였다. 서북지역 북부 사찰구역에서는 제32구역과 제33a구역에서 장방형 초석 건물지를 조사하였다. 서북지역 남부 주거구역에서는 제34구역을 설정하여 구들이 시설되어 있는 1호 주거지와 2호 주거지를 노출시켰다. 2006년에는 제33a구역에서 초석 건물지를 계속 조사하였고, 또한 제34구역에서는 제3생활면에 속하는 3호, 4호, 5호 주거지를 조사하였다.

와실유구 혹은 기와벽실 유구는 기와로 벽을 쌓은 반지하형의 정방형 건축물이다. 이 속에서는 고누판, 고누알(놀이알), 원숭이 조각상, 낫, 삽 등 철제유물, 머리핀 등 청동유물, 수레바퀴 차축과 비녀못 등 주철제 유물, 각종 토기, 항아리 등이 출토되었다. 와실유구는 염주성 발해인의 생활상을 한눈에 볼 수 있는 타임캡슐이었다. 와실유구에서 수습한 목탄의 AMS측정결과 보정연대 A.D.840이 검출되었는데 이것은 와실유구가 해동성국 발해의 문화상을 반영하는 중요한 유구임을 보여 주는 것이다.

특히 고누판은 출토 당시에는 단지 사암제 판석(砂岩製板石) 정도로 이해했지만, 와실유구에서 출토한 고누판을 통해 '고누 문화'가 10세기 전후시기에 제주도, 한반도, 연해주, 중원, 그리고 몽골지역까지 연결됨을 확인할 수 있었다. 김은국은 이러한 분석 결과를 통해 염주성을 중심으로 한 '고누의 길'을 설정한 바 있다.[1]

2005년에 서북지역 남부 주거구역인 제34구역에서 조사된 1호 주거지 온돌은 발해시기 난방문화의 연해주 확산을 증명하였다. 이 온돌은 지금까지 발굴된 발해 온돌 시설 중 가장 규모가 크다. 주거지의 전체 규모는 9×6.4m, 총면적은 약 57㎡이다. 또 온돌은 두 고래 'ㄷ' 자형 구조이며, 온돌의 북서구간은 길이 5m, 남동 구간은 길이 4.4m, 고래의 폭은 평균 22~30㎝, 온돌의 폭은 남동, 북서 구간 모두 1.2m이다. 그 외에 아궁이 2기와 굴뚝, 거주지 입구 등을 발굴하였다. 이곳은 성내에서 가장 높은 서북지역이라는 점을 고려할 때 주변을 조망할 수 있는 성내 핵심 지역에 온돌 시설인 고래를 설치한 주거지의 확인은 바로 염주성의 위상을 강조하기 충분한 것이다. 2005년도에는 목탄의 AMS측정 보정연대가 2건 검출되었는데 A.D.540과 A.D.620이었다. 이 연대는 크라스키노성에서의 주민들의 거주시기가 발해 이전으로 거슬러 올라 갈수도 있다는 가능성을 보여 주었다.

2006년에 제33a구역에서 조사를 완료한 장방형 초석 건물지는 초석이 16개인 3칸×5칸 크기의 건물이다. 이 건물의 성격은 발해 사원의 부속 건물로 파악하였다.

제4기인 2007년부터 2010년까지는 동북아역사재단이 부경대학교와 함께 러시아와 공동으로 발굴조사를 수행하였다. 2007년에는 서북지역 남부 주거구역의 제34구역, 서북지역 동부 일대의 제37구역, 중북지역 북부 일대의 제38구역을 각각 조사하였다. 2007년에는 태풍 등 악천후로 인해 발굴조사에 많은 어려움이 있었다. 중요한 성과 중의 하나는 제34구역에서 발해 문화의 이른 단계에 해당하는 제5생활면에서 6호 주거지를 조사한 것이다. 2007년도 조사에서 채취한 목탄시료에서 690AD, 640AD, 740AD, 680AD 등의 AMS 연대가 검출되었는데 7세기 중반~8세기전반 대에 해당된다. 2005년 이후 러시아 측은 지구 물리학적 조사를 실시하는 등 크라스키노성에 대한 다양한 각도에서의 자연과학적 분석을 실시하고 있다.[2]

1 김은국(2014),「한-몽 발해유적과 '고누 길'」,『역사민속학』46집, 한국역사민속학회.

2 E.I.겔만 / 정석배 역, 2010,「러시아 연해주 발해유적 발굴의 현황과 의의」,『高句麗渤海研究』第38輯, 高句麗渤海學會. E.A. Bessonova, 2007,

2008년에는 서북지역 남부 주거구역의 제40구역, 서북지역 동부 일대의 제37구역과 제41구역에서 각각 발굴조사를 하였다. 제40구역에서는 제2생활면에 속하는 9호 주거지와 제3생활면에 속하는 10호, 11호, 14호, 15호 주거지가, 제41구역에서는 7호와 8호 주거지가 각각 조사되었다.

2009년에는 서북지역 남부 주거구역의 제40구역, 서북지역 동부 일대의 제41구역, 그리고 남문지 북쪽 광장구역의 제42구역에서 각각 발굴조사를 하였다. 남문지 북쪽 광장구역에 대한 발굴조사는 처음 실시한 것이다. 발굴조사지점은 지구 물리학적 탐사결과를 토대로 선정하였다. 4×16m 크기로 설정한 제42구역에서는 1m 깊이까지만 발굴을 하였고 그 아래는 지하수의 분출로 인해 발굴을 하지 못하였다. 이곳에서는 도로의 흔적으로 보이는 유구가 확인되었고 수레바퀴 자국의 존재가 제기되었다. 하지만 크라스키노성 중북지역에서 조사된 돌을 깔은 도로의 존재로 볼 때에 이곳의 도로로 추정된 유구는 도로가 아닐 가능성도 있다. 이곳에서는 각종 동물 뼈, 패각, 토제 및 철제 유물, 토기편 등등이 출토되었다. 이곳의 발굴조사는 기존의 서북지역 중심의 발굴조사에서 벗어난 것이었으나, 지하수가 지속적으로 분출되는 저지대인 관계로 발굴조사가 쉽지 않았다.

2010년에는 서북지역 남부 주거구역의 제44구역과 서북지역 동부 일대의 제45구역에 대한 발굴조사를 각각 시작하였다. 제44구역에서는 2008년의 돌담유구와 연장선상으로 돌담유구의 서쪽 모서리를 확인할 수 있었다. 출토유물은 청동제 판, 철판, 철촉, 철도, 철고리, 철못 등이 있다. 제44구역에서는 2호 건물지의 초석도 확인되었다. 이 초석 주변에서 다량의 와편, 수레바퀴 관련 부속품, 철제 못, 토기와 기와로 만든 놀이 알 등이 출토되었다. 제45구역에서는 주거지 2기와 수혈유구 5기가 확인되었다. 그중 16호 주거지와 관련되어 화구와 온돌시설이 확인되었다. 온돌은 2고래로 확인되었지만 정형하게 잘 남아 있지는 않았다. 이 주거지를 조사하는 과정에서 철제 못, 삽 손잡이, 고리, 화살촉, 청동제품의 편, 자기편, 토기편과 기와로 제작된 놀이 알 등이 확인되었다.

제5기인 2011년부터 2018년까지는 동북아역사재단이 한국전통문화대학교와 함께 러시아와 공동으로 발굴조사를 수행하였다. 제5기에는 동북아역사재단과 러시아과학원 극동지소 역사학고고학민족학연구소와의 한·러 공동발굴조사에서 매우 중요한 전환이 있었다. 그것은 그 이전까지는 러시아와 한국의 발굴조사단이 모두 함께 크라스키노성 내의 서북지역을 중심으로 발굴조사를 진행하여 왔다면, 2011년부터는 발굴조사를 이원화하여 러시아 발굴조사단은 서북지역을 중심으로, 한국 발굴조사단은 중북지역을 중심으로 각각 발굴조사를 수행한 것이다.

발굴조사지역에 중북지역을 포함하게 된 계기는 E.A.베쏘노바가 지자기탐사를 통해 제시한 크라스키노성 내에 고구려시기로 추정되는 내성이 존재할 수도 있다는 의견이었다.[3] 때문에 2011년에 중북지역에 처음 설정한 발굴구역인 제47구역은 추정 내성의 서벽과 직교하는 방향이 되게 남동-북서 방향으로 4×35m 크기로 구획을 한 것이었다. 나중에 2013년에는 다시 남동쪽으로 21m를 더 확장하여 결과적으로 2011년과 2013년에 전체 길이

"Application of micromagnatic mapping for defining geological and anthropogenic heterogeneities in recent coastal sediments of the Ekspeditsii Bay" Russian Journal of Pacific Geology vol.1, №.6.

3 E.A. Bessonova, 2007, "Application of micromagnatic mapping for defining geological and anthropogenic heterogeneities in recent coastal sediments of the Ekspeditsii Bay" Russian Journal of Pacific Geology vol.1, no.6, pp.537~549 : 베스손노바 E.A., 이블리예프 A.L., 겔만 E.I., 「고고학 과제들의 해결을 위한 염주 성에서의 지질-지구물리학적 및 지구화학적 방법의 적용」『발해: 역사와 고고학』- 염주 성 고고학조사 시작 30주년 기념 국제학술회의 발표문(노문), 블라디보스토크, 2010, 20~23쪽.

56m까지 내성의 존재를 확인하고자 하였다. 결론적으로 말하여 E.A.베쏘노바가 제기한 내성은 아직 발견되지 않았다. 대신 중북지역에서는 돌을 깔은 도로가 동서방향 및 남북방향으로 노출되었는데 아마도 이 도로의 일부가 지자기탐사에서 내성 성벽의 일부로 해석되었을 것이라고 생각된다. 어쨌든 중북지역에서의 발굴조사는 새로운 많은 성과를 주었다.

2011년에는 중북지역에 설정한 제47구역에서 18호 주거지와 석축담장 기초의 일부가 발굴되었고, 남북 방향 도로의 존재가 확인되었다. 제47구역의 섹터 3에서 확인된 도로는 너비가 약 6m이며, 상면에 자갈과 모래를 깔았다. 18호 주거지에서는 2줄 고래의 구들을 시설하였고 할석과 강돌을 사용하여 고래 둑을 조성한 것이 확인되었다.

2011년에 서북지역 남부 주거구역에서는 제48구역에 대한 발굴조사를 시작하였다. 또한 사찰구역 동부 일대에 설정한 제45구역에서의 발굴조사를 마무리하였다.

2012년에는 중북지역에서는 제47구역 북서쪽 섹터 1과 섹터 1'에서 확인된 석축담장 기초의 남쪽 부분을 확인하기 위해 그 남쪽으로 섹터 4와 섹터 5를 설정하여 확장조사를 하였다. 이곳에서는 석축담장 기초가 마무리되는 곳에 바로 인접하여 19호 주거지가 조사되었다. 2줄 고래의 구들이 있는 이 주거지에서는 다른 많은 유물들과 함께 크라스키노성에서는 처음으로 철제 창이 3점이나 출토되었다. 또한 그 외에도 발해유적 전체에서 처음으로 다듬잇돌도 출토되었다.

2012년에 서북지역 남부 주거구역에서는 제44구역과 제48구역에서 계속해서 발굴조사를 실시하였다. 제48구역에서는 쌍봉낙타의 뼈가 출토되었는데 이것도 발해유적 전체에서 처음 발견된 유물이다. 쌍봉낙타의 뼈는 발해가 서역과 직접 교류하였을 가능성을 높여주는 유물이자 동시에 크라스키노성이 발해시기 교통로의 한 거점이었음을 실증적으로 증명하는 유물이다.

2013년에는 중북지역에서는 제47구역의 남동쪽으로 섹터 6, 섹터 7, 섹터 8을 설정하여 확장조사를 하였다. 2013년도 발굴조사 기간은 크라스키노성 발굴조사에서 최악의 악천후를 기록한 때였다. 장기간에 걸친 태풍과 심한 강수량으로 인해 발굴조사 현장만 침수된 것이 아니라 강물이 범람하였고 발굴조사단의 캠프까지도 함께 침수되었다. 때문에 발굴조사단은 일정기간 캠프에서 크라스키노 마을의 체육관으로 철수를 하였고, 비가 그친 다음에는 오랫동안 멀리 마을의 철길을 돌아 발굴현장으로 내왕하였다. 그럼에도 불구하고 섹터8에서 동서방향의 도로의 존재를 확인하였고, 또 섹터 6에서 방형의 청동거울을 출토시키는 성과를 거두었다. 발해유적에서는 아직 청동거울이 매우 드물게 발견된다. 크라스키노성을 제외하고는 홍준어장 고분군,[4] 북대 고분군,[5] 화룡 용해 고분군[6] 등에서 각각 1점씩 출토되었다. 그 외 상경성, 육정산고분군, 니꼴라예브까 2 성, 오매리탑터 1호 건축지 등에서도 거울이 출토된 것이 있다. 제47구역 섹터 8에서 확인된 동서방향 도로의 존재는 2011년에 제47구역 섹터 3에서 확인된 남북방향의 도로와 직교할 수 있다는 가능성이 제기되었다.

2013년에 서북지역 남부 주거구역에서는 제44구역에 대한 발굴조사에 집중하였다.

2014년에는 중북지역에 제49구역을 설정하여 남북방향 및 동서방향으로 직교하는 도로의 존재를 밝혀내었다.

4 黑龍江省文物考古研究所 編著(2009),『寧安虹鱒魚場: 1992~1995年度渤海墓地考古発掘報告 上下』文物出版社, 圖版 138 및 139.

5 魏存成(2008),『渤海考古』, 文物出版社, 266쪽.

6 吉林省文物考古研究所、延邊朝鮮族自治州文物管理委員會辦公室,「吉林和龍市龍海渤海王室古墓葬發掘簡報」,『考古』6, 2009.

이곳에서 남북 도로는 16.3m, 동서 도로는 29m가 노출되었다. 도로에는 작은 돌과 자갈이 깔렸고, 잘게 깨트린 토기편과 와편, 동물 뼈, 고누 알, 공기놀이 돌, 철제와 청동제 유물 등이 발견되었다. 정연한 도로망에 의한 도시구획은 지금까지 발해유적에서는 발해 상경도성 이외에는 알려져 있지 않았다. 따라서 동서, 남북 방향의 도로와 교차로는 발해의 지방성들에도 정연한 도시구획이 이루어졌음을 확인하여 주는 것이다. 도로에서 입방체 구조를 가진 토제 탑 모형이 1점 발견된 것이 있다.

이 입방체 토제 탑 모형은 원추형이며 높이는 14.2㎝이다. 이 형태의 탑 모형은 발해유적에서는 처음 발견된 것이다. 이 유물은 정상 부분을 포함하여 모두 9층인 탑의 형태를 연상시킨다. 이 토제 탑 모형은 2004년 와실유구에서 출토된 사원 형태를 한 유물과 비교될 수 있겠고, 발해의 불탑과 발해의 종교문화 연구를 위한 중요한 자료이다.

2014년에 서북지역 남부 주거구역에서는 계속해서 제44구역에 대한 발굴조사를 진행하였다.

2015년에는 중북지역에서는 제50구역과 제47구역의 섹터 2에서 발굴조사를 하였다. 제50구역에서는 섹터 2와 섹터 3에서 동서방향의 도로가 노출되었는데 제47구역의 섹터 8 및 제49구역에서 노출된 동서방향 도로와 서로 연결되는 방향이었다. 따라서 중북지역의 동서방향 도로는 모두 62.5m가 확인된 셈이다. 제50구역에서는 도로 이외에도 저장시설인 움이 4개 발굴되었다. 움에서는 동물 뼈, 대형 토기편, 부싯쇠, 방추차편, 철제 꺽쇠, 허리띠과대장식, 다공입방체 유물편, 각종 토기 등의 유물이 출토되었다. 특히 1호 움에서는 편병(扁甁)이 1점 출토되었는데 이 편병은 1997년에 우물에서 출토된 편병과 함께 발해와 신라가 바닷길을 통해서도 교류하였음을 보여 주는 중요한 유물이다.

제47구역의 섹터 2에서는 다른 많은 유물들과 함께 청동 낙타상이 1점 출토되었다. 쌍봉낙타를 주조하여 만든 것인데 크기는 1.8×1.9㎝이며, 낙타의 세부 특징들을 매우 자세하게 표현해 놓았다. 이 유물은 2012년에 출토된 쌍봉낙타의 뼈와 함께 염주성까지 서역의 상인들이 직접 왔을 가능성도 보여 준다.

2015년에 서북지역 남부 주거구역에서는 제44구역에 대한 발굴조사를 마무리하였다. 제44구역에서는 깊이 2.3m의 토층에서 모두 6개의 생활면이 확인되었다. 제44구역 서쪽 섹터의 서벽과 남벽에서는 각 생활면에 속하는 유구들이 층위에 의해 구분되었다. 제44구역의 북쪽에 위치하는 제40구역과 더 북쪽의 제34구역에서는 모두 5개의 생활면이 구분된 바 있는데[7] 6개 생활면은 크라스키노성에서의 생활이 발해 이전부터 있었을 가능성을 더욱 높여주는 것이었다. 제50구역의 서벽과 남벽에서는 토층의 구분이 분명한 상태에서 채취한 목탄시료들에서 다수의 방사성탄소연대가 확보되었다. 생활면의 구분과 방사성탄소연대들에 근거하여 가장 아래의 제6생활면은 발해 이전 고구려시기에 존속한 것으로 판단되었다. 또한 발해시기에 고구려 문화층 위로 성토다짐을 하여 서북지역에 축조할 건축물들을 위한 대지를 조성하였을 가능성도 제기되었다.

2015년에는 그 외에도 서북지역 사찰구역 남서쪽의 제51구역에서 도로에 대한 조사를 다시 시작하였다. 제51구역은 1995~1996년에 설정한 제12구역과 일부 겹치며, 이곳 도로의 존재는 제12구역에서 이미 확인된 바 있다. 제51구역을 새로 설정하여 이곳의 도로를 다시 조사하기 시작한 것은 북쪽으로 인접한 사찰구역 석축담장 및 서쪽으로 인접한 성벽과의 시간적 선후관계를 각각 밝히기 위함이었다.

7 E.I.겔만, 정석배 역, 「러시아 연해주 발해유적 발굴의 현황과 의의」, 『高句麗渤海硏究』 第38輯, 高句麗渤海學會, 2010, 268쪽 도면 12.

2016년에는 러시아 발굴조사단이 단독으로 제48구역의 동쪽 섹터에서 발굴조사를 실시하였다.

2017년과 2018년에 중북지역에서는 제53구역에서 각각 발굴조사를 하였다. 제53구역에서는 26호, 25호, 27호 주거지가 조사되었는데 모두 구들 주거지이다. 그런데 제1생활면에 속하는 26호 주거지와 제2생활면에 속하는 25호 주거지는 서로 겹 놓인 상태로 노출되었다. 아래에 위치하는 25호 주거지는 26호 주거지에 의해 일부가 덮여 있다. 이 주거지들에 대해서는 발굴조사를 마무리하지 못하였는데 추가의 발굴조사가 필요하다. 또한 제53구역의 남서섹터에서는 19세기 말~20세기 초로 편년되는 저장구덩이들도 3기 조사되었다.

2017년과 2018년에 서북지역 남부 주거구역에서는 제48구역의 동쪽섹터에 대한 발굴조사를 마무리하였다. 서북지역 사찰구역 남서쪽 제51구역에서는 이곳의 도로에 대한 조사도 마무리하였다. 그 결과 제51구역의 도로는 모두 5개의 생활면으로 구분되었고, 인접한 사찰구역 석축담장과 성벽과의 상대적인 축조순서가 확인되었다. 도로 자체의 방향이 가장 아래의 도로 제5생활면과 제4생활면은 북동-남서 방향으로 곧게 사찰구역 석축담장과 직교하는 방향으로 석축담장 아래로 나있었는데 이것은 도로 제5 및 제4생활면은 석축담장보다 이른 시기의 것임을 말하는 것이다. 그 위에 도로 제3생활면과 제2 및 제1생활면은 도로가 모두 석축담장과 거의 평행하는 동서방향이었다. 이 사실은 석축담장이 도로 제4생활면과 제3생활면 사이의 어느 순간에 조성되었음을 말한다. 제51구역에서는 도로와 함께 성벽의 내측 면석이 함께 노출되었다. 이곳에서 도로 제5생활면은 성벽의 면석 기단보다 더 아래에 위치하였고, 도로 제4생활면은 성벽 면석의 기단과 동일한 깊이이다. 이 사실은 도로 제4생활면에서 성벽을 쌓았음을 말한다. 가장 이른 단계에는 아직 성벽이 없었을 때에 도로 제5생활면이 이미 존재하였고, 그다음에 도로 제4생활면에서 성벽을 축조하였으며, 그다음 도로 제4생활면과 제3생활면 사이의 어느 순간에 사찰구역 석축담장을 쌓았던 것이다.

제51구역의 도로에서는 다른 많은 유물들과 함께 와당들도 편 상태이기는 하나 다수 출토되었다. 생활면이 구분되는 와당들의 존재는 발해 와당의 시기구분과 상대적 편년에 중요한 역할을 할 것이라 생각된다. 또한 서북지역 남부 주거구역과 사찰구역, 중북지역 등등에서 출토된 토기들도 면밀한 층위관찰을 통해 상대적 시기구분과 편년이 가능할 것이라 생각된다.

크라스키노성 발굴조사 제1기부터 제5기까지 발굴된 유구와 유물에 대한 내용은 이 책의 〈크라스키노성의 건축물〉 및 〈크라스키노성의 유물〉 부분에서 비교적 상세하게 소개하였다. 더 자세한 내용은 각 해당 연도의 발굴조사보고서를 참고하기 바란다.

Арсеньев
Михайловка
Уссурийск
Артём
Владивосток
Партизанск
Находка
Зал. Петра Великого
Краскинское городище

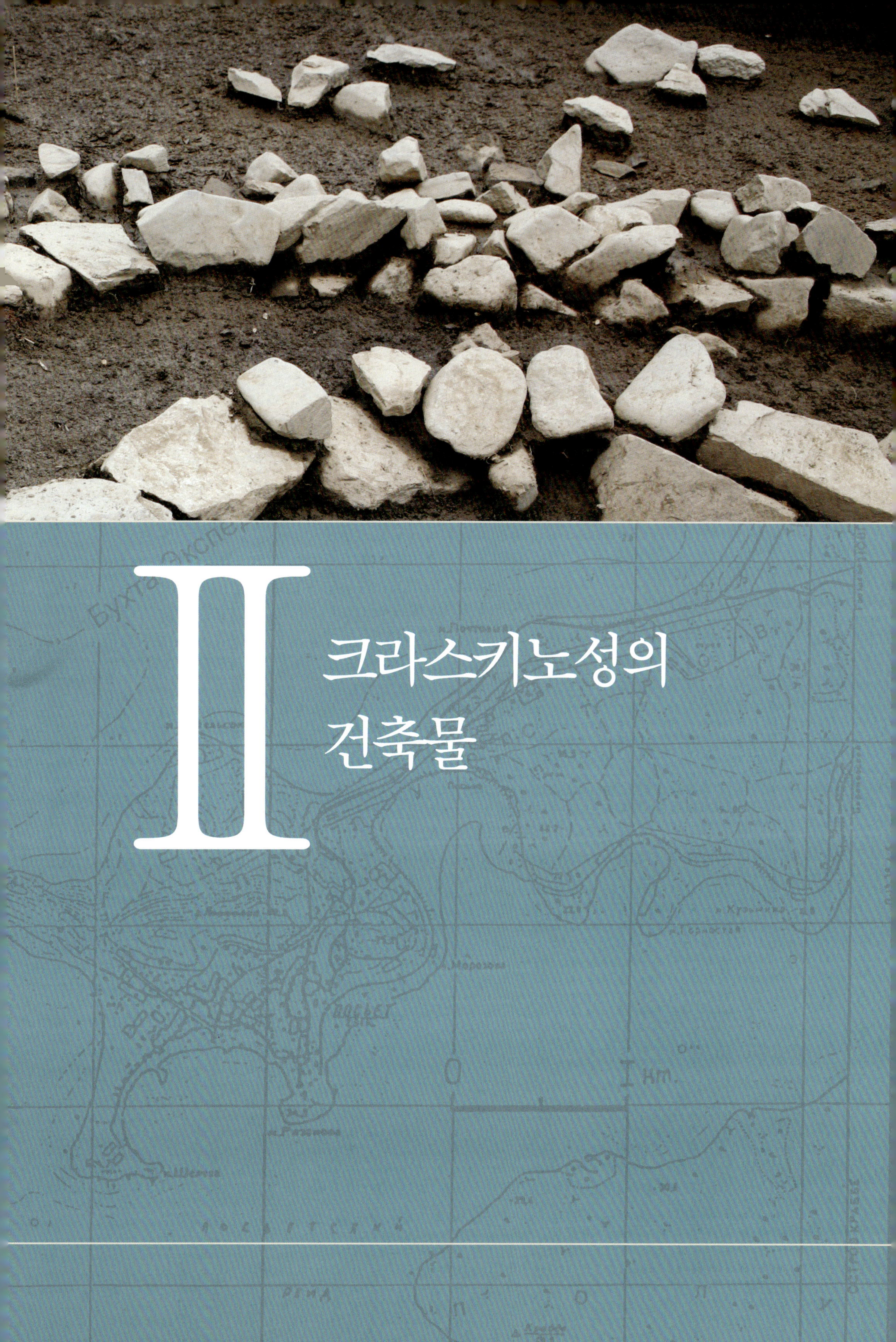

II 크라스키노성의 건축물

1980년부터 2018년까지 28번의 여름 발굴조사 기간에 걸쳐 53개 구역에서 실시된 크라스키노성에서의 발굴조사는 몇몇 지점에 집중되어 실시되었다. 발굴조사 지역은 크게 성 내의 서북지역 북부 사찰구역, 서북지역 남부 주거구역, 서북지역 동부 일대, 서북지역 동북부 일대, 중북지역 주거구역, 중북지역 북부 일대, 중남지역 광장 일대, 동문지 일대로 각각 구분된다. 그 외에 도로가 조사된 서북지역 서부 도로구역(제51구역)이 있다.

1. 서북지역 북부 사찰구역

크라스키노성의 서북지역 북부에 위치하는 사찰구역은 성 내에서 가장 높은 부분이다. 이곳에서는 성의 내부가 모두 잘 조망될 뿐만 아니라 성 밖도 사방이 잘 관찰된다. 크라스키노성의 이 지역에서 1980년에 처음 발굴조사가 시작된 것은 아마도 이러한 지형에 대한 고려가 있었기 때문일 것이다.

서북지역의 사찰구역은 석축담장과 성벽에 의해 남쪽과 서쪽, 북쪽 경계가 잘 구분된다. 동쪽 경계는 뚜렷하게 구분되지는 못하지만 제31구역의 와실유구와 그 남쪽 제33a구역의 장방형 초석건물이 사찰구역의 동쪽 경계 가까이에 위치한다고 생각된다(도면 1; 2). 이 와실유구와 장방형 초석건물이 사찰과 관련된 유구로 생각되기 때문이다. 이곳 동쪽의 제37구역, 제41구역, 제45구역에는 이미 "주거지" 등으로 보고된 유구들이 위치한다.

사찰구역에 대한 발굴조사는 1980년에 시작되었다. 1980년에는 서문지에서 "북서쪽으로 180m의 거리"에 제1구역과 제2구역을 설정하여 1호 가마터 등의 유구를 조사하였고, 그리고 제2구역의 북서쪽 모서리 부분에서 남서쪽으로 40m 거리에 2.5㎡ 크기의 제3구역을 설정하여 시굴을 하였다. 제3구역의 면적은 2.5㎡에 불과하였지만 정말로 운 좋게 나중에 금당지로 밝혀진 사찰건물의 기와들이 무더기로 쌓여있는 것이 확인되었다(도면 1980-38; 39). 따라서 이후의 발굴조사는 제3구역에서 확인된 금당지와 그 주변지역을 중심으로 진행되었다.

다만 여기에서 이야기하는 금당지는 사찰구역의 '위' 생활면 금당지이다. 사찰구역에는 '중간' 생활면에서도 금당지로 추정되는 건물의 기단이 확인되었다. 하지만 크라스키노성에서 금당지라고 할때에는 '위' 생활면의 것을 지칭하기 때문에 따로 구분하기 않고 금당지로 기술하기로 한다. 다만 그보다 이른 시기의 금당지에 대해서는 중간생활면 금당지로 따로 구분하기로 한다.

금당지에 대한 발굴조사는 1981년에 제5구역에서 실시되었다. 1980년에 시굴을 한 제3구역은 제5구역의 남동쪽 모서리 안쪽에 위치한다. 금당지는 제5구역의 범위 내에 대부분이 포함되었다. 하지만 금당지 가장자리를 따라 분포하는 와적층은 제5구역의 범위를 벗어나는 경우도 있었고, 또 그 바깥으로 사찰과 직접적으로 관련된 기단, 사찰 지붕에 얹은 기와를 생산한 가마터들, 사찰에서 사용한 물을 길은 우물터, 전각지 등등이 계속해서 확인되었다. 때문에 사찰구역은 금당지가 있는 제5구역을 중심으로 사방으로 계속해서 확장조사가 이루어졌다.

그 결과 사찰구역에서는 제6구역(1983년), 제7구역(1983년), 제8구역(1990년), 제9구역(1994년), 제10구역(1994년), 제11구역(1995년, 1996년), 제12구역(1995년, 1996년), 제13구역(1997년), 제15구역(1997년, 1998년), 제16구역(1998년), 제17구역(1998년), 제18구역(1998년), 제21구역(1999년), 제22구역(1999년), 제25구역(2000년,

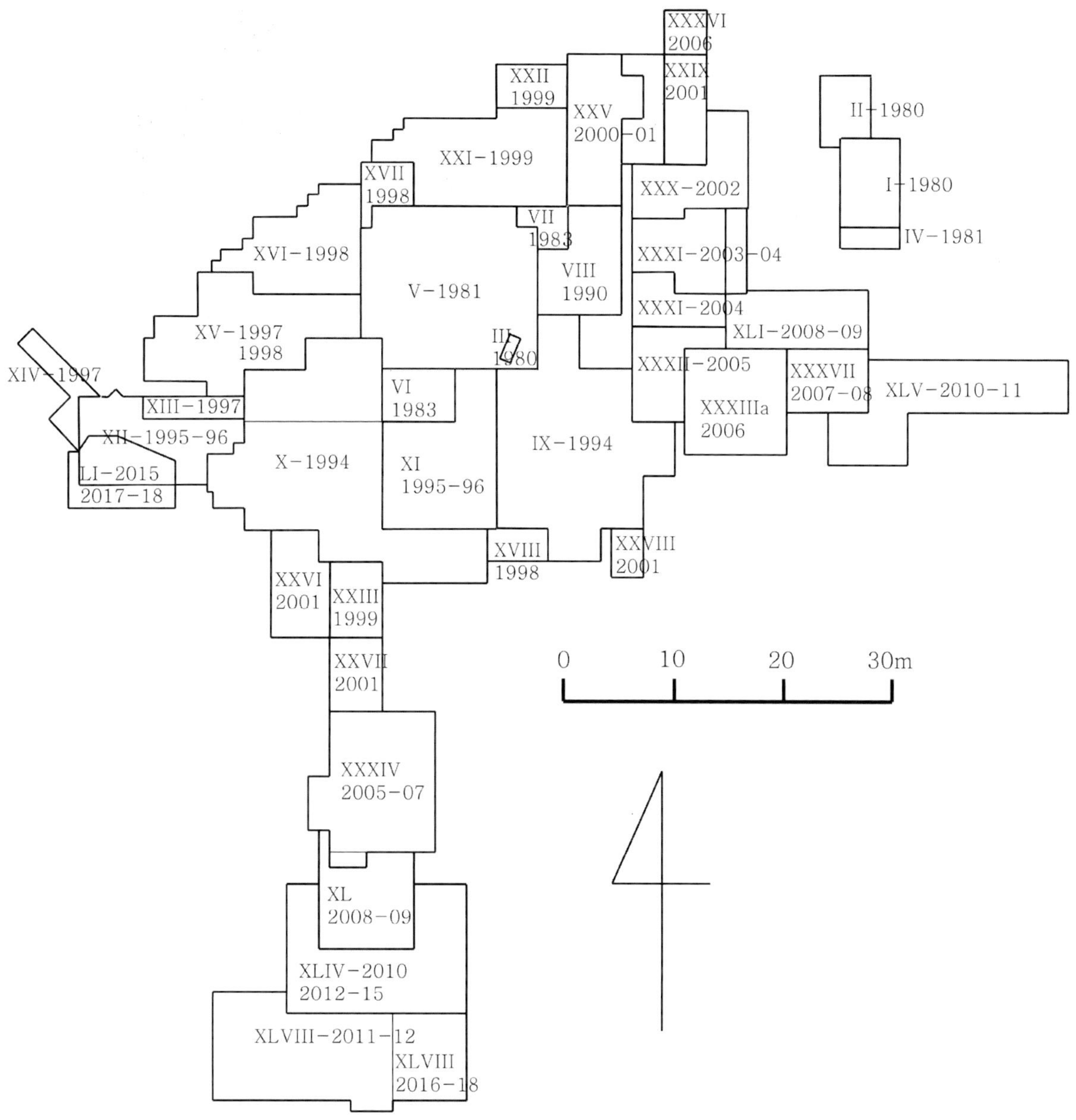

도면 1 | 크라스키노성 서북지역 구획도

2001년), 제28구역(2001년), 제29구역(2001년), 제30구역(2002년), 제31구역(2003년, 2004년), 제32구역(2005년), 제33a구역(2006년)이 각각 설정되어 발굴이 실시되었다(도면 1; 2). 전체적으로 금당지 주변의 발굴조사는 금당지 남쪽에서 시작하여 남서쪽, 서쪽, 북쪽, 동쪽 방향으로 대체로 시계방향으로 이루어졌다. 따라서 사찰구역에 대한 발굴조사는 1980년에 처음 금당지의 초석과 와적층을 확인한 후 25년 이상의 세월이 흐른 다음인 2006년에 마침내 발굴조사가 종료되었다. 하지만 최근의 주거구역과 도로구역에서 5개 혹은 그 이상의 생활면이 확인됨으로 인해 과거 사찰구역에서 생토로 인식되었던 토층의 밑으로 계속해서 문화층이 존재할 가능성이 높아졌다. 때문에 사찰구역에 대한 재발굴조사가 언젠가는 필요할 것이다.

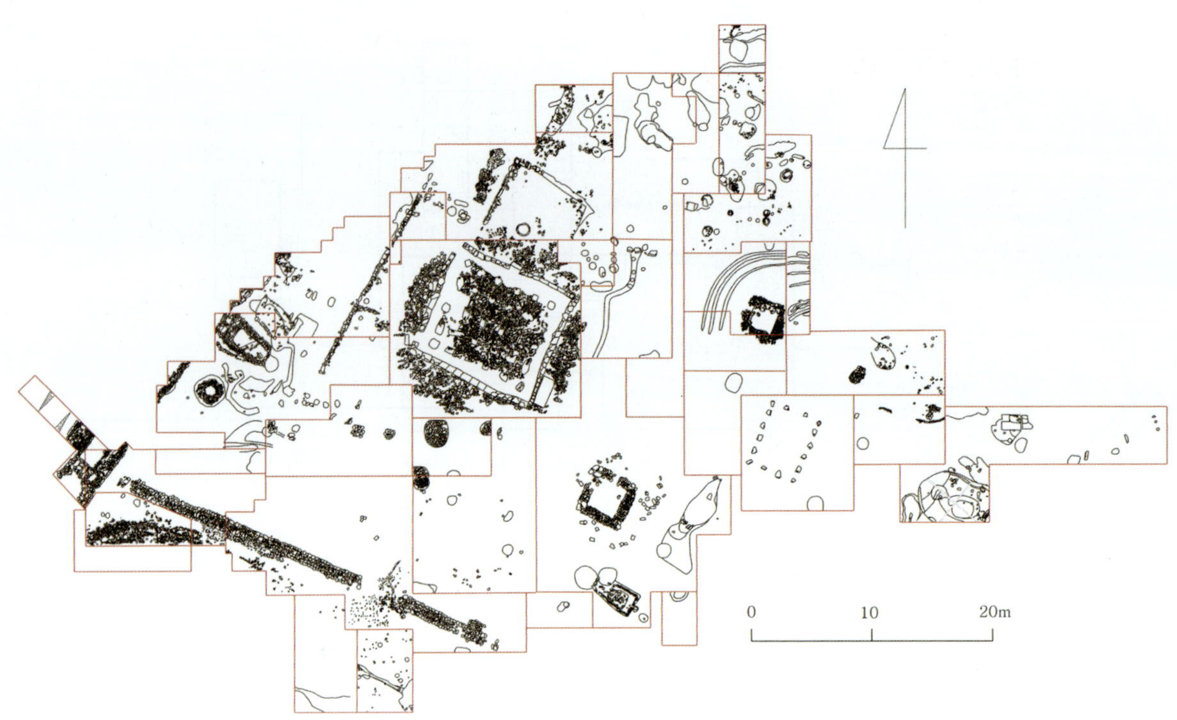

도면 2 | 크라스키노성 서북지역 북부 사찰구역과 주변 유구 배치도

사찰구역의 유구는 크게 석축담장, 금당지 및 관련 유구들, 전각지, 방형 초석건물지, 와실유구, 우물, 가마터들, 그리고 기타 유구들로 이루어져 있다.

1) 층위

서북지역 북부 사찰구역은 생토까지의 층위 상태가 분명하지 못하다. 그것은 이 지역에 대한 발굴조사에서 생토에 대한 개념이 아직 분명하지 못하였기 때문이다. 대부분의 경우 표토와 경작토층 아래로 1개 혹은 드물게 2개의 토층이 문화층인 것으로, 그 아래는 바로 생토인 것으로 인식되었다. 위생활면 금당지가 있는 제5구역은 표토(두께 기단 부분 10~20㎝, 가장자리 부분 36㎝) 바로 아래에서 금당의 잔해들이 노출되었고, 금당 기단의 아래는 더 이상 조사를 하지 않았다.

사찰구역의 토층은 거의 대부분의 발굴구역에서 동일하거나 혹은 비슷한 것으로 보고되었다(도면 3). 예를 들어, 토층의 상태가 제6구역, 제7구역, 제8구역은 "표토-경작토층-암회색 사질토층-생토", 제9구역과 제10구역은 "표토-경작토층-(회색 혹은 갈색 사질토층)-암회색 사질토층-생토"로 보고되었다.

제11구역과 제12구역은 "표토(흑색 부식사질토층)-경작토층(암색 사질토층)-회색 혹은 회갈색 사질토층(문화층)", 제13구역은 "표토-회색 사질토층-명회색 사질토층", 제15구역, 제16구역, 제17구역, 제18구역은 "표토(부식 경작토층, 두께 30㎝까지)-암회색 사질토층(두께 60㎝까지, 다량의 유물 포함)-명회색(혹은 흑색) 사질토층 (두

1994 第10구역 남벽

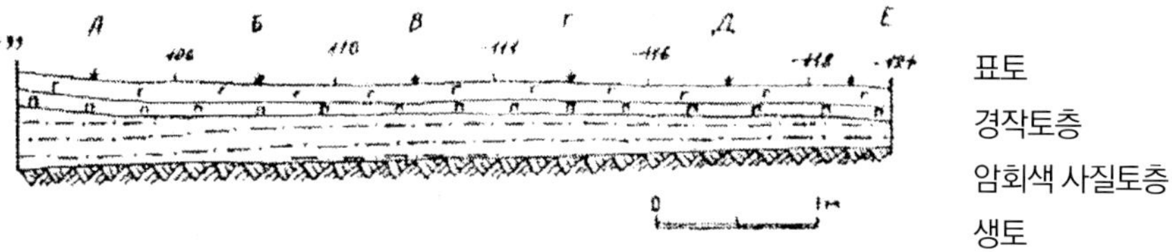

표토
경작토층
암회색 사질토층
생토

1997 第15구역 북벽 동쪽 부분

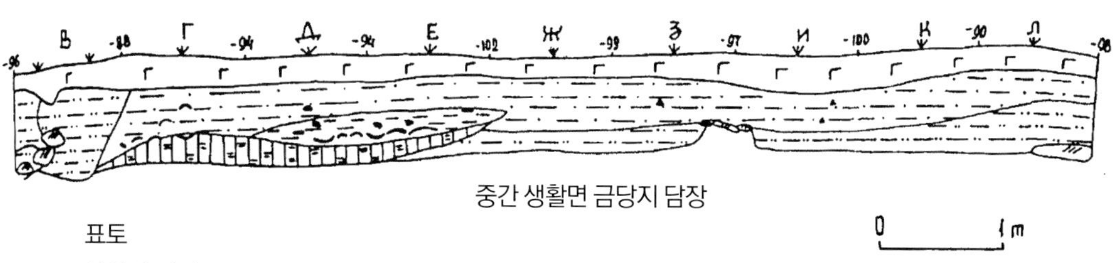

표토
암회색 사질토 회색 사질토+기와
명회색 사질토 흑색 사질토+소토

1999 第21구역 북벽 동쪽 부분

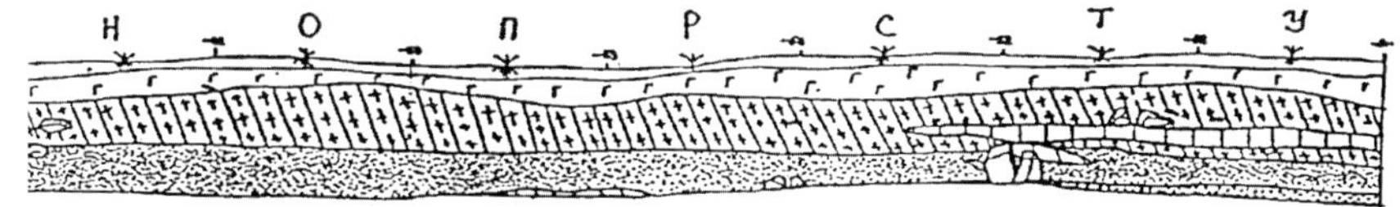

표토
경작토층
회색 사질토층
회황색 모래층

2000 第25구역 북벽

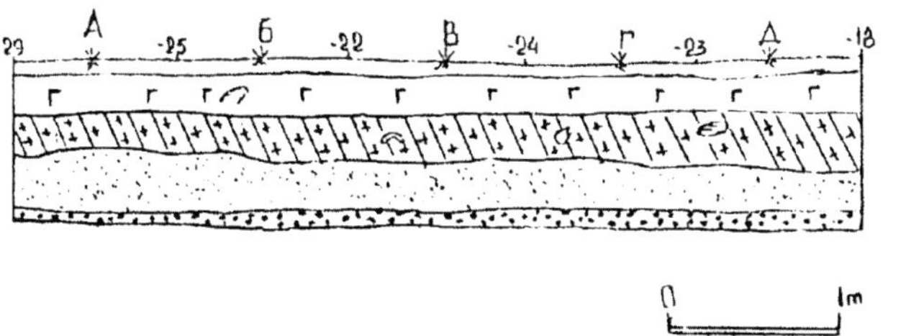

표토
경작토층
회색 사질토층
회황색 모래층
회색 모래층

2002 第30구역 둑 동벽

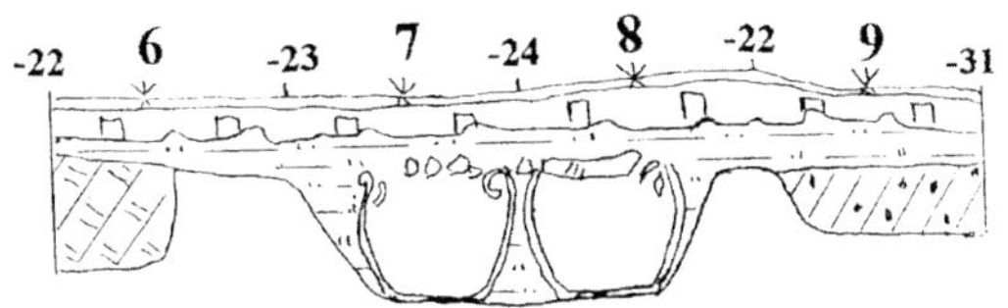

표토
경작토층
명회색-회색 사질토층
회황색 사질토층

도면 3 | 크라스키노성 서북지역 북부 사찰구역 토층도

께 10~50㎝, 소량의 유물 포함)"으로만 각각 보고되었고 생토에 대해서는 언급을 하지 않았다.

제21구역과 제22구역은 토층의 상태가 "표토(흑색 부식 사질토, 두께 4~14㎝)-경작토층(흑갈색 부식 사질토, 두께 10~20㎝)-회색 단단한 사질토층(문화층, 두께 12~40㎝)-회황색 단단한 모래층(소량의 유물 포함, 두께 12~30㎝)"인 것으로, 제25구역은 제21구역 및 제22구역의 가장 아래 토층 밑에 회색 무른 모래층이 1개 더 있는 것으로 각각 보고되었다.

제30구역은 "표토(흑갈색 부식 사질토, 두께 4~7㎝) -경작토층(흑갈색 부식 사질토, 훼손 문화층, 두께 10~ 22㎝)-명회색 혹은 회색 단단한 사질토층(문화층, 두께 22~44㎝)-회황색 단단한 사질토층", 제31구역은 "표토(흑갈색 부식 사질토, 두께 4~7㎝)-경작토층(흑갈색 부식 사질토, 두께 10~22㎝)-명갈색 사질토층(문화층, 두께 12~80㎝)-암갈색 사질토층(두께 60㎝)-생토(단단한 회황색 사질토)"로 각각 보고되었다.

때문에 이곳에는 생활면의 구분도 특정 유구들에 제한되어 있는데 평면조사에서 유구들의 겹 놓인 상태가 확인된 경우이다.

사찰구역에서 중심이 되는 유구인 위 생활면 금당지는 중간생활면 금당지와 겹 놓여 있다. 중간생활면 금당지와 관련이 있는 석열은 중간생활면 금당지 석축담장 기초로 판단되었다. 와실유구는 대형 옹이 와실유구의 벽체를 파고 놓여 있었던 것이 확인되어 제2생활면인 것으로 판단되었다. 가마들 중에도 5호, 6호, 7호, 10호가 서로 겹 놓인 관계이다. 나머지 대부분의 유구들은 기본적으로 크라스키노성 존속의 가장 마지막 단계인 제1생활면에서 사용이 되었을 것이다. 하지만 그 유구들이 주거구역에서 구분되는 가장 늦은 제1생활면부터 가장 이른 제5 혹은 제6 생활면까지의 어느 단계에 해당하는지는 아직 추정만 할 수 있을 뿐이다.

서북지역 남부 주거구역과 서북지역 서부 도로구역의 발굴조사 예를 통해 볼 때에 서북지역 사찰구역에는 생토로 보고된 토층도 사실은 문화층일 가능성이 높고 또한 그 아래로 훨씬 더 깊은 위치까지 문화층이 존재할 가능성이 높다. 추후 이곳에 대한 재조사가 반드시 필요하다.

2) 사찰구역 석축담장

1994년에 제10구역에서, 1995년과 1996년에 제12구역에서 각각 조사되었다. 사찰구역의 남(서)쪽에 남동동-북서서 방향으로 일직선을 이루며 축조되어 있다(도면 4~9). 금당지의 기단 남서변과 평행을 이루고 있다. 이 담장을 경계로 북쪽은 사찰구역이고, 남쪽은 주거구역이다.

석축담장의 동쪽(정확하게 말하면 동동남쪽) 부분에는 중문으로 명명된 문지가 위치한다. 이 중문지는 너비가 3.9m이다. 석축담장은 이 중문지의 서쪽으로 길이 22.8m, 동쪽으로 길이 8m로 각각 확인되었다. 따라서 중문지를 포함하는 담장의 전체 노출 길이는 34.7m이다. 담장의 서쪽 끝부분은 성벽과 거의 접하고 있지만, 성벽과의 사이에 약 1m 정도 단절부가 있다. 때문에 발굴조사단은 성벽과 석축담장 사이의 이 단절부에는 사찰구역으로 내왕할 수 있는 쪽문(калитка)이 있었을 것으로 판단하였다. 쪽문 지붕도 기와지붕이었을 것으로 추정되었다.

1994년 제10구역에서는 너비 3.9m의 중문지가 조사되었다(도면 4). 중문지는 단절부 모양으로 확인되었으며 바닥에는 자갈을 깔았고, 또한 와편과 토기편들도 수 겹이 깔려 있었는데 문길을 포장한 것으로 판단되었다. 이

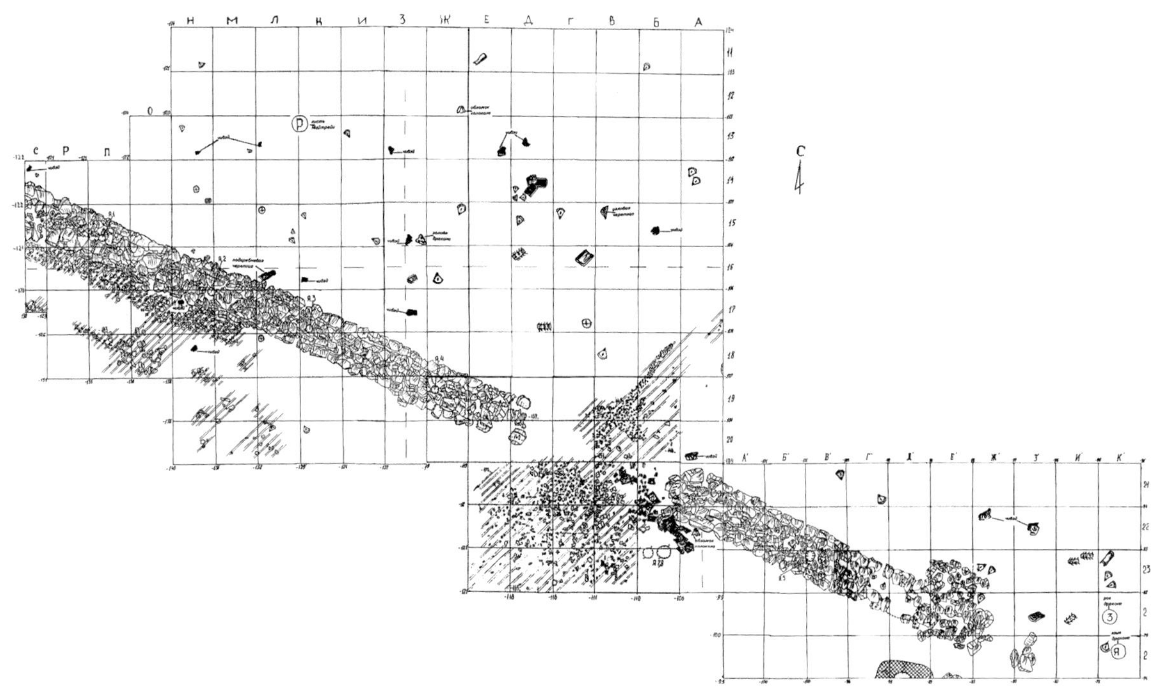

도면 4 | 서북지역 북부 사찰구역 석축담장 평면도

도면 5 | 서북지역 북부 사찰구역 석축담장 모습 (1994, 서북쪽에서)

도면 6 | 서북지역 북부 사찰구역 석축담장 모습 (1994, 동남쪽에서)

중문지는 안쪽으로 정확하게 금당지의 계단 쪽으로 향한다.

1994년에 제10구역에서는 중문지 북서서쪽으로 12.5m 길이로 석축담장이 노출되었다(도면 5). 이곳 석축담장의 폭은 1.3~1.4m이다. 담장에 쌓은 큰 돌들 사이의 틈은 작은 돌들로 빽빽하게 채워 넣었다. 양측에 각각 1줄씩 상대적으로 큰 돌로 쌓고 그 사이를 상대적으로 작은 돌들로 채워 넣으면서 쌓은 모양새이다. 담장의 잔존 높

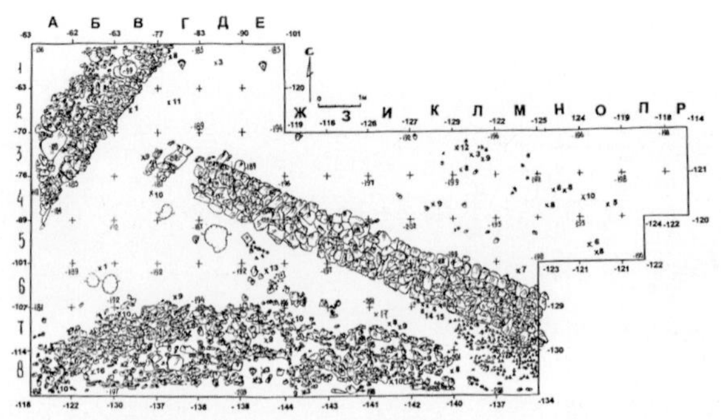
도면 7 | 서북지역 북부 사찰구역 석축담장 포함 제12구역 평면도(1996)

도면 8 | 서북지역 북부 사찰구역 석축담장 모습(1996, 서쪽에서)

도면 9 | 서북지역 북부 사찰구역 석축담장 모습(1996, 동남쪽에서)

이는 0.5~0.7m이지만, 원래 담장의 높이는 0.9~1.1m 사이었을 것으로 추정되었다. 그리고 석축담장 위에는 나무로 울을 만들어 세웠을 것으로 추정하였다. 그것은 석축담장 가운데를 따라 3.7~3.9m 간격으로 구멍이 나있었기 때문이었다. 구멍들의 크기는 직경이 9~12*cm*, 깊이가 21~29*cm*이고, 구멍 중의 하나에는 내부퇴적토에서 목탄이 수개 발견된 것으로 보고되었다.

중문지 남동쪽 부분의 담장은 길이가 8m가 조금 넘고 너비는 1~1.5m이었다(도면 6). 보존상태가 북서쪽에 비해 양호하지 못하였다. 이 남동쪽 구간 담장의 남동동쪽 끝부분은 심하게 훼손된 상태였고, 석축담장의 돌들이 흩어져 있었다. 이곳에 돌들과 함께 다수의 와편이 발견되어 그 어떤 건축물이 있었을 것으로 추정되었다. 심지어는 이곳에서 치미편도 발견되었다. 하지만 이 치미편은 이곳이 아니라 금당에 사용되었을 것으로 판단되었다.

제12구역에서는 석축담장이 10.3m가 조사되었다(도면 7; 8; 9). 이곳에는 석축담장의 너비가 0.8~1m인 것으로 보고되었다. 성벽과 석축담장 사이의 쪽문에서 4.5m 거리까지 담장을 따라 문화층에 소토(벽토)덩이가 다수 포함되어 있었다. 때문에 이 부분에서는 담장에 흙을 발랐을 수도 있었다고 추정되었다.

석축담장과 그 주변에서는 다량의 와편과 다른 유물들이 출토되었다. 제10구역의 범위 내에서 석축담장과 그 주변에서 출토된 다음의 유물들이 보고되었다: 소조 용머리편, 치미편 8점, 와당편 13점(도면 1994-120~127), 철제 띠꾸미개(도면 1994-113, 1)(도면 719, 1), 철제 자릿쇠(도면 1994-108, 1; 113, 2)(도면 707, 4), 주철제 차관편, 금동 불상 오른손(도면 1994-89; 91-92; 95)(도면 624, 1), 금동 불상(관음상) (도면 1994-87-88; 96, 3)(도면 620, 2), 철제 칼, 철제 보습(도면 1994-99, 3; 101), 주철제 차관(도면 1994-99, 2; 102, 1), 주철제 비녀못(도면 1994-99, 1; 102, 2)(도면 716, 7), 철제 못 다수, 철제 화살촉 다수(도면 1994-103, 1, 3-6; 105, 2-6)(도면 693, 1, 9; 694, 8; 697, 9), 철제 배목, 철제 회전고리(вертлюг), 철제 쌍각미늘(도면 1994-110, 3), 삼채기편들, 입방체 유물편, 숫돌 2점, 석제 부조 판편(도면 1994-96, 1)(도면 623, 7), 청동 반지(도면 1994-112, 1)(도면 734, 1), 청동 장식(도면 1994-112, 2)(도면 740, 5), 시유 토기, 삼채기 등.

3) 금당지

1980년에 면적 2.5㎡의 제3구역에 대한 시굴조사를 통해 그 존재가 확인되었다(도면 10). 크라스키노성 절터 혹은 금당지라고 말할 때에는 바로 이 금당지를 일컫는다(도면 11). 1981년에 이곳에 제5구역을 설정하여 금당지 기단에 대한 조사를 실시하였다. 다만 이 금당지 기단 밑으로는 더 이상 발굴조사를 진행하지 않았다. 1999년에 제21구역에서 조사된 보다 이른 시기의 추정 금당지는 "중간생활면 금당지"로 구분되어 불리어진다.

금당지가 있는 곳은 발굴 전 지면이 주변보다 약 50㎝ 높은 나지막한 둔덕-기단을 이루고 있었다. 표토(두께: 기단 부분 10~20㎝, 가장자리 부분 36㎝) 바로 아래에서 금당의 잔해가 노출되었다. 기단은 석축마감 토축 기단이다(도면 12; 13). 기단토는 회색 사질토이며, 인위적으로 만든 기단의 두께는 가장자리 부분은 30~50㎝, 가운데 부분은 80㎝까지이다. 기단의 가장자리는 판돌을 쌓아 마감하였는데 2단이 남아 있다. 위의 단은 판돌이 빠진 부분도 있다. 기단 마감재로 사용을 한 판돌의 크기는 큰 것은 길이 85㎝, 너비 60㎝, 두께 35㎝ 정도이고, 대부분은 이 보다 약간 작은 크기이다. 어떤 판돌은 두께가 5㎝ 이하인 것도 있다. 아래 단에 사용한 판돌은 두께가 대체로 위의 단에 비해 얇은 편이다. 기단 마감석의 잔존 높이는 10~50㎝이다.

도면 10 | 서북지역 북부 사찰구역 금당지 제3구역 시굴 기와 노출 모습 (1980)

도면 11 | 서북지역 북부 사찰구역 금당지 노출 모습(1981, 북서쪽에서)

도면 12 | 서북지역 북부 사찰구역 금당지 남동 모서리 부분 모습(1981)

도면 13 | 서북지역 북부 사찰구역 금당지 남서벽 모습(1981, 남동쪽에서)

하지만 기단의 전체 높이는 원래 약 1m이었던 것으로 추정되었다.

지붕에서 무너져 내린 와편들은 기단 위에서는 드물게 발견되었고, 기단의 가장자리를 따라서 많이 집적되어 있었다(도면 13). 1981년 발굴조사 당시에는 제5구역의 남서쪽 모서리 부분에서 기와가 많이 퇴적되어 있는 것이 확인되었다. 이후 기단 주변에 대한 확장조사에서 지붕에서 떨어져 내린 기와들이 남동쪽 일부분 등을 제외하고 대체로 기단의 주변을 따라서 전체적으로 다수 퇴적되어 있는 것이 확인되었다.

기단 위에서는 모두 25개의 초석이 남아 있었다(도면 14). 초석이 빠진 부분도 있어 원래는 30개의 초석이 있었던 것으로 판단되었다. 계단의 위치로 보아 정면 5칸, 측면 4칸의 건물에 해당한다. 금당 건물 자체의 크기는 초석의 위치를 통해 7.4×8.2m인 것으로 판단되었다.

그 외에도 기단의 북쪽 모서리의 안쪽 및 바깥쪽 그리고 서쪽 모서리 부분에서 원래 자리를 이탈한 초석으로 보이는 돌들이 몇 개 확인되었다. 초석의 안쪽은 강돌로 꽉 채워져 있고, 가운데 부분은 그 위로 작은 자갈과 모래로 다시 덮여 있었다. 다만 초석 자리에 얕은 구덩이만 남아 있는 서쪽 부분에는 일부 바닥에 깐 자갈돌도 남아 있지 않다. 기단 위 초석 안쪽의 자갈돌은 가장자리 부분은 두께 10㎝ 이상이고, 안쪽으로 가면서 점차 두꺼워져 가운데 부분은 두께가 20㎝까지 되었다. 기단 위에는 전체적으로 자갈을 깔았던 것으로 판단되었다. 가운데 부분은 자갈층의 높이가 주변보다 10~30㎝가 더 높은데 이곳에 불단이 위치하였을 것으로 추정되었다(도면 15). 바로 이곳에서 금동불상이 1점 출토되었다.

기단은 평면모양이 장방형이며 네 모서리가 방위방향으로 배치되었다. 장변은 양쪽이 모두 11.8m이고, 단변은 양쪽이 모두 10.4m이다. 기단의 남서벽 가운데 부분에는 크기가 130×130㎝인 계단이 위치한다(도면 16). 계단의 삼면은 기단과 마찬가지로 2단의 석축으로 마감하였다. 석축 마감의 높이는 10~12㎝이다. 계단 위에서도 다량의 와편이 출토되었다.

기단의 둘레 사방에서는 다량의 와편과 온전한 기와들이 퇴적되어 있었다. 기와는 모두 회색이고, 기와들 사이에서 철제 못들도 발견되었는데 기와를 지붕에 고정하는데 사용하였을 것으로 추정되었다. 퇴적된 와적층의 두께는 10~15㎝까지였으며, 기단의 남동쪽과 북서쪽에서 특히 많은 기와가 발견되었다. 기단 입구의 계단 앞쪽에서 치미의 편들로 보이는 토제 장식품들도 발견되었다.

와편들을 수습하고 난 다음에 계단에서 서쪽 모서리까지 기단의 남서쪽 가를 따라 두께 10㎝의 다진 회색 점토

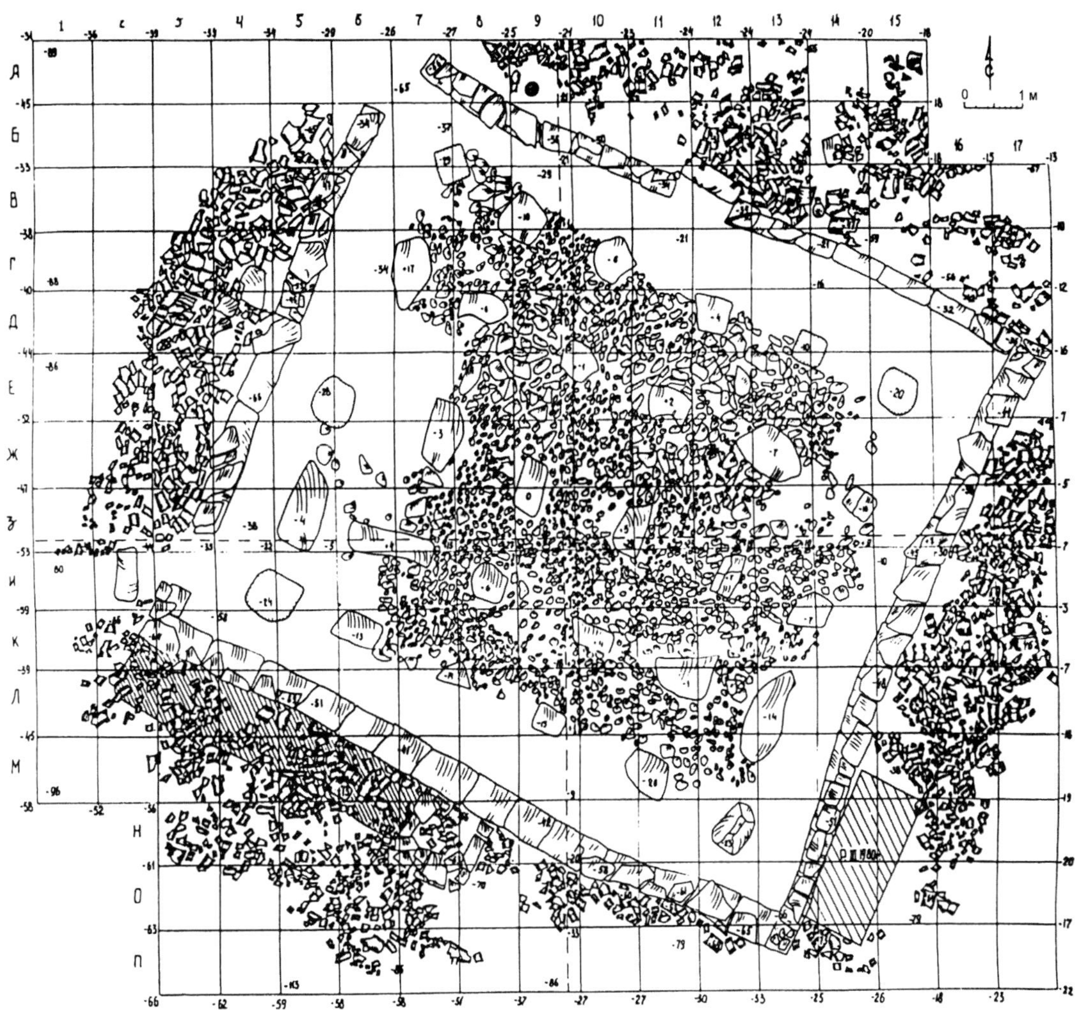

도면 14 | 서북지역 북부 사찰구역 금당지 평면도(1981)

도면 15 | 서북지역 북부 사찰구역 금당지 모습(1981, 남쪽에서)

도면 16 | 서북지역 북부 사찰구역 금당지 남서쪽 계단 모습(1981)

층이 너비 100㎝ 범위로 분포하고 있는 것이 확인되었다.

기단 위의 초석과 자갈층을 제거하고 그 아래로 기단토를 이루고 있는 회색 사질토를 조사하였는데 이곳에서는 위의 암회색 모래층의 기와들과는 질과 색깔이 크게 차이가 나는 와편들이 확인되었다고 보고하였다. 기단의 북서쪽 모서리 부분에서는 기단토 아래에서 수 개의 구덩이들이 조사되었는데 그중의 하나(5호 구덩이)는 깊이가 30㎝이고, 너비가 168㎝이며, 내부가 회색 사질토로 채워져 있었다. 이 구덩이에서는 18점의 적색 와편과 6점의 작은 주철제 솥편이 출토되었다.

금당지가 있는 제5구역에서는 금동 불상(도면 620, 1), 석제 불상(도면 621), 석제 불상편들(도면 623, 1~3), 주철제 풍탁 3점(도면 1981-25, 1, 2, 3)(도면 721, 1), 주철제 완(도면 701, 1), 토기 완(도면 1981-27, 5), 토기 삼족기들(도면 1981-27, 1, 2, 4), 토기 다리(도면 1981-28), 삼채기편(도면 1981-37), 화문장식 의례용기(도면 1981-29)(도면 963, 26; 964, 10), 발해 입방체(도면 1981-30), 철제 화살촉(도면 1981-31), 철제 칼 슴베 부분, 원통형 끝장식, 주철제 모루모양 유물(도면 1981-34), 주철제 솥 편 25점, 청동 과대장식 2점(도면 1981-35, 1, 2)(도면 736, 1; 737, 1), 청동 팔찌편(도면 1981-35, 4)(도면 733, 7), 청동 축(도면 1981-36), 토기 동체부편 혹은 와편으로 만든 놀이 알들, 다량의 기와 등이 출토되었다.

기와는 암키와, 수키와, 모서리기와, 착고기와가 있다. 암키와는 하단부에 문양이 있는 것과 없는 것이 있는데, 문양은 기본적으로 하단부에 2줄의 홈선을 내고 그 사이에는 대롱무늬나 구멍무늬를 시문하고, 양쪽 가장자리에는 눈금을 새긴 것과, 혹은 단순하게 지두문을 시문한 것이다. 수키와는 와당이 부착된 것도 있고 그렇지 않은 것도 있다. 와당은 기본적으로 연꽃을 양식화한 연화문으로 장식되었다. 와당이 부착된 수키와는 크기가 길이 37.5㎝, 와당 직경 15.4~16.2㎝, 꼬리 부분 너비 9.5㎝이고, 두께는 머리 부분이 1.5~2㎝, 꼬리 부분이 1~1.6㎝이다. 와당이 부착되지 않은 일반 수키와는 길이가 32.5~34.5㎝로 변동을 보이며, 머리 부분과 꼬리 부분의 너비는 15.5~16.6㎝와 9.3~9.8㎝이다. 두께는 와당이 부착된 것과 비슷한 것으로 보고되었다. 수키와의 꼬리부분은 좁아지는 토수기와와 단이 진 미구기와 두 종류가 보고되었다. 미구기와의 경우 미구의 길이는 6㎝이고, 미구의 홈 너비는 1.7㎝이며, 미구의 가운데에 못 구멍이 뚫려 있다. 미구기와는 온전한 것이 남아 있지 않아 전체 길이가 파악되지 못하였다. 착고기와는 편 상태의 것만 2점 출토되었다.

기와는 절대다수가 회색이다. 다만 기단토 내에서 출토된 와편들은 색깔이 밝은 오렌지색이고 내면의 포 흔적이 보다 얇은 직물의 흔적인 것으로 보고되었다. 기단토 내 출토 암키와 중에는 회청색이면서 등면에 승문타날이 남아 있는 것도 있다.

4) 중간생활면 금당지

1999년에 제21구역에서 조사되었다. (위생활면) 금당지의 북쪽에 바로 인접하여 위치한다. 중간생활면 금당지는 남쪽 부분이 (위생활면) 금당지의 북쪽 부분과 약간 겹 놓인 상태인 것으로 판단되었다. 다만 도면에서는 겹 놓인 양상이 분명하게 구분되지는 않는다. 제21구역에서는 4개의 인공층을 구분하여 조사를 하였는데 중간생활면 금당지는 제1인공층인 표토를 제거하고 난 다음인 제2인공층에서 이미 그 존재가 확인되었다. 제2인공층에서는

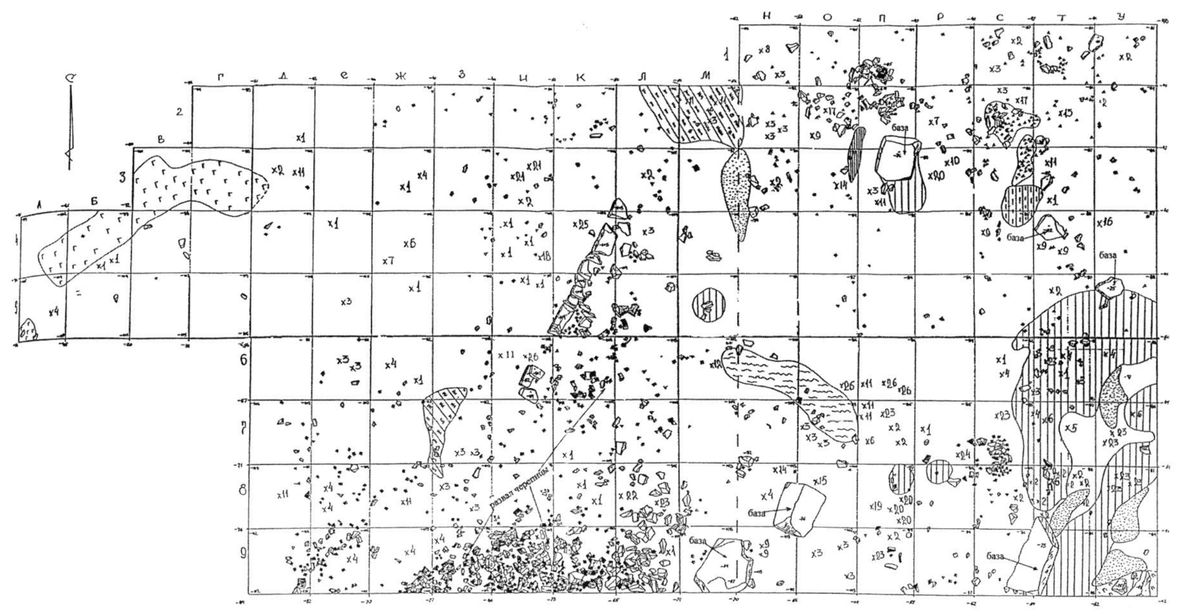

도면 17 | 서북지역 북부 사찰구역 중간생활면 금당지 노출 시 평면도(1999)

기단의 북서쪽 석축마감 일부가 노출되었다. 이 기단의 석축마감 남쪽 부분에서는 와적층이 발견되었는데 (위생활면) 금당지의 지붕에서 떨어져 내린 것으로 판단되었다. 기단의 석축마감은 제3인공층에서 모두 노출되었고, 석축마감이 남아 있지 않는 기단의 북동변과 남동변은 제4인공층에서 확인되었다.

제21구역의 중간생활면 금당지 위 레벨에서는 원래 자리를 이탈한 수 개의 초석이 확인되었다(도면 17). 초석들은 크기가 40×70㎝, 두께가 30~40㎝로 대형이며, 상면의 레벨은 모두 레벨 기준점에서 -75~-76㎝로 비슷하다. 하지만 일부 초석들은 중간생활면 금당지 기단 밖에 위치한다. 이 초석들은 표토와 부식토 제거 후에 바로 노출되었기 때문에 중간생활면 금당지와 관련이 있는지는 분명하지 못하다. 그 외에 중간생활면 금당지의 남쪽 부분에서는 다량의 돌과 와편들이 발견되었는데, 돌들은 기단의 석축마감이 무너져 생긴 것으로, 기와들은 (위생활면) 금당의 지붕에서 떨어져 내린 것으로 각각 판단되었다.

중간생활면 금당지의 기단은 북동변이 길이 약 8m이고, 나머지 부분은 (위생활면) 금당지와의 겹 놓인 관계로 인해 분명하지 못하다(도면 18). 북서변의 노출된 부분 대부분과 북동변의 서쪽 끝부분에는 석축마감이 남아 있다. 석축마감에는 돌이 1~2단 남아 있는데 너비는 30~40㎝, 높이는 15~20㎝이다. 북동벽 대부분과 남동벽에는 석축마감이 남아 있지 않지만, 토축기단의 경계는 단단함 암갈색 사질토 띠에 의해 잘 구분이 되었다. 이 기단 건물은 대체로 네모서리가 방위방향으로 나있다. 이 기단의 남쪽 부분은 금당지 기단에 의해 덮여 있었기 때문에 조사를 하지 못하였다. 기단 위에는 초석이 전혀 남아 있지 않았다.

석축마감이 남아 있는 곳의 바깥에서, 다시 말해서 북서변과 북동벽 석축마감의 바깥에서는 중간생활면 금당의 지붕에서 떨어져 내린 기와가 무더기로 발견되었다(도면 19; 20). 이 기와들 사이에서는 치미편들이 함께 발견되었다. 이곳에서 수습된 와편은 1,898점이다. 이 사실은 중간생활면 금당도 치미로 장식된 기와지붕의 건물이었음을 말한다.

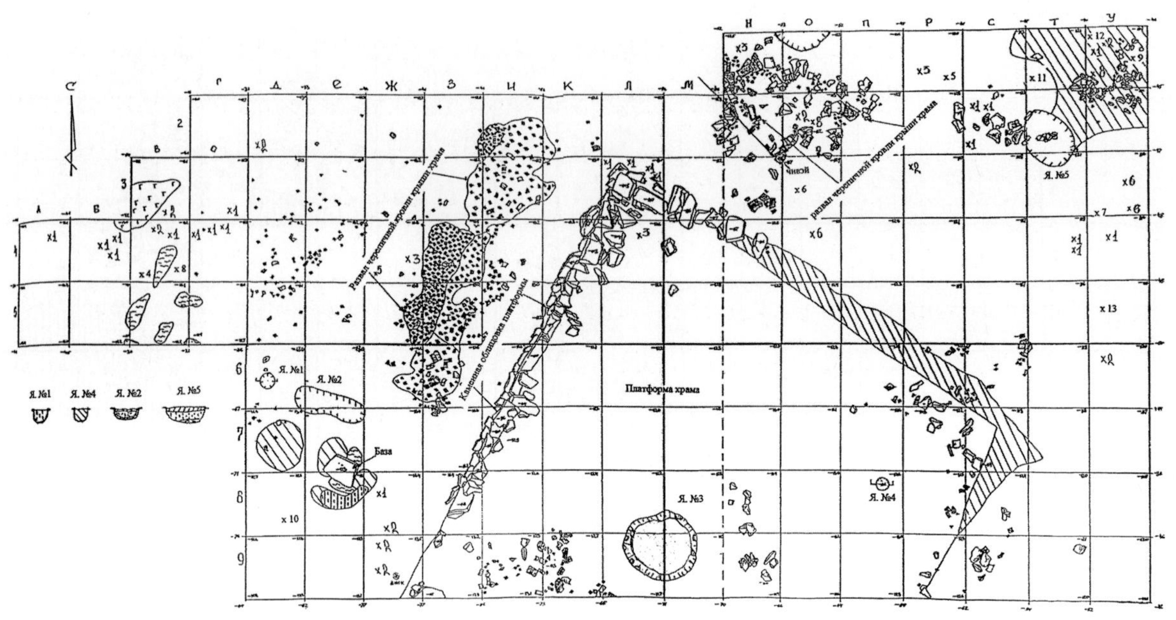

도면 18 | 서북지역 북부 사찰구역 중간생활면 금당지 평면도(1999)

도면 19 | 서북지역 북부 사찰구역 중간생활면 금당지 모습(1999, 북서쪽에서)

도면 20 | 서북지역 북부 사찰구역 중간생활면 금당지 모습(1999, 북서쪽에서)

중간생활면 금당지 기단의 남쪽 가운데 부분에는 3호로 명명된 구덩이가 하나 위치한다. 크기는 깊이 70㎝, 직경 105㎝이다. 구덩이의 내부는 다량의 중간 크기 돌들이 포함된 암회색 사질토로 채워져 있었다. 돌들은 구덩이의 벽을 따라 많이 확인되었고, 또 바닥에도 돌을 깔았다. 이곳에서는 윤제 토기편들과 와편들, 1점의 와당편 등이 발견되었다. 구덩이의 윗부분은 회색 사질토로 채워졌는데 이곳에도 돌들이 많이 포함되어 있었다. 이 구덩이는 기단을 조성하고 난 다음에 판 것으로서 기단의 위쪽 모래 성토 부분을 파고 들어갔다. 구덩이의 바닥에 돌을 깔았기 때문에 초석을 놓은 자리였을 것으로 판단되었다.

중간생활면 금당지가 조사된 제21구역에서는 다량의 유물이 출토되었고, 인공층 단위로 보고가 되었다. 표토에서는 청나라 동전 2점(도면 1999-38, 1-2), 청동 대롱(도면 1999-38, 3), 청동 비녀 머리편(도면 1999-41) 등이 출토되었다. 청동 대롱은 발해의 것이 아닐 가능성이 높다.

제2인공층에서는 다량의 놀이 알, 철제 못, 주철제 솥편. '女' 명문 토기편(도면 1999-50)(도면 966, 3), 삼채기편, 토제 구슬(도면 1999-48), 토기 기벽으로 만든 방추차(도면 1999-51, 1), 철제 꺾쇠편(도면 1999-53, 1), 꺾쇠(도면 1999-55, 1), 쌍각미늘(도면 1999-55, 2), 배목(도면 1999-54, 1, 3), 고깔모양 유물(도면 1999-56, 2), 화살촉(도면 1999-56, 1), 청동 띠꾸미개(도면 1999-44; 45)(도면 737; 736, 2), 버클(도면 1999-43)(도면 375, 2), 비녀 머리(도면 1999-39~41)(도면 732, 3, 4), 비녀 막대기(도면 1999-42)(도면 732, 9), 홍옥 구슬(도면 1999-47) 등이 출토되었다.

제3인공층에서는 와당편, 놀이 알, 치미편, 토기 다리편, 향로편, 토제 고리편, 토제 벼루편(도면 1999-71)(도면 654, 1), 철제 못, 철제 배목, 철제 열쇠(도면 1999-73), 철제 갈고리(도면 1999-72, 2), 주철제 차관편, 숫돌(도면 1999-72, 3), 식물문양으로 장식된 청동 띠 장식(도면 1999-59)(도면 739, 6), 금동 불상(도면 1999-60)(도면 620, 3) 등이 출토되었다. 금동불상은 우-8방안, 다시 말해서 기단의 동쪽 모서리 바깥에서 발견되었다.

제4인공층에서는 토기 다리(도면 1999-76, 1, 2), 촛대 다리 받침(?) (도면 1999-77), 명문 토기편(도면 1999-76, 3), 놀이 알, 철제 화살촉(도면 1999-78, 1), 철제 걸쇠(도면 1999-79) 등이 출토되었다.

제4인공층 출토유물은 중간생활면 금당지와 관련시킬 수 있을 것으로 판단되지만, 나머지 유물들은 사실 유구와의 상관관계를 파악하는 것이 쉽지 않다고 생각된다.

5) 중간생활면 금당 석축 담장기초

중간생활면 금당지의 서쪽과 서남쪽 바깥으로 석열 형태의 담장기초가 평면 'ㄴ'자 모양을 이루며 노출되었다. 이 석축 담장기초의 안쪽에는 (위생활면) 금당지도 위치하지만 (위생활면) 금당지의 석축마감과는 레벨 차이가 1m 이상으로 큰 차이를 보인다. 이 석축 담장기초는 두 레벨 금당의 북서변 및 남서변과 평행을 이룬다. 담장기초의 북서변은 중간생활면 금당지 서변과 약 5.5m의 거리를 유지하고 있다.

이 중간생활면 금당의 석축 담장기초는 1997년에 조사를 한 제15구역과 1998년에 조사를 한 제16구역 및 제17구역에 걸쳐 위치한다. 1997년 제15구역에서 조사할 때에 이 담장기초 석열은 지표 아래 56~70㎝ 깊이에서 노출되었다. 제15구역에서는 3.5m 길이가 노출되었는데 큰 돌을 1~2겹 정도 쌓아서 만들었다(도면 21; 22). 잔존 높이는 25~35㎝, 너비는 40㎝이다. 이 석열과 나란히 바깥쪽에 깨어진 와편들이 띠

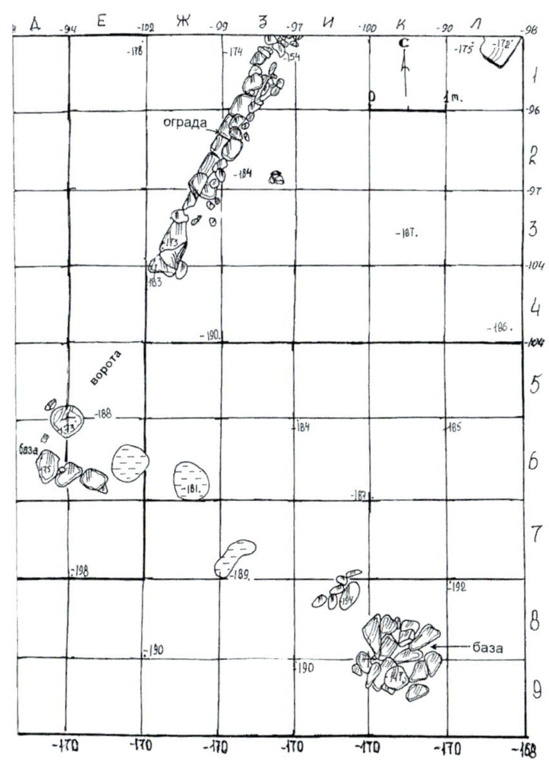

도면 21 | 서북지역 북부 사찰구역 제15구역 중간생활면 금당지 담장 평면도 (1997)

도면 22 | 서북지역 북부 사찰구역 중간생활면 금당지 담장 모습(1997, 남동쪽에서)

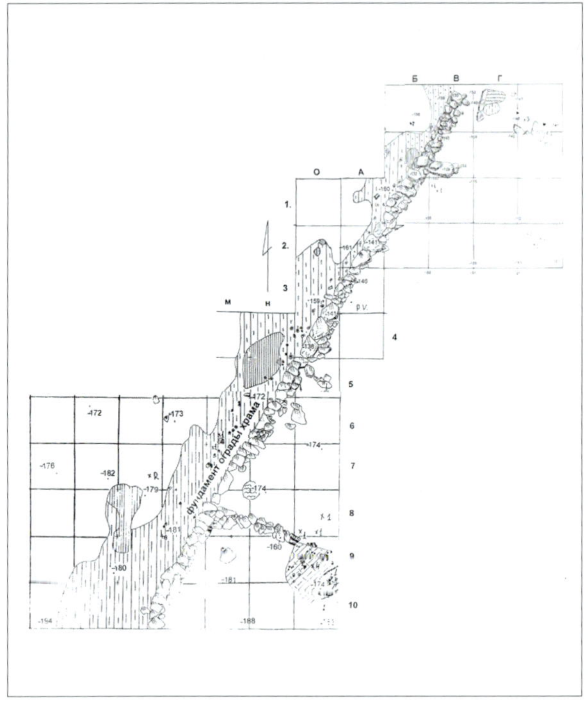

도면 23 | 서북지역 북부 사찰구역 제16구역과 제17구역 중간생활면 금당지 담장 평면도(1998)

도면 24 | 서북지역 북부 사찰구역 제15~17구역 중간생활면 금당지 담장 모습(1998, 남서쪽에서)

를 이루면서 발견되었는데 담장의 차양 잔재로 파악되었다. 이 석열의 남서쪽 끝부분에서 2m의 거리를 두고 이 석열과 동일 선상에 있는 석열이 곧바로 직각을 이루면서 남동-북서 방향으로 꺾이는 다른 석열이 하나 더 있다. 다만 남동-북서 방향의 석열은 3매의 돌만 남아 있어 매우 짧으며 그다음은 남동 방향으로 회색 사질토로 채워진 기둥구멍들과 큰 돌들로 된 초석의 적심이 확인되었다. 이 적심은 크기가 1×1m이다. 발굴조사자는 이 두 석열을 하나의 담장기초로 보면서 2m의 빈 공간은 중간생활면 금당지로 출입할 수 있는 문지였을 것으로 추정하였다.

제15구역 부분에서는 담장의 안쪽은 깨끗한 명회색 사질토로 덮여있었고, 바깥쪽은 숯, 소토 등등 생산의 흔적들이 섞인 토양으로서 서로 차이가 났다.

1998년에 조사가 된 제16구역과 제17구역에서는 제15구역에서 조사된 담장 기초의 북동쪽 끝부분에서 더 이어 새로이 13.5m 길이로 담장의 석축 기초가 노출되었다(도면 23; 24). 이곳에서도 석축으로 된 담장기초의 너비는 0.4m 이하, 높이는 0.35m, 석축에 1~2겹의 돌이 잔존한 것으로 보고되었다. 다만 담장기초의 석열에서 아래의 단에는 큰 돌을, 위의 단에는 작은 돌을 사용한 것으로, 돌들 사이의 틈에는 흙을 메워 넣은 것으로 판단되었다(도면 25). 이곳에서도 담장기초의 바깥 부분에서 담장기초의 윗부분 단과 같은 레벨에서 기와들이 발견되었는데 와당도 함께 확인되었다. 기와는 그 아래의 암회색 불탄 사질토층에서도 계속 확인되었다. 이곳의 일부 구간에는 사질토가 흑색, 숯이 집중된 재-흙이었다. 이 층은 2cm를 넘지는 않았다. 이것은 돌담 기초 위에 세운 나무담장의 흔적으로 그리고 나무담장 위에는 기와지붕이 있었을 것으로 각각 추정되었다.

중간생활면 금당지의 석축 담장기초 추정 문지 부분에서 토제 도깨비-용머리 형상이 편들 상태로 발견되었다(도면 1998-37, 39). 때문에 이 형상들은 중간생활면 금당의 문에 사용되었을 것으로 판단되었다.

중간생활면 금당지의 서쪽 석축기초 담장은 전체 약 20m 길이가 확인되었다. 그중 순수 석열을 이루는 부분은 길이가 약 17.5m이고, 추정 문지 부분은 길이가 2m이다. 서쪽 담장과 직각으로 연결된 남동-북서 방향의 담장은 아직 분명하지는 못하지만 모서리부분에서 적심까지는 길이가 약 6m이다.

다만 중간생활면 금당 담장의 출입문이 금당의 정면이 아니라 측면의 모서리 한쪽에 위치하였을 것이라는 추정에는 의문이 남는다. 또한 담장의 기초는 돌로 조성하고 그 위에 나무로 담장의 기본부분을 구성하고 그리고 그 위에 기와 차양을 덮는 것이 얼마나 효율적인지에 대해서도 고민이 필요하다고 생각된다. 이와 같은 구조의 담장은 아브리꼬스 절터에서도 추정된 바 있다.

도면 25 | 서북지역 북부 사찰구역 제16구역 중간생활면 금당지 담장 세부 모습

도면 26 | 서북지역 북부 사찰구역 전각지 노출 모습(1994, 북쪽에서)

6) 전각지

1994년에 제9구역에서 조사되었다. 금당지의 남동쪽 모서리에서 남동쪽으로 약 15m 거리에 위치한다. 이 유구의 성격은 사실 분명하지가 못하다. 발굴조사보고서에도 빠빌리온(павилион: 전각 혹은 누각)과 빠고다(пагода: 탑)라는 두 용어가 혼용되어 사용되었다. 어떤 성격인지는 불분명하여도 사찰구역 내에 있는 건물의 흔적인 것은 분명해 보이기 때문에 발굴조사보고서 한국어본에 사용된 "전각"이라는 용어를 그대로 사용하고자 한다.

도면 27 | 서북지역 북부 사찰구역 전각지 기와 노출 모습(1994)

이곳에는 표토-부식토(두께 5~10㎝)와 그 아래의 무른 암갈색 사질토인 경작토층(두께 30㎝ 내외)을 제거하자 넓은 범위에 걸쳐 돌무지와 기와가 노출되었다(도면 26: 27). 전각지, 다시 말해서 전각 기초는 바로 이 돌무지를 제거하자 그 아래에서 발견되었다(도면 28: 29). 경작층 아래의 기본 문화층은 회색 사질토층(두께 10~45㎝)인데 대부분의 유물이 이 층에서 출토되었다. 그 외에도 발굴구역의 일부 지점에서 암회색 사질토층(두께 5~30㎝)이 확인되었다. 이곳에서 '생토'로 보고된 토층은 단단한 회색 모래층이다.

도면 28 | 서북지역 북부 사찰구역 전각지 모습(1994, 서쪽에서)

도면 29 | 서북지역 북부 사찰구역 전각지 모습(1994, 북쪽에서)

전각 기초는 평면 사각형이고, 크기는 4.4×4.4m 이다(도면 30). 다만 발굴조사보고서 한국어본(88쪽)에는 외변이 430㎝, 내변이 258㎝인 것으로 보고되어 있다. 모서리들이 대체로 방위방향으로 배치되었다. 전각 기초부분은 너비가 0.8m (혹은 80~90㎝-발굴조사보고서 한국어본)인 석벽으로 이루어져 있다. 석벽은 열을 맞추어 돌을 쌓아 조성하였다(도면 31). 석벽의 네 모서리에는 큰 판석들이 위치하는데 기둥의 초석이었을 것으로 추정되었다. 네 모서리의 추정 초석은 레벨이 모두 동일하였고, 간격도 4m로 모두 동일하다. 석벽 내부의 공간은 편평하고, 크기는 2.8×2.6m이다. 보고서 한국어본에는 건물 내부의 면적이 6.7㎡인 것으로 보고되었다. 북동벽과 북서벽에는 폭이 0.4m인 틈이 있는데 입구로 추정되었다. 다만 보고서 한국어본에는 북(동)벽에 너비 60㎝의 출입시설이 있다고, 벽체의 내벽 쪽에 문기둥을 세운 초석이 있다고 보고하였다. 석벽의 네 모서리에는 큰 판석들이 위치하는데 기둥의 초석이었을 것으로 추정되었다. 네 모서리의 추정 초석은 레벨이 모두 동일하였고, 간격도 4m로 모두 동일하다. 석벽 내부의 공간은 편평하고, 크기는 2.8×2.6m이다. 보고서 한국어본에는 건물 내부의 면적이 6.7㎡인 것으로 보고되었다. 북동벽과 북서벽에는 폭이 0.4m인 틈이 있는데 입구로 추정되었다. 다만 보고서 한국어본에는 북(동)벽에 너비 60㎝의 출입시설이 있다고, 벽체의 내벽 쪽에 문기둥을 세운 초석이 있다고 보고하였다.

전각 기초의 동남쪽과 남서쪽 석벽 밖으로 약 1m 거리에 기와들이 집중되어 발견되었다. 때문에 발굴조사단은

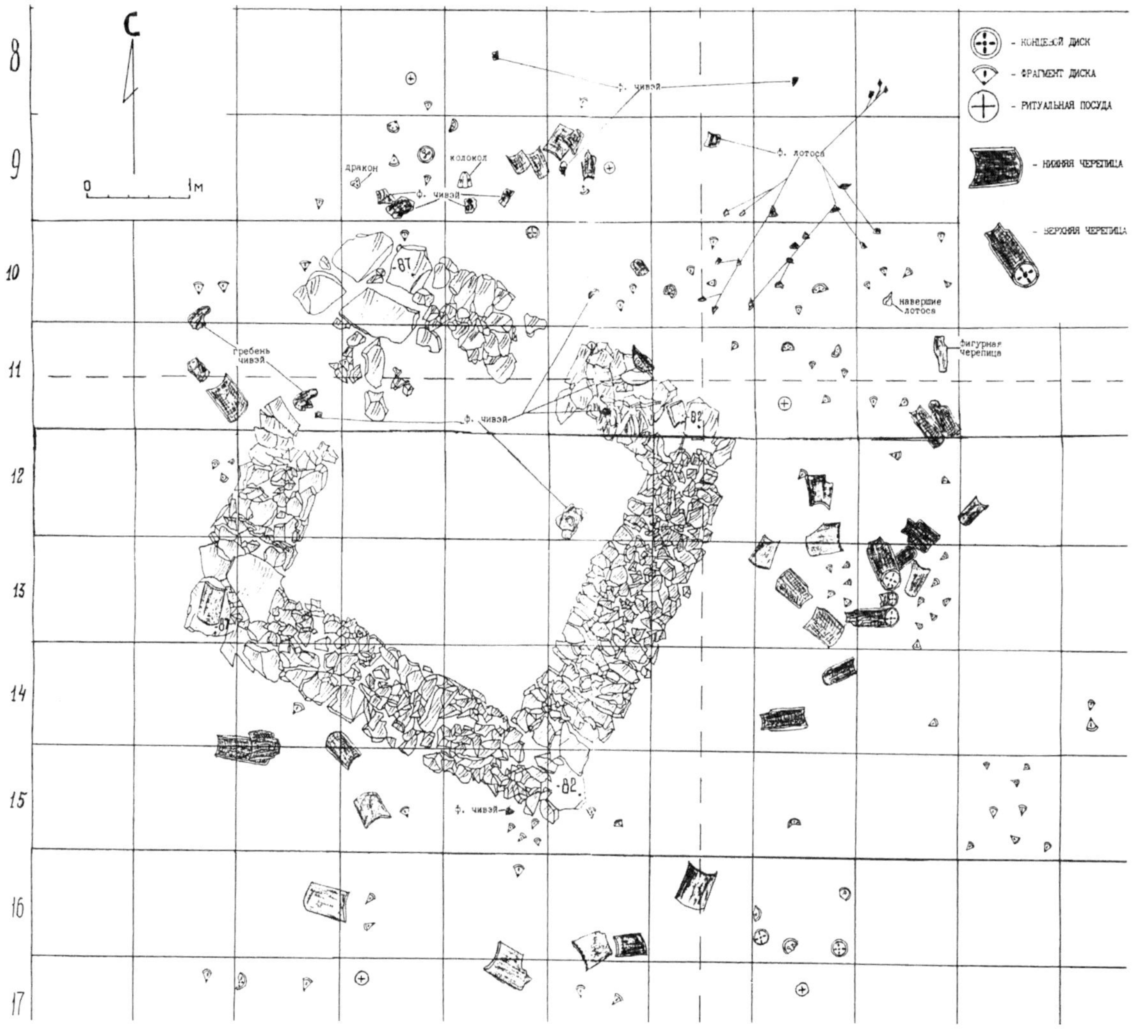

도면 30 | 서북지역 북부 사찰구역 전각지 평면도(1994)

지붕의 가장자리, 즉 처마가 전각 기초 석벽에서 약 1m 떨어져 있었던 것으로 판단하였다.

발굴조사보고서 한국어본에는 전각 건물을 기단 위에 세운 것으로, 기단은 원래 있던 사질토양을 다짐한 것으로 각각 판단하였다. 기단의 크기는 너비 12m 정도로 판단되었다.

전각 기초의 북단 외곽에서 연꽃봉우리 장식이 산포된 형태로 발견되었고, 이곳에서는 또한 전각 기초 석벽에서 약 2m 간격을 두고 동서 약 3.5m의 범위에서 연꽃봉우리 장식편들 아래로 와편들이 산재하여

도면 31 | 서북지역 북부 사찰구역 전각지 남벽 안쪽 모습(1994)

있었다. 막새기와도 발견되었는데 전각 기초의 동북변 가까이에 열을 이루고 있기도 하였다.

전각건물은 단칸의 방형건물이었다. 발굴조사보고서 한국어본(89쪽)에서는 석벽 기초 위 네 모서리에 적심을 두고 그 위에 초석을 놓고 모서리 기둥을 세운 다음에 벽체 하단을 반담형태로 축석을 한 것으로, 출입시설은 금당 방향으로 두었을 것으로, 주변의 연꽃봉우리장식, 치미, 수막새 기와 등을 통해 단칸 건물이지만 치미를 올린 그리고 지붕의 용마루 중앙에 연꽃봉우리 장식을 탑의 상륜처럼 올려 치장한 전각 건물이었을 것으로 판단하였다.

전각지를 조사할 때에 6,892점의 와편이 출토되었다. 그중 862점은 수키와, 505점은 암키와, 나머지는 작은 편들이었다. 동쪽과 남서쪽 기와무지를 제거하고 나자 그 아래에서 다시 다른 건드려지지 않은 기와무지가 노출되었는데, 그중의 하나는 전각지 북동 모서리 가까이에 위치하며 규모가 2.5×1m이다(도면 1994-14). 이곳에서 수십 점의 온전한 와당이 부착된 수키와와 수점의 온전한 암키와가 출토되었다(도면 1994-42). 참고로 전각지를 포함하여 제9구역 전체에서는 1,0720점의 와편이 수습되었다.

전각지에서는 그 외에도 126점의 편 혹은 온전한 상태의 수키와 와당이 출토되었다. 또한 치미 편들, 연꽃봉우리 모양 장식편들, 용 소상(도면 1994-34~35)(도면 653), 철제 못 30점, 주철제 솥편 8점, 수정(도면 1994-66, 1), 철제 배목, 대상파수가 부착된 토기(도면 1994-164, 38)(도면 955, 6), 토제 고리(도면 1994-71, 1; 116, 1), 토제 방추차 2점(도면 1994-71, 2, 3; 116, 2, 3)(도면 664, 1), 명문 토기편(도면 1994-67~69)(도면 966, 1), 철제 화살촉(도면 1994-57, 1)(도면 697, 3), 녹유 삼족기(도면 1994-28), 철제 띠꾸미개(도면 1994-59, 4; 64, 1)(도면 718, 9), 철제 미늘(도면 1994-59, 2-3; 63, 64, 2), 흑요석 격지, 철제 풍탁(도면 1994-39~40), 삼족기 다리 등이 출토되었다.

그 외에도 전각 기초가 조사된 제9구역에서는 표토와 경작토층에서 와편 1,667점(대부분이 돌무지의 가장자리에 집중), 주철제 솥편 2점(도면 1994-65, 1~2), 놀이 알 9점, 금동 비녀 다리편(도면 1994-62; 107, 3)(도면 732, 10), 철제 칼편(도면 1994-54, 1), 토기 다리편, 철제 못 7점(도면 1994-55; 56), 단면 'Z'자 모양의 철제 화살촉 1점(도면 1994-54, 2; 57, 3)(도면 694, 1), 철제 차관편 1점, 토기 완(도면 1994-151; 164, 39)(도면 928, 3), 녹유 토기편 등이 출토되었다.

전각 기초의 남쪽에서 너비 1~1.2m의 석열이 조사되었는데, 발굴조사단은 사찰구역의 담장이었을 것으로 추정하였다. 그런데 이 석열 아래에서 2호 가마(1994-1호 가마)가 조사되었다. 때문에 사찰구역의 담장이 아니었을 가능성도 있다고 생각된다.

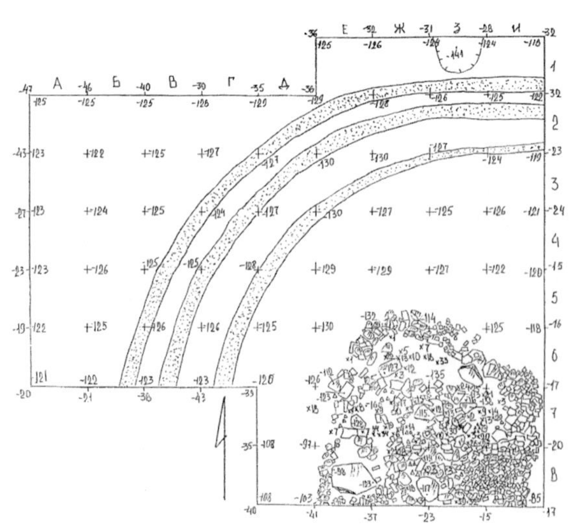

도면 32 | 서북지역 북부 사찰구역 제31구역 와실유구와 주변 노출 모습 평면도

7) 와실유구

2003년과 2004년에 제31구역에서 조사되었다. "기와 벽실"로 보고된 와실유구는 금당지의 동북쪽 모서리에서 동쪽에서 14m 떨어진 곳에 위치한다. 와실유구의 흔적은 지표 아래 50~60㎝ 깊이에서 제2인공층을 제거하고 난 다음에 확인되었다(도면 32; 33). 발굴조사단은 와실유구가 제2생활면에서 상면이 노출

된 것으로 판단하였는데 제2생활면으로 판단한 주요 근거 중의 하나는 와실유구의 벽체를 파괴하면서 옹(도면 2004-189)을 하나 묻은 것이 확인되었기 때문이다(도면 34; 35). 다시 말해서 그 옹은 제1생활면에, 와실유구는 제2생활면에 각각 해당하는 것으로 판단한 것이다.

도면 33 | 서북지역 북부 사찰구역 와실유구와 주변 조사 모습(2004)

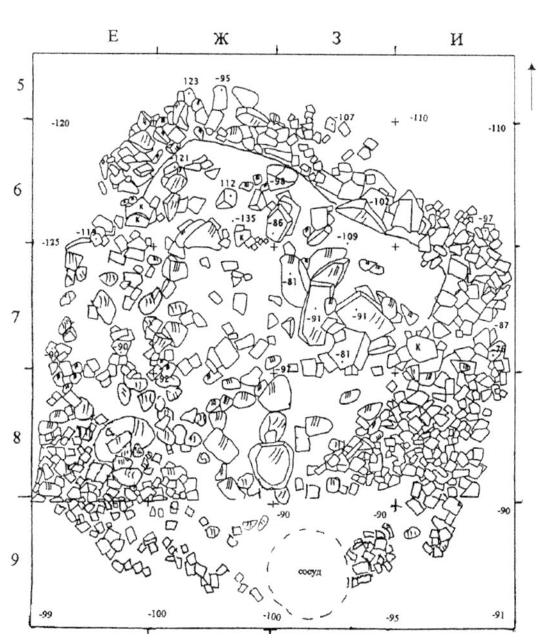

도면 34 | 서북지역 북부 사찰구역 와실유구 위 부분 평면도(2004)

도면 35 | 서북지역 북부 사찰구역 와실유구 남서모서리 옹 노출 모습(2004)

이 와실유구는 사질토에 방형의 구덩이를 파고 벽 안쪽에 기와를 쌓아 벽체를 조성한 것이다. 벽체는 기와를 수평으로 쌓아 조성하였다(도면 36). 대부분 암키와를 사용하였는데 드물게는 수키와도 섞여 있었다. 또한 기와들 사이에 판돌과 토기편도 섞여 있었다. 와실의 벽체 내면은 기와들을 면을 잘 맞추어 고르게 쌓았고, 외측은 그렇지가 않다. 와실의 내부 공간 크기는 2.6×2.3m이고, 벽체의 길이는 2.75m, 깊이는 1.3m까지이다(도면 37). 와실의 방향은 대체로 모서리들이 방위방향에 가까운데, 서쪽으로 25~30도 북남 방향으로 틀어져 있다. 출입구는 서벽의 가운데 부분에 위치한다.

4개 벽체들 중 동벽이 가장 잘 남아 있었다. 동벽은 길이 2.75m, 잔존 높이 1~1.3m이다(도면 38; 39). 동벽에 사용한 기와는 대부분이 암키와이다. 암키와들 중에는 문양이 있는 처마암키와도 포함되어 있다. 수키와와 수키와당도 드물지만 확인되었다. 동벽에는 46겹의 와적층이 잔존하며, 모두 1,020점의 와편이 사용되었음이 확인되었다. 동벽의 윗부분은 아래에서 40겹부터 안쪽으로 기울었는데 원래 천정이 궁륭상이었을 수도 있을 것으로 추정되었다. 북벽도 보존상태가 상대적으로 양호한 편이었다. 다만 북벽에는 동벽과 달리 아랫부분을 기와와 돌을 함께 사용하여 쌓았다. 북벽의 길이는 3m, 내부 벽 길이는 2.6m, 잔존 높이는 1.2m이다. 기와는 모두 44겹이 잔존하였고, 약 970점의 와편을 사용한 것으로 파악되었다. 서벽은 훼손이 심하였다. 서벽의 길이는 2.4m를 넘지 않았다. 잔존 높이는 1.15m까지이다. 대부분의 경우 암키와를 사용하였다. 남벽도 많이 훼손된 상태였다. 남벽이 훼손된 것은 와실유구보다 위 건축면에서 구덩이를 파고 높이 81㎝의 옹을 묻었기 때문이다. 남벽의 길이는 2.58m, 잔존 높이는 1.2m이다.

와실의 벽체들은 서로 직각이 되게 쌓았다. 와실의 천정은 남아 있지 않았지만 와실 내에서 다량의 기와가 발

도면 36 | 서북지역 북부 사찰구역 와실유구 모습(2004)

견되었기 때문에 천정에도 기와를 사용하였을 것으로 판단하였다. 동벽의 윗부분이 안쪽으로 기울고 또 동벽의 기운 부분과 서벽 부근에서 길이가 긴 와편들이 발견되어 와실유구에 궁륭상의 천정이 있었을 수도 있다고 추정되었다. 하지만 동벽 윗부분에서 불에 탄 목재 쪼가리들이 발견되어 천정이 편평한 목조 천정이었을 가능성도 제기되었는데 이 경우 지붕에 기와를 수 겹으로 덮었을 것으로 판단되었다. 와실의 북벽 부근 바닥에서는 불에 탄 목조 구조물의 흔적이 발견되었는데 선반 혹은 받침대의 잔재일 것으로 추정되었다(도면 40).

와실의 용도에 대해서는 무덤, 성물 보관소, 저장고 등 여러 의견이 제시된 바 있지만, 그중에서 저장고일 가능성이 가장 높은 것으로 판단되었다. 와실 내부에서 다량의 유물이 출토되었다. 기와 중에서는 지두문으로 장식된 암키와도 있고, 또 5개 형식의 와당 쪼가리들도 있는데 금당 및 전각 지붕에 사용된 것과 동일한 형식이었다. 토기도 여러 종류가 발견되었고, 개별유물도 다양한 종류가 출토되었다.

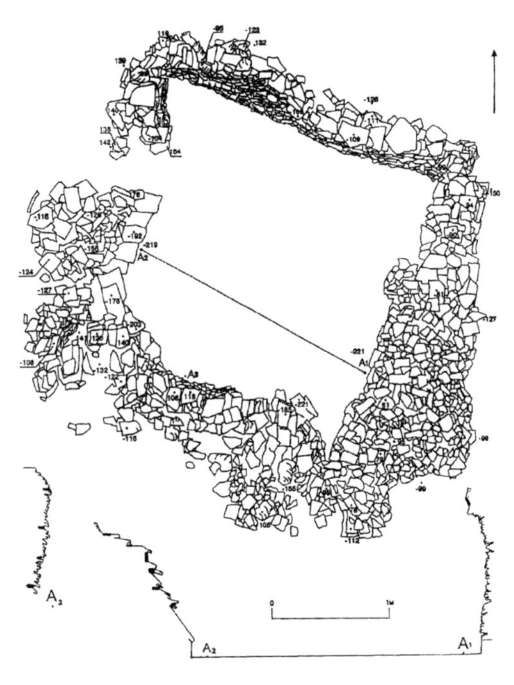

도면 37 | 서북지역 북부 사찰구역 와실유구 평단면도(2004)

도면 39 | 서북지역 북부 사찰구역 와실유구 내부 모습(2004)

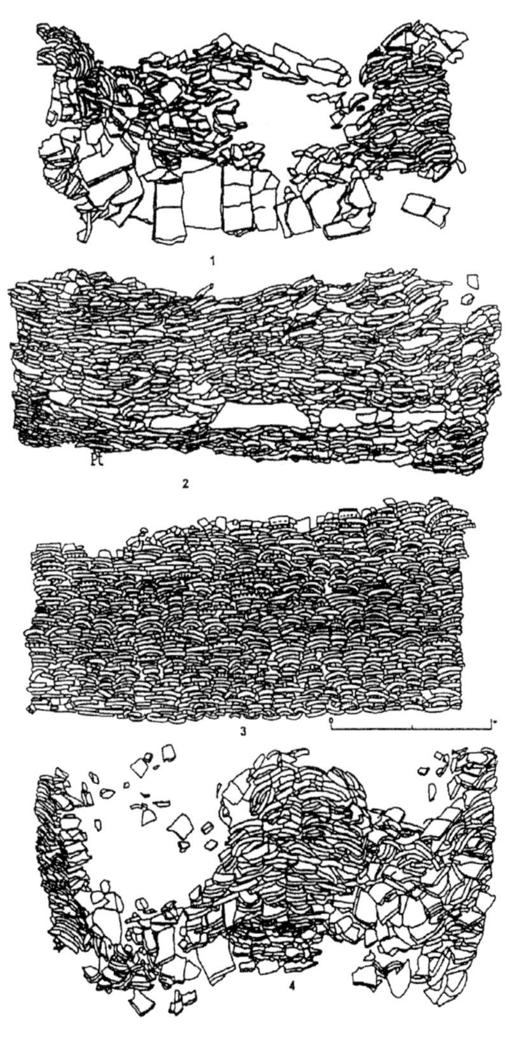

도면 38 | 서북지역 북부 사찰구역 와실유구 입면도(2004, 1 – 북서벽, 2 – 북동벽, 3 – 남동벽, 4 – 남서벽)

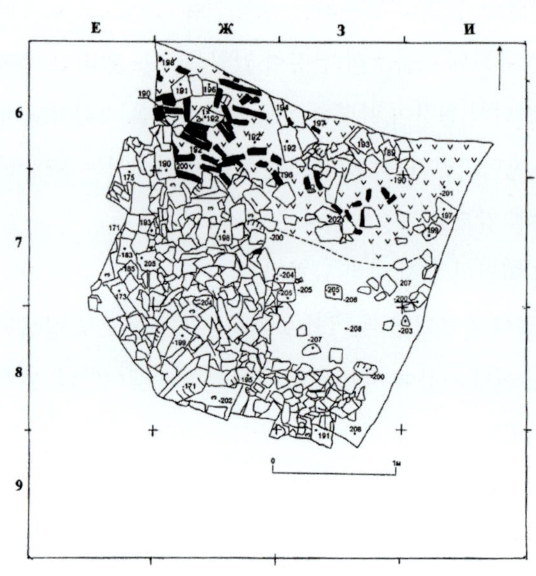

도면 40 | 서북지역 북부 사찰구역 와실유구 내부 바닥 실측도(2004)

와실유구 주변에서 동심원 모양으로 배치된 3열의 도랑 흔적이 확인되었다(도면 32). 이 도랑과 와실유구는 서로 관련이 있다고 생각되지만 용도가 분명하지 못하다.

와실유구에서는 다량의 유물이 출토되었다. 제5인공층 조사 시에는 주철제 다리미(도면 2003-60; 72; 2004-61)(도면 702), 청동비녀 머리장식(도면 2003-73; 79)(도면 732, 7), 청동 띠꾸미개가 발견되었다. 와실유구 내의 가장 아랫부분 제6인공층에서는 원숭이 모양 동물 소상(도면 2003-84, 86)(도면 667, 3), 석제 띠꾸미개(도면 2003-81; 2004-105)(도면 679, 3), 석제 고누판(도면 2003-85)(도면 671). 주철제 솥 다리(도면 2003-59), 주철제 차관(도면 2003-58; 71)(도면 714, 2, 3), 철제 칼(도면 2003-61), 철제 삽(도면 2003-68, 3)(도면 683, 1), 철제 띠꾸미개(도면 2003-68, 1, 2)(도면 719, 2; 718, 17), 철제 화살촉(도면 2003-50, 1-3), 철제 낫(도면 2003-67)(도면 684, 2), 철제 열쇠(도면 2003-70, 2)(도면 710, 4), 철제 문 빗장(도면 2003-69, 1, 2, 3)(도면 711, 2, 5, 6), 청동 방울(도면 2003-77; 80, 6)(도면 740, 10), 청동 비녀 머리장식(도면 2003-74; 79, 2)(도면 732, 7), 청동 띠 꼬리장식(도면 2003-80, 7, 8)(도면 739, 5, 13), 청동 띠꾸미개(도면 2003-80, 3~5)(도면 736, 3; 737, 3, 12), 문 장식(도면 2003-80, 1-2)(도면 740, 7) 등이 출토되었다. 토기는 동이 윗부분(도면 2003-145)(도면 820, 11), 동이와 대형 호류 윗부분(도면 2003-130, 131)(도면 777, 1; 834, 7), 직구호(도면 2003-140, 1; 147), 직구호와 심발(도면 2003-129; 133; 142, 1)(도면 809, 4, 5; 883, 12), 옹-호류(도면 2003-132)(도면 767, 1), 호 윗부분(도면 2003-137)(도면 791, 2), 동이(도면 2003-146)(도면 843, 8), 동이-발(도면 2003-139)(도면 853, 7), 반(도면 2003-134)(도면 916, 12), 심발 윗부분(도면 2003-135, 2)(도면 812, 1), 심발 아랫부분(도면 2003-152, 2; 2004-186, 1), 대접(도면 2003-138)(도면 926, 6), 동이(도면 2003-138; 141-2)(도면 850, 2), 시루(도면 2003-90, 2; 115)(도면 954, 3), 대형 접시(도면 2003-98; 151)(도면 943, 2), 소형 외반구연 발(도면 2003-103; 105; 135; 143; 149)(도면 859, 1, 4; 864, 6; 867, 1, 7), 완(도면 2003-150, 2)(도면 928, 4), 병 윗부분(도면 2003-150, 1)(도면 909, 3), 접시(도면 2003-97), 뚜껑(도면 2003-140, 2)(도면 939, 17), 주전자(도면 2003-101; 152)(도면 955, 1) 등이 출토되었다. 그 외 테라코타 연봉 꽃잎 장식(도면 2003-116; 117)(도면 651, 1~4)과 치미편도 출토된 것이 있다. 기와들 중에는 암키와 완형(도면 2004-129)과 수키와 완형(도면 2003-126)도 있다.

와실유구에서는 다음의 유물들도 출토되었다.

청동 비녀 머리장식(도면 2004-49, 2)(도면 732, 7, 8), 자물쇠(도면 2004-79, 1)(도면 710, 1), 철제 미늘(도면 2004-91), 철제 고리(도면 2004-89), 철제 판상유물(도면 2004-93), 철제 배목(도면 2004-85, 1, 2; 87, 1, 2, 3), 철제 꺾쇠(도면 2004-95, 1, 2), 철제 못(도면 2004-96~98), 철제 화살촉(도면 2004-103, 1, 2, 3; 101, 1, 2, 3), 비녀못(도면 2004-65)(도면 716, 5). 그 외 와실유구에서는 와실유구에서 떡갈나무 목재들도 출토된 것으로 보고되었다.

대형 옹(도면 2004-189)(도면 754, 1). 제31구역의 데-9방안에서 출토되었다. 제1생활축면에 해당된다. 어깨가 발달된 계란모양의 동체를 가졌다. 목이 짧게 형성되어 있고, 구연은 외반하였다. 구경는 44.5㎝, 경경은 42.6㎝, 동체 최대경은 76.2㎝, 저경은 33.8㎝, 높이는 81㎝이다. 다양한 크기의 혼입물이 섞여있는 자연모래 함유 점토로 만들었다. 속심은 붉은 음영의 갈색, 외면은 회색, 내면은 갈색이다. 목까지 땅에 묻었었다. 제31구역에 모두 3점의 대형 옹이 출토되었으나 1점만 복원된 것이 보고되었다.

8) 석축구조물

2005년 제32구역과 2006년 제33-a구역에 걸쳐 조사되었다. 제32구역과 제33a구역에서 각각 절반씩이 노출되었다(도면 41; 42; 43). 제3인공층에서 상면이 드러났다. 평면모양은 준 타원형이다. 유구의 가장자리를 따라 돌들이 흩어진 상태로 놓여 있었다. 이 유구의 안쪽에서는 25~30㎝ 깊이로 회색의 단단한 사질토가 들어있었다. 동남변의 가운데 부분에 모래층 아래로 암갈색의 단단한 사질토가 볼록하게 둔덕을 이루고 있었다. 이 볼록한 둔덕의 크기는 68×34㎝이다. 이것은 입구의 단이었을 것으로 추정되었다. 석벽구조물의 크기는 보고된 것이 없지만 도면을 통해 볼 때에 대략 6×4.2m이다(도면 44). 장축이 북동-남서 방향이다. 이 석축구조물은 그 어떤 건물의 기초였을 가능성이 있지만 분명하지 않다. 유물은 윤제 토기편들이 출토되었지만 구체적으로 어느 토기편들이 이 유구에서 출토된 것인지는 따로 보고되지 않았다. 흥미로운 사실은 이 석축구조물의 바로 아래에 장방형 초석 건

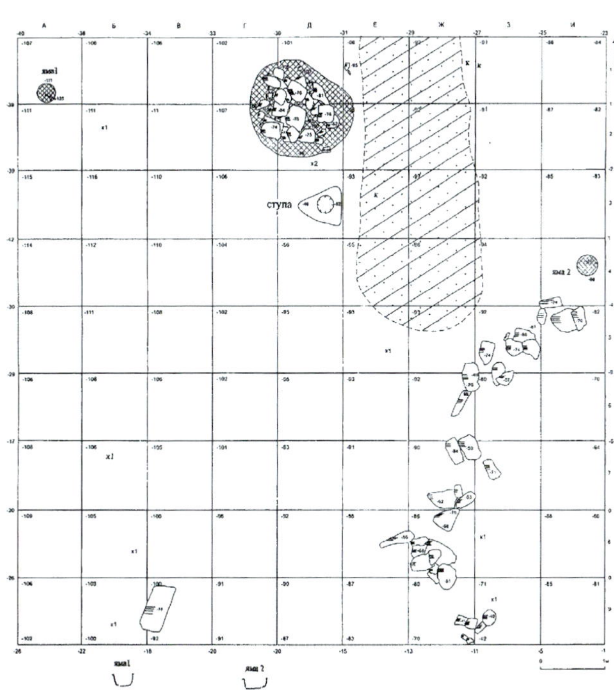

도면 41 | 서북지역 북부 사찰구역 제32구역 석축구조물과 주변 유구 제2인공층 평면도(2005)

도면 42 | 서북지역 북부 사찰구역 제32구역 석축구조물 모습 (2005, 서쪽에서)

도면 43 | 서북지역 북부 사찰구역 제32구역 석축구조물 모습 (2005)

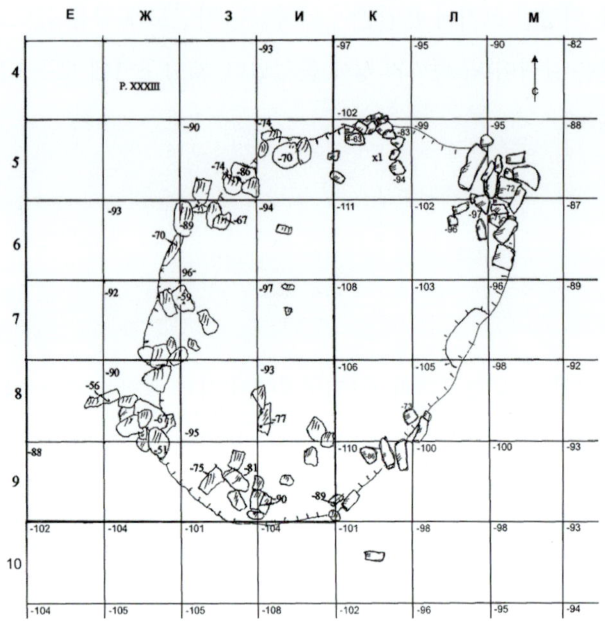

도면 44 | 서북지역 북부 사찰구역 제32구역 석축구조물 평면도(2006)

도면 45 | 서북지역 북부 사찰구역 제32구역 석축구조물 모습 (2006)

도면 46 | 서북지역 북부 사찰구역 제32구역 석축구조물 부근의 돌확과 돌무지(2005)

물터가 위치한다는 사실이다(도면 45). 이 석축구조물과 초석 건물터의 층위 관계는 토층도(도면 2005-12 동벽 토층도)에 잘 반영되어 있다. 이 유구는 제2생활면에 속하는 것으로 보고되었다. 이 석축구조물의 북서쪽 가까이에는 적심으로 생각되는 돌무지 및 돌확이 노출되었다(도면 41; 46).

9) 초석 건물터

2005년 제32구역과 2006년 제33-a구역에 걸쳐 조사되었다. 동일 위치의 석축구조물 바로 아래에 위치한다(도면 47). 평면상 장방형이다. 모두 16개의 초석으로 이루어져 있다(도면 48). 장축은 동북-남서 방향이다. 각 변의 길이는 남서벽이 460㎝, 북동벽이 490㎝, 동남벽이 580㎝, 서북벽이 580㎝이다. 면적은 28.5㎡이다. 초석 간의 간격은 일정하지 못한데, 심심 간격이 가장 짧은 것은 40㎝, 가장 긴 것은 140㎝이다. 초석은 평면이 방형, 장방형, 부정형 등 다양하지만 상면이 편평하고, 일정 정도 치석을 하였다(도면 49; 50). 초석의 크기는 남쪽 모서리 초석에서 서쪽의 다음 초석을 1번으로 하여 시계 방향 순으로 모두 보고가 되었다. 남서벽의 1번 초석은 크기가 길이 64㎝, 너비 44㎝, 두께 20㎝이고, 2번 초석은 길이 40㎝, 너비 25㎝, 두께 21~26㎝이며, 서북벽의 5번 초석은 길이 48㎝, 너비 41㎝, 두께 20㎝이다. 북동벽의 9번과 10번 초석은 두께가 모두 9㎝로 가장 얇은데, 10번 초석의 경우

도면 47 | 서북지역 북부 사찰구역 장방형 초석건물지 노출 모습

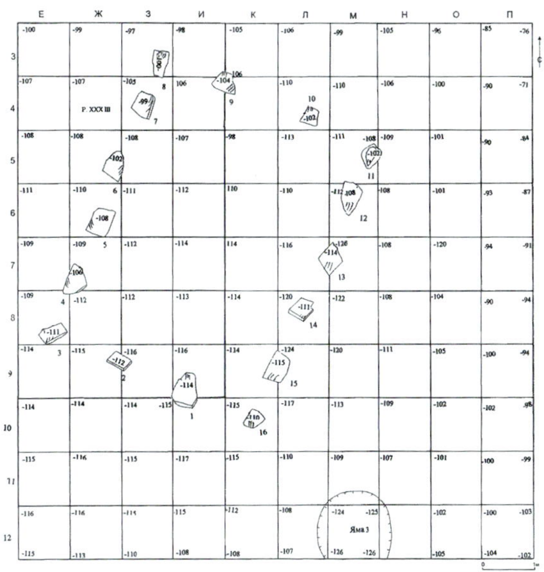

도면 48 | 서북지역 북부 사찰구역 장방형 초석건물지 평면도(2006)

도면 50 | 서북지역 북부 사찰구역 장방형 초석건물지 모습(2006)

도면 49 | 서북지역 북부 사찰구역 장방형 초석건물지 조사 모습(2006)

길이와 너비는 각각 34㎝와 28㎝이다. 초석들 중 가장 두꺼운 것은 서벽의 7번인데 두께가 28㎝이다. 초석들은 두께가 두꺼운 것은 땅을 파고 일정 부분을 묻었고, 두께가 얇은 것들은 지면에 그대로 놓은 것으로 보고되었다. 초석의 기초 부분을 어떻게 조성하였는지에 대해서는 보고된 것이 없다.

장방형 초석 건물터의 내부를 조사할 때에 동남벽 부근에서 탄화 목재들로 된 너비가 8~10㎝ 정도인 흑색의 좁은 얼룩이 발견되었는데 문의 목조구조물 흔적으로 추정되었다. 동남벽 가운데 정도 바로 안쪽에서는 바닥면에서 적색 소토 얼룩이 발견되었다. 출입구는 동남쪽에 있었을 것이다. 이 초석 건물터는 제3생활면에 속하는 것으로 판단되었다.

10) 우물

1997년과 1998년에 제15구역에서 조사가 되었다. 금당지의 남서쪽 모서리에서 약 18.3m의 거리에 위치한다. 우물의 서쪽 가까이에는 성벽이, 북동쪽 가까이에는 4호 가마가 각각 위치한다(도면 51). 사찰구역의 남서쪽 모서리 안쪽에 해당된다.

1997년에는 우물이 1.7m 깊이까지 그리고 그 가까이의 차양 흔적이 함께 조사되었다. 우물의 벽은 돌을 쌓아 만들었는데 우물 석벽의 윗부분은 지표 아래 50~60㎝ 깊이에서 노출되었다. 우물의 윤곽은 우물의 벽체가 무너져 내린 돌무지와 우물의 굴광 구덩이를 채운 짙은 색의 토양에 의해 분명하게 구분되었다.

우물의 북서쪽에는 성벽과의 사이에 'ㄱ'자 모양의 부석시설(浮石施設)이 있다(도면 52). 이 부석시설은 큰 돌을 한 겹 혹은 두 겹 깔아 만든 것으로서 우물과 부석시설 남서쪽에 위치하는 '부와유구(浮瓦遺構)'를 서로 연결해 주고 있다. 부석시설의 너비는 0.4~0.5m이다.

'부와유구'는 암키와들이 등면이 위로 간 상태로 정연하게 깔려 있는 것이다(도면 53). 암키와들 사이와 위에서 붉은색의 딱딱한 벽토들이 붙어 있었고, 수키와는 보이지 않았다. 이 부와유구의 규모는 길이 2m, 너비 1.3m이다. 발굴조사단은 이 부와유구를 우물과 성벽 사이의 공간에 시설된 차양이 무너져 내린 것으로 판단하였다. 이 차양은 초석 기둥에 의해 지탱되었을 것으로 판단하였지만 초석에 대한 구체적인 내용은 보고되지 않았다.

우물 위에도 기와지붕이 있었을 것으로 판단되었다. 우물 안과 그 밖에서 많은 와편들이 발견되었기 때문이다. 우물 주변으로 장방형으로 배치된 직경이 20㎝인 4개의 구멍이 발견되었는데 아마도 우물 위의 지붕을 지탱한 기둥구멍일 것이다(도면 51).

우물과 부석시설 그리고 부와유구를 함께 고려한다면 이 셋은 상호 유기적으로 관련이 있었을 것이다. 우물 주변은 자주 질퍽하였을 가능성이 높고, 일종의 통로 역할을 한 부석시설을 지나 차양이 있는 곳으로 가서 차양 아래에서 빨래를 한다거나 혹은 식기를 씻는 등의 행위를 하였을 것으로 추정해 볼 수도 있을 것이다.

1998년에는 우물 주변으로 4×4m 구획을 하여 우물과 우물 굴광 구덩이를 모두 조사하였다(도면 54; 55). 우물의 구조를 파악하기 위해 우물 석벽과 굴광 구덩이 내의 채움 흙을 인공층 단위로 동시에 제거하였다. 윗부분의 굴광 구덩이는 크기가 3.30×2.75~2.80m이다.

우물은 먼저 크게 굴광 구덩이를 파고 바닥에 각목과 판재로 평면 방형이 되게 결구를 한 다음에 그 위로 돌을

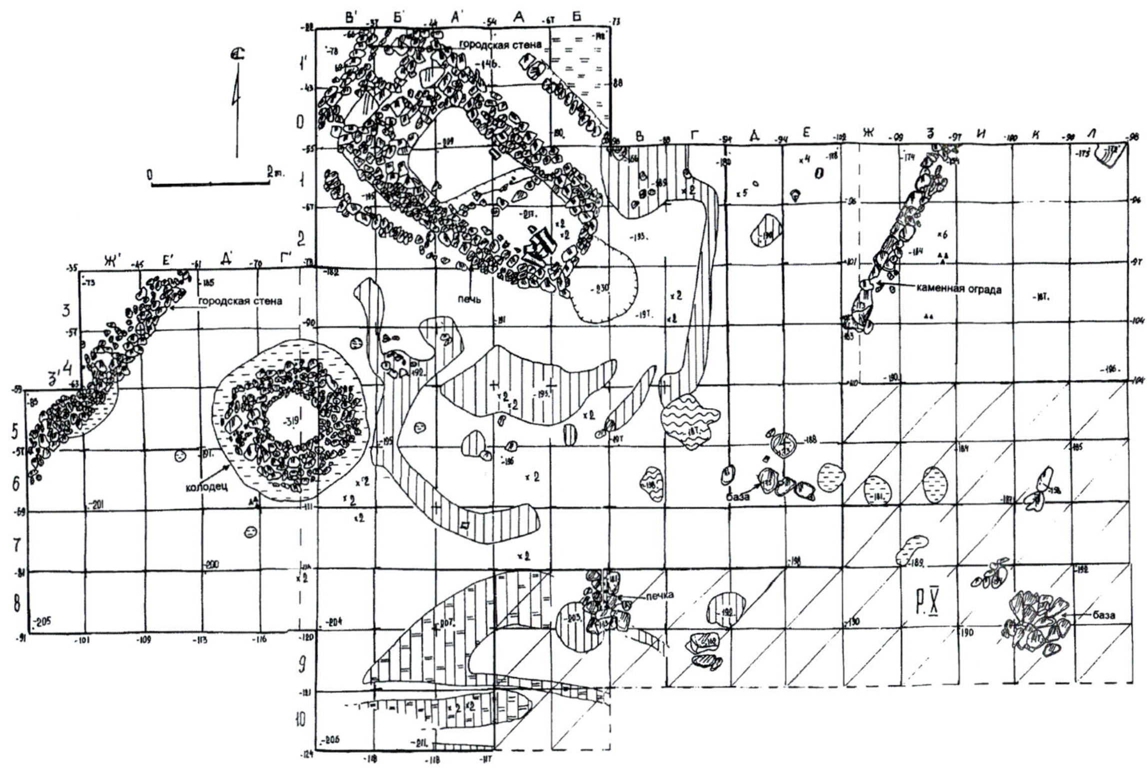

도면 51 | 서북지역 북부 사찰구역 우물 포함 제15구역 평면도(1997)

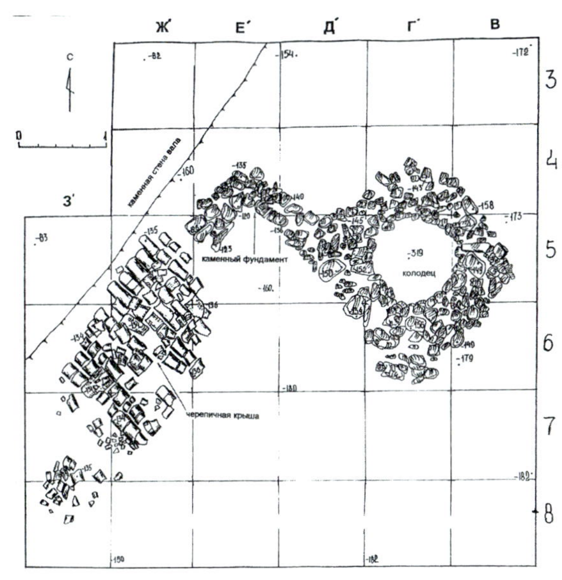

도면 52 | 서북지역 북부 사찰구역 우물과 부석 및 부와유구 평면도(1997)

도면 53 | 서북지역 북부 사찰구역 우물 부근 부와유구 모습(1997, 북서쪽에서)

쌓아 올려 만들었다. 우물 석벽과 굴광 구덩이의 사이 공간은 돌, 와편 등이 섞인 흙으로 채워 넣었다. 우물과 굴광 구덩이의 평면모양 그리고 크기는 깊이에 따라 차이를 보였다.

우물의 평면 모양은 위와 중간 부분은 대체로 둥그스름하였으나, 아랫부분은 방형이었다(도면 56). 이 사실은 사각형의 나무 격자 위로 처음에는 우물 벽을 방형으로 쌓아 올리다가 위로 가면서 점차 원형으로 둥글게 쌓았

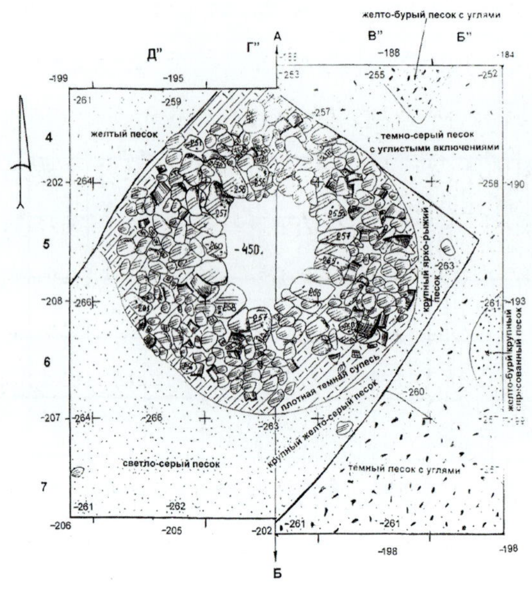

도면 54 | 서북지역 북부 사찰구역 제8인공층 깊이 우물 평면도(1998)

도면 55 | 서북지역 북부 사찰구역 우물 모습(1998)

음을 말한다. 우물의 평면이 방형이 되는 깊이는 레벨 기준점에서 -320/-325㎝ 깊이, 다시 말해서 잔존 우물 상면에서 170~180㎝ 깊이이다. 우물 내부의 크기도 변동을 보였는데 직경이 제4인공층 깊이에서는 53~76㎝, 제5인공층 깊이에서는 72~82㎝, 제6인공층 깊이에서는 78~80㎝, 제7인공층 깊이에서는 82~108㎝, 우물 상면에서 -160/-170㎝ 깊이에서는 85×115㎝이다. 여기에서 각 인공층의 구체적인 깊이는 분명하지 않다. 각목과 판재를 사각형 모양으로 결구한 곳의 각목 길이는 우물 벽 안쪽으로 들어간 것을 제외하고 99㎝이다. 돌을 깔아 놓은 우물의 바닥 부분은 크기가 115×115㎝인 것으로 보고되었는데 도면상의 각목 길이와는 약간 모순을 보인다.

우물의 벽을 이루는 석축부, 즉 석벽의 두께는 제5인공층 깊이에서는 45~75㎝, 제6인공층 깊이에서는 70~112㎝, 제7인공층 깊이에서는 72~96㎝, 제8인공층 깊이에서는 68~104㎝인 것으로 각각 보고되었다. 우물의 석벽은 제5인공층 깊이까지는 면석을 길이가 25~40㎝인 크고 길쭉한 강돌을 사용하여 쌓았고, 안쪽은 작은 강돌과 와편으로 채워 넣었는데 드물게는 토기편도 섞여 있었다(도면 57; 58). 우물 석벽의 면석에 대해서는 그 아래로 우물의 평면이 방형이 되는 -320/-325㎝부터 다시 보고된 것이 있다. 이 깊이부터는 우물 석벽의 면석을 매우 큰 돌들로 쌓았다고 하였다. 다만 구체적인 크기는 제시되지 않았다.

우물의 석축부에서는 제6인공층 깊이에서 와편과 토기편 외에 3점의 주철제 솥편, 철제 못, 동물의 이빨 등이 발견되었다. 윤제 토기편은 366점이 출토되었다. 그 외 우물의 석축부에서는 4호 가마에서 발견된 것과 합쳐지는 반의 편이 출토되었다.

우물의 굴광 구덩이도 평면모양이 제5인공층 깊이까지는 말각 방형으로 모습을 가지다가, 그 아래 제6인공층 깊이에서는 둥근 원모양이 되고, 그 아래 제7인공층 깊이에서는 다시 사각을 모양을 가지는 등 변화를 보인다. 굴광 구덩이의 크기는 제6인공층 깊이에서는 남북 길이가 3.16m, 제7인공층 깊이에서는 서쪽 모서리와 동쪽 모서리 간 길이가 3.70m, 한 변의 길이 대략 2.70~2.80m이었다. 우물 굴광 구덩이를 채운 흙은 제7인공층까지는 암회색 사질토였다. 제8인공층부터는 간혹 단단한 흑색 사질토가 섞인 선명한 갈색의 단단한 모래로 바뀐다. 우물 굴

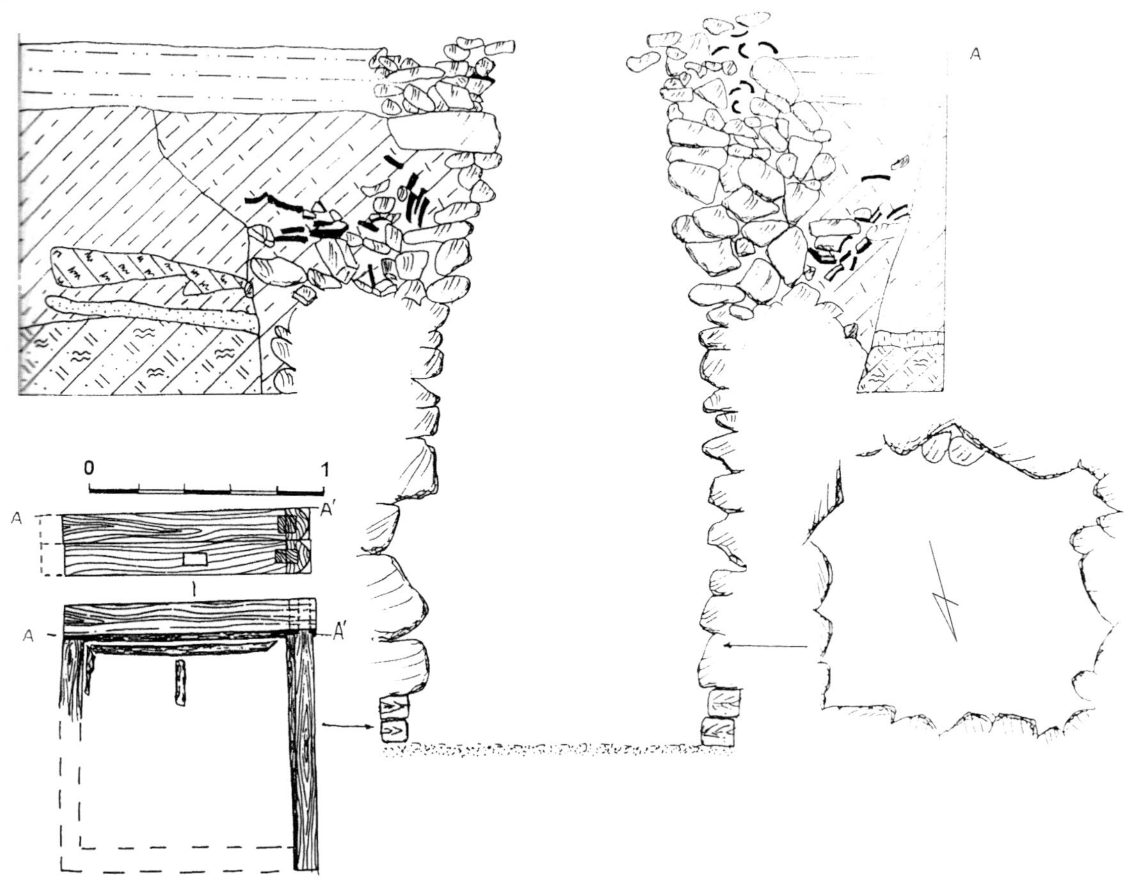

도면 56 | 서북지역 북부 사찰구역 우물 단면도 및 바닥 목재 평면도(1998)

광 구덩이에서는 와편이 모두 4,457점 발견된 것으로 보고되었다.

우물에서 약 1m의 깊이에서 두 개로 깨어진 큰 판돌이 발견되었는데 직경이 우물의 입과 비슷하였다. 때문에 우물을 원래 큰 판돌로 덮었을 것으로 추정되었다. 우물 내부의 퇴적물은 레벨 기준점에서 -300㎝까지, 다시 말해서 우물 윗부분에서 깊이 160~170㎝까지는 대부분 자갈돌(500개 이상)과 약간의 수키와편으로 되어 있었다. 그 아래에는 우물 벽 쪽으로 두께가 4~5㎝인 큰 판돌의 쪼가리들이 있었다. 판돌 아래로 레벨 기준점에서 -290/-300㎝부터 -320/330㎝ 사이에는 돌과 와편이 드물게 섞인 뻘-모래였다. 이 뻘-모래에는 작은 숯들과 불탄 떡갈나무 작은 가지들이 많이 들어있었다. 이 층의 아랫부분의 토양에 대해서는 물 체질을 하였는데 다량의 생태자료(담수 작은 고둥, 바다 홍합 껍질, 작은 뼈 쪼가리들, 곤충 날개 등등)와 탄화 식물자료(개암 껍질, 잣 껍질, 우엉 가시 등등)가 확보되었다.

레벨 기준점에서 -320/-330㎝ 깊이, 다시 말해서 우물 상면에서 190~200㎝ 깊이부터 다량의 유물이 출토되었다. 우물에서 22개체의 온전한 혹은 복원 가능한 토기들이 출토되었는데 대부분이 이 깊이와 그 아래에서 출토되었다. 토기 외에도 온전한 수키와들과 암키와들 그리고 와편들도 함께 발견되었다.

이 깊이 아래로는 물이 많이 차서 '손으로 더듬으면서' 조사를 진행하였다고 보고하였다. 레벨 기준점에서

도면 57 | 서북지역 북부 사찰구역 우물 모습(1998, 동쪽에서)

도면 58 | 서북지역 북부 사찰구역 우물 모습(1998, 북쪽에서)

도면 59 | 서북지역 북부 사찰구역 우물 바닥 모습(1998)

-385/405㎝에서는 옹과 2개의 구멍을 낸 토기의 편이 노출되었다.

우물의 바닥에는 작은 혹은 중간 크기의 돌들을 깔아 놓았다(도면 56). 이 돌을 깔은 적석시설의 두께는 따로 보고되지 않았지만, 돌 깔은 것의 상면이 레벨 기준점에서 -410㎝ 깊이이고, 돌 깔은 것을 제거한 우물 바닥의 깊이는 레벨 기준점에서 -450㎝인 것으로 보고된 것으로 보아 약 40㎝ 정도인 것으로 판단된다.

우물 바닥 적석시설의 상면 높이에는 우물 석벽의 네 모서리에 틈을 내어 놓아 외부의 물이 우물로 자유로이 들어올 수 있게 하였다. 모서리의 틈들은 동쪽 모서리는 지두문이 있는 암키와 절반으로, 북쪽, 서쪽, 남쪽 모서리의 틈은 큰 수키와 쪼가리로 덮었다. 서쪽 모서리 부분에서는 상기한 옹과 2개의 구멍을 낸 토기편 그리고 큰 돼지의 턱뼈가 발견되었다. 이 유물들은 희생의 흔적일 것으로 추정되었다. 다만 우물의 바닥 위에서 발견된 것이기 때문에 희생의 흔적인지에 대해서는 논쟁의 소지가 있다고 생각된다. 일반적으로 우물을 정기적으로 청소를 해주기 때문에 우물 바닥에 남아 있는 것은 우물을 사용하면서 부주의에 의해 떨어졌을 수도 있는 것이다.

우물 바닥 적석시설을 해체할 때에 목제의 굽이 있는 완이 1점(도면 1998-87), 그 부근에서 뒤집어진 상태로 흑색마연의 접시가 1점, 이와 나란히 6각형의 토기 편이 1점 각각 발견되었다. 이 유물들은 의례적인 의미를 가졌고, 우물 축조 시에 일부러 넣은 것으로 판단되었다.

우물 바닥의 적석시설을 조사할 때에 2단으로 된 목조구조물이 발견되었다(도면 56; 59). 이 격자 형태의 목조구조물은 북서, 남동 부분은 단면이 14×14×14㎝인 각목을 사용하였고, 남서와 북동 부분은 판재를 사용하였다. 각목의 길이는 석벽 아래로 들어간 것을 제외하고 99㎝이었다. 서쪽 모서리 부분에는 각목이 너무 깊게 들어갔고, 북쪽 모서리에서는 각목이 안쪽으로 5㎝ 더 들어가 있었다. 남서쪽과 북동쪽의 판재는 편평한 부분을 밖으로 보이게 하였다. 이 판재의 너비는 14㎝이다. 북쪽 모서리 부분의 아래 단 각목에는 크기가 10×6㎝인 틈을 내고 그곳에 판재를 끼워 넣었다. 그리고 판재가 단단하게 고정되게 이 틈에 길이 9~10㎝의 쐐기를 박아 넣었다. 서쪽 모서리 가까이에서는 바로 그 아래 단 각목에서 크기가 10×8㎝인 두 번째 틈이 발견되었다. 북쪽 모서리부터 이 틈의 가운데까지의 거리는 약 55㎝인데, 즉 서쪽 모서리 부분까지 거의 40㎝가 남아 있다. 이 틈은 비어 있었다.

아래 각목과 위 각목 사이 그리고 아래 각목의 깊이에서 나무 여과기가 발견되었다. 이 나무 여과기는 2개의 나무를 엮어 만든 망상의 구조였다. 망상 구조물의 틀은 두꺼운 나뭇가지로 만들었고, 망상 자체는 가는 나뭇가지로 만들었다. 남아 있는 망상 구조물에서 두꺼운 끈으로 묶은 흔적이 확인되었다.

우물 바닥의 적석시설 아래로 각목과 판재 아래에서는 유사(流砂)가 발견되었다.

우물의 잔존 깊이는 바닥에 깔은 돌의 상면까지 약 2.8m가 된다. 우물 석벽의 윗부분은 '생토' 상면에서 30~40㎝ 밖으로 돌출해 있는 것으로 보고되었지만 원래 생활면에서 얼마나 위로 올라가 있었는지는 분명하지 않다.

우물의 굴광 구덩이 밖에서는 제7인공층을 조사할 때에 4×4m 발굴구역의 북동쪽 모서리 부분에서 깊이 15~18㎝의 구덩이가 하나 발견되었는데, 내부 퇴적토가 숯, 나무 조각, 와편, 소토 등이 포함된 흑색 사질토였다(도면 54). 이 구덩이는 이웃하는 4호 가마보다 더 아래에 위치하는 8호 가마와 관련되었다. 우물 굴광 구덩이의 밖으로 북서쪽 모서리 부분에서는 지표에서 130~140㎝ 깊이에서 미니어처 용머리 소상 1점과 와당편 1점이 각각 출토되었다.

제9인공층을 조사할 때에 물이 너무 많이 차서 발굴구역의 남동쪽 모서리 부분에 물구덩이를 깊이 70~75㎝로 팠는데, 이곳의 제10~11인공층 깊이에서 구 표토가 발견된 것으로 보고되었다. 이곳에서 관목의 가지들과 나무 막대기들이 발견되었다. 그중한 막대기는 말목처럼 끝을 뾰족하게 다듬은 것이었다. 나무들이 잘 보존된 것은 이곳이 매우 습하였음을 말할 것이다.

우물 내부에서 출토된 토기 중에서는 편병(도면 1998-250)(도면 911; 912), 화병(거란토기)(도면 1998-249)(도면 915), 구상호(도면 1998-257, 2)(도면 788, 4), 장동호(도면 1998-255, 2)(도면 784, 3), 구상호(도면 1998-255, 1)(도면 988, 2), 직구호(도면 1998-252, 1, 2)(도면 892, 7, 8), 발(도면 1998-252, 3; 254)(도면 848, 3, 4), 장동호(도면 1998-

251, 1)(도면 784, 2), 동이(도면 1998-253)(도면 851, 10), 옹(도면 1998-259, 2)(도면 755, 2), 동이(도면 1998-259, 1)(도면 820, 12), 장동호(도면 1998-256, 1-2; 258, 1-2)(도면 784, 1, 4), 호(도면 1998-257, 1)(도면 788, 3) 등이 보고되었다. 이 토기들은 우물 상면에서 190~200㎝ 깊이부터 그 아래에서 출토된 것으로 판단된다. 우물의 바닥에서는 목제 잔(도면 1998-87; 248, 3)(도면 751, 1)과 토기 뚜껑(도면 1998-103-104)(접시로 보고)이 출토되었다.

11) 가마(窯址)[8]

(1) 2호 가마(1994-1호 가마)

1994년에 제9구역에서 조사되었다(도면 60). 1994년도 발굴조사보고서에는 1호 가마로 보고되었지만 나중에 2호 가마로 명칭을 바꾸었다. 2호 가마는 금당지 남동쪽에 있는 전각지의 남쪽에 위치한다. 층위 상 전각 지붕에서 무너져 내린 기와무지와 석열('추정 담장') 아래에 위치한다. 노출 상면은 크기가 8×2m인 불탄 얼룩 형태였다. 가장자리에는 오렌지색의 소토가 잘 확인되었고, 윗부분에는 회색의 소토덩이들로 채워져 있었다.

가마의 장축은 북서-남동 방향이다. 회구부, 아궁이와 연소실, 소성실, 배연구와 굴뚝으로 이루어져 있다(도면 61). 가마는 생토 아래 0.5m 깊이로 내려간 4.4×2m 크기의 사다리꼴 구덩이 모양을 하고 있다(도면 62). 가마의 네 벽은 모두 돌을 쌓아 만들었다. 벽에 쌓은 돌은 높이 0.4m까지 남아 있으며 석벽의 너비는 0.2~0.3m이다. 반죽한 흙으로 보강하였을 것으로 추정되었다.

아궁이는 양쪽으로 큰 돌을 세워 만들었는데 너비는 0.5m, 높이는 0.4~0.5m이다. 아궁이 앞 쪽에는 크기 1.85×2m, 깊이 0.5m인 바닥이 둥그스름한 구덩이 모양의 회구부가 있다. 회구부는 암색의 숯 사질토로 채워져 있었다. 아궁이를 정리 조사할 때에 발견된 큰 암키와 편들은 아궁이 위를 덮는데 사용된 것으로 추정되었다. 연소실은 크기가 0.9×0.8m로 추정되었다. 연소실과 소성실의 경계는 교란으로 인해 분명하지가 못하였다. 소성실은 크기가 3×2m이며, 바닥에는 진흙을 발랐다. 소성실의 내부퇴적토에서 천정 벽토덩이들과 함께 와편들이 섞여 있었다. 천정 벽토의 안쪽에 불에 탄 나무 잔가지의 흔적들이 남아 있어 가마 천정은 먼저 나무 잔가지를 엮어 틀을 만들고 그다음에 그 위로 흙을 발라 조성하였을 것으로 추정되었다. 가마 바닥에서 수키와와 암키와 편들이 출토되었는데 대부분이 잘 소성된 상태였으나 굴뚝 쪽의 것들은 소성이 불량하였다.

소성실과 굴뚝의 연결 부위에는 2개의 판돌을 나란히 세워 배연구를 만들었다. 배연구의 두 판돌 사이의 간격은 0.2m이다. 소성실과 굴뚝 사이에는 높이 0.1m, 너비 0.2m로 낮게 턱이 형성되어 있는데 통풍을 위한 것으로 간주되었다. 굴뚝은 크기가 0.45×0.55m이며, 깊이는 소성실 쪽은 0.2m, 바깥쪽은 0.6m이다. 굴뚝 바닥 부분에서 다량의 암키와 편이 노출되었는데 굴뚝의 벽을 보강하는데 쓰였을 것으로 판단되었다. 전체적으로 2호 가마는 전각지 지붕기와무지 아래에서 발견되었고 또 출토 기와도 전각지의 것들과 동일하기 때문에 전각지의 지붕에 쓰일 기와를 구운 것으로 추정되었다.

8 정석배가 발굴조사보고서와 관련 논저들을 참고하여 작성한 크라스키노성의 가마에 대한 내용을 수정 보완하였다: 정석배, 2015,「발해의 가마(窯)에 대한 일고찰」,『선사와 고대』43.

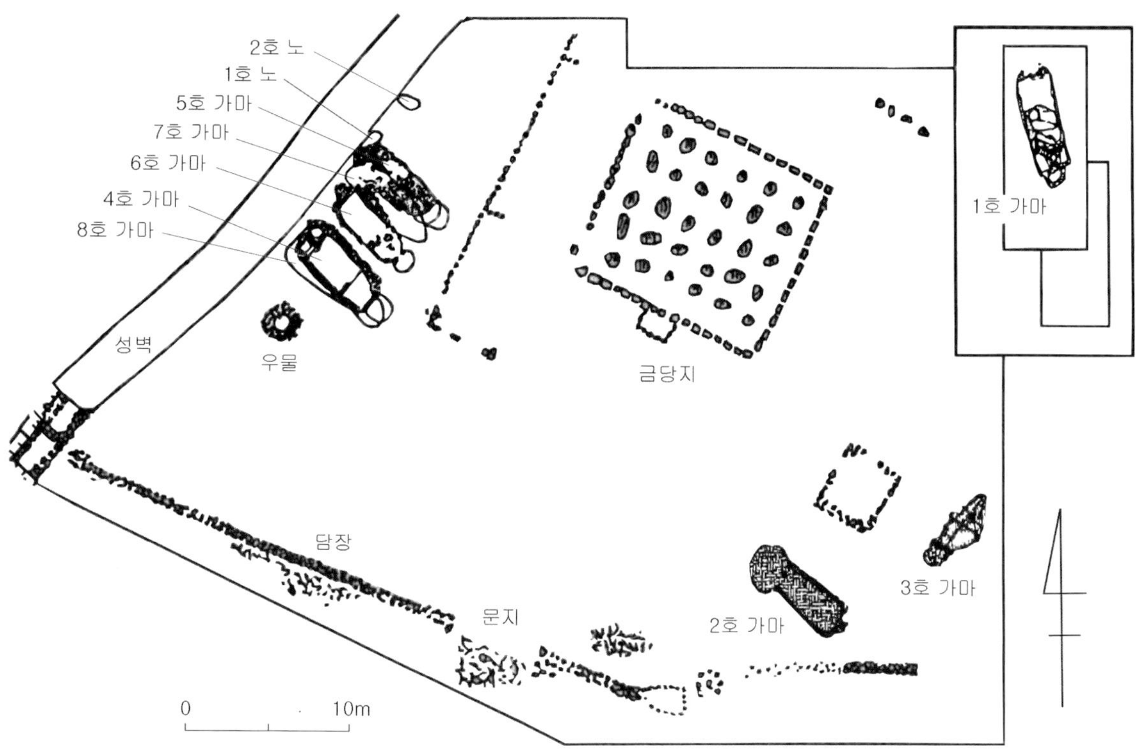

도면 60 | 크라스키노성 서북지역 북부 사찰구역 가마 배치도

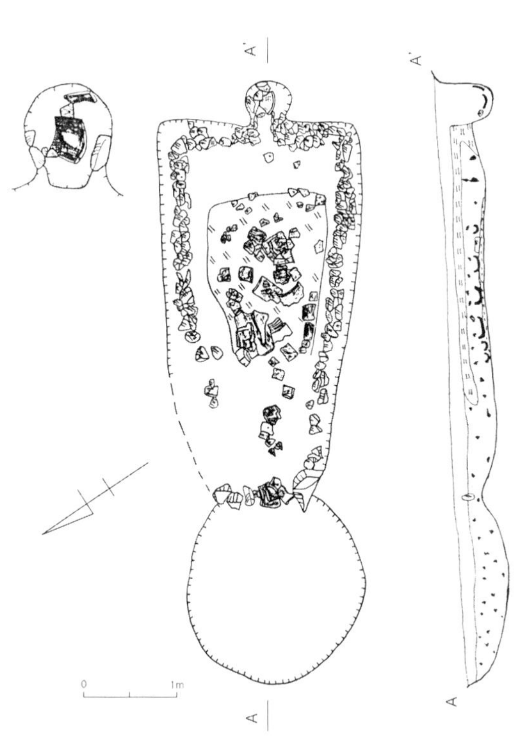

도면 61 | 크라스키노성 2호 가마 평단면도(1994)

도면 62 | 크라스키노성 2호 가마 모습(1994)

다만 한국어 보고서에는 이 가마에서 회구부는 연소실로, 연소실과 소성실은 소성실로 각각 파악하였으며, 도면은 벽체의 돌을 제거하고 난 상태의 것을 제시하였다.[9]

2호 가마는 3호 가마와 함께 전각 지붕이 무너진 아래에 위치하기 때문에 금당과 전각 지붕에 사용한 기와를 생산하였던 곳으로 판단하였다.

(2) 3호 가마(1994-2호 가마)

1994년에 제9구역에서 조사되었다. 1994년도 발굴조사보고서에는 2호 가마로 보고되었지만 나중에 3호 가마로 명칭을 바꾸었다. 3호 가마는 금당지 남동쪽 전각지의 남동쪽에 위치하고 2호 가마와는 북동쪽으로 약 4m 떨어져 있다. 보존 상태가 매우 나쁜데 전각지를 세울 때에 파괴된 것으로 추정되었다. 가마 전체의 잔존 크기는 4.6×2.2m이고, 깊이는 0.45m이다. 장축은 남서-북동 방향이다(도면 63). 가마의 내부는 다량의 숯과 벽토덩이가 포함된 암회색 사질토로 채워져 있었다. 아궁이 부분이 가장 잘 보존되었고 그 앞의 회구부도 확인된다. 평면도와 단면도를 통해 보면 회구부는 길이가 약 1.5m, 너비가 약 1.4m정도 되는데 가운데 낮게 단이 하나 져있다. 보고서에는 이 단이 진 부분의 구덩이는 크기가 0.8×0.6m, 깊이가 약 0.6m임을 전하고 있다. 이 구덩이는 숯과 숯 사질토로 채워져 있었고, 바닥은 5㎝ 두께로 진흙을 바른 것이 확인되었다. 아궁이는 수직으로 세운 2개의 돌에 의해 구분되었는데 두 돌 사이의 간격은 0.2m이고 돌의 높이는 0.4m이다. 연소실은 심하게 달구어졌고, 아궁이에서 0.8m 거리까지 3~5㎝ 두께로 반죽 흙을 바른 것이 확인되었다. 그다음 소성실은 굴뚝 쪽으로 완만하게 높아진다. 소성실의 끝부분은 분명하지 못하고 굴뚝은 남아 있지 않다. 소성실의 잔존 깊이는 약 0.2~0.4m이다.

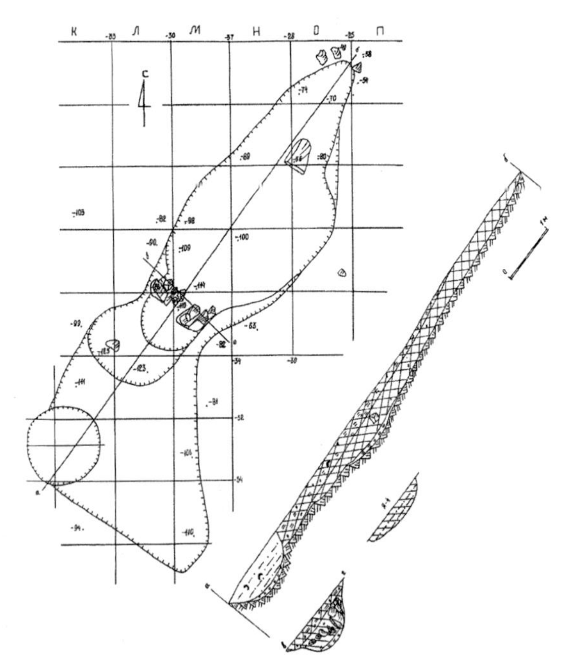

도면 63 | 크라스키노성 3호 가마 평단면도(1994)

3호 가마는 2호 가마와 마찬가지로 전각 지붕이 무너진 아래에 위치하기 때문에 금당과 전각 지붕에 사용한 기와를 생산하였던 곳으로 판단하였다.

(3) 4호 가마

1997년에 제15구역에서 조사되었다. 성벽 및 남서쪽의 우물과 인접하여 위치한다. 장축은 남동-북서 방향이다. 가마의 벽은 돌을 쌓아 만들었는데 자갈돌을 주로 사용하였다. 가마의 석벽 안쪽에는 잘게 쓴 풀을 섞은 반죽 흙을 2~3.5㎝ 두께로 발랐다. 가마 벽

9 문명대·이남석·V.I.볼딘 외, 2004, 『러시아 연해주 크라스키노 발해 사원지 발굴 보고서』, 고구려연구재단, 도면 8.

의 너비는 장축 방향 벽은 40㎝, 단축 방향 벽은 25㎝까지이며, 높이 70㎝까지 남아 있다. 가마는 회구부, 아궁이와 연소실, 소성실, 배연구와 굴뚝으로 이루어져 있다(도면 64).

회구부는 길이 1.22m, 너비 1.2m, 깊이 0.65~0.7m의 구덩이 모양이다. 아궁이는 가마 남동쪽 가로 방향 석벽의 가운데 부분에 작은 구멍형태로 만들어져 있다. 아궁이 위는 바깥쪽을 암키와로 덮었다. 아궁이의 크기는 높이 30~35㎝, 너비 90㎝이다. 연소실은 크기가 124×144㎝이며, 바닥은 단단하게 달구어진 사질점토였다. 연소실과 소성실 사이에는 높이 15~20㎝의 단벽이 있다. 이 단벽 위로는 부와시설이 있어 두 실이 더욱 분명하게 구분된다. 연소실에서는 벽토덩이, 숯, 불탄 돌, 기와 편들 등이 다량 확인되었다.

소성실은 크기가 길이 260㎝, 너비 170㎝이다(도면 65). 소성실의 윗부분은 벽토덩이, 천정 잔재, 불탄 흙 등으로 덮여 있었고, 속은 벽토덩이와 숯 등이 섞인 갈색 사질토로 채워져 있었다. 소성실의 바닥은 진흙과 모래를 섞은 흙을 단단하게 다져 조성하였는데 북서쪽은 푸른색이고 남동쪽은 적색으로 달구어진 색이다.

굴뚝은 소성실 끝부분의 밖에 2개가 있는데 소성실의 북서쪽 벽과 바로 인접하는 성벽 사이에 가운데로 돌을 쌓아 2개의 굴뚝을 구분하였다. 굴뚝의 크기는 아궁이쪽에서 보아 오른편의 것은 39×44×70㎝, 왼편의 것은 44×44×56㎝이다. 두 굴뚝 모두 소성실과의 사이에 있는 배연구와 연결된다. 배연구는 각각 좌우에 1개씩의 돌을 세우고 위에 1개의 돌을 덮어 만들었다. 굴뚝은 두 곳 모두 암키와로 된 개폐장치를 가지고 있었다. 굴뚝의 윗부분은 불탄 사질토가 섞인 벽토 및 돌들로 덮여 있다. 유물은 회색의 암키와와 수키와가 많고, 소량의 토기도 있다. 토기 중에는 기벽이 두꺼운 윤제 토기가 깨어진 것도 있다.

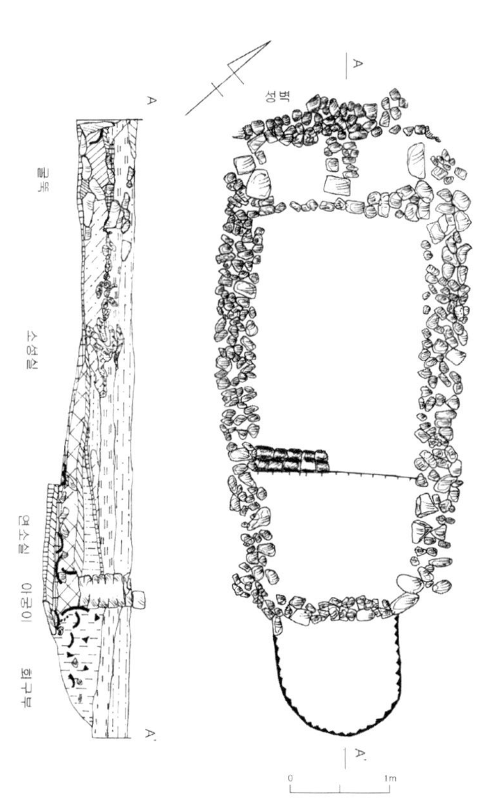

도면 64 | 크라스키노성 4호 가마 평단면도(1997)

도면 65 | 크라스키노성 4호 가마 모습(1997)

1998년에 서로 겹 놓인 관계에 있는 8호 가마를 조사하면서 4호 가마의 석벽을 허물었는데 이 때 4호 가마의 석벽 내에서 수키와, 암키와, 그리고 착고기와의 편들이 발견되었다. 암키와 중에는 지두문기와도 있고 또 승문기와도 확인된다(1998 보고서 도면 168~171).

(4) 5호 가마

1997년에 발견되었고 1998년에 조사가 마무리되었다. 제15구역과 제16구역의 경계 부분에 위치하며, 4호 및 8호 가마에서 북동쪽으로 0.5m 떨어져 있다. 대부분 파괴된 상태였다. 자갈돌을 쌓아 만든 남서벽 일부와 연소실 입구의 기초부분 돌들만 남아 있었다. 가마 구덩이는 모두 확인되었는데 크기가 5.1×2.3m인 긴 타원모양이다. 장축은 남동-북서 방향이다. 가마 내부퇴적토에서 다량의 천정 잔재와 벽토덩이가 발견되었다. 가마는 회구부, 연소실, 소성실, 굴뚝으로 구성되었으나 가마의 북서 부분은 뒤에 만든 가마에 의해 대부분 파괴된 상태였다(도면 66; 67).

회구부 구덩이와 연소실, 그리고 회구부 구덩이 앞쪽에서 깨어지거나 소성 시 형태가 일그러진 기와들이 많이 발견되었다. 회구부 구덩이의 크기는 1×1.2m이고, 깊이는 약 30㎝이다. 회구부 구덩이는 불에 탄 혹은 타지 않은 작은 벽토덩이들, 숯들, 작은 갈탄덩이들 등이 포함된 흑색의 재 사질토로 채워져 있었다.

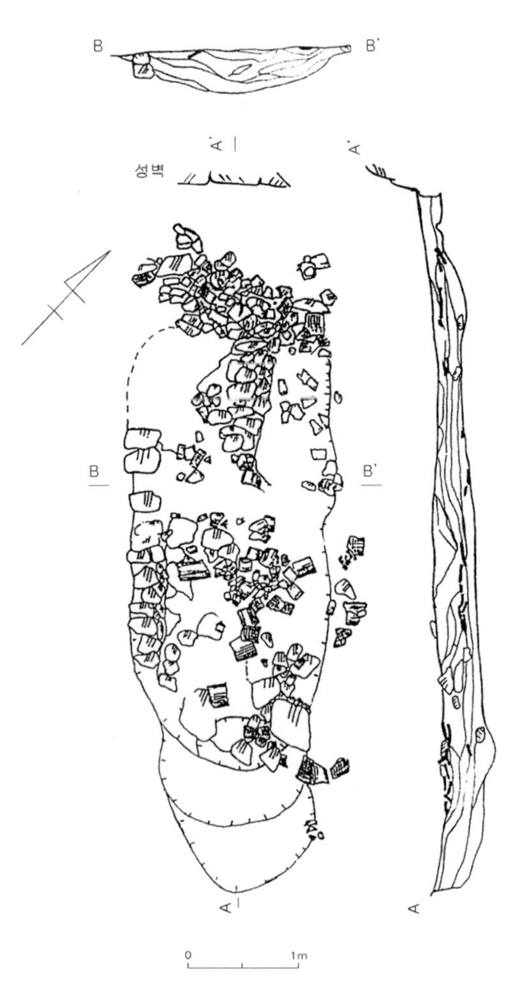

도면 66 | 크라스키노성 5호 가마 평단면도(1998)

연소실의 입구 오른쪽과 왼쪽에는 두 개의 큰 돌로 위치하고 있었다. 이 두 개의 돌로 보아 연소실 입구의 크기는 너비가 55㎝, 높이가 15㎝, 깊이가 35~36㎝이었다. 연소실 입구 가까이에서 큰 와편이 1점 발견되었는데 연소실을 닫을 때 사용하였을 것으로 추정되었다. 가마의 남동쪽에 위치하는 연소실 자체는 심하게 파괴된 상태였다. 연소실의 크기는 1.2×1.1m이다. 연소실은 불에 탄 혹은 타지 않은 벽토, 천정 쪼가리들, 그리고 작은 와편들이 다량 함유된 적갈색의 불탄 사질토로 채워져 있었다. 적갈색 사질토는 중간의 암회색 사질토 간층에 의해 두 개의 층으로 구분되었다. 연소실의 아랫부분은 불에 탄 작은 벽토덩이들과 숯들이 섞인 흑색의 재 사질토로 채워져 있었다. 연소실 내에서 발견된 천정 쪼가리들에는 작게 자른 풀과 짚이 섞여 있었다. 일부 천정 쪼가리들의 두께는 10~12㎝이었다. 천정 쪼가리들은 높은 온도로 인해 겉이 유리화된 경우도 있고 또 기와가 붙어있는 경우도 있었다. 연소실과 소성실의 경계 가까이에서 와편이 무더기로 발견된 것이 있는데 연소실과 소성실 사이의 단 일부가 무너져 내린 것으로 추정되었다. 연소실의 벽은 석축 벽이다. 연소실 석벽은 두께가 32~40㎝이며, 잔존 높이는 50㎝까지이다. 석벽에는 두께 2~2.5㎝ 이상으로 벽토를 발랐다. 연소실의 바닥은 단단하게 달구어져 있었다. 연소실과 소성실은 기와로 된 단에 의해 구분된다.

소성실은 연소실보다 조금 넓은 너비와 연소실 사이에 시설된 단에 의해 구분된다. 소성실의 크기는 장축 방향이 길이 1.96m이고, 단축 방향이 1.3m이다. 소성실은 천정 잔해들과 벽토 그리고 숯이 포함된 재 사질토들로 채워져 있었다. 굴뚝은 보존되지 않았지만 굴뚝의 잔해로 보이는 작은 및 중간 크기의 돌들이 소성실 밖 가마의 북서쪽 부분에 모여 있었다. 가마에서 다량의 기와가 출토되었다. 기와는 건축재로 사용된 것과 불량품으로 구분된다. 소성실에서도 다량의 기와가 출토되었다. 출토 기와에는 수키와도 있고 암키와도 있다. 그중에는 지두문 장식이 된 암키와편도 19점이 있다. 5호 가마 내에서 180점의 와편이 발견되었는데 산화 소성한 것이 31.4%, 산화소성+환원소성 한 것이 1.7%, 환원 소성한 것이 66.9%이다.

5호 가마는 6호, 7호 가마 및 10호 가마와 겹 놓인 관계를 보인다(도면 68). 5호 가마의 소성실 북쪽 부분 내부퇴적토의 중간 높이에서 가마의 장축 방향으로 돌을 2겹으로 쌓은 것이 확인되었다. 바로 이 돌 쌓은 것은 상대적으로 늦은 시기의 6호 가마의 일부이다. 5호 가마의 추정 굴뚝 부분 돌무지를 치우고 나자 그 아래에서 다른 작은 가마의 흔적이 노출되었는데 10호 가마이다. 따라서 이 지점에는 10호 가마 → 7호 가마 → 5호 가마 → 6호 가마가 차례로 축조 및 사용된 것으로 판단된다.

5호 가마에서는 180점의 와편이 출토되었다. 큰 와편이 164점인데 그중 46점은 수키와편이고, 118점은

도면 67 | 크라스키노성 5호 가마 모습(1998, 북서쪽에서)

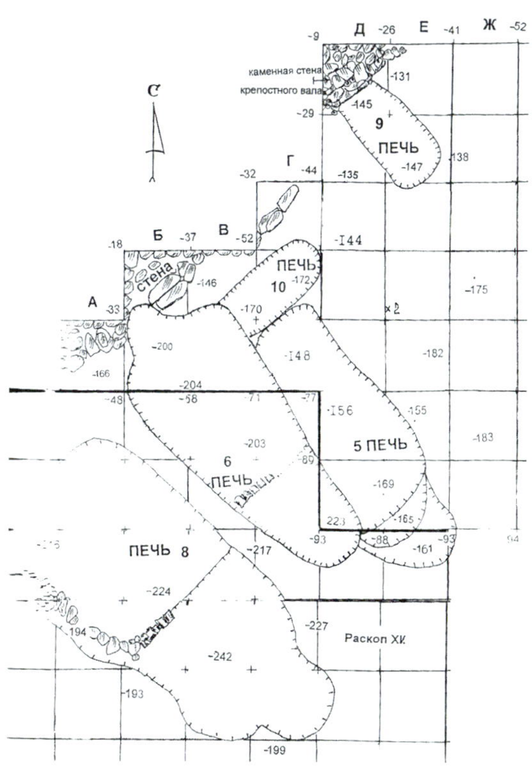

도면 68 | 크라스키노성 가마들 평면도(1998)

암키와편이다. 다만 기와 중에서 소성실과 연소실의 경계 부분에서 출토된 것은 원래 가마의 구조와 관련된 것이고, 소성실 내에서 출토된 것은 소성 후의 불량품과 이곳에 폐기된 기와일 것으로 판단되었다. 와편들 중에는 지두문으로 장식된 것이 19점 있는 것으로 보고되었다. 또한 산화 분위기에서 소성된 것(31.4%), 환원 분위기에서 소성된 것(66.9%), 산화 분위기에서 소성을 하다고 환원 분위기에서 마무리를 한 것(1.7%)이 각각 구분되었다.

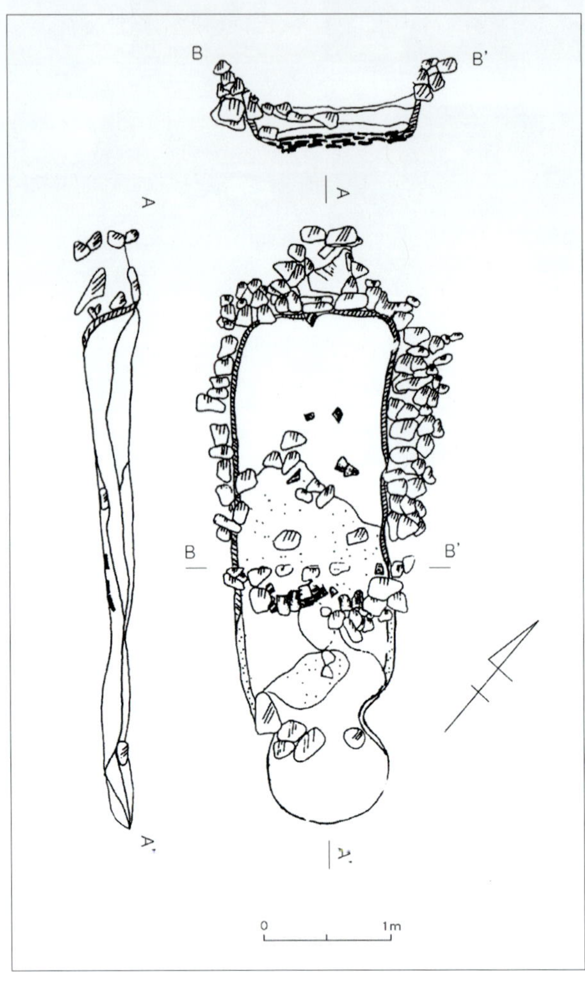

도면 69 | 크라스키노성 6호 가마 평단면도(1998)

도면 70 | 크라스키노성 6호 가마와 5호 가마(뒤쪽) 모습(1998)

(5) 6호 가마

1998년에 조사되었다. 5호 가마의 바로 위에 서로 겹 놓인 상태로 확인되었다. 5호 가마와 마찬가지로 제15구역과 제16구역 경계 부분에 위치한다. 5호 가마 소성실에 대한 조사 중에 가마 벽이 발견됨으로서 확인되었다. 소성실의 벽체와 연소실 그리고 회구부 구덩이가 모두 확인되었다. 가마의 벽체는 돌을 3줄 4겹으로 쌓아 만들었다. 가마 벽체의 잔존 높이는 50~55㎝이고, 너비는 26~32㎝이다. 가마의 윤곽은 모서리가 둥그스름한 거의 바른 장방형이며, 크기는 4.1×1.7m이다. 가마의 장축은 남동-북서 방향이다. 가마는 회구부, 연소실, 소성실 그리고 굴뚝으로 이루어졌다(도면 69). 연소실의 남동쪽 부분과 회구부 구덩이가 많이 훼손되었다.

회구부에서는 다량의 깨어진 혹은 소성 시 일그러진 기와가 발견되었다. 내부 퇴적토에서 재와 숯 이외에 갈탄덩이들도 발견되었다. 회구부 구덩이의 크기는 1×0.7m이며, 깊이는 가운데는 30㎝, 가장자리는 20~21㎝이다.

연소실은 파괴가 심한 상태이나 전체적인 모양은 확인된다. 회구부 구덩이와 연소실 사이는 상대적으로 얕고 좁은 편이며, 그 왼쪽 부분에는 돌을 쌓은 것이 일부 남아 있다. 연소실의 크기는 소성실과의 경계 부분까지 남동-북서 방향으로 1.3m, 남서-북동 방향으로 1.1m이다. 연소실의 내부 퇴적물은 적갈색의 달구어진 사질토로서 불에 탄 벽토덩이들, 천정의 잔해들, 크고 작은 와편들, 숯 등이 들어있었다(도면 70). 천정 잔해의 덩이 안쪽에는 불에 탄 짚의 흔적이 잘 관찰되었다. 천정 쪼가리의 두께는 12~14㎝이며, 몇몇 천정 쪼가리들에는 높은 온도로 인해 와편들이 붙어 있다. 연소실 내부 퇴적물의 아랫부분에서는 흑색의 재 사질토와 함께 다량의 숯과 갈탄 덩이들이 발견되었다. 연소실과 소성실 경계 가까이에서는 기와무지가 발견되었는데 연소실과 소성실 사이의 단이었다. 이 단은 암키와를 1줄로 4겹 쌓아 만든 것이었다. 이 단의 높이는 20㎝이고, 길이는 118㎝이며, 너비는 20~25㎝이다. 단에 사용된 기와는 온전한 것이 아니라 너비에 비슷하게 맞는 편이었으며, 볼록한 부분이 위로 가게 쌓았다. 이 단을 이루는 암키와들 중에는 지두문으로 장식된 것이 2점 있었다. 연소실의 양쪽 측벽과 바닥은 모두 심하게 타서 딱딱하며 두께 2~3㎝의 두꺼운 껍질을 이루고 있다.

소성실은 상대적으로 잘 남아 있다. 크기는 장축 방향이 길이 1.98m이고, 단축 방향은 길이 1.2m이다. 소성실의 내부 퇴적물은 소토덩이들과 천정 잔해들이 다수 포함된 적갈색의 달구어진 사질토이다. 소성실 바닥에서는 단단하게 다진 모래층이 노출되었는데 몇몇 부분에서는 점토와 섞여 있었다.

굴뚝은 소성실 뒤에 바로 인접하여 위치한다. 돌을 거의 방형이 되게 쌓아올려 만들었는데 굴뚝 구멍의 크기는 40×45×50㎝이다. 굴뚝과 소성실 사이에는 방형의 배연구가 1개 있다. 배연구는 2개의 판돌을 좌우로 세우고 1개의 판돌을 그 위에 얹어 만들었다. 굴뚝에서 크기가 큰 암키와 편이 하나 발견되었는데 굴뚝 개폐시설일 것으로 추정되었다.

6호 가마에서는 암키와와 수키와 등의 와편이 출토되었다. 또한 와편으로 만든 놀이 알도 출토되었다. 하지만 발굴조사보고서에 제시된 와편의 개수, 산화소성 와편의 비율 등이 5호 가마 출토 와편의 수치와 동일하다. 때문에 구체적인 수치에는 착오가 있었다고 생각된다. 다만 유물 도면에는 6호 가마에서 출토된 것으로 표시된 것들이 확인된다.

(6) 7호 가마

1998년에 제16구역에서 조사되었다. 5호와 6호 가마 조사 중에 발견되었다. 연소실 일부, 소성실 북동 모서리 부분의 벽체 일부가 잔존하였다. 가마 구덩이의 윤곽은 달구어진 땅의 경계를 통해 파악되었는데, 남동 부분이 말각인 거의 바른 장방형이었고, 크기는 4.1×1.7m이었다. 장축은 남동-북서 방향이다. 가마는 크기, 방향, 구덩이 내부퇴적토 등을 통해 회구부, 연소실, 소성실, 굴뚝의 4부분으로 이루어졌던 것으로 추정되었다(도면 71). 회구부에서는 와편과 갈탄덩이가 수점씩 발견되었다. 회구부 구덩이의 추정 크기는 0.9×0.6m이고, 깊이는 가운데 부분은 30㎝까지, 가장자리 부분은 15㎝ 정도이다.

연소실은 거의 대부분이 파괴되었다. 때문에 회구부와 연소실의 경계가 분명하지 못하다. 연소실의 가운데 부

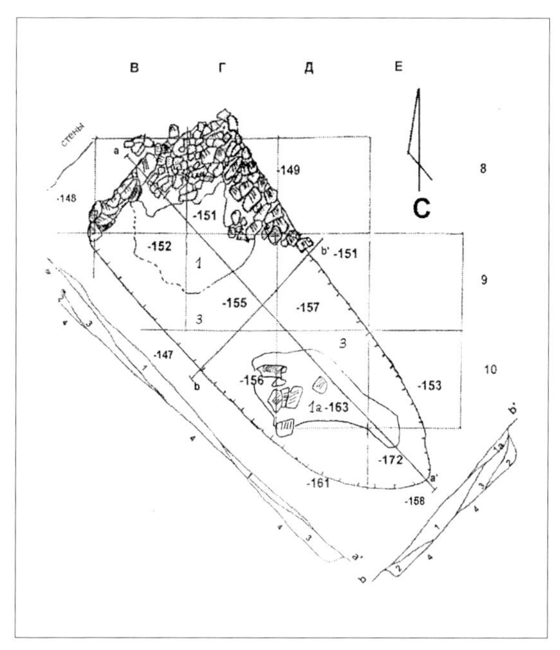

도면 71 | 크라스키노성 7호 가마 평단면도(1998)

도면 72 | 크라스키노성 7호 가마(가운데 바닥만 보임)와 5호 가마(우측) 모습(1998)

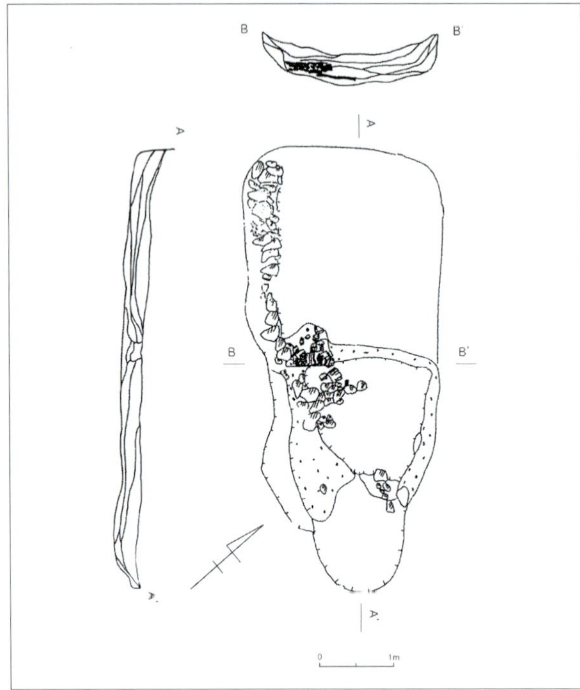

도면 73 | 크라스키노성 8호 가마 평단면도(1998)

도면 74 | 크라스키노성 8호 가마 연소실과소성실 연결부 일대 서벽 모습(1998)

분에서는 연소실과 회구부 사이의 벽에 쓴 돌들이 발견되었다. 연소실의 크기는 남동-북서 방향 길이가 1.1m, 남서-북동 방향 너비가 1.3m이며, 잔존 깊이는 15~18㎝이다. 내부퇴적물에서는 수키와 수점과 가마 벽에서 떨어져 나온 돌들이 수개 발견되었다(도면 72). 가마 구덩이 양 측벽과 연소실 바닥은 심하게 불에 탔다.

소성실은 상대적으로 가장 잘 남아 있는데 크기는 장축 방향 길이가 1.9~2m이고, 단축 방향 너비가 1.2~1.3m이다. 소성실의 내부 퇴적물 윗부분은 소토덩이가 다수 포함된 달구어진 적갈색 사질토로 되어 있다. 소성실의 북동쪽 모서리 부분에서는 자갈돌을 2줄로 쌓아 만든 가마 벽이 남아 있었다. 이 벽의 잔존 높이는 15~25㎝이다. 소성실의 바닥은 단단하게 달구어진 사질토층이다. 가마에서 모두 12점의 와편이 출토되었는데 모두 환원소성을 한 것이다.

(7) 8호 가마

1998년에 제15구역에서 조사되었다. 8호 가마는 4호 가마의 바로 밑에 위치하며 4호 가마 축조 시에 파괴되었다. 소성실과 연소실의 벽 일부, 연소실과 소성실 사이의 단, 회구부 일부가 각각 잔존하였다(도면 73). 가마의 벽체는 강돌로 쌓았다(도면 74). 잔존 가마 벽체의 높이는 25~35㎝이고, 너비도 25~35㎝이다. 가마의 윤곽은 달구어진 토양과 보다 짙은 색의 내부 퇴적토 그리고 잔존하는 석벽 등에 의해 구분되었다. 8호 가마는 평면상 거의 바른 말각 장방형이고, 크기는 5.2×2.1m, 장축은 남동-북서 방향이다. 회구부, 연소실, 소성실, 굴뚝으로 구성되었다.

회구부 구덩이는 크기가 1.3×1.2m이고, 깊이는 가운데 부분은 35㎝, 가장자리 부분은 15~20㎝이다. 내부 퇴적물은 일그러진 기와 조각들, 소토덩이들, 숯들이 다량 섞인 갈색 사질토였다. 연소실은 4호 가마를 조성할 때에 대부분이 훼손되었다. 하지만 연소실의 남서쪽 부분에서는 돌로 쌓은 가마의 벽체가 조금 남아 있다. 연소실의 크기는 남동-북서 방향 길이가 1.2m이고, 남서-북동 방향 너비가 1.3m이며, 깊이는 25㎝까지이다. 연소실에서는 소토덩이, 숯, 작은 와편들 등이 발견되었다. 연소실과 소성실 사이의 단은 기와를 1줄로 5겹을 쌓아 조성하였다(도면 75). 단의 높이는 18㎝이다. 잔존하는 연소실의 벽체는 표면이 심하게 불에 탔다. 소성실은 길이가 2.1m, 너비가 1.6m이다. 소성실의 내부 퇴적물에는 재와 숯 함유물들이 다량 들어 있었다. 바닥에는 진흙을 발랐고 단단하게 달구어져 있다. 소성실 바닥의 레벨은 연소실 부분과 굴뚝 부분이 13㎝의 차이를 보인다. 굴뚝은 파괴되었다.

8호 가마에서는 59점의 와편이 출토되었는데 그중 29점은 큰 크기이다. 큰 와편들 중 1점은 수키와이고 28점은 암키와이다. 암키와들 중에는 지두문으로 장식된 것이 6점이 있다. 와편의 색깔은 회갈색 2점, 갈색 6점, 속심은 갈색 표면은 흑색 1점, 흑색 1점이 각각 있다. 나머지는 모두 회색이다. 산화 분위기에서 소성한 것이 32%, 환원 분위기에서 소성한 것이 67.9%이다. 승문이 있는 것도 2점이 있다. 그 외에도 와편으로 만든 마연기(도면 1998-245, 2), 석기편(도면 1998-246, 2)이 출토되었다. 문양이 있는 토제 장식편(도면 1998-245, 1)도 발견되었다.

도면 75 | 크라스키노성 8호 가마 연소실과 소성실 사이 기와 단 모습(1998)

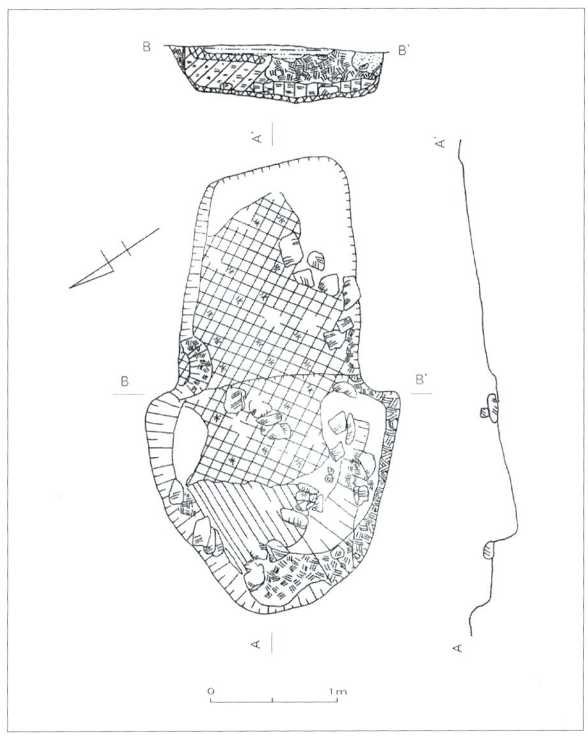

도면 76 | 크라스키노성 11호 가마 평단면도(2000)

(8) 11호 가마

2000년에 제25구역에서 '생토' 상면까지 조사를 한 제3인공층에서 그 존재가 확인되었다. 가마의 존재는 석탄 쪼가리들이 부분적으로 섞여 있는 타원형의 소토 포함 사질토 얼룩이 노출됨으로써 파악되었다. 이 얼룩의 가장자리를 따라서는 소토 껍질이 확인되었다. 다만 2000년에는 태풍으로 인해 가마의 내부조사를 하지 못하였고, 2001년에 조사가 실시되었다.

도면 77 | 크라스키노성 11호 가마 모습(2000)

11호 가마는 불탄 흔적, 소토 덩이, 돌 그리고 회색 모래 등이 집중되어 있는 장타원형의 얼룩 모양으로 노출되었다(도면 76; 77). 가마 구덩이의 내부 퇴적토는 천정 조각들, 소토와 섞인 돌들, 회색 기와편들, 토기편들 그리고 모래였다. 가마 구덩이는 장축이 북서-남동 방향이었다. 가마의 남동쪽 절반은 심하게 파괴되었고, 다른 쪽 절반에는 부분적으로 두께 20㎝, 높이 20~30㎝까지 벽체가 남아 있었다. 곳에 따라서는 벽체 껍질이 돌과 섞여 있기도 하였다. 가마 구덩이의 길이는 3.4m, 폭은 1.5-1.8m, 깊이는 25-35㎝이다. 가마는 생토면의 단과 파괴된 깔은 돌들에 의해 두 부분으로 나뉘었다. 북서쪽의 낮은 부분은 연소실로 보이는데, 내부 퇴적토에서 밤색의 목탄이 다량 발견되었고, 바닥에서는 재가 포함된 흑색의 무른 벽토가 확인되었다. 남동쪽 절반은 소성실이었다. 그 아래는 붉은색으로 탔다. 이곳에서 토제 고리(도면 2001-35)가 출토되었고, 회색 기와편들이 발견되었다.

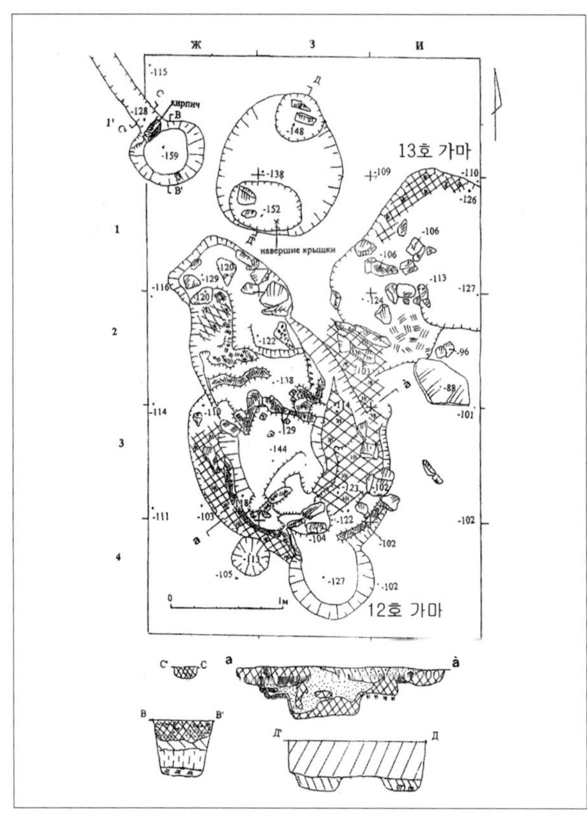

도면 78 | 크라스키노성 12호 가마와 13호 가마 평단면도(2001)

도면 79 | 크라스키노성 12호 가마와 13호 가마 모습(2001)

(9) 12호 가마

2001년에 제25구역에서 조사되었다. 12호 가마의 윗부분은 제3인공층에서 불에 달구어진 적색 사질토 얼룩의 형태로 노출되었다. 이 가마는 파괴가 심하며, 깊이가 20~40㎝로 깊지 않고, 평면상 타원형이며, 장축이 북북서-남남동 방향이다(도면 78; 79). 구덩이의 길이는 바닥이 3.3m이고, 최대 폭이 1.3m이다. 가마는 불탄 사질토, 점토와 자른 풀을 섞어 만든 천정과 벽토 덩이, 소토와 숯이 섞인 회색 모래 및 암갈색 사질토로 채워져 있었다. 가마 내부에서 회색 가와편들, 목탄과 가마 벽이 파괴되어 생긴 돌로 된 간층들 등이 확인되었다. 바닥은 불에 탔고, 불탄 흔적은 구덩이의 가장자리를 따라서도 확인되었다. 남동부분에는 부분적으로 두께 6~8㎝, 높이 20㎝까지 불에 탄 소토로 된 벽이 남아 있었다. 가마에서 가장 잘 남아 있는 부분은 구덩이의 남동부분에 만들어진 굴뚝자리였다. 굴뚝자리는 둥근 구덩이 모양을 하고 있으며, 직경은 약 50㎝, 깊이는 25㎝이었고, 내부는 붉은색의 불탄 사질토로 채워져 있었다. 가마 연소실의 입구는 가마 구덩이의 북서쪽에 위치한다.

11호와 12호 가마는 제2생활면에 속하는 것으로 파악되었다. 여기에서는 적색의 기와들도 출토되었다.

(10) 13호 가마

2001년에 제25구역에서 조사되었다. 12호 가마의 북동쪽에 바로 인접하여 25구역의 모서리 부분에서 불탄 흔적과 바닥에 작은 벽토 조각들이 있는 깊지 않는 구덩이의 일부가 노출되었다(도면 78; 79). 바로 이곳에서는 돌들과 적색 및 회색 기와편들이 발견되었다. 이 유구는 보다 이른 시기의 파괴된 가마 생산유구의 흔적일 것으로 추정되었는데 가마가 분명하다고 생각된다. 발굴조사보고서에는 이 추정 가마에 번호를 붙이지 않았지만 이 책에서는 13호 가마로 부르기로 한다. 하지만 가마의 구조에 대해서는 확인된 것이 없다.

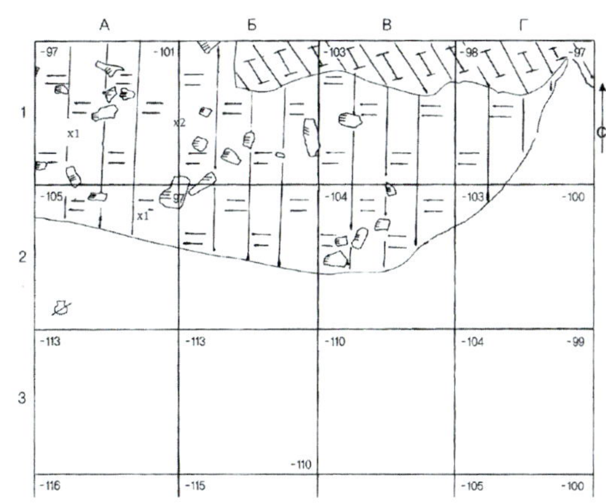

도면 80 | 크라스키노성 추정 가마 평면도(2006)

도면 81 | 크라스키노성 추정 가마 모습(2006)

(11) 추정 가마터

2006년에 제36구역의 북쪽 부분에서 조사되었다. 제3인공층 조사를 할 때에 발굴구역의 북쪽 부분을 따라 짙은 색의 얼룩 형태로 노출되었다(도면 80; 81). 이 얼룩의 노출 상면 너비는 1~1.7m이었다. 이 얼룩의 남쪽은 토양의 색깔이 무른 명갈색 사질토였다. 내부퇴적토에서 숯과 적갈색 소토 덩이 등이 많이 확인되었고, 또 돌들도 석여있었다. 이 추정 가마터 구덩이의 바닥 부분에서는 석열과 함께 적갈색의 불에 달구어진 부분도 있었다. 이 유구를 가마터로 추정한 것은 내부퇴적토에서 가마 벽토로 보이는 매우 단단한 소토 덩이들이 발견되었기 때문이다. 이 유구의 깊이는 도면에 표시된 레벨 수치를 통해 볼 때에 노출 상면에서 바닥까지 약 35~40㎝로 생각된다. 너비는 노출 상면에서 아래로 가면서 점차 줄어들었다. 북쪽으로 더 조사가 되지 못하였기 때문에 이 유구의 정확한 성격은 파악되지 못하였다.

12) 노(爐)

(1) 1호 노

1998년에 제16구역에서 조사되었다. 1호 노는 "9호 가마"로 보고된 유구이다. 5호 가마에서 북동쪽으로 2.5m 거리에서 성벽과 인접하여 발견되었다. 이 유구는 1호부터 8호까지의 가마들과는 크기뿐만 아니라 구조도 크게

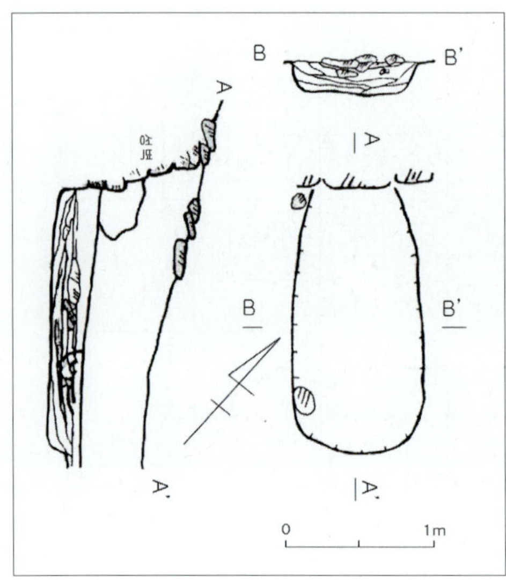

도면 82 | 크라스키노성 1호 노 평단면도(1998)

도면 83 | 크라스키노성 1호 노 모습(1998)

도면 84 | 크라스키노성 1호 노 바닥 모습(1998)

차이를 보인다(도면 82). 하나의 구덩이로만 되어 있고, 크기는 길이 1.7m, 너비 0.75m, 깊이 12~20㎝이다. 장축은 남동-북서 방향이다. 내부 퇴적토는 단단한 적갈색의 불탄 사질토인데, 윗부분에서 큰 와편들과 수점의 큰 및 중간 크기의 납작한 돌들이 발견되었다(도면 83; 84). 내부 퇴적토의 아랫부분은 숯들이 섞인 단단한 회색과 암회색 사질토 간층들이다. 이 간층들 사이에서 회색의 재 사질토 렌즈모양 토층이 발견되었다.

이 유구에서는 16점의 와편이 발견되었다. 그중 8점은 큰 크기인데, 2점은 수키와이고, 6점은 암키와이다. 암키와 중 2점에는 지두문이 장식되어 있다. 와편들은 산화 분위기에서 소성을 한 것이 62%, 환원 분위기에서 소성을 한 것이 38%이다. 그 외에 유구의 내부퇴적토에서 토기 동체부편 혹은 와편으로 만든 7점의 놀이 알이 출토되었다. 유구의 내부퇴적토 윗부분에서는 수점의 작은 슬래그와 형체 불명의 철제 유물편들이 발견되었다.

이 유구는 처음 발굴조사 보고서에서는 기와 생산이 아닌 무언가 다른 것을 생산하는 데 이용되었을 것으로 추정되었다. 하지만 이후 기와 가마로 소개되었고 또 제철생산에도 이용할 수 있었을 것으로 추정되었다.[10] 천정의 잔재에 대해서는 보고된 것이 없다. 이 유구는 규모로 보아 제철생산에 사용된 노였을 가능성이 더 높다고 생각된다.

(2) 2호 노

1998년에 제16구역에서 조사되었다. 2호 노는 "10호 가마"로 보고되었다. 5호 가마의 북서쪽 끝부분과 성벽 사이에 위치한다. 1호 노와 같이 하나의 구덩이로 되어 있고 크기가 작다. 평면 모양은 부정 타원형이며, 크기는 길이 1.7m, 너비 0.8m, 깊이 20~26㎝이다(도면 85). 장축은 북동-남서 방향으로 다른 가마들과는 크게 차이가 난다. 윗부분의 내부 퇴적토는 적갈색의 달구어진 사질토인데, 소토덩이들과 회녹색의 재, 회색의 재 등이 섞여있다(도면 86; 87). 내부 퇴적토에서 수점의 와편과 함께 큰 및 중간 크기의 납작한 돌들이 몇 개 발견되었다. 이 납작한 돌들

10 Болдин В.И., Черепичные печи Краскинского городища // Проблемы археологии и палеоэкологии Северной, Восточной и Центральной Азии, Новосибирск, 2003, p.315.

은 가마의 벽체가 무너진 것으로 추정되었다. 아랫부분의 내부 퇴적토는 숯과 소토들이 섞인 단단한 회색의 사질토이다. 천정의 잔재들은 보고된 것이 없다. 2호 노의 남서쪽 부분은 6호 가마에 의해 파괴된 상태였다. 이 유구에서는 와편 6점이 발견되었다. 2점은 수키와, 4점은 암키와이다.

이 유구도 규모와 구조로 보아 1호 노와 마찬가지로 제철생산에 사용되었을 가능성이 높다고 생각된다.

(3) 3호 노

1998년에 제16구역에서 조사되었다(도면 1998-70, 71)(도면 88; 89). 제16구역의 북쪽 부분에 1호 노와 남동쪽으로 30㎝의 거리를 두고 위치한다. 윗부분이 3개의 납작한 돌과 수 개의 와편들로 이루어진 준장방형의 유구이다. 이 돌들과 와편들이 작업 공간으로 추정되었는데 북동쪽으로 약간 기울었다. 장축은 남서-북동 방향이고, 전체 크기는 길이 80㎝, 너비 50㎝이며, 내부 공간은 길이 40㎝, 너비 16㎝, 깊이 14㎝이다.

이 노의 주변은 북동쪽, 북쪽, 북서쪽이 갈색의 달구어진 얇은 사질토층으로 덮여있었다. 이 사질토층 경계 밖의 단단한 회색 사질토층에서는 10점 이상의 심하게 녹슨 철제품 쪼가리들과 슬래그들이 발견되었다. 내부 퇴적물은 위에서 아래로 숯이 섞인 얇은 암회색 사질토층, 숯이 섞인 암갈색 사질토층, 단단한 암회색 사질토였다.

주변의 토양이 달구어져 있고 또 주변에서 철 슬래그들이 발견되어 노(爐)로 추정이 되었다고 생각된다.

13) 사찰구역 내의 기타 유구들

(1) 제6구역의 구덩이들

제6구역은 1983년에 조사되었다. 금당지의 남쪽 가까이 부분에 위치한다. 제6구역의 북쪽 부분은 표토와 경작토층 아래의 암회색 사질토층에서 금당에서 무너져 내린 기와들이 퇴적되어 있었다.

도면 85 | 크라스키노성 2호 노 평단면도(1998)

도면 86 | 크라스키노성 2호 노 모습(1998)

도면 87 | 크라스키노성 2호 노 바닥 모습(1998)

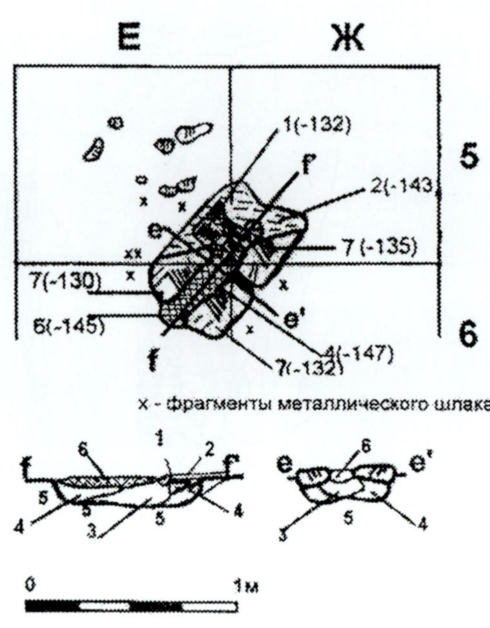

도면 88 | 크라스키노성 3호 노 평단면도(1998)

도면 89 | 크라스키노성 3호 노 모습(1998)

이 암회색 사질토층에서 윤제 토기편, 놀이 알, 철제 칼편(도면 1983-8, 2), 청동 띠꾸미개(도면 1983-7, 1)(도면 737, 7), 석제 부조 불상편 2점(도면 1983-9)(도면 823, 4, 5), 철제 차관편(도면 1983-8, 1) 등이 출토되었다. 제6구역에서는 모두 4개의 구덩이가 조사되었는데 그중 2호 구덩이만이 전체가 다 조사되었다(도면 90). 2호와 3호 구덩이는 기와들이 다량 포함된 암회색 사질토층 밑에 위치한다. 이 사실은 이 두 구덩이가 금당이 폐기되기 전에 사용되고 있었음을 말할 것이다. 1호 구덩이도 2호 및 3호와 양상이 비슷하기 때문에 동일시기에 사용되었을 것이다.

6구-1호 구덩이. 발굴구역의 남서쪽 모서리 부분에 위치한다. 내부퇴적토는 모두 숯과 소토덩이들이 섞인 흑색 모래이다. 내부퇴적토 아랫부분은 더 짙은 색이고, 바닥에는 돌들이 놓여 있었다. 바닥은 편평하다. 바닥 부분에서 29점의 회색 와편, 5점의 윤제 토기편, 7점의 놀이 알, 2점의 철제 유물편이 출토되었다. 구덩이 깊이는 28㎝이다(도면 1983-5; 6)

6구-2호 구덩이. 평면모양이이 둥그스름하다. 크기는 210×230㎝이고, 깊이는 70㎝이다. 6구-1호 구덩이와 마찬가지로 내부퇴적토는 흑색 모래이며, 바닥에는 돌을 깔았다. 돌들 사이의 흑색 모래에서 숯과 소토덩이들이 발견되었다. 내부퇴적토의 윗부분에서 와편들이 수습되었다. 구덩이 바닥 부분에서 12점의 놀이 알과 7개체 토기의 편들이 출토되었다. 토기 중에서 2개체는 수제 토기(도면 1983-13; 14)(도면 984, 9, 10)이다.

6구-3호 구덩이. 발굴구역의 동북쪽 모서리 부분에 위치한다. 일부만 노출되었다. 깊이는 50㎝이다. 내부퇴적토는 흑색 모래인데, 거의 와편으로 채워진 상태이다. 바닥에 돌들이 깔려 있었다. 구덩이 내에서 놀이 알들, 2점의 물레보완 토기(도면 1983-11; 12)와 2점의 수제 토기(도면 1983-15; 16)(도면 965, 3)가 출토되었다.

6구-4호 구덩이. 발굴구역의 남벽 가운데 부분에 위치한다. 일부만 조사되었다. 깊이는 44cm이다. 내부퇴적토는 암회색 모래이며, 28점의 회색 와편, 수점의 2개체에 떨어져 나온 윤제 토기편등이 출토되었다.

(2) 제7구역의 구덩이들

1983년에 조사되었다. 제7구역은 금당지가 있는 제5구역의 북동쪽 모서리 바로 가까이에 위치한다. 제7구역의 토층 양상은 제6구역과 비슷하다. 표토와 경작토층 아래에 암회색 사질토층이 위치한다. 이 암회색 사질토층에서 1,428점의 윤제 토기편이 수습되었다. 또한 암회새 사질토층에서는 청동 비녀머리(도면 1983-23, 2)(도면 732, 1), 반구형의 청동 띠꾸미개, 청동 종(?)편(도면 1983-23, 1), 철제 화살촉, 철제 띠꾸미개 2점, 철제 배목 2점(도면 1983-21), 철제 못 6점(도면 1983-22), 주철제 솥편들, 석제 어망추(도면 1983-24, 1), 토제 어망추(도면 1983-24, 2), 백자 완 1점(도면 1983-32, 2) 등의 유물이 출토되었다.

제7구역에서는 11개의 구덩이가 조사되었는데 모두 '생토' 면에서 노출된 것으로 보고되었다(도면 91).

11개의 구덩이 중 10호 구덩이는 숯과 소토덩이가 드물게 섞인 흑색 모래로 충진되어 있었고, 나머지는 모두 회색 모래로 충진되어 있었다. 2호 구덩이에서 28점의 윤제 토기편, 1점의 철제 못, 그리고 2점의 삼채기편(녹색과 황색)이 출토되었다.

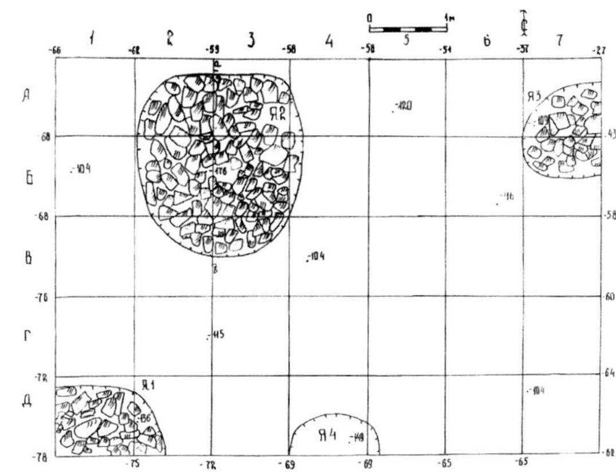

도면 90 | 크라스키노성 제6구역 바닥 평면도(1983)

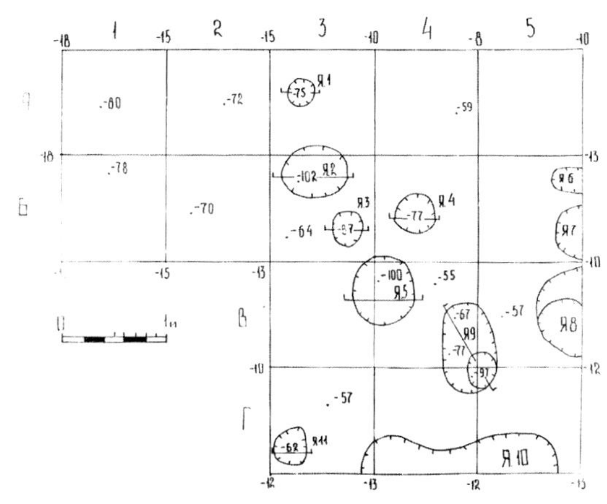

도면 91 | 크라스키노성 제7구역 바닥 평면도(1983)

7구-1호 구덩이. 평면모양은 둥그스름하고, 직경은 26cm, 깊이는 10cm이다. 바닥이 둥그스름하다. 내부퇴적토는 회색 모래이며, 출토유물은 없다.

7구-2호 구덩이. 평면모양은 타원형이다. 크기는 50×61cm, 깊이는 44cm이다. 바닥은 편평하다. 회색 모래로 된 내부퇴적토에서 28점의 회색 윤제 토기편과 철제 못 그리고 2점의 삼채기편이 출토되었다.

7구-3호 구덩이. 평면이 둥그스름한 모양이며, 직경은 32cm, 깊이는 23cm이다. 내부퇴적토인 회색 모래에서 2점의 토기편과 1점의 와편이 발견되었다.

7구-4호 구덩이. 직경 30㎝, 깊이12㎝이다. 회색 모래로 된 내부퇴적토에서 4점의 윤제 토기편이 출토되었다.

7구-5호 구덩이. 둥그스름한 형태를 가지고 있다. 직경은 65㎝, 깊이는 48㎝이다. 바닥이 고르다. 내부퇴적토인 회색 모래에서 6점의 와편과 12점의 회색 윤제 토기편이 발견되었다.

7구-6호 구덩이. 깊이는 30㎝이다. 내부퇴적토는 회색 모래이고 유물은 없다.

7구-7호 구덩이. 일부만 조사되었다. 바닥과 벽이 둥그스름하다. 깊이는 37㎝이다. 내부퇴적토인 회색 모래에서 17점의 회색 윤제 토기편이 발견되었다.

7구-8호 구덩이. 최대 깊이 42㎝이다. 내부퇴적토는 회색 모래로, 놀이 알 1점, 윤제 토기편 7점이 출토되었다.

7구-9호 구덩이. 평면모양이 타원형이다. 크기는 51×83㎝이다. 내부퇴적토는 암색 모래이다. 구덩이 바닥에 직경이 30㎝이고 깊이가 20㎝인 다른 둥근 구덩이가 하나 더 있다. 유물은 출토되지 않았다.

7구-10호 구덩이. 일부만 조사되었다. 최대 깊이는 40㎝이다. 내부퇴적토에서 18점의 회색 윤제 토기편이 발견되었다.

7구-11호 구덩이. 평면모양이 둥그스름하다. 직경은 32㎝, 깊이는 6㎝이다. 바닥이 고르다. 내부퇴적토는 회색 모래이고, 유물은 없다.

(3) 제8구역의 도랑과 구덩이들

제8구역은 1990년에 조사되었다. 금당지의 동쪽에 바로 인접하여 위치한다. 토층은 표토-부식토층, 경작토층, 암회색 사질토층. 그리고 '생토'로 구분되었다. 암회색 사질토층에서는 금당건물의 지붕에서 떨어져 형성된 와적층이 노출되었다. 도랑은 이 와적층의 경계 부분에 와적층 아래에서 확인되었다(도면 92). 제8구역의 북쪽 부분에서는 4개의 '초석'이 약간 흐트러진 상태로 열을 이루며 위치한다. 이 초석들은 크기가 25×50㎝부터 30×60㎝까지이며, 두께는 30㎝부터 50㎝까지이다. 남동-북서 방향으로 열을 이루고 있다.

암회색 사질토층에서는 철제 못 4점, 놀이 알 8점, 토제 어망추편(도면 1990-21, 1), 백자 구연부편(도면 1990-17, 2), 주철제 솥 구연부편, 청동 펜던트(도면 1990-20, 1), 청동 완 구연부편(도면 1990-20, 2), 철제 화살촉(도면 1990-19), 토기 완(도면 1990-21, 2) 등이 출토되었다.

도랑. '생토' 면에서 도랑이 노출된 것으로 보고되었다. 북쪽의 초석들에서 시작되었는데 와적이 있는 서쪽 부분과 그렇지 않은 동쪽 부분 사이의 경계 부분에 위치하였다. 도랑의 깊이는 10~15㎝, 너비는 40~50㎝이다. 도랑

안에는 회색 모래가 채워져 있었다. 도랑 바닥에서 깨인 와편들이 발견되었다. 도랑 안에서 4개의 구덩이가 발견되었는데 크기가 서로 비슷하였다. 도랑 안 구덩이 중 가장 북쪽에 위치하는 3호 구덩이는 깊이가 23㎝, 직경이 34㎝이고, 그다음의 4호 구덩이는 깊이가 34㎝, 직경이 23㎝이다.

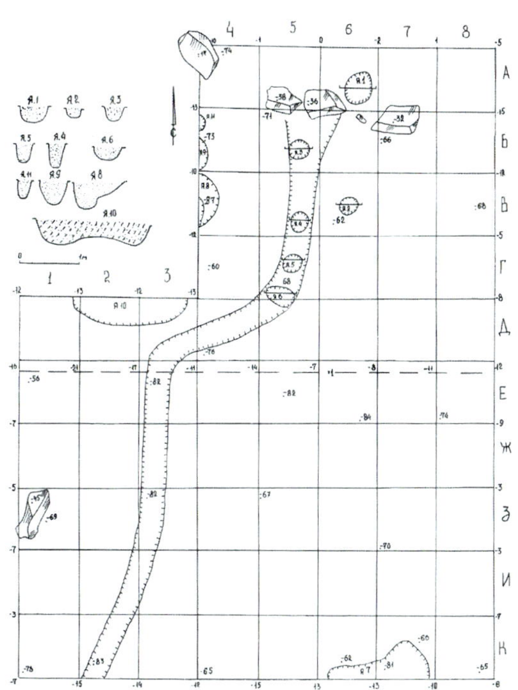

도면 92 | 크라스키노성 제8구역 바닥 평면도(1990)

8구-1호 구덩이. '초석' 열의 북쪽에 인접하여 위치한다. 평면 원형이다. 직경은 46㎝, 깊이는 26㎝이다. 회색 모래가 채워져 있었고, 유물은 없다.

8구-2호 구덩이. 직경은 30㎝, 깊이는 18㎝이다. 유물은 없다.

8구-3호 구덩이. 도랑 안에 가장 북쪽에 위치한다. 직경은 34㎝, 깊이는 23㎝이다. 바닥이 타원모양이고 회색 모래로 채워져 있었다. 유물은 발견되지 않았다.

8구-4호 구덩이. 도랑 안에 위치하며 직경 28㎝, 깊이 34㎝이다. 내부퇴적토는 회색 모래, 유물은 없다.

8구-5호 구덩이. 도랑 안에 위치한다. 직경은 28㎝, 깊이는 30㎝이다. 회색 모래로 채워져 있었고, 유물은 발견되지 않았다.

8구-6호 구덩이. 도랑 안에서 가장 남쪽에 위치하는 구덩이이다. 크기는 30×44㎝이고, 깊이는 14㎝이다. 회색 모래로 채워져 있었고, 유물은 없다.

8구-7호 구덩이. 발굴구역의 남벽에 잇대어 일부만 노출되었다. 깊이는 20㎝까지이고 바닥이 고르다. 내부퇴적토는 회색 모래이다. 4점의 회색 토기편이 발견되었다.

8구-8호 구덩이. 발굴구역의 서벽에 잇대어 일부만 노출되었다. 이 구덩이의 다른쪽 부분은 제7구역에 위치한다. 최대 깊이는 40㎝이다. 회색 모래로 된 내부퇴적토의 윗부분에서 3점의 윤제 토기편이 출토되었다.

8구-9호 구덩이. 발굴구역의 서벽에 잇대어 일부만 노출되었는데 나머지 부분은 제7구역에 위치한다. 직경은 50㎝, 깊이는 32㎝이다. 회색 모래로 채워져 있었고, 유물은 없다.

8구-10호 구덩이. 제7구역에서 조사된 7구-10호 구덩이의 다른 한쪽 부분이다. 숯이 드물게 섞인 흑색 모래로 채워져 있고 구덩이의 깊이는 40㎝까지이다. 내부퇴적토의 중간 부분에서 12점의 회색 윤제 토기편이 발견되었다.

8구-11호 구덩이. 이 구덩이의 절반은 제7구역에 위치한다. 직경 14㎝, 깊이 22㎝이다. 유물은 발견되지 않았다.

(4) 제9구역의 구덩이들

1994년에 조사가 된 제9구역에는 2호 가마(1994-1호 가마)의 주변으로 3개의 구덩이가 함께 조사되었다(도면 93). 그중에서 9구-1호 구덩이는 크기 1.85×2m이고, 깊이 0.5m인데 2호 가마의 회구부인 것으로 판단되었다. 9구-2호 가마는 2호 가마의 연소실 일부를 훼손하고 조성되었으며, 9구-3호 구덩이는 2호 가마의 굴뚝과 가까운 거리에 위치한다. 9구-2호 구덩이와 9구-3호 구덩이에 대해서는 구체적인 조사내용이 보고된 것이 없다.

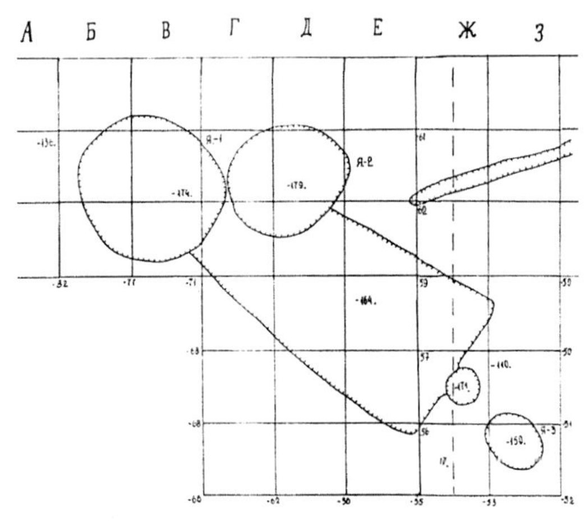

도면 93 | 크라스키노성 제9구역 2호 가마와 바닥 평면도(1994)

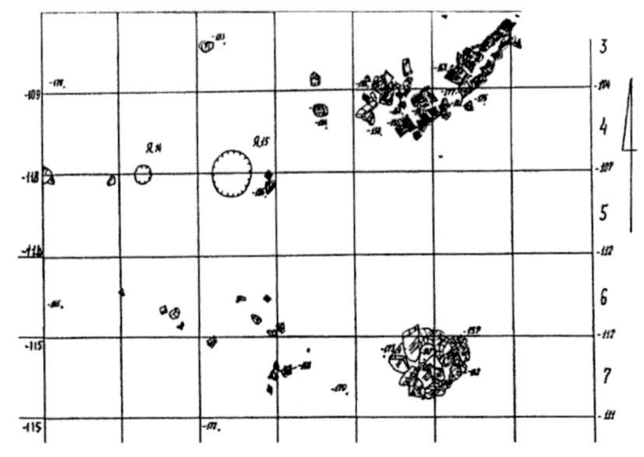

도면 94 | 크라스키노성 제10구역 북쪽 부분 바닥 평면도(1994)

(5) 제10구역의 기와 배수유구, 적석유구, 구덩이들

제10구역은 1994년에 조사되었다. 이곳에서 조사된 중요 유구는 사찰구역 석축담장과 그 사이의 중문지이다. 그 외에도 제10구역에서는 기와 배수유구와 적심유구 그리고 구덩이들 등이 조사되었다. 구덩이들은 제10구역의 가장 아래 레벨에서 노출되었고, 대부분이 사찰구역 석축담장의 남동쪽 바깥 부분에 위치한다.

기와 배수유구. 제10구역의 아-베-붸-3-4방안에 위치한다(도면 94). 제3인공층 아랫부분에서 노출되었다. 암키와를 조밀하게 깔아서 만들었다. 암키와의 오목한 부분을 모두 위로 가게 하여 자그마한 홈을 이루고 있다. 여기에 사용된 암키와들은 벽돌 색깔이고, 내면에 포문의 크기가 작다(도면 1994-132; 133). 이 암키와들로 만들어진 홈은 금당지 기단의 남서쪽 정면으로부터의 물을 흘려보내는 배수로일 것으로 추정되었다. 이 홈은 금당지 기단이 있는 쪽은 높고 그 반대쪽인 남서쪽이 낮다. 양쪽 끝부분의 레벨 차이는 25㎝이다. 암키와로 만들어진 홈의 길이는 2m 이상, 너비는 0.34m이다. 이 기와 배수유구 끝에서 서쪽으로 30㎝ 거리에서는 동일한 와편들이 섞인 돌무지가 확인되었다.

적심유구. 제10구역의 베-뤠-6-7방안에 위치한다(도면 94). 초석의 적심이었을 것으로 추정되는 돌무지의 크기는 0.95×1.1m, 두께는 32㎝ 이상이다. 돌을 수 겹으로 쌓았고, 돌들 사이사이에 와편을 채워 넣었다. 금당과 관련된 시설로 보았으나, 용도가 분명하지 못하다. 적심유구의 주변에서는 슬래그와 벽토 덩이들 그리고 목탄들이 드물게 확인되었다.

10구-6호 구덩이. 사찰구역 중문지 (밖에서 볼 때에) 오른쪽의 석축담장 안쪽에 위치한다. 평면모양이 타원형이다. 직경은 46㎝, 깊이는 21㎝이다. 내부퇴적토는 불탄 흙이 섞인 갈색 사질토이다. 구덩이에서 8점의 윤제 토기편이 발견되었다(도면 95).

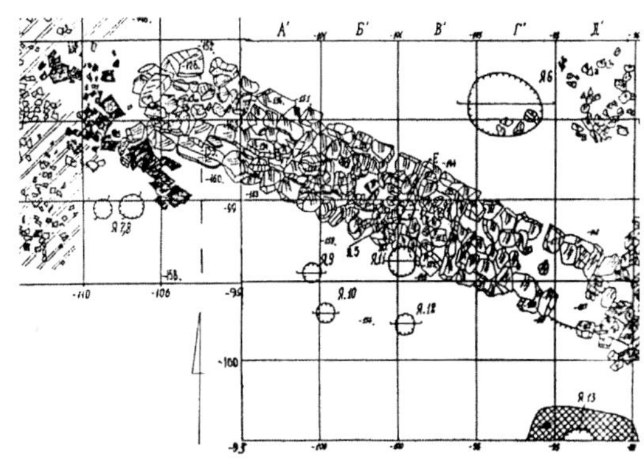

도면 95 | 크라스키노성 제10구역 남동쪽 부분 바닥 평면도(1994)

10구-7호 구덩이. 사찰구역 중문지 오른쪽의 바깥 부분에 위치한다(도면 95). 직경은 12㎝이고, 깊이는 5㎝로 매우 얕다. 갈색 사질토로 채워져 있었다.

10구-8호 구덩이. 10구-7호 구덩이와 나란히 위치한다. 직경은 15㎝, 깊이는 8㎝이다. 내부퇴적토는 갈색 사질토이다. 이 7호와 8호 구덩이는 기둥구멍이었을 것으로 보이며, 사찰의 중문과 관련이 있을 것으로 추정되었다(도면 95).

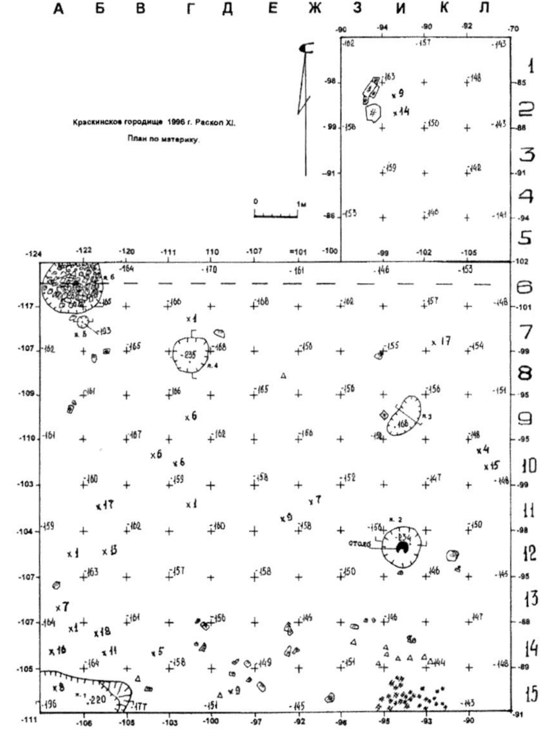

도면 96 | 크라스키노성 제11구역 바닥 평면도(1996)

10구-9호~12호 구덩이. 석축담장의 중문지 오른쪽 중간 부분의 바깥쪽에 위치한다. 석축담장과 관련이 있을 것으로 추정되었다. 이 구덩이들은 크기가 직경 12~14㎝, 깊이 7~18㎝이다. 내부퇴적토는 모두 갈색 사질토이다(도면 95).

10구-13호 구덩이. 데'-25방안에 위치한다. 직경은 21㎝, 깊이는 12㎝이다. 내부퇴적토는 갈색 사질토이다(도면 95).

10구-14호 구덩이. 제10구역의 북쪽 부분인 예-4방안과 예-5방안 사이에 위치한다. 직경은 10㎝, 깊이는 12㎝이다. 내부퇴적토는 갈색 사질토이다(도면 94).

도면 97 | 크라스키노성 제11구역 6호 구덩이 돌 모습(1996)

10구-15호 구덩이. 10구-14호 구덩이에서 동쪽으로 1.25m 거리에 위치한다. 직경은 24㎝, 깊이는 7㎝이다. 갈색 사질토로 된 내부퇴적토에서 윤제 토기편이 1점 발견되었다(도면 94).

(6) 제11구역의 구덩이들

제11구역은 1995년과 1996년에 조사되었다. 1995년에는 유구가 확인되지 않았다. 하지만 와편들과 함께 청동 띠꾸미개(도면 1995-16, 2; 17)(도면 739, 10), 철제 띠꾸미개(도면 1995-16, 1; 17)(도면 718, 8), 철제 '자릿쇠' (도면 1995-14, 1; 17)(도면 707, 26), 토제 고리(도면 1995-17) 등이 출토되었다. 1996년에는 철제 띠꾸미개(도면 1996-17, 2)(도면 718, 16), 철제 자릿쇠, 철제 못, 부조 판편(도면 1996-17, 3) 등이 출토되었다. 1996년에는 제11구역의 '생토'면에서 구덩이들이 조사되었다(도면 96). 제11구역에서는 1995년에 조사된 부분은 금당과 석축담장 중문지 사이의 제1생활면에, 1996년에 조사된 구덩이들은 제2생활면에 속하는 것으로 각각 판단되었다.

11구-1호 구덩이. 제11구역의 남서 모서리 부분에 일부만 조사되었다. 구덩이의 동쪽 벽 부분은 깊이 30㎝까지 두께 20~30㎝로 적색 소토로 덮여 있었고, 내부퇴적토에서 회색 와편과 윤제 토기편들이 발견되었다. 구덩이의 깊이는 60㎝이다. 구덩이 바닥에서 흑색 사질점토 앙금이 4㎝까지 확인되었다. 금당이 축조되기 전에 운용된 가마의 흔적으로 추정되었다. 이 구덩이는 석축담장 문지 안쪽 부근으로 더 이상 조사가 되지 못하였다.

11구-2호 구덩이. 제11구역의 남동쪽 부분 이-12방안에 위치한다. 구덩이의 위는 회색, 아래는 명회색 사질토로 채워져 있었다. 내부퇴적토의 아랫부분에서 아래를 깎아 뾰족하게 만든 기둥이 발견되었다. 이 기둥의 잔존 길이는 68㎝, 두께는 30㎝ 정도이다. 구덩이의 직경은 90㎝, 깊이는 80㎝이다. 금당보다 더 이른 시기의 것으로 추정되었다.

11구-3호 구덩이. 제11구역의 동쪽 부분 이-9방안에 위치한다. 평면모양이 타원형이다. 크기는 43×100㎝, 깊이는 18㎝까지이다. 위에서 10㎝ 깊이까지는 숯이 다량 포함된 흑색 사질토로, 그 아래로 바닥까지는 황색 사질토로 채워져 있었다. 황색 사질토 부분에서 2점의 회색 와편과 1점의 윤제 토기편이 발견되었다.

11구-4호 구덩이. 발굴구역의 서쪽 부분 게-7-8방안에 위치한다. 평면모양이 둥그스름하다. 직경은 80㎝, 깊이는 70㎝이다. 구덩이의 벽은 가파르고 바닥은 타원모양이다. 내부퇴적토의 윗부분은 회색 사질토, 그 아래는 흑색 사질점토, 가장 아래는 암회색의 단단한 사질토이다. 회색 사질토 부분에서 7점의 회색 윤제 토기편과 녹이 심하게 슨 철제 유물편 3점이 출토되었다.

11구-5호 구덩이. 평면모양이 원형이다. 크기는 직경 30㎝, 깊이 35㎝까지이다. 내부퇴적토는 회색 사질토이다. 12점의 흑색 및 2점의 회색 윤제 토기편과 1점의 놀이 알이 출토되었다.

11구-6호 구덩이. 제11구역의 북서쪽 모서리 부분에 위치하는데 1983년 제6구역의 남서쪽 모서리에서 일부가 조사된 것과 동일 구덩이이다. 구덩이의 깊이는 30~37㎝이다. 숯이 섞인 회색 사질토로 채워져 있었고, 바닥에는 돌이 깔려 있었다(도면 97). 내부퇴적토에서 6개체의 일부가 잔존한 토기 윗부분, 3점의 구연부편, 35점의 동체부편이 출토되었다. 토기편 중의 3점은 수제이다. 유물은 모두 바닥에 깔은 자갈 바로 위에서 발견되었다. 바닥에 깔은 돌들을 치울 때에 철제 칼(도면 1996-13, 3)이 출토되었다. 칼의 잔존 길이는 6㎝, 슴베 길이는 3.5㎝이다. 구덩이 바닥에 돌을 깔은 것은 나무기둥의 기초일 것으로 추정되었다. 전체적으로 이곳에 금당 이전의 굴립주 종교 건물이 있었을 것으로 추정되었다.

(7) 제13구역의 추정 도랑과 얼룩

1997년에 조사된 제13구역은 크기가 9×2m에 불과하며 사찰구역의 남서쪽 모서리 부분에 성벽 및 석축담장과 인접하여 위치한다.

추정 도랑. 표토의 아랫부분 경작에 의해 건드려지지 않은 회색 사질토층에서 길쭉한 구덩이가 조사되었다. 너비는 50㎝, 깊이는 25㎝이고, 노출된 길이는 약 1.8m이다. '도랑'일 것으로 추정되었고, 또 발해와는 무관한 늦은 시기의 유구일 것으로 판단되었다.

얼룩. 제13구역의 북동쪽 모서리 부분에 위치한다. 숯이 다수 포함된 흑색 사질토 얼룩이다. 제4인공층을 조사할 때에 확인되었다. 하지만 내부를 조사하였다는 보고내용이 확인되지 않는다.

(8) 제18구역의 구덩이

1998년에 조사되었다. 제18구역에서는 표토와 부식토를 제거하고 난 다음에 발굴구역 전체적으로 돌들이 깔려 있는 것이 노출되었다(도면 1998-41). 이 돌들 사이에는 와당을 포함하여 와편들이 많이 섞여 있었다. 그 아래에는 회갈색 사질토가 위치하였고, 다시 그 아래에는 명회색 사질토가 분포하였다. '생토'면에 대한 조사에서 암갈색 사질토로 채워진 길게 둥근모양의 구덩이가 하나 발견되었다(도면 1998-43). 이 구덩이의 최대 깊이는 42㎝이다. 구덩이에서 유물은 발견되지 않았다.

(9) 제21구역의 구덩이들

1999년에 조사되었다. 제21구역의 중요 유구는 중간생활면 금당지이다. 중간생활면 금당지는 회황색의 단단

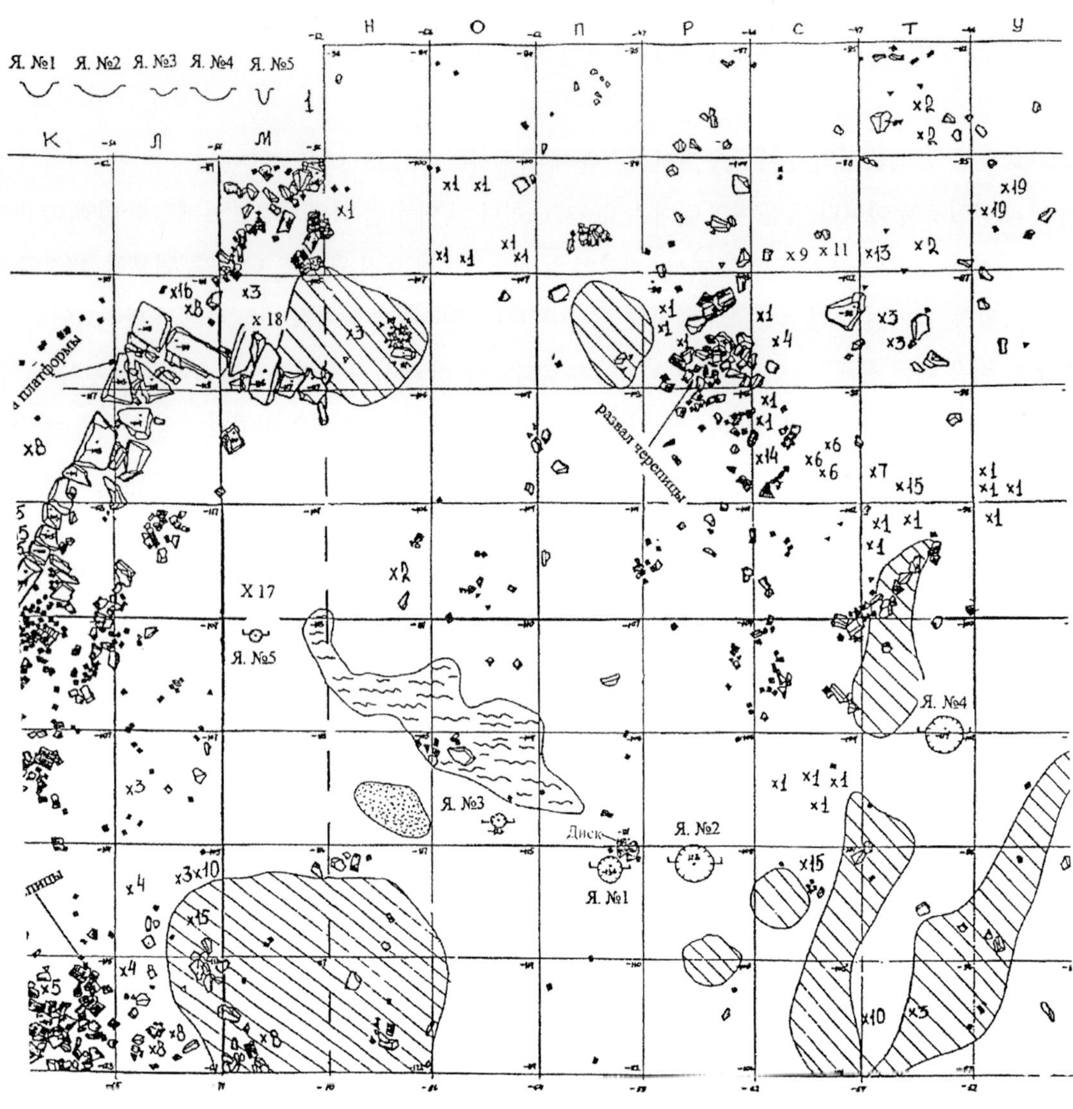

도면 98 | 크라스키노성 제21구역 제3인공층 평면도(1999)

한 모래층에 조성되었다. 이 유구와 관련된 돌들은 이보다 위 토층들에서 이미 확인되었다. 이곳의 토층은 표토와 부식 사질토, 회색의 단단한 사질토, 회황색의 단단한 모래, 회갈색의 단단한 사질토, 황회색의 무른 모래, 암갈색의 단단한 사질토로 구분되었다. 구덩이들은 제3인공층과 제4인공층에서 각각 조사되었다. 제3인공층에서는 중간생활면 금당지의 기단 상면이 조사되었다. 기둥구멍으로 판단된 구덩이들은 발굴구역의 남동쪽 절반 부분에 위치한다. 이 구덩이들에서는 유물이 발견된 것이 없다. 제4인공층에서는 중간생활면 금당지 기단의 경계가 모두 확인되었다. 제3인공층과 제4인공층의 레벨 차이는 도면에 표시된 레벨 수치를 통해 볼 때에 약 10~15㎝로 생각된다. 제3인공층(도면 98)과 제4인공층(도면 18)에서 조사된 구덩이들이 모두 1호~5호 구덩이로 동일하게 보고되었기 때문에 구분을 위해 구덩이 번호 앞에 3과 4를 더하기로 한다.

21구-3-1호 구덩이. 뻬-8방안에 위치한다. 직경은 24㎝, 깊이는 13㎝이다. 암색 사질토로 채워져 있었다.

21구-3-2호 구덩이. 에르-8방안에 위치한다. 직경 37㎝, 깊이 10㎝이다. 암색 사질토로 채워져 있었다.

21구-3-3호 구덩이. 오-7방안에 위치한다. 흑색에 가까운 암색 사질토로 채워져 있었다.

21구-3-4호 구덩이. 흑색에 가까운 암색 사질토로 채워져 있었다.

21구-3-5호 구덩이. 엠-6방안에 위치한다. 직경은 10㎝, 깊이는 14㎝이다. 흑색에 가까운 암색 사질토로 채워져 있었다.

21구-4-1호 구덩이. 데-6방안에 위치한다. 직경은 25㎝, 깊이는 20㎝이다. 숯이 포함된 불에 달구어진 사질토로 채워져 있었다. 기둥구멍으로 판단되었다.

21구-4-2호 구덩이. 데-예-6-7방안에 위치한다. 길쭉한 타원 모양이다. 구덩이의 바닥과 벽이 분홍색이 되게 불에 달구어졌다. 내부퇴적토 윗부분은 숯이 포함된 불에 달구어진 사질토이고, 아랫부분은 암색 모래이다.

21구-4-3호 구덩이. 중간생활면 금당지 기단의 남쪽 가운데 부분인 엘-엠-8-9방안에 위치한다. 이 구덩이는 위의 중간생활면 금당지 부분에서 언급한 바와 같이 바닥에 돌을 깔았기 때문에 초석을 놓은 자리로 판단되었다.

21구-4-4호 구덩이. 중간생활면 금당지 기단 위인 뻬-8방안에 위치한다. 직경과 깊이가 각각 20㎝이다. 암회색 사질토로 채워져 있었다. 기둥구멍으로 판단되었다.

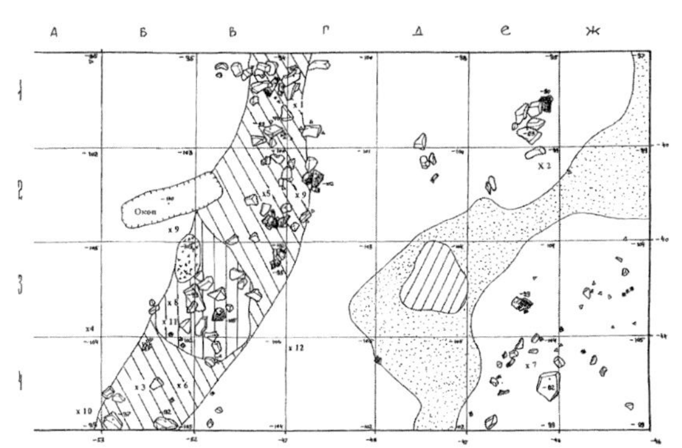

도면 99 | 크라스키노성 제22구역 제3인공층 평면도(1999)

도면 100 | 크라스키노성 제22구역 구상유구와 3호 구덩이 모습(1999)

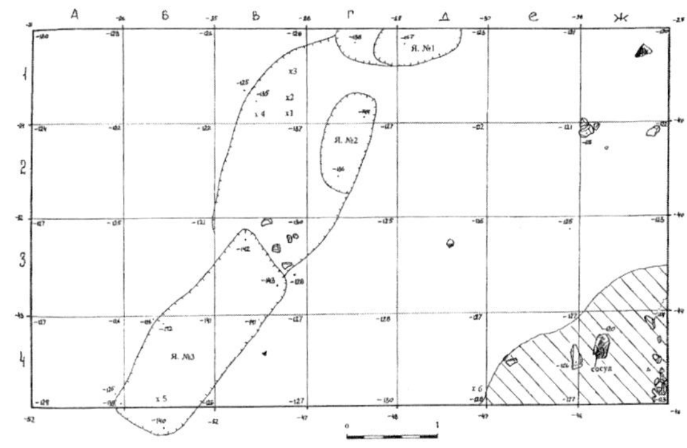

도면 101 | 크라스키노성 제22구역 제4인공층 평면도(1999)

21구-4-5호 구덩이. 떼-2-3방안에 위치한다. 평면모양이 타원형이다. 회갈색의 단단한 사질토층 아래에 위치하였다. 내부퇴적토는 숯이 포함된 적갈색의 불탄 사질토이다. 구덩이의 바닥에는 숯 간층이 위치하였다. 구덩이의 크기는 직경 60㎝, 깊이 27㎝이다. 구덩이에서 회색의 윤제 토기편들이 발견되었다.

(10) 제22구역의 구상유구와 구덩이들

제22구역은 중간생활면 금당지가 조사된 제21구역의 동북쪽에 설정되었다. 1999년에 조사되었다. 제22구역에서는 제3인공층에서 구상유구(도면 99; 100), 제4인공층에서 구덩이들(도면 101)이 조사되었다. 구덩이들은 구상유구의 바닥에서 확인되었다. 그 외에도 제4인공층에서는 유구의 흔적으로 보이는 얼룩도 하나 확인되었다.

구상유구. 암갈색의 단단한 사질토 얼룩의 형태로 노출되었다. 발굴구역의 서쪽 절반 부분에 동북북-남남서 방향으로 길게 띠를 이루며 형성되어 있다. 암갈색 사질토 얼룩의 표면에서 다량의 돌과 와편들이 확인되었다. 와편들은 주로 내부퇴적토의 동쪽 부분에 집중되어 있었다. 또한 이 얼룩의 윗부분에는 흑색에 가까운 암색 사질토와 석탄 간층도 확인되었다. 구상유구의 동쪽 부분에는 회색 사질토층 아래에 암회색 모래층이 확인되었다. 구상유구의 암갈색 사질토층에서는 금동패식(도면 1999-104), 청동 비녀 머리장식편 6점, 철제 반구상 패식(도면 1999-99), 철제 화살촉, 철제 칼, 철제 배목(도면 1999-100, 1), 철제 꺾쇠, 철제 못, 철제 심봉, 주철체 솥편, 토기 뚜껑편 등의 유물이 출토되었다. 와편은 601점이 수습되었다.

22구-1호 구덩이. 구상유구의 북동쪽 끝부분에 위치하며 일부는 발굴구역의 범위 밖에 위치한다. 암회색 사질토로 덮여 있었다. 구덩이의 내부퇴적토는 무른 암회색 사질토와 그 아래의 단단한 회갈색 사질토이다. 내부퇴적토에서 잔돌과 윤제 토기편들이 발견되었다.

22구-2호 구덩이. 구상유구의 안쪽 가장자리에 위치한다. 구상유구와 구덩이 모두 윗부분은 단단한 암갈색 사질토로 채워져 있었다. 이곳에서 철제 못, 칼 쪼가리 등이 출토되었다. 그 아래에는 재가 섞인 보다 짙은 단단한 암갈색 사질토가 들어 있었다. 이 안에 다수의 와편, 윤제 토기편, 돌들이 섞여 있었다. 암갈색 사질토층 내에 소토가 섞인 석탄 간층이 존재하였다. 내부퇴적물의 양상으로 보아 생산시설의 잔재일 것으로 추정되었다.

22구-3호 구덩이. 평면 장방형에 가깝다. 크기는 2.2×0.8m이고, 깊이는 15㎝이다. 바닥은 비교적 편평하나, 북동쪽이 약간 낮다. 내부퇴적토에서 다수의 돌과 윤제 토기편이 확인되었다. 바닥의 남서쪽 부분에는 재가 스며들었다. 내부퇴적토의 윗부분에서는 주철제 솥편(도면 1999-102)이 발견되었다. 3호 구덩이도 생산시설일 가능성이 있는 것으로 추정되었고, 어쩌면 완전히 파괴된 가마의 잔재일 수도 있다고 생각되었다.

얼룩. 제22구역의 남동쪽 모서리 부분에서 단단한 암갈색 사질토 얼룩이 노출되었다. 이곳에서 귀 손잡이 토기(도면 1999-105; 156, 13)(도면 885, 9)가 출토되었지만 이 얼룩에 대해서는 더 이상 조사내용이 보고된 것이 없다.

제22구역의 제2인공층에서는 청동 띠꾸미개(도면 1999-103), 옥 유물편(도면 1999-113)(도면 697, 2), 철제 숟가락 편(도면 1999-94)(도면 730, 1), 철제 화살촉(도면 1999-95, 1, 2), 철제 꺾쇠(도면 1999-95, 3), 철제 못 3점(도면 1999-82; 97), 철제 낫편, 토기 다리 등이 출토되었다.

(11) 제25구역의 돌무지와 구덩이들, 고래-아궁이

제25구역은 금당지가 있는 제5구역에서 북동쪽 부분에 위치한다. 2000년과 2001년에 조사되었다. 이곳에는 11호와 12호 가마터가 위치한다. 제2인공층 제토 시에 발굴구역의 북서쪽 모서리 부분을 중심으로 하여 돌들이 무리를 이루고 있는 돌무지가 노출되었다. 그리고 제3인공층 제토 후에 11호 및 12호 가마와 함께 구덩이들이 얼룩 형태로 노출되어 그다음의 제4인공층에서 조사되었다. 또한 제3인공층에서는 이-8방안에서 초석으로 추정된 돌이 하나 확인되었다.

돌무지. 제25구역의 북서쪽 부분에서 제2인공층을 조사할 때에 노출되었다(도면 102). 돌들이 무질서하게 집중된 곳도 있고 또 흩어진 부분도 있다. 하지만 한쪽 가장자리가 전체적으로 북동-남서방향으로 열을 이루고 있다. 때문에 이 돌무지는 건물의 기단일 가능성도 있는 것으로 판단되었다. 이 돌무지의 한쪽 가장자리 부분인 데-예-1-2방안에서는 불에 탄 적색의 얼룩이 위치한다. 돌들 사이에서 1,946점에 이르는 다량의 윤제 토기편이 발견되었다(도면 2001-14; 17; 18). 또한 와편도 1,235점이 수습되었다. 그 외에도 이곳에서 벼루편(도면 2000-26)

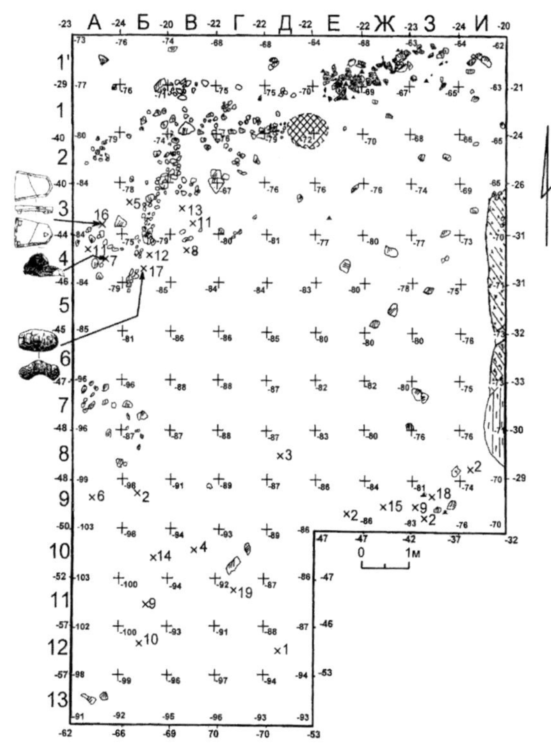

도면 102 | 크라스키노성 제25구역 제2인공층 평면도(2001)

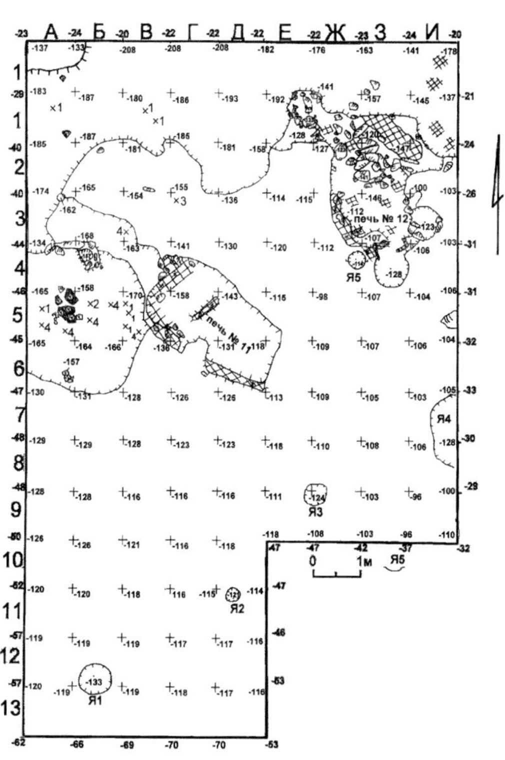

도면 103 | 크라스키노성 제25구역 제5인공층 평면도(2001)

(1999년에 제21구역 출토된 편과 동일유물)(도면 654, 1), 토기 뚜껑 꼭지(도면 2000-28), 주철제 풍탁 편(도면 2000-21), 철제 띠꾸미개 2점(도면 2000-22; 23), 금동 비녀 머리장식(도면 2000-20), 오리모양 석제 용기 뚜껑 장식(도면 2000-24)(도면 670), 철제 삽(도면 2001-26) 등이 출토되었다.

25구-1호 구덩이. 베-12-13방안에 위치한다. 직경 56cm, 깊이 16cm이다. 내부퇴적토에서 회색 와편 4점이 발견되었다. 기둥구멍으로 판단되었다(도면 103).

25구-2호 구덩이. 데-11방안에 위치한다. 직경은 32cm, 깊이는 10cm이다. 기둥구멍으로 판단되었다.

25구-3호 구덩이. 예-줴-8-9방안에 위치한다. 직경 48cm, 깊이 16cm이다. 내부퇴적토에서 회색 윤제 토기편 7점이 발견되었다. 기둥구멍으로 추정되었다.

25구-4호 구덩이. 이-7-8방안에 위치한다. 구덩이의 대부분이 발굴구역 밖에 위치하여 일부만 조사되었다(도면 103). 내부퇴적토는 암색 사질토이다. 내부퇴적토의 윗부분에는 돌들과 윤제 토기편들이 채워져 있었다. 토기편 중에는 뚜껑편과 시유 토기편도 있었다. 내부퇴적토의 아랫부분에는 적갈색의 옹이 하나 놓여 있었다(도면 2001-24).

고래-아궁이. 제4인공층 제토 다음에 얼룩의 형태로 노출되었다(도면 103). 12호 가마의 북서쪽인 예-줴-1'방안에 위치하며, 유구의 일부만 발굴구역 내에 포함되어 있다. 아궁이 구덩이의 위 절반은 숯과 소토가 많이 섞어있는 붉게 탄 사질토로 채워져 있었고, 아래에는 불에 탄 암회색과 암색 사질토가 위치하였다. 아궁이의 바닥에는 적색 소토 부스러기들이 두께 6cm로 깔려 있었다. 아궁이 구덩이의 직경은 50cm, 깊이는 46cm이다. 불탄 흔적은 고래의 벽에서도 확인되었다. 고래의 깊이는 10cm를 넘지 않으며, 폭은 20cm이다. 아궁이와 고래의 사이에는 수직으로 겹쳐 세운 3장의 적색 기와와 팔메트문양으로 장식된 회색 벽돌이 위치하였다(도면 2001-32)(도면 660).

수혈구덩이. 제4인공층 제토 다음에 얼룩의 형태로 노출되었다(도면 103). 11호 가마의 서쪽에 바로 인접하여 위치한다. 단단한 암갈색 사질토로 채워져 있었다. 이곳에서 429점의 윤제토기편, 75점의 와편이 수습되었는데 와편들 중 37점은 적색이었다. 이 수혈구덩이의 깊이는 35cm이다.

제25구역의 제4인공층에서는 철제 낫(도면 2001-27)(도면 684, 1), 철제 띠꾸미개(도면 2001-149, 3; 150, 1)(도면 718, 11), 토제 입방체유물(도면 2001-30; 31)(도면 656, 1) 등도 발견되었다.

(12) 제29구역의 구덩이들, 기와무지, 수혈구덩이

제29구역은 금당지가 있는 제5구역에서 북동쪽 부분에 제25구역의 동쪽에 위치한다. 2001년에 조사되었다.

제2인공층에서는 발굴구역의 북쪽 부분에서 돌들이 흩어진 것이 확인되었다. 돌들 사이에서 숫돌편, 철제 낫편, 철제 톱(도면 2001-80, 1)(도면 685, 4) 등 출토되었다. 그 외에도 제2인공층에서는 철제 화살촉(도면 2001-113, 5)(도면 694, 22), 철제 배목(도면 2001-82, 1), 철제 칼편 등의 유물이 발견되었다. 제1생활면에 속하는 구덩이들은 제3인공층에서 조사되었다. 제4인공층에서는 20호와 21호 구덩이 그리고 수혈구덩이 조사되었다. 제29구역에서 보고가 된 구덩이들과 다른 유구들은 다음과 같다(도면 104; 107).

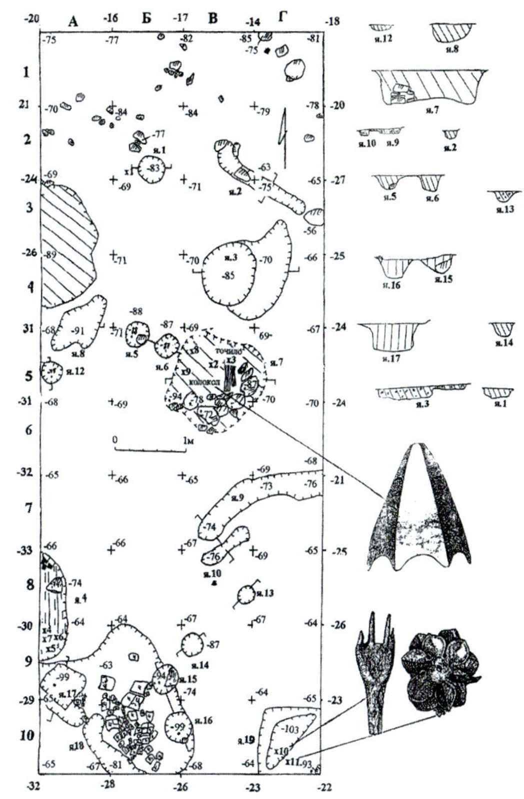

도면 104 | 크라스키노성 제29구역 제2인공층 평면도(2001)

29구-1호 구덩이. 발굴구역의 북쪽 부분인 베-2방안에 위치한다. 암갈색 사질토로 채워져 있었다. 깊이는 12㎝까지이다. 기둥구멍으로 추정되었다.

29구-2호 구덩이. 발굴구역의 북쪽 부분인 붸-게-2-3방안에 위치한다. 북서-남동 방향의 길쭉한 도랑 형태이다. 크기는 길이 1.4m, 너비 18~26㎝, 깊이 10㎝이다. 내부퇴적토는 암갈색 사질토이며, 바닥과 벽에서 돌들이 발견되었다.

29구-3호 구덩이. 발굴구역의 북쪽 부분인 붸-3-4방안에 위치한다. 크기는 직경 80㎝, 깊이 16㎝이다. 내부퇴적토는 숯이 섞인 암갈색 사질토이다. 이 구덩이의 동쪽에는 길이 6㎝의 단이 나있다. 3호 구덩이의 위에서는 불에 타다 만 나뭇가지들이 돌려져 있는 모닥불자리가 있었다.

29구-4호 구덩이. 발굴구역의 남서쪽 부분에 위치한다. 구덩이의 많은 부분이 제25구역에 위치한다. 내부퇴적토는 암색 사질토이다. 내부퇴적토에서 회색 윤제 토기편들, 시유 토기편들, 철제 배목 2점(도면 2001-82, 2), 철제 못 2점, 철제 판 쪼가리들, 주철제 차관편 등이 출토되었다. 4호 구덩이에서 출토된 시유 토기편과 토기 뚜껑편은 7호 구덩이에서 출토된 것과 동일 개체였다.

29구-5호 구덩이. 발굴구역의 중간 윗부분인 베-4-5방안에 위치한다. 크기는 직경 32㎝, 깊이 18㎝이다. 바닥에 큰 자갈돌이 하나 놓여 있었다. 기둥구멍으로 추정되었다.

29구-6호 구덩이. 5호 구덩이의 동쪽 바로 가까이에 위치한다. 크기는 길이 32㎝, 너비 28㎝, 깊이 20㎝이다.

도면 105 | 크라스키노성 제29구역 7호 구덩이 모습(2001)

도면 106 | 크라스키노성 제29구역 기와무지와 17호 구덩이 모습(2001)

29구-7호 구덩이. 제29구역의 중간 부분에 위치한다. 구덩이의 남쪽 절반 부분에는 돌들이, 북쪽 절반 부분에는 토기편들이 집중되어 있었다(도면 2001-67)(도면 105). 이 구덩이의 내부퇴적토에서 출토된 대표적인 유물로는 유약을 칠한 술 항아리 편(도면 2001-84: 2; 85)(도면 1002, 1), 윤제 병형 토기 편 2점(도면 2001-89)(도면 770, 2), 옹, 토기 뚜껑(도면 2001-86: 2), 주철로 만든 풍탁(도면 2001-83)(도면 721, 2), 사암으로 만든 장방형의 숫돌 편(도면 2001-80: 2) 등이 있다.

29구-9호 구덩이. 발굴구역의 중간 아랫부분에 위치한다. 도랑모양을 하고 있다. 노출된 부분의 길이는 2m, 너비는 34㎝, 깊이는 8㎝이다. 내부퇴적토는 암회색 사질토이다.

29구-10호 구덩이. 9호 구덩이의 남쪽 바로 가까이에 위치한다. 크기는 길이 75㎝, 너비 34㎝, 깊이 8㎝이다. 내부퇴적토는 암회색 사질토이다.

29구-13호 구덩이. 발굴구역의 남쪽 부분인 붸-8방안에 위치한다. 직경과 깊이 모두 14㎝이다. 내부퇴적토는 회색 사질토이다. 기둥구멍으로 판단되었다.

29구-14호 구덩이. 발굴구역의 남쪽 부분인 붸-9방안에 위치한다. 직경 20㎝, 깊이 18㎝이다. 기둥구멍으로 추정되었다.

29구-15호 구덩이. 베-9방안에 위치한다. 내부퇴적토는 흑색 사질토이다. 크기는 직경 34㎝, 깊이 20㎝이다. 바닥에 돌이 놓여 있었다. 기둥구멍으로 추정되었다.

29구-16호 구덩이. 베-붸-10방안에 위치한다. 크기는 직경 40㎝, 깊이 26㎝이다. 기둥구멍으로 추정되었다.

29구-17호 구덩이. 발굴구역의 남서쪽 모서리 가까이에 위치한다. 크기가 50×50㎝이고, 벽과 바닥에 불탄 흔적이 남아 있다. 이 구덩이 가까이 제25구역에서 발견된 초석은 크기가 이 구덩이의 크기와 일치한다. 그 초석은 언젠가 이 구덩이에 들어 있었을 것이고, 화재가 난 다음에 그 초석이 다른 목적을 위해 옮겨졌을 것으로 추정되었다.

29구-18호 구덩이. 제29구역의 남서쪽 모서리 부분에 위치한다. 다수의 와편이 출토되었다.

29구-19호 구덩이. 제29구역의 남동쪽 모서리 부분에 위치한다. 일부만 조사되었다. 구덩이 19의 분명치 못한 윤곽선은 부식토층 아래에서 확인되었으나, 유물은 바닥 부분에서만 출토되었다. 유물들 중에서 금동 불수(도면 2001-76; 79: 1)(도면 624, 2), 연꽃 모양 광배(도면 2001-77; 78; 79: 2)(도면 624, 3, 4) 등이 특기할 만하다. 바로 이곳에서 12점의 윤제 토기편도 발견되었다. 구덩이 19의 바닥에서는 깊이 10㎝의 삼각형 구덩이가 하나 구분되었다.

29구-20호 구덩이. 발굴구역의 남쪽 가장자리 부분에 위치한다. 제4인공층에서 조사되었다. 구덩이의 많은 부분이 제29구역의 범위 밖에 있다. 내부퇴적토는 흑색에 가까운 암색 사질토이다. 깊이는 40㎝이다. 14점의 윤제 토기편과 7점의 회색 및 적색 와편이 출토되었다.

29구-21호 구덩이. 발굴구역의 북동쪽 모서리 부분에 위치한다. 제4인공층에서 조사되었다. 구덩이의 일부만 발굴구역에 포함되었다. 내부퇴적토는 단단한 회흑색 사질토이다. 구덩이의 깊이는 32㎝까지이다. 이곳에서 109점의 윤제 토기편과 13점의 회색 및 적색 와편이 출토되었다. 출토 토기 중에는 도면상 복원이 되는 것도 있다(도면 2001-87; 88)(도면 863, 2).

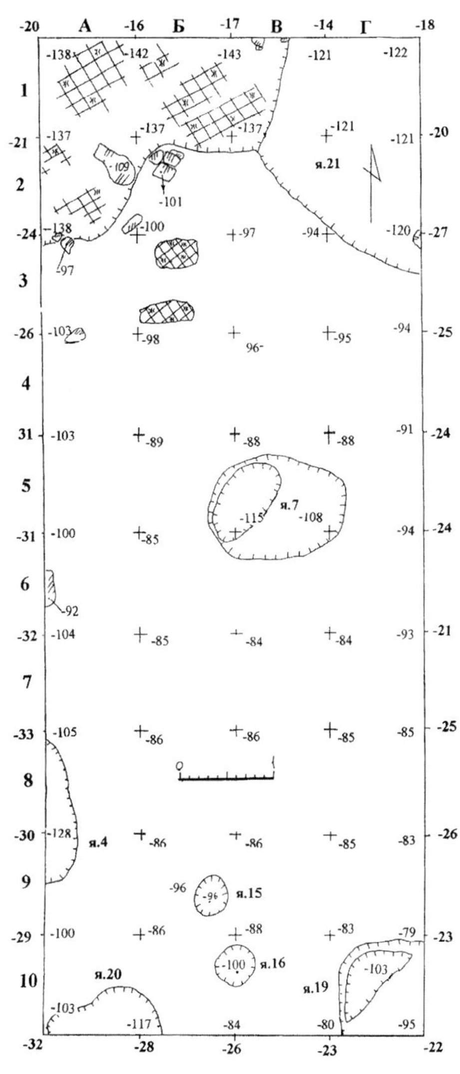

도면 107 | 크라스키노성 제29구역 제4인공층 평면도(2001)

기와무지. 발굴구역의 남서쪽 모서리 가까이의 불에 탄 사질토 내에 위치한다(도면 2001-57; 72). 이 기와무지 둘레에 15호, 16호, 17호 구덩이가 배치되어 있다(도면 106;107). 불에 탄 지붕이 무너져 내린 흔적일 가능성이 있다고 판단되었다.

수혈구덩이. 제4인공층 조사 시에 '생토'면에서 그 존재가 확인되었다. 발굴구역의 북서쪽 모서리에 위치한다. 암회색 사질토 얼룩의 형태로 노출되었고, 그 아래로 '생토'까지는 암갈색의 단단한 사질토와 소토를 포함하는 흑색 사질토가 위치하였다. 수혈구덩이의 바닥은 많은 부분이 불에 달구어져 있었다. 이웃하는 25구역에서 조사된 12호 가마보다 이른 시기일 가마일 가능성이 제기되었지만 분명하지 않다. 이 유구의 일부는 25구역으로 이어진다.

(13) 제30구역의 구덩이와 수혈구덩이들

제30구역은 2002년에 조사되었고, 중간생활면 금당지의 동쪽에 위치한다. 다수의 구덩이들이 조사되었다(도면 108; 111).

30구-1호 구덩이. 발굴구역의 북동쪽 모서리 부분인 Λ(엘)-1방안에 위치한다(도면 9). 타원형이다. 크기는 37×35㎝, 깊이는 15㎝이다. 내부퇴적토는 암갈색 사질토이다. 철제 원추형 새기개와 30점의 토기편이 출토되었다.

30구-2호 구덩이. 까-엘-2-3방안에 위치한다. 길이는 110㎝, 최대 폭은 28㎝, 깊이는 16㎝이다. 내부퇴적토는 암갈색 사질토이다. 내부퇴적토에서는 2개체 분의 토기편 15점이 나왔다. 1개체는 회색이고(저부 포함하여 6점), 다른 1개체는 적색이다. 이 외에도 11점의 회색 및 9점의 적색 와편이 출토되었다.

30구-4호 구덩이(도면 2002-11; 14; 17; 22)(도면 109). 표토-부식토 아래에서 암갈색의 사질토 얼룩 모양으로 노출되었다. 이후 구덩이의 경계가 확인되었다. 타원형이며 크기는 140×105㎝이고, 깊이는 40㎝이다. 벽은 완만한 동쪽을 제외하고는 모두 가파르며 바닥은 고르다. 구덩이는 돌들과 암갈색 사질토로 채워져 있었다. 가운데 윗부분에는 크고 납작한 돌이 1매 놓여 있었다. 이 구덩이에서는 92점의 토기편이 수습되었다. 그중에는 도상복원이 되는 것들도 있다. 바로 2점의 접시와 1점의 완이다(도면 2002-71; 72; 75; 2, 3)(도면 943, 6; 949, 5; 905, 3). 기와편은 23점이 수습되었는데, 14점은 회색이고 9점은 적색이다. 다른 유물로는 철제와 주철제의 유물편들이 있다.

30구-5호 구덩이. 까-3방안에 위치한다. 원형이다. 직경은 34㎝, 깊이는 16㎝이다. 바닥에 단이 졌다. 내부퇴적토는 불에 탄 사질토이. 출토유물은 없다. 불탄 기둥이 있던 기둥구멍일 것으로 판단되었다.

30구-6호 구덩이(도면 2002-11; 14; 23)(도면 110). 제2인공층 깊이에서 타원형의 암색 사질토 얼룩 모양으로 노출되었다. 구덩이 내부 퇴적토를 제거할 때에 제3인공층 깊이에서 벽을 따라 대형 저장용 토기의 편들이 확인되었는데 이곳에 땅 속에 묻은 대형 토기가 위치하였을 것으로 추정된다. 평면상 둥그스름한 이 구덩이는 크기가 180×136㎝이고, 깊이는 60㎝이며, 벽은 가파르고, 바닥은 상대적으로 고르다. 구덩이는 돌과 암색 사질토로 채워져 있었다. 내부 퇴적토 중간부분의 돌 사이에서 주철제 문 이음쇠(도면 2002-51), 수레바퀴 축받이 통(도면 2002-46)(도면 714, 1), 철제 삼족 정(도면 2002-47)(도면 699), 조개와 홍합 등의 깨어진 껍질로 채워져 있는 독특한 모양의 뿔 모양 토기(도면 2002-77)(도면 960, 6), 철제 유물 편들, 못, 화살촉 등이 출토되었다. 구덩이의 바닥과 바닥 바로 위에서 입자가 고운 사암으로 만든 3면에 사용흔이 있는 각목상의 숫돌(도면 2002-52), 철제와 주철제의 유물 편들, 2점의 철제 화살촉(도면 2002-41: 2)(도면 694, 11), 그리고 2점의 철제 칼(도면 2002-42: 2; 43: 1)(도면 689, 1, 2)이 출토되었다. 이 구덩이에서 231점의 토기편이 수습되었다. 그중에는 구연부편이 4점, 저부편 1점, 그리고 띠 모양의 손잡이가 1점 있다.

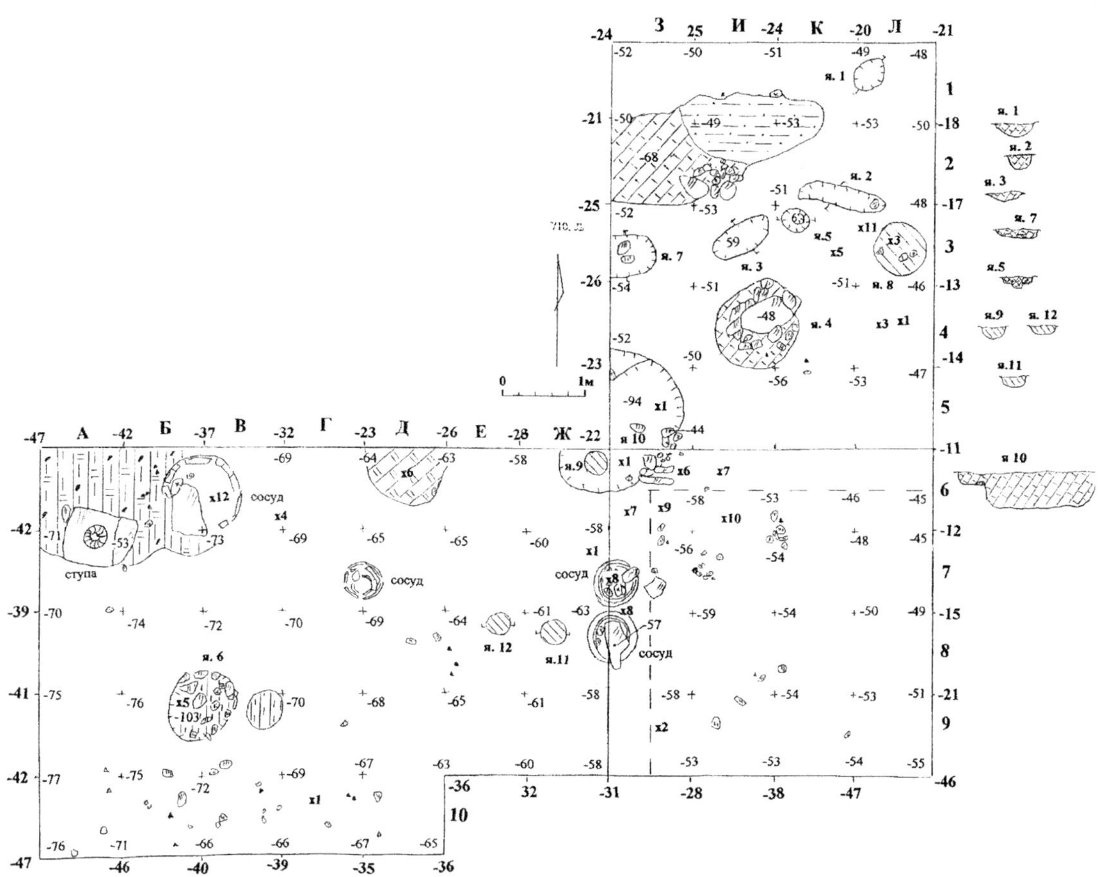

도면 108 | 크라스키노성 제30구역 제3인공층 평면도(2002)

도면 109 | 크라스키노성 제30구역 4호 구덩이 모습(2002)

도면 110 | 크라스키노성 제30구역 6호 구덩이 모습(2002)

30구-7호 구덩이. 제-3방안에 위치한다. 내부퇴적토는 암갈색 사질토이다. 내부퇴적토 윗부분에서 몇 개로 깨어진 불에 탄 사암 숫돌이 놓여 있었다. 내부 퇴적토에서는 8점의 토기편과 2점의 회색 와편이 수습되었다. 이 구덩이의 바닥에는 돌이 3개 놓여 있었다. 깊이는 10㎝를 넘지 않는다.

30구-8호 구덩이. 제3인공층에서 직경 70㎝의 단단한 암갈색 사질토 얼룩 형태로 노출되었다. Λ(엘)-3방안에 위치한다. 구덩이의 벽은 가파르고, 바닥은 고르며, 깊이는 23㎝이다. 내부 적토에서 유물은 출토되지 않았다.

30구-10호 구덩이. 일부는 이웃하는 제29구역에 위치한다. 내부퇴적토는 암회색 사질토이다. 이 구덩이에서는 심하게 녹이 슨 2점의 철제 유물편과 19점의 토기편이 출토되었다. 구덩이의 깊이는 42㎝이다. 벽은 가파르고, 바닥은 편평하다.

30구-13호 구덩이. 발굴구역 남서쪽 베-붸-7-8방안에 위치한다. 부정형이다. 벽은 가파르고, 바닥은 고르며, 깊이는 44㎝이다. 구덩이는 돌들이 섞인 암갈색 사질토로 채워져 있었다. 내부 퇴적토에서 4점의 토기편, 4개의 고리모양 손잡이가 대칭적으로 달린 토기(도면 2002-70)(도면 955, 2), 15점의 회색 와편, 주철제 솥 편 등이 출토되었다.

30구-16호 구덩이. 제4인공층에서 노출되었다. 게-데-9방안에 위치한다. 이 구덩이는 회색 모래와 돌들로 채워져 있었다. 평면모양이 타원형이다. 크기는 135×94㎝, 깊이는 34㎝이다. 내부퇴적토에서 놀이 알 1점, 철제 못 1점, 회색 토기편 7점, 회색 및 적색 와편 5점이 발견되었다.

30구-18호 구덩이. 발굴구역의 남쪽 가장자리 제-이-8-9방안에 위치한다. 제4인공층에서 노출되었다. 암흑색 사질토로 채워져 있었다. 깊이는 30㎝이다. 철제 못과 칼이 출토되었고, 작은 뼈 조각들도 확인되었다. 그 외 윤제 토기편과 회색 및 적색의 와편들도 11점이 발견되었다.

30구-19호 구덩이. 제29구역과 제30구역의 경계지점에 위치한다. 암회색 사질토로 채워져 있었다. 직경은 80㎝, 최대 깊이는 32㎝이다. 내부퇴적토인 사질토에서 5점의 토기편과 2점의 회색 및 적색 와편이 수습되었다.

30구-1호 수혈구덩이. 발굴구역의 북쪽 부분에서 제2인공층에서 암갈색 사질토 얼룩의 형태로 상면이 확인되었다. 제4인공층의 깊이에서 구덩이의 경계가 확실해졌다. 구덩이의 윗부분에서는 돌들이 위치하였고, 그 아래에는 명갈색 사질토, 그 아래에는 명황색 혹은 명갈색 사질토와 회색 모래, 그 아래에는 흑색 혹은 흑회색 사질토가 들어있었다. 구덩이 내에서 다수의 와편과 토기편이 출토되었는데, 와편 중에서 27점은 적색이다. 와당편(도면 2002-63)도 1점이 있다. 그 외에 철제 못, 철제 유물편, 주철제 유물편, 철제 낫편, 철제 화살촉 등이 출토되었다. 구덩이 1의 크기는 도면을 보고 판단할 때에 대략 3.6m×1.8m이다.

제30구역에서는 많은 유물이 출토되었다. 제1인공층에서는 청동 불상 대좌(도면 2002-35)(도면 624, 5), 돌확, 시유 토기편 6점, 한인 이주민이 남긴 것으로 생각되는 철제 호미(도면 2002-32) 등이 발견되었다. 제2인공층에서는 토제 타일?(도면 2002-36), 철제 고깔모양 유물(도면 2002-37, 1)(도면 722, 2), 철제 화살촉(도면 2002-38, 1)(도면 696, 13), 자기편 등 이 출토되었다. 제3인공층에서는 대형 토기 4개체가 원래 자리에서 땅에 묻힌 상태로 발견(도면 2002-25~27; 64~67)(도면 753, 1, 2)고, 쉐-제-7방안 대형용기 곁에서는 8엽 화형 머리 철제 자릿쇠와 못 7점이 출토되었다(도면 2002-40)(도면 707, 1, 3).

제30구역에서는 모두 약 2,000점의 토기편이 수습되었다. 그중에는 대형 옹 3점(도면 2002-64~68)(도면 735, 1, 2; 784, 2), 옹 편들(도면 2002-69), 소형 옹(도면 2002-78; 90, 1), 다수의 호(도면 2002-90, 2; 79; 91; 80, 2; 81), 화병형 토기(도면 2002-70), 잔(도면 2002-73; 75, 3), 접시(도면 2002-71; 72; 74; 75, 1), 뿔 모양 토기(도면 2002-77) 등이 있다. 또한 토제 판상유물(도면 2002-36), 다공체 유물(도면 2002-48~50)(도면 656, 2), 다수의 놀이 알, 청동 불상 대좌(도면 2002-35)(도면 624, 5), 청동 띠꾸미개(도면 2002-44, 1), 금동 고리(도면 2002-44, 2), 철제 낫, 철제 칼(도면 2002-42; 43), 철제 송곳, 철제 천공기, 철제 못(도면 2002-40; 45), 부싯쇠, 철제 고깔모양 유물(도면 2002-37, 1), 철제 패식(도면 2002-34; 39)(도면 718, 12, 15), 철제 화살촉(도면 2002-38; 41)(도면 693, 13; 694, 11), 주철제 솥편(도면 2002-47), 문짝 죔쇠(도면 2002-51), 차관(도면 2002-33; 46)(도면 714, 1; 715, 9), 돌확(도면 2002-21)(도면 674, 2) 등도 출토되었다.

(14) 제32구역의 돌무지와 구덩이들

2005년에 조사되었다. 제32구역과 동쪽의 제33a구역에서 조사된 중요 유구 중의 하나는 장방형 초석 건물터이다. 돌무지와 판돌은 제2인공층에서, 구덩이들은 제3인공층에서 각각 조사되었다(도면 41).

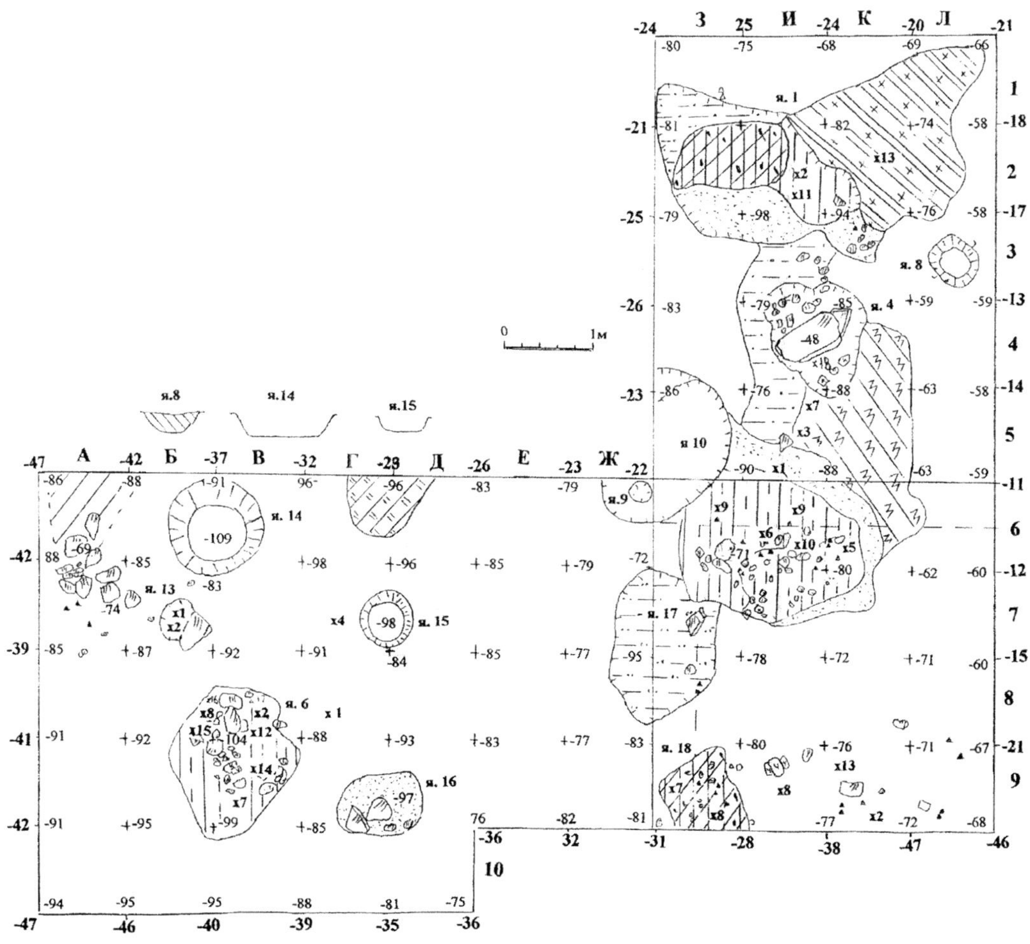

도면 111 | 크라스키노성 제30구역 제4인공층 평면도(2002)

돌무지. 제32구역의 북쪽 가운데 부분인 게-예-1-2방안에 위치한다. 돌무지의 길이가 1.5m 정도이다. 이 돌무지 바로 밑에서 3호 구덩이가 조사되었다. 이 돌무지의 남쪽 가까이에는 돌확이 위치한다. 화강암으로 만들었고, 평면이 준 삼각형이며 크기는 66×55㎝, 두께는 약 35㎝이다. 돌확의 구멍은 원추모양인데 위 구경이 24㎝, 깊이가 18㎝이다. 그리고 돌무지 동쪽의 줴-제-2방안에서는 타원형의 흑색 사질토 얼룩에서 옹이 눌려진 채로 발견되었다.

판돌. 발굴구역의 남서쪽 모서리 가까이에 위치한다. 크기가 80×60㎝인 판돌이 2개 서로 겹쳐진 상태로 노출되었다. 이 판돌의 동쪽에는 길이가 32㎝인 다른 판돌이 세워져 있었고, 서쪽에는 작은 돌들이 흩어져 있었다.

32구-1호 구덩이. 발굴구역의 북서쪽 모서리 가까이인 아-1방안에 위치한다. 직경이 28㎝, 깊이가 14㎝이다. 기둥구멍으로 추정되었다.

32구-2호 구덩이. 발굴구역의 동변 가까이인 이-4방안에 위치한다. 기둥구멍으로 추정되었다. 크기는 1호 구덩이와 동일한 것으로 보고되었다.

32구-3호 구덩이. 돌무지 아래에서 타원형의 갈색 사질토 얼룩과 크고 작은 돌들이 들어있는 구덩이가 확인되었다. 이 구덩이의 크기는 170×140㎝, 깊이는 30~3㎝이다.

제32구역에서는 제1인공층에서 치미의 용 눈알로 추정된 테라코타 (소상) 편(도면 2005-30), 토기 다리(도면 2005-35, 2), 관옥(도면 2005-35, 1), 놀이 알 등의 유물이 발견되었다. 제2인공층에서는 대상파수가 있는 토기편(도면 2005-39), 토기 완(도면 2005-41) 등이 출토되었나.

(15) 33a구역의 구덩이들

2006년에 조사되었다(도면 112). 제3인공층 조사 시에 3개의 구덩이가 노출되었다. 모두 초석 건물터의 동남쪽 가까이에 위치한다(도면 2006-9~11).

33a구-1호 구덩이. 엘-10방안에 위치한다. 내부퇴적토는 회색 사질토이다. 구덩이 내에서 32점의 토기편이 출토되었는데 그중22점은 회색, 7점은 더껑이가 묻은 흑색, 3점은 갈색이다. 그 외 2점의 회색 와편과 철제 유물편도 발견되었다.

33a구-2호 구덩이. 1호 구덩이 남서쪽 바로 곁에 위치한다. 내부퇴적토는 암회색 사질토이다. 유물은 없다.

33a구-3호 구덩이. 흑색 얼룩의 형태로 노출되었다. 구덩이의 크기는 길이 136㎝, 너비 146㎝, 깊이 20㎝이다.

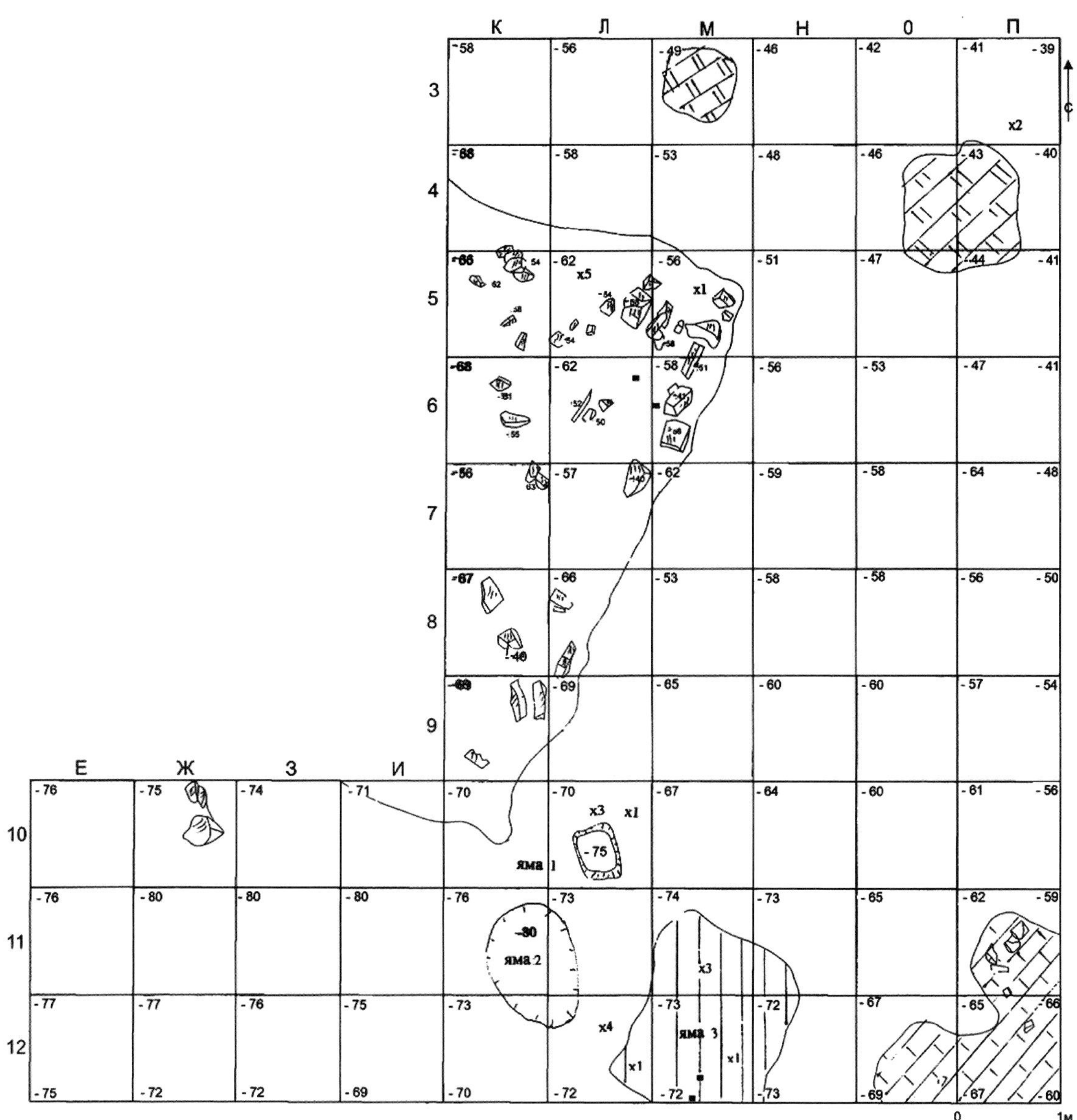

도면 112 | 크라스키노성 제33a구역 제3인공층 평면도(2006)

구덩이 내에서 10점의 대상파수편과 대형 저부편(도면 2006-34, 3), 슬래그들, 놀이 알들, 동물의 이빨, 숫돌, 탄화목재, 도면상 복원 가능 토기 등이 출토되었다. 이 구덩이는 제3생활면에 속하는 것으로 판단되었다.

2. 서북지역 동부 일대

사찰구역과 동쪽으로 바로 인접하여 발굴조사가 된 지역이다. 하지만 유구의 성격이 사찰구역의 것들과는 차이를 보인다. 이곳의 유구들이 사찰구역과 직접적으로 관련이 있는지의 여부는 이 일대에 대한 발굴조사가 전면적으로 이루어진다면 더욱 분명해질 것이다. 이곳에서는 2007년과 2008년에 조사된 제37구역에서 7호 주거지, 2008년과 2009년에 조사된 제41구역에서 8호 주거지, 2010년과 2011년에 조사된 제45구역에서 17호 주거지 등이 각각 조사되었다. 이곳에서는 제5생활면까지의 문화층이 확인되었다. 다만 제41구역에는 제1생활면에서 7호 주거지가, 제2생활면에서 8호 주거지가, 제3생활면에서 구덩이들이 조사되었고, 그 아래는 더 이상 조사되지 못하였다. 제37구역에서는 제1생활면과 제2생활면의 유구까지만 조사가 되었다. 제45구역에서는 제5생활면까지의 유구가 모두 구분된다. 제37구역에서 2건, 제41구역에서 2건 모두 4건의 방사성탄소연대도 확보되었다.

1) 층위

서북지역 동부 일대에서는 5개의 생활면이 구분되었다. 북서쪽에서 남동쪽으로 제41구역, 제37구역, 제45구역이 각각 위치한다. 북서쪽의 제41구역에서는 서쪽섹터에서 제1생활면, 동쪽섹터에서 제1, 제2, 제3 생활면이 각각 확인되었다. 제37구역에서는 제1생활면과 제4생활면이 조사되었다. 제45구역은 동쪽섹터, 서쪽섹터, 남쪽섹터로 세분되었는데 동쪽섹터에서는 제1생활면, 서쪽섹터에서는 제1생활면과 제5생활면, 남쪽섹터에서는 제1, 제2, 제3, 제4, 제5 생활면이 각각 확인되었다.

하지만 토층에서 각 생활면에 속하는 유구들이 모두 반영된 것은 아니다. 많은 유구들이 발굴구역의 벽이나 둑을 벗어나 위치하였고, 또 발굴구역의 벽이나 둑에 유구의 일부가 포함된 경우에도 정작 토층도에는 반영되지 못한 경우도 있다.

제41구역의 서쪽섹터 토층에 대해서는 동벽을 통해 살펴보기로 하겠다. 이곳 동벽의 토층 양상은 "표토-경작토층-회갈색 사질토층-씻긴 모래층-생토"로 보고되었다(도면 113; 114). 회갈색 사질토층을 파고 적석유구가 형성되어 있는데 제1생활면에 속한다. 그 아래의 모래층에서는 유물이나 유구가 전혀 확인되지 않았다. 생토로 보고된 토양의 상면은 지표 아래 120~135㎝ 깊이에 위치한다.

제41구역의 동쪽섹터 토층은 2008년에 조사된 남북방향 둑의 동벽을 통해 살펴볼 수 있다(도면 115). 이 동벽이 주목되는 것은 제1생활면에 속하는 7호 주거지와 제2생활면에 속하는 8호 주거지가 겹 놓인 상태로 토층에 반영되었기 때문이다. 다만 토층도에는 표토와 경작토층이 전혀 반영되지 못하였는데 그것은 주거지 둑을 남기기 전에 이미 제토를 하였기 때문이다. 토층도를 보면 경작토층 아래의 밝은 연황갈색 사질토층을 파고 7호 주거지가 만들어졌음이 확인된다. 토층도에 반영된 7호 주거지의 내부퇴적토는 회갈색 사질토이다. 그 아래에는 북쪽 부분에는 밝은 연황갈색 굵은 모래층이 위치한다. 이 토층은 8호 주거지의 내부퇴적토를 덮고 있다(도면 116). 그 아래에는 암회갈색 사질토층, 매우 짙은 암회갈색 사질토층 등등 8호 주거지의 내부퇴적토들이 구분되어 있다.

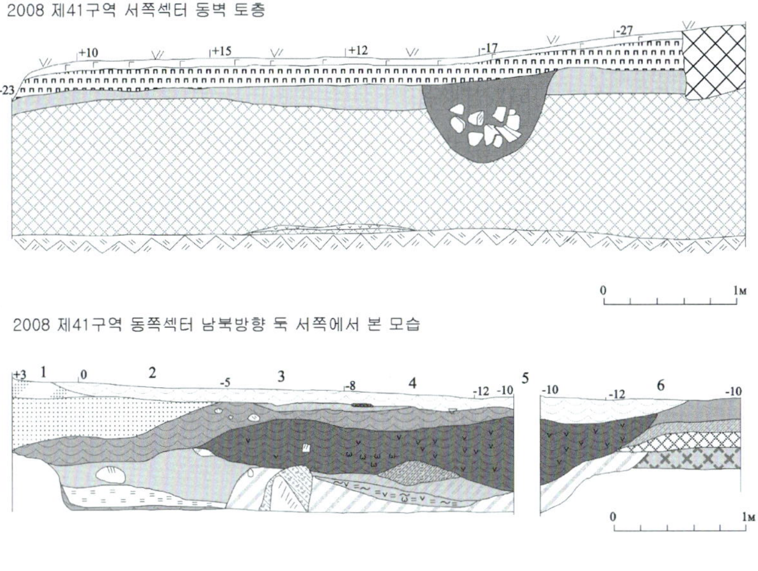

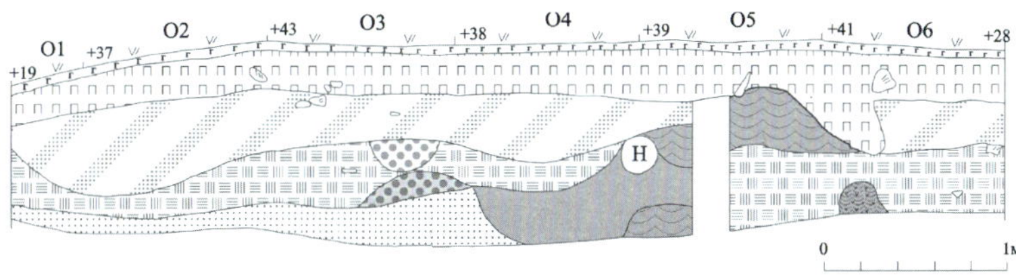

도면 113 | 크라스키노성 제41구역 서쪽섹터 동벽, 동쪽섹터 남북방향 둑 및 동벽 토층도(2008)

도면 114 | 크라스키노성 제41구역 서쪽섹터 동벽 토층 모습(2008)

도면 115 | 크라스키노성 제41구역 동쪽섹터 남북방향 둑과 동벽 토층 모습(2008)

도면 116 | 크라스키노성 제41구역 8호 주거지 모습(동남남쪽에서)(2008)

7호 주거지의 바닥은 지표 아래 약 30㎝ 깊이, 8호 주거지는 지표 아래 약 120~124㎝ 깊이에 각각 위치한다. 제3생활면은 2009년도 조사 북벽 토층에 반영되었다.

제37구역은 토층의 양상이 동벽에 가장 잘 반영되어 있다(도면 117; 118). 기본 토층은 위에서 아래로 "표토-경작토층-회갈색 사질토층-암회색 무른 사질토층-갈색 펄 얼룩 포함 암회색 사질토층-생토"이다. 동벽의 왼쪽 부분에는 경작토층과 그 아래 회갈색 사질토층 사이에 제1생활면에 속하는 석열이 축조되어 있다. 또한 동벽의 왼쪽 절반정도와 오른쪽 모두에 걸쳐 큰 구덩이가 하나 경작토층 아래의 회갈색 사질토층을 파고 형성되어 있는데 이 구덩이는 유구로 보고되지 않았다. 동벽의 오른쪽 모서리에는 이 구덩이의 아래로 "수혈구덩이"로 보고된 유구가 하나 있는데 위의 큰 구덩이에 의해 윗부분이 모두 파괴된 상태이기 때문에 어느 토층에서 이 유구가 시작되는지 분명하지 못하다. 다만 이 수혈구덩이는 상면 깊이로 볼 때에 제4생활면 혹은 제5생활면에 속할 것이라 생각되는데 아마도 제4생활면에 속할 가능성이 더 높을 것이다.

제45구역의 남쪽섹터 토층은 가장 깊게 조사가 된 서벽과 남벽을 통해 살펴보기로 한다. 서벽 토층도에는 제1생활면에 속하는 4호 수혈이 반영되어 있다(도면 119; 120). 제2생활면은 거친 모래가 포함된 갈색 사질토층(두께 6~20㎝)인 것으로 보고되었다. 그 아래에는 석탄이 포함된 토층이 있는데 바로 제3생활면에 속하는 17호 주거지와 관련된다. 석탄을 포함하는 토층은 토층도에 잘 반영되어 있다. 제4생활면의 유구 중에는 5호 구덩이가 남

2008 제37구역 동벽 토층

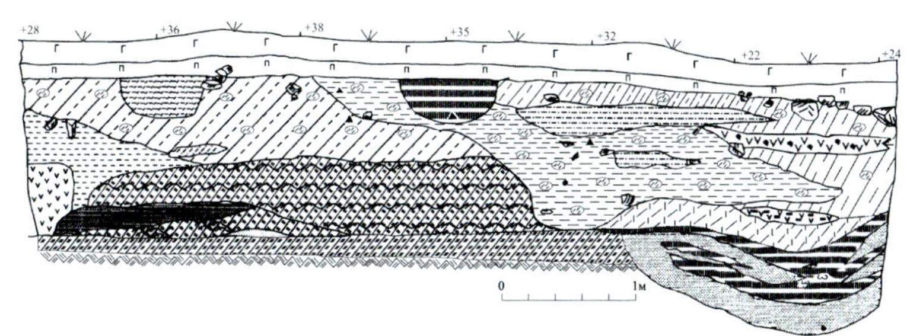

도면 117 | 크라스키노성 제37구역 동벽 토층도 (2008)

도면 118 | 크라스키노성 제37구역 동벽 토층 모습(2008)

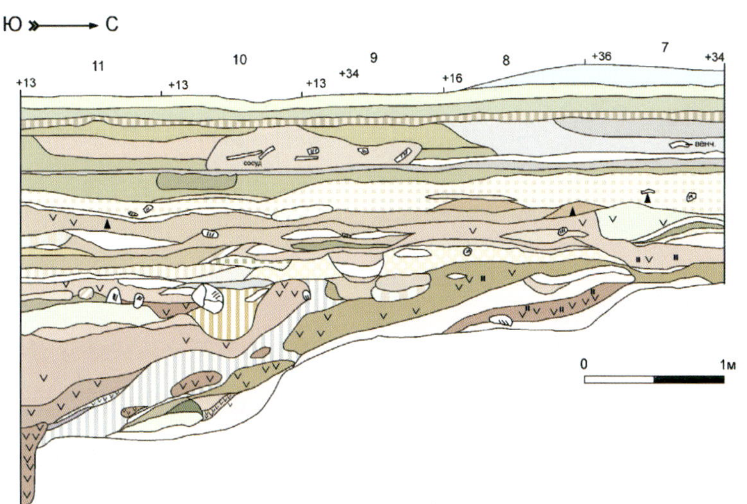

도면 119 | 크라스키노성 제45구역 남쪽섹터 서벽 토층도(2011)

도면 120 | 크라스키노성 제45구역 남쪽섹터 서벽 토층 모습(2011)

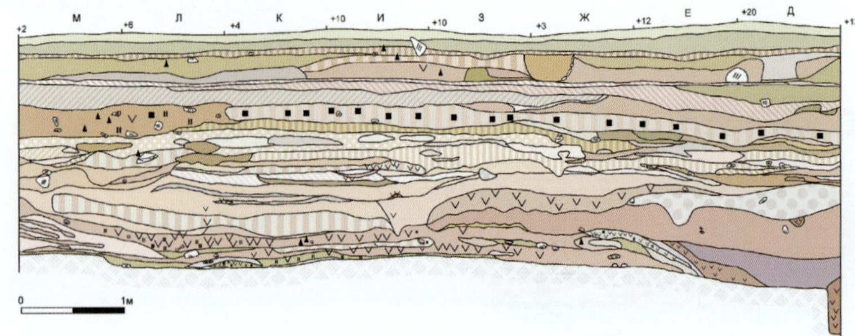

도면 121 | 크라스키노성 제45구역 남쪽섹터 남벽 토층도(2011)

도면 122 | 크라스키노성 제45구역 남쪽섹터 남벽 토층 모습(2011)

도면 123 | 크라스키노성 제45구역 남쪽섹터 남벽 동쪽 부분 토층 모습(2011)

쪽섹터의 남서쪽 모서리에 걸쳐 위치한다. 하지만 5호 구덩이는 토층도에 반영이 되지를 못하였다. 제4생활면에 속하는 북서쪽 모서리 부분의 구덩이 1개가 토층도에 반영되었다. 다만 이 구덩이는 조사내용이 따로 보고되지 않았다. 제5생활면에는 남쪽섹터의 남쪽 절반 이상을 차지하는 4호 수혈유구가 있다. 이 수혈유구는 서벽과 남벽

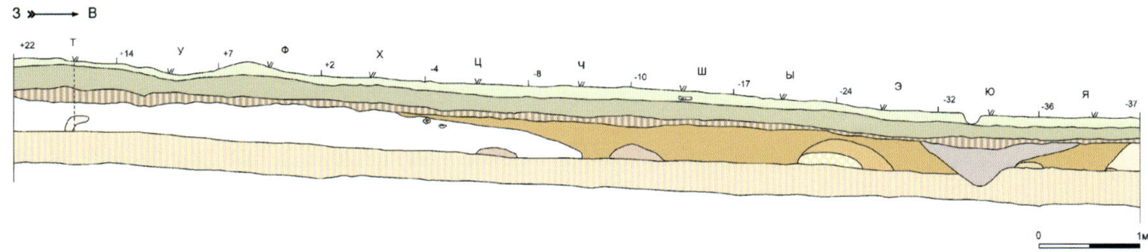

도면 124 | 크라스키노성 제45구역 동쪽섹터 북벽 토층도(2011)

도면 125 | 크라스키노성 제45구역 동쪽섹터 북벽 토층 모습(2011)

의 토층도에 모두 잘 반영되어 있다(도면 121~123). 남쪽섹터에서 각 생활면의 깊이는 곳에 따라 차이를 보이지만 대략 제1생활면은 0.25~0.45m 내외, 제2생활면은 0.45~0.7m 내외, 제3생활면은 0.7~0.96m 내외, 제4생활면은 0.96~1.45m 내외, 제5생활면은 1.45~2.4m 내외이다.

제45구역에서 동쪽섹터의 경우에는 토층의 양상이 남쪽섹터와 큰 차이를 보인다(도면 124; 125). 기본 토층은 "표토-부식사질토-흑색 얼룩 포함 갈색 사질토-단단한 황갈색 모래-부드러운 황갈색 사질토-펄 간층 포함 황갈색 알록달록한 모래-생토"로 보고되었다. 이곳에는 제1생활면을 제외하고는 유구로 보고된 것이 없다. 인위적 행위의 흔적도 펄 간층 포함 황갈색 알록달록한 모래층 위에까지만 보인다. 이 모래층은 지표 아래 약 0.67m에서 시작되며, 그 아래 약 1m 깊이에서 생토가 시작되는 것으로 보고되었는데 사실은 이 모래층부터 생토일 가능성도 있다고 생각된다.

2) 제1생활면

서북지역 동부 일대에 포함되는 제37구역과 제41구역 그리고 제45구역에서 모두 제1생활면에 속하는 유구들이 조사가 되었다(도면 126). 조사된 순서대로 각각의 유구를 소개하면 다음과 같다.

석열(도면 127~129). 2007년에 제37구역에서 제1인공층을 조사할 때에 상면이 노출되었다. 길이가 5~20㎝되는 강돌을 수 겹으로 쌓았다. 평면 모양이 궁형인데, 가운데 부분이 남쪽으로 오목하다. 서쪽 부분에 단절부가 있는데 이곳에는 개별 돌들이 석열과 방향을 같이 하여 위치한다. 노출된 석열의 전체 길이는 5.95m이고, 단절부의 길이는 1.3m이다. 단절부의 남서쪽(아-4-5방안)에 대형 옹이 1점 땅에 묻혀 있었다. 제2인공층에서는 석열이 보다 분명하게 노출되었다. 동쪽 부분은 길이가 2.77m, 서쪽 부분은 길이가 1.20m, 높이가 28㎝이다. 모두 3겹으로 쌓은 것이 확인되었다.

석축구조물. 2007년에 제37구역의 제2인공층에서 조사되었다. 동쪽 부분 석열의 안쪽에 위치한다. 크기가 1.6×0.9m이다(도면 128).

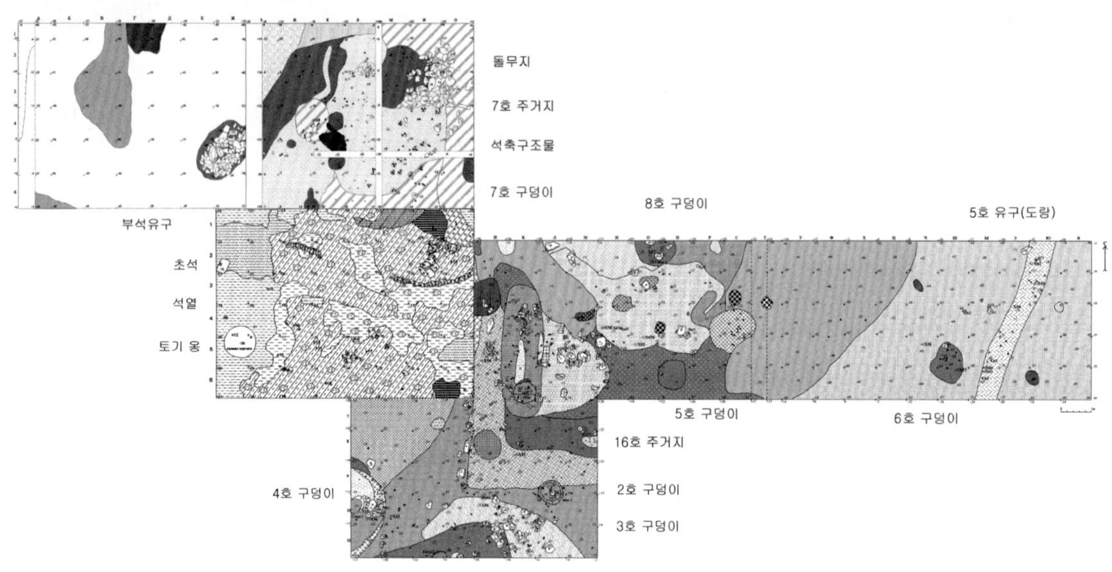

도면 126 | 크라스키노성 서북지역 동부 제1생활면 평면도

도면 127 | 크라스키노성 제37구역 석열 모습(2007)

장방형 초석. 2007년에 제37구역의 제2인공층에서 조사되었다. 서쪽 부분 석열의 서쪽에 위치한다. 부식 모래토 위에 놓여 있었다. 크기는 35×45㎝이다(도면 127).

제37구역의 제1인공층에서 숫돌(도면 2007-74), 규화목 쪼가리(도면 2007-72, 2), 철제 화살촉(도면 2007-72, 3), 입방체편(도면 2007-73), 토제 고리편(도면 2007-72, 1), 놀이 알, 테라코트 장식편 등이 출토되었다. 제2인공층에서 토제 원판편(도면 2007-76, 2), 토제 어망추(도면 2007-76, 1), 놀이 알, 슬래그가 묻은 도가니편(도면 2007-75, 3), 철제 화살촉(도면 2007-75, 1), 옹(도면 2007-56), 완 윗부분(도면 2007-237, 1), 호 윗부분(도면 2007-237, 2), 소옹 윗부분(도면 2007-238, 1), 반-뚜껑(도면 2007-238, 2) 등이 출토되었다.

적석유구(도면 130; 131). 2008년에 제41구역 서쪽 섹터에서 조사되었다. 제2인공층을 조사할 때에 상면이 노출되었다. 이 유구는 크기가 1.5×1m이고, 높이는 약 0.6m이다. 적석 내에서 발해 토기편이 다수 출토되었지만 온전한 것은 없었다. 적심일 가능성이 있다고 생각된다.

돌무지. 2008년에 제41구역 동쪽 섹터에서 표토와 경작층 아래에서 노출되었다. 발굴구역의 북동쪽에 위치한다(도면 132). 돌무지의 크기는 2.7×2.2m이다. 강돌과 할석으로 이루어져 있다.

7호 주거지. 2008년에 제41구역 동쪽 섹터에서 조사되었다(도면 132; 133). 제2인공층 제거 후의 정리조사에서 주거지 윤곽이 보다 분명하게 확인되었다(도면 2008-59; 60; 83; 84; 86). 남서-북동 방향. 주거지 수혈구덩이의 깊이는 20㎝ 이하(한국 측은 약 25㎝로 보고)로서 깊이가 앝아 사실상 지상건물이었던 것으로 판단되었다. 하지만 수혈구덩이 외에는 주거지와 관련된 다른 시설이 없어, 이 주거지에 인접하여 위치하는 돌무지와 서쪽섹터의 적석유구 등이 주거지를 훼손하고 다른 건

도면 128 | 크라스키노성 제37구역 석열 세부 모습(2007)

도면 129 | 크라스키노성 제37구역 석열 세부 모습(2007)

도면 130 | 크라스키노성 제41구역 적석유구 위 모습(2008)

도면 131 | 크라스키노성 제41구역 적석유구 측면 모습(2008)

도면 132 | 크라스키노성 제41구역 돌무지와 7호 주거지 노출 모습(2008)

도면 133 | 크라스키노성 제41구역 7호 주거지 바닥 정리 모습(2008)

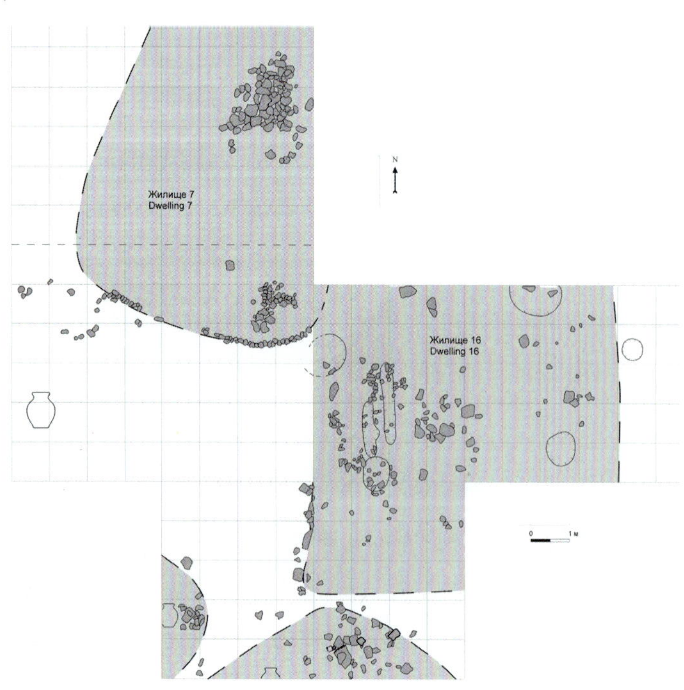

도면 134 | 크라스키노성 7호 주거지와 16호 주거지 배치도(2010)

축물을 만들려한 증거일 가능성이 있다고 판단되었다. 주거지 구덩이의 크기는 남북 4.5m, 동서 3.8m로 보고되었다(한국측). 서벽 부분에서 숯이 섞인 간층이 2개 있는데(도면 2008-59) 벽체 혹은 지붕의 잔재로 파악되었다. 주거지 주변에서 6개의 깊이 10㎝ 내외의 구멍이 확인되었는데 기둥구멍일 가능성도 있으나 분명하지 못하다.

7호 주거지는 벽체의 기초가 돌이었을 것으로 추정되었는데, 2007년도 제37구역에서 조사된 석열이 바로 7호 주거지 벽체 기초의 일부로 판단되었다. 7호 주거지의 면적은 25㎡ 이상인 것으로 추정되었다. 2010년 보고서 146쪽에는 주거지 내 북쪽의 돌무지를 구들의 잔재일 것으로 판단하였다. 7호 주거지에서는 다수의 토기도 출토되었다(보고서 81, 82쪽 참조). 7호 주거지의 남동쪽에 16호 주거지가 위치하는데 이 2기의 주거지는 모두 제1생활면에 속하는 것으로 판단되었다(도면 134).

16호 주거지. 2010년에 조사되었다. 제45구역의 서쪽 섹터 서쪽 부분(이-엘-4-7방안)에 위치한다(도면 135). 제2인공층 조사 시에 윤곽이 대부분 드러났다. 구들의 고래 일부와 아궁이가 확인되었다. 구들은 제2인공층 조사 시에 흩어진 돌들의 형태로 확인되었다. 다음 제3인공층 조사 시에 2줄의 고래가 분명하게 확인되었는데, 그중 아궁이 구덩이와 연결된 고래는 길이가 140㎝, 너비가 평균 30㎝, 깊이가 약 10㎝이다. 다른 하나의 고래도 잔존 길이가 140㎝를 넘지 못하였고, 너비는 24㎝, 깊이는 약 10㎝이다. 두 고래 사이의 간격은 30~32㎝이다. 다만 고래의 너비가 22~28㎝로 보고된 곳도 있다. 고래는 땅속으로 약간 파고 들어가 있으며, 고래의 벽은 자갈과 모래가 섞인 점토로 만들었다. 구들에 사용한 흙은 단단한 갈색 사질토 형태로 남아 있었다. 고래의 잔존 부분은 북-동 방향이다. 고래 중의 하나는 아궁이 구덩이와 연결된다. 구들의 잔존 길이는 256㎝이며, 전체 너비는 약 90㎝이다.

아궁이는 주거지의 가운데 남쪽 부분(까-6-7방안)에 위치한다(도면 136). 평면상 타원형이며, 불에 달구어진 적갈색 사질토 얼룩의 형태로 확인되었다. 아궁이 구덩이는 크기가 68×84㎝이고, 깊이가 10㎝ 정도이다. 아궁이 구덩이는 단단하게 달구어진 적갈색 사질토로 채워져 있었고, 속에서 개별 돌들과 토기편들이 발견되었다. 아궁이의 북벽에서는 암회색의 얼룩이 분명하게 남아 있었는데 구들의 고래와 연결된 부분이었다. 아궁이 벽 부분을

도면 135 | 크라스키노성 제45구역 16호 주거지 모습(북동쪽에서)(2010)

도면 136 | 크라스키노성 제45구역 16호 주거지 모습(북쪽에서)(2010)

도면 137 | 크라스키노성 제45구역 16호 주거지 모습(남쪽에서)(2010)

조사할 때에 철제의 부싯쇠가 1점 출토되었다는 사실은 발해 당시 아궁이에 불을 피울 때에 부싯쇠가 실제로 널리 사용되었음을 보여 주는 증거라고 생각된다.

16호 주거지의 구들은 잔존 상태가 매우 좋지 못하지만 제2인공층 조사 후에 그려진 평면도에 반영된 돌들의 분포상태를 통해 볼때에 전체 평면이 'ㄷ'자 모양이었을 가능성이 높다고 생각된다.

잔존하는 구들의 서편과 아궁이의 남편에는 평면 'ㄴ'자 모양으로 숯이 포함된 단단한 갈색 사질토 띠가 있는데 목조 벽체의 흔적으로 파악되었다. 이 띠는 너비가 약 1m이다. 이 띠의 남벽 동쪽은 발굴구역의 범위 밖으로 계속 이어지고 있으며, 북쪽 끝부분은 훼손으로 인해 분명하지 못하다. 이 띠-남벽의 노출 길이는 도면을 통해 볼때에 4m 이상이고, 북벽은 약 5.6m이다. 다만 구들의 서쪽 고래에서 다시 서쪽으로 약 80㎝ 거리에 고래와 평행하게 길이 130㎝로 석열이 1줄 형성되어 있는데, 이 석열이 주거지의 벽체 기초일 것으로 추정되기도 하였다. 그런데 남쪽섹터에서 남북방향으로 약 3m 길이에 걸쳐 석열이 하나 노출되었는데 이 석열이 16호 주거지 남서쪽 벽체 기초의 일부일 가능성도 있다(도면 137).

따라서 16호 주거지는 서벽과 남벽의 흔적, 그리고 그 안쪽의 아궁이와 구들의 잔재가 확인된 것으로 파악되었고, 북벽과 동벽 부분은 심하게 파괴되어 흔적이 남아 있지 않은 것으로 판단되었다. 만약에 추정 서벽과 남벽의 흔적이 정말로 서벽과 남벽과 관련된다면, 이 주거지는 벽체가 방위 방향으로서 다른 주거지 혹은 건물지들과는 방위가 달랐다고 판단할 수 있을 것이다.

16호 주거지의 추정 남벽 바깥 선과 북동쪽 부분에 있는 구덩이 2와 3은 16호 주거지를 파괴하고 있는 현대의 구덩이이다.

2호 구덩이. 2010년에 조사되었다. 제45구역 남쪽 섹터 동쪽 부분에 위치한다. 구덩이 내부에서 돌들이 발견되었다.

도면 138 | 크라스키노성 제45구역 3호 구덩이 내 토기 모습(2010)

3호 구덩이(도면 138). 2010년에 조사되었다. 45구역 남쪽 섹터 남쪽 가운데 부분인 제-까-11방안에 위치한다. 제2인공층 조사 시에 윤곽이 드러났고, 제3인공층 조사 시에 유구의 범위가 크게 확장되었다. 굵은 모래와 잔돌이 섞인 갈색 사질토 배경에 다양한 크기 모래가 섞인 갈색 사질토 얼룩의 형태로 확인되었다. 이 얼룩 범위 내에 돌들이 다수 산재하고 있는데 그중 일부는 이미 제1인공층 제거 후에 확인되었다. 3호 유구 내에서 2개체의 눌려 깨진 토기, 토기 윗부분 등 다수의 토기편이 출토되었다. 그 외에 지두문 암키와와 미구 수키와도 출토되었다. 다수의 기와가 수습되어 이 유구는 기와지붕이 있었을 것으로 판단되었다. 3호 유구 얼룩의 크기와 두께 등은 보고되지 않았다.

도면 139 | 크라스키노성 제45구역 4호 구덩이 바닥 모습(2010)

4호 구덩이. 2010년에 조사되었다. 45구역 남쪽 섹터 서벽 남쪽 절반 부분에 걸쳐 위치한다. 제2인공층 조사 시 윤곽이 거의 확인되었다. 평면 원형의 유구가 절반정도 조사되었다. 갈색 사질토 얼룩 내에서 다량의 토기편들과 다수의 돌들이 발견되었다(도면 139). 내부에서 저장용 토기도 발견되었다.

도면 140 | 크라스키노성 제45구역 8호 구덩이 바닥 모습(2010)

5호 구덩이. 2010년에 조사되었다. 45구역의 서쪽 섹터 동남쪽에 위치한다. 16호 주거지와 관련이 있는 유구로 판단되었다. 크기는 92×104㎝이고, 깊이는 21㎝이다. 내부퇴적토는 단단한 갈색 사질토였고, 안에서 11점의 토기 동체부편과 구연부편이 출토되었다.

6호 구덩이. 2010년에 조사되었다. 제45구역 동쪽 섹터의 도랑 유구 서쪽 부분에 위치한다. 단단한 갈색 사질토 얼룩의 형태로 노출되었다. 노출 얼룩의 크기는 104×132㎝이다. 얼룩의 윗부분에서 수 개의 돌, 토기편, 놀이 알 등과 함께 슬래그가 발견되었다. 이 슬래그는 청동기 생산과 관련된 것으로 판단되었다. 제5인공층에서 7호 구덩이의 직경은 88㎝였고, 구덩이 전체의 깊이는 42㎝까지였다. 저장구덩이로 판단되었다.

7호 구덩이. 2010년에 조사되었다. 45구역 서쪽 섹터의 서벽 북편 안쪽에 위치한다. 보고서에는 이 유구를 2호 유구로 지칭하였는데 제45구역 남쪽 섹터의 2호 구덩이와 구분하기 위해 이 책에서는 9호 구덩이로 부르기로 한다. 제2인공층 조사 후에 무른 암갈색 사질토 얼룩의 형태로 노출되었다. 9호 구덩이는 레벨이 서쪽으로 이웃하는 제37구역과 제41구역에서 조사된 7호 주거지 및 몇몇 석축구조물과 상응하는 것으로 판단되었다. 제3인공층 조사 후 9호 구덩이 얼룩은 크기가 직경 112㎝로 증가하였다. 이 얼룩 구덩이의 깊이는 14㎝이다. 9호 구덩이는 16호 주거지 추정 서벽을 파고 들어갔기 때문에 16호 주거지 폐기 후에 만들어진 것으로 판단되었다. 구덩이 내부에서 토기 동체부편과 구연부편이 출토되었다. 내부퇴적토는 무른 암갈색 사질토이다.

8호 구덩이. 2010년에 조사되었다. 45구역의 서쪽 섹터 북벽 동편에 위치한다. 보고서에는 번호가 주어지지 않았으나 이 책에서 8호로 부르기로 한다. 절반 정도는 발굴구역 범위 밖에 있다(도면 140). 직경은 128㎝이고, 깊이는 30㎝이다. 안에서 개별 돌들과 토기편들이 출토되었다.

도랑(5호 유구). 2010년에 조사되었다. 45구역의 동쪽 섹터 동쪽 부분에 위치하다. 도랑의 너비는 52~72㎝, 깊

도면 141 | 크라스키노성 제45구역 도랑 모습 (2010)

이는 36㎝까지이다. 다만 너비가 100~112㎝로 보고된 곳도 있다. 도랑 내에서 다량의 토기편과 다수의 와편, 놀이 알, 동물 뼈 등이 출토되었다. 배수용이었을 것으로 판단되었다. 북동-남서 방향으로 길이 5m 이상이 확인되었다(도면 141).

3) 제2생활면

제2생활면에 속하는 유구들은 제41구역과 제45구역의 남쪽섹터에서 확인되었다(도면 142).

8호 주거지. 2008년에 조사가 시작되었고 2009년에 조사가 마무리되었다(도면 142~150). 제41구역 동쪽 섹터의 7호 주거지 밑에 위치한다. 주거지 윤곽선은 암회갈색 사질토에 의해 확인되었다. 평면상 장방형이었고, 장축은 북서-남동 방향이었다. 이 주거지 얼룩은 북서쪽은 고운입자의 올리브-황색 모래와, 북동쪽은 밝은 황갈색 거친 입자 모래와, 남동쪽은 갈색 사질토와, 남서쪽은 고운입자의 모래 및 연갈색 사질토와 각각 경계한다. 내부퇴

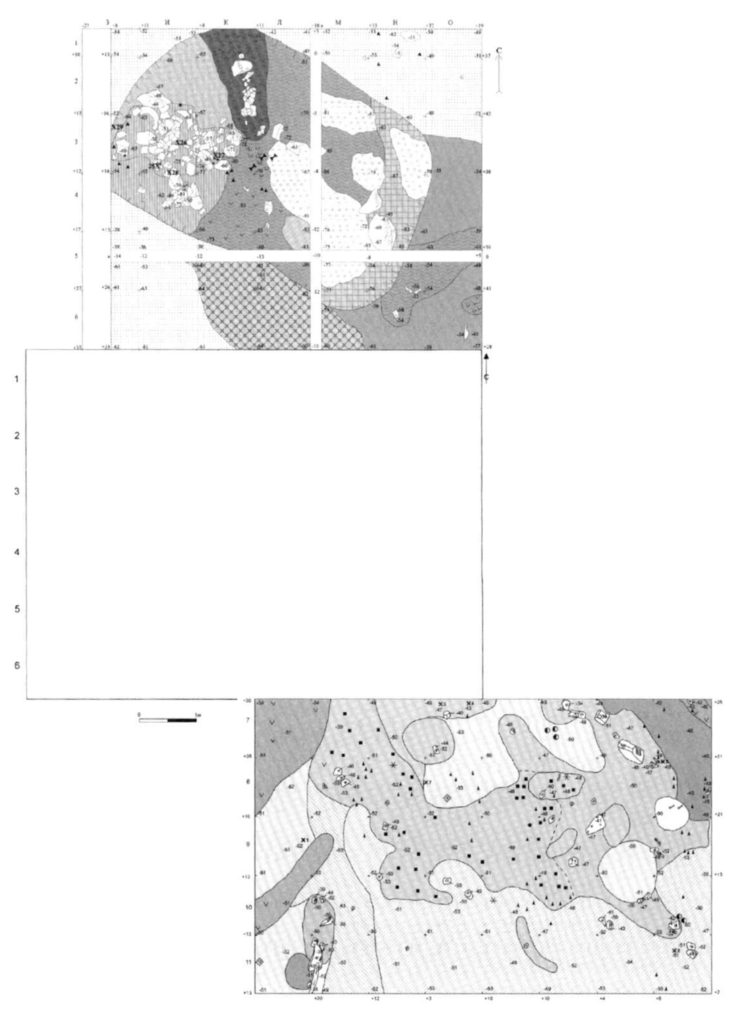

도면 142 | 크라스키노성 서북지역 동부 제2생활면 평면도

도면 143 | 크라스키노성 제41구역 8호 주거지 모습(동쪽에서)(2008)

도면 144 | 크라스키노성 제41구역 8호 주거지 모습(북서쪽에서)(2008)

적토는 목탄이 풍부하게 함유된 암색과 회갈색 사질토였다. 이곳에서 훼손된 구들의 잔재와 대형 토기편들(도면 2008-440, 3; 441, 1, 2)이 발견되었다. 대형 굽 동물 이빨, 포유류 뼈, 토제 어망추(도면 2008-111; 158; 159), 다량의 토기편, 10여점의 와편, 차관(도면 2008-107; 156; 157), 놀이 알, 철제 타원형 고리(도면 2008-106; 160; 161)(도면 712, 2) 등이 출토되었다.

8호 주거지 내부퇴적토 중간부분 조사에서 옹, 호, 발 등 다수의 토기가 출토되었다(도면 2008-116~122; 188~196; 199~210; 442~447)(도면 757, 1; 762; 768, 7; 788, 1; 791, 12; 815, 8; 834, 1; 958, 5). 토기 중 1점에는 내면에 명문이 확인되었다(도면 2008-203~205; 445)(도면 966, 4). 주거지 북쪽 모서리 부분에서 2개의 제자리에 남은 돌이 확인되었는데 구들의 고래 내벽일 것으로 추정되었다(도면 146). 이 2개의 돌과 나란히 불에 탄 소토가 두께 10~15㎝로 확인되었다. 이 소토는 주거지의 남쪽 모서리 방향으로 이어지고 있었다. 소토와 토기편들 사이에서

도면 145 | 크라스키노성 제41구역 8호 주거지 모습(동쪽에서)(2008)

도면 146 | 크라스키노성 제41구역 8호 주거지 서쪽 부분 세부 모습(2008)

굴껍질과 동물 뼈들이 발견되었고, 철제 꺾쇠, 석제 어망추, 솥 다리, 철제 못, 놀이 알 등이 출토되었다. 주거지 바닥 부분 북서벽 가까이에서 온전한 옹이 출토되었다(도면 2008-125~128; 197, 447)(도면 147; 148; 759, 1; 760, 1).

주거지 크기는 길이 5.6m, 너비 3.6m, 면적 20.2㎡이다. 2008년도 발굴조서보고서에는 주거지 깊이가 25~30㎝, 안쪽 벽 부분 깊이가 45㎝, 입구 쪽 깊이가 20㎝까지로 보고되었지만, 2009년도 발굴조사보고서에는 주거지 구덩이의 깊이는 평균 약 40㎝이며, 주거지의 서쪽 모서리 부분은 깊이가 50㎝인 것으로 보고되었다. 남동벽 안쪽에 큰 판돌(62×56㎝)이 하나 있는데 출입구의 계단 돌로 사용되었을 수도 있다고 추정되었다(도면 149). 구들과 아궁이가 있었으나, 구들은 구조가 분명하지 못하다. 남쪽 모서리 부분에서는 바닥 레벨에서 재 얼룩과 회갈색 사질토 부분이 확인되었는데, 이 재 얼룩과 사질토 부분에서 홍합 껍질과 석탄 및 토기편들이 출토되었다. 8호 주거지는 레벨로 보아 제31구역의 와실유구와 동일한 생활면에 축조한 것으로 판단되었다.

도면 147 | 크라스키노성 제41구역 8호 주거지 모습(동쪽에서)(2008)

도면 148 | 크라스키노성 제41구역 8호 주거지 내 옹 출토 모습(2008)

도면 149 | 크라스키노성 제41구역 8호 주거지 바닥 모습(2009)

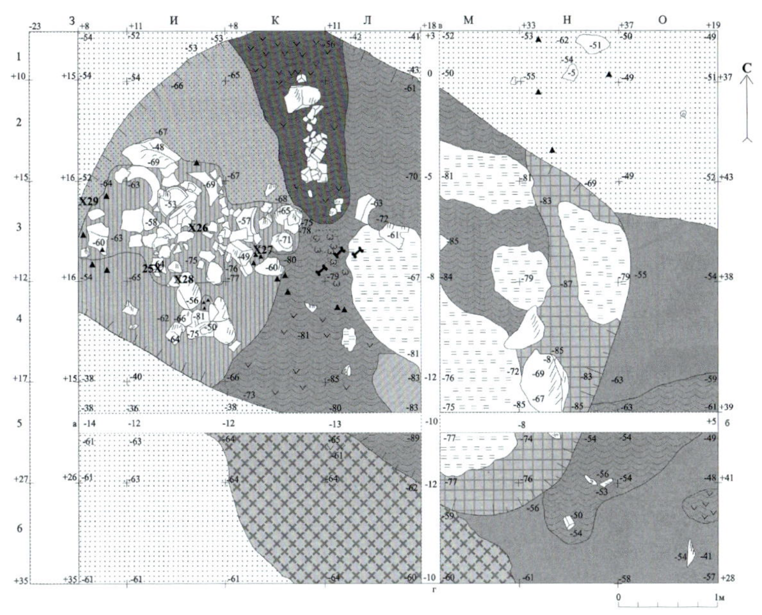

도면 150 | 크라스키노성 제41구역 8호 주거지 평면도(2008)

도면 151 | 크라스키노성 제45구역 전경: 앞쪽에 남쪽섹터 1호 유구, 중간에 2호 유구(2011)

1호 유구(도면 151). 2011년에 조사되었다. 45구역의 남쪽 섹터 남서쪽 모서리 부분에 위치한다. 북-남 방향으로 형성되어 있는 짧은 석열이다. 이 석열은 구들의 일부일 것으로 추정되었지만 남쪽으로 조사가 되지 못하였기 때문에 정확한 용도를 파악할 수가 없다.

2호 유구(도면 150). 2011년에 조사되었다. 45구역의 남쪽 섹터 북동쪽 모서리 부분에 위치한다. 수 개의 돌로 된 구조물이다. 불탄 물질이 함유된 갈색 사질토층 밑에 위치한다. 이 구조물 남쪽에서 불탄 소토 얼룩이 2개 확인되었다. 2호 유구 일대에서 석탄, 토기편, 와편, 부정형 철제 유물편, 슬래그 등이 발견되었다. 그 외 선철 조각도 발견되었는데 이 사실은 주변에 금속가공과 관련된 생산시설이 있었음을 보여 주는 것으로 판단되었다.

4) 제3생활면

제3생활면에 속하는 유구들은 제41구역(도면 152)과 제45구역 남쪽섹터에서만 확인되었다.

구상유구. 2009년에 제41구역에서 조사되었다. 남동-북서 방향이다. 노출된 부분의 길이는 408㎝이고, 너비는 107㎝이다.

2호 구덩이. 2009년에 조사되었다. 제41구역의 남동쪽 모서리 부분에 위치한다. 크기는 직경이 38㎝, 깊이가 8㎝이다.

3호 구덩이. 2009년에 조사되었다. 제41구역의 가운데 남쪽 부분인 엘-엠-5방안에 위치한다. 크기는 직경이 56㎝, 깊이가 10㎝이다.

4호 구덩이. 2009년에 조사되었다. 제41구역의 엠-엠-3-4방안에 위치한다. 크기는 직경 43㎝, 깊이 12㎝이다.

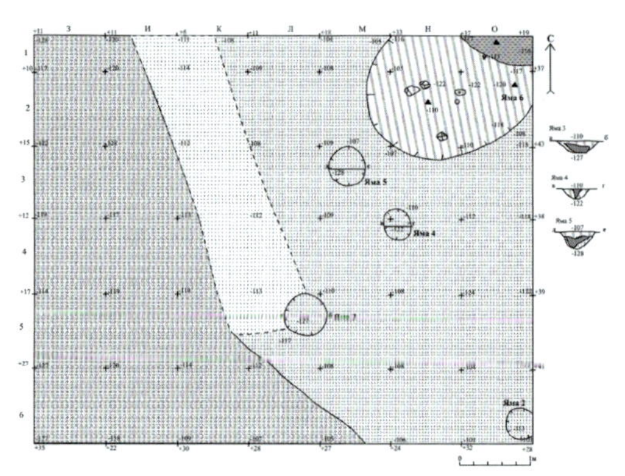

도면 152 | 크라스키노성 제41구역 제3생활면 평면도

5호 구덩이. 2009년에 조사되었다. 제41구역의 엠-3방안에 위치한다. 크기는 직경이 52㎝, 깊이가 21㎝이다.

6호 구덩이. 2009년에 조사되었다. 제41구역의 북동쪽 모시리 부분에 위치한디. 노출된 부분의 크기는 159×223㎝이다. 깊이는 17㎝이다. 저장구덩일 가능성과 주거지일 가능성이 제기되었지만 분명하지 못하다.

도면 153 | 크라스키노성 제45구역 17호 주거지 모습(동쪽에서)(2011)

17호 주거지. 2011년에 조사되었다(도면 153). 제45구역의 남쪽 섹터에 위치한다. "3호 유구"로도 보고되었다. 제7인공층에서 불탄 물질이 들어있는 단단한 갈색 사질토 얼룩의 형태로 모습을 드러내었다. 평면 준말각장방형이다(도면 153~155). 주거지 경계의 일부는 발굴구역의 동벽과 남벽 밖에 위치한다. 때문에 전체를 다 조사하지는 못하였다. 주거지의 장축은 북서-남동 방향이다. 주거지의 조사된 부분의 길이는 약 6m이고, 너비는 약 4.6m, 깊이는 20~30㎝이다.

도면 154 | 크라스키노성 제45구역 17호 주거지 모습(서쪽에서)(2011)

도면 155 | 크라스키노성 제45구역 17호 주거지 바닥 모습(동쪽에서)(2011)

도면 156 | 크라스키노성 제45구역 17호 주거지 1호 노지 모습(2011)

도면 157 | 크라스키노성 제45구역 17호 주거지 2호 노지 모습(2011)

도면 158 | 크라스키노성 제45구역 17호 주거지 판석구조물 모습(2011)

주거지 내의 시설물로는 2개의 노지와 1개의 판석 구조물 그리고 다른 1개의 무질서한 돌무지가 보고되었다.

1호 노지는 주거지 구덩이의 동쪽 부분(엘-엠-9-10방안)에서 적갈색 사질토 소토 얼룩의 형태로 확인되었다(도면 156). 이 얼룩 자리에는 크고 납작한 돌이 있다(도면 2011-58; 84). 1호 노지는 깊이가 8㎝이고, 불탄 소토의 두께는 4㎝이다. 2호 노지는 주거지의 남동쪽 부분에 넓은 범위에 걸쳐 위치한다(도면 157). 2호 노지의 노출 상면의 크기는 150×160㎝이고, 잔 숯과 잔 소토 덩이들이 섞여 있는 단단한 암회색 사질토 얼룩 모양이다. 2호 노지는 내부퇴적토 중간부분 조사 후에 모양이 둥글게 되었고, 크기는 140×138㎝가 되었으며, 서쪽과 남쪽 부분은 흑색의 불에 탄 사질토 띠로 돌려져 있었다. 2호 노지는 규모가 커서 대장간 작업과 관련되었을 수도 있다는 의견이 제시되고 하였으나, 이 의견과 배치되게 이곳에서 슬래그나 공구 등이 발견되지 않았고, 또 주변에서 동물의 뼈와 식물의 씨앗 등이 발견되었다.

판석 구조물은 주거지의 동남쪽 모서리 부분에 위치한다(도면 158). 북동-남서 방향으로 판석을 2줄 깔아 놓았다. 북동쪽으로는 발굴구역의 범위 밖으로도 이 열이 계속 이어지고 있다. 구들의 잔재일 가능성도 있지만 아직은 용도에 대해 분명하게 말할 수가 없다. 주거지의 북쪽 모서리 가까이에는 돌무지가 하나 있다. 이 돌무지도 용도가 분명하지 못하다.

주거지 내에서 전체적으로 작은 석탄 쪼가리들이 산포되어 발견되었는데, 특히 2호 노지 일대에 많이 분포하였다.

4호 수혈 구덩이. 2011년에 조사되었다. 45구역의 남쪽 섹터 북동쪽 모서리 부분(엘-엠-7방안)에 위치한다. 무른 갈색 사질토 얼룩의 형태로 확인되었다. 내부퇴적토에서 다량의 숯과 작은 불탄 뼈들이 발견되었다. 구덩이의 크기는 42×66㎝, 깊이는 26㎝이다.

5) 제4생활면

제4생활면에 속하는 유구들은 제37구역과 제45구역의 남쪽섹터에서만 확인되었다(도면 159~161).

수혈구덩이. 제37구역의 남동쪽 모서리 부분에 위치한다(도면 162). 제6인공층을 조사하면서 암갈색 사질토 얼룩 형태로 확인되었다. 수혈구덩이는 발굴구역의 남벽으로 계속해서 이어진다. 목탄이 함유된 회갈색의 사질토로 채워져 있었다. 서쪽 가장자리 부분에는 돌무지가 있었다. 수혈구덩이 바닥에서 또 작은 구덩이가 하나 조사되었다. 재무지, 조개껍질, 토기편 등이 확인되었다. 전체 1.3~1.85m 깊이까지 조사를 하였다.

제37구역 수혈구덩이 방사성탄소연대는 이 수혈구덩이에서 시료를 채취한 것으로 생각된다. 2건의 방사성탄소연대는 다음과 같다.

- 제37구역 수혈구덩이, SNU07-R095, 1360±50년, 690AD.
- 제37구역 수혈구덩이, SNU07-R096, 1380±70년, 680AD.

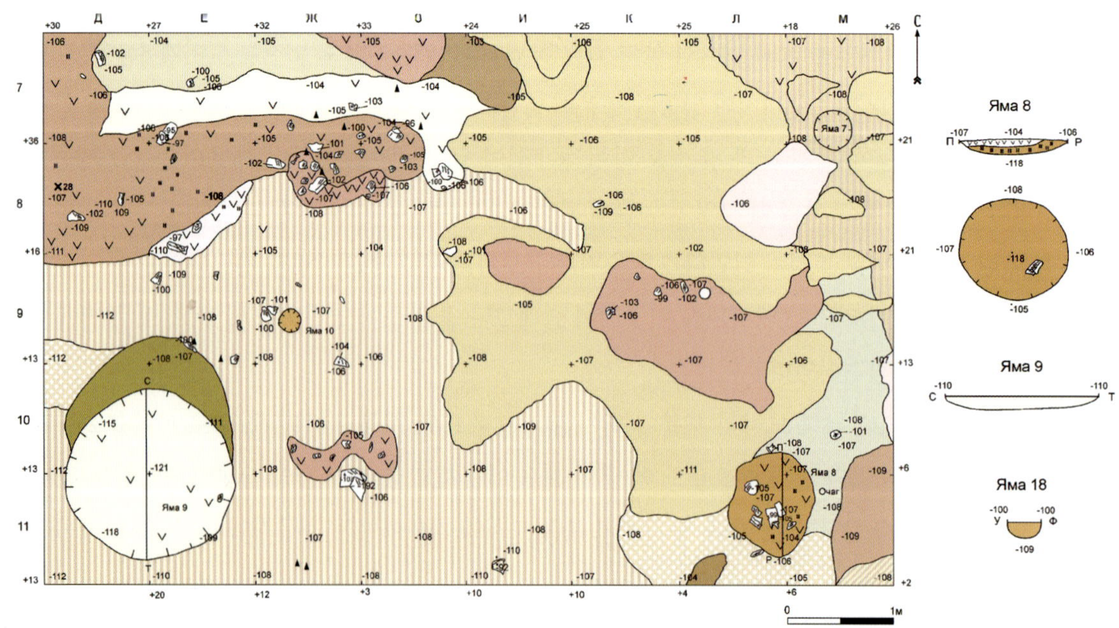

도면 159 | 크라스키노성 제45구역 남쪽섹터 제4생활면 유구 분포도(2011)

도면 160 | 크라스키노성 제45구역 남쪽섹터 제9인공층 제거 후 모습(동쪽에서)(2011)

도면 161 | 크라스키노성 제45구역 남쪽섹터 제10인공층 제거 후 모습(서쪽에서)(2011)

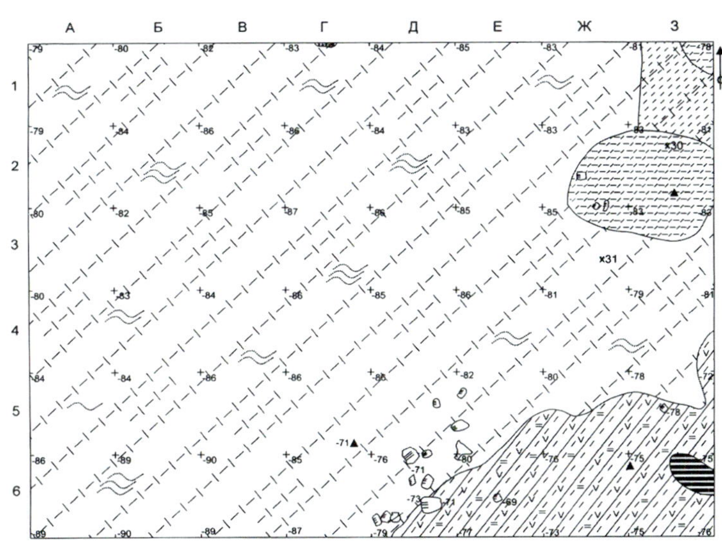

도면 162 | 크라스키노성 제37구역 제6인공층 정리 후 제4생활면 평면도(2007)

도면 163 | 크라스키노성 제37구역 4호 유구 및 5호 구덩이 모습(2011)

도면 164 | 크라스키노성 제37구역 3호 노지 위 모습(2011)

도면 165 | 크라스키노성 제37구역 3호 노지 단면 모습(2011)

5호 구덩이(4호 유구). 2011년에 조사되었다(도면 163). 45구역의 남쪽 섹터 남서쪽 모서리 부분(데-예-10-11 방안)에 위치한다. 제8인공층 조사 시에 확인되었다. 노출면의 평면은 둥근 모양이며, 크기는 180×186㎝이다. 내부퇴적토의 남쪽 부분에서 석탄 쪼가리들이 무더기로 발견되었다. 구덩이의 동쪽 부분에서는 단단한 갈색 사질점토 띠가 발견되었는데 원래는 벽에 발랐던 흙이었을 것으로 추정되었다. 구덩이의 바닥은 1m 이상의 깊이에 위치하였다. 바닥 레벨에서 직각을 이루는 2개의 명갈색 사질토 띠 모양의 구덩이 윤곽이 확인되었다. 이 윤곽선의 크기는, 다시 말해서 원래 구덩이의 크기는 대략 1.5×1.8m이었다. 바닥의 흙 반죽 아래에서 조개껍질 무지와 토기편들이 발견되었다. 이 구덩이는 원래는 평면이 장방형이었을 것으로, 벽과 바닥에는 진흙을 바라고 판재를 덧대었을 것으로, 그리고 식품 저장을 위한 움으로 사용되었을 것으로 판단되었다. 이 구덩이의 주변으로 작은 구멍들이 조사되어 원래는 이 구덩이 위로 차양이 있었을 것으로 추정되었다. 유물은 그 외에 손잡이에 목재 흔적이 남아 있는 철제 칼이 1점 출토되었을 뿐이다.

3호 노지. 2011년에 조사되었다. 45구역의 남쪽섹터 동남쪽 모서리 가까이 부분(엘-엠-10-11방안)에 위치한다. 보고서 도면에는 8호 구덩이-노지로 표시되어 있다. 제10인공층 조사 후에 숯과 소토가 많이 섞인 달구어진 황갈색 사질토 얼룩의 형태로 확인되었다(도면 164). 크기는 94×80㎝이다. 노지 얼룩의 표면에는 큰 돌이 여러 개 놓여 있었다. 내부퇴적토의 윗부분에는 5~7㎝ 두께로 숯 잔존물이 위치하였고, 그 아래는 불에 탄 소토이다(도면 165). 내부퇴적토 내에서는 작은 자갈들도 확인되었다. 내부퇴적토를 제거하고 난 다음의 깊이는 13~14㎝이다. 3호 노지는 17호 주거지의 2호 노지 바로 아래에 동쪽으로 약간 치우쳐 위치한다. 17호 주거지를 축조할 때에 파괴된 것으로 판단되었다.

7호 구덩이(도면 2011-162). 2011년에 조사되었다. 45구역의 남쪽섹터 북동쪽 모서리 가까이에 위치한다. 직경이 42㎝, 깊이가 18㎝이다. 내부퇴적토는 무른 황갈색 모래로 이루어져 있었다.

6) 제5생활면

제5생활면에 속하는 유구들은 제45구역의 서쪽섹터와 남쪽섹터에서만 확인되었다(도면 166).

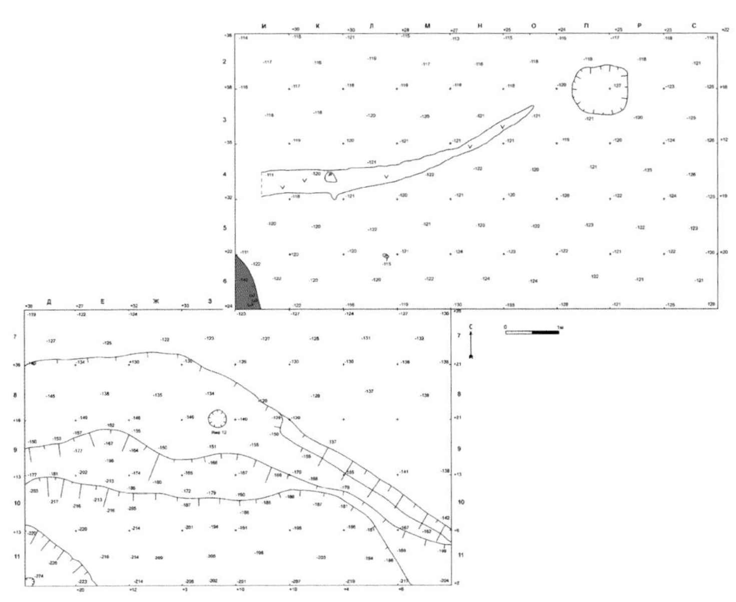

도면 166 | 크라스키노성 제45구역 제5생활면 평면도(2011)

4호 수혈유구. 2011년에 조사되었다. 45구역 남쪽섹터의 남쪽과 남서쪽에 남쪽섹터의 거의 절반 크기로 위치한다. 이 유구의 흔적은 남쪽섹터 북서쪽 부분(데-제-7-8방안)에서 제10인공층 조사 후에 숯과 소토를 포함하는 갈색 사질토 얼룩의 형태로 확인된 것으로 보고되었다. 다만 이 얼룩은 4호 수혈유구의 가장 위 북서쪽 가장자리 부분에 해당한다(도면 161).

이 유구는 일부만 발굴구역 범위 내에 포함되어 전체가 다 조사되지는 못하였다. 남쪽섹터에 포함된 노출 길이는 8m이고, 노출 최대 너비는 4.2m 정도이다(도면 167; 168). 수혈구덩이의 깊이는 55㎝이다. 내부퇴적토에서 탄화 목재편들과 숯 등 목재구조물의 흔적이 확인되었다. 또한 토기편, 동물 뼈, 조개껍데기 등이 출토되었다. 내부퇴적토에서 토제 어망추(도면 2011-180)(도면 862, 3), 형태가 복원되는 토기 호(도면 2011-225, 227, 228)(도면 782), 수제 말갈토기(도면 2011-209, 210, 214)(도면 990, 6; 958, 6; 979, 4), 철제 화살촉(도면 2011-242) 등의 유물도 발견되었다. 이 수혈구덩이의 용도는 분명하지 못하지만, 이것이 기능을 한 시기의 유물은 내부퇴적토의 아랫부분에 위치하는 두께 약 25㎝의 갈색 사질토층에 포함되었을 것으로 파악되었다. 다시 말해서 그 윗부분에서 출토된 유물들은 나중에 이 수혈구덩이가 폐기되고 난 다음에 들어간 것으로 해석되었다.

남쪽섹터의 남서쪽 모서리 부분에는 4호 수혈유구를 파괴하면서 만들어진 9호 구덩이 있는데 이 구덩이의 바닥 부분에서 토기편, 목탄, 동물 뼈, 조개껍질 등이 발견되었다.

저장구덩이(도면 2011-256). 2011년에 조사되었다. 제45구역의 서쪽 섹터 서벽 가까이(제-이-6방안)에 위치한다. 내부퇴적토에서 다량의 홍합 껍데기가 발견되었다(도면 169). 저장구덩이의 벽에는 옹의 편들이 박혀 있었다.

2008년도 발굴조사보고서에는 제41구역과 관련된 다음과 같은 2건의 방사성탄소연대가 소개되어 있다.

도면 167 | 크라스키노성 제45구역 남쪽섹터 4호 수혈유구 모습(동쪽에서)(2011)

도면 168 | 크라스키노성 제45구역 남쪽섹터 4호 수혈유구 모습(서쪽에서)(2011)

도면 169 | 크라스키노성 제45구역 서쪽섹터 저장구덩이 홍합 노출 모습(2011)

- 제41구역 엔-3방안 제6인공층 레벨 -83㎝, BP1570±50, 490AD
- 제41구역 까-2방안 제6인공층 레벨 -68㎝, BP1260±60, 780AD.

2009년 발굴조사보고서에는 제41구역과 관련된 다음과 같은 3건의 방사성탄서연대가 소개되어 있는데 모두 발해 시기와는 거리가 먼 연대들이다.

- 제41구역 엔-1방안 레벨 -100, 2000±50년, 10AD
- 제41구역 엔-4방안 레벨 -112, 1910±50년, 80AD
- 제41구역 오-1방안 레벨 -115, 1660±50년, 380AD

3. 서북지역 동북부 일대

이곳에서는 1980년에 설정한 제1구역과 제2구역, 그리고 1981년에 설정한 제4구역이 각각 조사되었다(도면 170). 1980년에는 제1구역과 제2구역에서 1호 가마와 다수의 구덩이가 조사되었다. 그 외에 제1구역의 남쪽 가장자리 부분에서 1호 주거지의 일부가 노출되었는데 1981년에 그 남쪽으로 확장을 한 제4구역에서 나머지 부분이 모두 조사되었다. 이곳에서 조사된 대표적인 유구는 1호 가마라고 말할 수 있다.

1) 1호 가마

1980년에 제2구역에서 조사되었다. 사찰구역의 북동쪽 경계 부분에 위치한다. 가마의 남동쪽 부분 어깨선은 제1~2인공층 제토 다음에, 북서쪽 부분 어깨선은 제3~5인공층과 '생토면'을 조사할 때에 각각 노출되었다. 이곳의 토층은 부식토인 표토(두께 4~12㎝)와 옛 경작토층(두께 6~20㎝) 아래로 북쪽 부분은 갈색 사질토층과 명회색 사질토층, 남쪽 부분은 암회색 사질토층이 각각 분포하며, 그 아래는 불에 탄 '생토' 모래층으로 파악되었다. 가마

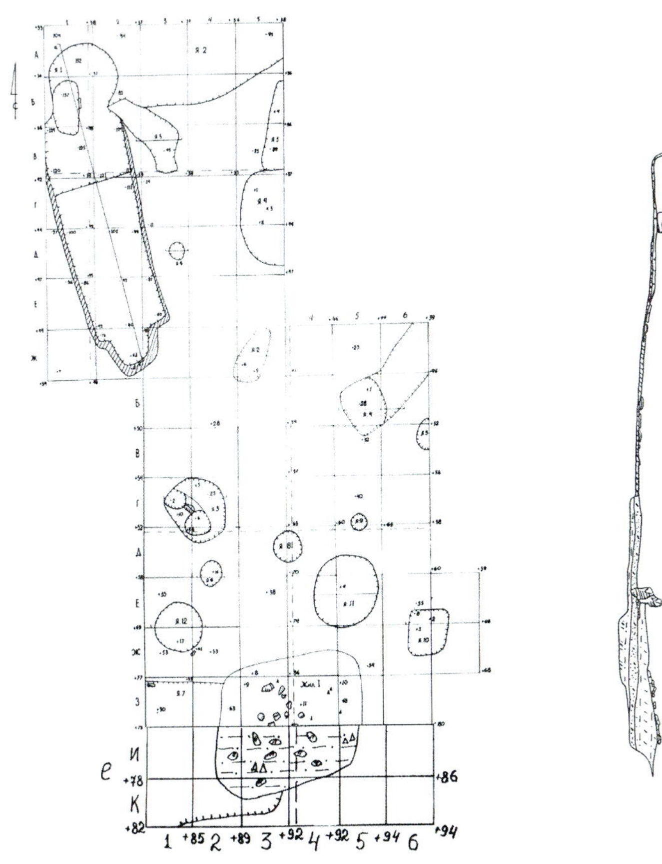

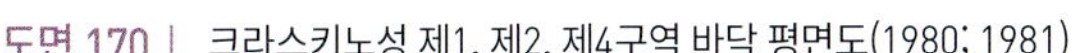

도면 170 | 크라스키노성 제1, 제2, 제4구역 바닥 평면도(1980; 1981)

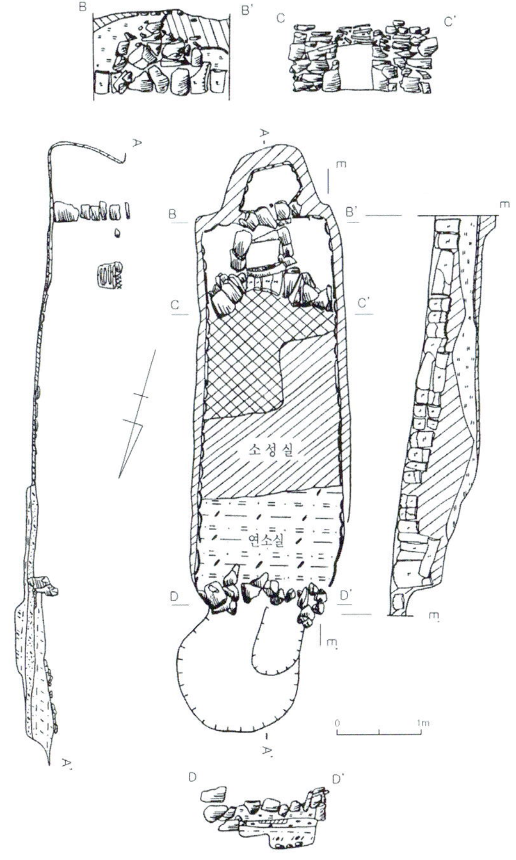

도면 171 | 크라스키노성 제2구역 1호 가마 평단면도(1980)

도면 172 | 크라스키노성 제2구역 1호 가마 벽체 모습(1980)

도면 173 | 크라스키노성 제2구역 1호 가마 모습(1980)

의 잔존 상면은 기본적으로 이 명회색 사질토층과 암회색 사질토층의 아래에서 노출되었다. 때문에 경작토층 바로 아래에서 노출된 구덩이들보다는 상대적으로 더 오래되었다고 볼 수 있다.

가마는 완만한 경사면의 사질토를 파내고 만든 장방형의 구덩이 모양을 가진다(도면 171~174). 장축은 북북서-남남동 방향이이며 아궁이가 북북서쪽에 위치한다. 가마의 장축 방향 양쪽 벽은 아랫부분을 기와로 보강을 하였고, 그 윗부분의 가마 벽은 사질토가 두께 10㎝로 껍질이 만들어질 정도로 단단하게 불에 탔다. 불탄 기와와 사질토 위로 반죽 흙을 4~8㎝ 두께로 발랐다. 가마의 가로 방향 벽은 돌을 쌓아 보강하였고 그 안쪽에는 짚을 섞은 반죽 흙을 발랐다. 가마 안에서 천정에서 떨어진 벽토덩이들이 발견되었다. 천정의 두께는 6~10㎝이다. 가마는 회구부, 아궁이와 연소실, 소성실, 배연구와 굴뚝의 4개 부분으로 이루어져 있다.

회구부는 깊이 30㎝, 직경 142㎝의 구덩이 모양을 하고 있는데 숯이나 재와 같은 불에 탄 땔감 부산물들로 채워져 있었다. 또한 구덩이 곁에서는 땔감으로 사용한 불에 그슬린 갈탄덩이들도 발견되었다. 아궁이는 회구부와 연소실 사이의 벽 가운데에 위치한다. 크기는 깊이 36㎝, 너비 85㎝이로서 장방형의 구멍 모양이다. 연소실은 바닥 생토면 위로 숯과 재가 두께 6~8㎝로 층을 이루고 있었다. 연소실의 크기는 66×100×160㎝이다. 연소실과 소성실은 두께 10㎝의 흙벽으로 구분을 하였다. 천정

도면 174 | 크라스키노성 제2구역 1호 가마 모습(1980)

아래 격벽에 30×50㎝ 크기의 장방형 구멍이 뚫려있어 그 구멍을 통해 연소실에서 소성실로 열기가 들어간 것으로 추정되었다. 소성실은 크기가 길이 220㎝, 너비 150㎝, 높이 65㎝이다. 소성실 바닥에는 불량품 기와들이 놓여 있었고, 그 아래에는 잘게 깨뜨린 기와들로 단단하게 다진 층이 두께 2~4㎝로 형성되어 있었다. 이 기와 다진 층은 소성실의 온도를 일정하게 유지하기 위한 절연체 역할을 하였던 것으로 추정되었다. 가마 단면도를 보면 소성실의 바닥은 굴뚝 쪽으로 완만하게 높아지고 있고, 소성실 바닥 앞쪽 1/3정도 지점에 낮게 단이 하나 져있는 것이 관찰된다. 굴뚝은 가마 소성실의 안쪽에 쌓은 석벽 뒤에 위치한다. 그 석축 벽의 가운데에 38×52㎝ 크기의 장방형 배연구가 있으며 그 배연구를 통해 소성실의 연기가 굴뚝을 따라 밖으로 배출되었다. 굴뚝은 돌을 쌓아 만들었고, 그 바닥은 반죽 흙으로 덮었다. 굴뚝은 크기가 35×50㎝이며 잔존 높이는 90㎝로서 가마의 천정보다 약간 더 높았다.

이 가마의 평면도와 단면도를 보면 상기한 굴뚝 뒤로 다시 석벽이 있고 그 뒤로 구덩이 1로 명명된 작은 구덩이가 하나 더 있다. 이 구덩이 역시 바닥은 소성실의 바닥과 동일 깊이이다. 따라서 이 구덩이 1은 원래의 굴뚝이었을 것이며, 이 구덩이 앞의 석벽에 원래의 배연구가 있었을 것이다. V.I.볼딘이 보고한 굴뚝은 원래 굴뚝을 폐쇄하고 난 다음에 설치한 2차 굴뚝이라고 생각하는 것이 논리적일 것이다. V.I.볼딘도 이 가마는 누차에 걸쳐 사용 및 재건축되었음을 지적한 바 있다.[11]

가마의 전체 길이는 390㎝, 너비는 140~160㎝이다. 가마 구덩이의 바닥은 연소실이 있는 북서쪽이 낮고 굴뚝이 있는 남동쪽이 높은데 장축 상에서 가장 높은 지점과 가장 낮은 지점의 레벨 차이는 55㎝이다. V.I.볼딘은 바닥의 레벨이 차이를 보이는 것은 가마 내의 통풍을 위한 것으로 판단하였고, 이곳에 주로 부는 북서풍은 통풍에 도움이 될 것으로 생각하였다. 가마 내에서 수키와, 암키와 등 모든 종류의 기와가 출토되었고, 가마 부근에서는 와당도 함께 출토되었다. 이 가마는 기와 가마이지만 회구부에서 다량의 토기편이 수습되어 토기도 구웠을 가능성

11 Болдин В.И., Ивлиев А.Л., 1984, 「Черепичное производство в Бохае (по материалам Краскинского городища)」, 『Археология юга Сибири и Дальнего Востока』, Новосибирск.
웨.웨.샤브꾸노프 엮음 / 송기호·정석배 옮김, 1996, 『러시아 연해주와 발해 역사』, 민음사, 174~177쪽.

이 있을 것으로 판단되었다.[12]

2) 1호 주거지

1980년에 제1구역의 남쪽 가장자리 부분에서 절반이, 1981년에 그 남쪽으로 확장한 제4구역에서 나머지 절반이 각각 조사되었다(도면 170; 175). 표토(두께 4~10㎝)와 경작토층(두께 6~20㎝) 거의 바로 아래에 위치한다. 주거지 수혈의 깊이는 '생토' 상면에서 110㎝이다. 주거지 수혈의 윗부분은 78㎝ 깊이까지는 암회색 모래층이고, 그 아래는 가운데 부분은 두께 18~22㎝, 가장자리 부분은 두께 79㎝까지 명회색 모래층이다. 주거지 바닥은 숯과 소토가 드물게 섞여 있는 단단한 암갈색 사질토이다. 바닥에서 자갈돌이 다수 확인되었다. 평면 모양은 준장방형이며, 크기는 따로 보고되지 않았지만 도면을 통해 볼 때에 대략 동서 3m, 남북 2.6m 정도이다.

1호 주거지 수혈의 윗부분을 채우고 있는 암회색 모래층은 7호 구덩이(깊이 26㎝)의 내부 퇴적토이다. 볼딘 V.I.는 7호 구덩이와 1호 주거지는 겹 놓인 관계로서 1호 주거지는 제1구역에서 조사된 다른 구덩이들보다 조금 이른 시기일 것으로 판단하였다. 다만 토층도를 보면 1~12호 구덩이는 어깨선이 경작토층 바로 아래에서 시작되고, 1호 주거지는 7호 구덩이와 겹치지 않은 곳은 역시 어깨선이 경작토층 바로 아래에서 시작되기 때문에 시기 차이가 거의 없었을 것이다.

1호 주거지로 보고된 이 유구에서는 노지나 구들 혹은 기둥구멍이 전혀 발견된 것이 없다. 때문에 이 유구가 정말 주거지였는지에 대해서는 의심이 간다.

1호 주거지의 내부퇴적토인 암회색 사질토층에서는 205점의 회색 윤제토기편과 23점의 적색 및 4점의 흑색 윤제토기편, 부정형의 철제 유물편이 수습되었다. 주거지의 바닥에서도 14점의 회색 윤제토기편과 10점의 적색 윤

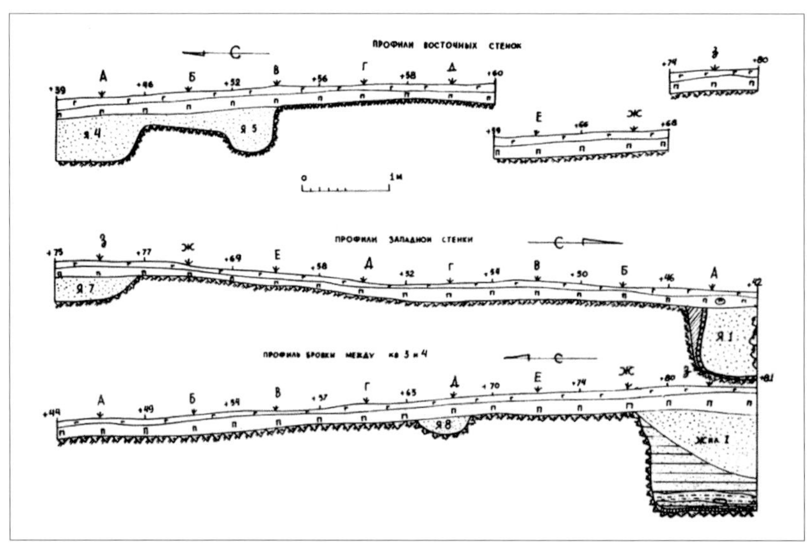

도면 175 | 크라스키노성 제1구역 단면도 (1980)

12 Болдин В.И., 2003, 「Черепичные печи Краскинского городища」, 『Проблемы археологии и палеоэкологии Северной, Восточной и Центральной Азии』, Новосибирск. (볼딘 V.I., 2003, 「크라스키노성의 기와 가마들」, 『북, 동, 중부 아시아의 고고학과 고생태학의 문제들』, 노보시비르스크, 312쪽.)

제토기편 그리고 회색 와편과 놀이 알 등이 출토되었다. 또한 주거지 내의 줘-3방안에서는 지표 아래 60㎝ 깊이에서 내면에 3개의 심봉이 있는 하트모양의 청동 장식이 1점(도면 1980-12)(도면 740, 1) 출토되었다.

3) 제1구역, 제2구역, 제4구역의 구덩이들

1980년에 조사한 제1구역과 1981년에 그 남쪽으로 확장한 제4구역에서는 모두 12기의 구덩이가 조사되었다(도면 170; 175). 1호 구덩이는 제2구역에서 조사된 1호 가마의 남동쪽 모퉁이 부분에 해당한다. 규모가 가장 큰 7호 구덩이는 1호 주거지와 겹 놓여 있다. 유적을 조사한 V.I.볼딘은 규모가 비교적 큰 2~4호, 7호, 10~12호 구덩이는 저장구덩이일 것으로, 규모가 작은 5호, 6호, 8호, 9호 구덩이는 기둥구멍일 것으로 추정하였다. 그중에서 10호 구덩이에서는 철제화살촉이 무더기로 발견되었다. 1980년에 조사한 제2구역에서는 3호, 4호, 5호, 6호 구덩이가 조사되었다. 조사내용이 보고된 구덩이는 다음과 같다.

1구-7호 구덩이. 제1구역과 제4구역에 걸쳐 위치한다. 북동쪽 부분이 1호 주거지의 밑에 위치한다. 구덩이의 깊이는 26㎝이다. 내부퇴적토는 암회색 사질토이며, 이곳에서 31점의 회색 윤제 토기편과 4점의 적색 윤제 토기편, 8점의 흑색 윤제 토기편, 2점의 와편이 출토되었다.

1구-10호 구덩이. 제1구역의 1호 주거지 북동쪽 가까이에 위치한다. 평면 준장방형이며, 크기는 78×86㎝, 깊이는 42㎝이다. 암회색 사질토로 된 내부 퇴적토에서 137점의 회색과 14점의 적색 윤제 토기편 그리고 놀이 알이 수습되었다. 구덩이의 바닥에서는 8점의 철제 화살촉(도면 1980-11, 1~8)(도면 693, 7, 10, 11; 694, 13, 14; 696, 5, 6, 8)과 1점의 철제 칼(도면 1980-11, 9)이 함께 무더기를 이룬 상태에서 출토되었다. 철제 화살촉에는 연미형, 1단경 유엽형, 1단경 능형, 착두형 등이 있다. 이 화살촉들은 이후 샤브꾸노프 E.V. 등이 다시 자세히 소개한 바 있다.[13]

2구-2호 구덩이. 대형의 구덩이 형태를 하고 있으며 발굴구역의 북벽 가까이에 일부만 노출되었다. 구덩이의 깊이는 62㎝이다. 위에서 깊이 26㎝까지는 숯과 소토가 포함된 갈색 사질토가 내부퇴적토를 이루었다. 그 아래로 구덩이의 가운데 부분에는 재와 소토가 섞여있는 회색 모래가 두께 12~26㎝로, 동쪽 부분에는 명회색 모래가, 서쪽 절반 부분에는 암회색 모래가 각각 확인되었다. 그 아래로 동쪽 부분에는 소토와 숯이 드물게 포함된 갈색 사질토가 두께 38㎝까지, 서쪽 부분에는 숯과 그을음이 포함된 흑색 사질토가 두께 10㎝로 각각 위치하였다. 그 아래로 바닥까지에는 흑색의 숯이 포함된 명회색 모래로 채워져 있었다. 구덩이 내부에서 105점의 와편과 384점의 윤제 토기편, 8점의 수제 토기편, 이빨이 포함된 동물 뼈 5점 등이 발견되었다.

2구-4호 구덩이. 제2구역의 동벽에 인접하여 절반만 노출되었다. 깊이는 29㎝이고 내부퇴적토는 숯과 소토가

13 에.붸.샤브꾸노프 엮음 / 송기호·정석배 옮김, 『러시아 연해주와 발해역사』, 민음사, 1996, 그림 16, 1~4, 6~9.

포함된 갈색 사질토이다. 바닥은 편평하다. 내부퇴적토에서 43점의 회색 및 5점의 적색 윤제 토기편, 8점의 회색 와편, 2점의 노루 이빨, 놀이 알, 철제 칼편, 철제 못, 토제 방추차편 등이 출토되었다.

2구-5호 구덩이. 제2구역의 1호 가마 동쪽에 바로 인접하여 위치한다. 평면모양은 부정형이며, 깊이는 27㎝이다. 내부퇴적토는 암회색 모래이고, 유물은 발견되지 않았다.

2구-6호 구덩이. 제2구역의 데-3방안에 위치하는데 1호 가마의 동쪽 가까이 부분에 해당한다. 때문에 1호 가마와 관련이 있을 것으로 추정되었다. 구덩이의 벽과 바닥이 심하게 불에 탔다. 평면모양이 원형이고 깊이는 46㎝이며, 적색의 큰 소토 덩이들로 채워져 있었다(도면 1980-18; 19).

4. 서북지역 남부 주거구역

1) 층위와 생활면 구분

크라스키노성의 서북지역 남부 주거구역에 위치하는 제34구역, 제40구역, 제44구역, 그리고 제48구역 동쪽섹터에서는 제5생활면 혹은 제6생활면까지 문화층이 조사되었다. 그 아래는 발굴조사 당시 생토로 파악하였던 토층이 위치한다. 이 4개의 발굴구역은 북쪽에서 남쪽으로 서로 이어져 있다. 각 발굴구역의 유구들은 독립적으로 위치하는 것도 있지만 이웃하는 발굴구역들에 서로 걸쳐서 위치하는 것도 다수 있다. 또한 생활면으로 대표되는 문화층들의 층위 문제도 이 4개 발굴구역들이 서로 연결되어 있다. 때문에 이 4개 발굴구역의 발굴조사 내용에 대해서는 한꺼번에 살펴보는 것이 전체적인 유구배치 상황을 판단하는데 그리고 유구의 겹 놓인 관계를 이해하는데 훨씬 더 도움이 될 것이라 생각된다.

제34구역은 2005년, 2006년, 2007년도에, 그 남쪽의 제40구역은 2008년과 2009년에, 그 남쪽의 제44구역은 2010년, 2012년, 2013년, 2014년, 2015년에, 그 남쪽의 제48구역은 2011년과 2012년에, 제48구역의 동쪽섹터는 그 이후 다시 2016년과 2018년에 각각 조사되었다.

발굴조사보고서에는 제34구역, 제40구역, 제44구역 동쪽섹터, 그리고 제48구역 동쪽섹터에서는 5개씩의 생활면이, 제44구역 서쪽섹터에서는 6개의 생활면이 각각 구분된 된 것으로 보고되었다. 하지만 특정 유구가 특정 생활면에 보고서에 제시된 그대로 속하는지에 대해서는 검증이 필요하다. 왜냐하면 두 개의 발굴구역에 걸쳐서 위치하고 또 서로 다른 년도에 발굴조사가 된 유구들의 경우 한 발굴구역에서는 제3생활면으로, 다른 한 발굴구역에서는 제4생활면으로 보고되는 등의 경우들도 있다. 또한 복잡한 층위문제로 인해 하나의 유구가 위와 아래가 서로 다른 생활면으로 파악된 경우들도 있다. 때문에 각 유구들이 정확하게 어느 생활면에 속하는지를 파악하기 위해서는 발굴조사보고서에 소개된 각 유구들의 평면적인 노출 위치와 유구간의 상관관계 그리고 층위상의 위

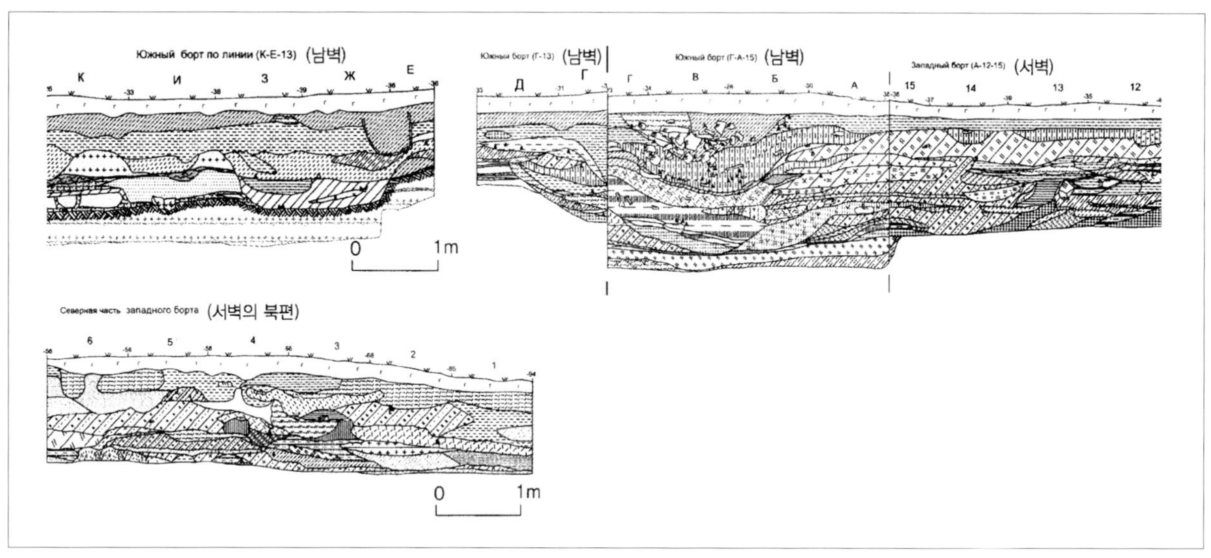

도면 176 | 크라스키노성 제34구역 남벽과 서벽 토층도(2007)

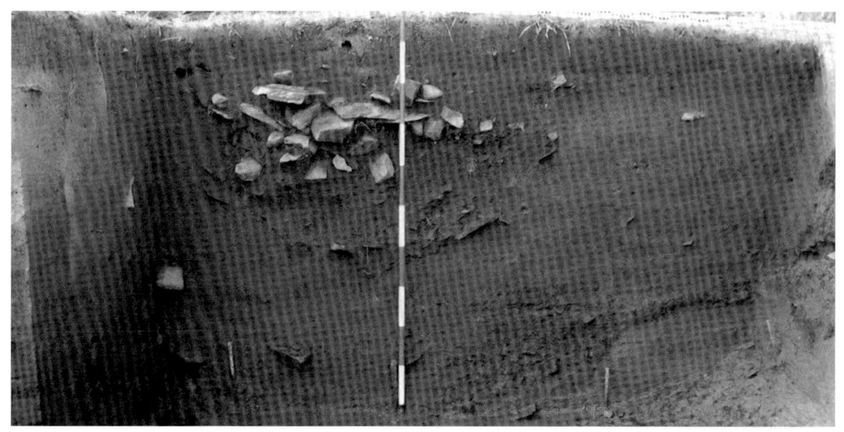

도면 177 | 크라스키노성 제34구역과 제40구역 사이 벽의 1호 폐기물 구덩이 단면 모습(2007)

치문제를 치밀하게 다시 검토할 필요가 있지만 결코 용이한 문제가 아니다.

토층의 상태는 도면과 사진을 통해 참고가 가능하다(도면 176~196). 6개의 생활면이 반영되어 있는 토층은 제44구역 서쪽섹터의 서벽이다(도면 189). 그런데 제44구역 서쪽섹터와 동쪽섹터 그리고 제48구역의 동쪽섹터에는 독특한 층위현상이 관찰되는데 바로 두께 0.2~1.6㎝까지의 얇은 층들이 큰 집층(集層)을 이루고 있는 것이다. 이 큰 집층의 두께는 제44구역 서쪽섹터 서벽 북쪽 부분의 경우 30㎝ 내외이고, 제44구역 서쪽섹터 남벽 동쪽의 경우 100㎝ 내외이다. 큰 집층의 상면은 레벨이 대체로 일정한 편이다. 이 집층 아래에는 펄층이 위치한다. 큰 집층의 두께가 차이가 나는 것은 지형이 북쪽이 높고 남쪽이 낮기 때문이다. 이와 관련하여 이 집층이 성토대지일 가능성이 제기된다. 성토대지로 추정되는 이 집층은 제44구역의 서벽 18선에서 남벽 이(И)선까지 그리고 제48구역의 동쪽섹터 서벽 28선 정도까지에 걸쳐 분포하는 것이 확인되었고, 나머지 방향으로는 어디까지 분포하는지 아직 파악되지 않는다.

성토대지는 두 번에 걸쳐 조성된 것으로 판단된다(도면 189~191). 1차 성토는 XIV층부터 XVI층까지가 해당된다. 제5생활면은 바로 이 1차 성토대지 위에 형성된 것으로 판단된다. 다만 이 경우 XV-2층은 성토대지가 아닐

제40구역 동벽

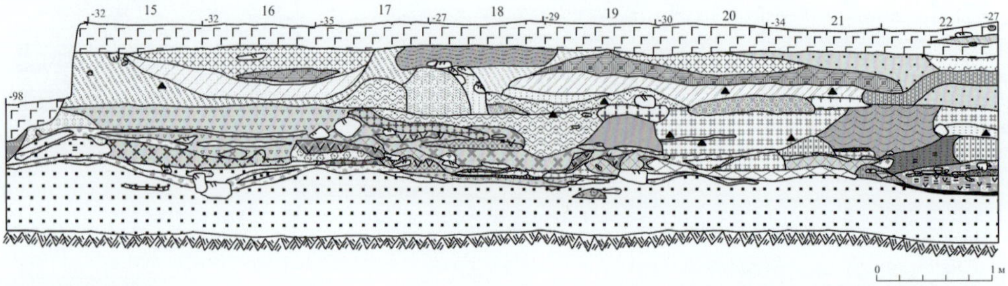

제40구역 남벽

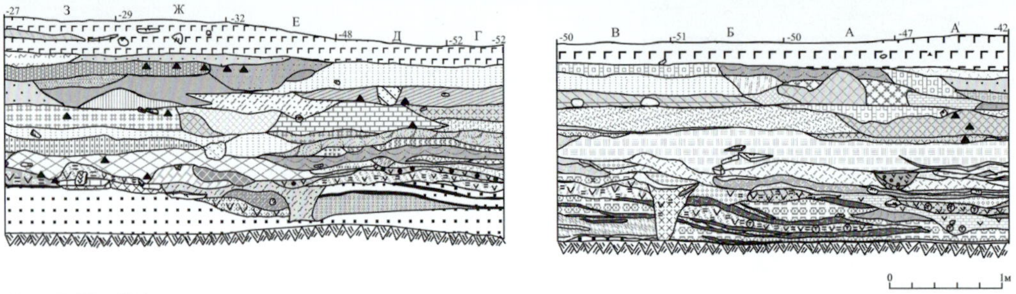

제40구역 서벽

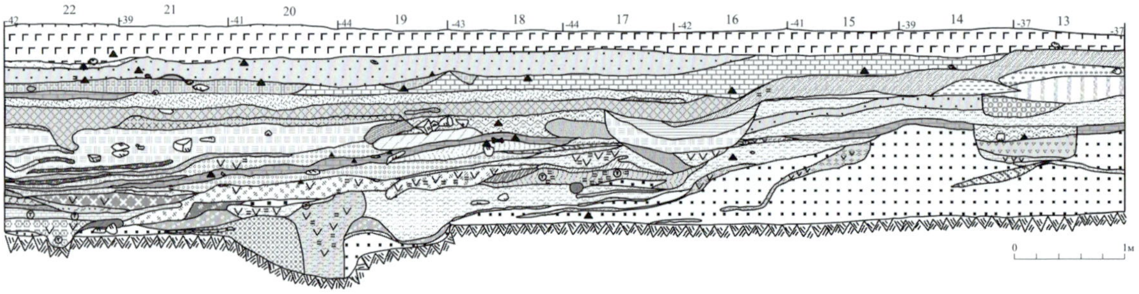

도면 178 | 크라스키노성 제40구역 동벽, 남벽, 서벽 토층도(2009)

도면 179 | 크라스키노성 제40구역 동벽 토층 모습(2009)

도면 180 | 크라스키노성 제40구역 남벽 동편 토층 모습(2009)

도면 181 | 크라스키노성 제40구역 남벽 서편 토층 모습(2009)

도면 182 | 크라스키노성 제40구역 서벽 토층 모습(2009)

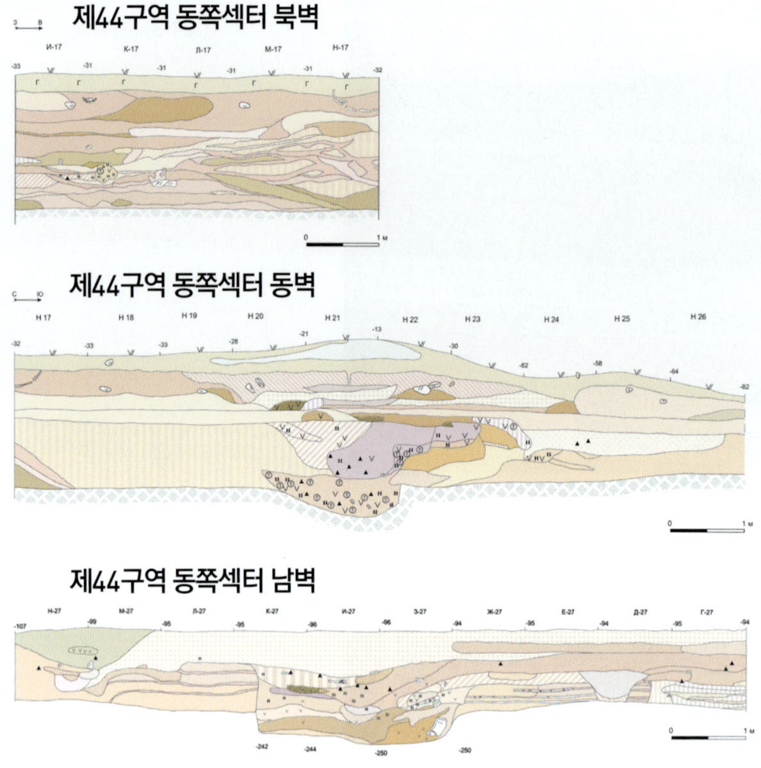

도면 183 | 크라스키노성 제44구역 동쪽섹터 북벽, 동벽, 남벽 토층도(2014)

도면 184 | 크라스키노성 제44구역 동쪽섹터 북벽 토층 모습(2014)

도면 185 | 크라스키노성 제44구역 동쪽섹터 동벽 토층 모습(2014)

도면 186 | 크라스키노성 제44구역 동쪽섹터 남벽 토층 모습(2014)

제44구역 둑 동쪽면(동쪽섹터 서벽)

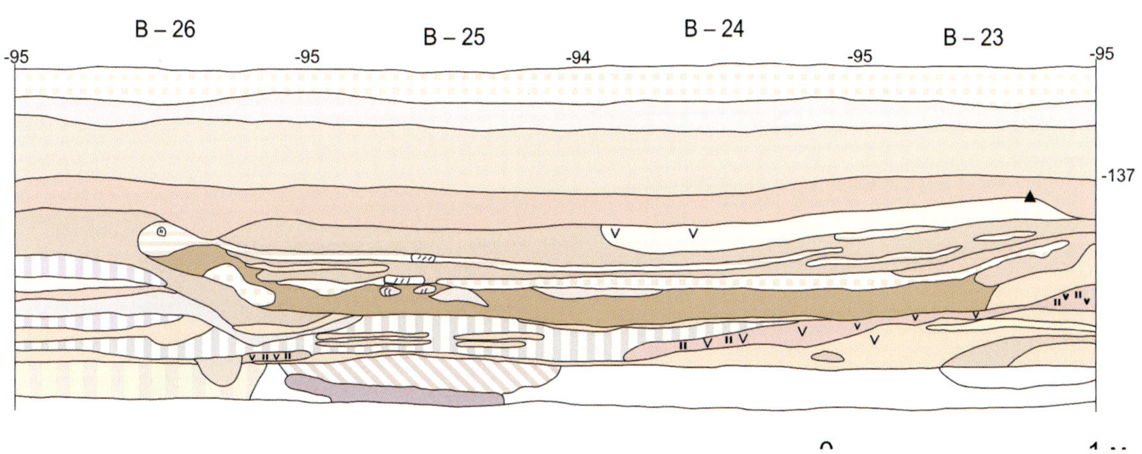

도면 187 | 크라스키노성 제44구역 둑 동면(동쪽섹터 서벽) 토층도(2014)

도면 188 | 크라스키노성 제44구역 둑 동면(동쪽섹터 서벽) 토층 모습(2014)

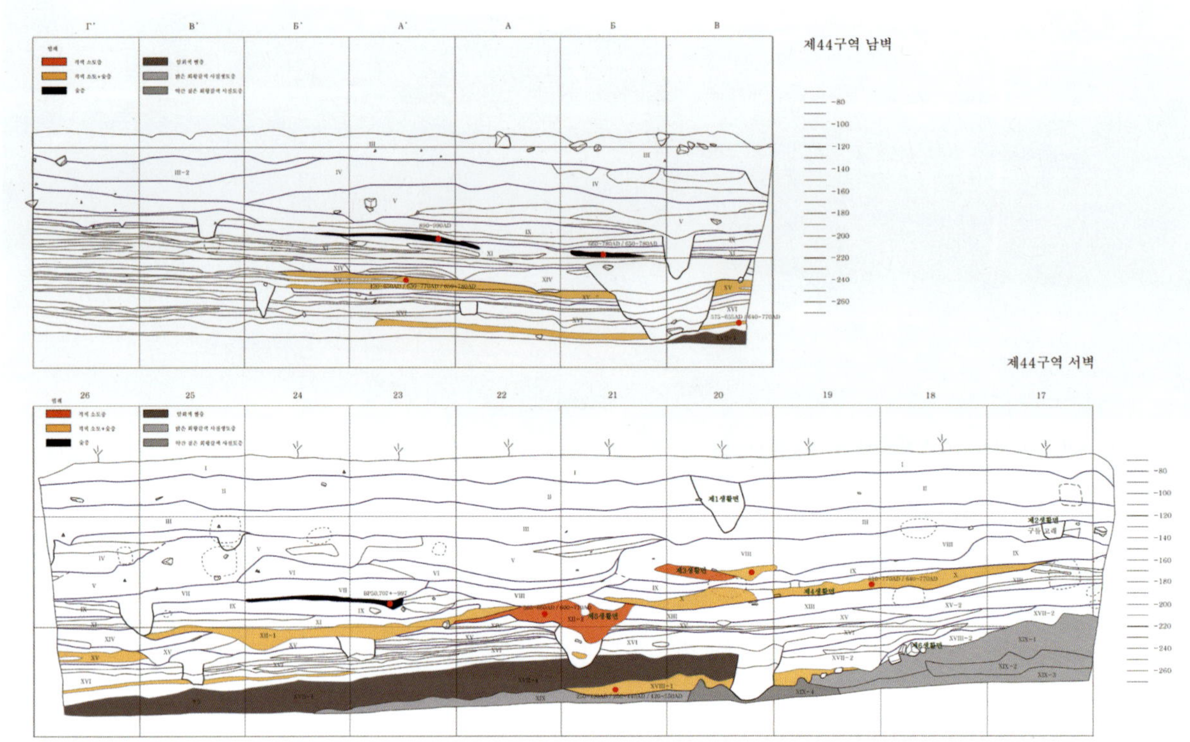

도면 189 | 크라스키노성 제44구역 서쪽섹터 남벽, 서벽 토층도(2015)

도면 190 | 크라스키노성 제44구역 서쪽섹터 남벽 토층 모습(2015)

도면 191 | 크라스키노성 제44구역 서쪽섹터 서벽 토층 모습(2015)

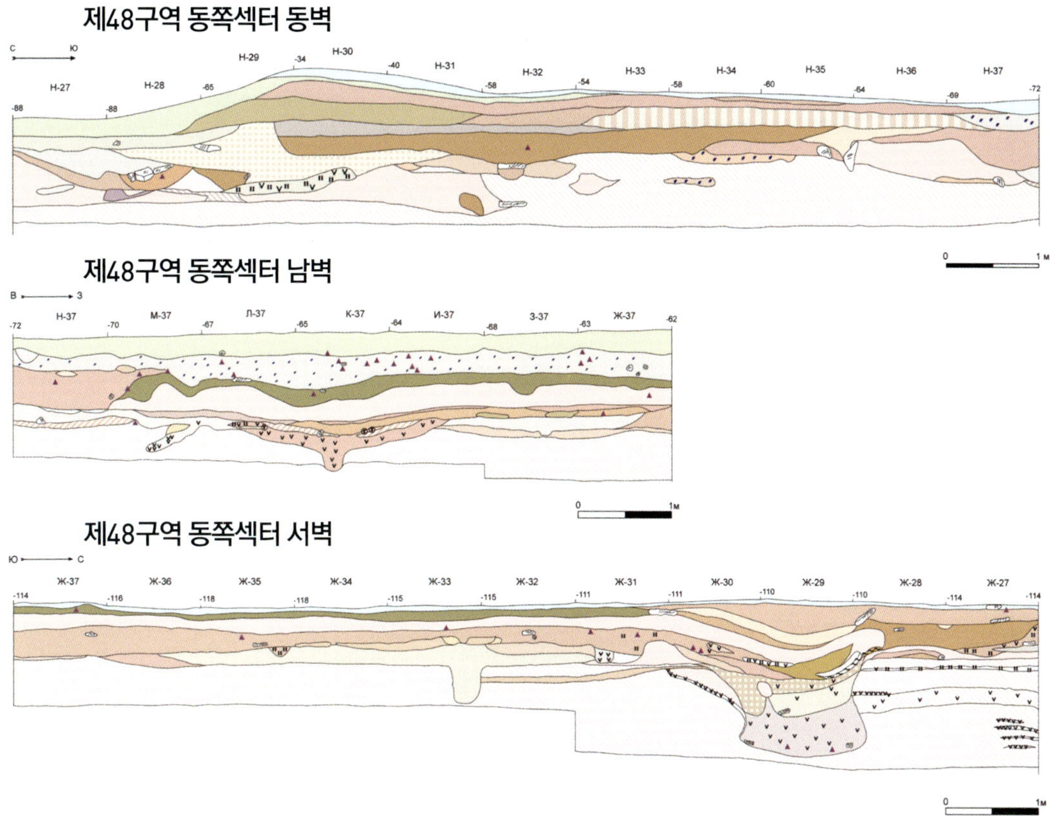

도면 192 | 크라스키노성 제48구역 동쪽섹터 동벽, 남벽, 서벽 토층도(2018)

도면 193 | 크라스키노성 제48구역 동쪽섹터 동벽 토층 모습(2018)

도면 194 | 크라스키노성 제48구역 동쪽섹터 남벽 토층 모습(2018)

도면 195 | 크라스키노성 제48구역 동쪽섹터 서벽 토층 모습(2018)

도면 196 | 크라스키노성 제48구역 동쪽섹터 서벽 토층 세부 모습(2018)

것으로 생각된다. 제5생활면 유구는 XII-2층에 위치한다. 그런데 2014년도 발굴조사보고서에 제6생활면으로 구분된 추정 건축유구는 토층을 면밀하게 검토해보면 층위가 XII-2층보다 더 높은 XII-1층과 XI층에 해당함을 알 수 있다. 이것은 절대 레벨이 낮으면서도 층위는 더 높은 상황을 고려하지 못하였기 때문으로 생각된다. 수평 발굴조사의 한계라고 생각된다. 때문에 제13~16인공층에서 구분된 제6생활면은 사실은 제5생활면의 일부로 파악이 가능하다. 물론 그중의 일부는 1차 성토대지를 조성하면서 성토대지 내에 포함된 층들 혹은 성토대지의 구획과 관련된 흔적일 가능성도 있다.

2차 성토대지는 층위가 제5생활면보다 더 높게 위치한다. IX층~XI층이 2차 성토대지에 해당한다. 성토대지의 가장 아래층인 XVI층보다 더 아래에 위치하는 유구들이 제6생활면에 속한다. 다시 말해서 제44구역 서쪽섹터 서벽에서는 생활면과 유구의 형성 순서가 제6생활면 → 1차 성토 → 제5생활면 → 2차 성토 → 제4생활면 → 제3생활면 → 제2생활면 → 제1생활면 순으로 설명된다.

제44구역 서쪽섹터의 제6생활면은 성토대지보다 더 아래에 위치한다. 이 경우 성토대지가 없는 곳에서 제5생활면의 것으로 구분된 유구들은 사실 성토대지가 있는 곳의 제6생활면에 속할 가능성도 원칙상 있음을 염두에 두어야할 것이다. 제44구역의 토층에 대한 내용은 고찰 부분을 참고하기 바란다. 토층과 평면조사 내용을 참고하여 생활면을 구분하면 다음과 같다.

(1) 제1생활면

제1생활면은 모든 발굴구역에 있어 표토와 부식토(제1인공층) 바로 아래에서 노출되었다(도면 197). 물론 석축 구조물의 경우 표토와 부식토를 제토 할 때에 이미 그 징후가 파악된 경우도 있다. 제34구역이 위치하는 북쪽에서부터 제48구역이 위치하는 남쪽으로 제1생활면과 관련된 유구들에 대해 살펴보면 다음과 같다.

제34구역 부분에서는 제1생활면에 2005년에 조사된 1호와 2호 주거지, 그리고 2006년에 3호 주거지로 보고된 유구가 해당된다. 3호 주거지는 남쪽의 제40구역에 걸쳐 있는 유구인데 2009년도 조사에서 (1호) 폐기물 구덩이로 판명되었다. 제34구역 토층도에는 1호 주거지와 관련된 옹(남벽), 2호 주거지 구들의 석재(서벽), 1호 폐기물 구덩이(남벽)가 각각 반영되어 있다.

제40구역 부분에는 제1생활면에 2008년에 조사가 된 1호 (돌기초벽) 건물지와 '돌무지'가 해당된다. 1호 건물지는 남쪽부분과 서쪽부분이 제44구역에 걸쳐 위치한다. '돌무지'는 제40구역 서쪽섹터 북쪽에 위치하며, 제34구역에서 3호 주거지로 지칭된 돌무지와 동일한 유구이다. 상기한 바와 같이, 이 '돌무지'는 2009년에 1호 폐기물 구덩이로 보고되었다.

제44구역 부분에는 제1생활면에 2010년에 조사된 1호 건물지의 일부와 2호 건물지의 일부가 해당된다. 1호 건물지는 북쪽의 제40구역에, 2호 건물지는 남쪽의 제48구역에 각각 걸쳐 있다. 그 외에 제44구역의 제1생활면에서 1호, 2호, 3호, 4호 유구, 1호, 2호, 3호 구덩이로 지칭된 유구들이 분포한다. 이 중에서 제44구역의 동쪽섹터에 위치하는 폐기물 구덩이로 생각되는 3호 유구는 남쪽의 제48구역에 걸쳐 위치한다. 3호 유구(남벽)과 2호 유구(서벽)는 토층도에 반영되어 있다.

제48구역 부분에는 제1생활면에 2011년에 조사된 2호 건물지, 추정 토축기단, 대형 돌무지, 석열, 2012년에 조사된 (열주유형) 추정 건물지, 1호(48구), 2호(48구), 3호(48구) 유구, 그리고 폐기물 구덩이(48구)가 각각 속하는 것으로 보고되었다. 여기에서 2012년에 조사된 추정 건물지, 1호(48구), 2호(48구) 유구는 대형 돌무지 아래에, 폐기물 구덩이(48구)는 석열 밑에 각각 위치한다. 그런데 이 유구들은 제2생활면에 속하는 것으로 판단된 제44구역과 제48구역에 걸쳐 위치하는 다른 (돌무지 모양) 추정 건물지와는 레벨이 거의 비슷하다. 하지만 제48구역 동쪽섹터에서 제2생활면으로 판단된 22호 주거지보다는 레벨이 높다. 때문에 이 유구들은 제1생활면과 제2생활면 사이에 위치한다고 보아야할 것이다. 잠정적으로 이 유구들은 제1-2생활면으로 구분이 가능할 것이다.

(2) 제2생활면(도면 198)

발굴조사가 문화층 중심이 아니라 일정한 두께의 인공층 단위로 제토하면서 유구와 유물의 위치를 수평 및 수직의 공간에서 파악하기 위한 방식으로 진행되었다. 하지만 인공층의 두께는 평균 10~15㎝를 유지하고자 하면

도면 197 | 크라스키노성 서북 주거구역(제34, 제40, 제44, 제48구역) 제1생활면 평면도

서도 유물이나 유구가 집중된 경우에는 5㎝ 내외로 얇게 조사가 진행되기도 하고 또 유물이나 유구가 빈약한 곳에는 20㎝ 내외로 두껍게 제토가 이루어지기도 한다. 때문에 각 발굴구역에서 생활면의 인공층 단위 위치는 서로 차이를 보인다. 예를 들어, 제34구역에서는 제7인공층 제토 후에 그리고 제8인공층 제토 이전에 노출된 모든 유구들은 제2생활면의 아랫부분에 속한다고 하였고, 제40구역에서는 제2생활면의 유구들은 제6~제12인공층 내에 위치한다고 하였다. 한편 제44구역에서는 제3생활면이 서쪽섹터에서는 제7~9인공층을, 동쪽섹터에서는 제8~10인공층을 제토할 때에 각각 확인되었다고 하였다.

제34구역에서는 제2생활면이 2005년에 윗부분이 그리고 2006년에 아랫부분이 조사된 것으로 보고되었다. 2006년 보고서에 2005년에 조사된 제2생활면에 속하는 유구로 수 개의 경제 구덩이와 일부만 잔존하는 석축 구조물 그리고 노지가 지적되었다(2006년 보고서 141쪽). 하지만 2005년도 발굴조사 보고서에는 이 유구들에 대한 보고내용이 없다. 다만 사진과 평면도에는 이 유구들이 어느 정도 구분이 된다. 2006년도 보고서에는 제2생활면의 하부에 위치하는 유구로 줴-제-13방안의 돌무지와 제-이-12-13방안의 구덩이가 각각 지적되었다. 이 줴-제-13방안의 '돌무지'는 토층도(남벽)에 반영되어 있다.

2006년에는 제7인공층 제토 후에 그리고 제8인공층 제토 이전에 노출된 모든 유구들은, 3호 주거지를 제외하고 모두 제2생활면의 아랫부분에 속한다고 하였다. 제2생활면에 속하는 유구로 34구역의 북동쪽 모서리 부분에 위치하는 '도로 유구'도 지적되었다. 2006년 보고서에 34구역의 북동쪽 모서리 부분에는 제1생활면서부터 도로가 있었다고 하였지만, 2005년도 보고서에는 이에 대한 보고내용이 전혀 없고, 또한 평면도에도 전혀 반영되어 있지 않다. 이후 2007년도 보고서에는 제4생활면까지 도로가 있다가 제5생활면에서는 도로가 존재하지 않았다고 하였다. 도로의 노면과 심지어 측구까지도 평면도에 반영되었지만 이 역시 아직은 신뢰할 수가 없다. 왜냐하면 '도로'의 선상에 위치하는 제34구역 북쪽의 제27구역(2001년에 발굴조사)에서 도로의 흔적이 전혀 확인되지 않았기 때문이다. 또한 이곳의 '노면' 양상은 크라스키노성 내 북쪽 중앙부분과 서북쪽 부분에서 발굴된 돌을 깔은 도로의 노면과는 많은 차이를 보인다. 따라서 제34구역 북동쪽의 '도로'는 사실은 다른 건축물의 잔재일 가능성이 높다고 생각된다.

제40구역에서는 제2생활면에 2009년에 조사가 된 9호 주거지와 1호 구덩이가 해당하는 것으로 보고되었다. 제6~제12인공층 내에 위치한다. 그런데 1호 구덩이는 제1생활면의 '돌무지'의 아랫부분에 해당되고, 또한 제34구역에 3호 주거지에 해당된다. 상기한 바 있는 제1생활면의 1호 폐기물 구덩이의 아랫부분에 해당하기 때문에 제2생활면과는 관련이 없다고 생각된다. 그런데 9호 주거지와 거의 비슷한 레벨에서 11호 주거지가 함께 조사가 되었는데 11호 주거지는 제3생활면에 속하는 것으로 보고되었다. 그 이유는 11호 주거지의 바닥 레벨이 9호 주거지의 바닥보다 높고 그리고 11호 주거지와 관련된 구조물이 절대적 레벨은 비슷하여도 9호 주거지보다 더 아래의 토층에 위치하기 때문이다.

제44구역에서는 제2생활면에 2012년과 2013년에 조사된 20-21호 주거지, 2012년에 조사된 1호 (말각방형), 2호 (돌무지), 3호 (추정 적심), 4호 (석열) 유구, 추정 건물지, 2013년에 조사된 돌무지, 그리고 2012년, 2013년, 2014년에 조사된 23호 주거지가 각각 해당된다. 20-21호 주거지는 이 글에서 20호와 21호 주거지를 합쳐 부르는 것이다. 제44구역의 서쪽섹터 동일한 장소에서 조사된 20-21호 주거지의 중요 구성요소 중의 하나는 석열 모양의 석축 구조물이다. 그런데 이 석축구조물은 윗부분과 아랫부분 사이에 두께 5~8㎝로 "작은 돌들이 차 있는 토양층"이

도면 198 | 크라스키노성 서북 주거구역(제34, 제40, 제44, 제48구역) 제2생활면 평면도

있어 서로 다른 주거지로 판단을 한 것이다. 건물의 담장, 벽체 기초, 혹은 기단에는 석축구조물들 사이에 작은 돌들을 섞은 흙을 넣기도 하기 때문에 이 둘은 사실은 하나의 구조물로 보는 것이 더 타당할 것이다. 20호 주거지는 제2생활면에, 21호 주거지는 제3생활면에 속하는 것으로 보고되었지만 이 둘이 하나의 건축물이라면 모두 제2생활면에 속한다고 보아야할 것이다. 2012년에 조사된 추정 건물지는 제44구역과 제48구역에 걸쳐 위치한다. 이 추정 건물지는 2호 건물지 밑에 위치한다. 제44구역의 동쪽섹터에 위치하는 23호 주거지는 2012년 보고서에는 11호 주거지로, 2013년과 2014년 보고서에는 23호 주거지로, 2013년 보고서에는 동일 주거지의 남쪽 부분 구들을 다시 11호 주거지로 각각 혼동되어 보고되었다. 그런데 실제 11호 주거지는 2009년에 제40구역의 서쪽섹터에서 조사된 바 있다. 23호 주거지는 구들 중 북쪽 부분은 제2생활면에, 남쪽 부분은 제3생활면에 속하는 것으로 보고되었지만, 이것이 하나의 구조물이 분명하다면 제2생활면에 속하는 것으로 보는 것이 타당할 것이다. 4호 (석열) 유구는 제1생활면에서 조사된 3호 유구의 바로 밑에 위치한다.

제48구역에서는 제2생활면에 2012년과 2016년에 조사된 22호 주거지, 2016년에 조사된 1호 수혈구덩이, 토기편무지, 적심초석, 1호와 2호 구덩이, 경제건축 수혈구덩이, 돌 사용 구조물 등의 유구가 포함된다. 2016년에 조사된 제2생활면 유구들은 모두 제5~제6인공층 제토 후에 노출되었다.

(3) 제3생활면(도면 199)

제34구역에서는 제3생활면에 2006년에 조사된 4호 주거지가 해당된다. 4호 주거지는 제8인공층 제토 후에 노출되었다. 제3생활면에는 제34구역 북동쪽의 '도로'도 해당되는 것으로 파악되었지만, 상기한 바와 같이, 이것이 정말로 도로인지의 여부는 분명하지 못하다. 그 외 2007년도 보고서에 서쪽섹터 남서쪽 부분의 벽에 인접하여 위치하는 구들 고래의 흔적도 제3생활면에 속하는 것으로 판단되었다(2007년도 보고서 144쪽). 한편 2009년에 제34구역의 서쪽섹터 남쪽부분과 인접한 제40구역에서 조사된 10호 주거지를 제3생활면으로 보고 있기 때문에 제34구역에서 10호 주거지와 연결되는 유구 일부는 제3생활면에 속할 것이다.

제40구역에서는 제3생활면에 2009년에 조사가 된 10호, 11호, 14호, 15호 주거지와 2호, 3호, 11호 구덩이가 해당되는 것으로 보고되었다. 제10호 주거지의 일부는 제34구역에 위치한다. 14호 주거지는 제2생활면에 속하는 9호 주거지의 밑에 위치한다. 때문에 유구의 겹 놓인 관계가 명확하다. 또한 이 14호 주거지는 9호 주거지와 비슷한 레벨이기는 하나 조금 더 낮은 레벨에 위치하는 제3생활면의 11호 주거지보다 레벨이 더 낮다. 하지만 14호와 15호 주거지는 제4생활면으로 보고된 13호 주거지, 16호 저장구덩이 등의 유구보다는 더 위에 위치한다. 때문에 14호와 15호 주거지는 제3생활면과 제4생활면 사이에 위치하는 것으로 판단해야 할 것이다. 따라서 14호와 15호 주거지는 제3-2생활면에 속하는 것으로 판단하고자 한다. 15호 주거지의 대부분은 제44구역에서 조사되었다. 15호 주거지(남벽과 동벽)와 11호 주거지(서벽)는 토층도에 반영되어 있다.

제44구역에서는 2014년도 발굴조사보고서에 의하면 제3생활면이 서쪽섹터에서는 제7~9인공층을, 동쪽섹터에서는 제8~10인공층을 제토할 때에 레벨 -135/ -155㎝에서 각각 확인되었다. 추정 건물지(기둥 구조물 유구)(붸'-붸-23-26방안), 노지 유구(아'-25방안), 1호와 2호 수혈구덩이, 1b호 노지(이-까-19-21방안), 배수도랑, 1호~8호 구덩이, 10호, 11호 구덩이 등이 제3생활면에 속한다. 그 외에도 제44구역의 제3생활면에는 23호 주거지도

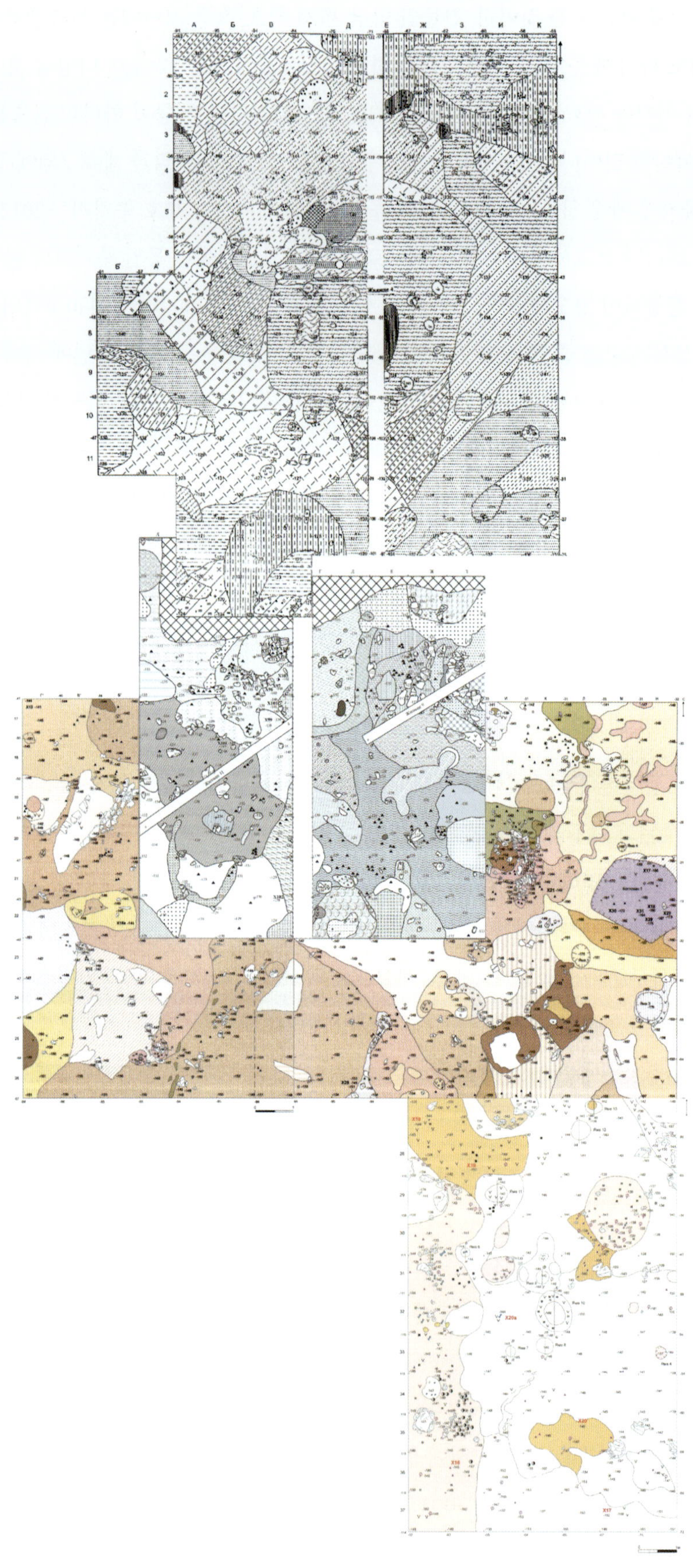

도면 199 | 크라스키노성 서북 주거구역(제34, 제40, 제44, 제48구역) 제3생활면 평면도

속하는 것으로 보고되었으나, 상기한 바와 같이, 23호 주거지는 구들의 북쪽 부분이 제2생활면에 속하는 것으로 보고되었고, 토층 상의 위치 또한 제2생활면에 상응한다.

제48구역에서 제3생활면의 유구들은 2016년 조사 시 제7인공층 제토 후에 나타나기 시작하였고, 제9인공층에서 조사가 마무리되었다. 암갈색 단단한 사질토 얼룩, 갈색 사질점토 얼룩, 슬래그 집중 분포지, 6호~13호 구덩이 등이 제3생활면에 속한다.

(4) 제4생활면(도면 200)

제34구역에서는 제4생활면에 5호 주거지가 해당된다. 5호 주거지는 제10인공층 제토 후에 노출되었고, 2006년과 2007년에 걸쳐 조사되었다. 그 외 발굴구역 북동쪽의 '도로'도 2006년과 2007년 발굴조사 보고서에 각각 이 생활면에 속하는 것으로 보고되었다.

제40구역에서는 제4생활면에 2009년과 2014년에 조사된 13호 주거지, 2009년에 조사된 16호 저장구덩이, 그 외 작은 크기의 21호, 22호, 23호, 24호, 25호 구덩이가 각각 해당되는 것으로 보고되었다. 여기에서 제40구역과 제44구역에 걸쳐 위치하는 13호 주거지는 제40구역에서는 제4생활면에 속하는 것으로, 제44구역에서는 제5생활면에 속하는 것으로 각각 보고되었다. 그런데 13호 주거지는 제44구역에서 제4생활면이 분명하다고 생각되는 제24호 주거지의 구들보다 레벨이 낮다. 제40구역 서쪽섹터와 제44구역 서쪽섹터에서 13호 주거지라고 보고된 유구는 얇은 탄층과 소토층 등으로 이루어져 있다. 다만 제44구역에서는 이 주거지의 북서쪽 경계로 주장되는 돌들이 몇 개 노출되었다. 유구의 윤곽선도 분명하지 못한 이 유구는 사실은 주거지가 아니라 성토대지의 일부일 가능성이 높다고 생각된다.

제44구역에는 제4생활면에 2014년에 조사가 된 24호 주거지, 1호와 2호 돌무지(베-붸-19-20방안), 불탄 적갈색 사질토 얼룩(게'-20방안), 불탄 얼룩들(붸-게-17-18방안) 등이 해당된다.

제48구역에서는 제4생활면이 제9인공층 제토 다음에 그 상면이 노출되었다. 2016년에 조사가 된 2호, 3호, 4호, 5호 수혈구덩이, 14호, 15호, 16호 구덩이, 18호~32호 구덩이가 제4생활면에 속하는 것으로 보고되었다. 여기에서 4호 수혈구덩이는 2018년에 다시 그 아랫부분이 조사되었고, 이때에도 4호 수혈구덩이로 보고되었다. 그런데 2018년도 발굴조사보고서에는 4호 수혈구덩이를 28호 주거지와 동일시한 부분도 있고 또 4호 수혈구덩이 아래에 28호 주거지가 위치한다는 의견을 제시한 부분도 있다.

제44구역 동쪽섹터의 남쪽부분과 제48구역 동쪽섹터 북쪽부분에는 이 두 발굴구역에 걸쳐 위치하는 다수의 유구들이 위에서 아래로 차례대로 보고되었다. 평면조사에서 제44구역에서는 10호 구덩이 → 제3-2생활면에 속하는 15호 주거지 → 17호 구덩이 → 수혈구덩이가, 제48구역에는 제2생활면과 제3생활면의 갈색 사질토 얼룩 → 제4생활면의 4호 수혈 → 제5생활면의 28호 주거지가 각각 차례로 위치하는 것으로 보고되었다. 여기에서 제44구역의 유구들 부분에 대해서는 토층도와 토층 사진이 확인된다. 그런데 여기에서 주의해야할 점은 토층도와 토층 사진이 서로 틀린 부분이 있다는 사실이다. 아마도 토층 사진에 우선적으로 주목해야 할 것이다. 10호 구덩이는 토층 사진에 소토와 숯-재층이 있는 부분으로 생각된다. 이 경우 10호 구덩이는 15호 주거지의 내부퇴적토 윗부분을 파고 들어갔다는 사실이 다시 한 번 확인된다. 17호 구덩이는 주거지 내부퇴적토에 있는 간층 중 하나를

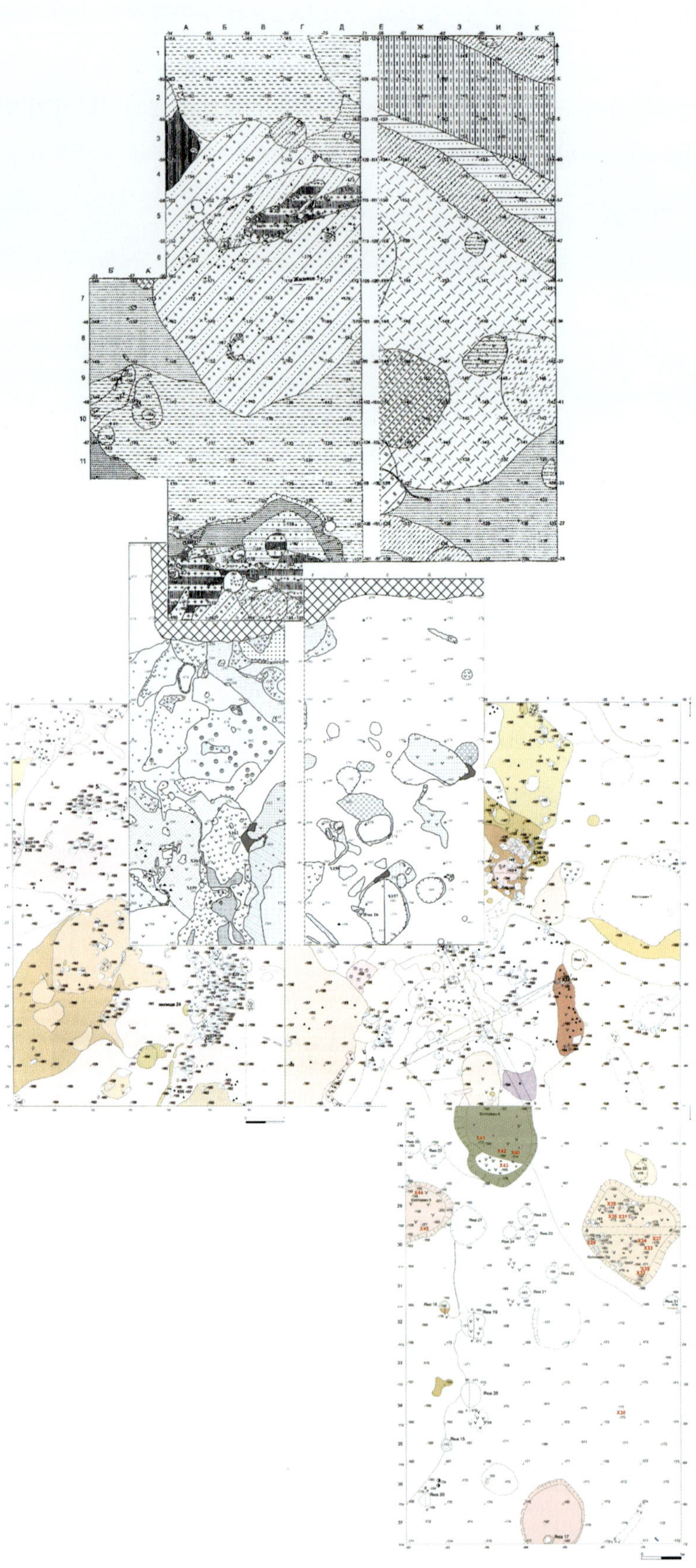

도면 200 | 크라스키노성 서북 주거구역(제34, 제40, 제44, 제48구역) 제4생활면 평면도

도면 201 | 크라스키노성 서북 주거구역(제34, 제40, 제44, 제48구역) 제5생활면 평면도1

지칭한 것으로 생각된다. 15호 주거지 내부퇴적토의 아랫부분은 '수혈구덩이'로 파악되었다고 생각된다. 제48구역의 것들과 연계시키면 10호 구덩이는 제2생활면과 제3생활면의 갈색 사질토 얼룩, 15호 주거지 내부퇴적토 윗부분은 4호 수혈, 15호 주거지의 내부퇴적토 아랫부분인 '수혈구덩이'는 28호 주거지에 각각 해당한다. 이 사실은 이곳의 모든 유구들은 제3-2생활면보다 더 이를 수 없음을 말할 것이다. 다만 제40구역에서는 15호 주거지가 문화층의 아랫부분에 위치함에도 불구하고 노출 레벨이 -154㎝이고, 제44구역의 남벽에서는 문화층의 중간 부분임에도 노출 레벨이 -150㎝부터 -165㎝까지 큰 차이를 보이지 않는다. 이 사실은 제48구역에서 제4생활면과 제5생활면으로 구분된 4호 수혈구덩이와 28호 주거지가 사실은 모두 제3-2생활면에 속할 가능성이 매우 높음을 말하는 것이다.

(5) 제5생활면(도면 201)

제34구역에서는 제5생활면에 2007년에 조사가 된 6호 주거지가 해당된다. 6호 주거지는 제11인공층 제토 후에 윤곽선이 확인되었고, 제12인공층 제토 후에 분명하게 구분되었다. 그 외에 서쪽 섹터 남쪽의 가장 아래 레벨의 수혈 주거지도 이 생활면에 속한다. 이 수혈 주거지는 제34구역과 제40구역에 걸쳐 위치하는데 제40구역에서는 2009년에 조사되었고 이 때 12호 주거지로 명명되었다.

제40구역에서는 제5생활면에 2009년에 조사가 된 12호 주거지, 수혈구덩이, 34호 구덩이(저장 구덩이) 및 기타 구덩이들이 포함되는 것으로 보고되었다. 12호 주거지는 제34구역에 걸쳐 위치한다. 2007년에 제34구역에서 조

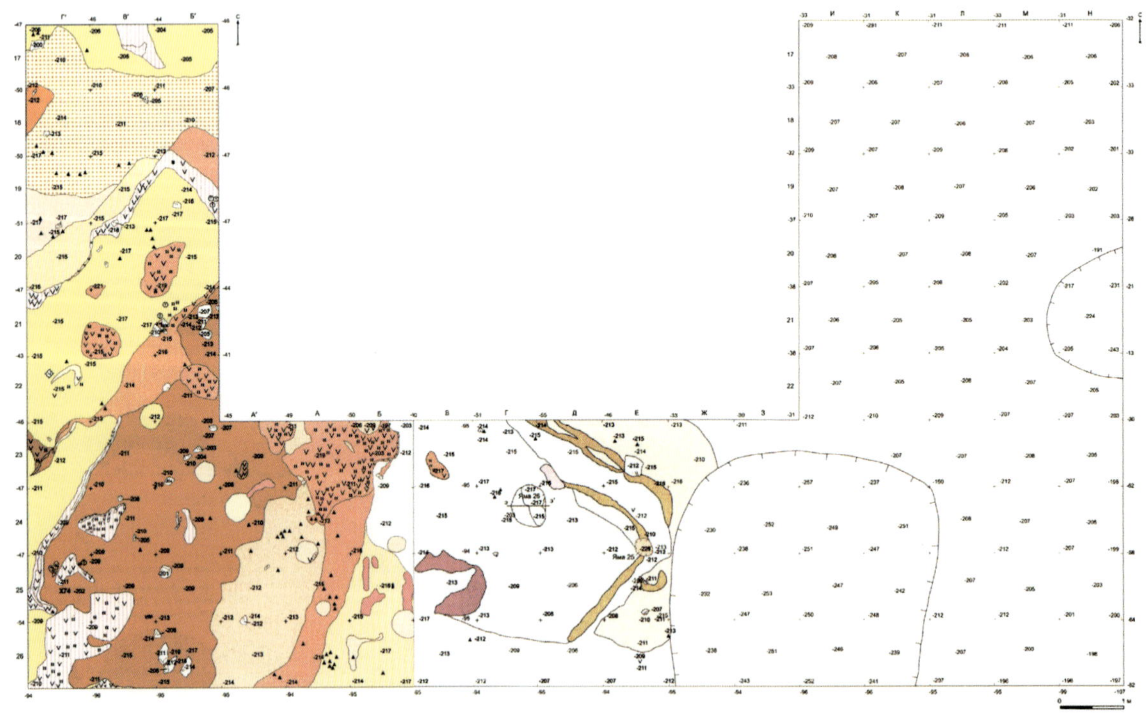

도면 202 | 크라스키노성 서북 주거구역(제44구역) 제5생활면 평면도2

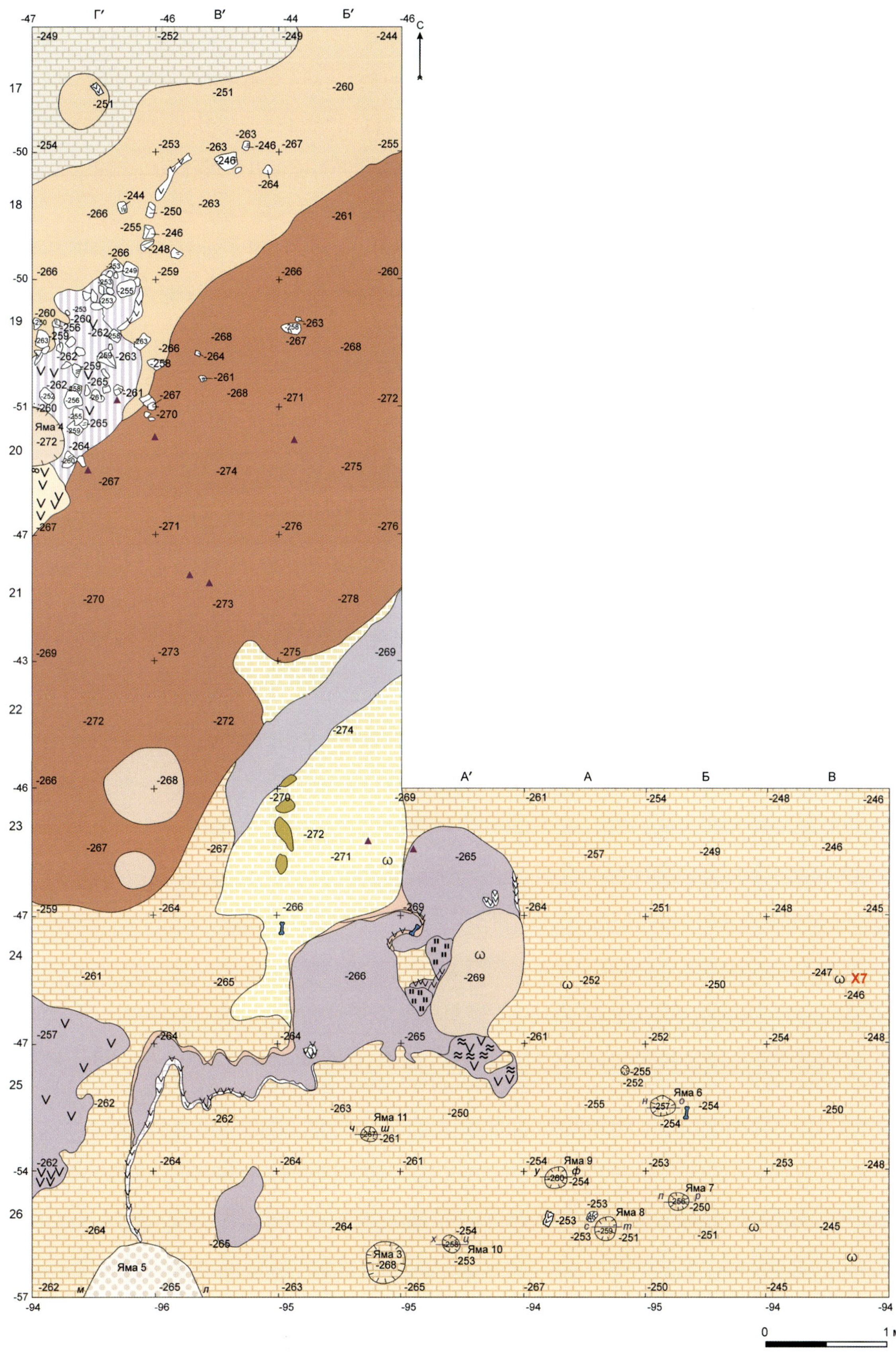

도면 203 | 크라스키노성 서북 주거구역(제34, 제40, 제44, 제48구역) 제6생활면 평면도

사할 때에는 주거지의 번호는 부여되지 않고 다만 수혈 주거지로만 불렀다.

제44구역에서는 제5생활면이 2014년에 조사가 된 서쪽섹터의 제11인공층 아랫부분과 제12~13인공층, 동쪽섹터의 제12인공층에서 각각 확인된 것으로 보고되었다. 평균 레벨은 -167/ -190㎝이다. 19호, 20호, 24호 구덩이가 포함된 13호 주거지, 베-데-23-26방안의 수혈, 12호, 13호, 14호, 17호, 18호구덩이, 엠-엔-20-22방안의 수혈이 각각 제5생활면에 속하는 것으로 보고되었다. 여기에서 13호 주거지는 상기한 바와 같이, 제40구역에서는 제4생활면에 속하는 것으로, 제44구역에서는 제5생활면에 속하는 것으로 각각 보고되었다.

제44구역의 제5생활면에서는 그 외에도 2014년과 2015년에 조사된 추정 건축유구, 2014년에 조사된 경제건물 유구, 그리고 수혈구덩이가 해당된다(도면 202). 이 유구들은 2014년에 제6생활면에 속하는 것으로 보고되었으나 토층에 통해 볼 때에 제5생활면에 속한다고 판단된다.

제48구역에서는 제5생활면에 2018년에 조사가 된 4호 수혈구덩이, 28호 주거지, 5호 수혈구덩이가 각각 속하는 것으로 보고되었다. 4호 수혈구덩이와 28호 주거지는, 위에서 언급한 바와 같이, 제3생활면 혹은 제3-2생활면에 속할 가능성이 매우 높다고 생각된다.

(6) 제6생활면(도면 203)

제6활면은 지금까지 제44구역에서만 보고되었다. 제6생활면에는 2015년에 조사가 된 추정 건축물 벽체 잔존물, 재무지, 3호, 5호 구덩이, 12호~14호 구덩이, 재 및 그을음 얼룩들, 숯-그을음 얼룩 등이 조사된 것으로 보고되었다. 그 외 생토 상면에 형성된 자연도랑의 존재도 보고되었다.

2) 제1생활면 유구

(1) 제34구역

1호 주거지. 2005년에 제34구역에서 조사되었다(도면 204). 표토-부식토 바로 아래에서 구들의 일부를 포함하여 주거지의 윤곽이 어느 정도 드러났다. 주거지는 깊이 약 30㎝의 구덩이를 파고 만들었다. 이 구덩이 둘레로는 1~2층 정도로 쌓은 돌을 둘렀다. 주거지의 크기는 9×6.4m이고, 면적은 57.6㎡이다. 주거지 내부에서 평면형태가 'ㄷ'자모양인 구들이 위치하였다(도면 205; 206). 이 구들은 보존상태가 상당히 양호한 편이었다. 고래는 2줄이다. 구들의 길이는 북서쪽 부분은 5m, 남동쪽 부분은 4.4m, 북동쪽 부분은 주거지의 너비와 거의 동일하다. 고래의 너비는 평균 22~30㎝이다. 고래의 벽은 수직으로 돌을 세워 만들었고, 그 위에는 더 크고 납작한 돌들로 된 구들장을 덮었다. 구들의 벽체는 집의 벽체와 마찬가지로 돌들에 흙을 보강하여 만들었는데 이에 대해서는 평면적으로 그리고 단면적으로 확인되는 단단한 갈색 사질토를 통해 알 수 있다. 구들의 전체 너비는 남동쪽과 북서쪽은 1.2m이고, 집의 안쪽인 북쪽 부분은 1.6m까지이다.

구들의 아궁이는 구들의 동남쪽 끝부분에 있다(도면 207). 크기가 0.9×1m이다. 2005년 발굴조사 보고서에는 이 구들에 있는 구덩이 하나를 다른 아궁이로 추정한 바 있다. 하지만 이 구덩이에는 불에 달구어진 흔적이 없다고 하였다. 때문에 아궁이는 원래 1개만 있었던 것으로 생각된다. 아궁이에 사용한 땔감은 석탄이었던 것으로 추정되었는데, 아궁이 내부퇴적토에서 석탄 쪼가리들이 발견되었고, 또 크라스키노성 주변에 석탄산지도 있기 때문이다.

굴뚝자리는 구들의 서남쪽 끝부분에 있다. 굴뚝자리는 렌즈모양의 황색 점토인데 크기가 0.46×0.7m이다. 이 주변에서 중간 크기의 돌들이 발견되었는데 굴뚝의 일부였을 것으로 추정되었다.

주거지 입구는 남서쪽에 위치한다(도면 208). 입구 쪽에는 현관이 있었던 것으로 파악되었다. 추정 현관의 너비

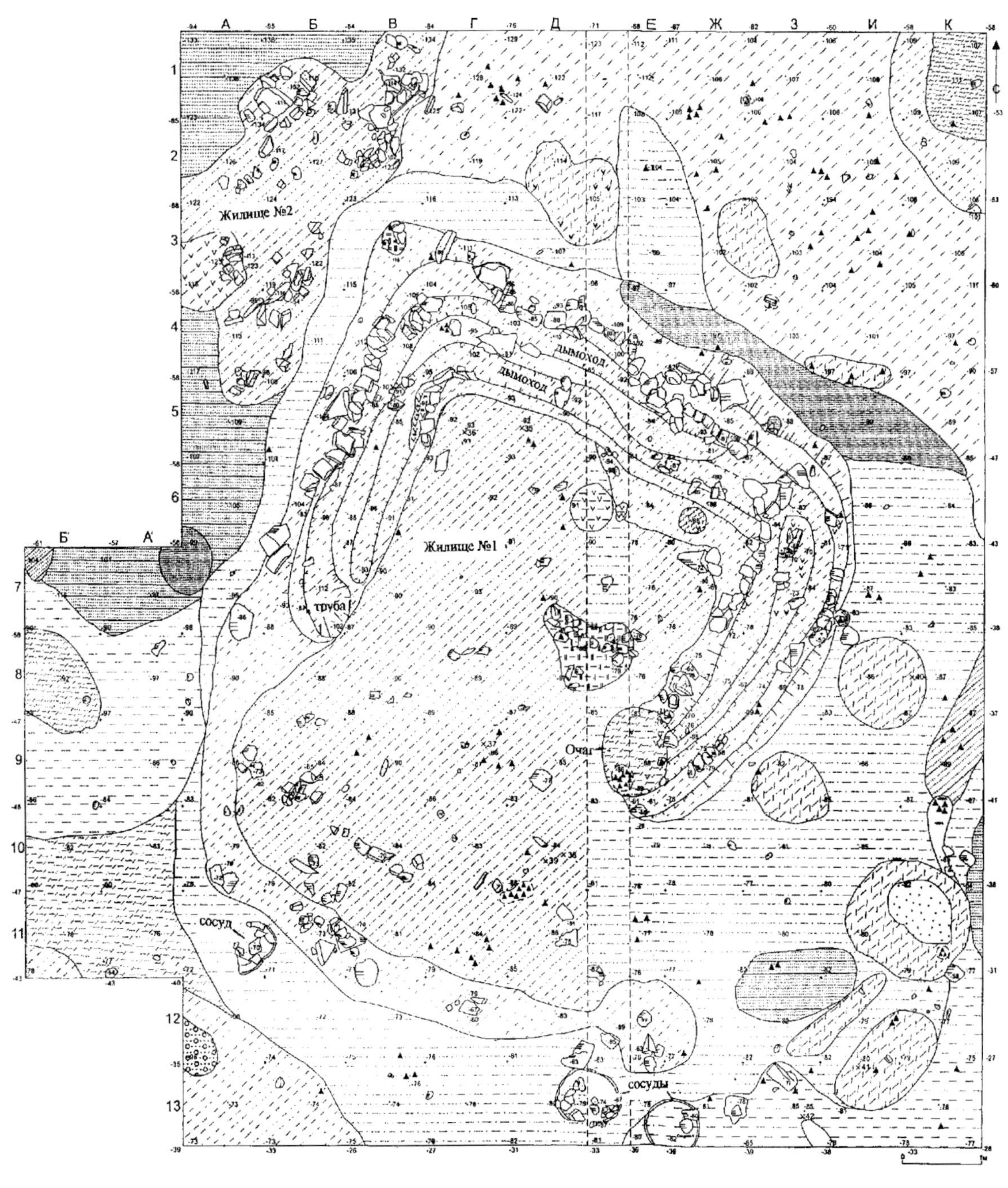

도면 204 | 크라스키노성 제34구역 1호 주거지 평면도(2005)

도면 205 | 크라스키노성 제34구역 1호 주거지 모습(남서쪽에서)(2005)

도면 206 | 크라스키노성 제34구역 1호 주거지 모습(북동쪽에서)(2005)

는 약 1m이고 길이는 주거지 자체의 너비와 동일하였다. 현관과 집 바깥의 공간은 석열에 의해 구분된다. 주거지의 장축 가운데로 붸-9방안과 데-예-6방안에 각각 배치된 2개의 구덩이는 기둥구멍일 수도 있다고 추정되었다.

1호 주거지 입구 앞에는 2점의 대형 옹을 묻어놓았다(도면 209; 210). 이 대형 옹의 크기는 동체 직경이 각각 80㎝

(데-예-13방안 옹)와 70㎝(예-줴-13방안 옹)이다. 입구의 왼쪽에는 주거지 서쪽 모서리 가까이로 조금 작은 옹이 있었는데 동체 직경이 각각 50㎝(아-베-11방안 옹)와 40㎝(아-11방안 옹)이다. 이 2점의 옹은 원래 집 곁에 세워져 있었을 것으로 판단되었다.

주거지의 내부퇴적토에서 다음의 유물들이 출토되었다. 철제버클(도면 2005-148, 1)(도면 720, 1)(길이 4.7㎝, 너비 3.7㎝), 철제 삽(도면 2005-151)(도면 683, 2)(높이 10㎝, 너비 14.5㎝, 자루 대롱 높이 6㎝, 직경 2.5㎝), 집게(도면 2005-152)(도면 687)(길이 15.5㎝), 칼(도면 2005-149)(도면 690, 8)(길이 16.8㎝, 날 부분 너비 1.2~1.5㎝, 날 부분 길이 13㎝), 빗장(도면 2005-148, 3)(도면 711, 1)(길이 7㎝, 단면 크기 0.5×0.8㎝), 못(도면 2005-148, 2), 주철제 솥 다리, 토제 고리(도면 2005-153, 2)(직경 5.6㎝, 구멍 직경 1.5~1.7㎝), 편암 숫돌, 돌 놀이 알, 시유 토기편(도면 2005-153, 1).

제34구역 1호 주거지의 남쪽에는 제40구역 및 제44구역에 걸쳐 있는 1호 건물지가 위치한다(도면 211).

도면 207 | 크라스키노성 제34구역 1호 주거지 아궁이와 고래 모습(남쪽에서)(2005)

도면 208 | 크라스키노성 제34구역 1호 주거지 구들(왼쪽)과 2호 주거지(오른쪽) 모습(2005)

2호 주거지. 2005년에 조사되었다(도면 204). 제34구역의 북서쪽 모서리 부분에 위치하며, 주거지 중 일부만 조사되었다. 이곳은 1호 주거지의 서북쪽 바로 가까이에 해당된다(도면 208). 2호 주거지의 구들에 사용된 돌들이 표토와 부식토를 제거하고 난 다음에 이미 노출되기 시작하였고, 그다음 제2인공층을 제토하고 난 다음에는 그 윤곽이 분명하게 구분되었다. 평면도에서 잘 구분되지는 않지만, 2호 주거지에도 2줄 고래의 구들이 사용된 것으로, 구들의 너비는 1.6m인 것으로 판단되었다. 구들에 사용된 돌들 아래에서 불에 달구어진 고래의 흔적이 숯 및 암갈색 사질토 형태로 분명하게 확인되었다고 한다. 고래의 너비는 28~40㎝이다. 아궁이는 이 구들의 남서쪽 부분(아-베-3-4방안)에 위치한다(도면 212). 아궁이는 크기가 110×140㎝인 단단한 숯 사질토 얼룩의 형태로 확인되었으며, 아궁이 구덩이의 깊이는 50㎝이다. 2호 주거지에서 구들을 제외한 나머지 내용은 보고되지가 않았다. 평면도를 통해 판단해 본다면 2호 주거지 자체의 범위는 1호 주거지 굴뚝자리의 서쪽부분까지일 것으로 생각된다. 구들의 북쪽으로도 2호 주거지가 계속될 것으로 생각은 되나, 안타깝게도 이 유구와 북쪽으로 이웃하는 제27구역에서는 2호 주거지와 관련된 시설물이 전혀 보고된 것이 없다.

도면 209 | 크라스키노성 제34구역 동쪽섹터 1호 주거지 앞 옹과 패각 노출 모습(2005)

도면 210 | 크라스키노성 제34구역 둑의 1호 주거지 앞 옹 노출 모습(2005)

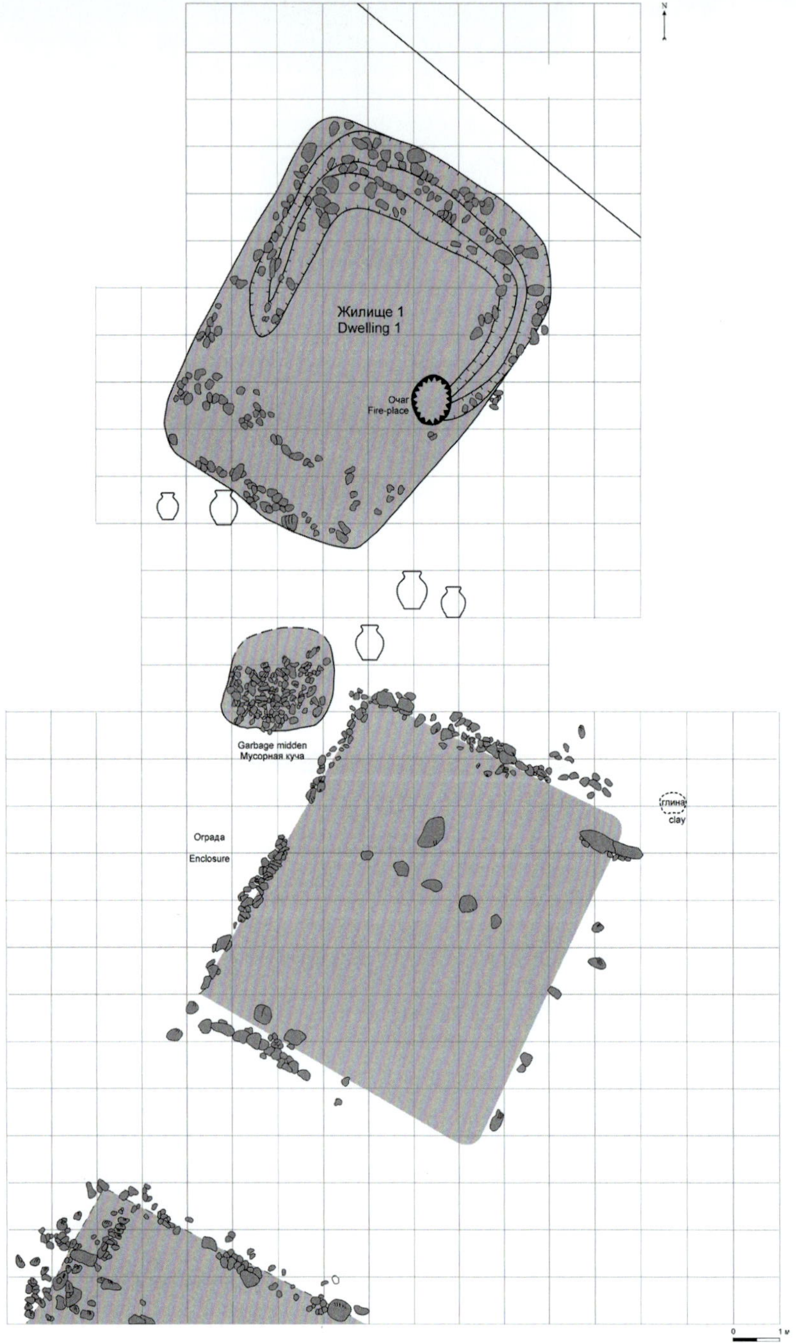

도면 211 | 크라스키노 성 제34구역 1호 주거지와 제44구역 1호 건물지 유구 배치도

도면 212 | 크라스키노성 제34구역 2호 주거지 모습(남서쪽에서)(2005)

(2) 제34-제40구역

1호 폐기물 구덩이. 제34구역 서쪽섹터의 남쪽 부분과 제40구역 서쪽섹터의 북쪽 부분에 걸쳐 위치한다(도면 213; 214). 2006년에 제34구역 서쪽섹터 남쪽 부분이 도굴로 인해 훼손되어 1.5×3.5m로 확장조사를 하면서 발견하였다. 돌들이 무더기로 위치하였고 또한 부근에 황색의 소토무지가 발견되었다. 2006년도 조사 시에는 이 돌무지를 구들의 한쪽 모서리 부분일 것으로, 부근의 소토무지는 굴뚝자리일 것으로 각각 판단하여, 이 유구를 "3호 주거지"로 명명하였다. 하지만 제40구역에서 조사된 이 유구의 나머지 부분은 2008년에는 "돌무지", 2009년에는 1호 구덩이로 각각 보고되었다. 이 유구는 2008년에 이미 폐기물 구덩이일 것이라는 추정이 있었지만, 2009년에 돌들이 무질서하게 놓여있고, 내부퇴적토인 갈색의 무른 사질토 내에 다량의 토기편과 금속제 유물편들이 들어있어, 마침내 돌, 토기편, 망가진 철제 및 주철제 유물편 등을 버린 폐기물 구덩이일 것으로 최종 판단되었다. 실제로 2006년에 제시된 이 유구의 단면 사진과 토층도도 이것이 주거지가 아니라 폐기물 구덩이였음을 보여 주고 있다(도면 215; 216)(2006년 도판 155 사진, 도판 97 토층도). 제40구역 제7인공층 상면에서의 이 구덩이의 직경은 160㎝이다. 2009년 조사에서 제7인공층 상면부터의 깊이는 약 60㎝로 보고되었다. 2006년도와 2007년도에 작성된 이 부분의 토층도는 서로 차이가 나는데, 만약에 2006년도 발굴조사 보고서에 제시된 토층도를 신뢰한다면 이 구덩이의 전체 깊이는 약 113㎝가 될 것이다.

이 구덩이에서는 2009년에만 납유 삼채 뚜껑편(도면 2009-33, 34)(도면 997, 4), 토제 고리편(도면 2009-35; 36), 다수의 놀이 알들, 철제 배목(도면 2009-41~43)(도면 709, 3), 철제 못들, 철제 화살촉편, 청동 띠꾸미개(도면 2009-44~47)(도면 736, 9; 738, 3, 4), 철제 갈고리(도면 2009-37, 4; 38), 철제 칼(도면 2009-55; 56), 비녀못편(도면 2009-61; 62)(도면 716, 2), 차관편(도면 2009-57; 58)(도면 715, 1), 손잡이가 있는 주철제 유물편(도면 2009-59; 60) 등의 개별

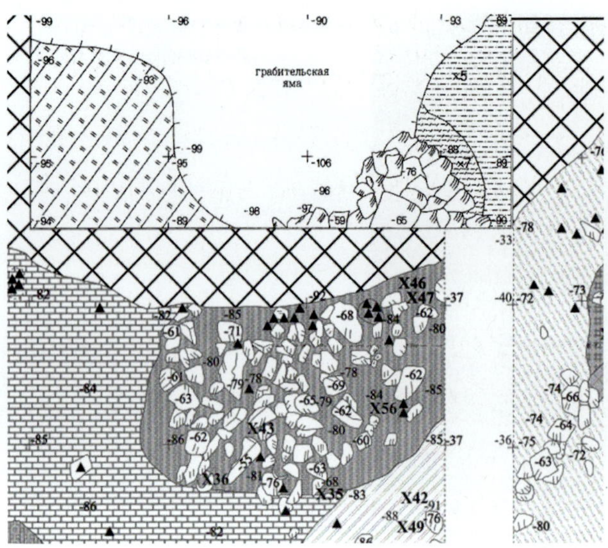

도면 213 | 크라스키노성 제34구역과 제40구역 사이 1호 폐기물 구덩이 평면도

도면 214 | 크라스키노성 제40구역 1호 폐기물 구덩이 노출 모습(2008)

Южный борт (Г-А-15)

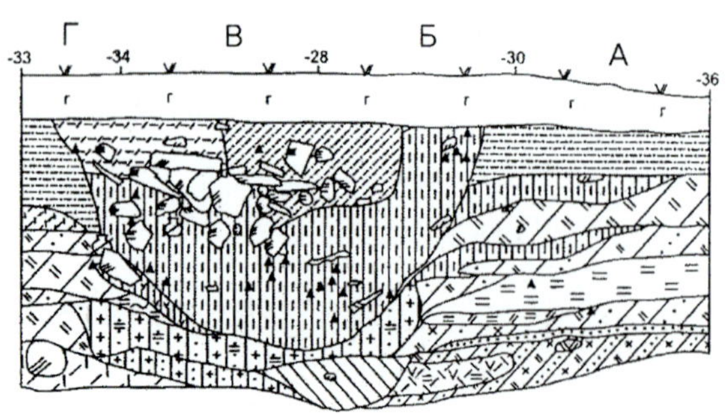

도면 215 | 크라스키노성 제34구역과 제40구역 사이 1호 폐기물 구덩이 단면도 (2006)

유물이 출토되었다. 또한 전체 무게가 거의 100kg에 달하는 토기편이 출토되었다(도면 2009-67~84; 86~100)(도면 763, 9; 768, 2, 18, 19; 771, 1, 9; 783, 4; 793, 3; 795, 3, 4, 5; 798, 4; 809, 1; 810, 4; 827, 4; 831, 10; 845, 1; 851, 9, 11, 12; 853, 1, 2, 4, 9; 855, 5, 14; 874, 9; 875, 3; 876, 9; 886, 2, 3; 888, 5, 8; 894, 4; 907, 3, 19; 993, 6). 와편도 출토된 것이 있다(도면 2009-85). 2008년에는 제4인공층 조사 시에 온전한 형태의 토기 1점(도면 2008-269; 414), 납유 삼채기 동체부편 1점(도면 2008-270; 350)(도면 997, 2), 주철제 솥 다리(도면 2008-272; 351; 352) 등이 출토되었다.

1호 폐기물 구덩이에 들어있는 돌들은 이미 표토와 부식토 바로 아래에서 확인되었다. 때문에 이 '돌무지'는 제1생활면에 속하는 것으로 판단된 바 있다. 하지만 2009년도에는 이 구덩이의 아랫부분을 제6인공층에서부터 조사하면서 제2생활면에 속하는 것으로 생각하였다. 토층도와 단면 사진을 보면 확실히 돌무지 아래는 다른 토층 양상을 보인다. 하지만 돌무지 아래의 내부퇴적토도 결국은 제1생활면에서 구덩이를 판 것이 메워진 것이기 때문에 폐기된 순서에는 차이가 있을 지라도 모두 제1생활면 시기에 해당 행위가 이루어진 것으로 판단하는 것이 더 정확하다고 생각된다.

(3) 제40-제44구역

1호 건물지. 제40구역과 제44구역에 걸쳐 위치한다(도면 217; 211). 2008년에 제40구역에, 2010년에 제44구역에 위치하는 부분이 각각 조사되었다(도면 218~222). 표토와 부식토 제토 후에 건물의 벽체 기초 혹은 기단의 마감일 것으로 보이는 석열들이 노출되었다. 2008년에는 석열이 'ㄱ'자 모양으로만 노출되었고, "마당의 돌담 기초"였을 것으로 추정되었다.

도면 216 | 크라스키노성 제34구역과 제40구역 사이 1호 폐기물 구덩이 단면 모습(2006)

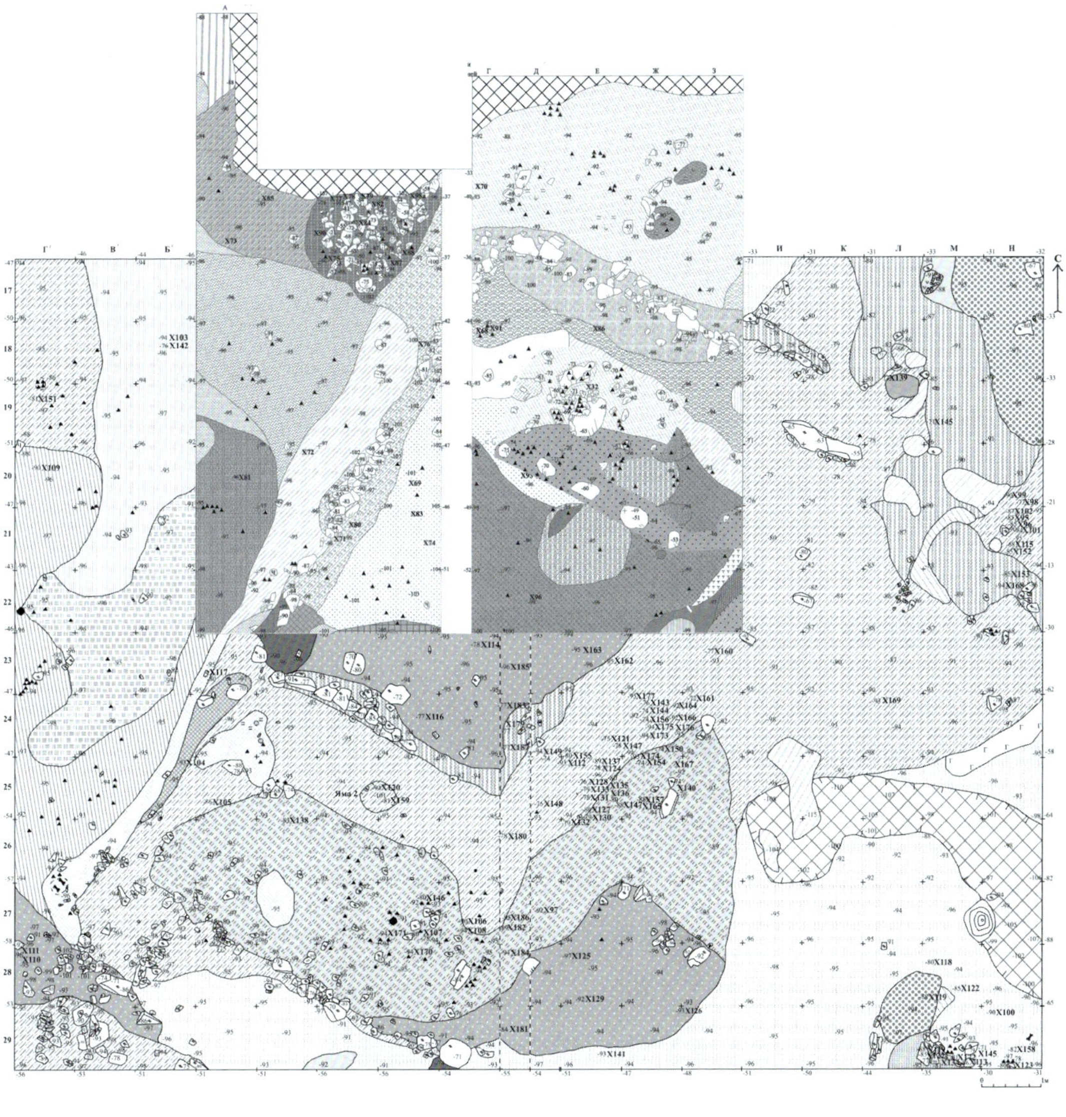

도면 217 | 크라스키노성 제40구역과 제44구역 1호 건물지 등 평면도

도면 218 | 크라스키노성 제40구역 1호 건물지 노출 모습(남쪽에서)(2008)

도면 219 | 크라스키노성 제40구역 1호 건물지 모습(동쪽에서)(2008)

도면 220 | 크라스키노성 제40구역 1호 건물지 모습(북동쪽에서)(2008)

도면 221 | 크라스키노성 제40구역 1호 건물지 모습(서쪽에서)(2008)

도면 222 | 크라스키노성 제44구역 1호 건물지 모습(북동쪽에서)(2010)

1호 건물지의 전체 평면 형태는 장방형이다. 장축은 북동-남서 방향이며, 네 모서리가 대체로 방위방향으로 향한다. 이 장방형 구조물에서 북동변과 북서변 그리고 남서변의 서편은 석열이 조밀하게 남아 있고, 나머지 부분은 매우 드물게 남아 있다. 이 장방형 구조물은 인위적으로 조성된 것으로서 내부에 점토와 잔돌을 섞고 다짐을 한 것으로 판단되었다. 그렇다면 이 구조물의 내부는 "마당"이 아니라 전체가 건물의 기단이었을 가능성이 높다고 생각된다. 다만 건물지 가장자리를 두르고 있는 석열이 건물 벽체의 기초인지 혹은 토축 기단의 석축마감시설인지는 분명하지 못하다. 다만 이 기단 내부에 1줄로 늘어선 5개의 초석만이 남아 있어 건물의 구조는 파악이 되지 않는다. 초석의 크기는 길이가 24~40㎝이다. 2010년에는 남서벽 안쪽으로 2개의 초석이 더 발견되었다. 이 2개 초석은 2008년에 발견된 5개 초석과 평행을 이룬다. 5개 초석의 전체 길이는 약 3.6m이고, 5개 초석과 2개 초석 사이의 거리는 3.90~4.04m이다. '마당' 안 건물의 크기는 최소 14.5㎡ 이상일 것으로 판단되었지만, 석열 내부 전체가 건물지였을 것으로 판단되기 때문에 이 면적 산출은 잘못된 것이다. 석열 형태로 노출된 석축시설의 높이는 약 30㎝이다. 문지로 추정된 북서벽의 단절부 부근에서 곱새기와편 1점과 금당지의 것과 동일한 와당 2점이 출토되었다고 한다.

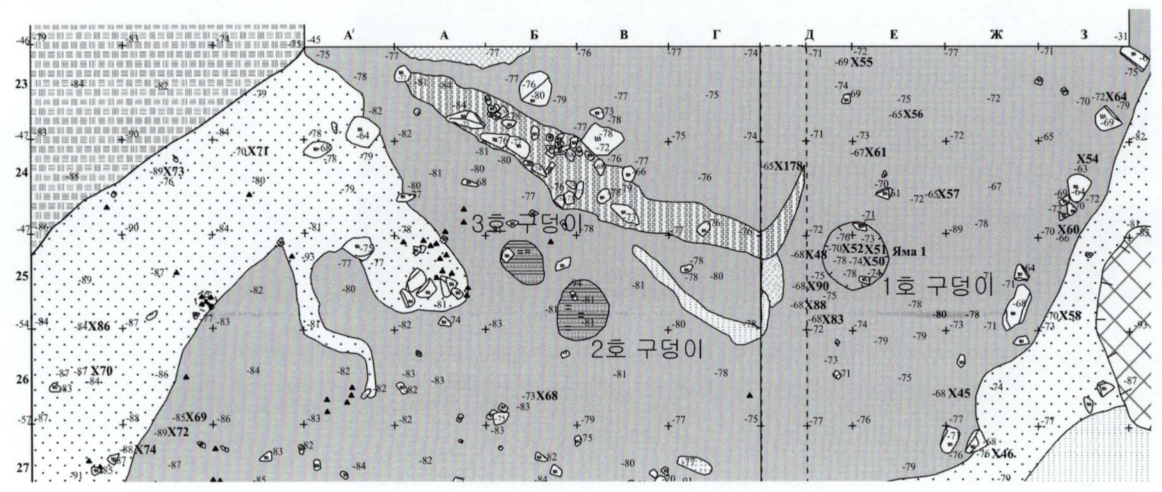

도면 223 | 크라스키노성 제40구역 1호 건물지 남서벽 일대 구덩이들 평면도(2010)

도면 224 | 크라스키노성 제40구역 1호 건물지 남서벽 일대 1호 구덩이 모습(2010)

이 건물지의 북서변 석열은 길이가 8m로 보고되었다. 북동벽은 5.5m 길이, 남서벽은 3m 길이만 석축시설이 잔존한다. 이 석축의 기초는 매우 단단한 암갈색 사질토층 안에 들어있다. 북쪽 모서리 부분에서 사질점토 얼룩과 긴 돌이 있는 동쪽 모서리 부분까지의 길이는 약 7m로 추정되었다. 북서벽의 맞은편에는 6개의 큰 돌이 북서벽과 평행한 방향으로 배치되어 있다. 이 6개의 돌은 길이가 24~42㎝이며, 서로 104~140㎝ 정도 떨어져 있다. 이 6개 돌들은 기단의 남동벽 기초로 파악할 수 있는데 이 경우 이 기단의 면적은 56㎡가 된다.

2010년 조사에서는 1호 건물지 남서벽 안쪽과 바깥쪽에서 모두 3개의 구덩이가 발견되었다(도면 223). 이 구덩이들에는 모두 소토가 포함된 적갈색 사질토가 들어있었는데 이것은 불에 탄 흔적이다. 1호 구덩이는 남서벽 안쪽으로 건물지의 남쪽 모서리 가까이에 위치한다(도면 224). 2호 구덩이는 남서벽의 밖에 위치하며 크기는 56×64㎝이고, 내부에 들어있는 적갈색 사질토층의 두께는 19㎝이다. 3호 구덩이는 2호 구덩이의 북서쪽 바로 가까이에 위치하며 크기는 44×46㎝, 적갈색 사질토층의 두께는 17㎝이다. 이 3개 구덩이의 용도는 분명하지 못하지만 기둥을 세울 자리에 소토 흙으로 일부러 채운 것일 수도 있다고 추정되었다.

1호 건물지의 북쪽 모서리 부분에서 북쪽으로 약 1.5m 거리(게-데-14-15방안)에는 땅에 묻어 놓은 대형 옹의 아랫부분이 위치한다(도면 2008-288). 다만 이 옹은 2호 건물지가 아니라 그 보다 더 북쪽에 위치하는 1호 주거지의 마당에 있는 것으로 판단되었다.

2008년도에 1호 건물지에서 출토된 유물의 양상은 분명하지가 못하다. 대부분의 유물이 일괄적으로 수습되었기 때문이다. 다만 출토 방안이 표시된 유물들 중에서 주거지 내부의 유물을 구분해낼 수 있다고 생각된다.

2010년에 1호 건물지를 조사할 때에는 유물을 건물지 내와 그 주변 너비 1m 범위의 것을 일괄적으로 수습하였다. 때문에 일부 유물은 출토위치가 주거지 안이 아닐 수도 있지만 모두 소개하면 다음과 같다. 제2인공층에서는 삼채기 동체부편(도면 2010-34, 35)(도면 997, 6), 철제 못(도면 2010-79), 반원형의 철제 판 모양 유물편(도면 2010-81, 1, 1; 82), 철제 띠꾸미개 2점(도면 2010-83~86; 68~70)(도면 718, 1; 719, 7), 홍옥 목걸이 알(도면 2010-100, 3; 101)(도면 678, 13), 와편과 다량의 토기편(도면 2010-114~116). 제3인공층에서는 철제 못 2점, 철제 화살촉편(도면 2010-141, 1; 142), 철제 띠꾸미개(도면 2010-149; 150), 철제 판 모양 유물편, 청동 띠꾸미개(도면 2010-173; 174)(도면 737, 6), 토기 동체부편으로 만든 마연기편(도면 2010-188, 2), 어망추 2점(도면 2010-179; 180; 175~177)(도면 662, 8; 663, 4), 34점의 놀이 알, 다량의 와편과 토기편(도면 2010-194~241)(도면 831, 11; 835, 2; 863, 5; 864, 11; 869, 7; 870, 3; 889, 3; 897, 6; 907, 9; 960, 11; 992, 4)이 출토되었다.

(4) 제44구역

1호 유구. 2010년에 조사되었다. 제44구역의 동쪽섹터 북동쪽 모서리 부분(이-엔-17-23방안)에 위치하며, 갈색의 단단한 사질토층과 관련이 있는 것으로 보고되었다. 이곳의 발굴구역 모서리에 걸쳐 대형 옹의 일부가 출토되었다(도면 2010-61). 다만 이 유구에 대해서는 다른 보고 내용이 없어 자세한 내용을 알 수 없다.

2호 유구. 2010년에 제44구역의 동쪽섹터 북쪽 부분(이-엔-19-24방안)에서 조사되었다(도면 225; 사진의 왼쪽 중간부분). 작은 돌들이 섞인 중간 정도 밀도의 갈색 사질토층의 형태로 노출되었다고 보고되었다. 이 유구의 대부분은 발굴구역의 범위 밖에 위치하는 것으로 생각된다. 이 유구의 남동쪽 부분(엠-엔-20-23방안)에서는 특히 다량의 유물이 출토되어 주목된다. 이곳은 두 단계에 걸쳐 조사가 진행되었다. 위의 작은 돌들이 섞인 중간 정도 밀도의 갈색 사질토층에서는 다수의 와편과 토기편이 출토되었다(도면 2010-45, 2; 47, 1; 51, 1; 194, 4; 199; 200; 201, 1; 202; 208, 5; 217, 3; 218; 223, 4; 227, 1-3; 232, 4; 237, 2)(도면 859, 9; 869, 11; 876, 3; 889, 3; 945, 10). 아래의 매우 단단한 갈색 사질토층에서는 유물이 대부분 엔-20-23방안에 집중되어 있었다. 이곳에서는 철제 못, 철제 칼편, 부정형의 철제 유물편 4점, 주철제 비녀못편, 주철제 유물편 3점이 출토되었다(도면 2010-25; 26; 79; 80; 98; 144, 3; 157; 158; 167; 168, 2; 171). 또한 엠-엔-20-23방안에서는 토제 마연기편 2점(도면 2010-105), 토제 목걸이 알(도

도면 225 | 크라스키노성 제44구역 동쪽섹터 2호와 3호 유구 원경(북쪽에서)(2010)

면 2010-100, 1; 102)(도면 669, 10), 토제 어망추(도면 2010-175-177)(도면 663, 4), 놀이 알 11점이 출토되었다. 유물이 다량 출토되었음에도 불구하고 이 유구의 규모나 성격에 대해서는 제40구역 동쪽으로 확장조사가 이루어진 다음에야 알 수 있을 것이다.

3호 유구. 2010년에 제44구역 동쪽섹터의 남동쪽 모서리 부분(엘-엔-27-29방안)에서 일부가 조사되었고, 나머지 부분은 2011년에 제48구역 동쪽섹터 북동쪽 모서리 부분에서 조사되었다(도면 225; 사진의 왼쪽 끝부분). 2011년도 발굴조사 보고서에는 "엠-30방안의 돌무지"로 보고되었다. 작은 돌들이 많이 들어있는 갈색의 무른 사질토층 형태로 노출되었다. 이 유구는 폐기물 구덩이로 생각되는데 아랫부분에는 중간 및 큰 크기의 돌들이 들어있었다. 이 유구에서도 토기편(도면 2010-49; 50, 3; 54, 1; 111~113; 194, 1; 195; 211, 3; 217, 1; 227, 8, 9; 228, 3, 4; 231, 1)(도면 761, 4; 835, 2), 와편, 철제 유물편, 주철제 차관편 2점(도면 2010-89; 90; 147; 148), 철제 판 모양 유물편(도면 2010-91, 92)(도면 715, 3), 철제 축 모양 유물편(도면 2010-165; 166), 삼채기 동체부편(도면 2010-103, 1)(도면 997, 7), 정요자기편 2점(도면 2010-181~183)(도면 1000, 10), 놀이 알 16점 등 다량의 유물이 출토되었다. 2011년도 제48구역의 엠-30방안 부분에서는 철제 못, 철제 화살촉 슴베(도면 2011-434) 등이 출토되었다.

4호 유구. 제40구역의 동쪽섹터 북동쪽 모서리 부분(까-엔-17-22방안)에서 발견되었다고 한다. 이곳은 1호 유구가 위치한 곳이다. 4호 유구의 양상에 대한 보고내용이 분명하지가 못하다.

1호, 2호, 3호 구덩이. 모두 1호 건물지의 남서벽 바로 가까이에 위치하며, 내부퇴적토는 소토 덩이들이 포함된 적갈색 사질토였다. 구덩이들의 크기는 2호 구덩이(베-붸-25-26방안)는 56×64㎝에 깊이 19㎝, 3호 구덩이(베-25방안)는 44×46㎝에 깊이 17㎝이며, 1호 구덩이는 크기에 대한 보고내용이 없다. 구덩이 내에 인위적으로 불탄 소토들을 충진하여 기둥을 세운 기초로 사용하였을 것으로 추정되었다.

(5) 제44-48구역

2호 건물지. 제44구역과 제48구역에 걸쳐 위치한다(도면 226). 2010년에 제44구역의 서쪽섹터 남쪽 부분에서 평면 'ㄱ'자 모양으로 배치된 석열이 발견되었다(도면 227; 228). 이것은 2호 건물지의 북동벽과 북서벽 일부였다. 2호 건물지의 나머지 부분은 2011년에 제48구역에서 온전하지 못한 상태로 확인되었다(도면 229; 230). 제40구역에 위치하는 북동벽 석열은 그 남동쪽 부분이 일부 제48구역에서 추가로 노출되었다. 또한 이 북동벽과 직각인 상태이자 북서벽과 평행하는 석열이 제48구역의 동쪽섹터에서 1줄 발견되었다. 따라서 이 석열들은 모두 하나의 건물지 기단 가장자리를 이루는 것으로 판단되었다. 제48구역 동쪽섹터에서 북동-남서 방향으로 노출된 석열은 길이가 약 6m이다(도면 231; 232). 그리고 2호 건물지의 북쪽 모서리 부분에서 동쪽 모서리 부분까지의 거리는 약 11m이다. 따라서 이 건물의 면적은 약 66㎡일 것으로 추정되었다. 하지만 제48구역 동쪽섹터에 위치하는 남동쪽 석열은 북동쪽 끝부분이 북동벽과 만나는 모서리의 범위 밖으로 더 나가 있고, 남서쪽 끝부분에서 다시 남서쪽으로 1.5m 정도의 틈을 두고 동일선상에 다른 석열이 계속되고 있어, 건물의 남동벽 범위를 어디까지로 잡아야 하는지에 대한

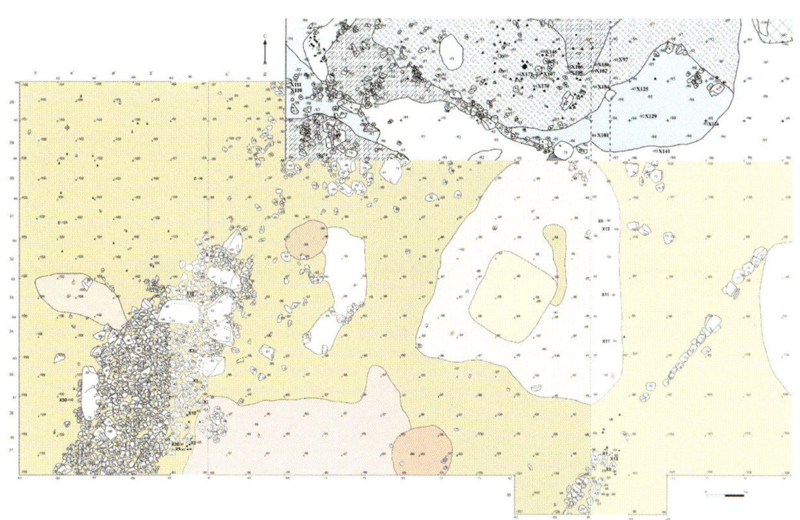

도면 226 | 크라스키노성 제44구역과 제48 구역 2호 건물지 등 평면도

도면 227 | 크라스키노성 제44구역 서쪽섹터 1호 건물지(안쪽)와 2호 건물지(앞쪽) 모습(남쪽에서)(2010)

문제가 제기된다. 만약 이 석열 남서쪽에서 일직선을 이루는 석열이 이 건물지의 동남벽 일부였다면 이 건물지의 규모는 훨씬 더 컸을 것이다. 안타깝게도 2호 건물지의 남서벽 흔적이 전혀 확인이 되지 않아 건물지의 크기는 아직은 알 수 없다. 어쩌면 제48구역 밖의 남쪽에 이 건물지의 남서벽 관련 시설물이 위치할지도 모른다.

제40구역에서 노출된 2호 건물지의 석열은 높이 25~30㎝로 2단이 확인되었다. 건물이 기단 석축마감일 가능성이 있는 석열의 내부에서는 다짐한 갈색 사질토와 잔돌이 많이 섞인 무른 사질토가 들어있었다. 석열의 북서쪽 가장자리를 따라서는 벽토가 섞인 매우 단단한 황갈색 사질토가 위치하였는데 이 사질토는 1호 건물지의 남동쪽까지 확인되었다. 너비가 20~50㎝인 황갈색 사질점토의 띠가 1호 건물지 '돌담' 서쪽 모서리부터 1호 건물지 기

도면 228 | 크라스키노성 제44구역 서쪽섹터 2호 건물지 일부 노출 모습(2010)

도면 229 | 크라스키노성 제44구역과 제48구역 2호 건물지 모습(북서쪽에서)(2011)

단의 북서쪽 가장자리까지 이어지고 있다. 1호 건물지와 2호 건물지는 방향과 레벨이 동일하기 때문에 함께 만들어졌을 것으로 추정되었다. 1호와 2호 건물 사이의 거리는 4m이다.

2호 건물지의 유물도 그 주변의 것들과 함께 수습이 되었다. 제2인공층에서 금동 꺾쇠(도면 2011-368)(도면 740, 4), 철제 칼편들(도면 2011-367; 373), 철제 부싯쇠편(도면 2011-369)(도면 703, 3), 철제 띠꾸미개(도면 2011-370)(도면 719, 8), 철제 화살촉(도면 2011-371; 372)(도면 694, 21), 철제 못, 명문 토기 동체부편(도면 2011-375),

도면 230 | 크라스키노성 제44구역과 제48구역 2호 건물지 모습(북동쪽에서)(2011)

도면 231 | 크라스키노성 제48구역 2호 건물지 남동벽 모습(2011)

도면 232 | 크라스키노성 제48구역 2호 건물지 남동벽과 석열 모습(남쪽에서)(2011)

기호가 있는 토기 동체부편(도면 2011-376)(도면 967, 4), 토제 고리(도면 2011-377)(도면 666, 6), 토제 어망추(도면 2011-378), 입방체 유물편들(도면 2011-379; 380), 그리고 다량의 토기편과 와편들이 출토되었다. 제3인공층에서는 철제 화살촉(도면 2011-422), 철제 떠꾸미개, 용도불명 철제 유물편(도면 2011-423), 주철제 솥 동체부편(도면 2011-426) 등이 출토되었다.

도면 233 | 크라스키노성 제48구역 추정 토축기단 모습(2011)

도면 234 | 크라스키노성 제48구역 대형 돌무지 노출 모습(2011)

도면 235 | 크라스키노성 제48구역 대형 돌무지 모습(북쪽에서)(2011)

(6) 제48구역

추정 토축기단. 2011년과 2012년에 조사되었다. 제48구역의 가운데 부분 2호 건물지의 추정 범위 내(아-게-31-34방안)에 위치한다(도면 226). 주변의 토양과는 구분되는 갈색의 사질토가 매우 단단하게 평면 장방형을 이루며 확인되었다(도면 233). 발굴조사 당시 주변의 토양과는 뚜렷하게 구분되는 색조였고, 굳기도 달랐다. 때문에 조사 당시 그 어떤 건축물의 다짐 기초로 생각되었지만 정확한 용도는 파악이 되지를 못하였다. 2011년에 조사 당시의 크기는 남서-북동 길이 230㎝, 남동-북서 너비 200㎝였다. 2012년에 그 아래로 제5인공층을 조사할 때에 여전히 이 유구가 남아 있었는데 이때는 북서쪽이 길이 222㎝였고, 기단의 높이는 약 17㎝가 되었다. 장방형의 구덩이를 파고 단단한 갈색 사질토를 다녀 넣어 토축기단을 만들었을 것으로 판단되었다. 만약에 이 유구가 2호 건물지와 관련된다면, 2호 건물지는 의례와 관련된 특수한 성격의 건물이었을 가능성도 있다.

대형 돌무지(적석유구). 2011년과 2012년에 48구역의 서쪽부분에서 조사되었다(도면 226). 표토와 부식토 제토 후의 갈색 사질토층에서 바로 노출되었다(도면 234). 크고 작은 돌들과 함께 건축물의 초석 등에 사용되었을 것으로 보이는 대형 석재들도 함께 무더기로 모여 있었다(도면 235). 돌들을 무질서하게 모아 놓아 이 돌무지 자체는 그 어떤 건축물의 흔적이 아닌 것으로 판단되었다. 제48구역의 남

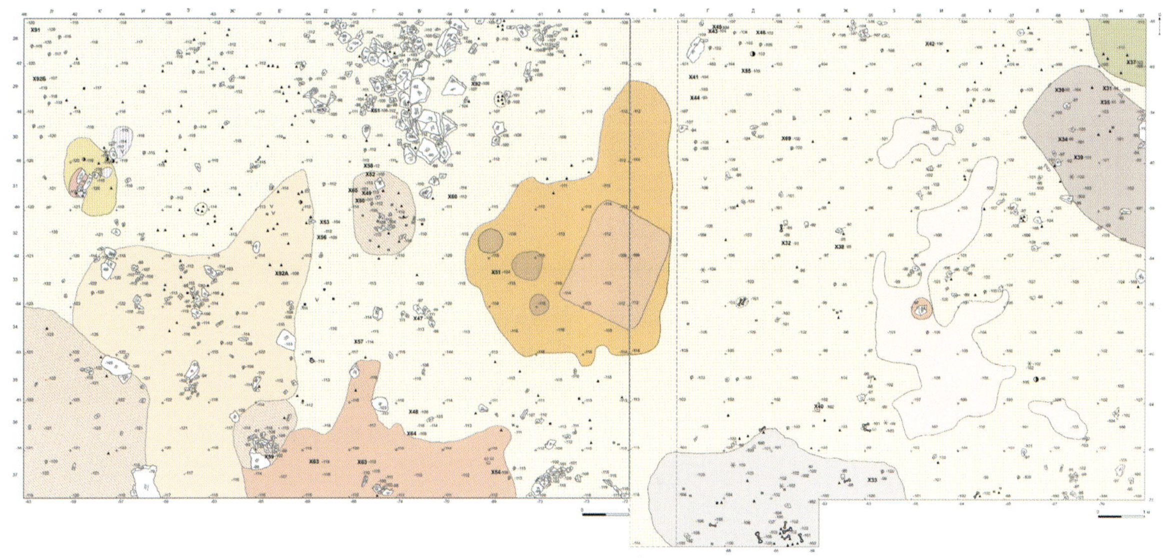

도면 236 | 크라스키노성 제48구역 추정 건물지, 1호 및 2호 유구, 추정 토축기단 등 평면도(2012)

도면 237 | 크라스키노성 제48구역 추정 건물지 모습(북쪽에서)(2012)

쪽 범위 밖으로도 계속 이어지고 있다. 돌무지는 장축이 북동-남서 방향으로서 2호 건물지의 북서변 석열과 동일한 방향이다. 이 돌무지는 2호 건물지 등 성내의 인접하는 곳에 위치하는 건물지들의 석재를 모아놓은 것으로 추정되었다. 다만 왜 그리고 언제 그러한 행위가 이루어졌는지에 대해서는 분명하지가 못하다.

추정 건물지. 2012년에 제48구역의 남서쪽 부분에서 조사되었고, "열주 유형 건축물"로 보고되었다(도면 236). 대형 돌무지와 그 아래로 제4인공층을 조사하고 난 다음에 확인되었다. 초석으로 추정되는 큰 돌들과 초석을 받친 적심이었을 것으로 추정되는 작은 돌무지들이 열을 이루면서 확인되었다(도면 237; 238). 2개의 석열이 분명하게 관찰되는데 모두 북서-남동 방향으로 나 있다. 북쪽의 열은 5개의 초석 혹은 초석자리로 이루어져 있는데 그중3개가 등 간격을 이룬다. 간격은 약 180㎝이다. 노출된 5개 초석 혹은 초석자리의 전체 길이는 약 7m이다. 남쪽의 열은

도면 238 | 크라스키노성 제48구역 추정 건물지 모습(남동쪽에서)(2012)

도면 239 | 크라스키노성 제48구역 석열유구 모습(2011)

4개의 초석 혹은 초석자리로 되어 있고 북쪽 열과 약 180㎝ 거리를 두고 있다. 남쪽 열의 서쪽 초석 남쪽에 역시 약 180㎝ 거리를 두고 다른 초석이 1매 위치하고 있는데 세 번째 열의 초석 중 하나일 가능성이 제시되었다. 다만 이 구조물이 정말로 초석 혹은 초석자리인지는 분명하지 않다. 이 추정 건물지는 열주유형의 건물이었을 것으로도 추정되었다. 기단 내의 내부퇴적토는 황갈색의 무른 사질토로서 주변의 토양들과는 밀도에 있어 크게 차이를 보이는 것으로 보고되었다. 이 유구는 2호 건물지의 일부일 가능성도 있다고 생각된다.

추정 건물지 범위 내에서 대형 옹의 아랫부분(도면 2012-206), 철제 못 2점(도면 2012-207; 208), 주철제 비녀못의 머리 부분(도면 2012-209), 철제 판 모양 유물편, 철제 유물편 3점, 토제 방추차(도면 2012-212), 다수의 토기편(도면 2012-213~220) 등이 출토되었다.

석열. 2011년에 조사되었다. 제48구역의 중앙섹터 남동쪽 모서리와 동쪽섹터 남서쪽 모서리 부분에 남쪽으로 확장한 부분(게-데-37-38방안)에 위치한다(도면 239). 이곳의 석열은 2호 건물지 남동벽의 석열과 동일선상에 위치하여 2호 건물지 남동벽의 일부일 가능성도 없는 것은 아니다. 하지만 이곳의 석열이 2호 건물지 남동벽 석열과는 달리 두 줄로 이루어져 있다. 노출된 부분의 길이는 약 2.1m이며, 한 줄의 석열은 너비가 약 30㎝이다. 두 석열 간의 간격은 15~20㎝이다.

3) 제1-2생활면 유구

제1생활면과 제2생활면의 사이에 위치하는 유구들이 있다. 제1-2생활면으로 부를 수 있을 것이다.

1호(48구) 유구. 2012년에 조사되었다(도면 236; 240). 제48구역의 서쪽 섹터 가운데 부분(게'-붸'-31-32방안)에 위치한다. 제5인공층의 상면에서 거친 입자와 모래와 쇄석이 섞인 갈색의 단단한 사질토 얼룩의 형태로 노출되었다. 이 얼룩에는 벽토 쪼가리들과 중간 크기의 돌들이 섞여 있었다. 평면상 타원형이며, 장축은 북-남 방향이다. 크기는 162×132㎝이다. 바닥까지 조사하지 못한 상태로 조사가 완료되었다.

1호 유구의 범위 내에서 청동 미니어처 이음쇠(회전고리 머리)(도면 2012-223~225)(도면 742, 3), 금동 띠꾸미개(도면 2012-226~228)(도면 737, 11), 철제 못(도면 2012-229; 230, 5; 231), 철제 도끼(도면 2012-232~234)(도면 685, 2), 철제 칼편(도면 2012-235), 다량의 토기편 등이 출토되었다.

2호(48구) 유구(도면 236; 241). 2012년에 조사되었다. 제48구역의 서쪽 섹터 서북쪽(엘'-까'-30-31방안)에 위치한다. 황갈색의 단단한 사질토 얼룩 형태로 노출되었다. 얼룩의 크기는 140×112㎝이다. 이 얼룩의 남서쪽 부분에서 수 개의 돌들이 확인되었고, 이와 나란히 불탄 층과 그을음들이 함께 확인되었다. 돌들 중 2개는 동일한 크기(30×10㎝)와 모양을 가지는데 서로 10㎝ 떨어져 있다. 이곳에 그을음이 포함된 길쭉한 흑갈색 사질토 얼룩이 있어 이 유구는 구들의 고래 일부로 판단되었다. 이 '추정 고래'의 길이는 180㎝이다. 그런데 이 유구 내에서 부정형의 철제 유물편과 함께 슬래그 쪼가리들이 함께 발견되었다. 이는 이 유구가 제철 혹은 단야유구일 가능성도 있음을 보여 준다고 생각된다.

3호(48구) 유구(도면 242). 2012년에 조사되었다. 제48구역 서쪽 섹터의 남동쪽 모서리 부분(아-베-37방안)에 위치한다. 제5인공층 상면의 알록달록한 갈색 사질토층에서 중간 크기의 돌들로 이루어진 평면 'ㄱ'자 모양의 유구가 노출되었는데 아마도 어떤 유구의 한쪽 모서리 부분일 것이다. 유구의 북서벽 외측(아-37방안)에서 쌍봉낙타의 뼈가 출토되었고, 이 유구 서쪽 가까이(베'-아'-37방안)에서는 패각무지(도면 2012-241)도 발견되었다. 다만 이 패각무지는 유구 석벽의 기초부분보다 더 높은 레벨에서 발견되어 이 유구와는 무관한 것으로 판단되었다.

폐기물 구덩이. 2012년에 조사되었고(도면 2012-266), "경제적 용도의 장소"로 보고되었다(도면 236). 제48구역의 동쪽 섹터 남동쪽 모서리 부분(게-제-37-38방안)에 위치한다. 제4인공층 조사 다음에 회갈색의 단단한 사질토 얼룩의 형태로 노출되었다. 다수의 동물 뼈(도면 2012-249; 277~279), 토기편들(도면 2012-280, 1; 281, 1; 282, 4; 283), 철제 못(도면 2012-284), 토제 어망추들(도면 2012-285~289)(도면 662, 5~7) 등이 출토되었다(도면 243). 유구의 크기는 보고되지 않았다. 출토유물 등으로 볼 때에 폐기물 구덩이로 생각된다.

도면 240 | 크라스키노성 제48구역 1호 유구 모습 (북쪽에서)(2012)

도면 241 | 크라스키노성 제48구역 2호 유구 모습 (북쪽에서)(2012)

도면 242 | 크라스키노성 제48구역 3호 유구 모습 (북쪽에서)(2012)

도면 243 | 크라스키노성 제48구역 폐기물 구덩이 내 동물 뼈 모습(2012)

4) 제2생활면 유구

(1) 제34구역

타원형 구덩이(도면 244). 2006년에 제34구역에서 조사되었다. 제-이-12-13방안에 위치한다. 이 구덩이에 대한 보고내용은 크기를 비롯하여 아무 것도 없다. 다만 이 유구는 평면도에 반영이 되어 있고 또 줄자와 함께 찍은 사진이 있다(도면 69). 사진을 보면 구덩이 내에 돌과 토기편 등이 확인된다(도면 2006-107). 다만 이 구덩이에서 출토된 유물에 대해서는 따로 특정하여 보고하지를 않았다. 다만 출토유물에 대한 도면들 중 출토 위치가 이-13방안(도면 2006-204, 2, 4; 206, 2; 207, 3; 208, 4))과 이-12방안(도면 2006-205, 4; 207, 5)으로 보고된 토기들은 이 타원형 구덩이에서 출토된 것으로 판단된다.

(2) 제34-제40구역

돌무지(도면 245). 제34구역과 제40구역에 걸쳐 위치한다. 제34구역에 위치하는 부분(예-제-13방안)은 2006년에 조사되었다(도면 70). 2006년도 보고서에는 이 유구를 '돌무지'로 보고하였다. 제40구역의 동쪽섹터에서는 이 유구일 수도 있는 저장구덩이가 2009년에 조사되었다. 그리고 제3생활면에 속하는 2호 저장구덩이로 보고되었다. 다만 이 유구와 관련된 2006년도에 작성된 제34구역의 남벽 토층도를 보면 2호 저장구덩의 내부퇴적토를 파고 들어간 다른 작은 구덩이가 하나 더 있어 '돌무지'와 '2호 저장구덩이'가 동일 유구가 아닐 가능성도 보여 주고 있다. 제34구역의 '돌무지'는 평면도와 사진에서 확인되며, 크기나 출토유물에 대한 보고내용은 없다.

도면 244 | 크라스키노성 제34구역 제2생활면 타원형 구덩이 모습(2006)

도면 245 | 크라스키노성 제34구역 돌무지 모습(동쪽에서)(2006)

(3) 제40구역

9호 주거지. 2009년에 제40구역 동쪽섹터의 북동쪽 부분에서 제6인공층 제토 후에 상면이 노출되었다. 주변 토양과 구분되는 주거지 얼룩 내에서 돌들이 열을 이루고 있는 것이 확인되었는데 2줄 고래의 구들로 판단되었다(도면 246~252). 제9인공층에서 구들의 돌들이 가장 많이 노출되었다(도면 253). 또한 2013년에 제44구역의 동쪽섹터 북서쪽 모서리 부분에서 9호 주거지의 구들 일부가 확인되었다. 구들은 'ㄴ'자 모양으로 꺾이는 것이 확인되었지만 전체 평면모양은 파악되지 못하였다. 고래의 벽체는 돌을 쌓아 조성하였고 돌 사이사이에는 반죽 흙을 채워 넣었다. 위에는 판돌 구들장을 덮었던 것으로 판단되었다. 아궁이는 구들의 북쪽 끝부분에 위치한다. 아궁이는 직경 약 60㎝의 둥근 적갈색 얼룩형태로 발견되었다. 이 얼룩에는 숯들이 섞여 있었고, 아궁이의 남쪽에서는 재의 흔적이 확인되었다. 고래는 2줄이다. 고래는 아궁이에서 남쪽 방향으로 향하다가 동남쪽으로 방향을 틀었다. 고래의 너비는 석축 고래 벽을 포함하여 약 40㎝이다. 고래의 석축 벽은 강돌을 땅에 약간 박은 상태로 수직으로 세워 만들었다. 고래의 전체 높이는 대략 25~30㎝

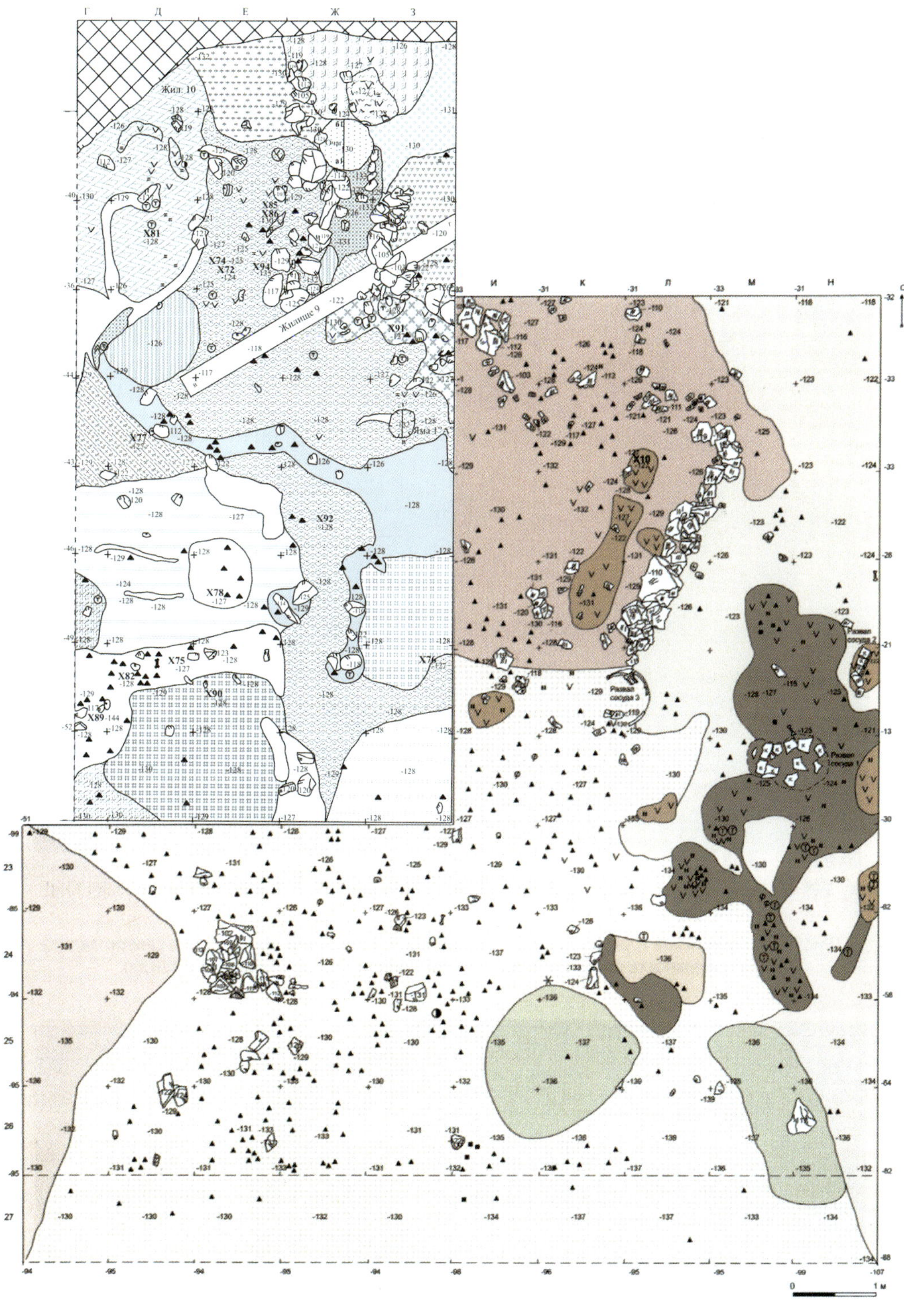

도면 246 | 크라스키노성 제40구역과 제44구역 동쪽섹터의 9호 주거지 등 평면도

도면 247 | 크라스키노성 제40구역 9호 주거지 노출 모습(2009)

도면 248 | 크라스키노성 제40구역 9호 주거지 노출 모습(남서쪽에서)(2009)

도면 249 | 크라스키노성 제40구역 9호 주거지 노출 모습(북쪽에서)(2009)

도면 250 | 크라스키노성 제40구역 9호 주거지 모습(북쪽에서)(2009)

도면 251 | 크라스키노성 제40구역 9호 주거지 구들 모습(2009)

도면 252 | 크라스키노성 제40구역 9호 주거지(왼쪽) 모습(북쪽에서)(2009)

도면 253 | 크라스키노성 제44구역 동쪽섹터 9호 주거지(왼쪽 구석)와 20호 주거지(가운데) 모습(서쪽에서) (2013)

이다. 구들의 전체 너비는 1.2m 이상이다. 주거지의 서벽과 남벽은 구들과 30~40㎝ 정도 떨어져 있다. 2009년에 고래의 잔존 길이는 약 2.2m로 보고되었지만, 제44구역에서 추가로 확인된 것을 합하면 아궁이 시작지점에서 고래 끝부분까지의 직선거리는 약 2.7m가 된다. 9호 주거지에서 화재의 흔적은 확인되지 않았다고 보고되었다. 고래의 아랫부분이 매우 달구어져 있어 오랫동안 이 주거지를 사용하였던 것으로 추정되었다. 9호 주거지 내부퇴적토의 두께는 평균 25~30㎝이었다. 9호 주거지의 노출된 부분은 방위가 거의 북-남 방향이다. 주거지 입구의 위치는 아궁이가 있는 북쪽이었을 것으로 추정되었다.

9호 주거지에서 놀이 알, 철제 유물편, 선철편, 철제 배목(도면 2009-138, 139), 홍옥 구슬(도면 2009-140, 3), 다량의 토기편(도면 2009-141~157)(도면 932, 2; 933, 2) 등이 출토되었다.

(4) 제44구역

20호-21호 주거지. 2012년과 2013년에 제44구역의 동쪽섹터의 북쪽 부분(이-엠-17-21방안)에서 조사되었다(도면 246). 제4인공층 제거 후에 갈색의 단단한 사질토 얼룩 형태로 노출되었다. 이 얼룩은 주거지의 내부퇴적토로 판단되었는데 크기는 3.2×5.5m이다. 얼룩의 동변 가까이를 따라 돌들이 열을 이루며 남서-북동 방향으로 위치한다(도면 254~257). 처음 노출된 돌들의 레벨은 -89㎝부터 -95㎝ 사이이고, 그다음에 노출된 돌들은 레벨이 -90㎝부터 -98㎝이다. 이 얼룩은 레벨을 낮추자 제5인공층 깊이에서는 모가 둥근 장방형의 형태를 갖추었고 크기는 약 2.8×4m로 줄어들었다. 동변 가까이의 석열, 즉 석축 구조물에는 점토를 발랐던 것으로 판단되었는데, 일부 구간에 갈색의 점토가 남아 있었다. 발굴구역 내에 포함된 주거지의 크기는 2.8×4m이다. 석축 구조물은 구들의 잔재일 가능성이 있는 것으로 추정되었지만 고래가 구체적으로 확인되지는 못하였다. 석축 구조물의 길이는 2.8m, 너비는 0.4~0.5m, 높이는 15~23㎝이다. 주거지의 내부퇴적토에 해당되는 갈색의 단단한 사질토는 두께가 10~15㎝이다. 지상식 건물이었을 것으로 판단되었고, 화재의 흔적은 발견되지 않았다.

주거지 내부퇴적토에서는 놀이 알들, 바닥에 기호가 있는 윤제 토기 저부편(도면 2012-78), 철제 띠꾸미개(도

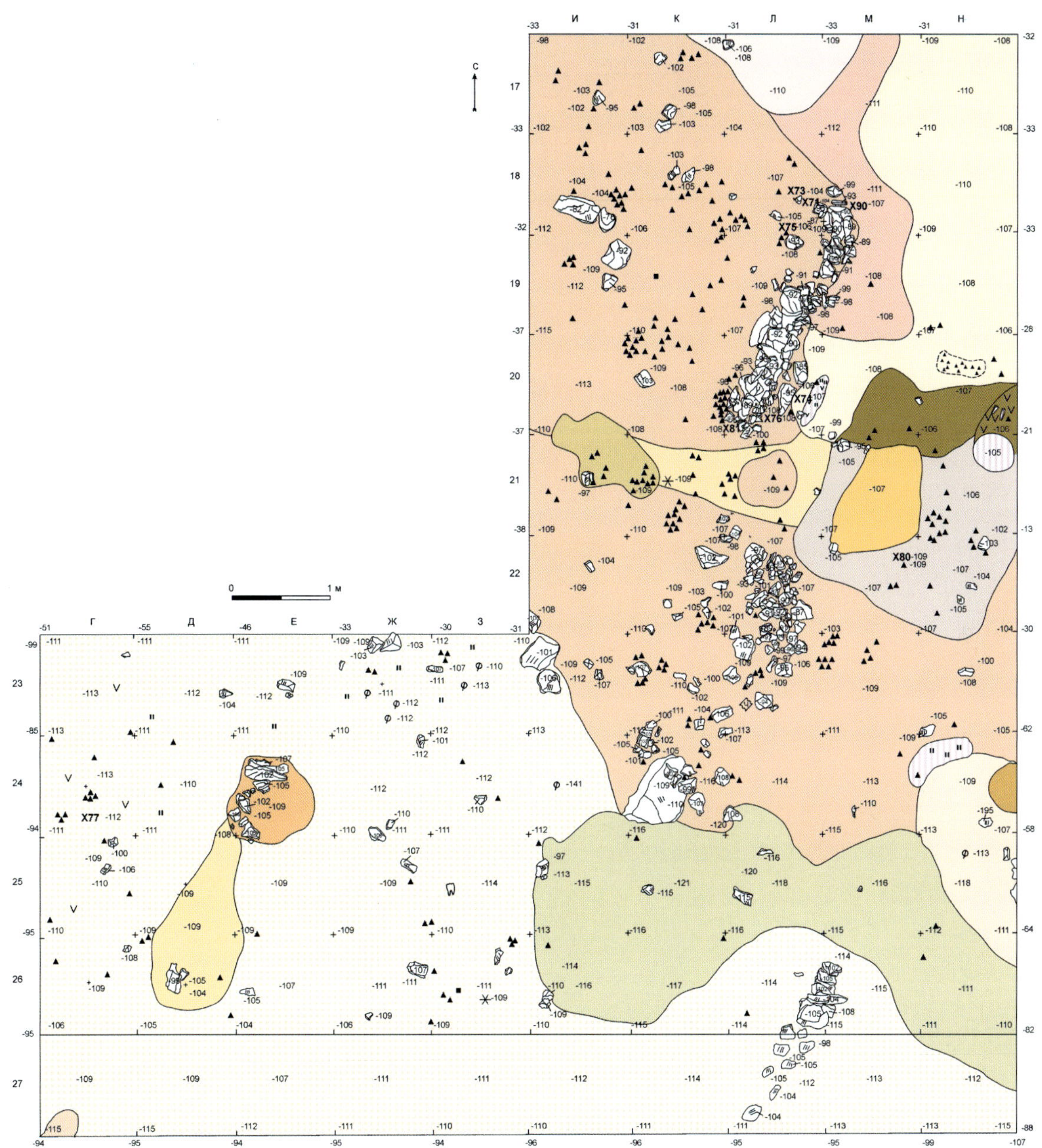

도면 254 | 크라스키노성 제44구역 동쪽섹터 20호-21호 주거지 등 평면도(2012)

면 2012-79), 홍옥 목걸이 알 6점(도면 2012-85~95)(도면 678, 1~4, 10, 11), 철제 유물편(도면 2012-84), 다수의 토기편(도면 2012-96~98) 등이 출토되었다.

20호 주거지 동변의 석축 구조물, 즉 석열 바로 밑에서 동일한 방향으로 '새로운' 석축 구조물이 확인되었다(도면 258; 259; 253). 새로이 노출된 석축 구조물, 즉 석열은 20호 주거지의 것과 방향이 동일하고 크기도 거의 비슷하다. 다만 위와 아래의 석열 사이에 두께 5~8㎝로 '작은 돌들이 차 있는 토양층'이 있었다. 때문에 이 지점에서 발굴조사를 수행한 연구자는 이 둘이 서로 다른 유구일 것이라고 판단하고, 위의 것을 20호 주거지에, 아래의 것을 21호 주거지에 각각 속하는 것으로 판단하였다. 21호 주거지에 속하는 석열의 돌들은 노출된 레벨이 -103/ -108㎝로서 위

도면 255 | 크라스키노성 제44구역 동쪽섹터 제2생활면 20호-21호 주거지, 석열유구 등 모습(2012)

도면 256 | 크라스키노성 제44구역 동쪽섹터 20호-21호 주거지 모습 (북동쪽에서)(2013)

의 돌들 레벨과 큰 차이를 보이지 않는다. 이 석열의 크기는 길이 2.5m, 너비 0.4m이다. 이 주거지의 윤곽과 방향도 20호 주거지와 거의 동일하다. 건물의 담장이나 벽체 혹은 기단 등에는 돌들 사이에 흙이나 작은 돌들을 얇게 넣기도 한다. 때문에 이 둘은 사실은 둘이 아니라 하나의 유구로 보는 것이 더 타당할 것이다.

석열의 서쪽 부분, 즉 안쪽에서 석열과 바로 인접하여 잔 목탄과 불에 탄 점토들이 섞여있는 얼룩이 발견되었다. 이 얼룩은 크기가 60×24㎝이다. 사실 이 추정 주거지에서는 벽체의 잔존물로 보이는 석축 구조물과 주거지의 내부로 생각되는 공간은 확인되었지만, 다른 시설들은 파악이 되지를 못하였다. 어쩌면 이 석축구조물은

도면 257 | 크라스키노성 제44구역 동쪽섹터 20호-21호 주거지 모습 (서쪽에서)(2013)

도면 258 | 크라스키노성 제44구역 동쪽섹터 20호-21호 주거지 등 모습 (북동쪽에서)(2013)

도면 259 | 크라스키노성 제44구역 동쪽섹터 20호-21호 주거지 모습 (북동쪽에서)(2013)

9호 주거지의 남동벽 기초의 일부일 수도 있을 것이다. 21호 주거지 내부퇴적토로 보고된 곳에서 주철제 솥 동체 부편(도면 2012-102; 103), 홍옥 목걸이 알(도면 2-12-104; 105)(도면 678, 5), 토기편(도면 2012-124, 1, 2) 등이 출토되었다.

1호 유구(말각방형 유구)(도면 260; 261). 2012년에 조사되었다. 제44구역 동쪽 섹터의 동변 중간 부분(엠-엔-21-22방안)에 위치한다. 제4인공층 조사 후에 노출되었다. 모가 둥근 준장방형의 암갈색 사질토 얼룩 모양이다. 얼룩의 크기는 1.6×0.9m이다. 북서쪽으로 황갈색의 굵은 모래 띠(1.4×0.3m)와 경계한다. 동쪽 부분에는 목탄(거의 그을음)이 집중 포함된 띠(0.8×0.4m)가 있다. 이 유구의 전체 크기는 2×2.15m이고 방향은 북동-남서 방향이다. '경제 건축물'이었을 것으로 추정되었다. 이 유구의 범위 내에서 철제 비녀못편(도면 2012-107; 108), 놀이 알 4점 등이 출토되었다.

도면 260 | 크라스키노성 제44구역 동쪽섹터 1호 유구(말각방형 유구) 노출 모습 (2012)

도면 261 | 크라스키노성 제44구역 동쪽섹터 2호 유구(돌무지)(앞쪽) 모습(남쪽에서)(2012)

2호 유구(돌무지 유구)(도면 260; 261). 2012년에 조사되었다. 제44구역 동쪽섹터의 동쪽 가운데 부분(엘-22-23방안)에 20호 주거지의 남쪽에 위치한다. 크고 작은 돌들로 된 돌무지이다. 이 돌무지의 남서쪽에는 상당히 큰 돌이 하나 있는데 초석이었을 가능성이 제기되었다. 다만 이 유구의 남쪽 부분은 1930년대의 군대 참호로 인해 모두 훼손되었다. 이 유구는 20호 주거지와 동일 건축면에 해당된다. 20호 주거지와의 사이에 단절부가 있고 또 서로 평행하게 위치하기 때문에 서로 다른 유구로 판단되었다.

3호 유구(추정 적심유구)(도면 2012-71; 112; 2013-45). 2012년과 2013년에 조사되었다. 제44구역 동쪽 섹터의 서쪽 부분(데-예-24방안)에 위치한다. 제4인공층 조사 후에 둥근 갈색의 단단한 사질토 얼룩의 형태로 확인되었다. 이 얼룩의 가장자리를 따라서는 돌들이 박혀 있는데 판돌을 세워 놓은 것들도 있다(도면 262). 이 얼룩의 크기는 88×80㎝이다. 2013년에는 그 아래로 얼룩의 내부퇴적토를 제거하였다. 그러자 그 자리에 돌들이 무지를 이루며 노출되었다. 2013년도 발굴조사 보고서에는 이 유구가 '돌무지'로 보고되었다. 이 돌무지의 크기는 90×85㎝이다. 규모와 돌이 쌓인 형태로 보아 구덩이를 파고 초석 아래에 돌을 다져 넣은 적심이었을 가능성이 매우 높을 것이다.

4호 유구(석열 유구). 제44구역 동쪽섹터와 제48구역 동쪽섹터에 걸쳐 위치한다(도면 254; 263). 2012년에는 제44구역에 위치하는 부분이, 2016년에는 제48구역에 위치하는 부분이 각각 조사되었다. 제44구역에서는 "네 번째 유구", 즉 4호 유구로, 제48구역에서는 "돌무지"로 각각 보고되었다. 제44구역에서는 제4인공층 조사 후에 알록달록한 갈색 사질토층에서 석열이 노출되었다. 남서-북동 방향이며, 길이 185㎝가 노출되었다. 제48구역에서는 72×160㎝ 규모로 조사가 되었다. 다만 제44구역과 제48구역이 1m 너비(27선 방안)를 서로 공유하기 때문에 실제 이 유구의 길이는 약 2.6m가 된다. 이 유구의 북쪽 부분은 1930년대의 군대 참호에 의해 훼손되었다.

추정 건물지(도면 264~267). 2012년에 조사되었다. 제44구역 서쪽 섹터의 남쪽과 제48구역 서쪽 섹터의 북쪽

도면 262 | 크라스키노성 제44구역 동쪽섹터 3호 유구(추정 적심유구) 모습 (2012)

도면 263 | 크라스키노성 제44구역과 제48구역 사이 4호 유구(석열유구) 모습(2012)

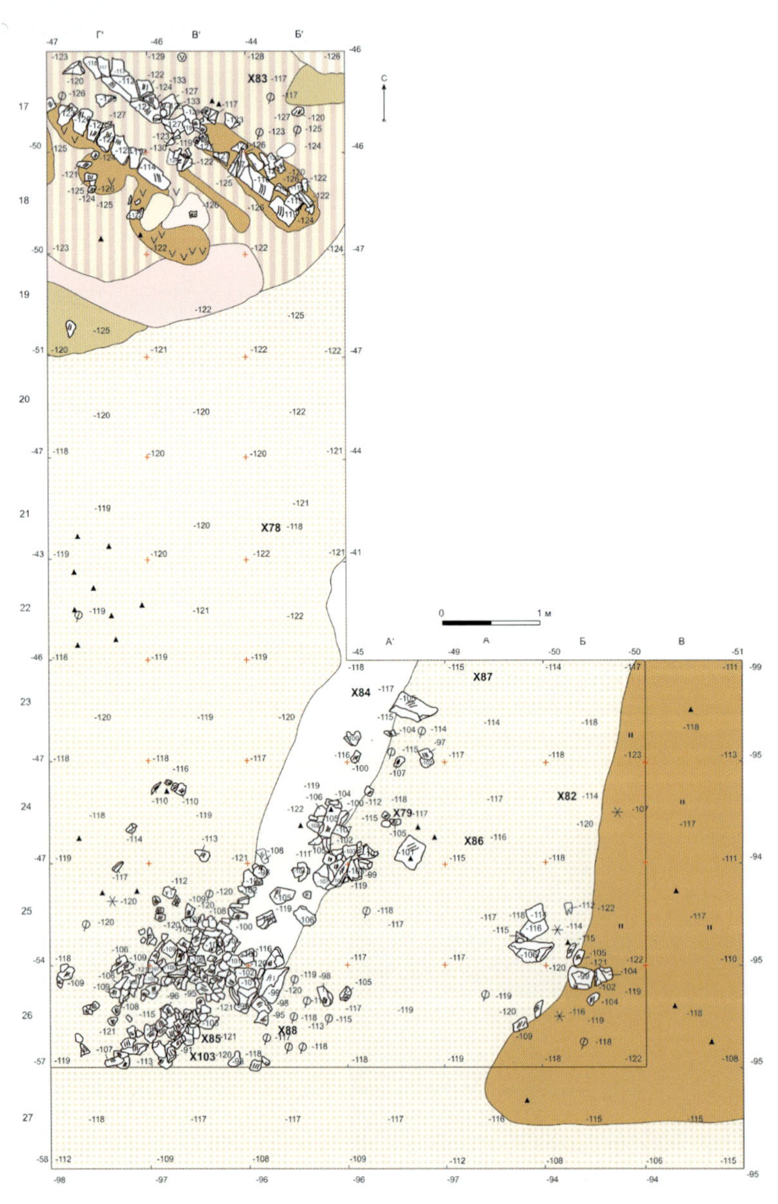

도면 264 | 크라스키노성 제44구역 서쪽섹터 제6인공층 상면 추정 건물지(앞쪽) 등 평면도(2012)

도면 265 | 크라스키노성 제44구역과 제48 구역 추정 건물지 모습(남동쪽에서) (2012)

도면 266 | 크라스키노성 제44구역과 제48 구역 추정 건물지 모습(북서쪽에서) (2012)

부분에 걸쳐 위치한다. 북동-남서 방향으로 돌무지 형태의 석열이 형성되어 있다. 그리고 이 석열의 동쪽으로 이 석열과 직각을 이루게 다른 작은 돌무지-석열이 있다. 제44구역에서는 이 석축구조물이 'ㄱ'자 모양으로 노출되었고, 일부 그 남쪽에 제48구역에까지 이어지고 있다. 이 석축구조물은 건물의 기단 마감시설이었을 것으로 추정되었다. 이 건물은 갈색의 단단한 사질토 위에 축조되었을 것으로, 평면상 장방형이었고, 장축이 북동-서남 방향이었을 것으로 판단되었다. 2호 주거지(건물지)의 바로 밑에 위치하며, 제2건축면에 속하는 것으로 판단되었다. 장축은 길이가 6.1~6.2m, 단축은 길이가 3.6~3.8m이고, 석축마감을 한 기단 건물의 면적은 22~23㎡로 추정되었다. 건물지 내에서 구들이나 노지의 흔적은 발견되지 못하였다.

이 추정 건물지에서는 놀이 알들, 철제 축 모양 유물(도면 2012-134), 철제 못, 구멍이 있는 철제 유물(도면 2012-135; 136), 청동-철 버클(도면 2012-137~139)(도면 748, 2), 철제 화살촉(도면 2012-140), 정요 자기 구연부편(도면 2012-126; 151; 152)(도면 1001, 4), 철제 유물편(도면 2012-153), 동물 뼈, 석탄, 목탄, 다수의 윤제 토기편(도면 2012-142, 1, 3; 143; 144, 1; 145, 4; 146, 2; 147; 148; 149, 2, 3; 150) 등이 출토되었다.

도면 267 | 크라스키노성 제44구역 추정 건물지(앞쪽) 모습(남쪽에서)(2012)

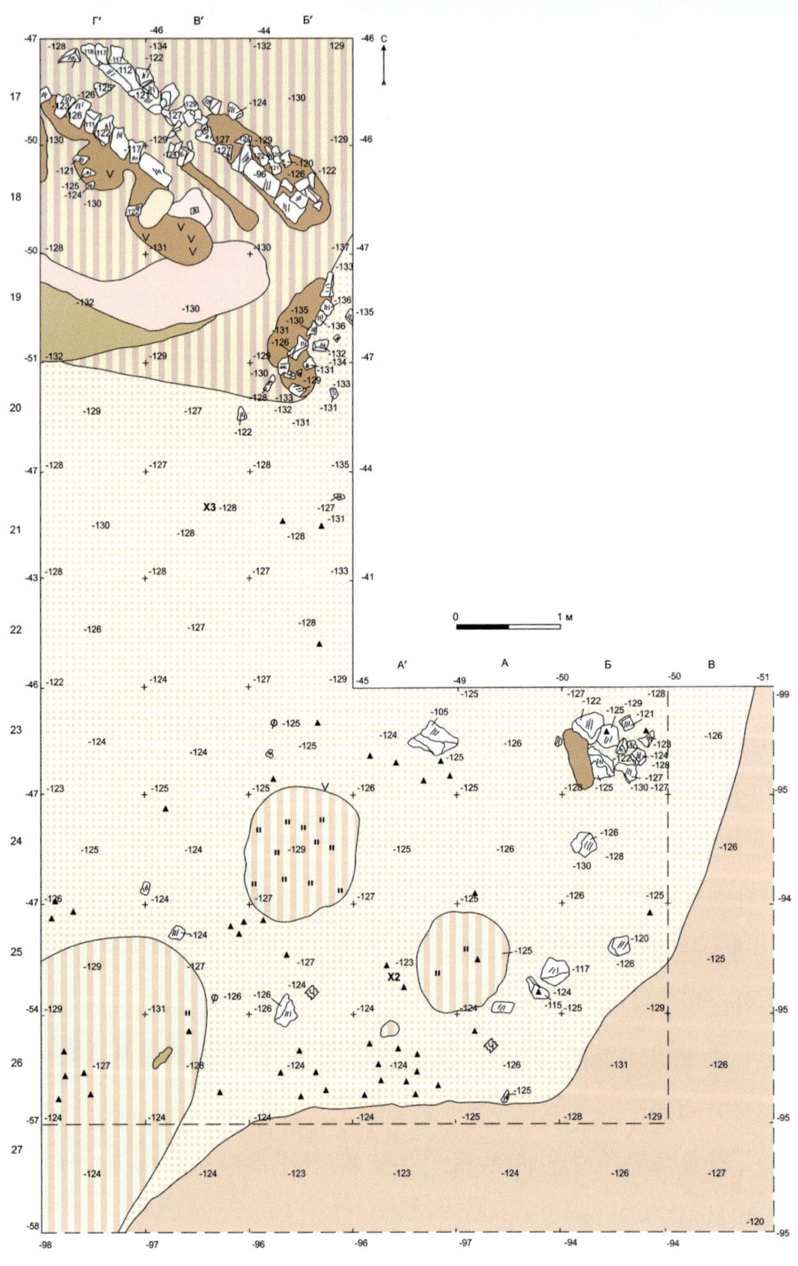

도면 268 | 크라스키노성 제44구역 서쪽섹터 제7인공층 평면도(2013)

23호 주거지(2012년 11호 주거지). 제44구역의 서쪽섹터 북서쪽 모서리 부분에 위치한다(도면 268~271). 2012년도에 이곳에 동남-북서 방향의 구들이 노출되었는데 발굴조사 보고서에 11호 주거지로 잘못 보고되었다. 11호 주거지는 2009년에 제40구역 서쪽섹터에서 조사된 바 있다. 2013년과 2014년 발굴조사 보고서에 23호 주거지로 각각 보고되었다. 다만 2013년에는 23호 주거지의 남동쪽에서 새로이 노출된 북동-남서 방향의 구들 일부를 또 다시 11호 주거지로 잘못 보고하였다. 2014년에 제44구역 서쪽섹터 북서쪽 모서리 부분의 동남-북서 방향 및 북동-남서 방향의 구들은 사실은 하나의 구들로서 모두 23호 주거지에 속할 것으로 최종 판단하였다(도면 272~277).

이 두 방향의 구들 고래는 남동쪽에 위치하는 것이 낮아 레벨 차이가 10~30㎝까지 약간의 차이를 보인다. 하지만 이 두 방향 구들 고래는 서로 'ㄱ'자 모양으로 정확하게 연결된다. 때문에 하나의 구들이 위치에 따라 레벨을 달리하고 있다고 생각할 수 있다. 동일한 구들의 고래가 레벨 차이를 보이는 것은 크라스키노성의 제47구역에서 조사된 18호 주거지에서도 확인된다. 발굴조사 보고서에는 그와 같은 레벨 차이를 해당 부분의 땅이 매우 물러서 토양이 심하게 내려앉았기 때문일 것으로 설명하였다. 이 설명은 충분하 타당하다. 하지만 처음부터 고래의 시작

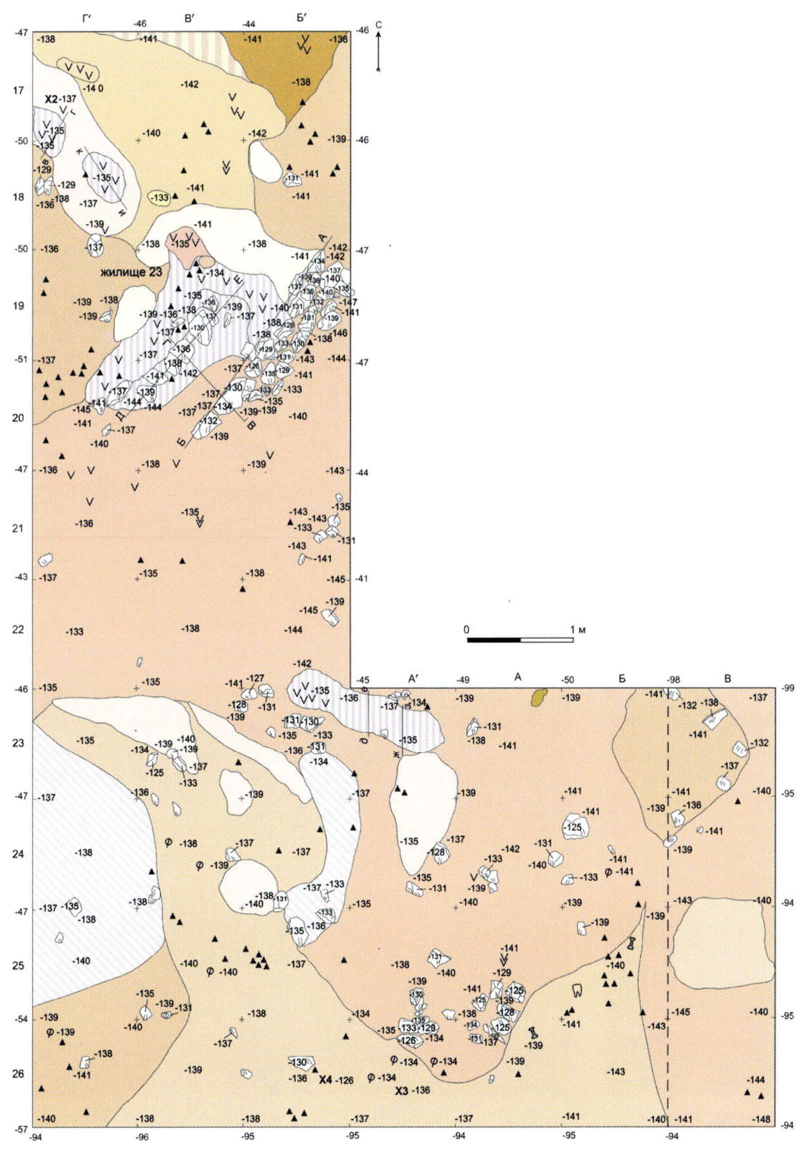

도면 269 | 크라스키노성 제44구역 서쪽섹터 제8인공층 평면도(2014)

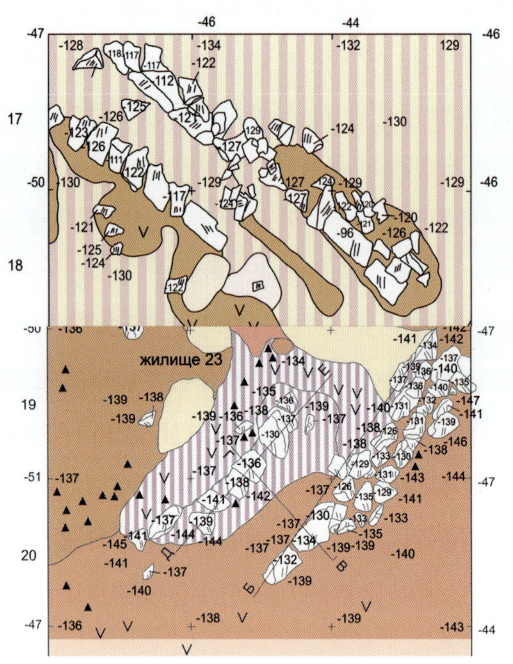

도면 270 | 크라스키노성 제44구역 서쪽섹터 23호 주거지 평면도(2012; 2013)

부분과 끝부분 사이에 레벨 차이를 두었을 수도 있을 것이다.

2012년에 조사된 내용은 다음과 같다(도면 2012-131; 172). 제5인공층 조사 후에 거친 입자의 모래가 섞인 갈색 사질토층 아래에서 상면이 편평한 큰 돌들로 된 2줄의 석열 모양을 한 석축구조물의 일부가 노출되었다. 이 석열은 남동-북서 방향이다. 이 석열은 대부분이 북서쪽 모서리 밖으로 진행된다. 이 석축구조물은 숯이 포함된 암갈색의 단단한 사질토층 위에 위치한다. 석축구조물의 벽체 중 남쪽의 것은 8개의 비교적 큰 돌로 이루어져 있고, 길이는 1.48m, 너비는 14~26㎝이다. 북쪽의 벽체는 약 10개의 비교적 큰 돌과 다른 작은 돌들로 이루어져 있으며, 길이는 2.9m, 너비는 22~42㎝이다. 이 두 벽체 사이, 다시 말해서

도면 271 | 크라스키노성 제44구역 서쪽섹터 23호 주거지 노출 모습(2012)

도면 272 | 크라스키노성 제44구역 서쪽섹터 23호 주거지 모습(2012)

도면 273 | 크라스키노성 제44구역 서쪽섹터 23호 주거지 모습(북서쪽에서)(2013)

도면 274 | 크라스키노성 제44구역 서쪽섹터 23호 주거지 모습(남동쪽에서)(2013)

내부의 너비는 28~34㎝이다.

2013년도 발굴조사 보고서에는 이 주거지의 남동-북서 방향 구들 고래는 23호 주거지, 북동-남서 방향의 구들 고래는 11호 주거지라는 관점에서 보고를 하였다. 23호 주거지로 인식을 한 남동-북서 방향 구들 고래는 제6인공층을 제거하고 난 다음에 남쪽의 것은 길이 1.48m, 너비 14~26㎝, 북쪽의 것은 길이 2.9m, 너비 22~42㎝이었다(도면 2013-30)(도면 273). 이 구들 고래의 돌들은 숯을 포함하는 암갈색의 단단한 사질토층에 놓여 있었다. 11호 주거지로 인식을 한 북동-남서 방향의 구들 고래는 1줄의 석열이 노출되었는데 길이가 1.7m, 너비가 약 20㎝이다. 이 구들 석열은 2009년도 제40구역의 제8인공층에서 확인된 돌무지와 관련이 있을 것으로 판단되었다. 제40구역의 돌무지와 연결을 할 경우 이 석열의 전체 길이는 약 2.1m가 된다. 2013년도 발굴조사 보고서에는 또한 이것을 구들의 일부로 보지 않고 제40구역에서 2009년에 조사된 11호 주거지의 서쪽 모서리 부분일 것으로 추정하였다.

2014년도에 조사된 23호 주거지에 대한 내용은 다음과 같다. 2014년 조사에서는 기존 23호 주거지 석축구조물(구들 고래)의 남쪽 부분(베'-붸'-19-20방안)에서 장축이 북동-남서 방향인 2줄의 석열로 된 또 하나의 '구들'이 확인되었다(도면 2014-32). 이 구조물이 노출되자 기존 2012년과 2013년에 조사된 것과 사실은 하나의 유구일 것이라 추정하게 되었고, 2014년에 레벨이 낮은 상태로 노출된 것은 동일 유구이지만 토양의 상태로 인해 유구 일부의 레벨이 낮아진 결과로 판단하였다(레벨 차이가 10~30㎝). 크고 납작한 돌들로서 고래의 벽체를 만들고 그 사

도면 275 | 크라스키노성 제44구역 서쪽섹터 23호 주거지 모습(남동쪽에서)(2014)

도면 276 | 크라스키노성 제44구역 서쪽섹터 23호 주거지 모습(북서쪽에서)(2014)

도면 277 | 크라스키노성 제44구역 서쪽섹터 23호 주거지 모습(북쪽에서)(2014)

도면 278 | 크라스키노성 제44구역 서쪽섹터 돌무지 모습(2013)

이사이에 작을 돌들을 놓았다. 새로이 발견된 고래의 벽체 중 긴 것은 길이가 약 2m, 너비가 14~45㎝이다. 다른 한 벽체는 길이가 1.2m, 너비가 평균 20㎝이다. 고래의 너비는 40㎝이다. 그을음이 섞인 흑색 사질토 내의 고래는 깊이가 8~12㎝이다. 고래의 남동쪽 벽체의 바깥으로 작은 돌들로 된 다른 석열이 이 벽체와 평행을 이루며 형성되어 있는데 주거지 벽체의 기초부분일 것으로 판단되었다.

2012-13년과 2014년에 각각 조사된 이 두 부분의 구들 고래는 동쪽 부분(베'-19방안)에서 모서리를 이루며 직각으로 만난다. 주거지는 일부가 조사된 관계로 전체 규모는 파악되지 못하였다. 주거지 내부퇴적토는 갈색의 단단한 사질토였고, 주변으로 다른 토양들과 경계한다. 구들의 아궁이와 굴뚝 부분은 조사되지 못하였다. 1줄 고래인 점이 특징적이다.

레벨 차이로 인해 북쪽 부분의 구들 고래는 제2생활면에, 남쪽 부분의 구들 고래는 제3생활면에 각각 속하는 것으로 판단되었다. 하지만 하나의 주거지에 사용된 구들이라면 모두 제2생활면에 속한다고 판단하는 것이 더 정확할 것이다.

23호 주거지에서 출토된 유물은 2012년에 철제 유물편(도면 2012-177)과 놀이 알 4점을 제외하고는 따로 보고된 것이 없다.

돌무지. 2013년에 제44구역의 서쪽섹터 북동쪽 모서리 부분에서 조사되었다(도면 268; 278). 4개의 큰 돌과 5개의 중간 크기 돌들로 이루어져 있다.

(5) 제48구역

22호 주거지(도면 279). 제48구역의 동쪽 섹터에 위치한다. 2012년에 대부분이 조사되었고, 2016년에 추가로 조사가 이루어졌다.

제4인공층 조사 후에 알록달록한 갈색 사질토층에서 추정 장방형의 주거지 윤곽이 어느 정도 확인되었다. 제5인공층 조사 다음에는 주거지의 윤곽과 구조적 특징이 보다 뚜렷하게 파악되었다(도면 280; 281). 주거지의 내부퇴적토는 암갈색의 단단한 사질토이다. 주거지의 경계는 벽체의 기초가 된 석열에 의해 잘 구분되었다. 주거지의 북서변을 따라 나있는 석열은 길이가 약 5.4m이고, 남서변을 따라 나있는 석열은 길이가 약 5m이다. 따라서 주거지의 전체 면적은 27㎡ 이상일 것으로 추정되었다. 석열에 사용된 석재의 크기는 10×12㎝부터 25×45㎝까지이다. 전체적으로 22호 주거지는 서쪽 부분이 노출되었고, 동쪽 일부는 발굴구역의 범위 밖에 위치한다. 북쪽 모서리

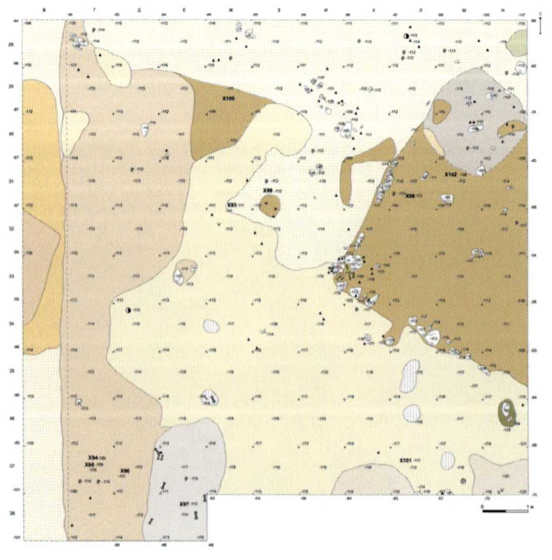

도면 279 | 크라스키노성 제48구역 동쪽섹터 22호 주거지 등 평면도(2012)

도면 280 | 크라스키노성 제48구역 22호 주거지(앞 오른쪽)와 제44구역 모습(2012)

도면 281 | 크라스키노성 제48구역 동쪽섹터 22호 주거지 노출 모습(2012)

와 서쪽 모서리가 확인되어 네 모서리가 방위 방향임을 알 수 있다. 주거지 내의 서쪽 모서리 부분(이-까-33방안)에서는 소라, 대합, 가리비 조개 등의 패각더미가 발견되었다(도면 282). 이곳에서는 또한 포유류의 뼈, 턱뼈, 이빨 등도 함께 확인되었다. 주거지 내에서 노지는 발견되지 못하였는데 주거지의 동쪽 부분에 위치할 가능성도 있다.

22호 주거지의 범위 내에서 제4인공층에서는 삼채기 뚜껑편(도면 2012-254)(도면 998, 4), 청동 미니어처 띠꾸미개(도면 2012-255; 256)(도면 738, 5), 목질흔이 있는 철제 판 모양 유물편(도면 2012-257), 주철제 유물편(도면 2012-258), 철제 유물편 2점, 다량의 토기편(도면 2012-259; 260, 1, 4, 5, 8; 261, 4, 5; 262, 2; 263; 264, 4; 265, 4) 등이 출토되었다. 제5인공층에서는 소라, 대합, 가리비 조개 등으로 된 패각더미와 함께 포유류의 뼈와 이빨 등이 확인되었다(도면 2012-276). 그 외 토기도 많이 출토되었다(도면 2012-270; 271, 1; 272; 273, 1, 2; 274; 275).

2016년에 제7인공층 조사를 통해 22호 주거지의 바닥이 드러난 것으로 생각된다(도면 283~285). 22호 주거지 범위 내에서는 뻘 간층들이 포함된 갈색의 부드러운 모래층이 노출되었고, 이곳에 암갈색 사질토 얼룩들(직경 16~32㎝)과 황갈색 사질토 얼룩(크기 25×52㎝)이 각각 확인되었다. 이 얼룩들 중 몇 개는 구덩이인 것이 확인되

도면 282 | 크라스키노성 제48구역 동쪽섹터 22호 주거지 서쪽 모서리 패각 노출 모습(2012)

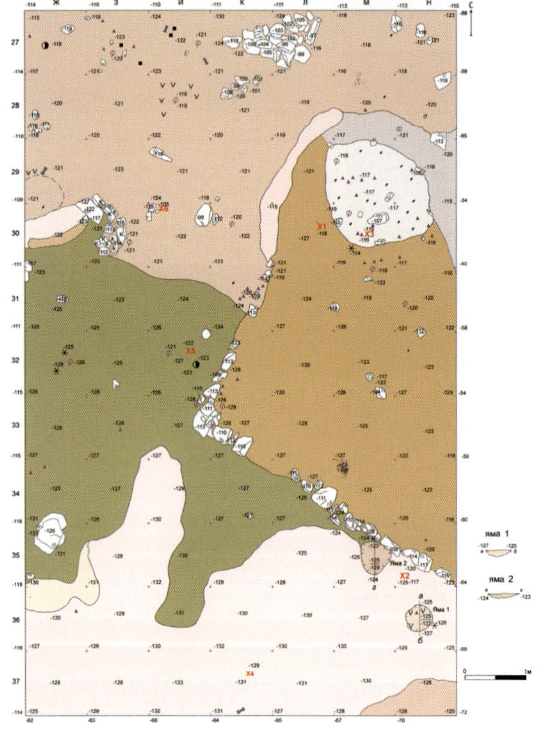

도면 283 | 크라스키노성 제48구역 동쪽섹터 제7인공층 상면 22호 주거지 등 평면도(2016)

었다. 주거지 내에서 3호와 4호 구덩이가, 주거지 남서벽 밖에서 5호 구덩이가 새로이 조사되었다(도면 286). 3호 구덩이는 22호 주거지 내의 남서쪽 부분(엠-34방안)에 위치한다(도면 2016-66; 118; 119). 직경은 30㎝, 깊이는 11㎝이다. 내부퇴적토는 암갈색 사질토이고, 윤제 토기편이 2점 발견되었다. 4호 구덩이는 3호 구덩이의 북동쪽(엔-33방안)에 위치한다(도면 2016-66; 120; 121). 구덩이의 직경은 34㎝, 깊이는 18㎝이다. 내부퇴적토는 암갈색 사질토이다. 5호 구덩이는 22호 주거지의 남서벽 밖(엔-36방안)에 위치한다(도면 2016-66; 122; 123). 구덩이의 직경은 31㎝, 깊이는 10㎝이다. 내부퇴적토는 황갈색의 부드러운 모래이다. 바닥에서 직경 약 5㎝의 돌이 하나 발견되었다.

22호 주거지의 북쪽 모서리 부분에는 암갈색 사질토 얼룩의 형태로 노출된 구덩이가 하나 위치한다(도면 279; 287). 이 구덩이는 크기가 166×170㎝이다. 이 구덩이는 상면이 22호 주거지보다 높은 레벨에서 확인되었기 때문에 22호 주거지보다 늦은 시기의 유구일 것이다. 노출 당시 이 구덩이의 크기는 370×160㎝이었다. 이 구덩이의 범위 내에서 철제 테 고리와 다수의 윤제 토기편, 놀이 알, 그리고 부정형의 철제 유물편 등이 출토되었다.

1호 수혈구덩이. 2016년에 조사되었다(도면 286). 제48구역 동쪽섹터의 북동쪽 모서리 가까이에 위치한다. 22호 주거지의 북쪽 모서리 부분에서 암갈색 사질토 얼룩의 형태로 노출된 구덩이(도면 287)와 동일한 위치이다. 때문에 1호 수혈구덩이는 그 구덩이와 동일 유구로 생각된다. 다만 제7인공층 조사 이후 면적이 확대되었는데, 평면 형태는 말각방형이다. 단단함 암갈색 사질토가 이 수혈구덩이의 가장자리를 따라 너비 30~65㎝의 띠를 두르고 있다. 이 띠-윤곽 안에는 둥그스름한 준방형의 거친 모래와 쇄석이 포함된 갈색의 단단한 사질토 얼룩이 위치한다. 이 얼룩에서는 다수의 토기편, 동물 뼈, 물고기 뼈, 소토 등이 발견되었다. 이 수혈구덩이 내에서는 6점의 놀이 알과 철 슬래그(도면 2016-80)도 함께 발견되었다(도면 288; 289). 그 외에도 이 수혈구덩이의 범위 내에서 토기 완형도 1점 출토되었다(도면 2016-81~83). 수혈구덩이의 크기는 190×150㎝이다. 내부퇴적토는 거친 모래와 쇄석이 포함된 갈색의 단단한 사질토이다. 내부퇴적토의 두께는 5~7㎝이다.

도면 284 | 크라스키노성 제48구역 동쪽섹터 22호 주거지 모습(남쪽에서)(2016)

도면 285 | 크라스키노성 제48구역 동쪽섹터 22호 주거지 모습(북서쪽에서)(2016)

1호 수혈 유구의 아랫부분은 제8인공층 조사에서 확인되었는데 "소토 포함 갈색의 단단한 사질토 얼룩"(도면 2016-129)으로 보고되었다. 이곳에서는 동물 뼈, 잔자갈, 부정형의 철제 유물편, 토기편, 8점의 놀이 알 등이 발견되었다. 평면이 원형인 이 얼룩은 1호 수혈유구의 내부퇴적토 아랫부분일 가능성이 매우 높다고 보고되었다. 이 유구는 제3생활면에 속하는 것으로 판단되었지만, 만약에 1호 수혈유구의 내부퇴적토 아랫부분이라면 제2생활면에 속하는 유구로 보는 것이 더 타당할 것이다.

토기편무지. 2016년에 조사되었다. 제48구역 동쪽섹터의 서벽 가까이로 중간에서 약간 북쪽 부분(쉐-제-29-30방안)에 위치한다(도면 283). 이곳은 단단한 갈색 사질토양과 암갈색 무른 사질토양의 경계 부분에 해당된다. 납작한 돌들 사이에 큰 윤제 토기의 구연부편들과 동체부편들이 조밀하게 모여 있었다(도면 290).

적심초석. 2016년에 조사되었다. 제48구역 동쪽섹터의 서벽 가까이로 중간에서 약간 남쪽 부분(쉐-34-35방안)에 위치한다(도면 283; 286). 암갈색 사질토양의 범위 내에서 발견되었다. 크고 납작한 돌 1매 아래로 작은 돌들을 놓았는데 전형적인 적심시설 위의 초석이다(도면 291). 초석의 상면은 약간 올록볼록하며 고르지 못하다.

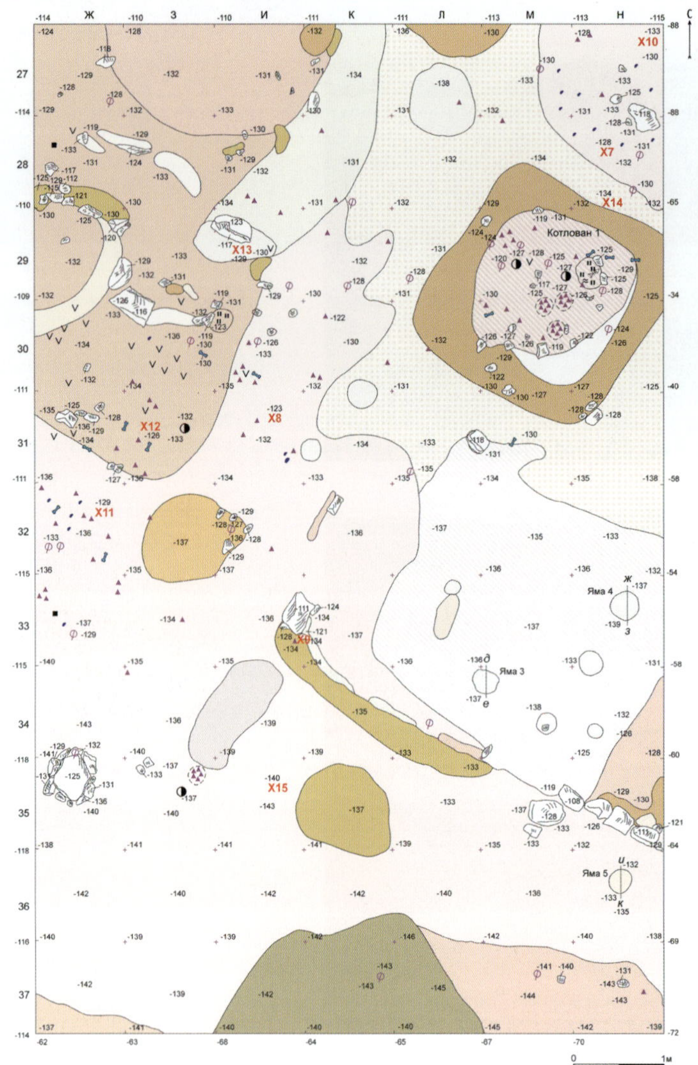

도면 286 | 크라스키노성 제48구역 동쪽섹터 22호 주거지 내외의 구덩이 등 평면도(2016)

도면 287 | 크라스키노성 제48구역 동쪽섹터 1호 수혈구덩이 모습(서쪽에서)(2016)

도면 288 | 크라스키노성 제48구역 동쪽섹터 1호 수혈구덩이 모습(위에서)(2016)

1호 구덩이. 2016년에 조사되었다. 제48구역 동쪽섹터의 남동쪽 모서리 가까운 곳(엔-36방안)에 위치한다(도면 283). 숯이 포함된 갈색의 모래 얼룩 형태로 확인되었다. 크기는 40×44㎝이고, 깊이는 12㎝이다.

2호 구덩이. 2016년에 조사되었다. 제48구역 동쪽섹터 1호 구덩이의 북서쪽에 22호 주거지의 남서벽 석열 밖에 바로 잇대어(엠-35방안) 위치한다(도면 283). 갈색 사질토 얼룩의 형태로 노출되었고, 크기는 50×52㎝이다. 깊이는 4㎝인데, 바닥에 납작한 돌이 놓여 있었다(도면 292).

2호 수혈구덩이. 2016년에 조사되었다(도면 293). 제48구역 동쪽섹터의 북벽 서쪽 부분(줴-까-27-28방안)에 위치한다. "경제건축 수혈구덩이"로 보고되었으나, 이 책에서는 "2호 수혈구덩이"로 부르기로 한다. 평면이 둥근 모양이다. 절반은 2014년에 제44구역의 동쪽섹터에서 조사되었다고 보고하였으나 이 유구와 관련된 분명한 보고 내용이 확인되지 않는다. 갈색의 단단한 사질토 얼룩 형태로 노출되었다. 직경은 235㎝이다.

돌 사용 구조물. 2016년에 조사되었다. 제48구역 동쪽섹터 서벽의 북쪽 부분(줴-제-28-30방안)에 위치한다(도면 286). 돌과 황갈색의 벽토가 사용된 구조물이다(도면 294). 이 구조물의 윤곽선은 황갈색 모래층에 의해 구분된다. 이 추정 구조물의 내부퇴적토는 갈색의 단단한 사질토이다. 내부퇴적토에서 철제 판상 유물편(도면 2016-86; 87), 2점의 놀이 알, 석탄 쪼가리들, 금속 슬래그 쪼가리들(도면 2016-92), 그리고 다수의 토기편이 발견되었다. 또한 동쪽 가장자리의 돌 부근에서는 철제 못도 1점 출토되었다(도면 2016-84; 85).

도면 289 | 크라스키노성 제48구역 동쪽섹터 1호 수혈구덩이 모습(남쪽에서)(2016)

도면 290 | 크라스키노성 제48구역 동쪽섹터 토기편무지 모습(2016)

도면 291 | 크라스키노성 제48구역 동쪽섹터 적심초석 모습(2016)

도면 292 | 크라스키노성 제48구역 동쪽섹터 2호 구덩이 모습(2016)

도면 293 | 크라스키노성 제48구역 동쪽섹터 2호 수혈구덩이 모습(2016)

도면 294 | 크라스키노성 제48구역 동쪽섹터 돌 사용 구조물 모습(2016)

5) 제3생활면 유구

(1) 제34구역

4호 주거지. 2006년에 제34구역에서 조사되었다(도면 295~298). 제8인공층 제거 후에 제34구역의 가운데 부분에서 4호 주거지의 윤곽이 확인되었다. 주거지의 존재는 단단한 갈색 사질토, 일부가 잔존한 석축구조물, 불에 달구어진 노지 등에 의해 파악되었다. 주거지의 아랫부분은 암갈색 사질토에 의해 윤곽이 더 분명하게 확인되었다.

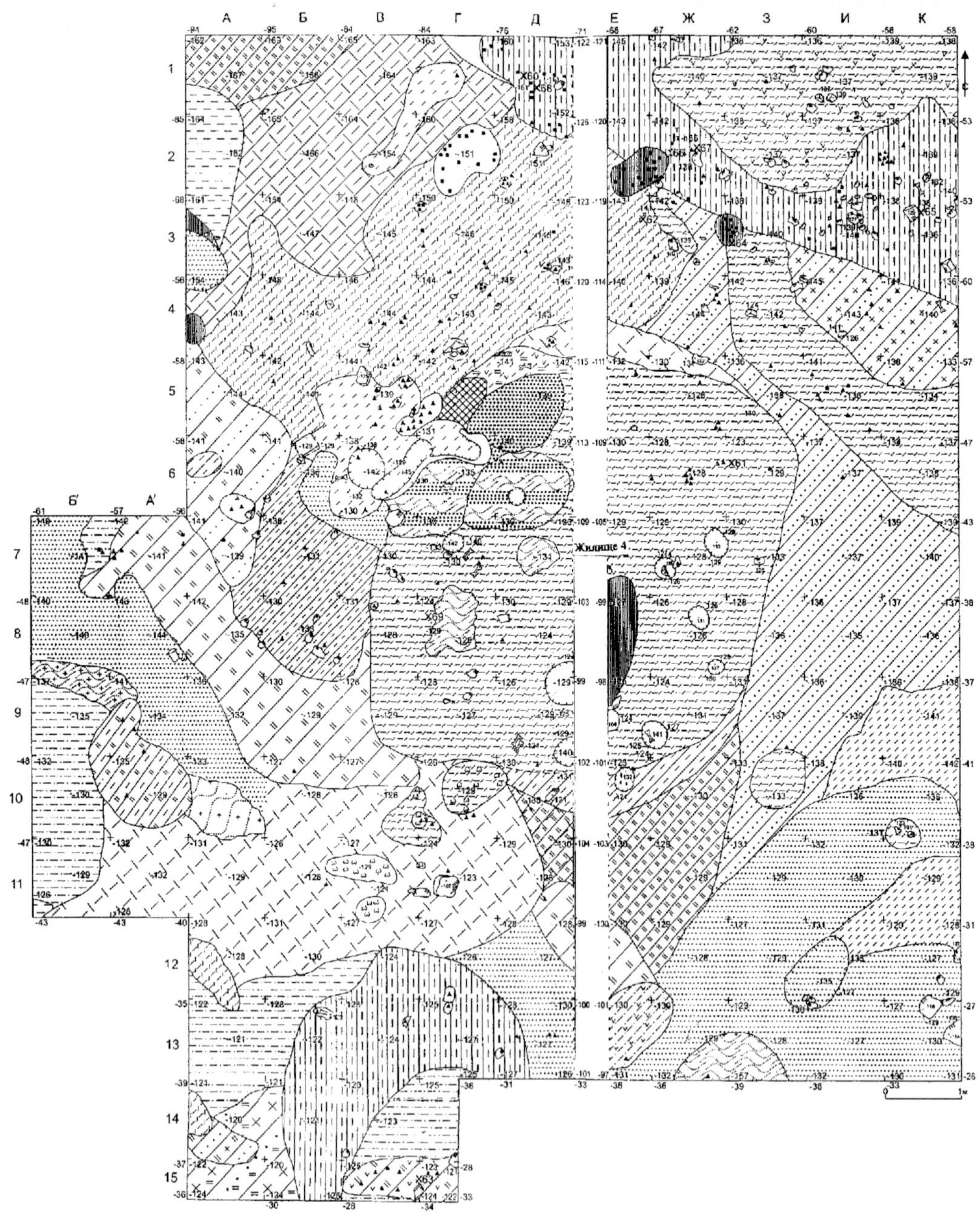

도면 295 | 크라스키노성 제34구역 제3생활면 4호 주거지 등 평면도(2006)

도면 296 | 크라스키노성 제34구역 4호 주거지 모습(남쪽에서)(2006)

도면 297 | 크라스키노성 제34구역 4호 주거지 모습(북쪽에서)(2006)

이 주거지는 평면 말각 장방형이고, 크기는 4.50×5.80m, 면적은 약 26㎡이다. 네 모서리가 거의 방위방형으로 향한다. 주거지 내의 북서쪽 부분에 위치하는 석축구조물 아래에서는 일부가 잔존하는 구들의 고래가 확인되었다. 고래의 너비는 22㎝, 고래 내에 퇴적된 내부퇴적토의 두께는 16㎝이다. 고래의 기초부분은 조금밖에 남아 있지 않았지만 숯과 소토가 섞인 얼룩 띠가 너비 22~46m로 계속되고 있어, 고래의 전체 길이는 거의 3m까지 확인된 것으로 판단되었다. 아궁이는 주거지의 남쪽 가운데 부분(데-8-9방안)에 위치하는데 직경 55㎝이다. 아궁이의 깊이는 약 10㎝이며, 불에 달구어진 사질토와 숯, 소토덩이 등이 들어있었다. 주거지의 아랫부분에서는 기둥구멍이 8개 확인되었다. 기둥구멍들의 크기는 직경이 20~30㎝이고, 깊이가 5~39㎝이다. 깊인 기둥구멍 바닥에는 납작한 돌이 들어있었다. 전체적으로 구들에서 고래의 평면 형태와 개수는 파악이 되지 못하였다.

도면 298 | 크라스키노성 제34구역 4호 주거지 모습(남서쪽에서)(2006)

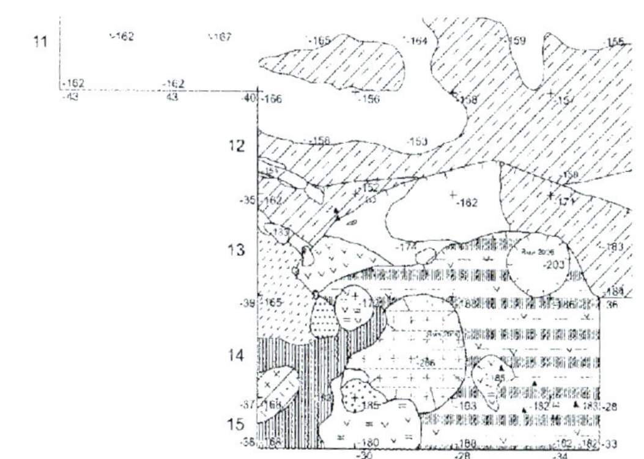

도면 299 | 크라스키노성 제34구역 구들 유구 등 평면도(2007)

주거지의 윗부분에서 납작한 토제 유물편(도면 2006-179, 4), 기호가 있는 토기 저부편(도면 2006-179, 3), 삼채기 윗부분, 놀이 알, 철제 유물편들 등이 출토되었다. 주거지의 아랫부분에서 다수의 토기편, 동물 뼈, 홍합 껍질, 철제 화살촉(도면 2006-171, 1), 놀이 알 등이 출토되었다.

구들 유구. 2007년에 제34구역의 서쪽섹터 남쪽 확장부분의 서벽 가까이(아-13방안)에서 조사되었다(도면

299). 구들 고래의 극히 일부만 확인되었고, 나머지 부분은 발굴구역의 서벽 밖에 위치한다. 제3생활면에 속하는 것으로 보고되었다.

(2) 제34-제40구역

10호 주거지. 제40구역의 북쪽 가운데 부분과 제34구역의 남쪽 부분에 걸쳐 위치한다(도면 300; 301). 하지만 10호 주거지에 대한 내용은 대부분이 2009년에 제40구역에서 조사되었다. 제34구역 부분은 2006년에 조사되었지만 주거와 관련된 내용이 분명하지 못하다.

10호 주거지의 윤곽선은 제10인공층 상면에서 확인되었다(도면 2009-113; 280)(도면 302). 10호 주거지 내부퇴적토 윗부분은 작은 모래, 숯, 소토가 섞인 무른 황갈색 사질토였다. 다량의 돌, 금속 유물편들, 슬래그편들, 불에 탄 동물 이빨들, 토기편들, 와당편(도면 2009-281, 282) 등이 섞여 있었다. 그런데 이 내부퇴적토 윗부분의 내용물

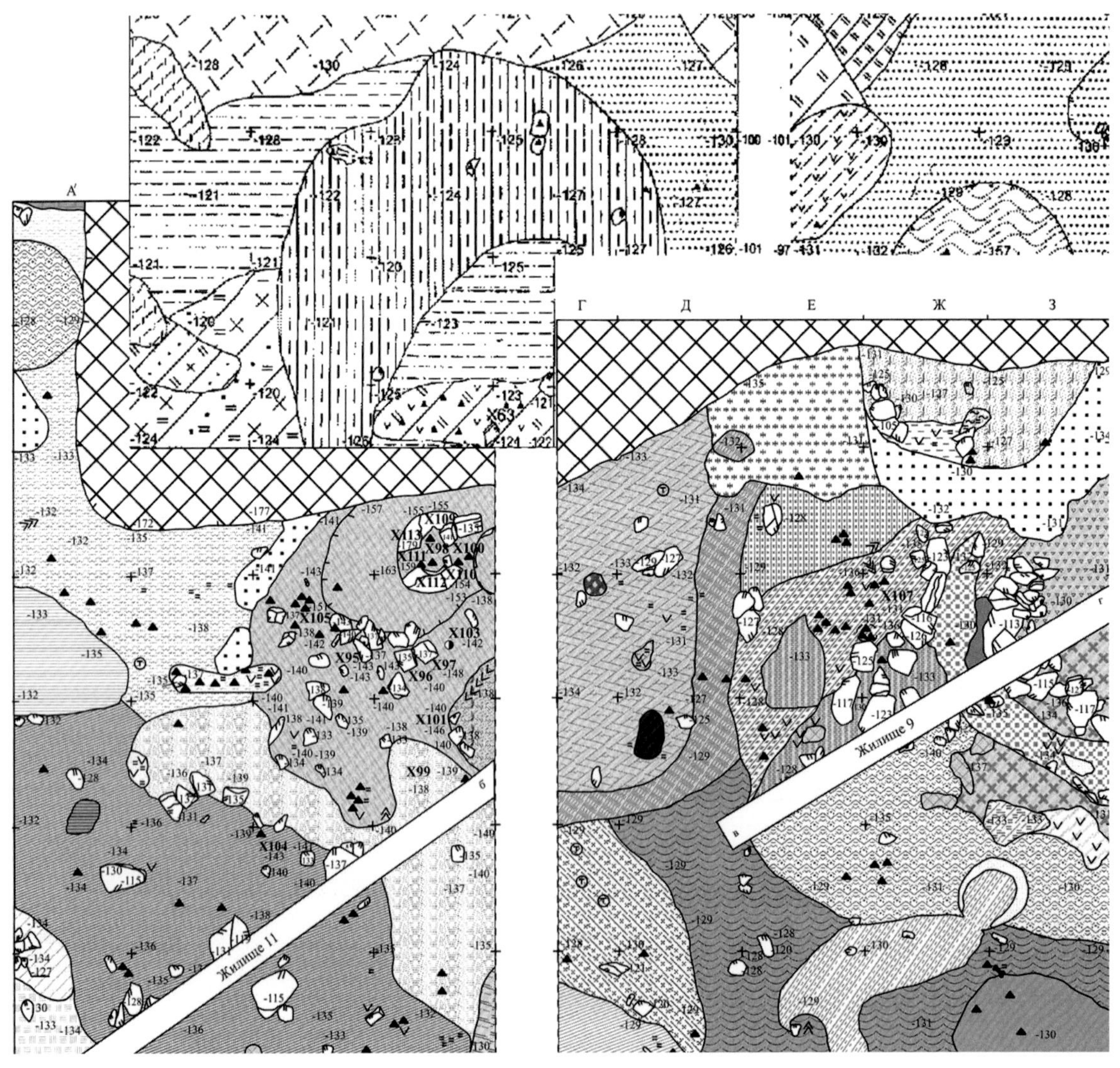

도면 300 | 크라스키노성 제34구역 남쪽 부분과 제40구역 제3생활면 10호 주거지 등 평면도(2007; 2009)

들은 주거지가 폐기되고 나 다음에 이곳이 폐기물 구덩이로 사용되었음을 보여 준다고 판단하였다. 다만 이 폐기물 구덩이는 제2생활면의 사람들이 사용하였을 것으로 보았는데, 이곳에 표토와 부식토 바래 아래에서 시작된 1호 폐기물 구덩이가 위치함을 염두에 둔다면, 제2생활면이 아니라 제1생활면 사람들이 사용한 것으로 보는 것이 더 타당할 것이다.

내부퇴적토의 윗부분, 즉 1호 폐기물 구덩이의 아랫부분으로 여겨지는 곳에서 주철제 유물, 철제 유물(도면 2009-284; 285), 대형 옹편이 출토되었다. 그 외에 내부퇴적토의 중간 부분에서 일부가 땅에 묻힌 대형 옹(도면 2009-286) 그리고 이 옹과 함께 차관편(도면 2009-287; 288), 청동 클립(도면 2009-289; 290)(도면 743, 3) 등이 출

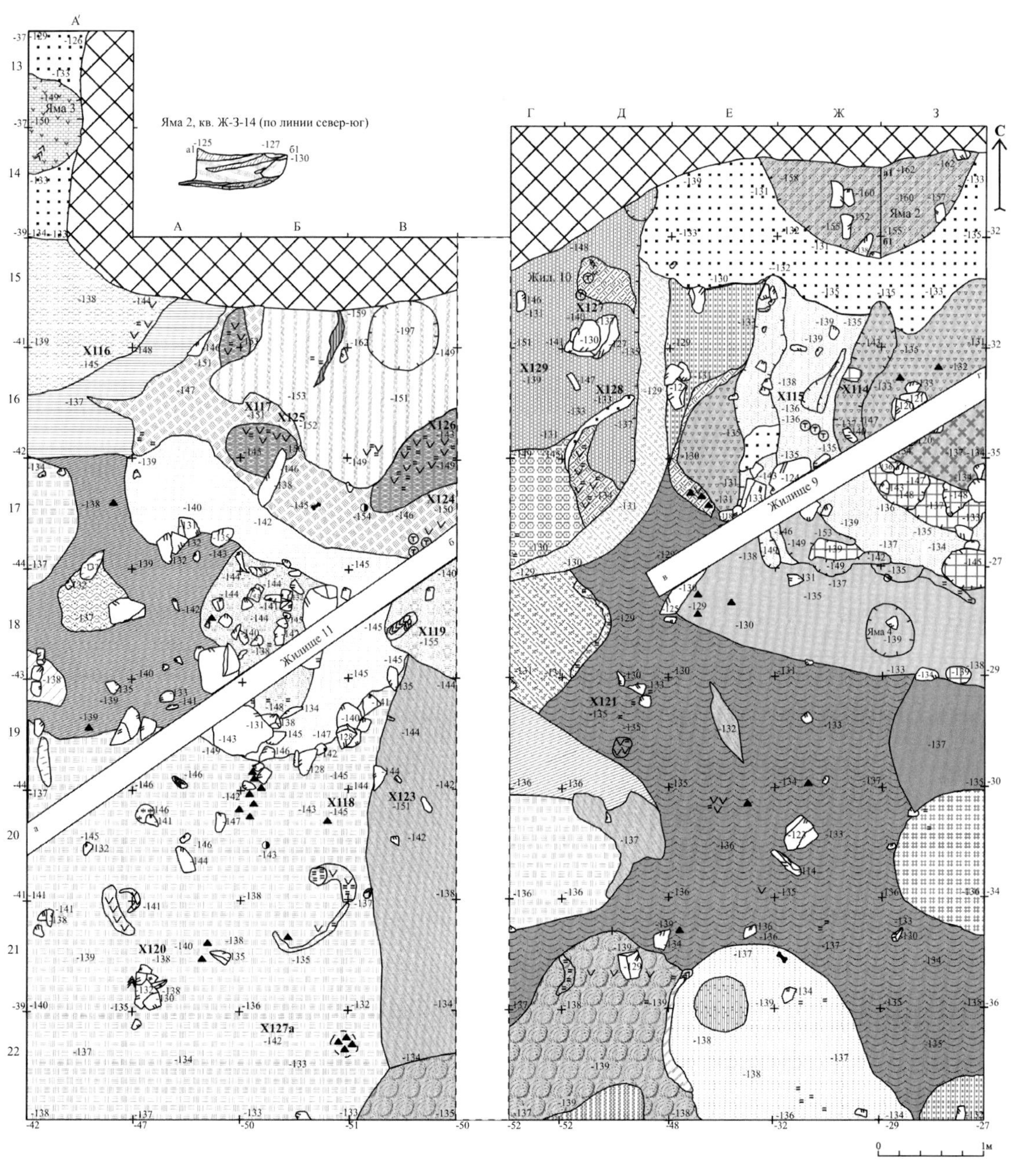

도면 301 | 크라스키노성 제40구역 제11인공층 상면 11호 주거지 등 평면도(2009)

도면 302 | 크라스키노성 제40구역 서쪽섹터 10호 주거지(앞쪽)와 11호 주거지(안쪽) 모습(북서쪽에서)(2009)

도면 303 | 크라스키노성 제40구역 10호 주거지(앞쪽)와 11호 주거지(오른쪽 중간) 모습(북서쪽에서)(2009)

토되었다.

내부퇴적토의 중간 부분은 석립과 굵은 모래가 다량 섞인 중간 밀도의 황갈색 사질토였다. 다만 동쪽 부분은 숯과 소토로 인해 색깔이 더 짙었다(도면 2009-118; 119; 291). 중간부분 내부퇴적토에서는 나무 빗(도면 2009-293~295)(도면 751, 2), 정요 자기편(도면 2009-296; 297)(도면 1000, 7), 주철제 보습편, 주철제 유물편, 선철 유물편, 차관편(도면 2009-301; 302)(도면 715, 2), 주철제 솥 구연부편(도면 2009-303), 놀이 알들, 청동 고리(도면 2009-140, 1; 307), 정요 자기 동체부편(도면 2009-140, 4)(도면 1000, 6), 유리 목걸이 알(도면 2009-305; 306)(도면 749, 1) 등이 출토되었다.

10호 주거지 내부퇴적토의 아랫부분은 숯과 다양한 크기 모래 얼룩들이 섞인 암회갈색의 무른 사질토였다. 이곳에서는 철제 보습편(도면 2009-318)(도면 686, 4), 옥돌(도면 2009-315), 어망추(도면 2009-321; 322)(도면 663, 5) 등이 출토되었다. 주거지의 바닥은 소량의 숯과 소토가 포함된 회갈색 사질토층이었다(도면 303).

10호 주거지는 평면 모양이 네 모서리가 둥그스름한 방형에 가깝다. 크기는 4.3×4.2m이며, 면적은 약 18㎡이다. 깊이는 0.5m 이상이다. 방향은 네 모서리가 거의 방위방향이다. 노지는 제34구역에서 조사되었다. 주거지 바닥의 가운데 가까이에서 둥근 노지가 발견되었는데 직경이 70~75㎝인 것으로 지적되었다. 하지만 이 노지는 제34구역의 조사 도면에 확인이 되지 않는다. 불에 탄 소토를 통해 벽체와 지붕이 남쪽 방향으로 쓰러졌을 것으로 판단되었다. 이 주거지는 폐기가 되고 난 다음에 불에 탄 것으로 추정되었다.

10호 주거지에서 토기는 모두 50.813㎏이 출토되었지만, 그중 47.223㎏이 내부퇴적토의 위와 중간 부분에서 발견되었는데, 즉 주거지가 폐기물 구덩이로 사용될 때에 버려진 것들이다. 이 주거지가 폐기되고 난 다음에 이곳에는 제1생활면에서 사용된 1호 폐기물 구덩이가 있었다.

도면 304 | 크라스키노성 제40구역 2호 저장구덩이 모습(2009)

2호 저장구덩이. 제34구역과 제40구역의 동쪽섹터에 각각 걸쳐 위치한다(도면 301). 제34구역에 위치하는 부분은 2006년에, 제40구역에 위치하는 부분(예-제-14방안)은 2009년에 각각 조사되었다(제2생활면 '돌무지' 참조). 2009년 조사에서는 제9인공층 상면(레벨 -124/ -127㎝)에서 단단한 회갈색 사질토 얼룩의 형태로 노출되었다(도면 304). 이 구덩이의 상면에는 9호 주거지의 구들 고래가 일부 시설되어 있었다. 2호 구덩이의 크기는 동서 170㎝, 남북 94㎝이다. 깊이는 35㎝이다. 2호 구덩이의 바닥에서 측면과 표면이 마연된 판돌이 1점(도면 2009-389~391)(도면 681, 1) 출토되었다. 한쪽은 깨어져 남아 있지 않다. 타악기의 하나인 공(gong)이었을 것으로 추정되었다.

(3) 제40구역

3호 구덩이. 2009년에 조사되었다. 10호 주거지의 서쪽 가까이(아'-13방안)로 제40구역의 서벽에 인접하여 위치한다(도면 301). 암갈색 사질토 얼룩의 형태로 노출되었다. 절반 정도는 발굴구역의 서벽 밖에 위치한다. 평면 원형으로 생각되며, 직경은 도면을 통해 볼 때에 대략 1m 정도 된다. 구덩이의 깊이는 29㎝이다. 구덩이 내부에서 남서-북동 방향으로 놓여 있는 불에 탄 목재가 1점 확인되었다(도면 305). 다른 유물에 대해서는 보고 내용이 없다. 10호 주거지의 저장구덩이로 사용되었을 것으로 추정되었다.

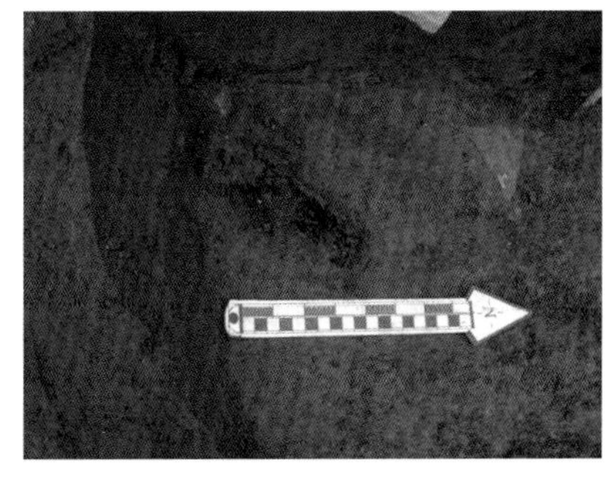
도면 305 | 크라스키노성 제40구역 3호 구덩이 모습(2009)

11호 주거지. 2009년에 제40구역의 서쪽섹터에서 조사되었다(도면 301; 302; 306~308). 제8인공층 제토 후에 11호 주거지의 존재가 확인

도면 306 | 크라스키노성 제40구역 서쪽섹터 11호 주거지 모습(북쪽에서) (2009)

도면 307 | 크라스키노성 제40구역 서쪽섹터 11호 주거지 모습(북서쪽에서) (2009)

도면 308 | 크라스키노성 제40구역 서쪽섹터 11호 주거지 모습(2009)

되었고, 제10과 제11 인공층 조사 후에는 주거지 내부의 구들로 추정된 석축구조물들이 거의 모두 모습을 드러내었다. 이 돌들은 크고 납작한 것들과 작은 것들로 이루어져 있고, 전체적으로 정연하지 못한 열을 이루고 있다. 주목되는 것은 크고 납작한 돌들이 작은 돌들보다 위에 위치한다는 사실이다. 하지만 구들로 추정된 이 석축구조물의 크기와 형태 등은 파악되지 못하였다. 주거지의 남서쪽 부분(아-웨-20방안)에서 다량의 소토와 숯이 발견되었는데 이것들은 이 보다 조금 북서쪽 부분(웨-20-21방안)의 돌 열 및 숯 얼룩과 함께 구들 및 목조 구조물과 관련이 있을 것으로 추정되었다. 주거지의 범위도 분명하지가 못하다. 다만 제40구역 서쪽섹터의 남서쪽 모서리 가까이에서 북서-남동 방향으로 중간 크기의 할석과 그을음 흔적이 띠를 이루며 나있는데 이 주거지의 남서벽과 관련이 있을 것으로 판단되었다. 이 부분은 2014년 발굴조사에서 제4생활면에 속하는 24호주거지의 구들이 연장된 것이라는 의견이 제시되었다. 따라서 주거지의 평면모양은 분명하지는 못하여도 장방형이었을 것으로, 네 모서리가 방위 방향이었을 것으로 추정되었다. 주거지의 면적은 약 22㎡로 추정되었다. 주거지의 남동쪽에 불에 탄 토양이 분포한다. 아궁이와 구들을 통해 주거지의 입구는 남동쪽에 있었을 것으로 추정되었다. 다만 아궁이에 대한 보고내용이 확인되지 않아 위치가 분명하지 못하다. 11호 주거지와 관련된 퇴적층의 두께는 약 40㎝로 보고되었다.

11호 주거지의 내부퇴적토에서 철제 화살촉 2점(도면 2009-354~356), 많은 수의 부정형 원철(原鐵, 가공하지 않은 철)(도면 2009-342~344; 358~360), 청동-철 버클(도면 2009-361; 362)(도면 748, 3), 청동 고리 2점(도면 2009-345, 3; 346~348)(도면 734, 3, 6), 다수의 토기편(도면 2009-365~379; 383-387)(도면 773, 1; 774, 2, 3, 11; 779, 2; 783, 3; 805, 5; 888, 9; 960, 2; 971, 11; 978, 8; 981, 3)이 출토되었다. 그 외에도 철제 열쇠(도면 2009-266; 277)(도면 710, 6)도 이 주거지와 관련이 있을 것으로 보고되었다. 이 주거지 부근에서는 석제 방추차도 1점 출토되었다(도면 2009-363). 11호 주거지의 경계 부근에서는 슬래그들도 발견되었다(도면 2009-357).

11호 주거지에는 '구들'의 크기나 구조가 분명하지 못하다. 또한 이곳에서 다량의 원철과 슬래그 등이 발견된 것을 보면 주거지라기보다는 제철생산과 관련된 시설이 있었을 가능성도 있다고 생각된다. 발굴조사 당시 이 유구를 주거지라는 관점에서 조사하였기 때문에 주거지로 인식되고 보고된 것이라 생각된다. 향후 제철 등 생산시설의 관점에서 재검토가 필요하다.

11호 주거지는 이웃하는 9호 주거지와 함께 조사가 진행되었으며, 노출된 레벨도 서로 크게 차이가 나지 않는다. 그럼에도 불구하고 9호 주거지는 제2생활면에, 11호 주거지는 제3생활면에 각각 속하는 것으로 판단하였는데, 그것은 9호 주거지의 바닥이 11호 주거지의 바닥보다 더 높게 위치하기 때문이다. 또한 토층도를 보면 9호 주거지가 11호 주거지와 관련된 구조물들 보다 더 위의 토층에 위치하는 것이 확인된다.

11호 구덩이. 2009년에 제40구역 동쪽섹터의 남쪽 부분(예-21-22방안)에서 조사되었다(도면 301). 제15인공층의 상면(레벨 -159/ -162㎝)에서 황갈색의 점토와 숯, 소토 등이 섞인 단단한 암갈색의 사질토 얼룩 형태로 노출되었다. 구덩이 얼룩은 타원형이었고 크기는 150×140㎝, 깊이는 20㎝이다. 11호 구덩이와 그 남쪽에 인접하여 위치하는 15호 주거지의 내부퇴적토가 서로 비슷하여 11호 구덩이는 15호 주거지에 속한 것으로 판단되었다. 11호 구덩이의 내부퇴적토에서 시루편을 포함

도면 309 | 크라스키노성 제40구역 동쪽섹터 11호 구덩이 모습(2009)

하는 토기편들이 출토되었다(도면 2009-419~423)(도면 309; 924, 2; 951, 5). 저장구덩이일 것으로 판단되었다.

11호 구덩이의 북동쪽 가까이(줴-21방안)와 북서쪽 가까이(데-21방안)에는 각각 구멍이 위치한다. 북동쪽에 위치하는 12호로 명명된 구멍은 숯이 포함된 암회색 사질토 얼룩의 형태로 노출되었고, 직경이 50㎝, 깊이가 14㎝이다. 북서쪽에 위치하는 13호로 명명된 구멍은 직경이 32㎝, 깊이가 12㎝이다(도면 2009-408; 424-426). 이 구덩이들은 11호 저장구덩이의 차양을 위한 기둥구멍이었을 것으로 추정되었다.

2009년 발굴조사 보고서에 11호 구덩이는 재3생활면에 속하는 것으로 보고되어 있다. 하지만 2호 구덩이의 레벨과 크게 차이나는 레벨을 감안하고, 또 15호 주거지와의 관련성을 염두에 둔다면 11호 구덩이는 제4생활면에 속할 가능성도 있다고 생각된다.

(4) 제40-제44구역

추정 건물지. 제44구역과 제40구역에 걸쳐 위치한다(도면 310). 이 추정 건물지 대부분은 2014년에 제44구역의 서쪽 섹터에서 조사되었다. 2014년도 발굴조사 보고서에는 "기둥 구조물 유구"로 소개되었다.

제44구역 서쪽섹터의 중간과 남쪽 부분에서 제8인공층을 조사할 때에 돌무지들이 일정한 간격을 이루며 노출되었는데 초석을 놓았던 적심의 잔재로 추정을 하였다(도면 311). 추정 건물지는 평면이 장방형이며, 장축이 남동-북서 방향이다. 네 모서리가 방위방향이다. 장방형 추정 건물지의 크기는 4×3~3.6m이다. 각 모서리 적심의 위치는 동쪽의 것이 붸-23-24방안에, 서쪽의 것이 붸'-23방안에, 남쪽의 것이 아-25-26방안에, 북쪽의 것이 베'-21방안에 각각 위치한다. 남서벽과 북동벽 부분에도 각각 적심으로 추정되는 돌무지가 있다. 남서벽의 것은 베

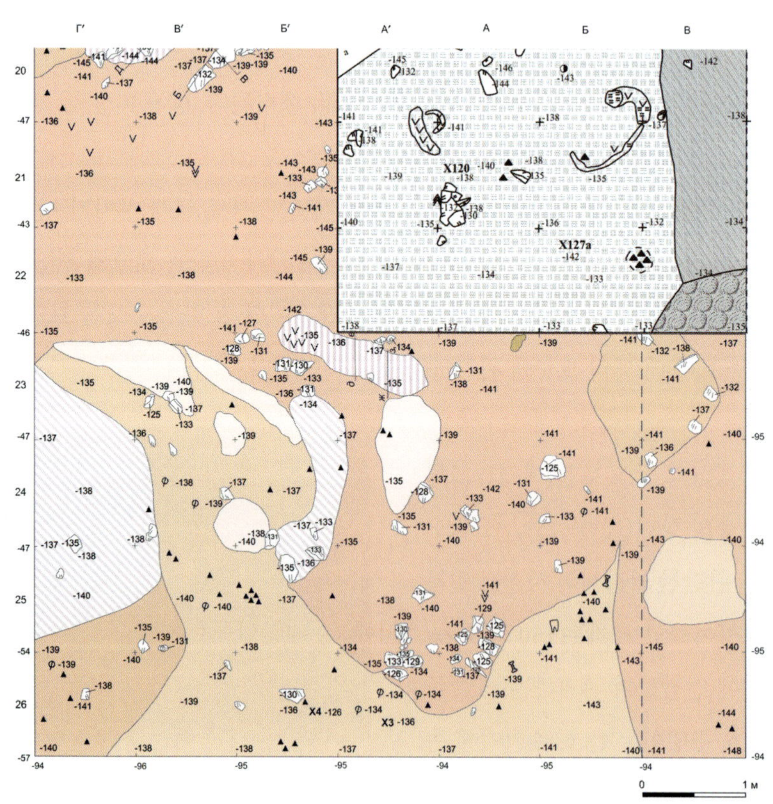

도면 310 | 크라스키노성 제40구역과 제44구역 서쪽섹터 추정 건물지 평면도(2014)

도면 311 | 크라스키노성 제44구역 서쪽섹터 추정 건물지 세부 모습(북서쪽에서)(2014)

'-24-25방안에 위치한다. 북동벽의 것은 2009년에 조사된 제40구역 서쪽섹터의 아-21-22방안에 위치한다(도면 2009-118). 그 외 이 구조물의 내부에도 적심이었을 것으로 보이는 돌무지 혹은 돌이 흩어진 것이 있지만 분명하지는 않다.

이 유구의 범위 내에서 놀이 알, 철제 못편, 동물의 뼈와 이빨, 그리고 다수의 토기편이 출토되었다.

(5) 제44구역

노지와 소토 얼룩들. 노지는 2014년에 제44구역 서쪽섹터 남쪽 가운데 부분(아'-25방안)에서 조사되었다(도면 312). 제9인공층에서 불에 달구어진 사질토 얼룩의 형태로 확인되었다(도면 313). 둥근 모양이고 직경이 약 60㎝이다. 달구어진 층의 두께는 12~15㎝이다(도면 314). 이 노지 위에는 가운데 부분에 2개의 돌이, 둘레로 다시 4개의 돌이 각각 놓여 있는데 이 돌들은 노지를 구성하였던 구조물의 일부로 판단되었다. 이 노지의 북쪽과 동쪽 부분에는 숯이 다량 포함된 갈색 사질토가 있고, 서쪽 부분에는 단단한 소토와 잔 숯이 포함된 적갈색의 사질토 얼룩이 하나 있다. 이 적갈색 사질토 얼룩은 크기가 40×40㎝이다. 이 노지는 추정 건물지에 의해 훼손된 것으로 판단되었다. 붸'-23방안에서는 소토로 채워진 갈색 사질토 얼룩이 하나 확인되었다(도면 315). 이 얼룩의 크기는 40×26㎝, 두께는 약 2㎝이다. 이 얼룩에는 숯과 동물의 뼈들이 포함되어 있었다. 얼룩의 범위 내에서 둥근 자갈돌, 토제 어망추, 토기편 등이 출토되었다.

1호~8호 구덩이. 2014년에 조사되었다(도면 316). 제44구역의 동쪽 섹터에서는 제8인공층 제거 후에 8개의 구덩이들이 확인되었다. 이 구덩이들은 대부분이 1호 수혈구덩이 주변에 위치한다.

- 1호 구덩이. 내부퇴적토가 소토, 숯, 그을음이 섞인 회갈색 사질토로 되어 있었다. 직경은 50㎝, 깊이는 약 30㎝이다.

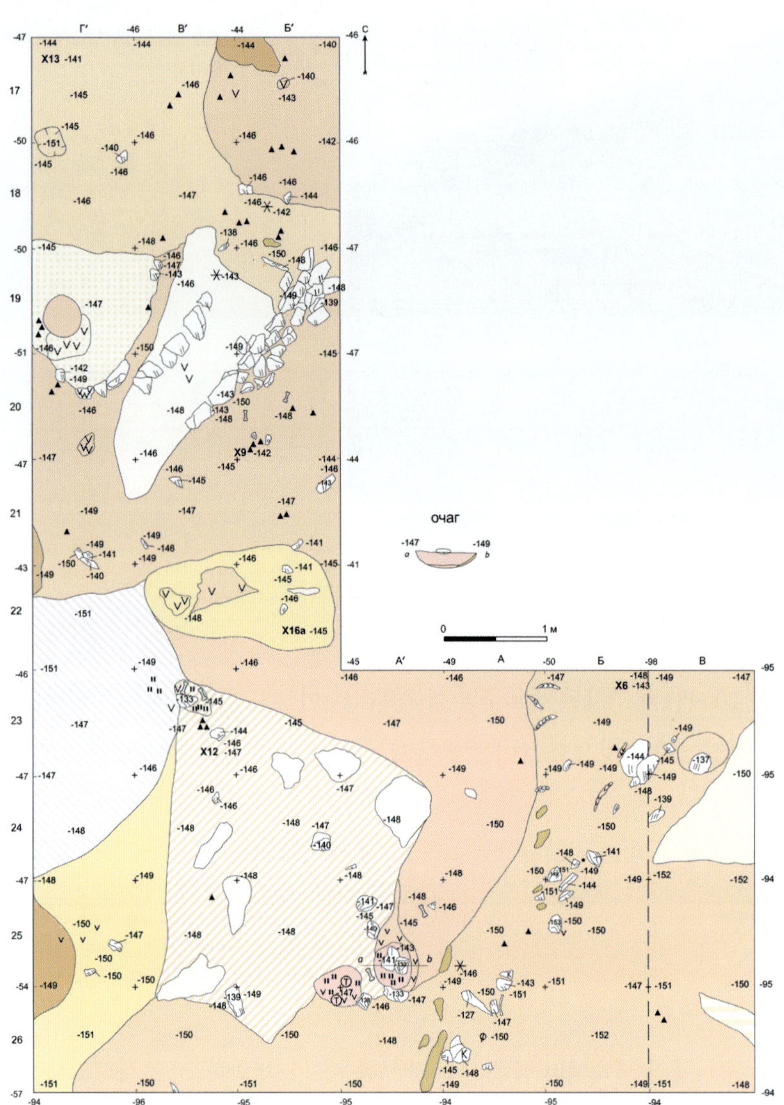

도면 312 | 크라스키노성 제44구역 서쪽 섹터 제9인공층 상면 평면도(2014)

도면 313 | 크라스키노성 제44구역 서쪽섹터 노지 모습(2014)

도면 314 | 크라스키노성 제44구역 서쪽섹터 노지 단면 모습(2014)

도면 315 | 크라스키노성 제44구역 서쪽섹터 소토 얼룩 모습(2014)

- 2호 구덩이. 입자가 굵고 무른 황갈색의 모래 얼룩 형태로 확인되었다. 평면모양이 말각 장방형이다. 크기는 1.4×1.1m이고, 깊이는 8~10㎝이다.
- 3호 구덩이. 평면 타원형이고 크기가 1.22×0.84m이다. 깊이는 35㎝이다. 내부퇴적토는 불탄 흔적과 그을음이 포함된 회갈

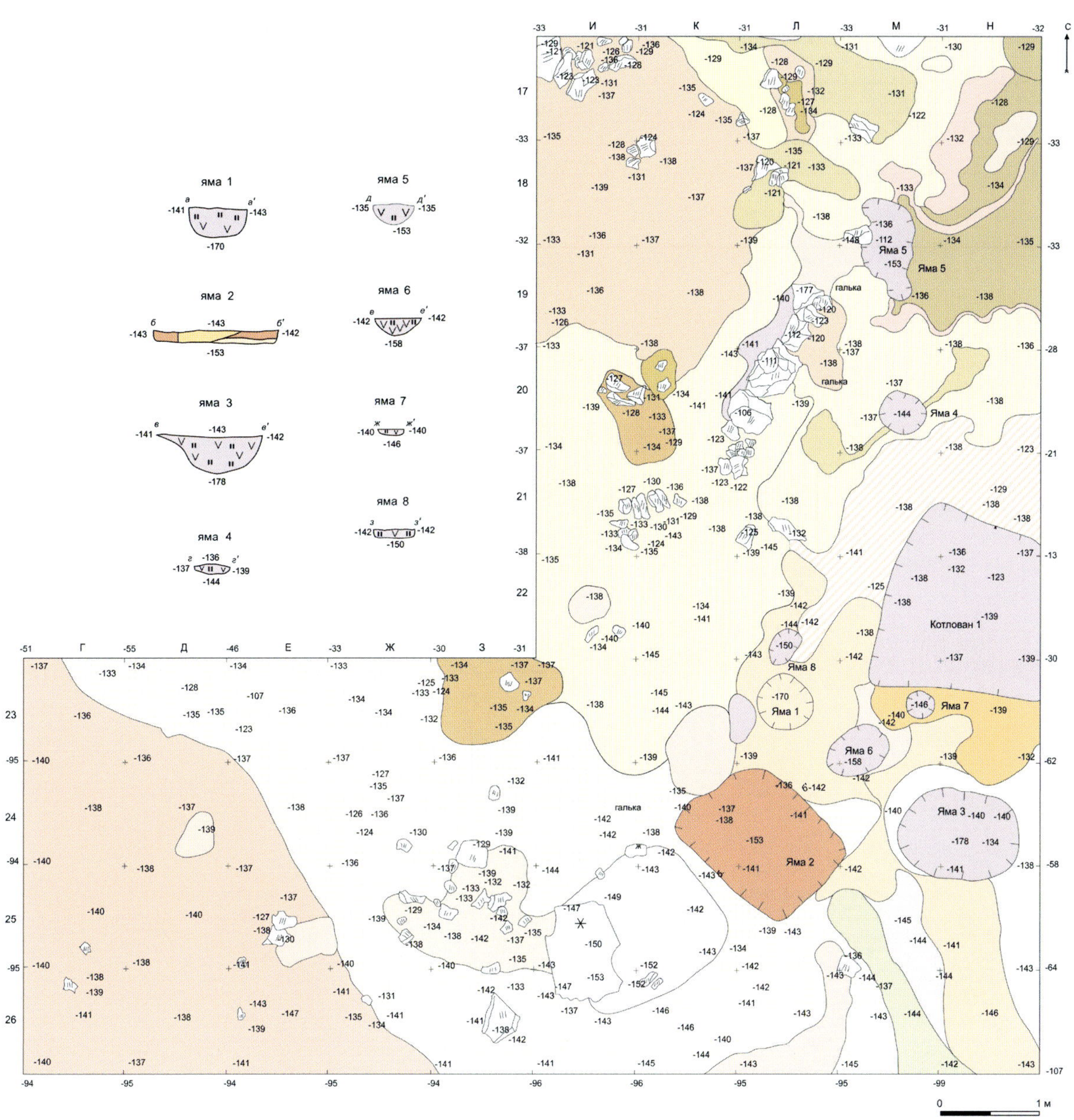

도면 316 | 크라스키노성 제44구역 동쪽섹터 제9인공층 상면 평면도와 구덩이들 단면도(2014)

색 사질토이다. 구덩이 남쪽 가장자리에 5개의 돌이 놓여 있었다. (도면 2014-56)

- 4호 구덩이. 내부퇴적토는 소토, 숯, 그을음이 포함된 회갈색 사질토이다. 직경은 40~46×cm, 깊이는 8cm이다.
- 5호 구덩이. 다량의 불탄 잔재들이 포함된 암회갈색 사질토 얼룩의 형태로 노출되었다. 구덩이의 크기는 1×0.5m, 깊이는 20cm이다.
- 6호 구덩이. 내부퇴적토는 소토, 숯, 그을음, 토기 등이 포함된 회갈색 사질토이다. 크기는 0.5×0.6m, 깊이는 16cm이다.
- 7호 구덩이. 내부퇴적토는 그을음이 포함된 회갈색 사질토이다. 크기는 직경 26cm, 깊이 6~8cm이다.
- 8호 구덩이. 내부퇴적토는 그을음이 포함된 회갈색 사질토이다. 크기는 0.3×0.4m, 깊이 8cm이다.

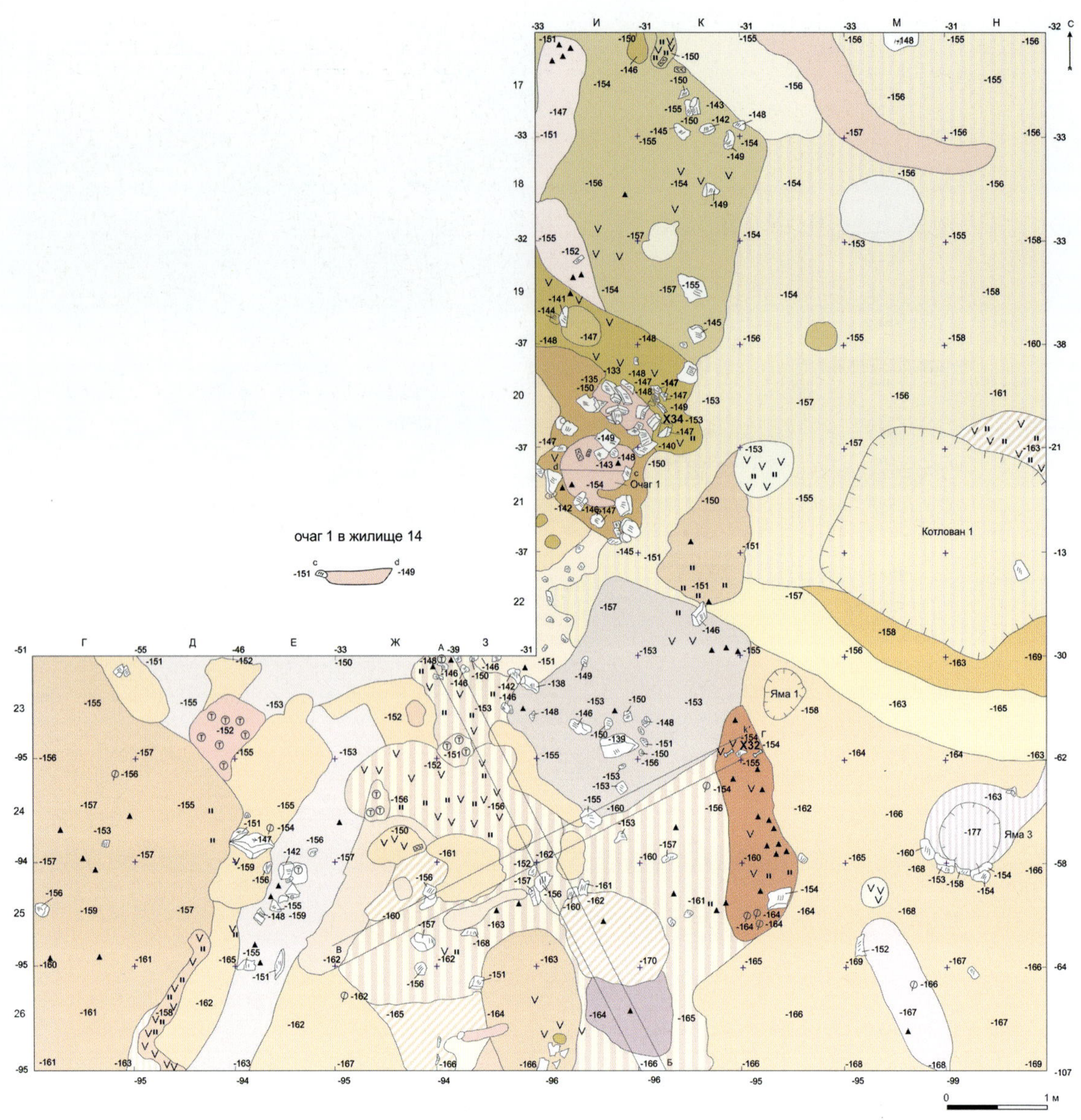

도면 317 | 크라스키노성 제44구역 동쪽섹터 제11인공층 상면 평면도와 노지 단면도(2014)

1호, 3호, 4호, 6호, 7호, 8호 구덩이는 1호 수혈구덩이의 바로 가까이에 위치한다. 이것들은 동일시기에 만들어졌고, 그리고 성 주민들의 경제활동과 관련되었을 것으로 추정되었다.

1호 수혈구덩이. 제44구역의 동쪽 섹터 동쪽 가장자리 중간 부분(엘-엔-20-22방안)에 위치한다(도면 317). 2013년에 제7인공층 조사 다음에 숯과 소토가 다수 포함된 단단한 암갈색 사질토 얼룩의 형태로 그 존재가 확인되었고, 2014년에 그 아랫부분이 조사되었다(도면 143). 제8인공층 제거 후 수혈구덩이 1은 평면 말각장방형의 형태를 가졌다. 동쪽 경계의 일부는 발굴구역의 범위 밖에 위치하며, 대략적인 크기는 1.8×1.7m이다. 수혈구덩이 내부퇴적토는 기본적으로 목탄과 그을음 그리고 슬래그와 석탄 쪼가리 등이 섞여 있는 회갈색의 사질토이다. 이 수혈의 남쪽 가장자리 부근에서 숯과 소토덩이 등이 섞인 암갈색과 황갈색의 사질토 얼룩이 발견되었는데 건축물의 벽이 무너진 잔재일 것으로 추정되었다. 약 40㎝ 깊이에서 내부퇴적토인 회갈색 사질토가 펄 간층이 포함된 알록달록한 황갈색 모래층으로 교체되어 이 수혈구덩이의 바닥으로 판단되었다. 수혈구덩이 1의 크기는 남벽이 1.9m, 서벽이 1.5m이다. 서벽은 1.8m까지 넓어진다. 수혈구덩이 1의 벽은 가파르고, 가장 깊은 곳은 깊이가 40~50㎝이다.

1호 수혈구덩이에서는 철제 판 모양 유물편(도면 2014-48, 1), 금속제 유물편(도면 2014-48, 2, 3), 철제 못(도면 2014-49, 1, 2), 철제 칼편(도면 2014-51)(도면 688, 3), 놀이 알들, 토기편들 등의 유물이 출토되었다.

도면 318 | 크라스키노성 제44구역 동쪽섹터 1호 수혈구덩이 모습(남쪽에서) (2014)

2호 수혈구덩이. 2014년에 조사되었다(도면 319). 제44구역의 동쪽섹터 가운데 부분(제-까-22-24방안)에 위치한다. 15호 주거지의 북동쪽 부분을 파괴하면서 만들어졌다. 전체적으로 장방형의 형태이고 크기는 1.6×2.2m(3.52㎡)이고, 깊이는 20~25㎝이다. 15호 주거지의 바닥을 2~3㎝ 깊이로 파고 내려갔다(도면 320). 수혈구덩이의 수직 벽을 따라서 큰 토기편들과 납작한 돌들이 놓여 있었고, 바닥에서 개별 돌들과 반류 계통 토기의 동체부편이 확인되었다. 내부퇴적토에서 다량의 토기편, 동물의 뼈와 이빨, 토기 동체부편으로 만든 놀이 알 등이 발견되었다. 이 수혈구덩이는 경제적 공간이었을 것으로 추정되었다.

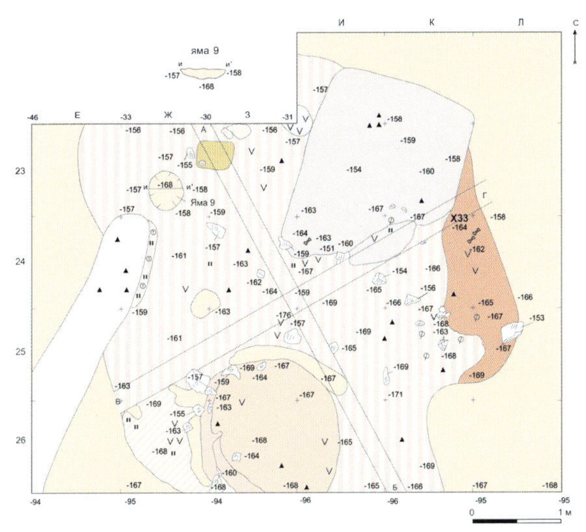

도면 319 | 크라스키노성 제44구역 동쪽섹터 2호 수혈구덩이 외 평면도 (2014)

1호 노지. 2014년에 제44구역 동쪽섹터에서 조사되었다(도면 317). 동쪽섹터 가운데에서 북쪽으로 약간 치우친 곳(이-까-19-21방안)에 위치한다. 전체적으로 반원형 모양의 돌로 된 구조물이다(도면 321). 이 반원형 구조물의 내부에는 불에 달구어진 적갈색 사질토가 위치하는데 길이가 70㎝, 너비가 28~30㎝이다. 두께는 12~14㎝이다. 노지 자체의 직경은 64㎝이다. 노지를 둘러싸고 있는 돌들에는 점토를 바른 것이 확인되었다. 한편, 이 노지의 북쪽에는 남동-북서 방향으로 너비 50~55㎝ 정도로 회갈색의 사질토 띠가 나있는데 14호 주거지의 점토를 바른 벽체의 잔재일 것으로 추정되었다. 다시 말해서 1호 노지는 14호 주거지의 내부퇴적토를 훼손하면서 만들어진 것으로 판단되었다.

배수 도랑(도면 317; 319). 2014년에 조사되었다. 제44구역 동쪽섹터의 서쪽 부분에서 제9인공층을 제거하고 난 다음에 회갈색의 단단한 사질토 띠 형태로 노출되었다(도면 322). 노출 길이는 2.1m, 너비는 10~40㎝이다. 하

도면 320 | 크라스키노성 제44구역 동쪽섹터 2호 수혈구덩이 모습(북쪽에서) (2014)

도면 321 | 크라스키노성 제44구역 동쪽섹터 1호 노지 모습(2014)

도면 322 | 크라스키노성 제44구역 동쪽섹터 배수 도랑 모습(남쪽에서) (2014)

도면 323 | 크라스키노성 제44구역 동쪽섹터 배수 도랑 모습(2014)

도면 324 | 크라스키노성 제44구역 동쪽섹터 10호 구덩이 모습(남쪽에서) (2014)

지만 제10인공층을 제거하자 이 회갈색의 띠는 길이가 3m 이상, 너비가 50~70㎝로 규모가 확대되었다. 깊이는 약 40㎝이다. 내부퇴적토에서 작은 돌들과 함께 숯들이 확인되었다. 이 배수 도랑은 15호 주거지의 벽을 뚫고 지나간다(도면 323).

10호 구덩이(도면 2014-70; 73; 224). 2014년에 제44구역의 동쪽섹터에서 조사되었다(도면 324). 15호 주거지의 남쪽 부분을 훼손하면서 만들어졌다. 둥근 모양이고 크기는 1.4×1.4m이다. 이 구덩이의 서쪽 가장자리를 따라서는 작은 돌들이 수개 놓여 있다. 구덩이의 내부는 다량의 숯과 재를 포함하는 단단한 갈색 사질토로 채워져 있었다. 구덩이의 깊이는 14~15㎝이다. 내부퇴적토에서 보존상태가 좋지 못한 청동 유물편과 토기 동체부편으로 만든 놀이 알 등이 발견되었다.

(6) 제48구역(도면 325; 326)

암갈색 단단한 사질토 얼룩(도면 2016-129, 133). 2016년에 조사되었다. 제48구역 동쪽섹터의 북서쪽 모서리 부분(줴-이-27-29방안)에 위치한다. 목탄, 소토, 석탄 쪼가리 등이 포함되어 있었다. 이곳에서 철제 판 모양 유물편, 철제 못, 놀이 알 등이 출토되었다.

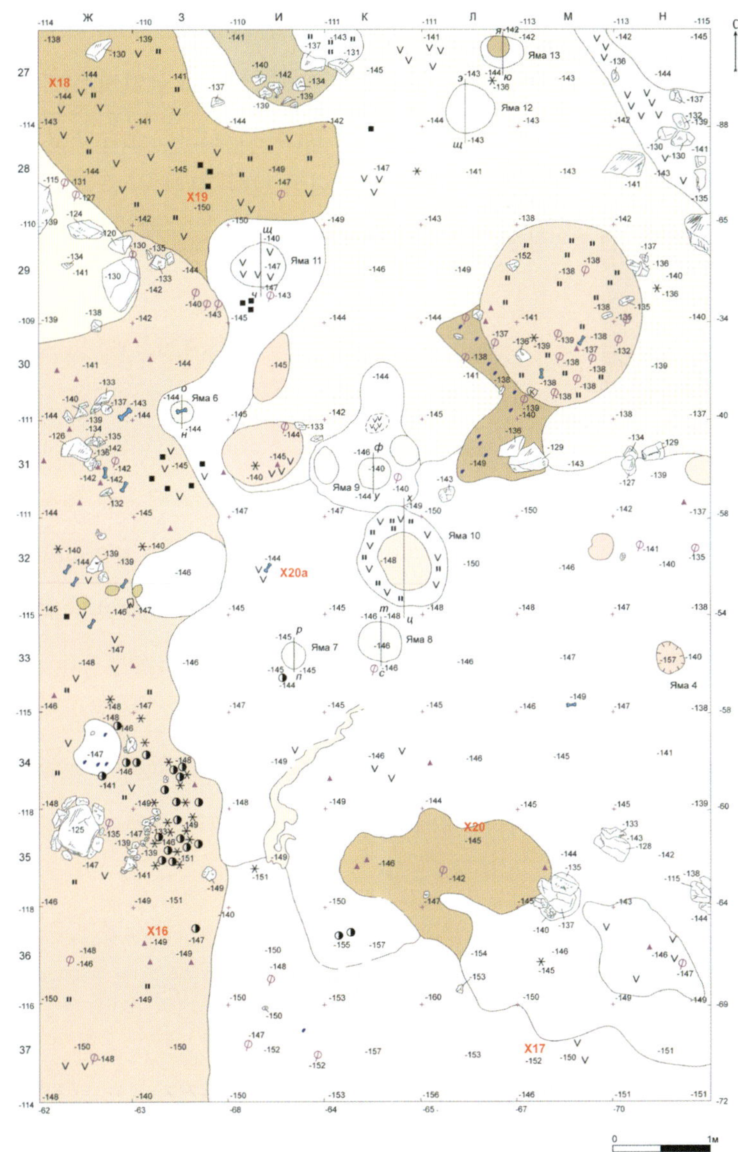

도면 325 | 크라스키노성 제48구역 동쪽섹터 제9 인공층 상면 평면도(2016)

도면 326 | 크라스키노성 제48구역 동쪽섹터 제9인공층 상면 모습(북서쪽에서)(2016)

도면 327 | 크라스키노성 제48구역 동쪽섹터 적심초석과 슬래그 집중 분포지 모습(2016)

갈색 사질점토 얼룩(도면 2016-129, 133). 2016년에 조사되었다. 제48구역 동쪽섹터의 북벽에 잇대어 서쪽 부분(제-까-27방안)에 위치한다. 잔돌과 중간 크기의 자갈들이 포함되어 있다. 목탄, 부정형 철제 유물편, 토기편 등이 출토되었다.

슬래그 집중 분포지(도면 2016-129; 136)(도면 327). 2016년에 조사되었다. 제48구역 동쪽섹터의 서남쪽 부분(줴-제-34-35방안)에 위치하며 적심초석의 동쪽과 북동쪽 부분에 해당한다. 이곳에 한 줄의 짧은 석열이 있고, 그 주변으로 금속 슬래그들이 집중되어 발견되었다. 슬래그들이 발견된 부분의 토양은 단단한 갈색 사질토로서 더 동쪽의 갈색의 부드러운 모래와 구분된다. 이곳에서는 슬래그들과 함께 부정형의 철제 유물편들도 함께 발견되었다.

6호~13호 구덩이. 2016년에 제48구역 동쪽섹터의 제9인공층 상면에 노출된 유물을 수습한 후에 발굴구역 상면에서 확인된 얼룩들을 조사하였고, 그 결과 6호부터 13호까지의 8개 구덩이가 확인되었다(도면 328).

- 6호 구덩이(도면 2016-180~182). 회갈색 사질토 얼룩의 형태로 노출되었다. 내부퇴적토도 회갈색 사질토였다. 구덩이의 직경은 28㎝, 깊이는 12㎝이다.
- 7호 구덩이. 회갈색 사질토 얼룩의 형태로 확인되었다. 구덩이의 직경은 25㎝, 깊이는 13㎝이다.
- 8호 구덩이. 회갈색 사질토 얼룩의 형태로 노출되었다. 직경은 38㎝, 깊이는 30㎝이다.
- 9호 구덩이. 회갈색 사질토 얼룩의 형태로 노출되었다. 내부퇴적토에서 윤제 토기편이 2점 발견되었다. 구덩이의 직경은

40㎝, 깊이는 11㎝이다.

- 10호 구덩이(도면 2016-129; 192~194). 동쪽 섹터의 가운데 부분(까-엘-31-32방안)에 위치한다. 목탄과 소토가 포함된 암갈색 사질토로 둘러싸고 있는 갈색 모래 얼룩의 형태로 노출되었다(도면 329). 구덩이의 직경은 113㎝, 깊이는 21㎝이다. 구덩이 가운데의 갈색 모래는 두께가 약 5㎝에 불과하였고, 내부퇴적토의 나머지 부분은 목탄, 소토, 윤제 토기편, 금속 슬래그 등이 포함된 암갈색 사질토였다.
- 11호 구덩이. 잔 숯이 포함된 암갈색 사질토 얼룩의 형태로 노출되었다. 내부퇴적토에서 토기편이 2점 발견되었다. 구덩이의 직경은 40㎝, 깊이는 14㎝이다.
- 12호 구덩이. 암갈색 사질토 얼룩의 형태로 노출되었다. 내부퇴적토에서 윤제 토기편이 3점 발견되었다. 구덩이의 직경은 45㎝, 깊이는 17㎝이다.
- 13호 구덩이. 암갈색 사질토 얼룩의 형태로 확인되었다. 직경은 28㎝이다.

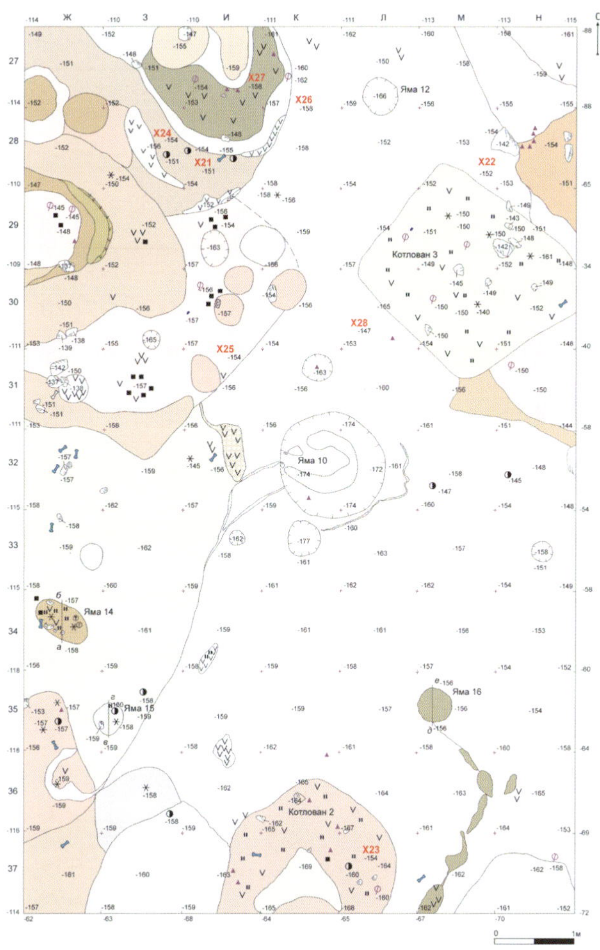

도면 328 | 크라스키노성 제48구역 동쪽섹터 제10인공층 상면 평면도(2016)

도면 329 | 크라스키노성 제48구역 동쪽섹터 10호 구덩이 모습(2016)

6) 제3-2생활면 유구

(1) 제40-제44구역

14호 주거지. 제40구역의 동쪽섹터와 제44구역의 동쪽섹터에 걸쳐서 위치한다(도면 330). 제40구역 부분은 2009년에, 제44구역 부분은 2014년에 각각 조사가 되었다. 제40구역에서는 제3생활면에 속하는 것으로, 제44구역에서는 제4생활면에 속하는 것으로 각각 다르게 판단되어 생활면 설정에 있어 문제점이 있음을 보여 주었다. 하지만 제40구역의 경우 제3생활면에 위치하는 11호 주거지보다 레벨이 더 낮고, 또한 제4생활면에 속하는 13호 주거지보다 레벨이 더 높다. 때문에 14호 주거지는 잠정적으로 제3-2생활면으로 파악하고자 한다.

제40구역 동쪽섹터에는 14호주거지가 제2생활면에 속하는 9호 주거지의 바로 밑에 겹 놓인 관계로 위치한다. 9호 주거지를 축조할 때에 일부가 훼손 혹은 삭평된 것으로 판단되었다. 제14인공층을 조사할 때에 주거지의 존재가 인식되었으며, 구들과 굴뚝 흔적이 확인되었다(도면 331; 332). 14호 주거지와 관련된 퇴적층의 두께는 약 20㎝이다. 구들의 일부였던 것으로 생각되는 돌들은 북동-남서 방향을 열을 이루고 있으며, 구들이 잔존하는 곳은 주거지의 북서벽 안쪽으로 판단되었다. 구들의 잔존 길이는 도면의 축적으로 통해 판단해 볼 때에 약 2.15m이다. 구들에 사용된 돌들은 길이가 35~40㎝, 너비가 20~24㎝이다. 구들의 돌들을 제거하자 그 아래에서 고래가 확인되었는데 너비는 25㎝, 깊이는 13㎝이었고, 속이 숯 사질토로 채워져 있었다. 이 고래는 구들의 남서쪽 끝부분에 위치하는 10호로 명명된 구덩이와 연결되고 있어, 10호 구덩이는 구들의 굴뚝자리로 판단되었다(도면 333;

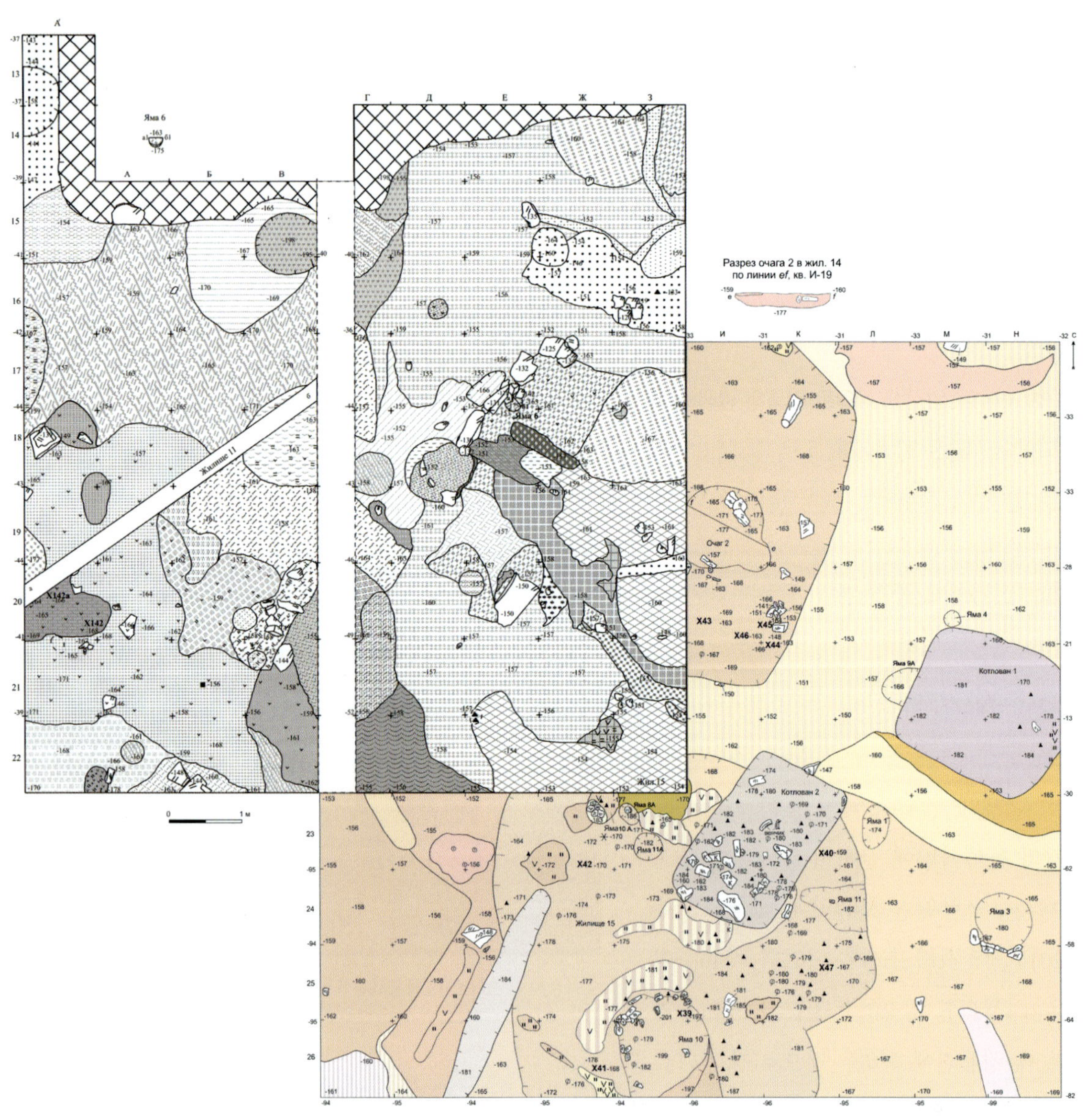

도면 330 | 크라스키노성 제40구역과 제44구역 동쪽섹터 14호와 15호 주거지 등 평면도

도면 331 | 크라스키노성 제40구역 서쪽섹터 14호 주거지 모습(남서쪽에서)(2009)

도면 332 | 크라스키노성 제40구역 서쪽섹터 14호 주거지 모습(남쪽에서)(2009)

도면 333 | 크라스키노성 제40구역 서쪽섹터 14호 주거지 내 10호 구덩이 모습(2009)

334). 10호 구덩이는 크기가 84×90㎝인 둥근 얼룩형태로 노출되었는데 가장자리가 붉게 달구어진 사질토였다. 이 구덩이의 깊이는 20~25㎝이다. 구들의 석열과 거의 직각을 이루는 남동 방향으로 흑색의 재 사질토 띠가 1줄 확인되었다(도면 332). 이 띠는 길이가 약 1m이고, 너비는 20~25㎝로서 구들 고래의 내부퇴적물인 것으로 판단되었다. 따라서 14호 주거지의 구들은 굴뚝 가까이의 모서리 부분에서 'ㄴ'자 모양으로 꺾인 사실이 확인된 것이다. 하지만 구들의 전체 평면모양과 규모는 알 수 없다. 한편 주거지의 남서벽

도면 334 | 크라스키노성 제40구역 서쪽섹터 14호 주거지 내 10호 구덩이 단면 모습(2009)

도면 335 | 크라스키노성 제44구역 동쪽섹터 14호 주거지 모습(북쪽에서) (2014)

도면 336 | 크라스키노성 제44구역 동쪽섹터 14호 주거지 모습(서쪽에서) (2014)

으로 추정되는 곳에서 회갈색 사질점토들이 발견되었는데 14호 주거지의 벽체를 바른 점토 잔재로 파악되었다. 남서벽은 굴뚝 부분에서 서쪽섹터의 남동쪽 모서리에서 약 1.2m 거리의 지점(제-21방안)까지 나있었을 것으로 추정되었다. 이 추정은 정확한 것으로 생각되는데 제44구역에서 조사된 14호 주거지의 윤곽선과 추정 남서벽이 거의 합치한다. 추정 남서벽의 중간 부분(예-20방안)에는 크고 납작한 돌이 하나 놓여 있다(도면 332). 이 돌은 크기가 70×32㎝이고, 두께가 15㎝이다. 이 돌 곁에서 적색의 불에 달구어진 점토 얼룩이 하나 위치한다.

2014년에는 14호 주거지의 동쪽 절반 정도가 제44구역의 동쪽섹터에서 조사되었다. 제44구역에서는 제9인공층 제거 후에 이 주거지가 갈색 사질토 얼룩 및 굵은 모래가 섞인 갈색 사질토 얼룩의 형태로 확인되었다. 주거지의 남쪽 부분은 더 늦은 시기의 1호 노지에 의해 훼손된 상태였다. 주거지의 동남벽은 길이가 3.8m이며, 그 안쪽으로 초석으로 보이는 것이 2개 그리고 적심의 흔적으로 보이는 돌무지가 1개소 각각 확인되었다(도면 335; 336). 동남벽 가운데 안쪽(까-19방안)의 초석은 크기가 20×34㎝이고, 동남벽과 동북벽의 모서리 안쪽에 있는 초석은 크기가 14×44㎝이다. 노지는 이 주거지의 동쪽 가운데 부분에 위치한다. 2호 노지로 명명된 이 노지는 둥근 모양의 불에 달구어진 적갈색 얼룩의 형태로 노출되었고, 직경은 1.3m이다(도면 336; 337). 이 노지의 북쪽 가장자리 부분에는 3개의 큰 돌이 놓여 있으며, 남쪽 가장자리에는 수직으로 세워진 다른 1개의 돌이 있다. 2호 노지의 불에 달구어진 부분의 두께는 약 20㎝이다(도면 338). 2호 노지는 14호 주거지에 속하는 것으로 판단되었다.

14호 주거지는 크기가 약 3.8×5.2m이다. 수혈식 주거지인데 내부퇴적토의 두께, 다시 말해서 주거지 수혈의 깊이는 약 20㎝이다. 평면 형태는 네 모서리가 방위 방향으로 배치된 말각 장방형에 가깝다(도면 339).

2009년에 조사된 14호 주거지의 서쪽 부분에서는 부정형의 철제 유물편들(도면 2009-402; 403, 1), 철제 화살촉(도면 2009-400; 401; 403, 2; 404)(도면 695, 12), 토기편들(도면 2009-405, 406) 등이 출토되었다. 2014년에 조사된 14호 주거지의 동쪽 부분에서는 철제 판 모양 유물편, 주철제 솥 동체부편(도면 2014-263~265), 부정형 철제 유물편들 등이 출토되었다.

15호 주거지. 제40구역과 제44구역의 동쪽섹터에 각각 걸쳐 위치한다(도면 330). 제40구역에 위치하는 부분은 2009년에, 제44구역에 위치하는 부분은 2014년에 각각 조사되었다. 하지만 제40구역의 동쪽섹터에는 15호 주

도면 337 | 크라스키노성 제44구역 동쪽섹터 14호 주거지 내 2호 노지 모습(2014)

도면 338 | 크라스키노성 제44구역 동쪽섹터 14호 주거지 내 2호 노지 단면 모습(2014)

도면 339 | 크라스키노성 제44구역 동쪽섹터 14호 주거지 등 모습(북쪽에서)(2014)

거지의 극히 일부분만 걸쳐져 있어 주거지에 대한 조사내용이 거의 없다. 때문에 이 주거지에 대한 조사내용은 2014년 발굴조사 보고서에 대부분 수록되어 있다. 14호 주거지와 마찬가지로 제40구역에서는 제3생활면에 속하는 것으로, 제44구역에서는 제4생활면에 속하는 것으로 각각 다르게 판단되었다. 북쪽으로 이웃하는 14호 주거지의 예를 본다면 제3-2생활면에 속할 가능성이 더 높아 보인다.

2014년에 조사한 제44구역에서는 15호 주거지의 윤곽이 제9인공층 제거 후에 확인되기 시작하였고(도면 2014-219; 220; 223), 제10인공층 제거 후에 윤곽선이 매우 분명하게 드러났다(도면 2014-269; 224; 227; 228, 230; 235).

주거지의 평면 모양은 모서리들이 둥그스름한 준장방형이며 크기는 대략 5×5m이다(도면 319; 340~343). 주거지는 구덩이를 파고 만든 수혈식이다. 15호 주거지의 윤곽은 동쪽 부분의 경우에는 숯, 토기편, 소토 등이 포함된 크기가 2.26×0.66m인 길쭉한 암갈색 사질토 얼룩의 형태로 확인되었고, 북쪽 부분과 서쪽 부분은 주거지 바깥과 서로 구분되는 토양에 의해 각각 구분되었다. 15호 주거지는 제3생활면에 속하는 후대의 유구들에 의해 훼손이 많이 된 상태였다. 동북쪽 부분에는 2호 수혈구덩이에 의해, 동쪽 가장자리 부분은 11호 구덩이에 의해, 남쪽 부분은 10호 구덩이에 의해, 서쪽 부분은 추정 배수 도랑(길이 3.8m, 너비 0.5~0.7m)에 의해 각각 파괴되었다.

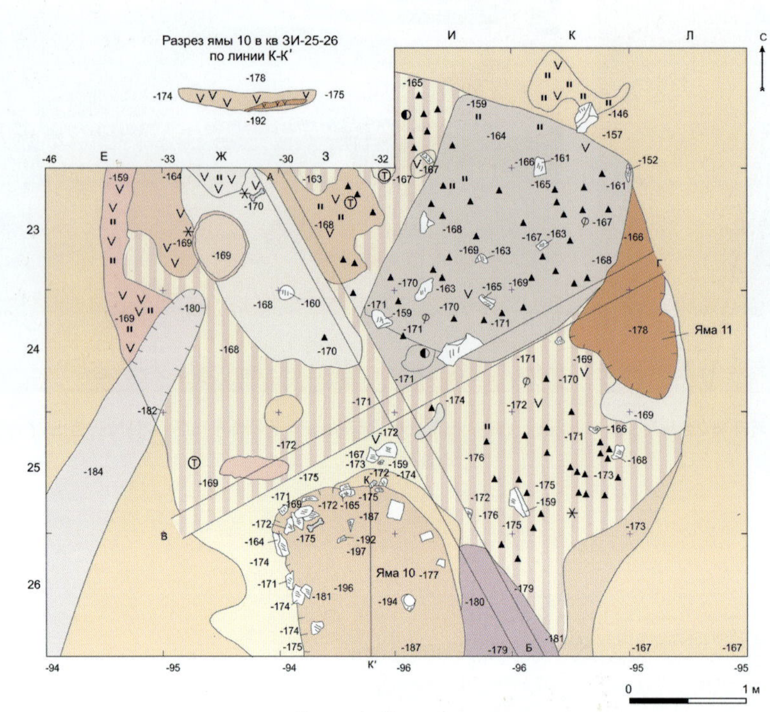

도면 340 | 크라스키노성 제44구역 동쪽섹터 15호 주거지 평면도와 구덩이 단면도(2014)

도면 341 | 크라스키노성 제44구역 동쪽섹터 15호 주거지 모습(남쪽에서)(2014)

주거지와 관련 있다고 생각되는 시설물들은 대부분 주거지의 북서쪽 부분에서 확인되었다. 이곳의 주거지 바닥에서 3기의 구멍이 조사되었다. 그중 11A호 구덩이는 직경이 24㎝, 깊이가 38㎝이며, 바닥에 돌을 깔았고, 벽에는 점토가 발라져 있었다(도면 344). 10A호 구덩이는 크기가 38×40㎝이고 깊이는 18㎝인데 마찬가지로 바닥에 돌이 놓여 있다. 따라서 이 구덩이들은 기둥구멍일 것으로 추정되었다(도면 345). 주거지와 관련된 다른 한 잔재는 북서쪽 가장자리 가까이(예-쥐-23-24방안)에 위치하는 심하게 달구어진 얼룩인데 무너진 벽 혹은 지붕의 목재 구조물과 관련 있을 것으로 추정되었다. 노지는 발견하지 못한 것으로 보고되었는데 후대의 유구에 의한 파괴 때문일 것으로 판단되었다. 그런데 심하게 달구어진 얼룩이 노지일 가능성이 있다고 생각된다.

도면 342 | 크라스키노성 제44구역 동쪽섹터 15호 주거지 모습(동쪽에서)(2014)

도면 343 | 크라스키노성 제44구역 동쪽섹터 15호 주거지 모습(동쪽에서)(2014)

도면 344 | 크라스키노성 제44구역 동쪽섹터 15호 주거지 내 11A호 구덩이 모습(2014)

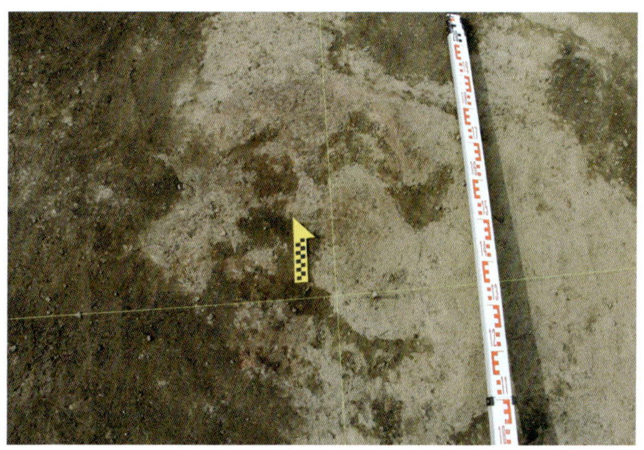

도면 345 | 크라스키노성 제44구역 동쪽섹터 15호 주거지 내 구덩이 상면 모습(2014)

주거지 내부퇴적토의 윗부분에서는 주거지의 가운데 동쪽 부분에서 돌들이 흩어져 있는 것과 북서쪽 부분에서 9호 구덩이(직경 40㎝, 깊이 10㎝)가 확인되었다. 내부퇴적토의 중간 부분에서는 더 많은 수량의 토기편과 숯, 석탄, 소토 등의 쪼가리들이 포함되어 있었다.

주거지의 바닥에서는 토기 동체부와 와편으로 만들 놀이 알들, 철제 못(도면 2014-238), 철제 유물, 철제 칼편(도면 2014-239; 240), 토제 도가니편, 다량의 토기편(도면 2014-241~254)(도면 757, 5; 791, 10; 831, 7; 845, 12; 907, 4; 923, 2; 971, 7; 981, 6; 986, 7) 등이 출토되었다.

15호 주거지가 정말로 주거지였는가 하는 점에 대해서는 논쟁의 소지가 있다고 생각된다. 내부퇴적토에서 석탄 쪼가리가 다수 발견된 점과 도가니편이 발견된 것은 이 유구가 주거지가 아니라 생산활동과 관련된 시설이었을 수도 있음을 보여 준다고 생각된다.

7) 제4생활면 유구

(1) 제34구역

5호 주거지. 2006년에 제34구역의 가운데 서쪽 부분에서 조사되었다(도면 346). 제10인공층 제거 후에 주거지의 상면이 노출되었다. 노출 당시 주거지 내부는 황갈색 모래흙과 단단한 명갈색 사질토로서 주변과 어느 정도 서로 구분되었다. 하지만 레벨을 2~3㎝ 낮추자 주거지 내부의 대부분이 숯 사질토로서 화재의 흔적이 확인되었다(도면 347; 348). 숯 사질토층에서 다량의 토기편이 출토되었다. 그중에는 일부가 복원되는 것들도 있다(도면 2006-183~191; 193)(도면 349)(도면 968, 7; 973, 4; 975, 7; 976, 1; 993, 1). 이 토기들 중 일부는 소위 말갈계의 심발형이다. 주거지의 평면모양은 말각 장방형이고, 네 모서리 부분이 모두 방위 방향을 향한다(도면 350). 장축은 북동-남서 방향이다. 크기는 6.0×4.80m이며, 면적은 대략 28.8㎡이다. 주거지의 남쪽 모서리 부근에 돌을 반원모양으로 돌려놓은 것이 있다. 이 반원형 석축구조물의 아래에서는 재와 숯들의 흔적이 확인되었다. 주거지 내부의 북서쪽 부분에서는 육상동물의 뼈들과 함께 홍합껍질 무지도 발견되었다(도면 351). 주거지의 북쪽 가장자리 부분(붸-5방안)에서는 홍옥 목걸이 알도 1점 출토되었다(도면 2006-169, 1). 주거지의 북서쪽 부분(붸-4방안, 붸-게-5방안, 붸-6방안)에는 불에 탄 큰 소토덩이들도 분포하였고, 황토 덩이도 있었다. 이곳(게-5방안)에서는 큰 숯들이 많이 들어있는 둥근 얼룩도 위치하였다.

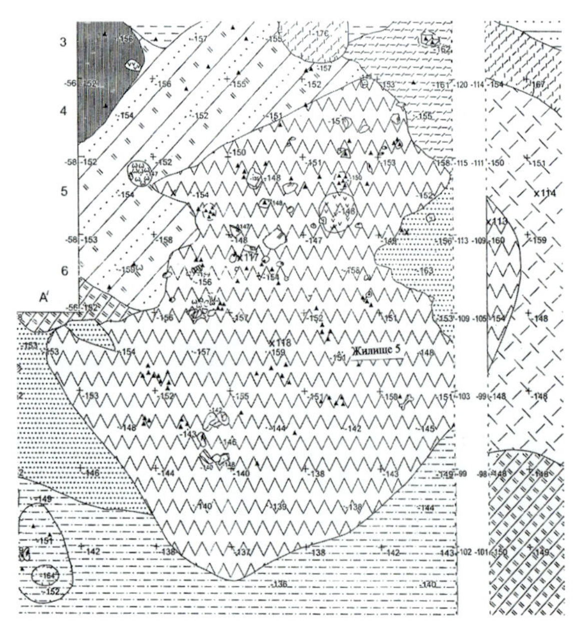

도면 346 | 크라스키노성 제34구역 5호 주거지 평면도(2006)

도면 347 | 크라스키노성 제34구역 5호 주거지 모습(남쪽에서)(2006)

도면 348 | 크라스키노성 제34구역 5호 주거지 모습(남서쪽에서)(2006)

도면 349 | 크라스키노성 제34구역 5호 주거지 세부 모습(2006)

도면 350 | 크라스키노성 제34구역 5호 주거지 모습(북서쪽에서)(2006)

도면 351 | 크라스키노성 제34구역 5호 주거지 내 동물 뼈들 모습(2006)

5호 주거지 내부퇴적토의 아랫부분은 두께가 가장자리는 9~10㎝, 가운데 부분은 20~25㎝였다. 이곳에서는 큰 동물과 작은 동물, 새, 물고기 등의 뼈와 함께 홍합의 껍질이 발견되었다. 주거지 내부의 북서쪽 부분에서는 또 다시 다량의 토기편이 발견되었다. 그중에는 새김으로 무늬를 낸 덧 띠가 부착된 토기편(도면 2006-181, 1)과 시

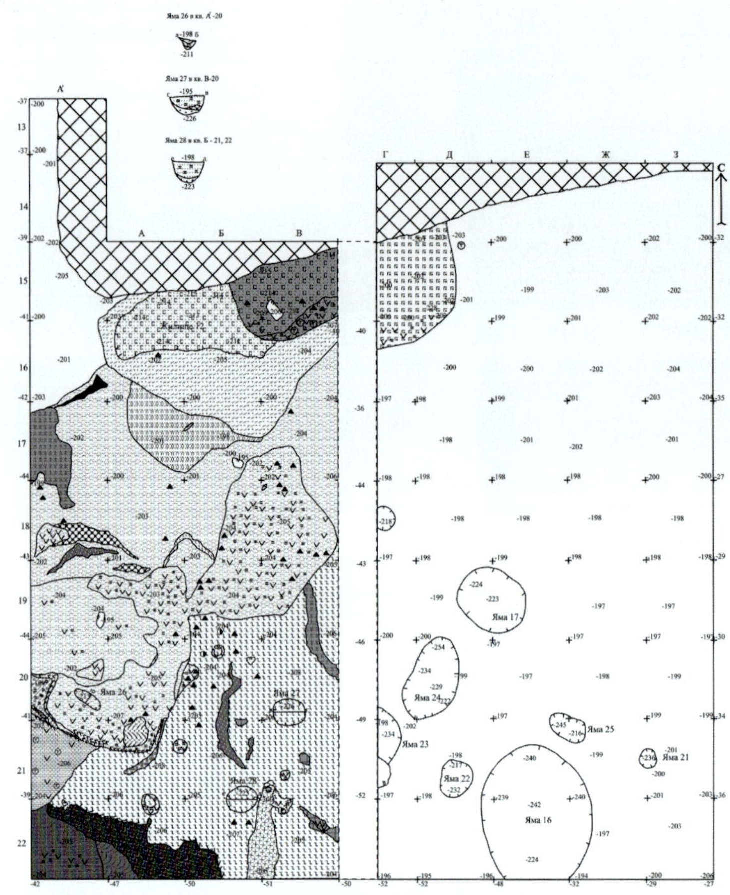

도면 352 | 크라스키노성 제40구역 제22인공층 상면 16호 저장구덩이 등 평면도(2009)

도면 353 | 크라스키노성 제40구역 동쪽섹터 16호 저장구덩이 모습(2009)

도면 354 | 크라스키노성 제40구역 동쪽섹터 16호 저장구덩이와 다른 구덩이들 모습(남동쪽에서)(2009)

도면 355 | 크라스키노성 제40구역 23호 구덩이 단면 모습(2009)

도면 356 | 크라스키노성 제40구역 24호 구덩이 단면 모습(2009)

루편도 있다. 그 외에도 승문타날이 된 암키와편(도면 2006-180, 1), 놀이 알, 철제 화살촉, 숫돌(도면 2006-181, 3) 등도 발견되었다.

16호 저장구덩이. 2009년에 조사되었다. 제40구역의 동쪽섹터 남벽 가운데 부분(예-21-22방안)에 위치한다(도면 352). 제17인공층의 상면에서 숯과 벽토가 포함된 단단한 갈색 사질토 얼룩의 형태로 노출되었다고 보고되었다(도면 353). 그런데 이 지점에는 제3생활면의 11호 구덩이가 위치한 곳이다. 모양과 크기도 비슷하고 레벨 차이도 불과 4㎝ 정도에 불과하다. 다시 말해서 11호와 16호 구덩이로 따로 보고된 유구는 사실 하나의 동일한 구덩이일 가능성이 높다.

이 구덩이는 남-북 방향의 타원형 모양인데 크기가 140×120㎝이다(도면 354). 깊이는 33㎝이다. 구덩이의 벽에 진흙을 두껍게(최대 5㎝) 바른 것으로 보고되었다. 때문에 식량을 저장하는 구덩이로 사용되었을 것으로 추정되었다. 내부퇴적토는 작은 소토, 숯, 황색과 암회색 점토, 회색 중간 크기 모래 등이 섞인 매우 단단한 갈색 사질토였다. 또한 그을음도 섞여 있었다. 내부퇴적토에서 동물의 뼈와 이빨, 토기편(도면 2009-490, 3, 4) 등이 출토되었다. 저장구덩이로 판단되었다.

21호~25호 구덩이. 2009년에 제40구역에서 조사되었다. 모두 얼룩의 형태로 확인되었다(도면 352).

- 21호 구덩이. 갈황색 및 암회색 점토로 채워져 있었다. 구덩이의 직경은 23㎝, 깊이는 36㎝이다.
- 22호 구덩이. 2단으로 된 구덩이이다. 직경은 38㎝이다. 깊은 쪽은 깊이가 33㎝, 낮은 쪽은 깊이가 19㎝이다. 깊은 쪽의 내부퇴적토 중간 부분에서 소토, 불탄 목재, 숯 등이 섞여 있는 불탄 층이 확인되었다.
- 23호 구덩이. 서쪽섹터와 동쪽섹터 사이의 둑 남쪽 부분에 위치한다. 내부퇴적토에 숯과 소토가 포함되어 있다. 직경은 약 80㎝, 깊이는 36㎝이다(도면 355).
- 24호 구덩이. 갈황색 점토 얼룩의 형태로 발견되었다. 평면 타원형이며, 크기는 104×60㎝, 깊이는 31㎝이다. 황색 모래가 섞인 갈황색 및 암회색 점토가 내부퇴적토를 이루고 있다. 건축재로서의 점토를 보관하였던 장소로 파악되었다. 이 구덩이에서 사용흔적이 있는 직경 6㎝의 납작하고 둥근 화강암 돌이 1개 발견되었다(도면 356).
- 25호 구덩이. 2단으로 되어 있다. 크기는 50×30㎝, 깊이는 한쪽은 49㎝, 다른 한쪽은 20㎝이다. 구덩이 내부가 갈황색 점토로 채워져 있었다(도면 2009-505).

21호, 22호, 25호 구덩이는 16호 저장구덩이의 둘레 바로 가까이에 위치한다. 때문에 이 3개의 구덩이는 16호 저장구덩이의 차양에 사용된 기둥구멍일 것으로 추정되었다. 또한 16호 저장구덩이를 포함하는 4개의 큰 구덩이들은 13호 주거지의 마당에 배치된 경제 구덩이일 것으로 판단되었다.

(2) 제40-제44구역

13호 주거지. 제40구역과 제44구역의 서쪽섹터들에 걸쳐 위치한다(도면 357; 358). 제40구역에 위치하는 부분은 2009년에, 제44구역에 위치하는 부분은 2014년에 각각 조사되었다. 그런데 제40구역의 부분은 제4생활면에, 제44구역의 부분은 제5생활면으로 각각 보고되어 차이를 보인다.

2009년에는 제40구역 서쪽섹터에서 이 주거지의 북동쪽 부분이 조사되었다(도면 359~362). 11호 주거지의 밑에 겹 놓인 관계이다. 이 주거지의 북동쪽 부분 범위에 대해서는 2009년도 발굴조서보고서에 서쪽섹터의 북쪽 부분(아'-붸-15-18방안)으로 언급되기도 하고 또 서쪽섹터의 남쪽 부분(아'-붸-18-22방안)으로 언급되기도 하여 혼동이 있지만, 제40구역 서쪽섹터의 중간 부분(아'-붸-17-18방안)을 따라 이 주거지의 북동쪽 경계가 지난다는

도면 357 | 크라스키노성 제40구역과 제44구역 서쪽 섹터 13호 주거지 등 평면도와 단면도 (2009; 2014)

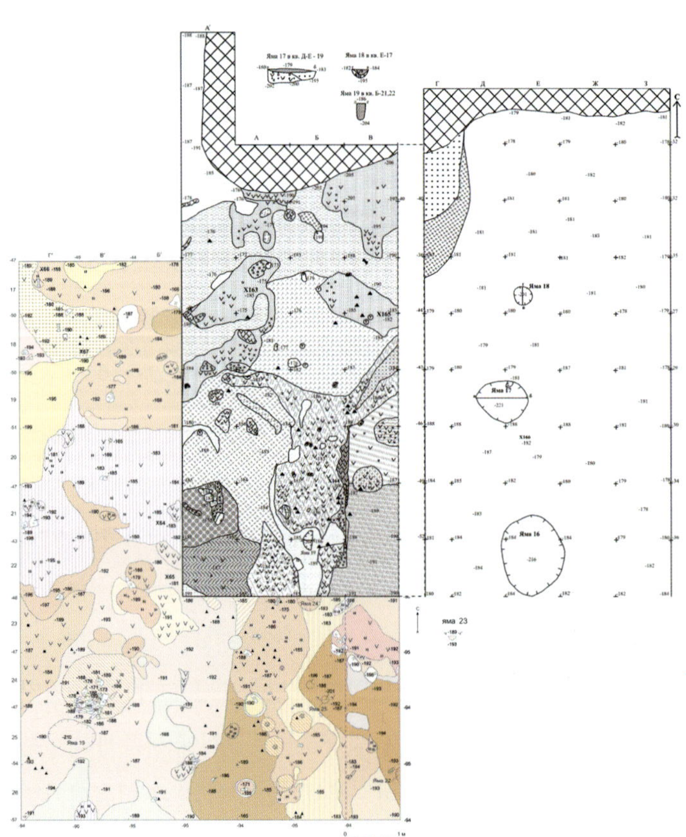

도면 358 | 크라스키노성 제40구역과 제44구역 서쪽섹터 13호 주거지 등 평면도와 단면도 (2009; 2014)

도면 359 | 크라스키노성 제40구역 13호 주거지 모습(북쪽에서)(2009)

도면 360 | 크라스키노성 제40구역 서쪽섹터 13호 주거지 세부 모습(서쪽에서)(2009)

도면 361 | 크라스키노성 제40구역 서쪽섹터 13호 주거지 모습(북쪽에서)(2009)

도면 362 | 크라스키노성 제40구역 13호 주거지 노지 모습(2009)

기술 내용과 도면, 사진 등을 참고할 때에 서쪽섹터의 중간 및 그 남쪽 부분에 위치하는 것이 분명하다. 주거지의 북서 경계(보고서에는 북동 경계로 잘못 보고)는 아'-18-19방안의 석열인 것으로 보고되었지만, 도면과 사진에 이 석열이 잘 파악이 되지 않는다. 2014년도 발굴조사보고서에는 제44구역 서쪽섹터에 이 주거지의 북서벽 경계에 대한 언급이 있다. 바로 섹터의 서벽에 인접한 게'-22방안부터 북동쪽으로 베'-20방안 사이에 너비가 1~1.7m인 단단한 갈색 사질토 띠가 남서-북동 방향으로 나있는데 이곳에 분포하는 돌들로 이루어지는 열이 북서벽 경계일 것으로 판단된 것이다. 그리고 서쪽섹터의 동쪽 부부분인 아-베-23-24방안에는 남-북 방향으로 숯과 소토가 많이 섞인 갈색 사질토 얼룩, 그을음이 섞인 적갈색과 흑갈색 사질토 얼룩 등이 발견되었는데 주거지 벽체가 무너진 잔재로 파악되었다. 또한 이 얼룩들 바로 곁에 24호로 명명된 구덩이가 하나 있는데 주거지 모서리 부분의 기둥구멍일 것으로 추정되었다. 24호 구덩이는 직경이 약 50cm, 깊이가 18~20cm이다. 13호 주거지의 남서벽의 위치에 대한 내용은 보고된 것이 없다.

2014년에는 제44구역에서 13호 주거지의 나머지 부분이 조사되었다(도면 363~369). 제44구역의 서쪽섹터 남서쪽 모서리 가까이에 위치하는 19호 구덩이와 20호 구덩이는 13호 주거지와 관련된 것으로 판단되었다. 19호 구덩이(게'-볘'-25방안)는 직경이 40cm이고, 깊이가 26cm이다. 제40구역의 28호 구덩이(베-21-22방안)(보고서에는 19호 구덩이로 잘못 기록)와 하나의 선을 이루는 것으로 파악되었으며, 둘 다 기둥구멍일 것으로 추정되었다. 20호 구덩이는 19호 구덩이의 북쪽 바로 가까이에 위치한다. 가장자리를 따라 돌들이 놓여 있고, 바닥에는 납작한 돌들이 깔려 있었다. 20호 구덩이의 크기는 직경이 40cm, 깊이가 약 6cm이다.

제40구역에서는 제15인공층 제거 후에 다량의 벽토와 숯을 포함하는 무른 갈색 사질토 얼룩의 형태로 주거지의 존재가 확인되었다(도면 2009-408, 430). 제40구역 서쪽섹터의 남서쪽 모서리 가까이 부분에서는 고래의 일부가 확인된 것으로 보고되었다(도면 2009-438, 439, 441). 이곳(아'-21방안)에는 녹회색 점토 띠와 그 가장자리의 돌들 그리고 불에 탄 궁형의 목재편이 확인되었고, 그 북동쪽 바로 가까이(아-20방안)에는 몇 개의 돌들이 열을 이루고 있다. 이것들이 모두 구들의 고래 흔적일 것으로 판단되었다. 노지는 서쪽섹터 동벽 남쪽 부분(볘-21방안)에 위치한다. 불에 달구어진 적색 사질토 얼룩의 형태를 하고 있다. 가장자리에는 흑색의 소토가 분포하였다. 크기는 60×70cm이다. 노지에서 불에 달구어진 층의 두께는 6~11cm이다. 이 노지의 북쪽 가까이(볘-20방안)에는 재가 섞인 회갈색 사질토 얼룩이 있다. 이 얼룩의 크기는 50×80cm이다. 그리고 추정 구들 고래와 노지의 중간 부분에는 다량의 숯과 약간의 소토가 섞인 회갈색 사질토 띠가 북-남 방향으로 형성되어 있다. 전체적으로 13호 주거지의 내부퇴적토에는 소토와 숯, 불탄 흔적들 등이 다량 포함되어 있었고, 불에 탄 목재도 몇 개 확인되었다. 내부퇴적토의 두께는 30~40cm로 보고되었다.

13호 주거지는 지상식이었던 것으로 판단되었다. 구들이 사용된 것으로 추정되었으나 전체 구조는 파악되지 못하였다. 기둥구멍은 제40구역에서는 주거지의 동남쪽 부분에 27호와 28호 구덩이로 명명된 2개만 확인되었다(도면 2009-448)(도면 352). 27호 구덩이(볘-20-21방안)는 크기가 46×36cm, 깊이가 22cm이고, 그 남서쪽 가까이에 위치하는 28호 구덩이(베-21방안)는 크기가 40×34cm, 깊이가 26cm이다. 제44구역에서는 기둥구멍으로

도면 363 | 크라스키노성 제44구역 서쪽섹터 13호 주거지 노출 모습(북쪽에서)(2014)

도면 364 | 크라스키노성 제44구역 서쪽섹터 13호 주거지 노출 모습(남쪽에서)(2014)

도면 365 | 크라스키노성 제44구역 서쪽섹터 13호 주거지 모습(남서쪽에서)(2014)

도면 366 | 크라스키노성 제44구역 서쪽섹터 19호 구덩이 모습(2014)

도면 367 | 크라스키노성 제44구역 서쪽섹터 20호 구덩이 모습(2014)

도면 368 | 크라스키노성 제44구역 서쪽섹터 20호 구덩이 내부 모습(2014)

도면 369 | 크라스키노성 제44구역 서쪽섹터 13호 주거지 일부(앞쪽)와 24호 주거지(안쪽) 모습(서쪽에서) (2014)

24호 구덩이과 19호 구덩이가 언급되었다. 주거지 평면 형태는 장방형으로, 네 모서리는 방위방향으로 나있었을 것으로 각각 추정되었다. 주거지의 전체 규모도 파악되지 않았지만 장축은 최소 4.5m 이상인 것으로 판단되었다. 주거지가 폐기되고 난 다음에 불에 탄 것으로, 구들에 사용된 돌들은 재사용을 위해 옮겨진 것으로, 그리고 주거지 자리는 나중에 다른 건축물을 위해 정지된 것으로 추정되었다.

13호 주거지 내에서 청동 팔찌편(도면 2009-452~454)(도면 733, 1), 철제 판 모양 유물편(도면 2009-456, 2), 철제 못(도면 2009-456, 1), 청동 고리(도면 2009-460; 461)(도면 734, 3), 철제 버클편, 놀이 알, 홍옥 목걸이 알(도면 2009-457, 1), 정요 자기편(도면 2009-457, 2)(도면 1000, 8), 철제 칼 손잡이(도면 2009-465, 2; 466)(도면 690, 9), 선이 그어진 돌(도면 2009-458), 주철제 솥 동체부편(도면 2009-462; 463), 철제 꺾쇠편(도면 2009-465, 1; 467), 다량의 토기편(도면 2009-468~483; 486~490)(도면 777, 3; 779, 8; 837, 15; 951, 3; 955, 3; 971, 4; 975, 6; 990, 1), 와편(도면 2009-484; 485) 등이 출토되었다.

2014년도 제44구역에서 13호 주거지의 추정 북서벽 밖으로 서쪽섹터의 북서쪽 부분에서 황갈색의 무른 사질토층이 노출되었는데 크고 작은 토기편과 기와편, 소토와 숯 얼룩들, 슬래그편들, 불탄 목재편들 등이 섞여 있었다. 이곳에서는 청동 띠꾸미개(도면 2014-308)(도면 737, 4)와 금속 유물편(도면 2014-309) 등이 출토되었다. 이 부분은 13호 주거지와 관련된 마당이었을 것으로 추정되었다. 하지만 이곳은 오히려 금속생산 혹은 가공과 관련된 시설이 있었다고 보는 것이 더 합리적이지 않을까 생각된다. 어쩌면 13호 주거지는 구들이 시설된 24호 주거지의 일부일 가능성도 있다고 생각된다.

(3) 제44구역

24호 주거지. 2014년에 제44구역의 서쪽섹터 동쪽 부분에서 조사되었다(도면 370; 371). 제9인공층의 상면에서 24호 주거지 구들의 상면이 노출되었다(도면 372). 이 유구의 범위 내에서 큰 토기편들, 그을음 흔적, 숯, 황갈색 점토 얼룩 등이 발견되었다. 그런데 황갈색 점토는 대개 구들의 석벽 부분에서 발견되어 돌 사이를 메우는데 사용된 것으로 판단되었다. 구들의 고래는 벽체를 크고 납작한 돌을 쌓아 만들었다(도면 373~378). 돌들의 크기는 22×12㎝부터 39×20㎝까지로 일정하다. 고래는 2줄이지만 1줄만 양쪽으로 석축 벽체가 남아 있고, 다른 1줄은 흔적만 확인되었다. 고래의 내부퇴적토는 그을음이 섞인 흑갈색 사질토인데, 석축 벽체와 평행하게 그 서쪽에서 다른 1줄의 흑갈색 사질토 띠가 확인되어 2줄 고래였음을 알 수 있었다. 이러한 구들 고래의 잔존 흔적은 고래 벽체의 북동쪽 끝부분에서 북서쪽 방향으로 직각을 이루며 꺾이고 있다. 따라서 구들은 전체적으로 평면 'ㄱ'자 모양이 확인된 상태이다. 이 구들의 고래는 제40구역으로 계속 진행이 되는데 2009년에 11호 주거지의 남서벽과 관련이 있을 것으로 판단된 "중간 크기의 할석과 그을음 흔적의 띠"(2009년 보고서 도면 128, 아'-베'-21-22방안)가 사실은 이 24호

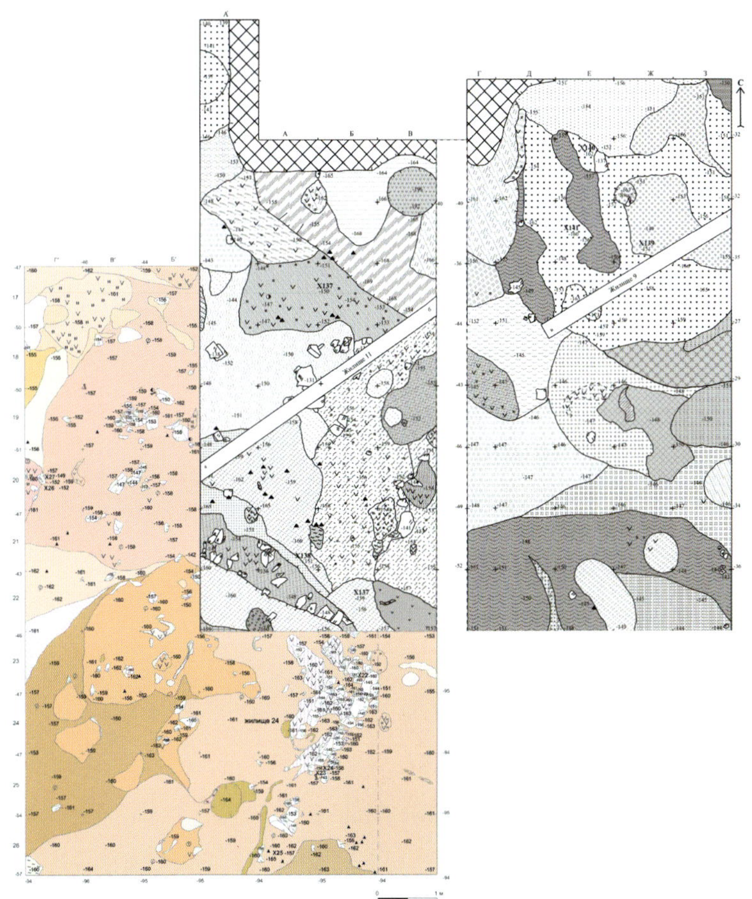

도면 370 | 크라스키노성 제40구역과 제44구역 서쪽섹터 24호 주거지 등 평면도 (2009; 2014)

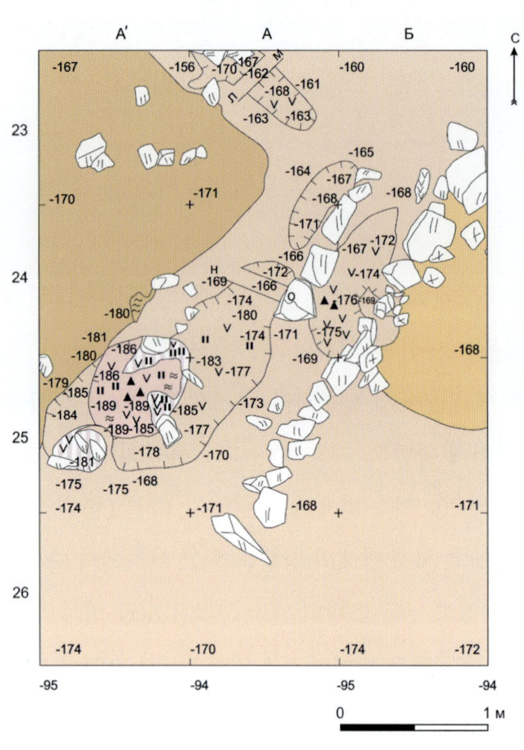

도면 371 | 크라스키노성 제44구역 서쪽섹터 24호 주거지 평면도와 고래 단면도(2014)

주거지의 고래 일부일 것으로 판단되었다. 이 경우 북서쪽 부분의 고래는 길이가 3.6m가 된다. 다만 11호 주거지와 이 "띠"는 제40구역에서 제3생활면에 속하는 것으로, 24호 주거지는 제44구역에서 제4생활면에 속하는 것으로 각각 보고가 되었다.

비교적 잔존상태가 좋은 남서쪽 고래 벽체의 남서쪽 끝부분 가까이에 크고 납작한 삼각형의 돌이 하나 수직으로 세워져 있다. 이 삼각형 돌은 크기가 50×12㎝, 높이가 약 30㎝로서 원래는 구들장이었을 것으로 추정된다. 구들이 꺾이는 곳에서 이 추정 구들장까지의 길이는 3.9m이다. 발굴조사보고서에서는 이 길이를 주거지 외벽의 길이로 판단하였지만, 실제로 주거지 외벽의 길이는 그 이상이었을 것이다. 고래는 너비가 약 30㎝이고, 내부퇴적토를 이루는 흑갈색 사질토의 깊이는 4~6㎝이다.

남서쪽 부분 구들의 남서쪽 부분 안쪽, 다시 말해서 구들의 서쪽 부분에서 아궁이의 흔적이 조사되었다(도면 379). 이 아궁이는 심하게 불에 탄 적갈색 사질토 얼룩의 형태로 확인되었다. 아궁이 얼룩의 크기는 90×110㎝이다. 아궁이 얼룩 둘레로는 그을음과 회색 점토 얼룩 및 재가 포함된 흑갈색 사질토가 둘러싸고 있었다. 내부퇴적토는 두께가 5~14㎝인데 명황색의 재층과 그을음과 재가 섞인 흑갈색 사질토층, 재가 섞인 적갈색 사질토층 등이 섞여 있었다. 24호 주거지는 구들의 잔존길이를 통해 면적이 약 14㎡인 것으로 추정되었다. 구들의 방향으로 보아 주거지의 방향은 네 모서리가 방위 방향으로 나 있었을 것이다.

24호 주거지 범위 내에서 철제 구상유물(도면 2014-204), 주철제 수레바퀴 차관(도면 2014-205; 211), 주철제

도면 372 | 크라스키노성 제44구역 서쪽섹터 24호 주거지(오른쪽 앞쪽) 노출 모습(남쪽에서)(2014)

도면 373 | 크라스키노성 제44구역 서쪽섹터 24호 주거지 구들 모습(북쪽에서) (2014)

도면 374 | 크라스키노성 제44구역 서쪽섹터 24호 주거지 구들 모습(남쪽에서) (2014)

도면 375 | 크라스키노성 제44구역 서쪽섹터 24호 주거지 구들 세부 모습 (2014)

도면 376 | 크라스키노성 제44구역 서쪽섹터 24호 주거지 구들 모습(남쪽에서)(2014)

도면 377 | 크라스키노성 제44구역 서쪽섹터 24호 주거지 구들 모습(남서쪽에서)(2014)

도면 378 | 크라스키노성 제44구역 서쪽섹터 24호 주거지 구들 모습(남쪽에서)(2014)

도면 379 | 크라스키노성 제44구역 서쪽섹터 24호 주거지 아궁이 모습(남서쪽에서)(2014)

도면 380 | 크라스키노성 제44구역 서쪽섹터 1호와 2호 돌무지 모습(동쪽에서)(2014)

도면 381 | 크라스키노성 제44구역 서쪽섹터 불탄 얼룩(2014)

비녀못(도면 2014-206), 철제 띠꾸미개 받침판(도면 2014-207)(도면 718, 10), 철제 못편(도면 2014-209), 용도 불명 철제 유물편(도면 2014-210) 등의 유물이 출토되었다.

돌무지 1과 2(도면 380). 2014년에 제44구역의 서쪽섹터 북쪽부분에서 조사되었다.

- 돌무지 1(베'-붸'-20방안)(도면 2014-188). 남서-북동 방향으로 짧게 열을 이루고 있다. 제3건축면의 23호 주거지의 구들 고래의 벽이었을 것으로 판단되었다.
- 돌무지 2(베'-붸'-19방안)(도면 2014-188; 212). 이 돌무지 부분에서 금속 슬래그편들, 동물 뼈들, 숯들, 소토들 등이 발견되었다. 서쪽의 '불탄 적갈색 사질토 얼룩'과 관련이 있을 것으로 추정되었다.

불탄 얼룩(도면 381). 2014년에 제44구역의 서쪽섹터 북쪽부분에서 조사되었다.

- 불탄 적갈색 사질토 얼룩(게'-20방안)(도면 2014-213). 서쪽 섹터 서벽에 접하여 위치한다. 일부만 조사된 상태이다. 노출 크기가 90×30㎝이다. 달구어진 층의 두께는 5~12㎝이다. 이곳에서 불에 탄 목재편들이 발견되었다. 이 목재편들은 남동-북서 방향으로 놓여있었는데 그중의 하나는 크기가 18×8㎝이다. 이곳에서는 두 동강이 난 철제 칼도 1점 발견되었다(도면 2014-214).
- 불탄 갈색 사질토 얼룩(게'-뛔-17-18방안) (도면 2014-215). 서쪽 섹터의 북서쪽 모서리 가까이에 위치한다. 숯과 소토가 많이 포함되어 있다. 불탄 층의 두께가 10~28㎝이다. 불에 탄 구조물의 무너진 벽체의 잔재로 추정되었다.

(4) 제48구역

2호 수혈구덩이. 2016년에 조사되었다(도면 382~385). 제48구역 동쪽섹터의 남벽 가운데 부분(이-엘-36-37방안)에 위치한다. 제9인공층 제토 후에 갈색 사질토 얼룩의 형태로 노출되었고, 제10인공층에서 내부가 조사되

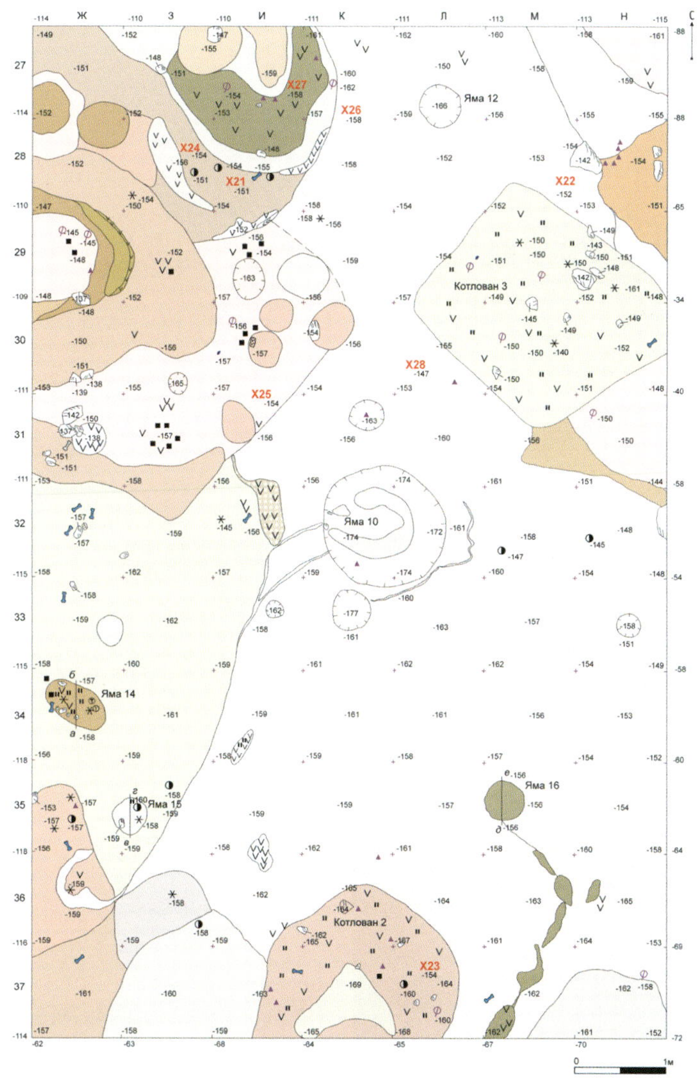

도면 382 | 크라스키노성 제48구역 동쪽섹터 제10인공층 상면 평면도(2016)

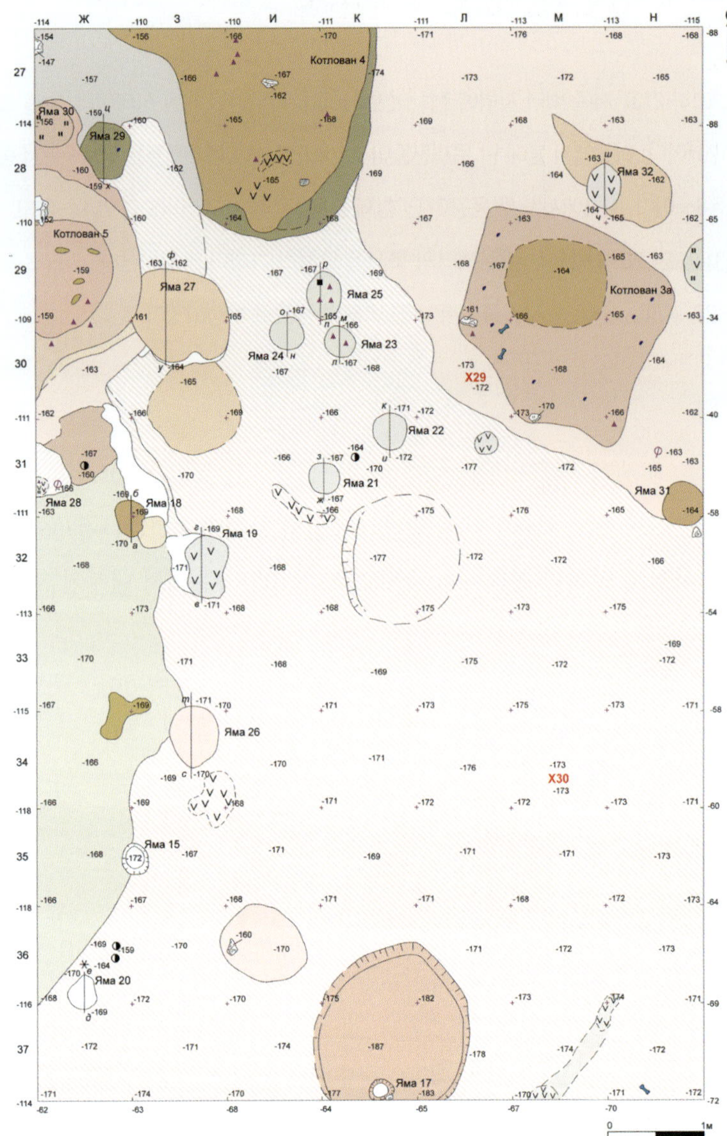

도면 383 | 크라스키노성 제48구역 동쪽 섹터 제11인공층 상면 평면도(2016)

도면 384 | 크라스키노성 제48구역 동쪽섹터 제4생활면 유구 노출 모습(북동쪽에서)(2016)

도면 385 | 크라스키노성 제48구역 동쪽섹터 제4생활면 유구 모습(북동쪽에서)(2016)

도면 386 | 크라스키노성 제48구역 동쪽섹터 2호 수혈구덩이 모습(2016)

도면 387 | 크라스키노성 제48구역 동쪽섹터 3호 수혈구덩이 모습(2016)

었다(도면 386). 내부퇴적토에 목탄, 소토, 동물 뼈, 토기편, 슬래그, 작은 자갈돌 등이 섞여 있었다. 노출된 부분의 크기는 직경이 210㎝이다. 이 수혈구덩이는 경제적 의미를 지니는 것으로 추정되었다. 내부퇴적토에서 토제 어망추도 1점 출토되었다(도면 2016-226; 227).

3호 수혈구덩이. 2016년에 조사되었다(도면 382). 제48구역 동쪽섹터의 북동쪽 모서리 가까이(엘-엔-28-31방안)에 위치한다(도면 387). 제9인공층 조사 시에 갈색의 단단한 사질토 얼룩을 제거하자 장방형의 3호 수혈구덩이 윤곽이 드러났다. 이 수혈구덩이 내부퇴적토는 목탄과 소토 등의 섞인 회갈색 사질토이다. 부정형의 철제 유물편과 3점의 놀이 알이 발견되었다. 3호 수혈구덩이 바로 위에는 1호 수혈구덩이가 위치하는데 이 두 수혈구덩이 사이에는 다른 퇴적층이 수개 존재한다. 3호 수혈구덩이의 남쪽 모서리에서 동쪽섹터의 동벽까지는 갈색의 부드러운 모래 띠가 하나 있다. 제10인공층 제토 다음에는 이 수혈구덩이의 바닥 윗부분을 3-a호로 번호를 바꾸어 보고하였다(도면 2016-255). 이 유구는 평면이 부정 준방형이며, 네 모서리가 방위방향을 향한다. 크기는 200×240㎝이다. 내부퇴적토는 갈색 사질토이다. 3a호 수혈구덩이에서는 철제 유물편(칼?)(도면 2016-268), 3점의 석제 구슬(도면 2016-269~272), 철제 판상 유물편(도면 2016-273), 주철제 수레 비녀못(도면 2016-274), 주철제 솥다리(도면 2016-276; 277), 토제 방추차 예비품(도면 2016-278; 279)이 출토되었다.

도면 388 | 크라스키노성 제48구역 동쪽섹터 4호 수혈구덩이 모습(2016)

도면 389 | 크라스키노성 제48구역 동쪽섹터 5호 수혈구덩이 모습(2016)

4호 수혈구덩이. 2016년에 조사되었다. 제48구역 동쪽섹터 북서쪽 모서리 가까이의 북벽(제-까-27-28방안)에 잇대어 위치한다(도면 383). 제9인공층 제토 후에 노출되었고, 제10인공층에서 내부퇴적토가 조사되었다(도면 388). 이 유구의 절반 정도는 2014년에 제44구역 동쪽 섹터에서 조사되었다. 내부에 숯이 섞인 암갈색의 무른 사질토, 황갈색의 굵은 모래 얼룩들, 암갈색의 간층들 등이 확인된다. 제9인공층 조사 시 주철제 유물편(도면 2016-211; 212), 놀이 알, 흑요석 격지(도면 2016-213; 214)(도면 682, 2) 등이 출토되었다. 제10인공층 제토 후 암갈색 사질토 얼룩인 4호 수혈구덩이의 범위가 290×220㎝로 크게 넓어졌다. 4호 수혈구덩이에서는 토제 '발해 입방체'편, 석제 유물편(도면 2016-280), 토제 방추차(도면 2016-281; 282)(도면 666, 7), 철제 못(도면 2016-283; 284)이 출토되었다. 4호 수혈구덩이 내부퇴적토의 아랫부분은 숯과 슬래그 등이 포함된 암갈색의 단단한 사질토였다. 이곳에서는 석제 방추차편, 철제 꺾쇠, 토기 동체부와 돌로 만든 놀이 알 등이 출토되었다. 주거지의 수혈로 추정되었지만 분명하지 않다.

5호 수혈구덩이. 2016년에 조사되었다. 제48구역 동쪽섹터의 북서쪽 모서리 가까이의 서벽(줴-28-30방안)에 잇대어 위치한다(도면 383; 389). 노출 당시 갈색의 부드러운 사질토가 안쪽에 있고 그 바깥을 갈색의 단단한 사질토가 둘러싸고, 다시 그 바깥으로 갈색의 부드러운 사질토가 두르고 있었다. 제10인공층 제토 후에 5호 수혈구덩이의 윤곽이 보다 분명하게 드러났다. 이 레벨에서의 크기는 108×240㎝이다. 내부퇴적토는 갈색 및 암갈색 사질토 얼룩이다. 5호 수혈구덩이에서는 석제 목걸이 알(도면 2016-285; 286)(도면 678, 16), 토제 구슬(도면 2016-287; 288)(도면 669, 6)이 출토되었다. 5호 수혈구덩이 내부퇴적토의 아랫부분은 회갈색 사질토와 갈색 사질토였으며, 부드러운 모래 얼룩들이 포함되어 있었다. 이곳에서는 슬래그, 주철제 보습편(도면 2016-343; 344), 토기편 등이 출토되었다.

14호 구덩이(도면 2016-206; 228~230). 2016년에 조사되었다. 제48구역 동쪽섹터의 서벽 가운데에서 남쪽으로 약간 치우친 곳(줴-34방안)에 위치한다. 암갈색의 단단한 사질토 얼룩의 형태로 확인되었다. 직경은 46㎝이고, 깊이는 10㎝이다. 내부퇴적토는 목탄과 소토가 포함된 암갈색의 단단한 사질토이다.

15호 구덩이(도면 2016-206; 231~233). 2016년에 조사되었다. 제48구역 동쪽섹터 14호 구덩이의 남동쪽 가까이(줴-제-35방안)에 위치한다. 암갈색 사질토 얼룩의 형태로 노출되었다. 직경은 38㎝, 깊이는 14㎝이다.

16호 구덩이(도면 2016-206; 234~236). 2016년에 조사되었다. 제48구역 동쪽섹터의 남동쪽 부분(엠-35방안)에 위치한다. 암갈색의 무른 사질토 얼룩의 형태로 노출되었다. 직경은 35㎝, 깊이는 10㎝이다.

18호~32호 구덩이. 2016년에 제48구역의 동쪽섹터에 조사되었다(도면 383; 384). 제9~제10인공층에서 얼룩 형태로 노출된 구덩이들이다.

8) 제5생활면 유구

(1) 제34구역

6호 주거지(도면 86). 2007년에 제34구역에서 조사되었다(도면 390; 391). 주거지의 대부분이 제34구역의 동쪽 섹터에 위치하며, 일부는 서쪽섹터와 북쪽의 제27구역에까지 걸쳐 있다. 다만 2001년에 조사된 제27구역에서는

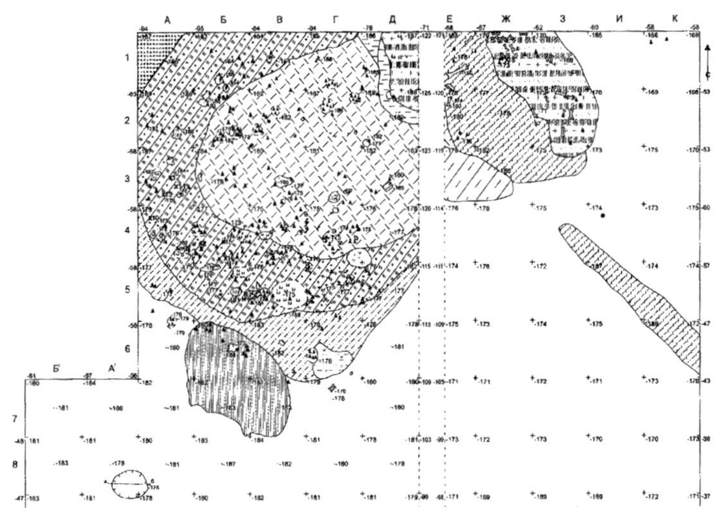

도면 390 | 크라스키노성 제34구역 6호 주거지 등 평면도(2007)

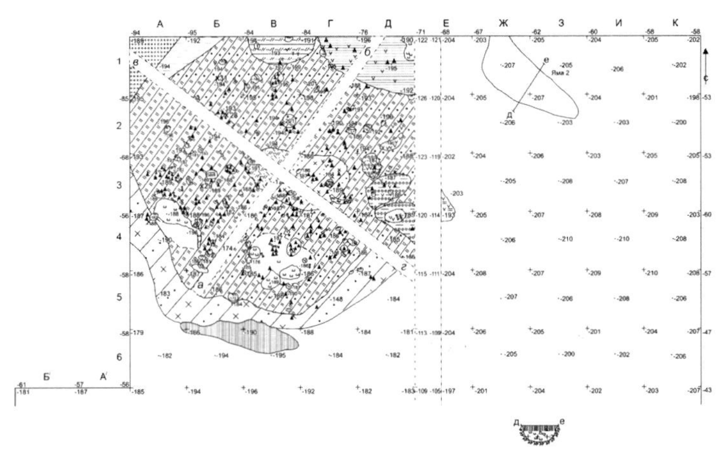

도면 391 | 크라스키노성 제34구역 6호 주거지 두 번째 정리조사 후 평면도(2007)

도면 392 | 크라스키노성 제34구역 6호 주거지 노출 모습(2007)

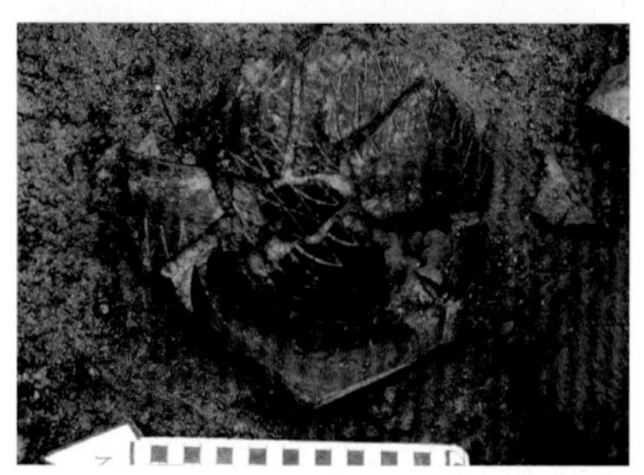

도면 393 | 크라스키노성 제34구역 6호 주거지 내 토기 출토 모습(2007)

6호 주거지가 위치하는 제5생활면의 깊이까지는 조사가 되지 못하였다.

6호 주거지의 존재는 2006년에 5호 주거지 수혈의 바닥을 조사할 때에 인지가 된 상태였다. 제11인공층을 조사하면서 6호 주거지의 윤곽을 어느 정도 파악하였는데 주거지 벽이 암갈색의 단단한 사질토에 의해 잘 구분이 되었다(도면 392). 이때 주거지의 동쪽 모서리 부분에서 복원이 되는 토기가 1점 출토되었다(도면 393). 하지만 주거지의 윤곽선이 분명하게 구분된 것은 제12인공층을 제토하고 난 다음이었다(도면 2007-87; 101~103). 이때 주거지의 남쪽 둘레로 너비가 120~140㎝인 암회색 사질토 띠가 노출되었는데 다량의 토기편과 동물 뼈 및 연체동물 껍질이 들어 있었다(도면 2007-86; 88).

제12인공층을 조사할 때에 주거지 내부에서 토제 장식편(도면 2007-148, 6), 숫돌(도면 2007-143, 6), 뿔 명적 예비품(도면 2007-145)(도면 750, 1), 기호가 있는 토기 저부편(도면 2007-188, 1), 기호가 있는 토기 저부편(도면 2007-154-5호 주거지와 6호 주거지에서 편들이 발견)(보고서 148쪽), 놀이 알, 철제 테고리, 부정형 철제 유물편 등이 출토되었다. 다음 제13인공층에서는 주거지 내부퇴적토의 윗부분에 대해 조사를 진행하였다(도면 394). 한편 제13인공층 제토 후 제34구역의 동쪽섹터에서는 전반적으로 생토가 드러났다. 내부퇴적토의 윗부분은 숯, 토기편, 생물 자료들 등이 많이 들어있는 암회색 사질토였다. 다만 가운데 부분은 황갈색 사질토였는데, 아랫부분이 적색이었다. 암회색 사질토층에서는 눌러 깨진 토기들이 수점 출토되었다(도면 2007-124; 125; 128; 130; 131). 이곳에는 조개껍질들이 무더기로 발견되었고(도면 395), 동물의 뼈들도 다량 위치하였다(도면 396).

내부퇴적토의 윗부분에서는 철제 칼 2점(도면 2007-143, 4, 5)(도면 688, 7), 철제 못, 금속을 함유함이 분명한 무거운 슬래그 2점, 토제 고리(도면 2007-147, 4), 상호 교차하는 구멍들이 있는 토제 유물편(도면 2007-147, 5), 놀이 알들 2점, 와편으로 만든 어망추(도면 2007-148, 5)(도면 663, 9) 등이 출토되었다. 슬래그는 특히 주목받았는데 왜냐하면 이웃하는 발굴구역의 이 레벨에서 무게가 수십 킬로그램이 되는 큰 선철이 1점 출토된 것이 있기 때문이다.

내부퇴적토의 중간 부분(세 번째와 네 번째 정리 부분)에서는 벽토덩이들과 소토가 포함된 숯 얼룩들이 다수 확

도면 394 | 크라스키노성 제34구역 제14인공층 6호 주거지 조사 모습(2007)

도면 395 | 크라스키노성 제34구역 6호 주거지 내 패각 노출 모습(2007)

도면 396 | 크라스키노성 제34구역 6호 주거지 내 동물 뼈들 노출 모습(2007)

인되었다(도면 397). 주거지 내의 동쪽 부분에 위치하는 소토 포함 숯 얼룩(데-2-3방안)은 크기가 50×80㎝이다. 내부퇴적토의 중간 부분인 암갈색 사질토층에서는 6개월 이하의 강아지 무덤이 하나 발견되었다. 이 무덤은 주거지 내의 남쪽 부분(뼤-게-4방안)에 위치한다. 이것을 무덤으로 본 것은 강아지의 골격이 그대로 남아 있었기 때문이다.

도면 397 | 크라스키노성 제34구역 6호 주거지 조사 모습(서쪽에서)(2007)

6호 주거지 내부퇴적토 중간 부분(네 번째 정리 시)에서는 암회색의 거의 흑색의 숯 사질토가 발견되었는데, 이것은 불에 탄 집 구조물이 무너진 것으로 판단되었다. 즉 이 숯 사질토층 위의 유물들은 나중에 버린 폐기물들이고, 이 아래의 것들은 원래 주거지에 남겨진 유물인 것으로 판단하게 되었다. 세 번째 정리 시 노출된 고래의 척추 뼈(도면 107-108~111; 146)가 4번째 정리 시에 수습되었다. 고래 척추 뼈에는 베고 자른 흔적이 남아 있다. 내부퇴적토 중간부분에서는 철제 화살촉(도면 2007-143, 2, 3), 철제 테 고리(도면 2007-143, 1)(도면 724, 4), 철제 배목, 슬래그, 경석 유물편, 사암 어망추(도면 144), 편암 숫돌, 놀이 알 5점, 토기 뚜껑 손잡이(도면 2007-148, 4) 등이 출토되었다.

다섯 번째와 여섯 번째 정리 시 내부퇴적토의 아랫부분이 조사되었다(도면 2007-91). 주거지 내의 북쪽과 서쪽 부분에서는 바닥의 점토 흔적이 조사되었고, 이때 다수의 토기 저부편들과 소 뼈들이 발견되었다. 주거지 바닥은 먼저 모래를 깔고 그 위에 다시 점토를 깔은 것으로 판단되었다. 내부퇴적토의 아랫부분에서는 철제 판 모양 유물편, 2점의 선철 조각(크기 7.2×5㎝와 4×2.5㎝), 2점의 놀이 알이 출토되었다.

안타깝게도 이 주거지에 대한 조사는 태풍으로 인해 끝까지는 완료되지 못하였다.

6호 주거지의 수혈은 폐기된 다음에 폐기물 구덩이로 재사용된 것으로 추정되었다. 전체가 노출된 것은 아니

도면 398 | 크라스키노성 제34구역 2호 구덩이 노출 모습(2007)

지만 주거지의 크기는 남동쪽 측면 4m 정도, 다른 쪽 측면 5m 이상, 면적은 20㎡ 이상인 것으로 판단되었다.

2호 구덩이. 2007년에 조사되었다. 제34구역의 동쪽섹터에 위치한다. 6호 주거지의 동쪽에 거의 인접하여 위치한다(도면 391; 398). 제12인공층을 조사할 때에 정리가 되었는데 소 뼈 등 큰 동물의 뼈들이 들어있었다. 그 아래로 내부퇴적토에서 바다 연체동물의 껍질들, 다수의 동물 뼈들, 토기편들, 목탄들이 들어 있었다. 2호 구덩이의 길이는 2m, 너비는 0.8m이고, 깊이는 28㎝이다. 그런데 이 2호 구덩이는 6호 주거지의 동북 가장자리에 바로 인접하여 위치하기 때문에 6호 주거지의 일부일 가능성도 있다고 생각된다.

(2) 제34-제40구역

12호 주거지. 제34구역과 그 남쪽의 제40구역에 걸쳐 위치한다(도면 399). 2007년에 제34구역에 위치하는 12호 주거지의 북쪽 절반이, 2009년에는 제40구역에 위치하는 남쪽 절반이 각각 조사되었다. 2007년 보고서에서는 서쪽섹터 남쪽 부분의 "수혈"로 보고되었다(도면 2007-98~99; 101).

제34구역에서는 12호 주거지의 존재가 회갈색 사질토와 숯 간층들을 통해, 그리고 암회색 사질토를 통해 확인되었다. 주거지의 서벽을 따라서는 3개의 기둥구멍이 확인되었다. 주거지의 동쪽 절반 이상의 부분(베-게-14-15방안)은 위의 제4생활면 주거지에 의해 훼손되었다(도면 400). 12호 주거지에 속하는 아랫부분 수혈의 내부퇴적에서 다수의 토기편과 동물 뼈가 수습되었고, 그리고 방사성탄소연대와 수종분석을 위해 목탄 시료가 채취되었다. 주거지의 내부 서벽 가까이(아-14방안)에서는 한자를 연상시키는 부조 기호가 있는 토기 저부편이 출토되었다(도면 2007-187; 212, 6).

2009년도 발굴조사보고서에서는 2007년에 조사된 제34구역에서 직경이 약 1m인 노지도 조사되었다고 하였다. 다만 2007년도 보고서에는 노지에 대한 언급이 보이지 않는다.

2007년도 발굴조사보고서에는 4건의 방사성탄소연대가 보고되어 있다. 그중 2건이 제34구역에서 채취한 시료를 분석한 결과이다. 이 2건의 연대를 위한 시료 채취 위치가 구체적으로 소개되지 않았지만 상응하는 레벨 수치와 12호 주거지에 대한 보고내용을 통해 볼 때에 바로 12호 주거지의 내부퇴적토에서 시료를 채취한 것이라 생각된다. 보고서에 제시된 방사성탄소연대는 다음과 같다: 제34구역 레벨 -192㎝, SNU07-R093, 1400±60년, 640AD; 제34구역 레벨 -199㎝, SNU07-R094, 1310±50년, 740AD.

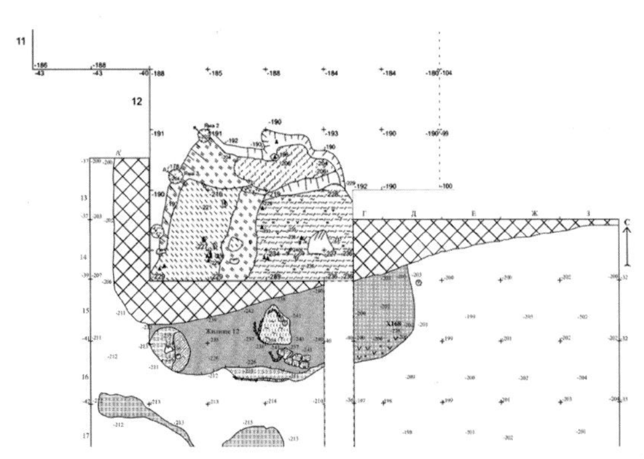

도면 399 | 크라스키노성 제34구역과 제40구역 12호 주거지 평면도(2007; 2009)

제40구역에서는 이 주거지의 존재가 제20인공층의 상면에서 다량의 숯이 섞인 갈색 사질토 등에 의해 이미 파악이 되었고, 그다음의 제21인공층 상면에서 주거지 내부퇴적토의 윗부분이 작은 모래가 섞인 갈색의 무른 사질토 및 중간 밀도의 회갈색 사질토의 형태로 분명하게 구분되었다(도면 2009-442; 443; 508). 주거지 내부퇴적토의 중간 (깊이) 부분은 단단한 회갈색 사질토였는데 점토를 바른 불에 탄 붕괴된 구조물의 잔재로 해석되었다. 이 단단한 회갈색 사질토는 점토와 목탄이 섞여 있어 단단해지고 그리고 색깔이 짙어진 것으로 판단되었다. 이 단단한 회갈색 사질토층의 두께는 19㎝까지이다(도면 401).

그 아래는 내부퇴적토의 아랫부분에 해당하는데 암갈색 점토 간층들이 포함된 암회색 사질토층이었다(도면 2009-519~521). 암회색 사질토층의 두께는 15㎝이다. 이 토층에서는 주거지의 남벽 약간 북쪽 가운데 부분(베-붸-15방안)에서 암회색의 재 얼룩이 발견되었다. 이 재 얼룩은 크기가 54×64㎝이고, 두께는 8㎝이다(도면 402). 이 재 얼룩 남쪽의 주거지 어깨 부분(붸-16방안)에는 짧은 석열이 하나 위치한다. 이 석열은 비슷한 크기의 돌(10×12~16㎝)을 2줄 서로 밀착시켜 만들었다(도면 2009-522). 주거지의 서남 모서리 부분에는 무른 회갈색 모래 얼룩이 하나 위치한다. 이 얼룩의 속에서는 벽토와 숯 등이 확인되었다. 이 얼룩의 크기는 60×75㎝이고, 깊이는 23㎝이다. 바닥에 수 개의 돌이 놓여 있었다(도면 2009-525). 이 얼룩은 기둥구멍의 내부퇴적토로 보고되었지만, 규모로 보아 주거지 내의 저장구덩이였을 가능성이 더 높다고 생각된다(도면 403). 주거지 바닥에는 생토 모래 위로 점토 간층들이 얇게 분포하여 바닥에 점토를 깔았을 것으로 판단하였다. 주거지의 바닥 부분에서 주철제 솥 동체부편(도면 2009-530), 철제 칼편(도면 2009-531; 532) 등이 출토되었다. 주거지 내부퇴적토의 윗부분과 중간 부분에서 다수의 토기편이 출토되었다(도면 2009-533~536; 553, 1; 554)(도면 918, 9; 960, 1; 961, 1).

12호 주거지는 2007년도 조사 결과를 고려하여 크기가 3.5×4.5m, 면적이 15.7㎡인 것으로 판단되었다. 주거지의 깊이는 55㎝까지이다. 주거지의 바닥 가운데 가까이에 평면 원형의 노지가 위치하는데 직경이 약 1m이다. 이 주거지의 장축은 동-서 방향이다. 주거지는 폐기가 된 다음에 불에 탄 것으로 추정되었다.

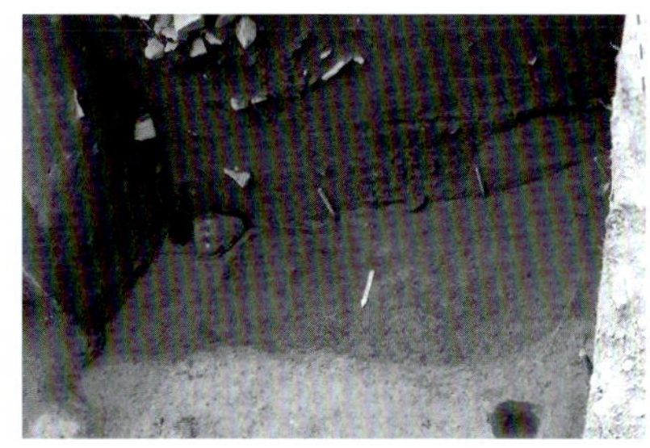
도면 400 | 크라스키노성 제34구역 내 12호 주거지 바닥 모습(2007)

도면 401 | 크라스키노성 제40구역 내 12호 주거지 모습(서쪽에서)(2009)

도면 402 | 크라스키노성 제40구역 내 12호 주거지 모습(북쪽에서)(2009)

도면 403 | 크라스키노성 제40구역 내 12호 주거지 모습(서쪽에서)(2009)

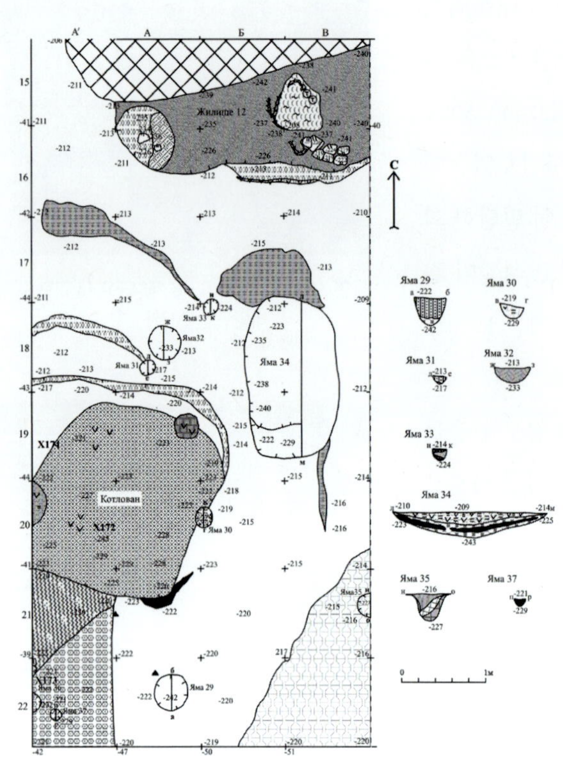

도면 404 | 크라스키노성 제40구역 서쪽섹터 12호 주거지 등 평면도(2009)

도면 405 | 크라스키노성 제40구역 서쪽섹터 수혈구덩이 등 모습(북쪽에서)(2009)

(3) 제40구역

수혈구덩이. 2009년에 조사되었다(도면 2009-444; 445; 509; 514~517; 527)(도면 404; 405). 제40구역 서쪽 섹터의 남서쪽 제21인공층 상면에서 소토와 숯이 많이 들어있는 무른 갈색과 황갈색 사질토 얼룩의 형태로 노출되었다. 이 수혈구덩이 위에는 13호 주거지가 있었다. 이 수혈구덩이의 남동쪽에는 13호 주거지의 기둥구멍으로 파악된 27호와 28호 구덩이가 위치한다. 내부퇴적토 중 소토층은 두께가 11㎝까지이다(도면 406; 407). 이 수혈구덩이의 내부퇴적토에서 탄화 목재(도면 2009-537), 철제 유물편(도면 2009-539; 540)(도면 729, 4), 선철편(도면 2009-538), 금속제 유물편(도면 2009-542), 판 모양 선철(도면 2009-543) 등이 출토되었다. 이 수혈구덩이의 깊이는 약 35㎝이다. 수혈구덩이는 평면 모양이 말각방형에 가까우며 크기는 보고되지 않았지만 도면을 통해 볼 때에 대략 2×2.2m 정도로 판단된다. 이 수혈구덩이와 인접하는 34호 구덩이에서 다량의 토기편이 출토되었다(도면 2009-546~553; 555).

29호~34호 구덩이. 2009년에 제40구역의 서쪽 섹터에서 조사되었다(도면 404). 32호 구덩이를 제외한 다른 모든 구덩이의 내부퇴적토에 소토와 숯, 혹은 숯이 섞여 있었다. 이 구덩이들의 구체적인 위치는 보고서에 제시된 방안과 도면의 위치가 차이가 나는 경우도 있다. 구덩이들의 크기는 29호 구덩이는 직경 40㎝, 깊이 30㎝, 30호 구덩이는 직경 20㎝, 깊이 14㎝, 31호 구덩이는 직경 15㎝, 깊이 10㎝, 32호 구덩이는 직경 42㎝, 깊이 16㎝, 33호 구덩이는 직경 18㎝, 깊이 14㎝이다. 규모가 큰 34호 구덩이는 크기가 186×107㎝이고, 내부퇴적토에 불에 탄 벽토, 숯, 재층, 갈색 모래 등이 섞여 있었다(도면 405). 34호 구덩이에서는 다량의 토기편이 출토되었다.

도면 406 | 크라스키노성 제40구역 서쪽섹터 수혈구덩이 모습(북쪽에서)(2009)

도면 407 | 크라스키노성 제40구역 서쪽섹터 수혈구덩이 바닥 모습(북쪽에서)(2009)

(4) 제44구역

수혈구덩이(도면 2014-317~319). 2014년에 조사되었다. 제44구역의 가운데 부분에 동쪽섹터와 서쪽섹터에 걸쳐 위치한다(도면 408~410). 24호 주거지의 구들 일부가 이 수혈구덩이의 서쪽 부분 위에 놓여 있었다. 따라서 이 수혈구덩이와 24호 구덩이는 겹 놓인 관계가 분명하다.

제13인공층 상면 레벨(-179/ -183㎝)에서 노출되었다. 평면은 방형에 가깝고, 크기는 2.6×2.4m이고, 면적은 6.24㎡이다. 깊이는 10㎝까지이다. 대체로 네 모서리가 방위방향을 향한다. 내부퇴적토는 기본적으로 암갈색의 단단한 사질토이다. 이 수혈구덩이의 서쪽 모서리 안쪽 부분에 작은 구멍이 2개 있다. 서쪽 모서리 바로 곁에 위

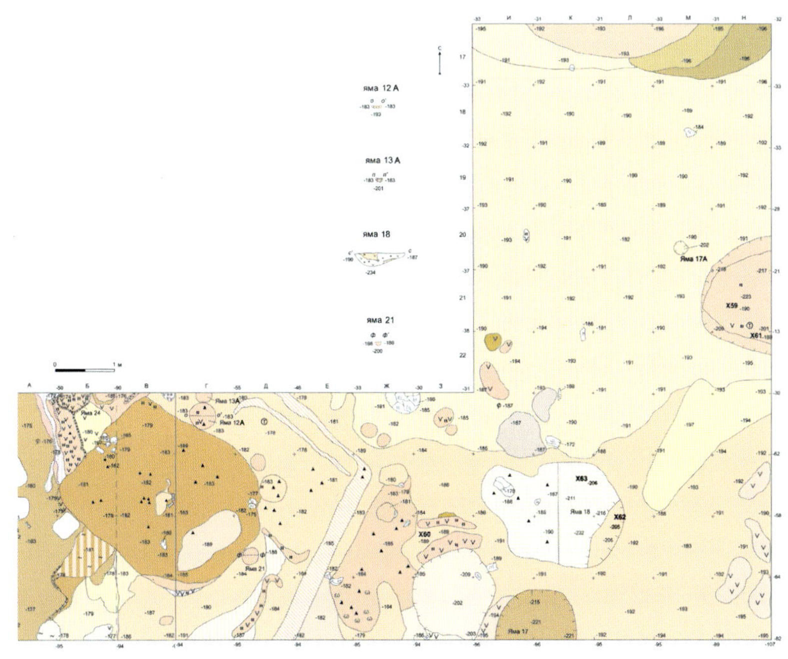

도면 408 | 크라스키노성 제44구역 동쪽섹터 제13인공층 상면 평면도(2014)

도면 409 | 크라스키노성 제44구역 수혈구덩이 모습(북쪽에서)(2014)

도면 410 | 크라스키노성 제44구역 수혈구덩이 모습(남쪽에서)(2014)

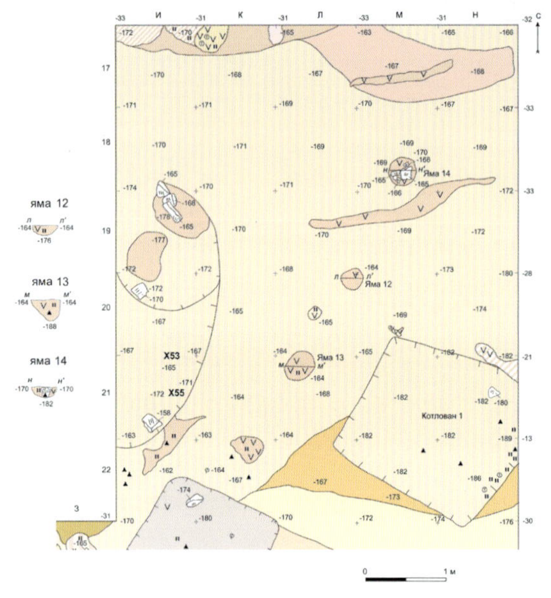

도면 411 | 크라스키노성 제44구역 동쪽섹터 제12인공층 상면 평면도 (2014)

치하는 23호 구덩이는 직경이 12*cm*, 깊이가 11*cm*이다. 수혈구덩이 밖에도 남동벽과 동쪽 모서리 그리고 북동벽 가까이에 구멍들이 위치한다. 그중에서 남동벽 밖에 위치하는 구멍인 21호 구덩이는 직경이 20*cm*, 깊이가 12*cm*이다. 수혈구덩이 내의 서쪽 부분에서는 돌들이 몇 개 발견되었다. 내부퇴적토에서 토기편들과 동물의 뼈들이 발견되었다.

이 수혈구덩이는 13호 주거지가 불에 타 폐기되고 난 다음에 만들어졌고, 그리고 24호 주거지를 만들 때에 메워지고 다져진 것으로 판단되었다.

12호~14호 구덩이. 2014년에 조사되었다. 제44구역의 동쪽섹터 북동쪽 부분에 위치한다(도면 411). 12호, 13호, 14호 구덩이로 명명된 3개의 구멍이 북동-남서 방향으로 하나의 열을 이루고 있다. 구덩이들 간의 간격은 약 1m이다. 가운데에 위치하는 12호 구덩이는 크기가 직경 34*cm*, 깊이 12*cm*이다. 이 구덩이의 내부퇴적토는 숯과 소토 쪼가리가 많이 포함된 단단한 갈색 사질토이다. 그 남서쪽에 위치하는 13호 구덩이는 크기가 직경 36*cm*, 깊이 24*cm*이며, 내부퇴적토는 12호 구덩이와 동일하다. 가장 북동쪽의 14호 구덩이는 크기가 직경 30*cm*, 깊이 24*cm*이며, 내부퇴적토는 돌이 섞인 단단한 갈색 사질토이다. 그런데 보고서에 구덩이로 보고되지는 않았지만 13호 구덩이에서 남서쪽으로 등 간격을 두고 숯이 포함된 다른 얼룩이 하나 도면에 그려져 있다. 아마 이 얼룩도 12호, 13호, 14호 구덩이와 동일한 성격의 기둥구멍이었을 것이다.

17호 (경제) 구덩이. 2014년에 조사되었다(도면 408; 412; 413). 제44구역의 동쪽섹터 남벽에 가운에서 동쪽으로 약간 치우친 곳에 남벽에 잇대어 위치한다. 이 구덩이의 일부는 44구역의 범위 밖에 위치한다. 노출된 부분의

도면 412 | 크라스키노성 제44구역 동쪽섹터 17호와 18호 구덩이 모습(동쪽에서)(2014)

도면 413 | 크라스키노성 제44구역 동쪽섹터 17호와 18호 구덩이 모습(동쪽에서)(2014)

구덩이 너비는 1.34m이고, 깊이는 30㎝이다. 내부퇴적토는 위에서 아래로 무른 갈색 사질토층, 무른 황갈색 사질토층, 갈색 사질점토층이며, 유물은 보고된 것이 없다. 경제구덩이로 추정되었지만 유물이 없기 때문에 확신하기 힘들다.

18호 (경제) 구덩이. 2014년에 조사되었다(도면 408; 412; 413). 제44구역의 동쪽섹터 17호 구덩이의 북쪽 바로 가까이에 위치한다. 이 구덩이의 북쪽 부분은 2호 수혈구덩이에 의해 파괴되었다. 18호 구덩이의 크기는 1.6×2.1m이고, 깊이는 44~47㎝이다. 구덩이 내의 북서쪽 모서리 부분에는 큰 돌이 하나 놓여 있다. 내부퇴적토는 숯과 소토가 포함된 단단하고 알록달록한 갈색 사질토이며, 구덩이의 남쪽 가장자리 쪽에는 다양한 크기의 황갈색 모래 간층이 포함되어 있었다. 유물은 보고된 것이 없다. 경제구덩이로 추정되었지만 확신할 수 없다.

도면 414 | 크라스키노성 제44구역 동쪽섹터 남벽과 수혈구덩이-움 모습(북쪽에서)(2014)

도면 415 | 크라스키노성 제44구역 동쪽섹터 수혈구덩이-움 모습(위에서)(2014)

수혈구덩이-움. 2014년에 조사되었다. 제44구역의 동쪽섹터 동벽의 가운데 부분에 위치한다(도면 233). 절반 정도는 발굴구역의 범위 밖에 위치한다. 노출된 구덩이의 모양은 둥그스름하며, 크기는 가장 넓은 곳이 약 2m이고, 깊이는 35~50㎝이다(도면 414; 415). 내부퇴적토의 윗부분에서는 소토, 숯, 토기편이 많이 발견되었고, 아랫부분에서는 토기편들과 함께 불에 탄 큰 목재편들도 확인되었다. 남벽은 수직인데 수혈의 벽에 판자를 덧대고 점토를 발랐던 것으로 추정되었다. 수혈구덩이 내의 다량의 불탄 흔적들은 이 유구가 화재에 의해 소실되었을 것으로 판단할 수 있게 하였다. 이 수혈구덩이에서는 다량의 토기편, 철제 띠고리(도면 2014-336)(도면 724, 3), 주철제 유물(도면 2014-337), 판상의 금속 유물 등과 함께 동물 뼈, 물고기 뼈, 물탄 목재편, 식물 알갱이 등이 출토되었다. 따라서 이 수혈구덩이는 식량을 저장하였던 움이었을 것으로 판단되었다. 내부퇴적토의 많은 토양에 대해 물체질을 하였다.

이 수혈구덩이는 다른 1호 수혈구덩이에 의해 훼손되었다.

17A호 구덩이(도면 2014-295; 355). 2014년에 조사되었다. 제44구역 동쪽섹터의 수혈구덩이-움의 서북쪽 바로 가까이(엠-20방안)에 위치한다. 따라서 이 수혈구덩이-움과 관계가 있을 것으로 판단되었다. 구덩이의 직경은 18㎝, 깊이는 4~6㎝이다. 내부퇴적토는 불에 탄 물질이 들어있는 단단한 갈색 사질토였다.

12A호-13A호 구덩이(도면 2014-295; 356). 2014년에 조사되었다. 제44구역 동쪽섹터의 서쪽 북편 모서리 부분에 수혈구덩이와 인접하여 위치한다. 12A호 구덩이가 수혈구덩이의 가장자리를 파괴하고 있기 때문에 수혈구덩이보다 늦은 시기의 것으로 판단되었다. 크기는 보고된 것이 없다. 다만 13A호 구덩이는 스케일이 포함된 사진이 있다. 직경이 대략 18㎝로 판단된다.

추정 건축유구(도면 2014-382; 390; 2015-35; 39; 40; 45; 47). 2014년과 2015년에 조사되었다. 제44구역의 서쪽섹터 남서쪽(게'-아'-21-26방안)에 넓은 범위에 걸쳐 위치한다(도면 416). 이 유구의 북동쪽 부분은 제40구역

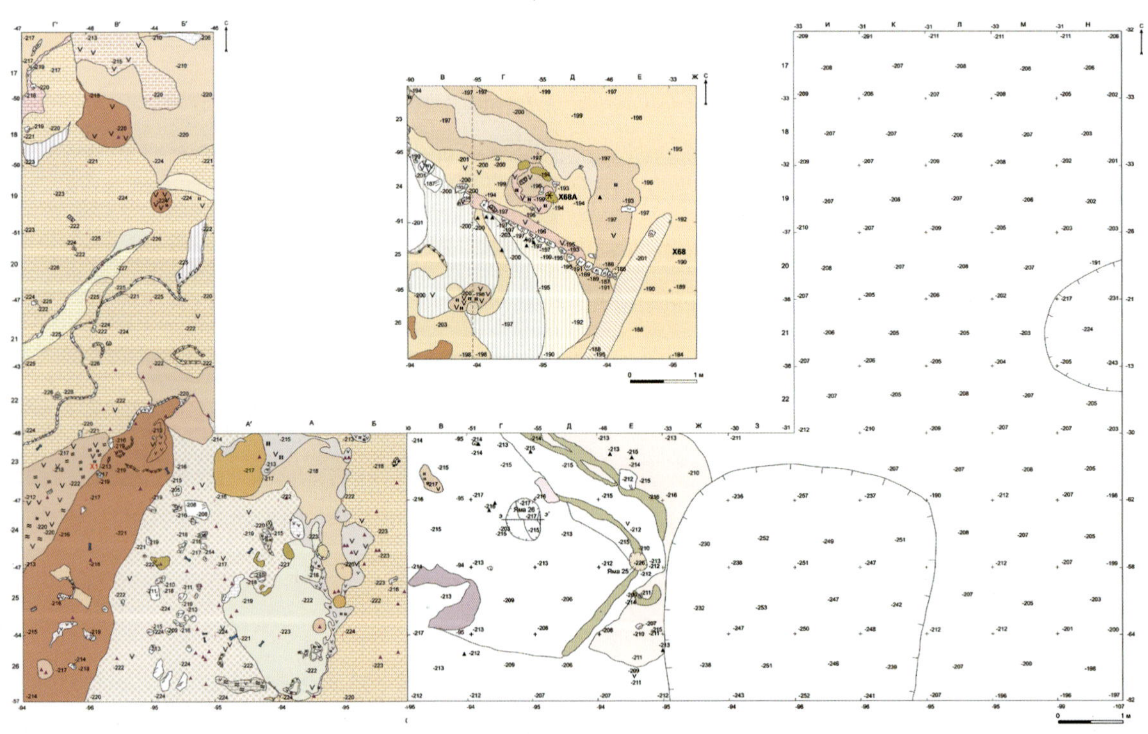

도면 416 | 크라스키노성 제44구역 제5생활면 추정 건축유구 등 평면도(2015)

도면 417 | 크라스키노성 제44구역 서쪽섹터 추정 건축유구 모습(북동쪽에서)(2014)

도면 418 | 크라스키노성 제44구역 서쪽섹터 추정 건축유구 모습(북동쪽에서)(2015)

에 위치한다. 전체적으로 13호 주거지와 거의 동일한 위치와 규모를 가진다. 2014년도 발굴조사보고서에 "게'-아-21-26방안의 건축 유구"로 보고되었다.

제44구역에서는 제15인공층 상면(레벨 -192/ -200㎝)에서 유구의 윤곽이 확인되었고, 제17인공층의 상면(레벨 -208/ -211㎝)에서 유구의 바닥이 드러난 것으로 추정되었다(도면 417; 418). 이 추정 건축유구의 내부퇴적토 윗부분은 2014년에, 중간 부분과 아랫부분은 2015년에 각각 조사되었다. 평면 장방형이고 장축이 남서-북동 방향이다. 추정 건축유구의 크기는 대략 5.2×5m이며, 면적은 26㎡이다. 2014년 조사 시 건축유구 내의 토양은 동쪽 경계 부분은 단단한 갈색 사질토였고, 가운데와 서쪽 부분은 무른 갈색 사질토였다. 유구 내의 곳곳에서 그을음, 숯, 소토가 포함된 흑갈색 사질토 얼룩이 분포하였다. 또한 유구 내에는 돌들도 있었는데 남쪽과 북쪽 부분에는 돌들이 무지를 이루는 곳도 있었다. 2015년도 조사 시 제16인공층과 제17인공층 상면에서는 유구 내에서 크고 납작한 돌들과 함께 중간 크기의 돌들도 확인되었고, 뼈와 조개껍질(도면 2015-41; 42), 탄화 목재, 그을음 흔적, 회색과 노르스름한 갈색의 점토(도면 2015-43) 등도 발견되었다. 이 깊이에서의 내부퇴적토는 그을음 얼룩들이 섞인 밝은 회갈색의 사질토였다. 2014년도에는 추정 건축유구의 범위 내에서 토제 고리(도면 2014-386; 387), 청동 팔찌편(도면 2014-388)(도면 733, 3), 청동 띠꾸미개(도면 2014-392)(도면 736, 4) 등이, 2015년에는 철제 찰갑(도면 2015-36~38)(도면 698, 2) 등이 각각 출토되었다. 그 외 다수의 토기편도 출토되었다.

다만 이 "건축유구"가 정말로 그 어떤 건축물의 흔적인지에 대해서는 의문이 간다. 왜냐하면 이 유구는 성토다짐대지의 윗부분에 해당되기 때문이다. 만약에 정말로 건축물이었다면 13호 주거지의 아랫부분일 가능성도 전혀 없는 것은 아니다.

경제건물 유구. 2014년에 제44구역의 동쪽섹터에서 조사되었다(도면 416). 길이 2.4m, 너비 20~80㎝의 적갈색 사질토 띠의 형태로 레벨 -191㎝에서 노출되었다(도면 419). 이 사질토 띠의 남쪽에는 작은 토기편들이 다량 발견되었는데 인위적으로 깐 것으로 판단되었다(도면 420; 421). 이 면을 두께 10㎝로 정리 조사한 다음에는 적갈색 사질토 띠 아래에서 석열이 하나 확인되었다(도면 397). 이 석열은 남동-북서 방향으로 나있다. 돌을 매우 조밀하게 놓았는데 돌들의 크기는 6×10㎝부터 8×19㎝까지이다. 석열의 길이는 2.8m이다. 이 석열을 덮고 있던 불에

도면 419 | 크라스키노성 제44구역 동쪽섹터 경제건물 유구(북쪽에서)(2014)

도면 420 | 크라스키노성 제44구역 동쪽섹터와 둑 부분 경제건물 유구(남쪽에서)(2014)

도면 421 | 크라스키노성 제44구역 동쪽섹터와 둑 부분 경제건물 유구(북쪽에서)(2014)

달구어진 적갈색 사질토의 두께는 약 5~10㎝이다. 이 석열은 건물의 벽체 잔재일 것으로 추정되었다.

이 석열, 즉 석축 벽의 북쪽에서는 바로 인접하여 26호로 명명된 구덩이가 하나 위치한다. 이 구덩이는 단단한 갈색 사질토 얼룩의 형태로 확인되었고, 남쪽과 서쪽은 불탄 것들이 포함된 적갈색의 사질토에 의해, 북쪽과 동쪽은 황갈색의 점토 얼룩에 의해 각각 둘러싸여 있었다. 26호 구덩이의 크기는 직경이 약 40㎝, 깊이가 40㎝까지이다. 내부퇴적토는 기본적으로 숯, 잔 소토, 모래 간층이 포함된 무른 황갈색 사질토층과 단단한 회갈색 사질토층이었다. 이 경제건물 유구의 동쪽 모서리 부분에는 25호로 명명된 구덩이가 위치한다(도면 2014-409). 이 구덩이는 직경이 30㎝, 깊이가 16㎝이다.

이 '경제건물 유구'는 내부퇴적토의 특성, 작은 토기편들을 깐 점, 크기가 다양한 구덩이들의 존재 등을 통해 지상식의 경제건물이었을 것으로 추정되었다. 크기는 4.7×3.5m, 면적은 16.45㎡일 것으로 판단되었다. 유물에 대해서는 따로 보고내용이 없다.

벽체로 추정되는 석열이 이 유구의 가운데를 관통하고 있다는 점은 이 유구의 성격에 대해 다시 한 번 고민을 필요로 한다.

수혈구덩이(도면 2014-407; 409). 2014년에 조사되었다(도면 416; 422; 423). 제44구역의 동쪽 섹터 남벽 가운데 부분에 위치한다. 이 유구의 일부는 제44구역의 범위 밖에 있다. 조사된 부분의 크기는 2.7×3.2m이고, 깊이는 40~50㎝이다. 내부퇴적토의 윗부분은 암갈색 사질토와 갈색 사질토 간층 등으로 이루어져 있는데 다량의 목탄과 소토, 뼈들, 토기편들 등이 확인되었다. 토기편들이 무지를 이루는 것도 있었다(도면 2014-408, 409). 갈색 사

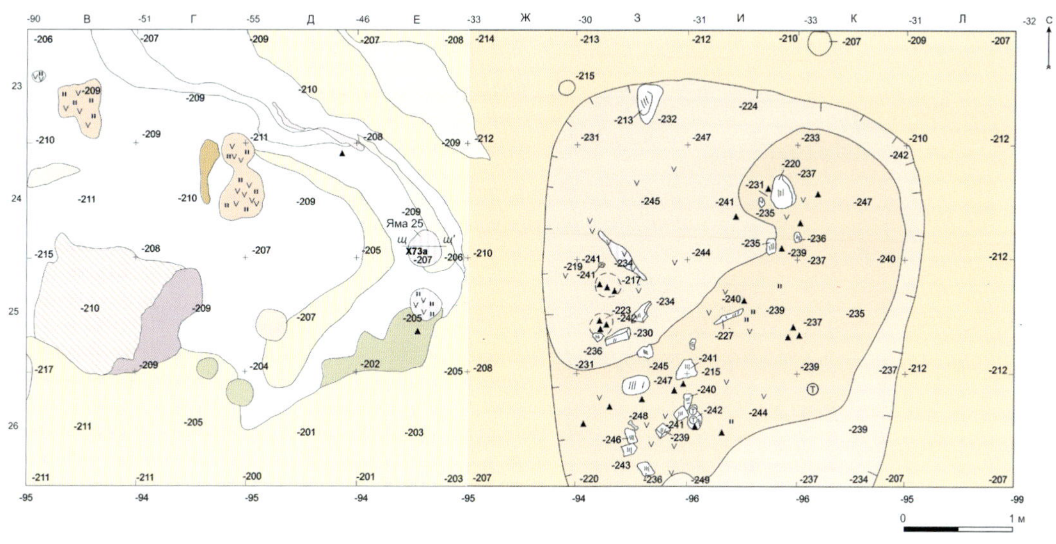

도면 422 | 크라스키노성 제44구역 동쪽섹터 수혈구덩이 등 평면도(2014)

질토층 내에서 크고 작은 돌들도 무질서하게 확인되었다. 아랫부분은 2014년에 날씨 조건으로 인해 조사되지 못하였다. 철제 화살촉(도면 2014-412)(도면 695, 9), 숫돌(도면 2014-413), 금속 유물편 등이 출토되었다. 이 유구는 원래는 주거지였다 나중에 폐기물 구덩이로 사용되었을 것으로 추정되었다. 그런데 이 수혈구덩이는 제48구역의 28호 주거지의 북쪽 부분이었을 가능성이 있다.

도면 423 | 크라스키노성 제44구역 동쪽섹터 수혈구덩이 모습(동쪽에서)(2014)

(5) 제48구역

28호 주거지. 2018년에 제48구역의 동쪽섹터 북쪽 부분에서 일부가 조사되었다(도면 424; 425). 이곳의 4호 수혈구덩이 아래에 위치하며 서로 겹 놓인 관계이다. 제48구역에서 노출된 크기는 최대 너비 2.2m, 길이 2.3m이다. 주거지 내부퇴적토의 아랫부분은 갈색의 알록달록은 모래로서 잔 숯, 불에 탄 목재 잔재들, 수 개의 자갈돌, 크고 납작한 자갈돌(크기 43×26㎝)이 확인되었다. 이 토층에서 불에 탄 석탄 쪼가리들, 윤제 토기편들, 부정형의 철제 유물편들 등도 발견되었다. 자갈돌 중에는 망치돌로 사용한 것(도면

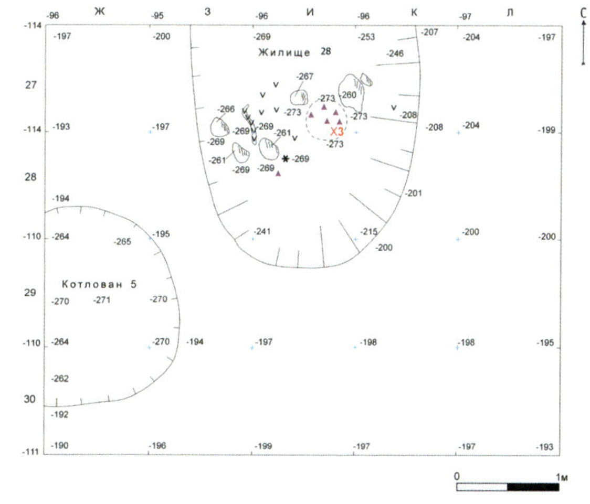

도면 424 | 크라스키노성 제48구역 동쪽섹터 28호 주거지 등 평면도(2018)

도면 425 | 크라스키노성 제48구역 동쪽섹터 28호 주거지 등 모습(북동쪽에서) (2018)

도면 426 | 크라스키노성 제48구역 동쪽섹터 서벽과 5호 수혈구덩이 모습 (2018)

2018-46)도 있고 토기편 중에는 한자 명문이 있는 것 (도면 2018-47; 48)(도면 967, 13)도 있다.

28호 주거지의 북쪽 부분은 제44구역 동쪽섹터 남쪽부분에 위치할 것이다. 그런데 제44구역에서는 2014년에 28호 주거지와 상응하는 위치에 10호 구덩이, 그 아래의 15호 주거지, 그리고 또 그 아래의 수혈구덩이가 각각 조사되었다. 레벨로 보아 28호 구덩이의 북쪽 부분은 제44구역의 15호 구덩이 아래의 수혈구덩이일 수도 있다. 2014년에 조사된 이 수혈구덩이는 제6생활면(이 책에서는 제6-1생활면)에 속하는 것으로 파악되었다.

5호 수혈구덩이. 2018년에 제48구역의 동쪽섹터에서 조사되었다(도면 424~426). 2016년에 조사된 5호 수혈구덩이의 아랫부분에 해당한다. 내부퇴적토의 아랫부분에서 다량의 목탄과 재, 동물의 뼈, 생선 뼈, 연체동물 패각 등이 확인되었다. 놀이 알 2점과 토기편들, 철제 낫편(도면 2018-34; 35), 그리고 개원통보 1점(도면 2018-32)(도면 745, 2) 등도 출토되었다. 경제 구덩이로 판단하였다. 동쪽 섹터에 노출된 5호 수혈구덩이의 최대 직경은 138㎝이다. 내부퇴적토는 수개의 서로 다른 시기의 퇴적층들로 구성된 것으로 판단되었다. 5호 수혈구덩이의 아랫부분이 제5생활면에 속하는 것으로 보고되었으나 토층을 통해 볼 때에 윗부분과 마찬가지로 제4생활면에 속할 가능성이 높다고 생각된다.

9) 제6생활면 유구

건축물 석축기단 잔재(추정 건축물 벽체 잔존물). 2015년에 조사되었다(도면 2015-72~76; 79; 125; 126; 154; 181; 182; 189; 190; 202; 207; 219; 212)(도면 427). '건축물 석축기단 잔재'로 보고된 유구이다. 제44구역의 서쪽섹터 북서쪽 모서리 부분(게'-뤠'-17-20방안)에 위치한다. 돌들이 무너진 상태로 무질서하게 무지를 이루고 있는 형태의 유구이다(도면 428~430). 이 돌무지 형태의 유구는 노출 부분의 크기가 길이 약 4.1m, 최대 너비 약 2.2m이다. 이 돌무지 형태 유구의 방향은 대체로 남서-북동 방향이다. 돌들의 크기는 윗부분은 5×6㎝부터 14×12㎝까지, 아랫부분은 8×6㎝부터 16×10㎝까지이고, 드물게는 20×25㎝까지의 큰 돌들도 있다. 돌들이 섞여있는 암갈색 사질토 얼룩 내에서 불에 탄 목제품의 흔적도 확인되었다. 이 유구는 약간 경사진 모래층 위에 위치한다. 때문

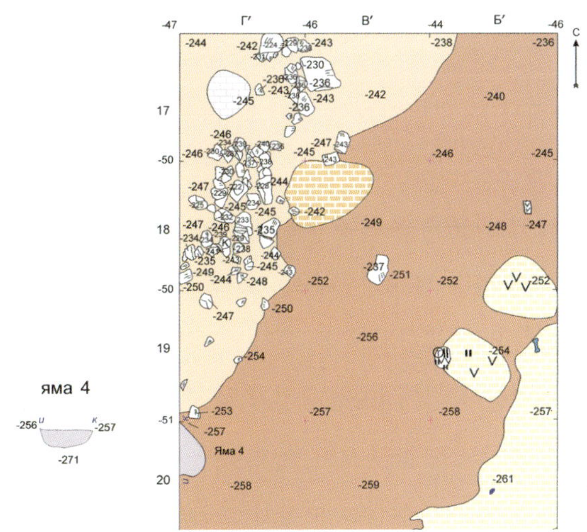

도면 427 | 크라스키노성 제44구역 서쪽섹터 제6생활면 건축물 석축기단 등 평면도(2015)

도면 430 | 크라스키노성 제44구역 서쪽섹터 건축물 석축기단 잔재 모습(서쪽에서)(2015)

도면 428 | 크라스키노성 제44구역 서쪽섹터 건축물 석축기단 잔재 모습(북쪽에서)(2015)

도면 429 | 크라스키노성 제44구역 서쪽섹터 건축물 석축기단 잔재 모습(남쪽에서)(2015)

도면 431 | 크라스키노성 제44구역 서쪽섹터 건축물 석축기단 잔재 내 토기 출토 모습(2015)

도면 432 | 크라스키노성 제44구역 서쪽섹터 재무지 모습(남쪽에서)(2015)

에 이 유구는 자연적으로 만들어진 모래 둔덕에 축조된 건축물의 잔재로, 특히 건축물의 벽체 잔존물로 추정되었다. 발굴구역 내 모래 둔덕의 레벨 차이, 다시 말해서 모래 둔덕의 높이는 약 40㎝이다(레벨 -230/-274㎝).

이 돌무지 유구의 남서쪽 끝부분 서쪽 섹터의 서벽에 잇대어 4호 구덩이가 위치한다. 이 구덩이는 제19인공층의 상면인 암갈색 사질토층에서 불탄 물질들과 그을음이 포함된 무른 회갈색 사질토 얼룩의 형태로 확인되었다. 이 구덩이는 직경이 40㎝, 깊이가 약 15㎝이다. 4호 구덩이는 건축물의 잔재로 생각되는 돌무지의 한쪽 끝부분에 위치하기 때문에 이 둘은 서로 관련이 있는 시설물로 추정되었다. 이 건축물은 화재에 의해 폐기된 것으로 파악되었다. 이 돌무지 내에서 구연부를 포함하는 토기 윗부분(도면 431)이 1점 출토되었다.

이 유구의 동남쪽(베'-18-19방안)에서는 2기의 구덩이가 조사되었다(도면 427). 이 두 구덩이는 부드러운 갈색 사질토 얼룩의 형태로 노출되었다. 그중남쪽의 1호 구덩이는 크기가 65×40㎝, 깊이가 약 27㎝이고, 북쪽의 2호 구덩이는 크기가 55×42㎝, 깊이가 14㎝이다. 이 두 구덩이의 내부퇴적토는 소토덩이들과 목탄들이 섞인 무른 갈색 사질토이다. 다만 이 2개의 구덩이는 층위상 돌무지 형태의 건축물 벽체 잔존물보다는 늦은 시기의 것이다.

추정 건축물 벽체 잔존물 유구는 제6-2생활면에 위치한다. 생토인 모래층 위에 위치하기 때문에 크라스키노성에서는 가장 이른 시기의 유구 중 하나라고 생각된다. 또한 층위와 절대연대 자료 등을 통해 볼 때에 발해 이전 고구려시기의 유구일 가능성이 매우 높을 것이다.

재무지(재구덩이). 2015년에 조사되었다(도면 432). 제44구역의 서쪽섹터 남쪽 가운데 부분(아-아'-25-26방안과 아'-베'-23-24방안)에 위치한다(도면 2015-80; 81; 82; 84). 제17인공층 조사 시에 확인되었다. 철화 간층들이 포함된 노르스름한 갈색 사질토층 위에 형성된 유구이다. '재구덩이'로 보고되었지만, 구덩이를 파서 재를 버린 것이 아니라 고르지 못한 토층들의 기복에 재무지가 만들어진 것이기 때문에 재무지로 부르는 것이 더 타당할 것이다. 이 재무지의 주변은 모두 철화 간층들이 포함된 황갈색의 모래층이다. 재무지의 퇴적 두께는 약 10~12㎝이다. 재무지의 윗부분에서는 다량의 동물 뼈, 조개껍질, 토기편 등이 출토되었고, 재의 속에 목탄, 불타지 않은 나무 쪼가리, 소토 덩이 등이 섞여 있었다. 또한 패각이 더미로 있는 곳도 있었다. 재무지의 아랫부분에서도 동물 뼈, 연체동물 패각, 불에 탄 혹은 타지 않은 나무 쪼가리들, 토기편 등이 발견되었다. 재무지의 크기는 도면을 통해 볼 때에 길이 약 4m, 최대 너비 약 2.6m이다. 재무지 내에서 다수의 토기편이 출토되었다. 이 재무지 퇴적물에 대해서는 물체질도 이루어졌다.

재무지의 범위 내에서 철제 칼이 1점 출토되었다(도면 2015-106~108)(도면 688, 4). 제17인공층 조사 시에 다수의 토기편이 출토되었는데 대부분이 재무지 부분에 집중되어 있었다(도면 2015-115~123; 58, 9~14).

이 재무지의 남서쪽 가까이(붸'-베'-26방안) 서쪽 섹터의 남벽에 거의 잇대어 돌들, 소토, 숯, 그을음 등이 포함된 노르스름한 갈색 사질토 얼룩이 위치한다. 이 얼룩 내의 돌무지는 재무지와 동 시기 혹은 그 보다 이른 시기일 것으로 판단되었다.

재무지는 층위상 '건축물 석축기단 잔재'보다 위에 위치한다.

3호 구덩이(도면 2015-147~149). 2015년에 조사되었다(도면 203). 제44구역의 서쪽섹터에서 제18인공층 조사 시 그을음을 포함하는 갈색 사질토 얼룩의 형태로 노출되었다. 서쪽섹터 남벽 안쪽 가운데쯤(아'-베'-26방안)에 위치한다. 층위가 재무지의 밑에 위치한다. 직경은 30㎝이고, 내부퇴적토의 두께, 즉 깊이는 8~9㎝이다.

5호 구덩이(도면 2015-98; 151). 2015년에 조사되었다(도면 203). 제44구역 서쪽섹터의 남벽 서쪽 부분(붸'-게'-26방안)에 위치한다. 제18인공층 조사 시 회갈색 사질토 얼룩의 형태로 확인되었다. 구덩이의 어깨선은 레벨 -211㎝에서 시작되었지만 윤곽이 평면적으로 분명하게 구분된 것은 레벨 -213㎝였다. 구덩이의 많은 부분은 제44구역의 남벽 밖에, 다시 말해서 제48구역에 위치하며 아직 조사되지 못하였다. 5호 구덩이의 크기는 직경 약 90㎝, 깊이 약 48㎝으로 보고되었는데 사실은 이 구덩이의 중간 깊이에서의 크기가 보고된 것이다. 토층도에 반영된 구덩이의 어깨부분 길이는 약 1.5m, 깊이는 약 75㎝이다. 제44구역 전체 토층도에 표시된 제14층부터 굴토하여 구덩이가 조성되었다. 구덩이의 내부퇴적토는 밝은 회갈색 사질토이다. 구덩이 내에서 철제 못이 1점 출토되었다. 이 구덩이의 용도는 분명하지 못하다.

황갈색 점토무지와 재 및 그을음 얼룩들(도면 2015-203). 2015년에 제44구역 서쪽섹터의 남동쪽 모서리 부분(아-붸-25-26방안)에서 제21인공층 상면 레벨에서 확인되었다(도면 433). 황갈색 점토층의 두께가 약 6㎝이다. 이 황갈색 점토무지 내에서 토기편들과 동물 턱뼈 그리고 숯들이 발견되었다. 이 점토무지의 남서쪽 바로 인접한 부분(아-26방안)에서는 분홍-회색과 회색의 재와 숯들이 포함된 재 얼룩이 위치한다. 이 재 얼룩의 크기는 60×40㎝이다. 점토무지의 북쪽 부분(베-25-24방안)에는 흑갈색의 그을음 사질토 얼룩이 위치한다. 이 얼룩은 크기가 65×80㎝이다. 이 점토무지와 얼룩들은 서쪽 섹터 가운데 부분과 북쪽 부분 거의 전체를 따라 분포하고 있는 (생토로 잘못 추정된) 철화 간층들이 포함된 회갈색 모래층 위에 위치한다.

발굴조사보고서에서는 이 황갈색 점토무지와 재 얼룩 그리고 그을음 얼룩이 하나의 유구를 이룰 것으로 판단하였지만, 이 모든 것들이 사실은 성토다짐의 개별 층을 이루고 있었다고 생각된다.

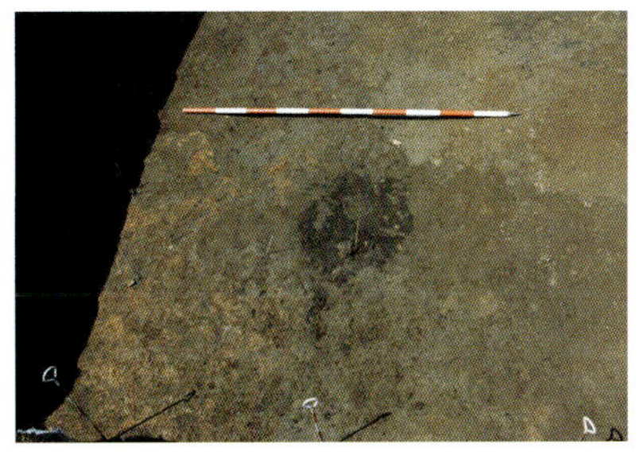

도면 433 | 크라스키노성 제44구역 서쪽섹터 황갈색 점토무지와 재 얼룩 모습(2015)

도면 434 | 크라스키노성 제44구역 서쪽섹터 숯-그을음 얼룩 모습(2015)

숯-그을음 얼룩(도면 2015-203; 206). 2015년에 조사되었다(도면

도면 435 | 크라스키노성 제44구역 서쪽섹터 자연도랑과 건축물 석축기단 잔재 모습(남쪽에서)(2015)

434). 제44구역 서쪽섹터의 남서쪽 모서리 부분에 위치하며 제21인공층 상면 레벨에서 확인되었다. 다량의 그을음과 숯이 포함된 흑갈색 사질토 및 불탄 흔적이 있는 회갈색 사질토 얼룩 형태로 노출되었다. 이 숯-그을음 얼룩은 서쪽 섹터 가운데 부분과 북쪽 부분 거의 전체를 따라 분포하고 있는 (생토로 잘못 추정된) 철화 간층들이 포함된 회갈색 모래층 위에 위치한다.

12호~14호 구덩이(도면 2015-203). 2015년에 조사되었다. 제44구역의 서쪽섹터 북쪽 부분에서 그을음이 포함된 노르스름한 갈색 사질토 얼룩의 형태로 확인되었다. 12호 구덩이는 직경이 44㎝, 깊이가 36㎝이다. 13호 구덩이는 직경이 30㎝, 깊이가 7~8㎝이다. 14호 구덩이는 직경이 36㎝, 깊이가 5~7㎝이다. 12~14호 구덩이는 '건축물 석축기단 잔재'가 있는 곳에 위치한다. 이 유구의 돌무지와 비슷한 레벨 혹은 그 아래에서 노출되어 돌무지보다 더 이른 시기 혹은 동시기에 사용되었을 것이다.

도면 436 | 크라스키노성 제44구역 서쪽섹터 남벽과 자연도랑 모습(2015)

자연 도랑(보고서 89쪽, 90쪽). 2015년에 조사되었다(도면 203). 제44구역 서쪽섹터 제21인공층 상면 레벨에서 암갈색 부식 사질토가 북동-남서 방향으로 띠를 이루며 그 윤곽이 분명하게 확인되었다. 이 띠는 너비가 1.3~2.2m이며, 양쪽 끝부분이 모두 발굴구역의 범위를 벗어난다(도면 435). 노출 부분의 깊이는 0.5m이다. 다만 노출된 상태 그 자체로는 도랑이 아니라고 생각된다. 왜냐하면 제44구역의 남벽 아래로 이어지는, 다시 말해서 이 띠와는 방향이 다른 도랑이 가까운 거리에서 발견되었기 때문이다(도면 436). 아마도 이 둘은 서로 연결되어 있었을 가능성이 높을 것이다. 흥미로운 사실은 자연도랑의 내부퇴적토를 이루는 이 암갈색 부식 사질토 펄층이 '건축물 석축기단 잔재'보다 층위적으로 더 위에 위치한다는 점이다.

이 암갈색 부식 사질토층에서 토기편들, 연체동물 패각들, 조개껍질들, 재 얼룩 등이 확인되었다. 그 외에 주철제 솥의 다리(도면 2015-235; 236), 철제 못(도면 2015-237, 1) 등도 출토되었다.

5. 중북지역 도로 및 주거구역

이곳에 대한 발굴조사는 2011년에 제47구역을 중심으로 시작되었다(도면 437). 2011년에는 제47구역에 동남-북서방향으로 섹터 3개를 설정하여 조사를 시작하였고, 나중에 북서방향으로 확장하여 섹터3'를 추가로 조사하였다. 이때 석축담장기초와 그 안쪽의 돌무지(2011년도 보고서에는 '석축기단 건축물'로 보고), 18호 주거지, 남북방향의 도로가 각각 확인되었다. 2012년에는 석축담장기초와 돌무지의 남동쪽으로 제47구역 섹터4와 섹터 5를 설정하여 19호 주거지를 조사하였다. 이때 석축담장기초의 한쪽 끝부분이 확인되었고, 다듬잇돌이 출토되었다. 2013년에는 섹터3의 동남쪽으로 섹터6, 섹터7, 섹터8을 설정하여 조사를 하였다. 이때 섹터6에서는 청동거울이 출토되었고, 22호 주거지가 조사되었으며, 섹터8에서 동서 방향의 도로가 확인되었다. 2014년에는 제47구역 섹터3과 섹터6의 남(서)쪽에 제49구역을 설정하였다. 제47구역 섹터3에서는 2011년에 확인된 도로가 아래로 제5생활면까지 존재하였음을 밝혔고(도면 438~441), 제49구역에서는 '十'자 모양으로 교차하는 도로의 노면을 노

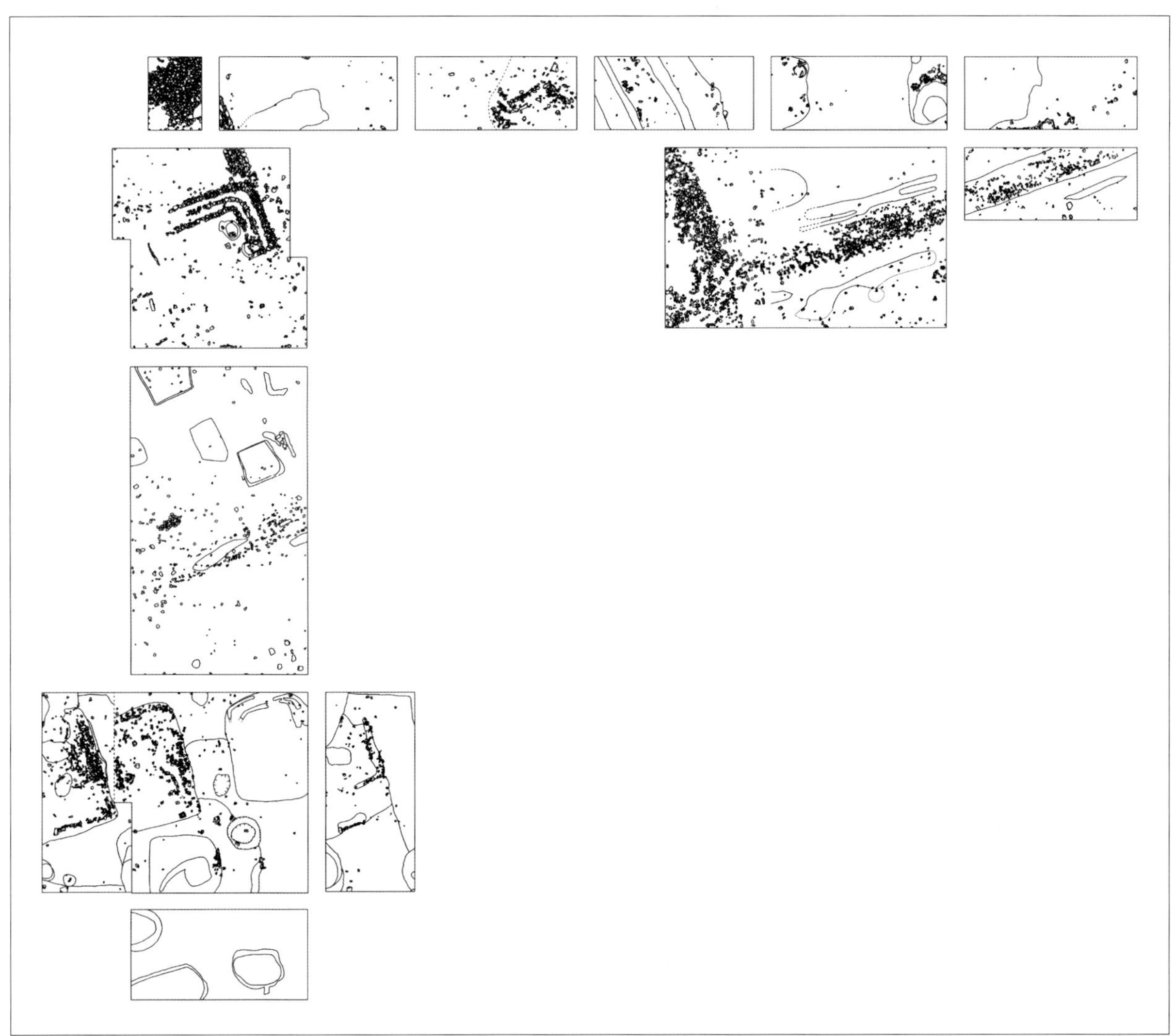

도면 437 | 크라스키노성 중북지역 도로 및 주거구역(제47, 제49, 제50, 제53구역) 유구 배치도

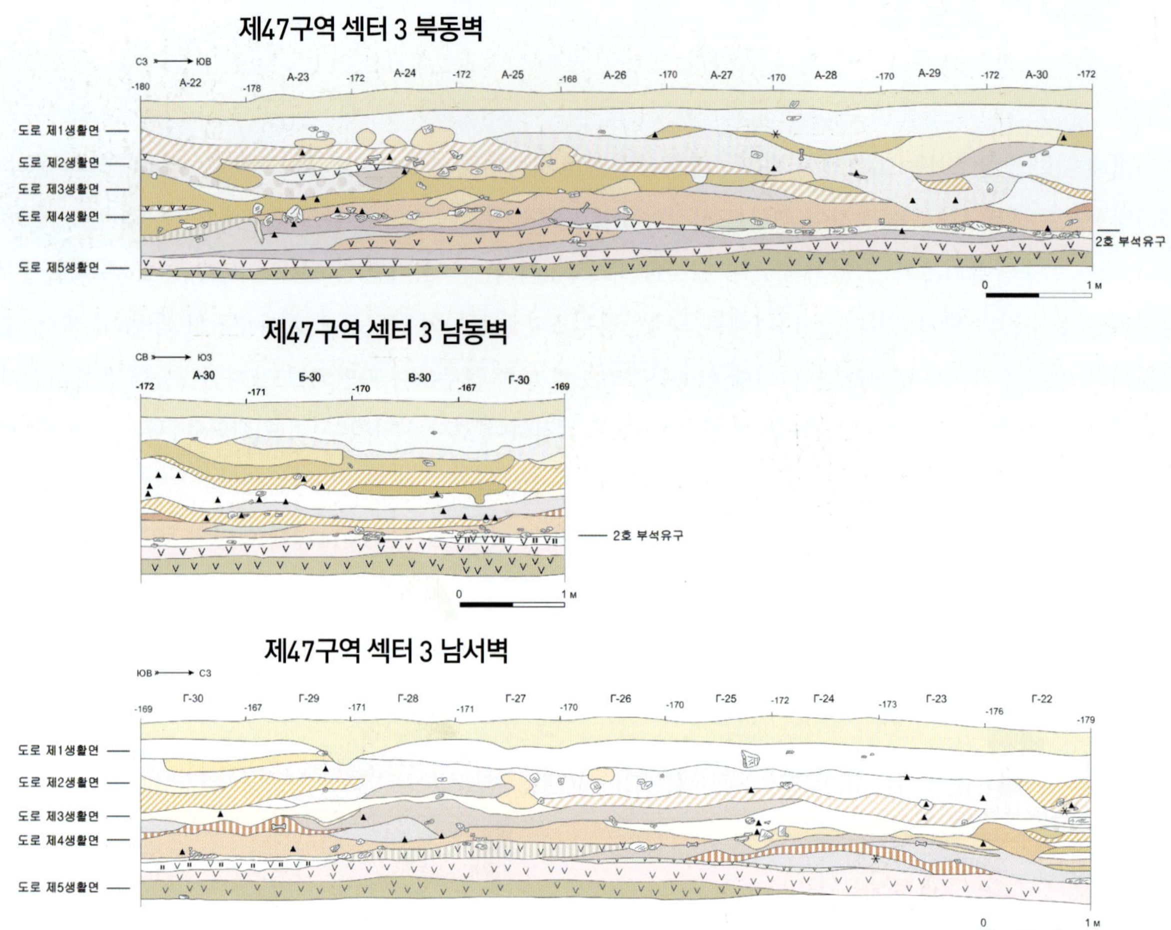

도면 438 | 크라스키노성 제47구역 섹터 3 토층도(2014)

도면 439 | 크라스키노성 제47구역 섹터 3 북동벽 토층 모습(2014)

도면 440 | 크라스키노성 제47구역 섹터 3 남동벽 토층 모습(2014)

도면 441 | 크라스키노성 제47구역 섹터 3 남서벽 토층 모습(2014)

출시켰다. 2015년에는 제47구역의 섹터2에 대해 아래로 심화 조사를 하여 청동 낙타상(도면 2015-472; 473)(도면 731)을 발견하였고, 또한 제47구역 섹터5의 남(서)쪽에 제5구역을 설정하여 동서방향 도로의 다른 부분과 다수의 저장용 움을 조사하였다. 2017년과 2018년에는 제50구역의 남(서)쪽에 설정한 제53구역을 조사하였다. 제53구역에서는 북서섹터에서 26호 주거지가, 중앙섹터에서 25호와 27호 주거지가 각각 조사되었고, 남서섹터에서는 한인 이주민들이 남긴 움들이 조사되었다.

크라스키노성의 중북지역 주거구역에서 조사된 동서방향(정확하게는 동동북-서서남 방향)과 남북방향(정확하게는 남남서-북북동 방향)으로 난 '十'자 모양으로 서로 교차하는 도로의 존재는 성내가 일정 단위의 구획들, 즉 '방'들로 나뉘어져 있었음을, 이 성이 계획도시였음을 말한다. 또한 일정한 거리를 두고 남북방향의 도로와 평행을 유지하는 석축담장기초의 존재는 각 단위의 구획 혹은 '방'이 다시 세부단위들로 나뉘어져 있었음을 말한다. 향후 도로의 다른 교차하는 지점들을 확인하고, 또 그 내부의 유구들을 발굴한다면 크라스키노성의 도시계획에 대해, 나아가 발해 성들 도시계획에 대해 많은 사실들을 알아낼 수 있을 것이다.

1) 중북지역 도로

크라스키노성의 중북지역에서는 도로유구가 2011년, 2013년, 2014년, 2015년에 각각 조사되었다(도면 437).

2011년에는 제47구역의 섹터3에서 북북서-남남동 방향(이하 남북방향)의 도로의 존재가 이곳에서는 처음으로 확인되었다. 2013년에는 제47구역의 섹터8에서 동동북-서서남 방향(이하 동서방향)의 도로가 새로이 확인되었다. 제47구역의 섹터3과 섹터8에서 각각 발견된 도로는 그 방향으로 보아 서로 교차할 것으로 추정이 되었다. 때문에 2014에는 도로 교차지점으로 추정되는 곳에 새로이 제49구역을 설정하여 발굴조사를 실시하였고 그 결과 실제로 두 방향의 도로가 서로 교차하는 것이 확인되었다. 2014년에는 그 외에도 제47구역의 섹터3에서 심화발굴을 실시하여 도로의 어느 깊이까지 존재하는지를 파악하고자 하였다. 2015년에는 제50구역의 섹터2와 섹터3에서 각각 도로의 흔적이 확인되었다. 제50구역에서 발견된 도로는 제49구역에서 발견된 도로와 상당한 거리로 서로 떨어져 있지만 동동북-서서남 방향(이하 동서방향)으로서 서로 동일한 선상에 위치하여 동일 도로의 서로 다른 부분으로 판단된다. 따라서 크라스키노성의 중북지역에서는 동서방향 도로가 62.5m, 남북방향 도로가 16.3m 길이로 각각 확인된 셈이다. 서로 교차하는 동서 및 남북방향 도로의 존재는 크라스키노성이 도로들에 의

도면 442 | 크라스키노성 제47구역 도로(앞쪽)와 구들 주거지(가운데) 노출 모습(남동쪽에서)(2011)

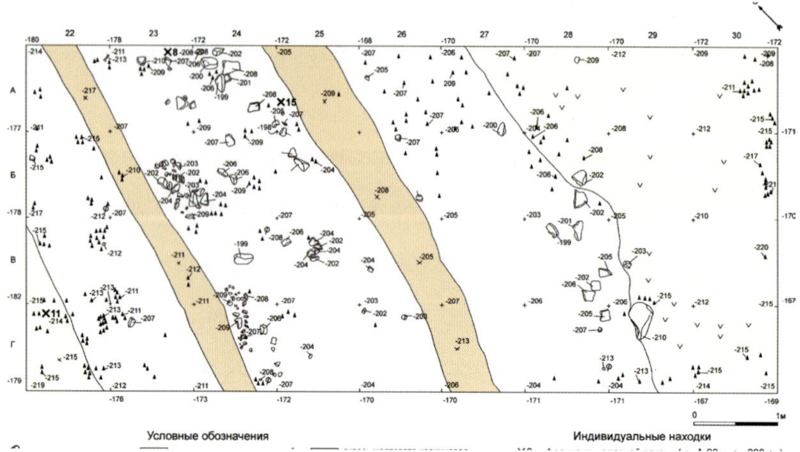

도면 443 | 크라스키노성 제47구역 섹터 3의 도로 제1생활면 평면도(2011)

도면 444 | 크라스키노성 제47구역 섹터 3의 도로 제1생활면 모습(남서쪽에서)(2011)

해 정연하게 구획되어 있었음을 말하는 것이다. 하지만 도로의 다른 교차지점이 아직 확인되지 않아 도로에 의해 구획된 각 구간, 즉 방의 크기는 알 수가 없다.

제47구역의 섹터1과 섹터4 그리고 섹터5에서 조사된 석축담장기초와 19호 주거지의 동벽은 남북방향 도로와 동일한 방향이다. 이 사실은 또한 도로에 의해 크게 구획된 구간 내에 다시 소규모의 구획이 이루어졌음을 말하는 것이다. 남북방향 도로와 석축담장기초 사이의 간격은 약 21m이다.

2011년에 조사를 시작한 제47구역의 섹터3에서는 처음에는 지자기탐사를 통해 추정된 '내성'의 성벽이 발견될 것으로 기대되었었다. 하지만 표토와 부식토 아래의 갈색 사질토층을 정리하면서 이미 도로의 존재가 인지되었다(도면 442). 도로 노면의 지표에서의 깊이는 30~40㎝ 사이이다. 도로는 북북동-남남서 방향(이하 남북방향)으로 나있었다. 노출된 도로는 좌우의 밝은 황갈색 사질토양과 구분되는 연한 갈색 사질토양에 의해 대표되었다(도면 443; 444). 도로를 이루는 갈색 사질토층에는 다수의 자갈돌과 작은 토기편들이 섞여 있었다. 그런데 이 도로의 안쪽에는 2줄의 밝은 황갈색 거친 모래 띠가 형성되어 있었다. 동쪽의 모래 띠는 너비가 50~70㎝이고, 서쪽의 모래 띠는 너비가 30~45㎝이다. 두 모래 띠 사이의 거리는 2~2.2m이다. 도로와 관련이 있다고 생각되는 갈색 사질토층의 전체 너비는 약 5.8m이다. 섹터3에서는 도로와 관련된 부분에서 토기편들(도면 2011-651~660)(도면 869, 10) 이 외에도 주철제 솥편 2점(도면 2011-647), 철제 관상 유물편(도면 2011-648), 철제 쌍각 미늘편(도면 2011-649)(도면 723, 4), 철제 갈고리(도면 2011-650)(도면 704, 4), 다수의 놀이 알 등이 출토되었다.

제47구역의 섹터3에 대해서는 2011년에 남서쪽 변을 따라 너비 1m로 트렌치 조사를 하여 아래로도 계속해서 돌을 깔은 도로잔재들이 존재함이 확인되었다. 이곳에서는 두께 10~15㎝로 6개의 인공층을 새로이 조사하였다. 트렌치 내의 제9인공층 레벨 -295㎝ 깊이에서는 청동으로 만든 검집의 메기(고정 고리)(도면 2011-683)(도면 743, 1)가 출토되었다.

제47구역의 섹터3에 위치하는 도로유구에 대해서는 이후 2014년에 추가로 조사를 진행하였다. 그 결과 2011년에 조사한 제1생활면 도로 아래로 다시 3개의 도로 생활면을 확인하였고, 또 그 아래로 제5생활면 도로도 존재할 것이라는 추정을 하게 되었다(도면 437~441).

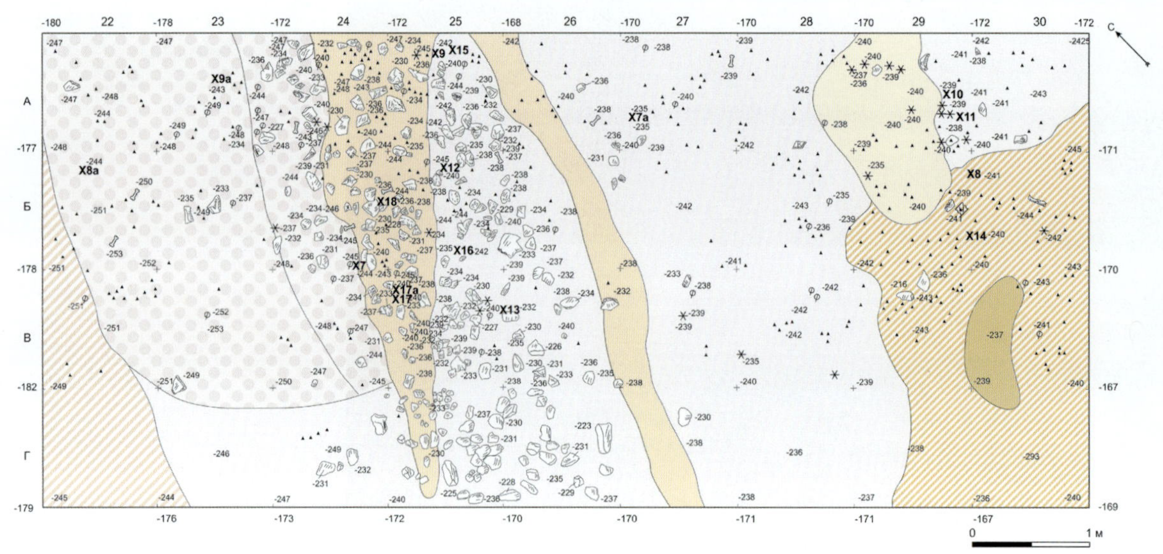

도면 445 | 크라스키노성 제47구역 섹터 3의 도로 제2생활면 평면도(2014)

도면 446 | 크라스키노성 제47구역 섹터 3의 도로 제2생활면 모습(남서쪽에서)(2014)

제47구역 섹터3의 제2생활면 도로는 제4인공층 제거 후 제5인공층 상면에서 돌을 깔은 도로의 형태로 노출되었다. 지표에서의 깊이는 50~70㎝ 사이이다. 도로는 다양한 크기의 모래가 섞인 회갈색 사질토층에 의해 좌우의 연갈색 사질토층과 잘 구분되었다. 이 회갈색 사질토층에는 돌들과 명황갈색의 거친 모래 얼룩들이 섞여 있었다. 도로의 방향은 제1생활면 도로와 동일하다. 도로의 너비는 약 3.25~3.45m이다. 제4인공층을 제거할 때에 철제

도면 447 | 크라스키노성 제47구역 섹터 3의 도로 제2생활면 세부 모습(북동쪽에서)(2014)

칼편(도면 2014-477; 479, 5), 철제 용기 구연부편(도면 2014-478, 2), 주철제 솥 동체부편, 철제 칼편(도면 2014-479, 4), 철제 못 2점(도면 2014-479, 2, 3), 부정형 철편 4점 등이 출토되었다. 그 외에도 현장보존을 위해 복토한 흙과 제4인공층에서 와편, 토기 동체부편, 그리고 돌로 만든 놀이 알 27점(도면 2014-480; 481), 토기편 704점(도면 2014-482~492)(도면 768, 14; 785, 1; 814, 2; 845, 5; 892, 3; 907, 14; 930, 1; 945, 14)이 수습되었다.

제2생활면 도로에서 돌과 기타 유물을 남기고 다시 레벨을 10~15㎝로 낮추어 조사를 진행하였는데(제5인공층) 도로에 돌을 깔은 양상이 잘 드러났다(도면 2014-493~497)(도면 445; 446). 도로의 동쪽 가장자리를 따라 거친 명황갈색의 모래 띠가 형성되어 있었는데 배수와 관련된 측구의 흔적일 수도 있을 것으로 추정되었다. 또한 이 깊이에서는 도로의 너비도 4m 이상이었던 것으로 추정되었다. 제5인공층에서는 주철제 솥 다리편(도면 2014-498, 1), 주철제 유물편(도면 2014-498, 2), 주철제 수레 차관편(도면 2014-504), 주철제 용기 구연부편(도면 2014-500)(도면 701, 4), 철제 판편 2점(도면 2014-499, 1), 철제 못 4점(도면 2014-501; 503; 505, 2), 철제 칼편, 철제 낚싯바늘(도면 2014-501, 1; 502, 1), 철제 화살촉(도면 2014-501, 4; 503, 1), 철제 깔대기모양 유물(도면 2014-505, 1), 토제 마연기편(도면 2014-506), 와편, 토기 동체부편, 돌로 만든 놀이 알 42점이 출토되었다. 그 외에도 다량의 토기편(1,004점)이 수습되었다(도면 447).

제2생활면 도로에 해당하는 제6인공층 조사 시에는 철제 못(도면 2014-528), 청동 띠끝꾸미개(도면 2014-527)(도면 739, 7), 철제 꺾쇠편(도면 2014-529)(도면 724, 5), 부정형 철편 8점, 놀이 알 19점 등과 함께 황갈색의 도토가 발견되었다. 그 외에도 다량의 윤제 토기편(478점)의 수습되었다.

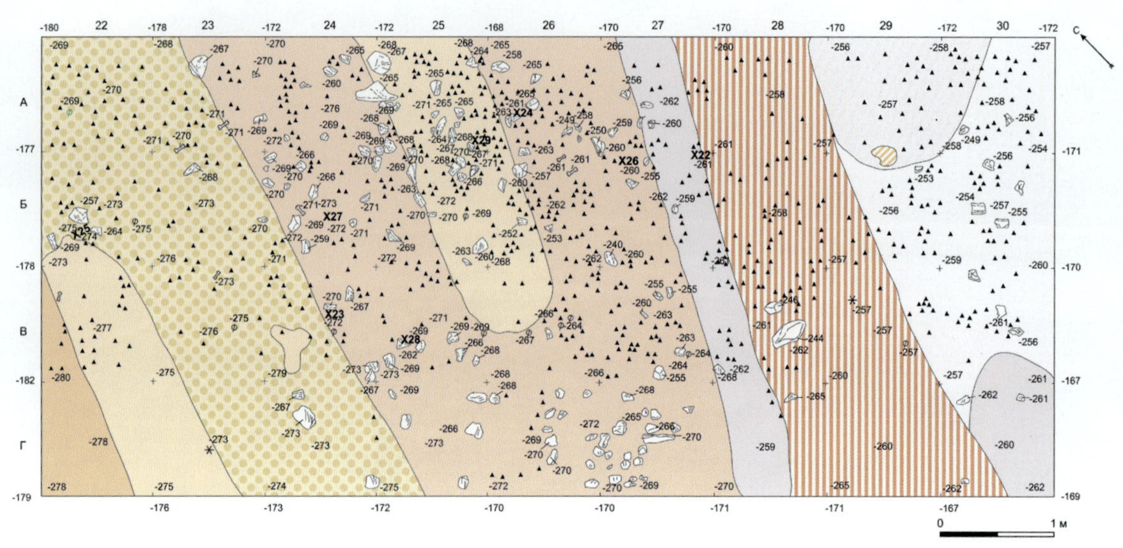

도면 448 | 크라스키노성 제47구역 섹터 3의 도로 제3생활면 평면도(2014)

도면 449 | 크라스키노성 제47구역 섹터 3의 도로 제3생활면 모습(북서쪽에서)(2014)

제47구역 섹터3의 제3생활면 도로는 제7인공층 조사 후에 노출되었다(도면 2014-541~543)(도면 448; 449). 지표에서의 깊이는 약 90~100*cm* 사이이다. 제3생활면의 도로 노면은 구분은 되어도 깔린 돌의 수량의 제2생활면 도로 노면에 비해 적은 편이었다. 제3생활면 도로는 너비가 최소 3.16~3.8m인 것으로, 그리고 명황갈색의 거친

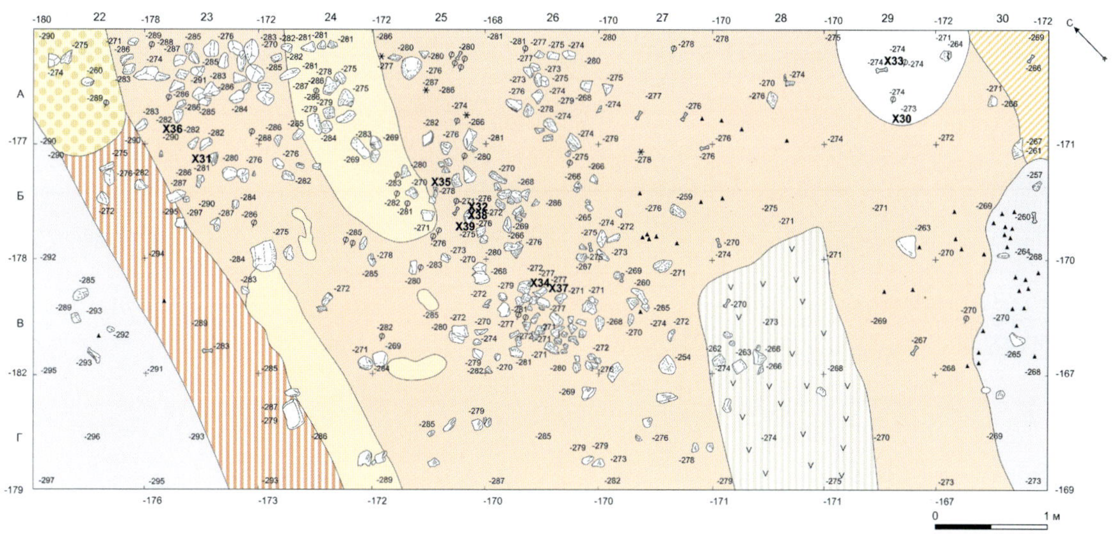

도면 450 | 크라스키노성 제47구역 섹터 3의 도로 제4생활면 평면도(2014)

도면 451 | 크라스키노성 제47구역 섹터 3의 도로 제4생활면 모습(남동쪽에서)(2014)

모래 형태로 드러난 도로의 서쪽 경계를 염두에 둘 때에 너비가 4m 이상일 것으로 판단되었다. 도로 노면의 움푹 파인 곳들에는 곳에는 모래가 들어있었다. 도로를 이루는 기본 토양은 명황갈색 사질토층인데 모래와 작은 돌들이 다수 섞여 있었다. 이 명황갈색 사질토층은 서쪽으로 너비 약 1.5m의 역시 모래와 자갈이 섞인 갈색 사질토층과, 동쪽으로는 너비 0.4~0.5m의 회갈색 사질토 띠와 각각 경계한다. 제7인공층을 제거할 때에 숫돌(도면 2014-544), 철제 유물편(도면 2014-547), 주철제 보습편(도면 2014-545, 2; 546)(도면 686, 6), 철제 못(도면 2014-547, 6; 548), 철제 열쇠편(도면 549), 철제 못들(도면 2014-547, 2, 3, 5) 등이 출토되었다. 그 외에도 잘게 깨어진 다량의 토기편(736점)이 수습되었다.

제47구역 섹터3의 제4생활면 도로는 제8인공층을 조사한 다음에 노출되었다(도면 2014-561~565)(도면 450;

도면 452 | 크라스키노성 제47구역 섹터 3의 제14인공층 상면 도로 제5생활면 모습(서쪽에서)(2014)

451). 지표에서의 깊이는 110~120㎝ 내외이다. 노면에 돌을 깔은 것이 상당히 많았고, 돌을 깐 노면의 너비는 3.6m 이상이었다. 노면은 다른 생활면들의 도로에 비해 서쪽으로 약 1m 이동되었다. 도로 노면은 모래가 섞인 명회갈색 사질토층에 위치한다. 도로 노면의 돌들 사이에서 토제 벼루편(도면 2014-566)(도면 654, 3), 수정 목걸이 알(도면 2014-567)(도면 678, 17), 돌 구슬(도면 2014-570), 철제 화살촉(도면 2014-568, 2, 4), 철제 판편, 철제 갈고리편(도면 2014-568, 1, 3), 철제 못(도면 2014-571), 청동 팔찌편(도면 2014-569)(도면 733, 5), 철제 못편, 부정형 철편, 놀이 알 31점 등이 발견되었다. 또한 다량의 토기편(910점)이 수습되었는데 그중 부분적으로 복원이 되는 것들도 있다(도면 2014-573~592)(도면 813, 4; 825, 5; 837, 9; 853, 13; 963, 7). 그 아래의 제9인공층에서는 부정형 철편 4점(도면 2014-598), 철제 판편(도면 2014-599, 2), 철제 칼편(도면 2014-600), 철제 칼편(도면 2014-601, 1), 철제 못(도면 2014-601, 2), 철제 꺾쇠(도면 2014-599, 1, 3) 등과 함께 16점의 놀이 알(도면 2014-602), 449점의 토기편(도면 2014-603~613)(도면 814, 9; 815, 2; 867, 3; 907, 11; 951, 8)이 발견되었다.

그 아래의 제10인공층에서는 주철제 유물편(도면 2014-622), 철제 못(도면 2014-623), 토제 방추차(도면 2014-621)(도면 664, 5), 돌 구슬(도면 2014-624), 놀이 알 3점, 347점의 토기편과 와편 등이 발견되었다. 토기편들 중에는 부분적으로 복원되는 것들도 있다(도면 2014-635; 636)(도면 815, 4, 5; 835, 4). 제11인공층에서는 숫돌(도면 2014-645), 철제 판편, 철제 꺾쇠편 2점(도면 2014-646; 644), 청동 반지(도면 2014-647)(도면 734, 2), 부정형 철편, 놀이 알, 다량의 토기편(도면 2014-659)(도면 816, 5; 847, 4; 963, 9; 993, 2)과 와편 등이 출토되었다.

제47구역 섹터3의 제5생활면 도로는 제12인공층과 제13인공층에 해당된다. 지표에서의 깊이는 140~160㎝ 정도이다. 제12인공층을 조사한 다음에 발굴구역의 북동쪽 부분에서 모래와 펄, 목탄이 많이 들어있는 철화 및 황색 모래 간층들을 포함하는 암회갈색 사질토층이 노출되었는데, 이 토층은 다음의 제13인공층 아래 제14인공층 상면에서 발굴구역의 거의 모든 범위에 걸쳐 확인되었다(도면 452). 이 토층에는 다수의 동물 뼈와 숯들이 포함되어 있었다. 그 아래로는 비로 인해 더 발굴조사를 하지 못하였다. 제5생활면의 도로는 이 암회갈색 사질토층과 관련이 있을 것으로 추정되었다. 제12인공층에서는 놀이 알, 철제 못 2점(도면 2014-666, 1, 2), 철제 바늘(도면 2014-667, 2)(도면 704, 7), 철제 빗장(도면 2014-667, 1)(도면 711, 3), 철제 유물(도면 2014-668, 1), 철제 클립(도면 2014-

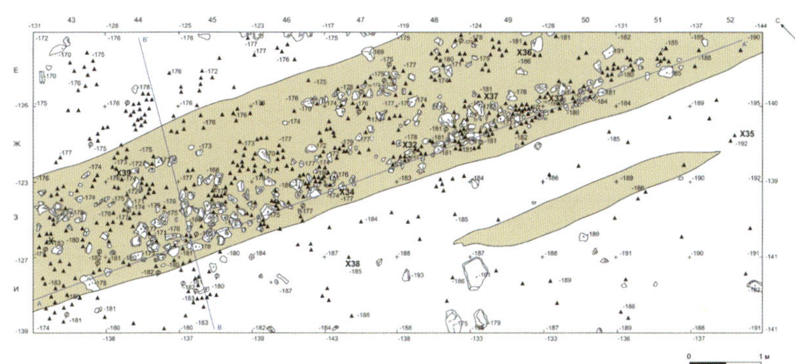

도면 453 | 크라스키노성 제47구역 섹터 8의 도로 평면도(2013)

도면 454 | 크라스키노성 제47구역 섹터 8의 도로 노출 모습(남동쪽에서)(2013)

668, 2) 등과 함께 다량의 토기편(도면 2014-679)(도면 812, 2; 955, 7; 988, 5)이 출토되었다. 제13인공층에서는 정방형 철편(도면 2014-685), 철제 판편, 철제 칼편(도면 2014-686~687), 삼채기편, 명문 토기 동체부편(도면 2014-688)(도면 967, 6), 명문 토기 경부편(도면 2014-689)(도면 967, 7), 놀이 알, 다량의 윤제 토기편 등이 출토되었다. 토기편 중에는 부분적으로 복원되는 것도 있다(도면 2014-688~703)(도면 785, 5; 822, 6, 7; 834, 4; 939, 19; 951, 9).

2013년에는 제47구역의 섹터8에서 새로이 도로의 존재가 확인되었다(도면 453; 454). 이 도로는 동동북-서서남 방향(이하 동서방향)으로 나 있었다. 도로는 부석유구와 모래가 섞인 회갈색 사질토층을 제거하고 난 다음에 이 토층을 가로지르는 갈색 사질토 띠 형태로 노출되었고, 다수의 자갈돌을 깔아 놓아 도로의 존재가 비교적 쉽게 인식되었다. 자갈을 깐 부분의 너비는 120~180㎝이다. 도로를 이루고 있는 갈색 사질토 내에는 돌들 이외에도 다량의 토기편, 토기 동체부편 혹은 와편으로 만든 놀이 알들, 동물 뼈들 등이 섞여 있었다. 그 외에도 토제 다공입방체 유물편 2점(도면 2013-351; 353)(도면 657, 3), 토제 고리편(도면 2013-352), 주철제 수레 차관편(도면 2013-347; 348), 철제 못(도면 2013-349), 철사편(도면 2013-350), 토제 고리편 3점, 토제 구슬(도면 2013-387), 철제 띠꾸미개(도면 2013-386), 철제 화살촉(도면 2013-384; 385)(도면 694, 6), 철제 칼편(도면 2013-382) 등이 출토되었다. 그 외 다량의 토기편과 와편들이 수습되었다(도면 2013-388~399). 제47구역 섹터8에서 조사된 도로는 길이 10.7m가 노출되었고, 너비는 1.8~1.9m인 것으로 보고되었지만, 돌이 깔린 부분만을 산정한 것이기 때문에 실제 도로의 너비는 이보다 훨씬 더 넓었을 것으로 생각된다. 또한 이 도로유구 위의 레벨에서 노출된 것으로 판단된 섹터7에서 조사된 부석유구가 사실은 이 도로의 한쪽 면을 이룰 가능성도 있다고 생각된다. 왜냐하면 부석유구로 보고된 유구는 도로의 북변을 따라 넓게 띠를 이루고 있기 때문이다. 도로의 측구는 확인되지 못하였다.

2014년에 조사를 한 16×10m 크기의 제49구역에서는 동서방향과 남북방향의 도로가 서로 교차하는 것이 확인되었다(도면 455~457). 이것은 2011년에 제47구역의 섹터3에서 발견된 남북방향 도로와 2013년에 제47구역의 섹터8에서 조사된 동서방향 도로가 교차할 것이라는 추정이 정확하였음을 뒷받침하는 것이었다. 도로는 다른 부분들에서와 마찬가지로 노면에 돌을 깔았다. 또한 돌들 사이사이에서는 다량의 잘게 깨뜨린 토기편들과 동물 뼈들이 섞여 있었다. 윤제 토기의 동체부편, 와편, 혹은 돌로 만든 놀이 알들도 다량 수습되었고, 다량의 개별 유물들도 출토되었다. 도로의 노면에 돌을 깐 너비는 2.5m까지였다.

제49구역의 유물은 대부분이 도로에서 출토된 것이다. 표토와 부식토에서는 철제 칼편(도면 2014-724, 3; 726)(도면 689, 4), 주철제 솥편 4점, 주철제 솥 다리(도면 2014-735), 주철제 수레바퀴 차관편(도면 2014-731), 철제 못 3점(도면 2014-724, 1, 2; 725; 730), 철제 화살촉(도면 2014-729)(도면 693, 4), 월주요 완 구연부편(도면 2014-728; 759, 4) (도면 1002, 4), 탑 모양 원추형 토제 유물(도면 2014-733)(도면 659), 와당편(도면 2014-734), 다량의 토기편(도면 2014-736; 737; 739~758; 738, 15, 16; 759)(도면 883, 9, 11; 918, 1; 938, 2; 939, 8) 등이 출토되었다.

제49구역 섹터1 제2인공층에서는 다음의 유물들이 출토되었다: 화살 슴베 추정 철제 유물편(도면 2014-773, 1; 774, 1), 철제 배목(도면 2014-743, 4; 775, 2), 철제 칼편(도면 2014-773, 6; 776, 2), 철제 화살촉(도면 2014-773, 5; 776,

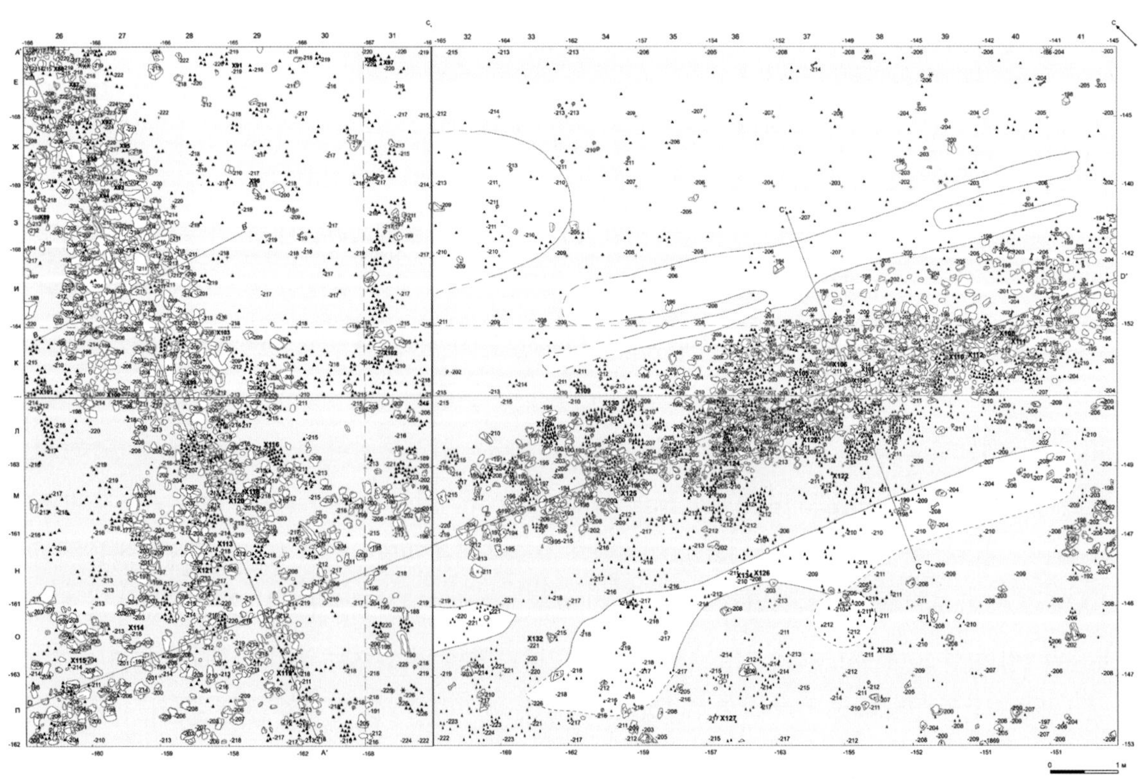

도면 455 | 크라스키노성 제49구역 도로 평면도(2014)

도면 456 | 크라스키노성 제49구역 도로 모습(남동쪽에서)(2014)

도면 457 | 크라스키노성 제49구역 도로 모습(서쪽에서)(2014)

1), 철제 축(도면 2014-773, 2; 774, 2), 철제 고리(도면 2014-773, 3; 775, 1), 철제 판편(도면 2014-779; 780), 시유 삼채기 뚜껑편(도면 2014-777)(도면 998, 8), 토제 고리편(도면 2014-778), 놀이 알 13점(도면 2014-781), 446점의 토기편과 와편(도면 2014-830~833).

제49구역 섹터2 제2인공층에서는 다음의 유물들이 출토되었다: 놀이 알 56점(도면 2014-791), 청동 띠꾸미개 받침(도면 2014-782)(도면 737, 10), 철제 화살촉(도면 2014-783, 1)(도면 693, 14), 철제 꺾쇠편(도면 2014-783, 2), 철제 고깔모양 유물 2점(도면 2014-784, 1, 2)(도면 722, 6, 7), 철제 못 5점(도면 2014-785), 철제 배목(도면 2014-786, 1), 철제 칼(도면 2014-786, 2), 철제 판편(도면 2014-787, 1), 철제 고리(도면 2014-789, 2; 790)(도면 713, 3), 주철제 솥 다리편(도면 2014-787, 2), 정요 자기 구연부편(도면 2014-788)(도면 1001, 6), 956점의 토기편(도면 2014-834~846).

제49구역 섹터3 제2인공층에서는 다음의 유물들이 출토되었다: 놀이 알 32점, 철제 화살촉 4점(도면 2014-794; 796; 797, 4; 798, 1)(도면 695, 5; 696, 9), 철제 못 3점(도면 2014-797, 1~3; 798, 2~799, 2), 철제 판편(도면 2014-800, 1; 801, 1), 철제 용도불명 유물편(도면 2014-800, 2; 801, 2), 철제 고리 4점(도면 2014-804~806, 2)(도면 713, 4~7), 토제 고리편(도면 2014-792; 793), 토제 방추차(도면 2014-803), 돌 구슬(도면 2014-802), 523점의 토기편과 소량의 와편(도면 2014-847~856).

제49구역 섹터4 제2인공층에서는 다음의 유물들이 출토되었다: 놀이 알 58점(도면 2014-828), 청동 띠꾸미개(도면 2014-807)(도면 737, 14), 철제 자귀(도면 2014-810)(도면 685, 3), 철제 화살촉 4점(도면 2014-811~813)(도면 893, 5; 896, 10), 철제 칼편 2점(도면 2014-815, 1; 816), 철제 못 6점(도면 2014-817~820), 철제 버클편 2점(도면 2014-821, 3, 4; 822, 2, 3)(도면 720, 3, 4), 철제 버클 침(도면 2014-817, 2; 823, 1)(도면 720, 9), 철제 판편(도면 2014-815, 2; 823, 2), 철제 고리편 2점(도면 2014-821, 1, 2; 822, 1); 철제 덮개판편(도면 2014-815, 4; 825, 1), 철제 띠꾸미개 받침편(도면 2014-815, 6), 철제 갈고리편(도면 2014-818, 6; 827, 1), 철제 꺾쇠편(도면 2014-817, 4; 827, 2), 주철제 솥 다리(도면 2014-826), 정요 완 동체부편(도면 2014-808)(도면 1001, 7), 토제 고리편(도면 2014-809), 1,463점의 토기편(도면 2014-857~882).

제49구역에서는 제2인공층에서 모두 3,800점의 윤제 토기편이 출토되었다.

제49구역 섹터1 제3인공층에서는 다음의 유물들이 출토되었다: 놀이 알 14점, 철제 칼편 2점(도면 2014-901; 914, 1), 철제 열쇠(도면 2014-904)(도면 710, 3), 철제 못 2점(도면 2014-905, 1, 2; 906, 1, 2), 철제 화살촉(도면 2014-905, 3; 907, 1), 철제 회전 고리편(도면 2014-908)(도면 724, 6), 철제 고리(도면 2014-905, 4; 907, 2), 철제 천공기 3점(도면 2014-909, 2; 910, 1; 914, 2; 912, 2), 철제 갈고리(도면 2014-909, 1; 910, 2), 철제 판편 2점(도면 2014-913; 914, 1), 청동 띠꾸미개(도면 2014-911)(도면 739, 11), 주철제 수레바퀴 차관편, 토제 고리편 2점(도면 2014-902; 903), 647점의 토기편.

제49구역 섹터2 제3인공층에서는 다음의 유물들이 출토되었다: 놀이 알 44점, 철제 못 3점(도면 2014-915, 3, 5), 철제 갈고리(도면 2014-917), 철제 유물(도면 2014-915, 5), 철제 핀셋(?)편(도면 2014-915, 2; 916), 철제 화살촉 2점(도면 2014-923), 토제 다공체 유물편 1점(도면 2014-921), 토제 방추차 1점(도면 2014-922), 278점의 토기편.

제49구역 섹터3 제3인공층에서는 다음의 유물들이 출토되었다: 놀이 알 21점, 청동 띠꾸미개(도면 2014-931)(도면 736, 5), 돌 구슬(도면 2014-929, 1; 930), 철제 검날편(도면 2014-924), 철제 못 4점, 철제 송곳(도면 2014-928, 2), 철제 판편(도면 2014-925, 3; 927, 1), 291점의 토기편.

제49구역 섹터4 제3인공층에서는 다음의 유물들이 출토되었다: 놀이 알 33점, 철제 화살촉(도면 2014-932, 1), 철제 천공기(도면 2014-932, 2), 철제 못(도면 2014-935, 1), 철제 낚싯바늘(도면 2014-935, 3), 철제 쌍각 미늘(도면 2014-935, 2), 철제 띠끝꾸미개(도면 2014-936), 주철제 솥편 2점, 토제 삼족기 다리편(도면 2014-933)(도면 962, 4), 토제 고리편 2점(도면 2014-934), 사용 흔적이 있는 자갈돌. 733점의 토기편.

제49구역의 제3인공층에서는 모두 2,750점의 토기편이 출토되었고(도면 2014-937~985), 그중 일부는 부분적으로 복원이 된다(도면 2014-986~988)(도면 809, 3; 829, 11; 843, 7, 10; 847, 5; 876, 5; 883, 5; 935, 4; 958, 9).

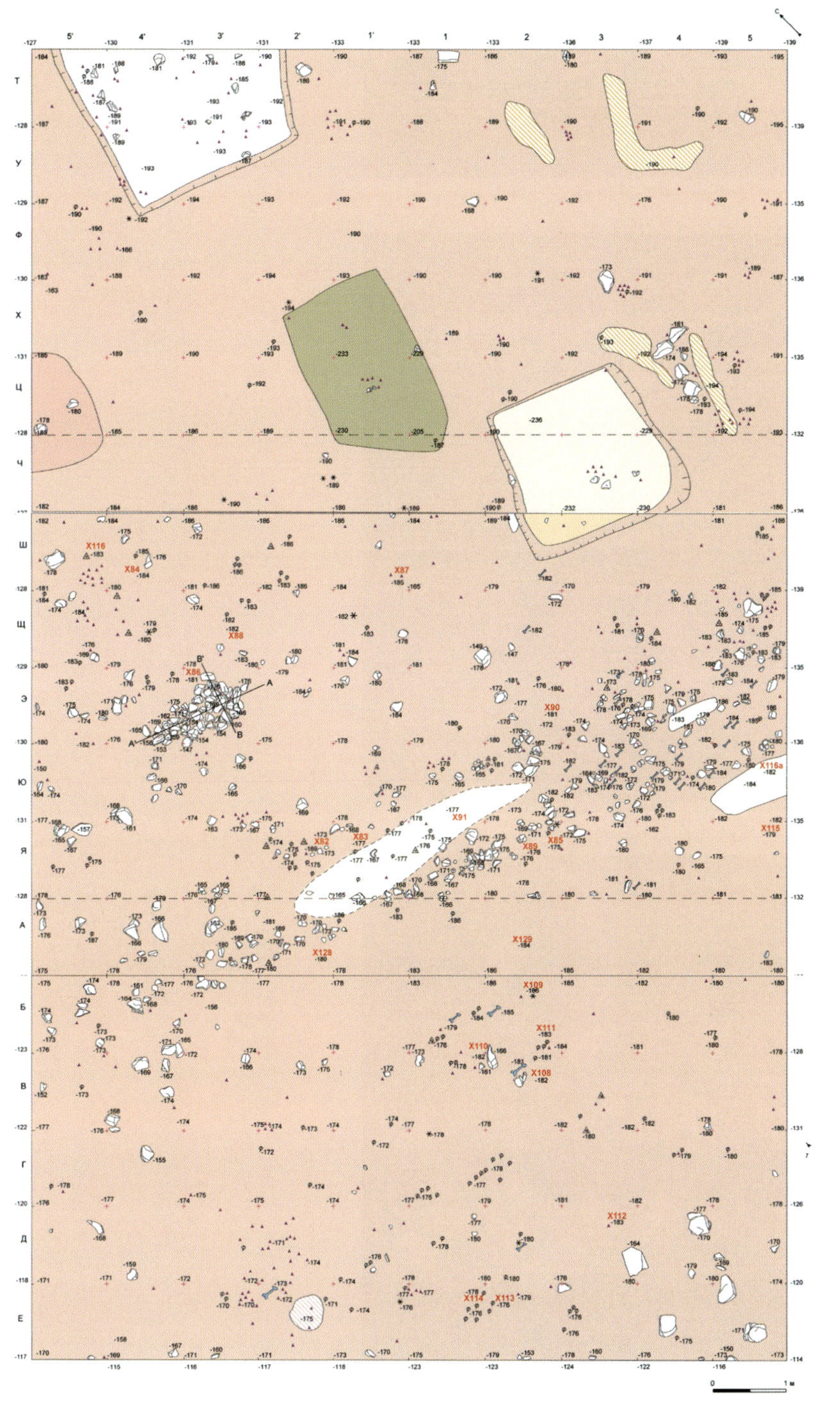

도면 458 | 크라스키노성 第50구역 도로 등 평면도(2015)

도면 459 | 크라스키노성 제50구역 도로 모습(북서쪽에서)(2015)

도면 460 | 크라스키노성 제50구역 도로 모습(동쪽에서)(2015)

도면 461 | 크라스키노성 제50구역 도로 세부 모습(2015)

2015년에 조사가 된 제50구역의 섹터2와 섹터3에서는 2014년에 제49구역에서 조사가 된 동서 방향의 도로가 계속해서 이어질 것으로 이미 추정되고 있었다(도면 458~460). 왜냐하면 이곳은 동서방향 도로의 선상에 위치하기 때문이었다. 제50구역의 섹터2에서는 제2인공층에 대한 조사를 할 때에 도로에 깔았던 돌들이 이미 노출되기 시작하였다. 도로에 깔은 돌들의 크기는 10×15㎝부터 13×18㎝까지이다. 도로는 섹터2를 동쪽에서 서쪽으로 관통하였고, 그리고 부분적으로 그 남쪽의 섹터3에도 위치한다. 돌들 사이에서는 인위적으로 깔은 작은 토기편들과 동물의 뼈들 그리고 놀이 알들이 다량 확인되었다. 제50구역에서 확인된 도로의 너비는 돌이 깔린 부분을 기준으로 할 때에 약 3.5m이다. 섹터2의 남쪽 부분에서는 도로 구간을 따라 모래가 섞인 밝은 황갈색의 사질토 얼룩이 노출되었는데 이와 동일한 얼룩이 섹터3의 도로 남변을 따라서도 확인되었다. 이 얼룩들은 도로의 배수시설과 관련된 잔재일 것으로 추정되었다. 2015년에 제50구역의 섹터2와 섹터3에서 조사된 도로는 제1생활면에 속한다.

제50구역의 섹터2와 섹터3에서는 유물들이 대부분 도로유구에서 출토되었다. 제2인공층에서는 섹터2의 경우 철제 화살촉(도면 2015-833, 2; 834), 잎사귀 모양 철제 화살촉, 철제 칼편(도면 2015-833, 3; 836), 철제 고리, 철제 추정 화살촉편, 철제 추정 칼편, 철제 유물편, 토제 고리편(도면 2015-837; 838), 삼채기편으로 만든 놀이 알, 명문이 있는 윤제 토기 동체부편, 윤제 토기 동체부편으로 만든 마연기편(도면 2015-839; 840), 다량의 윤제 토기편, 와편, 동물 뼈, 부정형의 철편 등이 출토되었다(도면 2015-841~844). 섹터3의 제2인공층에서는 주철제 솥 다리편(도면 2015-845; 846), 철제 판상 유물, 철제 못, 토제 육각 고리편(도면 2015-847; 848)(도면 666, 8), 토제 마연기, 토제 유물편(도면 2015-849; 850), 놀이 알 48점, 부정형 철편, 토기편들 등이 출토되었다(도면 2015-851~859)(도면 793, 2; 869, 7; 870, 9; 813, 6; 816, 1; 932, 4).

제3인공층에서는 돌들 사이에 동물의 뼈와 토기편, 와편들이 보다 많이 깔려 있었다(도면 461). 섹터2에서는 철제 갈고리편 2점, 철제 못 6점, 철제 판상 유물(도면 2015-869), 주철제 판상 유물, 주철제 유물편 2점, 주철제 솥 다리(도면 2015-870; 871), 청동 띠꾸미개(도면 2015-872; 873)(도면 739, 9), 청동 고리편(도면 2015-874; 875)(도면 733, 4), 토제 삼채기 구연부편 2점(도면 2015-876~878)(도면 999, 1), 와당편(도면 2015-879; 880), 돌 구슬 4점(도면 2015-881; 882), 철제 유물편들, 놀이 알 89점 이상, 토기편, 와편(도면 2015-883~894)(도면 813, 7; 883, 2; 965, 1) 등이 출토되었다. 섹터3에서는 주철제 판상 유물편, 철제 못(도면 2015-895; 896), 철제 고리(도면 2015-897; 898), 철제 꺾쇠, 철제 유물편, 돌 구슬 2점, 흙구슬 1점(도면 2015-899, 1; 900)(도면 669, 3), 놀이 알 52점, 토기편과 와편(도면 2015-901~914)(도면 802, 4; 829, 10; 845, 6; 874, 2, 3; 892, 5, 10) 등이 출토되었다.

2) 제47구역의 유구

석축담장기초. 2011년과 2012년에 제47구역의 섹터1과 섹터4에서 일부씩이 조사되었다(도면 462; 463). 2011년도 발굴조사보고서에는 '석축기단 건축물'의 일부로 판단하였다. 왜냐하면 2011년도 발굴조사에서는 섹터1에서 이 담장기초의 한쪽 가장자리 부분만 노출되었고, 또 두께 1m의 둑을 남기고 서남쪽으로 확장을 섹터1'에서는 돌무더기가 노출되었음에도 석축담장기초의 다른 쪽 가장자리는 둑에 의해 노출이 되지 못하였기 때문이다. 섹터1에서 노출된 동쪽 가장자리의 길이는 약 2m이다. 2012년도에 조사를 한 제47구역의 섹터4에서는 이 석축구조

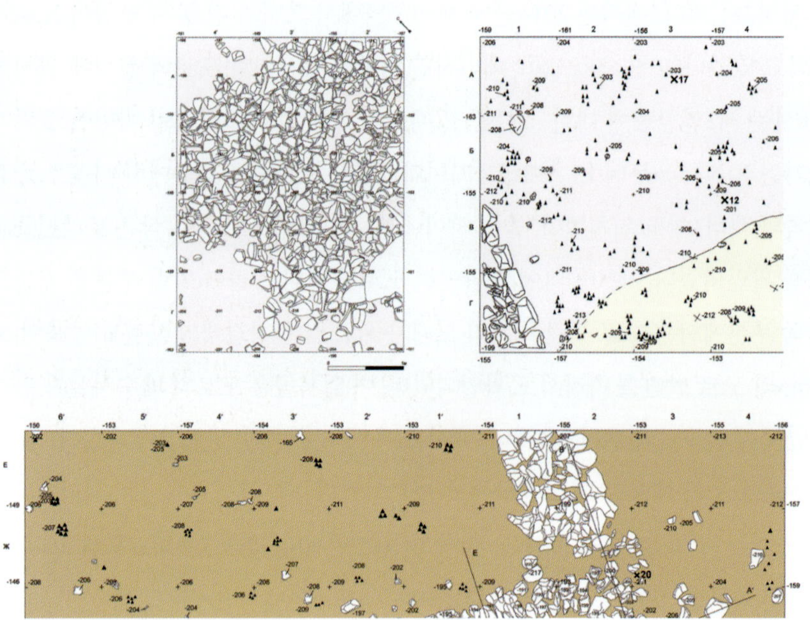

도면 462 | 크라스키노성 제47구역 섹터 1과 섹터 1' 그리고 섹터 4의 석축 담장기초와 돌무더기 등 평면도(2011; 2012)

도면 463 | 크라스키노성 제47구역 석축 담장기초 모습(남남동쪽에서)(2012)

도면 464 | 크라스키노성 제47구역 돌무지 모습(남쪽에서)(2011)

물이 석축담장의 기초라는 사실이 분명하게 드러났다. 석축담장의 기초는 양쪽 측면에 비교적 정연한 모양의 큰 강돌과 할석을 각각 가지런하게 밖으로 면을 맞추어 1열씩 놓고 그 사이에 상대적으로 크기가 작은 돌들을 채워 넣어 조성하였다. 바깥쪽 가장자리에 사용된 돌들은 크기가 길이 30~40㎝, 두께 15~20㎝이다. 안쪽 가장자리에 사용된 돌들은 모양이 조금 더 부정형이며 크기도 약간 더 작은 편이다. 양쪽 가장자리에는 1단만 남아 있다. 양쪽 가장자리가 모두 노출된 부분은 담장 기초의 너비가 1.1~1.15m 사이이다. 섹터1에서 노출된 것과 폭 1m의 둑 아래에 있는 것을 감안하면 확인된 전체 길이는 약 4.6m이다.

이 석축담장 기초는 장축이 북북동-남남서 방향으로서, 크게 보면 남-북 방향에 가깝다. 북쪽으로 이 석축담장이 얼마나 더 길게 형성되어 있는지는 발굴조사를 통해 밝혀야 할 과제이다. 석축담장의 남쪽 끝부분은 19호 주거지의 벽과 인접하고 있고, 또 19호 주거지의 북북동-남남서 방향 벽체, 즉 동벽과 동일한 선을 이루고 있다. 때문에 이 석축담장과 19호 주거지 동벽은 동일한 하나의 구획 내 구조물이라고 판단할 수 있을 것이다. 원칙상 19호 주거지의 담장기초였을 수도 있지만 아직은 판단을 내릴 수가 없다.

돌무더기. 2011년에 제47구역의 섹터1'에서 조사되었다(도면 462; 464). 처음에는 '석축기단 건축물'의 안쪽을 이루는 구조물로 판단한 유구이다. 하지만 2012년도의 발굴조사를 통해 그 동변의 '기단석열'로 보았던 부분이 석축담장의 기초가 분명해졌기 때문에 더 이상 '석축기단 건축물'의 한 부분으로 보기에는 무리가 있다. 크기 3×4m의 섹터1' 전체 범위에 걸쳐 돌무더기가 노출되었지만 섹터의 남쪽과 북쪽 모서리에는 돌들이 드물게 분포하고 있어 크게 보면 이 돌무더기가 동-서 방향으로 나있는 것 같은 인상을 준다. 이 돌무더기의 북동쪽 부분은 석축담장의 일부일 것이다.

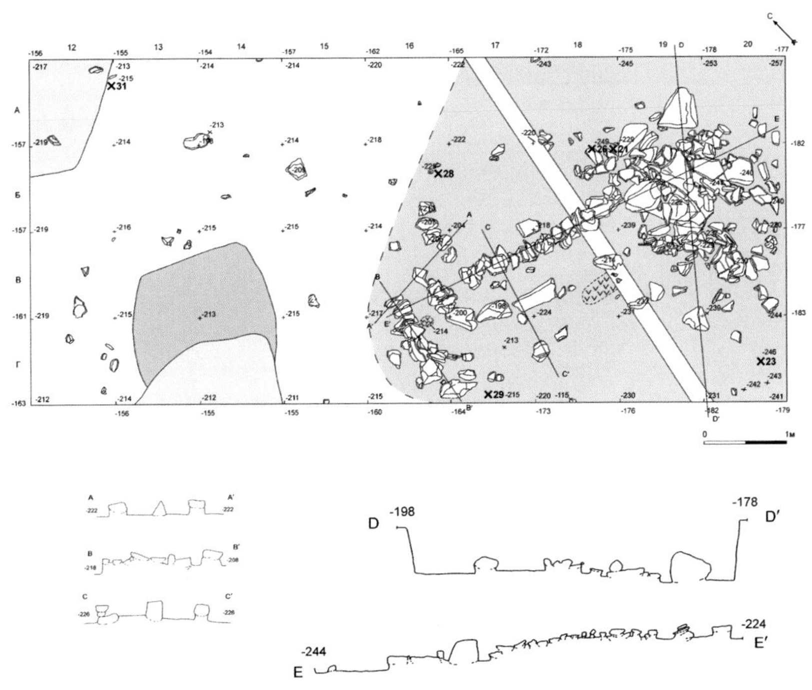

도면 465 | 크라스키노성 제47구역 섹터 2의 18호 주거지 등 평단면도 (2011)

도면 466 | 크라스키노성 제47구역 섹터 2의 18호 주거지 모습(북동쪽에서)(2011)

도면 467 | 크라스키노성 제47구역 섹터 2의 18호 주거지 모습(남동쪽에서)(2011)

도면 468 | 크라스키노성 제47구역 섹터 2의 18호 주거지 모습(남쪽에서)(2011)

18호 주거지. 제47구역의 섹터2에 위치한다(도면 465). 2011년에 유구의 전체적인 양상이 조사되었고, 2015년에 일부 보완조사가 이루어졌다. 18호 주거지에서는 구들만 확인되었고, 주거지 벽체 등의 다른 시설은 확인되지 못하였다(도면 466~468). 구들은 2줄 고래이고, 평면은 'ㄱ'자 모양이다. 그런데 발굴조사 당시의 사진을 보면 구들 고래의 평면이 마치 'S'자인 것 같은 느낌을 주지만, 추후 발굴조사를 통해 남쪽구간 가장 북쪽 고래 벽체의 동쪽 부분이 그대로 곧게 나있는 것이 확인되었기 때문에 평면은 'ㄱ'자 모양이었다고 판단할 수 있다. 이곳은 부뚜막 혹은 건물 벽체에 사용된 돌들이 흩어져 있었다고 판단할 수 있을 것이다. 고래의 벽체는 돌을 쌓아 만들었다. 구들은 두 구간으로 이루어져 있는데 남쪽구간과 서쪽구간으로 구분된다.

서쪽구간은 잔존하는 길이가 약 1m로 짧지만 2줄의 고래 벽체들이 확인되었다. 서쪽구간 구들의 너비는 약 1.2m이고, 고래의 너비는 20~30㎝이다. 남쪽구간에는 구들이 동-서 방향으로 나있다. 이곳에는 고래의 벽체가 가장 북쪽의 것은 비교적 잘 남아 있지만, 중간과 가장 남쪽의 벽체는 거의 남아 있지 않다. 하지만 고래 벽체 부분에 남아 있는 몇 개의 돌들과 고래 바닥에 남은 그을음 흔적을 통해 고래의 존재가 확인된다. 이곳의 고래 북쪽 벽체의 경우에는 돌들이 2단 혹은 3단 이상 남아 있는 곳도 있다. 고래 남쪽구간의 길이는 약 4m로 보고되었지만, 약 4.5m로 수정이 필요하다. 남쪽구간 구들의 너비는 1.3~1.4m이고, 고래의 너비는 30~40㎝이다.

구들의 동쪽 끝부분에는 큰 덩이 돌들과 강돌 그리고 얇게 쪼개어진 할석들이 어지럽게 늘여있는데 아마도 아궁이와 부뚜막이 있었던 자리라고 생각된다. 이곳에는 또한 18호 주거지 건물의 벽체도 있었다고 생각된다. 하지만 조사된 범위가 제한되었고 또 훼손이 심해 아궁이 혹은 부뚜막, 혹은 건물 벽체의 양상이 파악되지는 못하였다. 이곳은 서쪽에 비해 레벨이 약 50㎝ 정도로 낮다. 레벨차이가 이렇게 크게 나는 것은 이곳이 지하수의 작용으로 인해 지반이 침하하였기 때문일 것으로 추정되었다.

18호 주거지는 제47구역의 석축담장기초 및 19호 주거지와 마찬가지로 제1생활면에 속한다. 인접하여 도로가 남북방향으로 나있고, 또 구들의 장변은 동서 방향, 단변은 남북방향으로 각각 나있기 때문에 집의 출입구는 북쪽에 있었을 것으로 추정되었다.

19호 주거지. 2012년에 제47구역의 섹터4와 섹터5에서 조사되었다(도면 467). 주거지의 전체 규모는 확인되지 못하였다. 구들이 비교적 잘 보존되어 있었고, 또 구들의 벽체와 바로 인접하여 주거지 벽체의 기초도 일부 확인되었다(도면 470~473).

구들은 2줄 고래이고, 평면이 'ㄱ'자 모양이며, 동쪽구간과 북쪽구간으로 구분된다. 고래의 벽체는 돌을 1줄 혹은 2줄 쌓아 만들었는데, 상대적으로 큰 돌은 쓴 부분은 벽체에 하나의 돌을 놓았고, 작은 돌은 쓴 부분은 일반적으로 두 개씩의 돌을 놓았다(도면 474). 구들의 동쪽구간은 장축이 대체로 남-북 방향으로서 인접하는 석축담장 기초와 동일한 방향이다. 구들의 동쪽구간은 길이가 4m이고, 전체 너비는 약 1.7m이다. 구들의 북쪽구간은 대체로 동-서 방향으로 나있고, 잔존 길이는 5.9m이고, 너비는 1.6m이다. 고래의 너비는 대체로 20~30㎝이다. 동쪽구간의 안쪽 고래에서는 아궁이 가까이에서 2점의 철제 창이 출토되었다(도면 475; 692, 1, 2). 이 창들은 주거지가 폐기되기 전에 아궁이를 통해 고래에 숨겨둔 것이 생각된다.

그런데 이 북쪽구간의 고래 벽체 끝부분에서 서쪽으로 약 1.1m의 거리를 두고 남-북 방형의 석열이 하나 길이 1.35m로 형성되어 있는 것이 발견되었다(도면 476). 이 석열은 구들의 동쪽구간 고래 벽체들과 평행을 이루기 때

도면 469 | 크라스키노성 제47구역 섹터 4와 5의 19호 주거지 등 평단면도 (2012)

도면 470 | 크라스키노성 제47구역 섹터 4와 5의 19호 주거지 모습(동쪽에서) (2012)

도면 471 | 크라스키노성 제47구역 섹터 4와 5의 19호 주거지 모습(북동쪽에서)(2012)

도면 472 | 크라스키노성 제47구역 섹터 4와 5의 19호 주거지 모습(북서쪽에서)(2012)

도면 473 | 크라스키노성 제47구역 19호 주거지 모습(남동쪽에서)(2012)

문에 구들 고래의 일부일 가능성이 높은 것으로, 고래의 가장 안쪽 벽체일 것으로 보고되었다. 하지만 이 석열은 고래의 벽체가 아니었을 것으로 생각되는데, 왜냐하면 구들의 동쪽구간과 북쪽구간에는 고래 벽체에 모두 돌을 수평으로 놓았지만, 그 석열에는 돌들을 장변이 아래에 가게 수직으로 세웠기 때문이다. 또한 이 석열의 서쪽 부분에는 19호 주거지의 고래와는 분명하게 구분되는 다른 2줄의 고래가 확인되었다(도면 476). 오히려 이 석열은 19호 주거지의 서벽 잔재로 보는 것이 더 합리적일 것이다. 이 경우 주거지 동벽과 서벽의 거리는 약 6.5m가 된다. 19호 주거지의 크기는 동-서 약 8.5~9m, 남-북 6.4m 이상일 것으로 보고되었는데, 이 수치는 그 석열을 구들의 서쪽구간 가장 안쪽의 고래 벽체로 추정한 결과이다. 하지만 그 석열을 건물 벽체의 기초로 판단한다면, 19호 주거지의 동-서 길이는 약 6.5m가 된다.

굴뚝자리는 확인되지 못하였다. 구들의 동쪽구간과 북쪽구간은 서로 직각을 이루지만 모서리 부분의 내부 고래 벽체는 둥그스름하게 돌아간다. 아궁이는 동쪽구간의 끝부분 안쪽에 구들 고래와 직교하는 방향으로 위치한다. 아궁이는 적색 사질토 얼룩의 형태로 노출되었고, 크기는 94×106㎝였다(도면 477; 478). 아궁이의 좌우에는 수직으로 세운 돌들이 몇 개 남아 있고, 또 부뚜막의 윗부분에 떨어져 내린 돌들이 몇 개 놓여있었다. 동쪽구간과 북쪽구간의 모서리 부분 안쪽에는 노출면의 크기가 132×90㎝인 구덩이가 하나 위치한다. 이 1호 구덩이는 벽을 황갈색의 점토로 발라 사용하였다(도면 479). 구덩이의 바닥과 내부퇴적토에서 수 개의 토기 동체부편과 자갈

도면 474 | 크라스키노성 제47구역 19호 주거지 구들 세부 모습(2012)

도면 475 | 크라스키노성 제47구역 19호 주거지 고래 내 창 출토 모습(2012)

도면 476 | 크라스키노성 제47구역 19호 주거지 밖 고래 모습(남서쪽에서)(2012)

도면 477 | 크라스키노성 제47구역 19호 주거지 아궁이 노출 모습(서쪽에서)(2012)

돌 그리고 작은 목탄편들이 발견되었다(도면 480). 이 구덩이는 불에 달구어진 흔적이 확인되지 않아 저장구덩이였을 것으로 추정되었다.

구들의 동쪽구간과 북쪽구간 밖으로는 고래의 가장 바깥쪽 벽체와 바로 인접하여 건물 벽체의 흔적이 남아 있다(도면 470; 474). 이것은 고래 벽체와는 구분되는 석열이다. 동쪽구간의 경우에는 고래 벽체보다 작은 돌들이 2줄 정도 남아 있는데 건물 벽체의 기초로 판단할 수 있을 것이다. 건물 벽체와 10~20㎝ 정도 거리를 두고 토양의 색깔도 차이를 보이는데 동쪽구간은 건물 벽체 쪽은 회황색 사질토이고, 그 바깥은 연갈색 점질토이며, 북쪽구간은 건물 회황색 사질토이지만, 그 바깥은 회갈색 점질토이다. 또한 북쪽구간의 건물 벽체 바깥에는 회황색 사질토와 연갈색 점질토 사이에 너비 약 10㎝로 회백색 점질토가 길에 띠를 이루고 있는 것이 확인되었다.

19호 주거지를 중심으로 한 섹터4와 5의 제3인공층과 1호 구덩이에서 주철제 솥 다리편, 철제 창편(도면 2012-446; 447)(도면 692, 3), 철제 손칼, 철제 심봉, 철제 판(도면 2012-452; 453), 토제 발해 입방체편(도면 2012-448; 449), 토제 고리들(도면 2012-450; 451), 정요자기 동체부편, 토제 구상유물, 다수의 윤제토기편과 놀이 알들 등이 출토되었다.

19호 주거지의 서남쪽에는 아궁이에서 서남쪽으로 약 5.8m의 거리에서 다듬잇돌이 1점 발견되었다(도면 481; 672). 이 다듬잇돌의 곁에는 불에 탄 소토얼룩이 위치하였다. 또 주변에 다른 작은 돌들이 흩어져 있고, 가까운 거리

도면 478 | 크라스키노성 제47구역 19호 주거지 아궁이 조사 모습(2012)

도면 479 | 크라스키노성 제47구역 19호 주거지 내 1호 구덩이 노출 모습(2012)

도면 480 | 크라스키노성 제47구역 19호 주거지 내 1호 구덩이 모습(2012)

도면 481 | 크라스키노성 제47구역 19호 주거지 다듬잇돌 등 모습(남서쪽에서)(2012)

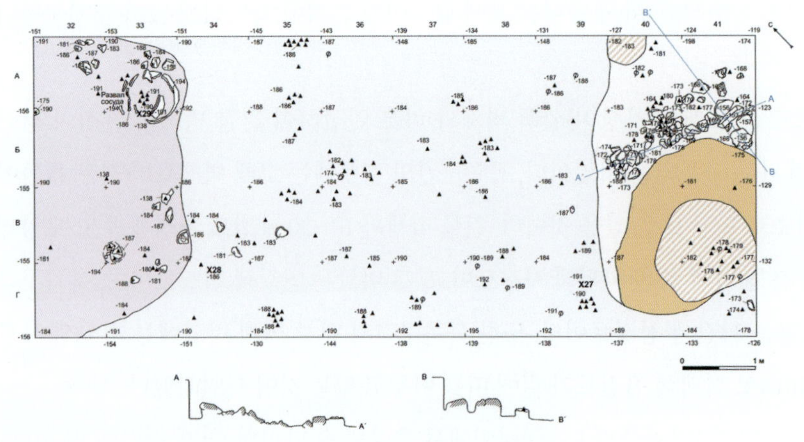

도면 482 | 크라스키노성 제47구역 섹터 6의 22호 주거지 등 평면단도 (2013)

도면 483 | 크라스키노성 제47구역 섹터 6의 22호 주거지(안쪽) 등 모습 (북서쪽에서)(2013)

에 다른 소토얼룩이 또 하나 있다. 이 다듬잇돌이 19호 주거지의 내부에 위치하는지는 분명하지 못하다.

22호 주거지. 2013년에 제47구역의 섹터6에서 조사되었다(도면 482; 483). 표토와 부식토 아래의 회갈색 사질토층 윗부분을 조사할 때에 22호 주거지와 관련이 있는 자갈돌들이 노출되기 시작하였다. 이때에 섹터6에서 50점 이상의 토기편이 수습되었고, 그리고 주철제 수레바퀴 차관편(도면 2013-178)과 철제 판상유물편(도면 2013-179)도 출토되었다. 22호 주거지의 부분을 이루고 있는 석축구조물은 제3인공층에서 다양한 크기의 모래와 석립이 섞여있는 회갈색 사질토층을 대부분 제거한 다음에 완전히 노출되었다(도면 2013-204~215)(도면 484; 485). 석축구조물은 평면 'ㄱ'자 모양을 이루고 있는데 긴 부분은 동서방향, 짧은 부분은 남북방향으로 각각 나있다. 길이는 200㎝, 너비는 58~78㎝이다. 이 석축구조물은 자갈돌과 덩이 돌들로 이루어져 있고, 훼손된 구들의 잔재로 추정되었다.

도면 484 | 크라스키노성 제47구역 섹터 6의 22호 주거지 구들 모습(남서쪽에서)(2013)

도면 485 | 크라스키노성 제47구역 섹터 6의 22호 주거지 구들 모습(북서쪽에서)(2013)

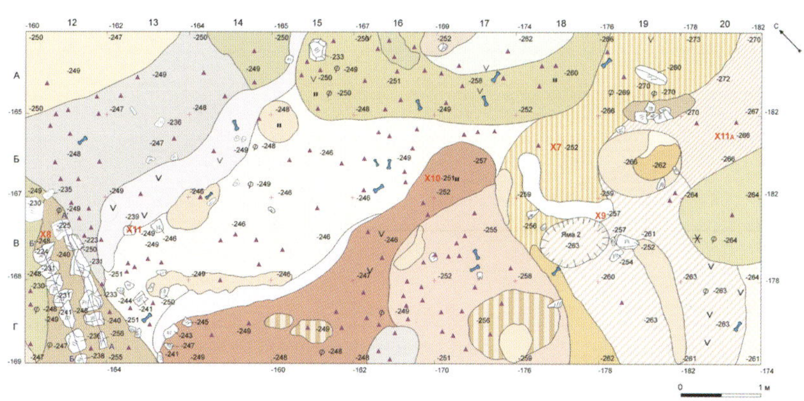

도면 486 | 크라스키노성 제47구역 섹터 2의 제8인공층 상면 석열유구 등 평면도(2015)

도면 487 | 크라스키노성 제47구역 섹터 2의 제8인공층 상면 석열유구 등 모습(동쪽에서)(2015)

도면 488 | 크라스키노성 제47구역 섹터 2의 석열유구 모습(위에서)(2015)

섹터6의 제2인공층에서는 철제 창 고달(도면 2013-190)(도면 692, 5), 와당편(도면 2013-191), 철제 못(도면 2013-192), 철제 화살촉(도면 2013-193; 194)(도면 693, 13), 다공 입방체 유물편(도면 2013-195), 청동 거울(도면 2013-183; 196~198)(도면 741), 주철제 솥 동체부편(도면 2013-202), 철제 유물편(도면 2013-203) 등이 출토되었다. 섹터6의 서쪽 부분에서는 제3인공층 레벨에서 눌러 깨진 옹이 1점 묻혀있었고(도면 2013-216; 217), 또 그 남쪽에는 다른 눌러 깨진 토기도 확인되었다.

석열유구. 2015년에 제47구역의 섹터2에서 조사되었다(도면 486; 487). 섹터2의 서쪽 모서리 부분에 위치한다. 북북서-남남동 방향으로 2줄을 돌을 평행하게 배치한 석열 형태의 구조물이다(도면 488). 이 석열이 노출된 길이는 약 1.2m이다. 석열에 사용된 돌의 크기는 10×20㎝부터 20×30㎝까지이다. 석열의 전체 너비는 약 0.58m이다. 두 석열 사이의 간격은 약 15㎝로 보고되었지만 간격이 일정하지 못하다. 이 유구는 25호 주거지 구들로 보고되었다. 하지만 이 석열을 이루고 있는 2줄의 돌들은 양쪽 측면 쪽이 면을 맞추고 있고, 또 그 안쪽은 간격도 불규칙적일 뿐만 아니라 면을 맞추고 있지 않기 때문에 구들의 고래로 보기에는 무리가 있다고 생각된다. 그리고 안쪽에서 그을음 등의 흔적도 전혀 확인되지 않았다. 이 유구의 북쪽 부분은 제47구역의 제1부분에, 남쪽 부분은 발굴구역 남쪽으로 계속될 것으로 추정되지만 아직 조사되지가 못하였다. 따라서 이 유구는 현재로서는 성격을 알 수

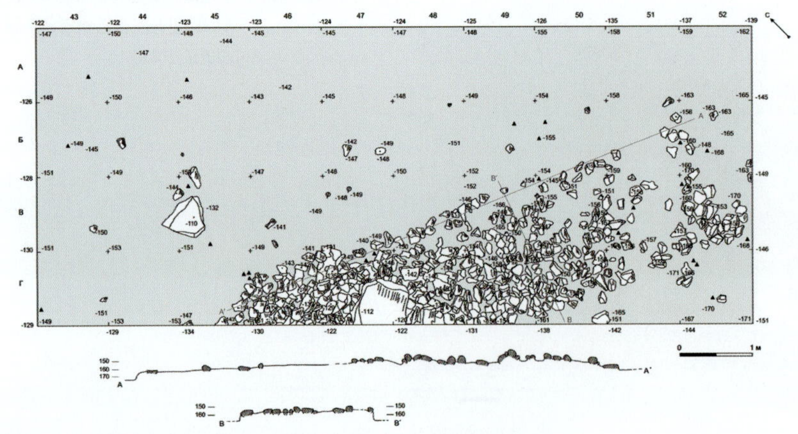

도면 489 | 크라스키노성 제47구역 섹터 7의 1호 부석유구 평단면도(2013)

도면 490 | 크라스키노성 제47구역 섹터 7의 1호 부석유구 모습(북동쪽에서)(2013)

없는 석열유구로 판단하는 것이 옳을 것이다.

이 석열유구의 노출면 부분에서는 주변에 다수의 작은 돌들이 널려있었고, 또 화병모양 윤제토기의 윗부분이 출토되었다. 이 유구 일대에서는 철제 화살촉(도면 2015-362; 363), 주철제 솥 다리(도면 2015-364; 365), 토기 동체부편으로 만든 놀이 알들 등이 발견되었다. 이 석열유구는 18호 주거지 구들보다는 아래에 위치하는 제2생활면에 속한다.

1호 부석유구. 2013년에 조사되었다. 제47구역의 섹터7과 일부 섹터8에 위치한다(도면 489; 490). 표토와 부식토 아래의 회갈색 사질토층 윗부분에서 둥그스름한 혹은 모난 자갈돌과 돌들로 이루어진 부석유구가 조사되었다. 이 부석유구의 장축 방향은 동동북-서서남 방향으로서 바로 인접하여 남쪽에서 발견된 도로유구와 동일한 방향이다. 섹터7에서 노출된 부분은 길이 7m이다. 다만 이 부석유구는 발굴구역의 범위를 벗어나 계속 이어지고 있기 때문에 실제 길이는 훨씬 더 길 것으로 생각된다. 너비는 1.7m이다. 그런데 섹터7의 범위 내에서 부석유구의 서쪽 부분은 돌들이 매우 조밀하게 놓여있었고, 동쪽 부분은 조밀하지 못한 상태였다. 이 부석유구는 크라스키노성의 주민들이 새로운 건축물을 짓기 위한 석재를 인위적으로 모아 놓은 것으로 보고되었다. 하지만 이 추정은 너비 1.7m로 길게 띠를 이루고 있는 점을 설명하지 못한다. 제1생활면의 것으로 판단된 도로보다는 약간 레벨이 높기는 하지만 도로의 북변을 따라 분포하고 있기 때문에 어쩌면 도로와 관련될 수도 있을 것이다. 부석유구가 노출된 섹터7의 제인2공층에서는 철제 못 3점(도면 259), 철제 꺾쇠(도면 2013-260), 주철제 수레바퀴 차관 3점(도면 2013-261~263)(도면 715, 6), 철제 화살촉(도면 2013-264), 주철제 솥 구연부편(도면 2013-265), 정요 자기 완편(도면 2013-266)(도면 1001, 5), 놀이 알 10점, 다수의 토기편과 와편 등이 출토되었다. 이곳의 제3인공층에서는 토제 고리편, 석제 구상유물(도면 2013-301), 놀이 알들, 다수의 윤제 토기편들(도면 2013-303~317)(도면 825, 2, 13; 829, 8; 943, 10, 14) 등이 출토되었다. 섹터7의 남벽 가운데 부분에 큰 돌이 하나 위치하는데 마침 부석유구의 위에 얹혀있다. 하지만 이 큰 돌은 부석유구와의 사

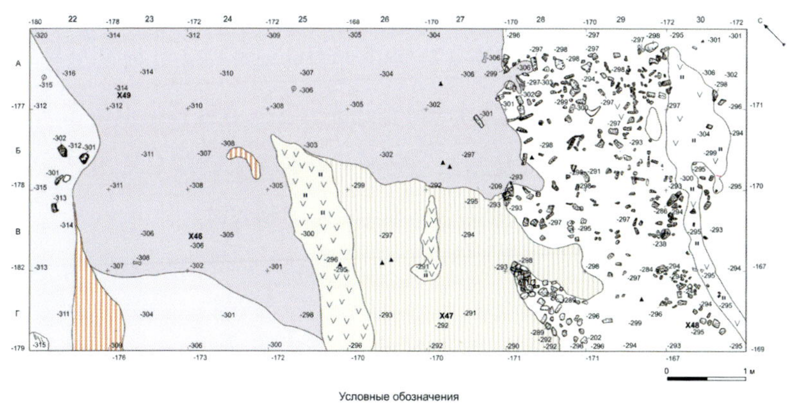

도면 491 | 크라스키노성 제47구역 섹터 3의 2호 부석유구 등 평면도(2014)

도면 492 | 크라스키노성 제47구역 섹터 3의 2호 부석유구 모습(북서쪽에서)(2014)

도면 493 | 크라스키노성 제47구역 섹터 3의 2호 부석유구 세부 모습(2014)

이에서 부식토가 확인되어 부석유구와는 무관한 것으로 판단되었다.

2호 부석유구. 2014년에 조사되었다(도면 491 : 492). 제47구역의 섹터3 동쪽 부분에서 제10인공층을 조사할 때에 3×4m의 크기로 노출되었다. 크고 작은 돌들이 1~2겹 정도 깔려있었고 그 사이사이에는 황백색의 점토가 함께 섞여있었다(도면 493). 부석유구가 발견된 지표에서의 깊이는 약 130㎝이다. 서쪽으로 도로와 인접하고 있는데 도로 제4생활면보다 더 아래의 레벨에 해당되며 도로 제5생활면보다는 높은 레벨이다. 이 부석유구 자체는 연갈색 사질토층에 위치하며, 일부는 모래가 섞인 회색 사질토에 의해 훼손되었다. 부석유구에 사용된 깨진 돌들은 크라스키노성의 성벽 아랫부분을 축조할 때에 사용된 돌과 동일한 경석 응회암인데 단면은 백색 혹은 간혹 황색이며 표면은 갈색이다. 부석유구와 섞여 있는 황백색의 점토는 토기를 만드는데 사용한 도토였던 것으로 판단되었다. 부석유구가 발굴구역의 범위를 벗어나 계속되고 있기 때문에 전체 규모는 확인되지 못하였다.

3) 제50구역의 유구

1호 수혈(저장구덩이). 2015년에 조사되었다. 제50구역 섹터1과 섹터2에 걸쳐 동쪽부분에 위치한다(도면 494; 495). 제2인공층을 조사할 때에 노르스름한 갈색 사질토층에서 부식 사질토 얼룩의 형태로 노출되었다. 평면모양은 사다리꼴에 가깝다. 크기는 대략 180×210㎝이고, 깊이는 60~70㎝이다(도면 496). 내부퇴적토의 윗부분에서는 토기 동체부편으로 만든 놀이 알 4점, 부정형의 철편 등이 발견되었다. 내부퇴적토의 중간부분에서는 도면상 복원이 되는 편병 1점(도면 497; 913; 914)과 사암 및 토기 동체부편으로 만든 놀이 알 4점이 출토되었고, 그 외에도 돌 아래로 개의 것으로 추정되는 포유류 동물의 뼈가 발견되었다(도면 498). 내부퇴적토의 아랫부분에서는 청동 미니어처 갈고리(도면 2015-767)(도면 743, 6), 철제 심봉, 구멍이 뚫려있는 장방형 골판(도면 2015-768; 769)(도면 750, 2), 3개로 깨어진 토제 고리, 토기 동체부편으로 만든 놀이 알

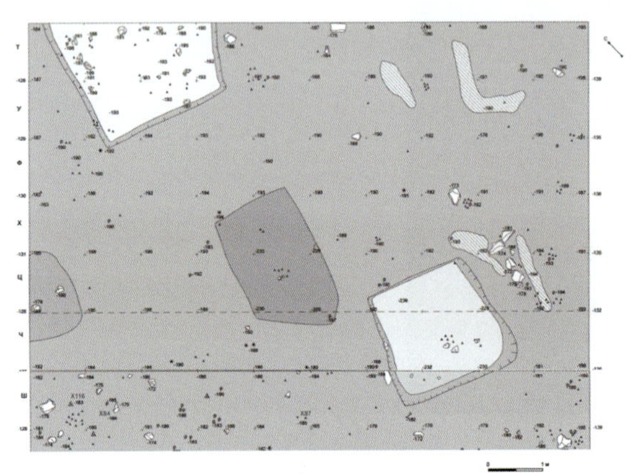

도면 494 | 크라스키노성 제50구역 섹터 1의 저장구덩이 등 평면도(2015)

도면 495 | 크라스키노성 제50구역 섹터 1의 저장구덩이 등 모습(남동쪽에서)(2015)

8점, 작은 홍옥편 등이 출토되었다. 또한 1호 수혈에서는 다수의 토기편도 출토되었다(도면 2015-770~796)(도면 765, 1; 820, 2, 3, 6; 827, 1, 2, 6; 834, 9; 848, 1; 851, 4; 869, 8; 945, 6). 제1생활면에 속한다.

2호 수혈(저장구덩이). 2015년에 조사되었다. 제50구역 섹터1의 1호 수혈 북서쪽 바로 가까이에 약 50㎝의 거리를 두고 위치한다(도면 494; 495). 암회색 사질토 얼룩의 형태로 노출되었다. 평면모양은 장방형이다. 크기는 180×160㎝이고, 깊이는 약 60㎝이다. 내부퇴적토의 윗부분에서는 동물 뼈 수점, 토기 동체부편으로 만든 놀이알 5점, 철제 유물편, 청동 띠꾸미개 1점 등이 출토되었다(도면 499). 내부퇴적토의 아랫부분에서는 토기 동체부편 혹은 와편 혹은 사암으로 만든 놀이 알 14점, 철제 유물편, 주철제 솥편, 돌 구슬, 장방형에 가까운 청동 띠꾸미개(도면 2015-714)(도면 739, 3), 청동 버클(도면 2015-712~715)(도면 735, 1) 등이 출토되었다. 그 외에도 내부퇴적토의 윗부분과 아랫부분에서 다량의 토기편과 다수의 와편이 발견되었다. 제1생활면에 속한다.

3호 수혈(저장구덩이). 2015년에 조사되었다(도면 494; 495). 제50구역 섹터1의 북쪽 모서리 가까이에 위치한다. 제4인공층 상면에서 모래가 섞인 황갈색 사질토 얼룩의 형태로 확인되었다(도면 500). 이 유구의 범위 내에서 제3인공층을 조사할 때에 토제 숫돌(도면 2015-726; 727)(도면 661, 3)과 금속제 갈고리편이 출토되었다. 평면모양은

도면 496 | 크라스키노성 제50구역 섹터 1의 1호 저장구덩이 모습(2015)

도면 497 | 크라스키노성 제50구역 섹터 1의 1호 저장구덩이 내 편병 출토 모습(2015)

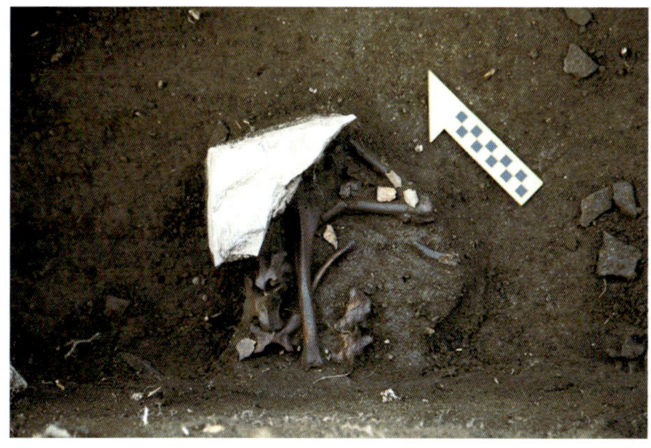

도면 498 | 크라스키노성 제50구역 섹터 1의 1호 저장구덩이 내 동물 뼈 출토 모습(2015)

도면 499 | 크라스키노성 제50구역 섹터 1의 2호 저장구덩이 모습(2015)

도면 500 | 크라스키노성 제50구역 섹터 1의 3호 저장구덩이 모습(2015)

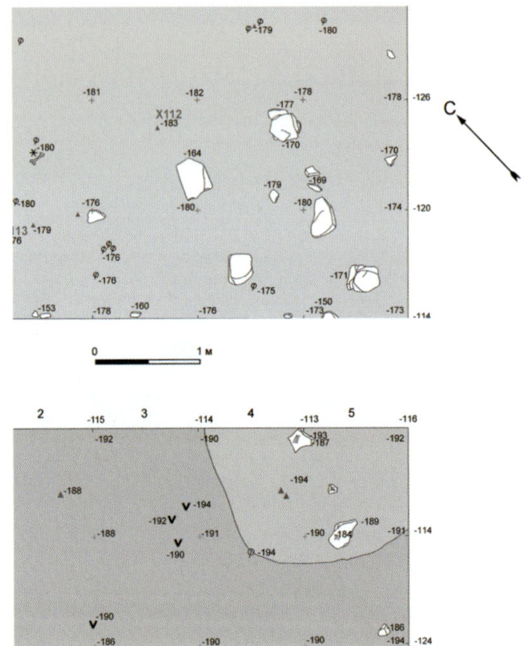

도면 501 | 크라스키노성 제50구역 섹터 3과 제53구역의 초석 건물지 평면도(2015; 2017)

장방형에 가깝다. 3호 수혈의 노출된 부분은 크기가 210×220㎝, 깊이는 약 50㎝이다. 내부퇴적토의 윗부분에서는 철제 꺾쇠 1점, 토기 동체부편으로 만든 놀이 알 1점 등이 출토되었다. 또한 내부퇴적토 윗부분과 중간 부분 사이에는 작은 돌들이 흩어져 있었고 그 사이에서 동물 뼈 2점이 확인되었다. 내부퇴적토의 중간 부분에서는 놀이 알 4점, 철제 못 3점, 리벳이 있는 철제 판편 2점, 철제 부싯쇠 1점(도면 2015-735~737)(도면 703, 2), 삼채기 뚜껑편(도면 2015-738; 739)(도면 998, 11) 등이 출토되었다. 내부퇴적토의 아랫부분에서는 철제 꺾쇠, 철제 심봉, 토제 방추차(도면 2015-743; 744)(도면 664, 7), 놀이 알 3점, 동물 뼈 등이 발견되었다. 또한 내부퇴적토의 여러 부분에서 다수의 토기편과 와편들이 발견되었다(도면 2015-746~756)(도면 756, 12; 827, 3; 843, 6). 제1생활면에 속한다.

초석 건물지. 제50구역의 섹터3 남쪽 모서리 부분에 위치한다(도면 501). 2015년에 조사되었다(도면 502). 초석으로 추정되는 5개의 돌이 2개의 열을 이루며 일정 간격을 유지하면서 북북동-남남서 방향으로 배치되어 있다(도면 2015-921). 북-남 방향은 간격이 100~120㎝, 동-서 방향은 간격이 120~122㎝이다. 초석들의 크기는 38×32㎝, 28×28㎝, 32×22㎝ 등이다. 초석들 아래로 적심은 시설되지 않았다. 유구의 다른

도면 502 | 크라스키노성 제50구역 섹터 3의 초석 건물지 모습(남동쪽에서)(2015)

도면 503 | 크라스키노성 제53구역 부분의 초석 건물지 모습(2017)

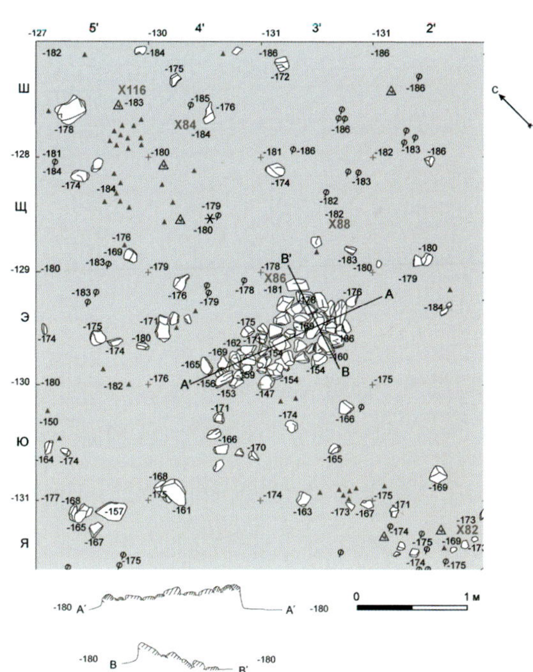

도면 504 | 크라스키노성 제50구역 섹터 2의 돌무지 평단면도(2015)

도면 505 | 크라스키노성 제50구역 섹터 2의 돌무지(앞쪽)와 도로 모습(북서쪽에서)(2015)

도면 506 | 크라스키노성 제50구역 섹터 2와 섹터 3의 도로와 초석 및 돌무지(남동쪽에서)(2015)

도면 507 | 크라스키노성 제50구역 섹터 2와 섹터 3 사이 둑의 초석과 돌무지(2015)

부분은 발굴구역의 범위를 벗어난 곳에 있다고 생각되며, 전체 규모와 성격은 분명하지 못하다. 다만 제50구역의 남서쪽에 설정된 제53구역의 동쪽 모서리 부분에서 2017년에 2개의 납작한 돌이 노출된 것이 있는데 이 초석 건물지의 일부일 가능성이 있다(도면 503). 이 경우 제50구역과 제53구역에서 노출된 초석 4개의 심간 전체 길이는 약 3.64m이다.

돌무지. 2015년에 조사되었다(도면 504; 505). 제50구역 섹터2의 도로와 가까운 거리의 북쪽 부분에 위치한다. 제3인공층에서 노출되었고, 제5인공층에서 유구에 대한 조사를 마무리하지 못한 상태에서 발굴조사가 중단되었다. 돌들의 크기는 대개 10×15㎝부터 20×20㎝까지이다. 장축이 도로와 동일한 방향이다. 이 돌무지의 노출된 부분 위와 아래의 레벨 차이는 약 30㎝이다. 크기는 길이 170㎝, 너비 70㎝ 정도이다.

초석과 돌무지. 2015년에 조사되었다(도면 506; 507). 제50구역의 섹터2와 섹터3 사이에 위치한다. 돌무지 사이에 초석이 있다. 초석 두 섹터 사이의 둑에, 돌무지는 대부분이 섹터3의 아-베-1-2방안에 위치한다. 돌무지의 전체 크기는 약 120×140㎝이다. 돌들의 크기는 윗부분은 평균 15~20㎝이고, 아랫부분은 25~30㎝이다. 초석으로 추정되는 돌은 크기가 70×40㎝이다.

4) 제53구역의 유구

2017년과 2018년에 조사된 제53구역에서는 제1생활면, 제2생활면, 제3생활면, 제4생활면이 확인되었다. 2017년에는 이곳에 3개의 섹터를 설정하여 조사를 실시하였다. 각 섹터의 크기는 5×10m이고, 각 섹터 사이에는 너비 1m의 둑을 남겨 두었다. 2018년에는 이곳에 조사를 하면서 좌우로 확장을 하였는데 이때 기존의 섹터1과 섹터2는 통합을 하여 중앙섹터로, 기존의 섹터3은 남서섹터로, 중앙섹터 서쪽의 것은 북서섹터로, 동쪽의 것은 남동섹터로 각각 부르기로 하였다.

2017년에 섹터1과 섹터2, 다시 말해서 중앙섹터에서는 2개의 생활면이 확인되었다. 위의 제1생활면에서는 1호 구덩이(섹터1), 2호 구덩이(섹터2), 그리고 석열유구(섹터2)가 각각 조사되었다. 섹터3에서는 한인 이주민들이 남긴 수혈구덩이가 3개 확인되었다. 제2생활면에서는 섹터1에서 25호 주거지의 윗부분과 3호 구덩이가, 섹터2에서 4호 구덩이가 각각 조사되었다. 2018년에는 제1생활면 유구로 확장을 한 북서섹터에서 26호 주거지가, 남동섹터에서 추정 토축기단과 2018-2호 구덩이가 각각 조사되었다. 또한 제2생활면에 속하는 25호 주거지에 대한 조사가 계속되었다. 제3생활면 유구로는 남서섹터의 2018-남서섹터 2호 구덩이와 중앙섹터의 27호 주거지가 있다(도면 508; 509). 제4생활면에는 남서섹터의 (아래) 석벽구조물과 석축구조물이 해당된다.

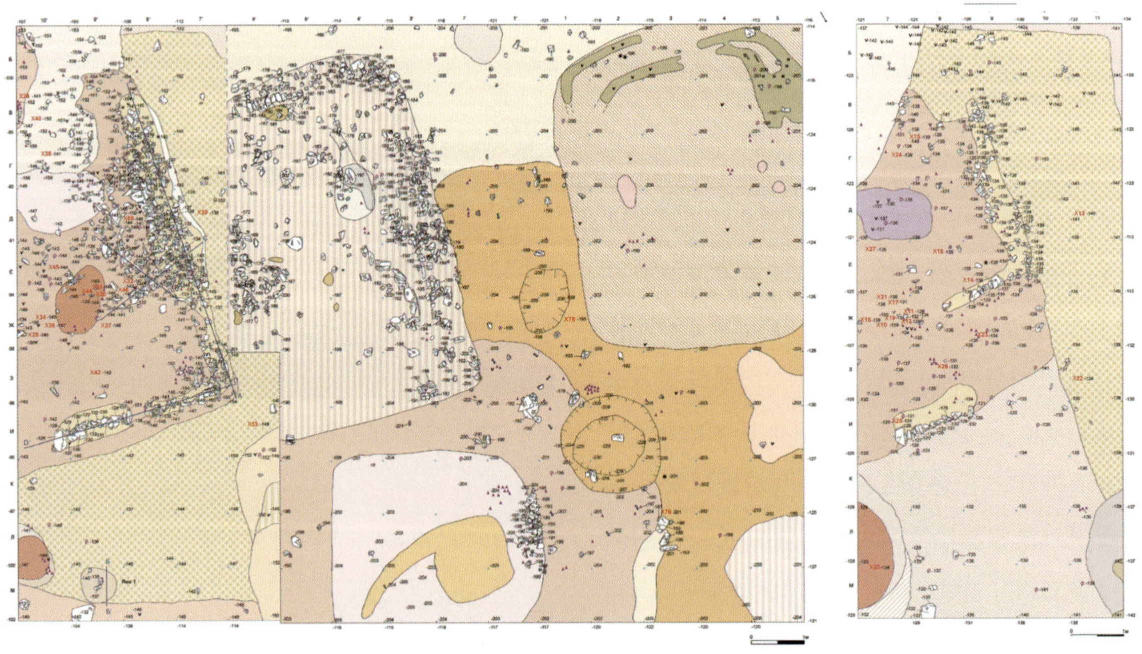

도면 508 | 크라스키노성 제53구역 북서섹터, 중앙섹터, 남동섹터 평면도(2018)

도면 509 | 크라스키노성 제53구역 항공사진 모습(2018)

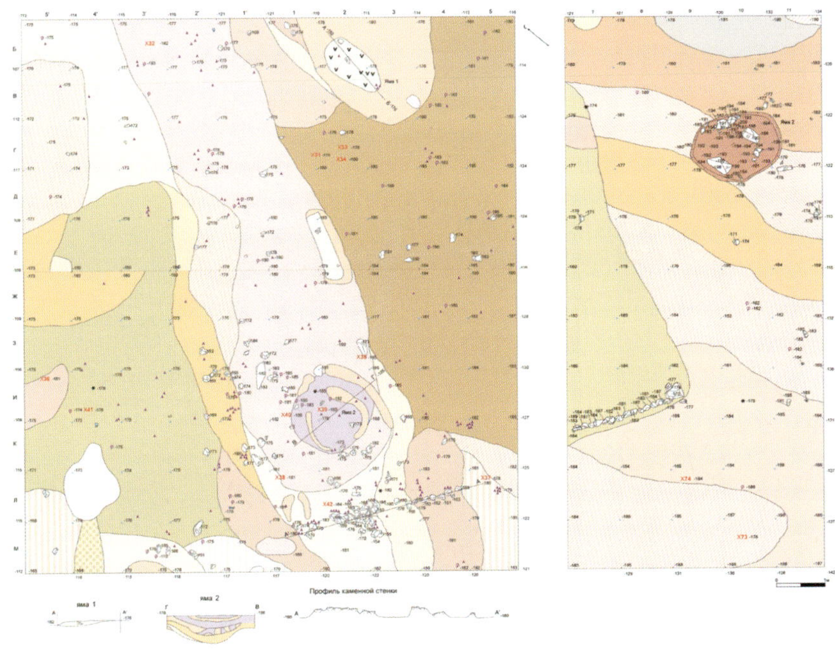

도면 510 | 크라스키노성 제53구역 중앙 섹터(섹터 1과 섹터 2)와 남동 섹터의 제5인공층 상면 평면도 (2017; 2018)

(1) 제1생활면 유구

1호 구덩이. 2017년에 조사되었다(도면 510). 제53구역의 섹터1에 위치하는 1호 구덩이는 황갈색 모래층에서 회갈색 사질토 얼룩의 형태로 노출되었다. 평면은 타원형이고, 크기는 1.3×0.6m이다. 구덩이의 깊이는 10㎝까지이다. 내부퇴적토에서 수개의 돌이 발견되었다. 유물은 출토된 것이 없다.

2호 구덩이. 2017년에 조사되었다(도면 510~513). 제53구역의 섹터2에 위치한다(도면 589, 590). 모래와 쇄석이 섞인 단단한 갈색 사질토층 내에서 갈색의 단단한 사질토 얼룩의 형태로 노출되었다. 노출 당시 얼룩의 크기는 1.8×2.3m이었다. 크기는 깊이에 따라 차이를 보였으며, 가장 아랫부분에는 크기가 1.5×1.6m이었다. 구덩이의 깊이는 54㎝이다. 이 구덩이에는 단이 하나 있었고, 구덩이 주변으로 3개의 크고 납작한 돌과 작은 돌들이 사각형의 구도를 이루고 있었다. 때문에 이 구덩이 위로는 기둥이 떠받치고 있던 차양이 있었을 것으로 추정되었다. 구덩이 자체는 경제활동과 관련되었을 것으로 판단되었다.

석열유구. 2017년에 조사되었다(도면 510; 511; 514). 제53구역의 섹터2에 위치한다. "석축담장 잔재"로 보

도면 511 | 크라스키노성 제53구역 섹터 2(중앙섹터)의 2호 구덩이와 석열 유구 모습(남서쪽에서)(2017)

도면 512 | 크라스키노성 제53구역 섹터 2(중앙섹터)의 2호 구덩이 토층 모습(2017)

도면 513 | 크라스키노성 제53구역 섹터 2(중앙섹터)의 2호 구덩이 모습(남동쪽에서)(2017)

도면 514 | 크라스키노성 제53구역 섹터 2(중앙섹터)의 석열유구 모습(북동쪽에서)(2017)

고되었다. 석열의 전체 길이는 약 3.3m이다. 이 석열은 동동남-서서북 방향으로 나있다. 그런데 동동남쪽 부분(엘-4방안)에는 이 석열이 1줄로 나란히 놓은 4개의 작은 강돌로 이루어져 있고, 서서북쪽에는 돌들과 토기편들 그리고 와편들이 함께 흩어져 있다.

2018-1호 구덩이. 제53구역 북서섹터의 남서벽 가까이에 위치한다(도면 515; 519). 둥그스름한 갈색의 무른 사질토 얼룩의 형태로 노출되었다. 얼룩의 크기는 0.66×0.64m, 깊이 20㎝이다. 구덩이 안에서 3개의 작은 돌이 발견되었다(도면 2018-489; 522). 구덩이의 서쪽으로는 인접하여 크기가 0.3×0.4m인 크고 납작한 돌이 하나 위치한다.

2018-호 곁 구덩이. 제53구역 북서섹터의 2018-1호 구덩이 서쪽에 인접하여 위치한다(도면 2018-489)(도면 515; 499). 구덩이 일부만 발굴구역에 포함되었다. 굵은 모래가 섞인 갈색의 단단한 사질토 얼룩의 형태로 노출되었다. 이 얼룩은 갈색 및 암갈색의 푸석푸석한 사질토 띠로 둘러싸여 있었다.

1호 수혈구덩이-움. 2017년과 2018년에 조사되었다(도면 516; 518). 2017년에는 제53구역의 섹터3, 2018년에는 남서섹터로 불린 섹터의 남쪽 모서리 가까이에 위치한다. 표토 바로 아래에서 황색 모래 얼룩들과 간층들

도면 515 | 크라스키노성 제53구역 북서섹터 1호 구덩이와 그 곁의 구덩이 모습(2018)

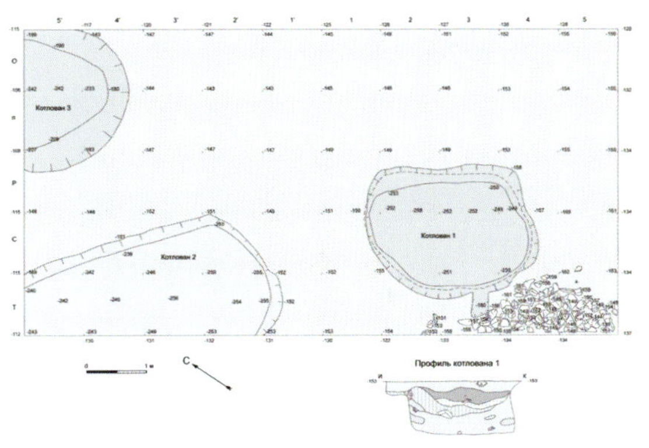

도면 516 | 크라스키노성 제53구역 섹터 3(남서섹터)의 1호, 2호, 3호 수혈구덩이 평면도 및 1호 수혈구덩이 토층도(2017)

도면 517 | 크라스키노성 제53구역 섹터 3(남서섹터)의 유구 노출 모습(남동쪽에서)(2017)

도면 518 | 크라스키노성 제53구역 섹터 3(남서섹터)의 유구 모습(북서쪽에서)(2017)

이 포함된 회갈색 사질토 얼룩의 형태로 노출되었다. 평면모양은 타원-장방형에 가깝다. 노출된 상태의 크기는 약 2.6×1.9m이다. 깊이는 0.86m이다. 움의 남서쪽 가장자리에 30×40㎝ 크기의 작은 홈이 하나 파여져 있다. 내부퇴적토는 모래가 많이 섞인 무른 갈색 사질토이며, 암회색 혹은 흑색의 부식토 덩이가 다수 섞여 있었다. 내부퇴적토에서 큰 돌들, 와편들, 토기편들 등이 발견되었다. 그 외 주철제 유물편(도면 2017-641; 642), 철제 못(도면 2017-643; 644), 토기 다리(도면 2017-645; 646)(도면 962, 5), 놀이 알들 등이 출토되었다. 이 수혈구덩이-움의 한쪽 가장자리에 있는 홈은 땅에 구덩이를 파고 무 등을 묻은 다음 평소에는 막아놓았다가 필요할 때에 그 홈을 통해 조금씩 꺼내는 것을 연상시킨다. 이 구덩이의 바닥은 2018년에 제9인공층에서 조사되었다. 이 유구는 인접하여 위치하는 19세기 말~20세기 초의 한인 이주민 주거지와 관련이 있는 저장시설일 것으로 판단되었다.

2호 수혈구덩이-움. 2017년과 2018년에 조사되었다(도면 516; 518). 1호 수혈구덩이-움의 서쪽에 위치한다. 노출된 정황과 내부퇴적토가 1호 수혈주거지-움과 거의 동일하다. 구덩이의 일부만 발굴구역에 포함되었다. 2017년에 조사된 부분은 크기가 길이 3.5m, 너비 약 2m, 깊이 약 1m이다. 구덩이 안의 동쪽 부분에서는 내부퇴적토의 아

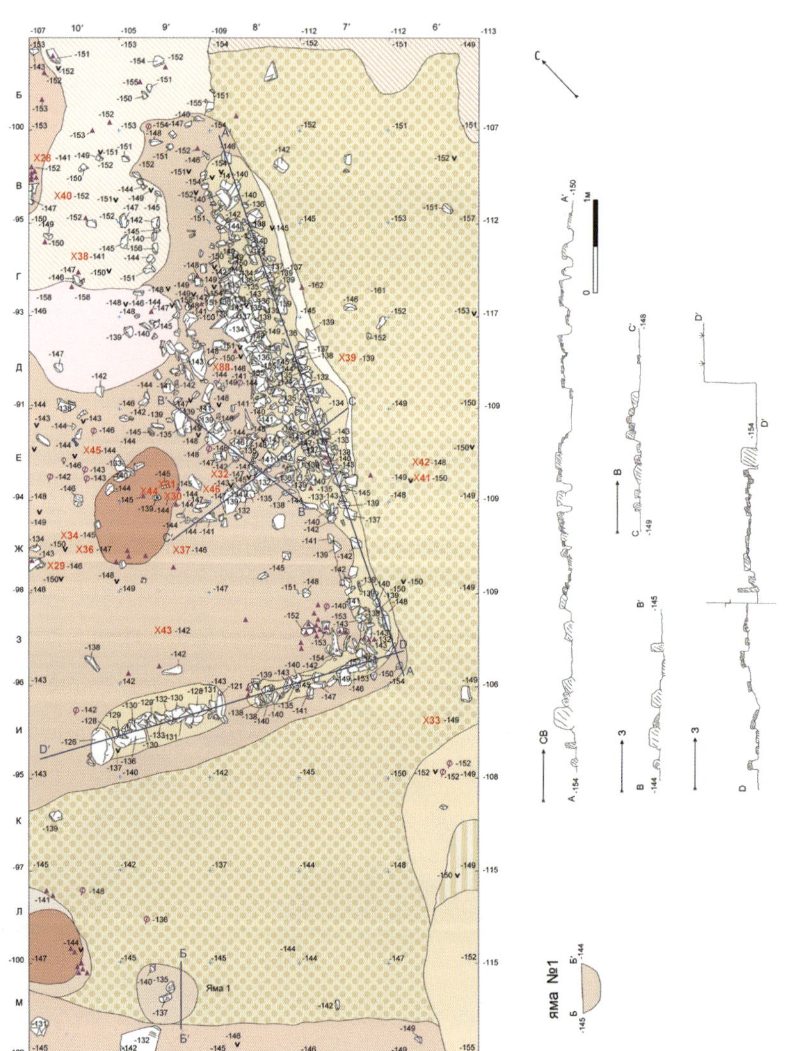

도면 519 | 크라스키노성 제53구역 북서섹터 26호 주거지 등 평단면도(2018)

랫부분에서 다량의 돌들이 확인되었다. 다수의 토기편, 와편, 놀이 알 등이 발견되었다. 그 외에도 이 유구에서 철제 못(도면 2017-652; 653), 문양이 있는 전돌편(도면 2017-654; 655) 등도 출토되었다. 2018년에는 바닥 부분을 조사하였는데 다량의 잔 숯과 소토를 포함하는 갈색 사질토 띠가 발견되었다. 이 띠는 크기가 1.1×2m이다. 이 구덩이의 바닥은 2018년에 제9인공층에서 조사되었다. 한인 이주민들이 남긴 저장시설일 것으로 판단되었다.

3호 수혈구덩이-움. 2017년과 2018년에 조사되었다(도면 516; 518). 2호 수혈구덩이-움의 북쪽에, 섹터3의 북쪽 모서리 부분에 위치한다. 표토 바로 아래에서 모래와 부식토 덩이들이 섞인 갈색 사질토 얼룩의 형태로 노출되었다. 1호 및 2호 수혈구덩이-움과 동일시기의 것이다. 일부만 발굴구역에 포함되었다. 노출된 부분의 크기는 2.2×1.7m이다. 내부퇴적토에 흑색의 부식토 덩이들 외에도 황갈색 모래덩이들도 섞여 있었다. 내부퇴적토에서 주철제 바퀴 차관편(도면 2017-660; 661), 한국 자기편(도면 2017-662; 663) 등이 출토되었다. 2018년에는 이 구덩이의 바닥 부분이 조사되었다. 바닥 부분에서 갈색의 푸석푸석한 사질토 띠(0.8×1m), 회색 얼룩들이 섞인 갈색 사질토 얼룩(0.4×0.5m), 거친 모래가 섞인 갈색 사질토 얼룩(0.3×0.3m) 등이 확인되었다. 한인 이주민들이 남긴 저장시설일 것으로 판단되었다.

26호 주거지. 2018년에 제53구역의 북서섹터에서 조사되었고, 제1생활면에 속한다. 주거지의 동쪽 부분만 발굴구역에 포함되었다(도면 508; 509). 주거지는 구들과 벽체 그리고 현관으로 이루어져 있다(도면 520~523). 주거지 건물 벽체는 'ㄱ'자 모양으로 일부만 노출되었는데, 동쪽의 벽체는 북북동-남남서 방향이고, 남쪽의 벽체는 동동남-서서북 방향이다. 동쪽 벽체의 기초는 작은 돌들로 되어 있는데, 황갈색의 점토를 함께 사용한 것으로 판단된다. 동벽의 벽체 기초가 잔존하는 길이는 6.4m이다. 남벽은 동벽과 직각으로 꺾어지며 노출된 벽체 기초의 길이는 4.4m이다. 남벽 벽체의 주변에서도 황갈색의 점토가 확인되었다. 남벽 벽체의 중간부분에는 작은 단절부가 하나 있고, 서쪽 끝부분에는 큰 돌이 하나 놓여 있다. 주거지의 규모를 고려할 때에 이 큰 돌은 문의 한쪽 부분이었을 가능성이 없다. 다시 말해서, 문의 다른 한쪽 부분과 남벽의 서쪽 부분 벽체 기초는 발굴구역의 범위 밖에 위치할 것이다. 남벽에서 북쪽으로 약 2m 떨어진 곳에 돌들로 된 열이 하나 노출되었는데 남벽과 정확하게 평행을 이룬다. 이 열은 현관 안쪽의 방의 벽체 기초로 판단되었다. 현관 부분에 해당하는 주거지의 남쪽 모서리 안쪽에서는 대형 옹의 편들이 확인되었는데 이곳에 옹을 두었던 것으로 생각된다(도면 520).

방 안쪽에는 동쪽 부분에 구들의 잔재가 남아 있다. 구들의 잔재는 대체로 'ㄱ'자 모양을 이루고 있는데, 동벽 안쪽의 돌들은 길이가 3.5m이고, 얼핏 보면 2개의 열을 이루고 있는 것으로 생각된다. 하지만 동벽 쪽으로 석열의 폭이 넓은 것을 볼 수 있는데 돌들 아래로 고래가 지나가는 것이다. 동벽의 돌 기초는 고래의 벽체 역할도 하였을 것이다. 따라서 고래는 2줄이었던 것으로 판단된다. 구들의 잔재들에서도 황갈색

도면 520 | 크라스키노성 제53구역 북서섹터 26호 주거지 노출 모습(북동쪽에서)(2018)

도면 521 | 크라스키노성 제53구역 북서섹터 26호 주거지 모습(위에서)(2018)

도면 522 | 크라스키노성 제53구역 북서섹터 26호 주거지 모습(북동쪽에서)(2018)

도면 523 | 크라스키노성 제53구역 북서섹터 26호 주거지 모습(남서쪽에서)(2018)

의 흙이 확인되었다. 구들에 쓰인 돌들은 주거지 벽체에 쓰인 돌들보다 크기가 약간 더 크다. 구들에 사용된 돌들의 크기는 10×20㎝, 20×20㎝ 등이다.

방의 남쪽 부분에 일부 현관부분에 걸쳐 암갈색 사질토 얼룩이 발견되었다. 이 얼룩은 크기가 1.3×0.86m이다. 이 얼룩에서 토제 다공 입방체 유물편(도면 2018-515~517) 등의 유물들이 출토되었다. 방의 가운데 부분에는 모래와 작은 돌들이 섞인 암갈색 사질토 얼룩이 위치하였다. 이 얼룩은 크기가 1.6×1.2m이다.

주거지의 북쪽 부분은 윤곽이 분명하지 못하다. 구들의 상태도 알 수 없다. 때문에 구들이 원래 평면 'ㄷ'자 모양이었는지도 알 수 없다. 주거지의 노출된 부분 크기는 6.4×4.4m이다.

26호 주거지 내부퇴적토의 윗부분은 갈색의 단단한 사질토인데 다수의 윤제 토기편, 작은 철제 유물편들, 숯들, 그리고 작은 돌들이 섞여 있었다. 주거지의 경계 내에서는 이 레벨에서 주철제 수레바퀴 차관(도면 2018-449; 450), 단면 Z자 모양의 철제 화살촉(도면 2018-451~453)(도면 695, 6), 구멍이 있는 철제 갈고리(도면 2018-454~456)(도면 704, 1), 철제 못 4점, 주철제 판편(도면 2018-457; 458), 청동 회전고리 머리(도면 2018-459~461)(도면 742, 4), 철제 띠꾸미개 받침판(도면 2018-462; 463)(도면 719, 3), 철제 꺾쇠, 주철제 솥 다리, 토제 고리편(도면 2018-464; 465), 석제 어망추편(도면 2018-466), 토제 마연기편(도면 2018-467) 등의 유물이 출토되었다.

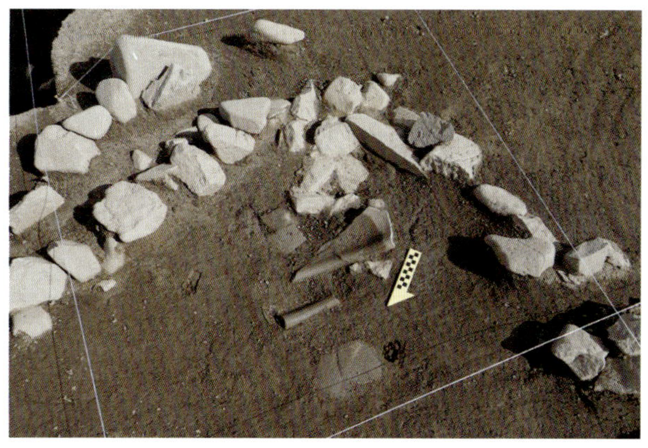

도면 524 | 크라스키노성 제53구역 북서섹터 26호 주거지 내 옹 구연부편 등 출토 모습(2018)

도면 525 | 크라스키노성 제53구역 남동섹터 추정 토축기단 건축물 등 모습(남서쪽에서)(2018)

도면 526 | 크라스키노성 제53구역 남동섹터 추정 토축기단 건축물 석열 모습(남서쪽에서)(2018)

주거지 내부퇴적토에 대한 다음 레벨의 조사에서는 주철제 솥 다리(도면 2018-496; 497), 주철제 수레바퀴 차관편(도면 2018-498; 499), 주철제 솥 동체부편(도면 2018-500; 501), 주철제 솥 다리편, 철제 화살촉(도면 2018-502~504)(도면 694, 17), 철제 못 2점(도면 2018-505~508), 철제 판편, 철제 축편(도면 2018-509; 510), 철제 갈고리편, 토제 방추차편(도면 2018-511; 512)(도면 664, 3), 토제 구슬(도면 2018-513; 514)(도면 669, 8), 토제 다공입방체편(도면 2018-515~517), 숫돌, 토제 어망추편(도면 2018-518; 519), 철제 화살촉(도면 2018-520; 521) 등의 유물이 출토되었다.

주거지 주변에서는 철제 화살촉(도면 2018-525; 526)(도면 694, 18), 철제 유물편, 토제 고리편 2점(도면 2018-

527~530), 놀이 알들 등이 출토되었다. 또한 26호 주거지 일대에서는 다량의 토기편이 출토되었고(도면 2018-531~539; 541~544), 그중 일부는 부분적으로 도면상 복원이 되었다(도면 2018-540)(도면 755, 9; 874, 3).

도면 527 | 크라스키노성 제53구역 남동섹터 2호 구덩이 노출 모습(남쪽에서)(2018)

추정 토축기단 건축물. 제53구역의 남동섹터에 위치한다(도면 510). 2018년에 조사되었고, 제1생활면에 속한다. 제3인공층 조사를 할 때에 유구의 윤곽선이 확인되었고, 제4인공층에서 윤곽선이 뚜렷하게 구분되었다(도면 525; 526). 주변 토양과 구분되는 다양한 크기의 모래가 섞인 갈색 사질토가 일정한 범위로 확인되었고, 유구의 남서쪽에서는 1줄의 돌들로 된 석열이 노출되었다. 이 석열은 석축 벽의 기초 부분으로 판단되었다. 석열에 사용된 돌은 10×8㎝부터 16×10㎝ 사이의 것들이고, 동쪽 끝부분에는 크기가 36×30㎝인 크고 납작한 돌이 한 놓여 있었다. 이 석열은 2017년에 이웃하는 섹터(2)에서 조사를 한 석열유구과 동일한 방향으로 나있다. 이 둘이 하나의 구조물일 가능성도 있는 것으로 추정되었지만 돌을 놓은 방법이 차이를 보이기 때문에 조금 더 고민이 필요하다고 생각된다(도면 2018-634; 2017-527). 두 석열을 합친 길이는 동서(정확하게는 동동남-서서북) 약 7m이다. 토축기단으로 추정되는 부분의 남북(정확하게는 남남서-북북동) 길이는 6.6m이다. 추정 토축기단은 노출 당시 레벨이 -168/ -173㎝, 바닥 부분 레벨이 -193/ -202㎝이다. 따라서 추정 토축기단의 두께는 곳에 따라 약간의 차이는 있지만 평균 30㎝ 정도로 판단된다. 추정 토축기단 자체는 편평하지 못한 지면에 조성한 것으로 판단되었다.

도면 528 | 크라스키노성 제53구역 남동섹터 2호 구덩이 조사 모습(북쪽에서)(2018)

도면 529 | 크라스키노성 제53구역 남동섹터 2호 구덩이 조사 모습(북쪽에서)(2018)

2018-2호 구덩이. 제53구역의 남동섹터에 위치한다(도면 2018-587; 588; 591)(도면 510). 2018년에 조사되었다. 제1생활면에 속한다. 제2인공층 제토 후에 암갈색 사질토 얼룩의 형태로 노출되었다(도면 527). 이 얼룩의 크기는 1.4×2m이다. 가운데에 둑을 남기고 26㎝까지의 깊이로 조사를 하였다. 내부퇴적토의 윗부분에서는 토기편들, 동물 뼈들, 다수이 돌들이 확인되었다(도면 528; 529). 동물의 두개골도 발견되었는데 사슴의 두개골이었다. 큰 토기편들이 무더기로 발견되기도 하였다. 구덩이의 26㎝ 깊이쯤에서는 3개의 큰 돌과 다른 작은 돌들 그리고 부러진 사슴의 뿔과 다른 동물 뼈들이 확인되었다. 가장 큰 돌은 크기가 48×26㎝이다. 이 깊이까지의 내부퇴적토에서는 주철제 솥 다리(도면 2018-595; 596), 철제 화살촉 2점(도면 2018-597~600), 토제 방추차편(도면 2018-601; 602)(도면 664, 4), 토기 동체부편으로 만든 방추차 예비품(도면 2018-603~605), 철제 갈고리(도면 2018-606), 청

도면 530 | 크라스키노성 제53구역 남동섹터 2호 구덩이 모습(북쪽에서)(2018)

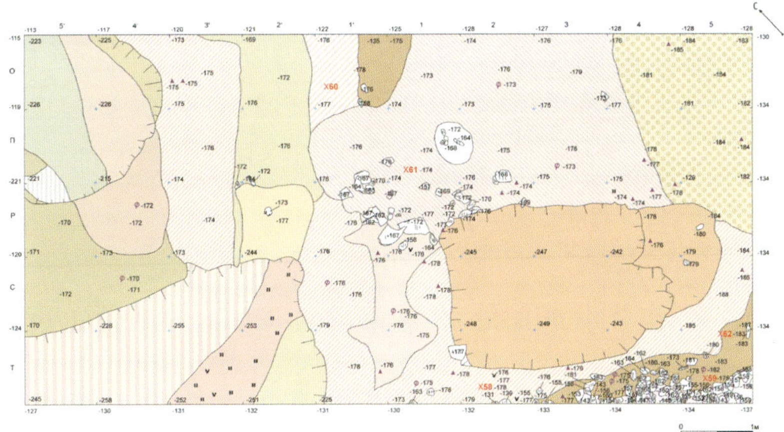

도면 531 | 크라스키노성 제53구역 남서섹터 제5인공층 상면 평면도(2018)

도면 532 | 크라스키노성 제53구역 남서섹터 항공사진 모습(2018)

도면 533 | 크라스키노성 제53구역 남서섹터 석벽구조물 윗부분 모습(2018)

동 유물편(도면 2018-607~609) 등이 출토되었다.

그런데 아래로 내려가면서 이 구덩이의 크기가 더 커졌다. 제5인공층 상면 레벨에서 이 구덩이는 평면 장방형이 되었고, 크기 1.9×1.6m가 되었다(도면 2018-610)(도면 530). 제5인공층 레벨에서는 동물 뼈들, 철 쪼가리들, 윤제 토기편들(도면 2018-657~661) 등이 출토되었다. 아마도 이 구덩이는 원래 평면 장방형이었을 것인데, 토양이 잘 구분되지 않아 처음에 둥그스름한 형태로 파악한 것으로 생각된다. 다만 태풍으로 인해 구덩이 바닥까지 다 조사하지는 못하였다.

도면 534 | 크라스키노성 제53구역 남서섹터 돌무더기 모습(북동쪽에서)(2018)

(위) 석벽구조물. 제53구역의 섹터3(2107년) 혹은 남서섹터(2018년)의 남쪽 모서리 부분에 위치한다(도면 531; 532). 표토에서 이미 돌들이 확인되었다. 이 돌들은 대부분이 강돌이이다. 돌들의 크기는 10×6㎝부터 22×16㎝까지이다. 발굴구역의 범위 내에서는 길쭉한 삼각형의 모양으로 노출이 되었지만 이 유구의 대부분은 사실 발굴

구역의 범위 밖에 위치한다. 윗부분의 돌들은 다양한 크기의 모래가 섞인 갈색 사질토층에 무질서하게 들어있었다. 그런데 2018년에 조사된 그 아랫부분에서는 돌들이 굵은 모래가 섞인 암갈색토양에 2단이 정연하게 쌓여 있는 것이 확인되었다(도면 533). 이 석벽구조물은 발해시기 건축물의 모서리 부분에 해당될 것으로 판단되었다. 그 아래로는 두께 약 30㎝의 단단한 암갈색 사질토층을 사이에 두고 석벽구조물이 계속해서 노출되었다. 하지만 아랫부분의 석벽구조물은 위의 것과는 다른 건축물에 속하는 것으로 판단되었다.

돌무더기(구들 흔적?). 2018년에 조사되었다(도면 531; 532). 1호 수혈구덩이-움의 북쪽 모서리 밖에 위치한다. 제4인공층을 조사할 때 암갈색의 사질토층에서 크고 납작한 돌들이 노출되었다(도면 534). 이 돌들은 크기가 20×36㎝, 24×30㎝ 등이었다. 레벨을 조금 더 낮추자 그 주변으로 크기가 10×8㎝ 정도의 작은 돌들이 확인되었다. 이 곳에서는 큰 소토 덩이들과 숯들도 발견되었다. 이 돌무지의 동쪽 가까이(뻬-1-2방안)에서는 직경이 0.5m인 암갈색의 단단한 사질토 얼룩이 위치한다. 그런데 이 둥그스름한 얼룩에는 돌이 하나 수직으로 세워져 있었다. 이 돌무지는 한인 이주민들이 남긴 수혈구덩이-움들에 의해 훼손이 된 발해시기의 구들의 흔적일 것으로 추정되었다.

2017년에 제53구역의 섹터1에서는 개별유물들이 제2인공층에서는 철제 판편(도면 2017-368; 369), 철제 화살촉(도면 2017-370; 371)(도면 697, 7), 철제 화살촉(도면 2017-372; 371), 청동 띠꾸미개(도면 2017-374~376)(도면 736, 7), 청동 띠꾸미개(도면 2017-377; 378)(도면 738, 8), 편암제 숫돌(도면 2017-379; 380), 토제 고리편(도면 2017-381; 382), 놀이 알 등이 출토되었다. 토기는 모두 윤제 토기편들이었다(도면 2017-383~400)(도면 813, 8; 814, 6; 869, 1).

섹터1의 제3인공층에서는 주철제 바퀴 비녀못(도면 2017-410~412)(도면 716, 4), 철제 화살촉(도면 2017-413; 414), 철제 칼(도면 2017-415; 416), 철제 화살촉(도면 2017-417; 418), 토제 고리편(도면 2017-419; 420), 청동 핀셋(도면 2017-421~423)(도면 742, 2), 놀이 알 등이 출토되었다. 토기도 다수 출토되었다(도면 2017-424~436)(도면 434). 제4인공층에서는 철제 유물편(도면 2017-447~449), 철제 못(도면 2017-450; 451), 토제 입방체편(도면 2017-455; 456), 놀이 알, 토기와 소량의 와편(도면 2017-457~471) 등이 출토되었다.

2017년에 제53구역의 섹터2에서는 제1인공층에서 흑요석 유물(도면 2017-478)(도면 682, 3), 석제 숫돌(도면 2017-479; 480), 토제 고리편, 시유토기편, 놀이 알, 토기(도면 2017-481~490)(도면 807, 5; 883, 3)가 출토되었다.

제2인공층에서는 놀이 알, 주철제 유물편(도면 2017-499; 500), 주철제 유물편(도면 2017-501; 502), 철제 유물편(도면 2017-503; 504), 철제 판편(도면 2017-505), 철제 버클편(도면 2017-506; 507)(도면 720, 7), 와당편(도면 2017-508; 509), 토기와 와편(2017-510~520) 등이 출토되었다.

제3인공층에서는 토제 다공입방체편, 주철제 유물편, 철제 못편(도면 2017-533), 철제 못편(도면 2017-534), 철제 못편(도면 2017-535), 철제 판편(도면 2017-536), 청동 버클편(도면 2017-537)(도면 735, 4), 청동 띠꾸미개(도면 2017-538; 539)(도면 739, 12), 와당편(도면 2017-540), 토제 목걸이 알(도면 2017-541; 542), 놀이 알들, 토기(도면 2017-546~565)(도면 793, 1; 871, 6; 943, 15) 등이 출토되었다. 제4인공층에서는 철제 화살촉(도면 2017-574; 575), 철제 판편, 철제 화살촉(도면 2017-576; 577), 철제 유물편(도면 2017-578; 579), 토제 고리편(도면 2017-580; 581)(도면 666, 5), 철제 판편(도면 2017-582; 583), 토제 벽돌편(도면 2017-584; 585), 사용흔이 있는 자갈돌(도면 2017-586)(도면 677, 2) 등이 출토되었다.

2018년에 제53구역의 북서섹터에서는 표토와 부식토층에서 놀이 알들, 철제 고리, 철제 못, 철제 판, 철제 못, 토제 유물편(도면 2018-421; 422), 토제 다공입방체편(도면 2018-423), 와편들과 윤제 토기편들(도면 2018-424~429; 434~437)이 출토되었다. 제2인공층에서는 놀이 알들, 철제 못 2점(도면 2018-443; 444), 주철제 솥 동체부편 등이 출토되었다.

2018년에 제53구역의 남서섹터에서는 제3인공층에서 놀이 알들, 3점의 와당편(도면 2018-670~674), 와편들, 토기편들(도면 2018-675~688)(도면 861, 1; 883, 14) 등이 출토되었다.

2018년에 제53구역 남서섹터에서는 제4인공층을 조사할 때에 9점의 놀이 알(도면 2018-694), 철제 유물편, 철제 꺾쇠(도면 2018-695, 696)(도면 708, 12), 토제 다공입방체편(도면 2018-697; 698), 한자 명문이 있는 토기 동체부편, 다량의 윤제 토기편(도면 2018-699~708)(도면 765, 13; 802, 10; 804, 8; 814, 4; 822, 10; 839, 10; 926, 9; 949, 3) 등이 출토되었다.

2018년에 제53구역의 남동섹터에서는 제3인공층을 조사할 때에 13점의 놀이 알, 철제 화살촉(도면 2018-612), 철제 못(도면 2018-613; 614), 정요 자기 동체부편(도면 2018-615)(도면 1001, 9), 철제 칼(도면 2018-616; 617), 다량의 윤제 토기편이 수습되었다(도면 2018-619~626)(도면 755, 4; 759, 2; 765, 7; 768, 11; 800, 5; 816, 8; 820, 5, 8; 837, 6; 853, 5; 855, 12; 864, 3; 924, 6).

(2) 제2생활면 유구

3호 구덩이. 2017년에 제53구역의 섹터1에서 조사되었다(도면 535; 536). 제2생활면에 속한다. 둥그스름한 장방형의 암갈색 얼룩의 형태로 노출되었다(도면 2017-679). 노출된 얼룩의 크기는 1.4×1.1m이다. 얼룩의 가장자리를 따라 너비가 10~20㎝인 황갈색의 모래 띠가 일부 두르고 있었다. 3호 구덩이의 깊이는 14~15㎝이다. 내부 퇴적토에서 작은 숯들과 턱뼈를 포함하는 동물의 뼈들이 확인되었다(도면 537). 구덩이의 가장자리에 일부 황갈색 모래들이 분포하였다. 구덩이 내에서 수점의 토기편, 놀이 알, 주철제 유물편(도면 2017-683), 토제 벽돌편(도면 2017-684, 685) 등이 출토되었다.

4호 구덩이. 2017년에 제53구역의 섹터2에서 조사되었다(도면 535). 제2생활면에 속한다. 작은 숯들과 그을음이 섞인 회갈색의 얼룩 형태로 노출되었다(도면 2017-686). 얼룩의 크기는 0.4×0.5m, 구덩이의 깊이는 약 10㎝이다. 유물은 출토된 것이 없다.

25호 주거지. 2017년과 2018년에 조사되었다(도면 508; 538). 제53구역의 섹터1 혹은 나중에 이름을 고친 중앙섹터에 위치한다. 제2생활면에 속하는데, 이웃하는 북서섹터에서 조사된 제1생활면의 제26호 주거지와 분명한 층위 관계를 보이고 있다(도면 539). 25호 주거지의 윤곽은 모래가 섞인 단단한 갈색 사질토 얼룩의 형태로 노출되었다. 이 얼룩은 발굴구역의 밖으로도 진행되었는데, 노출된 크기는 5.7×3.5m이다. 이 얼룩의 북쪽과 서쪽 가장자리를 따라 2개의 열을 이루는 돌들이 확인되었는데 구들의 고래일 것으로 판단되었다(도면 535; 536). 2017년에는 주거지의 범위 내에서 철제 화살촉(도면 2017-675; 676), 금속제 심봉(도면 2017-677; 678), 슬래그, 놀이 알들 등이 출토되었다. 2018년에 동벽과 북벽을 따라 구들의 고래가 조사되었다. 구들은 일부만 잔존한다. 2줄 고래

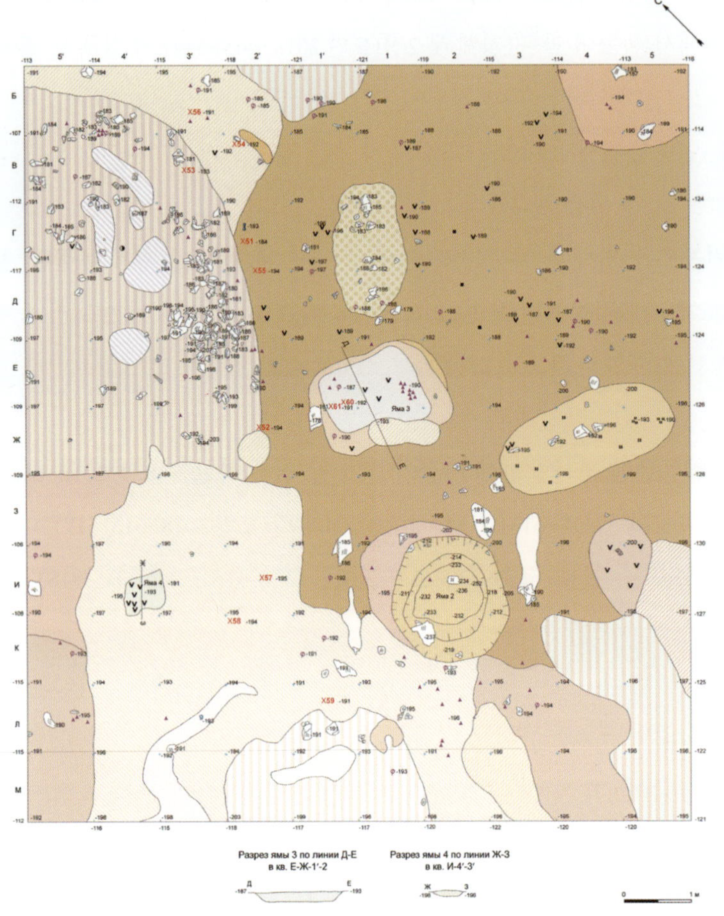

도면 535 | 크라스키노성 제53구역 섹터 1과 섹터 2(중앙섹터) 제2생활면의 3호와 4호 구덩이 등 평단면도 (2017)

도면 536 | 크라스키노성 제53구역 섹터 1과 섹터 2(중앙섹터) 제2생활면 모습(북쪽에서)(2017)

도면 537 | 크라스키노성 제53구역 섹터 1의 3호 구덩이 내 동물 뼈 모습(2017)

를 가졌고, 평면모양은 'ㄷ'자 모양일 것으로 추정된다(도면 2018-726, 727)(도면 540~542). 고래는 돌로 쌓은 고래 벽 혹은 그을음과 재의 흔적이 있는 회갈색 사질토 띠들에 의해 확인되었다. 고래의 벽에 사용한 돌들은 크기가 8×10㎝ 정도로 작은 크기도 있고, 또 15×10㎝부터 30×20㎝까지의 약간 큰 돌들도 있다. 주거지의 둘레를 따라 'ㄷ'자 모양으로 배치된 돌들은 구들의 일부였음이 분명하지만, 또한 그 가장자리의 돌들 중 일부는 주거지

도면 538 | 크라스키노성 제53구역 중앙섹터 제2 및 제3생활면 유구 평면도 (2018)

도면 539 | 크라스키노성 제53구역 중앙섹터 25호 주거지(앞쪽)와 북서섹터 26호 주거지(안쪽) 모습 (남동쪽에서)(2018)

벽체의 잔재일 수도 있다. 25호 주거지는 2018년에도 조사가 마무리되지 못하였는데 그것은 주거지 일부가 북서섹터의 26호 주거지 아래로 겹 놓여 있기 때문이다. 25호 주거지의 조사된 부분 크기는 6.2×5m이다. 주거지에서 다량의 토기가 출토되었는데 그중 일부는 부분적으로 복원이 된다(도면 2018-731~743).

2017년에 제53구역의 섹터1과 섹터2 제2생활면에서는 개별유물로 철제 띠꾸미개(도면 2017-695; 696), 철제 판편(도면 2017-697), 토제 다공 입방체 유물편(도면 2017-698; 699; 703~706), 토제 고리(도면 2017-700~702)(도면 665.4), 철제 유물편 등이 출토되었다.

2018년에는 제53구역의 남서섹터에서 제5인공층에서 놀이 알들, 철제 유물편, 토제 마연기편(도면 2018-750),

도면 540 | 크라스키노성 제53구역 중앙섹터 25호 주거지 모습(북동쪽에서) (2018)

도면 541 | 크라스키노성 제53구역 중앙섹터 25호 주거지 모습(동쪽에서) (2018)

도면 542 | 크라스키노성 제53구역 중앙섹터 25호 주거지 모습(북동쪽에서) (2018)

도면 543 | 크라스키노성 제53구역 중앙섹터 27호 주거지 모습(남동쪽에서)(2018)

도면 544 | 크라스키노성 제53구역 중앙섹터 27호 주거지 모습(남쪽에서)(2018)

토제 고리편(도면 2018-751), 숫돌(도면 2018-752), 다량의 토기편들(도면 2018-753~762)(도면 832, 5; 839, 9; 932, 5; 993, 5) 등이 출토되었다.

(3) 제3생활면 유구

27호 주거지. 2018년에 조사되었다. 제53구역 중앙섹터의 동쪽 모서리 부분에 위치한다(도면 509; 538). 숯이 드물게 포함된 단단한 사질토 얼룩의 형태로 노출되었다(도면 2018-720; 730)(도면 543; 544). 주거지 얼룩은 모서리가 둥근 장방형의 형태를 하고 있는데 크기는 6×5.5m이다. 주거지의 북벽과 동벽 안쪽을 따라 구들의 흔적이 남아 있다. 구들 고래의 벽체는 전혀 남아 있지 않지만, 고래의 바닥으로 추정되는 암회색 사질토 띠들이 2줄 고래 구들의 형태를 하고 있는 것이 확인되었다. 고래의 너비는 15~20㎝이다. 구들의 평면 모양은 'ㄷ'자 모양이었을 것으로 판단되는데 그것은 북벽 안쪽의 고래가 서벽 쪽으로 꺾이는 것이 관찰되기 때문이다. 또한 서벽의 가운데

도면 545 | 크라스키노성 제53구역 남서섹터 북동벽과 2호 구덩이 모습(2018)

도면 546 | 크라스키노성 제53구역 남서섹터 2호 구덩이 모습(위에서)(2018)

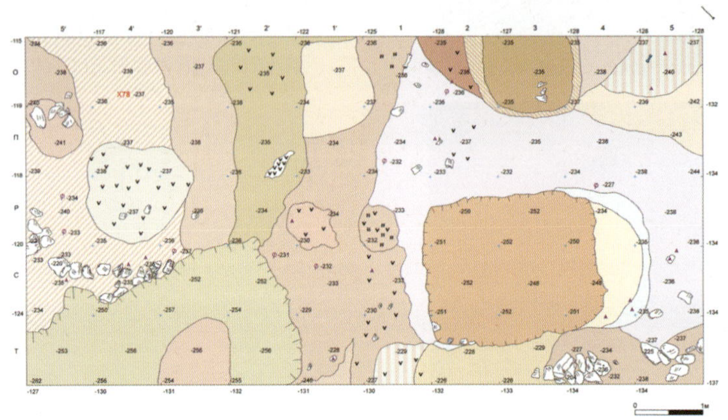

도면 547 | 크라스키노성 제53구역 남서섹터 제4생활면 평면도(2018)

안쪽에는 불에 탄 자국이 확인되었다. 그 외에 동벽의 가운데 안쪽에서도 불에 탄 자국들이 확인되었다. 27호 주거지의 서쪽에는 약 2.3m의 거리를 두고 25호 주거지가 위치한다. 두 주거지는 장축과 단축의 방향이 거의 동일하며, 모서리들이 대체로 방위방향을 향한다. 27호 주거지를 제3생활면에 속하는 것으로 판단한 것은 25호 주거지에 비해 더 아래 레벨에서 윤곽선이 확인되었기 때문이다. 하지만 두 주거지의 바닥 레벨이 거의 비슷하기 때문에 동일 생활면에 속할 가능성도 없는 것은 아니다. 25호 주거지에 대한 조사가 완료되면 두 주거지의 상대적 시기 문제가 해결될 것이라 생각된다.

2018-남서섹터 2호 구덩이. 제53구역의 남서섹터(2017년의 섹터3) 북동벽에 인접하여 위치한다. 제6인공층을 조사할 때에 암갈색의 단단한 사질토 간층들이 둘러싸고 있는 황갈색 사질토 얼룩 그리고 점토와 석립까지의 다양한 크기 모래가 섞인 갈색 사질토 얼룩의 형태로 노출되었다(도면 545; 546). 황갈색 사질토 얼룩은 발굴구역의 북동벽 밖으로 계속된다(도면 2018-767; 789; 790). 제7인공층 레벨에서는 구덩이 안의 내부퇴적토에 벽 가까이를 따라 갈색과 황갈색의 띠가 돌려져 있었는데 이 띠의 너비는 10~24㎝이다. 그 아래로 구덩이의 바닥 부분에서는 크기가 10×10㎝ 정도의 작은 돌들을 1줄의 열을 이루게 놓은 것이 확인되었고, 그 곁에는 황갈색의 점토가 두께 약 10㎝로 깔려 있었다. 그 아래는 악화된 날씨로 인해 더 조사가 이루어지지 못하였다.

(4) 제4생활면 유구

(아래) 석벽구조물. 제53구역의 섹터3(2107년) 혹은 남서섹터(2018년)의 남쪽 모서리 부분에 위치한다(도면 547~550). 이 석벽구조물의 위에는 두께 약 30㎝의 단단한 암갈색 사질토층이 있고 그 위에는 (위) 석벽구조물이 위치한다. 이 둘은 중간에 위치하는 암갈색 사질토층을 통해 서로 다른 건축물에 속하는 것으로 판단되었다. (아래) 석벽구조물은 제7인공층 제토 다음에 노출되었다. 돌들의 크기는 10×8㎝부터 30×20㎝까지였다. 이 석벽구조물에서 일부의 돌들은 열을 이루고 있었다. 발굴구역에 노출된 부분의 석벽 중 하나는 길이가 3m인 것으로 보고되었다. 남서섹터의 남서벽에 반영된 이 석벽구조물은 상면이 고르지 못하고 또 한쪽 부분에 큰 단절부가 있다. 발해시기 건축물의 한쪽 모서리 부분에 해당하는 것으로 추정되었는데 그 건축물의 전체적인 양상을 파악하기 위해서는 확장조사가 반드시 필요하다.

석축구조물. 2018년에 제53구역의 남서섹터에서 조사되었다(도면 547; 548; 551). 제8인공층에서 노출되었다. 작은 모래가 섞인 갈색의 푸석푸석한 사질토층에서 납작한 돌들이 호선을 이루며 위치하는 것이 확인되었다(도면 2018-813~815). 돌들의 크기는 10×15㎝부터 20×25㎝까지이다. 이 호선 모양 석축구조물의 직선 길이는 약 2.3m이다. 이 석축구조물에서 북동쪽으로 약 1.2m의 거리를 두고 5개의 돌로 된 작은 돌무지가 하나 확인되었다. 그런데 이 호선 모양 석열과 돌무지의 사이에는 크기가 1.5×1.4m인 회갈색 사질토의 둥근 얼룩이 위치한다. 이 얼룩에는 숯이 많이 포함되어 있다. 이 유구는 2호와 3호 수혈구덩이-움에 의해 파괴된 동일한 유구에 속할 것으로 판단되었다.

2018년 제53구역의 남서섹터에서는 제7인공층에

도면 548 | 크라스키노성 제53구역 남서섹터 제9인공층 상면 제4생활면 항공사진(2018)

도면 549 | 크라스키노성 제53구역 남서섹터 제10인공층 상면 항공사진(2018)

도면 550 | 크라스키노성 제53구역 남서섹터 남서벽과 아래 석벽구조물 모습(2018)

도면 551 | 크라스키노성 제53구역 남서섹터 석축구조물 모습(북동쪽에서)(2018)

서 놀이 알들, 토제 지붕 장식편(도면 2018-798), 석제 어망추(도면 2018-799; 800)(도면 676, 9), 수 점의 와편과 다량의 윤제 토기편(도면 2018-801~810)(도면 768, 15, 17; 888, 7) 등이 출토되었다. 제10인공층에서는 다량의 목탄, 불에 탄 뼈들, 놀이 알들, 정요 자기 저부편(도면 2018-865)(도면 1001, 10), 철제 못, 다수의 철제 유물편(도면 2018-868; 869), 철제 못편, 주철제 유물편, 다량의 윤제 토기편(도면 2018-870~877)(도면 779, 6; 885, 6)이 출토되었다.

6. 서북지역 서부 도로구역

이곳 제51구역의 도로는 1996년에 설정한 제12구역에서 이미 확인된 바 있다. 제12구역의 남쪽 부분에서는 당시 도로 노면에 돌을 깔은 것이 확인되었지만, 이를 도로라고 인식하지 못하고 "부석유구"로 간주하였다. 하지만 이후 2011년부터 중북지역에서 조사되기 시작한 도로유구의 특징이 파악됨으로써 과거 제12구역의 "부석유구"가 도로일 가능성이 제기되었다. 이와 관련하여 2015년에는 과거 제12구역 및 제14구역을 일부씩 포함하는 제51구역을 새로이 설정하여 이곳에 대한 발굴조사를 재개하였다. 제14구역은 1997년에 서벽의 성벽에 대해 절개

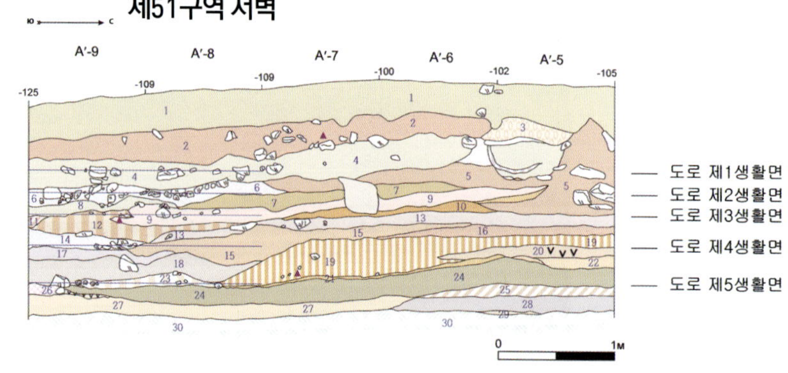

도면 552 | 크라스키노성 제51구역 서벽 토층도(2018)

도면 553 | 크라스키노성 제51구역 서벽 토층 모습(2018)

도면 554 | 크라스키노성 제51구역 서벽 토층과 성벽 내면 모습(2018)

제51구역 동벽

제51구역 남벽

제51구역 북벽

도면 555 | 크라스키노성 제51구역 동벽, 남벽, 북벽 토층도(2018)

도면 556 | 크라스키노성 제51구역 동벽 토층 모습(2018)

도면 557 | 크라스키노성 제51구역 남벽 토층 모습(2018)

도면 558 | 크라스키노성 제51구역 남벽 토층 세부 모습(2018)

도면 559 | 크라스키노성 제51구역 북벽 토층 모습(2018)

조사가 이루어진 곳이다. 2015년에는 과거 현장보존조치를 통해 그대로 남겨 두었던 "부석유구", 다시 말해서 도로 제1생활면의 노면을 다시 확인하였다. 2017년에는 도로 제2생활면을, 2018년에는 도로 제3생활면~제5생활면을 각각 조사하였다. 따라서 제51구역에서는 모두 5개의 도로 생활면이 확인되었다. 제51구역에서 도로 생활면들은 사찰구역 석축담장 및 성벽과의 시기적 상관관계를 보여 주었다.

제51구역에서는 서벽의 토층에 도로 생활면들이 비교적 잘 반영되어 있다(도면 552~554). 서벽 토층은 위에서 아래로 다음과 같다: 1-표토-부식토, 2-갈색 사질토, 3-다양한 크기 모래 포함 명갈색 사질토, 4-회갈색 사질토, 5-단단한 갈색 사질토, 6-다양한 크기 모래 포함 회갈색 사질토, 7-갈색 사질토, 8-무른 회갈색 사질토, 9-부드러운 갈색 모래, 10-황갈색 사질토, 11-갈색 무른 사질토, 12-다양한 크기 모래 포함 갈색 사질토, 13-암갈색 사질토, 14-다양한 크기 모래 포함 회갈색 사질토, 15-황갈색 모래, 16-갈색 사질토, 17-석립까지의 모래 포함 회갈색 사질토, 18-암갈색 사질토, 19-철화 얼룩 포함 황갈색 사질토, 20-숯 포함 황갈색 거친 모래, 21-다양한 모래 포함 갈색 사질토, 22-연한 황갈색 거친 모래, 23-자갈 포함 짙은 회갈색 단단한 사질토, 24-펄 간층, 회색, 철화, 황색 모래 등 포함 짙은 회갈색 사질토, 25-다양한 크기 모래 포함 부드러운 모래, 26-회갈색 단단한 철화 사질토, 27-황갈색 부드러운 모래, 28-작은 얼룩들 및 황색 모래 간층들이 섞인 다양한 모래 포함 회갈색 사질토, 29-황갈색 부드러운 모래, 30-생토.

도로의 생활면과 관련하여 제4층 레벨은 도로 제1생활면, 제6층 레벨(대체로 제5와 제6인공층에 해당)은 도로 제2생활면, 제9층 레벨(대체로 제8인공층에 해당)은 도로 제3생활면, 제14층과 17층 레벨(대체로 제9와 제10인공층에 해당)은 도로 제4생활면, 제18층과 제23층 레벨(대체로 제11, 제12, 제13인공층에 해당)은 도로 제5생활면과 각각 관련된 것으로 판단되었다.

제51구역의 동벽, 남벽, 북벽의 토층에 대해서는 토층도와 토층 사진을 참고할 수 있을 것이다(도면 555~559).

1) 도로 제1생활면

1996년에 설정한 제12구역에서 사찰구역과 그 남쪽 주거구역을 구분하는 석축담장과 함께 일부분이 노출되었다. 돌을 깔은 것이 확인되었는데 노출된 평면 모양이 궁형을 이루면서 한쪽은 석축담장을 따라, 다른 한쪽은

도면 560 | 크라스키노성 제51구역(제12구역) 도로 제1생활면 노출 모습(서쪽에서)(1996)

성벽을 따라 형성되어 있었다(도면 560). 하지만 이때에는 단순히 "부석유구"로 간주되었다. 2015년에 다시 도로 제1생활면을 노출시켰고, 그 아래로 제2인공층과 제3인공층을 조사하였다.

2) 도로 제2생활면

2017년에는 먼저 2015년에 제4인공층 상면 레벨에서 발굴조사를 멈추고 현장보존을 위해 복토한 것을 제거하였다(도면 561). 복토 제거 후의 레벨 수치는 평균 -175/-197㎝이었다. 복토 제거 과정에서 끌 모양의 철제 화살촉(도면 2017-20; 21), 철제 쌍각 미늘(도면 2017-22; 23), 윤제 토기편들과 와편들, 놀이 알들 등이 발견되었다.

제4인공층 상면에서 노출된 돌들을 제거할 때에 도로가 회갈색 사질토층에 섞여 있는 큰 크기와 작은 크기의 돌들 및 와편들로 이루어져 있었음이 확인되었다(도면 2017-32). 이 층에서는 동물의 뼈와 이빨들, 철제 유물편

도면 561 | 크라스키노성 제51구역 제4인공층 상면 모습(동쪽에서)(2018)

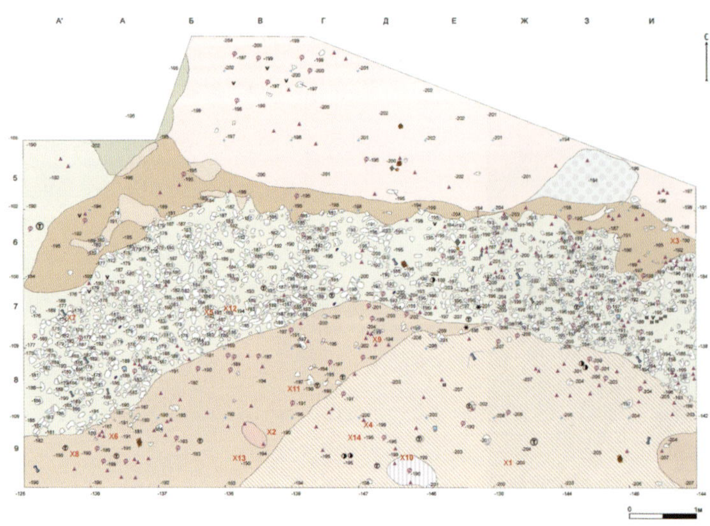

도면 562 | 크라스키노성 제51구역 제5인공층 상면 도로 제2생활면 평면도(2017)

도면 563 | 크라스키노성 제51구역 도로 제2생활면 모습(서쪽에서)(2017)

도면 564 | 크라스키노성 제51구역 도로 제2생활면 세부 모습(동쪽에서)(2017)

들, 작은 벽토 쪼가리들, 금속과 세라믹 슬래그들, 놀이 알들 등이 발견되었다(도면 2017-33~38).

제5인공층 상면 레벨에서는 도로 제2생활면 윗부분(도로 제1면 제2레벨)이 노출되었다(도면 2017-42)(도면 562; 563). 발굴구역의 동쪽 부분에는 도로가 중간 및 작은 크기의 돌들로 덮여 있었고, 그 사이사이에는 다량의 와편들, 토기편들, 놀이 알들, 동물의 이빨과 뼈들로 된 생활 쓰레기들, 슬래그들 등이 섞여 있었다(도면 2017-43)(도면 564). 발굴구역의 서쪽 부분에는 다량의 큰 크기와 중간 크기의 돌들이 깔려 있었고, 그 사이사이에 작은 돌들과 와편들, 토기편들이 소량 섞여 있었다(도면 2017-44). 도로의 노면은 서쪽 부분이 조금 더 높았고(레벨 평균값 -187/-190㎝), 동쪽 부분이 조금 더 낮았던 것(레벨 평균값 -190/-200㎝)으로 판단되었다(도면 2017-30). 제2레벨의 도로에 깔은 돌들은 무른 회갈색 사질토에 놓여 있었다. 돌을 깔은 너비는 120~226㎝이다. 동서 방향의 도로는 북쪽으로 약간 굽었다(도면 2017-45).

제4인공층에서는 49점의 놀이 알, 철제 못(도면 2017-66~70), 철제 화살촉(도면 2017-71~75), 주철제 유물편

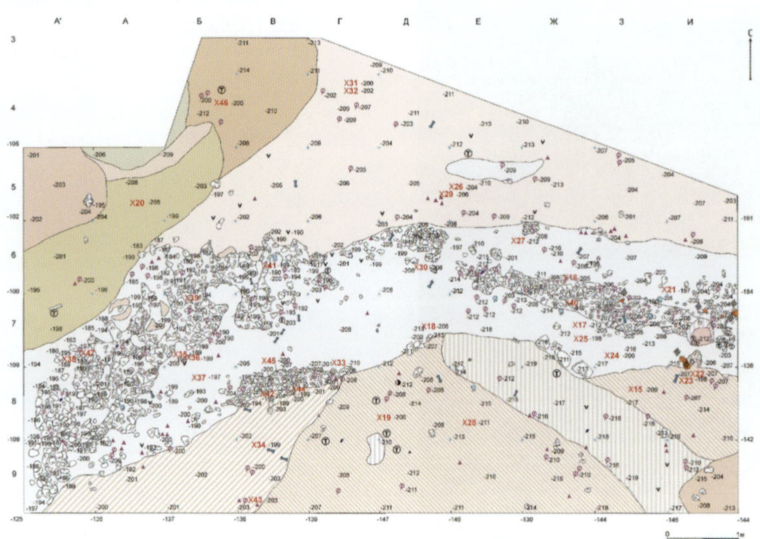

도면 565 | 크라스키노성 제51구역 제6인공층 상면 도로 제2생활면 아랫부분 평면도(2017)

도면 566 | 크라스키노성 제51구역 제6인공층 상면 도로 제2생활면 아랫부분 모습(서쪽에서)(2017)

(도면 2017-76~78), 선철 유물편(도면 2017-79~81), 기호가 있는 토기 저부편(도면 2017-82; 83), 한자 명문이 있는 토기 저부편(도면 2017-86)(도면 967, 12), 시유 토기 동체부편(도면 2017-87), 와당편(도면 2017-88; 89), 문양이 있는 암키와편(도면 2017-90; 91)(도면 634, 3), 토제 장식편(도면 2017-92~94), 다수의 토기편, 와편 등이 출토되었다.

다음에는 제5인공층의 상면에서 노출된 도로 상면을 제거하고 제5인공층을 조사하였다. 제6인공층 상면에서는 잔존 상태가 좋지 못한 도로의 제2생활면 아랫부분이 노출되었다(도면 2017-98; 99)(도면 565; 566). 이 레벨에서는 도로의 서쪽 부분과 동쪽 부분이 평균 약 14㎝의 레벨 차이를 보였고, 도로에 돌을 깐 너비는 166~200㎝이다.

제5인공층에서는 놀이 알 117점, 문양이 있는 암키와편(도면 2017-141; 142)(도면 634, 4), 와당편들(도면 2017-143~162)(도면 468, 3), 상호 교차하는 구멍이 있는 유물편(도면 2017-163; 164), 토제 지붕 장식편(도면 2017-165; 166), 시유 토기 뚜껑편(도면 2017-167; 168)(도면 999, 4), 토제 고리편(도면 2017-169~171), 토제 구슬(도면 2017-

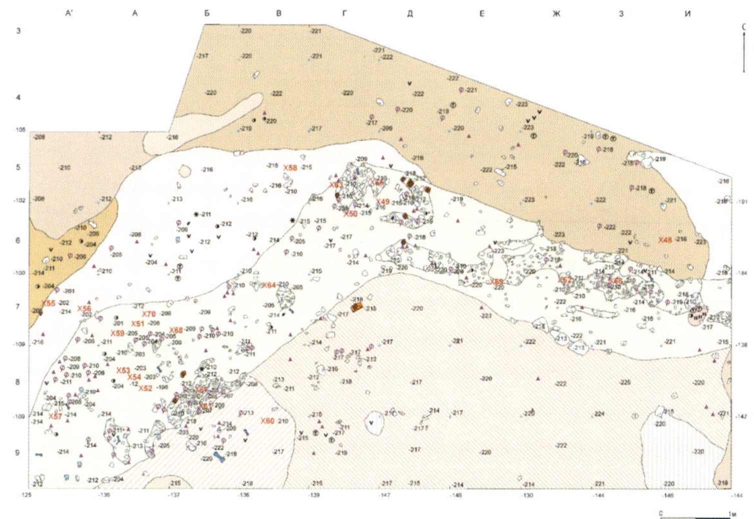

도면 567 | 크라스키노성 제51구역 제7인공층 상면 도로 제2생활면 아랫부분 아래 평면도(2017)

도면 568 | 크라스키노성 제51구역 제7인공층 상면 도로 제2생활면 아랫부분 아래 모습(동쪽에서)(2017)

172; 173)(도면 669, 7), 철제 유물편들(도면 2017-174~183), 철제 못들(도면 2017-184~208), 철제 고리(도면 2017-209~211), 철제 칼(도면 2017-212~214), 철제 판(도면 2017-215~217), 철제 띠꾸미개(도면 2017-218~220)(도면 719, 9), 철제 화살촉(도면 2017-221~223), 다량의 토기편과 와편 등이 출토되었다.

다음에는 제6인공층 상면에 노출되어 있던 도로에 깔은 것들을 제거하였고, 새로운 인공층을 조사하였다(도면 2017-228~230). 제7인공층 상면에서는 회갈색 사질토층이 도로를 대표하였고, 그리고 이 토층에는 동물의 이빨과 뼈들, 철제 유물들, 슬래그들, 놀이 알들, 개별 토기편들과 와편들이 다량 확인되었다(도면 567; 568). 이 레벨에서의 도로 잔존 너비는 126~200㎝이다. 이 레벨에서는 도로가 둔각을 이루며 꺾어지는 것이 확인되었다. 동쪽을 기준으로 할 때에 도로는 먼저 북서쪽으로 사찰의 석축담장과 거의 평행하게 약 156㎝의 거리를 두고 진행되고, 그리고 발굴구역의 중간 부분에서 둔각으로 방향을 틀어 남서쪽으로 진행된다. 이것은 더 위 레벨들에서 도로가 궁형을 이루면서 방향을 바꾼 것과는 차이가 나는 점이다.

제6인공층에서는 놀이 알 55점, 상호 교차하는 구멍들이 있는 토제 유물편(도면 2017-272~274), 토제 벽돌편(도면 2017-275; 276), 토제 장식편들(도면 2017-277~280), 와당편들(도면 2017-281~287)(도면 646, 6), 가장자리를 깨어낸 타원형의 토기 동체부편(도면 2017-288; 289), 문양이 있는 암키와편들(도면 2017-290~295)(도면 634, 5, 6), 철제 구슬(도면 2017-296), 철제 고리(도면 2017-297~299)(도면 712, 12), 주철제 유물편(도면 2017-300~302), 철제 못(도면 2017-303; 304), 철제 유물편들(도면 2017-305~311), 철제 판편(도면 2017-312), 철제 천공기(도면 2017-313~315), 철제 축편(도면 2017-316; 317), 토제 고리편(도면 2017-318; 319), 다량의 토기편과 와편 등이 출토되었다.

3) 도로 제3생활면

2018년에 제7인공층 제거 후 제8인공층 상면에서 다양한 크기의 모래가 섞인 갈색 사질토층에서 중간 및 작은 크기의 돌들, 와편들, 토기편들, 동물의 뼈들과 이빨들로 된 도로의 흔적이 확인되었다(도면 2018-87~92)(도면 569; 570; 571). 제3생활면 도로는 방향이 동서 방향으로서 2015년과 2017년에 조사를 한 위 생활면 도로들과 동일한 방향이었다. 사찰구역을 구분하는 석축담장은 이 레벨에서 축조되었다. 제53구역 북벽 토층을 보면 갈색 사질토층과 그 아래의 갈색 부드러운 모래층이 관찰되는데 그 위에 사찰의 석축담장이 축조되어 있다(도면 2018-66; 68). 제3생활면 도로 노면은 중앙부분과 남서쪽 부분이 가장 잘 보존되어 있다. 이곳에 건축폐기물(주로 와편들)과 생활 폐기물(토기편, 동물 뼈, 목탄, 석탄, 드물게는 철제 및 주철제 유물편)이 집중되어 있다. 제53구역 남서쪽 모서리 부분의 도로 너비는 약 2.5m이다.

제7인공층을 조사할 때에 토제 유물편(도면 2018-98~100)(도면 667, 5), 토제 고리편(도면 2018-101~102), 와당편들(도면 2018-103~110)(도면 648, 1), 토제 장식편들(도면 2018-111~116), 철제 화살촉편(도면 2018-117;

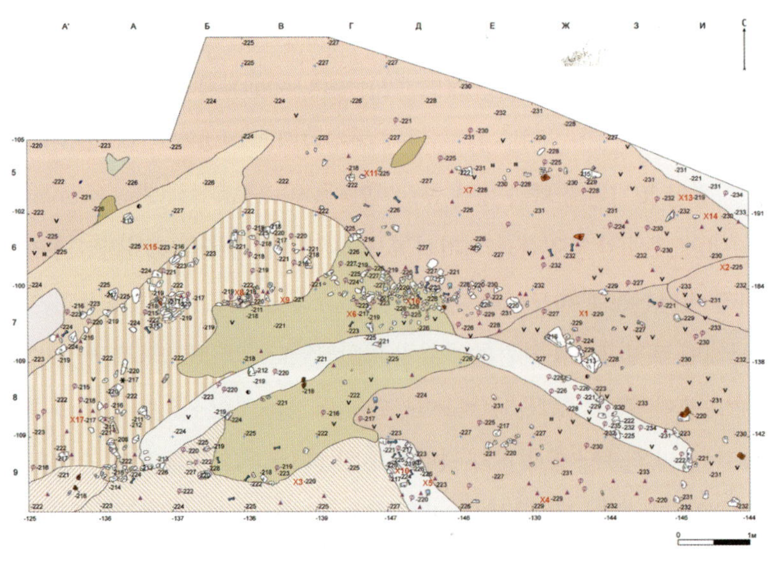

도면 569 | 크라스키노성 제51구역 제8인공층 상면 도로 제3생활면 평면도(2018)

도면 570 | 크라스키노성 제51구역 제8인공층 상면 도로 제3생활면 모습(서쪽에서)(2018)

도면 571 | 크라스키노성 제51구역 제8인공층 상면 도로 제3생활면 모습(위에서)(2018)

118), 철제 축들(도면 2018-119~124), 철사 쪼가리(도면 2018-125; 126), 철제 테고리편(도면 2018-127; 128), 철제 부정형 유물편, 69점의 놀이 알 등이 출토되었다.

제8인공층을 제거할 때의 레벨에서는 도로의 방향이 북동-남서 방향이었다(도면 2018-143; 144). 이 사실은 도로와 관련된 회갈색 사질토층, 명회갈색 사질토 띠, 황갈색의 점토 띠, 암회갈색 점토 띠 등의 방향으로 통해 알 수 있다. 이 레벨에서의 도로의 평균 너비는 약 4m이다. 이 레벨에서 도로의 내부퇴적토는 큰, 중간 및 작은 크기의 돌들, 와편들, 토기편들, 동물의 뼈와 이빨들, 슬래그들, 부정형의 철편들, 숯들, 소토들 등으로 이루어져 있다(도면 2018-146; 147).

제8인공층을 조사할 때에 1개체에 해당하는 와당편 4점(도면 2018-148~150)(도면 645, 4), 토제 장식편(도면 2018-151), 와당편들(도면 2018-152; 153; 157~160), 청동 판상 유물편(도면 2018-154; 155), 토제 치미편 2점(도면

2018-156), 철제 구슬(도면 2018-161), 철제 유물편(도면 2018-162), 놀이 알 49점 등이 출토되었다. 와편과 토기편도 다수 발견되었다(도면 2018-164~174).

4) 도로 제4생활면

제9인공층 상면에서는 도로의 방향이 북동-남서 방향으로 바뀐다(도면 572; 573). 다만 제4생활면 도로의 형태가 분명하게 노출된 것은 제9인공층을 조사하고 난 다음인 제10인공층 상면에서이다. 이 레벨에서는 도로가 너비 3.8~4m인 회갈색 사질토층에 의해 분명하게 구분되었다(도면 2018-179~181)(도면 574; 575; 576). 도로 내에

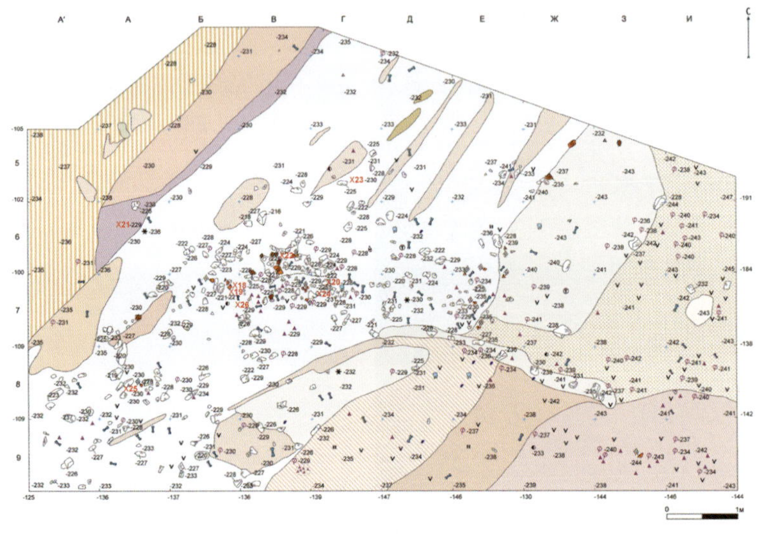

도면 572 | 크라스키노성 제51구역 제9인공층 상면 도로 제4생활면 윗부분 평면도 (2018)

도면 573 | 크라스키노성 제51구역 제9인공층 상면 도로 제4생활면 윗부분 모습 (위에서)(2018)

도면 574 | 크라스키노성 제51구역 제10인공층 상면 도로 제4생활면 평면도(2018)

도면 575 | 크라스키노성 제51구역 제10인공층 상면 도로 제4생활면 모습(남서쪽에서)(2018)

도면 576 | 크라스키노성 제51구역 제10인공층 상면 도로 제4생활면 모습(위에서)(2018)

도로의 방향과 동일하게 너비 10~20㎝의 갈색 부드러운 모래 띠와 너비 15~50㎝인 암갈색 사질토 띠가 형성되어 있다(도면 2018-182). 도로의 남서쪽 부분(베-붸-8-9방안)에는 크기가 186×50㎝인 긴 암갈색 사질토 얼룩이 형성되어 있다. 이 얼룩에서 숯, 동물 뼈, 슬래그 등이 발견되었다. 제4생활면 도로는 남서쪽과 가운데 부분이 가장 잘 남아 있다. 이곳에서 도로는 중간 및 작은 크기의 돌들, 작은 토기편들, 와편들, 놀이 알들, 동물의 뼈와 이빨들, 슬래그들, 다른 건축 및 생활 폐기물들 등이 깔려 있는 형태로 확인되었다(도면 2018-186; 187).

제9인공층에서는 토제 향로편(도면 2018-190; 191)(도면 963, 6), "장화" 모양 토제 유물편(도면 2018-192; 193)(도면 667, 4), 와당편들(도면 2018-195~197; 199~207; 212~215; 218~220)(도면 649, 3), 문양이 있는 와편들(도면 2018-208; 209; 221; 222)(도면 634, 7, 8), 토제 장식편들(도면 2018-210; 211; 216; 217), 철제 칼편(도면 2018-223), 철제 유물편들(도면 2018-224), 가공 흔적이 있는 구상의 석제 유물, 42점의 놀이 알 등이 출토되었다.

5) 도로 제5생활면

제10인공층 조사 시에는 제5생활면의 도로 흔적이 일부 확인되었다(도면 2018-244; 245). 제5생활면 도로는 보존상태가 좋지 못하다. 하지만 제11인공층 상면 레벨에서는 도로의 흔적이 분명하게 파악이 되었다(도면 2018-242; 243)(도면 577; 578; 579). 이 레벨에서는 너비 16~18㎝의 황갈색 사질토 얼룩, 너비 6~60㎝의 황갈색 모래 띠, 너비 8~16㎝의 황갈색 점토 띠, 너비 20~34㎝의 명회갈색 사질토 띠, 너비 14~80㎝의 암회갈색 사질토 띠 등이 도로와 동일한 방향으로 형성되어 있다. 이 레벨에서 도로의 너비는 약 3.25m이다. 도로의 동쪽 부분에 있는 명회갈색 사질토의 남동쪽 부분에서는 돌들, 놀이 알들을 포함하는 토제 유물편들, 슬래그들, 숯들, 동물의 뼈와 이빨들 등이 집중되어 발견되었다(도면 2018-247).

제10인공층에서는 토제 고리편(도면 2018-251; 252), 철제 판상 유물편(도면 2018-253), 와당편(도면 2018-254; 255), 철제 미니어처 꾸미개(도면 2018-256), 36점의 놀이 알 등이 출토되었다. 그 외 토기편들도 다수 발견되

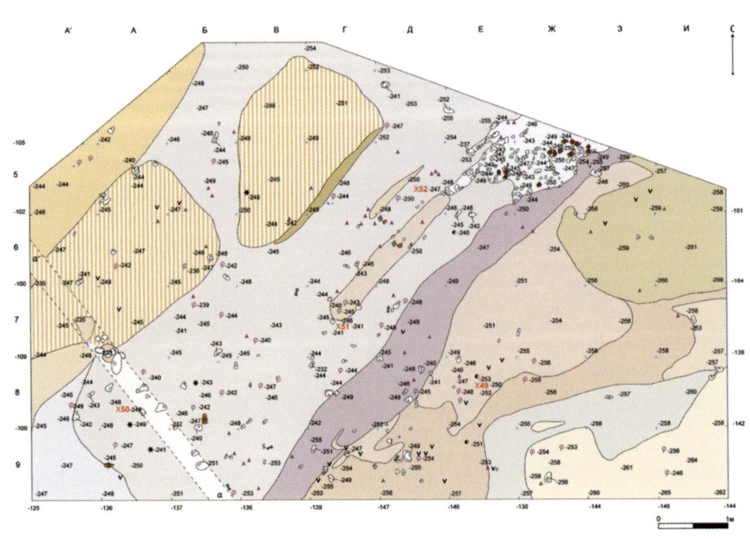

도면 577 | 크라스키노성 제51구역 제11인공층 상면 도로 제5생활면 윗부분 평면도 (2018)

도면 578 | 크라스키노성 제51구역 제11인공층 상면 도로 제5생활면 윗부분 모습(북서쪽에서)(2018)

도면 579 | 크라스키노성 제51구역 제11인공층 상면 도로 제5생활면 윗부분 세부 모습(서쪽에서)(2018)

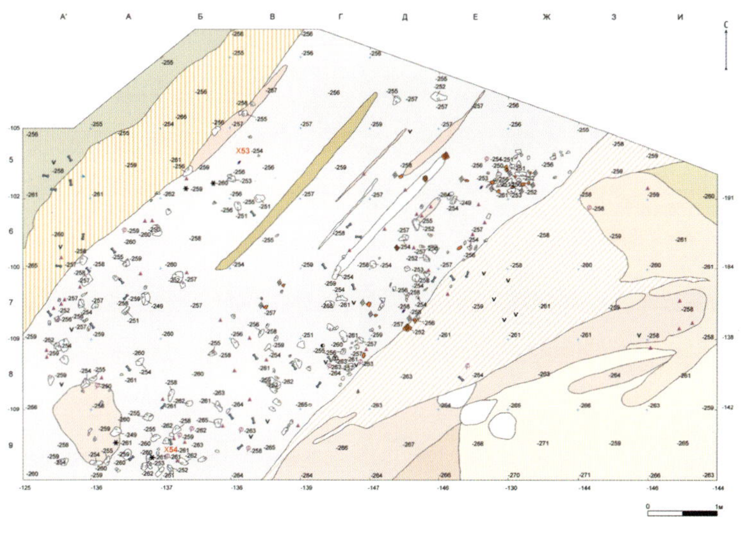

도면 580 | 크라스키노성 제51구역 제12인공층 상면 도로 제5생활면 중간 부분 평면도(2018)

도면 581 | 크라스키노성 제51구역 제12인공층 상면 도로 제5생활면 중간 부분 모습 (위에서)(2018)

도면 582 | 크라스키노성 제51구역 제12인공층 상면 도로 제5생활면 중간 부분 모습 (남서쪽에서)(2018)

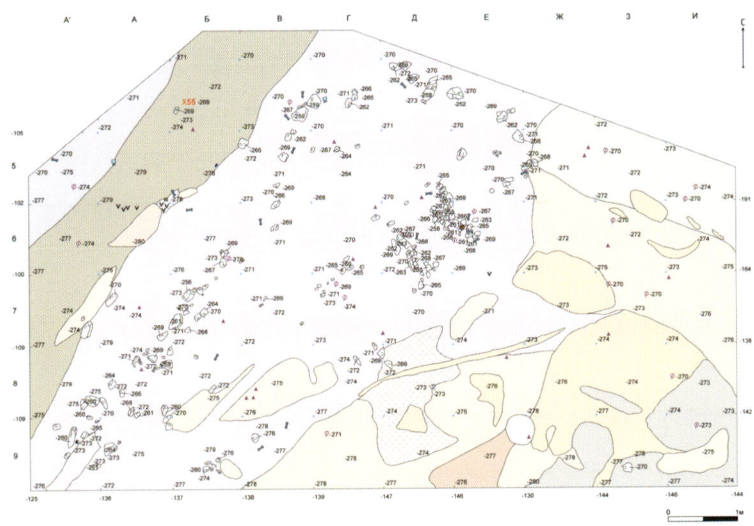

도면 583 | 크라스키노성 제51구역 제13인공층 상면 도로 제5생활면 아랫부분 평면도(2018)

도면 584 | 크라스키노성 제51구역 제13인공층 상면 도로 제5생활면 아랫부분 모습(위에서)(2018)

도면 585 | 크라스키노성 제51구역 제13인공층 상면 도로 제5생활면 아랫부분 모습(남서쪽에서)(2018)

었다(도면 2018-263~270)(도면 757, 9).

제11인공층 조사에서는 이 인공층의 상면에서 노출된 돌들과 와편들을 제거하였다. 다음의 제12인공층 상면에서 제5생활면 도로의 (중간 부분) 노면이 노출되었다(도면 580; 581; 582). 도로 노면에서는 중간 및 작은 크기의 돌들, 토기편들, 와편들, 동물의 뼈와 이빨들, 철제 유물편 등이 깔려 있었다(도면 2018-277~284). 단단한 회갈색 사질토층이 도로를 이루고 있었는데 남서-북동 방향으로 황갈색 점토 띠, 암갈색 사질토 띠, 명회갈색 사질토 띠, 철화 간층들 띠 등이 형성되어 있었다. 이 레벨에서 도로의 너비는 약 3.9~4.2m이다.

제11인공층을 조사할 때에 철제 유물편(도면 2018-285), 금속제 축편(도면 2018-286), 14점의 놀이 알 등이 출토되었다. 또한 토기편도 다수 발견되었다.

제12인공층을 조사한 다음에 제13인공층의 상면에서는 제5생활면 도로의 아랫부분이 단단한 회갈색 철화 사질토의 형태로 노출되었다(도면 2018-303~306)(도면 583; 584; 585). 도로의 노면에는 중간 및 작은 크기의 돌들,

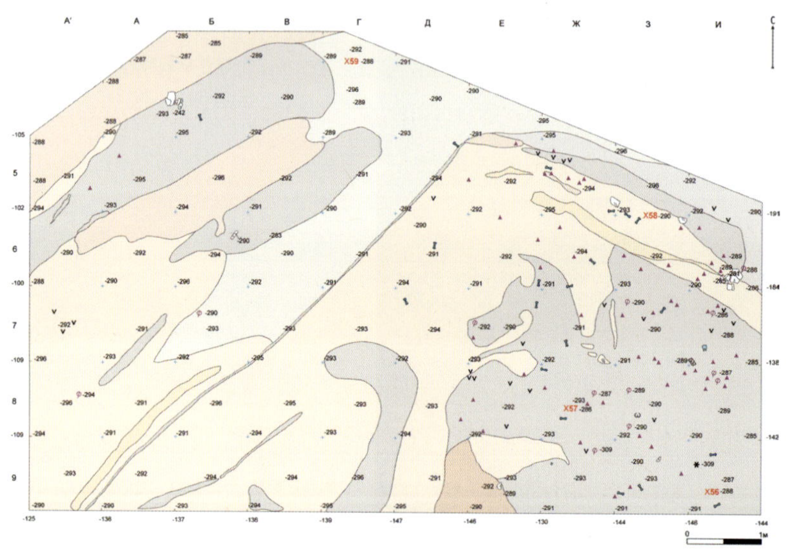
도면 586 | 크라스키노성 제51구역 제14인공층 상면 평면도(2018)

도면 587 | 크라스키노성 제51구역 제14인공층 상면 모습(동쪽에서)(2018)

토기편들, 와편들, 놀이 알들, 동물의 뼈와 이빨들 등이 깔려 있었다(도면 2018-397; 308). 또한 황갈색 모래 얼룩, 갈색 모래 얼룩, 명회갈색 사질토 얼룩 등도 확인되었다(도면 2018-309; 310). 제5생활면 도로 아랫부분에서는 와편들과 지붕에 사용한 토제 장식편들이 발견되었다.

이 레벨에서 주민들이 도로를 만들기 시작하였을 것으로 판단되었다. 그 외에도 이 도로는 성벽 축조는 물론이고 사찰구역과 주거구역을 구분하는 석축담장 축조 이전에 이미 오랫동안 사용되었을 것으로 판단되었다.

제12인공층을 조사할 때에 토제 장식편(도면 2018-316), 16점의 놀이 알, 다수의 토기편과 와편 등이 출토되었다(도면 2018-316~330).

제13인공층에서는 도로의 아랫부분에 대해 조사를 하였다. 여전히 도로의 윤곽이 남아 있었고, 얼룩과 띠들이 북서-남동 방향으로 확인되었다. 하지만 이것은 이미 도로 그 자체는 아닌 것으로 파악되었다. 아마도 도로에 사용된 토양과 유기물들의 성분들이 그 아래로 스며든 결과일 것이다.

제13인공층에서는 와당편들(도면 2018-341~348), 토제 유물편, 16점의 놀이 알, 다수의 토기편(도면 2018-352~360) 등이 출토되었다.

제14인공층은 제51구역의 도로 아래로 마지막으로 조사를 한 인공층이다(도면 586; 587). 제14인공층에서는 유물이 출토되지 않았다. 그다음에는 제51구역의 동벽과 남벽에 인접하여 트렌치 조사를 하였다. 이곳에서는 토기편이 수 점 수습되었지만 보고서에는 유물 수습 내용이 누락되어 있다.

* * *

따라서 제51구역에서는 모두 도로 생활면이 5개가 확인되었다. 제51구역은 사찰구역 석축담장 및 성 서벽과 바로 인접하여 설정되었기 때문에 도로와 석축 담장 그리고 도로와 성 서벽의 상대적인 축조순서가 파악되었다.

먼저 도로의 방향이 일정하지 않음을 지적해야만 할 것이다. 가장 아래의 도로 제5생활면과 바로 위의 제4생활면에서는 도로가 북동-남서 방향으로 곧게, 다시 말해서 석축담장 아래를 지나 곧장 "중간 생활면" 금당지를 향해 나있었다. 이 사실은 도로 제5생활면과 제4생활면에서는 아직 석축담장이 축조되지 않았음을 말하는 것이다. 그런데 그 위로 제3생활면에서는 도로가 동-서 방향으로, 다시 말해서 사찰구역을 구분하는 석축담장과 거의 평행을 이루며 나있었다. 이 사실은 이 석축담장이 도로 제4생활면과 제3생활면 사이의 어느 순간에 축조되었음을 말할 것이다. 이후 도로 제생활면의 방향은, 다시 말해서 도로 제2생활면과 제1생활면의 방향은 모두 바뀌지 않았다.

다음에는 도로 생활면들과 성벽과의 관계에 대해 살펴보기로 한다. 제51구역의 서벽은 성벽에 바로 잇대어 위치한다. 제51구역의 도로를 조사할 때에 성벽의 내측에 쌓은 면석이 함께 노출되었다. 그런데 도로의 생활면들은 성벽 내측의 면석 기단보다 더 깊은 곳까지 계속 발견되었다. 도로 제5생활면은 성벽 면석의 기단보다 더 아래에 위치하였고, 도로 제4생활면은 성벽 기단과 동일한 깊이에 위치였다. 이 사실은 도로 제4생활면에서 성벽을 쌓았음을 의미한다.

따라서 서북지역 사찰구역 석축담장과 도로 그리고 성벽은 도로 생활면에 의해 상대적인 축조시기가 확인되었다. 가장 이른 단계에 도로 제5생활면이 존재하였고, 그다음에 도로 제4생활면에서 성벽을 축조하였으며, 그다음 일정 기간의 시차를 두고 도로 제4생활면과 제3생활면 사이에 사찰구역 석축담장을 축조하였다.

7. 중북지역 북부 일대

중북지역 제47구역의 섹터1에서 동북쪽으로 약 38m 거리에 위치한다. 2006년과 2007년에 제35구역과 제38구역을 각각 설정하여 조사를 하였다. 제35구역은 크기가 3×3m, 제38구역은 4×3m로 규모가 크지 않다. 두 발굴구역은 동서로 붙어있다. 제35구역에서는 2개의 생활면이 확인되었다. 제1생활면에서는 적석유구, 제2생활면에서는 추정 노지가 각각 조사되었다. 제38구역에서는 제1생활면에 속하는 석열과 부석유구가 조사되었다(도면 588; 589). 제38구역은 지표 아래 70~75㎝에서 지하수가 분출하기 시작하여 깊이 90~95㎝까지만 조사되었다.

적석유구. 제35구역의 남동쪽 부분에 위치한다. 제2인공층 조사 시에 상면이 노출되었다(도면 588; 590~592). 처음 노출된 돌들을 한 겹 걷어내자 그 아래에서 돌들이 매우 조밀하게 단단히 쌓아 놓은 것이 확인되었다. 돌들 사이에는 사질점토를 넣었다. 평면 모양은 준 타원형이다. 노출된 부분의 길이는 130㎝, 너비는 50㎝, 두께는 40㎝이다. 장축은 동북-남서 방향이다. 적석유구 가장자리는 토양이 흑색에 가까운 암갈색 사질토였고, 그 주변은 입자가 굵은 갈색 모래흙이다. 이 유구는 남쪽으로 더 계속되는 것으로 보이지만 분명하지 못하다.

석열. 제38구역에서 제2인공층을 조사할 때에 노출되었다(도면 588; 593). 석열의 너비는 65㎝이다. 방향은 북동-남서 방향이다. 양쪽 가장자리에는 큰 돌을 사용하였고, 안쪽의 빈틈에는 작은 돌을 사용하였다. 석열의 남서

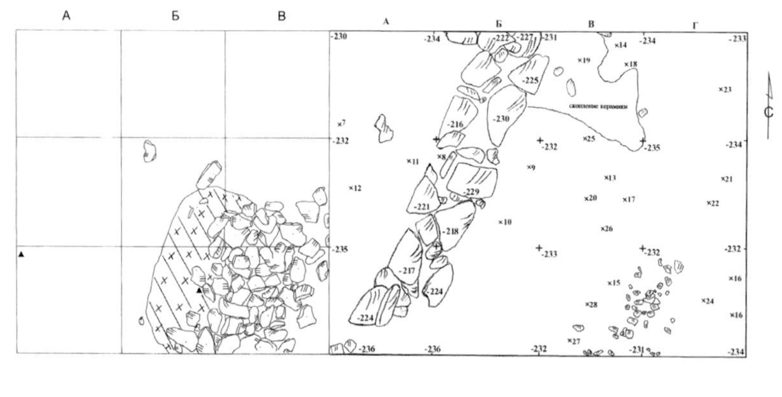

도면 588 | 크라스키노성 제35구역과 제38구역 제2인공층 평면도(2006)

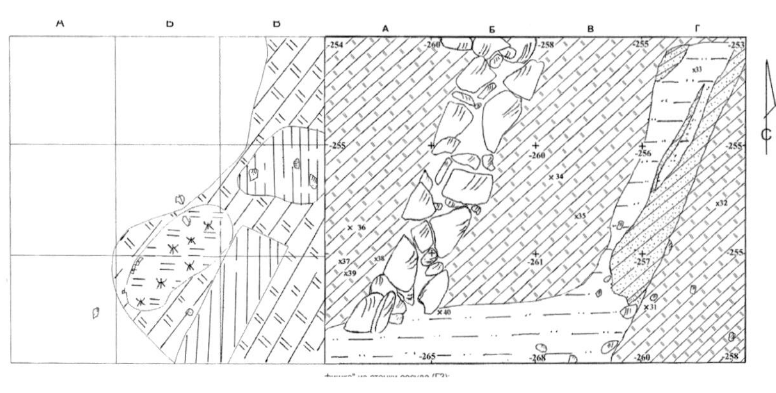

도면 589 | 크라스키노성 제35구역과 제38구역 제2~4인공층 평면도(2006; 2007)

쪽 부분에 단절이 있는데 계속해서 이어지는지 혹은 완전히 단절된 것인지 분명하지 못하다. 북동쪽으로는 계속 이어지는 것으로 판단된다. 석열의 상면은 지표 아래 40~45㎝ 깊이에 위치한다. 석열의 북동쪽 부분에서 다량의 토기편이 출토되었다.

부석유구. 석열의 동쪽으로 1.5m 거리에 위치한다(도면 588; 590). 작은 자갈돌을 깔아 놓은 것이다. 크기는 너비 30~40㎝이다. 남쪽으로 발굴구역의 범위를 벗어나 계속 이어지고 있다.

추정 노지. 적석유구의 기저부분 정도 레벨에서 적석유구 서쪽에 거의 인접하여 타원형의 달구어진 얼룩이 노출되었다(도면 588; 589; 591; 592). 그 주변은 암회색 사질토였다. 이 달구어진 얼룩의 두께는 5~7㎝인데 윗부분에서는 소토들이 확인되었고, 아랫부분에서는 다량의 숯, 불탄 뼈 조각들, 윤제 토기편 등이 발견되었다. 이 얼룩 주변에서는 동물의 뼈가 많이 확인되었다. 전체적으로 이 얼룩은 노지일 것으로 추정되었다.

제35구역에서는 토기편들 외에 제2인공층에서 철제 띠꾸미개(도면 2006-54, 4)(도면 718, 3), 제3인공층에서 철제 화살촉(도면 2006-55, 1, 2, 3)(도면 694, 3, 7), 철제 유물(도면 2006-56, 5), 제4인공층에서 청동 비녀머리(도면 2006-57, 1)(도면 732, 2), 철제 쌍각 미늘(도면 2006-55, 5) 등의 유물이 출토되었다.

제38구역에서는 제2인공층에서 청동 거울편(도면 2007-28, 5), 철제 화살촉 4점(도면 2007-25, 1-4)(도면 696, 4), 철제 미늘(도면 2007-26, 2), 철제 꺾쇠, 철제 못 3점(도면 2007-25, 5), 차관편(도면 2007-27, 2), 솥 구연부편(도면 2007-27, 1), 보습편(도면 2007-22, 1)(도면 686, 1), 숫돌(도면 2007-29), 토제 구슬(도면 2007-22, 1-2), 놀이 알, 19~20세기 자기편, 동물 이빨 등이 출토되었다.

도면 590 | 크라스키노성 제35구역 적석유구 모습(서쪽에서)(2006)

도면 591 | 크라스키노성 제35구역 적석유구와 추정 노지 단면 모습(2006)

도면 592 | 크라스키노성 제35구역 적석유구와 추정 노지 부분 남벽 모습(2006)

도면 593 | 크라스키노성 제38구역 석열유구와 부석유구 모습(남쪽에서)(2007)

8. 중남지역 광장 일대

남문지에서 북쪽으로 길게 낮은 저지대가 형성되어 있는데 중앙대로가 지나가는 곳이다. 다만 중앙대로의 구체적인 너비와 범위는 확인되지 못하였다. 이곳은 또한 광장으로도 사용되었을 것이며 시장이 형성되었을 곳이라 생각된다. 이곳에 대해서는 2009년에 제42구역을 설정하여 조사를 하였다. 조사 지점은 남문지 성벽에서 북쪽으로 약 78m(보고서에는 50m로 표기)의 거리에 위치한다. 제42구역은 크기가 16×4m이다. 폭우로 인해 약 75㎝ 깊이까지, 제6인공층 상면까지만 조사가 되었다(도면 594; 595; 596).

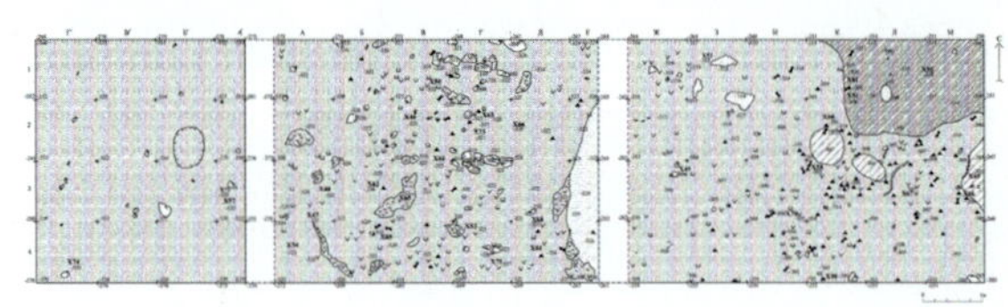

도면 594 | 크라스키노성 제42구역 제5인공층 상면 평면도(2009)

도면 595 | 크라스키노성 제42구역 제3인공층 조사 모습(동쪽에서)(2009)

도면 596 | 크라스키노성 제42구역 제6인공층 상면과 둑 토층 모습(동쪽에서)(2009)

도로가 지나갔을 곳으로 추정되었지만, 도로와 직접적인 관련을 가진 유구는 확인되지 못하였다. 구글어스를 통해 볼때에 발굴지점은 중앙대로에서 동쪽으로 약간 벗어난 곳이라 생각된다. 이곳에는 도로 밖 광장의 일부였을 것이다. 이곳에서는 거친 모래, 조개껍질, 재, 목탄 등 각종 생활폐기물이 넓게 분포하고 있는 것이 확인되었다.

제42구역에서는 토기와 기와 편들이 모두 5,445점 수습되었다(도면 2009-632~638; 662~667; 682~704; 712; 737~757; 771~778; 793~807). 토기편 중에는 기형이 일부 복원되는 것들도 다수 있다(도면 2009-664; 693; 695; 713; 752; 806; 807)(도면 759, 5; 763, 10; 768, 9; 771, 7; 802, 6; 804, 2; 835, 1; 894, 7; 958, 8; 960, 4; 937, 1; 939, 10; 945, 13; 947, 2). 철제 솥 다리(도면 2009-640), 철제 못(도면 2009-640; 657)(도면 643), 철제 판상유물편(도면 2009-569)(도면 659), 철제 칼(도면 2009-656; 680)(도면 688, 1), 철제 화살촉(도면 2009-674~681; 722)(도면 693, 3), 주철제 비녀못(도면 2009-724), 부정형 주철제 유물편(도면 2009-730) 등의 철제 유물은 35점이 출토되었다. 또한 금동 방울(도면 2009-792)(도면 740, 9)과 유리목걸이 알(도면 2009-718; 719)(도면 749, 4)도 출토된 것이 있다. 그 외에도 토제 다공입방체 유물(도면 2009-642; 733)(도면 657, 1), 토제 향로(도면 2009-713)(도면 964, 11), 토제 받침, 토제 고리(도면 2009-71~716; 765), 삼채

기편(도면 2009-652, 3)(도면 997, 5), 정요자기편(도면 2009-652, 2) 등도 발견되었다. 다량의 동물 뼈와 패각도 발견되었다.

9. 성벽과 축조재료

1) 성벽 현황

크라스키노성은 평면모양이 오각형에 가깝다. 성벽의 모서리들은 모를 이루는 곳도 있고 또 둥그스름하게 호선을 이루는 곳도 있다. 남벽은 기본적으로 동서방향인데 동벽과는 약 100도 각도로 모를 이루게, 서벽과는 둥그스름하게 호선을 이루게 각각 연결되어 있다. 때문에 남벽의 동쪽 끝부분은 경계가 명확하지만, 서쪽 끝부분은 경계가 분명하지 못하다. 아마도 서벽과의 사이에 둥그스름하게 형성된 호선이 약간 꺾이는 중간 부분을 남벽의 서쪽 끝부분으로 보아야 할 것이다. 이 경우 옹성 길이를 제외한 남벽의 길이는 356.0m이다.

동벽은 약 150도 각도로 크게 둔각을 이루고 있어 남쪽구간과 북쪽구간이 서로 구분된다. 두 구간 모두 성벽이 거의 곧게 축조되었다. 동벽 남쪽구간은 기본적으로 남북방향이지만 약간 동쪽으로 치우친 상태로 북쪽으로 진행되며, 동벽 북쪽구간은 크게 보면 남북방향이지만 반대로 서쪽으로 치우친 상태로 북쪽으로 진행된다. 동벽 북쪽구간의 끝부분은 북벽과 둥그스름하게 만나지만 어느 정도 꺾임이 있기 때문에 서로 구분이 된다. 동벽 남쪽구간은 옹성을 제외하고 길이가 190.76m, 북쪽구간은 190.46m로서 서로 거의 동일하다. 두 구간을 합친 동벽의 전체 길이는 381.22m이다.

북벽은 모양이 호선에 가깝다. 동벽 및 서벽과 모두 둥그스름하게 연결되어 있다. 하지만 양쪽 성벽과의 경계부분이 약간 꺾임을 보이기 때문에 서로 구분이 된다. 북벽의 길이는 204.23m이다.

서벽은 기본적인 부분은 곧게 축조되었지만 북벽 및 남벽과의 연결 부분은 둥그스름하게 처리되었다. 서벽의 기본적인 부분은 동벽의 남쪽 구간과 대체로 평행을 이룬다. 서벽의 옹성을 제외한 길이는 283.05m이다.

남벽, 동벽, 북벽, 서벽의 길이를 모두 합친 성벽의 둘레 길이는 1,224.49m이다.[14] 크라스키노성의 전체 둘레 길이는 1,380m로 보고되어 있는데 이것은 남벽, 동벽, 서벽에 축조한 옹성을 포함시킨 것으로 판단된다. 겉으로 보이는 성벽의 잔존 높이는 1.5~2m, 너비는 윗부분은 약 1m, 기저부분은 10~12m이다. 성의 내부 면적은 약 12.6헥타르이다.

크라스키노성의 성벽에는 3개의 문지가 있다. 남벽, 동벽, 서벽에 각각 1개씩의 문지가 있는데 북벽에는 문지가 없다. 각각의 문지에는 모두 옹성이 시설되어 있다. 옹성은 한쪽 부분의 평면모양이 모두 'ㄱ'자 모양으로서 동일하다. 이 부분 옹성은 한쪽 성벽의 끝부분에서 먼저 밖으로 꺾었다가 다시 성벽과 같은 방향으로 꺾은 형태이다.

14 성벽의 둘레길이는 구글 어스에서 측정한 것이다.

옹성의 길이는 성벽과 직교하는 부분은 14~18m 정도이고, 성벽과 평행하는 부분은 16~24m 정도이다. 다만 이 수치는 옹성 성벽이 무너진 범위를 포함하기 때문에 원래의 길이와는 차이가 있을 것이다. 옹성의 다른 부분은 성벽의 끝부분에서 약간의 거리를 두고 'ㄱ'자 부분 옹성의 끝부분을 향하게 성벽을 추가로 쌓은 형태를 하고 있는데 평면이 'T'자 모양을 이룬다. 성벽 밖으로 돌출시킨 길이는 10~12m 정도이다. 옹성이 시설된 방향은 서벽과 남벽은 동일하고, 동벽은 반대 방향이다. 따라서 서벽과 동벽은 문지 옹성이 서로 대칭을 이룬다.

크라스키노성의 성벽에는 외견상 치나 각루 등의 흔적이 보이지 않는다. 하지만 동벽의 동문지 남쪽 가까이에서 치가 하나 발굴된 것이 있다. 다른 부분에도 치가 있는지의 여부는 성벽에 대한 노출조사를 통해 파악이 가능할 것으로 생각된다.

2) 성벽조사

크라스키노성에서는 두 지점에 대해 성벽 절개조사가 이루어졌다. 첫 번째의 지점은 서벽의 북쪽 부분에 위치하는데 1997년과 1998년에 조사가 되었다. 두 번째의 지점은 동벽의 치 부분에 위치하는데 2004년에 조사가 되었다. 두 곳 모두 성벽을 속은 흙을 다짐을 하여 채우고 양쪽 겉은 석축을 한 일종의 토심석축성벽이었다.

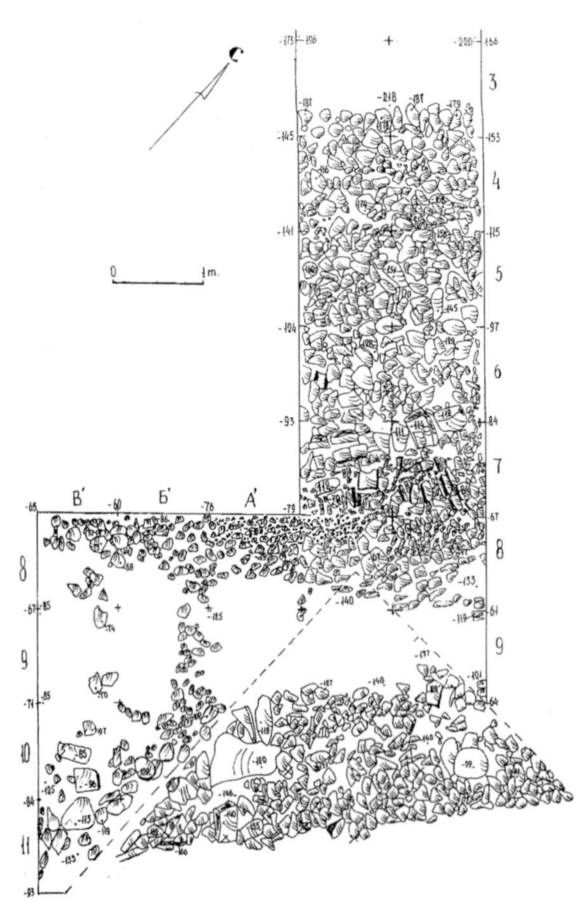

도면 597 | 크라스키노성 서벽 북쪽 부분 제14구역 성벽 표토 제거 후 평면도 (1997)

서벽 북쪽 부분에서 성벽 절개조사가 이루어진 곳은 제14구역이다(도면 597~605). 이곳은 성내 서북지역의 북부 사찰구역과 남부 주거구역 사이에 축조한 석축담장의 서쪽 끝부분과 성 서벽이 만나는 곳의 남쪽 바로 가까이에 해당한다. 이곳의 성벽은 두 단계에 걸쳐 축조한 것으로 판단되었다. 이른 단계 성벽은 석축을 한 내벽과 외벽이 있었고 그 사이는 흙으로 메웠다. 외측 석축은 전체 높이가 약 2.6m, 두께가 1.4~1.8m이다. 외측 석축의 외면은 너비가 약 0.4~0.8m이고 두께가 0.3m까지인 돌을 8~9층 쌓았다. 외측 석축의 내면은 돌을 6~7층으로 쌓았고 높이가 0.9~1m이다. 외측 석축의 외면과 내면 모두에는 기저부에 두께가 4~6cm인 판돌 1층을 기단으로 삼았다.

외측 석축은 내측 석축에 비해 0.4~0.6m가 더 높은데 여장일 것으로 추정되었다(도면 600~602). 그런데 여장으로 추정되는 구조물보다 더 높은 레

도면 598 | 크라스키노성 서벽 북쪽 부분 제14구역 성벽 윗부분 모습(밖에서) (1997)

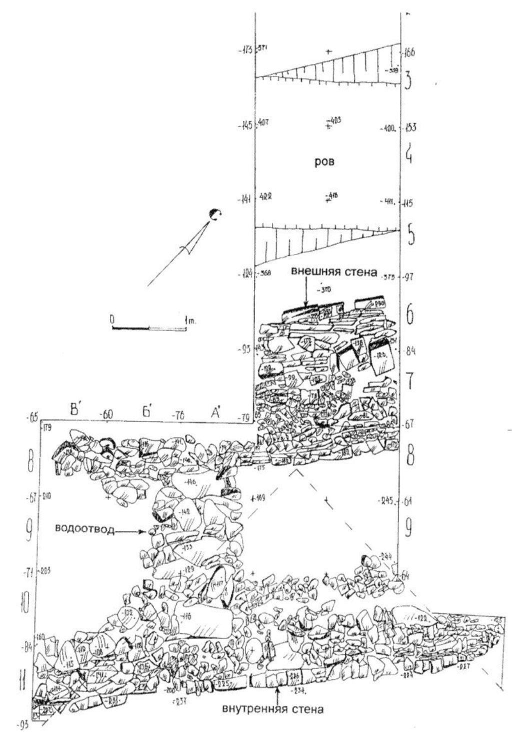

도면 599 | 크라스키노성 서벽 북쪽 부분 제14구역 성벽과 해자 평면도 (1997)

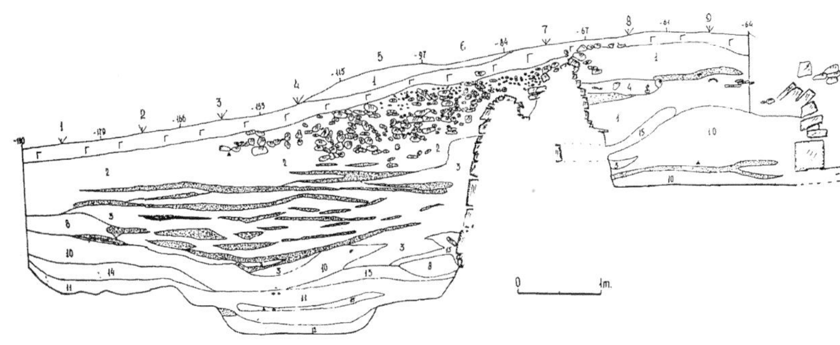

도면 600 | 크라스키노성 서벽 북쪽 부분 제14구역 성벽과 해자 단면도 (1997)

벨로 성벽의 외축에 사질점토와 사질토를 교대로 덮고 그 위로 자갈을 다시 덮은 것이 확인되었다. 추정 여장 위는 증축의 결과로 판단되었다.

내측 석축의 내면은 돌을 7층으로 쌓았고, 기단이 있으며, 현존 높이는 1.1~1.2m이다(도면 603~605). 내측 석축의 아래층은 높이가 0.4m까지인 횡단면이 방형인 큰 돌들을 사용하였다. 위층들의 돌들은 높이가 10~15㎝이다. 내측 석축은 안쪽에만 돌을 쌓았고 외측 석축과 2.2m 떨어져 있다.

서벽 북쪽 부분에서는 성벽의 바닥 부분에서 배수로가 조사된 것이 있다(도면 606~609). 배수로는 2개의 평행하는 석벽을 세우고 그 위를 판돌로 덮어 만들었다. 배수로는 외형 전체가 높이 0.7~0.9m, 너비 1~1.2m이다. 성벽 내측 면석 안쪽에서 외측 석축 내면까지 2.7m 길이가 확인되었다. 내측 면석 부분의 배수로 입수구는 높이 0.5m, 너비 0.4m이다. 배수로의 바닥에는 자갈돌과 와편을 깔았다. 배수로의 바닥은 석벽 아래 가장자리보다 10~15㎝

도면 601 | 크라스키노성 서벽 북쪽 부분 제14구역 성벽 외벽 외면 입면도 (1997)

도면 602 | 크라스키노성 서벽 북쪽 부분 제14구역 성벽 외벽 외면 모습 (1997)

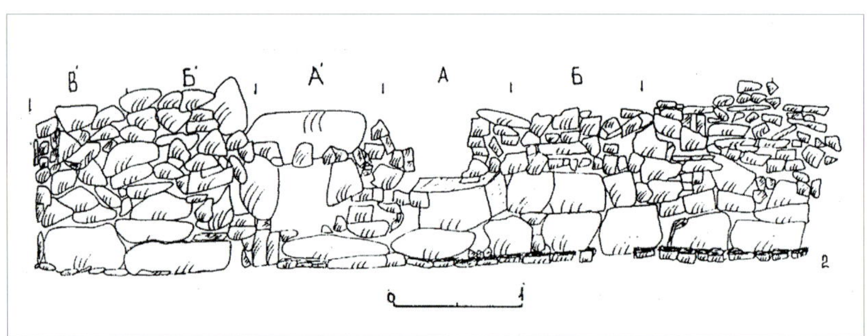

도면 603 | 크라스키노성 서벽 북쪽 부분 제14구역 성벽 내벽 내면 모습(1997)

도면 604 | 크라스키노성 서벽 북쪽 부분 제14구역 성벽 내벽 내면(앞쪽)과 외벽 내면(안쪽) 및 배수구 입수구 모습(성벽 안쪽에서)(1997)

도면 605 | 크라스키노성 서벽 북쪽 부분 제14 구역 성벽 내벽 내면(앞쪽)과 외벽 내면(안쪽) 모습(성벽 안쪽에서) (1997)

도면 606 | 크라스키노성 서벽 북쪽 부분 제14구역 성벽 내 배수로 평단면도 및 입면도(1998)

도면 607 | 크라스키노성 서벽 북쪽 부분 제14구역 성벽 내 배수로 노출 모습(1997)

가 더 높다. 배수로의 깊이는 20~30㎝이고, 너비는 40~50㎝이다. 배수로 바닥은 바깥쪽이 안쪽에 비해 15~20㎝가 낮다. 배수로에 의해 외측 석축의 내면이 파괴되었다. 때문에 배수로는 증축을 할 때에 원래 쌓은 석축 성벽을 절개하고 그곳에 큰 돌들로 배수로를 만든 것으로 판단되었다. 증축이 필요하게 된 것은 당시 성내 성벽 가까이의 저지에 모이는 지하수를 배출할 필요성이 생겼을 것으로 추정되었다.

성벽의 외측 석축에서 밖으로 1.5m 거리의 생토에서는 너비 약 2m, 깊이 0.3~0.4m의 작은 해자 흔적이 확인되었다(도면 599; 600). 이 해자의 내부퇴적토에서 토기편, 동물 뼈, 나무 쪼가리 등이 발견되었다.

내측 석축의 북쪽 부분과 남쪽 부분이 사용한 성 돌의 석재가 차이가 나고 또 돌을 쌓은 방법이 차이가 난다. 이

도면 608 | 크라스키노성 서벽 북쪽 부분 제14구역 성벽 내 배수로 모습 (1998)

도면 609 | 크라스키노성 서벽 북쪽 부분 제14구역 성벽 내 배수로 모습 (1998)

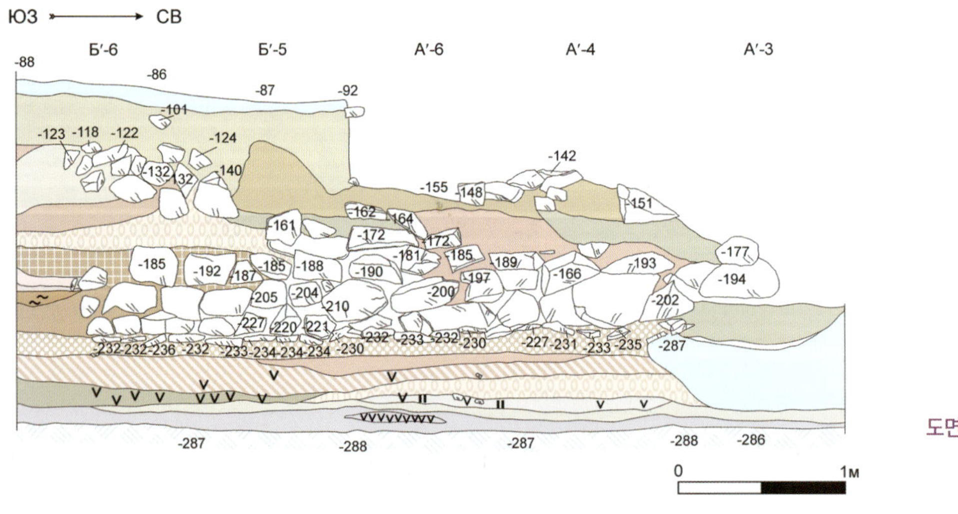

도면 610 | 크라스키노성 제51구역 성벽 내벽 내면 입면도 (2018)

사실은 성벽의 여러 구간들이 독자적으로 석재를 채취하여 가져온 서로 다른 집단들에 의해 축조되었음을 혹은 각 구간의 석재를 서로 다른 곳에서 가져왔음을 말할 것으로 판단되었다.

성벽 축조는 초축과 증축 모두 발해시기에 이루어졌을 것으로 추정되었다. 그것은 성내는 물론이고 성벽에서도 발해 이전과 이후의 유물이 전혀 보이지 않았기 때문이다. 성벽 위 자갈층에서 8세기 중엽부터 생산되기 시작

도면 611 | 크라스키노성 제51구역 성벽 내벽 내면 모습(2018)

도면 612 | 크라스키노성 제51구역 성벽 내벽 내면과 도로 부분 토층 모습(2018)

한 당나라의 반달이 있는 개원통보가 1점 출토된 것이 있는데 이 역시 증축이 발해시기에 이루어졌음을 증명하는 것으로 판단되었다.[15]

다만 서벽 북쪽 부분의 초축의 상대적인 시기에 대해서는 과거의 제14구역을 일부 포함하는 2018년도 제51구역에 대한 발굴조사에서 새로운 자료가 확인되었다(도면 610~612). 이곳에서는 성벽의 내측 면석과 함께 5개의 도로 생활면이 조사되었다. 그런데 가장 아래의 제5생활면 도로가 성벽 기단보다 더 아래에 위치하고 있는 것이 확인된 것이다. 이 사실은 성벽이 축조되기 전이 이미 도로가 존재하였음을 말하는 것이다. 제5생활면 도로는 사찰구역과 주거구역을 구분하는 석축담장의 아래로 나있었는데 '중간 생활면'의 금당으로 향하는 것으로 판단

15 Ивлиев А.Л., Болдин В.И., Никитин Ю.Г., Новые сведения о фортификации бохайских городищ // Археология и этнология Дальнего Востока и Центаральной Азии, Владивосток, 1998, 155쪽.
겔만 E.I., 이블리예프 A.L.「크라스키노성의 축성」,『발해 염주성 이야기』, 청아출판사, 2017, 78쪽.

된다. 성벽 자체는 제4생활면 도로 레벨에서 축조되었다. 따라서 서벽 북쪽의 성벽은 이것에 사람들이 거주한 일정 기간 후에 축조되었음이 분명하다.

동문지 남쪽 가까이의 동벽 절개조사에서는 동벽도 서벽과 동일한 축조기법에 의해 축조되었음을 보여 주었다(도면 615).

3) 성벽 축조재료

크라스키노성은 외측에 석벽을 쌓고 내측에 다시 면석을 쌓은 그리고 그 내부에는 흙으로 채운 일종의 토심석축 성벽이다. 따라서 성벽 축조에는 석재와 흙이 함께 사용되었다.

크라스키노성의 성벽에 사용된 석재에 대해서는 2011년에 자연과학적인 분석이 실시된 바 있다.[16] 다만 성벽의 면석은 동문지 일대에 발굴조사로 인해 노출된 부분이 많아 동문지 일대의 성돌이 주요 분석의 대상이 되었다. 그 외에도 북벽의 성돌도 일부 분석되었다, 성벽의 윗부분에는 성분과 크기가 다양한 마모된 표력과 자갈돌을 사용한 것으로 판단되었다. 성벽의 아랫부분에는 안산암, 반려암, 경석-응회암, 응회-분사암 등의 모난 암괴를 사용하였다. 성돌의 크기는 40~80㎝이다. 성벽의 중간 부분에서는 크기가 20~30㎝인 모난 암괴들과 마모된 표력들이 거의 동일한 양으로 번갈아 사용된 것이 확인되었다. 성벽의 윗부분에 사용된 표력과 아랫부분에 사용된 암괴에는 화성암도 있다. 성벽 기저부에 사용된 석재로는 반암적 볼캐나이트도 있다. 그 외 화강암도 성벽에 사용되었다.

안산암은 드문 반암 사장석 혼입광물 안산암이다. 이 석재는 크라스키노 마을과 쭈까노브까강 좌안의 쭈까노브까 마을 맞은편의 채석장과 그 아래의 돌무지에서 확인되었다. 쭈까노브까강을 따라 크라스키노성으로 운반하였을 것으로 판단되었다. 화성암은 중간 신맛 및 신맛 반암적 화성암이다. 이 종류 안산암은 노브고로드스끼반도의 중부 및 남부의 노두에서 발견되었다. 엑스뻬지찌야만을 통하는 바닷길을 통해 크라스키노성으로 운반되었을 것으로 판단되었다. 반암적 볼캐나이트는 노브고로드스끼반도의 남부에 매장되어 있다. 이곳에서 바닷길을 통해 크라스키노성으로 운반되었을 것으로 추정되었다. 경석-응회암은 북벽과 동벽에서 함께 확인되었다. 이 암석의 산지는 쭈까노브까강과 까므이쇼바야강 사이 지역, 글라드까야강 하구 가까이에 있다. 엑스뻬지찌야만은 북쪽 해안을 따라 크라스키노성으로 운반되었을 것으로 판단되었다. 화강암은 흑운모-각섬석 화강암이다. 쭈까노브까강, 까므이쇼바야강, 그리고 글라드까야강의 상류 지역에 산지가 있다. 이 암석은 강 주변의 노두들과 하상 퇴적물에서 채취하여 강을 따라 크라스키노성으로 운반하였을 것으로 판단하였다. 응회-분사암은 성벽에 드물게 사용되었다. 이 암석의 산지는 글라드까야강 우안 가까이의 엑스뻬지찌야만 북동 해안 부근에 있다. 이곳의 노브고로드스끼반도에서 석재를 채취하여 바닷길을 통해 크라스키노성으로 운반하였을 것으로 추정되었다.

크라스키노성은 해안가의 들판에 위치한다. 이곳 들판에는 돌이 산출되지 않는다. 때문에 성벽에 사용된 석재뿐만 아니라 성내의 건축물 기단이나 구들, 석축담장 등에 사용된 돌들은 모두 다른 곳에서 가져온 것들이다. 성

16 스예진 V.T., 베스손노바 E.A., 즈베레프 S.A., 꼬프쩨프 M.A., 노즈드라초프 E.A.「크라스키노성의 광물자원, 2011년」,『2011년도 연해주 크라스키노 발해성 한·러 공동 발굴보고서』, 동북아역사재단, 2012, 161~176쪽.

벽과 성내의 구조물들에 사용된 석재들은 모두 6.5㎞ 거리 내의 산과 강 등에서 산지가 확인되었다. 때문에 이 석재들은 산지에서 채취를 한 다음 강을 따라 혹은 바닷길을 통해 크라스키노성으로 운반되었을 것으로 판단되었다.

10. 문지와 치 조사

1) 문지 조사

크라스키노성에서 문지는 동문지가 유일하게 조사되었다(도면 613~617). 동문지는 동벽의 남쪽 구간 북쪽 부분에 위치하며, 옹성이 시설되어 있다. 동문지는 1998년에 일본 아오야마 대학이 러시아와 공동으로 조사를 시작하였다. 하지만 여러 가지 이유로 아직도 조사가 완료되지 못하였다. 동문지 옹성은 서문지 옹성과 대칭을 이루는 구조로서, 문지 단절부의 북쪽 부분 성벽 끝부분에 'ㄱ'자 모양으로 시설되어 있다.[17] 여기에서 옹성 북쪽 부분은 옹성 북벽, 동쪽 부분은 옹성 동벽에 해당한다. 또한 옹성 동벽의 남쪽 끝부분과 동벽 체성부 사이에는 동벽 체성부에서 동쪽으로 돌출하게 쌓은 성벽이 하나 있는데 옹성 남벽에 해당된다. 동문지 옹성의 크기는 성벽과 직교하게 밖으로 돌출한 옹성 북벽은 길이가 14.4m이고, 성벽과 평행하는 옹성 동벽은 길이가 16.6m이다. 이곳 옹성 성벽의 두께는 5.5m이다. 옹성의 내부 면적은 239㎡로 추정되었다. 동문지 옹성은 전체적인 구조가 평면 장방형 모양이며, 무너진 상태의 크기는 25×38~44m이다.

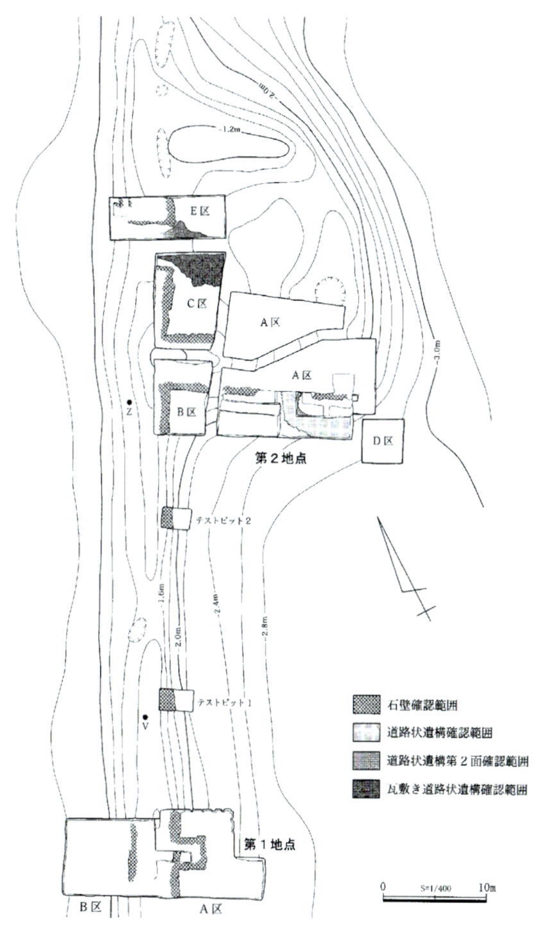

도면 613 | 크라스키노성 동문지와 치 조사 현황도(2011)

동문지 일대에 대한 발굴조사는 옹성 동벽 남쪽 끝부분과 옹성 남벽 사이 부분의 외측, 체성부와 연결되는 옹성 남벽 일부, 그리고 옹성 남벽과 체성부 문

17 クラスキノ土城発掘調査団(2012),「2011年度ロシア·クラスキノ土城発掘調査概要報告」,『青山史学』30.

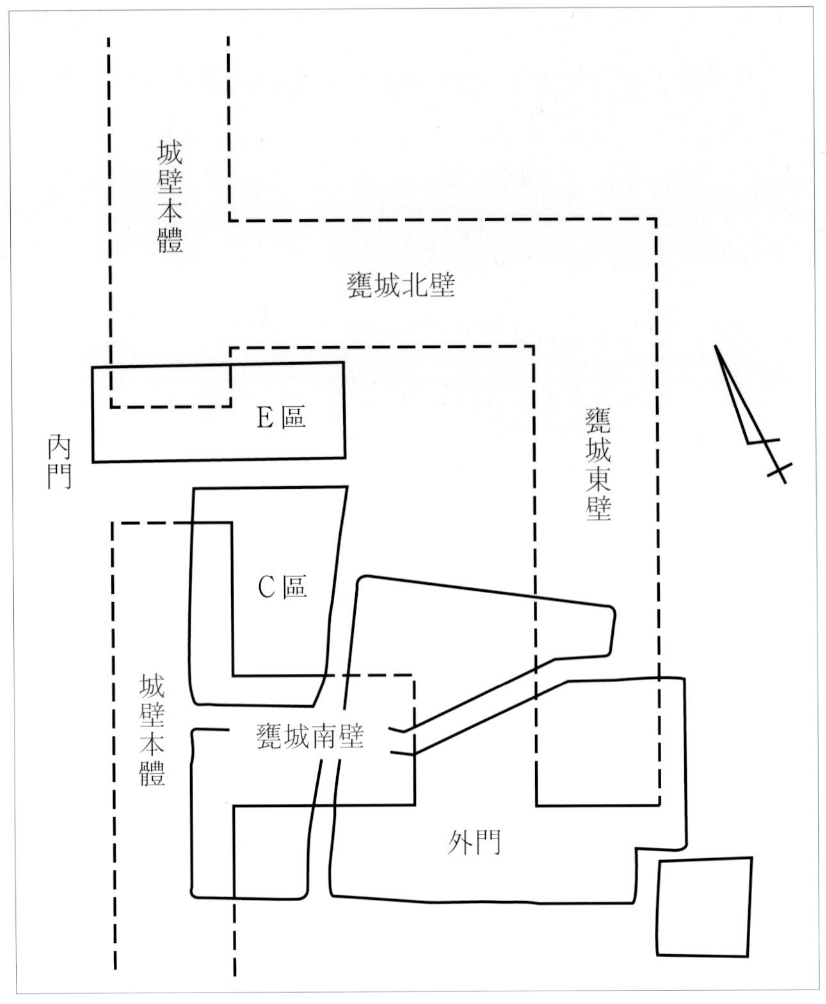

도면 614 | 크라스키노성 동문지 발굴조사구획 현황도(2011)

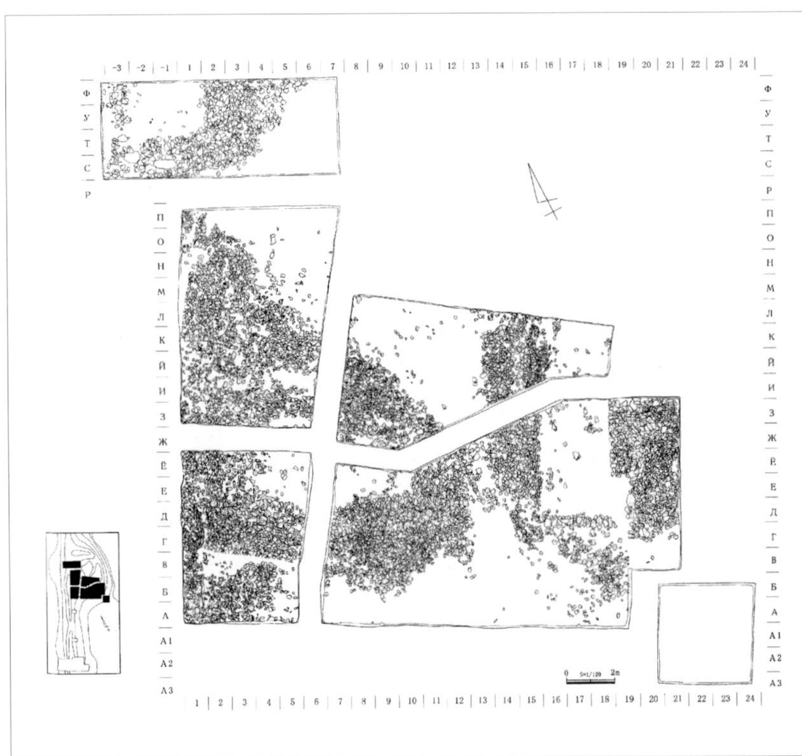

도면 615 | 크라스키노성 동문지 발굴조사 현황도(2011)

도면 616 | 크라스키노성 동문지(제32구역) 발굴조사 모습(2003)

도면 617 | 크라스키노성 동문지(제32구역) 발굴조사 모습(2003)

지(옹성 내문) 사이 부분에서 각각 실시되었다. 그 결과 옹성문(옹성 외문)에서 체성부 성문(옹성 내문)으로 들어가는 통행로의 양상이 파악되었다. 옹성문과 체성부 성문 바닥에서는 각각 자갈을 깔은 도로가 확인되다. 통행로에 깔은 자갈 위로는 다시 깨어진 기와들을 두텁게 덮었다. 기와를 다져 깐 다음에는 거친 황색의 모래를 다시 깔았고, 그 위에는 다시 큰 자갈돌을 깔았고, 그리고 그 빈틈들은 작은 자갈과 거친 모래로 메웠다. 이곳에서는 수레바퀴 자국들도 확인되었다. 옹성 내 통행로의 너비는 2.5~3m이고, 기와를 깐 범위는 이보다 더 넓었다. 옹성문과 체성부 성문 사이의 통행로는 대각선 방향으로 서로 연결되어 있었다. 이것은 옹성의 형태를 따른 것이 아니다. 옹성문에서 체성부 성문의 앞까지 대각선 방향으로 곧게 난 통행로는 체성부 성문 앞에서 둔각을 이루며 꺾여 성 안쪽으로 향하였다. 대각선 방향으로 조사된 통행로의 노출 길이는 약 21m이다.

옹성 남쪽 부분은 체성부 성벽 높이가 2.6m이다. 성벽의 두께는 약 5m이다. 체성부 성벽의 기초 부분은 옹성 남벽의 기초 부분보다 조금 낮게 위치한다. 또한 옹성에 사용한 석재들과 체성부 성벽에 사용한 석재들이 서로 차이가 있다. 때문에 옹성은 체성부 성벽보다 늦게 축조되었을 것으로 판단되었다.

동문지 체성부 성문(옹성 내문)은 처음에는 너비가 약 5m로 축조되었다. 하지만 옹성을 축조한 다음에는 너비가 약 3.5m로 줄어든 것으로 확인되었다. 동문지 일대의 성벽도 자갈과 흙으로 증축을 한 것이 확인되었는데 홍수의 위험을 방지하기 위한 것으로 판단되었다.[18]

최근에는 동문지 일대 성벽의 초축에서 폐기까지 네 단계가 확인된다는 주장이 제기된 것이 있다. 첫 번째 단계로서 처음에는 성벽을 두께 약 5m로 축조하였고, 성문의 너비도 약 5m로 조성하였다는 것이다. 두 번째 단계에서는 옹성과 치를 추가로 시설되었다고 파악한다. 세 번째 단계에는 빈번한 홍수와 비로 인해 반려암 유형의 회색 강돌로 성벽에 대한 영구적은 수축을 한 것으로 판단하였다. 네 번째 단계에는 성의 안과 밖에서 문화층의 두께가 크게 증가하여 성벽의 증축이 필요하게 되어 자갈돌과 흙으로 체성부 성벽과 옹성 위로 증축하였다는 것이다.[19]

2) 치 조사

동벽에서는 치가 하나 조사되었다(도면 618; 619). 발굴조사가 된 치는 동벽의 남쪽 구간에 동문지의 남쪽에 위치한다. 치는 평면이 장방형 모양이다. 치의 크기는 성벽 밖으로 돌출한 길이가 3m, 너비가 2.4~2.7m, 잔존 높

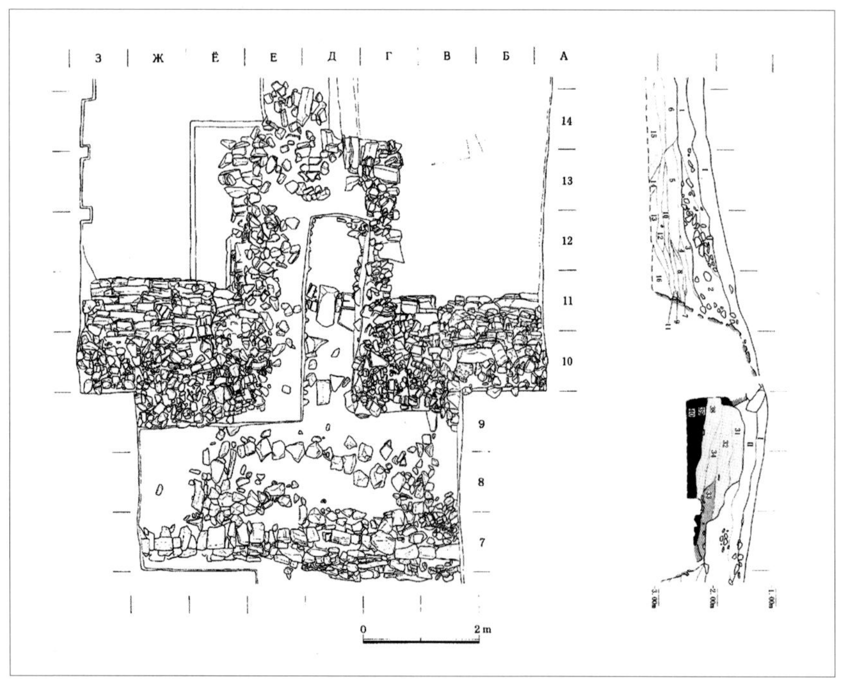

도면 618 | 크라스키노성 동벽 치와 성벽 평면도 및 단면도(2004)

18 겔만 E.I., 이블리예프 A.L.「크라스키노성의 축성」,『발해 염주성 이야기』, 청아출판사, 2017, 79~85쪽.

19 겔만 E.I. / 정석배 옮김,「크라스키노성의 층위, 편년, 그리고 시기구분」,『발해문화 속의 크라스키노성 국제학술회의』 발표논문집, 동북아역사재단, 2019, 59~60쪽.

도면 619 | 크라스키노 성 동벽 치와 성벽 모습(밖에서)

이가 1.1m이다. 치를 만드는 데 사용한 석재는 성벽에 사용한 것과 비슷하다. 치의 기저부가 성벽의 기저부보다 0.3m 높게 위치한다. 이 사실은 치가 성벽보다 늦게 축조되었을 것으로 판단하는 근거가 되었다. 또한 치를 축조하면서 성벽 체성부의 일부를 해체한 것이 확인되었다. 치가 있는 곳의 성벽 체성부는 너비가 약 5m이다.

동벽에서 발굴된 치는 크라스키노성에 치도 시설되었음을 보여 준다. 하지만 성벽의 다른 부분에도 치가 있는지의 여부는 아직 확인되지 못하였다. 다만 발굴이 된 치는 처음부터 성벽과 함께 만든 것은 아니었다. 시기는 아직 특정할 수 없지만 성벽을 쌓고 난 다음 일정 시간이 지난 다음에 쌓은 것은 분명하다.

Арсеньев
Уссурийск
Артем
Владивосток
Находка
Краскинское городище

III 크라스키노성의 유물

1. 불교 관련 유물

1981년에 제5구역의 위생활면 금당지, 1983년에 제6구역, 1994년에 제10구역, 1996년에 제11구역, 2001년에 제29구역, 2002년에 제30구역에서 모두 금동불상 3점, 석불 상체 1점, 불두 1점, 석불 몸체 2점, 석제 판불편 6점, 금동불수 2점, 금동광배 1점, 금동불상대좌 1점이 출토되었다. 불상대좌는 그 외에 수습유물 중에도 1점이 더 있다. 그 외에도 금당에 사용된 철제 완, 토제 완, 토제 삼족기, 삼채기, 금당의 지붕에 사용되었던 철제 풍탁 등도 불교와 관련된 유물일 것이다. 다만 여기에서는 불상과 직접적인 관련이 있는 유물들만 소개하기로 한다. 나머지 유물들은 철제 유물, 토기, 자기 등의 부분에서 소개하였다.

금동불상. 3점이 출토되었다. 1점은 1981년에 제5구역의 위생활면 금당지의 가운데 부분에서 출토되었다. 대좌 위에 부처가 결가부좌를 하고 앉아 있으며, 대좌 아래에는 심봉이 있다. 불상의 길이는 6.5㎝이고, 심봉의 길이는 4.5㎝이다(도면 1981-21)(도면 620, 1).

다른 1점은 1994년에 제10구역의 석축담장 중문지 부근 베-20방안에서 출토되었다. 입상이며 연꽃대좌 위에 서있다. 오른쪽 무릎을 조금 굽히고 허리를 조금 비튼 자세이다. 코가 오뚝하게 표현되어 있다. 하체에는 천의를 꽉 조이게 입었다. 오른손으로는 어깨에서 흘러내린 천의자락을 잡고 있다. 대좌 아래에는 심봉이 있다. 뒷면에는 머리, 목, 등, 허리부분에 작은 꽂이가 달려 있다. 관음보살상으로 판단된다. 높이는 6.8㎝, 몸체 높이는 4.95㎝,

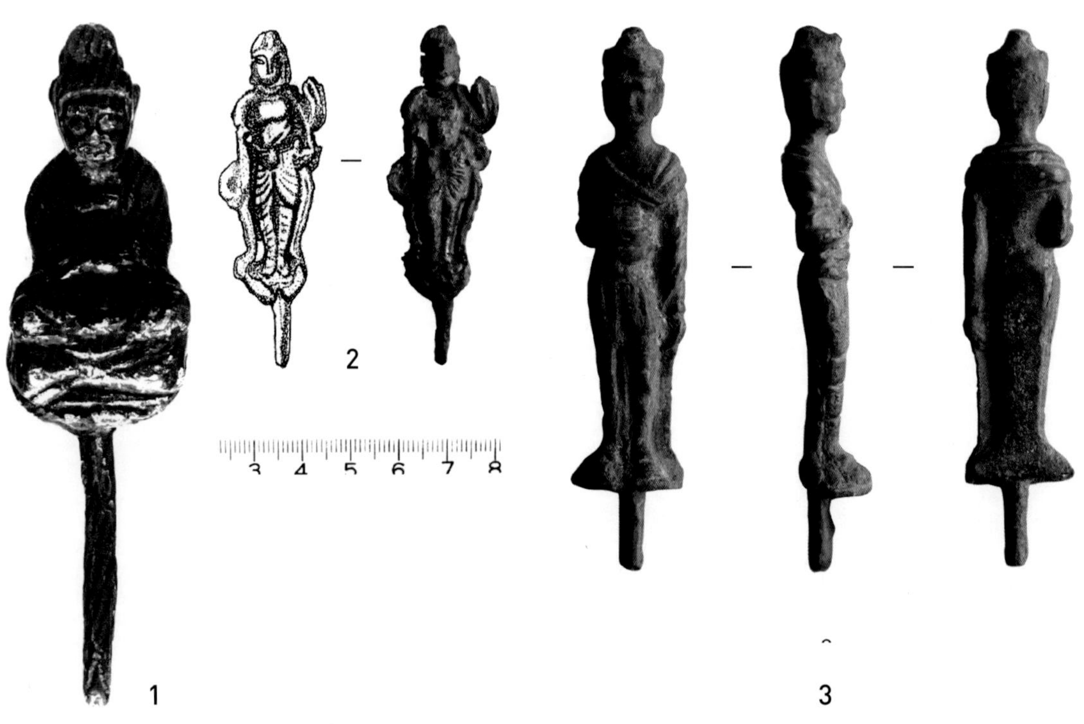

도면 620 | 크라스키노 성 출토 금동불상: 1-제5구역 위생활면 금당지(1981), 2-제10구역 석축담장 중문지 일대(1994), 3-제21구역 중간생활면 금당지 일대(1999)

머리 높이는 1㎝이다(도면 1994-96, 3)(도면 620, 2).

나머지 1점은 1999년에 제21구역의 제3인공층 중간생활면 금당지의 동쪽 모서리 바로 가까이에 있는 우-8방안에서 출토되었다. 대좌 위에 서있는 모습이며, 허리를 조금 비틀고, 오른손은 명치 위에 대었고, 왼손은 아래로 내린 자세를 취하고 있다. 어깨에서부터 천의를 걸치었는데 왼쪽에서 오른쪽으로 감았다. 머리부터 발까지 전체가 남아 있으며, 발바닥 아래의 심봉은 일부 결실된 것으로 보인다. 길이는 15.7㎝이다(도면 1999-60)(도면 620, 3).

금동불상대좌. 2002년에 제30구역의 표토-부식토층에서 출토되었다. 도금을 한 둥근 모양의 불상대좌이다. 상면은 4개의 꽃잎이 있는 무늬 모양으로 만들었다. 직경은 3.6㎝, 구멍의 직경은 1.05㎝, 두께는 0.15㎝, 높이는 0.8㎝이다(도면 2002-35)(도면 624, 5).

석불. 1981년에 제5구역의 위생활면 금당지에서 출토되었다. 불상의 얼굴과 상체부분이 남아 있고, 배경은 광배를 포함한 일부를 제외하고는 모두 결실되었다(도면 621). 고운 회황색의 사암으로 만들었다. 광배가 일부 남아 있다. 양손을 명치 부분에 대고 있는데 왼손이 아래 오른손이 위에 포개어져 있다. 가슴이 천의로 가려졌고, 그 위로 양쪽 어깨 아래로 겉옷을 걸쳐 내렸다. 좌우에 협시보살이 있었던 것으로 생각된다. 잔존 높이는 10.6㎝이다.

1981년에 제5구역의 위생활면 금당지의 입구 부근에서도 불상 머리 1점과 몸체 1점이 각각 발견되었다고 하나 도면이나 사진이 보고된 것이 없다.

1994년에 제10구역에서 부처의 몸체로 생각되는 사암으로 만든 석제 조각상이 1점 출토되었다(도면 622). 앉아 있는 자세이다. 두 손은 결실되었으나 두 무릎 위에 올려놓은 것으로 판단되었다. 가슴에는 U자 모양으로 옷깃이 묘사되어 있는데 이것이 무릎 아래까지 계속되고 있다. 잔존 높이는 7.5㎝, 폭은 4.5㎝이다. 사천왕상의 일부일 가능성도 있다고 생각된다.

도면 621 | 크라스키노 성 제5구역 위생활면 금당지 출토 석불(1981)

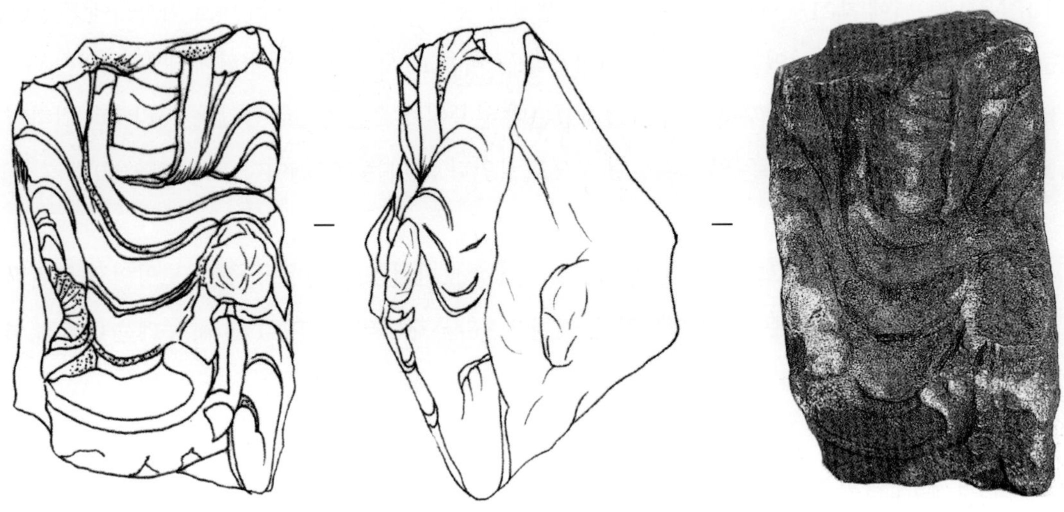

도면 622 | 크라스키노성 제10구역 출토 석불 몸체(1994)

도면 623 | 크라스키노 성 석제 판불과 부조편: 1~3-제5구역 위생활면 금당지 입구 일대(1981), 4~5-제6구역(1983), 6-제11구역(1996), 7 -제10구역(1994)

석제 판불. 모두 편 상태로 발견되었다. 1981년에 제5구역의 위생활면 금당지의 입구 부근에서는 부처가 묘사된 사암으로 만든 판이 2점 출토되었다(도면 1981-24, 2, 3)(도면 623, 2, 3). 그 외에도 이곳에서 부조 문양이 표현된 사암 판이 1점 더 출토되었는데 아마도 부처가 묘사되어 있었을 것이다(도면 1981-24, 1)(도면 623, 1).

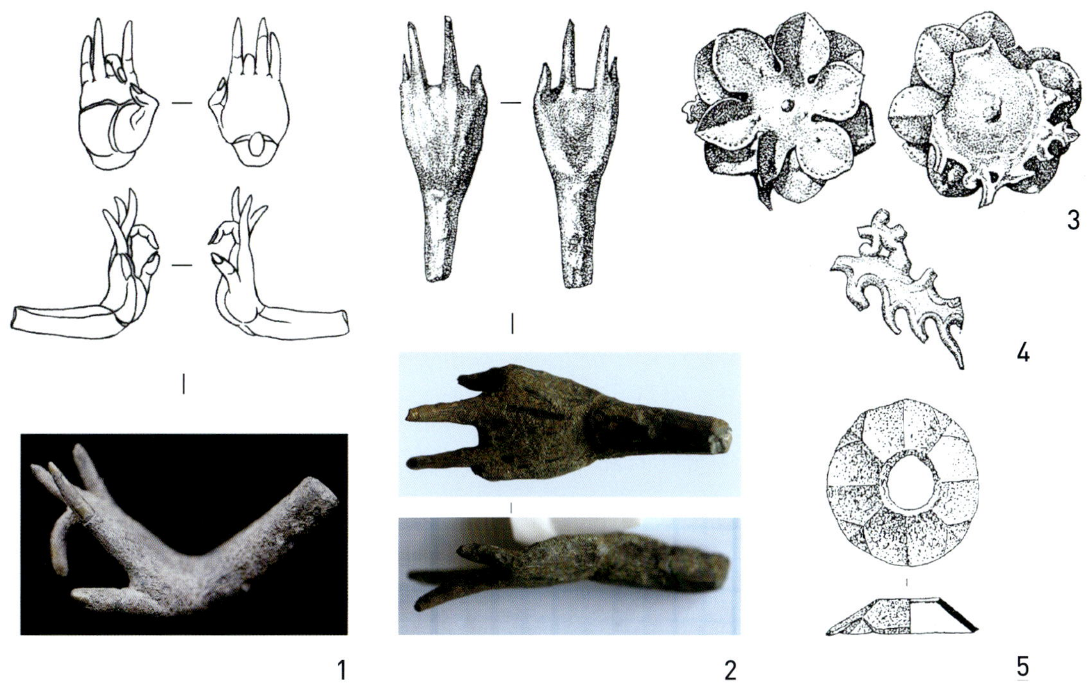

도면 624 | 크라스키노성 출토 금동 불수(1, 2), 광배(3, 4), 불상대좌(5): 1-제10구역(1994), 2~4-제29구역(2001), 5-제30구역(2002)

석제 판불은 1983년에 제6구역에서도 편 상태로 2점이 출토되었다(도면 1983-9)(도면 623, 4, 5). 1994년에 제10구역에서 출토된 석제 부조 판의 편 1점에도 부처가 묘사되어 있었을 가능성이 있다(도면 1994-96, 1)(도면 623, 6). 1996년에 제11구역에서 출토된 석제 부조 판 1점은 부처와 관련된 것으로 보고되었다(도면 1996-17, 3)(도면 623, 7).

금동불수. 2점이 출토되었다. 1994년에 제10구역에서 출토된 1점은 오른손에 해당한다. 손목과 손이 함께 주조된 것이다. 엄지와 중지를 살짝 구부려 서로 닿을 듯 묘사하였고, 검지와 새끼손가락은 뒤로 조금만 젖혀지게, 무명지는 앞으로 살짝 나오게 각각 뻗었다. 손톱과 눈금이 모두 묘사되었다. 수인은 아미타구품인 중 엄지와 중지를 맞댄 중품중생인을 취하고 있어 아미타불 혹은 관음보살상의 것으로 추정되었다. 전체 길이는 4.8㎝, 손 길이는 3.4㎝, 높이는 3.7㎝이다(도면 624, 1).

다른 1점은 2001년에 제29구역 남동 모서리의 19호 구덩이에서 출토되었다(도면 624, 2). 왼손이다. 이 유물의 전체 길이는 5.3㎝, 손바닥의 길이는 3.2㎝, 그 폭은 1.8㎝이다. 손가락은 모두 앞으로 펴진 상태이며, 가운데 손가락은 결실되었다. 1994년에 제10구역에서 출토된 것과 크기가 비슷하다. 2점 모두 손이 부러진 것이 아니라 원래 그 상태로 만든 것이다. 때문에 이 손을 나무 혹은 흙으로 만든 불상에 끼워 넣었을 것으로 추정된다.

금동 광배. 2001년에 제29구역 남동 모서리의 19호 구덩이에서 금동 불수와 함께 출토되었다. 연꽃 모양의 도금한 광배 조각과 뒤쪽에 붙어있는 식물모양 배경이 같은 구덩이에서 출토되었다(도면 624, 3, 4). 아마도 금동 불수와 함께 동일한 불상에 속하였을 것이다. 꽃잎은 얇은 판을 두 장 겹쳐 오려 만들었고, 투각된 식물모양 배경과는 하나의 리벳을 사용하여 연결하였다. 각각의 판에는 6개씩의 꽃잎이 있다. 각각의 꽃잎은 세로 대칭으로 굽혀 놓았으며, 가장자리를 따라서는 점선을 각인하였다. 꽃의 직경은 3.9㎝이다.

2. 지붕 관련 유물

크라스키노성에는 사찰구역에서 다량의 기와가 출토되었다. 1981년에 제5구역의 위생활면 금당지 일대에서 다량의 기와가 수습되었고, 1994년에 전각지가 조사된 제9구역에서는 10,720점, 석축담장이 조사된 제10구역에서는 14,128점의 기와가 수습되었다. 그 외에도 도로구간과 주거구역에서도 많은 와편들이 출토되었다. 절대다수는 편 상태였고, 온전한 것은 극히 일부에 불과하였다. 1994년도 출토 와편들은 전각지와 석축담장의 문지 일대에 특히 집중되어 있었다. 이 와편들은 1994년도 발굴조사보고서에 간략한 분석결과가 보고되었다. 다만 종류와 형식이 서로 다른 기와들이 각각 몇 점씩 출토되었는지에 대한 통계 자료는 없다.

크라스키노성에서는 일반 기와의 종류로 평기와에 속하는 수키와, 암키와, 모서리기와, 박와, 마루기와에 속하는 차꼬기와, 적새기와, 곱새기와가 확인된다. 모두 내면에 천 자국이 남아 있다. 기와 내면의 천 자국을 보면 박와는 입자가 작고, 나머지는 비교적 거친 것으로 보고되었다. 색깔은 발굴조사보고서에 오렌지색, 벽돌색 혹은 명갈색으로 표현된 적갈색 계통과 회색 계통이 있다. 외면은 대부분의 경우 물손질을 하여 문양이 남아 있지 않지만 승문의 자국이 남아 있는 것들도 많다. 마루장식 기와로는 치미, 연꽃봉우리장식, 용머리장식 등이 있다.

1) 평기와

(1) 수키와

수키와는 기본적으로 와당이 부착되지 않은 것과 부착이 된 것 2종류가 있다. 다만 일반 평기와로서의 수키와를 이야기할 때에는 와당이 부착되지 않은 것을 염두에 둔다. 수키와는 암키와와 달리 거의 모두 외면을 물손질하여 타날의 흔적이 남아 있지 않다. 내면에는 와통을 감았던 천 자국이 남아 있다. 와도는 양쪽 모두 안쪽에서 그었다. 대부분의 경우 와도 자국과 기와를 부러뜨린 흔적이 함께 남아 있는데 1980년에 제3구역에서 출토된 와당이 부착된 수키와 1점에는 측면의 와도흔과 부러뜨린 흔적을 모두 지운 것이 있다(도면 1980-52).

와당이 부착되지 않은 일반 수키와는 1980년도에 출토된 것들의 경우 크기가 길이 32.5~34.5㎝, 좁은 상단부 너비 9.3~9.8㎝, 넓은 하단부 너비 15.5~16.6㎝, 두께는 하단분 쪽이 1.6~2.3㎝, 상단부 쪽이 0.9~1.3㎝이다. 참고로 와당이 부착된 수키와는 와당 포함 전체 길이가 37.5㎝이다.

크라스키노성에서 수키와는 미구기와와 토수기와가 출토되었다. 미구기와는 좁은 쪽 부분에 턱이 있는 것인데 대부분의 경우 2줄의 고랑이 있다(도면 625, 1). 때문에 고랑 미구기와라고 부를 수 있을 것이다. 1994년에 출토된 고랑 미구기와는 길이가 37~39㎝, 넓은 쪽 너비 15㎝, 좁은 쪽 너비 9~10㎝, 두께 1.5~2㎝이다. 고랑이 있는 미구의 길이는 5~6.5㎝이다(도면 1994-128). 고랑 미구가 있는 수키와는 1980년(도면 1980-49), 1981년 제5구역(도면 1981-15, 16), 1998년 제15구역과 제16구역(도면 1998-106, 140, 155), 2003년 제31구역(도면 2003-123), 2010년 제45구역(도면 2010-351) 등에서도 출토된 것이 있다. 모두 미구에 2줄의 고랑이 있는 것이 특징적이다.

토수기와는 두 종류가 있는 것으로 파악된다. 첫 번째는 수키와의 상단부가 대략 기와의 몸통 2/3정도 지점부터 축약되기 시작하는 것이다(도면 625, 2). 사진으로 보고된 대부분의 토수기와는 이 형식에 속하는 것으로 생각된다. 1980년에 제3구역(도면 1980-53~56), 1981년에 제5구역(도면 1981-15, 16)에서 출토된 수키와들 중 그 예가 제시된 것이 있다. 1994년에 출토된 1점은 크기가 길이는 34~36㎝, 넓은 앞쪽 너비는 15~16㎝, 좁은 뒤쪽 너비는 8~12㎝, 두께는 1.2~1.5㎝이다. 이 형식의 수키와에는 꼬리 부분, 즉 토수 부분에 못 구멍이 있는 것도 있다. 글자를 새겨 놓은 것도 있다.

두 번째는 넓은 하단부에서 좁은 상단부까지 완만하게 축약되는 것이다(도면 625, 3). 1998년에 제16구역의 6호 가마에서 출토된 수키와들 중에 그 예가 확인된다(도면 1998-198~203).

도면 625 | 크라스키노성 출토 수키와: 1-제31구역(2003), 2-제3구역(1980), 3, 4-제16구역(1998)

그런데 수키와의 꼬리 부분에 고랑이 돌려진 것이 1점 있다(도면 625, 4). 1998년에 출토된 이 편 상태의 유물은 토수기와일 가능성이 높다고 생각된다. 만약에 이 기와가 토수기와라면 크라스키노성에 고랑 토수기와도 사용되었다고 판단할 수 있다.

(2) 암키와

1994년에 출토된 암키와는 길이가 32~36.5㎝(제9구역) 혹은 36.7~44.7㎝(제10구역), 넓은 쪽인 하단부의 너비는 20~21㎝(제9구역) 혹은 29~35㎝(제10구역), 좁은 쪽인 상단부의 너비는 18~19㎝(제9구역) 혹은 24.5~33.5㎝(제10구역), 두께는 1.5~2.5㎝였다. 다시 말해서 전각지에서 출토된 것과 석축담장 문지 일대에서 출토된 암키와들은 크기에서 서로 차이를 보였다. 전각지의 암키와가 크기가 작았고, 석축담장 문지 일대의 암키와가 더 컸다. 좁은 상단면은 절단한 후 물손질 마무리하였고, 넓은 하단면에는 문양을 시문하였다.

암키와는 하단면에 문양이 있는 것과 없는 것이 구분된다. 크기도 두 종류로 구분된다. 1980년도 출토 하단면에 문양이 있는 암키와들은 크기가 대형은 길이 41.5~46㎝, 좁은 상단부 너비 24~28㎝, 넓은 하단부 너비 28~35㎝, 두께 2~2.2㎝이고(도면 1980-58~60), 소형은 길이 36~37㎝, 좁은 상단부 너비 14.6~18㎝, 넓은 하단부 너비 15.2~24㎝, 두께 1.6~1.8㎝이다.

암키와는 성형을 모골와통에서 하였다. 1980년에 제2구역에서 출토된 암키와의 내면 사진에는 기와 성형이 어떻게 이루어졌는지가 잘 반영되어 있다(도면 1980-61)(도면 626). 이 기와에는 모골의 흔적이 뚜렷하게 남아 있

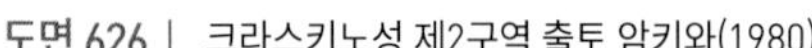
도면 626 | 크라스키노성 제2구역 출토 암키와(1980)

고, 천 자국도 잘 남아 있으며, 천을 와통에 씌운 다음에 아래 쪽을 천으로 고정한 띠 고정 흔적도 관찰된다. 또한 돌기형 눈테의 흔적도 가장자리 부분에 남아 있다. 와도는 양쪽 모두 내면에서 그었다. 특히 주목되는 것은 기와가 수평 방향으로 깨어졌다는 사실이다. 이것은 기와를 성형할 때에 띠 모양의 소지를 수평 방향으로 아래에서 위로 차례로 쌓아 올렸음을 말한다. 1998년에 우물 뒤채움부(도면 1998-143)와 제16구역(도면 1998-215)에서 출토된 와편들에도 뚜렷한 모골의 흔적과 함께 기와가 수평 방향으로 깨어진 흔적이 남아 있다.

띠 고정 흔적은 1980년에 제3구역에서 출토된 암키와에서도 확인된다(도면 627).

암키와의 내면에는 내면 조정을 하여 모골의 흔적을 지운 것도 발견된다. 1994년에 제9구역에서 출토된 암키와(도면 628)와 1998년에 제16구역에서 출토된 암키와 내면에 내면 조정의 흔적이 관찰된다(도면 1998-173).

암키와의 외면은 먼저 승문 박자로 타날을 하여 기면 조정을 한 것으로 생각된다. 승문의 흔적이 외면 전체적으로 남아 있는 것도 있다. 1980년에 제2구역에서 출토된 1점은 외면에 승문 타날의 흔적이 무질서하게 남아 있고, 좁은 상단부 쪽만 회전 물손질 하였다(도면 1980-60)). 외면을 무질서하게 승문 타날한 흔적은 1998년에 우물 뒤채움부에서도 출토된 것들이 있다(도면 1998-144~147). 편 상태이기는 하지만 외면 전체에 정연하게 승문이 잘 남아 있는 것도 있다. 승문의 방향이 다른 것도 있다. 1981년에 제5구역(도면 1981-20), 1998년에 우물 뒤채움부(도면 1998-150, 151), 제16구역(도면 1998-164) 등에 출토된 것들이 그 예이다. 치구를 서로 교차하는 방향으로 그어 문양을 베풀은 듯한 암키와도 있다(도면 2001-93).

대부분의 경우는 승문 타날을 한 다음에 외면을 회전 물손질 하여 승문의 흔적을 완전히 지웠다. 1980년에 제2구역에서 출토된 1점이 그 대표적인 예이다(도면 1980-59). 하지만 승문 타날 다음에 승면을 모두 지우지 않고

도면 627 | 크라스키노성 제3구역 출토 암키와(1980)

도면 628 | 크라스키노성 제9구역 출토 암키와(1994)

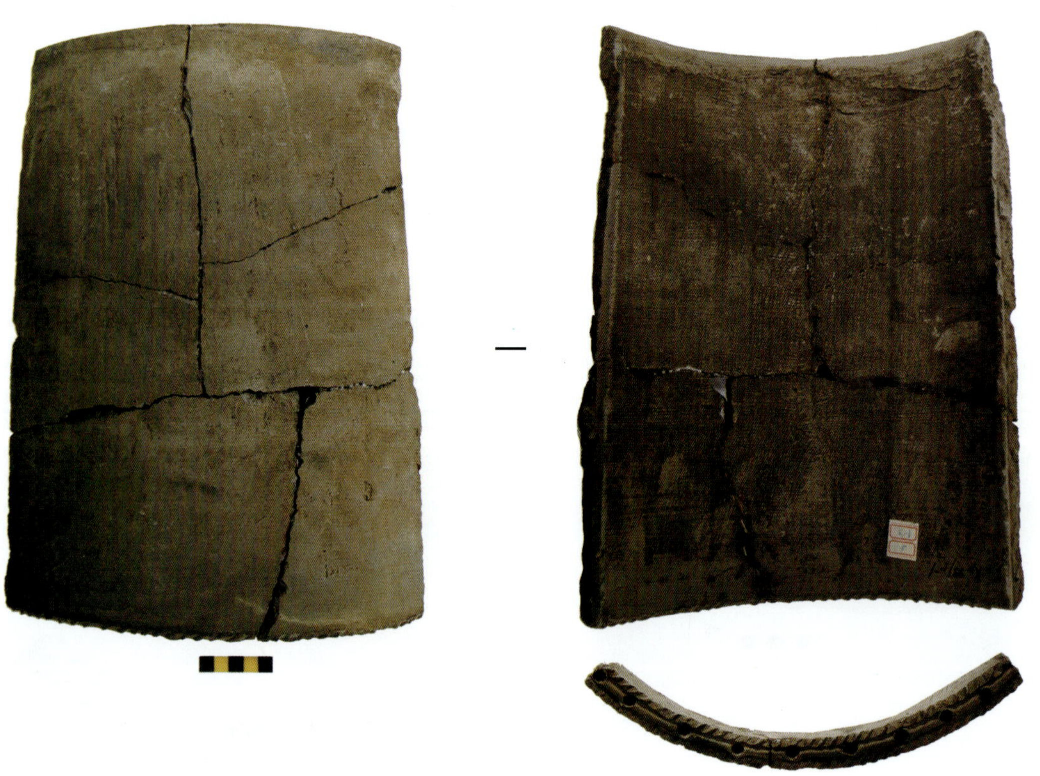

도면 629 | 코르사코프카 절터 출토 암키와(1993)

일부씩 남긴 것들도 적지 않게 확인된다. 1980년에 제3구역(도면 1980-58)(도면 627), 1981년에 제5구역(도면 1981-13)에서 출토된 것들이 그 좋은 예이다.

암키와 하단면의 문양은 크게 3종류로 구분되었다.[20] 첫 번째는 손가락 끝부분을 눌러 문양을 베푼 지두문

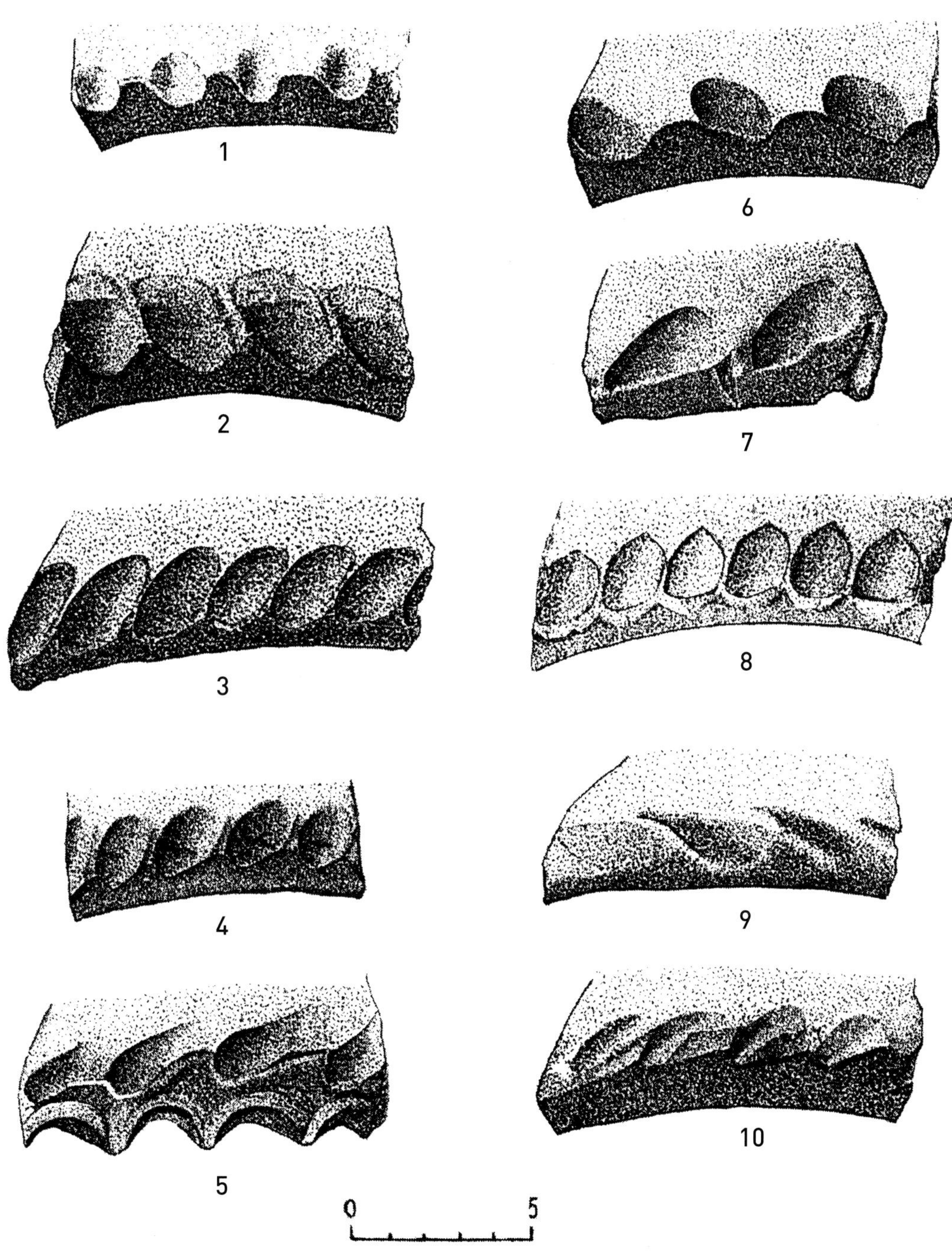

도면 630 | 크라스키노성 출토 암키와 지두문 각종 형식

20 암키와의 하단면에 문양이 있는 것들은 암키와 막새로 간주되기도 한다. 하지만 지두문의 경우에는 막새가 아니라는 의견이 지배적이다. 때문에 문양이 있는 것들도 평기와에 포함시켜 소개한다.

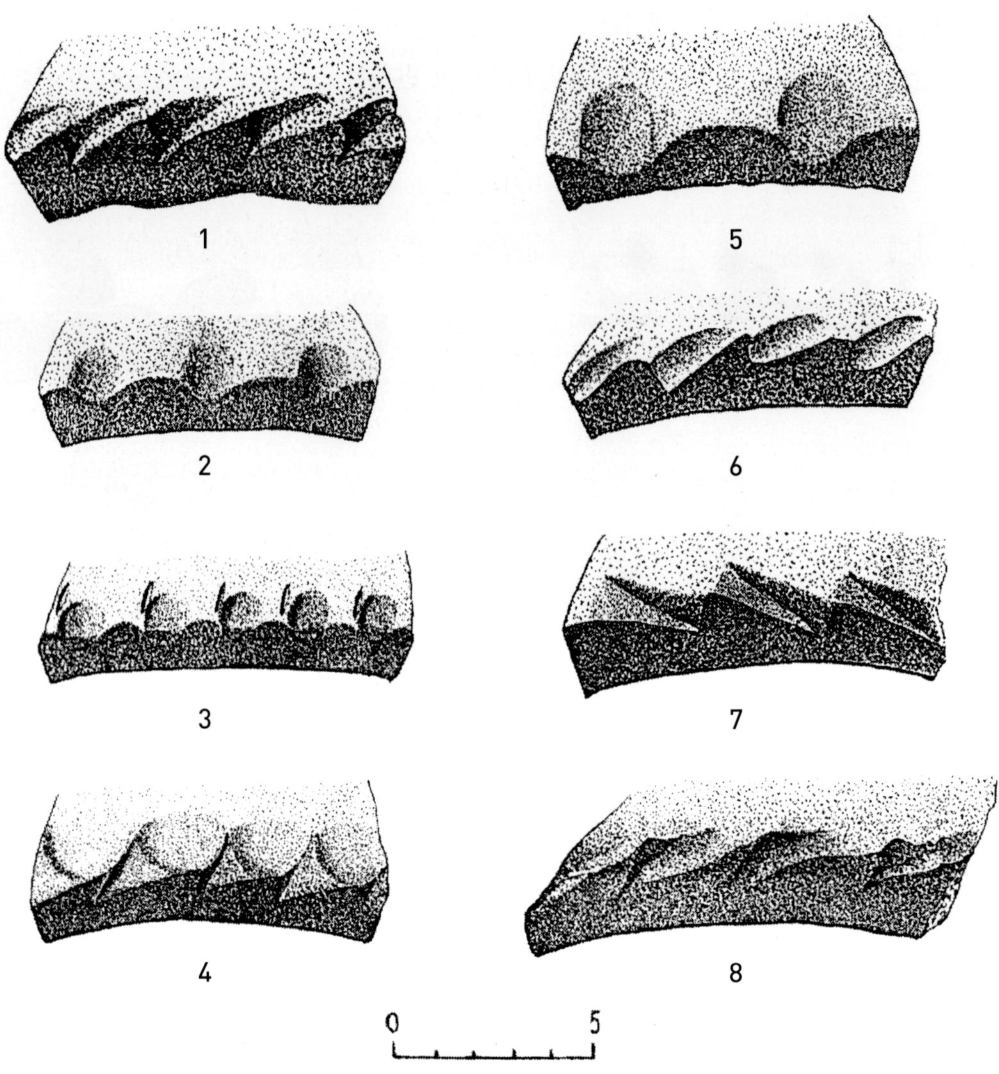

도면 631 | 크라스키노성 출토 암키와 지두문 및 각재문 각종 형식

이다(도면 1994-134~135; 136, 1, 4~11, 13~18). 지두문은 전체적으로 하단면의 가장자리에 파상의 효과를 내고 있는 것을 지적되었다. 지두문은 모두 16개의 변종이 도면으로 제시되었다. 각 변종에 대한 설명은 생략되어 있지만 도면을 보면 다음과 같은 양상을 보인다.

지두문 변종1은 등 쪽 가장자리에 지두를 약간의 간격을 두고 위에서 아래로 연속적으로 짧게 누른 것이다(도면 1994-136, 1)(도면 630, 1). 변종2는 등 쪽 가장자리에 (오른손) 엄지손가락 지두를 연속적으로 길고 조밀하게 누른 것이다(도면 1994-136, 4)(도면 630, 2). 변종3은 등 쪽 가장자리에 (왼손) 엄지손가락 지두를 연속적으로 길고 조밀하게 누른 것이다(도면 1994-136, 5)(도면 630, 3). 변종4는 등 쪽 가장자리에 (왼손) 엄지손가락 지두를 연속적으로 짧고 조밀하게 누른 것이다(도면 1994-136, 6)(도면 630, 4). 변종5는 등 쪽과 배 쪽의 양쪽 가장자리에 엄지와 집게손가락을 함께 거의 연속으로 누른 것이다(도면 1994-136, 7)(도면 630, 5). 변종6은 등 쪽 가장자리

도면 632 | 크라스키노성 출토 지두문 암키와: 1-제16구역(1998), 2-제16구역(1998), 3- 제42구역(2009), 4-제31구역(2003), 5- 제40구역(2009), 6-제45구역(2010), 7-제48구역(2011)

에 (오른손) 지두를 약간의 간격을 두고 연속적으로 짧게 누른 것이다(도면 1994-136, 8)(도면 630, 6). 변종7은 등 쪽 가장자리에 (왼손) 지두를 약간 측면으로 한 상태에서 약간의 간격을 두고 연속적으로 길게 누른 것이다(도면 1994-136, 9)(도면 630, 7). 변종8은 등 쪽 가장자리에 (왼손) 지두를 기와의 장축과 거의 비슷한 방향으로 조밀하게 연속적으로 누른 것이다(도면 1994-136, 10)(도면 630, 8). 변종9는 등 쪽 가장자리에 (오른손) 지두를 약간 측면으로 한 상태에서 가장자리의 범위를 많이 벗어나지 않게 연속적으로 누른 것이다(도면 1994-136, 11)(도면 630, 9). 변종10은 등 쪽 가장자리에 (왼손) 지두를 측면으로 한 상태에서 약간의 간격을 두고 연속적으로 짧게 누른 것이다(도면 1994-136, 13)(도면 630, 10).

변종11은 등 쪽 가장자리에 (왼손) 지두를 완전히 측면이 되게 한 상태에서 거의 연속적으로 짧게 누른 것이다(도면 1994-136, 14)(도면 631, 1). 변종12는 변종1과 매우 흡사하지만 조금 더 얕게 그리고 더 넓은 간격으로 짧게 누른 것이다(도면 1994-136, 15)(도면 631, 2). 변종13은 등 쪽 가장자리에 (오른손) 지두를 측면으로 하여 약간의 간격을 두고 연속적으로 짧게 누른 것인데 지두의 왼쪽 위에 손톱자국이 남아 있다(도면 1994-136, 16)(도면 631, 3). 변종14는 등 쪽 가장자리에 먼저 각진 시문구를 연속적으로 누른 다음에 다시 지두의 가운데 부분으로 얕고 넓게 연속적으로 누른 것이다(도면 1994-136, 17)(도면 631, 4). 변종15는 변종1 및 변종 15와 매우 흡사하지만 지두를 더 넓게 연속적으로 누른 것이 차이가 나는 점이다(도면 1994-136, 18)(도면 631, 5). 그 외에 각재 시문구

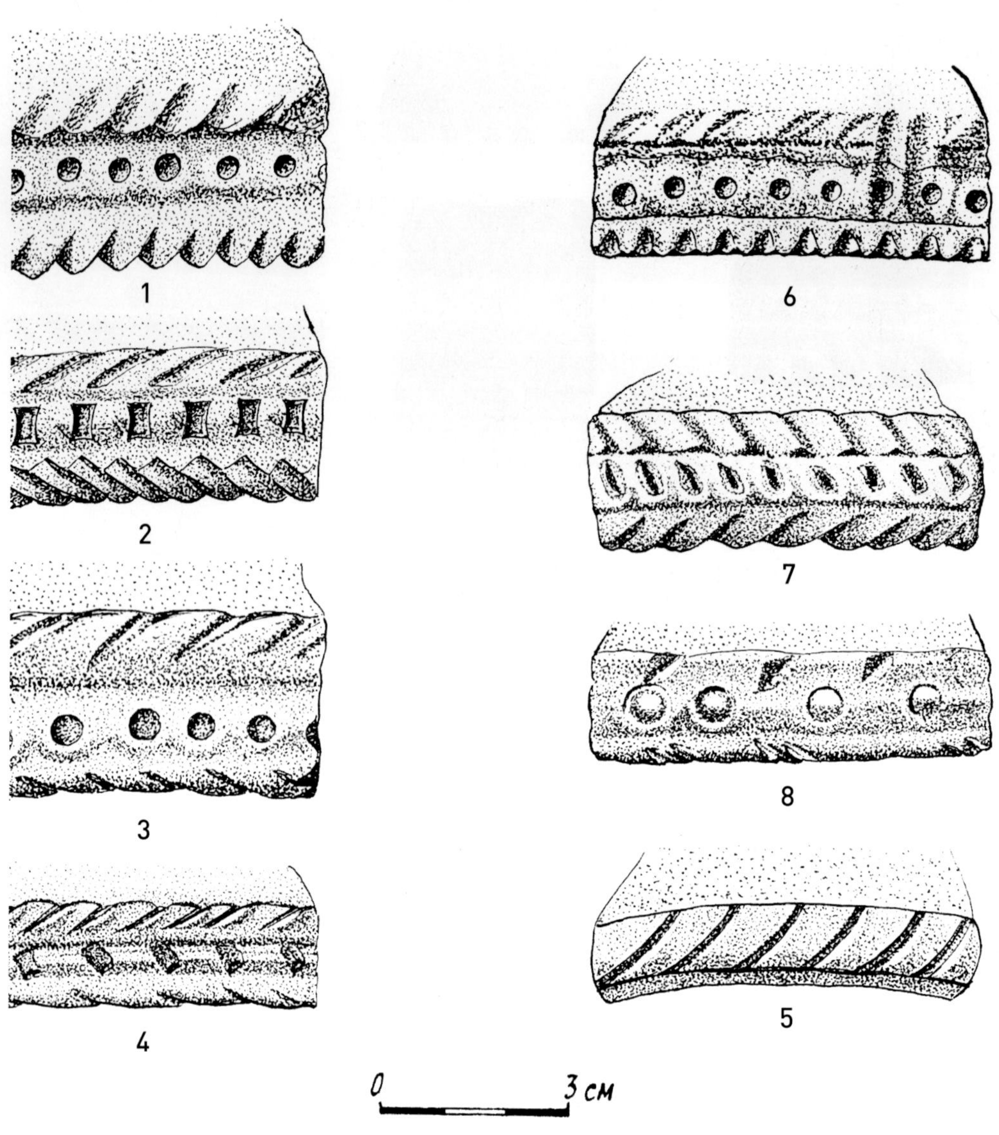

도면 633 | 크라스키노성 출토 암키와 삼대문 각종 형식

로 문양을 낸 것으로 소개한 한 종류는 사실은 왼손 손가락을 측면으로 바싹 세워 연속적으로 누른 것이라 생각된다. 지두문 변종16으로 파악할 수 있을 것이다(도면 1994-136, 2)(도면 631, 6).

그 외에도 각재 시문구로 문양을 낸 것이 2종류 있다. 각재문 변종1은 등 쪽 가장자리에 각재 시문구를 오른손으로 연속적으로 누른 것이다(도면 1994-136, 3)(도면 631, 7). 각재문 변종2는 등 쪽 가장자리에 각재 시문구를 왼손으로 연속적으로 누르면서 약간 비튼 것이다(도면 1994-136, 12)(도면 631, 8).

따라서 1994년에만 크라스키노성에서는 16종류의 지두문과 2 종류의 각재문이 그리고 각재문과 지두문이 함께 시문된 것이 1종류 각각 확인되어 이 종류 문양이 매우 다양하였음을 알 수 있다. 절대 다수의 종류가 등 쪽에 문양을 내었지만, 엄지와 집게손가락을 한꺼번에 사용하여 등 쪽과 배 쪽의 양쪽 가장자리에 동시에 문양을 낸 경우도 있고, 또 지두와 각재를 혼용한 경우도 있음을 알 수 있다.

지두문 암키와는 1980년(도면 1980-50), 1981년 제5구역(도면 1981-13, 19, 20), 1997년 제15구역(도면 1997-70, 77), 1998년 제15구역(도면 1998-142, 143, 144), 제16구역(도면 1998-159, 164, 171, 172, 180, 181, 182187, 196)(도면 632, 1, 2), 2003년 제31구역(도면 2003-119, 120, 121)(도면 632, 4), 2009년 제40구역(도면 2009-219)(도면 632, 5), 제42구역(도면 2009-756, 757)(도면 632, 3), 2010년 제45구역(도면 2010-352, 397)(도면 632, 6), 2011년 제45구역(도면 2011-56, 제47구역(도면 2011-569, 658), 제48구역(도면 2011-347, 350, 412, 476)(도면 632, 7), 2012년 제44구역, 제47구역, 제48구역, 2014년 제47구역, 제49구역, 2015년 제47구역, 제50구역, 2017년 제51구역, 제53구역, 2018년 제51구역, 제53구역 등에서 출토되었다.

두 번째의 하단면 문양은 하단면에 2줄의 홈-고랑을 내어 3개의 문양대를 조성한 일종의 삼대문(三帶文)이다. 모두 7개의 변종이 소개되었는데 공통적인 특징은 위와 아래 가장자리 쪽의 문양대에는 모두 좁은 각재로 '눈금'을 새기고, 중간 부분의 문양대에는 다양한 종류의 문양을 새겼다는 사실이다(도면 1994-137, 1~4, 6~8). 이 단사선 각재눈금문은 절대 다수의 경우 왼쪽 혹은 오른쪽으로 대칭적으로 배치되어 정면에서 보았을 때에 어골문의 효과를 낸다. 하지만 동일 방향으로 배치된 경우도 있다. 각각의 변종에 대해 구체적인 보고는 하지 않았는데 도면을 보면 각 변종의 문양은 다음과 같다.

삼대문 변종1은 가운데 문양대에 일정 간격을 두고 끝이 둥그스름한 막대기를 눌러 둥근 구멍무늬를 낸 것이다. 양쪽 가장자리의 각재눈금문은 모두 한쪽 방향으로만 시문되어 있다(도면 1994-137, 1)(도면 633, 1). 변종2는 가운데 문양대에 일정 간격을 두고 끝이 네모난 막대기를 수직방향으로 눌러 수직 네모 구멍무늬를 낸 것이다. 양쪽 가장자리의 각재눈금문은 대칭적으로 배치되어 어골문의 효과를 내는데 어골의 좁은 쪽이 왼쪽을 향한다(도면 1994-137, 2)(도면 633, 2). 변종3은 가운데 문양대에 둥근 구멍무늬를 낸 것은 변종1과 동일하지만 양쪽 가장자리의 각재눈금문이 대칭적으로 배치된 것이 차이를 보인다. 각재눈금문이 만든 어골형상은 좁은 쪽이 왼쪽을 향한다(도면 1994-137, 3)(도면 633, 3). 변종4는 가운데 문양대에 네모 구멍무늬를 시문하고 또 양쪽 가장자리의 각재눈금문이 왼쪽 방향으로 어골의 형상을 이루는 것은 변종2와 동일하다. 다만 네모 구멍무늬의 방향이 수직이 아니라 경사진 방향인 경사 네모 구멍무늬인 것이 차이가 난다(도면 1994-137, 4)(도면 633, 4). 변종5는 가운데 문양대에 둥근 구멍무늬가 시문된 것이 변종1 및 변종3과 동일하다. 하지만 가장자리의 각재눈금문이 등 쪽은 경사진 방향, 배 쪽은 거의 수직 방향인 것이 서로 차이가 난다(도면 1994-137, 6)(도면 633, 6). 변종6은 가운데 문양대에 끝이 타원형인 막대기를 약간 경사지게 연속적으로 눌러 경사 타원 구멍무늬를 낸 것이다. 양쪽 가장자리의 각재눈금문은 좁은 쪽이 오른쪽을 향한다(도면 1994-137, 7)(도면 633, 7). 변종7은 가운데 문양대에 대롱모양의 막대기를 얕게 눌러 대롱무늬를 낸 것이다. 양쪽 가장자리에 각재눈금문이 듬성듬성하게 배치되었다(도면 1994-137, 8)(도면 633, 8).

하단면의 양쪽 가장자리에 각재눈금문이 시문된 암키와는 1980년(도면 50, 58), 1981년 제5구역(도면 1981-13), 1997년 제15구역(도면 1997-71), 1998년 제15구역(도면 1998-108, 109), 제16구역(도면 1998-141, 162, 214~217, 194), 2000년 제25구역(도면 2000-31), 2011년 제48구역(도면 2011-349)(도면 634, 1; 635, 2), 2015년 제50구역(도면 2015-701, 943, 944)(도면 634, 1, 2; 635, 2, 3), 2017년 제51구역(도면 2017-25, 91, 142, 291, 293, 295)(도면 634, 3~6; 635, 4~6), 2018년 제51구역(도면 2018-172, 209, 222)(도면 634, 7, 8; 635, 7~9)에서 각각 출토되었다.

여기에서 제51구역 도로 지역에서 출토된 것들은 층위적으로 의미를 가질 수 있다고 생각된다. 제4인공층에서

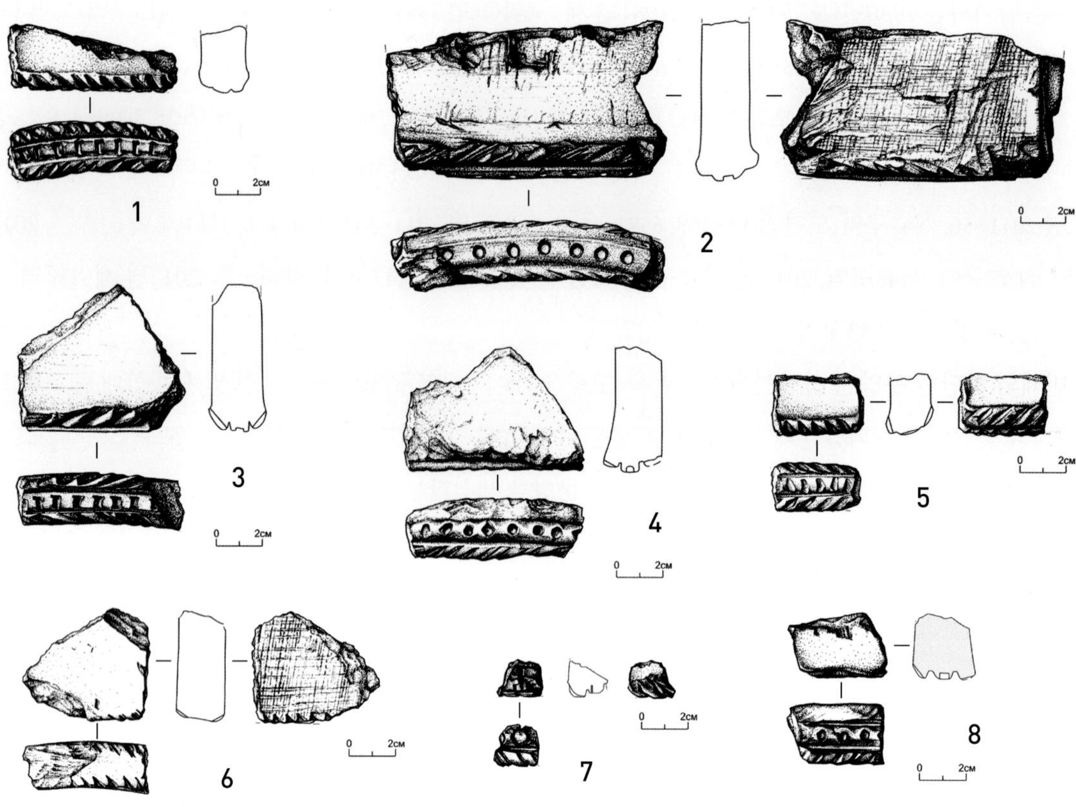

도면 634 | 크라스키노성 출토 삼대문 암키와: 1-제50구역 섹터2 제2인공층 우-2방안(2015), 2-제50구역 섹터2 제4인공층 쉬-5방안(2015), 3-제51구역 제4인공층 웨-9방안(2017), 4-제51구역 제5인공층 제-8방안(2017), 5-제51구역 제6인공층 베-7방안(2017), 6-제51구역 제6인공층 아-7방안(2017), 7-제51구역 제9인공층 베-8방안(2018), 8-제51구역 제9인공층 아-8'방안(2018)

수직 네모구멍무늬가 있는 것이 1점(도면 2017-91)(도면 634, 3; 635, 4), 제5인공층에서 둥근 구멍무늬가 있는 것이 1점(도면 2017-142)(도면 634, 4), 제6인공층에서 대롱무늬가 있는 것이 1점(도면 2017-292), 위에 소개된 변종들과는 차이가 있는 가운데 문양대를 따라 부정 사다리꼴의 구멍무늬가 있는 것이 1점(도면 2017-293)(도면 634, 5; 635, 6), 하단면에 홈-고랑이 없고 양쪽 가장자리에만 각재눈금문이 시문된 것이 1점(도면 2017-295)(도면 634, 6; 635, 5), 제8인공층에서 대롱무늬가 있는 것이 1점(도면 2018-172)(도면 635, 9), 제9인공층에서 대롱무늬가 있는 것이 1점(도면 2018-209)(도면 634, 7; 635, 7), 둥근 구멍무늬가 있는 것이 1점(도면 2018-222)(도면 634, 8; 635, 8) 각각 출토되었다.

제51구역의 도로구간만 놓고 본다면 둥근 구멍무늬는 아래의 제9인공층과 위의 제5인공층에서 함께 보이고, 대롱무늬도 아래의 제9인공층, 제8인공층, 위의 제6인공층에서 모두 보이기 때문에 이 둘은 오랫동안 사용된 문양으로 판단할 수 있다. 수직 네모 구멍무늬는 상대적으로 늦은 시기에 사용되었음을 알 수 있다. 다만 이 문양과 부정 사다리꼴 문양 등이 1점씩만 확인되었기 때문에 삼대문의 정확한 상대편년은 사실 어렵다고 생각된다.

세 번째의 하단면 문양은 둥그스름하게 마무리를 한 하단면에 일정 간격을 두고 연속적으로 경사지게 선을 그은 것이다(도면 1994-137, 5)(도면 633, 5). 이 문양은 단 한 예만 소개되었고 다른 변종은 없다. 다만 하단면을 둥그스름하게 마무리한 암키와는 거의 보이지 않기 때문에 이것이 정말로 암키와의 하단면인지에 대해서는 의심

도면 635 | 크라스키노성 출토 삼대문 암키와: 1-제48구역 서쪽섹터 제1인공층(2011), 2-제50구역 섹터2 제2인공층 우-2방안(2015), 3-제50구역 섹터2 제4인공층 쉬-5방안(2015), 4-제51구역 제4인공층 웨-9방안(2017), 5-제51구역 제6인공층 아-7방안(2017), 6-제51구역 제6인공층 베-7방안(2017), 7-제51구역 제9인공층 베-8방안(2018), 8-제51구역 제9인공층 아-8'방안(2018), 9-제51구역 제8인공층 아'-9방안(2018)

이 간다. 물론 암키와의 상단면은 둥그스름하게 마무리한 경우는 많지만 문양을 시문한 경우는 거의 없다. 어쨌든 이 암키와의 문양은 매우 예외적인 현상이라 하겠다.

(3) 모서리 기와

모서리 기와는 지붕의 모서리 부분에 사용하기 때문에 평면 모양이 삼각형이나 사다리꼴을 가진다. 크라스키노성에서는 보고된 모서리 기와는 모두 삼각형이었던 것으로 생각된다. 1981년에 제5구역(도면 1981-17)(도면 636, 1), 1996년에 제12구역(도면 1996-57)(도면 636, 2), 2011년에 제48구역(도면 411)(도면 636, 3)에서 출토된 것이 각각 사진으로 보고된 것이 있다. 1981년에 출토된 모서리 기와에는 못 구멍이 하나 뚫려있다. 그 외에도 1994년에 1점이 출토된 것으로 보고되었다(도면 1994-143, 2). 크라스키노성에서 출토된 모서리 기와는 모두 편상태여서 원래의 크기는 알 수 없다. 1994년에 출토된 것은 두께가 1.5~2㎝인 것으로 보고되었다.

도면 636 | 크라스키노성 출토 모서리 기와: 1-제5구역(1981), 2-제12구역(1996), 3-제48구역(2011)

(4) 박와

1980년에 보고된 것이 있다. 두께가 0.6~0.8㎝로 얇다. 박와의 내면에는 천자국도 입자가 매우 작다. 도면이나 사진은 제시된 것이 없다.

2) 마루기와

(1) 차꼬기와

차꼬기와는 마루기와의 하나로서 수키와의 양쪽을 도려내어 만들었다. 하지만 크기를 보면 하나의 수키와에서 2개의 차꼬기와를 만들 수 있었을 것이다. 차꼬기와는 보고가 된 것이 많지 않다. 1997년 제15구역(도면 1997-79)(도면 637, 1), 1998년 우물 뒤채움부(도면 1998-138, 139), 제16구역(도면 218, 219)(도면 637, 2), 2000년 제25구역(도면 2000-32) 등에서 출토된 것이 보고되었다. 1994년에도 보고된 것이 있는데 도면이 누락되었다(도면 1994-143, 1).

1994년도 발굴조사보고서에는 차꼬기와의 크기가 길이 약 13㎝, 높이 14~15㎝, 측면 날개 부분이 높이 3~4㎝,

도면 637 | 크라스키노성 출토 차꼬기와: 1-제15구역(1997), 2-제16구역(1998)

두께 1.5~2㎝인 것으로 보고되어 있다. 온전한 형태의 차꼬기와는 이후 1997년 제15구역(도면 637, 1)과 2000년 제25구역(도면 2000-32)에서 각각 1점씩 출토되었다. 하지만 2점 모두 크기나 세부 특징이 보고되지 않았다.

(2) 적새기와

적새기와는 마루기와의 하나이다. 일반적인 너비는 암키와의 절반 정도이다. 그런데 크라스키노성에서는 암키와의 절반 너비를 가진 일반 적새기와와 함께 그보다 훨씬 더 좁은 기와가 출토되었다. 좁은 기와는 1980년에 제2구역에서 출토된 것이 1점 보고된 것이 있다. 이 기와는 길이가 41㎝, 너비가 7㎝, 두께가 1.8㎝이다(도면 1980-62, 2)(도면 638, 4). 1980년에 제2구역에서 함께 발견된 일반 기와는 길이가 35.5~36㎝, 너비가 14~15㎝, 두께가 2㎝이다(도면 1980-62, 1)(도면 638, 1). 다시 말해서 좁은 기와는 일반 적새기와에 비해 너비가 절반에 불과한 것이다. 하나의 와통에서 4매의 암키와를 만들고, 일반 적새기와는 8매를, 좁은 기와는 16매를 만들 수 있었던 것이다.

편으로 출토된 경우에는 일반 적새기와인지 아니면 암키와인지 구분이 잘 되지 않는다. 일반 적새기와와 분명해 보이는 것은 1981년에 제5구역(도면 1981-19), 1998년에 제16구역(도면 1998-168, 178, 221, 227)(도면 638, 2), 우물 뒤채움부(도면 1998-153), 2003년에 제31구역(도면 2003-124~126)에서 각각 출토된 바 있다. 2003년에 제31구역에서 출토된 것은 수키와로 잘못 보고되었는데 크기가 길이 36㎝, 두께 1.4~2㎝이다(도면 2003-126)(도면 638, 3).

도면 638 | 크라스키노성 적새기와(1~3), 좁은기와(4), 곱새기와(5): 1, 4-제2구역(1980), 2-제16구역(1998), 3-제31구역(2003), 5-1994년

(3) 곱새기와

크라스키노성에서는 곱새기와가 매우 드물게 확인된다. 1980년도 발굴조사보고서에 1점이 사진으로 제시된 것이 있는데 미구 부분이고 편이 작아 잘 분간이 되지 않는다(도면 1980-49). 1994년에도 1점이 보고되었다(도면 638, 5). 미구 부분에 못 구멍이 하나 있다. 두께는 1.3㎝이다.

3) 와당(수막새기와)

와당은 1980년부터 시작하여 2018년까지 거의 매 발굴기간마다 출토가 된 유물 중의 하나이다. 하지만 가장 많은 수량이 발견된 곳은 사찰구역의 금당지와 전각지이다. 그 외 사찰구역 내의 우물 부근 석축담장 일대, 가마 등에서도 와당이 출토되었다. 사찰구역을 제외한 다른 지역에서는 사찰구역 석축담장에 잇대어 설정한 제51구역에서 도로를 조사할 때에 작은 편 상태의 것들이 다수 출토되었다. 크라스키노성의 나머지 주거구역 등에서는 와당이 출토는 되었어도 수량은 많지 못하다. 모두 암회색에 가까운 경질이다.

2004년에 크라스키노성에서 출토된 수키와 와당은 문양의 특징을 통해 8개 형식으로 구분되어 연구된 적이 있다.[21] 그런데 크라스키노성에서는 2018년도까지의 발굴조사에서 그 8개 종류의 문양 이외에 다른 문양을 가진 와당이 새로이 확인된 것이 없다. 때문에 당시 설정한 8개 형식은 지금도 유효하다고 하겠다. 다만 몇몇 형식의 와당 문양들은 서로 흡사하여 하나의 형식으로 통합을 한 다음에 다시 그 형식에서 세분할 수는 있을 것이다. 하지만 여기에서는 혼란을 피하기 위해 기본적으로 당시 제시된 분류 안을 따라 크라스키노성의 와당에 대해 소개하기로 한다(도면 639).

제1형식 와당은 외곽선이 있는 역(逆)심엽형 연판과 방추형의 간식이 각각 5개씩 배치된 것이다(도면 639, 1). 크라스키노성 5엽 복판 연화문 수막새 1형식으로 소개되기도 하였다. 가운데 중앙 돌기가 반구상으로 볼록하게 솟아있고, 그 둘레에 5개의 연자가 배치되어 있으며, 연자 밖에는 융기선으로 고리모양의 권선을 표현하여 놓았다. 권선과 주연부 사이에는 연판을 등 간격으로 5개, 그 사이사이에는 다시 방추형의 간식을 5개 각각 배치하였다. 연판은 오목한 부분이 안쪽을 향하고 뾰족한 부분이 바깥쪽을 향하여 거꾸로 된 심엽형, 즉 역심엽형을 이룬다. 각 연판에는 하트모양을 이루는 융기선이 외곽선을 이루고 있고, 또 가운데를 따라 1줄의 융기선이 관통하고 있어 연판을 2개의 부분으로 분할하고 있다. 연판 내의 두 부분에서는 각각 1개씩의 길쭉하고 볼록한 연육이 들어있다. 가운데의 고리모양 권선에는 5개의 융기선이 형성되어 있는데 연판을 두 부분으로 나누고 있는 융기선과 연결된다. 다만 권선 밖의 융기선과 연판 내의 분할 융기선이 서로 연결은 되어 있어도 일직선을 이루지는 않는다. 하지만 이로 인해 각 연판이 한 개씩의 나무 잎사귀 같은 형태를 가지기도 한다. 권선 안의 연자들은 모두 간식과 중심축선을 맞추고 있다. 주연부의 안쪽 가장자리는 연판 및 간식의 바깥쪽 끝부분과 거의 맞닿아 있다.

제1형식의 와당은 1980년과 1981년에 제3구역 및 제5구역의 위생활면 금당지(도면 1980-51; 1981-17)(도면

21 Асташенкова Е.В., Болдин В.И., 2004, Декор концевых дисков Краскинского городища // Россия и АТР, №1.

도면 639 | 크라스키노성 출토 와당 각종 형식

640, 1, 2), 1994년에 전각지(도면 1994-9, 10)(도면 641, 1, 2), 1998년에 제16구역(도면 1998-232; 212; 210)(도면 640, 3), 2008년에 제40구역의 석축담장 기초 부분(도면 2008-305; 309)(도면 642, 1, 2), 2017년에 제51구역의 도로 제4인공층(도면 2017-89)과 제5인공층(도면 2017-152)에서 각각 출토된 것이 있다. 전각지에서는 32개의 이 형식 와당편이 각각 보고되었다. 제51구역의 도로에서 출토된 것은 모두 작은 편들이다. 1994년도 발굴조사보고서에는 제9구역에서 51점이, 제10구역에서 20점이 각각 출토되었다고 한다.

제1형식의 와당들 중에서 온전한 형태를 가지고 있는 혹은 절반 이상이 남아 있어 크기가 확인된 것들이 있다. 1994년에 전각지에서 출토된 온전한 와당 1점은 전체 크기가 직경 16.2㎝, 두께 1.6~2.1㎝이다. 중앙 돌기는 직경이 1.2㎝, 그 둘레의 연자는 직경이 0.4㎝, 고리모양 권선의 직경은 4.3㎝, 방추형 간식의 두께는 0.5㎝ 내외, 주연부의 너비는 1.2㎝, 고리모양 권선과 연판과의 거리는 0.6~0.9㎝이다(도면 1994-9)(도면 641, 1). 1994년에 전각지에서 출토된 절반이 조금 넘게 남은 1점은 전체 직경이 16.9㎝, 두께가 1.8~2.4㎝, 고리모양 권선의 직경이 4.3㎝, 고리모양 권선과 연판과의 거리가 0.9㎝ 내외이다(도면 1994-10)(도면 641, 2). 2008년에 제40구역에서는 완형 1점(도면 2008-309)(도면 642, 2)과 절반 정도 남아 있는 것 1점(도면 2008-305)(도면 642, 1)이 출토되었는데 크기가 직경 17㎝, 두께 1.1~1.3㎝, 문양이 있는 곳 두께 1.8~2.4㎝로 일괄 보고되었다. 1994년에 출토되고 일괄로 검토된 제1형식 와당은 크기가 직경 15~16.5㎝, 두께 1.5㎝, 주연부 너비 1.3~1.8㎝, 높이 0.9~1.2㎝로 보고되었다. 따라

도면 640 | 크라스키노성 출토 제1형식 와당: 1-제3구역(1980), 2-제5구역(1981), 3-제16구역 제3인공층 오-10방안(1998)

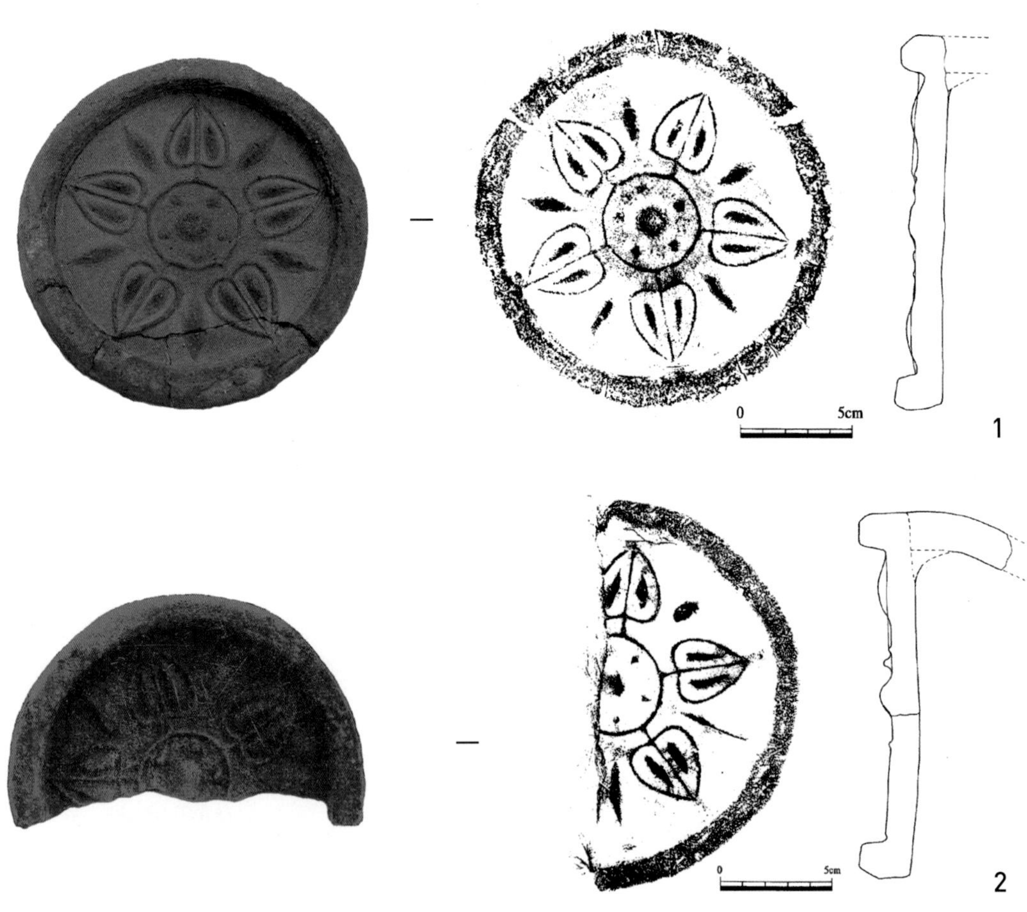

도면 641 | 크라스키노성 제9구역 출토 1형식 와당(1994)

서 제1형식의 와당은 전체 직경이 15~17㎝ 정도였을 것으로 판단할 수 있다.

제2형식 와당은 돌기부 역심엽형 연판과 삼지삽엽문 간식이 각각 4개씩 배치된 것이다(도면 639, 2). 가운데 중앙 돌기가 반구상으로 볼록하게 솟아있고, 그 둘레에 2줄의 고리모양 권선이 표현되어 있다. 2줄 권선 사이에는 8개의 주문이 배치되어 있다. 바깥쪽 권선과 주연부 사이에는 연판과 간식을 4개씩 배치하였다. 하트모양의 연판은 오목한 부분이 안쪽을 향하는 역심엽형이다. 하트모양의 외곽선은 융기선으로 표현되었고, 연판 내부의 안쪽 방향 2/3 정도는 융기선에 의해 양분되어 있다. 하지만 바깥쪽 방향 약 1/3정도는 분할되지 않고 하나의 일체를 이루면서 볼록하게 융기한다. 이 돌기부는 앙연을 연상시킨다. 연판 안의 2개로 분할된 공간에 각각 들어있는 연육은 볼록한 타원형이다. 간식은 하나의 둥치에 3개의 가지가 달려 있는 형태인데 각각의 가지가 1개씩의 나무 잎사귀를 닮았다. 연판과 간식은 바깥쪽 권선 및 주연부의 안쪽 가장자리와 각각 약간 떨어져 있다,

제2형식 와당은 1980년도에 1점의 편이 보고되었는데 발굴구역이 분명하지 못하다(도면 1980-57), 1994년에 제10구역(도면 1994-126), 1998년에 제15구역(도면 1998-166, 1, 2; 232)(도면 643, 1), 2018년에 제51구역의 제13인공층(도면 2018-343, 346)(도면 643, 3, 4), 제53구역(도면 2018-671)에서 출토된 것이 각각 사진 혹은 도면으로 보고되었다. 1994년에 제10구역에서는 3점이 출토되었다.

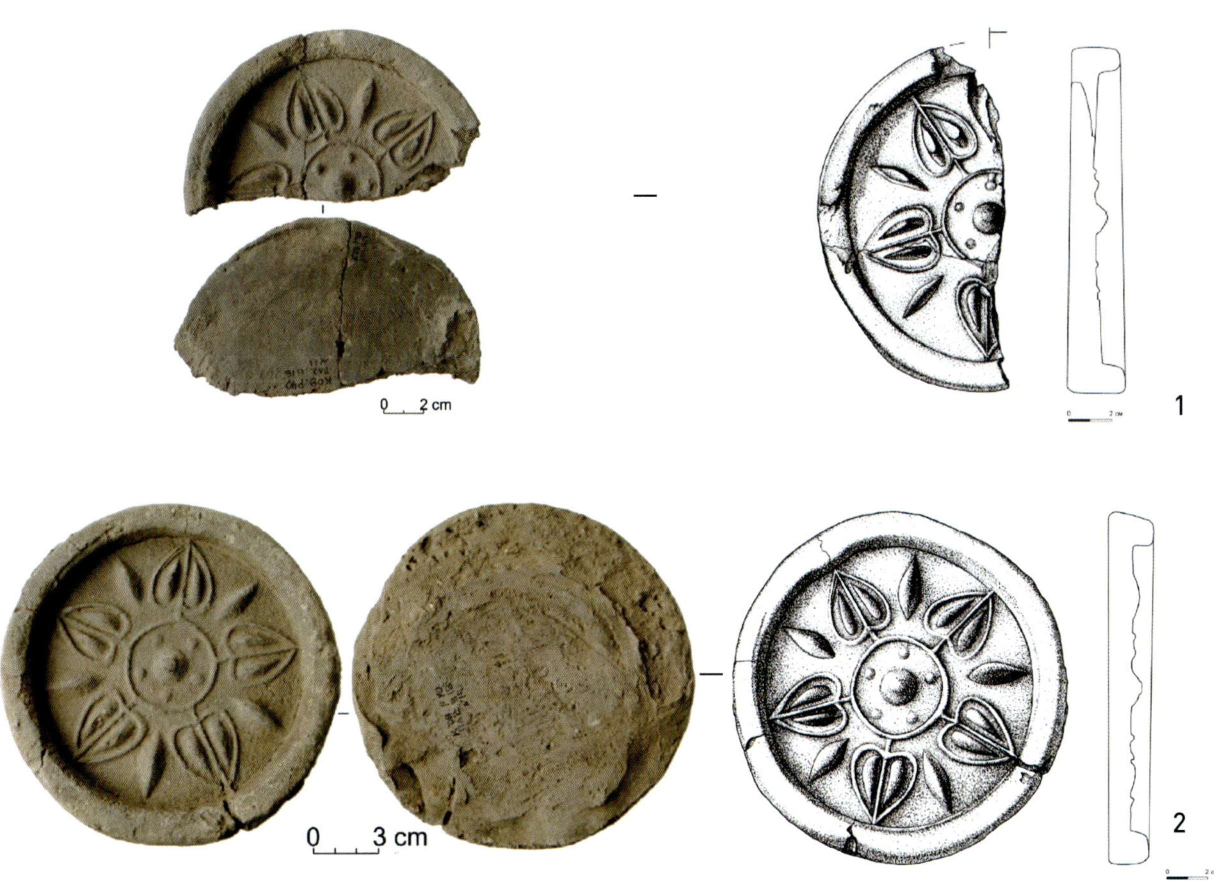

도면 642 | 크라스키노 성 제40구역 제2인공층 베-16방안(1)과 웨-18방안(2) 출토 1형식 와당(2008)

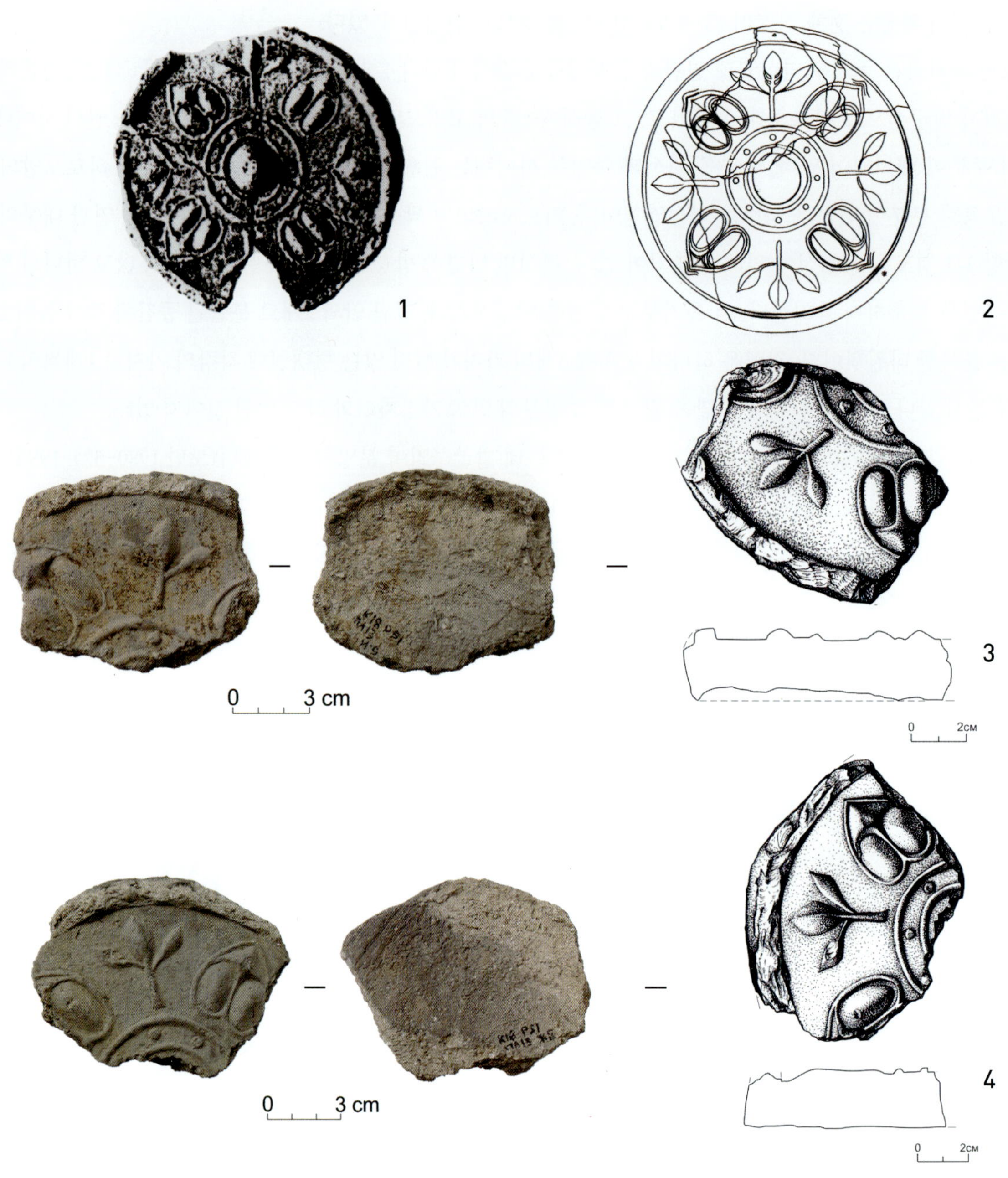

도면 643 | 크라스키노성 출토 제2형식 와당: 1-제15구역(1998), 2-1994년, 3-제51구역 제13인공층 이-9방안(2018), 4-제51구역 제13인공층 줴-8방안(2018)

제2형식 와당의 크기는 1998년에 제15구역에서 출토된 것은 전체 직경이 16.5㎝ 내외, 고리모양 권선에서 바깥쪽의 것이 직경 6㎝ 내외, 중앙 돌기의 직경 3.3㎝, 중앙 돌기의 높이 0.7㎝, 주연부 너비 0.7㎝ 내외이다. 2004년에 한국어판으로 발간된 1994년도 크라스키노성 발굴조사보고서에는 제2형식의 와당 1점에 대한 복원도가 제시되어 있는데 전체 직경이 18.1㎝로 기록되어 있다(도면 2004-10 한국어판)(도면 643, 2). 다만 이 와당이 출토된 발굴구역에 대해서는 언급이 없다. 제9구역 전각지 부분에는 와당에 대한 보고내용이 있는데 이 와당은 누락되어 있다. 때문에 이 와당은 제10구역의 석축담장 일대에서 출토된 것으로 생각된다. 2018년에 제1구역의 도로에서

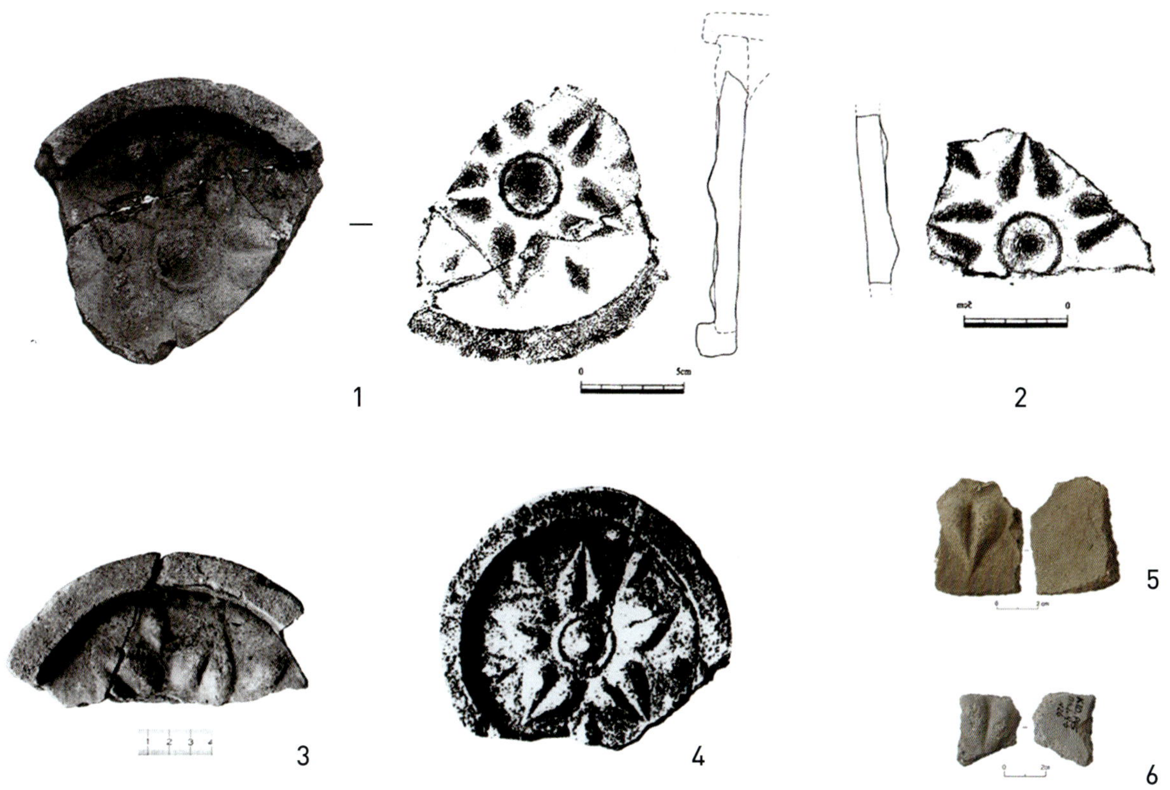

도면 644 | 크라스키노성 출토 3형식 와당: 1, 2-제9구역(1994), 3-제15구역 제4인공층 아-6방안(1997), 4-제16구역 제2인공층 엠-10방안(1998), 5-제40구역 제10인공층 웨-16방안(2009), 6-제45구역 제1인공층 치-6방안(2010)

출토된 2점은 편 상태의 크기가 제시된 것이 있다. 잔존 크기가 1점은 9.0×7.5㎝, 두께 2.3㎝이고(도면 2018-343), 다른 1점은 11.0×7.7㎝, 두께가 2.3㎝이다(도면 2018-346). 1994년에 출토되고 일괄로 검토된 제2형식 와당은 크기가 직경 15.2~18.2㎝, 두께 1.5㎝, 주연부 너비 0.6~0.9㎝, 높이 0.4~0.5㎝로 보고되었다. 따라서 제2형식 와당은 직경이 15.2~18.2㎝ 내외임을 알 수 있다.

제3형식 와당은 외곽선이 없는 역심엽형의 연판과 방추형의 간식이 각각 5개씩 배치되어 있는 것이다(도면 639, 3). 크라스키노성 5엽 복판 연화문 수막새 2형식으로 소개되기도 하였다. 연판은 2개의 연육으로만 이루어져 있고, 제1형식의 것과는 달리 외곽을 감싸는 융기선도 없고 또 연판을 분할하는 융기선도 없다. 마늘쪽같이 생긴 볼록한 연육이 2개 결합되어 하트 모양의 형상을 만들어내고 있다. 중앙 돌기는 반구상으로 볼록하고, 돌기의 가장자리에 바로 인접하여 1줄의 고리모양 권선을 돌리었다. 연자나 주문 등은 없다. 권선과 주연부 사이에 연판과 간식을 배치되었다. 1994년에 제9구역에서 출토된 1점에 대한 복원도에는 연판 둘레로 외곽 융기선이 있는 것처럼 그림이 그려져 있다(도면 1994-126). 사진으로 제시된 이 형식 와당의 연판에는 단 1점에도 연판의 외곽 융기선이 확인되지 않았기 때문에 그 그림은 잘못된 것으로 생각된다.

제3형식 와당은 1983년에 1점이 수습되었고(도면 1983-35), 1994년에 제9구역의 전각지에서 출토된 4점(도면 1994(2014)-33~36)(도면 644, 1, 1), 1997년에 제15구역 출토 1점(도면 1997-75)(도면 644, 3), 1998년에 제16구역에서 출토된 1점(1998-돔 232)(도면 644, 4), 2009년에 제40구역 출토 1점(도면 2009-282)(도면 644, 5), 2010년에

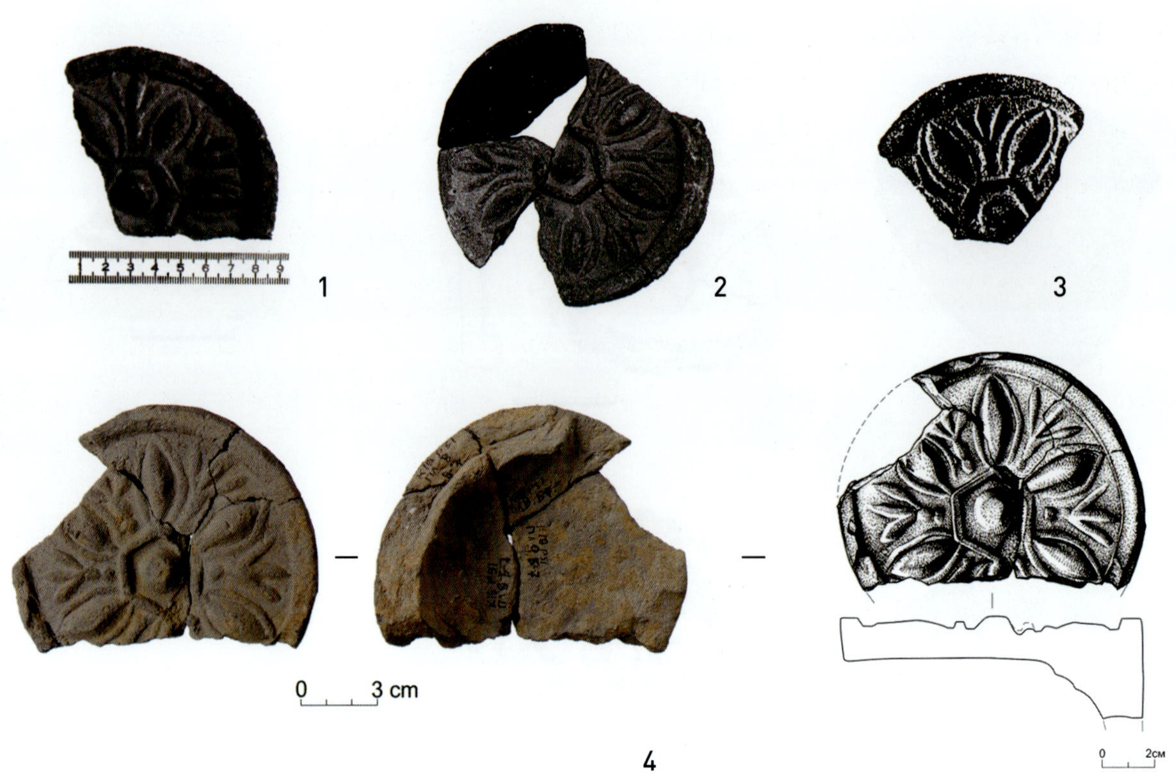

도면 645 | 크라스키노성 출토 제4형식 와당: 1-제5구역(1981), 2-제9구역(1994), 3-제16구역 제4인공층 엔-4방안(1998), 4-제51구역 제8인공층 게-7방안(2018)

제50구역 출토 1점(도면 2010-292)(도면 644, 6)이 각각 보고되었다. 대부분이 편 상태이며, 1998년에 출토된 1점은 비교적 온전하다. 1994년도 발굴조사보고서에는 이 형식 와당이 제9구역에서는 18점, 제10구역에서는 10점이 각각 출토되었다고 하였다.

1994년에 제9구역의 전각지에서 출토된 1점은 중앙 돌기가 직경이 1.8㎝이고, 그 둘레의 고리모양 권선은 두께가 0.3㎝이다. 주연부는 너비가 1.5㎝ 내외이다. 와당의 두께는 1.1~1.9㎝이다(도면 1994(2004)-33)(도면 644, 1). 1994년에 출토된 복원된 1점은 축척을 보면 전체 직경이 약 16.5㎝로 산출된다(도면 1994-126, 6). 1994년도 발굴조사보고서에는 이 형식 와당의 크기가 직경 15~16.7㎝, 두께 1㎝, 주연부 너비 1.5~1.8㎝, 높이 0.6~0.9㎝인 것으로 보고되었다.

제4형식 와당은 행인형의 연판과 삼지간식이 6개씩 배치되어 있는 것이다(도면 639, 4). 6엽 복판 연화문 수막새로 보고되기도 하였다. 중앙 돌기 둘레에 6각형의 융기 권선이 돌려져 있다. 연자나 주문은 없다. 행인형의 연판은 융기된 외곽선에 의해 둘러싸여 있는데 연판의 형태를 되풀이하고 있다. 간식은 하나의 둥치에 3개의 가지가 달린 형태로서 제2형식의 간식과 비슷하나 각각의 가지가 길쭉하여 나무 잎사귀를 연상시키지는 않는다. 굳이 잎사귀와 비교한다면 풀 잎사귀를 연상시킨다. 행인형 연판은 6각형 권선의 모서리 부분에, 삼지간식은 6각형 권선의 면 가운데 부분에 각각 그 기저부가 위치한다.

제4형식의 와당은 1980년 가마(도면 1980-57), 1981년 제5구역(도면 1981-18)(도면 도면 645, 1), 1994년에 제

9구역 전각지(도면 56; 도판 119, 118)(도면 645, 2), 1994년 제10구역 석축담장 주변(도면 1994-126), 1998년에 제16구역(도면 198-232)(도면 645, 3), 2017년에 제51구역 도로의 제5인공층(도면 2017-154), 2018년 제51구역 도로의 제8인공층(도면 2018-150, 158)(도면 645, 4)과 제9인공층(도면 2018-200)에서 각각 출토된 것이 보고되었다. 1994년도에는 제9구역에서 8점, 제10구역에서 3점이 출토된 것으로 보고되었다.

제4형식 와당은 1994년에 전각지에 출토된 1점이 원래의 형태가 확인된다. 이 와당은 크기가 직경 12㎝, 두께 1.8㎝, 주연부 너비 1.3㎝이다(도면 1994(2004)-56, 1; 118)(도면 645, 2). 2018년에 제51구역의 제8인공층에서 출토된 1점도 원래의 형태를 알 수 있다. 이 와당은 크기가 직경 11.6㎝, 주연부 높이 0.4㎝, 주연부 너비 0.9㎝, 와당 두께 0.18~0.40㎝이다(도면 2018-150)(도면 645, 4). 1994년에 출토되고 일괄로 검토된 제4형식 와당은 크기가 직경 11~13㎝, 두께 1㎝, 주연부 너비 0.7~1.2㎝, 높이 0.3~0.5㎝로 보고되었다. 따라서 제4형식 와당은 크기가 직경 11~13㎝ 내외이다.

제5형식 와당은 심엽형의 연판과 삼지일엽간식이 6개씩 배치되어 있는 것이다(도면 639, 5). 심엽형 연판은 넓고 오목한 부분이 바깥쪽을 향하고 있어 올바른 하트 모양을 이룬다. 중앙 돌기는 볼록한 반구형이고, 그 둘레에는 둥근 고리 모양의 권선이 하나 돌려져 있다. 중앙 돌기와 권선 사이에는 8개의 연자가 표현되었지만, 대부분의 경우 흔적이 희미하게 남아 있다. 심엽형 연판은 융기선에 의해 형태가 이루어져 있다. 그 안에는 2개씩의 연육이 배치되어 있는데 모두 길쭉한 융기선으로 표현되었다. 간식은 하나의 둥치에 3개의 가지가 있는 형태를 하고 있다. 그런게 가운데 가지는 상대적으로 넓고 볼록하여 잎사귀를 연상시킨다. 때문에 이 간식을 삼지일엽간식으로 지칭하게 되었다. 연판과 간식은 모두 주연부와 안쪽 가장자리와 일정한 거리를 유지한다.

제5형식 와당은 1981년에 제5구역에서도 출토되었고(도면 1981-18, 1, 4), 1994년에는 제9구역 전각지에서 출토된 것이 13점 보고되었다(도면 1994(2004)-37~49)(도면 646, 1~3). 1994년도 발굴조사보고서에는 제9구역에서 16점, 제10구역에서 5점이 각각 수습되었다고 한다. 그 외에도 1996년에 제12구역(도면 1996-56), 2003년에 제31구역(도면 2003-127), 2012년에 제47구역(도면 2012-396)(도면 646, 4), 2015년에 제50구역에서 1점(도면 2015-807)(도면 646, 5), 2017년에 제51구역 도로의 제5인공층에서 2점(도면 2017-147; 162), 제6인공층에서 3점(도면 2017-282, 285, 287)(도면 646, 6), 제53구역에서 1점(도면 2017-509), 2018년에 제51구역 도로의 제9인공층에서 2점(도면 2018-195, 197), 제53구역에서 1점(도면 2018-673)이 각각 보고되었다.

1994년에 전각지에서 출토된 제5형식 와당들 중에는 전체 크기를 알 수 있는 것들도 있다. 그중의 1점은 전체가 온전하게 복원되었는데 가운데의 중앙 돌기는 직경이 1.6㎝, 둥근 권선은 직경이 3.5㎝, 연자는 직경이 0.2㎝ 내외, 주연부의 너비는 1.2~1.4㎝이다. 전체 직경은 14.6㎝, 두께는 1.5~2㎝이다(도면 1994(2004)-38; 102)(도면 646, 1). 다른 1점은 절반 이상이 남아 있는데 둥근 고리모양 권선은 직경이 3.4㎝ 정도이고, 중앙 돌기는 직경이 1.7㎝, 연자는 직경이 0.3㎝이다. 주연부는 너비가 1.4㎝ 내외이다. 전체 직경은 14.3㎝, 두께는 1.4~2.1㎝이다(도면 1994(2004)-37; 101)(도면 646, 2). 다른 1점도 절반 이상이 남아 있는데 직경이 13.9㎝, 두께가 1~2.2㎝, 주연부 너비가 1.4㎝이다(도면 1994(2004)-39; 103)(도면 646, 3). 1994년에 출토되고 일괄로 검토된 제5형식 와당은 크기가 직경 14.3~14.8㎝, 두께 1.5㎝, 주연부 너비 1.5~1.8㎝, 높이 0.6~0.9㎝로 보고되었다. 따라서 제5형식의 와당은 크기가 직경 13.9~14.8㎝ 내외임을 알 수 있다.

제6형식의 와당은 행인형 연판과 구슬간식이 각각 4개씩 배치된 것이다(도면 639, 6). 이 제6형식 와당은 제7형

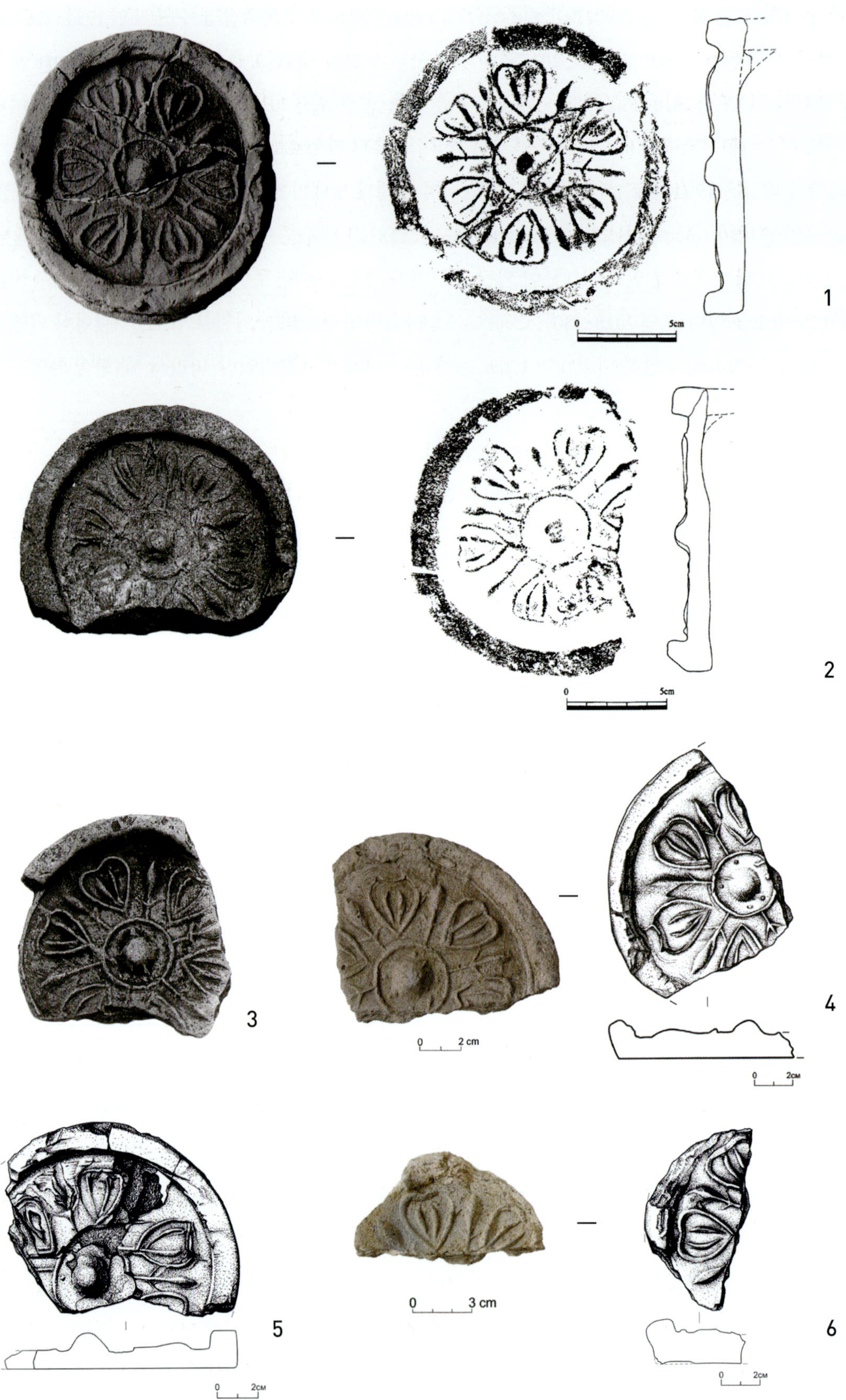

도면 646 | 크라스키노성 출토 제5형식 와당: 1~3-제9구역(1994), 4-제47구역 섹터5 제2인공층 삐-2방안(2012), 5-제50구역 섹터2 제1인공층 아-1방안(2015), 6-제51구역 제6인공층 게-5방안(2017)

식 와당과 문양의 구성이 매우 흡사하지만 세부적으로는 차이를 보인다. 제6형식 와당의 연판은 행인형이고 각각의 연판 둘레에는 융기 외곽선이 둘러싸고 있다. 이 융기 외곽선들은 각각의 연판만 둘러싸고 있을 뿐이지 서로 연결되어 있지는 않다. 간식은 반구형으로서 중앙 돌기의 형태를 되풀이한다. 때문에 구슬간식으로 지칭하였다. 각각의 구슬간식 둘레에도 융기 외곽선이 감싸고 있다. 그리고 구슬간식과 중앙 돌기 사이에는 각각 1개씩 모두 4개의 주문이 배치되어 있어 자방부와 연판부를 구분하고 있다. 연판부의 바깥 둘레를 따라서는 둥근 고리 모양의 권선이 하나 조성되어 있다. 이 외곽 권선은 연판의 바깥쪽 경계와 붙어있다. 다만 구슬간식은 이 외곽 권선보다 조금 안쪽에 배치되었다. 외곽 권선과 주연부 사이에는 16개의 주문이 등 간격으로 배치되어 있다.

제6형식의 와당은 1980년에 1점(도면 1980-57), 1981년에 제5구역에서 출토된 것이 1점(도면 1981-18), 1997년 제15구역에서 출토된 것이 1점(도면 1997-74), 1998년에 제18구역에서 출토된 것이 1점(도면 1998-232) 각각 보고되었다. 1994년에 제9구역 전각지에서 출토된 것은 6점이 보고되었다(도면 1994(2004)-50~55)(도면 647, 1~3), 그 외에도 2008년에 제37구역에서 1점, 2014년에 제49구역에서 1점(도면 2014-734), 2018년에 제51구역 도로의 제7인공층에서 1점(도면 2018-110)(도면 648, 1), 제9인공층에서 1점(도면 2018-215)이 각각 보고되었다. 1994년도 발굴조사보고서에는 제6형식과 제7형식 와당을 합하여 제9구역에서는 17점, 제10구역에서는 3점이 출토된 것으로 보고되었다.

2018년에 제51구역 제7인공층에서 출토된 것은 일부만 결실되어 전체적인 형태가 확인된다. 이 와당은 크기가 전체 직경 13.2㎝, 두께 2.2㎝, 주연부 높이 0.6㎝, 주연부 너비 1.5㎝, 중앙 돌기 직경 1.7㎝이다(도면 648, 1). 1994년에 전각지에서 출토된 이 형식 와당 4점은 온전하거나 혹은 전체 형태가 확인된다. 그중의 1점은 크기가 중앙 돌기 직경 1.7㎝, 자방 직경 2.9㎝, 연자 직경 0.3㎝ 내외, 구슬간식 직경 2.5㎝ 내외이다. 전체 직경은 12.9㎝, 두께는 1.4~1.8㎝, 주연부 너비 1.2~1.4㎝이다(도면 1994-50)(도면 647, 2). 다른 1점은 전체 직경 13㎝, 두께 2~2.2㎝, 주연부 너비 1.1~1.4㎝이다(도면 1994-51)(도면 647, 1). 다른 1점은 크기가 중앙 돌기 직경 1.9㎝, 자방 직경 2.8㎝, 연자 직경 0.3㎝, 연판과 간식 둘레의 융기선 두께 0.2㎝ 내외, 주연부 너비 1~1.4㎝, 외곽 권선과 주연부 사이 연자 간격 1.5㎝ 내외이다, 전체 직경은 12.7㎝, 두께는 2~2.9㎝이다(도면 1994-52). 따라서 제6형식 와당은 전체 직경이 12.7~13.2㎝ 사이이다.

제7형식 와당은 온전한 것은 1점만 출토되었다(도면 1994-126)(도면 639, 7). 행인형의 연판과 구슬간식이 4개씩 배치된 것은 제6형식 와당과 동일하다. 1994년도 발굴조사보고서에는 출토지점이 분명하게 보고되지 않은 채 출토 모습 사진이 1매 제시되어 있고(도면 648, 2), 크라스키노성 출토 와당에 대한 연구 논문에는 제10구역에서 출토된 것으로 언급되어 있다. 가운데에는 반구상이 중앙 돌기기 있고 그 둘레에는 둥근 고리모양의 권선이 돌려져있다. 권선의 밖에는 8개의 주문이 둥글게 원을 이루며 배치되었다. 그리고 이 주문의 밖으로는 행인형의 연판이 4개 등 간격으로 위치한다. 그런데 여기에서 주목되는 것은 이 4개의 연판이 모두 하나의 융기선으로 된 십자화(十字花) 안에 들어있다는 사실이다. 중앙 돌기 밖의 권선의 존재, 8개 주문, 그리고 십자화 모양의 행인 외곽선은 바로 제6형식 와당 문양과 서로 차이가 나는 내용이다. 연판들 사이에는 구슬간식이 십자화의 오목한 부분에 각각 배치되어 있다. 구슬간식의 가장자리에는 융기 외곽선이 돌아가지만 십자화와 겹치는 부분은 생략되어 있다. 연판과 구슬간식의 끝부분이 주연부 안쪽 가장자리와 일정한 거리를 유지하고 있는 점도 제6형식 와당의 것들과는 서로 다르다. 이 와당의 크기는 분명하지 않지만 도면에 제시된 축척을 통해 보면 대략 직경이 13.3㎝

로 추정된다. 제6형식 와당과 비슷한 크기라고 하겠다. 제7형식에 속하는 것으로 생각되는 와당편은 2017년에 제51구역 도로의 제5인공층에서도 2점이 출토되었다(도면 2017-145; 160)(도면 648, 3).

제8형식 와당은 세삼각형의 중심문양과 호선간식이 각각 4개씩 등 간격으로 배치된 것이다(도면 639, 8). 세삼각형 문양은 넓은 기저부가 안쪽을 향하고 좁고 뾰족한 부분이 바깥쪽으로 향한다. 기저부 쪽이 가장 높고 뾰족한 쪽이 점차 낮아지는 모양새이다. 세삼각형 자체는 기저부와 양쪽 측면이 모두 미약하게 내만 호선을 그린다.

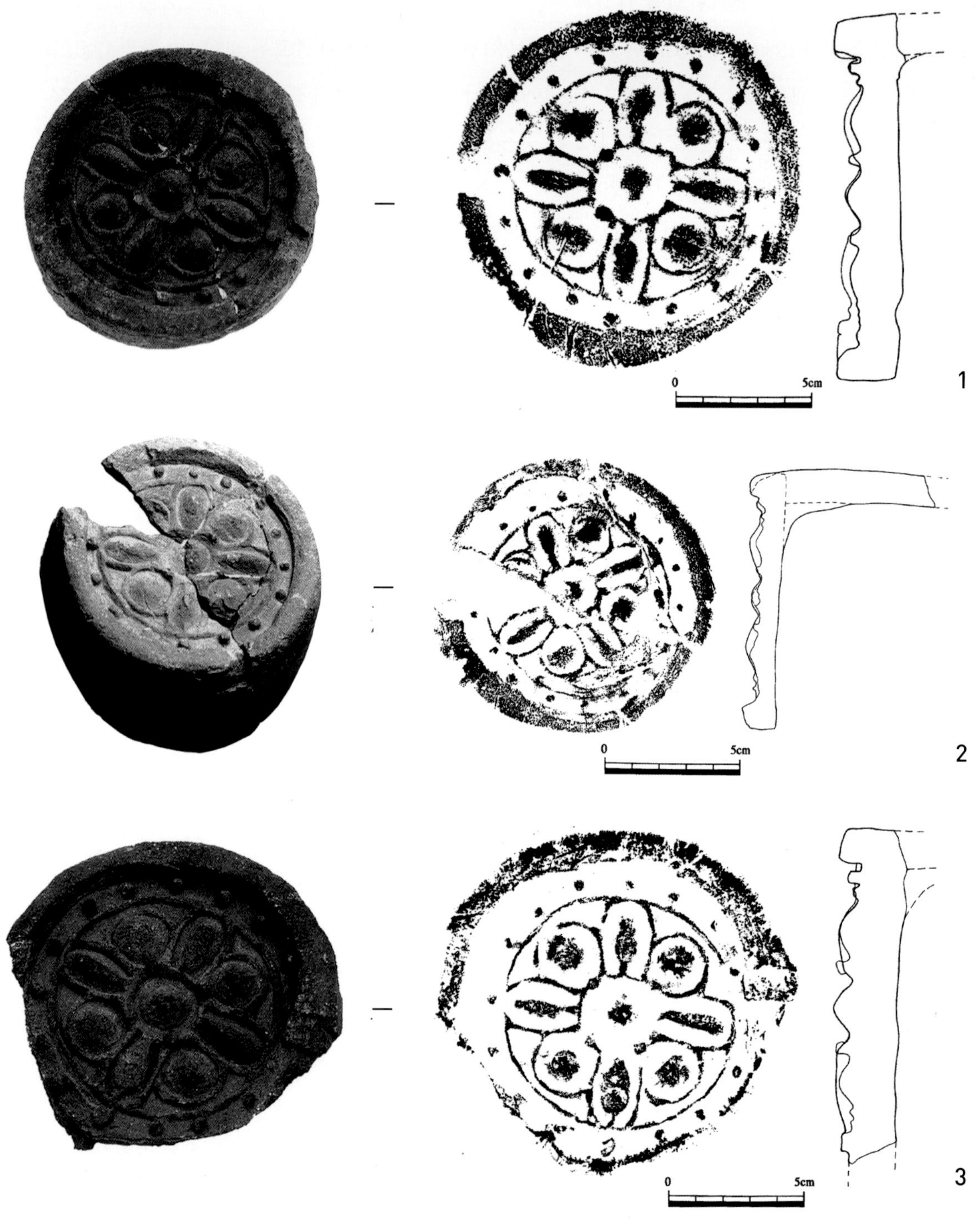

도면 647 | 크라스키노성 제9구역 출토 6형식 와당(1994)

이 형태의 세삼각형 4개가 네 방향, 즉 사방을 향하고 있기 때문에 러시아학계에서는 '방위문' 혹은 '광선문'이라고 부르기도 한다. 한국에서는 이 문양을 감꼭지와 닮았다고 하여 '시체문(柿蔕文)'이라고 부르기도 한다. 하지만 이 용어는 한국어에서 어감도 좋지 못하고 또 이 문양이 실제의 감꼭지와도 닮지 않았기 때문에 적절하지 못하다고 생각된다. 문양 하나의 단위를 말할 때에는 세삼각형문으로 부르는 것이 더 좋을 것 같고, 4개의 문양이 전체를 이루는 것을 지칭할 때는 방위문이나 광선문도 무방하다는 생각이다. 호선간식은 짧고 두터운 것은 삭월형

도면 648 | 크라스키노성 출토 6형식(1)과 7형식(2, 3) 와당: 1-제51구역 제7인공층 베-7방안(2018), 2-제9구역(1994), 3-제51구역 제5인공층 줴-6방안(2017)

이라 불리기도 하지만 이 와당의 것은 하나의 평행하는 융기선이기 때문에 삭월과는 약간의 차이를 보인다. 중심 문양과 간식의 바깥 부분에는 주연부와의 사이에 외곽 권선이 하나 융기선에 의해 표현되어 있다.

세삼각형이 중심문양인 제8형식 와당은 중앙 돌기의 구성이 서로 차이가 나는 두 종류가 있는 것으로 지적된 바 있다. 첫 번째는 중앙 돌기가 볼록한 반구상으로서 대부분이 제8형식 와당이 이에 속한다. 두 번째는 중앙 돌

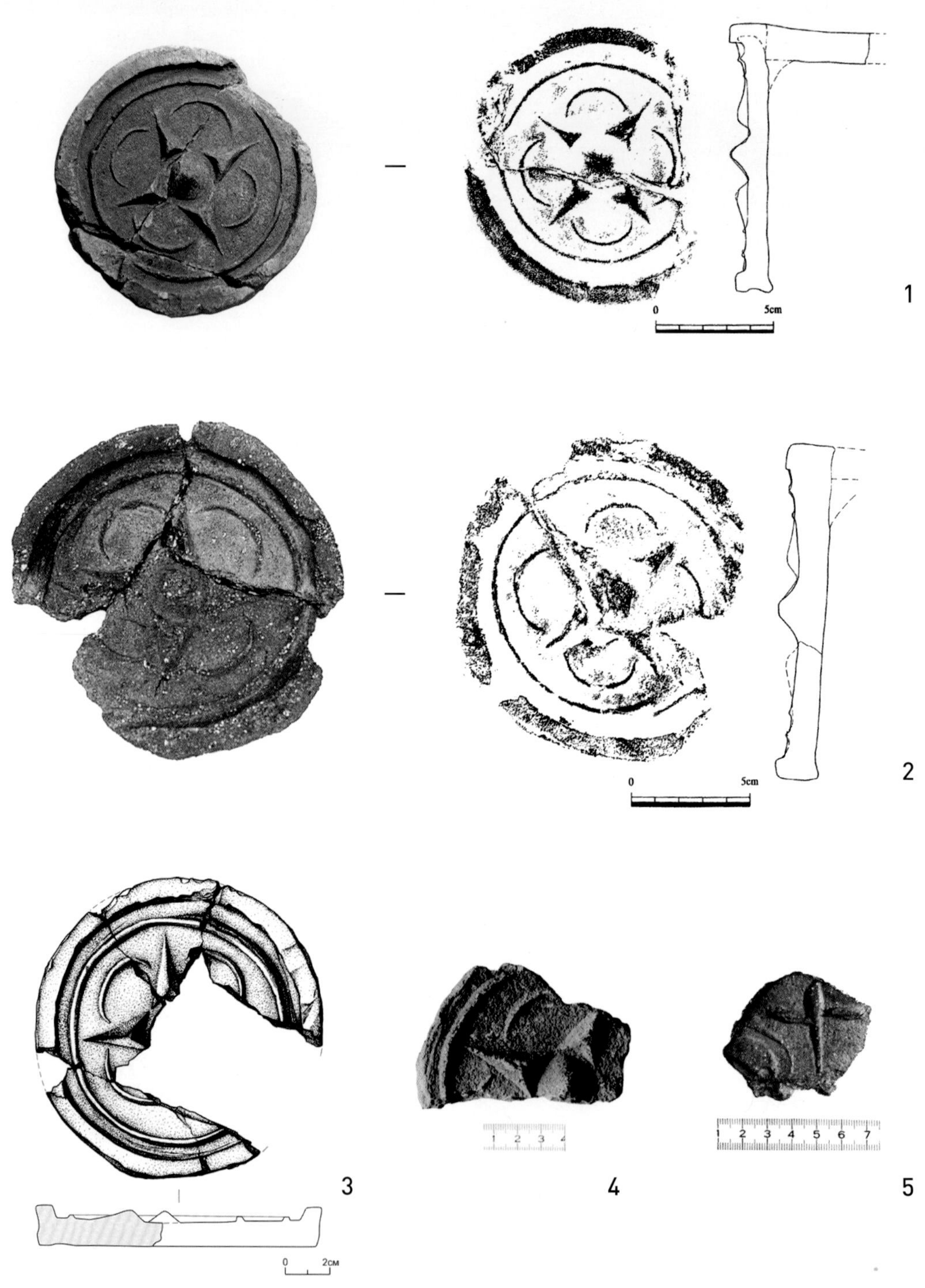

도면 649 | 크라스키노성 출토 8형식(1~4)과 기타 형식(5) 와당: 1, 2-제9구역(1994), 3-제51구역 제9인공층 이-7방안(2018), 4-제15구역(1997), 5-제10구역(1980)

기가 약간 뾰족하게 처리되었고 또 4개의 부분으로 나뉘어져 있다고 한다.[22] 1994년도 발굴조사보고서에 제시된 도면 126을 보면 제8형식의 와당 그림이 2개 있는데 그중의 하나는 중앙 돌기가 사면의 피라미드 모양으로 되어 있다. 제8형식의 두 번째 종류 중앙 돌기는 바로 이 사면 피라미드 모양을 지칭하는 것으로 생각된다.

제8형식 와당은 1997년에 제15구역 출토 1점(도면 1997-76)(도면 649, 4), 1994년에 제9구역 전각지 출토 6점(도면 1994(2004)-57~61)(도면 649, 1, 2), 2017년에 제51구역 도로의 제5인공층 출토 1점(도면 2017-156), 2018년에 제51구역의 도로 제8인공층 출토 2점(도면 2018-53, 160)과 제9인공층(도면 2018-205, 219)(도면 649, 3) 출토 2개체 편들이 각각 보고되었다. 1994년도 발굴조사보고서에는 제9구역에서 5점, 제10구역에서 2점이 출토되었다고 하였다.

2018년에 제51구역 도로 제9인공층에서 출토된 1개체는 4개의 편 상태로 출토되어 하나로 붙은 것이다. 이 와당은 크기가 직경 13.3㎝, 두께 1.6㎝, 주연부 너비 1.1㎝, 주연부 높이 0.5㎝이다(도면 2018-205)(도면 649, 3). 1994년에 제9구역의 전각지에서 출토된 것 중 2점은 형태가 비교적 온전하다. 그중의 1점은 크기가 전체 직경 13.8㎝, 두께 1~2.1㎝, 주연부 너비 1㎝, 외곽 권선의 두께 0.2㎝이다(도면 1994(2004)-57)(도면 649, 1). 다른 1점은 크기가 중앙 돌기 직경 2.5㎝, 전체 직경 13.8㎝, 두께 1.3~2㎝, 주연부 너비 1㎝이다(도면 1994(2004)-58)(도면 도면 649, 2).

1994년에 출토되고 일괄로 검토된 제8형식 와당은 크기가 직경 12.8~14.5㎝, 두께 1.5㎝, 주연부 너비 0.7~1.2㎝, 높이 0.4~0.8㎝로 보고되었다. 다시 말해서 제8형식 와당의 크기는 직경이 12.8~14.5㎝ 정도이다.

이상 8개 형식의 와당 외에도 크라스키노성의 제10구역에서는 역심엽형의 연판 사이에 십자간식이 있는 것도 발견된 것이 있다고 한다.[23] 구체적인 사진이나 도면을 제시하지 않았는데 1980년에 출토된 작은 편 1점이 이것이 아닌가 생각된다(도면 1980-57, 3)(도면 649, 5). 하지만 편이 너무 작고 또 그것도 1점만 출토되어 이 와당의 형태적 속성을 파악하는 것이 쉽지 않다.

또한 크라스키노성에서는 편의 크기가 작고 또 특징적인 속성들이 확인되지 않아 위의 8개 형식 중에서 어느 형식에 속하는지 판단하기 힘든 와당편들도 다수 발견되었다.

2004년에 크라스키노성에서 출토된 와당들에 대해 상대적인 편년도 이루어졌다.[24] 상대편년은 출토위치와 층위관계를 통해 설정되었다. 전각지에서는 제1형식, 제3형식, 제5형식, 제6형식, 제8형식 와당이, 위생활면 금당지에서는 제1형식 와당만, 위생활면 금당지와 전각지 사이의 경계지역 및 위 생활면 금당지와 중간생활면 금당지 사이의 경계지역에서 제4형식, 제5형식, 제6형식 와당이 각각 출토된 것으로 파악되었다. 여기에서 제4형식, 제5형식, 제6형식 와당은 비록 위생활면 금당지가 조사된 제5구역에서 출토는 되었지만 위생활면 금당지와는 무관한 것으로 판단되었다. 이러한 사실을 종합하여 제2형식, 제4형식 와당은 이른 시기로, 제5형식과 제8형식 와당은 중간 시기로, 제1형식, 제3형식, 제6형식 와당은 늦은 시기로 각각 판단되었다. 늦은 시기의 와당들 중 제1형식 와당은 가장 늦은 시기일 것으로 추정되었다. 제7형식 와당은 1점이 제10구역에서 제2형식과 제4형식 와당과 함께 출토되었기 때문에 가장 이른 시기일 가능성이 있는 것으로 판단되었다.

그런데 제51구역 도로구간에서 출토된 와당들은 상대편년이 약간 차이를 보인다. 위에서 아래로 제4인공층에서는 제1형식, 제5인공층에서는 제1형식, 제4형식, 제5형식, 제6형식, 제8형식, 제6인공층에서는 제5형식, 제7인

22 Асташенкова Е.В., Болдин В.И., 2004, Декор концевых дисков Краскинского городища // Россия и АТР, №1. p.126.

23 Асташенкова Е.В., Болдин В.И., 2004, Декор концевых дисков Краскинского городища // Россия и АТР, №1. p.126.

24 Асташенкова Е.В., Болдин В.И., 2004, Декор концевых дисков Краскинского городища // Россия и АТР, №1.

공층에서는 제6형식, 제8인공층에서는 제4형식, 제8형식, 제9인공층에서는 제4형식, 제5형식, 제6형식, 제8형식, 제10인공층에서는 제6형식, 제13인공층에서는 제2형식 와당이 각각 출토되었다. 도로구간에서는 기존의 도로 위로 계속해서 흙이나 돌을 깔아 레벨이 높아졌고 또 주거구역과는 달리 후대의 저장구덩이 등에 의한 훼손이 이루어지지 않았기 때문에 인공층 자체가 나름대로 절대적 층위의 의미를 지닐 수 있다고 생각된다. 다만 위아래로 1~2개의 인공층은 동일 생활면에 속할 수도 있음은 염두에 두어야 한다. 그렇다면 가장 아래 제13인공층에서 출토된 제2형식 와당이 가장 이른 시기에 속하고, 제10인공층에서 출토된 제6형식 와당이 그다음으로 이르거나 혹은 적어도 제9인공층에서 출토된 제4, 제5, 제8형식 와당과 함께 중간 시기에 속할 가능성이 높다. 가장 늦은 시기에는 제5인공층과 제4인공층에서만 출토된 제1형식 와당이 해당된다. 제5인공층에서도 발견된 제4, 제5, 제6, 제8형식 와당은 중간시기에 출현하여 늦은 시기까지 사용되었다고 판단하는 것이 맞을 것이다.

4) 마루장식 기와

크라스키노성에서는 치미, 연꽃봉오리장식, 용머리장식 등 건물의 지붕 마루를 장식하였던 소조품들이 적지 않게 출토되었다. 하지만 작은 편 상태로 출토되어 원래의 모습을 알 수 없는 것들이 대부분이다. 그중 형태가 어느 정도 확인되는 것들을 소개하면 다음과 같다.

(1) 치미

크라스키노성에서 치미는 모두 편 상태로 출토되었다. 1981년에 제5구역 금당지의 기단 입구 계단 앞쪽에서 수 점이, 1994년에 제9구역 전각지에서 14점이, 1994년에 제10구역의 석축담장 일대에서 8점이, 1999년에 제21구역의 '중간 생활면' 금당지 기단에서 수 점이, 1999년에 제23구역에서 1점이, 2005년에 제32구역에서 치미의 용눈알이, 2011년에 제48구역에서 1점이, 2017년과 2018년에 제51구역의 도로에서 다수의 치미편이 각각 발견되었다. 따라서 크라스키노성에서는 '위 생활면' 금당지와 '중간 생활면' 금당지, 그리고 전각지의 지붕에는 모두 치미가 놓여 있었음을 알 수 있다.

하지만 크라스키노성에서 출토된 치미는 모두 편 상태여서 원래의 형태가 파악이 되지 않는다. 다만 1994년에 제9구역의 전각지에서 출토된 14점의 치미 편들은 2개체에 속하는 것으로 판단되었고, 그리고 1개체에 대해서는 도식적이기는 하여도 복원도가 제시되었다. 그런데 1994년도 러시아어판 보고서에는 이 치미에 대한 기술내용이 보고되지 않았다. 대신 한국어판 보고서에는 복원된 상태가 아니라 개별 편들에 대한 기술내용이 소개된 것이 있다.

전각지에서는 치미의 편들이 북쪽과 서쪽 와적층 내에 분산된 상태로 출토되었다. 잔존하는 편들은 종대, 날개, 꼬리, 그리고 머리 부분에 해당된다. 종대는 2열의 융기선으로 표현되었다. 2열의 융기선으로 된 종대 사이에는 5㎝ 내외의 간격으로 귀목을 배치하였는데 복원도에는 9개가 그려져 있다. 귀목은 반구상이고 크기는 직경이 약 2.8㎝이다. 귀목에는 모두 추가의 장식이 없다. 꼬리는 버선코의 형태를 하고 있으며 등과 동일한 곡율을 이루면서 자연스럽게 연결되었다. 날개에는 융기선이 물고기의 지느러미 융기선과 같이 일정 간격으로 배치되어

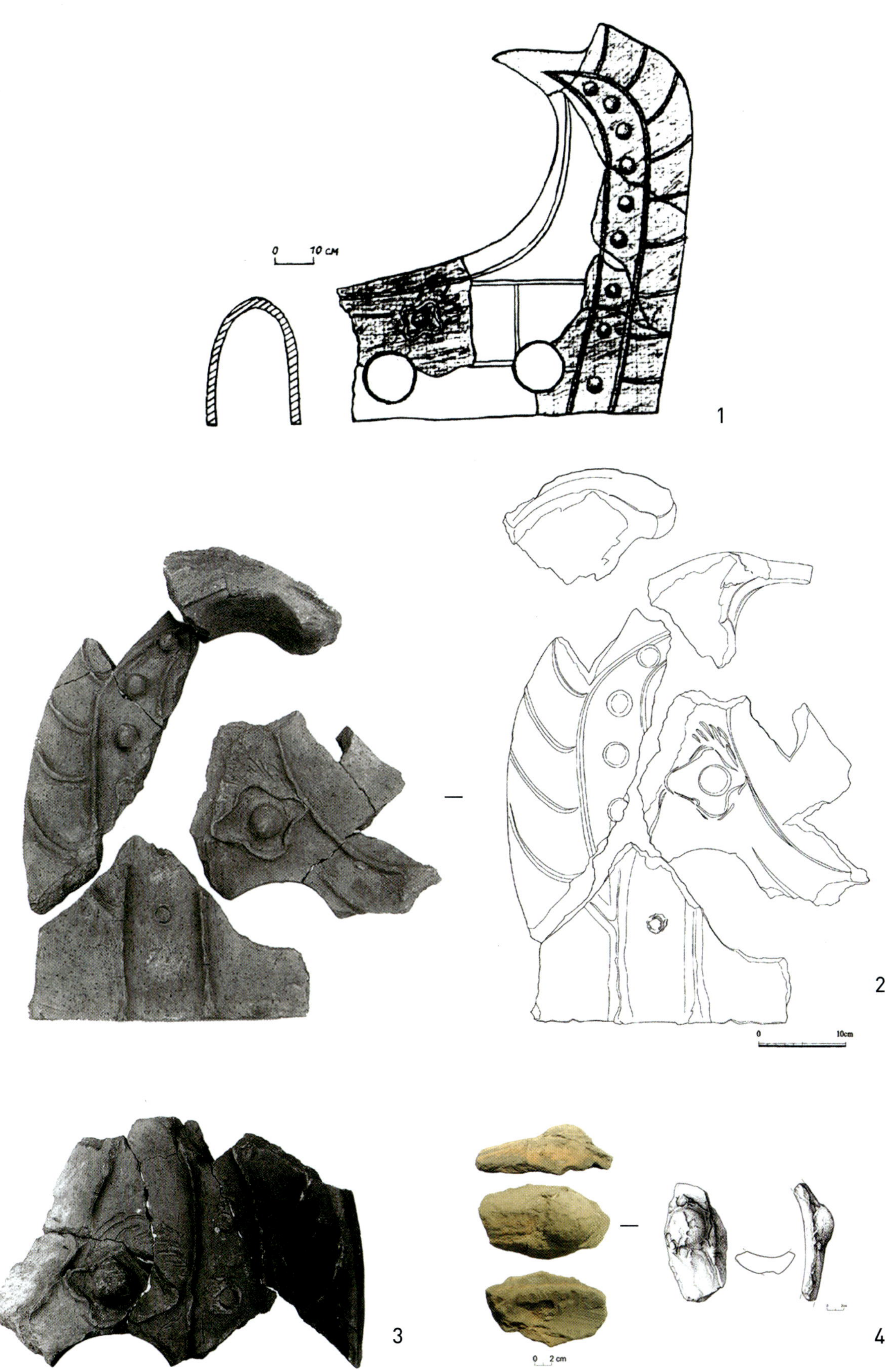

도면 650 | 크라스키노성 출토 치미 복원도(1)와 치미편(2~4): 1~3-제9구역(1994), 4-제48구역(2011)

있다. 종대의 위쪽 바깥으로 능골과의 사이에는 십자화(十字花) 융기선 안에 1개의 귀목을 배치하여 놓았는데 이곳에 귀목이 배치된 것은 매우 독특하다고 하겠다. 복원도에는 머리 부분에 귀목이 들어있는 십자화를 융기선으로 표현해 놓았다. 머리 부분의 단면은 뒤집어진 U자 모양인데 몸통도 아마 그와 같이 속이 비었을 것이다. 머리 아래 부분과 종대 안쪽에 각각 1개씩 둥근 구멍이 나있는 것으로 복원도가 그려졌다(도면 650, 1). 이 치미는 높이는 약 52㎝, 최대 너비는 약 40.2㎝로 추정되었다(도면 1994-38b; 한국어판 도판 139~148). 하지만 복원도와 추정 크기가 얼마나 진실에 가까운지는 알 수 없다. 왜냐하면 귀목이 들어있는 십자화의 위치가 사진 및 도면으로 제시된 것과 복원도에 그 위치가 서로 차이가 나기 때문이다(도면 650, 2, 3).

2011년도에 제48구역에서 출토된 치미 쪼가리에는 반구상으로 된 귀목이 하나 표현되어 있는데 둘레로 '진주'를 붙인 흔적이 남아 있다(도면 650, 4). 즉 이것은 화형 귀목의 흔적인 것이다. 귀목의 크기는 직경 5㎝, 높이 1.6㎝이다. 가장자리에 남아 있는 '진주'가 붙어있던 직경 1.1㎝의 자국들은 모두 13개가 확인되었다. 치미 쪼가리 자체는 크기가 14.4×8.0×1.9㎝이다. 이 유물은 길쭉하고 오목한 형태이다. 색깔은 회색이지만, 속심은 가장자리가 오렌지-갈색인 회색이다(도면 2011-325). 크라스키노성의 위 생활면 금당지 지붕이 이와 유사한 화형 귀목을 가진 치미로 장식된 것으로 지적되었다.

만약에 그렇다면 위 생활면 금당지와 전각지의 치미는 전체의 형태는 서로 비교를 할 수가 없지만 적어도 세부 표현에서는 약간의 차이가 있었다고 판단해야 할 것이다.

(2) 연꽃봉오리장식

1981년에 제5구역의 금당지 와적에서, 1994년에 제9구역 전각지에서, 2003년에 제31구역의 와실유구에서 각각 편 상태로 출토되었다. 2003년에 출토된 것은 연의 꽃잎과 화형반구장식이 부착된 몸체의 일부 등인데 두께가 1.9~2.1㎝이다(도면 2003-116, 117)(도면 651, 1~4), 1981년에 금당지 와적에서 출토된 것으로 동일 형태인 것으로 보고되었다. 전체적인 특징이 1994년에 전각지에서 출토된 것과 흡사하다.

1994년에 제9구역의 전각지에서 출토된 것은 전체 형태가 추정 복원되었다(도면 651, 5; 652). 이 유물은 편 상태로 전각지의 북서쪽과 북쪽 와적층에서 출토되었다. 문양대를 중심으로 상단부, 중단부, 하단부로 구분되었다. 하단부는 원통형으로 추정되었는데 위쪽에 수평 방향으로 원형의 투공과 화형반구장식이 차례로 배치되어 하나의 문양대를 이룬다. 화형반구장식에서 가운데의 반구상 돌기는 직경이 5.4㎝이고, 그 둘레에 배치된 화형의 '진주'는 직경이 1㎝내외이며 모두 14개이다. 원형 투공의 직경은 2㎝이다. 하단부 원통의 기저면은 너비가 4.2㎝로서 안정감을 주고 있고 위로 가면서 점차 두께가 2㎝ 내외로 얇아진다. 하단부 원통의 크기는 직경 약 61㎝, 높이 약 33.5㎝로 추정되었다. 중단부 연판과의 사이에는 1줄의 돌대를 중심으로 하여 너비 약 3.5㎝의 중단부 받침이 만들어져 있다.

중단부는 2줄의 연판 문양대로 이루어져 있다. 아래의 문양대는 앙련으로 되어 있고, 위의 문양대는 복련으로 되어 있다. 아래 앙련 연판은 크기가 길이 9.6㎝, 너비 10.8㎝, 두께 0.6~1.1㎝이다. 위 문양대의 복련은 크기가 길이 13㎝, 너비 11㎝, 두께 2~2.3㎝이다. 중단부 전체는 사발을 뒤집어 놓은 형태인데 추정 크기가 직경 56.4㎝, 높이 15.5㎝ 정도이다.

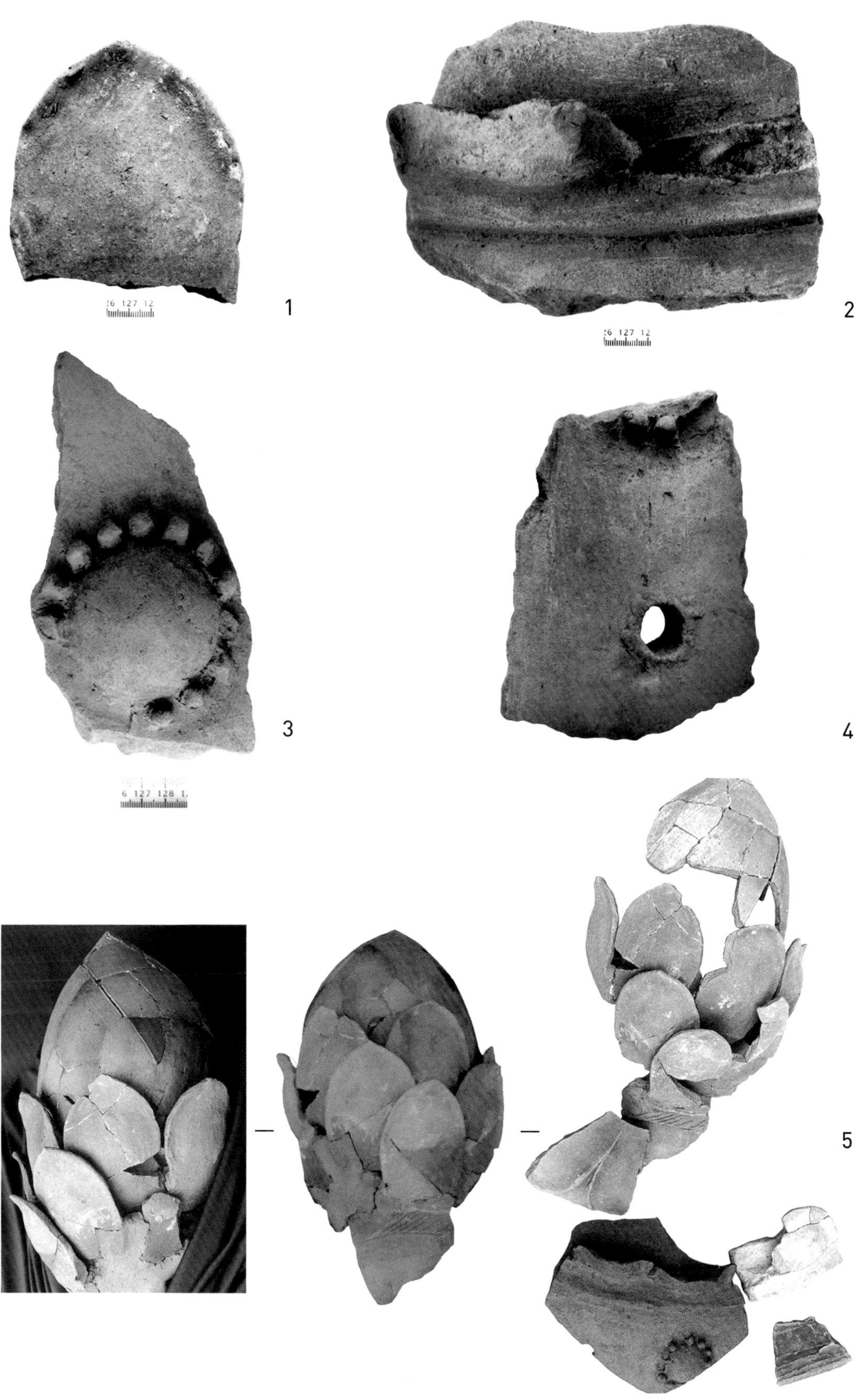

도면 651 | 크라스키노성 출토 연꽃봉우리장식편: 1~4-제31구역(2003), 5-제9구역(1994)

도면 652 | 크라스키노 성 제9구역 출토 연꽃봉우리장식 복원도(1994)

상단부의 아래 부분에는 직경 16cm의 원통형 받침이 연결되어 있어 중단부의 가운데에 고정시킬 수 있게 복원도가 그려져 있다. 이 상단부의 원통과 연꽂 봉오리 사이에는 2줄의 점토 띠를 꼬아서 만든 폭 2cm 내외의 받침이 돌려져 있다. 상단부의 연꽃 봉오리는 이제 막 피어날 준비를 하는 연꽃의 형태를 하고 있다. 상단부의 아래쪽에는 3단의 앙련이 서로 중첩되게 표현되어 있다. 이 앙련 연판의 크기는 길이 12cm, 너비 8.9cm 내외이다. 그 위에는 길이 30cm 정도로 오므라진 연꽃이 나선 모양으로 표현되어 있다. 상단부의 받침 직경은 18cm, 받침 높이는 2cm, 연꽃봉오리 높이는 50cm, 직경은 31cm이다.

연꽃봉오리장식의 전체 복원 높이는 101cm이다. 이 형태의 연꽃봉오리장식은 지붕 용마루의 가운데에 놓았던 지붕 장식으로 판단되었다.

(3) 용머리장식

1994년에 전각지가 조사된 제9구역에서 출토되었다(도면 1994-34; 도판 137-138(한글본))(도면 653). 평면이 약간 길쭉한 부정 타원 모양이다. 가장 윗부

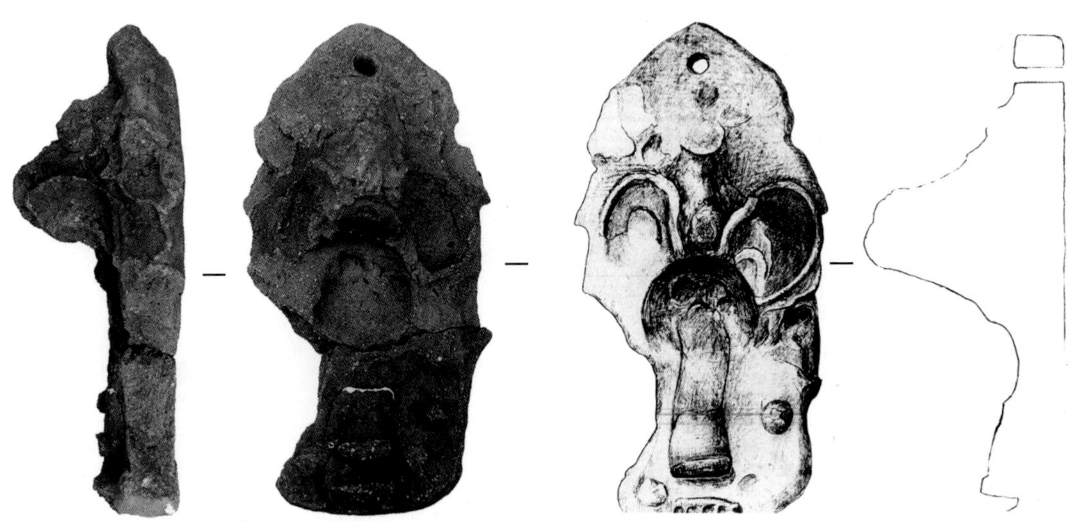

도면 653 | 크라스키노 성 제9구역 출토 용머리장식편(1994)

분은 납작한 연꽃봉오리 형태로 되어있다. 위 가운데에 못 구멍이 하나 뚫려 있다. 그 아래에는 '용의 눈' 자리가 좌우대칭을 이루며 배치되어 있다. 하지만 '용의 눈'은 남아 있지 않은 것으로 보고되었다. 두 눈의 사이로 콧등으로 보이는 크게 돌출한 부분이 있다. 하지만 그 아래는 세부 표현들이 대부분 결실되어 원래의 모습을 찾을 수 없다. 뒷면은 편평하다. 납작한 점토판에 소지를 붙여 형상을 만들었을 것으로 판단된다. 크기는 길이 18.8㎝, 너비 14.7㎝, 두께 3.0~9.4㎝이다. 건물의 마루 끝부분에 부착하였던 귀면와일 것으로 추정된 바 있다.

3. 토제 유물

벼루. 1점의 온전한 것과 4점의 편 상태 벼루가 발견되었다. 온전한 것 1점은 사실 1999년에 제21구역의 중간생활면 금당지 부분 제3인공층에서 절반, 2000년에 제25구역의 제2인공층에서 다른 절반이 각각 출토되었으나 하나로 붙어져 형태가 온전하다. 평면이 길쭉한 5각 사다리꼴 혹은 키 모양이고, 짧은 다리가 3개 달려있다. 벼루의 좁은 쪽이 약간 낮다. 길이는 12.5㎝이고, 최대 폭은 9.7㎝이다(도면 2000-26; 2001-151, 4)(도면 654, 1). 이 모양의 벼루는 당, 오호, 요, 그리고 송시기 중국에 특징적인 것으로 지적된다. 발해 유적에서는 이와 비슷한 벼루가 화룡 북대 고분군에서 출토된 바 있다.

편 상태로 발견된 1점은 평면 원형의 벼루 윗부분이 절반 정도 남아 있다. 2001년에 제25구역의 제1인공층에서 출토되었다. 원형의 가장자리 안쪽을 따라 벼루의 상면에는 폭이 약 1㎝되는 고리 모양의 홈이 얕게 나있다. 위의 가장자리 외측은 2열의 수직 새김으로 장식되어 있다. 직경은 약 17.5㎝이다(도면 2001-151, 3)(도면 654, 2). 평면이 원형인 벼루는 발해 상경성에서도 출토된 적이 있다

다른 1점은 2014년에 제47구역의 섹터3 제8인공층에서 출토되었는데 이곳은 도로 제4생활면에 해당된다. 평면 원형이며, 가장자리 안쪽에 얕게 고리모양의 홈이 파여져 있다. 벼루의 윗부분에 해당하며 받침은 남아 있지 않았다. 벼루 턱의 가장자리에 문양을 시문하지 않았다. 원판 모양 벼루 윗부분의 직경은 23.1㎝로 추정되었다(도면 2014-566, 2)(도면 654, 3).

나머지 2점은 더 작은 편이다. 그중의 1점은 2011년에 제48구역의 제1인공층에서 출토되었다. 평면 원형의 벼루 윗부분으로 생각되며, 가장자리에 좌우대칭으로 보리이삭 모양의 문양을 새겨 놓았다(도면 2011-328)(도면 654, 4). 다른 1점은 토제 유물편으로 보고된 것이다. 평면 원형의 벼루 윗부분 일부로 생각된다. 가장자리에 보리이삭문이 관찰된다(도면 2011-381)(도면 654, 5).

촛대. 1999년에 제21구역에서 2점이 출토되었다. 1점은 전체 형태가 복원된다. 평면 원형의 2단 받침대 위 가운데에 철심을 꽂아 놓았다. 받침대의 바닥은 편평하고, 아랫단의 가장자리에는 돌대를 1줄 돌려놓았다. 위단은 아랫단에 비해 상당히 좁다. 바닥의 직경은 7.0㎝, 전체 높이는 3.4㎝이다(도면 1999-148, 10)(도면 654, 6).

다른 1점은 촛대의 받침대 아랫부분이다. 조금씩 줄어들면서 단이 져있다. 평면은 원형인 것으로 생각된다. 받

침대 바닥의 추정 직경은 11.1㎝이다(도면 1999-142, 19)(도면 654, 7).

도가니. 도가니 혹은 주물용 국자는 모두 편 상태로 2007년에 2점, 2008년에 1점, 2012년에 1점, 2014년에 1점이 각각 출토된 것으로 파악된다. 2007년에는 제37구역의 제2인공층 베-뷔-4-6방안에서 1점이 출토되었는데

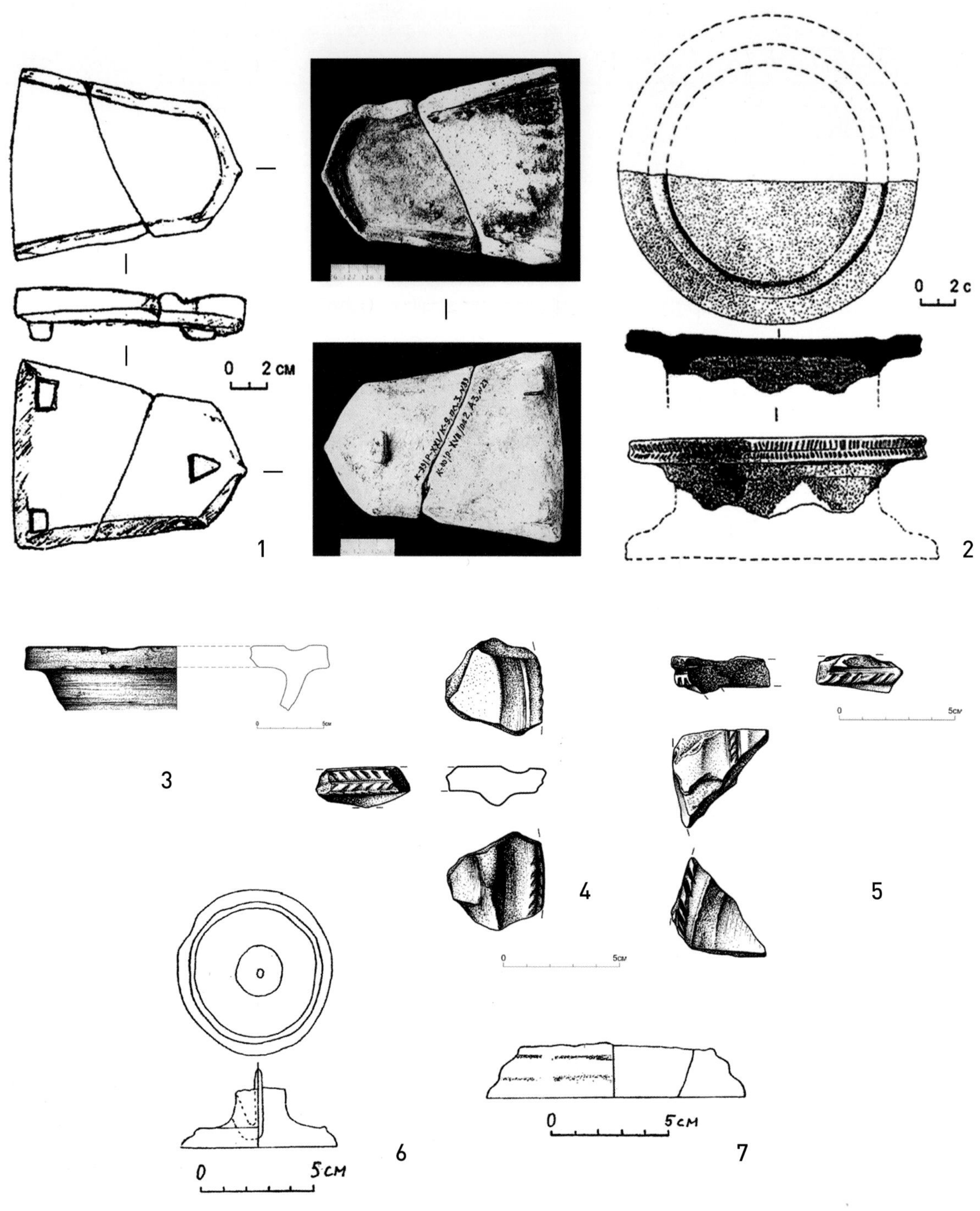

도면 654 | 크라스키노성 출토 토제 벼루(1~5)와 촛대(6, 7): 1-제21구역과 제25구역(1999-2000), 2-제25구역(2001), 3-제47구역(2014), 4, 5-제48구역(2011), 6, 7-제21구역(1999)

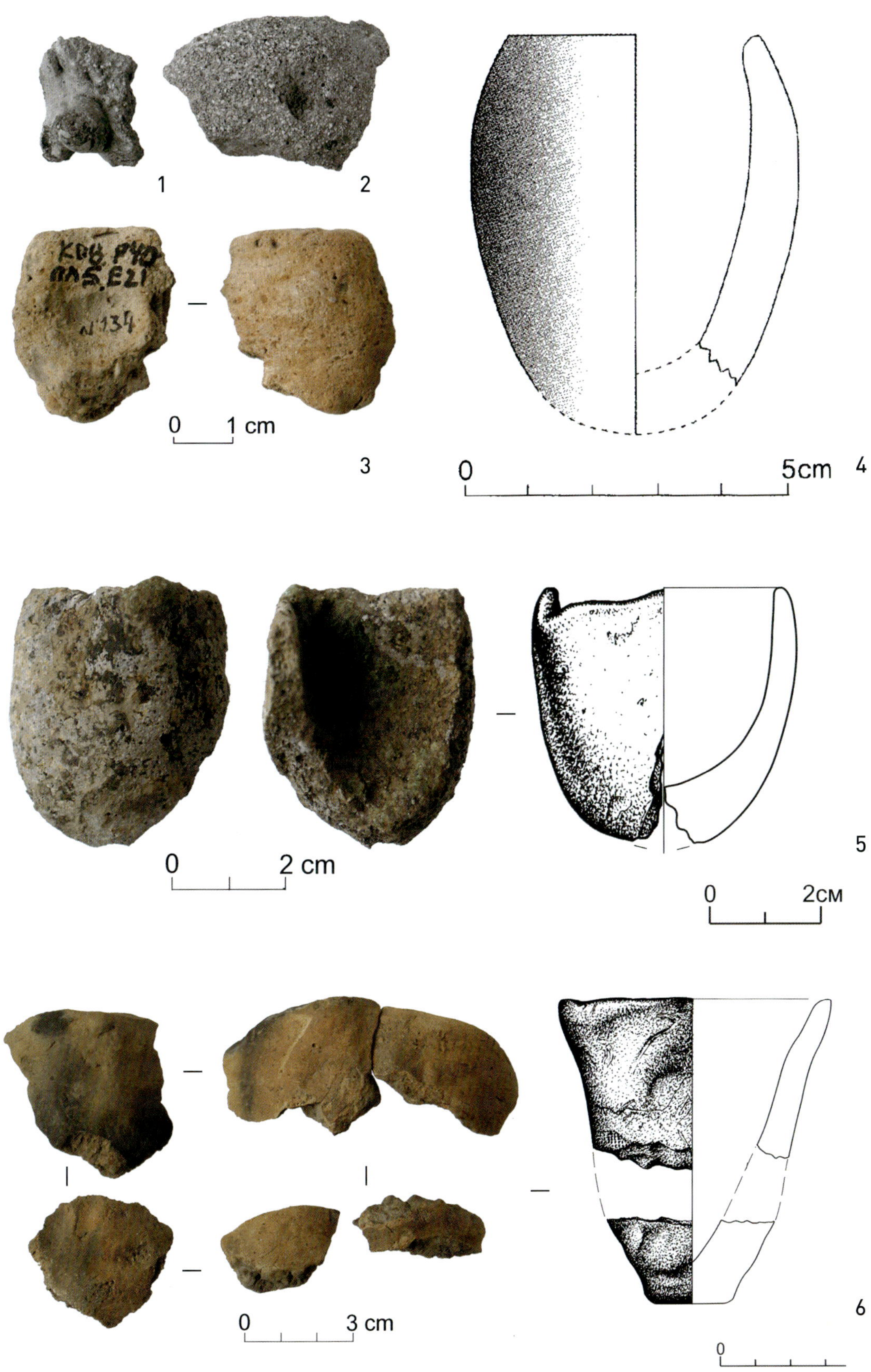

도면 655 | 크라스키노성 출토 도가니편: 1, 2-제37구역(2007), 3-제40구역(2008), 4-제37구역(2007), 5-제47구역(2012), 5-제44구역(2014)

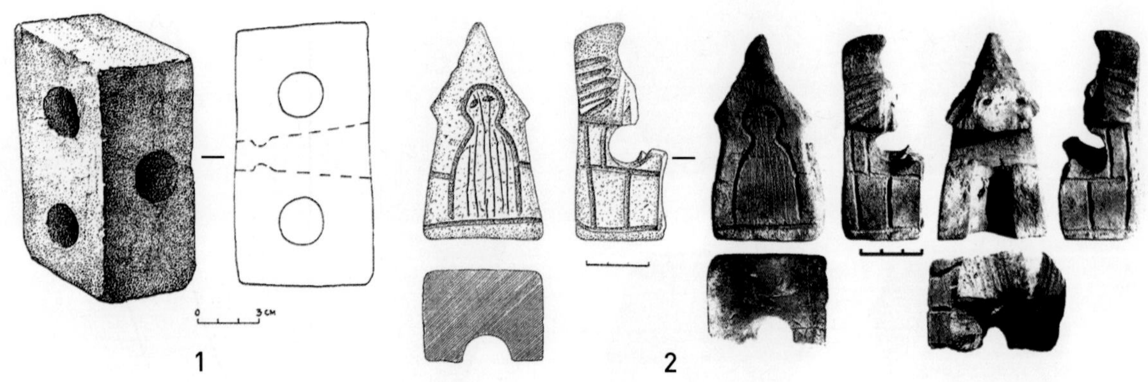

도면 656 | 크라스키노성 출토 다공체 유물: 1-제25구역(2001), 2-제30구역(2002)

슬래그가 묻어있다. 잔존 높이는 약 3㎝이다(도면 2007-75, 3)(도면 655, 1, 2). 다른 1점은 제37구역의 제1인공층에서 출토되었다. 청동 주물용 국자로 보고되었다. 추정 구경은 3.9㎝, 추정 높이는 5.9㎝이다(도면 2007-236, 2)(도면 655, 4).

2008년에는 제40구역의 제5인공층에서 1점이 출토되었다(도면 2008-361, 2)(도면 655, 3).

2012년에는 제47구역의 섹터2에 위치하는 18호 주거지를 복토한 흙에서 1점이 발견되었다. 다시 말해서 18호 주거지를 다시 조사하기 위해 2011년에 복토한 흙을 제거하는 과정에서 도가니편이 확인된 것이다. 따라서 이 도가니편이 놓여있었던 원래 위치는 알 수 없다. 추정 구경은 4.2㎝, 추정 높이는 4.6㎝이다(도면 2012-337)(도면 655, 5).

2014년에는 제44구역의 동쪽섹터에 위치하는 15호 주거지의 내부퇴적토 아랫부분에서 1점이 출토되었다. 구연-동체 윗부분과 저부가 깨어져 떨어진 채로 발견되었는데 복원된 모습이 위가 넓은 술잔을 연상시킨다. 굵은 사립이 섞인 점토로 만들었다. 표면이 고르지 못하고, 색깔은 흑색의 그을린 반점들이 있는 명갈색이다. 편 중의 하나에는 올이 작은 천 자국이 남아 있다. 구경은 7.4㎝, 기벽 두께는 0.5~0.7㎝이다(도면 2014-242)(도면 655, 6).

다공(입방)체 유물. 상호 교차하는 구멍들이 있는 입방체의 토제 유물이다. 발해 입방체유물이라고 불리기도 한다. 정확한 용도는 알 수 없다. 이 유물은 입방체가 절대다수이지만 지붕이 있거나 혹은 탑 모양인 것도 있다. 모두 다공유물이기 때문에 여기에서 소개하기로 한다.

토제 다공(입방)체 유물은 1981년에 편 1점(도면 1981-30), 1994년에 편 1점, 1996년에 편 1점(도면 1996-14), 1998년에 1점, 2001년에 편 2점과 온전한 것 1점(도면 2001-31)(도면 656, 1), 2002년에 지붕이 있는 편 1점(도면 2002-49)(도면 656, 2), 2007년에 편 1점(도면 2007-73), 2009년에 편 2점(도면 2009-642; 733)(도면 657, 1), 2011년에 편 1점(도면 2011-379), 2012년에 편 5점(도면 2012-117; 159; 161; 379; 449)과 온전한 것 1점(도면 2012-21)(도면 657, 2), 2013년에 편 1점(도면 2013-351)(도면 657, 3), 2014년에 편 3점(도면 2014-67, 2; 315, 2; 425, 2)(도면 658)과 탑 모양의 거의 온전한 것 1점(도면 2014-733)(도면 659), 2015년에 편 2점(도면 2015-745; 941), 2016년에 편 1점(도면 2016-94), 2017년에 편 5점(도면 2017-274; 456; 699; 704; 706), 2018년에 편 2점(도면 2018-517; 698)이 각각

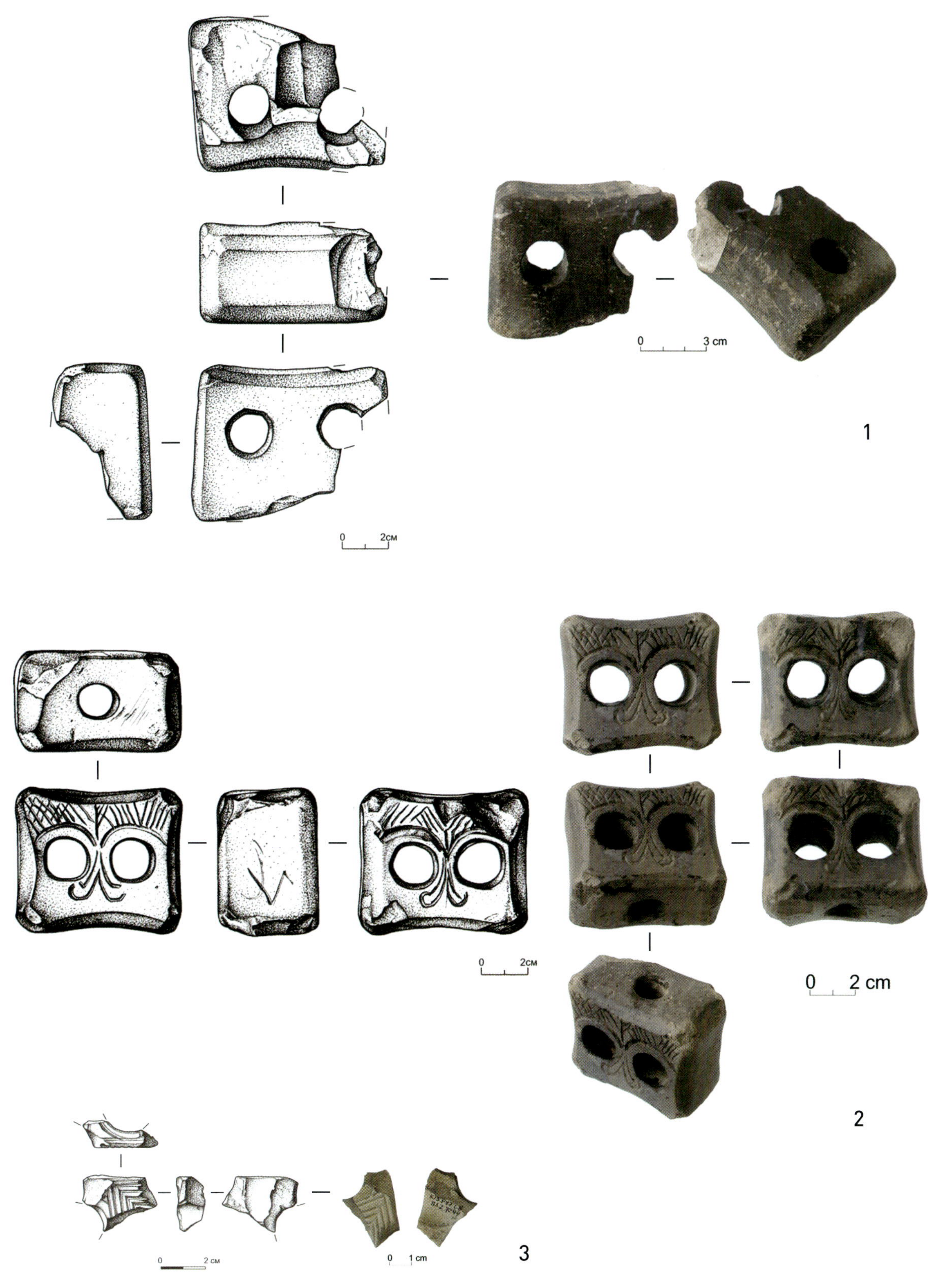

도면 657 | 크라스키노성 출토 다공입방체 유물: 1-제42구역 제4인공층 데-3방안(2009), 2-제48구역 제4인공층 데-37방안(2012), 3-제47구역 섹터8 제2인공층 줴-44방안(2013)

도면 658 | 크라스키노성 제44구역 동쪽섹터 제10인공층 까-20방안 출토 다공입방체 유물(2014)

보고되었다.

그중에서 온전한 형태로 출토된 2점에 대해 먼저 살펴보기로 한다. 2001년에 제25구역의 제4인공층에서 출토된 1점은 구멍을 제외하면 벽돌과 닮은 평행 육면체모양이다. 길이는 17.5㎝, 폭은 5.7㎝, 두께는 6.5㎝이다. 넓은 면에 직경 2.4㎝의 구멍이 두개 대칭적으로 나있다. 세 번째의 구멍은 좁은 면의 중앙에 나있다. 세 번째 구멍은 원추 모양이라서, 한쪽은 직경이 2.4㎝이고, 다른 한쪽은 직경이 1.3㎝이다. 명갈색이며, 개별 면들의 구멍 둘레에 연기에 그을린 흔적이 있다(도면 2001-31)(도면 656, 1).

2012년에 제48구역의 제4인공층에서 출토된 다른 1점은 육면체 혹은 입방체의 모든 가장자리가 호선을 이루게 조금씩 도려내어져 있다. 또한 표면도 약간 오목하게 처리되었다. 구멍은 3개가 뚫려져 있다. 2개는 넓은 면에, 1개는 그 2개와 직교하는 방향인데 기조부로 가면서 좁아지는 원추형이다. 넓은 앞면과 뒷면에는 관통하는 큰 구멍 2개의 위와 가운데로 선을 그어 문양을 내었는데 전체적으로 부엉이의 얼굴 혹은 두개골을 연상시킨다. 크기는 너비 7.1㎝, 높이 5.6㎝, 두께 4㎝이다. '눈'을 이루고 있는 구멍은 직경이 1.8㎝, 수직 구멍은 직경이 위가 1.7㎝, 아래가 1.5㎝이다. 유물의 색깔은 회색이며 유기물질의 흔적이 있다(도면 2012-21)(도면 657, 2).

2009년에 제42구역에서 출토된 1점은 절반 이상이 남아 있는데 전체 크기는 복원된다. 각 가장자리를 약간 오목한 호선을 이루게 도려내었다. 넓은 면에 배치된 2개의 구멍이 가운데 중심축이 아니라 한쪽으로 약간 치우쳐 배치되었다. 크기는 8.8×8.5×6.5×4.5㎝이다(도면 2009-733)(도면 657, 1).

대부분의 다공입방체 편들에는 문양이 없지만 2013년에 제47구역에서 출토된 1점에는 연속 "ㄴ"자 모양의 문양이 새겨져 있다(도면 2013-351)(도면 657, 3).

2002년에 제30구역에서 출토된 1점은 지붕이 있는 집의 형태를 하고 있다. 절반 정도가 잔존한다. 지붕은 측면에서 볼 때에 상당이 가파르다. 지붕에는 기와 열이 표시되어 있고 끝에는 치미가 장식되어 있다. 새김 선으로 세로 방향 벽의 구조를 표시하였다. 바닥에도 몇 개의 가는 선이 그어져 있다. 건물의 측면에 사람의 형상이 표현되어 있다. 사람의 윤곽은 굵은 선을 그어 표현하였다. 사람의 안쪽에는 6개의 가는 선이 수직으로 그어져 있다. 얼굴에는 2개의 눈이 표현되어 있다. 이 유물에는 가로와 세로 방향으로 각각 하나씩의 구멍이 있다. 직경 2㎝의 수

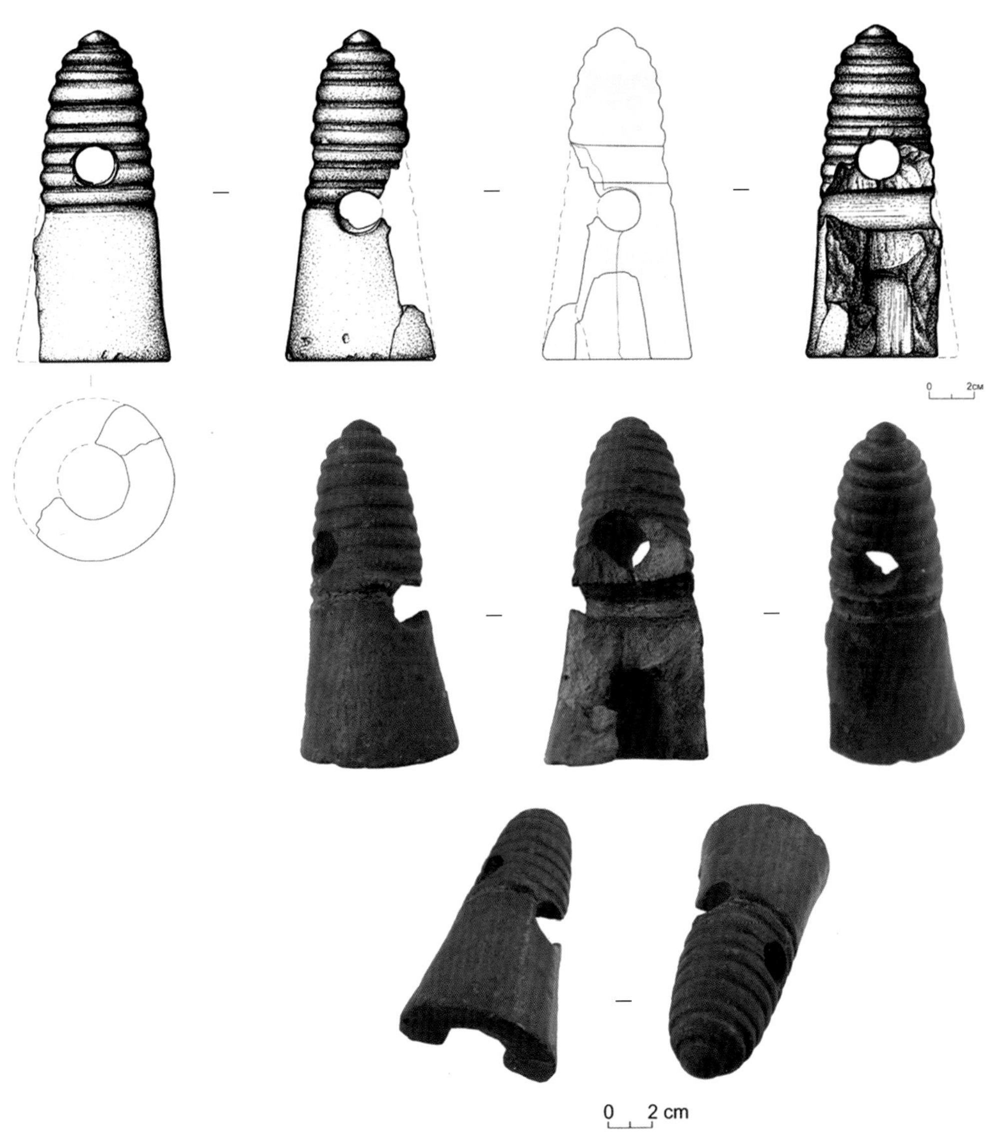

도면 659 | 크라스키노성 제49구역 출토 탑 모양 다공체 유물(2014)

평 구멍은 건물의 장축을 따라 대칭적으로 배열되어 있고, 직경 2.6㎝의 수직 구멍은 바닥 부분의 중간에 위치한다. 명갈색이다. 유물의 잔존 길이는 4.25㎝, 기저부 폭은 5.8㎝, 높이는 10㎝이다. 지붕의 높이는 4.8㎝, 폭은 4.9㎝이다(도면 2002-49)(도면 656, 2).

2014년에 제49구역에서는 원추형의 불탑모양 다공유물이 출토되었다. 높이는 14.2㎝이다. 아랫부분은 표면이 매끈하며 윗부분은 높이 6.4㎝부터 시작하여 너비가 0.8㎝ 이상의 8개의 돌대 혹은 이랑으로 이루어져 있다. 정상은 둥그스름하게 마무리되었다. 정상까지 포함하여 9층의 탑을 이룬다. 바닥에는 속으로 원추형의 구멍이 하나 나있는데 높이는 3.8㎝, 윗부분 너비는 1.8㎝, 아랫부분 너비는 3㎝이며, 바닥면의 고리 두께는 1.9~2㎝이다. 유물의 중간부분과 그 위에 2개의 상호 교차하는 구멍이 나있다. 아래의 구멍은 직경이 1.7~1.8㎝, 위의 것은 직경이 1.5~1.7㎝이며, 각각 한쪽이 약간 넓고 다른 한쪽이 약간 좁다. 아래 구멍에 특히 많은 그을음 흔적이 있다. 이 두

도면 660 | 크라스키노 성 제25구역 출토 벽돌(2001)

구멍 사이에는 두께 0.3~0.4㎝의 칸막이가 있다. 표면은 거의 흑색이고, 속심은 회갈색과 암회색이다(도면 2014-733)(도면 659).

벽돌(전돌). 모두 7점이 보고되었다. 그중의 2점은 문양전이고, 나머지는 문양이 없다.

2001년에 제25구역에서 출토된 1점은 전체가 온전하고 보존된 문양전이다. 제25구역 제4인공층의 추정 노지 구덩이와 연도 사이에서 출토되었다. 세장방형이다. 벽돌의 앞면은 양식화된 팔메트문양으로 장식되었다. 팔메트문양은 양각으로 표현되었다. 벽돌의 장변에는 이랑모양의 주연이 형성되어 있다. 암회색이다. 크기는 길이 36㎝, 폭 14㎝, 두께 3㎝이다(도면 2001-32)(도면 660).

다른 1점의 문양전은 2017년에 제53구역 섹터3의 2호 수혈구덩이에서 출토되었다. 벽돌의 한쪽 부분이 남아 있다. 앞면은 식물모티브의 문양이 양각으로 표현되어 있다. 일종의 넝쿨무늬인데 좌우대칭을 이루는 소용돌이 무늬가 모서리를 향하게 배치되어 있다. 그 위로 모서리 쪽에는 5개의 잣 모양 꽃잎이 부챗살 모양으로 배치되어 있다. 암회색이다. 크기는 잔존 길이 7.8㎝, 폭 12.9㎝, 두께 4.4㎝이다(도면 2017-655)(도면 661, 1).

나머지는 모두 문양이 없고 작은 편 상태이다. 2012년에 제47구역 섹터5에서 출토된 1점은 긴 육면체일 것으로 생각되는데 4면이 모두 매끈하다. 잔존 길이는 12.8㎝, 폭은 7.8㎝, 두께는 6.2㎝이다(도면 2012-410)(도면 661, 2). 2014년에 출토된 것은 잔존 크기가 5.1×3.6×2.0㎝인 것만 보고되었다. 2017년에는 3점이 발견되었는데 제51구역에서 출토된 1점(도면 2017-276)은 편이 매우 작다. 2017년에 제53구역에서 출토된 1점은 상당히 얇다. 이 벽돌은 잔존 크기가 8.3×6.7×2.1㎝이다(도면 2017-585). 제53구역에서 출토된 다른 1점은 잔존 크기가 8.0×5.3×4.2㎝이다(도면 2017-685).

토제 숫돌. 숫돌은 일반적으로 돌로 만든다. 그런데 크라스키노성에서는 흙으로 만든 숫돌이 발견된 것이 있다. 2015년에 제50구역 섹터1에서 1점이 출토되었는데 입방체 모양이며 넓은 면과 측면에서 숫돌로 사용을 한 흔적이 관찰된다(도면 2015-727)(도면 661, 3). 이 숫돌은 원래는 전돌이었을 가능성이 있다.

어망추. 어망추는 흙으로 만든 것도 있고 또 돌로 만든 것도 있다. 토제 어망추는 1980년에 온전한 것 1점과 편 1점(도면 1980-22, 3, 4), 1983년에 온전한 것 1점(도면 1983-2, 2), 1990년도에 편 1점(도면 1990-21, 1), 1994년에 온전한 것 3점(도면 1994-115, 1, 2, 3), 1997년에 편 1점(도면 1997-36), 1999년에 온전한 것 1점(도면 1999-116, 3), 2001년에 온전한 것 2점과 편 1점(도면 2001-112; 135; 147), 2006년에 온전한 것 2점(도면 2006-33; 179), 2008년에 온전한 것 4점(도면 2008-26; 159; 362; 371), 2009년에 거의 온전한 것 1점(도면 2009-322), 2010년에 온전한 것 4점(도면 2010-177; 180; 290; 337), 2011년에 온전한 것 2점과 편 2점(도면 2011-104; 125; 180; 198), 2012년에 온전한 것 2점과 편 3점(도면 2012-32; 286; 287; 288; 289), 2014년에 온전한 것 1점(도면 2014-43), 2016년에 온전한 것 1점(도면 2016-227), 2018년에 절반쯤 남은 것 1점(도면 2018-519)이 각각 보고되었다. 토제 어망추의 색깔은 대개 갈색 혹은 적갈색이다.

크라스키노성에서 출토된 토제 어망추는 크게 3종류로 구분된다. 첫 번째의 가장 많은 수량을 차지하는 어망추는 장축선상을 따라 양면에 대칭적으로 1줄의 홈이 나있는 것이다(Ⅰ형식). 이 형식 어망추는 다시 평면 형태가 2종류로 세분된다. Ⅰ-1형식은 장축선상의 양변이 대칭적으로 호선을 이루는 것인데 형태가 럭비공을 조금 더 길쭉하게 한 것과 비슷하다. 20점이 보고되었다. 이 형식 어망추는 크기가 약간의 변동을 보인다. 전체가 온전하게 남은 6점을 예로서 보면, 크기가 2010년에 제45구역에서 출토된 1점은 4.2×1.7×1.6㎝(도면 2010-290)(도면 662, 1), 2011년에 제45구역의 제5생활면에서 출토된 1점은 2.9×1.6×1.8㎝(도면 2011-198)(도면 662, 2), 다른 1점은 3.3×2㎝(도면 2011-180)(도면 662, 3), 2014년에 제44구역에서 출토된 1점은 3.5×1.5×1.6㎝(도면 2014-43)(도면 662, 4), 2012년에 제48구역에서 출토된 1점은 4.3×2.1×2.2㎝(도면 2012-289)(도면 662, 5), 다른 1점은 5.7×2.1×2.1㎝(도면 2012-287)(도면 662, 6)이다. 길이와 폭의 비율에 따라 평면형태가 조금씩 차이가 난다. Ⅰ-1형식 어망추는 제5생활면부터 시작하여 제1생활면에 이르기까지 크라스키노성 존속의 존 기간 동안에 사용되었다. Ⅰ-2형식의 어망추는 장변이 거의 평행을 이루는 것이다. 단부도 뭉툭하다. 장축상의 양면에 나있는 홈이 단부에

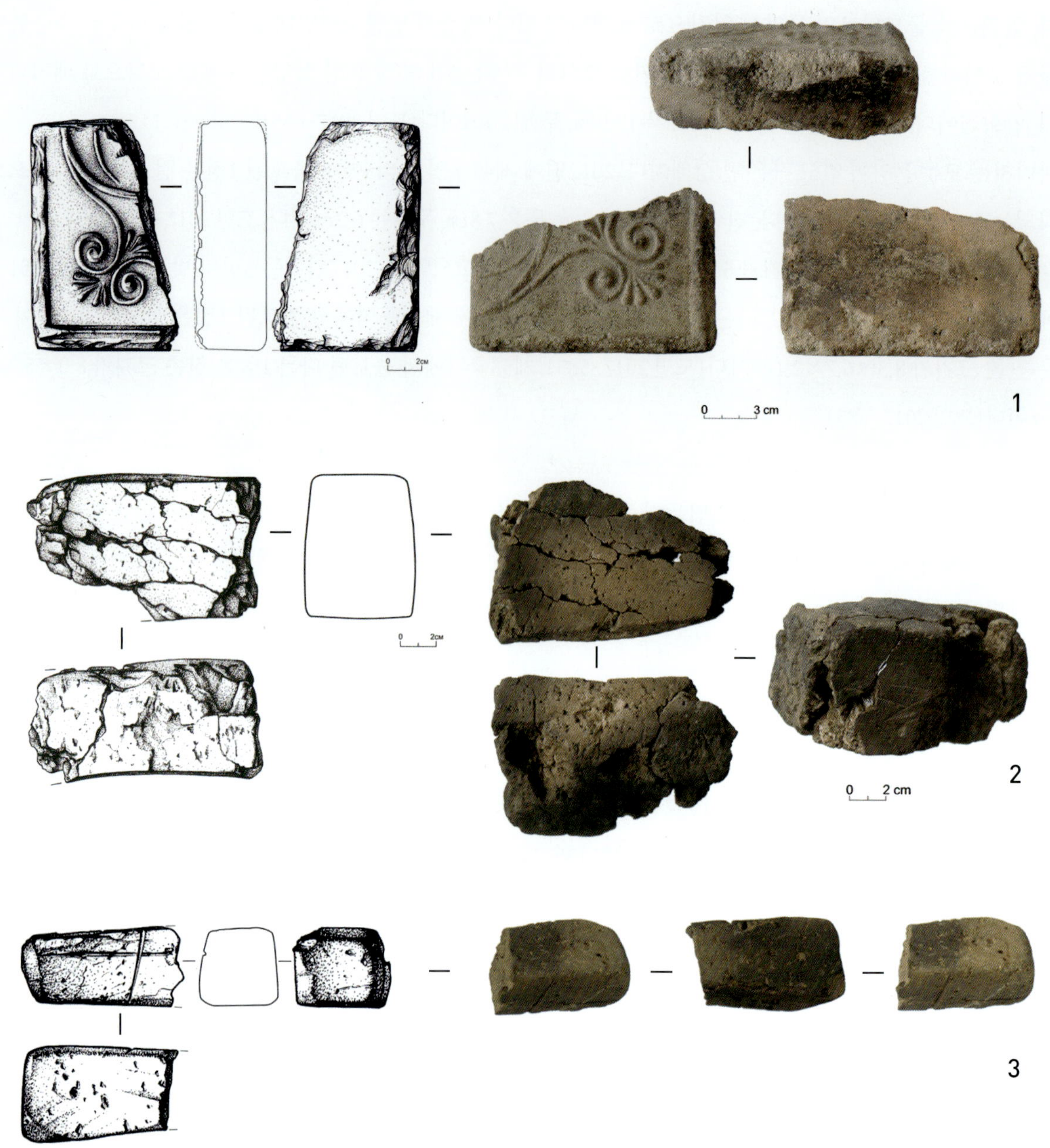

도면 661 | 크라스키노성 출토 벽돌(1, 2)과 숫돌(3): 1-제53구역(2017), 2-제47구역(2012), 3-제50구역(2015)

는 생략되어 있다. 3점이 출토되었는데 모두 편 상태이다(도면 2001-135; 2012-286; 288)(도면 662, 7). 그중의 1점은 잔존 크기가 4.5×2.0×1.9㎝이다(도면 2012-288). Ⅰ형식 어망추는 절대다수가 양쪽 단부에서 홈을 내었지만, 1점은 양쪽 단부에 홈이 관찰되지 않는다. 이 어망추는 크기가 4×2.1×2.4㎝이다(도면 2010-180)(도면 662, 8).

두 번째 종류의 어망추는 장축선상뿐만 아니라 단축선상에도 홈이 나있는 것이다(Ⅱ형식). 이 종류 어망추는 다시 장축선상의 양변이 호선을 이루어 전체 모양이 럭비공을 연상시키는 것(Ⅱ-1형식)과 양변이 거의 평행하는 것(Ⅱ-2형식)으로 세분된다. Ⅱ-1형식 어망추는 4점이 보고되었다(도면 1980-22, 4; 1994-115, 2, 3; 1997-36). 그중에서 1994년에 제10구역에서 출토된 2점은 온전한 상태인데 가로 방향의 홈은 모두 2줄씩이고, 크기는 각각

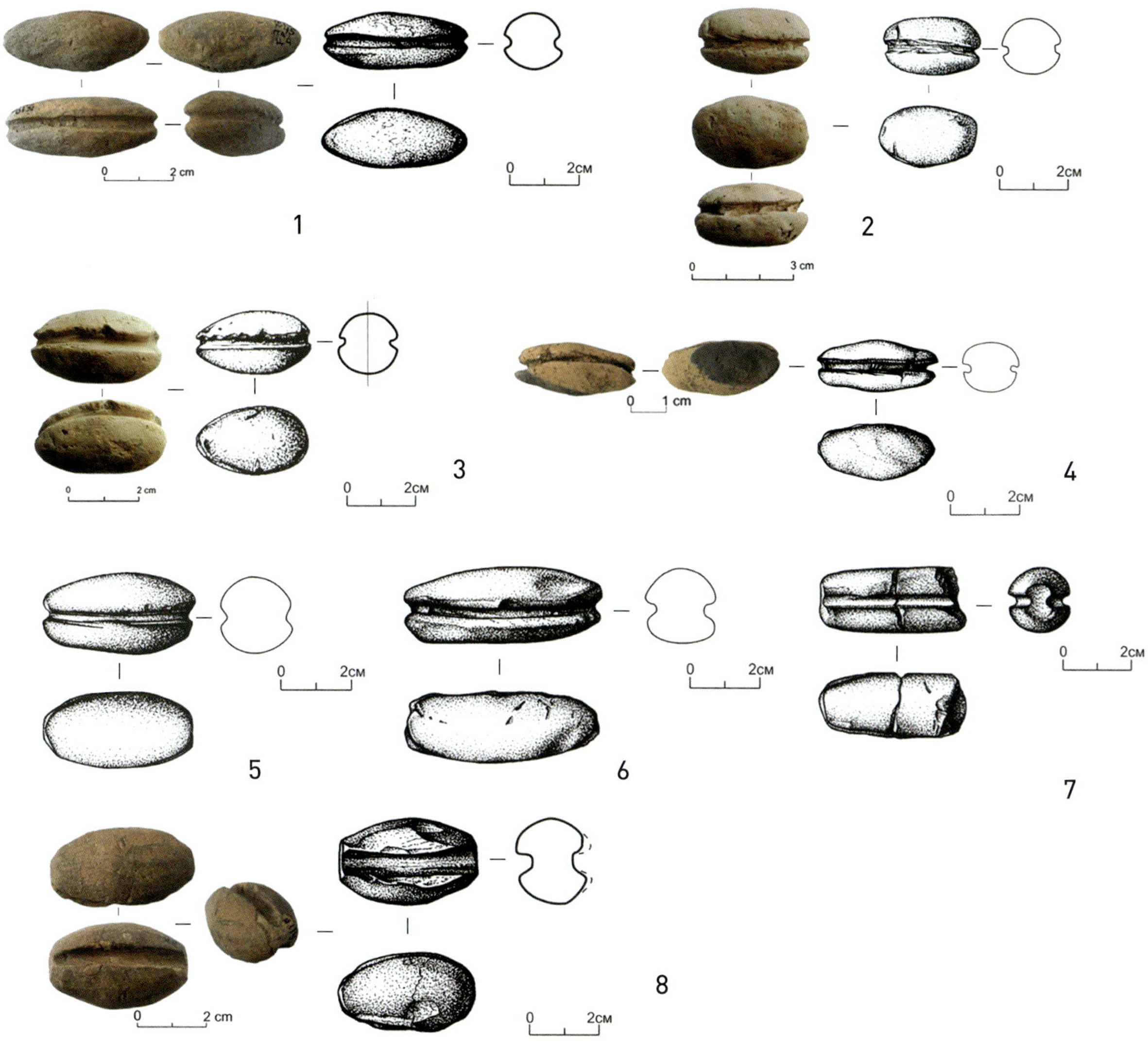

도면 662 | 크라스키노성 출토 토제 어망추: 1-제45구역(2010), 2, 3-제45구역(2011), 4-제44구역(2014), 5~7-제48구역(2012), 8-제44구역(2010)

6.8×2×2.7㎝와 7.1×2.4×2.8㎝이다(도면 1994-115, 3, 2)(도면 663, 1, 2). Ⅱ-2형식 어망추는 온전한 것 1점이 보고되었다. 가로 방향 홈은 3줄이다. 크기는 7.4×2.3×2.3㎝이다(도면 2001-147)(도면 663, 3).

세 번째 종류의 어망추는 대롱모양이다(Ⅲ형식). 5점이 확인되었다. 양변이 호선이어서 전체적으로 길쭉한 타원형에 가까운 것(Ⅲ-1형식)과 양변이 평행한 것(Ⅲ-2형식)으로 구분된다. Ⅲ-1형식에 속하는 1점은 전체가 온전하게 남아 있다. 2010년에 제44구역에서 출토된 것인데 길이가 7.2㎝, 직경이 2.3~2.4㎝, 가운데 구멍 직경이 0.8~0.9㎝이다(도면 2010-177)(도면 663, 4). 2009년에 제40구역의 10호 주거지 바닥에서 출토된 1점은 양단이 조금씩 결실되었는데 잔존 크기는 4.55×1.3×1.45㎝이다(도면 2009-322)(도면 663, 5). 이 형식에 속하는 나머지 1점은 2018년에 제53구역에서 절반으로 쪼개진 상태로 발견되었다. 길이는 5㎝, 직경은 1.7㎝이다(도면 2018-519)(도면 663, 6). Ⅲ-2형식에 속하는 어망추는 2점이 있다. 모두 2006년에 출토되었다. 그중의 1점은 대롱구슬로 보고된 것인데 길이는 3.9㎝, 직경은 1.7㎝이다(도면 2006-179)(도면 663, 7). 다른 1점은 구멍이 전체적으로 관통하

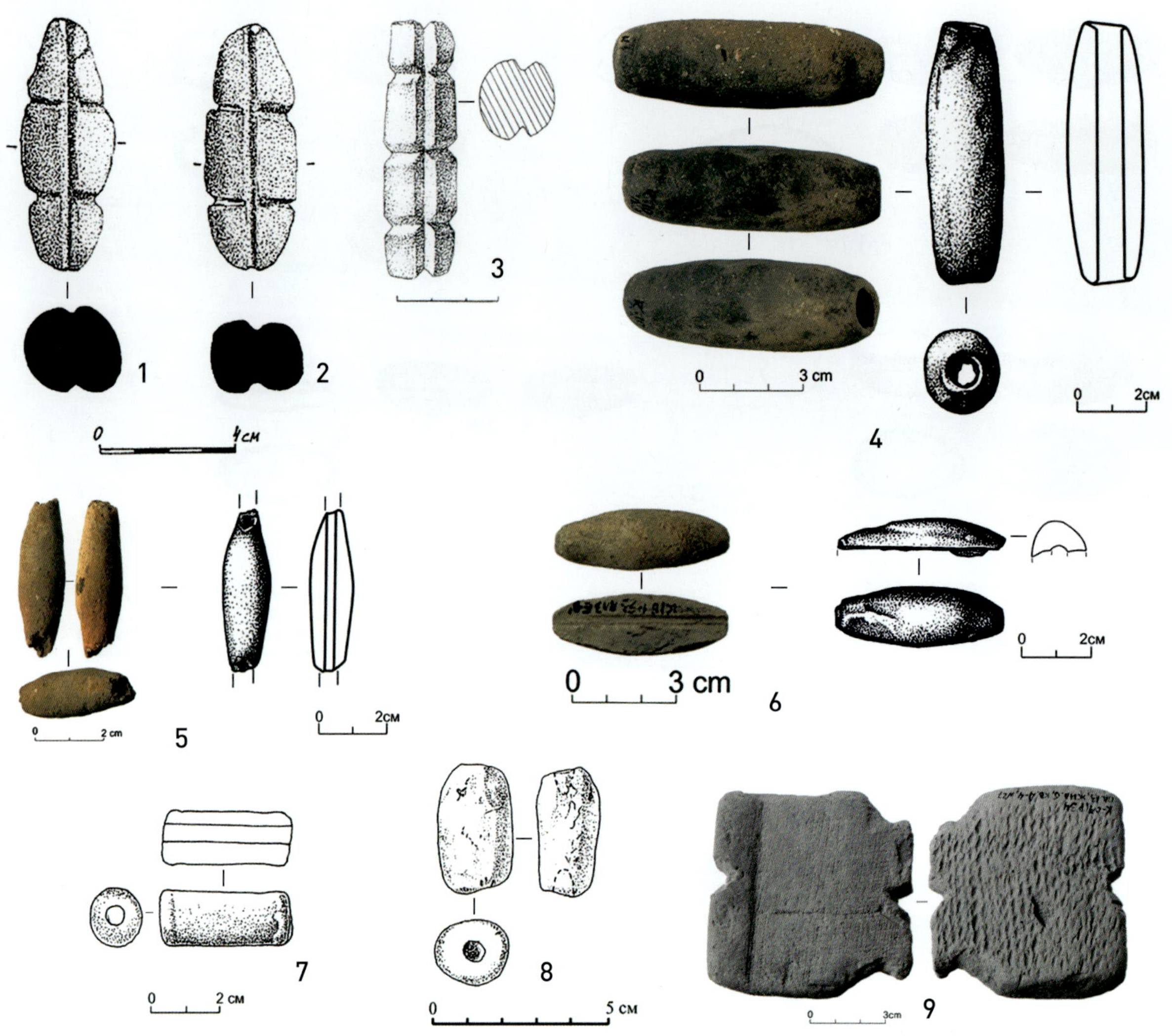

도면 663 | 크라스키노성 출토 토제 어망추: 1, 2-제10구역(1994), 3-제28구역(2001), 4-제44구역(2010), 5-제40구역(2009), 6-제53구역(2018), 7-제34구역(2006), 8-제33a구역(2006), 9-제34구역(2007)

지 않은 예비품이다. 길이가 3.5㎝, 직경이 1.5~1.8㎝, 구멍 직경이 0.7㎝이다(도면 2006-33)(도면 663, 8). 그 외에 기와편을 가공하여 어망추를 만든 것도 있다(도면 2007-148, 5)(도면 671, 9).

방추차. 크라스키노성에서 토제 방추차는 1994년에 2점(도면 1994-2, 3 혹은 1998(1994)-88; 89), 1999년에 1점(도면 1999-142, 26), 2006년에 2점(도면 2006-80; 178, 1), 2014년에 3점(도면 2014-621, 2; 803, 2), 2015년에 1점(도면 2015-744), 2018년에 2점(도면 2018-512; 602)이 각각 출토되었다. 이 유적에서 출토된 방추차는 모양이 3종류로 구분된다.

첫 번째는 해무리 모양으로 8점이 이 형식에 해당된다. 그중의 6점은 토기편으로 만들었고, 2점은 와편으로 만들었다. 전체 모양이 남아 있는 것은 3점이 있다. 1994년에 제9구역에서 출토된 1점은 크기가 4.1×4.2㎝이며, 가운데 구멍의 직경은 0.5㎝이다(도면 1994-71, 2)(도면 664, 1). 2006년에 출토된 1점은 직경이 9.5㎝, 두께가 0.7㎝, 구멍 직경이 0.65㎝이다(도면 2006-80)(도면 664, 2). 2018년에 제53구역에서 절반이 조금 부족한 편 상태로 출토

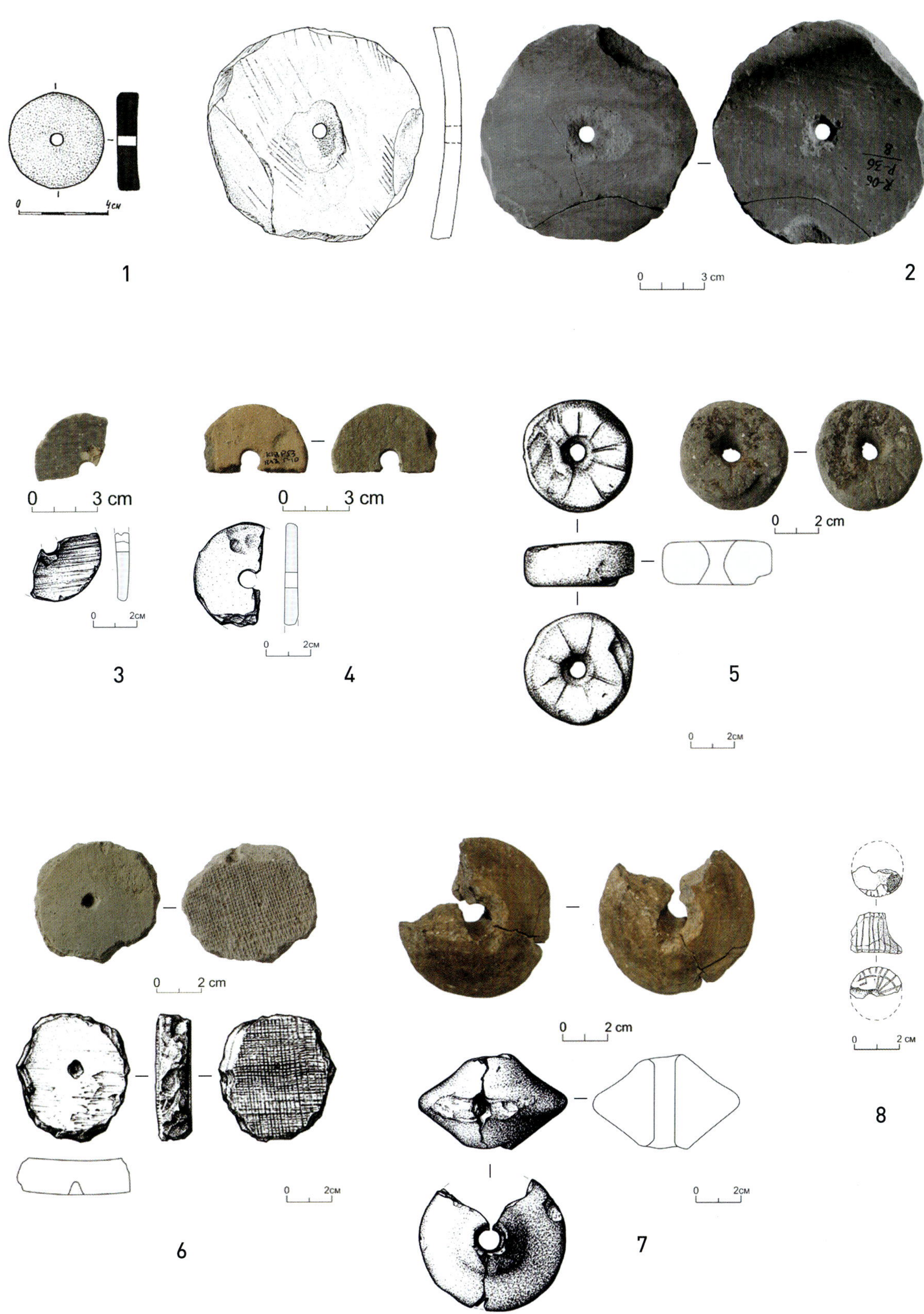

도면 664 | 크라스키노성 출토 토제 방추차와 방추차 예비품(6): 1-제9구역(1994), 2-제36구역(2006), 3, 4-제53구역(2018), 5-제47구역(2014), 6-제48구역(2016), 7-제50구역(2015), 8-제34구역(2006)

된 다른 2점은 잔존 크기가 각각 4.2×2.2×0.8㎝와 4.6×2.7×0.6㎝이다(도면 2018-512; 602)(도면 664, 3, 4). 원판형 토제품들 중에 와편으로 만든 것 1점은 양면에 방사상의 선을 그어 놓았다. 2014년에 제47구역에서 출토된 이 유물은 직경이 4.8~5㎝, 구멍 직경이 0.7㎝이다(도면 2014-621, 2)(도면 664, 5). 다른 1점은 가운데에 구멍을 뚫다가 말았는데 방추차를 만들다가 만 것일 가능성이 있다(도면 2016-279)(도면 664, 6).

두 번째는 주판알 모양인데 1점이 확인된다. 2015년에 제50구역의 3호 수혈구덩이에서 발견된 것이다. 갈색이다. 크기는 직경이 6.5㎝, 두께가 3.5~4.2㎝이고, 구멍의 직경은 1.1㎝이다(도면 2015-744)(도면 664, 7).

세 번째는 유단원통모양이다. 2006년에 제34구역에서 편 상태로 1점이 출토되었다. 외면이 수직의 침선들로 장식되었다. 바닥 직경은 2.3㎝이다(도면 2006-178, 1)(도면 664, 8).

고리(環). 크라스키노성에서는 흙으로 만든 고리가 적지 않게 출토되었다. 도면이 제시된 것만 해도 1994년도 1점, 1995년도 1점, 1996년도 1점, 1998년도 1점, 2001년도 2점, 2008년도 2점, 2009년도 3점, 2010년도 1점, 2011년도 4점, 2012년도 3점, 2014년도 8점, 2015년도 7점, 2016년도 4점, 2017년도 7점, 2018년도 7점 등 모두 52점에 이른다.

평면 형태는 1점을 제외하고 모두 원형이다. 평면 원형의 고리는 단면이 원형 혹은 타원형 혹은 이에 근접한 형태를 가진 것이 15점이다. 2001년에 11호 가마 안에서 출토된 형태가 온전한 것 1점은 크기가 직경 3.8~3.9㎝, 구멍 직경 1.7㎝, 두께 1~1.1㎝이며(도면 2001-35)(도면 665, 1), 2008년에 제40구역에서 출토된 1점은 직경이 5.6~5.9㎝, 두께가 1.6~2.3㎝이다(도면 2008-314)(도면 665, 2). 2011년에 제48구역에서 출토된 1점은 절반쯤 남아 있는데 단면이 타원형에 가까우며 흑색이고 직경은 5.5㎝이다(도면 2011-326)(도면 665, 3).

단면이 방형 혹은 말각 방형에 가까운 것도 9점이 있다. 그중의 2점은 거의 온전한 상태이다. 1995년에 제11구역에서 출토된 1점은 직경이 4.3~4.7㎝, 구멍 직경이 2~2.1㎝, 높이가 1.3㎝, 두께가 1.4㎝이다(도면 1995-17). 2017년에 제53구역에서 출토된 1점은 날카로운 도구로 표면을 다듬어서 도처에 각이 져있는데 속심과 표면이 모두 갈색이고 크기는 직경이 5.9㎝, 구멍 직경이 2.6~2.8㎝, 높이는 1.6㎝, 두께는 1.3㎝이다(도면 2017-702)(도면 665, 4). 2018년에 제53구역에서 출토된 1점은 단면이 문자 그대로의 말각 방형에 가깝다(도면 2018-465)(도면 665, 5). 2006년에 제34구역에서 출토된 1점도 단면 형태가 이 그룹에 속할 것으로 생각된다. 이 유물은 직경이 5㎝, 두께가 1.5㎝이다(도면 2006-178, 4).

두께에 비해 높이가 차이가 나게 높아 단면이 장방형, 말각 장방형, 반원형 등의 형태를 가지는 것들은 19점이 확인된다. 그중의 5점은 전체가 온전하게 남아 있거나 혹은 전체 모양이 복원된다. 1996년에 제11구역에서 출토된 1점은 단면이 거의 장방형에 가깝다. 직경은 4.1~4.4㎝, 구멍 직경은 2.25~2.3㎝, 두께는 1㎝, 높이는 1.56㎝이다(도면 1996-17, 5). 2008년에 제40구역에서 출토된 1점은 단면이 반원형이다. 직경은 4.5㎝, 두께는 1.3㎝, 높이는 4.5㎝이다(도면 2008-335)(도면 665, 6). 2009년에 제40구역에서 출토된 1점은 단면이 약간 휜 장방형이다. 회백색이고, 추정 직경은 4.6~4.9㎝, 구멍 직경은 2.1~2.4㎝, 두께는 1~1.1㎝, 높이는 2.3㎝이다(도면 2009-167)(도면 665, 7). 2011년에 제45구역에서 출토된 1점은 밝은 오렌지색이고, 직경은 4.1㎝, 구멍 직경은 1.5㎝, 높이는 2㎝이다(도면 2011-63)(도면 665, 8). 2015년에 출토된 1점은 단면이 반원형에 가깝다. 직경은 6.5㎝, 구멍 직경은 2.4㎝, 높이는 2㎝이다(도면 2015-614)(도면 666, 1).

평면 원형의 고리들 중에는 높이가 낮아 납작한 것들도 있다. 2009년에 제42구역과 2016년에 제48구역에서 각

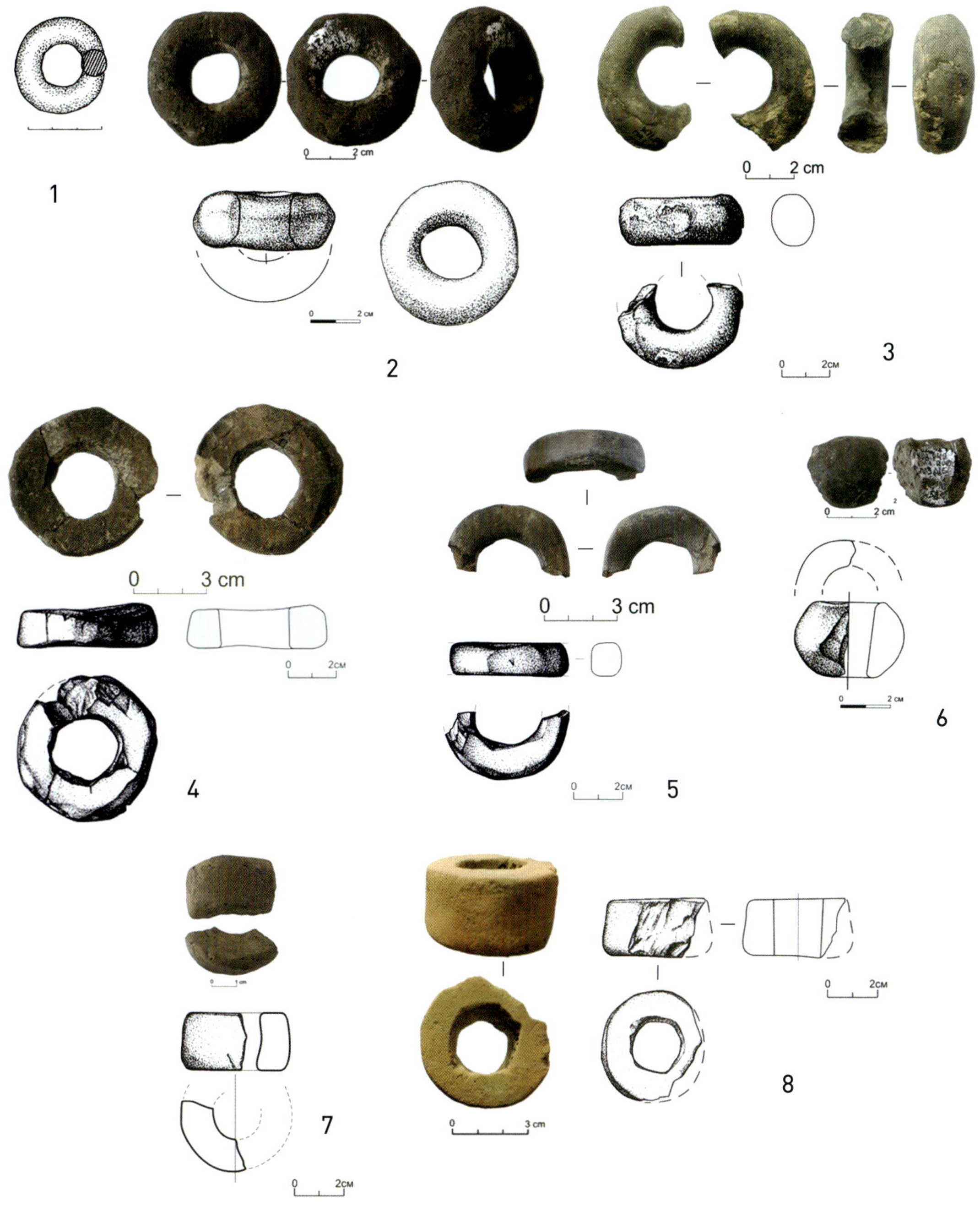

도면 665 | 크라스키노성 출토 토제 고리: 1-제29구역(2001), 2-제40구역(2008), 3-제48구역(2011), 4-제53구역(2017), 5-제53구역(2018), 6-제40구역(2008), 7-제40구역(2009), 8-제45구역(2011)

각 출토된 2점이 그러하다(도면 2009-716; 2016-222)(도면 666, 2, 3). 그와는 반대로 얇고 높은 것도 1점이 있는데 2016년에 제48구역에서 출토된 1점이 그러하다(도면 2016-143)(도면 666, 4). 모두 편 상태로 발견되었다.

단면이 위가 넓은 규형인 것도 1점이 있는데 2017년에 제53구역에서 편 상태로 출토되었다(도면 2017-581)(도면 666, 5).

단면이 장방형에 가깝지만 구멍의 가장자리를 따라 점토 '깃'이 있는 것이 2점 있다. 2011년에 제48구역에서

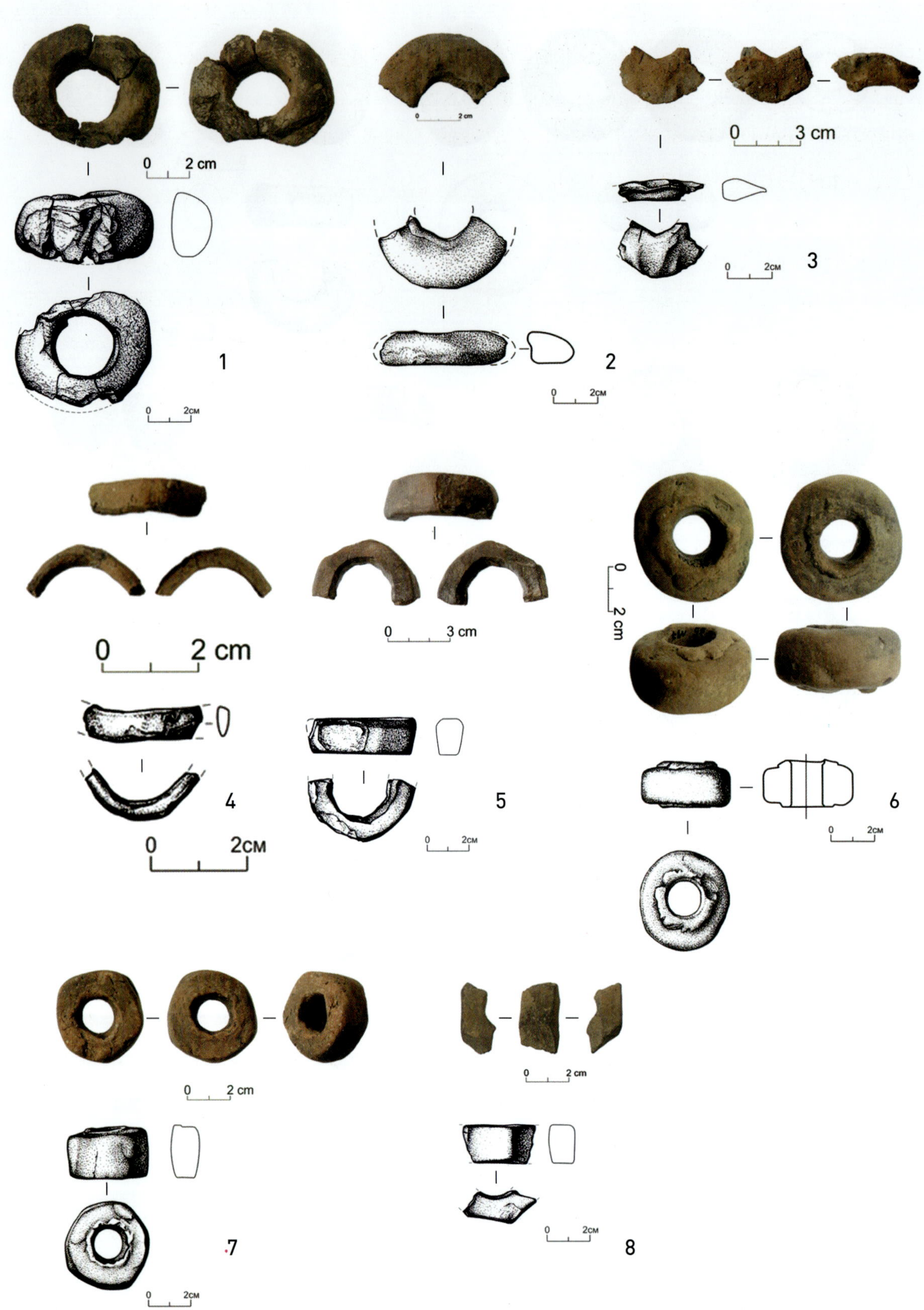

도면 666 | 크라스키노성 출토 토제 고리: 1-제47구역(2015), 2-제42구역(2009), 3-제48구역(2016), 4-제48구역(2016), 5-제53구역(2017), 6-제48구역(2011), 7-제48구역(2016), 8-제50구역(2015)

출토된 1점은 오렌지색이고 그을린 자국이 있는데 직경은 4.6㎝, 구멍 직경은 1.8㎝, 두께는 1.4㎝, 높이는 1.8㎝이다(도면 2011-377)(도면 666, 6). 2016년에 제48구역의 4호 수혈구덩이에서 출토된 1점은 직경은 4.2㎝, 구멍 직경은 1.2㎝, 높이는 2.3㎝이다(도면 2016-282)(도면 666, 7).

평면 형태가 원형이 아니라 6각형인 것도 1점이 있다. 2015년에 편 상태로 출토되었는데 잔존 길이는 3.4㎝, 두께는 1.2㎝. 높이는 1.7㎝이다(도면 2015-848)(도면 666, 8).

토우. 3점이 출토되었다. 1점은 2001년에 제27구역의 제6인공층에서 출토된 말머리상이다(도면 2001-116)(도면 667, 1). 머리와 목이 남아 있는데 목에는 갈기가 표현되어 있다. 오목한 눈, 입과 2개의 콧구멍 그리고 얼굴을 두르고 있는 마구의 끈이 각각 표현되어 있다. 마구 끈은 점선으로 표현하였다. 목의 부러진 부분 가운데에 구멍이 있는데 제작공정과 관련된 것으로 생각된다. 밝은 갈색이다. 이 말머리상의 잔존 크기는 길이 3.6㎝, 높이 3.75㎝, 두께 1.2㎝이다.

다른 1점은 미니어처 용머리상이다(도면 1998-134)(도면 667, 2). 1998년에 우물을 포함하여 설정한 4×4m 크기 구획의 북서쪽 모서리 부분 지표 아래 130~140㎝ 깊이에서 출토되었다. 볼록하게 튀어나온 둥근 눈 2개와 2개의 뿔, 상당히 크게 벌린 입, 2개의 콧구멍 등이 표현되었다. 크기는 축척으로 보아 주둥이 끝에서 목 끝까지가 대략 4.3㎝ 정도일 것으로 판단된다.

나머지 1점은 원숭이 모자상이다. 2003년에 제31구역의 제6인공층에서 출토되었다(도면 2003-86)(도면 667, 3). 머리와 앞발 양쪽이 결실되었다. 다리가 매우 육중하게 표현되었고, 위로 치켜진 꼬리가 있다. 양쪽 뒷다리에는 발이 남아 있다. 이 동물의 앞쪽에는 아기 원숭이가 있는데 원숭이의 가슴에 무언가가 표현되어 있다. 부러진 목 가운데에 구멍이 있는데 제작공정과 관련이 있을 것이다. 잔존 높이는 6.6㎝이다.

장화모양 토제품. 2018년에 제51구역에서 출토되었다. 삼족기의 다리와는 형태와 두께가 차이를 보인다. 토우의 일부였을 가능성이 있다. 장화의 바닥은 코 부분이 뾰족한 버들잎 모양으로서 폭이 매우 좁다. 장화의 목은 위로 가면서 넓어지다가 무릎 부분에서 최대가 되고 그 위로는 좁아진다. 속심은 명회색, 표면은 오렌지색이다. 잔존 높이는 4.6㎝, 목 부분 너비는 2.2~2.7㎝, 두께는 1~1.1㎝, 발바닥 크기는 3.2×1.1㎝이다(도면 2018-193)(도면 667, 4).

용도불명 토제품. 2018년에 제51구역에서 출토되었다. 위에서 보았을 때에 한쪽 끝이 둥그스름한 혀 모양이다. 맞은 편은 결실되었고, 반대편에는 궁형을 이루는 돌기가 부착되어 있다. 모두 단면이 장방형이다. 잔존 길이는 4.6㎝, 너비는 1.8~2.3㎝, 돌기의 잔존 길이는 2.1㎝, 단면 크기는 1.4×1.1㎝이다(도면 2018-100)(도면 667, 5).

놀이 알. 크라스키노성에서 출토된 토기의 동체부편이나 와편으로 만든 원판형태의 토제 유물들 그리고 와편이나 돌의 가장자리를 거칠게 다듬어 만든 둥근 형태의 유물들은 '장기 알' 혹은 '놀이 알'이라는 명칭으로 보고* 되었다(도면 668, 1, 2). 이 유물들은 고누의 말, 즉 고누 알로 이해되기도 한다. 또한 작고 둥근 형태의 유물들은 공기돌일 수도 있는데 공기놀이하기에 딱 좋은 크기이다. 이 유물들은 주거지나 다른 유구 내에서도 발견되었지만 도로에서 가장 많은 수량이 출토되었다. 이 사실은 발해 당시에 사람들이 길에 앉아 고누판을 벌이고 또 어린이

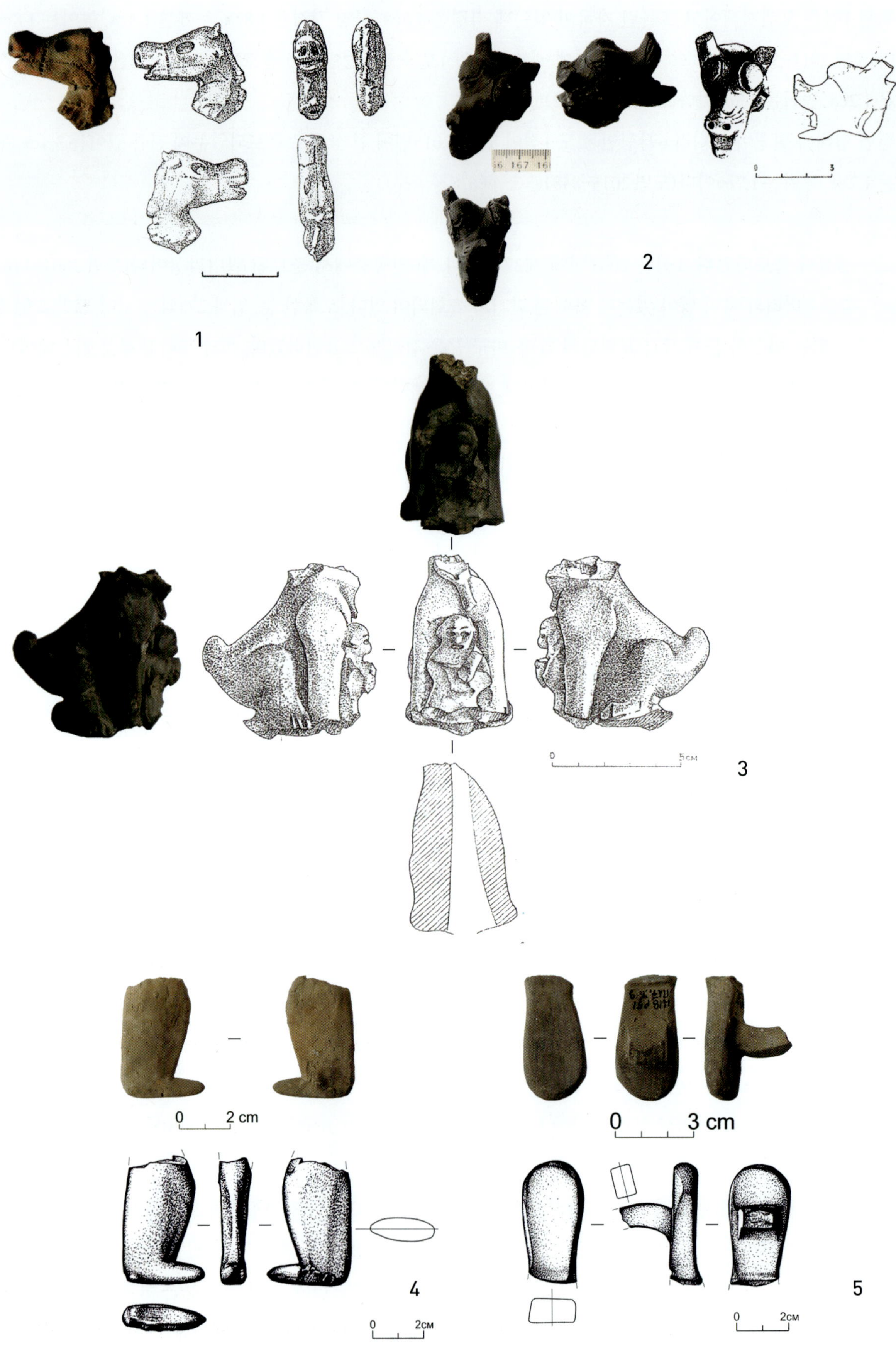

도면 667 | 크라스키노성 출토 토우(1~3)와 토제 유물(4, 5): 1-제27구역(2001), 2-제15구역(1998), 3-제31구역(2003), 4, 5-제51구역(2018)

도면 668 | 크라스키노성 제44구역(1)과 제49구역(2) 출토 놀이 알들(2014)

들은 공기놀이도 하였음을 말해 줄 것이다.

크라스키노성에서 놀이 알은 다량으로 출토되는 유물 중의 하나이다. 거의 매년 출토되었는데 전체 수량이 집계된 발굴연도 것만 보면 2006년에 67점, 2008년에 72점, 2009년에 104점, 2010년에 184점, 2011년에는 195점, 2012년에는 183점, 2013년에는 104점, 2014년에는 595점, 2015년에는 731점, 2017년에는 453점, 2018년에는 400점이 각각 출토되었다. 다만 이 수치에는 비율이 매우 낮은 돌로 만든 것도 포함되었다. 절대다수는 토기 동체부편과 와편으로 만든 것이다.

구슬과 목걸이 알. 크라스키노성에서는 흙으로 만든 구슬과 목걸이 알도 출토되었다. 여기에서 구슬은 형태가 구상(球狀)이나 관통하는 구멍이 없는 것을, 목걸이 알은 관통하는 구멍이 있는 것을 각각 지칭한다.

토제 구슬은 1999년에 1점(도면 1999-48), 2006년에 1점(도면 33), 2007년에 2점(도면 2007-28, 1, 2), 2008년에 1점(도면 2008-304)(도면 669, 1), 2010년에 직경 1.1㎝인 1점(도면 2010-377)(도면 669, 2), 2015년에 직경이 각각 1.8㎝, 1.5㎝, 1.5㎝인 3점(도면 2015-900; 963; 965)(도면 669, 3~5), 2016년에 1점(도면 2016-288)(도면 669, 6), 2017년에 직경이 1.5㎝인 1점(도면 2017-173)(도면 669, 7), 2018년에 크기가 1×1.2㎝인 1점(도면 2018-514)(도면 669, 8)이 각각 보고된 것으로 확인된다. 색깔은 흑색도 있지만 대부분 갈색에 가깝다.

토제 목걸이 알은 4점이 확인된다. 모두 구상에 가깝지만 약간 납작해진 것과 약간 길쭉해진 것도 있다. 2009년에 제40구역에서 출토된 1점은 갈색이고, 크기는 1.1×1.2㎝, 구멍 직경인 0.3㎝이다(도면 2009-232)(도면 669, 9). 2010년에 제44구역에서 출토된 1점은 흑색이고, 크기는 0.7×0.8㎝, 구멍 직경은 0.15㎝이다(도면 2010-102)(도면 669, 10). 2012년에 제47구역에서 출토된 1점은 형태가 약간 길쭉해져 주판알 모양을 닮았는데 갈색이고 크기는 1×1.1㎝, 구멍 직경은 0.2㎝이다(도면 2012-402)(도면 669, 11). 2017년에 제53구역에서 출토된 1점은 홍갈색이고 직경은 0.8㎝, 구멍 직경은 0.2㎝이다(도면 2017-542)(도면 669, 12).

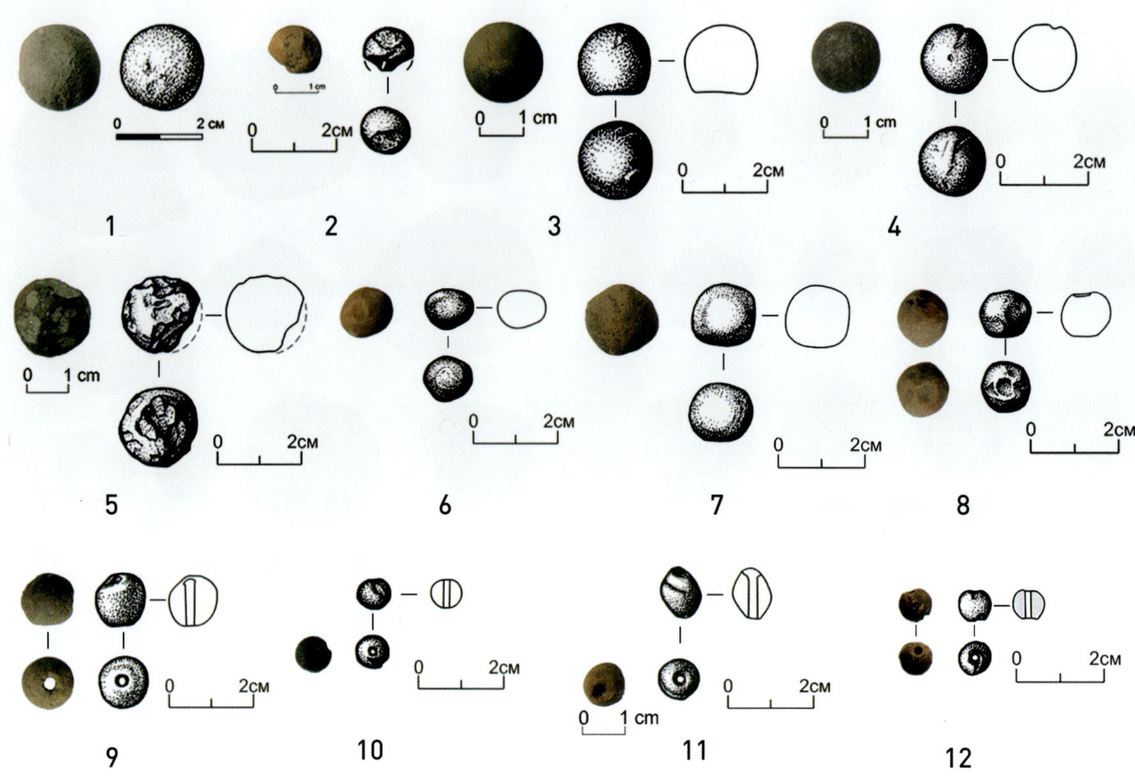

도면 669 | 크라스키노성 출토 토제 구슬(1~8)과 목걸이 알(9~12): 1-제40구역(2008), 2-제45구역(2010), 3~5-제50구역(2015), 6-제48구역(2016), 7-제51구역(2017), 8-제53구역(2018), 9-제40구역(2009), 10-제44구역(2010), 11-제47구역(2012), 12-제53구역(2017)

4. 석제 유물

1) 석제 오리 형상

새 형상으로서 돌을 갈아서 만든 오리로 추정된다. 표면은 흑색이나, 부분적으로 하늘색 음영이 있는 잿빛-흰색을 띠며, 속심은 반투명하다. 이 형상은 일부만 남아 있다. 이 새 형상의 꼬리 부분은 1999년에 제21구역과 2000년에 제25구역의 제2인공층에서 각각 출토되었다. 두 발견 지점은 불과 수 미터 떨어진 장소이다. 이 형상의 머리는 균형을 이루지 못할 정도로 비대하며, 눈은 거의 둥글고, 부리는 짧고 두껍다. 수열의 침선으로 표시된 날개의 깃들은 측면으로 수평을 이루며 꼬리 위로 나있다. 아래쪽은 매끈하고, 약간 오목하다. 꼬리 부분에는 아래쪽 면에서 4㎜ 융기한 테두리가 나있다. 이 형상은 오리 모양 돌 상자의 뚜껑이었을 것으로 추정되었다. 잔존 길이는 52㎜, 최대폭은 25㎜, 높이는 약 27㎜이다(도면 2001-125, 2; 2001-151; 2000-24)(도면 670).

2) 고누판

2004년에 제31구역의 와실유구에서 출토되었다. 사암으로 만들었다. 윗면에 기하무늬가 새겨져 있는데 참고누판이다. 가장자리는 모두 결실되어 전체 형태는 남아 있지 않다. 바닥도 원래 면은 남아 있지 않다. 기하무늬는 작은 네모가 큰 네모 안에 들어가 있고 각각의 네모 모서리와 가운데에 방사모양으로 선이 그어져 있는 것이다. 잔존 너비는 19~21㎝, 잔존 높이는 8.5~10㎝이다(도면 2004-109)(도면 671).

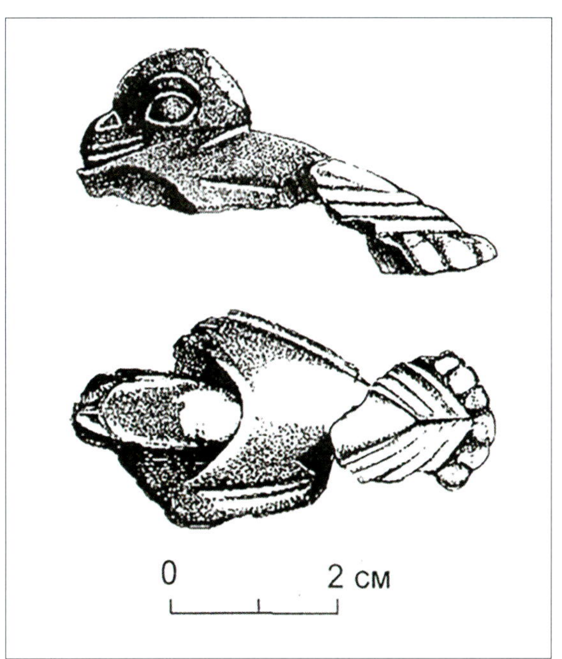

도면 670 | 크라스키노성 제25구역 출토 석제 오리(2001)

3) 석제 생활용품

다듬잇돌. 2012년에 제47구역 19호 주거지 구들 가까이에서 출토되었다. 사암으로 만들었다. 평면이 세장방형인 육면체인데 한쪽 모서리 부분이 결실되었다. 갈색이고, 그을음 자국이 있다. 크기는 길이 67㎝, 너비 18㎝, 높이 8㎝이다(도면 2012-392)(도면 672).

도면 671 | 크라스키노성 제31구역 와실유구 출토 석제 고누판(2004)

숫돌. 20점 이상이 발견된 것으로 파악된다. 실측 도면이 제시된 것도 있고, 사진만 제시된 것도 있다. 숫돌의 재질은 기본적으로 편암과 사암 두 종류였다. 모양은 평면이 넓은 것과 좁은 것 두 종류로 구분된다. 넓은 것은 모두 편 상태여서 정확한 모양은 파악이 되지 않지만 대체로 세장한 삼각형인 것으로 생각된다.

넓고 세장한 삼각형의 숫돌은 2점이 실측 도면으로 제시되었고(도면 2009-191; 2006-53, 2)(도면 673, 1), 1점이 사진으로 제시되었다(사진 2009-187)(도면 673, 2). 2009년에는 4점의 숫돌이 제40구역의 제6인공층에서 발견된 옹의 안에 들어있는 것이 확인되었다. 도면이 제시된 2점은 평면이 세장한 삼각형에 가깝다. 하나는 2개의 편으로 된 것인데 회갈색 석영이 포함된 유문암으로 만들었다(도면 2009-190)(도면 673, 1). 편평한 형태이며

도면 672 | 크라스키노성 제47구역 출토 다듬잇돌(2012)

3개의 면이 사용되었다. 크기는 16.7×9㎝이고, 두께는 6.5㎝이다. 다른 하나의 숫돌에도 3개의 면이 사용된 것으로 보고되었다(사진 2009-187)(도면 673, 2). 이 숫돌은 크기가 5×6.5㎝이고, 두께는 2.5㎝이다.

좁은 숫돌들은 좌우가 비교적 대칭을 이루는 세장한 장방형인 것 6점, 평면이 사다리꼴인 것 1점, 좌우와 위아래가 비대칭 장방형인 것 1점이 각각 도면으로 제시되었다. 모두 편 상태로 발견되었다. 좌우대칭의 세장한 장방형 숫돌은 다시 단면이 장방형 것 3점(도면 1994-68; 1998-94; 2009-352)(도면 673, 3), 세장 장방형인 것 1점(도면 2011-67), 납작 8각형인 것 1점(도면 2006-53), 타원형인 것 1점(도면 2017-480)으로 각각 구분된다.

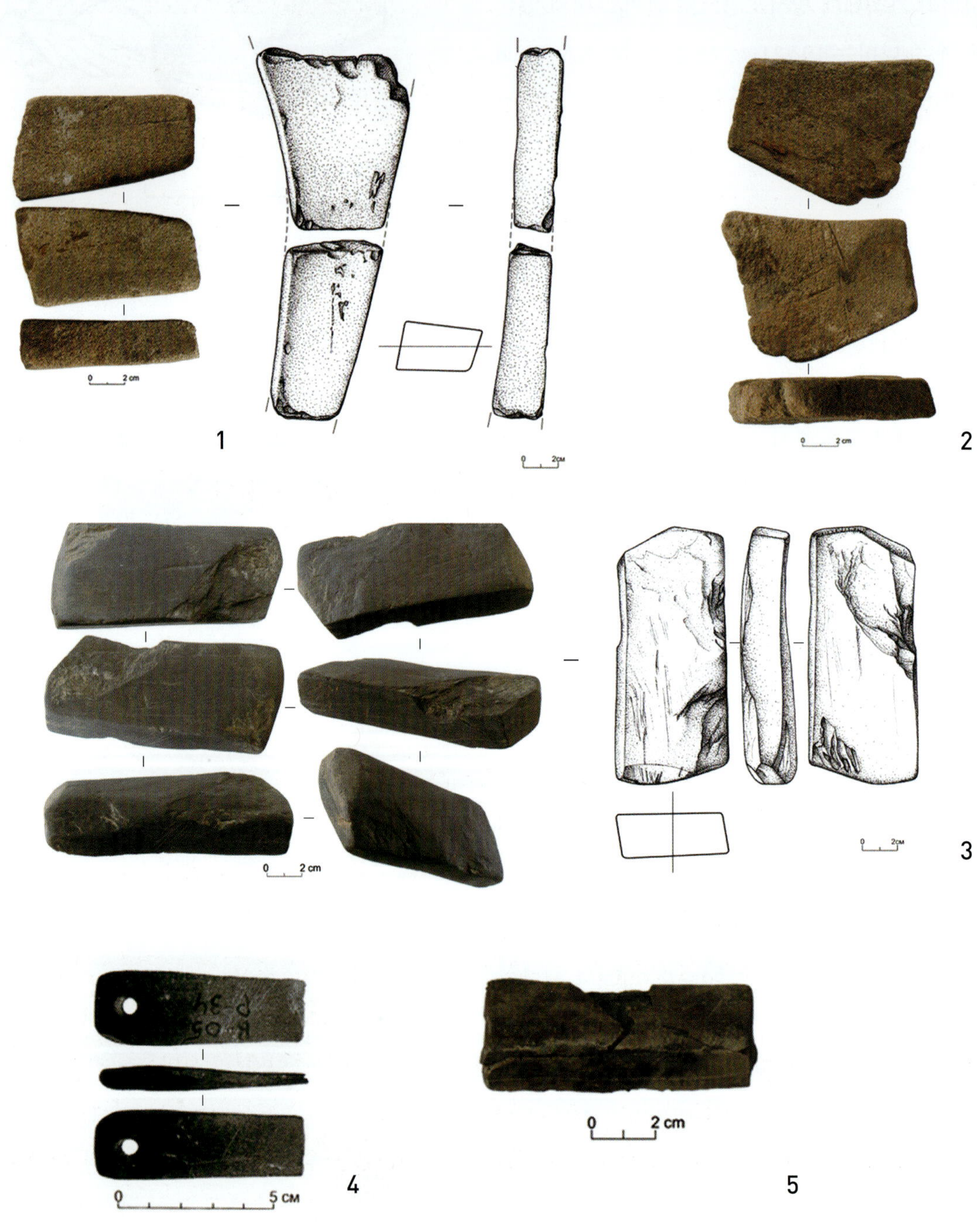

도면 673 | 크라스키노성 출토 숫돌: 1~3-제40구역(2009), 4-제34구역 1호 주거지(2005), 5-제47구역(2014)

평면이 사다리꼴인 것은 1점이 있는데 윗부분에 작은 구멍이 하나 뚫려있고, 또 위 꼭대기에는 작은 돌기가 하나 있다. 단면은 세장한 장방형이다(도면 2006-34).

평면이 비대칭 장방형인 것은 윗부분에 구멍이 하나 뚫려있고, 또 위 가장자리가 사선모양이다. 단면은 얇은 사다리꼴이다.

그 외에도 사진만 제시된 숫돌들도 다수 있다(사진 2005-156, 1, 2; 2006-156, 1, 2; 2006-181, 3; 2007-29; 2007-74; 2014-544). 그중에서 2005년 제34구역 1호 주거지에서 출토된 숫돌(사진 2005-156, 1)(도면 673, 4), 2007년에 제38구역에서 출토된 숫돌(사진 2007-29)과 제37구역에서 출토된 숫돌(사진 2007-74)은 편암으로 만든 것으로 보고되었다. 2014년에 제47구역에서 출토된 숫돌은 입방체 모양을 하고 있는데 사암으로 만들었고 크기는 9.2×3.8×2.9㎝이다(도면 673, 5).

2001년에 출토된 2점의 숫돌은 편암과 사암으로 만들었다. 사암으로 만든 숫돌은 길이가 36㎝, 폭이 8㎝, 두께가 3.6㎝이며, 29구역의 구덩이 7 바닥에서 발견되었다(도면 2001-80: 2). 사암으로 만든 둥근 모양의 숫돌은 직경이 8-9㎝, 두께가 5㎝이다(도면 2001-34). 편암으로 만든 숫돌은 일반적으로 장방형이며 크기가 작은 편이다. 29구역의 제2인공층에서 그와 같은 숫돌이 출토되었는데, 길이는 6.6㎝, 폭은 3.2㎝, 두께는 0.9㎝였다. 사용 부위는 두 면 혹은 세 면이었다.

또한 2002년에는 제30구역에서 입자가 고운 사암으로 만든 3면에 사용흔이 있는 각목상의 숫돌이 발견되었다(도면 2002-52).

석제 용기. 2015년도에 제47구역의 제7인공층에서 출토되었다. 불그스름한 색깔의 화강암으로 만들었다. 편평한 바닥과 밖으로 벌어진 기벽이 완의 형태를 연상시킨다. 작은 절구일 것으로 보고되었다. 크기는 높이 11.3㎝, 바닥 직경 8.8㎝, 구경 18.8㎝이다. 두께는 3.7㎝이다(도면 2015-343, 344)(도면 674, 1).

돌확. 2점이 확인된다. 1점은 2002년에 제30구역의 제1인공층에서 발견되었다. 화강암으로 만들었다. 편평한 상면에 직경 28㎝인 원추형의 구멍이 뚫어져 있다. 전체 길이는 64㎝, 넓이는 약 50㎝이다. 돌확의 하면은 고르지 못하고 부정형이다. 돌확이 출토된 구덩이에 몇 개의 돌이 있었고, 이 돌들로 인해 상면이 수평을 유지하고 있었다(도면 2002-21)(도면 674, 2). 다른 1점은 2005년에 제32구역에서 확인되었다(도면 2005-31)(도면 674, 3).

도면 674 | 크라스키노성 출토 절구(1)와 돌확(2, 3): 1-제47구역(2015), 2-제30구역(2002), 3-제32구역(2005)

석제 방추차. 2001년에 제27구역에서 출토된 1점은 입자가 고운 사암으로 만들었다. 작은 편 상태인데 납작하고 가장자리가 뾰족하게 처리되었다. 가운데에 작은 구멍이 하나 뚫려있다. 크기는 직경 7㎝, 두께 1.5㎝, 구멍 직경 0.9㎝이다(도면 2001-121, 2)(도면 675, 1). 다른 1점은 2012년에 제48구역 동쪽 섹터에서 출토되었다. 유물의 가장자리는 약간 연마되었다. 가운데 구멍 주변과 한쪽 가장자리에 자연 적으로 생긴 것으로 보이는 구멍이 있다. 돌 색깔은 백색이다. 크기는 5.2×5.0㎝, 두께는 1.7㎝이다. 가운데 구멍의 직경은 0.5㎝이다(도면 2012-305 306)(도면 675, 2). 다른 1점은 2016년에 제48구역의 4호 수혈구덩이에서 출토된 것인데 절반 정도가 남아 있다. 평면상 원형이고 납작하며 가운데에 구멍이 뚫려있다. 크기는 직경 5.6㎝, 두께 0.7~0.9㎝이다(도면 2016-340)(도면 675, 3). 나머지 1점은 2011년에 제47구역의 18호 주거지에서 출토되었는데 '추'로 보고되었다. 하지만 크기와 형태적 특징으로 보아 방추차로 판단하는 것이 옳다고 생각된다. 평면상 원형이며, 측면에서 보면 아래는 편평하고 위는 둥그스름한 반원형이다. 가운데에 관통하는 구멍이 있다. 크기는 직경 4.9~5.5㎝, 높이 3.5㎝, 구멍 직경 0.35㎝이다(도면 2011-617)(도면 675, 4).

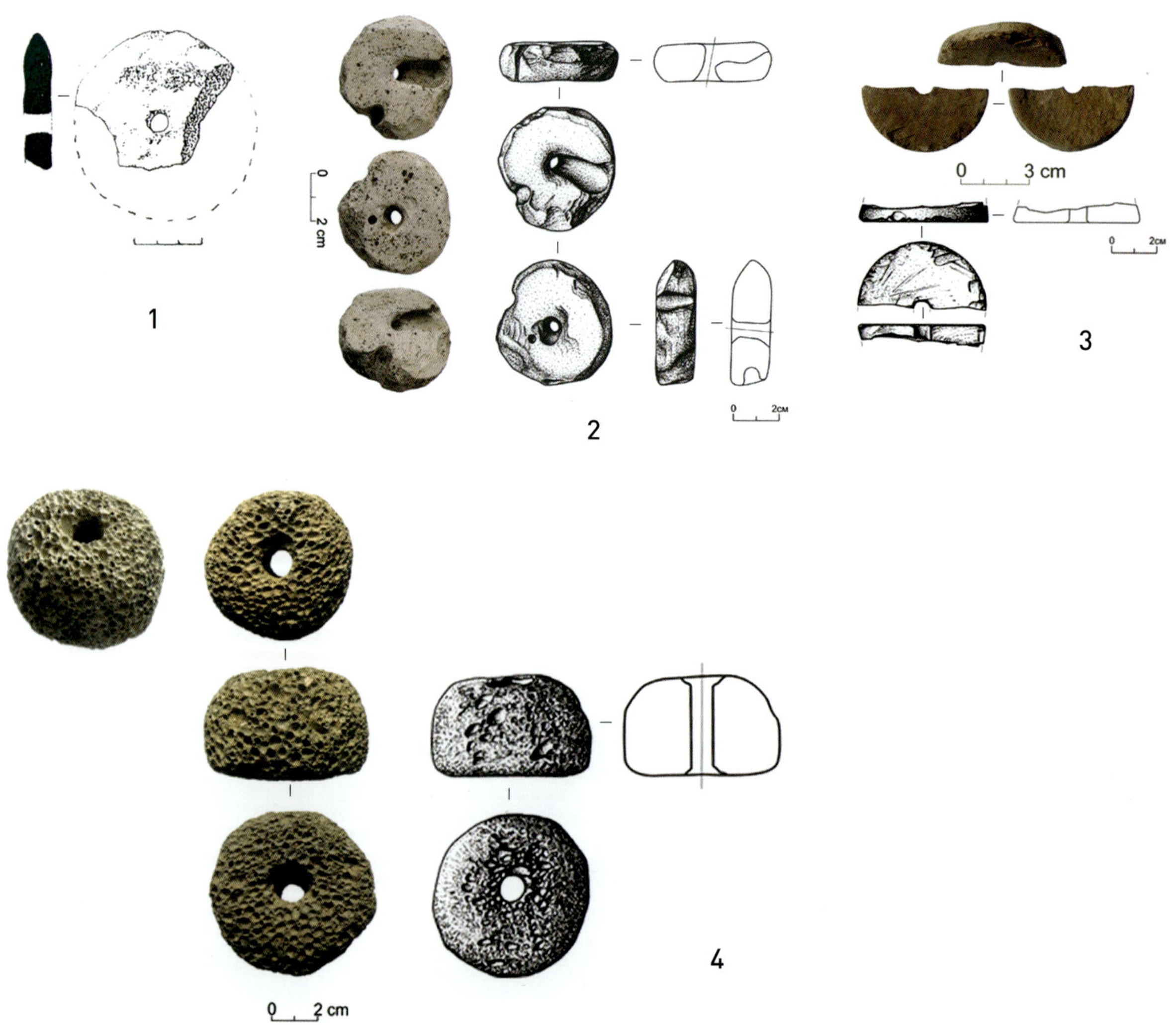

도면 675 | 크라스키노성 출토 석제 방추차: 1-제27구역(2001), 2-제48구역(2012), 3-제48구역(2016), 4-제47구역(2011)

석제 어망추. 1999년에 1점, 2001년에 14점, 2008년에 1점, 2012년에 1점, 2018년에 2점 등 모두 19점의 석제 어망추가 발견된 것으로 집계된다. 하지만 실측도면으로 제시된 것은 5점에 불과하다. 다만 1999년에 제23구역 출토 1점과 2001년에 제27구역 출토 4점의 석제 어망추는 사진으로 제시되었는데 모두 동일한 형태이고, 또 2001년 제27구역 출토 석제 어망추 1점은 도면으로도 제시되어 이 석제 어망추들의 형태적 특징에 대해 어느 정도 판단이 가능하다. 모두 4종류의 형식이 확인된다.

제 I 형식의 석제 어망추는 길쭉한 타원체의 돌 좁은 측면을 따라 대칭되게 고랑-홈을 내어 끈을 묶을 수 있게 한 것이다. 2001년에 제27구역의 제4인공층에서 출토된 것이 전형적인 형태이다. 이 어망추는 크기가 6.4×2.5×2.1㎝이다(도면 2001-112, 2)(도면 676, 1). 2001년에 제27구역에서 출토된 사진으로만 제시된 다른 어망추들도 이와 동일한 형태이다(도면 676, 2~5). 다만 크기는 차이가 있다. 1999년에 제23구역에서 출토된 석제 어망추도 이와 동일한 형태이다. 납석으로 제작하였다. 크기는 길이 6.7㎝, 두께 1.75㎝, 최대 너비 3.15㎝이다(도면 1999-116, 4)(도면 676, 6). 제 I 형식의 석제 어망추는 토제 어망추에 흔히 보이는 형태이다.

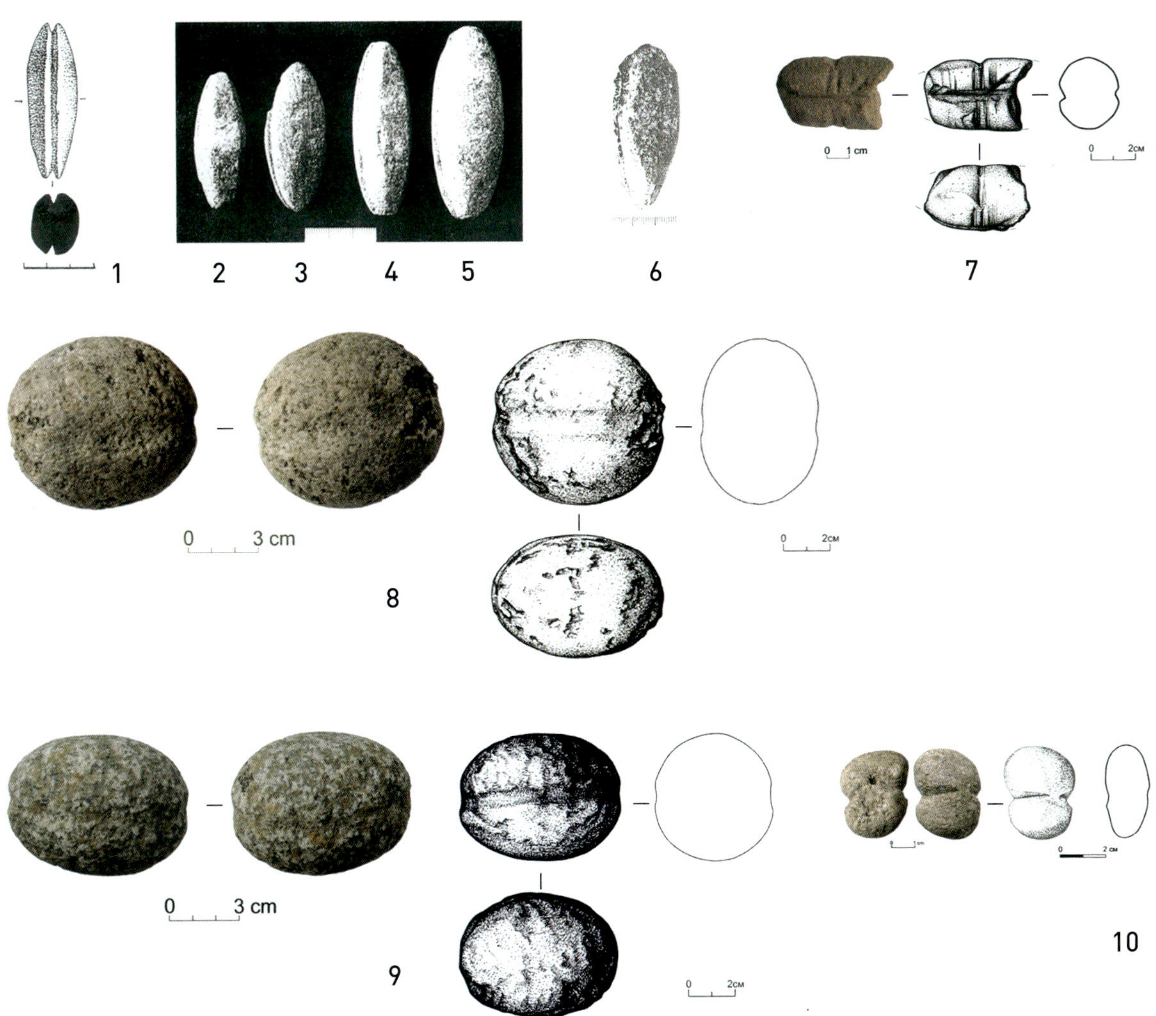

도면 676 | 크라스키노성 출토 석제 어망추: 1~5-제27구역(2001), 6-제23구역(1999), 7-제48구역(2012), 8-제48구역(2016), 9-제53구역(2018), 10-제41구역(2008)

제Ⅱ형식은 제Ⅰ형식과 상당히 비슷하나 고랑-홈을 넓은 측면을 따라 대칭적으로 내었다는 것이 차이를 보인다. 그리고 이와 직교하는 방향으로도 얕게 홈을 내어놓았다. 2012년에 제48구역의 제4인공층에서 1점이 출토되었는데 양쪽이 모두 부러져 나간 상태이다. 사암으로 만들었고, 유물의 색깔은 적갈색이다. 잔존 부분의 길이는 5.1㎝, 너비는 2.4~2.9㎝, 두께는 2.6~2.7㎝이다(도면 2012-193 194)(도면 676, 7).

제Ⅲ형식은 둥근 자갈들에 장축 방향으로 가운데를 따라 얕게 이랑-홈을 낸 것이다. 2016년에 제48구역에서 제9인공층에서 출토된 것은 크기가 7.7×6.9×5.3㎝이다(도면 2016-218)(도면 676, 8). 2018년에 제53구역의 제7인공층에서 출토된 것은 크기가 7.6×5.3㎝이다. 평면 형태는 타원형이고, 단면 형태는 원형이다. 이 어망추는 현무암을 점타하여 만들었다(도면 2018-800)(도면 676, 9).

제Ⅳ형식의 석제 어망추는 상대적으로 납작한 자갈돌의 허리에 대칭이 되게 깊게 홈을 낸 것이다. 2008년에 41구역의 8호 주거지에서 1점이 출토되었다(도면 2008-165)(도면 676, 10).

그 외에도 작은 편 상태로 출토되어 형식을 파악하기 힘든 석제 어망추도 있다. 2018년에 제53구역에서 편 상태로 출토된 어망추 1점은 제Ⅰ형식 혹은 제Ⅱ형식에 속할 것으로 생각된다. 이 어망추는 잔존 크기가 3.6×3.0×1.9㎝이다(도면 2018-466).

사용흔이 있는 자갈돌. 구체 혹은 타원체의 동글동글한 자갈돌에 사용을 한 흔적이 있는 것이다. 무언가를 찧는데 사용하였을 것인데 '몽돌'을 연상시킨다. 일상생활에서 실제 사용을 하였을 것으로 생각된다. 2005년에 3점, 2009년에 1점, 2012년에 4점, 2013년에 1점, 2017년에 1점이 각각 보고되었다.

2012년에 제44구역에서는 1점이 출토되었는데 계란 모양이고 크기는 9.1×6.0×4.3㎝이다(도면 2012-162)(도면 677, 1). 2012년에 제48구역의 서쪽 섹터에서 출토된 1점은 동글동글하고 크기는 크기가 5.7×5.2×4.7㎝이다(도면 2012-210)(도면 677, 2). 그 외 제48구역의 동쪽 섹터에서도 계란 모양의 것이 2점이 출토되었다.

2013년에는 제44구역의 동쪽 섹터 제6인공층에서 계란 모양의 것이 1점이 출토되었다. 이 자갈돌은 크기가 6.3×4.5×3.2㎝고 회백색이다(도면 2013-84). 2017년에 제53구역에서 출토된 것은 약간 납작하면서 둥글다(도면 2017-586)(도면 677, 3).

도면 677 | 크라스키노성 출토 사용흔이 있는 자갈돌: 1-제44구역(2012), 2-제48구역(2012), 3-제53구역(2017)

4) 석제 장식품

홍옥 구슬(목걸이 알). 1999년에 제21구역에서 1점(도면 1999-47), 2004년에 제31구역 와실유구에서 1점(도면 2004-107), 2005년에 제32구역에서 1점(도면 2005-35, 1), 2006년에 제34구역에서 2점(도면 2006-169, 1, 2), 2009년에 40구역 11호 주거지에서 1점(도면 2009-140, 3), 2010년에 제44구역에서 1점, 2012년 제44구역에서 7점, 2013년에 제44구역에서 2점, 2014년에 제44구역에서 6점 등 모두 22점의 홍옥 구슬이 출토된 것으로 확인된다. 이 중에서 2010년, 2012년, 2013년, 2014년에 제44구역에서 모두 16점의 홍옥 구슬이 집중적으로 발견된 것은 특기할 만하다.

홍옥 구슬은 홍옥을 깎고 갈아서 형태를 만들었고 그리고 가운데 관통된 구멍을 뚫어 놓았는데 이것은 기본적으로 목걸이 알로 사용하기 위함이었다. 형태는 크게 4종류로 구분된다. 가장 많은 수량으로 발견된 것은 둥근 공모양의 구상(球狀) 홍옥 구슬이다. 다음은 3점이 확인된 둥근 술통모양(양원추형)이며, 그다음은 1점이 확인된 사각 술통모양(사각 양원추형)이다. 그 외에 1점이 확인된 원통형의 관옥이 있다.

구상의 홍옥 구슬은 절대 다수가 동글동글한 모양을 가지고 있지만 위와 아래가 약간 납작해진 것도 있다. 동글동글한 구상 홍옥 구슬은 크기가 높이 혹은 직경이 0.7~1.0㎝ 사이이고, 구멍의 직경은 0.1~0.2㎝이다(도면 1999-47; 2004-107; 2006-169, 1, 2; 2009-140, 3; 2012-86, 90, 95, 105; 2013-60, 83; 2014-101, 1, 2; 102, 1, 2; 103; 104, 1, 2)(도면 678, 1~9). 약간 납작한 구상 홍옥 구슬은 직경이 1.0㎝, 높이가 0.8㎝, 구멍 직경이 0.2㎝이다(도면 2012-87, 88).

둥근 술통모양 구슬은 3점이 모두 제44구역에서 출토되었다. 2012년에 제44구역의 제6인공층에서 출토된 1점은 전체가 거의 온전하게 남아 있다. 크기는 높이 1.3㎝, 직경 1.0㎝, 구멍 직경 0.6㎝이다(도면 2012-91, 92)(도면 678, 10). 다른 1점은 한쪽 모서리 부분이 조금 결실되었고, 구멍을 뚫은 것이 양쪽 모두 약간 오목하게 들어갔다. 크기는 높이 1.4㎝, 직경 0.9㎝, 구멍 직경 0.5㎝이다(도면 2012-93, 94)(도면 678, 11). 다른 1점은 2014년에 출토된 것이다(도면 678, 12).

사각 술통모양의 홍옥 구슬은 2010년에 제44구역의 제2인공층에서 1점이 출토되었다. 크기는 높이 1.4㎝, 직경 0.9㎝, 구멍 직경 0.15㎝이다(도면 2010-101)(도면 678, 13).

관옥은 2005년에 제32구역의 제1인공층에서 출토되었다. 재질은 홍옥인 것으로 보고되었다. 대롱 모양이며 속에 관통하는 구멍이 있다. 크기는 길이 1.4㎝, 직경 0.38㎝, 구멍 직경 0.2㎝이다(도면 2005-35, 1)(도면 678, 14).

수정 구슬. 2003년에 제31구역에서 1점이 출토되었다. 사진만 제시되었다. 일부 표면이 결실된 부분이 있다. 꿰기 위한 구멍은 보이지 않는다. 때문에 문자 그대로 구슬이었을 수도 있고 또 목걸이 알을 만들기 위한 예비품일 수도 있을 것이다. 크기는 축척을 통해 볼 때에 직경 약 2.45㎝이다(도면 2003-82)(도면 678, 15).

백색 돌 구슬(목걸이 알). 2016년에 제48구역에서 1점이 출토되었다. 동글동글하고 가운데에 실을 꿸 수 있게 구멍을 내어놓았다. 투명하지 못한 백색의 돌로 만들었다. 크기는 직경 1.0㎝, 구멍 직경 0.2㎝이다(도면 2016-286)(도면 678, 16).

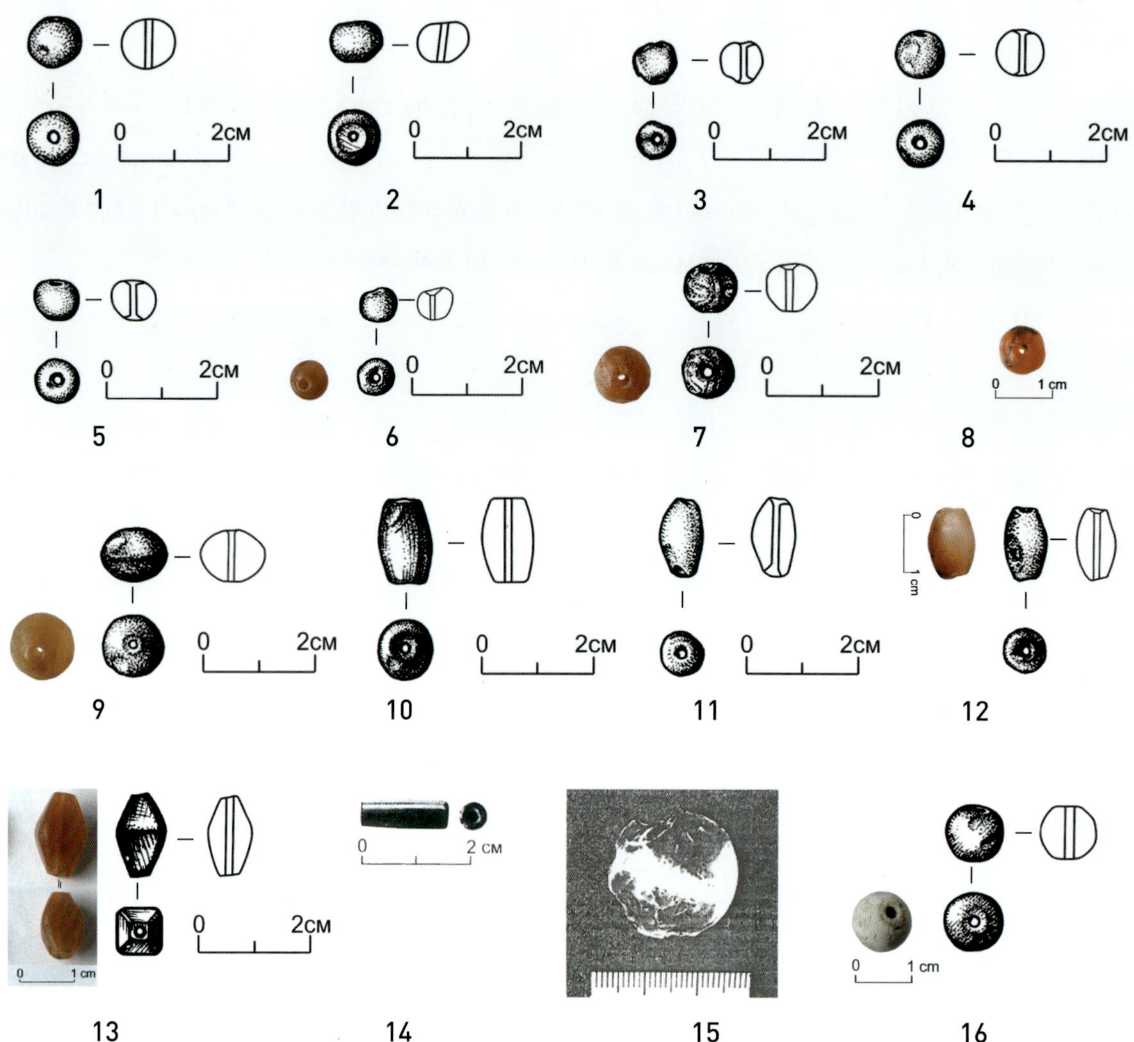

도면 678 | 크라스키노성 출토 홍옥 목걸이 알(1~13), 관옥(14), 수정 구슬(15), 백색 돌 목걸이 알(16); 1~5, 10, 11-제44구역(2012), 6~9, 12-제44구역(2014), 13-제44구역(2010), 14-제32구역(2005), 15-제31구역(2003), 16-제48구역(2016)

환옥. 2016년에 제48구역에서 편 상태로 1점이 출토되었다. 얇은 판상이며, 잘 마연하여 매끄럽고, 가장자리는 둥그스름하게 처리되었다. 엷은 녹색이다. 크기는 잔존 길이 3.3㎝, 너비 1.7㎝, 두께 0.4㎝이다(도면 2016-79)(도면 679, 1).

옥 장식. 1999년에 제22구역에서 편 상태로 1점이 출토되었다. 가두리장식을 하였고 또 표면에 선으로 무언가 장식을 하였다. 편이 작고 사진만 제시되어 어떤 문양인지 분명하지 못하다. 잔존 길이는 약 2.48㎝이다(도면 1999-113)(도면 679, 2).

석제 띠꾸미개. 2003년에 제31구역에서 출토되었다. 평면이 근(近)장방형이고, 아래 부분에 장방형의 투공이 있다. 내면에는 네 모서리 가까이에 각각 좌우에서 안으로 구멍을 뚫은 것이 4개 배치되어 있다. 여기에 실을 꿰어

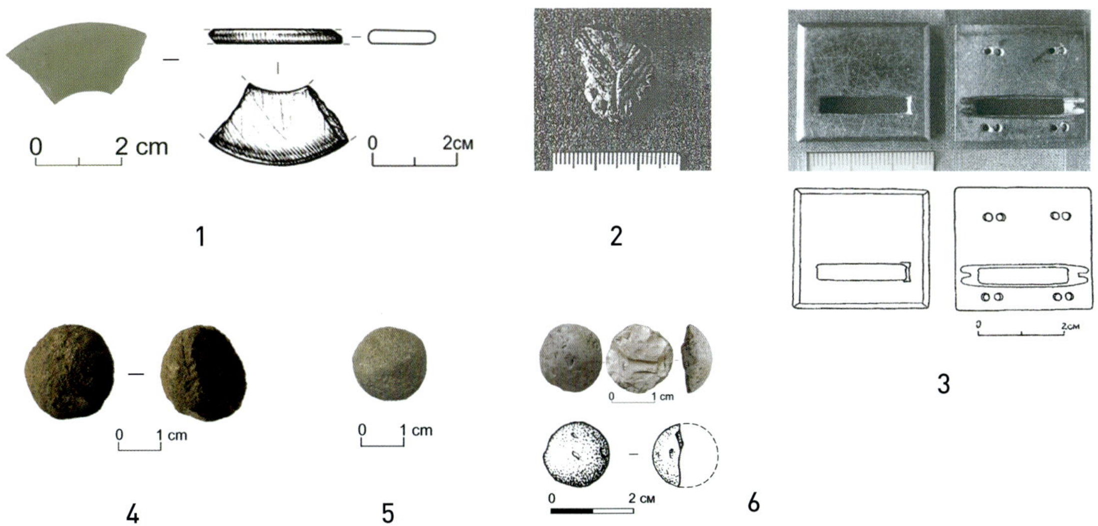

도면 679 | 크라스키노성 출토 환옥(1), 옥 장식(2), 석제 띠꾸미개(3), 돌 구슬(4~6): 1-제48구역(2016), 2-제22구역(1999), 3-제31구역(2003), 4-제47구역(2015), 5-제50구역(2015), 6-제41구역(2008)

띠에 부착하였을 것이다. 다시 말해서 이 띠꾸미개는 받침판이 원래부터 없었을 것이다. 크기는 길이 3.2㎝, 너비 2.8㎝, 두께 0.4㎝이다. 장방형 투공의 크기는 길이 2㎝, 너비 0.35㎝이다(도면 2003-81; 한국어판 2004보고서 도면 105)(도면 679, 3).

석제 구슬. 2007년에 제34구역에서 1점(도면 2007-148, 2), 2008년에 제41구역에서 1점, 2015년에 10점, 2016년에 3점(도면 2016-269~272)이 각각 확인된다. 이 중에서 2015년에 출토된 구슬들의 크기가 비교적 상세하게 소개되어 있다. 2015년에 제47구역의 섹터 6에서 출토된 1점은 편 상태인데 사암으로 만들었고 크기는 직경 2.2㎝, 잔존 높이 1.5㎝이다(도면 2015-553)(도면 679, 4). 2015년에 제50구역에서는 모두 9점의 돌 구슬이 출토되었는데 크기가 직경 2.0~2.7㎝이다(도면 2015-945)(도면 679, 5).

2008년에 제41구역의 동쪽 섹터 제2인공층에서 출토된 것은 깨어져 나가 절반보다 덜 남아 있다. 백색이며 남은 원래의 표면은 매끈하고 동글동글하다. 깨어진 단면에 구멍의 흔적이 남아 있어 목걸이 알로 보고되었다(도면 2008-146, 147)(도면 679, 6).

5) 석제 기타 유물

막대기모양 유물. 2점이 확인된다. 그중의 1점은 1994년에 제9구역의 전각지에서 출토되었다. 편마암으로 만들었고 작은 막대기 모양을 하고 있다. 단면은 방형이다. 양쪽이 모두 결실되었다. 크기는 잔존 길이 5.5㎝, 너비 0.6㎝, 두께 0.5㎝이다(도면 1994-95)(도면 680, 1). 다른 1점은 2008년에 제40구역에서 출토되었다. 양쪽이 모두 결실되었다. 단면은 대추모양이다(도면 2008-355)(도면 680, 2).

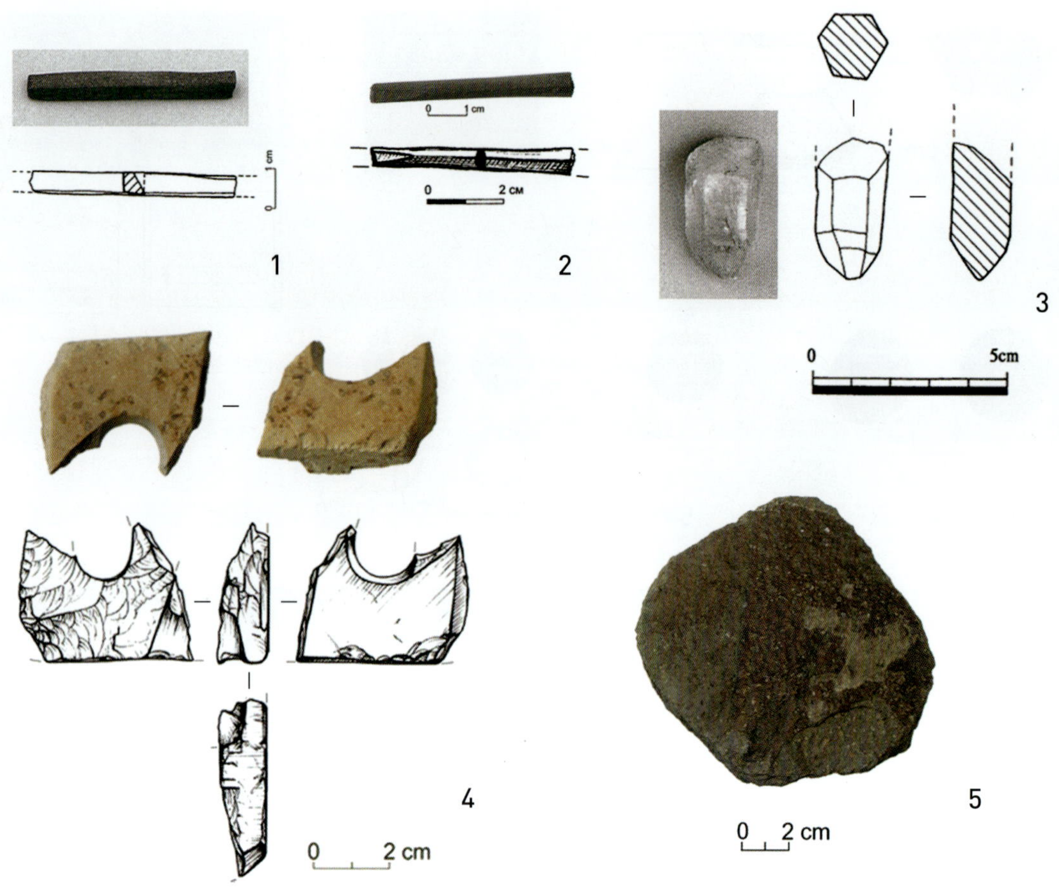

도면 680 | 크라스키노성 출토 석제 막대기모양 유물(1, 2), 수정 육면체 유물(3), 구멍이 있는 석제유물(4), 석제 원판형 유물(5); 1~3- 제9구역 전각지(1994), 4-제48구역(2016), 5-제50구역(2015)

수정 육면체 유물. 석영으로 만들었다. 면이 6개인 육면체이며, 한쪽 끝부분은 육각추 모양으로 마무리된다. 다른 쪽은 결실되었다. 크기는 잔존 길이 3.4㎝, 너비 1.7㎝, 두께 1.7㎝이다(도면 1994-96)(도면 680, 3).

구멍이 있는 석제 유물. 2016년에 제48구역의 동쪽 섹터에서 출토되었다. 납작한 편 상태인데 한쪽 가장자리에 구멍의 흔적이 절반 정도 남아 있다. '상호교차하는 구멍들이 있는 유물'일 수도 있는 것으로 판단되었지만 분명하지 못하다. 왜냐하면 그 유물은 대개 토제품이기 때문이다. 이 유물의 잔존 크기는 길이 4.4㎝, 너비 3.4㎝, 두께 1.3㎝, 구멍 직경 1.9㎝이다(도면 2016-220)(도면 680, 4).

석제 원판형 유물. 2015에 제50구역에서 2점이 출토되었다. 1점은 사암으로 만들었는데 가장자리를 약간 다듬었다(도면 2015-806)(도면 680, 5). 이 유물은 크기가 13.0×11.0㎝, 두께가 2.9㎝이다. 다른 원판형 유물 1점은 가공의 흔적이 미약하게 확인된다. 이 유물은 크기가 9.5×9.2㎝이고, 두께는 0.5㎝이다.

악기 공. 2009년에 제40구역의 9호 주거지에서 출토되었다(도면 389~391)(도면 681, 1). 악기인 '공'과 흡사한 것

도면 681 | 크라스키노성 출토 추정 악기 공(1)과 추정 초석(2): 1, 2-제40구역(2009)

으로 보고되었다. 회갈색의 사암으로 만들었고, 편평하게 마연되었다. 한쪽이 부러져 나갔는데 잔존 형태는 장방형에 가깝다. 악기 공을 매달기 위한 구멍은 남아 있지 않았다. 크기는 잔존 길이 14㎝, 너비 22㎝, 두께 1.1㎝이다.

추정 초석. 2009년에 제40구역의 옹 안에서 발견되었다(도면 2009-188, 189)(도면 681, 2). 사암제이다. 평면 모양이 삼각형에 가까우며, 크기는 15.5×12.2㎝, 두께는 5.7㎝이다. 불을 맞아서 색깔이 암회색과 흑색이다. 사진과 도면에는 보이지 않지만, 양쪽 면에 작은 구멍들이 있는 것으로 보고되었고, 문을 연결하는 부분에 사용된 것으로 추정되었다.

6) 신석기~초기 철기시대의 석제 유물

돌괭이. 2015년에 제44구역에서 출토되었다. 크기가 8.6×10.5×2.2㎝이다. 이와 비슷한 유물은 초기 철기시대 끄로우노브까 문화 유적들에서 발견된 적이 있는 것으로 보고되었다(도면 2015-113).

흑요석 격지. 1994년에 1점, 2005년에 1점, 2015년에 4점, 2016년에 1점, 2017년에 1점 등 모두 8점이 확인된다. 1994년에 출토된 것은 흑색 유리장식으로 보고되었으나 도면과 사진을 볼 때에 흑요석 격지임이 분명하다(도면 1994(2004) 도판 193).

2015년에 제47구역에서 출토된 1점은 박리흔이 확인된다(도면 2015-490)(도면 682, 1). 2015년에 제50구역에

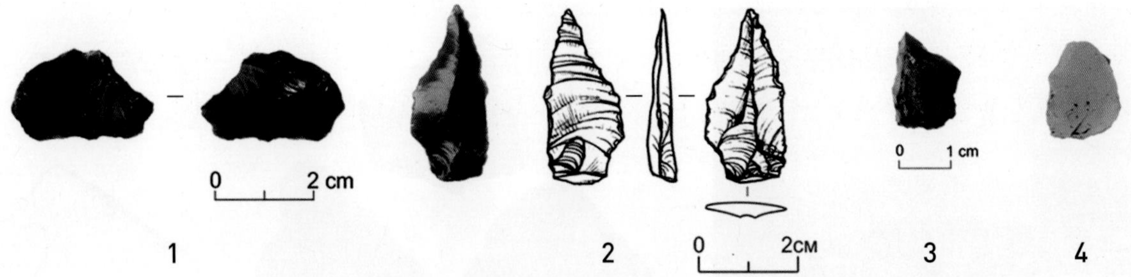

도면 682 | 크라스키노성 출토 흑요석(1~3)과 옥수(4) 격지: 1-제47구역(2015), 2-제48구역(2016), 3-제53구역(2017), 4-제38구역(2007)

서 출토된 3점은 사진이나 도면이 제시되지 않았지만 모두 격지이고, 크기는 길이가 2.4~5㎝, 두께가 0.5~1.5㎝ 사이이다.

2016년에 제48구역에서 출토된 1점은 세장한 삼각형 모양이며, 등면과 배면 모두에 박리흔이 잘 남아 있고 또 타격면도 남아 있다. 크기는 길이 3.4㎝, 너비 1.5㎝, 두께 0.5㎝이다(도면 2016-214)(도면 682, 2).

2017년에 제53구역에서 출토된 1점은 크기가 길이 1.9㎝, 너비 1.2㎝, 두께 0.6㎝이다(도면 2017-478)(도면 682, 3).

옥수 격지. 2007년에 제38구역의 제2인공층에서 출토된 1점이 있다. 길이가 1.31㎝ 정도로 매우 작은 크기이다(도면 2007-28, 3)(도면 682, 4).

5. 철제 유물

크라스키노성에서 출토된 철제유물은 주철제와 철제로 구분이 되어 보고되었다. 여기에서 주철제는 주조하여 제작한 철제품이고, 철제는 단조하여 만든 철제품이다. 주철제 유물에는 수레바퀴 차관과 비녀못, 솥, 보습 등이 있고, 나머지는 대부분이 철제이다.

철제유물의 종류는 농공구류, 어구류, 무기류, 일상생활용품, 건축소모품과 부속품, 수레바퀴 부속품, 교구(띠 부속품), 지붕 부속품, 형태 확인 용도미상 철제유물, 기타 철제유물, 근현대 철제유물로 각각 구분된다. 농공구류에는 삽, 낫, 도끼, 자귀, 정, 톱, 보습, 집게, 칼이, 어구류에는 낚시 바늘과 작살이 각각 출토되었다. 무기류는 창, 창고달이, 화살촉, 찰갑이 발견되었는데 창과 화살촉은 사냥에도 사용했을 것이다. 일상생활용품에는 솥과 용기, 다리미, 부싯쇠, 갈고리, 바늘, 아궁이 뚜껑이 있다. 건축소모품과 부속품으로는 못, 자릿쇠, 꺾쇠, 배목, 자물쇠와 열쇠, 문고리 빗장, 추정 빗장 부속품, 문지도리, 쇠고리, 추정 경첩 등이 있다. 수레바퀴 부속품은 차관과 비녀못이 출토되었다. 교구에는 과대장식과 버클이 있다. 형태가 확인되나 용도가 분명하지 못한 철제유물로는 고깔 모양 철제품, 쌍각 미늘, 용수철모양 철제품, 클립, 회전고리, 원통모양 철제품, 관상 철제품, 추정 타악기 공이 있다. 기타 철제유물은 원래의 형태를 알 수 없고 용도도 알 수 없는 것들이다. 겹 판상 철제유물, 감은 철제유물, 못을 박은 철제유물, 판상 철제유물, 축모양 철제유물, 덩이모양 철제유물 등이 있다. 근현대 철제유물로는 숟가락과 편자가 각각 1점씩 발견된 것이 있다. 이 유물들은 발해인들의 생산활동과 일상생활의 많은 모습까지도 잘 보여 준다고 생각된다.

1) 농공구류

(1) 삽

삽은 2001년도 제25구역, 2003년도 제31구역, 2005년도 제34구역 1호 주거지 내부 퇴적토, 2010년도 제45구역, 2014년도 제44구역에서 각각 출토되었다. 이 중 2001년 출토 삽은 자루대롱과 삽날의 어깨 부분 한쪽이 조금 남

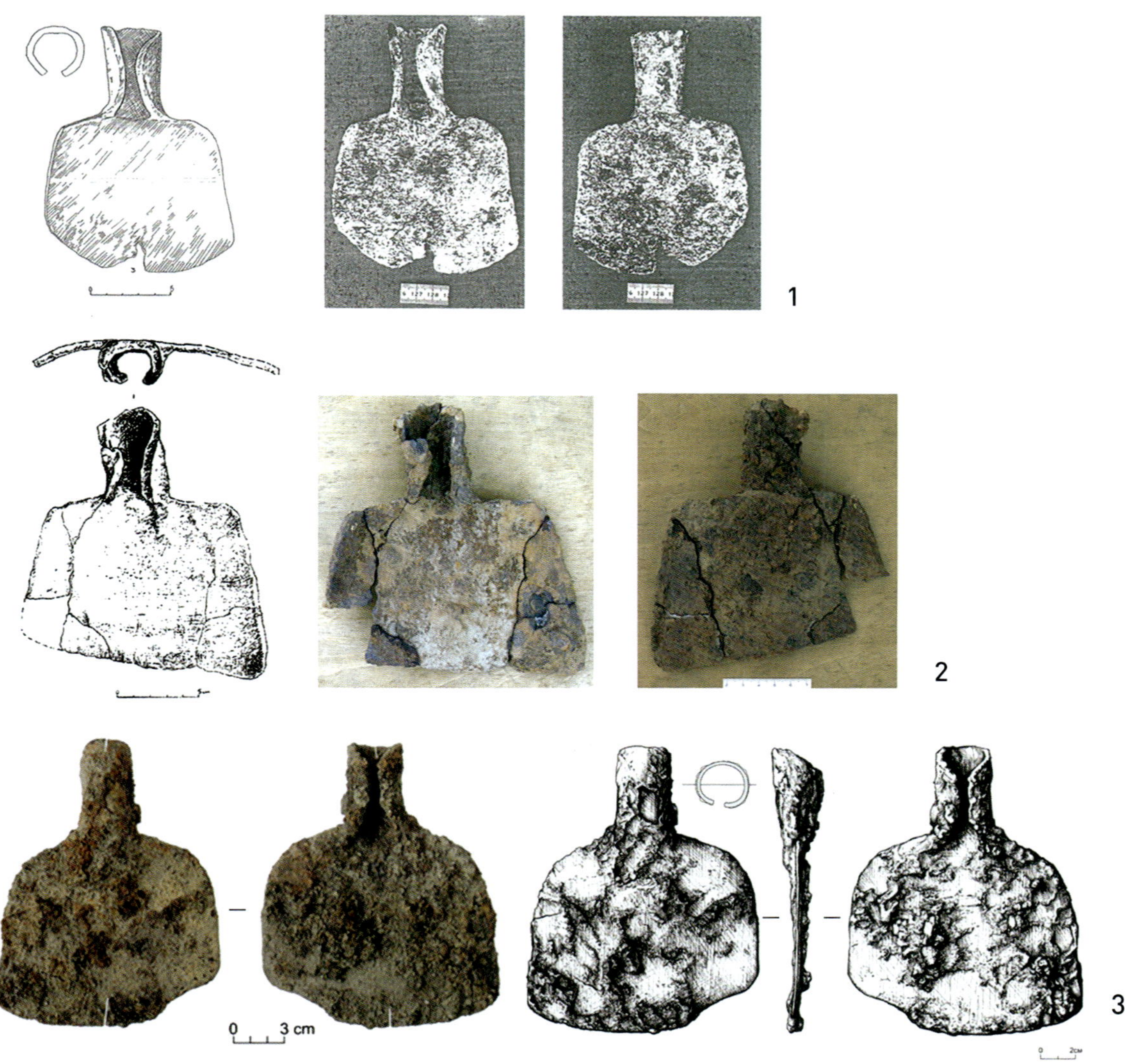

도면 683 | 크라스키노성 출토 철제 삽: 1-제31구역 와실유구(2003), 2-제34구역(2005), 3-제44구역 동쪽섹터 제10인공층(2014)

아 있고, 2010년 출토 삽은 자루대롱 부분만 일부 남아 있다. 나머지 3점의 철제 삽은 모두 전체 형태가 남아 있다. 삽은 삽날 몸체 부분과 자루를 끼우는 자루 대롱 부분으로 구분을 할 수가 있다. 삽날 몸체 부분은 기본적으로 모가 죽은 오각-사다리꼴에 가깝다. 자루대롱 부분은 철판을 둥글게 말아 만들어서 뒤쪽이 트여있다.

2003년도 출토 삽은 삽날 부분이 일부 결실되었지만 전체적으로 호선을 그리는 것으로 생각된다. 삽날 몸체의 어깨 부분은 한쪽은 약간 경사지면서 몸체와 둔각으로 연결되었고, 다른 한쪽은 거의 수평에 가까우면서 몸체와 둥그스름하게 연결되었다. 이 삽은 전체 높이가 15.8㎝, 자로 대롱 높이 5.5㎝, 삽날 몸체 최대 너비 11.7㎝, 자루 대롱 직경 3.6㎝이다(도면 2003-68)(도면 683, 1). 2005년에 출토된 삽은 삽날의 한쪽이 결실되기는 하였으나 삽날 몸체 양쪽 어깨 부분의 경사가 미약하여 오각-사다리꼴이면서 사다리꼴에 더 가깝다. 이 삽은 크기가 전체 높이 16㎝이다(도면 2005-151)(도면 683, 2). 2014년에 출토된 삽은 삽날 몸체 부분의 양쪽 어깨가 경사가 져 오각-사다리꼴이면서 오각형에 더 가깝다. 이 삽은 어깨 부분이 둥그스름하게 처리되었다(도면 2014-75)(도면 683, 3). 2014년 출토 삽은 크기가 전체 높이 16.9㎝, 너비 13㎝, 두께 0.2㎝이다. 자루 대롱은 길이가 5.2㎝, 너비가 3.2㎝이다.

(2) 낫

낫은 2001년도에 제25구역과 제29구역, 2002년도에 제30구역의 1호 구덩이에서, 2003년도에 제31구역에서, 2008년도에 제40구역에서, 2011년도에 제47구역과 제48구역에서, 2014년도에 제44구역의 15호 주거지 내부 퇴적토 윗부분에서 각각 출토되었다.

이 중 2001년도 제25구역, 2003년도 제31구역, 그리고 2014년도 제44구역에서 출토된 3점의 낫은 온전한 형태 혹은 거의 온전한 형태이다. 온전하거나 혹은 도면으로 복원이 되는 낫을 보면 모두 평면이 "J"자 모양이다. 낫의 몸체 부분은 미약하게 호선을 그리기도 하고 혹은 조금 더 호선을 그리기도 하며, 끝부분으로 가면서 둥글게 곡선을 이루며 짧게 굽어지고 뾰족해진다. 자루를 착장하는 다른 쪽 끝부분은 둥글게 말거나 혹은 거의 직각으로 꺾었다. 낫의 단면은 기본적으로 쐐기꼴이며, 오목한 부분이 날이 있는 곳이다.

발해 낫의 크기는 2001년도 제25구역 출토품이 길이 24.5㎝, 너비 3㎝, 자루와 날 연결부위 너비 4.8㎝이다(도면 2001-27)(도면 684, 1). 2003년에 제31구역에서 출토된 낫은 잔존 길이가 24.0㎝이고, 자루와 날 연결 부위의 너비는 3.8㎝이다(도면 2003-67)(도면 684, 2). 2014년도 제44구역 출토 낫은 길이 30.5㎝, 너비 4.5㎝, 두께 0.7㎝이다(도면 2014-76)(도면 684, 3).

그런데 2008년에 제40구역에서 출토된 철제 낫은 등 쪽에 날이 있는 것으로 그림이 그려져 있는데 단면이 거꾸로 그려졌을 것이다. 이 낫은 크기가 길이 14.5㎝, 최대 너비 3㎝, 등 두께 0.45㎝이다(도면 2008-357)(도면 684, 4).

평면 J자 모양의 낫은 니꼴라예브까 2 성과 같은 다른 발해유적에서도 출토된 적이 있다.

(3) 도끼

도끼는 2006년도에 제34구역과 2012년도에 제48구역에서 각각 1점씩 출토되었다. 이 중 2006년도 출토 도끼는 날 부분만 남아 있는데 단면이 "V"자 모양으로서 속이 비어있다. 이 도끼는 아마도 유공식(有銎式)이었을 것

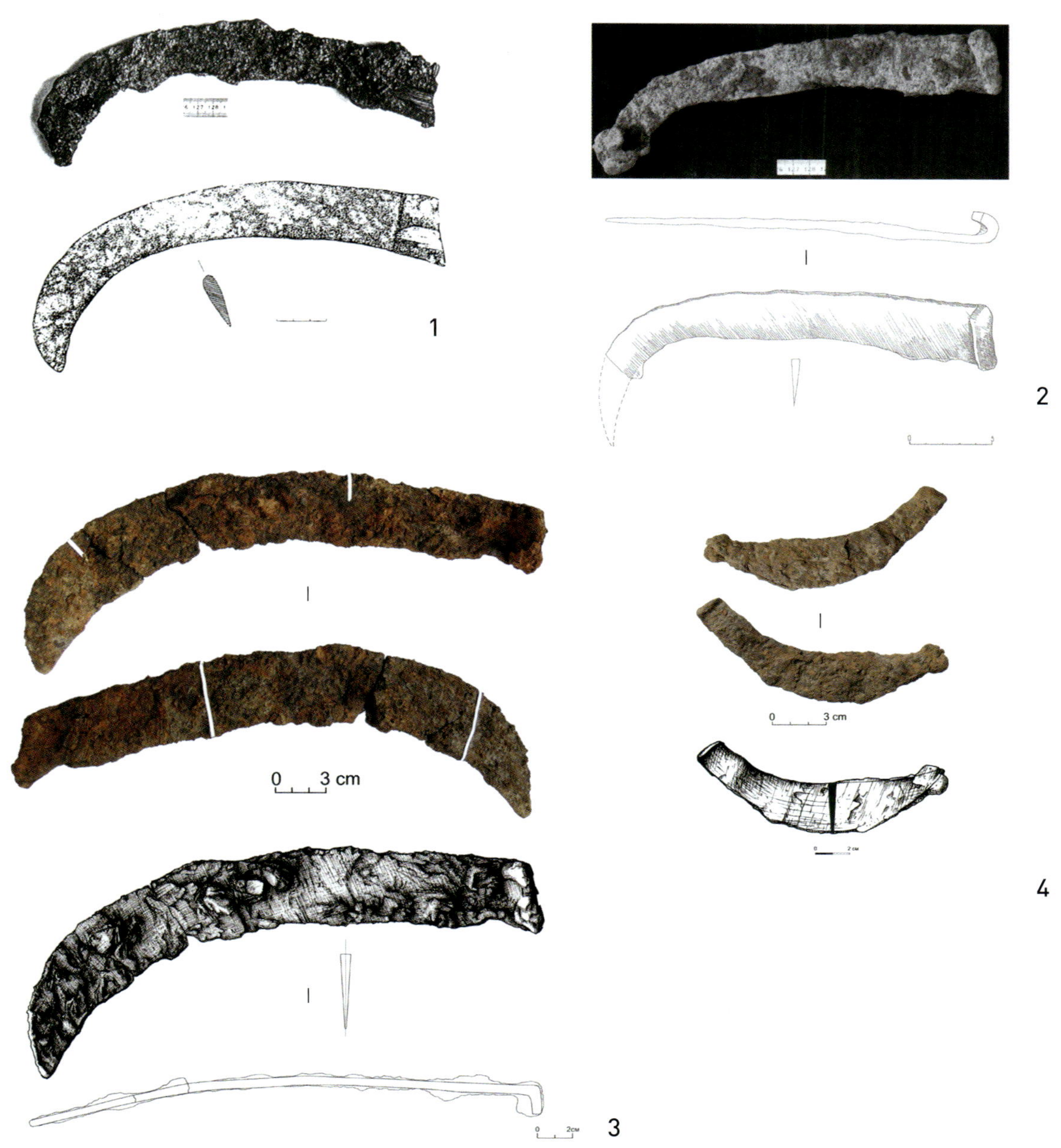

도면 684 | 크라스키노성 출토 철제 낫: 1-제25구역 제4인공층(2001), 2-제31구역 제6인공층(2003), 3-제44구역 동쪽섹터 제10인공층(2014), 4-제40구역 제4인공층(2008)

이다. 날 부분은 완만하게 호선을 그리고 있고, 너비는 6.2㎝이다(도면 2006-81, 3)(도면 685, 1). 2012년도 출토 도끼는 평면 모양이 길쭉한 사다리꼴로서 등 쪽에서 날 쪽으로 가면서 조금씩 넓어진다. 다만 날 부분은 둥그스름하게 호선을 이루고 있다(도면 2012-234)(도면 685, 2). 측면에서 본 단면 형태는 쐐기꼴이다. 두터운 도끼 등 쪽에 장방형의 도끼 자루 구멍이 나있으며 도끼 구멍 안쪽에 목질 흔적이 남아 있었다. 도끼 등은 편평하다. 도끼의 크기는 길이 15.2㎝, 최대 너비 6.5㎝, 등 부분 두께 5.5㎝이다. 이 모양의 도끼는 연해주의 발해 니꼴라예브까 2 성에서도 출토된 적이 있다.

(4) 자귀

2014년도 제49구역에서 1점이 출토되었다. 자루 대롱 부분과 그 아래 날의 윗부분이 남아 있다. 둥근 자루 대롱 아래가 점차 좁아지고 있어 목재를 깎거나 파내는데 사용한 자귀였을 가능성이 매우 높다고 생각된다. 이 자귀는 크기가 잔존 길이 14.1㎝, 자루 대롱 직경 3㎝, 자루 대롱 두께는 0.5㎝, 날 부분 너비 3.1~3.5㎝이다(도면 2014-810, 2)(도면 685, 3).

(5) 정

2001년도 제29구역의 제3인공층에서 철제 정이 1점 출토된 것으로 보고되었다. 도면이 제시되지 않아 구체적인 모양을 파악하기 힘들지만, 정의 머리 부분이 약간 넓어져 있었다고 한다. 길이는 8.4㎝, 두께는 1.1㎝, 너비는 1.6㎝로 보고되었다.

(6) 톱

2001년도 제29구역에서 1점이 발견되었다. 손잡이 부분과 톱의 몸체 일부가 잘 남아 있다(도면 2001-80)(도면 685, 4). 톱니는 삼각형 모양이며 전체적으로 손잡이와는 반대방향으로 향하고 있어 톱을 잡아당길 때가 아니

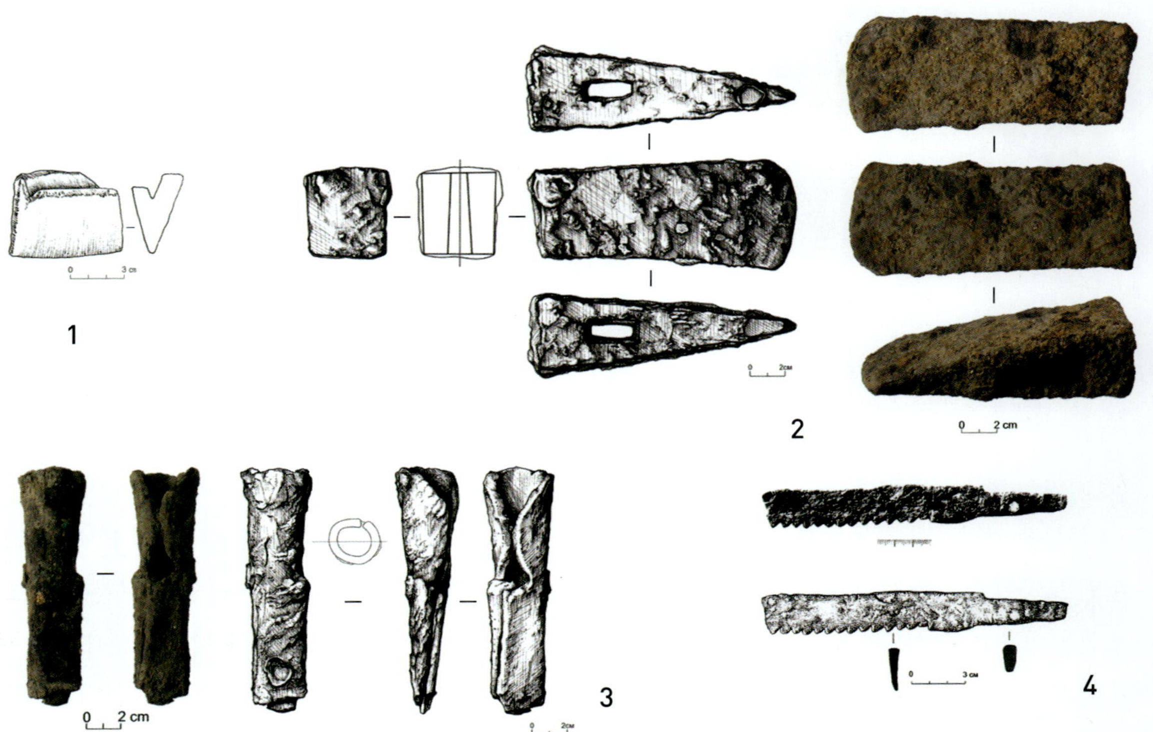

도면 685 | 크라스키노성 출토 철제 도끼(1, 2), 자귀(3), 톱(4): 1-제35구역(2006), 2-제48구역 서쪽섹터 제4인공층(2012), 3-제49구역 섹터4 제2인공층(2014), 4-제29구역(2001)

라 톱을 밀 때에 나무를 자르거나 켤 수 있게 되어있다. 손잡이 부분과 톱 몸체 연결 부위에 등 쪽으로는 턱이 하나 져있고, 톱날 쪽으로는 완만하게 경사가 져있다. 톱 몸체 부분의 단면은 쐐기꼴이다. 이 톱의 크기는 잔존 길이 16.5㎝이다. 톱 몸체의 잔존 길이는 11㎝, 너비는 2.1㎝이며, 손잡이 부분은 너비가 1.3㎝, 두께가 0.45㎝이다.

(7) 보습

보습은 쟁기에 부착하여 땅을 갈 때에 사용한 농기구의 일종이다. 모두 주철제이다. 크라스키노성에서는 모두

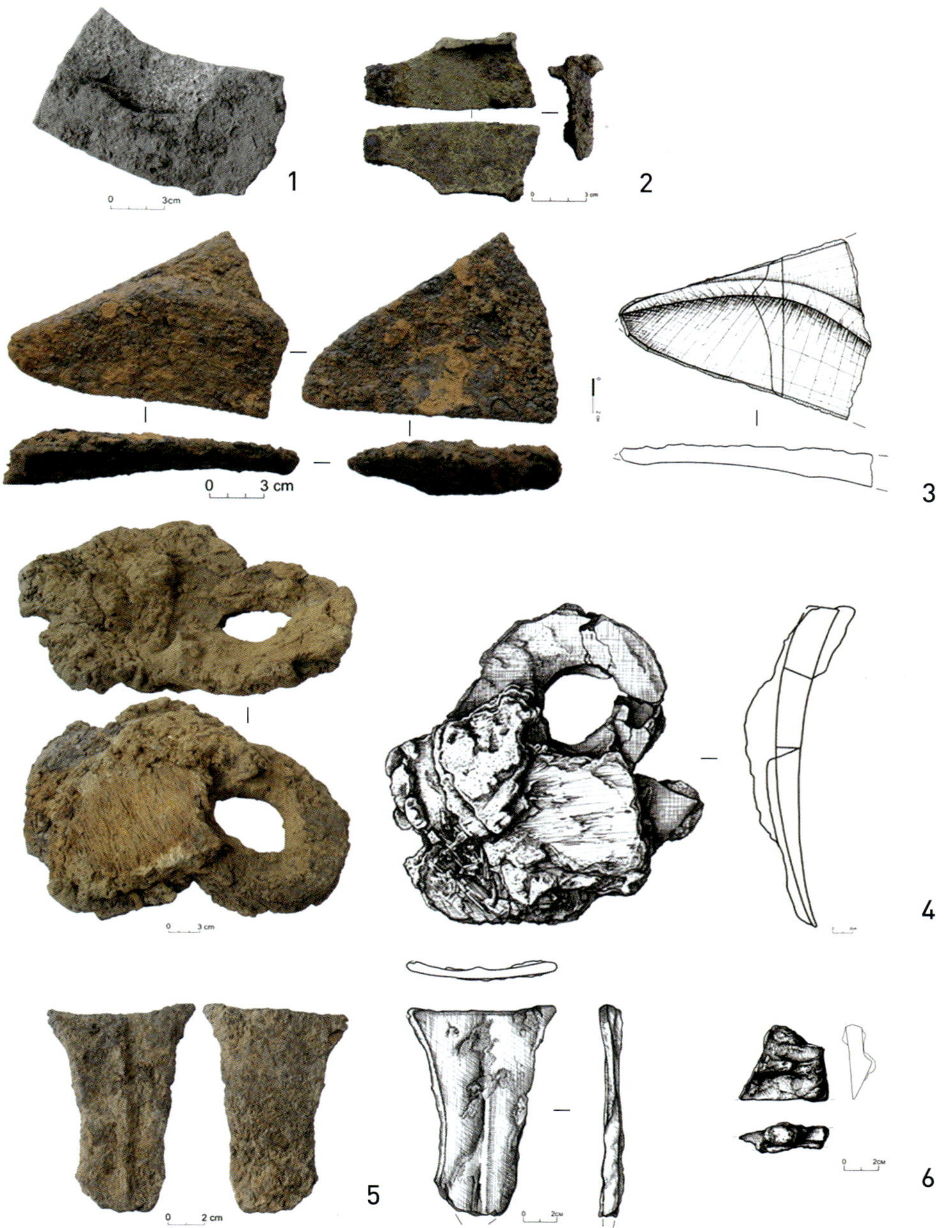

도면 686 | 크라스키노성 출토 철제 보습, 추정 보습, 추정 볏(5): 1- 제38구역(2007), 2-제34구역(2006), 3-제41구역(2008), 4-제40구역 10호 주거지(2009), 5-제14구역(2007), 6-제47구역(2014)

편 상태로 출토되어 원래의 형태를 알 수 없다. 보습으로 보고된 유물은 10점 이상이며, 사진만 제시된 것도 있고(도면 2007-22, 1; 2006-176, 2)(도면 686, 1, 2), 또 실측도면으로 제시된 것도 있다. 하지만 보습으로 보고된 유물들 중에는 보습이 아닐 것으로 생각되는 유물도 있고(도면 1994-101), 또 보습인지의 여부를 파악하기 힘든 것도 있다(도면 2008-137; 2009-319)(도면 686, 3, 4). 그 외에 "솥의 다리" 혹은 "주철제 그릇의 다리"로 보고된 한 유물은 보습의 일종인 볏의 일부로 생각된다(도면 2009-14)(도면 686, 5).

볏의 일부로 생각되지만 "주철제 그릇의 다리"로 보고된 이 유물은 가운데에 수직 방향으로 능이 형성되어 있다. 이 유물은 크기가 잔존 높이 12.2㎝, 상단 잔존 너비 8.8㎝, 두께 0.45~0.95㎝, 능 높이 0.4㎝이다(도면 2009-14)(도면 686, 5).

보습으로 보고되었지만 보습이 아닐 가능성이 있는 유물은 평면이 길쭉한 장방형이고 날이 있는 아래 부분만 잔존하는 것으로 생각된다(도면 1994-101). 보습의 날은 대개 호선을 이루고 있기 때문에 날 부분이 곧게 직선을 이루고 있는 이 유물은 보습이 아닌 다른 유물의 일부였을 것이다.

보습의 편이 분명한 것도 있다. 작은 편 상태인데 한쪽 가장자리에 편인의 날이 남아 있다. 이 유물은 잔존 크기가 5×4.3㎝, 두께가 1.5㎝이다(도면 2014-546)(도면 686, 6).

사진만 제시된 유물들 중에는 보습의 측면이 분명한 것들이 있다. 때문에 크라스키노성에서 보습이 출토된 것은 맞지만 편이 작아 보습의 형식은 파악하기 힘들다.

(8) 집게

2005년에 제34구역의 1호 주거지에서 출토되었다(도면 687). 집게 부분과 손잡이 부분이 모두 남아 있다. 모양은 현대의 펜치와 비슷하게 생겼다. 크기는 전체 길이 15.5㎝이다. 집게 부분의 단면은 장방형이며, 단면의 크기는 0.6×1.2㎝이다. 손잡이 부분의 단면은 크기가 0.9㎝이다. 발해유적에서는 거의 유일하게 발견된 철제 집게 유물이다.

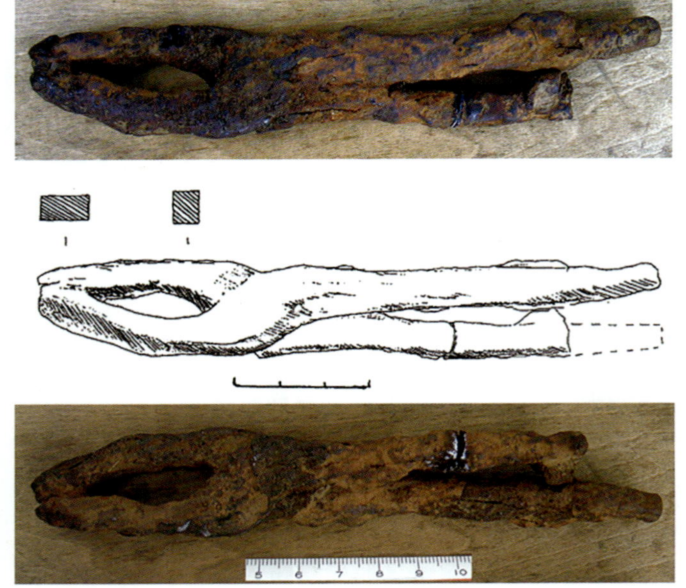

도면 687 | 크라스키노 성 제34구역 출토 철제 집게(2005)

(9) 칼

철제 손칼은 크라스키노성에서 비교적 자주 발견되는 유물중의 하나로서 지금까지 69점이 출토된 것으로 집계된다. 하지만 전체 모양이 남아 있거나 혹은 형식을 알 수 있는 것은 19점에 불과하다. 나머지 칼들은 전체 모양 혹은 형식이 파악되지 않는다. 예를 들어 칼몸(혹은 칼날) 부분만 있는 것이 31점, 슴베 부분 및 칼몸과의 연결 부분이 함께 있는 것이 4점, 칼몸과 슴베가 모두 어느 정도 남아는 있으나 심한 부식과 결실로 인해 형태를 판단하기 힘든 것이 11점 등 모두 46점의 칼에 대해서는 형식을 파악하기 힘들다.

칼은 기본적으로 칼몸과 슴베 두 부분으로 이루어져 있는데 슴베에는 따로 손잡이를 만들어 고정시켰을 것이다. 칼몸은 모두 단면형태가 쐐기꼴이다. 칼의 형식은 칼몸과 슴베의 연결 상태와 칼몸의 길이 및 모양에 따라 구분이 가능하다. 크라스키노성에서 출토된 칼은 칼몸과 슴베 사이에 등 쪽과 날 쪽 모두에 턱이 져있는 것(Ⅰ형식)이 14점으로 다수를 차지하며, 날 쪽에만 턱이 져있고, 등쪽은 칼몸과 슴베 사이에 턱이 없이 곧은 것(Ⅱ형식)은 6점으로 상대적으로 적은 수량으로 발견되었다. 그 외에 등 쪽에 턱이 져있고, 날 쪽에는 턱이 거의 관찰되지 않는 것(Ⅲ형식)도 1점 있다.

양쪽에 턱이 진 Ⅰ형식의 칼은 다시 칼몸이 긴 것(칼 Ⅰ-1형식)과 짧은 것(칼 Ⅰ-2형식)으로 구분된다. 칼몸이 긴 것(칼 Ⅰ-1형식)은 다시 칼몸의 등과 날이 평행한 것이 3점 있는데(도면 2009-681; 2013-219; 2014-51)(도면 688, 1~3) 그중의 1점은 축약되는 예봉이 남아 있다. 등과 날이 줄곧 조금씩 축약되어 길쭉한 세삼각형 모양을 이루는 것도 4점 있다(도면 2015-108; 2014-214; 2017-214; 2007-143, 5)(도면 688, 4~7). 등과 날이 평행을 이루는 칼 중에서 1점은 전체가 온전하게 남아 있는데 슴베의 윗부분에 나무 손잡이를 고정시킨 고정고리가 부착되어 있다. 이 칼은 전체 길이가 22㎝, 칼몸 길이 15㎝, 칼몸 너비 1.1~2.7㎝, 두께 0.6㎝이다(도면 2009-681)(도면 688, 1). 등과 날이 조금씩 축약되는 칼 중에서 1점은 슴베의 끝부분이 조금 결실된 것을 제외하면 전체 형태가 온전하다. 이 칼은 크기가 전체 길이 11.8㎝, 슴베 길이 5.1㎝, 슴베 너비 0.9㎝, 슴베 두께 0.3㎝, 칼몸 두께 0.1~0.2㎝, 칼몸 너비 1.0~1.3㎝이다. 예봉이 등은 곧고 날이 등 쪽으로 호선을 그리면 축약된다(도면 2015-108)(도면 688, 4). 이 형식 칼 중에는 칼몸의 기저부분에 손잡이를 고정하였던 고정고리가 남아 있는 것도 있다(도면 2017-214)(도면 688, 5).

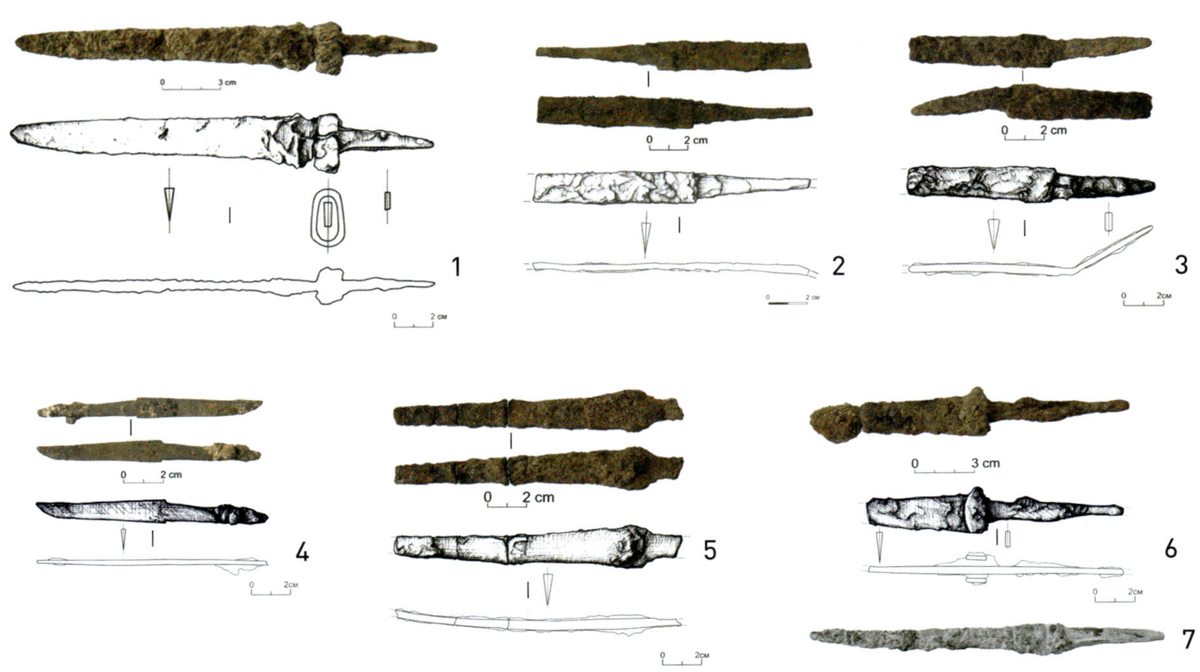

도면 688 | 크라스키노성 철제 Ⅰ-1형식 칼: 1-제42구역(2009), 2-제44구역(2013), 3, 5-제44구역(2014), 4-제44구역(2015), 6-제51구역(2017), 7-제34구역(2007)

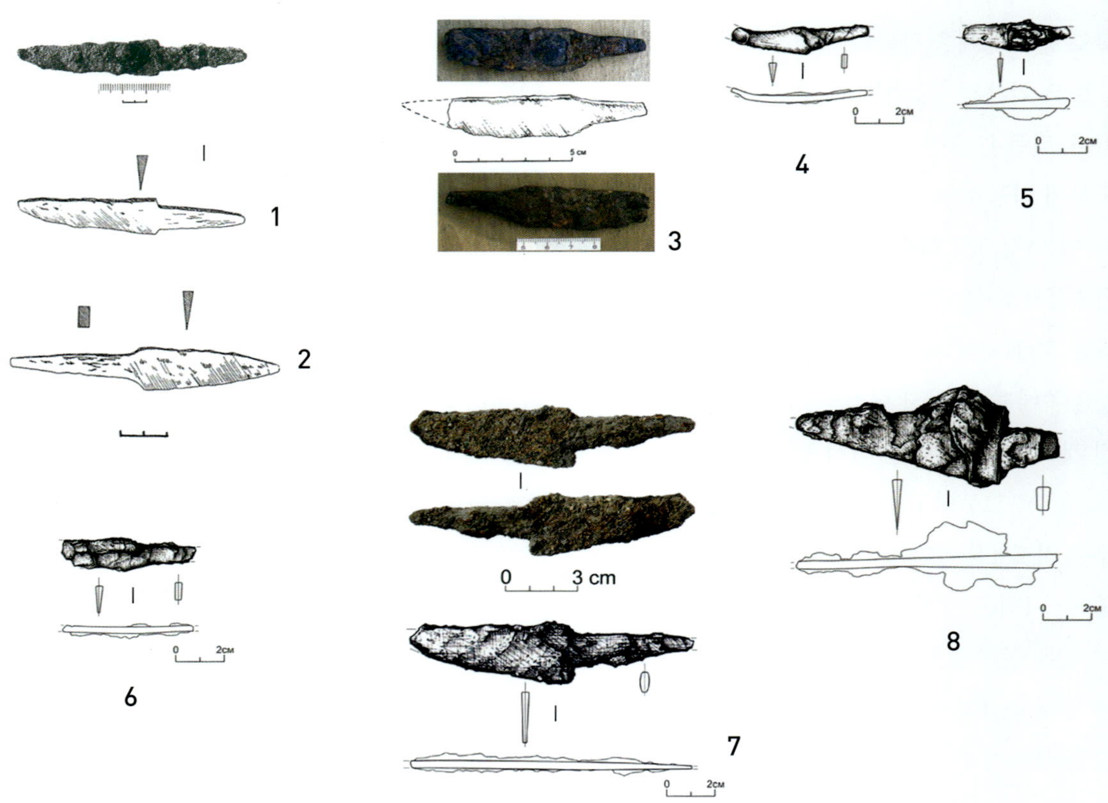

도면 689 | 크라스키노성 출토 철제 Ⅰ-2형식 칼: 1, 2-제30구역(2002), 3-제34구역(2005), 4, 6-제49구역(2014), 5, 8-제47구역(2014), 7-제53구역(2018)

칼몸이 짧은 것(칼 Ⅰ-2형식)은 칼몸의 형태가 기본적으로 긴 삼각형이다. 이 칼들에는 대개 칼몸과 슴베 사이의 턱이 등 쪽과 날 쪽 모두 사선을 이루지만(도면 2002-42, 2; 2002-43, 1; 2005-139; 2014-726; 2014-686; 2014-776, 2)(도면 689, 1~6), 곧게 슴베와 직각을 이루는 것들도 있다(도면 2018-773; 2014-600)(도면 689, 7, 8). 이 형식의 칼들 중에 전체가 온전하게 남은 것은 2점이 있다. 1점은 전체 길이가 9.7㎝, 슴베 길이 3.7㎝, 슴베 두께 0.4㎝이다(도면 2002-42, 2)(도면 689, 1). 다른 1점은 슴베에 나무 손잡이의 흔적이 남아 있는 것으로 보고되었는데 전체 길이 11.5㎝, 칼몸 길이 6.2㎝, 칼몸 너비 1.8㎝, 등 두께 0.3㎝이다(도면 2002-43, 1)(도면 689, 2).

날 쪽에만 턱이 져있는 칼(칼 Ⅱ형식)은 등이 칼몸과 슴베에서 구분이 없이 곧게 형성된 것(칼 Ⅱ-1형식)이 일반적이지만(도면 2002-42, 1; 2002-43, 2; 1996-17, 1; 2015-583)(도면 690, 1~4), 가볍게 호선을 그리는 듯 한 느낌을 주는 것(칼 Ⅱ-2형식)도 있다(도면 2006-55, 4; 2014-452; 2016-89)(도면 690, 5~7). Ⅱ-1형식의 칼은 1점이 슴베는 일부 결실된 것으로 보이지만 칼몸은 온전하게 남아 있다. 이 칼은 전체 길이가 8.6㎝, 칼몸 길이 5㎝, 슴베 길이 3.6㎝, 칼몸 너비 1.2㎝, 등 두께 0.4㎝이다(도면 2002-42, 1)(도면 690, 1). Ⅱ-2형식 칼은 3점 중 1점이 비교적 온전하게 남아 있다. 이 칼은 전체 길이 13.7㎝, 너비 1.6㎝, 등 두께 0.5㎝, 슴베 길이 4.6㎝, 슴베 두께 0.6㎝이다(도면 2014-452)(도면 690, 6).

등 쪽에만 턱이 져있고, 날 쪽에는 턱이 거의 관찰되지 않는 칼(Ⅲ형식)은 1점이 확인된다(도면 2005-149)(도면

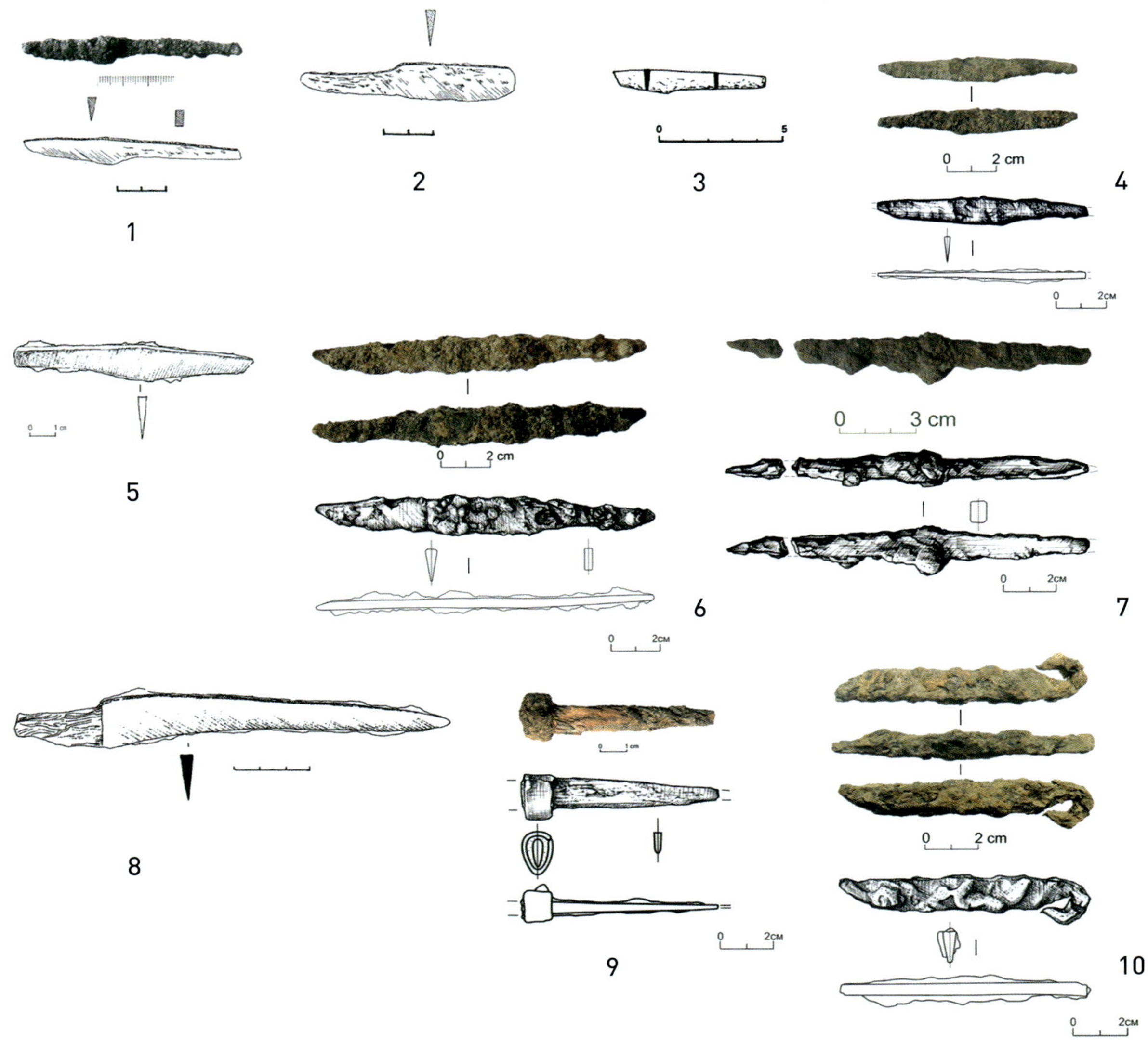

도면 690 | 크라스키노성 철제 II-1형식(1~7), III형식(8), 기타 형식(9, 10) 칼: 1, 2-(2002), 3-제11구역(1996), 4-제47구역(2015), 5-제35구역(2006), 6-제44구역(2014), 7-제51구역(2016), 8-제34구역(2005), 9-제40구역(2009), 10-제47구역(2011)

690, 8). 이 칼에서 등 쪽의 턱은 슴베와 직각을 이루고 있다. 칼몸 기저부분의 등이 약간 호선을 그리고 있고, 또 날 부분도 안쪽으로 호선을 그리고 있다. 다만 날 부분이 안쪽으로 호선을 그리는 것은 오랜 사용으로 인하였을 가능성이 크다. 이 칼은 슴베가 많이 결실되었는데 잔존 전체 길이는 도면에 제시된 축척을 통해 볼 때 약 17.5㎝이다.

나머지 칼들 36점은 상기한 바와 같이 모두 전체 모양이 파악되지 못하는 것들이다. 그중에는 슴베의 윗부분에 손잡이를 고정하였던 고정고리가 남아 있는 것도 1점 있다(도면 2009-466, 4)(도면 690, 9).

그 외에 한쪽 끝을 구부려 고리 모양으로 만든 칼을 연상시키는 유물도 1점 있다(도면 2011-616, 1)(도면 690, 10).

크라스키노성에서 출토된 철제 손칼들이 크기와 형식이 다양한 것은 아마도 각기 용도에 따라 다르게 제작하였기 때문일 것이다.

2) 어구류

(1) 낚시 바늘

철제 낚시 바늘은 2005년도 제34구역과 2014년도 제47구역 및 제49구역에 각각 1점씩 출토되었다. 이 중에서 2005년도 출토 낚시 바늘은 전체 모양이 어느 정도 확인된다(도면 2005-155)(도면 691, 1). 하지만 나머지 2점은 편 상태로서 전체 모양을 알 수가 없다. 상태가 가장 좋은 철제 낚시 바늘은 잔존 길이가 10.5㎝이다. 낚시 줄을 연결하는 부분이 결실된 것으로 보여 원래는 더 길었을 것이다. 미늘 부분을 둥글게 안으로 굽게 하였고, 또 미늘의 끝부분을 화살촉 모양으로 마무리하여 물고기가 걸렸을 때에 빠져 나가지 못하도록 하였다. 이 크기의 낚시 바늘은 연어를 잡는데 적합한 것으로 추정되었다.

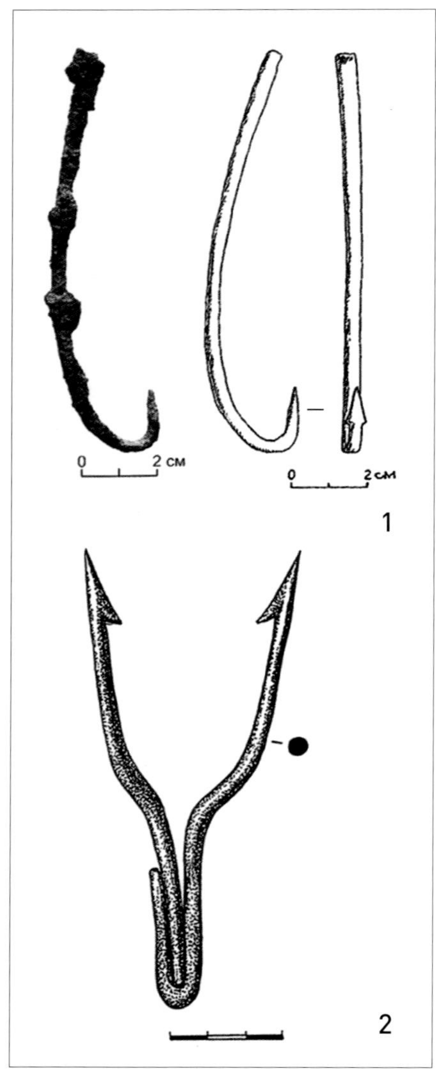

도면 691 | 크라스키노 성 제34구역 출토 철제 낚싯바늘(2005)(1)과 제27구역 출토 철제 작살(2001)(2)

(2) 작살

철제 작살은 2001년도에 제27구역의 제6인공층에서 1점이 출토되었다(도면 2001-112)(도면 691, 2). 두개의 가지를 각각 구부려 기저 부분을 붙여 Y자 모양이 되게 하고, 그다음에 가지 중의 하나를 구부려 그 사이에 다른 가지 하나를 꼭 끼이게 하였다. 두 가지의 끝부분은 매우 뾰족하며 각각 안쪽으로 미늘을 만들어 놓아 한 번 잡힌 물고기는 절대로 빠져 나갈 수 없게 하였다. 두 가지의 단면은 각각 원형이다. 이 작살은 전체 길이가 12.7㎝이며, 두 가지 사이의 간격은 5.8㎝, 각 가지의 직경은 0.4~0.5㎝이다.

3) 무기류

(1) 창

철제 창은 2012년도에 제47구역의 19호 주거지에서 3점이 출토되었다(도면 2012-352; 353; 447)(도면 692, 1~3). 전체가 다 온전하게 남아 있는 2점은 19호 주거지의 구들 고래 내에서 나란히 함께 출토되었고, 창의 자루 대롱과 창 몸체 일부가 남아 있는 편 상태의 것은 19호 주거지의 가장자리 부분에서 확인되었다. 이 3점의 창촉은 크라스키노성에서는 처음 발견된 것이다.

19호 주거지의 구들 고래에서 발견된 2점의 철제 창촉은 모양이 서로 차이가 나는데 1점은 창 몸이 좌우가 거의 평행하는 단검모양이고(도면 12, 1)(도면 692, 1), 다른 1점은 창 몸이 예봉의 아래 부분에서 완만하게 넓어졌다가 다시 완만하게 좁아지는 모양을 하고 있다(도면 12, 2)(도면 692, 2). 두 창촉 모두 예봉은 뾰족하다. 두 창촉에는 모두 자루 대롱이 있는데 첫 번째의 것에는 자루 대롱 아래 부분에 테고리가 달려 있다. 둘 다 창 몸의 단면은 렌즈모양이다. 그런데 이 2점의 창을 측면에서 보면, 첫 번째의 창은 창 몸이 창 자루 대롱 부분에 비해 매우 얇은 편이고, 두 번째의 창은 창 몸이 창 대롱에서 완한하게 세장해진다. 첫 번째의 창촉은 전체 길이가 26㎝, 창 몸의 길이가 16.8㎝, 창 몸의 최대 너비가 2.8㎝, 창 몸 두께가 0.8㎝이고, 창 자루 대롱의 기저 부분 직경은 5.1㎝이다. 두 번째의 창촉은 전체 길이가 24.1㎝이고, 창 몸의 길이가 13.6㎝, 창 몸 너비가 1.8㎝, 창 몸 두께가 0.8㎝이며, 자루 대롱의 직경은 2.9×3.1㎝이다. 두 번째의 것과 비슷한 모양의 창촉은 체르냐찌노 5 고분군에서 출토된 적이 있다.

(2) 창고달이

철제 창고달이는 창의 자루 끝부분에 부착한 창의 부속품이다. 창의 자루 끝부분에 장착하여 창 자루를 보호하면서 유사시에는 역시 적을 살상하는 데에도 쓸 수 있다. 크라스키노성에서는 2011년에 제47구역의 18호 주거지와 2013년에 제47구역 섹터2에서 각각 1점씩이 출토되었다. 2점 모두 가운데가 빈 곧은 뿔 모양이다. 2011년에

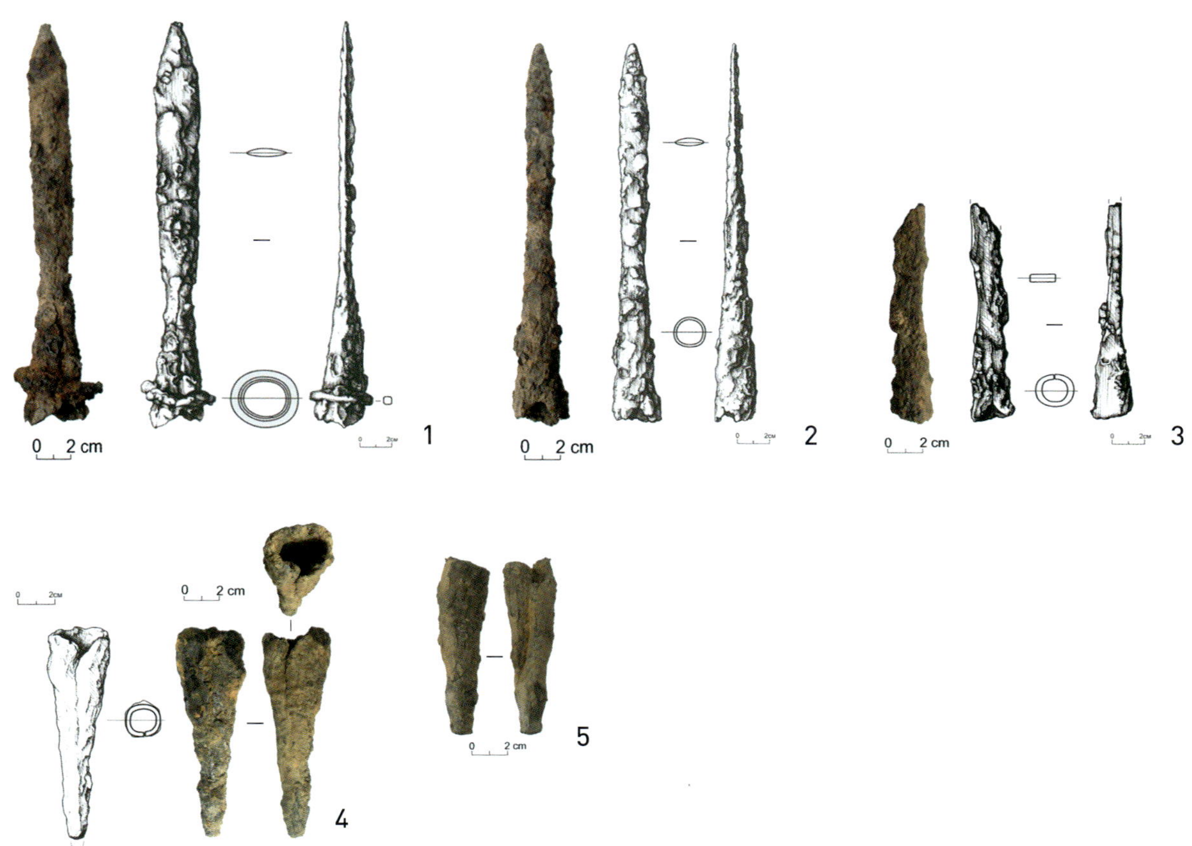

도면 692 | 크라스키노성 출토 철제 창(1~3)과 창고달이: 1~3-제47구역(2012), 4-제47구역(2011), 5-제47구역(2013)

출토된 창고달이는 끝부분이 결실되었다. 이 유물은 크기가 길이 11.4㎝, 너비 1.1~3.5㎝, 두께 1.1~2.7㎝㎝들이는 이다. 벽의 두께는 0.6~0.8㎝이다(도면 2011-615)(도면 692, 4). 2013년도 출토품의 경우 전체 길이가 9.1㎝, 고달이의 구멍은 크기가 2.6×2.3㎝이다(도면 2013-190)(도면 692, 5).

(3) 화살촉

철제 화살촉은 상당히 많은 수량이 출토되었으며 종류도 다양하다. 1980년에 8점, 1981년에 3점, 1990년에 1점, 1994년에 9점, 1996년에 5점, 1998년에 2점, 1999년에 11점, 2001년에 6점, 2002년에 8점, 2003년에 6점, 2005년에 5점, 2006년에 14점, 2007년에 7점, 2008년에 7점, 2009년에 6점, 2010년에 5점, 2011년에 10점, 2012년에 9점, 2013년에 4점, 2014년에 24점, 2015년에 18점, 2016년에 2점, 2017년에 9점, 2018년에 7점 등 모두 186점의 철제 화살촉이 집계된다. 그 외에도 축모양의 철제유물들 중에는 화살촉도 다수 포함되어 있을 것이라고 생각된다. 축모양 유물은 작은 막대기 모양의 용도불명 철제 유물을 지칭하는 것인데 못이었을 수도 있고, 화살촉이었을 수도 있고, 또 다른 용도의 유물이었을 수도 있다(예, 도면 2009-655; 2010-98; 2012-296; 2013-220; 2014-666; 2018-614).

크라스키노성에서 출토된 철제 화살촉은 절대다수가 슴베가 있는 유경식이고, 극소수가 슴베가 없는 무경식이다. 유경식 화살촉은 촉몸의 평면모양에 의해, 촉몸과 슴베 사이의 단의 유무 혹은 단의 개수에 따라, 혹은 돌대의 유무에 따라 여러 가지 형식이 구분될 수 있다. 또한 촉몸의 날개의 개수에 따라서도 구분이 된다. 촉몸의 날개는 기본적으로 2개가 있는 양익식이 절대다수를 이루고 있다. 하지만 날개가 3개인 삼익식도 2점이 출토되었으며, 날개 자체가 없는 심봉식도 존재한다.

크라스키노성에서 출토된 양익 화살촉의 종류로는 쌍각모양, 별모양, 도끼날모양, 마름모꼴(세장 능형), 동글세삼각형, 렌즈모양, 삼각형모양, 비파모양, "十"자 모양, 검날모양, 세육각형, 버들잎모양 등이 있다.

쌍각모양 화살촉은 모두 6점이 확인된다(도면 693, 1~6). 모두 날개의 양쪽 갈래가 대칭을 이루며 완만하게 밖으로 호선을 그린다. 1점은 양쪽 날개의 예봉 부분이 결실되었다. 양쪽 쌍각 날개는 모두 단면이 얇은 쐐기꼴이며 안쪽이 날 부분에 해당한다. 촉몸과 슴베 사이에는 턱이 져있는 것이 대부분이지만, 2점의 경우에는 돌대가 형성되어 있다(도면 2009-722; 2015-939)(도면 693, 3, 6). 이 형식 화살촉은 대부분이 슴베가 결실되어 전체 길이를 알 수 없다. 2014년 제49구역에서 출토된 1점은 전체가 온전하게 남아 있는데 전체 길이 9.8㎝, 슴베 길이 4㎝, 슴베 단면 0.5×0.4㎝, 촉몸 길이 5.8㎝, 촉몸 두께 0.2㎝이다(도면 2014-729)(도면 693, 4).

별모양 화살촉은 1980년에 1점이 출토되었다. 촉몸의 위로 2개의 뿔이 대칭을 이루며 솟아있고, 양측면으로도 2개의 뿔이 대칭을 이루며 뻗어있다. 이 뿔들은 슴베를 합치면 5각의 별 모양이 된다. 촉몸과 슴베 사이에 돌대가 1줄 돌아간다. 이 화살촉은 전체 길이가 9.3㎝이다(도면 1980-11)(도면 693, 7).

도끼날모양 화살촉은 13점이 출토되었다. 하지만 그중에서 촉몸의 전체 모양이 확인되는 것은 7점이다. 도끼날모양 화살촉은 평면모양이 다시 삼각-역사다리꼴, 역사다리-부채꼴, 평행 역사다리꼴의 3종류로 구분된다. 삼각-역사다리꼴이 5점으로 가장 많다. 모두 촉몸과 슴베 사이에 턱이 져있는데(도면 1996-31; 1994-105, 6; 1980-7, 8)(도면 693, 8~11), 1점은 촉몸 기저부분 위쪽이 좌우로 돌출한다(도면 1997-43, 1)(도면 693, 12). 역사다리-부채꼴 도끼날모양 화살촉은 날 부분이 호선을 이루며 크게 넓어진 형식이다. 촉몸과 슴베 사이에 턱이 형성되어 있다(도면 2013-194)(도면 693, 13). 평행 역사다리꼴 도끼날모양 화살촉은 촉몸의 좌우가 처음에는 평행을 이루다가 예봉 부분에서 살짝 넓어지는 형태이다(도면 2014-783)(도면 693, 14). 슴베의 끝부분이 결실되었을 가능성은 있지만 비교적 온전한 이 1점의 크기는 전체 길이 5.9㎝, 촉몸 길이 3.6㎝, 슴베 길이 2.2㎝, 슴베 단면 크기

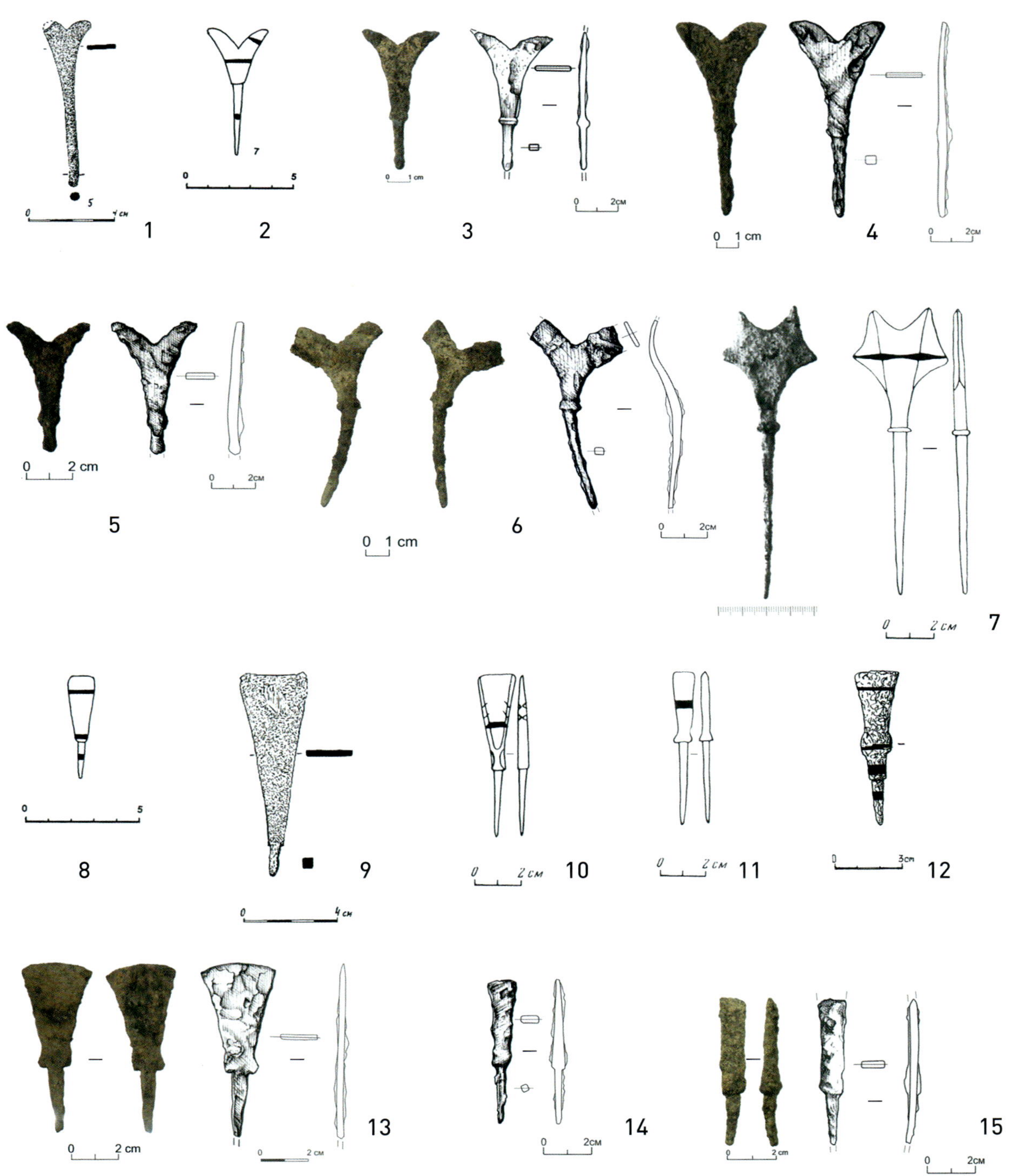

도면 693 | 크라스키노성 출토 쌍각모양 화살촉(1~6), 별모양 화살촉(7), 도끼날모양 화살촉(8~15): 1-제10구역(1994), 2-제12구역(1996), 3-제42구역(2009), 4, 5-제49구역(2014), 6-제50구역(2015), 7, 10, 11-제1구역(1980), 8-제12구역(1996), 9-제10구역(1994), 12-제15구역(1997), 13-제44구역(2013), 14-제49구역(2014), 15-제47구역(2011)

0.3×0.3㎝이다(도면 2014-783)(도면 60). 이 형식 화살촉은 비교적 온전한 것은 1점이지만, 예봉이 결실된 것들 중 상당수는 이 형식에 속할 것으로 생각된다(예, 도면 2011-546)(도면 693, 15).

마름모꼴(세장 능형) 화살촉은 평면모양이 다시 마름모의 윗부분이 긴 것(상장(上長)마름모꼴)과 아래 부분이 긴 것(하장(下長)마름모꼴)으로 세분된다. 상장마름모꼴 화살촉은 다시 목(頸)이 없는 것, 있는 것, 촉몸 아래 목 부분에 돌대가 있는 것의 3종류로 구분된다.

목이 없는 상장마름모꼴 화살촉은 형태가 온전하거나 혹은 비교적 온전한 것이 7점이 확인되었고(도면 694, 1~7), 훼손 상태가 나쁘지만 이 형식에 속할 것으로 생각된 것이 또 6점이 더 있다. 형태가 온전한 것은 촉몸의 단면이 대부분 렌즈모양이지만(도면 2006-171; 2001-113; 2001-65, 2)(도면 694, 3, 1), 1점은 능형이다(도면 2005-154)(도면 694, 2).

목이 있는, 다시 말해서 1단경식 상장마름모꼴 화살촉은 7점이 확인된다(도면 694, 8~14). 촉몸의 단면은 렌즈모양 3점(도면 2006-55, 1; 2011-32; 1994-105)(도면 694, 8~10), 능형 2점(도면 2002-41; 2005-154)(도면 694, 11, 12), 그리고 Z자 모양 2점(도면 1980_)(도면 694, 13, 14) 있다. 단면이 Z자모양인 화살촉은 촉 머리 양쪽 면의 한쪽 부분 아래 부분을 각각 깎아 낸 것이다). 이 깎아진 부분은 일종의 강선 역할을 하였을 것인데, 다시 말해서 화살이 그대로 곧장 날아가는 것이 아니라 지금의 강선 총알처럼 회전을 하면서 날아갔을 것으로 그 파괴력이 대단하였을 것이다. 목 부분의 단면은 대개 방형이다.

목 부분에 돌대가 있는 상장마름모꼴 화살촉은 1점이 확인된다. 촉몸의 기저부분 양쪽이 가볍게 안쪽으로 호선을 그린다. 슴베는 결실되어 있다(도면 2001-113)(도면 694, 15).

하장마름모꼴 화살촉은 형태가 확인되는 것은 4점(도면 2009-355; 2019-526; 2018-504; 2008-145)(도면 694, 16~19), 추정되는 것은 1점(도면 2010-156)(도면 694, 20)이 각각 발견되었다. 촉몸의 형태가 남아 있는 3점은 모두 단면이 렌즈모양이고, 촉몸의 기저부분과 슴베 사이에 미약하게 턱이 표시된 것도 1점(도면 2009-355)(도면 694, 16) 있지만, 나머지는 녹으로 인해 분명하지 못하다.

동글 세삼각형 화살촉은 형태가 분명한 것이 1점 출토되었다(도면 2011-372)(도면 694, 21). 이 형태 화살촉은 촉몸의 기저부부분이 동그스름하고, 그 윗부분은 예봉으로 가면서 점차 좁아져 세삼각형을 이룬다. 촉몸의 단면은 능형이다. 촉몸과 슴베 사이에 목이 짧게 형성되어 있다. 녹으로 인해 분명하지는 못하지만 이 형식에 속할 것으로 생각되는 화살촉이 1점 더 확인된다(도면 2014-923, 3).

촉몸이 렌즈모양인 것은 2점이 출토되었다. 촉몸의 단면도 모두 렌즈모양이다. 그중1점은 촉몸이 바로 슴베와 연결되고(도면 2001-113)(도면 694, 22), 다른 1점은 촉몸과 슴베 사이에 단면이 방형인 목이 형성되어 있다(도면 1994-105)(도면 694, 23).

촉몸의 평면모양이 삼각형인 화살촉은 모두 6점이 확인된다. 그중3점(도면 2001-113; 2011-34, 2; 2015-158)(도면 695, 1~3)은 기저부분이 곧은 편이고, 다른 1점(도면 1996-31)(도면 695, 4)은 기저부분이 좌우 대칭의 미늘형태로 되어 있다. 1점은 기저부분에 미늘이 형성되어 있지 않지만 목이 넓게 형성되어 있는 것이 미늘이 있는 삼각형 화살촉과 매우 흡사하다(도면 2014-796)(도면 695, 5). 기저부분이 곧은 화살촉은 모두 촉몸의 단면이 렌즈모양이다. 미늘이 있는 화살촉은 슴베와의 사이에 단면 세장방형으로 넓게 목이 형성되어 있다. 1점은 촉몸이 비교적 세장한 삼각형인데 단면이 Z자 모양이다(도면 2018-453)(도면 695, 6). 비파모양 화살촉은 2점이 발견되었다. 2점

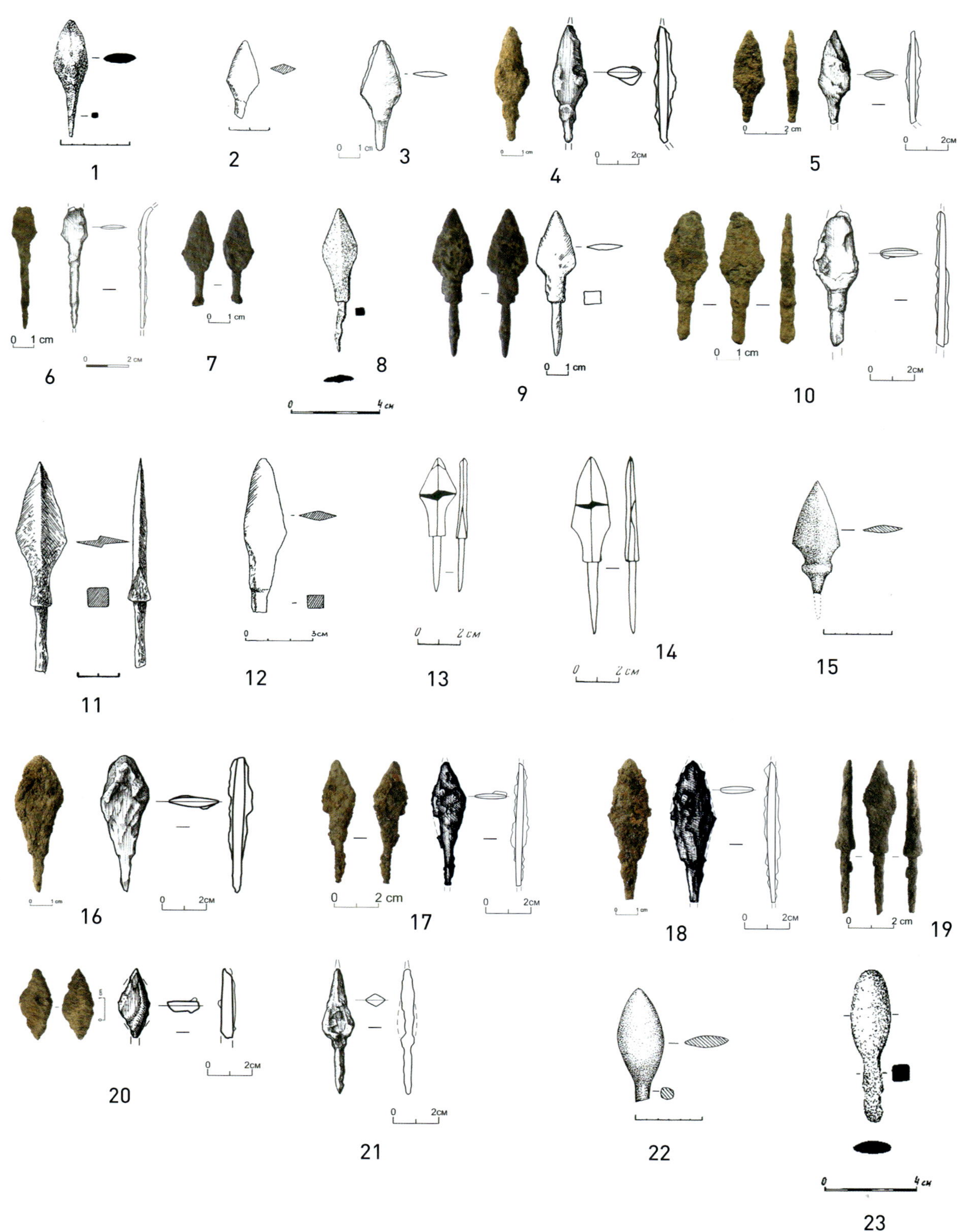

도면 694 | 크라스키노성 출토 철제 무경 상장마름모꼴 화살촉(1~7), I단경식 상장마름모꼴 화살촉(8~14), 돌대 상장마름모꼴 화살촉(15), 하장 마름모꼴 화살촉(16~20), 동글 세삼각형 화살촉(21), 렌즈모양 화살촉(22, 23); 1, 15, 22 -제27구역(2001), 2-제34구역((2005), 3, 7-제34구역(2006), 4, 16-제40구역(2009), 5, 10-제45구역(2011), 6-제44구역(2013), 8, 23-제10구역(1994), 9-제35구역(2006), 11-제30구역(2002), 12-제30구역(2005), 13, 14-제1구역(1980), 17, 18-제53구역(2018), 19-제41구역(2008), 20 - 제44구역(2010), 21-제48구역(2011)

모두 촉몸의 최대경이 예봉 가까이에 위치하면서 그 아래로 약간 잘록해지고 다시 기저부분 가까이에서 약간 넓어지는 형태이다. 2점 모두 촉몸 최대경 위치의 단면은 렌즈모양이고, 기저부분 단면은 세장방형이다. 1점은 촉몸이 길쭉한 편이고(도면 1996-31)(도면 695, 7), 다른 1점은 촉몸이 상대적으로 짧은 편이다(도면 1996-31)(도면 695, 8).

촉몸의 평면모양이 "十"자 모양인 것은 1점이 출토되었다. 매우 독특한 형태라고 할 수 있다. 촉몸의 중간 부분

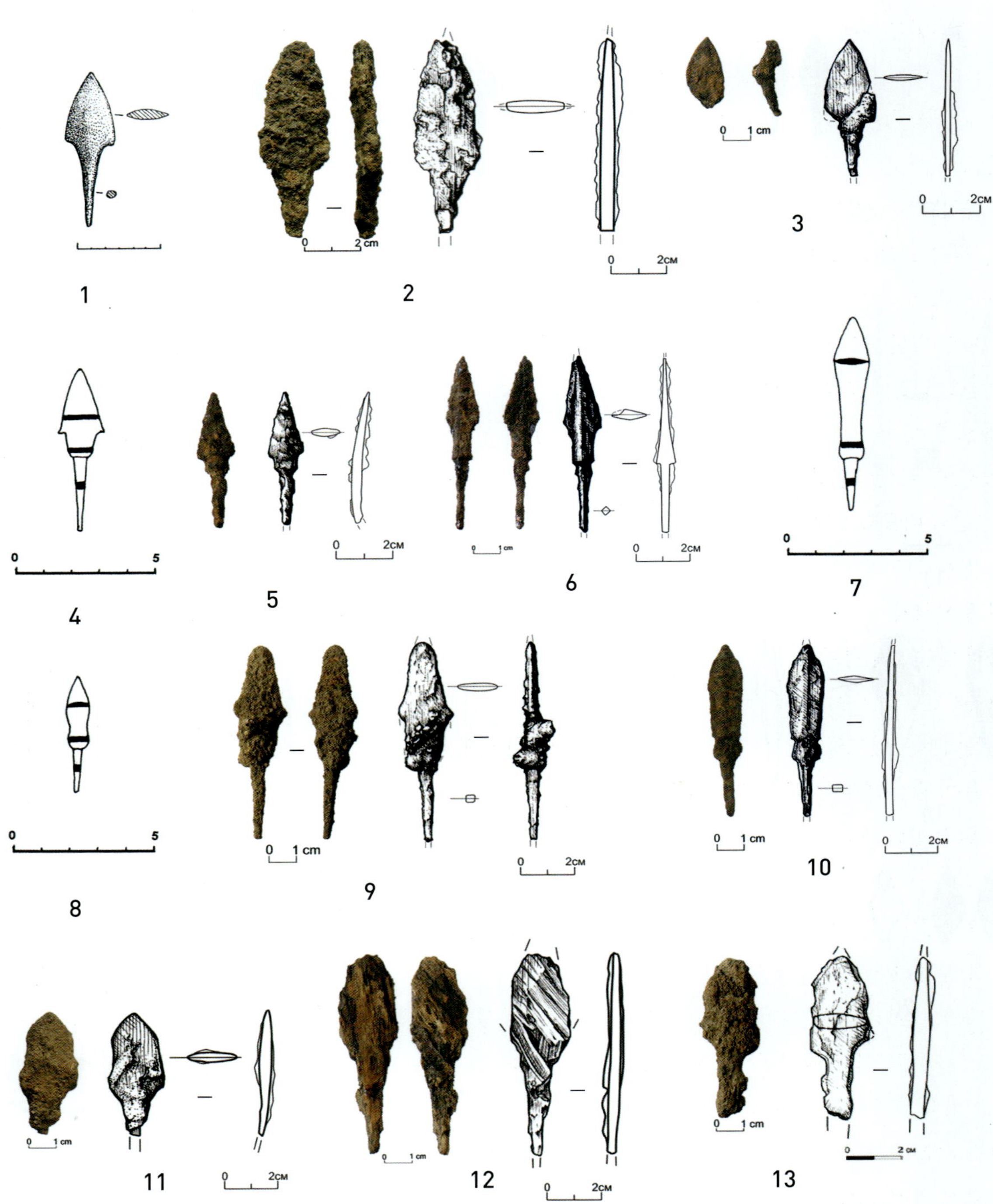

도면 695 | 크라스키노성 출토 철제 삼각형 화살촉(1~6), 비파모양 화살촉(7, 8), 십자모양 화살촉(9), 검날모양 화살촉(10), 세육각형 화살촉(11~13): 1-제27구역(2001), 2-제45구역(2011), 3-제44구역(2015), 4, 7, 8-제12구역(1996), 5-제49구역(2014), 6-제53구역(2018), 9-제44구역(2014), 10- 제50구역(2015), 11-제45구역(2010), 12-제40구역(2009), 13-제40구역(2008)

에 좌우 대칭으로 돌기가 형성되어 있어, 어떻게 보면 "十"자를 연상시킨다. 촉몸의 단면은 렌즈모양이고, 슴베의 단면은 방형이다(도면 2014-412)(도면 695, 9). 이 화살촉은 전체 잔존 길이가 7.8㎝, 촉몸 길이 5㎝, 촉몸 최대 너비 2.1㎝이다.

검날모양 화살촉은 1점이 확인된다. 촉몸의 예봉 바로 가까이에 최대경이 있고 그 아래로 촉몸이 미세하게 축약되어 전체적으로 검의 날을 연상시킨다. 기저부분에 좌우대칭으로 홈이 각각 나있다. 촉몸의 단면은 얇은 능형이고, 슴베의 단면은 장방형이다(도면 2015-674)(도면 695, 10).

촉몸이 세육각형인 것은 3점이 출토되었다(도면 2010-419; 2009-401; 2008-360)(도면 695, 11~13). 예봉의 좌우 2개 측면, 촉몸 가운데 부분의 약간 길쭉흔 좌우 측면, 기저부분의 좌우 측면이 세육각형을 이룬다. 촉몸의 단면이 그려진 것은 모두 렌즈모양이다.

버들잎모양(유엽형)의 화살촉은 형태가 온전한 것은 모두 목이 있는 1단경식 혹은 2단경식이다.

1단경식 버들잎모양 화살촉은 모두 11점이 확인된다. 버들잎모양의 촉몸 기저부분이 곧은 것도 있고(도면 1994-57; 2006-55)(도면 696, 1, 2), 사선인 것도 있고(도면 2006-55; 2007-25, 3; 1980-)(도면 696, 3~6), 완만하게 안쪽으로 호선을 그리는 것도 있다(도면 2013-66; 1980-; 2012-398)(도면 696, 7~9). 단면은 능형도 있지만, 렌즈모양도 있고(도면 2014-794, 4; 2014-813, 1; 2013-66; 1994-57)(도면 696, 10, 11), 또 1점의 경우에는 Z자 모양이다(도면 1994-57)(도면 696, 1). 그런데 1단경식 버들잎모양 화살촉 중에 슴베에 나무 살대 흔적이 남아 있는 것이 있다. 이 화살촉은 촉몸과 목의 길이다 6cm이다(도면 2002-41, 1)(도면 697, 14).

2단경식 버들잎모양 화살촉은 3점이 출토되었다. 2점은 2단경이 분명하게 확인되지만(도면 1998-87; 2002-38, 1)(도면 696, 12, 13), 다른 1점은 슴베가 결실되어 2단경인지의 여부가 분명하지 못하지만, 아래 남은 부분의 끝부분이 두터워지는 것으로 보아 2단경일 가능성이 매우 높다고 생각된다(도면 2002-38, 2)(도면 696, 14). 3점 모두 촉몸의 단면은 능형이다. 그중의 1점은 현재 길이가 6.3㎝인데 슴베가 짧아 일부 결실되었을 가능성도 있다(도면 2002-38, 1)(도면 696, 13).

촉몸이 버들잎모양인 화살촉은 그 외에도 14점이 더 확인된다. 하지만 이 화살촉들은 녹이 심하게 슬고 또 슴베 부분이 결실된 것이 많아 1단경식인지, 2단경식인지, 아니면 목이 없는 것인지 분명하지가 못하다.

촉몸의 날개가 3개인 삼익 화살촉은 크라스키노성에서 2점이 출토되었다. 1점은 촉몸이 비교적 세장한 편이며(도면 2001-113)(도면 696, 15), 다른 1점은 촉몸이 상대적으로 짧은 편이다(도면 2011-545, 2)(도면 696, 16). 전자의 화살촉은 전체가 남아 있는 것으로 생각되는데 전체 길이가 10.1㎝, 촉몸 길이는 6.5㎝이다.

촉몸에 날개가 없는 막대기 모양의 심봉식 화살촉은 막대기모양, 송곳모양, 그리고 탄환모양이 있다.

막대기모양 화살촉은 4점이 확인된다. 그중2점은 촉몸이 매우 긴 것이고(도면 2011-169, 2; 2014-432)(도면 697, 1, 2), 다른 2점은 상대적으로 짧은 것이다(도면 1994-57; 1998-87)(도면 697, 3). 모두 슴베가 있고 목이 없는 무경식이다. 촉몸이 긴 것은 촉몸의 단면이 방형 혹은 장방형이다. 촉몸이 긴 것은 촉몸의 길이가 7.8㎝이다(도면 2011-169, 2)(도면 697, 1). 참고로 이 철촉은 슴베가 조금만 남아 있는데 전체 잔존 길이는 8.2㎝이다. 촉몸이 상대적으로 짧은 것 1점은 전체 길이가 10.6㎝이고, 촉몸의 길이가 6.1㎝이다(도면 1998-87)(도면 697, 3).

송곳모양의 화살촉은 모두 12점이 확인되었다. 대부분 촉몸의 단면이 방형 혹은 방형에 가까운 장방형이다. 하지만 대부분의 경우 녹이 심하게 슬고, 예봉이나 슴베게 일부씩 결실된 경우가 많아 송곳모양이라는 것 외에는

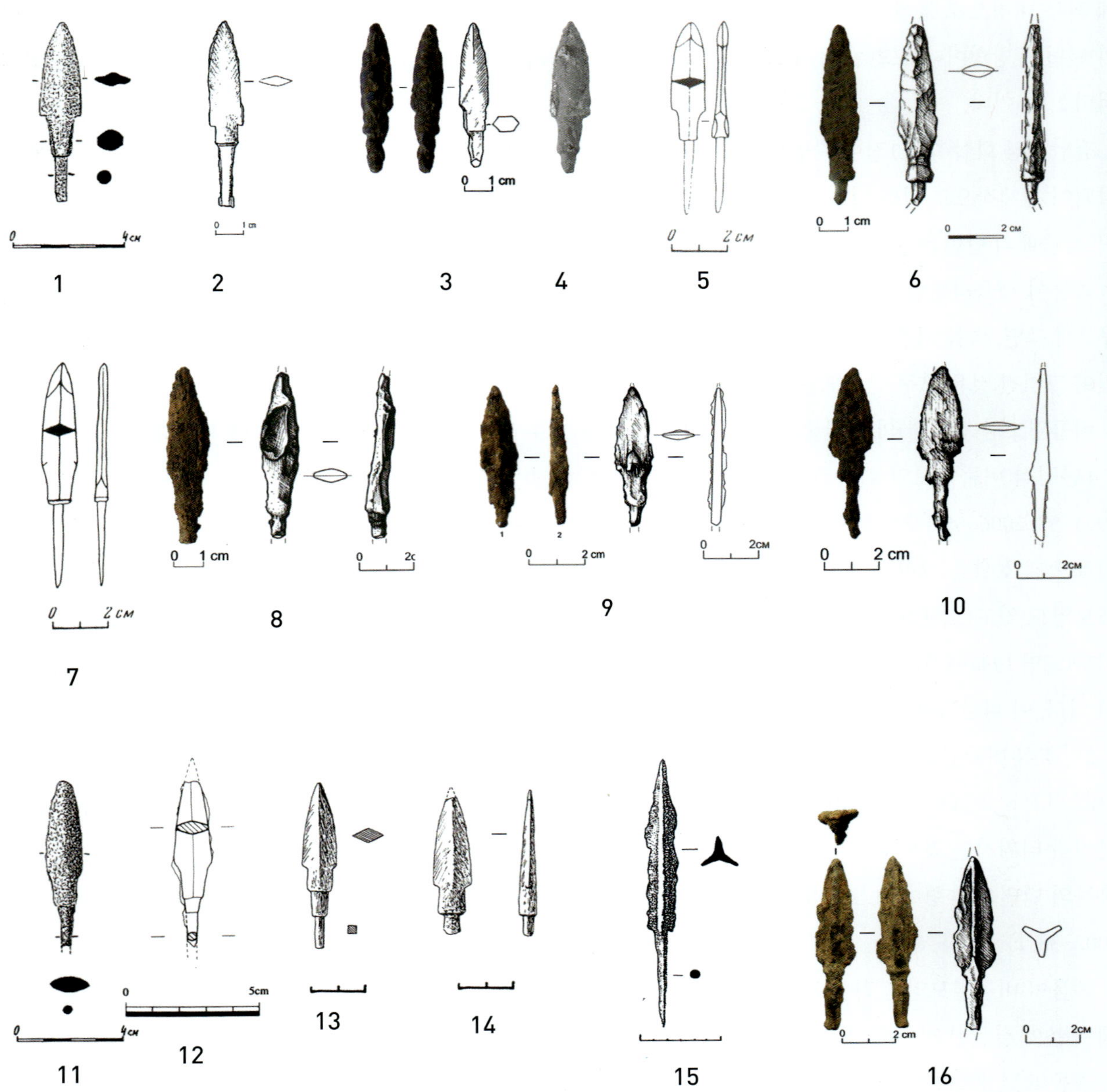

도면 696 | 크라스키노성 출토 철제 1단경식 버들잎모양 화살촉(1~12), 2단경식 버들잎모양 화살촉(13, 14), 삼익 화살촉(15, 16): 1-제9구역(1994), 2, 3-제35구역(2006), 4-제38구역(2007), 5, 6, 8-제1구역(1980), 7-제44구역(2013), 9-제47구역(2012), 10, 11-제49구역(2014), 12-제10구역(1994), 13, 14-제30구역(2002), 15-제27구역(2001), 16-제47구역(2011)

전체적인 특징이 잘 파악되지 않는다(예, 도면 2005-138; 2012-453; 2014-796, 1; 2017-371)(도면 697, 4~7). 다른 1점도 이 형식에 속할 가능성이 있다(도면 2009-675, 1)(도면 697, 8).

촉몸이 탄환모양인 화살촉은 4점이 확인된다. 단면이 방형 혹은 방형에 가까운 장방형이다. 그중1점은 촉몸이 매우 짧게 형성되어 있고(도면 1994-105)(도면 697, 9), 다른 1점은 상대적으로 길고, 평면적으로 보면 버들잎모양이다(도면 1994-105)(도면 697, 10). 하지만 이 화살촉은 촉몸의 단면이 방형이어서 탄환모양 화살촉에 속함이 분명하다. 다른 1점(도면 2014-923)(도면 697, 11)은 촉몸이 일부 결실되어 정확한 모양이 파악되지 않지만 탄환

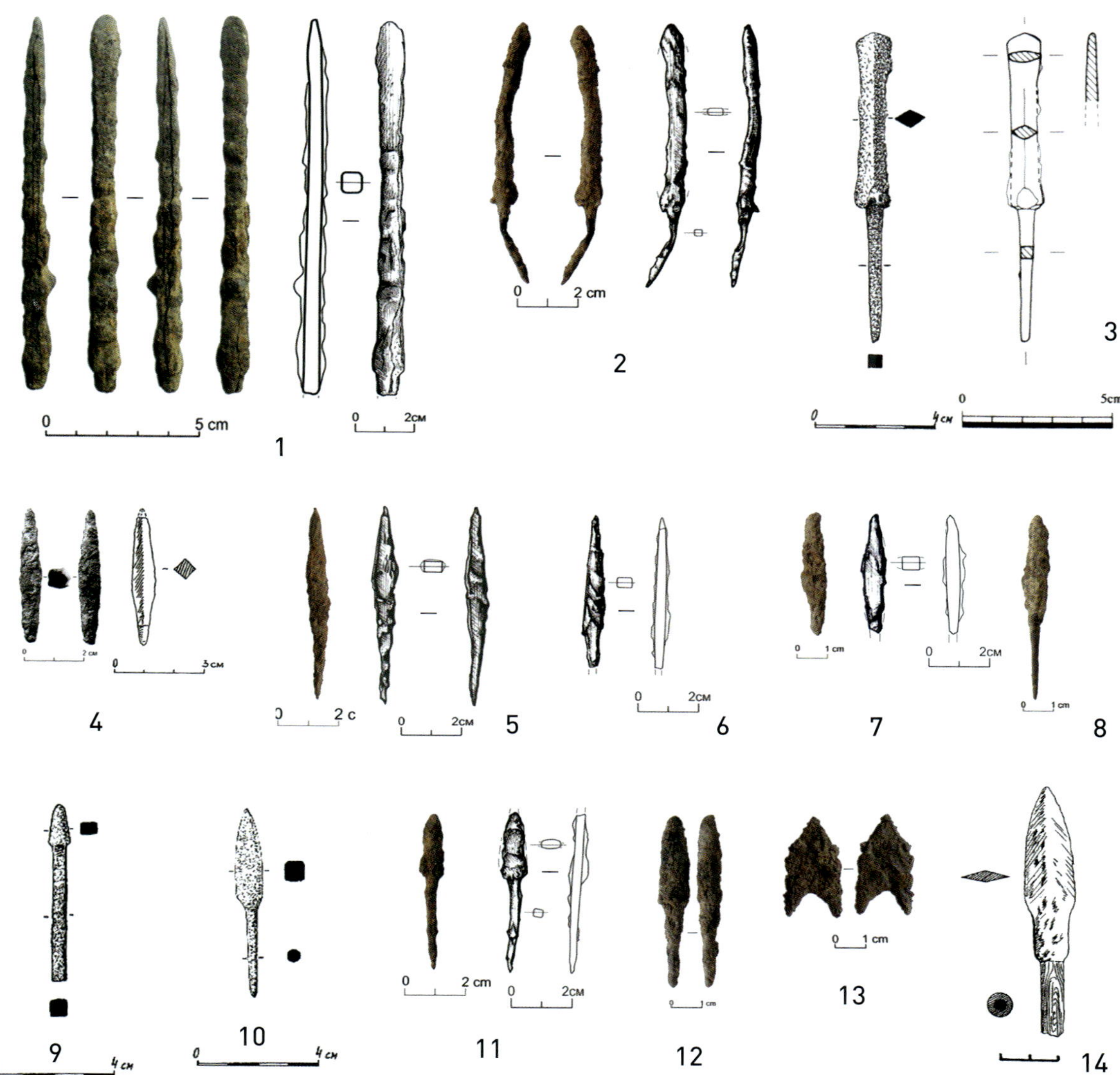

도면 697 | 크라스키노성 출토 철제 막대기모양 화살촉(1~3), 송곳모양 화살촉(4~8), 탄환모양 화살촉(9~12), 무경식 화살촉(13): 1-제45구역(2011), 2-제44구역(2014), 3-제9구역(1994), 4 -제34구역(2005), 5-제47구역(2012), 6, 11-제49구역(2014), 7-제51구역(2017), 8-제42구역(2009), 9, 10-제10구역(1994), 12-제41구역(2008), 13-제34구역(2006), 14-제30구역(2002)

모양에 가까운 것으로 생각된다. 1점은 사진만 제시된 것인데 촉몸은 탄환모양이고 1단경식으로 생각된다(도면 2004-144)(도면 697, 12).

무경식의 화살촉은 2006년도에 제34구역 제9인공층에서 출토된 예가 있다(도면 2006-171)(도면 697, 13).

그 외 다수의 화살촉들은 녹이 심하게 슬고 또 결실이 심하여 어떤 형식의 것인지 판단하기가 힘들다.

(4) 찰갑

크라스키노성에서는 철제 판상 유물이 적지 않게 출토되고 있는데 그중에서 양쪽 측면이 평행을 이루는 세장

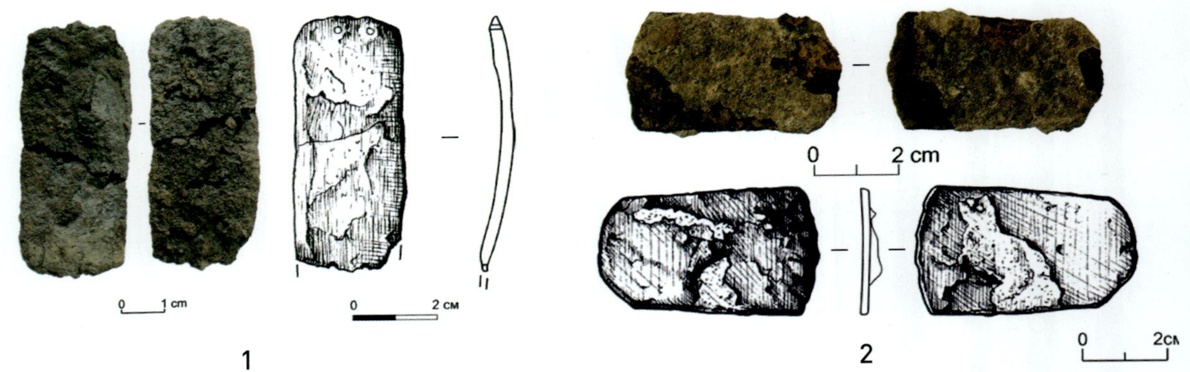

도면 698 | 크라스키노성 출토 철제 찰갑: 1-제40구역(2008), 2-제44구역(2015)

한 판상의 철제 유물들은 찰갑일 가능성도 있을 것이다. 하지만 대부분의 경우 심한 부식과 결실로 인해 찰갑인지의 여부가 분명하지 못하다. 찰갑이 분명해 보이는 유물은 2점이 확인되는데 2008년에 제40구역에서 출토된 1점과 2015년에 제44구역에 출토된 1점이 있다.

2008년도에 제40구역에서 출토된 철제 찰갑은 한쪽 끝부분은 약간 둥그스름한 것이 남아 있고 다른 쪽 끝부분은 남아 있지 않다. 남아 있는 한쪽 가장자리 안쪽에 2개의 작은 구멍이 확인되며, 부러진 부분에도 2개의 구멍 흔적이 확인된다(도면 2008-330)(도면 698, 1). 이 찰갑은 잔존 길이가 6.3㎝, 너비가 2.6㎝, 두께가 0.3㎝이며, 구멍이 크기는 직경 0.15㎝이다.

2015년에 제44구역의 제16인공층 깊이에서 출토된 철제 찰갑은 한쪽 단부가 호선을 그리고 다른 쪽 단부는 각이 진 세장한 규형에 가깝다. 이 찰갑의 크기는 길이 5.3㎝, 너비 3~3.2㎝, 두께 0.3㎝이다. 녹으로 인해 찰갑에 있어야만 되는 구멍은 확인되지 않는다(도면 2015-38)(도면 698, 2).

그 외에도 적어도 9점 이상의 철제 판상 유물이 찰갑일 가능성이 있다고 생각된다(도면 2014-82; 780; 801, 1, 2; 823, 2; 825, 2; 913; 936, 2; 2016-212).

4) 일상생활용품

(1) 솥과 용기

솥은 주철로 만들었다. 크라스키노성에서 주철로 만든 솥의 동체부편은 상당히 많은 수량으로 발견된다. 대부분이 사진으로만 제시가 되었고, 실측도면으로 제시된 것은 수량이 많지 않다. 그중1점은 비교적 온전한 상태로 출토되었다(도면 2002-47)(도면 699). 이 솥은 2002년에 제30구역의 6호 구덩이에서 출토된 것이다. 솥의 바닥은 둥그스름하게 호선을 이루는 반구형이다. 그 위로 솥의 목과의 사이에는 너비가 1.5㎝인 전이 달려 있다. 전 조금 위로 목이 구분되고 있는데 목은 위로 가면서 점차 좁아지며 목 전체를 따라 구순에 이르기까지 수평 방향으로

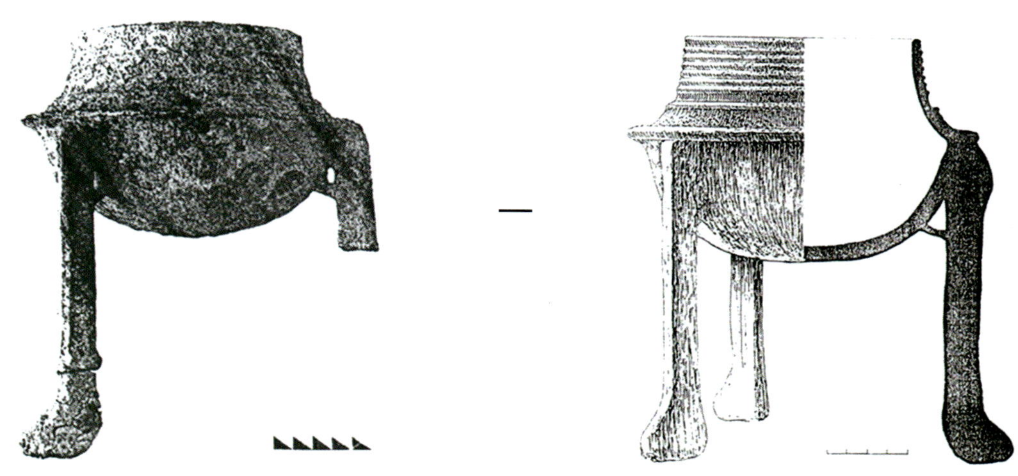

도면 699 | 크라스키노 성 제30구역 출토 철정(2002)

이랑고랑이 형성되어 있다. 구연은 직립하였다. 솥 중간 부분의 전 바로 아래에는 솥의 동체에 잇대어 다리가 3개 부착되어 있다. 다리는 솥의 동체에 비해 긴 느낌을 주며, 가장 아래 부분이 동물의 발처럼 넓어진다. 크기는 동체 높이 11*cm*, 구경 12*cm*, 기벽 두께 0.55*cm*, 다리 길이 14.2*cm*, 다리 단면 크기 0.95×1.95*cm*로 보고되었다. 솥의 전체 높이는 보고되지 않았지만, 도면의 축척을 통해 볼 때에 약 21.6*cm*인 것으로 생각된다.

1점은 솥의 동체와 다리가 일부씩 남아 있는 것이다(도면 1998-79)(도면 700, 1). 다리의 위 가장자리 바로 위에는 솥의 전이 2.7*cm* 정도 돌출해 있다. 다리는 단면이 오각형이지만 전체적으로 삼각형이었을 것으로서 추정되었는데 바깥쪽이 볼록하다. 크기는 잔존 높이 11*cm*, 잔존 너비 12*cm*, 다리 두께 1.5*cm*이다.

3점은 솥의 동체부편과 다리편인데 일괄하여 보고되었다(도면 1998-80)(도면 700, 2~4). 하나의 편에는 동체와 전이 조금씩 남아 있다. 전의 돌출된 길이는 3.6*cm* 정도이다. 다리의 단면은 준 반원형이며, 바깥쪽이 볼록하다. 크기는 잔존 높이 6.4*cm*, 잔존 너비 2.3*cm*, 두께 0.6*cm*, 다리 두께 2.7*cm*이다.

2점은 솥의 경부편과 전이 일부 남은 동체부편이다(도면 1998-81)(도면 700, 5, 6). 일괄 보고되었다. 경부에는 수평의 이랑고랑이 반복적으로 형성되어 있다. 전 아래의 동체에는 돌대가 4개 돌려져 있다. 크기는 잔존 높이 7.8*cm*, 잔존 너비 10.8*cm*, 두께 0.9*cm*로 보고되었는데 구체적으로 어느 편을 지칭하는지 분명하지 못하다. 다만 전 아래에 돌대와 굴곡이 있는 동체부편은 솥이 아니라 철로 만든 다른 용기였을 가능성이 높다고 생각된다.

1점은 솥의 구연부편이다. 외면이 모두 수평방향의 이랑고랑으로 덮여 있는 작은 편이다(도면 2012-188)(도면 700, 7). 2점은 전이 남아 있는 동체부편이다. 그중1점은 매끈한 동체의 가장 배부른 곳에 전이 부착되어 있다. 전의 너비는 2.0*cm*, 전의 두께는 0.5*cm*, 동체 기벽의 두께는 0.4~0.6*cm*이다(도면 2011-426, 2)(도면 700, 8). 전이 있는 다른 1점은 동체의 기벽이 약간 굴곡을 이루고 있고, 전이 동체의 가장 배부른 곳에서 약간 아래쪽에 부착되어 있다. 동체의 가장 배부른 곳의 바로 위에는 돌대가 1줄 돌아간다(도면 2012-191)(도면 700, 9).

주철로 만든 용기도 수량이 많지 않다. 1981년에 사찰구역의 금당지에서 주철로 만든 4점의 완이 출토된 바 있다. 이 완들은 크기가 거의 비슷한데 높이는 4.1~4.8*cm*, 구경은 8.9*cm*9.2*cm*, 저경은 5.6~6.1*cm*이며, 기벽의 두께

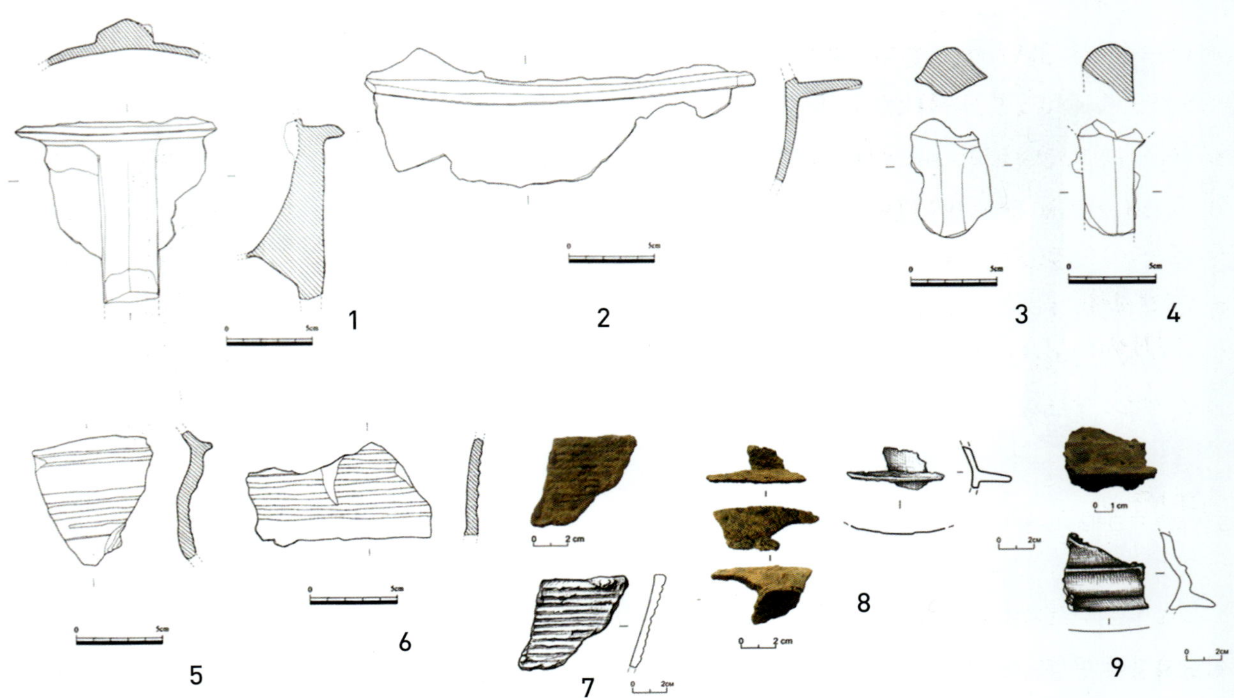

도면 700 | 크라스키노성 출토 철제 솥 다리편(1~6), 솥 구연부편(7), 솥편(8, 9): 1~6-제9구역(1994), 7~9-제48구역(2012)

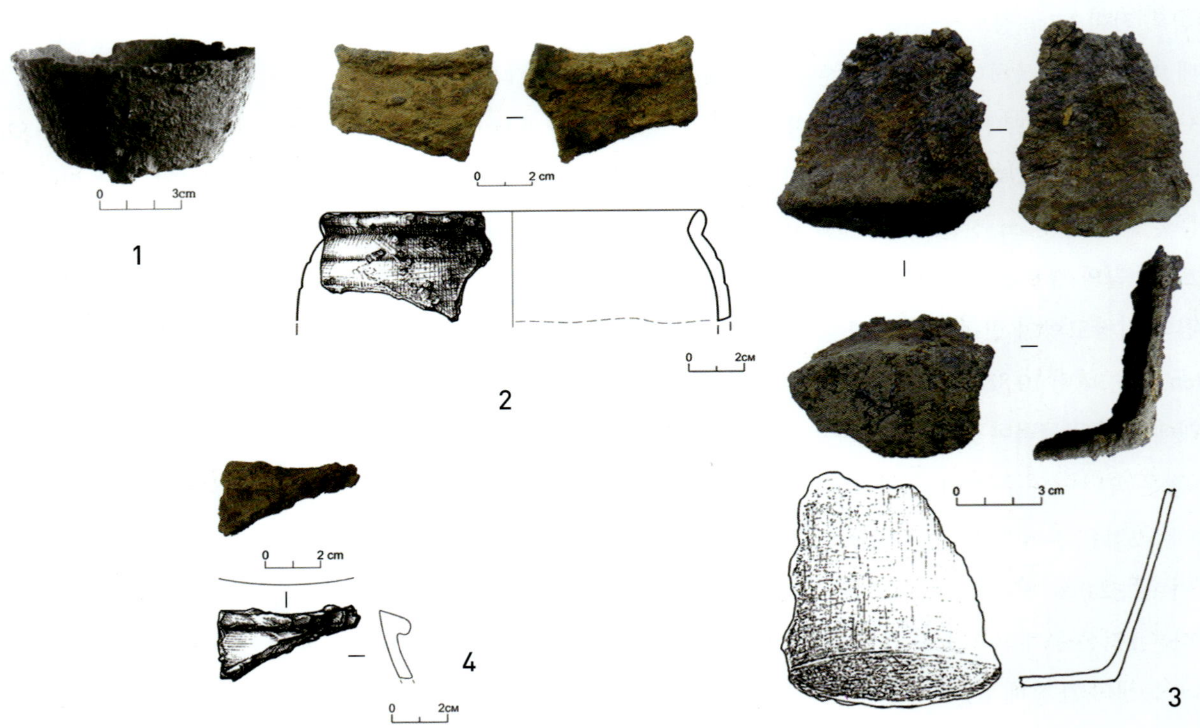

도면 701 | 크라스키노성 출토 철제 용기(1)와 편들: 1-제5구역 금당지(1981), 2-제48구역2011), 3-제34구역(2006), 4-제47구역(2014)

는 0.6cm 정도이다(도면 1981-26)(도면 701, 1).

다른 1점은 동체의 윗부분이 조금 잔존하는 구연부편이다(도면 2011-450)(도면 701, 2). 어깨를 포함하는 동체의 윗부분은 가볍게 안으로 호선을 그리고 있고 구연은 짧게 외반한다. 구순은 둥그스름하다. 2011년에 제48구역에서 출토된 이 유물은 추정 구경이 10.5cm, 구연의 높이 0.8cm, 기벽 두께 0.5~0.6cm, 편의 크기 6.0×4.2cm이다. 다른 1점은 동체 기저부가 일부 남아 있는 저부편이다. 이 유물은 솥으로 보고되었지만, 형태적 특징이 솥보다는 용기 중의 하나였을 것으로 생각된다. 편평한 바닥과 동체 기저부가 약간 둔각을 이루며 연결되어 있다. 이 유물은 축척을 통해 볼 때에 잔존 높이가 약 6.9cm이다(도면 2006-177)(도면 701, 3). 다른 1점은 작은 크기의 구연부편이다. 예각으로 급하게 밖으로 외반하는 구연이 관찰된다. 잔존 높이는 2.5cm이다(도면 2014-500)(도면 701, 4). 이 유물은 솥의 구연부편으로 보고되었지만, 다른 철제 용기의 일부였을 것으로 생각된다.

(2) 다리미

주철제로 보고되었다. 2003년에 제31구역의 와실유구에서 1점이 출토되었다(도면 2003-72)(도면 702). 절반 정도가 남아 있었지만 도면상 기형이 복원된다. 바닥은 편평하고, 동체는 곧게 위로 올라갔다. 어깨 부분에서 밖으로 한 번 꺾였고, 다시 구연 부분에서 밖으로 한 번 더 꺾인 형태이다. 구경은 18cm, 저경은 13cm, 높이는 5.5cm, 기벽의 두께는 0.7cm이다. 손잡이에 대해서는 보고된 것이 없는데 아마도 결실된 부분에 있었을 것이다. 이런 형태의 다리미는 발해 고르바뜨까성에서도 출토된 적이 있다.

(3) 부싯쇠

부싯쇠는 불을 일으키는 도구의 하나이다. 이 유물은 돌이 아니라 쇠로 만들었기 때문에 부싯돌이 아니라 부싯쇠로 부르는 것이다. 크라스키노성에서 부싯쇠가 분명한 것이 2점 출토되었고, 부싯쇠로 추정되는 편 상태의 유물이 1점 더 보고된 것이 있다.

2002년에 제30구역에서 출토된 부싯쇠는 평면모양이 테가 위로 올라간 모자를 연상시킨다. 한쪽 변의 가운데 부분은 편평하고, 그 맞은편은 볼록하며, 그 좌우에는 마치 뿔과 같이 안쪽으로 완만하게 호선을 그리며 대칭을 이루는 돌기가 있다. 돌기 중의 한쪽은 끝부분이 결실되었다. 이런 형태의 부싯쇠는 매우 드물게 발견된다. 잔존 길이는 6cm, 두께는

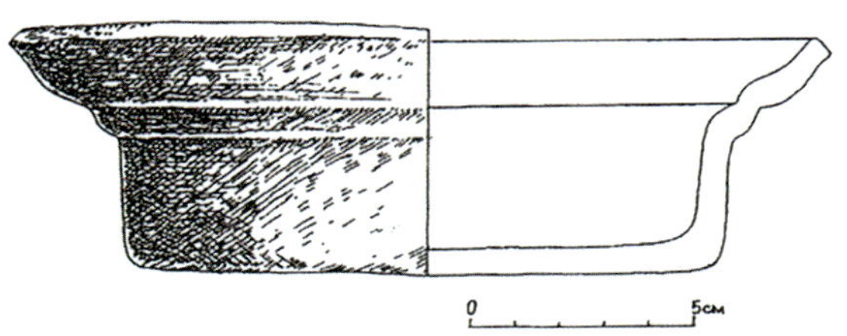

도면 702 | 크라스키노성 제31구역 출토 철제 다리미(2003)

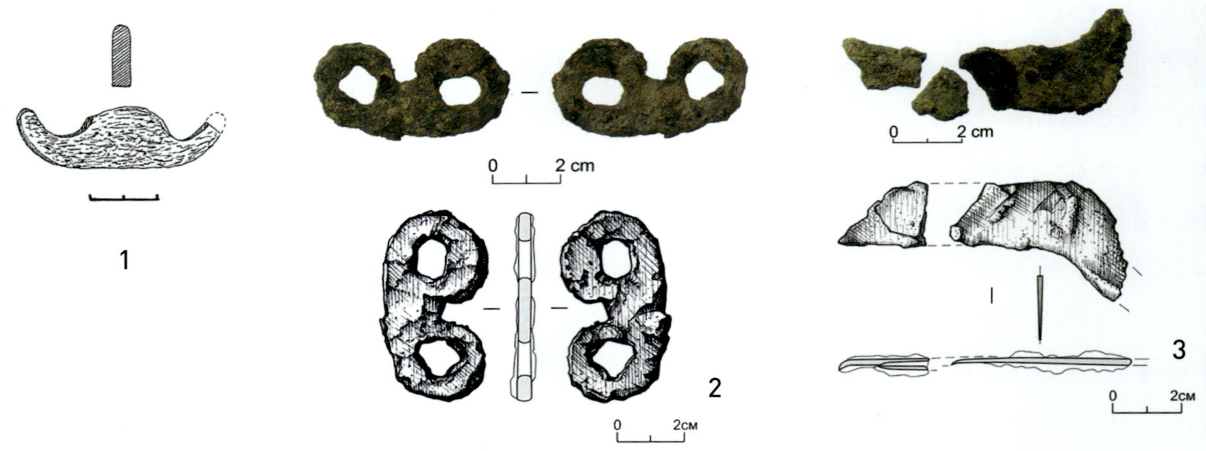

도면 703 | 크라스키노성 출토 철제 부싯쇠(1, 2)와 추정 부싯쇠(3): 1-제30구역(2002), 2-제50구역(2015), 3-제48구역(2011)

0.4~0.5㎝이다(도면 2002-37, 2)(도면 703, 1).

다른 1점의 부싯쇠는 2015년에 제50구역의 3호 움-저장구덩이에서 출토되었다. 평면모양이 궁형을 연상시키는 가운데가 비어있는 "B"자 모양에 가깝다. 2개의 구멍이 뚫려 있고, 가운데 부분이 오목하게 들어가 있다. 크기는 길이 5.9㎝, 두께 0.5㎝, 가운데 부분 너비 3.1㎝, 구멍 직경 1.3㎝와 1.0㎝이다(도면 2015-737)(도면 703, 2).

부싯쇠로 추정 보고된 유물(도면 2011-369, 2)(도면 703, 3)은 단면이 얇은 쐐기꼴이고 또 형태도 다른 부싯쇠와는 다르며, 부싯쇠로 보기에는 너무 얇기도 하다.

(4) 갈고리

갈고리는 실측도면으로 보고된 것은 모두 5점이 확인된다. 모두 아래 부분이 안쪽으로 굽어 무엇인가를 걸 수 있게 하였다. 1점은 갈고리의 몸이 궁형을 이루고, 그 아래 갈고리 부분이 그 반대로 둥글게 굽은 형태이다. 이 갈고리는 위 끝부분에 작은 구멍이 나있다. 몸 부분은 단면이 세장방형으로서 납작하다. 크기는 길이 4.4㎝, 두께 0.15㎝이다(도면 2018-456)(도면 704, 1). 이 갈고리는 귀중품 상자의 빗장이었을 것으로 추정되었다.

다른 5점의 갈고리는 막대기모양의 몸체와 안쪽으로 둥글게 굽은 고리 부분이 있다. 막대기모양 몸체 부분의 단면은 방형 혹은 장방형이다. 2점은 머리 부분이 도톰하고(도면 2014-917, 2; 2005-46)(도면 704, 2, 3), 다른 3점은 머리 부분이 결실되었다. 도면 2011-650, 1; 2014-901, 2; 2014-926, 1)(도면 704, 4~6). 그중 전체가 남아 있는 갈고리 중의 1점은 크기가 길이 6.3㎝, 굽은 부분 너비 1.9㎝이다(도면 2014-917, 2)(도면 704, 2).

(5) 바늘

1점이 확인되었다. 제47구역에서 출토되었다. 바늘의 귀는 남아 있지 않고, 몸은 단면이 삼각형이다. 잔존 길이는 3㎝, 두께는 0.1㎝이다(도면 2014-667, 2)(도면 704, 7).

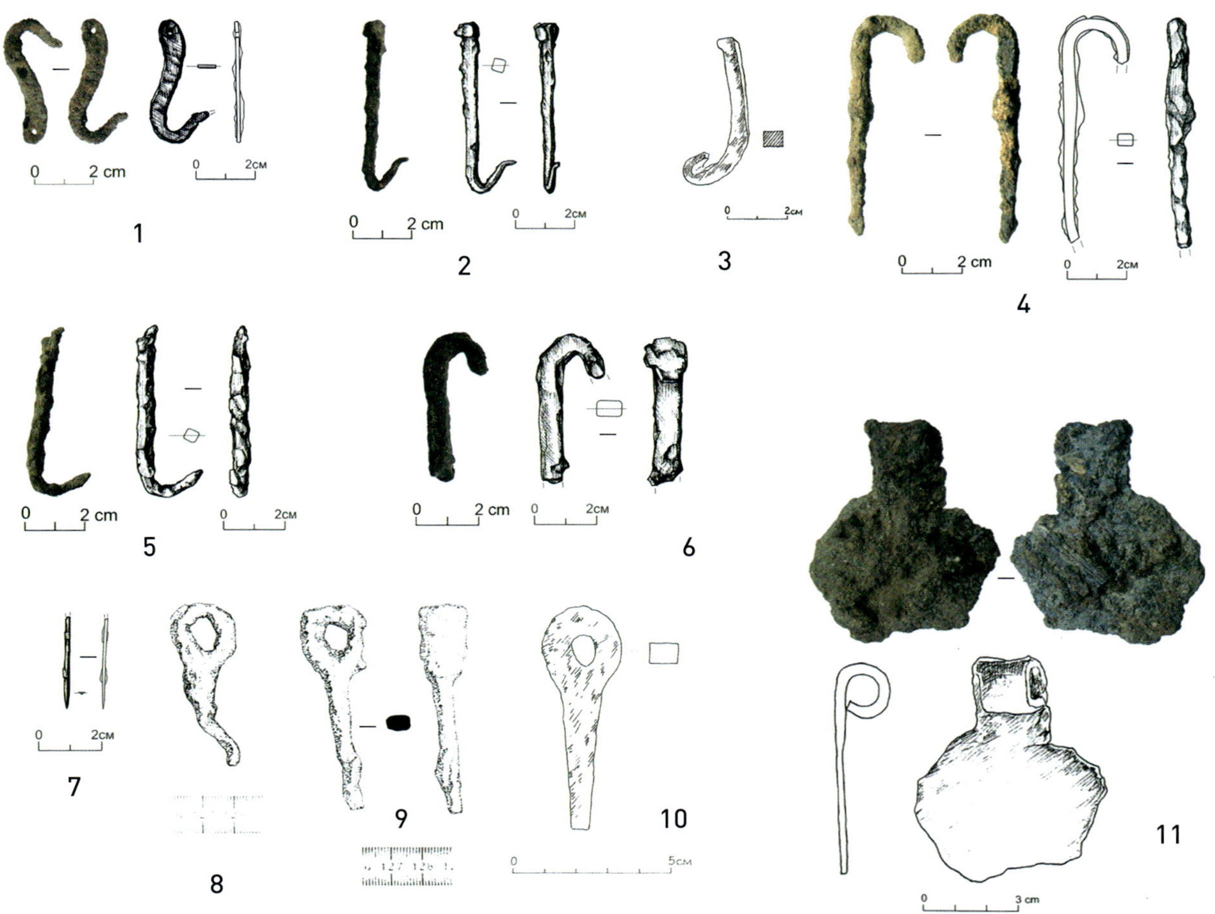

도면 704 | 크라스키노성 출토 철제 갈고리(1~6), 바늘(7), 송곳 바늘(8~10), 아궁이 뚜껑편(11): 1-제53구역(2018), 2, 5, 6 -제49구역(2014), 3-제32구역(2005), 4-제47구역(2011), 7-제47구역(2014), 8, 9-제29구역(2001), 10-제31구역(2003), 11-제34구역(2006)

(6) 송곳 바늘

송곳처럼 생긴 몸체에 고리 모양의 머리가 있는 철제 유물이다. 다만 머리의 크기가 상대적으로 커서 배목이었을 가능성도 없는 것은 아니다. 3점이 확인된다(도면 2001-82; 1, 2; 2003-66, 5)(도면 704, 8~10). 뾰족한 부분이 분명하지 않거나 결실되었다.

(7) 아궁이 뚜껑

한쪽 가장자리에 철판을 말아 고리를 만들어 놓고 그 안쪽에는 넓게 철판이 이어져 있는 형태의 유물이다. 2006년에 제34구역에서 출토되었다(도면 2006-173)(도면 704, 11). 아궁이를 막은 뚜껑이었을 것으로 추정 보고되었다. 크기는 잔존 높이 7.3㎝, 잔존 너비 6.1㎝, 고리 직경 1.7㎝이다.

5) 건축소모품과 부속품

(1) 못

크라스키노성에서 철제 못은 자주 발견되는 유물들 중의 하나이다. 철제 못은 수량이 많고 잔존 상태가 좋지 못하여 보고되지 않는 경우가 많다. 하지만 실측도면이 제시된 것도 적지 않은데 모두 97점이 보고서에 도면으로 제시되었다. 그 외에 아마도 축모양 유물들 중에도 못이 많이 포함되어 있을 것이다. 못의 단면은 원형 혹은 방형이다. 실측도면이 제시된 철제 못들은 못대가리의 모양과 길이 등에 의해 몇 가지 형식으로 구분이 가능하다. 우선 가장 주목되는 것은 못대가리가 둥근 못들(못 Ⅰ형식)로서 모두 26점이 확인된다. 다음은 못대가리가 굽은 못들(못 Ⅱ형식)인데 모두 67점이 보고되었다. 그 외에 못대가리 부분이 도톰한 것(못 Ⅲ형식)이 있는데 5점이 확인되었다.

못대가리가 둥근 못들(원두정)은 대가리의 모양이 측면에서 볼 때에 반원형인 것(못 Ⅰ-1a형식)과 현대의 못처럼 납작한 것(못 Ⅰ-1b형식) 2종류가 있다. 위에서 볼 때에 둥글고, 측면에서 볼 때에 반원형인 못대가리가 있는 철제 못은 모두 4점이 보고되었다. 이 4점 중 1점은 "모자"가 매우 큰 편이며(도면 2017-346)(도면 705, 1), 다른 4점은 작은 편이다(도면 2014-785, 3; 2009-39; 1996-31, 3; 1994-54, 3)(도면 705, 2). 이 형식의 못들은 모두 길이가 짧은 것이 한 특징이다. 3점은 못의 끝부분이 결실되었지만 원래 짧았던 것으로 생각되고, 1점은 끝부분이 한쪽으로 약간 굽었는데 굽은 부분을 제외한 길이는 약 5.4㎝이다(도면 2017-346). 다른 1점은 전체가 남아 있는 것으로 생각되는데 길이가 3.65㎝이다(도면 1994-54, 3). 다만 "모자"가 큰 못은 "모자"가 못대가리가 아니라 자릿쇠일 가능성도 있다고 생각되지만 도면상 구분이 되지는 않는다(도면 2017-346).

못대가리가 위에서 볼 때에 둥글고 측면에서 볼 때에 납작한 못들(못 Ⅰ-2형식)은 다시 못의 길이가 짧은 것(못 Ⅰ-2a형식)과 긴 것(못 Ⅰ-2b형식)의 2종류로 구분된다. 못의 길이가 짧거나 혹은 짧은 것으로 생각된 것은 17점이다. 그중9점은 전체가 남아 있다(도면 2003-63, 1, 2, 3, 4, 5, 6; 1998-86, 1, 2; 2011-436)(도면 705, 3~10). 그중1점은 길이가 2.7㎝(도면 2003-63, 4), 다른 1점은 길이가 3.5㎝(도면 2003-63, 3)이다. 못의 길이가 긴 것은 전체가 남아 있는 것은 1점에 불과하다. 이 못은 중간 부분이 약간 굽었으며, 펼친 전체 길이는 약 7.7㎝이다(도면 2002-45, 2)(도면 705, 11). 못의 아래 부분이 결실되었지만 원래는 긴 못에 속하였던 것으로 보이는 것들이 6점이 더 있다(도면 1994-56, 1, 2, 3; 1998-86; 2012-436, 2; 2014-819).

못대가리가 굽은 못(못 Ⅱ형식)은 못대가리가 굽은 정도에 따라 크게 2종류로 구분된다. 첫 번째는 짧게 굽은 것(못 Ⅱ-1형식)인데 58점이 보고되었다(예, 도면 2003-62)(도면 705, 12~15). 짧게 굽은 못들은 대체로 못의 길이가 긴 편이지만, 상대적으로 짧은 것들도 있고, 중간 길이의 것들도 있다. 긴 것은 길이가 13.7㎝(도면 2003-62, 1)(도면 705, 12), 중간 크기의 것은 길이가 9.2㎝(도면 2014-571)(도면 705, 16), 짧은 것은 길이가 4.6㎝(도면 2014-730)(도면 705, 17), 5.5㎝(도면 2014-666, 2) 등이 확인된다. 못이 긴 것과 중간 크기인 것은 22점, 짧은 것이 7점 확인된다. 나머지들은 아래 부분이 결실되어 전체 크기를 알 수는 없다.

못대가리가 길게 굽은 못(못 Ⅱ-2형식)은 11점이 보고되었다. 못대가리가 굽은 길이는 1.7㎝(도면 2014-906, 1)(도면 705, 18), 2.5㎝(도면 2012-34)(도면 705, 19), 3.2㎝(도면 2018-122)(도면 705, 20) 등 다양하다.

못대가리 부분이 도톰한 것(못 Ⅲ형식)은 6점이 확인된다. 못의 길이가 짧은 것도 있고(도면 2015-403; 2012-

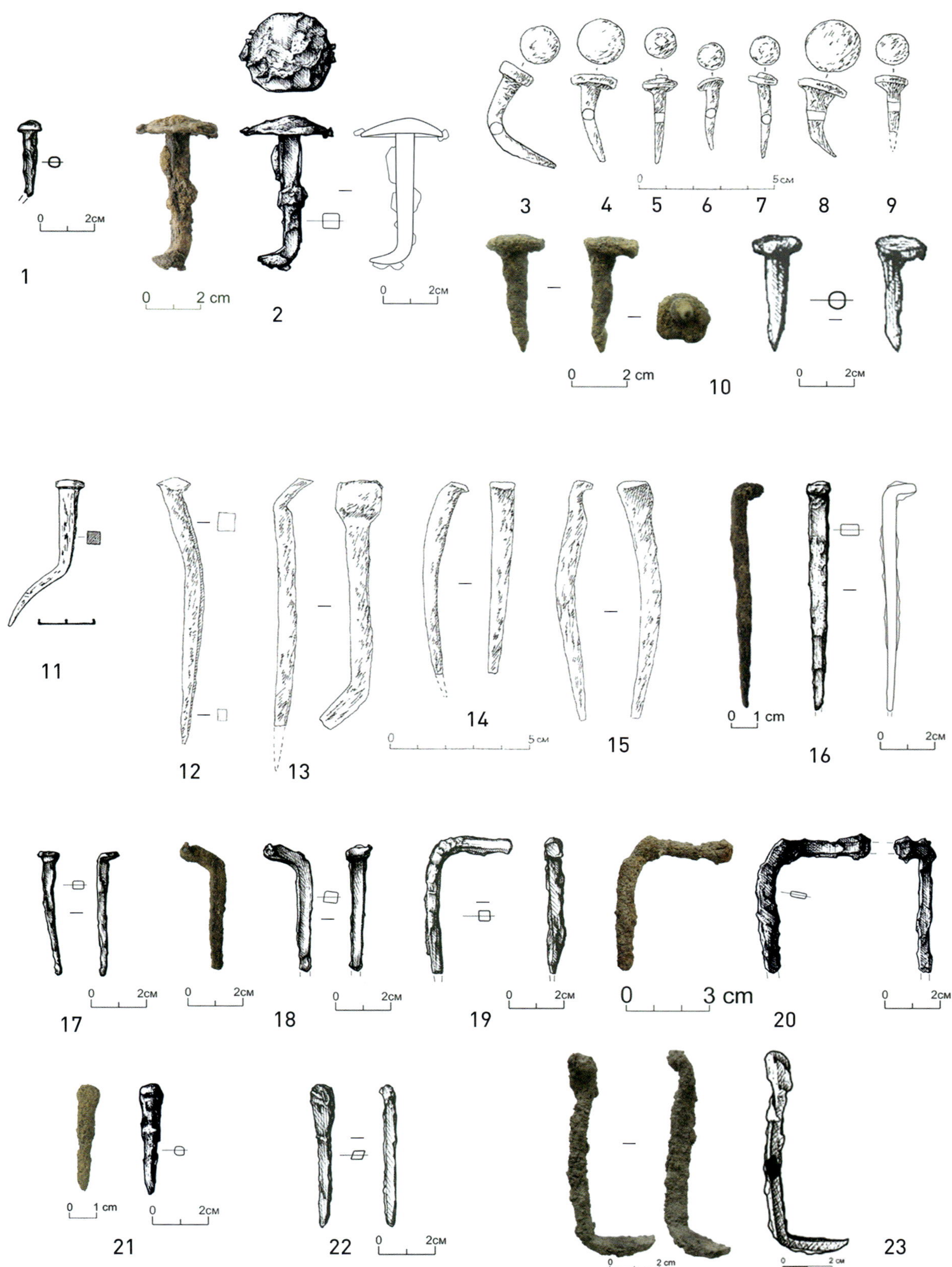

도면 705 | 크라스키노성 출토 철제 Ⅰ-1형식 못(1, 2), Ⅰ-2형식 못(3~11), Ⅱ-1형식 못(12~17), Ⅱ-2형식 못(18~20), Ⅲ형식 못(21~23): 1-제40구역(2009), 2-제51구역(2017), 3~9, 12~15-제31구역(2003), 10-제48구역(2011), 11-제30구역(2002), 16-제47구역(2014), 17, 18-제49구역(2014), 19-제48구역(2012), 20 - 제51구역(2018), 21-제47구역(2015), 22-제48구역(2012), 23-제41구역 (2008)

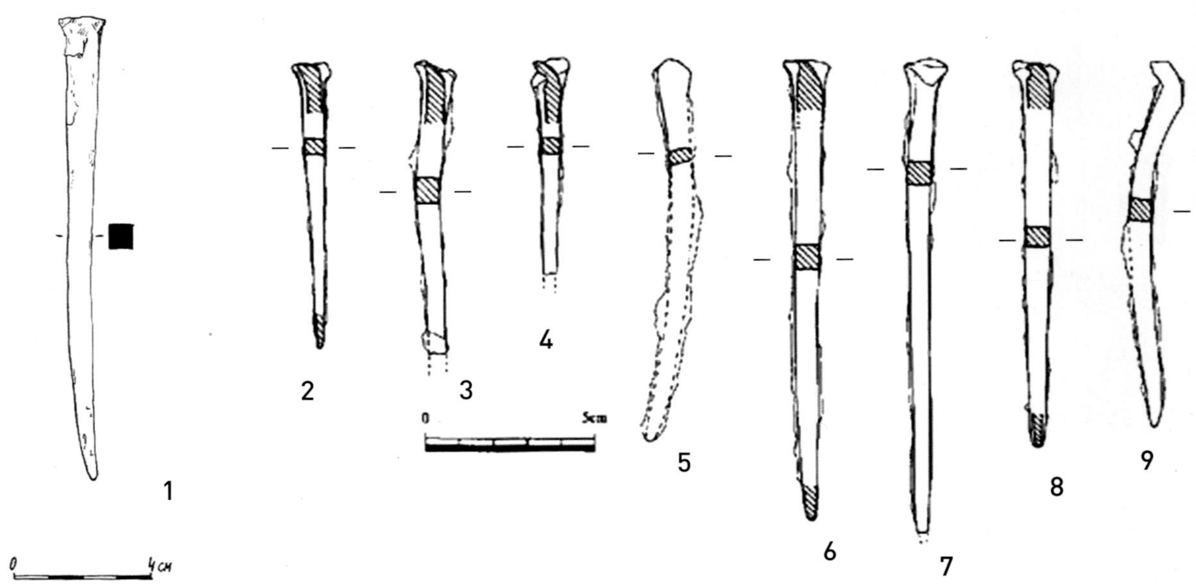

도면 706 | 크라스키노 성 제9구역 출토 철제 IV형식 못(1994)(1~9)

284)(도면 705, 21, 22), 또 상대적으로 긴 것도 있다(도면 2008-150; 1994-61)(도면 705, 23; 706, 1).

못대가리가 납작하면서 거의 곧은 혹은 매우 조금 휘어진 것들도 있다(못 IV형식). 8점이 있는데 모두 1998년에 출토된 것이다(도면 1998(2004)-85, 3, 5, 6, 7, 8, 9, 10, 12)(도면 706, 2~9). 길이는 8.7㎝(도면 1998-85, 3)(도면 706, 2), 11.6㎝(도면 1998-85, 10)(도면 706, 8), 13.9㎝(도면 1998-85, 8)(도면 706, 6) 등이다.

(2) 자릿쇠

자릿쇠는 못으로 박아 혹은 축이나 배목을 끼워 물건을 고정시킬 때에 못이나 축이 물건 안으로 들어가지 못하게 막아주는 금속으로 만든 판 모양의 물건이다. 크라스키노성에서는 철제 자릿쇠가 7점이 확인된다. 그중3점은 화형이고, 다른 4점은 원판형이다. 다만 원판형 자릿쇠 중의 2점은 배목에 착장된 상태이기 때문에 배목 부분에서 설명하기로 한다.

화형 자릿쇠는 다시 평면이 원형인 것(도면 2002-40 1; 1995-17, 2)(도면 707, 1, 2)과 방형인 것(도면 2002-40, 2)(도면 707, 3)이 있다. 화형 자릿쇠는 원형과 방형 모두 꽃잎이 8개씩 표현되어 있다. 그중 2점에는 길이 2㎝ 정도의 짧은 못이 박혀 있고, 다른 1점에는 못은 없고 못을 넣을 수 있는 구멍이 보인다(도면 1995-17, 2)(도면 707, 2). 화형 자릿쇠는 모두 속이 오목하고 겉이 볼록한 모양을 하고 있다. 원형의 화형 자릿쇠는 직경이 4.4㎝(도면 2002-40, 1)(도면 707, 1), 방형의 화형 자릿쇠는 너비가 3.8㎝이다(도면 2002-40, 2)(도면 707, 3).

원판형 자릿쇠는 2점은 편평하고(도면 1994-113, 3; 2006-54, 3)(도면 707, 4, 5), 다른 1점은 볼록하다(도면 1995-17)(도면 707, 6). 그중 1점은 직경이 4.74㎝이다(도면 1994-113, 2). 모두 가운데에 못을 넣을 수 있는 작은 구멍이 있다.

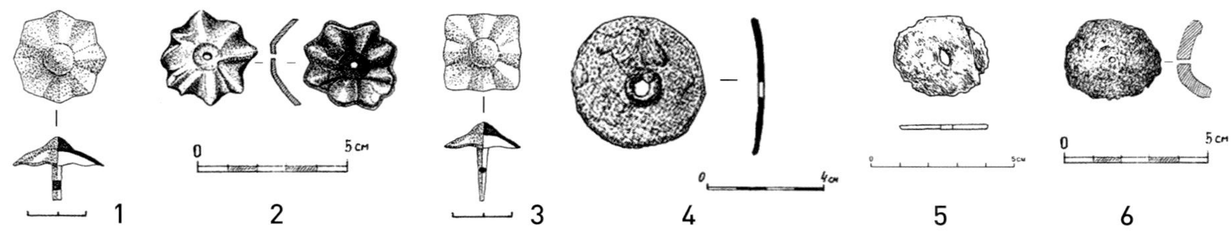

도면 707 | 크라스키노성 출토 철제 자릿쇠와 못(1, 3), 자릿쇠(2, 4~6): 1, 3-제30구역(2002), 2-제11구역(1995), 4-제10구역(1994), 5-제35구역(2006), 6-제11구역(1995)

(3) 꺾쇠

꺾쇠는 평면이 'ㄷ'자 모양인 철제 유물로서 뾰족한 예봉이 2개가 있다. 두 개의 목재를 나란히 붙이고 그 양쪽에 꺾쇠를 박으면 두 목재를 고정시킬 수가 있다. 크라스키노성에서는 꺾쇠로 생각되는 유물들이 간혹 발견된다. 하지만 대부분의 경우 편 상태이고, 또 부식이 심하여 그 형태가 분명하지 못하다. 축모양 유물 중에는 못이나 화살촉의 슴베 부분도 있겠지만 또 꺾쇠도 포함되어 있을 것이다. 실측도면이 제시된 것들 중 꺾쇠가 분명해 보이는 것은 10점이 확인된다.

그중의 2점은 문자 그대로 평면이 'ㄷ'자 모양이다. 예봉은 결실된 것으로 생각된다. 단면은 방형 혹은 장방형이다. 1점은 크기가 4.3×3.7*cm*, 두께가 0.56*cm*(도면 1994-111)(도면 708, 1), 다른 1점은 크기가 4.8×0.8*cm*, 두께가 0.5*cm*이다(도면 2018-696)(도면 708, 2).

다른 4점은 대체로 모양이 'ㄷ'자에 가깝지만 구부러지거나 일부 결실되거나 하였다(도면 2012-231; 2014-827, 2; 2009-285; 2003-65)(도면 708, 3). 다른 1점은 꺾쇠의 양쪽 끝부분이 안쪽으로 굽어져 평면이 "ㅁ"자 모양이다(도면 2003-65)(도면 708, 4).

꺾쇠 중에는 평면이 "U"자 모양에 가까운 것도 3점이 있다(도면 2005-45; 2006-33; 2006-178, 5)(도면 708, 5, 6). 양쪽 끝부분이 서로 대칭을 이루고 있고 또 뾰족한 것으로 보아 꺾쇠일 것이다.

(4) 배목

배목은 고리가 있는 일종의 못인데 흔히 문고리나 자물쇠와 함께 사용된다. 크라스키노성에서는 철제 배목이 드물지 않게 발견된다. 배목임을 알 수 있게 고리 부분이 남아 있는 것은 17점이 실측도면으로 제시되었다. 배목의 결실된 아래 부분은 축모양 유물에도 포함되었을 가능성이 있지만 구분이 힘들다. 배목은 한 가닥의 철심을 구부려 만드는데 밖으로 나오는 부분인 고리 부분은 일반적으로 철심보다 넓게 펼친다. 배목은 양쪽 철심을 고리 아래로 합쳐 못처럼 목재에 박았다가 목재 밖으로 돌출하는 부분은 다시 좌우로 구부려 빠지지 않게 고정한 경우가 많다. 그 전형적인 예가 3점의 배목에서 확인된다(도면 2003-66, 3; 2008-327; 2009-43)(도면 709, 1~3). 하지만 두꺼운 목재에 그대로 박에 끝을 밖으로 구부리지 않은 것들도 있다(도면 1994-114, 1, 2; 1996-31; 2006-54)(도면 709, 4). 또한 2개의 배목이 함께 연결된 채로 발견된 것도 있다(도면 2003-66, 4; 2007-23)(도면 709, 5, 6). 물론 이

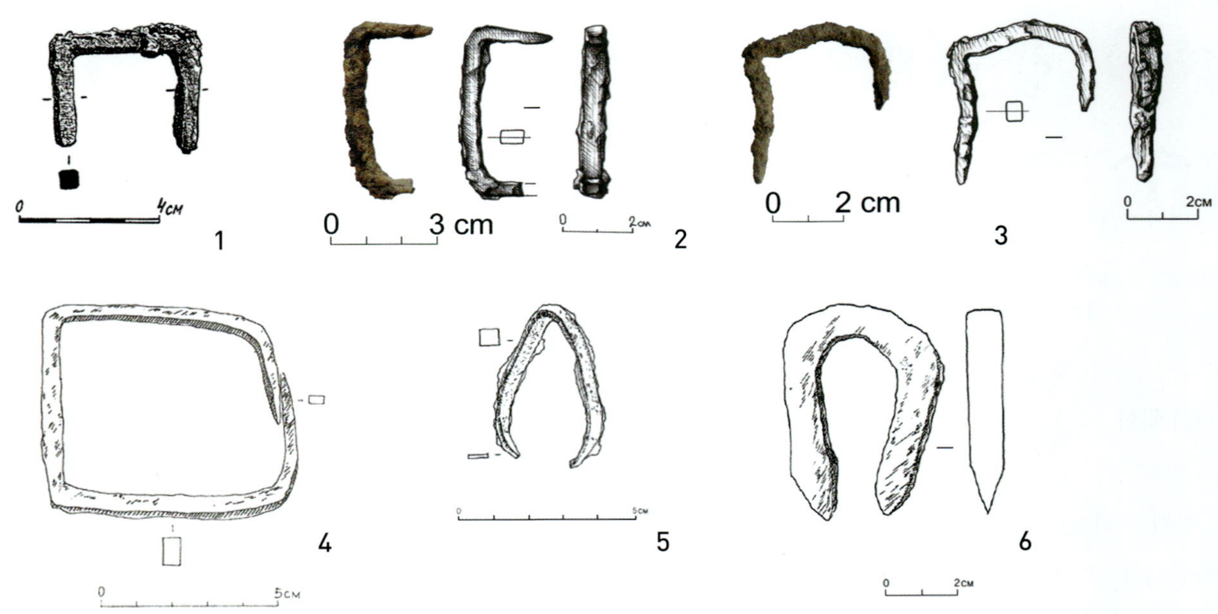

도면 708 | 크라스키노성 출토 철제 꺾쇠: 1-제10구역(1994), 2-제53구역(2018), 3-제48구역(2012), 4-제31구역(2003), 5, 6-제33구역(2006)

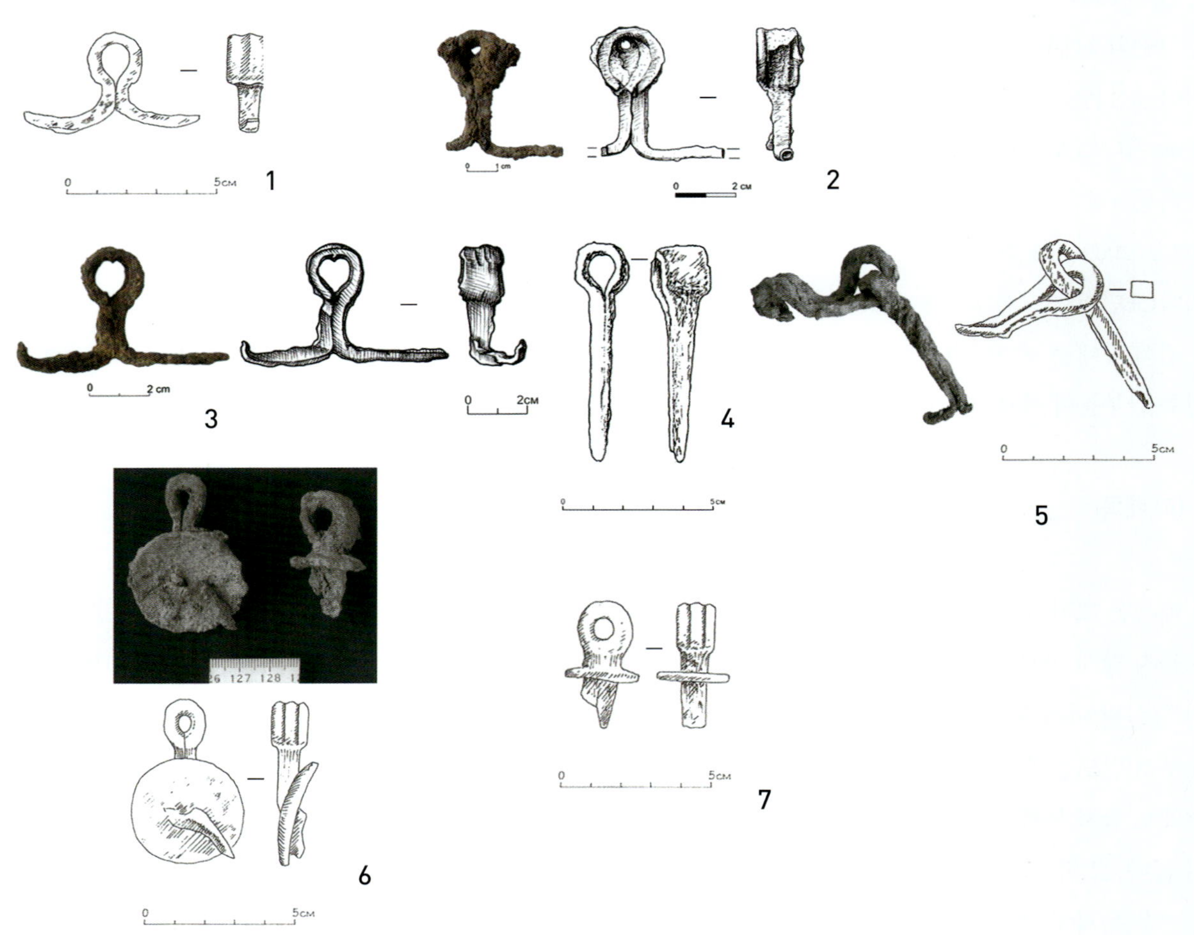

도면 709 | 크라스키노성 출토 철제 배목: 1, 5, 7, 8-제31구역(2003), 2, 3-제40구역(2008), 4-제35구역(2006), 6-제38구역(2007)

것은 배목이 아닌 다른 용도의 물건일 수도 있다. 배목은 일반적으로 머리 부분, 즉 고리부분이 넓기 때문에 자릿쇠를 사용하지 않는데 2점의 경우에는 원판형의 자릿쇠가 달려있는 상태로 출토되었다(도면 2003-66, 1, 2)(도면 709, 7, 8). 이 2점의 머리-고리 부분의 외면에 2줄의 고랑이 져있다.

(5) 자물쇠와 열쇠

자물쇠는 1점, 열쇠는 5점이 확인된다. 자물쇠는 제31구역에서 출토되었다(도면 2003-70, 5). 자물쇠는 통부와 현부가 남아 있는데 나란히 평행을 이루고 있다. 통부는 길이가 약 8.9㎝이고, 현부는 길이가 약 17.5㎝이다. 현부의 끝부분이 축약되어 약간 뾰족하다(도면 2003-70)(도면 710, 1).

열쇠는 5점 중 2점이 형태가 온전하게 남아 있다. 2점 모두 동일한 형태와 구조를 가지고 있다. 한쪽 끝은 병환

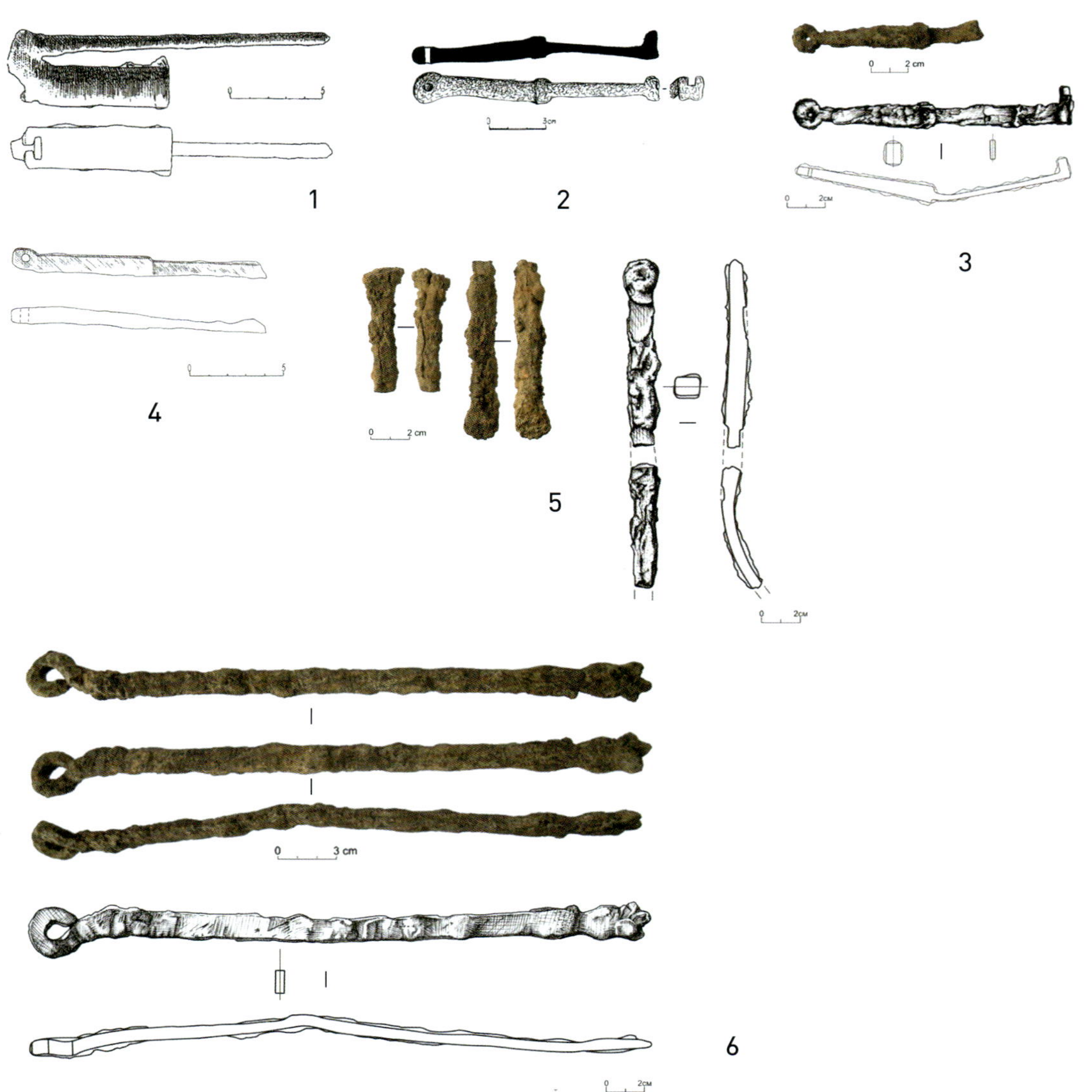

도면 710 | 크라스키노성 출토 철제 자물쇠(1)와 열쇠(2~6): 1, 4-제31구역(2003), 2-제15구역(1997), 3-제49구역(2014), 5-제45구역(2010), 6-제40구역(2009)

부이고 다른 한쪽 끝은 두부이다. 병환부는 손잡이 끝부분으로서 평면이 원형이고 그 가운데에 작은 구멍이 하나 뚫려있다. 두부는 자물쇠 구멍에 들어가 잠금을 푸는 장치인데 평면이 "凹"자 모양이다. 신부는 길쭉한 막대기 모양으로서 가운데에 턱이 져있다. 이 턱을 경계로 병환부 쪽은 두껍고, 두부 쪽은 얇다. 두꺼운 쪽은 손잡이일 것이다. 전체 길이는 13.1㎝(도면 1997-43, 4)(도면 710, 2)와 14.7㎝(도면 2014-904, 2)(도면 710, 3)이다.

나머지 3점의 열쇠는 두부가 남아 있지 않다. 모두 고리모양의 병환부가 있다. 그중2점에는 신부 가운데에 턱이 확인된다(도면 2003-70, 2; 2010-327)(도면 710, 4, 5). 하지만 다른 1점은 턱의 존재가 분명하지 못하다(도면 2009-267)(도면 710, 6).

(6) 문고리 빗장

몸은 막대기 모양이고, 머리 부분에 한쪽으로 감아 말은 고리가 있는 철제품이다. 머리 부분에 고리가 있기 때문에 못은 아니고, 머리 부분과 어긋나 있어 배목도 아니다. 문고리로 문을 고정할 때에 문고리를 걸은 고리에 끼워 문이 열리지 않게 한 빗장이었을 가능성이 높다고 생각된다. 5점이 확인되었다. 막대기 모양 몸의 단면은 방형 혹은 장방형이다. 막대기부분이 직각으로 꺾이거나 혹은 앞이나 뒤로 젖혀진 것들(도면 2005-148; 2003-69, 1)(도

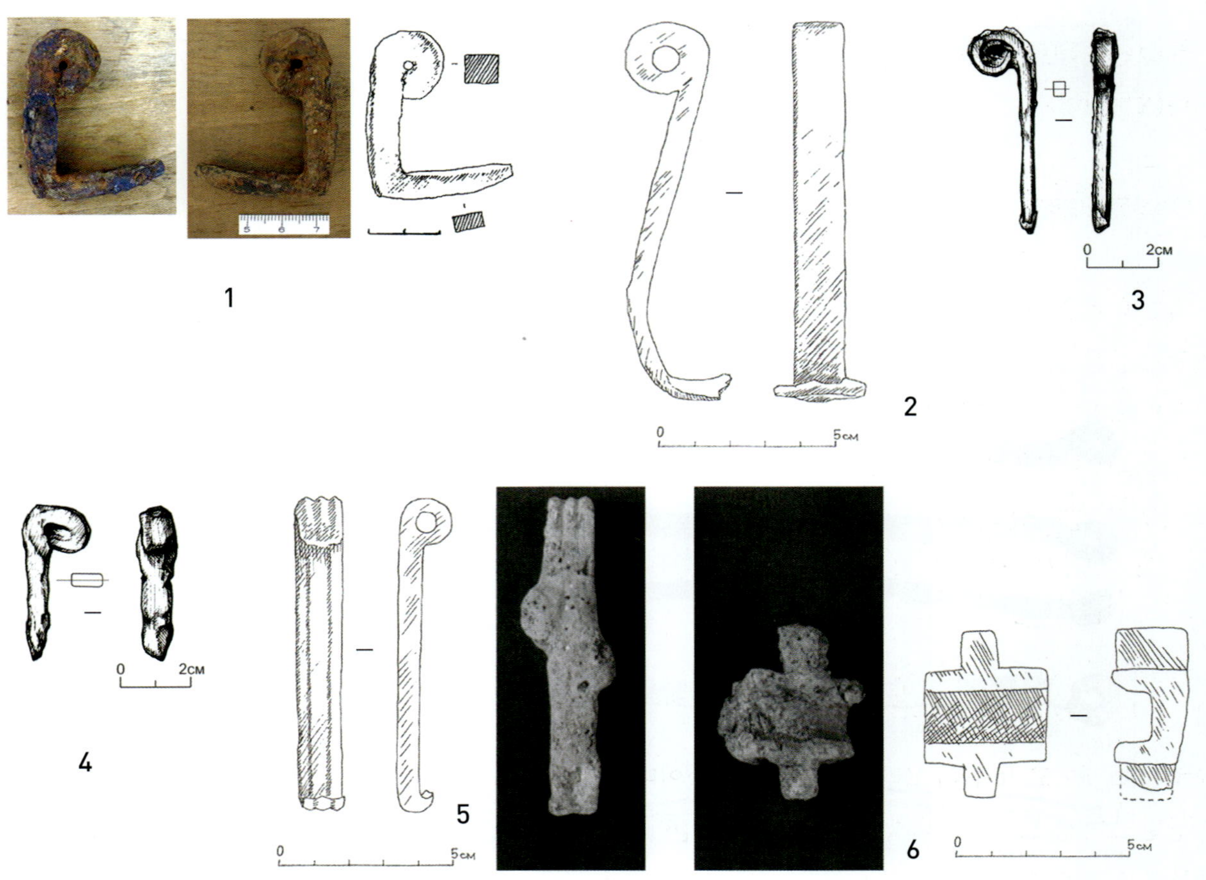

도면 711 | 크라스키노성 출토 철제 빗장(1~5)과 빗장 부속품(6): 1-제34구역(2005), 2, 5, 6-제31구역(2003), 3-제47구역(2014), 4-제44구역(2014)

면 711, 1, 2)도 있는데 빗장을 걸었을 때에 오히려 더 잘 빠지지 않아 문이 잘 열리지 않았을 것이다.

1점은 배목으로 보고된 것인데 잔존 길이가 6㎝, 막대기 부분 단면 크기가 0.3×0.4㎝, 머리 고리 부분 직경 1.3㎝이다(도면 2014-667, 1)(도면 711, 3). 다른 1점은 못으로 보고된 것으로 잔존 길이가 4.5㎝이다(도면 2014-66)(도면 711, 4).

빗장으로 추정되어 보고된 유물도 1점이 있다. 이 유물은 머리 부분과 막대기 모양 몸 부분이 모두 장축과 동일한 방향의 이랑고랑으로 되어 있다. 아마도 이 형태의 배목이 사용된 문고리에 세트로 사용되었을 것이다. 이 빗장은 길이가 9.3㎝이다(도면 2003-69, 2)(도면 711, 5).

(7) 추정 빗장 부속품

1점이 확인된다(도면 2003-69, 3)(도면 711, 6). 평면이 "十"자모양이고, 가운데가 중심축의 가운데를 따라 "凹"자모양의 홈이 나있다. 중심축의 좌우에는 1개씩의 날개가 있다. 크기는 4.3×3.3㎝이다. 문고리 빗장과 함께 사용되었을 것으로 추정은 되나 분명하지는 않다.

(8) 문지도리

2002년에 제30구역의 6호 구덩이에서 출토되었다. 'U'자 모양이며, 길이 11.1cm, 너비 6.25cm, 높이 12.6cm이다(도면 2002-51).

(9) 쇠고리(鐵環)

쇠고리는 평면이 원형인 것과 장방-사다리꼴인 것 그리고 삼각형인 것이 있다. 편 상태로는 타원형에 가까운 것들도 발견되는데 이것들은 버클의 앞부분일 가능성이 높다고 생각되어 버클 부분에서 소개하였다.

원형 고리는 크기가 상대적으로 큰 것과 작은 것이 있는데 큰 것들 중 형태가 모두 남아 있거나 혹은 거의 남아 있는 것은 7점이 확인된다. 단면은 장방형도 있고(도면 2008-154, 161; 1998-82)(도면 712, 1~3), 방형도 있으며(도면 2012-294; 2018-551)(도면 712, 4, 5), 원형도 있다(도면 2006-172; 2014-426)(도면 712, 6, 7). 단면이 장방형인 원형 고리 중의 1점은 크기가 직경 4.5㎝, 두께 0.9㎝이다(도면 2018-551)(도면 712, 5). 단면이 원형인 원형 고리 중의 하나는 크기가 직경 4.0㎝, 두께 0.7㎝인데 "재갈의 고리"로 보고되었다(도면 2006-172)(도면 712, 6). 다른 1점은 단면 그림이 속이 빈 것처럼 그려져 있는데 기술 내용에는 속이 비었다는 기록이 없다(도면 2014-426)(도면 712, 7). 이 원형 고리는 크기가 직경 5.2~5.5㎝, 두께 0.9~1㎝이다. 원형의 고리들은 정말로 재갈의 고리였을 수도 있을 것이고, 또 문의 고리였을 수도 있을 것이다.

원형 고리 중 크기가 상대적으로 작은 것은 8점이 확인된다(도면 1994-64; 2010-150; 162; 335; 421; 2014-907; 2015-549; 2017-299)(도면 712, 8~12). 그런데 이 작은 고리들은 보보존 상태가 큰 고리들에 비해 좋지 못하다. 대개 어느 한쪽이 결실되었고 또 녹이 힘하게 슬었다. 또한 원형에서 약간 왜곡된 형태를 가지기도 한다. 형태가 온

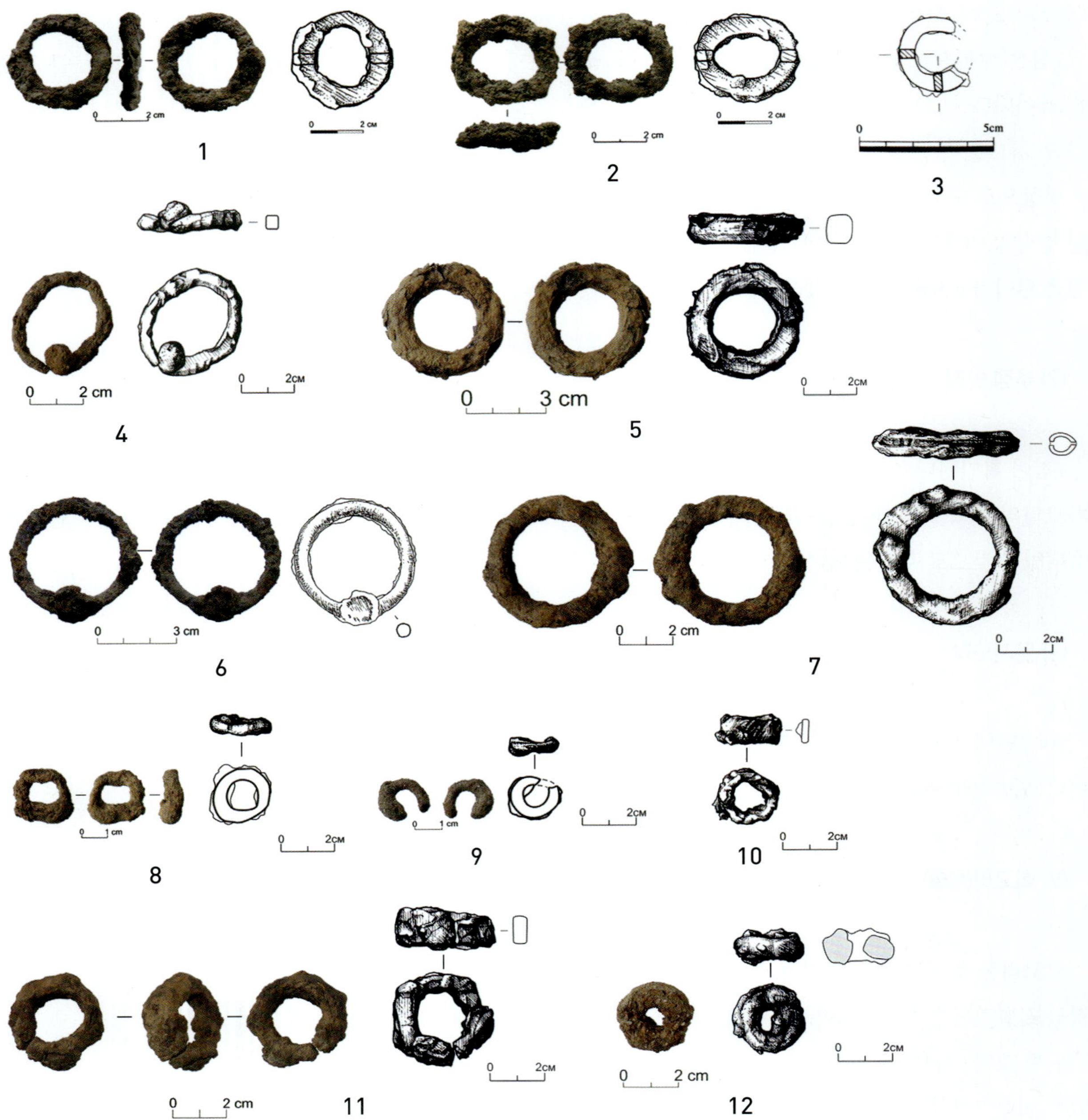

도면 712 | 크라스키노성 출토 철제 원형 고리: 1, 2-제41구역(2008), 3-제9구역(1994), 4-제48구역(2012), 5-제53구역(2018), 6-제34구역(2006), 7-제44구역(2014), 8, 9-제45구역(2010), 10-제49구역 (2014), 11-제47구역(2015), 12-제51구역 (2017)

전한 것 중의 1점은 직경이 2.1㎝, 두께가 0.4㎝이다(도면 2010-335)(도면 712, 8).

장방-사다리꼴의 고리는 형태가 온전한 것이 9점이 확인된다(도면 2010-154; 2014-775; 2014-805, 1, 2; 2014-806, 1; 2014-790; 2015-835; 2015-959; 2016-40)(도면 713, 1~9). 단면은 방형 혹은 장방형이며, 대개 양 끝부분이 서로 겹쳤다. 크기는 2.2×1.7㎝(도면 2014-775), 2.8×2.5㎝(도면 2014-805, 1) 정도이다.

삼각형의 고리는 1점이 확인되었다. 한쪽 변의 가운데 부분이 결실되었지만 철심의 양쪽 끝부분이 안쪽으로 향하고 있어 삼각형이었음을 알 수 있다. 철심의 단면은 둥그스름하다. 크기는 3.3×2.7㎝이고, 철심의 직경은 0.7㎝

이다(도면 2015-608)(도면 713, 10). 이 유물은 "빙상 미늘"로 보고되었지만 형태적 특징이 삼각형 고리에 더 가깝다.

(10) 추정 경첩

2009년에 제40구역에서 출토되었다. 납작한 판 모양의 유물인데 구부러진 상태이다. 녹이 슬어 분명하지는 않지만, 몇 군데 못을 박은 구멍의 흔적이 있다. 크기는 길이 14.7㎝, 너비 3.8~4.8㎝, 두께 0.5㎝이다(도면 2009-265)(도면 713, 11). 경첩이었을 것으로 추정되었다.

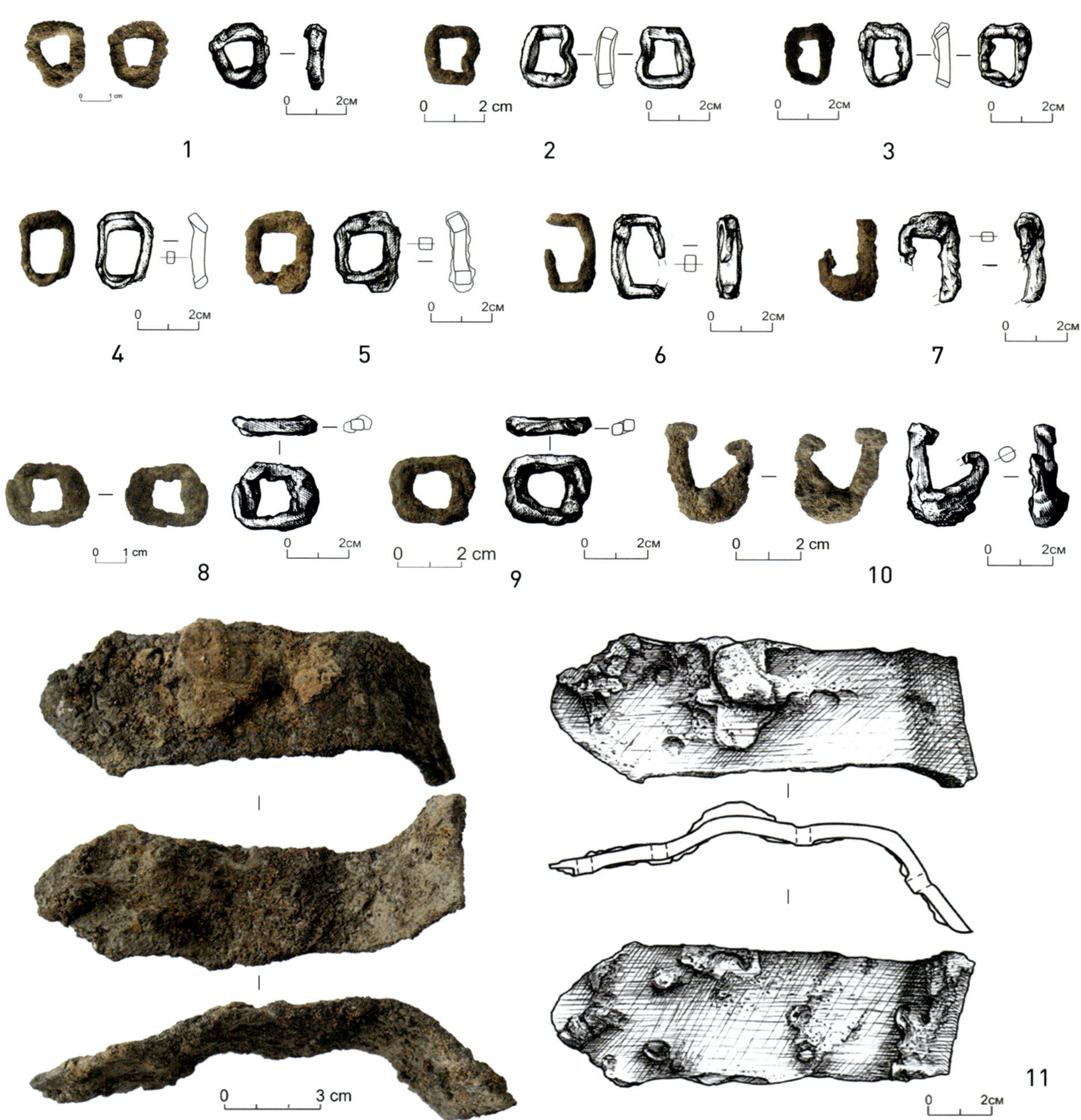

도면 713 | 크라스키노성 출토 철제 장방-사다리꼴 고리(1~9), 삼각형 고리(10), 경첩(11): 1-제44구역(2010), 2~7-제49구역(2014), 8-제50구역(2015), 9-제51구역 (2016), 10-제47구역(2015), 11- 제40구역 (2009)

6) 수레바퀴 부속품

크라스키노성에서는 수레바퀴의 부속품이 차관과 비녀못 2종류가 출토된다. 모두 주철제이다. 차관은 수레바퀴의 굴통쇠로서 바퀴를 바퀴 축에 고정시키는데 사용하였다. 비녀못은 바퀴 축의 끝부분에 낸 구멍에 넣어 고정시켜 바퀴가 바퀴 축에서 빠져나오지 못하게 하는 장치이다. 비녀못은 생긴 것이 머리에 꽂는 비녀와 닮아서 붙여진 이름인데 다른 말로 메뚜기라고도 한다. 따라서 차관과 비녀못은 둘 다 수레바퀴와 매우 밀접하게 관련을 갖는 물건으로서 수레의 존재에 대해 증명하는 유물들이다. 모두 주철로 만들어서인지 대부분의 유물이 깨어진 편 상태로 출토되며 매우 드물게 온전한 것이 발견되기도 한다.

(1) 차관

크라스키노성에서는 차관이 비교적 흔하게 발견되는 유물 중의 하나이다. 차관은 1983년부터 시작하여 1994년, 1996년, 2001년, 2002년, 2003년, 2005년, 2007년, 2008년, 2009년, 2010년, 2011년, 2012년, 2013년, 2014년, 2015년 등 거의 매년 평균 1~3점이 출토되었는데 2014년의 경우에는 9점이 발견되기도 하였다. 하지만 차관은 대부분이 편 상태로 발견되었으며 전체가 온전하게 남아 있는 것은 수점에 불과하다(도면 714; 715). 비교적 온전한 차관은 2002년도에 1점, 2008년도에 2점이 보고되어 있다. 모두 날개는 6개가 달려 있으며 크기는 서로 차이가 있다. 차관의 몸체는 기본적으로 원형이며, 날개는 단면이 쐐기꼴 혹은 사다리꼴로서 밖으로 향하는 끝부분이 둥

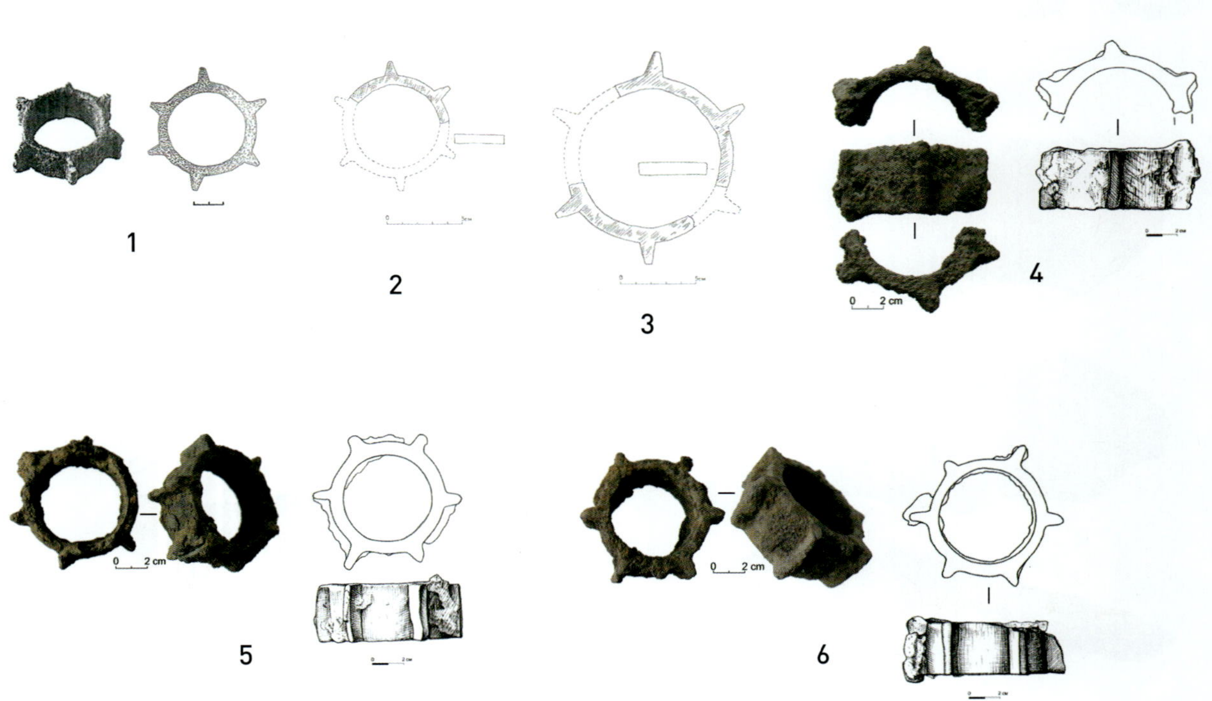

도면 714 | 크라스키노성 출토 철제 차관: 1-제30구역(2002), 2, 3 - 제31구역(2003), 4-제41구역(2008), 5, 6-제40구역(2008)

그스름하거나 혹은 곧게 마무리되었다. 차관의 크기는 서로 차이를 보인다.

2002년에 출토된 차관은 외면을 포함하여 직경이 6.46㎝, 너비가 3.65㎝, 두께가 0.7㎝, 날개 높이가 1.2㎝이고(도면 2002-46)(도면 714, 1), 2008년에 출토된 차관은 1점은 직경이 직경 7.6㎝ 혹은 7.9~8.0㎝, 너비 3.5㎝, 두께 0.6~0.9㎝, 날개 높이 0.6~1.3㎝이며(도면 2008-347)(도면 714, 6), 다른 1점은 직경 7.3~7.4㎝ 혹은 6.9~7.0㎝, 너비 3.8㎝, 두께 0.9㎝, 날개 높이 0.9~1.5㎝이다(도면 2008-323)(도면 714, 5).

2003년도 출토품 중에는 복원도가 그려진 차관이 2점 있는데 그중1점은 직경이 약 11.1㎝이고(도면 2003-71, 2)(도면 714, 3), 다른 1점은 추정 직경이 약 7㎝이다(도면 2003-71, 1)(도면 714, 2). 차관의 너비는 3.5~3.8㎝가 일반적이었을 것으로 보이나, 2013년도 출토품의 경우에는 너비가 4.8㎝로서 직경과 마찬가지로 상당히 넓은 편

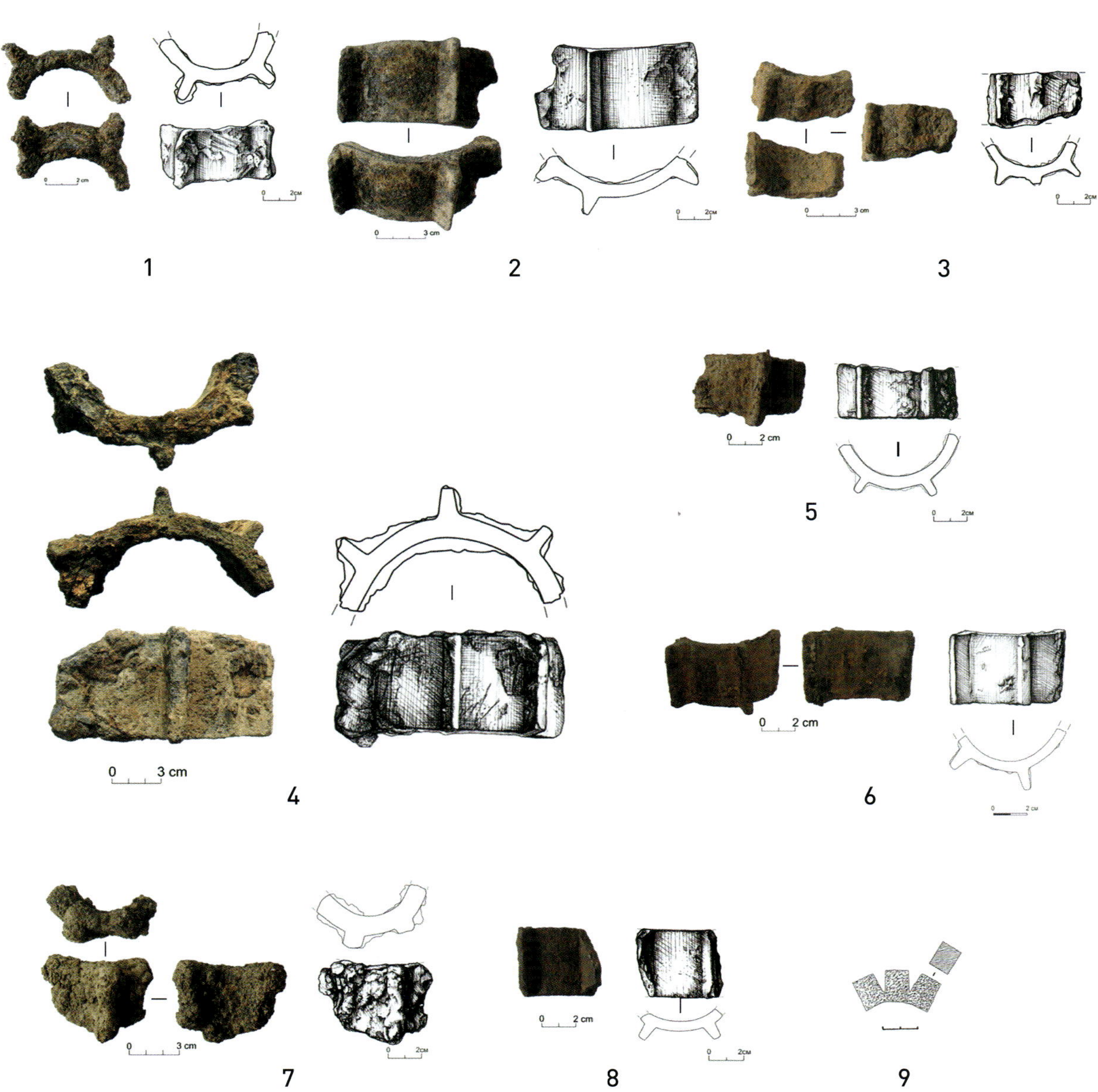

도면 715 | 크라스키노성 출토 철제 차관: 1, 2-제40구역(2009), 3 -제44구역(2010), 4 -제45구역(2011), 5-제48구역(2012), 6-제44구역(2013), 7-제44구역(2014), 8-제49구역(2014), 9-제30구역(2002)

이다(도면 2013-262)(도면 715, 6). 따라서 크라스키노성에서 출토된 차관들은 크기가 대형, 중형, 소형으로 구분됨을 알 수 있다. 소형은 직경이 6.46㎝, 중형은 직경이 7~8㎝, 대형은 직경이 11㎝ 정도이다.

그런데 이와 같은 일반적인 형태의 차관과는 크게 차이가 나는 차관으로 보고된 유물이 1점 있다(도면 2002-33)(도면 715, 9). 이 유물은 단면이 짧은 장방형인 "날개"가 3개 연달아 이어져 있는 것이다. 각 날개의 사이에는 "V"자 모양의 틈이 있고, 3개 "날개"의 안쪽은 호선을 이루어 둥그스름하다. 이 유물은 크기가 축척을 통해 볼 때에 대략 잔존 최대 길이 5.1㎝, "날개" 높이 1.9㎝, "날개" 단면 크기 1.05×0.8㎝이다.

(2) 비녀못

비녀못은 모두 주철제이다. 크라스키노성에서는 비녀못이 1994년, 2003년, 2008년, 2009년, 2010년, 2011년, 2012년, 2014년, 2015년, 2016, 2017년에 각각 출토되었다(도면 716; 717). 비녀못은 기본적으로 축과 머리 두 부분으로 이루어져 있다. 비녀못의 머리 부분은 평면 형태가 궁형인 것(비녀못 Ⅰ형식)(도면 2009-62; 2011-550, 2; 2012-108; 2017-412)(도면 716, 1~4), 반원형인 것(비녀못 Ⅱ형식)(도면 2003(-04)-65; 2008-364; 1994-102)(도면 716, 5~7), 오각형인 것(비녀못 Ⅲ형식)(도면 2011-126, 2; 2015-276)(도면 717, 1, 2), 그리고 모난 궁형인 것(비녀못 Ⅳ형식)(도면 2015-817)(도면 717, 3)의 네 종류로 구분된다. 머리가 궁형과 반원형인 것은 외면에 이랑과 고랑이

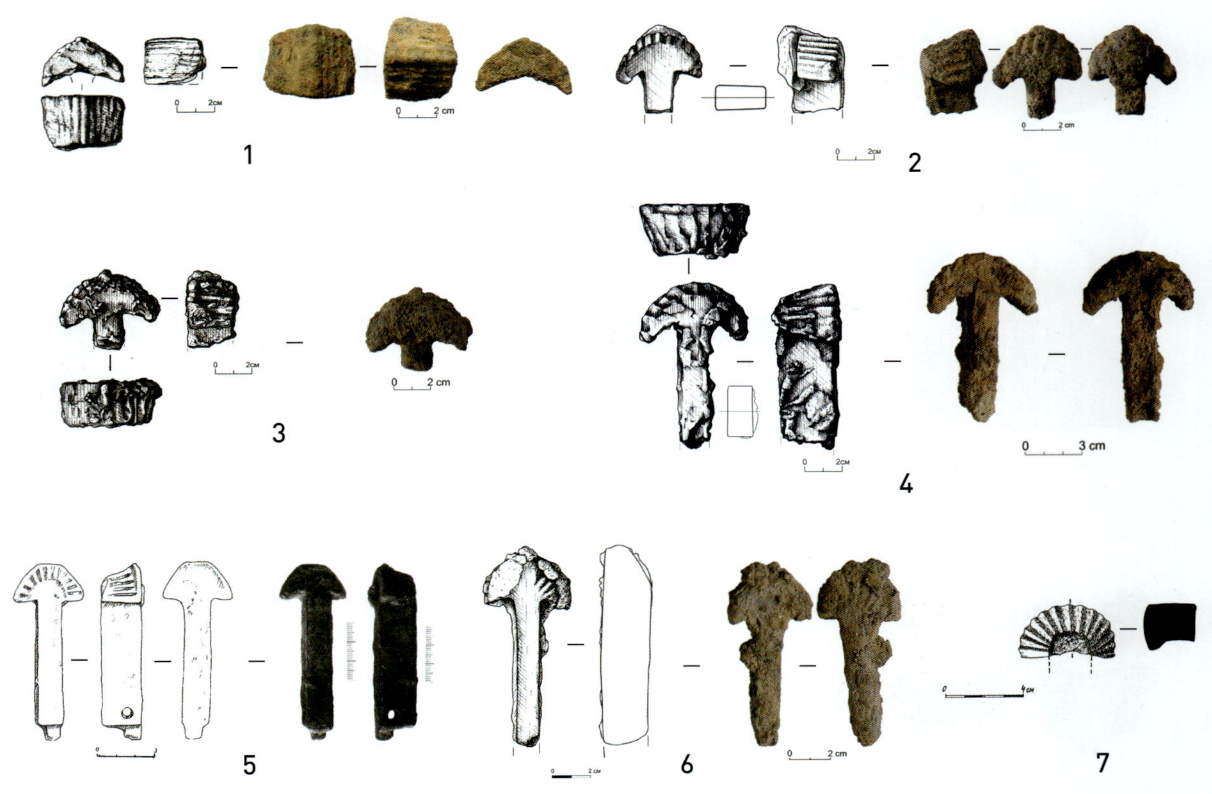

도면 716 | 크라스키노성 출토 철제 Ⅰ형식 비녀못(1~4), Ⅱ형식 비녀못(5~7): 1-제47구역(2011), 2-제40구역(2009), 3-제44구역(2012), 4 -제51구역(2017), 5-제31구역 (2003), 6-제40구역(2008), 7-제10구역(1994)

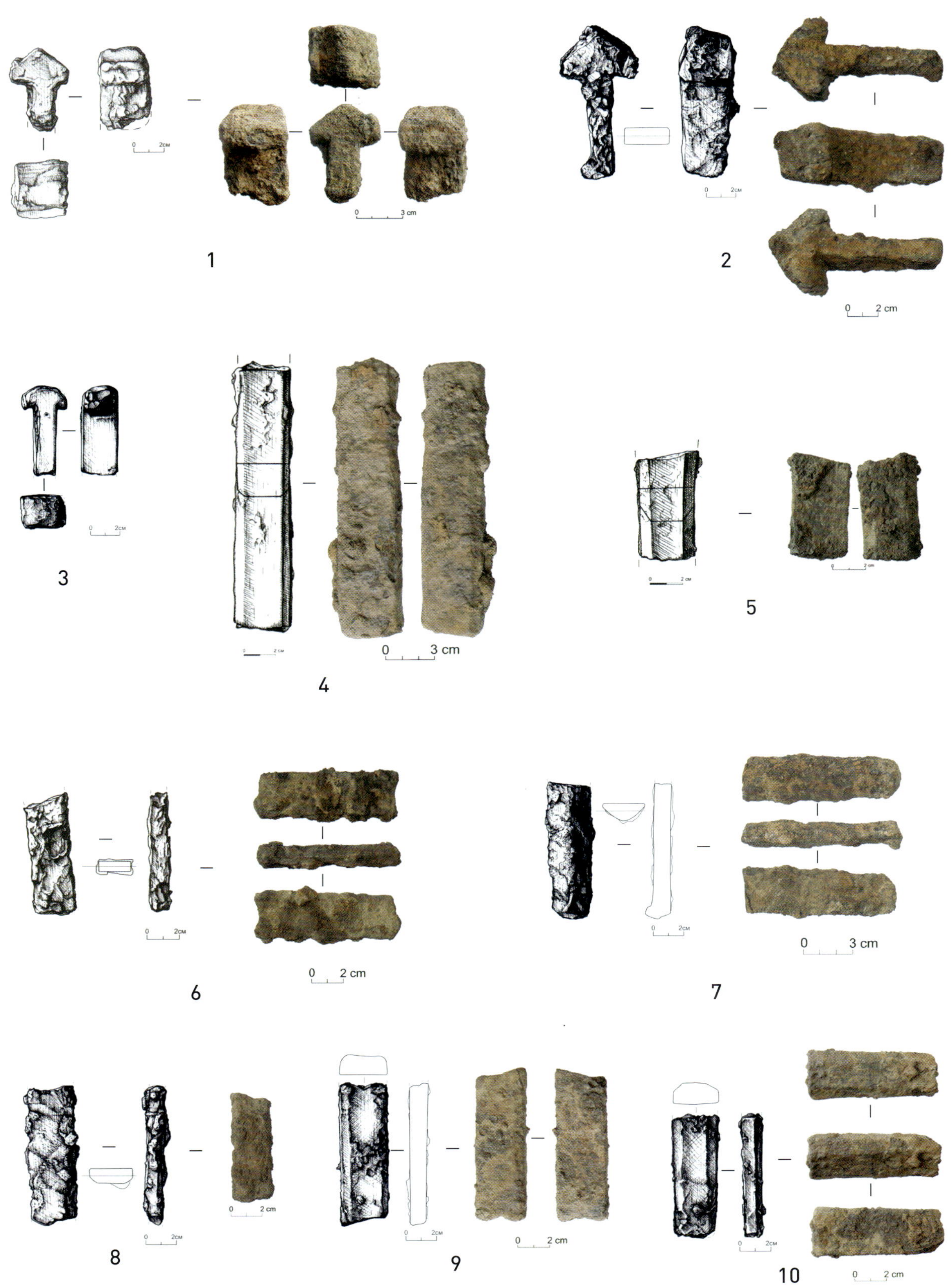

도면 717 | 크라스키노성 출토 철제 III형식 비녀못(1, 2), 제 IV형식 비녀못(3), 비녀못 축(4~10): 1-제45구역(2011), 2-제47구역(2015), 3 -제50구역(2015), 4, 5-제40구역(2008), 6-제47구역(2012), 7-제44구역(2015), 8-제50구역(2015), 9, 10-제53구역(2018)

져 있지만, 오각형인 것과 모난 궁형은 이랑과 고랑이 확인되지 않는다. 비녀못의 머리가 확인된 것은 10점이 있는데, 그중 4점은 궁형, 3점은 반원형, 2점은 오각형, 1점은 모난 궁형이다.

비녀못의 축 부분은 단면 장방형 혹은 육각형의 납작한 막대기 모양인데, 하단부에 턱이 져있고 또 구멍이 하나 뚫려 있다. 아마도 구멍은 비녀못이 빠져나가지 못하게 철사 등으로 고정하는데 사용되었을 것이다. 비녀못 중에서 2003년에 제31구역에서 출토된 1점은 전체 형태가 온전하게 남아 있다. 이 비녀못은 전체 길이는 9.2㎝, 축의 너비는 2㎝, 두께는 1.5㎝, 머리의 너비는 4.2㎝, 두께는 2㎝이고, 축 끝부분의 구멍은 직경이 0.4㎝이다(도면 716, 5). 비교적 잔존 상태가 좋은 2015년도 출토품(도면 2015-376)(도면 717, 4)은 잔존 길이가 10.7㎝로서 실제 길이는 그 이상이었음을 알 수 있다. 이 비녀못은 너비가 3.3㎝, 두께가 1.4㎝이다. 비녀못의 축 부분일 것으로 추정되는 것은 18점이 있다.

7) 교구(띠 부속품)

(1) 과대장식(띠꾸미개)

철제 띠꾸미개는 모두 29점이 확인된다. 평면모양은 방형(짧은 장방형 포함), 유사방형, 유사장방형, 원방형, 그리고 유사타원형이다 있다. 방형은 네 모서리가 모두 직각으로 꺾이는 것이고, 유사방형은 두 모서리는 직각이지만 다른 두 모서리가 약간 둥그스름하게 처리된 것이며, 유사장방형은 유사방형과 동일한 모서리 형태를 가진다. 원방형은 두 모서리는 직각이고, 다른 두 모서리는 크게 호선을 그려 원의 일부인 것처럼 표현된 것이다. 유사타원형은 전체적으로 타원형의 모양을 가지지만 한 변이 직선인 것이다. 모가 난 모서리가 없다.

방형 띠꾸미개는 14점이 확인되었다. 그중 2점은 띠꾸미개의 받침판인데 주연부 안의 네 모서리에 각각 1개씩의 "못"이 있는 것(도면 2010-86)(도면 718, 1)과 못이 한 개만 남고 나머지는 결실된 것(도면 1988-84)(도면 718, 2)이 각각 있다. 2점은 띠꾸미개의 윗부분과 받침판이 함께 있는 것이다(도면 2006-54, 4; 2014-36)(도면 718, 3, 4). 그중 1점은 크기가 높이 1.8㎝, 너비 2.6㎝, 두께 0.4~0.5㎝, 투공크기 1.3×0.5㎝이다. 투공은 장방형이다(도면 2014-36)(도면 718, 4). 나머지 10점에서는 띠꾸미개의 아래 부분 투공 모양이 3종류가 확인된다. 첫 번째는 투공이 세장방형으로 된 것으로서 5점이 있다(도면 2001-150, 2; 2011-424, 2; 2006-170, 2; 1995-17, 5; 1994-64, 1)(도면 718, 5~9). 다음은 아래 부분이 결실되기는 하였으나 투공이 장방형인 것으로 판단되는 것이 1점 있다(도면 2014-207)(도면 718, 10). 2점은 투공이 길쭉한 타원형이다(도면 2001-150, 1; 2002-39)(도면 718, 11, 12). 녹이 슬어 투공의 형태가 분명하지 못한 것이 2점 있는데 그중 1점은 길쭉한 타원형이었을 것으로(도면 2006-170, 1)(도면 718, 13), 다른 1점은 세장방형이었을 것으로 각각 생각된다(도면 2011-425, 2)(도면 718, 12).

유사방형 띠꾸미개는 4점이 확인되었다. 뒷면의 주연부 안쪽에 "못"이 2개 표현된 것이 있는데 1점은 투공이 보이지 않는다(도면 2002-34)(도면 718, 15). "못"이 2개 표현된 다른 1점은 투공이 길쭉한 타원형이다(도면 1996-17, 2)(도면 718, 16). 주연부 안쪽에 "못"이 3개 표현된 것도 있는데 투공이 장방형이다(도면 2003-68, 2)(도면 718, 17). 나머지 1점은 "못"이 2개인지 3인지 분명하지 못하고 투공은 없다(도면 1994-113, 1)(도면 719, 1).

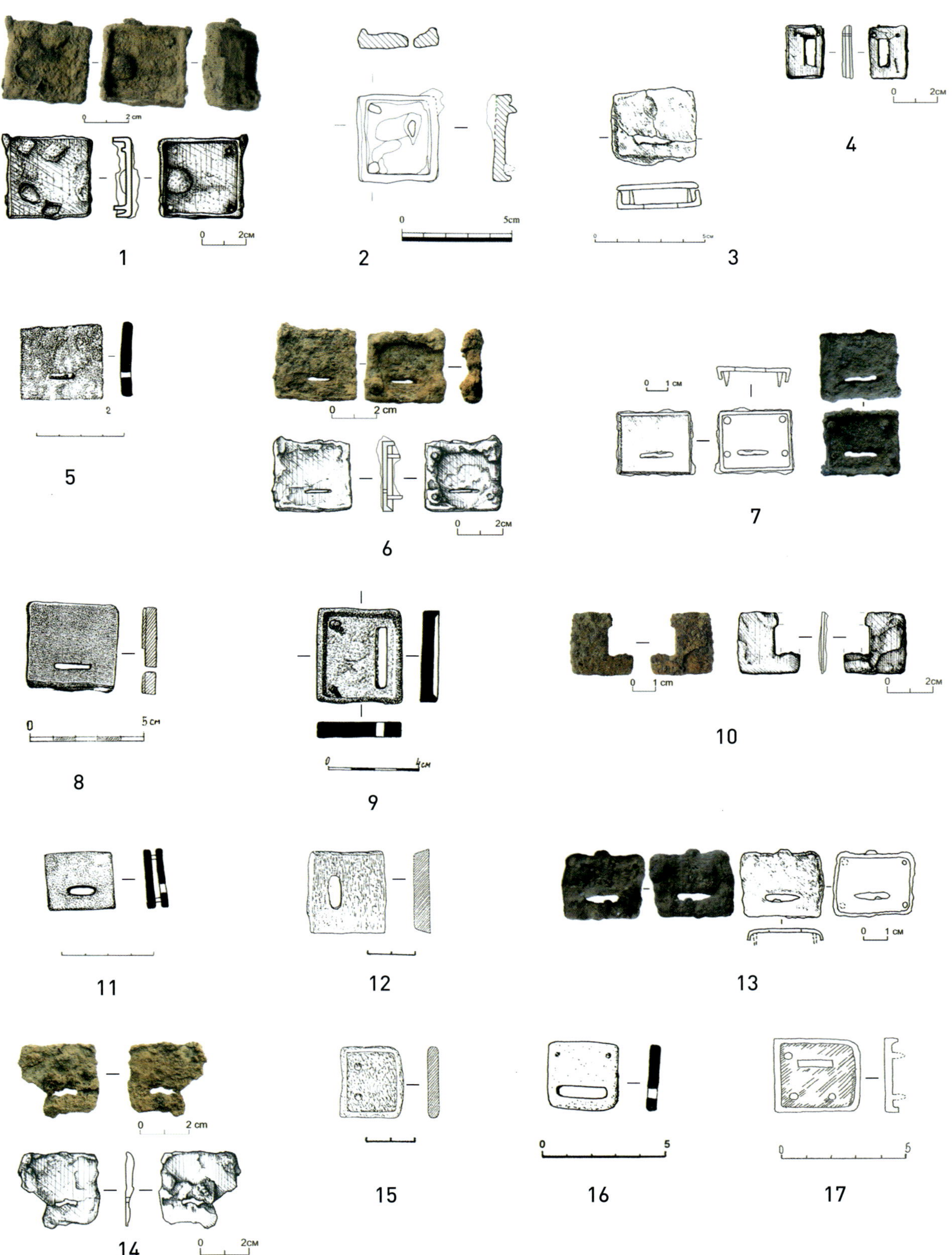

도면 718 | 크라스키노성 출토 철제 방형 띠꾸미개(1~14), 유사방형 띠꾸미개(15~17): 1-제44구역(2010), 2, 9-제9구역(1994), 3-제35구역(2006), 4, 10-제44구역(2014), 5- 제25구역(2001), 6-제48구역(2011), 7, 13-제34구역(2006), 8-제11구역(1995), 11-제16구역(2001), 12, 15-제30구역 (2002), 14-제48구역(2011), 16-제11구역(1996), 17-제31구역(2003)

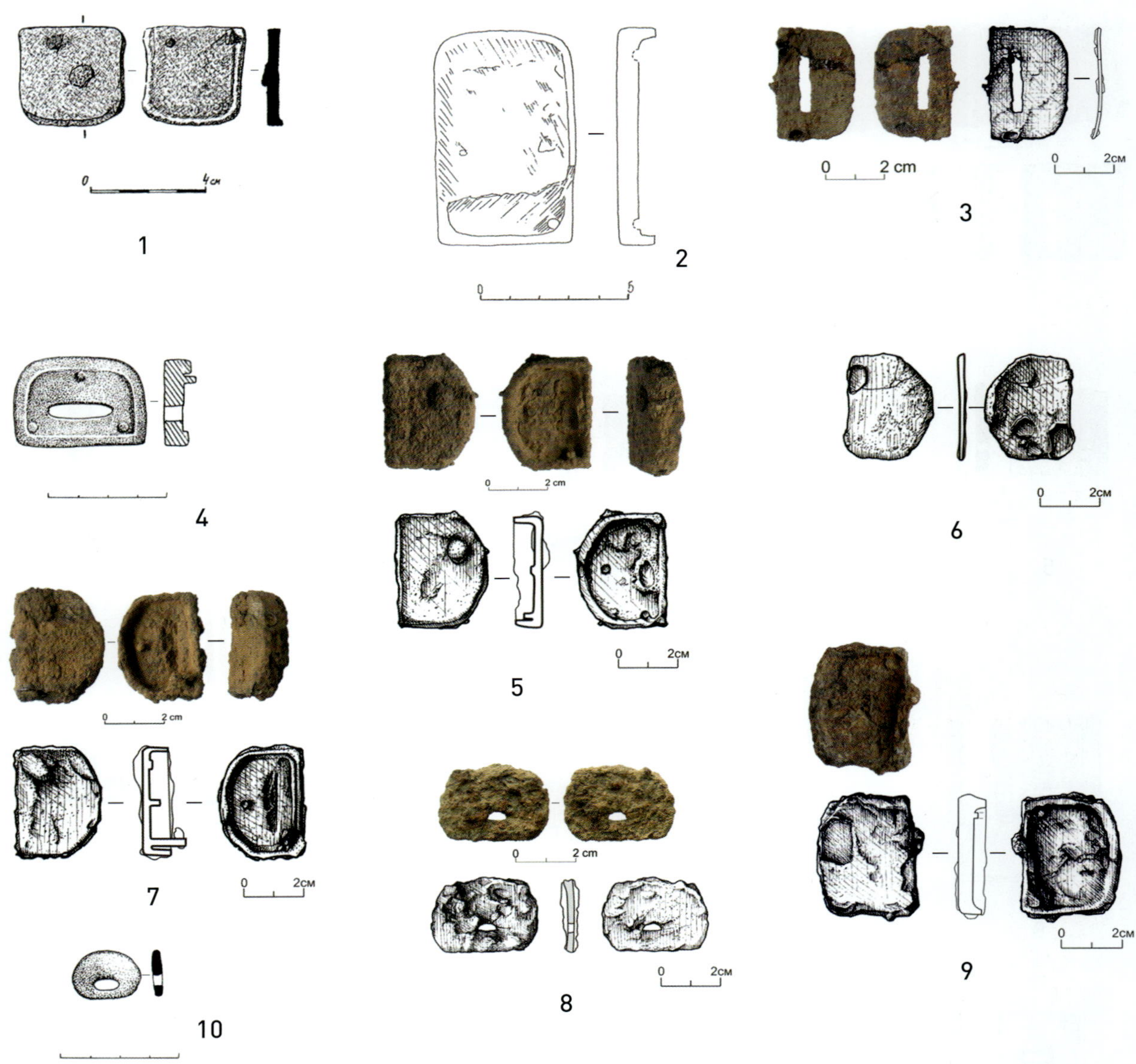

도면 719 | 크라스키노성 출토 유사방형 띠꾸미개(1), 유사장방형 띠꾸미개(2), 원방형 띠꾸미개(3~9), 유사타원형 띠꾸미개(10): 1-제10구역(1994), 2-제31구역(2003), 3 -제53구역(2018), 4 -제16구역(2001), 5~7 -제44구역(2010), 8-제48구역(2011), 9-제51구역(2017), 10 -제17구역(2001)

유사장방형 띠꾸미개는 1점이 확인되었다. 주연부 안쪽의 한쪽 모서리에 "못" 구멍이 1개 있고, 나머지 모서리 안쪽에는 분명하지 못하다. 크기는 길이 7.6㎝, 너비 4.8㎝이다(도면 2003-68, 1)(도면 719, 2).

원방형 띠꾸미개는 7점이 확인된다. 그중 1점은 투공이 장방형이다(2018-463)(도면 719, 3). 1점은 투공이 길쭉한 타원형이고 그리고 3개의 "못"이 있다(도면 2001-150, 4)(도면 719, 4). 나머지 5점은 녹이 심하게 슬어 "못"이 잘 관찰되지 않지만 아마도 3개씩이 있었을 것으로 추정된다(도면 2010-28, 82, 84; 2011-370, 2; 2017-220)(도면 719, 5~9).

유사타원형 띠꾸미개는 1점이 확인되었다. 길쭉한 타원형의 투공만 확인되고 나머지 세부 요소는 알 수 없다(도면 2001-150, 3)(도면 719, 10).

(2) 버클

형태가 온전한 것은 1점이 확인되었다. 2005년에 제34구역의 1호 주거지에 출토되었다. 말각 장방형의 고리와 침으로 이루어져 있다. 길이는 4.7㎝, 너비는 3.7㎝이다(도면 720, 1).

그런데 일부가 결실되기는 하였어도 전체적으로 평면이 타원에 가까운 철제 고리들이 8점 발견된 것이 있는데 버클의 앞쪽 고리일 가능성이 높다고 생각된다(도면 720, 2~8). 이 형태의 고리들은 한쪽이 약간 폭이 넓고 다른 한쪽은 폭이 약간 좁다. 그중의 1점은 고리의 가장 앞쪽은 폭이 0.9㎝이고, 크기는 4.4×2.7㎝이며, 두께는 0.2㎝이다(도면 2014-822, 2)(도면 720, 3).

버클의 "침"도 1점이 출토된 것이 있다. 한쪽 끝부분은 버클의 고리 뒤쪽 가장자리에 매달릴 수 있게 고리 모양으로 말았고, 다른 한쪽 끝부분은 버클의 앞쪽 고리에 걸칠 수 있게 약간 구부려 놓았다. 길이는 3.2㎝이다(도면 2014-823, 1)(도면 720, 9).

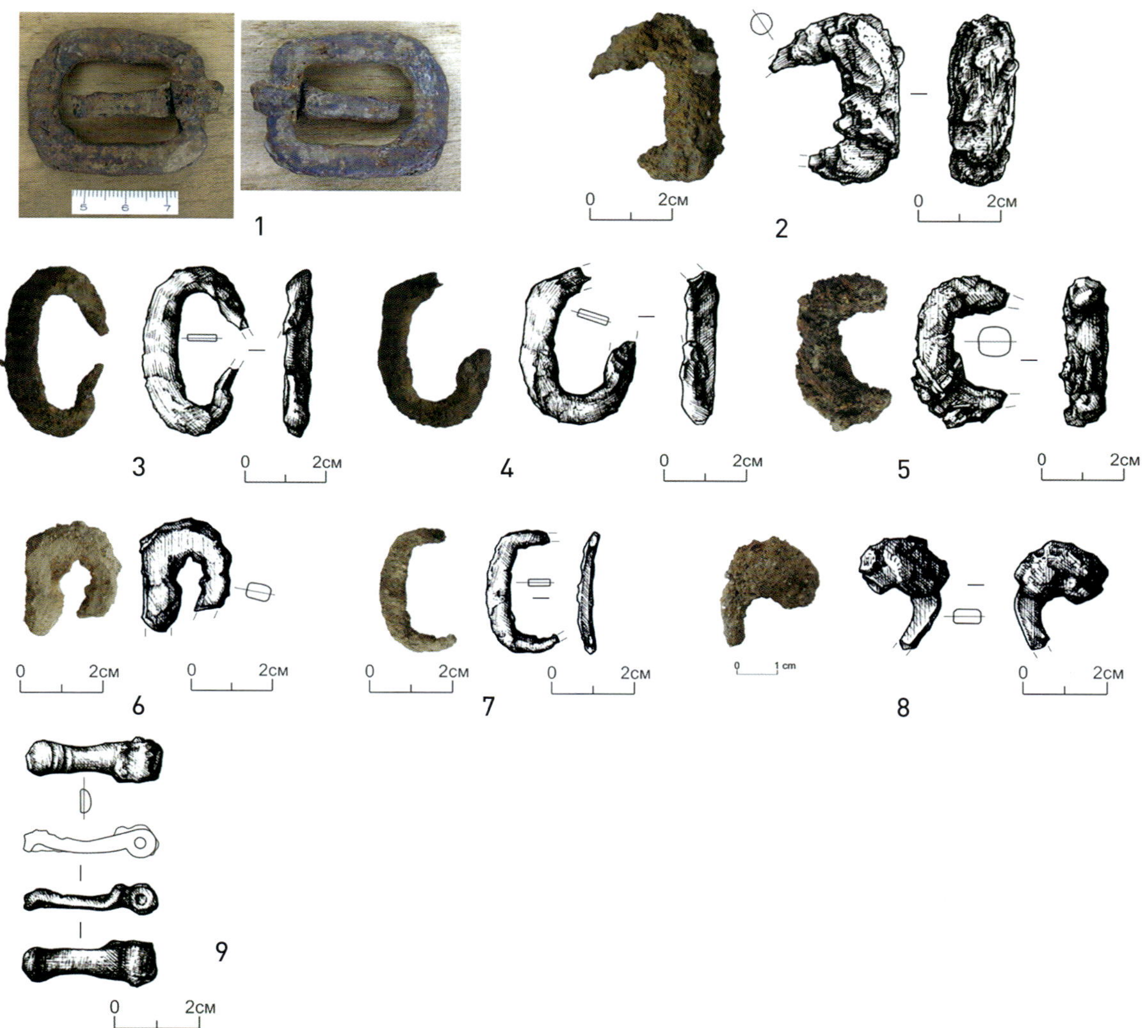

도면 720 | 크라스키노성 출토 철제 버클(1), 버클 고리(2~8), 버클 혀(9): 1-제34구역(2005), 2~4-제47구역(2014), 5~7- 제51구역(2017), 8-제53구역, 9-제49구역(2014)

8) 지붕 부속품

(1) 풍탁

주철제이다. 1981년에 사찰구역의 금당지에서 3점(도면 721, 1~3), 2001년에 제29구역의 7호 구덩이에서 1점(도면 721, 4) 등 모두 4점이 온전한 상태로 출토되었다. 그 외에도 1994년에 풍탁의 편들이 4점 출토된 바 있다(도면 721, 5). 풍탁의 모양은 크게 2가지 종류로 구분된다.

첫 번째 종류의 풍탁은 육면체 화변모양인데 2점이 이에 해당된다. 사진만 제시된 1981년 출토품은 "6각형 피라미드모양"으로 보고되었다. 높이는 14.5㎝, 직경은 9.5㎝이다. 3개의 면에 반달 모양의 구멍이 뚫려있고, 꼭대기 부분에도 구멍이 하나 있다(도면 1981-25, 3)(도면 721, 3). 2001년도 출토 풍탁은 위가 좁고 아래가 넓으며, 면이 6개 있는 육면체 모양이다. 아래 가장자리는 화변으로 되어있다. 꼭대기 아래쪽의 세 면에 궁형의 구멍이 한 개씩 뚫려있다. 풍탁의 꼭대기에는 타원형을 구멍을 내어 놓았다. 풍탁의 높이는 15.5㎝, 각 면 사이의 최대 폭은 11.5㎝, 기벽의 두께는 0.5㎝이다(도면 2001-83)(도면 721, 4).

두 번째 종류의 풍탁은 팔면체 화변모양이고, 몸체가 약간 둥그스름한 느낌을 준다. 1981년에 출토된 3점 중 2점이 이에 해당한다. "8각형 피라미드 모양"으로 보고되었다. 둘 모두 꼭대기 부분에 구멍이 하나씩 뚫려 있다. 그중의 1점은 높이가 12.3㎝, 직경이 11.9㎝이다(도면 1981-25, 1)(도면 721, 1). 다른 1점은 높이가 13㎝, 직경이 11.5㎝이다(도면 1981-25, 2)(도면 721, 2).

1994년에 출토된 풍탁은 4점의 편 상태이다. 그중3점은 동체가 둔각으로 꺾이는 것이 확인된다. 장방타원형으로 복원도가 주어진 것이 있으나(2004(1994)-50쪽 도면 11), 편들의 모양과 합치하지 않는다. 잔존 길이는 6.8㎝이고 두께는 0.3㎝인 것으로 보고되었는데 구체적으로 어느 편을 지칭하는지 분명하지 않다(도면 1994(2004)-83)(도면 721, 5).

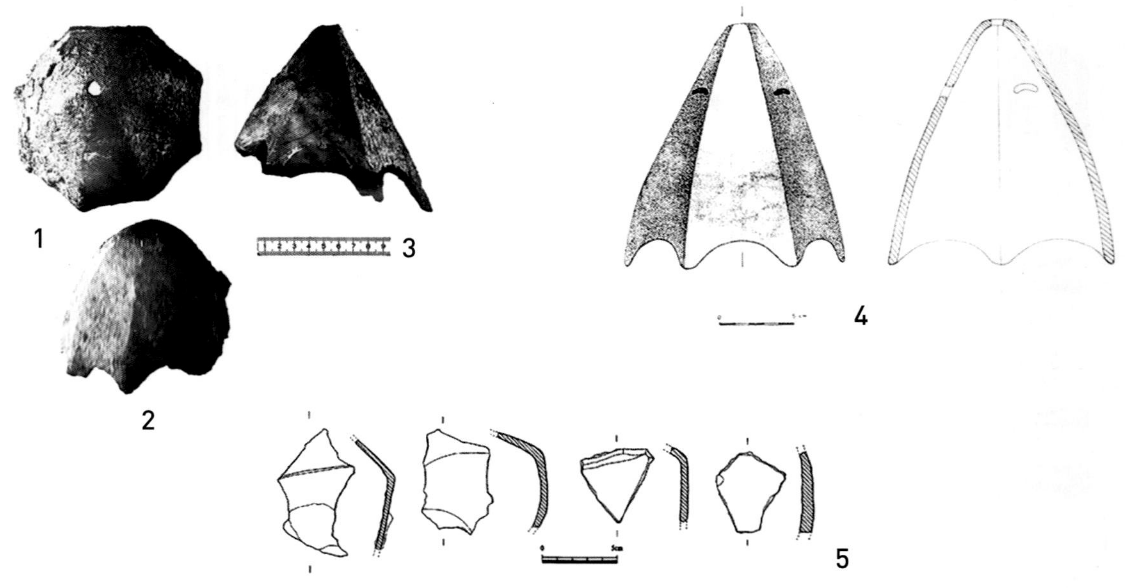

도면 721 | 크라스키노성 출토 철제 풍탁과 풍탁편: 1-제5구역(1981), 2-제29구역(2001), 3-제9구역(1994)

9) 형태 확인 용도미상 유물

(1) 고깔 모양 유물

고깔 모양 혹은 원추모양의 철제유물은 생긴 것이 고달과 닮아 미니어처 고달로 불리기도 하고 또 아래 부분이 결실된 경우에는 살대의 오늬로 추정되기도 하였다. 고깔 모양이기 때문에 오늬는 될 수가 없다. 용도는 분명하지 못하지만 발해유적에서 드물지 않게 발견된다. 크라스키노성에서는 7점이 확인된다(도면 722). 아래의 뾰족한 부분이 결실된 경우가 대부분이다. 크기는 잔존 길이 4.1㎝(도면 2002-37, 1)(도면 722, 2), 잔존 길이 3.2㎝, 구멍 크기 1.1×1.3㎝(도면 2014-784, 1)(도면 722, 6), 잔존 길이 3.6㎝, 구멍 크기 1.1×1.5㎝(도면 2014-784, 2)(도면 722, 7) 등이다. 아래 결실된 부분이 많지 않기 때문에 원래의 길이도 이와 근접하였을 것으로 생각된다.

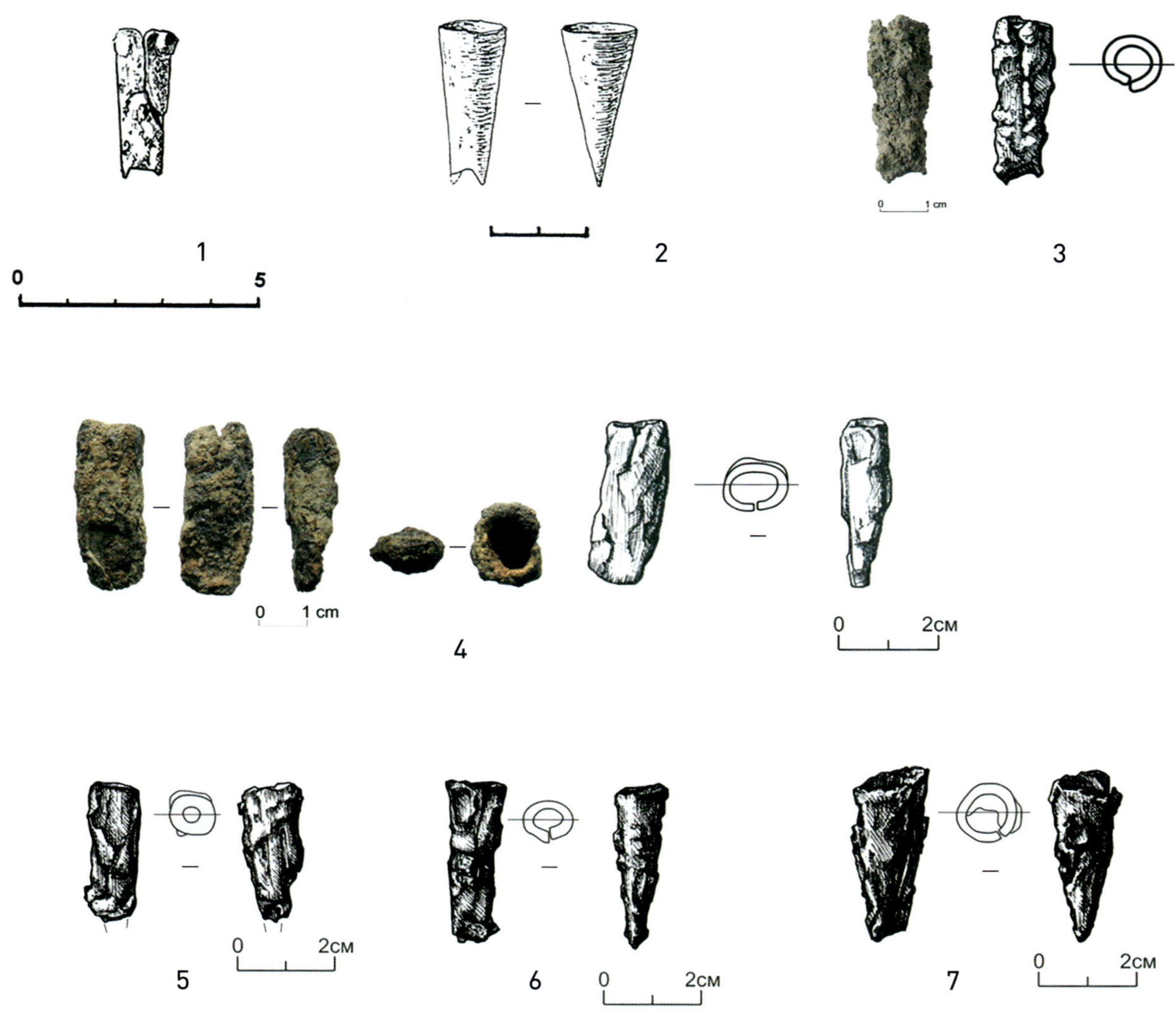

도면 722 | 크라스키노성 출토 철제 고깔 모양 유물: 1-제12구역(1996), 2-제30구역 (2002), 3-제40구역(2009), 4-제45구역(2011), 5-제47구역(2014), 6, 7-제49구역(2014)

(2) 쌍각 미늘

한쪽 끝부분이 포크 모양으로 두 갈래진 "뿔"이 있는 유물이다. 이 뿔은 곧은 상태로 발견되기도 하지만, 굽은 상태로 발견되기도 한다. 뿔이 있는 "머리" 아래로 심봉이 달렸을 것으로 추정된 되지만 심봉이 함께 출토된 경우는 없다. 때문에 전체 모양은 파악이 되지 않는다. 얼음 위를 걷는 신발 바닥에 꽂아놓은 미늘을 연상하여 "빙행(氷行) 미늘"로 불리기도 한다. 용도가 분명하지 못하기 때문에 형태를 통해 "쌍각 미늘"로 지칭한 것이다. 이 유물에 나있는 "뿔"은 크기가 2~2.5㎝ 정도로 매우 짧다. 발해유적에서 간간히 발견되며, 크라스키노성에서는 5점이 실측도면으로 보고되었다(도면 1994-63; 1996-31, 4; 1998-82; 2011-649, 2; 2017-23)(도면 723, 1~3). 그 외 사진만 제시된 것들도 다수 있다(예, 도면 2006-55; 2007-26, 2)(도면 723, 6, 7).

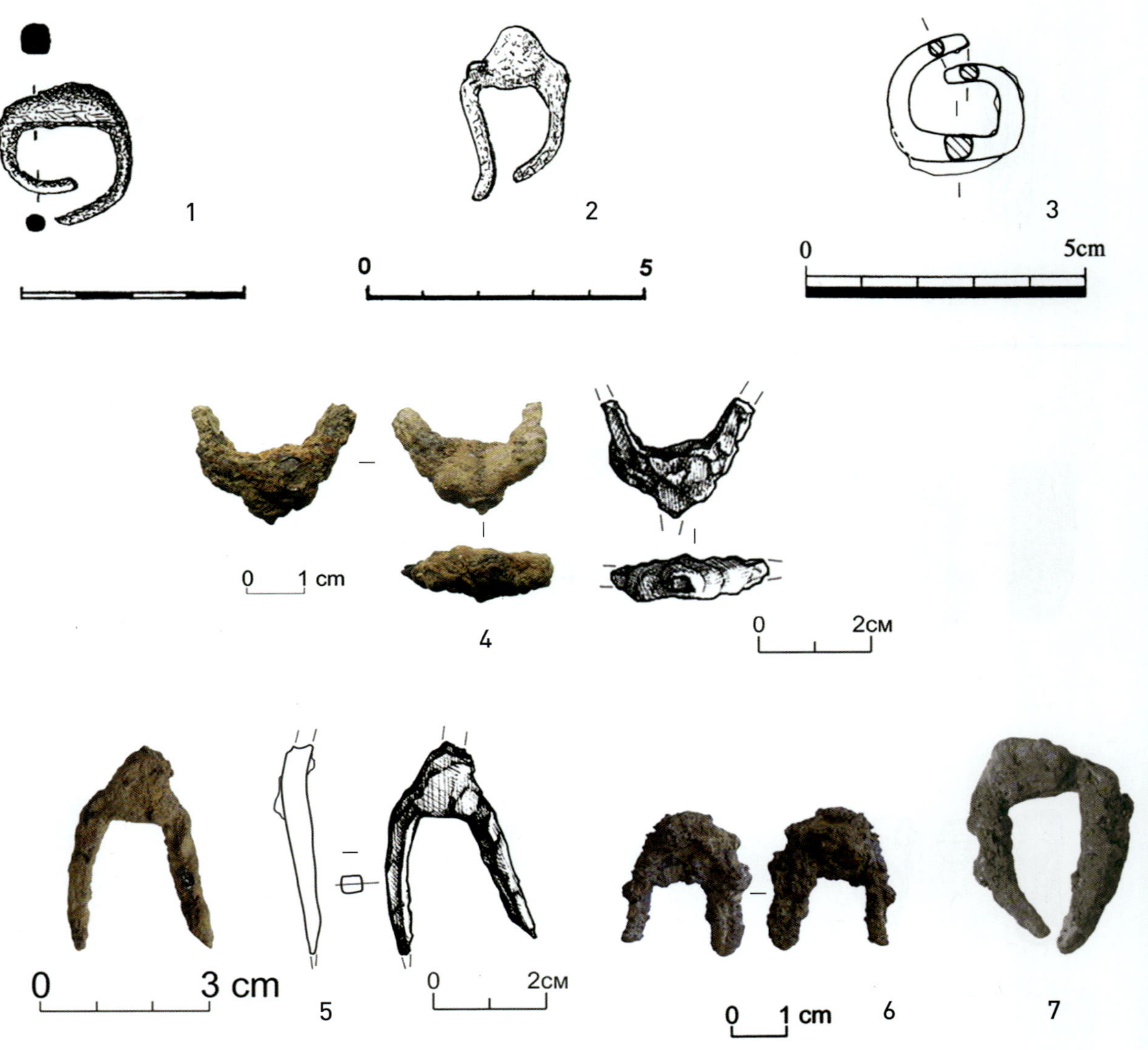

도면 723 | 크라스키노성 출토 철제 쌍각 미늘: 1, 3-제9구역(1994), 2 -제12구역(1996), 4-제47구역(2011), 5-제51구역(2017), 6-제35구역(2006), 7-제38구역(2007)

(3) 용수철모양 철제품

2점이 확인되었다. 철사를 나선으로 동일한 폭으로 감아올린 것이다. 1점은 나선을 감은 것이 9단이 확인되는데 한쪽 끝부분의 2단은 안쪽으로 약간 좁혀서 감아올렸다(도면 2010-456)(도면 724, 1). 이 용수철은 크기가 길이 3.2㎝, 너비 2.1㎝, 단면 원형의 철사 직경 0.3㎝이다. "철타래"로 보고되었다. 다른 1점은 철사를 감아올린 것이 2단만 남아 있다(도면 2009-223)(도면 724, 2). 이런 모양의 용수철은 발해 체르냐찌노 5고분군에서도 출토된 적이 있다.

(4) 클립

2점이 온전한 형태로 확인된다. 그중의 1점은 2014년에 제44구역의 1호 수혈에서 출토되었다. 2개의 길쭉한 장방형 판이 2개의 리벳으로 고정되어 있다. 위의 판은 크기가 4×0.8㎝, 두께가 0.2㎝이고, 아래의 판은 크기가

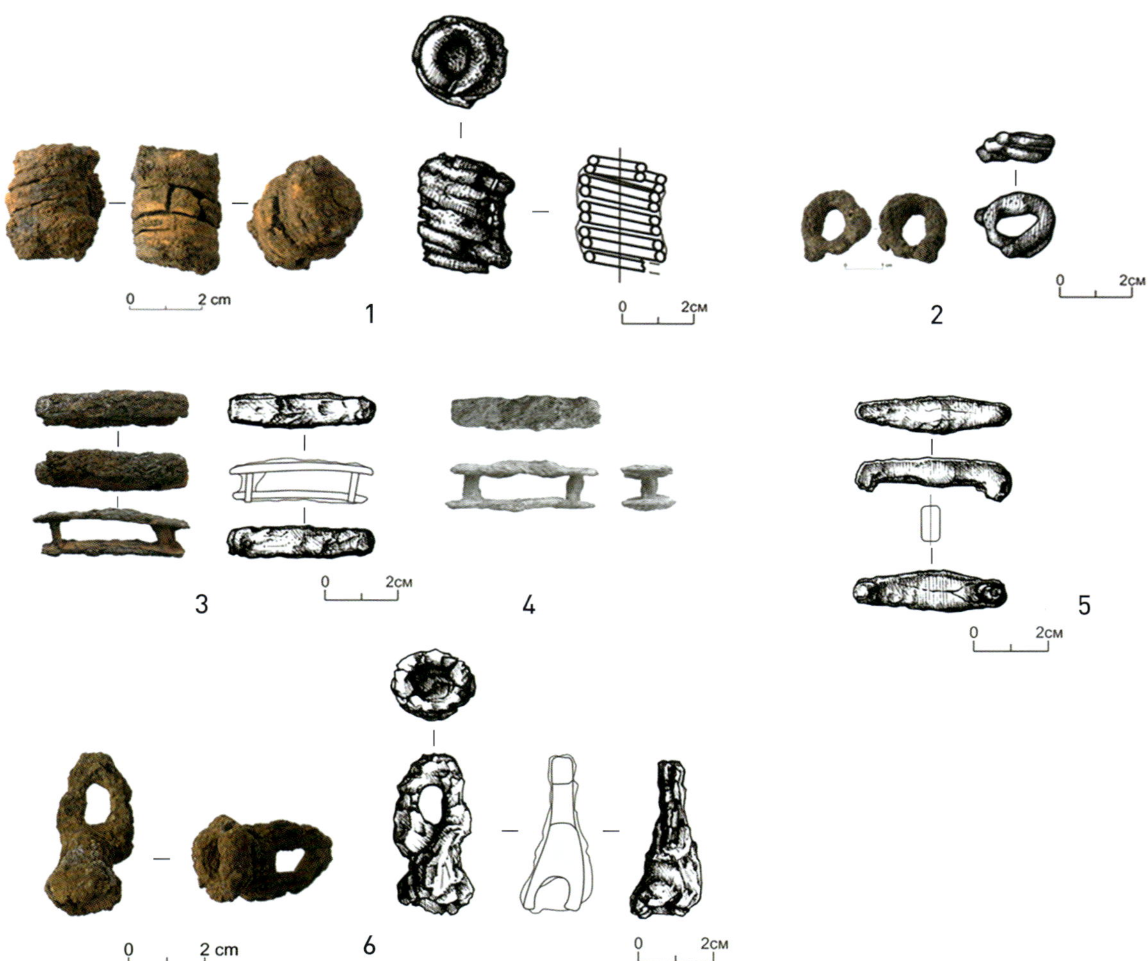

도면 724 | 크라스키노성 출토 용수철모양 철제품(1, 2), 철제 클립(3~5), 회전고리(6): 1-제45구역(2010), 2-제40구역(2009), 3-제44구역(2014), 4-제34구역(2007), 5-제47구역(2014), 6-제49구역(2014)

3.6×0.8, 두께가 0.2㎝이며, 리벳의 높이는 0.55㎝이다. 리벳 하나에는 목질의 흔적이 남아 있다(도면 2014-336)(도면 724, 3). 다른 1점은 2007년에 34구역에서 출토된 것이다. 생김새와 구조와 앞의 것과 거의 비슷하다(도면 2007-143, 1)(도면 724, 4).

다른 1점은 꺾쇠의 양쪽 "다리"가 모두 결실된 것인데 "몸" 부분이 가운데가 좌우로 약간 볼록한 대칭적인 형태를 가졌다. 클립이 가능성이 있으나 분명하지는 않다. 이 유물은 길이가 4.1㎝이다(도면 2014-529)(도면 724, 5).

(5) 회전 고리

철제 회전 고리는 1점이 확인된다. 윗부분은 둥근 고리모양으로 되어 있고, 아래 부분은 넓어지면서 속이 빈 구멍 형태를 하고 있다. 그런데 아래 부분에 낸 구멍은 안쪽이 넓고 가장자리 부분이 좁아 무언가 끼운 것이 잘 빠지지 않게 하였다. 이 구멍 안에 끼워진 물체는 아마도 윗부분이 도톰하였을 것이고, 구멍 안에서 놀 수 있었을 것이다. 때문에 이 형태의 유물은 회전 고리로 부를 수 있다. 제49구역에서 출토된 이 철제 회전 고리는 길이가 4.3㎝이다(도면 2014-908, 2)(도면 724, 6).

(6) 원통모양 철제품

1점이 확인되었다. 짧은 원통모양이다. 원래는 차관일 것으로 보고된 유물인데 층을 이루는 녹이 슬은 상태가 차관이 아니었음을 보여 주고 있다. 지금까지 보아온 차관의 녹이 슬은 상태는 표면이 점차 부식되어 가는 것이었지 이렇게 겹으로 떨어져 나온 것은 아니었다. 차관이 아닌 다른 용도의 물건이었을 것이다. 크기는 5.5×6㎝, 너비는 3.8~3.9㎝, 두께는 0.5~1.05㎝이다(도면 2013-178)(도면 725, 1).

(7) 관상 철제품

철판을 굽혀서 속이 빈 관(管)모양으로 만든 철제품이다. 1점이 확인되었다. 철판을 굽혀서 만들었다는 사실은 양쪽 가장자리가 만나는 부분에 틈이 있어 알 수 있다. 길쭉한 장방형이고, 단면은 짧은 장방형이다. 이 유물의 크기는 잔존 길이 11.0㎝, 관의 크기 2.8×2.1㎝이다(도면 2006-56)(도면 725, 2).

(8) 추정 타악기 공(gong)

주철제이다. 크기가 8.6×7.1㎝, 두께가 2.7㎝인 작은 판상의 유물이다(도면 2009-64)(도면 725, 3). 표면에 주조시 생긴 구멍들이 있다. 2009년에 제40구역에서 출토된 것인데 타악기 공으로 추정되었다. 다만 이것이 정말로 타악기 공의 일부인지는 분명하지가 못하다.

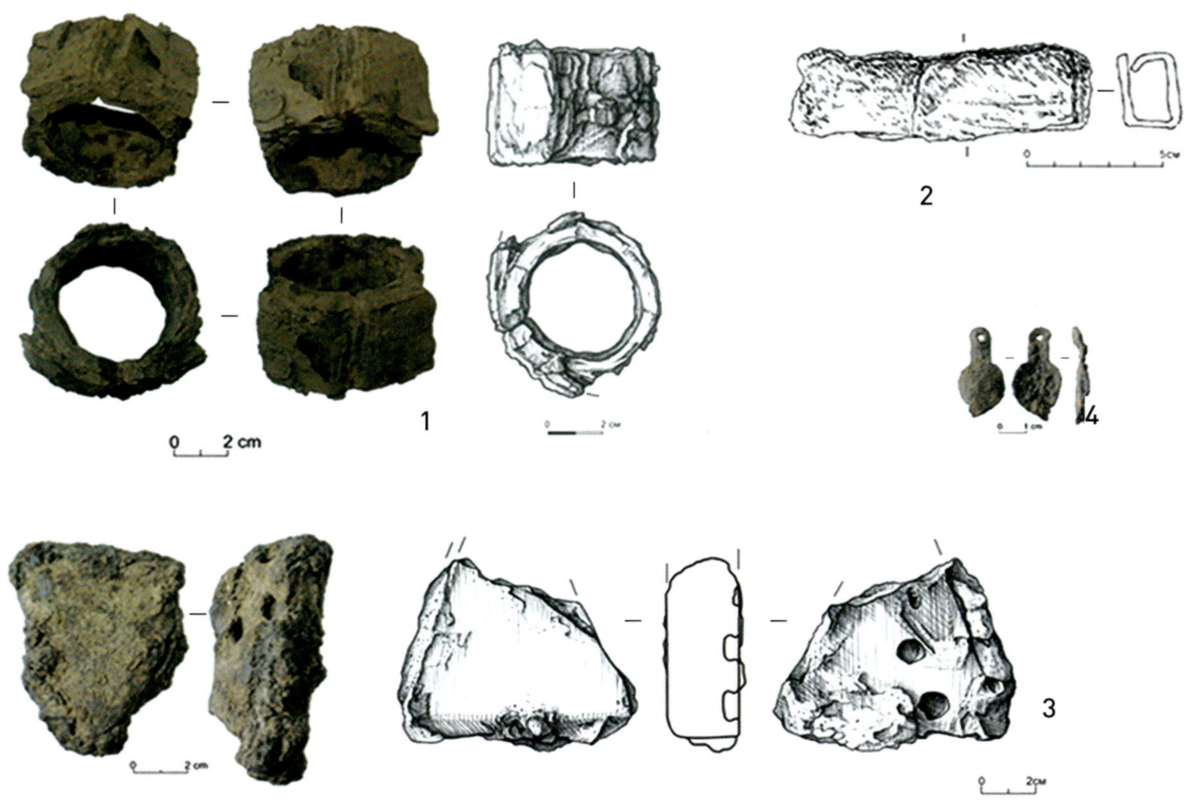

도면 725 | 크라스키노성 출토 원통모양 철제품(1), 관상 철제품(2), 철제 공(?)(3), 철제 장식(4): 1-제44구역(2013), 2-제35구역(2006), 3-제40구역(2009), 4-제45구역(2010)

(9) 늘이개 모양 철제품

1점이 확인된다. 제45구역에서 발견되었다. 납작한 판으로 만들었고, 목과 잎사귀 모양의 몸체로 이루어져 있다. 목 위에는 작은 구멍이 하나 뚫려있다. 길이는 약 3.5㎝이다(도면 2010-294)(도면 725, 4).

10) 기타 철제 유물

(1) 겹 판상 철제유물

4점이 확인된다(도면 726, 1~4). 얇은 철판이 서로 겹쳐져 있는 유물이다. 장축 방향으로 겹친 것도 있고(도면 2018-867), 단축 방향으로 겹친 것도 있으며(도면 2009-729; 2018-81), 서로 다른 철판이 겹쳐진 것도 있다(도면 2016-87). 크라스키노성에서는 드물게 발견되는 유물 중의 하나이다.

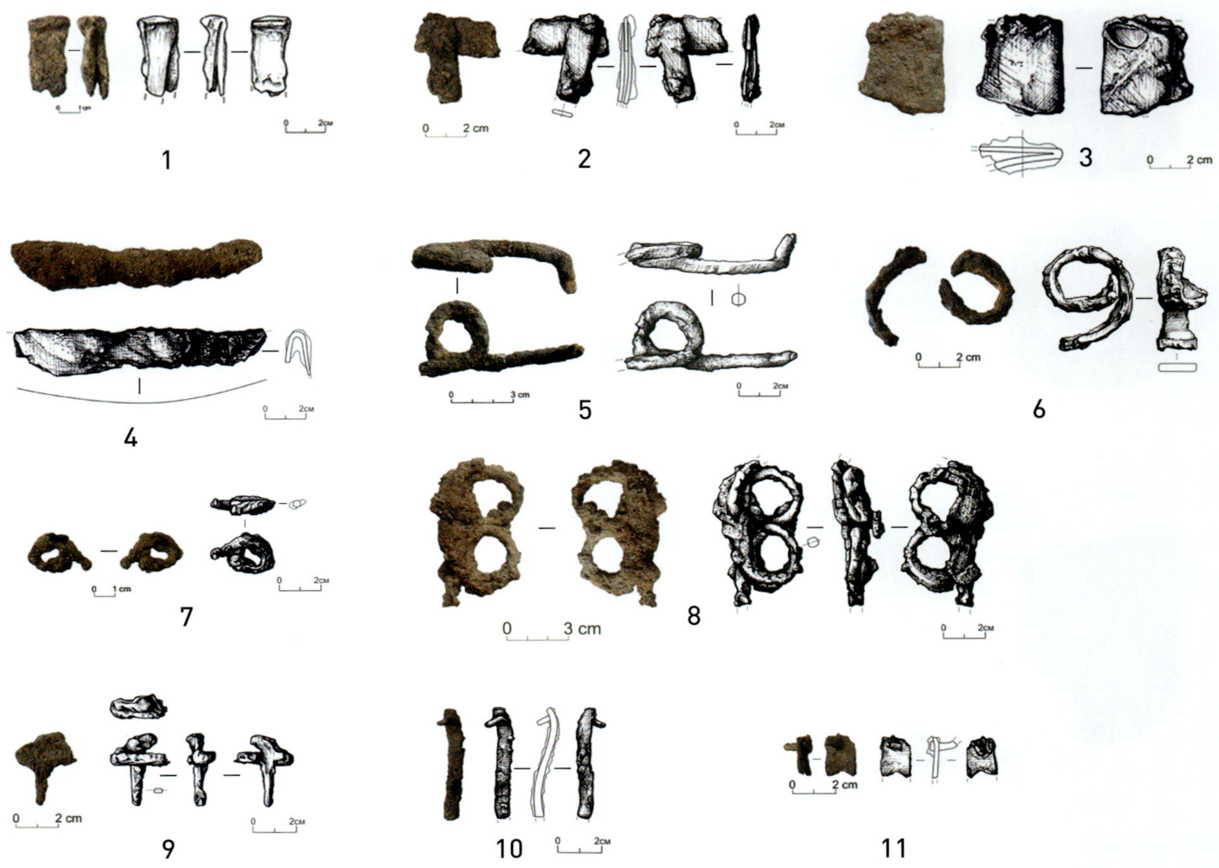

도면 726 | 크라스키노성 출토 겹 판상 철제유물(1~4), 감은 철제유물(5~9), 못을 박은 판상 철제유물(10, 11): 1-제42구역(2009), 2, 8-제51구역(2016), 3 -제51구역(2018), 4 -제53구역(2018), 5-제45구역 (2011), 6-제49구역(2014), 7 -제50구역(2015), 9-제51구역(2017), 10, 11-제49구역(2014)

(2) 감은 철제유물

크라스키노성에서는 철심 혹은 폭이 좁은 철판을 감은 철제유물도 드물지만 확인된다. 아마도 무언가를 고정시키기 위해 감았을 것으로 생각된다. 한 번 감은 것도 있고(도면 2011-122, 2; 2014-824, 2; 2015-898)(도면 726, 5~7), 두 번 감은 것도 있다(도면 2016-141)(도면 726, 8). 또한 철심과 직각의 방향으로 감은 것도 있다(도면 2017-306)(도면 726, 9).

(3) 못을 박은 판상 철제유물

좁은 혹은 상대적으로 넓은 철판의 한쪽에 못 혹은 리벳을 박은 것이 남아 있는 유물이다. 2점이 확인되었다. 1점은 잔존 길이가 8㎝이고(도면 2014-927, 1)(도면 726, 10), 다른 1점은 잔존 길이가 1.8㎝이다(도면 2014-919, 3)(도면 726, 11).

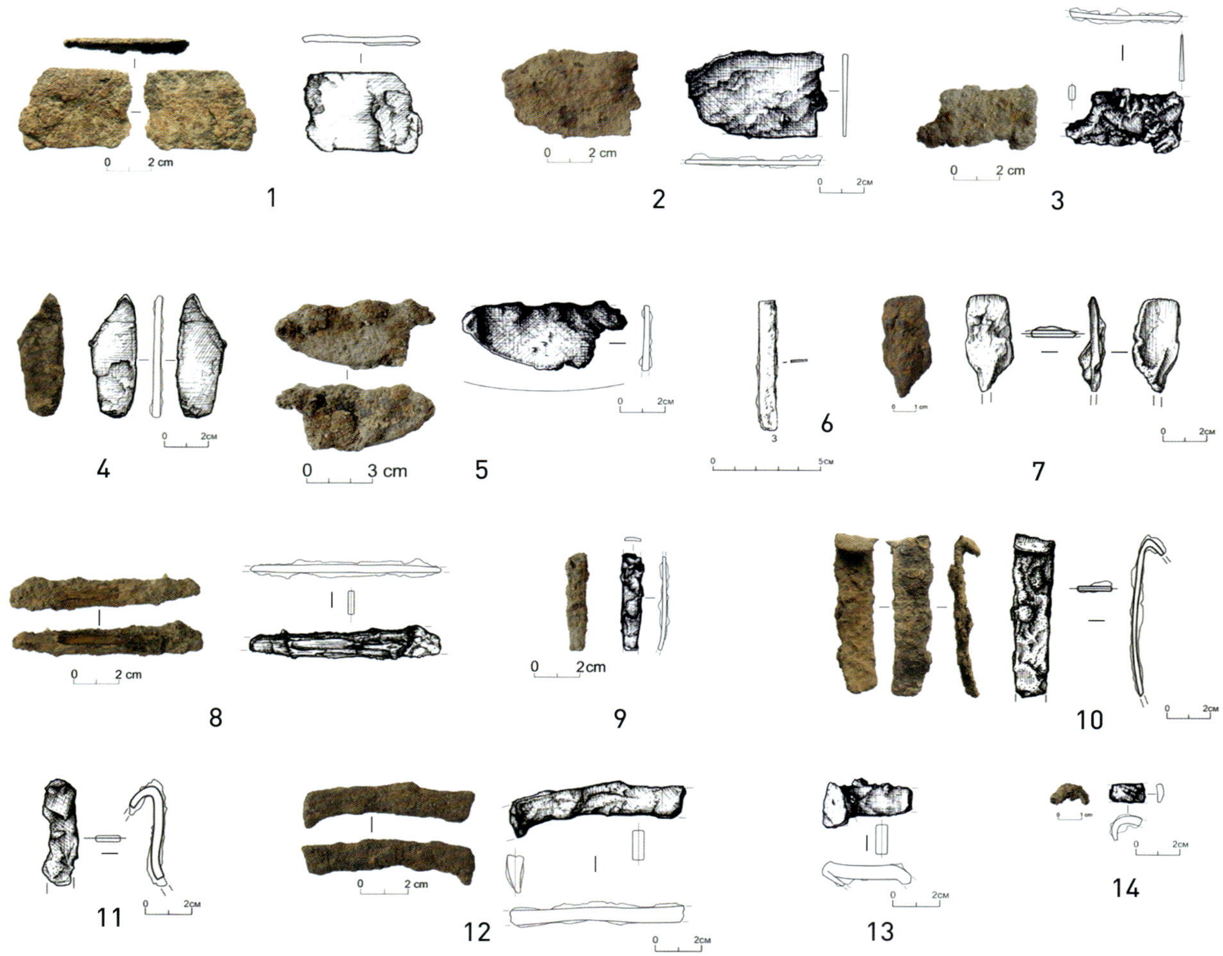

도면 727 | 크라스키노성 출토 판상 철제유물: 1-제45구역(2011), 2, 5-제53구역(2018), 3, 9, 13-제51구역(2017), 4-제49구역(2014), 6-제35구역(2006), 7-제42구역 (2009), 8-제44구역(2014), 10, 11-제44구역(2010), 12-제44구역(2014), 14-제51구역(2018)

(4) 판상 철제유물

판상유물은 크라스키노성에서 비교적 자주 발견되는 유물 중의 하나이다. 하지만 편이 작고, 형태가 분명하지 못하여 용도를 분명하게 추정하기는 힘들다.

얇고 비교적 넓은 판상유물은 좌우가 평행하는 것도 있고(예, 도면 2011-62, 2; 2018-501; 2017-583)(도면 727, 1~3), 그렇지 않고 부정형인 것도 있다(예, 도면 2014-779, 2; 2018-725)(도면 727, 4, 5). 8점이 확인된다.

얇고 비교적 좁은 판상유물은 4점이 확인되었는데(도면 727, 6~9) 모두 단면이 세장방형이다(예, 도면 2017-217; 2006-56)(도면 727, 9, 6). 좌우가 평행하면서 얇은 것들 중에는 찰갑도 있을 수 있고, 또 부정형인 것들 중에는 주철제 솥의 동체부편일 수도 있다고 생각된다.

한쪽이 굽은 판상유물은 5점이 확인된다(예, 도면 2010-92, 96; 2014-99; 2017-502; 2018-128)(도면 727, 10~14). 단면은 모두 세장방형이다.

(5) 축모양 철제유물

축모양의 철제유물은 모두 원래의 형태를 알 수가 없다. 편 상태로 발견되었고, 직선상의 축 혹은 막대기의 모양을 하고 있어 붙여진 명칭이다. 다만 드물게 굽은 경우도 있다. 단면의 모양은 크게 방형, 장방형, 능형, 원형으로 구분할 수 있다. 단면이 방형인 축모양 유물은 48점이 확인되었다(예, 도면 2012-459; 2013-220; 2017-205)(도면 728, 1~3). 단면이 장방형인 축모양 철제유물은 28점이 확인된다(예, 도면 2012-296; 2014-912; 2018-614)(도면

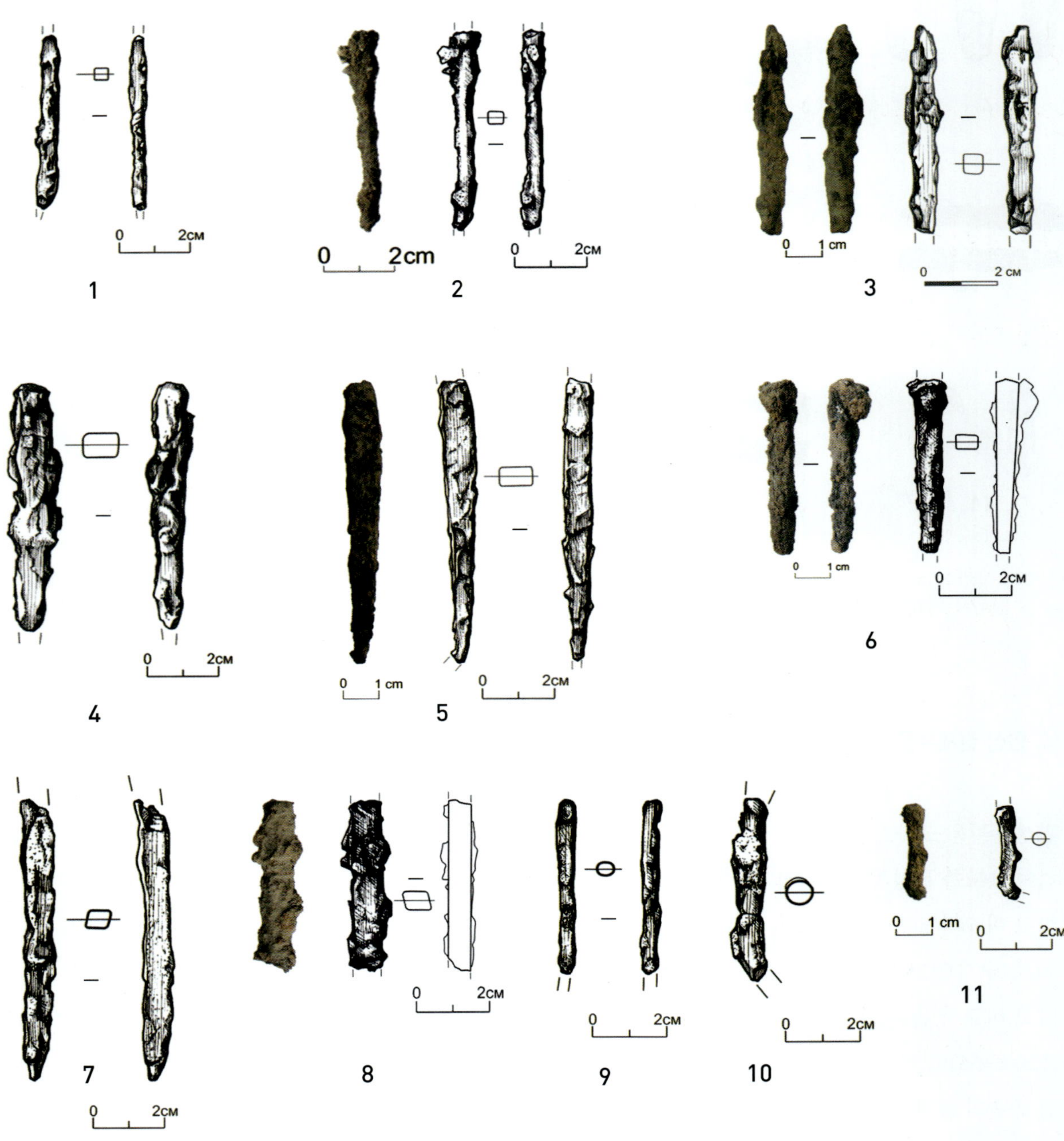

도면 728 | 크라스키노성 출토 축 모양 철제유물: 1-제47구역(2012), 2-제51구역(2017), 3-제44구역(2013), 4-제48구역(2012), 5-제49구역(2014), 6, 8-제53구역 (2018), 7, 9, 10-제44구역(2010), 11-제47구역(2014)

728, 4~6). 단면이 능형인 축모양 철제유물은 5점이 확인되었다(예, 도면 2010-98; 2018-510)(도면 728, 7, 8). 단면이 원형 혹은 원형에 가까운 타원형의 축모양 유물은 18점이 확인되었다(예, 도면 2010-95, 152; 2014-528)(도면 728, 9~11). 이 축모양 철제유물은 못, 화살촉, 꺽쇠의 일부, 칼의 슴베 부분, 철사, 송곳, 기타 여러 가지 물품의 일부였을 것이다. 이상 집계된 99점 이외에도 축모양 유물은 사진으로만 제시되거나 혹은 보고자체가 되지 않은 것들도 많이 있다.

(6) 덩이모양 철제유물

크라스키노성에서는 덩이 상태의 철제 유물이 적지 않게 출토되었다. 하지만 대부분의 경우 언급만 있고 보고 내용이 없다. 도면으로 제시된 것은 7점이 확인된다. 대체로 크기가작고 형태가 부정형이다(예, 도면 2014-685; 2017-78, 81)(도면 729, 1~3).

(7) 철제 유물

궁형 모양의 철제품인데 단면은 장방형이다. 용도는 알 수 없다. 길이는 약 9.8㎝이다(도면 2009-540)(도면 729, 4).

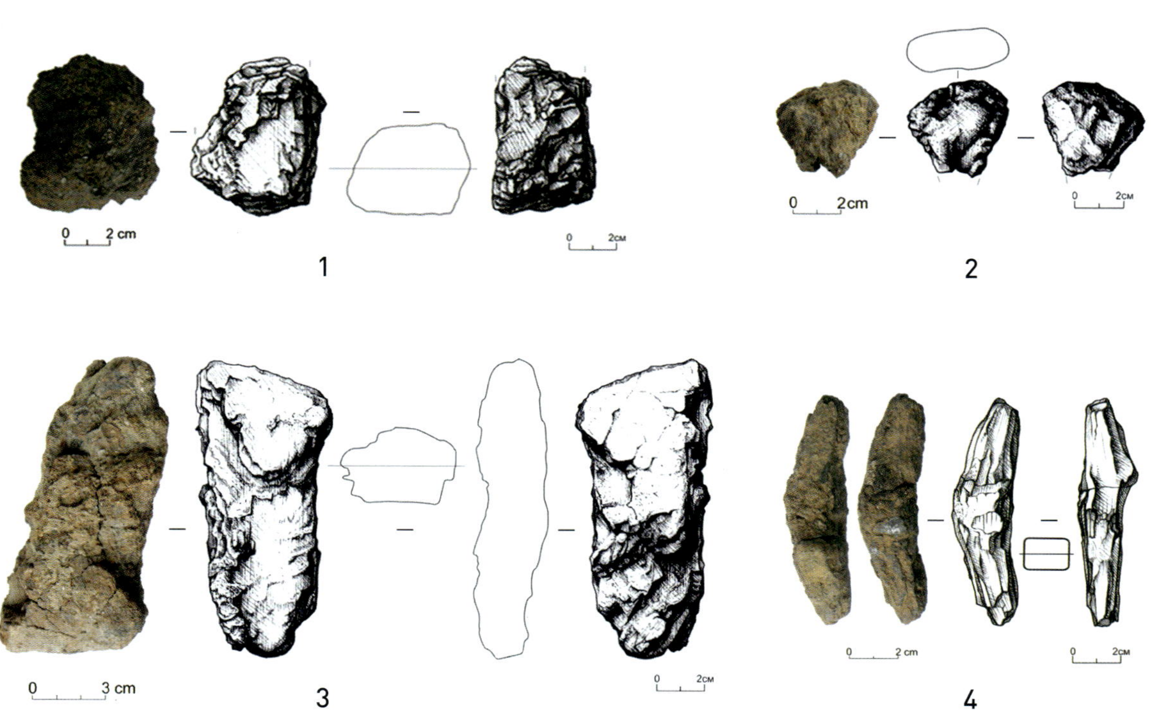

도면 729 | 크라스키노성 출토 덩이 모양 철제유물(1~3), 철제 유물(4): 1-제47구역(2014), 2, 3 -제51구역(2017), 4-제49구역(2009)

11) 근현대 철제유물

(1) 숟가락

1점이 출토되었다. 손잡이와 머리 부분이 일부씩 결실되기는 하였어도 전체 모양은 확인이 된다. 숟가락 머리는 둥글고 얕은데 직경이 6.2㎝이다. 머리 부분은 둥그스름하고, 손잡이 부분은 머리 쪽으로 가면서 점차 넓어지는 모양을 하고 있다. 손잡이는 얇고 좁으며 단면은 방형(0.4×0.4㎝)이다. 전체 길이는 14.8㎝, 손잡이 길이는 8.6㎝이다(도면 1999-94)(도면 730, 1). 이 철제 숟가락은 1999년에 제22구역의 제2인공층에서 출토되었다. 제2인공층은 표토의 아래 부분에 해당될 수 있는데, 발해 것이 아닐 가능성이 높다고 생각된다.

(2) 편자

1점이 출토되었다. 넓은 "U"자 모양이며, 단면은 장방형이다. 크기는 7.7×7.1㎝, 너비는 1.4㎝이다(도면 1997-32)(도면 730, 2). 이 유물은 1997년에 제15구역의 제1인공층, 다시 말해서 표토층에서 출토된 것으로 발해의 것이 아니라 민족지학 시기의 것으로 판단되었다.

(3) 농기구

2002년에 제30구역의 제1인공층에서 출토되었다. 머리의 날 부분이 결실되어 어떤 농기구였는지 분명하지 못하다. 자루를 장착하는 부분은 대롱형태이다(도면 730, 3).

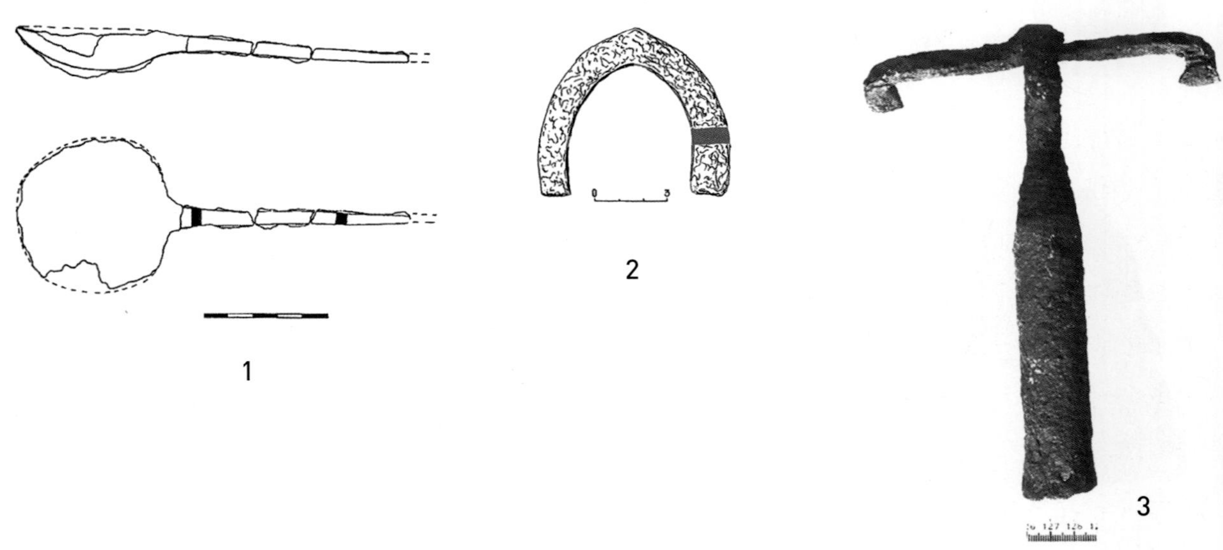

도면 730 | 크라스키노성 출토 근현대 철제 숟가락(1), 철제 편자(2), 농기구(3): 1-제22구역(1999), 2-제15구역(1997), 3-제30구역(2002)

6. 청동(금동) 유물

1) 청동 쌍봉낙타상

2015년에 제47구역의 섹터2에서 출토되었다. 출토 층위가 구들이 딸린 18호 주거지보다 아래의 문화층에 해당한다. 쌍봉낙타의 형상을 사실적으로 표현하였다. 쌍봉낙타의 머리, 굽은 목, 가슴, 2개의 혹, 4개의 다리, 꼬리 등이 매우 입체적으로 묘사되어 있다. 크기는 길이 1.8㎝, 높이 1.7㎝, 두께 0.7㎝이다(도면 2015-473)(도면 731).

도면 731 | 크라스키노 성 제47구역 출토 청동 쌍봉낙타상(2015)

2) 청동(금동) 장신구

(1) 청동(금동) 비녀

크라스키노성에서 청동 혹은 금동 비녀가 모두 13점이 출토되었다. 그중에서 8점은 머리장식이고, 1점은 머리장식의 꽂대 편이고, 4점은 다리부분이다. 13점 중 1점은 청동에 도금을 한 금동 제품이다.

비녀머리장식은 뿔 모양으로 나 있는 3개의 꽂대가 있는 것(Ⅰ형식)과 없는 것(Ⅱ형식)으로 나뉜다. 3개의 꽂대가 있는 것은 다시 머리장식의 표면을 장식한 문양에 의해 두 가지로 구분된다. 첫 번째의 것(Ⅰ-1형식)은 표면이 좁쌀모양의 작은 알갱이들에 의해 덮여 있다. 1983년에 제7구역에서 출토된 것(도면 1983-23, 2)(도면 732, 1), 2003년에 제31구역의 와실유구에서 출토된 2점 중 1점(도면 2003-79, 2)(도면 732, 7), 2006년에 제35구역에서 출토된 것(도면 2006-57, 1)(도면 732, 2) 등 모두 3점이 이 형식에 해당한다.

표면이 좁쌀모양의 작은 알갱이들로 장식된 제Ⅰ-1형식의 비녀머리장식은 머리가 3개 서로 연결되어 있는 형상을 하고 있다. 모두 반구형으로 볼록한데 가운데의 것이 가장 크고 그 좌우의 작은 것은 서로 대칭을 이룬다. 3개의 볼록한 부분 정수리에는 각각 1개씩 꽂대가 배치되어 있다. 꽂대는 모두 2단의 방울꽃으로 되어 있다. 꽃잎은 6개씩이다. 머리장식의 좌우에 있는 작게 볼록한 것의 아래 부분에는 각각 1개씩 비녀다리가 부착되어 있다. 다만 비녀다리는 일부만 남아 있는 상태이다. 2003년에 와실유구에서 출토된 것은 함께 출토된 끝부분이 온전한 비녀다리와 함께 복원도를 그려 놓은 것이 있다. 하지만 다른 발해유적에서 출토된 비녀다리와 비교할 때에 지나치게 짧아 원래는 더 긴 다리를 가지고 있었을 것이라 생각된다(도면 2003-79, 2)(도면 732, 7). 2006년에 출토된 것은 크기가 잔존 높이는 4.6㎝, 너비는 4.2㎝, 두께는 0.8㎝이다(도면 2006-57, 1)(도면 732, 2). 나머지 비녀머리장식에 대해서는 크기가 보고되지 않았지만 이와 비슷할 것으로 생각된다.

3개의 꽃대가 있는 형식 중 두 번째의 것(Ⅰ-2형식)은 1999년에 제21구역에서 출토된 2점(도면 1999-39; 40)(도면 732, 3, 4)과 2003년에 와실유구에서 출토된 2점 중 1점(도면 2003-79, 1)(도면 732, 8)이 있다. 이 형식의 비녀

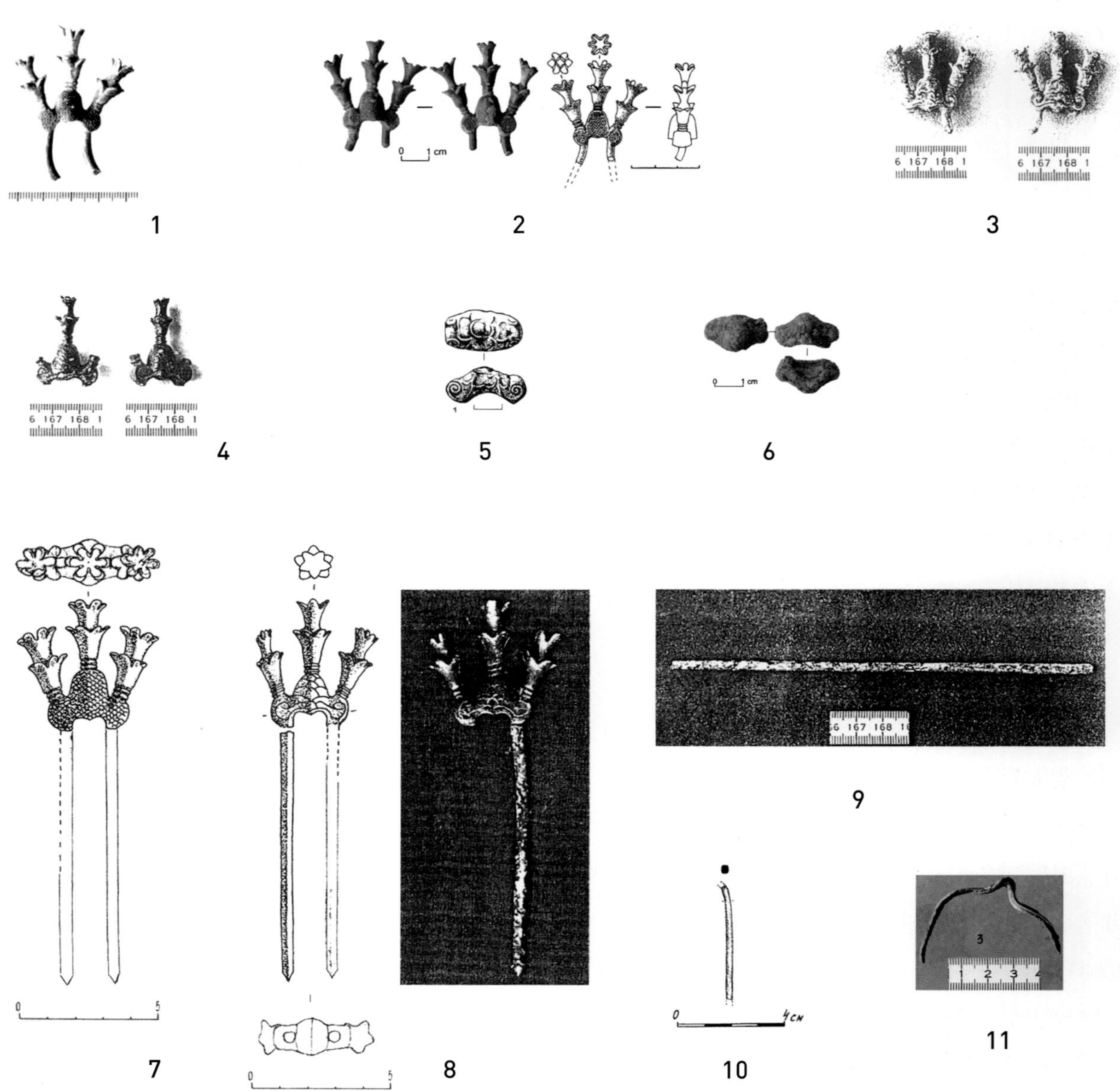

도면 732 | 크라스키노성 출토 청동비녀 및 부속품: 1-제7구역(1983), 2-제35구역(2006), 3, 4, 9-제21구역(1999), 5-제25구역(2001), 6-제40구역(2008), 7, 8-제31구역(2003), 10-제15구역(1994), 11-제12구역(1996)

머리장식은 머리장식 자체의 형태는 앞의 것과 동일하게 3개의 볼록한 머리와 각각의 정수리에 꽂은 3개의 꽃대로 되어 있다. 다만 꽃대에 있는 2단 꽃의 꽃잎이 5개인 점이 서로 차이가 나고, 또한 머리장식 표면의 문양도 서로 차이가 나는데 머리장식 기저부분 가운데에 있는 돌기의 바로 위에서 좌우 측면의 머리로 2줄의 선을 내어 각각 서로 만나게 하였다. 각각의 바깥쪽은 선을 동그스름하게 처리하였고, 또 안쪽으로 약간 말려 있다. 돌기 위쪽으로는 비늘 모양으로 선을 내어 솔방울 모양의 문양이 만들어졌다. 와실유구에서 출토된 것은 잔존 크기가 높이 3.1㎝, 너비 2.25㎝, 두께 1.2㎝이다(도면 2003-79, 1)(도면 732, 8).

비녀머리장식이 꽃대가 없는 것(Ⅱ형식)은 2점이 출토되었는데 모두 기저부분이 내만 호선 모양이다. 꽃대가 있는 것들과는 전체적인 모양이 서로 차이를 보인다. 2001년에 제25구역에서 출토된 금동 비녀머리장식은 정면에서 볼 때에 궁형으로서 멍에를 연상시키고, 위에서 볼 때에는 장타원형에 가깝다(Ⅱ-1형식). 정수리 부분은 낮은 반구모양이다. 이 정수리의 반구를 중심으로 융기선으로 표현된 4개의 꽃잎이 배치되어 있다. 각각의 꽃잎은 하트 모양의 연판을 연상시킨다. 그리고 각 꽃잎의 사이사이에서는 1줄기의 융기선이 나와 끝부분에서 어린 고사리모양으로 말려 있다(도면 2001-151, 1)(도면 732, 5). 비녀다리는 기저부분에 낸 구멍에 끼울 수 있게 되어 있다. 비녀머리장식의 크기는 높이 1㎝, 폭 2.75㎝, 두께 1.55㎝, 구멍 직경은 0.2㎝이다.

2008년에 제40구역에서 출토된 다른 하나는 정면에서 볼 때에 3개의 볼록한 머리가 있는 제Ⅰ형식의 것과 닮았지만 가운데와 좌우의 머리가 모두 낮아졌다. 기저부분의 바닥에는 좌우 양쪽에 비녀다리가 조금씩 남아 있다(도면 2008-336)(도면 732, 6). 이 비녀머리장식은 잔존 크기가 높이 1.2㎝, 너비 2.3㎝, 두께 1.5㎝, 잔존 비녀다리 직경 0.3㎝이다.

비녀다리는 머리장식에 부착된 것을 제외하고 편 상태로 4점이 출토되었다. 모두 길쭉한 막대기 모양이다. 2003년에 와실유구에서 출토된 것은 잔존 상태가 가장 좋은데 끝부분이 뾰족하게 되어 있다. 단면은 분명하지 않지만 둥그스름하였을 것으로 생각된다. 잔존 길이는 약 9.3㎝이다(도면 2003-79, 1)(도면 732, 8). 1999년에 제21구역에서 출토된 것은 길쭉한 막대기 모양이며, 뾰족한 끝부분은 결실되었다. 잔존 길이는 약 15.7㎝이다(도면 1999-42)(도면 732, 9). 1994년에 제15구역에서 출토된 1점은 비녀다리의 중간 부분인데 단면이 동글-장방형이다(도면 1994-62)(도면 732, 10). 1996년에 제12구역에서 출토된 나머지 1점은 뒤틀리고 또 구부러져 있다(도면 1996-28)(도면 12).

(2) 청동 팔찌

청동 팔찌는 모두 편 상태인데 8개체가 확인된다. 팔찌는 손목에 착용하는 것이기 때문에 내면은 매끈하며, 가장자리도 비록 뾰족은 하나 약간 둥그스름하게 마무리되었다. 외면은 단면이 그려진 6점은 모두 볼록한데 나머지들도 다 그러할 것이다. 다만 단면의 형태는 약간씩 차이를 보인다.

2009년에 제40구역의 13호 주거지에서 출토된 1점은 외면이 매우 독특하게 장식되었다. 외면의 가운데를 따라 단면이 반원모양인 1줄의 융기선이 형성되어 있다. 추정 직경은 약 6㎝, 너비 0.7㎝, 두께 0.1~0.2㎝이다(도면 2009-454)(도면 732, 5).

2001년에 제45구역에서 출토된 것은 단면이 외측이 약간 더 볼록한 렌즈모양이다. 크기는 너비 0.75㎝, 두께

0.25㎝, 잔존 길이 4.3㎝이다(도면 2011-61)(도면 733, 2). 2014년에 제44구역에서 출토된 것은 단면이 반원모양이다. 잔존 길이는 4.3㎝, 너비는 0.8㎝, 두께는 0.4㎝이다(도면 2014-388)(도면 733, 3). 2015년에 제50구역에서 출토된 것도 단면이 반원모양이지만 앞의 것보다는 약간 더 볼록하다(도면 2015-875)(도면 733, 4). 2014년에 제47구역에 출토된 것은 단면이 타원에 가깝다. 추정 직경은 약 5.7㎝, 단면 두께는 0.3㎝이다(도면 2014-569)(도면 733, 5). 2016년에 제48구역에서 출토된 것은 단면이 삼각형 모양이다. 외면이 매끈하지 못한데 녹으로 인한 것이다(도면 2016-335)(도면 733, 6).

다른 2점은 사진이 제시되었다(도면 1981-35; 2001-122)(도면 733, 7, 8). 그중의 1점은 단면이 반타원형이며, 폭은 0.6㎝, 최대 두께는 0.2㎝인 것으로 보고되었다(도면 2001-122)(도면 733, 8).

(3) 청동 반지

청동으로 만든 반지는 넓은 것과 좁은 것 두 종류가 확인된다. 넓은 반지는 2점이 확인되었다. 그중의 1점은 1994년에 제10구역에서 출토된 것인데 외면에 음각으로 꽃무늬가 장식되어 있다. 크기는 직경 약 2.2㎝, 너비 약 1.16㎝이다(도면 1994-112)(도면 734, 1). 다른 1점은 2014년에 제47구역에서 출토되었는데 미니어처 고리로 보고된 것이다. 단면이 납작한 렌즈모양인데 내면은 편평하고, 외면은 조금 볼록하다. 내면과 외면 모두 매끈하다. 고리의 너비는 2㎝, 두께는 0.1㎝이다(도면 2014-647)(도면 734, 2). 형태와 크기로 보아 반지로 보는 것이 타당할 것이다.

좁은 반지(가락지)는 6점이 확인된다. 그중의 5점은 2011년에 발견된 것이다. 한국어판 보고서에는 "청동제 바

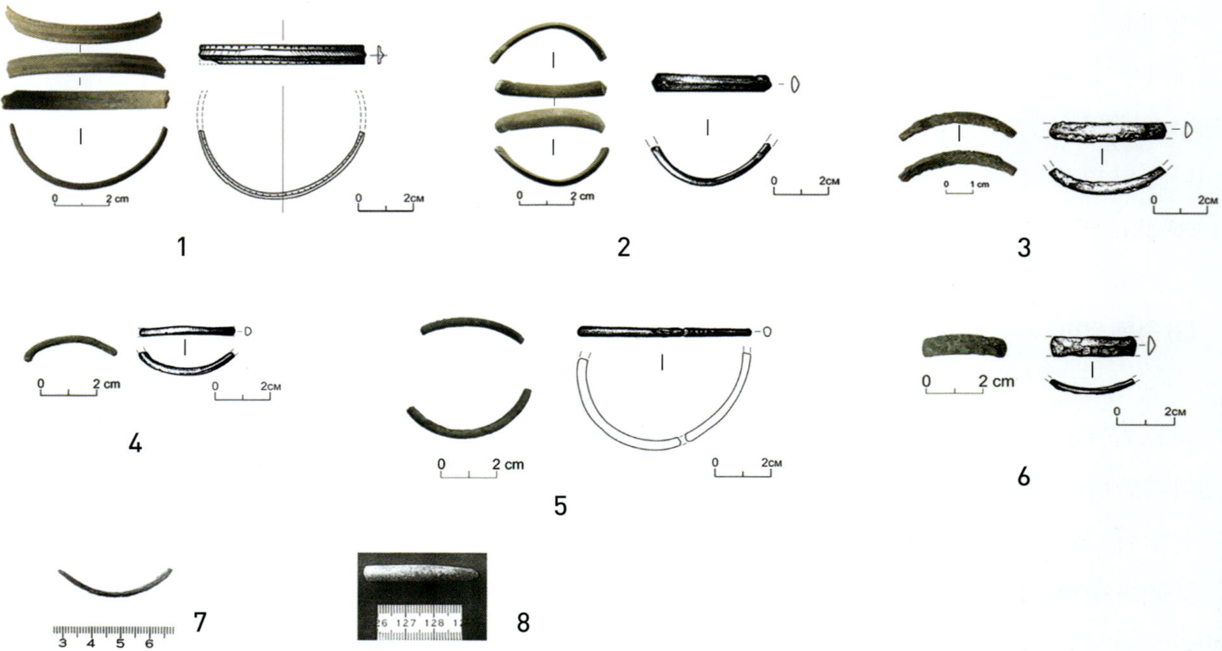

도면 733 | 크라스키노성 출토 청동 팔찌: 1-제40구역(2009), 2-제45구역(2011), 3-제44구역(2014), 4-제50구역(2015), 5-제47구역(2014), 6-제48구역(2016), 7-제5구역(1981), 8-제27구역 (2001)

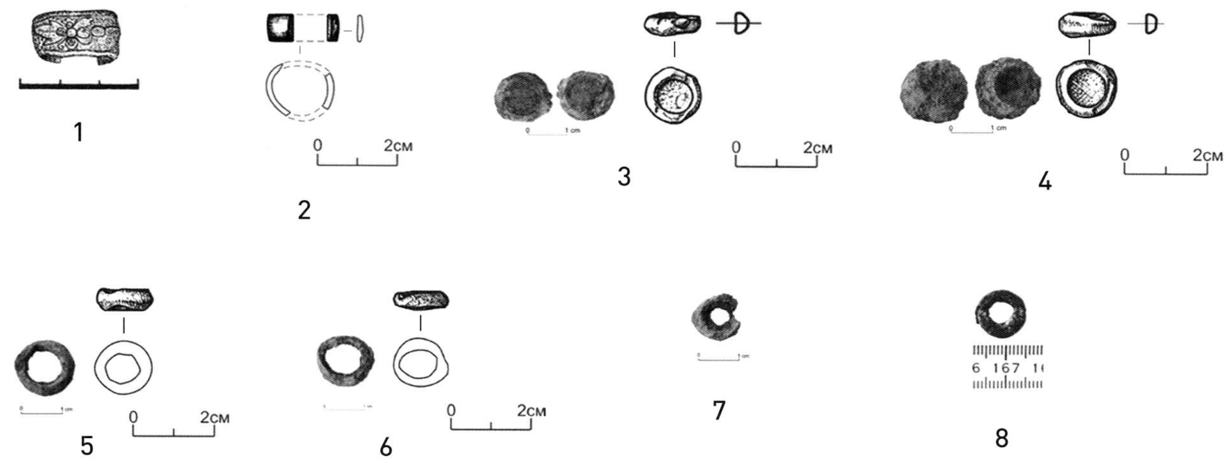

도면 734 | 크라스키노성 출토 청동 반지: 1-제10구역(1994), 2-제47구역(2014), 3~7-제40구역(2009), 8-1998년

퀴"로 소개되어 있다. 사슬의 고리이거나 혹은 장신구의 부품일 것으로 추정되었지만, 가락지로 보는 것이 더 타당하다고 생각된다. 2009년에 출토된 2점은 단면도가 있는데 하나는 반원모양이고(도면 2009-461)(도면 734, 3), 다른 하나는 동글-사다리꼴이다(도면 2009-348)(도면 734, 4). 제40구역의 10호 주거지에서 출토된 1점은 직경이 1.4*cm*, 너비가 0.5*cm*, 두께가 약 0.3*cm*이다(도면 2009-307)(도면 734, 5). 11호 주거지에서 출토된 1점은 크기가 직경 1.3*cm*, 너비 0.5*cm*, 두께 약 0.3*cm*이다(도면 2009-346)(도면 734, 6). 다른 1점도 11호 주거지에 출토되었는데 한쪽이 약간 결실되었다(도면 2009-140)(도면 734, 7). 1점은 1998년에 출토된 것이다(도면 1998-22)(도면 734, 8).

3) 청동 교구(띠 부속품)

(1) 청동 버클(대구)

2점의 온전한 것과 2점의 편이 확인되었다. 온전한 것 1점은 2015년에 제50구역에서 출토되었다. 고리 부분과 판 부분으로 구성되어 있다. 침은 남아 있지 않다. 고리 부분은 평면이 타원형이며 단면도 타원형이다. 고리 부분의 크기는 2.8×1.8*cm*, 고리의 두께와 너비는 0.3×0.2*cm*이다. 판 부분과 대칭되는 고리의 끝부분에 길이가 약 2.0*cm*, 너비가 0.4×0.3*cm*인 긴 판이 하나 위치한다. 판 부분과 고리 부분 사이에는 크기가 0.4×0.3*cm*인 구멍이 하나 뚫려 있다. 크기가 1.8×1.6*cm*인 판 부분에는 2개의 리벳이 있다. 리벳은 두께가 0.2~0.3*cm*이고, 한 리벳은 기저부 크기가 0.4×0.3*cm*이며, 그 잔존 높이는 0.4*cm*이다. 다른 한 리벳은 기저부 크기가 0.4*cm*이고, 잔존 높이는 0.2*cm*이다. 이 유물의 전체 크기는 3.2×2.8×0.3*cm*이다(도면 2015-712)(도면 735, 1). 다른 1점은 1999년에 제21구역 제2인공층에서 출토되었다(도면 735, 2)

편 상태인 것은 모두 고리 부분이다. 2016년에 제48구역에서 출토된 것은 단면이 납작한 궁형이다(도면 2016-

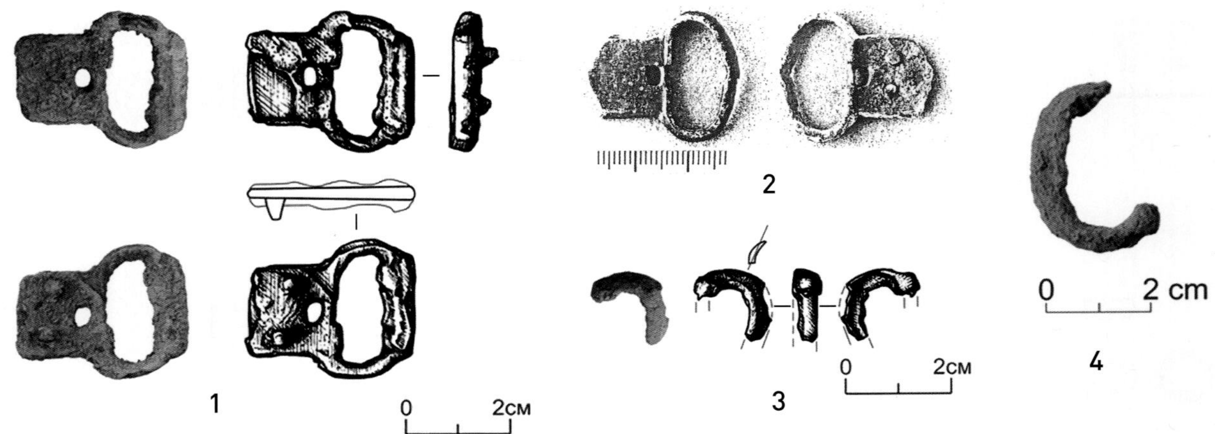

도면 735 | 크라스키노성 출토 청동 버클: 1-제50구역(2015), 2-제21구역(1999), 3-제48구역(2016), 4-제53구역(2017)

36)(도면 735, 3). 2017년에 제53구역에서 출토된 것은 원래는 평면이 타원형이었을 것으로 판단되며, 크기는 3.5×1.0×0.4~0.3㎝이다(도면 2017-537)(도면 735, 4).

(2) 청동 띠꾸미개(과대장식)

크라스키노성에서 출토된 청동으로 만든 띠의 몸체 부분에 부착된 띠꾸미개는 투공이 있는 것은 평면모양이 방형계통(Ⅰ형식), 직기(直基)원형계통(Ⅱ형식), 직변화변(直邊花邊)혼합계통(Ⅲ형식)으로 구분된다. 그 외에 투공이 없는 것으로 화변계통도 있다.

방형계통 띠꾸미개는 다시 평면모양이 엄밀하게 말하면 장방형이지만 방형에 가까운 근(近)방형(Ⅰa형식)과 문자 그대로의 장방형(Ⅰb형식)으로 나뉜다. 근방형 띠꾸미개는 모두 6점이 확인된다. 그런데 그중의 4점은 투공이 장방형이고(Ⅰa-1형식), 2점은 투공이 수적형(水滴形)이다(Ⅰa-2형식).

장방형 투공이 있는 근방형 띠꾸미개(Ⅰa-1형식)는 1981년에 1점(도면 1981-35, 1)(도면 736, 1), 1999년에 1점(도면 1999-46)(도면 736, 2), 2003년에 1점(도면 2003-80)(도면 736, 3), 2014년에 2점이 각각 출토되었다. 그중 2014년에 제44구역의 제15인공층에서 출토된 1점은 받침판이 함께 붙어있다. 덮개판의 네 가장자리는 사선 방향으로 경사졌다. 덮개판의 네 모서리 안쪽에 배치된 4개의 리벳이 받침판을 관통하여 밖으로 나와 있다. 이 사실은 받침판에 구멍을 내어 리벳의 도움으로 덮개판과 결합하였음을 말하는 것이다. 이 띠꾸미개는 크기가 3.1×2.7×0.5㎝이다. 투공의 크기는 1.9×0.5㎝이며, 리벳의 직경은 0.2㎝이다(도면 2014-392)(도면 736, 4). 나머지 4점은 모두 덮개판만 남아 있다. 그중 2점에는 리벳이 3개씩만 배치되어 있다. 리벳의 위치는 장방형 투공 가까이의 좌우 모서리와 투공 위 가운데 부분이다. 2014년에 출토된 것은 장방형 투공 가장자리로 주조 시에 생긴 불순물이 남아 있다. 이 띠꾸미개는 크기가 길이 2.0㎝, 너비 1.6㎝, 측면 높이 0.5㎝, 두께 0.1㎝이다. 투공의 크기는 1.1×0.5㎝이다(도면 2014-931, 2)(도면 736, 5).

수적형 투공이 있는 근방형 띠꾸미개(Ⅰa-2형식)는 2점 모두 덮개판만 남아 있다. 2011년에 제47구역의 18호

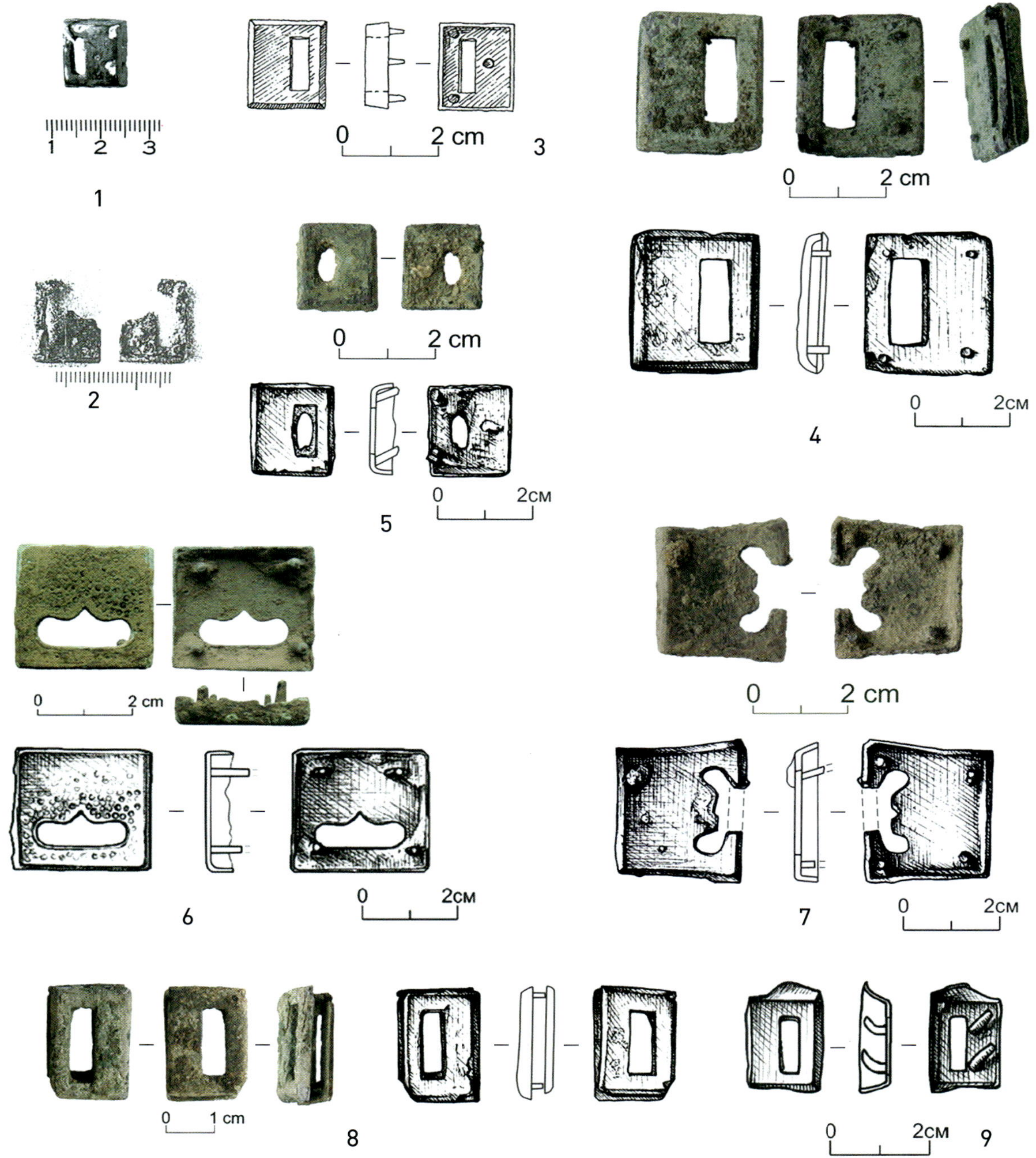

도면 736 | 크라스키노성 출토 청동 띠꾸미개: 1-제5구역(1981), 2-제21구역(1999), 3-제31구역(2003), 4-제34구역(2014), 5-제49구역(2014), 6-제47구역(2011), 7-제53구역(2017), 8-제44구역(2014), 9-제40구역(2009)

주거지에서 출토된 것은 덮개판이 온전한 상태이다. 덮개판의 표면 가장자리와 투공 가장자리는 얕은 홈선 형태의 가두리장식으로 둘려져 있다. 표면은 전체가 직경이 약 1.5㎜인 둥근 대롱구멍들로 채워져 있다. 이 무늬들은 대롱 모양의 도구 끝을 눌러서 베푼 것이다. 내면의 가장자리를 따라서는 높이 0.5㎝의 주연이 형성되어 있다. 내면의 네 모서리 안쪽에는 각각 1개씩의 단면이 원형인 리벳이 부착되어 있다. 이 띠꾸미개는 크기가 길이 2.9㎝,

너비 2.67㎝, 두께 0.65㎝이다(도면 2011-608)(도면 736, 6). 다른 1점은 2017년에 제53구역에서 출토되었다. 이 띠꾸미개는 투공의 아래 부분이 일부 결실되었고, 또 양쪽으로 벌려져 있어 투공의 원래 형태가 왜곡되었다. 내면의 네 모서리 1개씩의 리벳이 있다. 크기는 29×28㎜이고, 주연의 높이는 5㎜, 두께는 2㎜, 투공의 길이는 19㎜이다(도면 2017-367)(도면 736, 7).

평면모양이 장방형인 띠꾸미개(Ⅰb형식)는 투공이 모두 장방형이다(Ⅰb-1형식). 2점이 발견되었는데 2014년에 제44구역에서 출토된 1점은 덮개판과 받침판이 모두 남아 있다. 표면은 매끈하고 문양이 없다. 덮개판의 측면은 경사졌다. 리벳은 각 모서리 안쪽에 1개씩 모두 4개가 부착되었다. 이 유물은 크기가 2.5×1.7㎝, 두께 0.3㎝이다. 투공의 크기는 1.6×0.5㎝이다(도면 2014-98)(도면 736, 8). 다른 1점은 2009년에 제40구역에서 출토된 것이다. 덮개판만 남아 있는데 내면에 투공의 위로 2개의 리벳만 부착되어 있다. 리벳의 위치와 개수가 독특하다고 하겠다(도면 2009-45)(도면 736, 9).

직기원형계통(Ⅱ형식)의 띠꾸미개는 다시 곧은 기저부분을 제외한 세 변이 둥그스름한 것(직기동글원형)(Ⅱa형식)과 양 측면의 윗부분과 위 가장자리만이 둥그스름한 것(직기상변원형)(Ⅱb형식)으로 구분된다.

직기동글원형은 투공의 모양이 장방형인 것(Ⅱa-1형식)과 수적형인 것(Ⅱa-2형식)이 있다. 투공의 모양이 장방형인 Ⅱa-1형식의 띠꾸미개는 모두 6점이 확인된다. 그중에서 형태가 온전하게 남아 있는 것은 4점인데 3점은 덮개판만 있다. 1981년에 제5구역 금당지(도면 737, 1)와 1999년에 제21구역(도면 737, 2)에서 출토된 것은 사진만 제시되었다. 2003년에 제31구역에서 출토된 1점은 덮개판 내면에 주연이 형성되어 있는 것이 뚜렷하게 관찰되며, 리벳은 장방형의 투공 위에 2개만 부착되어 있다(도면 2003-80)(도면 737, 3). 2014년에 제44구역에서 출토된 1점은 덮개판과 받침판이 다 남아 있는 것으로 보이지만 심한 녹으로 인해 투공의 형태가 간신히 장방형인 것으로 관찰되었지만 리벳의 개수는 확인되지 못하였다. 이 띠꾸미개는 크기가 2.7×2.1×1㎝이다. 투공은 길이가 1.3㎝, 너비가 0.2㎝로 보고되었지만, 사진을 보면 투공의 너비가 0.42㎝ 이상임을 알 수 있다(도면 2014-308)(도면 737, 4). 2점은 편 상태로 출토되었다. 2015년에 제47구역에서 출토된 1점은 절반 정도가 결실되었는데 내면의 주연은 매우 낮다. 내면에는 투공의 모서리 바깥 부분에 2개의 리벳이 남아 있다. 이 띠꾸미개는 크기가 2.22×2.0×0.18㎝이고, 주연의 너비는 0.2㎝, 리벳의 직경은 0.22㎝, 투공의 크기는 너비가 0.59㎝, 잔존 길이가 1.25㎝이다(도면 2015-475)(도면 737, 5). 2010년에 제44구역에서 출토된 나머지 1점은 이 형식 띠꾸미개의 윗부분만 편 상태로 남아 있다(도면 2010-174)(도면 737, 6).

직기동글원형의 띠꾸미개에서 투공의 모양이 수적형인 것(Ⅱa-2형식)은 1983년에 제6구역에서 1점, 1999년에 제21구역에서 1점이 각각 출토되었다. 1점은 측면의 둥근 호선 아래 부분이 장방형 투공을 가진 직기동글원형 띠꾸미개들보다 더 안쪽으로 들어와 보다 더 둥근 형태를 가진다(도면 1983-7)(도면 737, 7). 다른 1점에는 투공 위가 식물 모티브의 문양으로 장식되어 있다(도면 1999-45)(도면 737, 8).

직기원형계통(Ⅱ형식)에서 직기상변원형(Ⅱb형식)의 띠꾸미개는 다시 평면모양이 측면의 윗부분 양쪽이 모두 위 가장자리와 둥글게 연결되는 직기양(兩)상변원형(Ⅱb-a형식)과 윗부분의 한쪽은 둔각으로 다른 한쪽이 둥글게 연결되는 직기단(單)상변원형(Ⅱb-b형식)으로 구분된다.

직기양상변원형의 띠꾸미개는 투공이 모두 세장방형이다(Ⅱb-a형식). 모두 3점이 확인되는데 그중의 2점은 모양이 이 형식에 전형적이다. 1998년에 제16구역에서 출토된 1점은 덮개판이다. 이 유물은 사진만 제시되었고 기

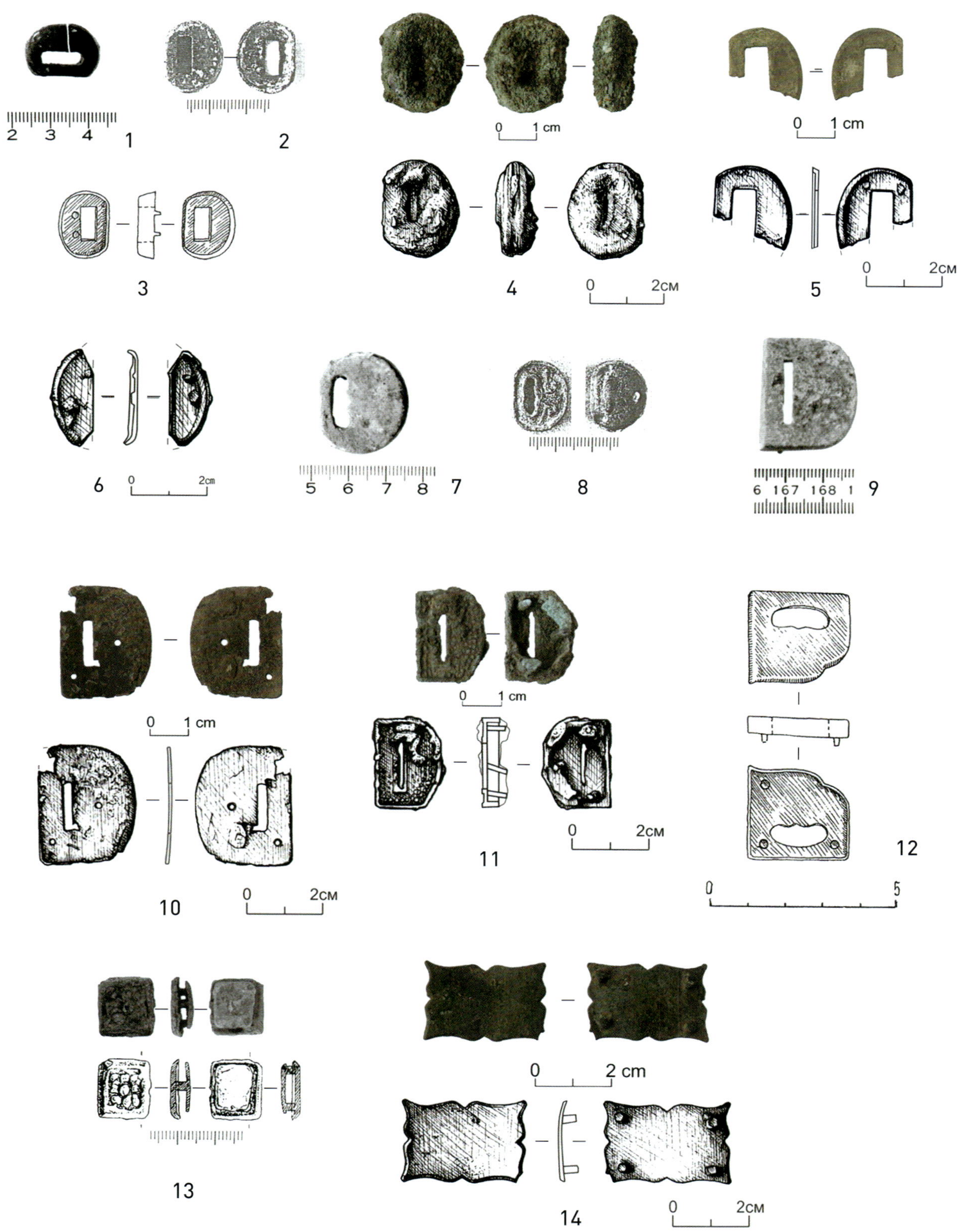

도면 737 | 크라스키노성 출토 청동 띠꾸미개: 1-제5구역(1981), 2-제21구역(1999), 3-제31구역(2003), 4-제44구역(2014), 5-제47구역(2015), 6-제44구역(2010), 7-제6구역(1983), 8-제21구역(1999), 9-제16구역(1998), 10, 14-제49구역(2014), 11-제48구역(2012), 12-제31구역(2003), 13-제34구역(2005)

술내용이 없다. 내면의 리벳 개수는 확인되지 않는다. 사진에 있는 축척을 통해 볼 때에 크기가 길이 약 2.83㎝, 높이 약 2.37㎝, 투공 길이 약 1.67㎝, 투공 너비 약 0.2㎝이다(도면 1998-21)(도면 737, 9). 다른 1점은 2014년에 제49구역에서 출토되었는데 받침판만 있다. 리벳을 꽂은 구멍이 투공 아래의 모서리 부분에 1개, 투공의 위 가운데 부분에 1개 등 2개만 잔존하지만, 원래는 투공 아래의 결실된 다른 모서리 부분에 1개가 더 있어 3개였을 것으로 판단된다. 받침판의 크기는 3.2×2.5㎝이고, 두께는 0.1㎝이다. 리벳 구멍은 크기가 0.15×0.2㎝ 정도이다(도면 2014-782)(도면 737, 10).

직기단상변원형의 띠꾸미개도 투공의 형태는 세장방형이다(Ⅱb-b형식). 2012년에 제48구역에서 1점이 출토되었다. 이 띠꾸미개에는 금동의 흔적이 있어 원래는 금동 띠꾸미개였을 것이다. 덮개판만 남아 있다. 앞면에는 작고 둥근 볼록한 알갱이들 모양의 문양이 있으며 도금되었다. 세장방형 투공 둘레로는 낮게 주연이 형성되어 있다. 내면에는 3개의 리벳과 받침판의 흔적이 일부 남아 있다. 이 띠꾸미개는 크기가 높이 1.8㎝, 너비 2.5㎝, 두께 0.2㎝, 주연 높이 0.2㎝이다. 투공의 크기는 1.2×0.2㎝이다(도면 2012-228)(도면 737, 11).

직변화변혼합계통(Ⅲ형식)의 띠꾸미개는 2003년에 제31구역에서 1점만 출토되었다. 덮개판만 남아 있다. 기저부분과 오른쪽 측면 그리고 왼쪽 측면의 아래 부분은 곧지만, 나머지 부분은 모두 곡선으로 되어 있고, 또 왼쪽 위 모서리 부분은 이 곡선이 안쪽으로 내만하여 화변을 이룬다. 투공은 수적형이다. 내면에는 왼쪽 위의 내만한 부분을 제외한 세 모서리 안쪽에 리벳이 각각 부착되어 있다. 크기는 축척을 통해 볼 때에 너비 약 2.74㎝, 최대 높이 약 2.66㎝이다(도면 2003-80)(도면 737, 12).

투공이 없는 띠꾸미개는 방형계통과 화변계통이 있는데 방형계통은 2005년에 제34구역에서 1점이 출토되었다. 외면이 9개의 볼록한 돌기로 장식되어 있고, 크기는 1.8×2㎝이다(도면 2005-135)(도면 737, 13). 화변계통 띠꾸미개는 2014년에 제49구역에서 출토되었다. 받침판만 있다. 네 변이 모두 세 번씩 내만을 하는 화변인데 가운데에 있는 내만이 가장 깊다. 전체적으로 장방형에 가깝다. 한쪽 모서리 부분이 결실되었다. 네 모서리에 리벳 자국이 남아 있는데 관통하지 않았다. 크기는 3.2×2.2이고, 두께는 0.1~0.2㎝이다. 리벳은 단면이 원형이고 직경은 0.2㎝이다(도면 2014-807)(도면 737, 14).

(3) 청동 띠 꼬리장식(사미)

띠 꼬리장식은 평면모양이 매우 다양하다. 골무형(Ⅰ형식), 직기원형(반원형)(Ⅱ형식), 장방호선(弧線)형(Ⅲ형식), 장방화변형(Ⅳ형식), 심엽화변형(Ⅴ형식), 대(帶)형(Ⅵ형)으로 구분된다. 골무형은 하나의 곧은 단변이 있고 좌우의 양 측면은 안쪽으로 축약되면서 호선을 이루는 가장자리로 마무리되어 골무와 닮은 형태를 가졌다. 직기원형은 한 변은 곧지만 나머지 변이 모두 둥그스름하여 반원에 가까운 것이다. 장방호선형은 하나의 곧은 단변과 상대적으로 길쭉한 곧고 평행하는 양 측면이 있고 그리고 다른 하나의 단변이 둥그스름하게 호선을 이루며 마감되는 형태이다. 장방화변형은 양 측면은 곧고 평행하지만 단변이 모두 화변으로 된 것이다. 심엽화변형은 전체적으로 하트를 닮았지만 각각의 변이 화변으로 되어 있다. 심엽화변형은 투공이 없는 띠꾸미개였을 가능성도 있다. 대형은 길쭉한 띠 모양으로 된 것이다.

골무형(Ⅰ형식)의 청동 띠 꼬리장식은 6점이 확인된다. 그중에서 2006년에 제34구역에서 출토된 1점은 덮개판과 받침판이 모두 남아 있다. 다만 둥근 끝부분 가장자리의 일부가 결실되었다. 곧은 변 쪽이 트여 있어 띠의 끝부분이 들어갈 수 있게 하였다. 리벳은 2개가 있는 것으로 보고되었다. 크기는 길이 2.6㎝, 너비 2.0㎝이다(도면 2006-169, 4)(도면 738, 1). 나머지 4점은 모두 덮개판만 남아 있다. 2006년에 제34구역에서 출토된 1점은 리벳이 기저부분에 2개, 안쪽에 1개 등 모두 3개가 부착되어 있다. 기저부분 못을 경계로 하여 그 안쪽은 가장자리를 따라 주연이 형성되어 있다(도면 2006-169, 5)(도면 738, 2). 2점은 2009년에 제40구역의 1호 수혈에서 함께 출토되었다. 둘 다 모양도 동일하고, 내면에 장축에 직교하게 배치된 2개씩의 리벳이 있는 것도 동일하다. 그중의 하나는 크기가 길이 1.4㎝, 너비 1.4㎝, 두께 0.3㎝이다. 리벳의 길이는 1㎝ 정도이며 구부러져 있다(도면 2009-46; 47)(도면 738, 3, 4). 나머지 1점은 2012년에 제48구역에서 출토되었다. 넓고 경사진 주연이 있다. 표면은 매끈하고 문양이 없다. 리벳은 내면 가운데에는 한 개만 있다. 리벳의 끝부분에는 철 조각이 묻어있다. 이 유물은 크기가 높이 1.3㎝, 너비

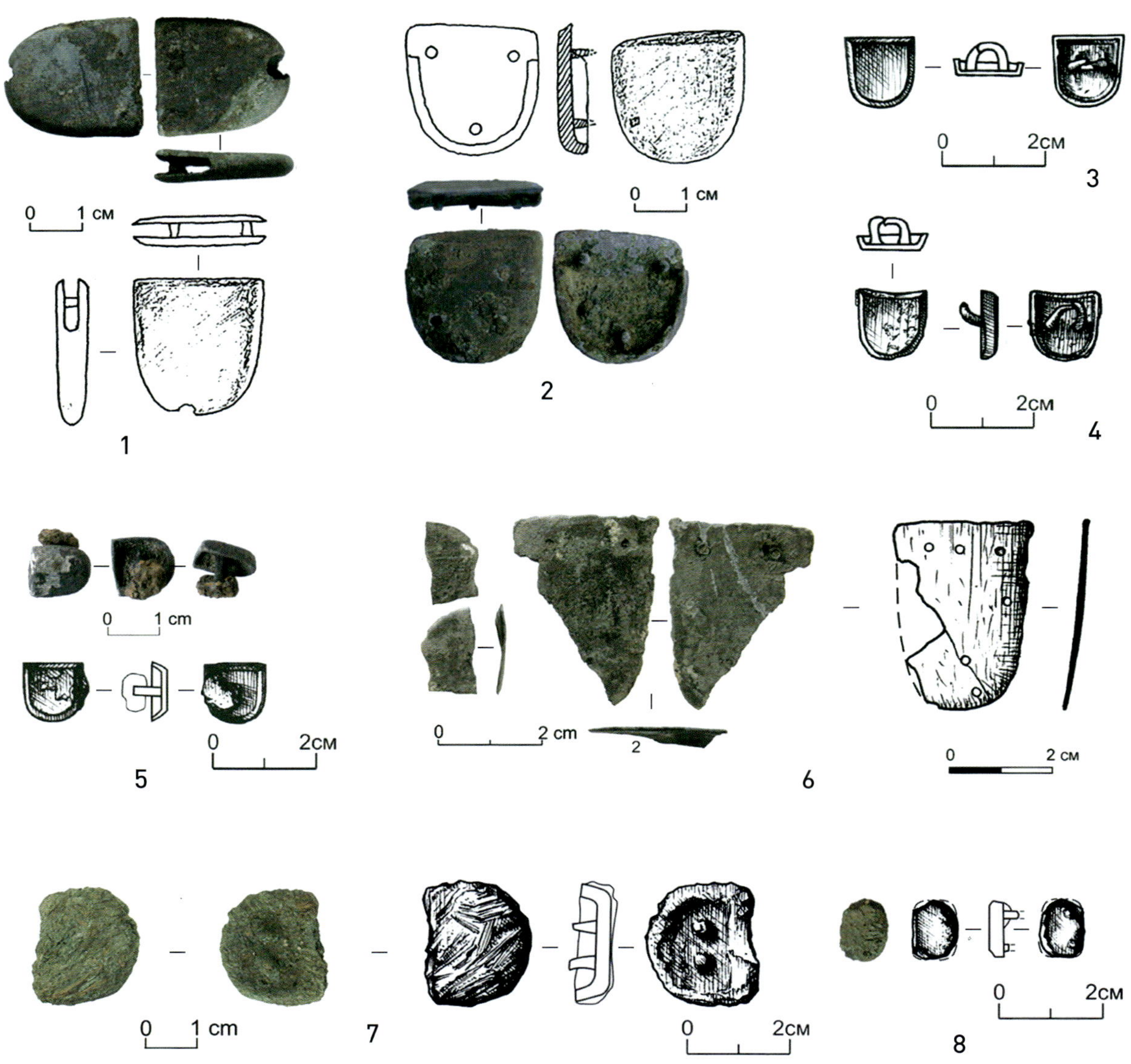

도면 738 | 크라스키노성 출토 청동 띠꾸미개: 1, 2-제34구역(2006), 3, 4-제40구역(2009), 5-제48구역(2012), 6-제41구역(2008), 7-제47구역(2015), 8-제53구역(2017)

1.2㎝, 두께 0.15㎝이며, 주연은 높이 0.3㎝, 리벳은 길이 0.5㎝이다(도면 2012-256)(도면 738, 5).

골무형의 청동 띠 꼬리장식 중에는 장변과 단변의 비율이 위의 것들과 크게 차이가 나서 훨씬 더 길어 보이는 것이 1점 있다. 이 유물은 2008년에 제41구역에서 출토되었는데 받침판이다. 2개의 편으로 발견된 이 받침판에는 띠 끝이 들어가는 부분에 3개의 리벳 구멍이, 또 맞은편 끝부분과 측면에도 리벳 구멍들이 있어 위의 것들과는 비율뿐만 아니라 많은 면체서 차이를 보인다. 크기는 길이 3.9㎝, 최대 너비 2.8㎝, 두께 0.1~0.15㎝이다. 구멍들의 크기는 직경이 0.15㎝이다(도면 2008-151)(도면 738, 6).

직기원형(반원형)(Ⅱ형식)의 청동 띠 꼬리장식은 2점이 확인되었다. 2015년에 제47구역에서 출토된 1점은 녹이 심하게 슬어있는데 내면에 2개의 리벳이 좌우로 배치되어 있다. 녹이 선명한 녹색이며 표면에서 목질과 씨앗의 잔재가 확인되었다. 이 유물은 크기가 높이 2.5㎝, 너비 2.05~2.14㎝, 두께 0.64~0.7㎝, 주연 높이 0.4㎝, 리벳 길이 0.57㎝와 0.43㎝이다(도면 2015-437)(도면 738, 7). 다른 1점은 2017년에 제53구역에서 출토된 것인데 가장자리가 일부 결실되었다. 내면에 2개의 리벳이 있다. 크기는 1.2×0.9㎝, 높이 0.3㎝이다(도면 2017-378)(도면 738, 8).

장방호선(弧線)형(Ⅲ형식)의 청동 띠 꼬리장식은 8점이 확인된다. 그중의 6점은 덮개판만 남아 있고, 2점은 덮개판 아래에 받침판이 일부 잔존한다.

덮개판만 남아 있는 것은 내면에 리벳이 2개인 것, 3개인 것, 그리고 4개인 것이 있다. 리벳이 2개인 것은 장축 방향의 중심축선 상에 일정한 거리를 두고 2개가 부착되어 있다. 2015년에 제59구역에서 출토된 3점은 모두 리벳이 2개씩 부착된 것이다. 1점은 크기가 1.82×1.12㎝이다. 주연의 높이는 0.29㎝, 주연의 두께는 0.18㎝, 리벳 기저부의 직경은 0.2㎝이다. 녹이 슬었는데 색깔이 짙은 녹갈색이다(도면 2015-676)(도면 739, 1). 다른 1점은 크기가 길이 1.7㎝, 너비 1.2㎝, 주연 높이 0.4~0.3㎝, 주연 두께 0.14~0.18㎝이다(도면 2015-676a)(도면 739, 2). 나머지 1점은 크기가 2.81×1.6㎝, 주연 높이 0.49~0.44㎝, 주연 두께 0.23~0.15㎝, 리벳 높이 0.39~0.45㎝이다. 심하게 부식되었고 선명한 녹색이다(도면 2015-715)(도면 739, 3).

리벳이 3개인 것은 2011년에 제47구역에서 출토된 것이 1점 있다. 리벳이 삼각형 구도로 배치되어 있다. 이 유물의 표면은 식물문양으로 장식이 되었지만 심한 녹으로 인해 정확한 무늬 모양이 파악되지 못하였다. 내면에 철의 흔적이 있어 받침판은 철제였을 것으로 판단되었다. 크기는 길이 5.0㎝, 너비 0.7~0.8㎝, 두께 0.6㎝이다(도면 2011-607)(도면 739, 4).

리벳이 4개인 것은 2003년에 제31구역에서 출토된 것이 1점 있다. 네 모서리에 각각 1개씩의 리벳을 부착하였다. 이 유물은 축척을 통해 볼 때에 크기가 길이 약 2.68㎝, 너비 약 1.7㎝이다(도면 2003-80)(도면 739, 5).

2014년에 제47구역에서 출토된 덮개판 1점은 보존상태가 매우 나빠 내면에 리벳의 자국만 확인되었고 그 개수는 파악되지 못하였다. 크기는 길이 2.9㎝, 너비 1.8㎝, 두께 0.3㎝이다(도면 2014-527)(도면 739, 7).

덮개판과 일부 받침판이 함께 남아 있는 띠 꼬리장식 중 1999년에 제21구역에서 출토된 것은 표면이 식물 모티브의 부조문양으로 장식되어 있다(도면 1999-57)(도면 739, 6). 2013년에 제44구역 출토품은 덮개판 아래로 받침판이 절반 정도 잔존한다. 내면이 노출된 두 모서리에는 1개씩의 리벳이 있는데 그 위치로 보아 이 꼬리장식에는 모두 4개의 리벳이 있었을 것이다. 노출된 리벳의 잔존 길이는 0.2㎝이다. 덮개판의 표면에는 알갱이 같은 것들로 된 문양이 있지만 심한 녹으로 인해 무늬의 모양을 판단할 수 없다. 덮개판의 크기는 길이 3㎝, 너비 1.92㎝, 두께 0.24~0.4㎝다(도면 2013-37)(도면 739, 8).

장방화변형(Ⅳ형식)의 청동 띠 꼬리장식은 2015년에 제50구역에서 1점이 출토되었다. 덮개판인데 장축선상의 양쪽 측면은 곧고 평행하고, 띠의 끝이 들어가는 부분은 삼곡(三曲)의 화변으로 되어 있으며, 그 맞은편은 밖으로 뾰족하게 돌출하는 일첨(一尖)의 화변으로 되어 있다. 내면에는 사진이나 실측도면에는 보이지 않지만 3개의 리벳이 있는 것으로 보고되었다. 또한 철제의 받침판이 있었다고 한다. 이 유물은 크기가 3.064×0.17~0.19㎝이다. 주연의 높이는 0.48~0.5㎝, 주연의 두께는 0.2~0.3㎝이다. 리벳의 기저부는 0.25~0.4㎝, 높이는 0.4~0.5㎝이다(도면 2015-873)(도면 739, 9).

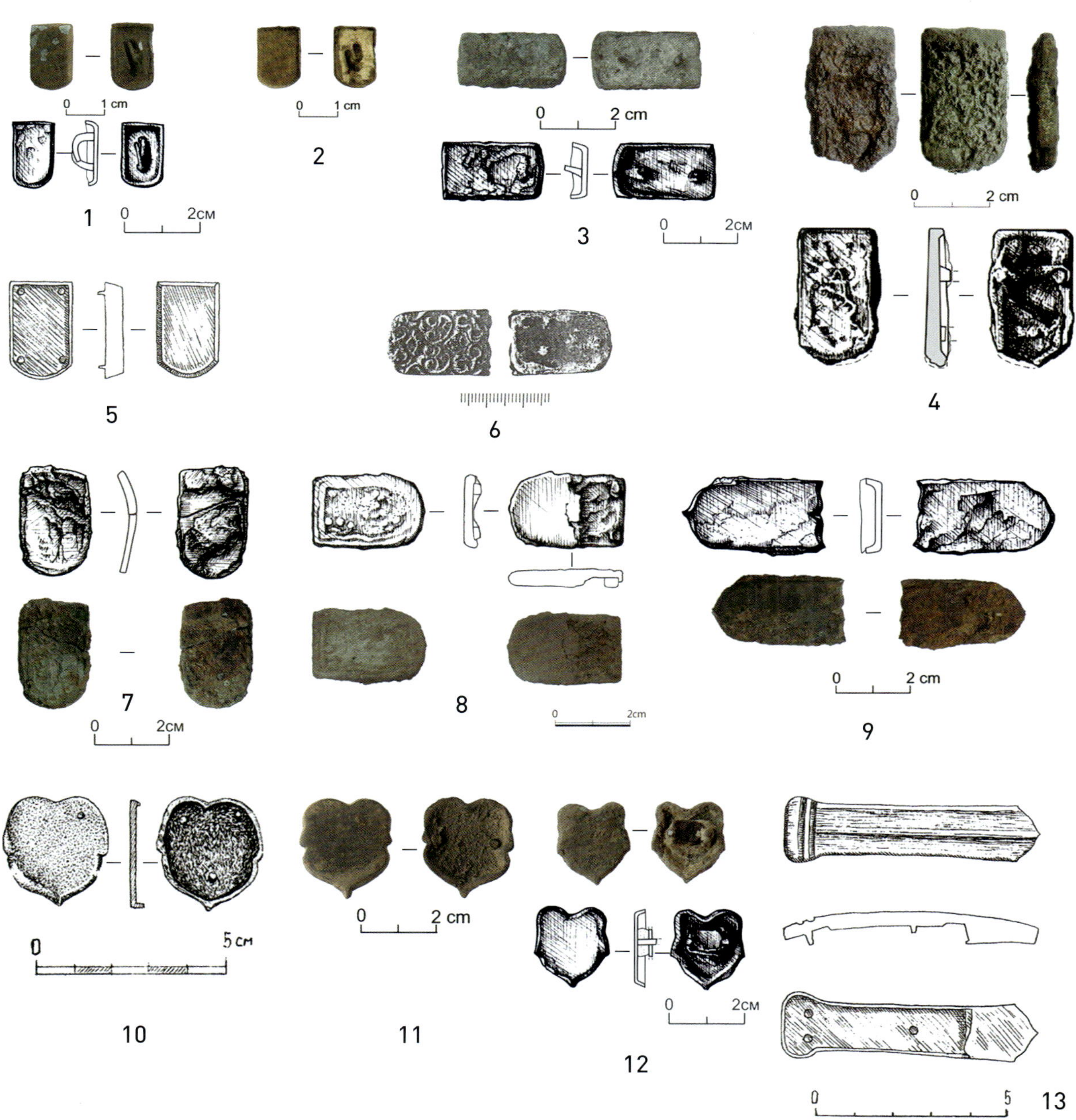

도면 739 | 크라스키노성 출토 청동 띠꾸미개: 1~3, 9-제50구역(2015), 4-제47구역 (2011), 5-제31구역(2003), 6-제21구역(1999), 7-제47구역(2014), 8-제44구역(2013), 9-제50구역(2015), 10-제11구역 (1995), 11-제49구역(2014), 12-제53구역 (2017), 13-제31구역(2003)

심엽화변형(Ⅴ형식)의 청동 띠 꼬리장식은 3점이 확인된다. 모두 덮개판이다. 띠의 끝이 들어가는 부분은 모두 일곡(一曲)의 화변으로, 그 맞은편은 일첨(一尖)의 화변으로 각각 되어있다. 하지만 양 측면은 일곡 화변인 것도 있고 이곡 화변인 것도 있다. 양 측면이 일곡 화변인 심엽화변형 청동 띠 꼬리장식은 1995년에 제11구역에서 1점이 출토되었다. 가장자리를 따라 주연이 낮게 형성되어 있고, 내면에는 3개의 리벳이 삼각형 구도로 부착되어 있다. 크기는 축척을 통해 보면 길이 약 2.95㎝, 너비 약 2.77㎝이다(도면 1995-17, 1)(도면 739, 10).

양 측면이 이곡 화변인 심엽화변형 청동 띠 꼬리장식은 2014년에 제49구역에서 1점, 2017년에 제53구역에서 1점이 각각 출토되었다. 내면에 모두 장축선과 직교하는 방향으로 2개씩의 리벳이 부착되어 있다. 2014년에 출토된 것은 크기가 길이 2.9㎝, 너비 2.6㎝, 측면 높이 0.35㎝, 두께 0.1㎝이며, 리벳은 직경이 0.15㎝, 높이가 0.25㎝이다(도면 2014-911)(도면 739, 11). 2017년에 출토된 것은 크기가 2.0×2.2㎝, 측면 높이가 0.2㎝이다(도면 2017-539)(도면 739, 12).

대(帶)형(Ⅵ형)의 청동 띠 꼬리장식은 2003년에 제31구역에서 1점이 출토되었다. 실측도면만 제시되었고 기술내용은 보고된 것이 없다. 도면을 통해 보면 평면 모양은 길쭉한 띠 모양임을 알 수 있다. 덮개판은 온전하게 남아 있고, 받침판은 일부만 잔존한다. 덮개판의 띠 끝이 들어가는 부분은 약간 도톰하면서 둥그스름하게 처리되었고, 또 2줄의 홈선이 있다. 그 맞은편의 끝부분은 일첨의 화변으로 되어 있다. 장축선상의 가운데 부분을 따라서는 1줄의 능선이 있는 것으로 생각된다. 덮개판은 단면도를 보면 가볍게 굽은 형태이다. 내면의 가장자리를 따라서는 주연이 형성되어 있다. 내면에는 3개의 리벳이 확인되는데 받침판이 있는 곳에도 리벳이 1개 혹은 2개가 있을 것으로 추정된다. 크기는 길이 약 6.77㎝, 띠 끝이 들어가는 부분 너비 약 1.8㎝이다(도면 2003-80)(도면 739, 13).

4) 청동 장식품

(1) 청동 심엽형 장식

1980년에 제1구역에서 1점이 출토되었다. 사진만 제시되었고 기술내용은 보고된 것이 없다. 가운데 장축선을 따라 능선이 1줄 형성되어 있는 것으로 생각된다. 내면에 대해서는 알 수 없다. 크기는 대략 1.72×1.57㎝이다(도면 1980-12)(도면 740, 1).

(2) 청동 十자 모양 장식

2009년에 제40구역의 11호 주거지에서 1점이 출토되었다. 평면모양이 十자를 연상시킨다. 가운데 축을 중심으로 좌우에 둥근 돌기가 대칭적으로 배치되어 있다. 둥근 돌기의 가운데에는 각각 직경 0.3㎝의 구멍이 뚫려있다. 양쪽 둥근 돌기 및 축의 중간 아래 부분은 앞면은 볼록하게 돌출하였고, 뒷면은 오목하게 들어가 있다. 축의 윗부분은 편평하다. 축의 윗부분에 구멍의 흔적이 조금 남아 있어 원래는 이곳에 작은 고리모양의 구멍이 있었을 것으로 판단된다. 크기는 잔존 길이 2.5㎝, 너비 2㎝, 두께 0.2~0.3㎝이다(도면 2009-350)(도면 740, 2). 크라스키노성

에서 1980년대에 이와 비슷한 형태의 유물이 1점 더 발견된 것이 있다.[25]

(3) 청동 드리개

1990년에 제8구역에서 출토된 것이다. 동글-마름모 고리 안에 十자가 들어있고, 고리 밖에는 고리 안의 十자와 동일 방향으로 다이아몬드 형태의 돌기가 3곳, 그리고 작고 둥근 고리가 1곳 각각 배치되어 있는 형태이다. 작고 둥근 고리가 부착된 곳이 위일 것이다. 동글-마름모 고리와 그 안의 十자에는 표면이 1줄의 좁쌀모양 작은 알갱이들로 장식되어 있다. 양쪽 측면과 아래의 다이아몬드 모양 돌기도 표면이 좁쌀모양의 작은 알갱이들로 장식되었다. 크기는 축척을 통해 볼 때에 높이 약 4㎝, 너비 약 3.7㎝이다(도면 1990-20)(도면 740, 3).

(4) 금동 꺾쇠모양 장식품

2011년에 제48구역에서 1점이 출토되었다. 측면에서 볼 때에 좌우의 끝부분이 밖으로 짧게 꺾인 꺾쇠모양이다. 단면은 얇은 렌즈모양이다. 외면의 가운데에는 1개의 능선이 형성되어 있고, 그 좌우 양쪽에는 각각 3개씩의 꽃잎으로 된 식물무늬가 배치되어 있다. 크기는 전체 길이 2.7㎝, 상면 길이 1.7㎝, 높이 1㎝, 너비 0.7㎝, 두께 0.17㎝이다(도면 2011-368)(도면 740, 4).

(5) 청동 포형(泡形) 장식

3점이 확인된다. 2점은 원형이고, 1점은 마름모꼴이다. 원형의 포형 장식은 외면은 매끈하면서 둥글고 내면은 오목한데 내면 가운데에 1개의 뾰족한 돌기가 부착되어 있어 다른 물체에 고정시킬 수 있게 하였다. 1994년에 제10구역에서 직경이 약 2.5㎝인 1점(도면 1994-112, 2)(도면 740, 5), 2003년에 제31구역에서 직경이 약 2㎝인 1점(도면 2003-80, 1)(도면 740, 6)이 각각 출토되었다. 마름모꼴의 포형 장식은 2003년에 제31구역에서 출토되었다. 외면은 매끈하고 볼록하며, 내면은 오목하다. 내면 가운데에 뾰족한 돌기가 하나 부착되어 있다. 길이는 3.6㎝이다(도면 2003-80, 2)(도면 740, 7). 청동 포형 장식은 사찰구역 석축담장 사이의 대문을 장식하였던 것으로 추정되었다.

(6) 청동(금동) 방울

방울이 분명한 것은 3점이 확인된다. 그 외 1981년에 제5구역의 금당지에서 방울을 연상시키는 유물이 4점 출토된 바 있다. 방울이 분명한 것 3점은 3점 모두 동일형식으로서 중간부분에 수평방향으로 1줄의 융기대가 돌려

25 에.뷔.샤브꾸노프 엮음/송기호·정석배 옮김, 1996, 『러시아 연해주와 발해 역사』, 172쪽 그림 18, 21.

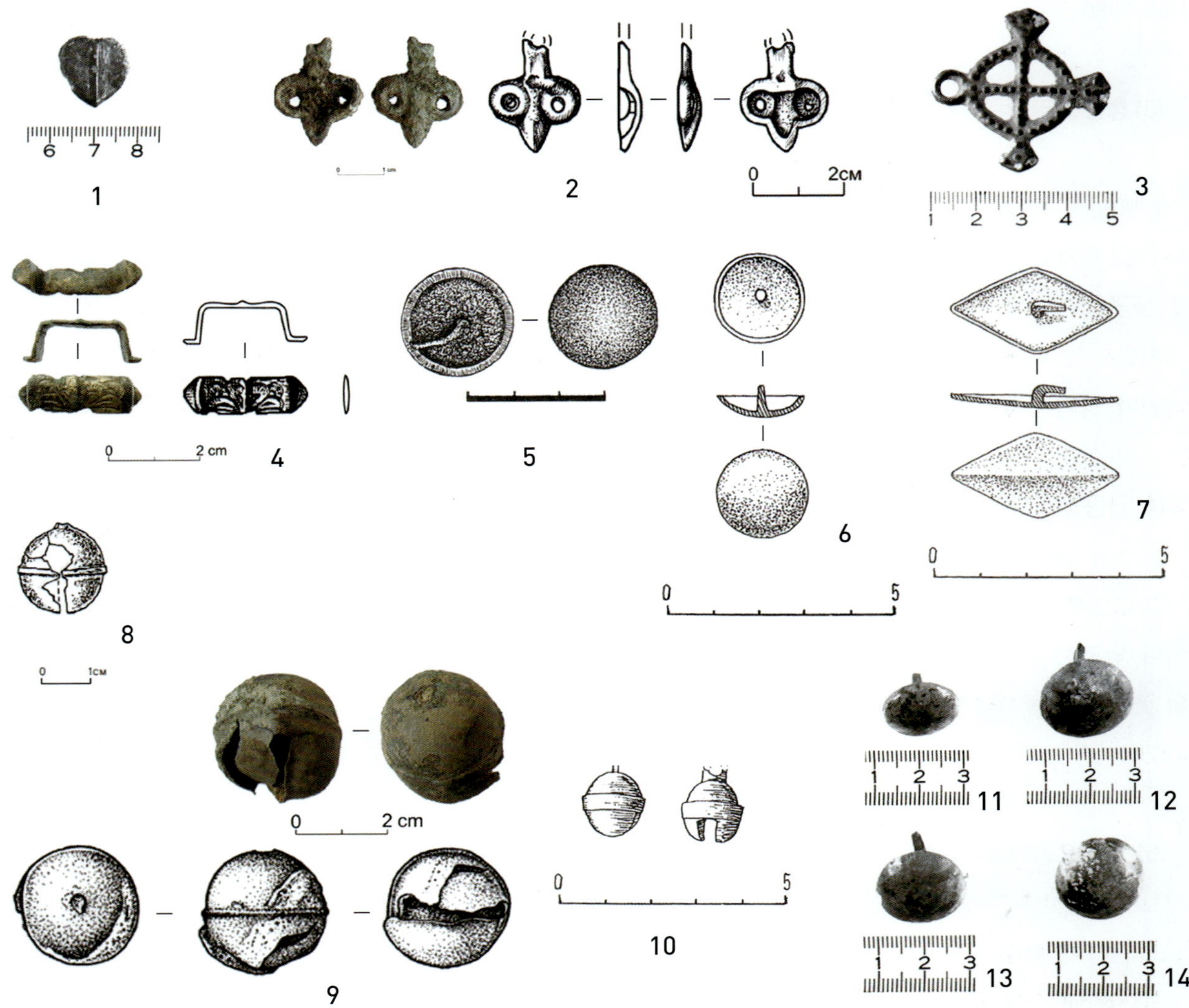

도면 740 | 크라스키노성 출토 청동 심엽형 장식(1), 十자 모양 장식(2), 드리개(3), 금동 꺾쇠모양장식(4), 포형 장식(5~7), 청동방울(8, 11~14), 금동방울(9) : 1-제1구역(1980), 2-제40구역(2009), 3-제8구역(1990), 4-제48구역(2011), 5-제10구역(1994), 6, 7, 10-제31구역(2003), 8-제34구역(2006), 9-제42구역(2009), 11~14-제5구역(1981)

져 있고, 아래 부분이 트여있다. 윗부분에는 고리모양의 꼭지가 부착되어 있었을 것인데 1점은 꼭지의 아래 부분이 일부 잔존하지만 나머지 방울에는 흔적만 남아 있다. 방울 자체는 구체이며 속은 비어 있다.

중간부분에 좁은 융기대가 돌려져있는 것 중의 1점은 2006년에 제34구역에서 출토되었다. 이 방울은 직경이 2.0㎝이다(도면 2006-169, 3)(도면 740, 8). 다른 1점은 금동 방울인데 2009년에 제12구역에서 출토되었다. 크기는 직경 2.7~2.8㎝, 높이 2.75㎝, 꼭지 너비 0.18㎝, 구멍 너비 1~1.5㎜이다(도면 2009-792)(도면 740, 9). 중간부분에 상대적으로 넓은 융기대가 돌려져있는 것은 2003년에 제31구역에서 출토되었다(도면 2003-80, 6)(도면 740, 10).

1981년에 금당지에서 출토된 4점은 형태가 구체이고 크기가 2㎝ 이하인 것으로 보아 방울이 틀림없을 것이다. 모두 청동에 도금을 한 금동이다. 4점 모두 축척이 있는 사진만 제시되어 있고 실측도면과 기술내용이 없다. 사진을 통해 볼 때에 표면이 매끈하였던 것으로 생각된다. 속이 비어 있는지의 여부는 확인되지 않는다. 그중의 3점에는 꼭지가 남아 있고(도면 1981-22)(도면 740, 11~13), 1점에는 확인되지 않는다(도면 1981-22)(도면 740, 14).

5) 청동 용품

(1) 청동 거울

온전한 것 1점과 편 2점이 확인된다. 온전한 청동 거울은 2013년에 제47구역 섹터6의 제2인공층에서 출토되었다. 평면이 방형이며, 문양으로 장식된 뒷면의 가운데에 꼭지가 하나 있다. 거울의 크기는 7.51×7.55㎝, 두께는 0.13㎝이다. 테두리 부분은 너비가 0.9㎝, 꼭지 구멍은 직경이 0.5㎝이다. 꼭지는 8엽의 꽃잎 가운데 배치되어 있다. 문양은 작은 알갱이들로 된 방사상으로 배치된 사슬들에 의해 8개의 공간으로 구분되어 있고, 각 공간에는 다시 작은 알갱이들이 모여 만들어진 2개씩의 꽃이 배치되어 있다(도면 2013-196)(도면 741, 1). 청동 거울 쪼가리 2점은 2007년에 제38구역 제2인공층에서 출토되었는데 평면이 방형일 것으로 추정되었다(도면 2007-28)(도면 741, 2).

(2) 청동 핀셋

2점이 출토되었다. 2011년에 제47구역의 18호 주거지에서 출토된 핀셋은 좁은 'U'자 모양이다. 핀셋의 양쪽 집게다리 끝부분은 모두 결실되었다. 집게다리의 단면은 장방형이다. 크기는 잔존 길이 3.8㎝, 너비 2.3㎝, 두께 0.6~0.8㎝이다(도면 2011-609)(도면 742, 1).

다른 1점의 청동 핀셋은 2017년에 제53구역의 제3인공층에서 출토되었다. 이 핀셋은 좌우로 짧고 둥글게 돌출한 머리와 그 아래의 집게다리 그리고 머리 위의 막대기 모양 짧은 돌기로 구성되어 있다. 둥근 머리의 가운데에는 직경이 0.5㎝인 구멍이 하나 있다. 집게다리는 머리 바로 아래에는 서로 붙었지만 아래로 내려가면서 양쪽으로 완만하게 벌어지다가 끝부분에서 안쪽으로 약간 휘어진 형태를 하고 있다. 다만 집게다리 양쪽의 끝부분은 결실된 상태이다. 머리 위의 돌기에는 원래는 귀이개 머리가 붙어있었을 것으로 추정되는데 동일한 형태의 청동 핀셋-귀이개가 2017년에 스따로레첸스크 성터에서 출토된 바 있다. 크기는 잔존 길이 9㎝, 각 집게의 너비 0.5㎝, 각

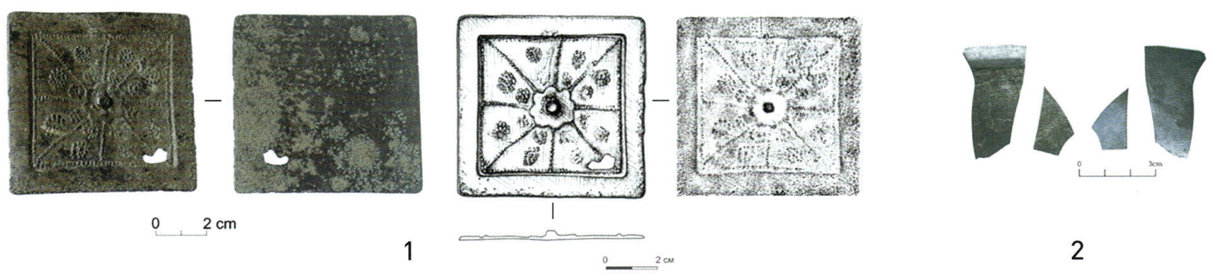

도면 741 | 크라스키노성 출토 청동 거울(1)과 거울편 일괄(2): 1-제47구역(2013), 2-제38구역(2007)

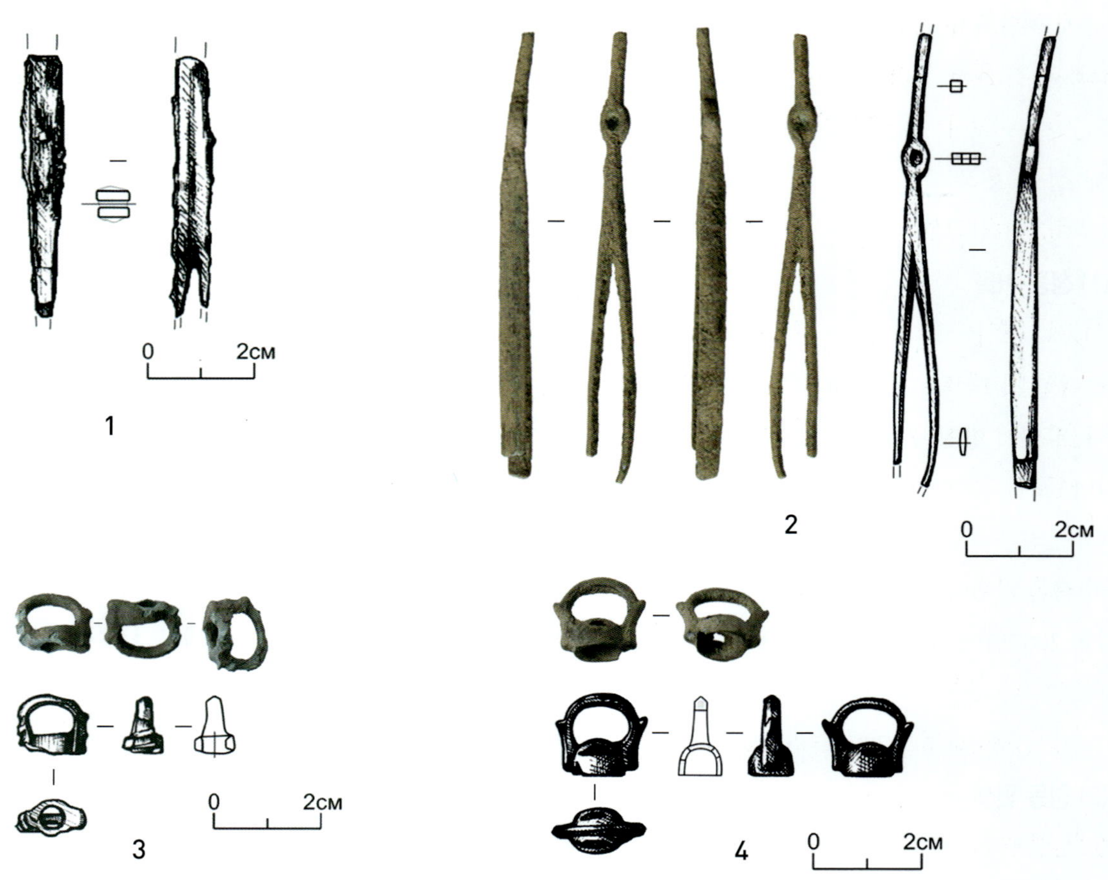

도면 742 | 크라스키노성 출토 청동 핀셋(1, 2)과 회전고리(3, 4): 1-제47구역(2011), 2-제53구역(2017), 3-제48구역(2012), 4-제53구역(2018)

집게의 두께 0.2㎝이다(도면 2017-422)(도면 742, 2).

(3) 청동 회전고리

반원형의 고리 손잡이 아래 부분에 반구모양 혹은 대롱모양의 연결부분이 있다. 이 연결부분에 위가 도톰한 짧은 막대기 모양의 다른 물체를 끼우고 그 물체를 돌릴 수 있다. 때문에 회전고리라 칭하게 되었다. 다만 연결부분이 반구모양인 것은 기저부에 끼운 물체를 물리게 할 수가 없기 때문에 정말로 회전고리인지는 분명하지 않다. 2점이 보고되었다.

2012년에 제48구역에서 출토된 1점은 반원형의 고리 손잡이 아래 짧은 대롱모양의 연결부분이 있다. 이 유물의 크기는 높이 1.1㎝, 너비 1.4㎝, 고리 손잡이 두께 0.2㎝이다. 연결부분 기저부의 크기는 1.3×0.8㎝, 구멍의 직경은 기저부가 0.4㎝이다(도면 2012-224 225)(도면 742, 3).

2018년에 제53구역의 26호 주거지에서 출토된 회전고리는 반구형의 고리 손잡이 좌우 중간부분에 짧은 돌기가 대칭을 이루게 만들어져 있고, 그리고 연결부분이 반구모양이다. 이 반구모양 연결부분의 양쪽에는 각각 1개씩의 작은 구멍이 대칭을 이루며 나 있다. 이 유물의 크기는 17×16×9㎜이다(도면 2018-459~461)(도면 742, 4).

청동 회전고리는 2006년도에 크라스키노성에서 1점이 지표 수습된 적이 있다고 한다. 그 유물은 크기가 높이 1.3㎝, 너비 1.4㎝, 고리 손잡이 두께 0.2㎝, 기저부 크기 1.4×0.8㎝이고, 측면에 구멍이 있다고 보고되었지만 도면이나 사진은 제시되지 않았다.

(4) 청동 메기(고정고리)

메기는 칼이나 검의 손잡이 부분 혹은 칼집이나 검집의 윗부분을 감싸서 고정시키는 납작한 고리모양의 물건이다. 2011년에 제47구역에서 1점이 출토되었다. 평면모양은 장방형이며, 단면은 한쪽이 더 얇은 장타원형이다. 표면은 매끈하다. 크기는 높이 4.06㎝, 너비 2.6㎝, 최대 두께 1.2㎝이며, 청동 판의 두께는 약 0.15㎝이다(도면 2011-683)(도면 743, 1). 검집을 감싼 메기였을 것으로 판단되었다.

(5) 청동 고리

평면이 납작한 동글-오각형 모양이다. 사진만 제시되었고, 기술내용은 없다. 축척을 통해 볼 때에 크기는 길이 1.71㎝, 폭 0.91㎝ 정도이다(도면 1981-35)(도면 743, 2). 아마 무언가를 고정하는데 사용한 고리라고 생각된다.

(6) 청동 클립

2009년에 제40구역의 10호 주거지에서 출토되었다. 두 개의 길쭉한 타원모양 판과 그 사이의 양쪽 끝부분에 배치된 두 개의 리벳으로 이루어져 있다. 위의 판은 크기가 길이 1.9㎝, 너비 0.8㎝, 두께 0.1㎝이며, 아래의 판은 크기가 길이 1.8㎝, 너비 0.6㎝, 두께 0.1㎝이다. 유물 자체의 높이는 0.7㎝이다. 두 개의 판 사이에서는 가죽일 가능성이 있는 유기물질의 흔적이 확인되었다(도면 2009-289)(도면 743, 3).

(7) 청동 배목

2011년에 제48구역에서 1점이 출토되었다. 한 개의 청동 심을 구부려 만들었다. 머리 부분은 고리 형태로 둥글게 하였고, 배목대 부분은 양쪽의 심이 합쳐진 것인데 끝부분이 뾰족하다. 크기는 길이 4.75㎝, 두께 0.5㎝, 머리 너비 1.4㎝이다(도면 2011-318)(도면 743, 4).

(8) 청동 연결고리

2015년에 제47구역에서 1점이 출토되었다(도면 2015-603, 604)(도면 743, 5). 평면이 둥그스름한 형태이다. 외면은 볼록하고, 내면은 오목하다. 외면의 가운데 부분에 원형의 융기부가 형성되어 있는데 다시 그 가운데에 약간 볼록한 꼭지가 하나 위치한다. 원형의 융기부 둘레로 3개의 궁형 투공이 배치되어 있다. 이 유물의 장축선상

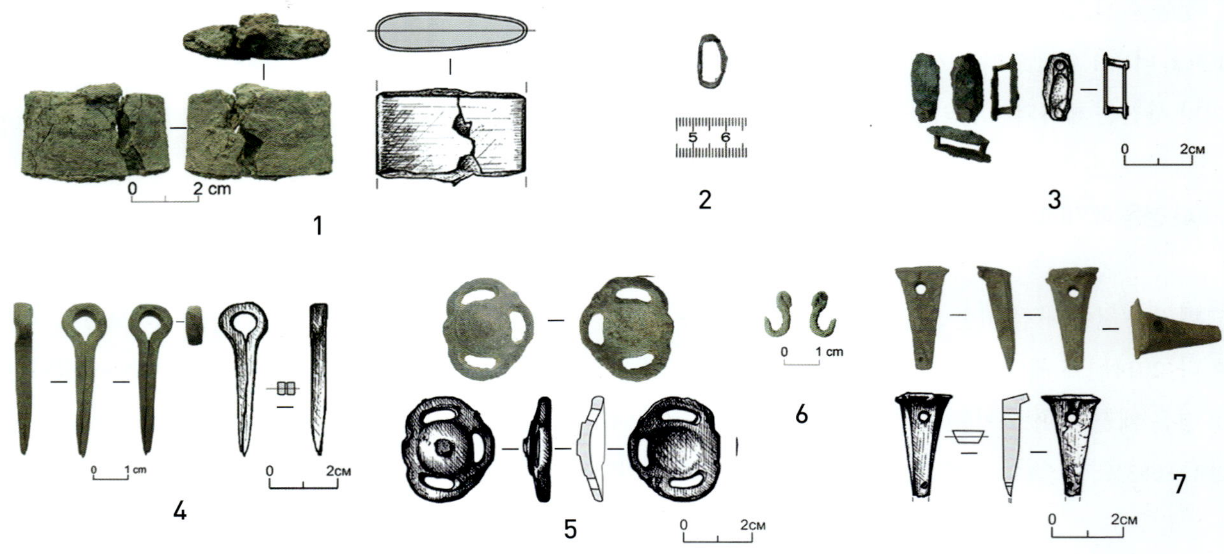

도면 743 | 크라스키노성 출토 청동 메기(1), 고리(2), 클립(3), 배목(4), 연결고리(5), 미니어처 갈고리(6), 미니어처 끌(7): 1-제47구역(2011), 2-제5구역(1981), 3-제40구역(2009), 4-제48구역(2011), 5, 7-제47구역 (2015), 6-제50구역(2015)

크기는 32×27㎜이고, 두께는 4㎜이다. 원형 융기부는 직경이 16㎜이다. 3개의 궁형 투공은 크기가 10×3~3.5㎜이다. 이 유물은 3개의 투공, 즉 구멍에 끈을 연결하여 사용한 일종의 이음쇠였을 것이다.

(9) 청동 미니어처 갈고리

2015년에 제50구역에서 1점이 출토되었다. 하나의 청동 심을 구부려 만든 것으로 생각되는데 아래쪽은 크고 둥글게 구부려 갈고리를 만들었고, 위쪽은 그 반대쪽으로 짧게 구부려 붙여 작은 고리를 만들었다. 크기는 길이 1.4㎝, 너비와 두께 0.4×0.2㎝이다(도면 2015-767)(도면 743, 6). 이 갈고리는 귀중품함에 사용되었을 가능성이 있는 것으로 판단되었다.

(10) 청동 미니어처 끌

2015년에 제47구역의 제11인공층에서 출토되었다. 짧은 축모양의 유물인데 단면이 얇은 사다리꼴이고 위에서 아래로 가면서 점차 축약된다. 축의 윗부분과 아래 부분에는 각각 1개씩의 구멍이 뚫려 있다. 위쪽 구멍은 직경이 2.9㎝이고, 아래의 구멍은 직경이 0.08㎝이다. 축의 위쪽은 넓은 면이 약간 기울게 형성되어 있는데 한쪽 방향으로 돌출되어 있다. 위쪽 상면의 크기는 1.48×0.78~0.7㎝이다. 축의 아래 부분에는 편인의 날이 만들어져 있다. 아마도 귀중품 세공을 할 때에 미니어처 끌로 사용되었을 것이다. 유물의 전체 길이는 3.01㎝, 축 윗부분의 너비는 1.2㎝, 아래 부분의 너비는 0.48㎝이다(도면 2015-479)(도면 743, 7).

6) 청동 용기

청동 완. 작은 완의 구연부편이 1점 1990년에 제8구역에서 출토되었다. 사진만 제시되었고 구연부 두께가 0.1㎝라는 것 외에는 자세한 기술내용이 없다(도면 1990-20, 2)(도면 744, 1).

청동 용기. 1983년에 제7구역에서 출토된 것인데 작은 동종의 편으로 보고되었다. 사진만 제시되어 형태적 특징이 잘 관찰되지 않지만 수직의 동체부와 직각으로 꺾인 편평한 바닥이 있는 것으로 생각된다. 동체와 바닥의 모서리 부분은 콩알 모양의 알갱이들로 장식되어 있다(도면 1983-23)(도면 744, 2). 크기가 작은 동종이 아니라 청동 용기의 일종이었을 것으로 판단된다.

도면 744 | 크라스키노성 출토 청동 용기편: 1-제7구역(1990), 2-제7구역(1983)

7) 동전

발해 시기의 동전은 2점이 출토되었는데 모두 개원통보(開元通寶)이다. 1점은 1997년에 제15구역의 제2인공층에서 출토되었다(도면 1997-33)(도면 745, 1). 이 동전에 대한 기술내용은 보고된 것이 없다. 다른 1점은 2018년에 제48구역의 동쪽섹터 5호 수혈구덩이의 내부퇴적토 아래 부분에서 출토되었다. 크기는 직경이 22.5㎜이다(도

도면 745 | 크라스키노성 출토 동전 개원통보: 1-제15구역(1997), 2-제48구역(2018)

면 2018-32)(도면 745, 2).

1999년에 중간생활면 금당지가 조사된 제21구역에서는 표토에서 청나라 동전 2점이 출토되었다. 1점은 1821년~1850년 사이에 주조된 도광통보(道光通寶)이고(도면 1999-38, 1), 다른 1점은 1736년~1795년 사이에 주조된 건륭통보(乾隆通寶)이다(도면 1999-38, 2).

8) 용도불명 청동유물

청동 막대기모양 유물. 3점이 확인되었는데 모두 형태와 특징이 차이를 보인다. 2009년에 제42구역의 제2인공층에서 출토된 1점은 앞면은 볼록하고 뒷면은 편평하다. 위와 아래 부분이 모두 부러져 나갔다. 단면은 납작한 반원형이고, 위가 넓고 아래가 좁아지는 형태이다. 잔존 길이는 2.9㎝, 너비는 0.32~0.43㎝, 두께는 0.14~0.15㎝이다(도면 2009-658)(도면 746, 1). 숟가락의 일부일 가능성이 있다고 생각된다. 1점은 1981년에 제5구역의 금당지에서 출토되었는데 청동 사(絲)를 꼬은 것 같은 형태를 하고 있다. 잔존 길이는 약 9㎝이며 휘어져 있다(도면 1981-36)(도면 746, 2). 다른 1점은 1998년에 제16구역에서 출토된 것인데 비녀의 편으로 보고되었다. 하지만 한쪽 끝부분이 거의 직각에 가깝게 구부려 있어 비녀다리와는 거리가 멀어 보인다(도면 1998-22)(도면 746, 3).

청동 용수철모양 유물. 2018년에 제53구역의 남동섹터 2호 구덩이에서 출토되었다. 둥근 고리가 나선을 이루며

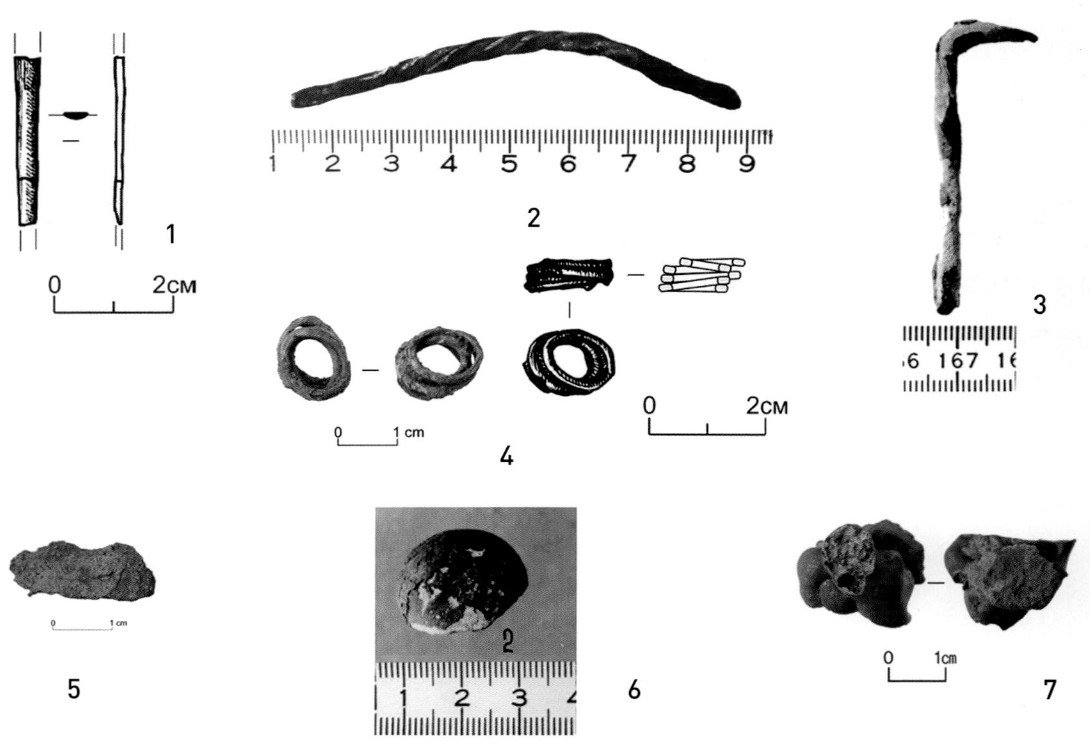

도면 746 | 크라스키노성 출토 청동 막대기모양 유물(1~3), 용수철모양 유물(4), 판모양 유물(5), 덧장식(6), 청동 슬래그(7): 1-제42구역(2009), 2-제5구역(1981), 3-제16구역 (1998), 4-제53구역(2018), 5-제40구역(2009), 6-제12구역(1996), 7-제44구역(2010)

최대 4겹이 형성되어 있다. 나선 모양 고리의 직경은 16×12㎜, 너비는 6㎜이다(도면 2018-607~609)(도면 746, 4).

청동 판모양 유물. 3점이 확인된다. 1점은 2009년에 제40구역에서 출토되었다. 녹으로 인해 표면이 고르지 못하다. 편 상태이며, 크기는 잔존 길이 2.5㎝, 너비 최대 1.1㎝, 두께 0.1㎝이다(도면 2009-222)(도면 746, 5). 다른 1점은 2011년에 제48구역에서 출토된 것이다. 납작하며 2개의 쪼가리로 발견된 편 상태이다. 크기는 잔존 길이 1.4㎝, 두께 0.3㎝이다(도면 2011-319). 다른 1점은 2018년에 제51구역에서 출토되었다. 양쪽의 가장자리가 남아 있는 띠 형태를 하고 있다. 가볍게 호선을 이루는 상태로 만들어졌다. 잔존 크기는 12×11×2㎜이다(도면 2018-155). 팔찌를 연상시키지만 편이 작아 분명하지 못하다.

청동 덧 장식(?). 2점이 확인된다. 모두 편 상태이지만 원래는 평면이 원형이었을 것으로 생각된다. 모두 덧 장식으로 보고되었다. 1983년에 제6구역(도면 1983-7)과 1996년에 제12구역(도면 1996-28, 2)(도면 746, 6) 각각 출토된 2점 모두 사진만 제시되었고 기술내용이 없어 자세한 내용을 알 수 없다. 크기는 2㎝ 내외였을 것으로 생각된다.

9) 청동 슬래그

청동을 제작하고 남은 찌꺼기인 청동 슬래그는 2010년에 제44구역 제3인공층(도면 2010-172)(도면 746, 7)과 제45구역 제4인공층(도면 2010-424)에서 각각 출토된 것이 있다. 크기는 모두 2~3㎝ 사이이다.

10) 근현대 청동 유물

청동 단추. 1995년에 제11구역의 표토에서 출토되었다. 평면이 원형이고, 안에 4개의 둥근 구멍이 나있다. 직경은 1.8㎝이다(도면 1995-13)(도면 747, 1).

담뱃대. 담배를 넣는 대통과 그 아래의 목이 일부 남아 있고, 나머지는 모두 결실되었다. 2000년에 제25구역의 제2인공층에서 출토되었다(도면 2000-15)(도면 747, 2).

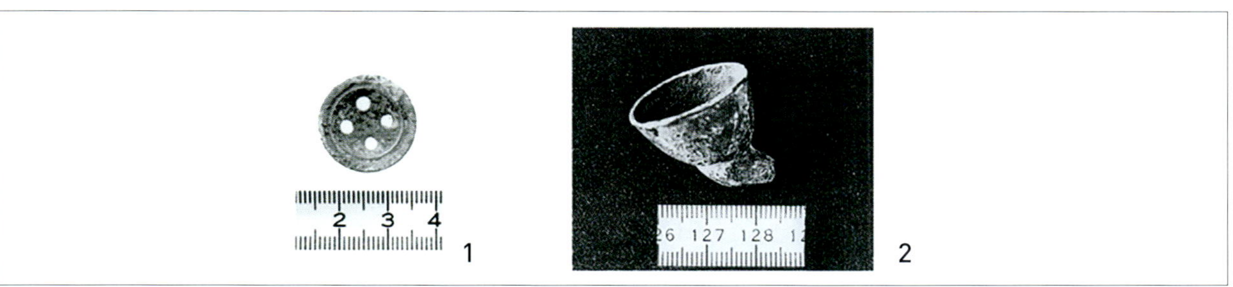

도면 747 | 크라스키노성 출토 근현대 청동유물: 1-제11구역(1995), 2-제25구역(2000)

7. 청동-철제 유물

청동-철 버클(대구). 3점이 확인된다. 2018년에 제53구역에서 출토된 1점은 버클의 고리와 침이 모두 남아 있다. 고리는 철로, 침은 청동으로 각각 만든 것이다. 고리의 평면모양은 한쪽이 곧은 타원형이다. 곧은 쪽에 침이 부착되어 있다. 고리의 단면도 타원형에 가깝다. 침은 약간 호선 형태이며 끝부분이 고리의 앞쪽에 걸쳐지게 하였다. 크기는 4.4×2.5㎝, 단면의 두께는 1~1.1×0.5~0.6㎝이다(도면 2018-842)(도면 748, 1).

다른 1점은 2012년에 제44구역에서 출토된 것인데 버클의 잔존 고리와 침이 모두 청동으로 만든 것이다. 다만 버클 고리에서 남아 있지 않은 이음쇠는 철로 만들었는데 그 일부가 침의 아래 구멍에 남아 있다. 버클 고리의 크기는 길이 2.3㎝, 폭 0.6㎝, 두께 0.2㎝이다. 침의 크기는 길이 1.3㎝, 기저부 너비 0.5㎝, 예봉부 너비 0.3㎝이다(도면 2012-138)(도면 748, 2).

다른 1점은 2009년에 제40구역에서 출토된 것이다. 버클의 이음쇠 부분은 철로 만든 것으로 생각되고, 일부가 잔존하는 고리와 침은 모두 청동으로 만들었다. 침은 끝부분이 한쪽으로 약간 굽었다(도면 2009-362)(도면 748, 3).

8. 납(鉛) 유물

납 유물. 납으로 만든 유물이 1990년에 제7구역의 지표아래 19㎝ 깊이에서 1점이 출토되었다(도면 1990-16)(도면 748, 4). 덧장식으로 보고되었고 다른 기술내용은 없다. 평면이 원형이고 가운데에 작은 돌기가 하나 있는 것으로 생각된다. 축척을 보면 크기는 약 2.5×2.2㎝이다.

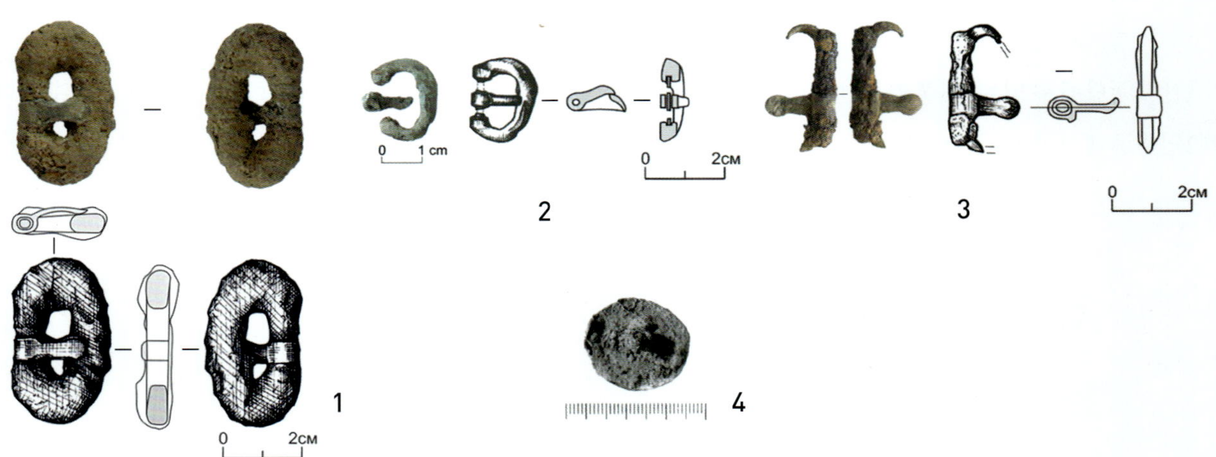

도면 748 | 크라스키노성 출토 청동-철제 버클(1~3), 납 유물(4): 1-제53구역(2018), 2-제44구역(2012), 3-제40구역(2009), 4-제7구역(1990)

9. 유리제품

유리제품은 목걸이 알로 사용한 구슬이 4점 확인되었다. 구슬 중의 1점은 금박을 한 유리구슬이다.

금박유리구슬(목걸이 알). 2009년에 제40구역의 10호 주거지에서 출토되었다(도면 2009-305, 306)(도면 749, 1). 원통형태를 하고 있으며, 위와 아래가 약간 볼록하다. 크기는 5×6㎜이고, 구멍의 직경은 2㎜이다. 겉으로 보이는 색깔은 황색이고 반투명이다.

유리구슬(목걸이 알). 3점이 발견되었는데 모두 형태가 서로 비슷하다. 모양이 약간 납작한 구체이며, 가운데에 실을 끼울 수 있게 구멍을 내었다. 구슬의 색깔이 보고된 것은 2018년에 제53구역에서 출토된 1점이다. 이 유리구슬은 짙은 남색인데 산화 코발트 성분 덕분인 것으로 보고되었다. 크기는 9×5㎜이고, 구멍 직경은 0.2㎜이다(도면 2018-716, 717)(도면 749, 2). 다른 1점은 1996년에 제12구역의 석축담장 부근에서 출토되었다. 사진만 제시되었고, 크기는 직경 1.32㎝로 보고되었다(도면 1996-28, 1)(도면 749, 3). 다른 1점은 2009년에 제42구역의 제4인공층에서 출토되었다(도면 2009-718, 719)(도면 749, 4). 위와 아래가 납작하고 측면은 둥근 형태이다. 직경이 0.8~0.9㎝이고, 구멍의 직경은 2~3㎜이다.

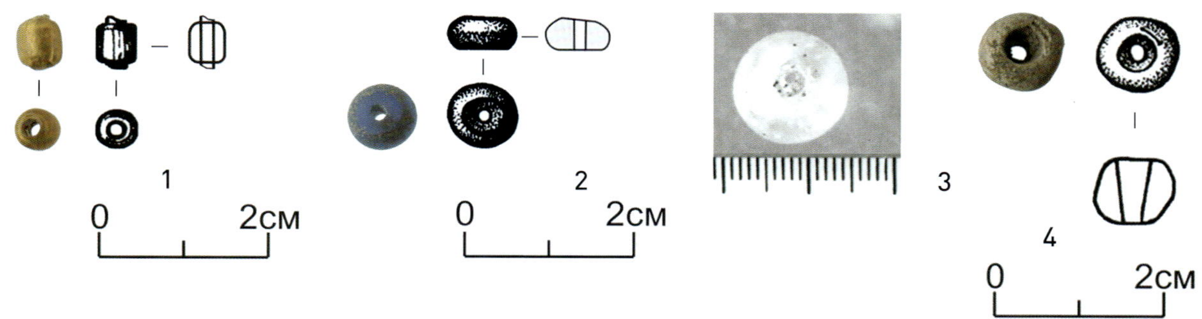

도면 749 | 크라스키노성 출토 금박 유리 목걸이 알(1), 유리 목걸이 알(2, 4), 유리 구슬(3): 1-제40구역(2009), 2-제53구역(2018), 3-제12구역(1996), 4-제42구역(2009)

10. 골제 유물

명적 예비품. 2007년에 제34구역 제2인공층에서 출토되었다. 뿔로 만들었는데 원뿔 형태이고 속이 비어 있고 양쪽이 모두 뚫렸다. 명적을 만들기 위한 예비품으로 추정된다. 크기는 길이 4.5㎝, 직경 2.6~2.9㎝이다(도면

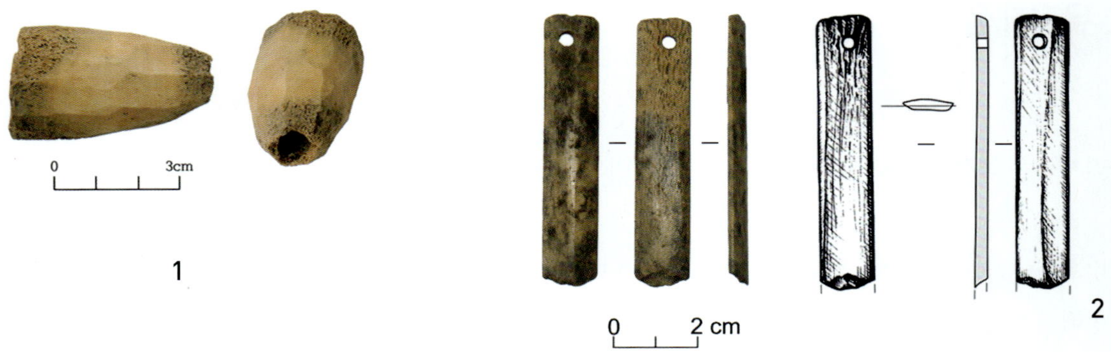

도면 750 | 크라스키노성 출토 각제 명적 예비품(1), 골제 판모양 유물(2): 1-제34구역(2007), 2-제50구역(2015)

2007-145)(도면 750, 1).

장방형 판상 유물편. 2015년에 제50구역 1호 수혈구덩이에서 출토되었다. 길쭉한 띠 모양이며 한쪽은 결실되었다. 잔존하는 다른 한쪽 끝 부분에 작은 구멍이 하나 뚫려있다. 동물의 뼈를 깎아 만들었다. 잔존 크기는 6.8×1.4㎝, 두께는 0.3㎝이다. 구멍의 직경은 0.3㎝이다. 표면이 매끈하다(도면 2015-769)(도면 750, 2).

11. 목제유물

크라스키노성에서 출토된 나무로 만든 목제유물은 용기, 빗, 작은 막대기 이렇게 3점이 집계된다.

나무용기. 잔이다(도면 87; 248, 3)(도면 751, 1). 사찰구역의 서쪽 부분에 위치하는 우물의 바닥에서 굽이 위로 향한 채로 발견되었다. 목이 약간 잘록하게 형성되어 있고, 구연은 밖으로 약간 벌어진다. 동체 최대경이 중간쯤에 있다. 평면 모양이 타원형이다. 크기는 구경 7.1×6.5㎝, 높이 6.4㎝, 굽 직경 4.2×3.8㎝, 굽 높이 1.2㎝이다. 기벽의 두께는 얇은 부분이 3㎜를 넘지 않는다.

나무 빗. 2009년에 제40구역의 10호 주거지의 내부퇴적토 중간 부분에서 출토되었다(도면 293~295)(도면 751, 2). 탄화된 상태였다. 빗은 반쪽 정도가 남아 있는데 원래는 반원 모양이었을 것이다. 빗살은 매우 짧게 남아 있다. 추정 길이는 6㎝이며, 두께는 0.8㎝이다. 빗살의 두께는 0.7~1㎜이다.

규화목 막대기. 규화목으로 만든 것이다. 1994년에 제9구역(도면 1994-70)(도면 751, 3), 2007년에 제37구역 제1인공층(도면 2007-72, 2), 그리고 2011년에 제47구역 섹터 1 제1인공층(도면 2011-543)(도면 751, 4)에서 각각 출

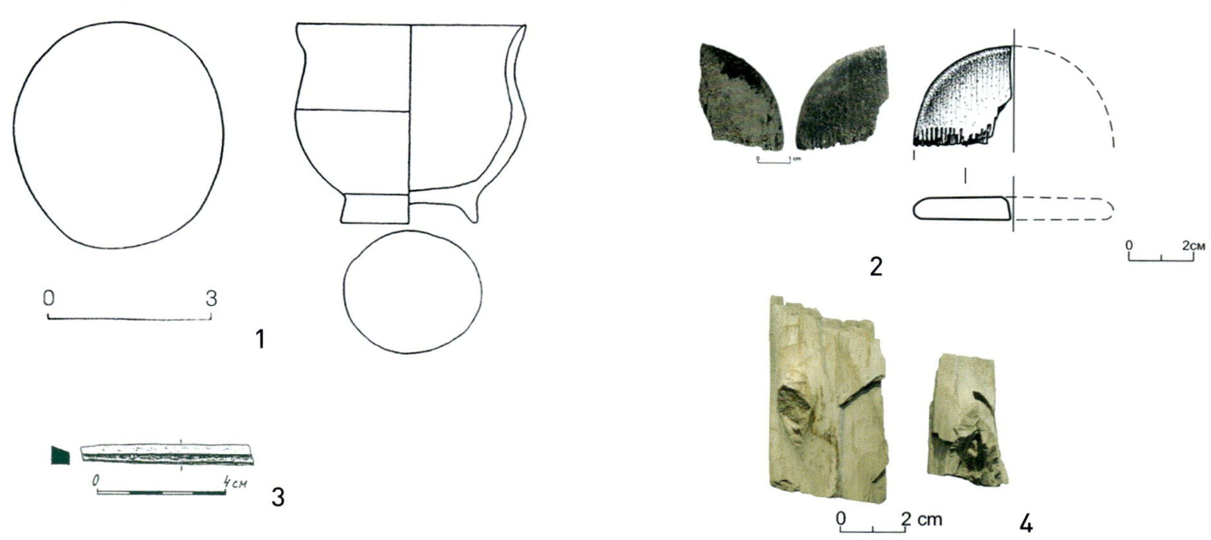

도면 751 | 크라스키노성 출토 목제 용기(1), 빗(2), 규화목(3, 4): 1-제15구역(1998), 2-제40구역(2009), 3-제9구역(1994), 4-제47구역(2011)

토되었다. 1994년에 출토된 규화목은 막대기 모양인데 양쪽 끝부분에 부러져 나간 흔적이 있다. 단면은 사다리꼴이다. 잔존 길이는 5.2㎝, 너비는 0.6㎝, 두께는 0.56㎝이다(도면 751, 3).

12. 토기

토기는 크라스키노성에서 가장 많은 수량으로 출토된 유물이다. 토기는 대부분 편 상태로 출토되었다. 하지만 드물기는 하여도 온전한 상태로 출토된 것도 있고, 또 동체부를 일부 포함하는 토기의 윗부분이나 아랫부분이 도면상 복원되는 것들도 있다. 토기의 기종과 기형은 매우 다양하며, 또 매우 드물게 발견되는 형태도 있다. 절대다수가 윤제 토기이고, 그 외에도 수제 토기가 있다. 윤제 토기는 기본적으로 고구려의 전통을 이어받은 것이고, 수제 토기는 말갈의 전통을 이어받은 것이다. 다만 말갈 계통의 토기 중에도 윤제로 성형한 것들이 있는데 발해시기에 특징적인 현상이다. 이 책에서는 크라스키노성 출토 토기의 기종과 기형 구분을 시도하였다. 하지만 전체 기형이 확인되는 토기들은 수량이 제한되어 있어 구연-동체 윗부분 편들을 중심으로 형태분석을 실시하였다.

크라스키노성에서 출토된 토기는 1980년부터 2018년까지 발굴조사보고서에 보고된 것만 하여도 2천 5백 점이 넘는다. 이 모든 토기를 다 검토하여 분류한다는 것은 쉬운 일이 아니다. 구연-동체 윗부분 편들 중에서도 편이 너무 작아 기형이나 기종을 판단하기 힘든 것은 형태분석에서 제외하였다. 또한 동체부편이나 저부편은 도면만 가지고서는 기종이나 기형을 판단하기 힘들어 따로 분석을 하지 않았다. 여기에서 형태분석을 한 토기의 개수는 대략 1,250점에 달한다. 그런데 본의 아니게 누락된 개체도 있을 수 있다고 생각되며, 또한 분류의 기준은 연구

자마다 다를 수 있게 때문에 다른 시각에서 다르게 분류를 할 수도 있을 것이다. 다만 이 분류를 통해 크라스키노 성에서 출토된 토기의 전체 현황은 파악할 수 있을 것으로 기대된다.

1) 옹류 토기

이 종류에 속하는 토기들은 무엇보다도 먼저 크기가 크다. 옹은 크라스키노성에서 비교적 많은 수량으로 출토된 토기이다. 하지만 대부분 구연부를 포함하는 옹의 윗부분만 보고되었다. 그 외에 옹의 저부도 확인된다. 온전한 형태 혹은 전체 기형이 복원된 옹은 보고된 것이 7점에 불과하다.

전체 기형이 확인되는 옹은 어깨가 넓은 광견옹이 5점, 동체가 장란형으로 길쭉한 장동옹이 2점 각각 보고되었다. 모두 구순의 단면이 원형이다. 광견옹은 구경이 44.5㎝부터 53.7㎝까지, 높이가 74.2㎝부터 81㎝까지이다. 장동옹 2점은 크기가 각각 구경 21.2㎝에 높이 68㎝, 구경 14.1㎝에 높이 50㎝이다.

그런데 광견옹과 장동옹은 구연부와 동체 윗부분만이 남아 있는 경우 호와 구분이 모호한 경우가 많다. 사실 옹과 호는 비슷한 기형을 가진 경우가 많아 크기를 통해 서로 구분을 한다. 고구려 토기의 경우에는 높이 40㎝ 이상은 옹류로, 그 미만은 호류로 판단을 한다.[26] 발해 토기에 대해서는 아직 전체적인 통계가 이루어지지 않았다. 때문에 현재로서는 이 기준을 받아들이는 것이 옳다고 생각된다. 다만 크라스키노성에서 출토된 옹류와 호류 토기는 절대다수가 구연-동체 윗부분이고, 소수만이 전체 기형이 확인된다. 때문에 높이가 아니라 구연부의 직경, 즉 구경을 통해 옹과 호를 구분해야만 하는 경우가 상당히 많다.

광견옹과 장동옹은 온전한 형태로 보고된 것은 구연이 모두 단면이 도톰하고 둥그스름한 소위 '대롱구순' 혹은 '원형구순'이다. 모두 목이 짧게 형성되어 있고 구연부도 짧게 외반하였다. 광견옹은 저경이 구경보다 작고, 장동옹은 반대로 저경이 구경보다 크거나 혹은 비슷하다. 광견옹은 어깨 부분이 목 아래에서 처음에는 약간 완만하게 경사지다가 안쪽으로 크게 호선을 이루면서 아래로 내려가고, 장동옹은 어깨가 비교적 급하게 경사지다가 안쪽으로 완만하게 호선을 이루면서 내려간다.

먼저 광견옹과 장동옹에 공통적으로 보이는 짧게 외반하는 대롱구순과 짧은 목이 있는 구연-동체 윗부분들의 구경을 검토해 보았다. 그 결과 구경이 8.8㎝부터 56㎝까지 분포하는 것이 확인되었다(도면 752).[27] 전체 기형이 남아 있는 광견옹의 구경이 44.5~53.7㎝임을 감안한다면 구경이 56㎝까지는 옹임이 분명하다. 그런데 문제는 몇 ㎝부터를 광견옹으로 볼 수 있는가 하는 점이다. 광견옹 5점의 구경과 높이 비율을 통해 옹과 호의 경계로 받아들여지고 있는 높이 40㎝를 충족시킬 수 있는 예상 구경은 22~29㎝인 것이 확인되었다(표 1).

26 최종택, 1999, 『고구려토기 연구』, 서울대학교대학원 박사학위논문, 25쪽.

27 발굴조사보고서에 구경이 보고되지 않은 것들은 축척을 통해 구경의 크기를 추정하였다. 이것은 단면 원형구순의 옹류 토기 뿐만 아니라 다른 토기들에도 해당된다. 때문에 구경 등 크기와 관련된 수치들은 대략적인 것이 적지 않음을 밝힌다.

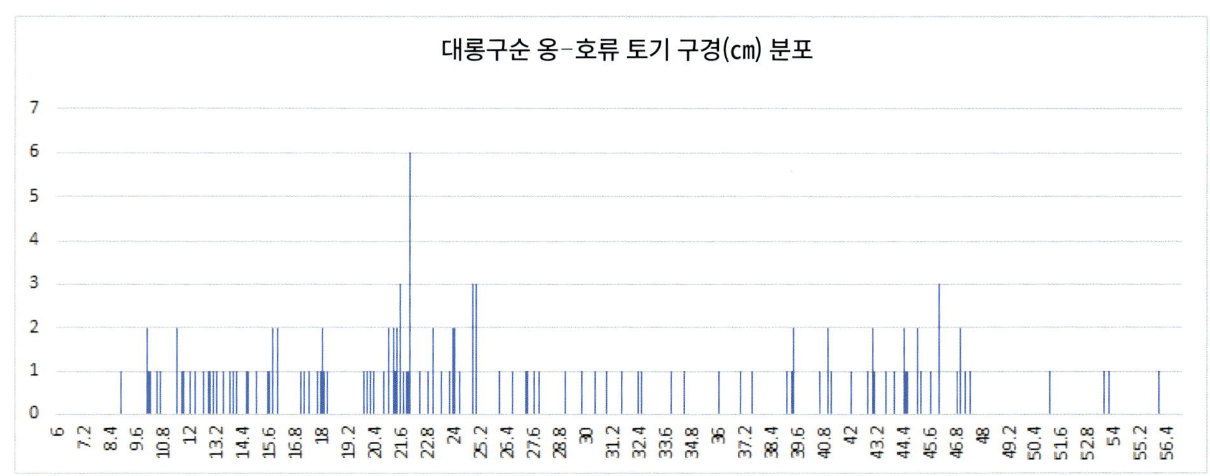

도면 752 | 크라스키노 성 '대롱구순' 옹-호류 토기 구경 분포도

표 1. '대롱구순' 광견옹의 높이와 구경 비율

대롱구순 광견옹	높이 : 구경(㎝)	높이 40㎝: 예상 구경	도면
1	75 : 54.5	40 : 29	753, 1
2	74.2 : 45.6	40 : 24.5	754, 3
3	81 : 44.5	40 : 22	754, 1
4	78.3 : 53.7	40 : 27.4	753, 2
5	75.8 : 46.9	40 : 24.7	754, 2

광견옹이 분명한 것들은 구경 분포가 36~47.4㎝와 51~56㎝의 두 구간으로 크게 구분된다. 하지만 구경이 44.5㎝인 것이 높이는 81㎝이고, 또 반대로 구경은 54.5㎝인 것이 높이는 75㎝로서 구경과 높이가 반드시 비례하는 것은 아니다. 이 경우 광견 대옹은 구경 42~56㎝로 볼 수 있을 것이다. 광견 중옹은 구경 36~41.1㎝까지 볼 수 있다. 광견옹일 수도 있고 또 호일 수도 있는 구경 그룹은 26~34.4㎝인데 잠정적으로 광견 소옹-대호로 부르기로 한다.

그런데 상기한 바와 같이 장동옹 2점은 구경이 각각 14.1㎝와 21.2㎝이다. 이 2점과 동일한 형태의 것이 높이 40㎝가 될 경우 예상되는 구경은 11.3~12.5㎝ 사이이다(표 2).

표 2. '대롱구순' 장동호의 높이와 구경 비율

대롱구순 장동호	높이 : 구경(㎝)	높이 40㎝: 예상 구경	도면
1	68 : 21.2	40 : 12.5	759, 1
2	50 : 14.1	40 : 11.3	762

그런데 이 구간 및 부근의 동일 특징 토기 구경은 12.6~16㎝, 17~18.2㎝, 19.9~25㎝로 서로 구분된다. 때문에 동체가 장동이면서 대롱구순인 토기는 구경 12.6~16㎝ 장동 소옹, 구경 17~18.2㎝ 장동 중옹, 구경 19.9~25㎝ 장동 대옹으로 각각 구분이 가능할 것이다. 구경이 그 보다 더 작은 8.8~12.2㎝는 다시 구경 8.8~10.6㎝와 11.4~12.2㎝로 구분된다. 구경 11.4~12.4㎝는 장동옹이 될 수도 있고 또 호가 될 수도 있다. 구경 8.8~10.6㎝는 경경이 더 좁아 이미 병에 해당할 것이다.

한편 옹에는 이러한 특징적인 형태의 광견옹과 장동옹만 있는 것이 아니다. 구순이 원형 혹은 대롱구순이 아닌 것 중에도 옹류 토기들이 있다. 여기에서는 원형구순 옹류 토기와 동체가 심발을 연상시키는 옹류 토기 그리고 잔존하는 동체가 원통형인 옹류 토기를 소개하였다. 다만 이것들은 전체 기형이 복원된 것이 없어 전체 기형을 아직 판단할 수가 없다. 그 외에도 크라스키노성에서는 직구 옹류 토기도 출토되었는데 이것은 직구류 토기에서 소개하였다.

(1) 원형구순 광견옹

형태가 온전하게 남아 있는 것은 5점이 보고되었다. 모두 대형이다. 구연은 모두 짧게 외반하였고, 도톰하고 둥그스름한 소위 대롱구순이다. 목은 매우 짧게 형성되어 있으며 잘록하다. 목과 어깨 사이에 돌대가 있는 것도 있고, 또 턱이 형성되어 있는 것도 있다. 전체적으로 어깨가 발달하여 둥그스름한 역사다리꼴을 연상시킨다. 모두 평저이다. 목의 최소 직경, 즉 최소 경경이 내저 직경보다 크다. 옹은 기본적으로 회색 계통의 윤제 토기이다. 대부분 동체 기저부분에 일정한 두께로 깎기 조정을 한 것이 확인된다.

① 광견 대옹

2002년에 제30구역에서 출토된 광견 대옹은 토층도에 위치가 잘 반영되어 있는데 표토-부식토 바로 아래의 첫 번째 문화층에 구덩이를 파고 넣은 것이다. 이 구덩이는 제30구역 평면도에 17호 구덩이로 표시되어 있다. 이 대옹은 어깨가 크게 발달하여 동체 최대경이 동체의 윗부분에 위치한다. 목은 짧게 형성되어 있다. 구연은 대롱형식이며, 짧게 외반한다. 경부와 동체가 만나는 부분에는 물레에서 밀어내어 만든 돌대가 있다. 크기는 구경 54.5㎝, 동체 최대경 75㎝, 높이 75㎝, 저경 31㎝이다. 기벽의 두께는 0.9~1㎝이다(도면 753, 1).

2002년에 제30구역에서 출토된 다른 광견 대옹 1점은 상기한 대옹과 남북으로 나란히 17호 구덩이 안에 위치하였다. 이 대옹이 남쪽에 위치한다. 상기한 대옹과 거의 동일한 형태이다. 동체 최대경이 동체의 윗부분에 위치하고, 목은 짧게 형성되어 있다. 구연은 짧게 외반하는 대롱형식이다. 다만 상기한 대옹과는 달리 경부와 동체 연결부위에 돌대가 없다. 크기는 구경 53.7㎝, 동체 최대경 73.8㎝, 높이 78.3㎝, 저경 33.5㎝이다. 기벽의 두께는 0.9~1㎝이다(도면 753, 2).

2002년에 제30구역에서 출토된 다른 대옹은 어깨에 돌대가 있고, 다른 특징들은 상기한 대옹들과 거의 동일하다. 구경은 46.8㎝, 동체 최대경은 69㎝, 높이는 75.8㎝, 저경은 32.1㎝이다. 기벽의 두께는 0.9~1㎝이다(도면 754-2).

2004년에 제31구역의 와실유구에서 출토된 대옹은 크기가 구경 44.5㎝, 경경 42.6㎝, 동최대경 76.2㎝, 저경 33.8㎝, 높이 81㎝이다. 속심은 방색, 내면은 갈색, 외면은 회색이다(도면 754, 1).

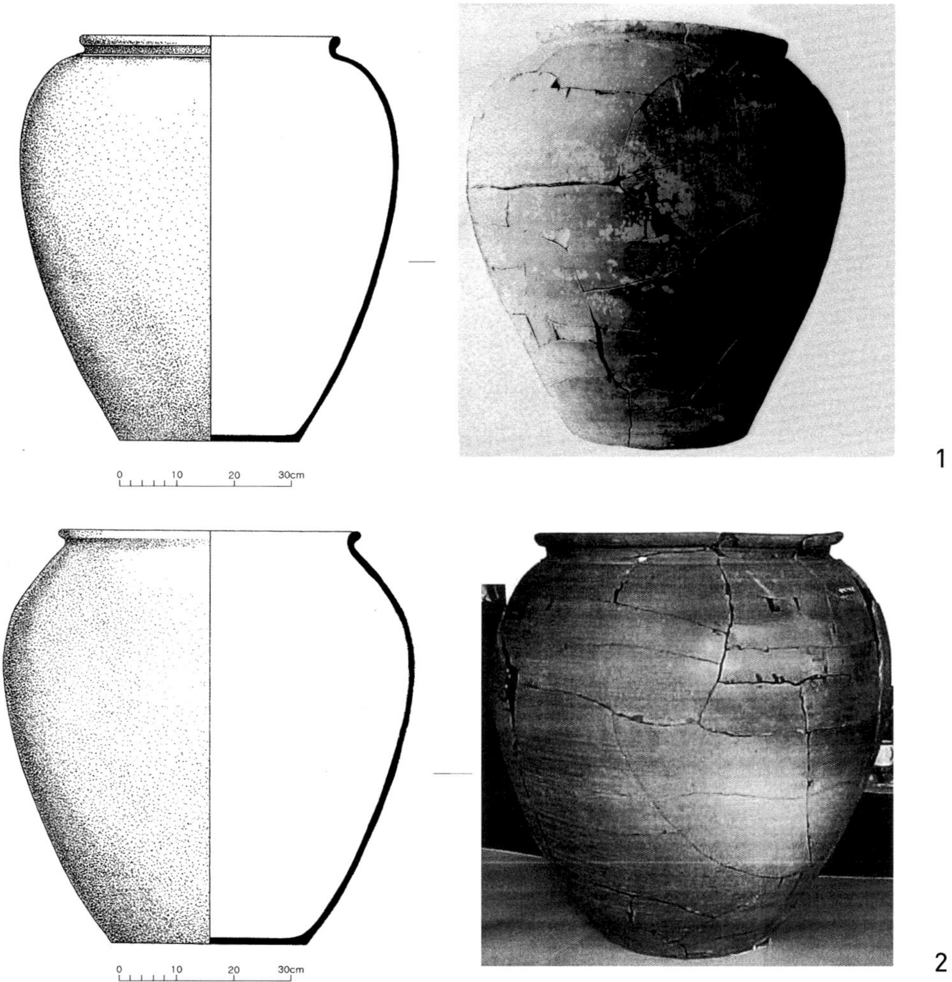

도면 753 | 크라스키노 성 제30구역 줴-제-7방안(1)과 줴-제-8방안(2) 출토 광견대옹(2002)

2005년에 제34구역에서 출토된 대옹은 용량이 90리터 정도인 것으로 보고되었으나, 크기에 대한 보고내용이 없다. 도면에 제시된 축척을 통해 볼 때 이 옹은 높이 74.2㎝, 구경 45.6㎝, 동최대경 65.8㎝, 저경 31.7㎝이다(도면 754, 3).

대형 광견옹은 대부분 구연부와 어깨 부분으로 된 옹의 윗부분만이 보고되었다. 그런데 이 편 상태의 대형 옹들은 어깨 부분의 호선 상태 혹은 경사도가 크게 두 종류로 구분된다. 첫 번째는 온전한 형태가 보고된 대형 광견옹과 마찬가지로 어깨 부분이 완만하게 경사지다가 그 아래로 크게 호선을 그리는 것들이다. 구연-동체 윗부분만 남아 있는 이 광견 대옹들은 구경이 42㎝(도면 755, 1)부터 56㎝(도면 755, 2) 사이이다.

이 광견 대옹들 중에는 목과 어깨의 경계 부분에 돌대가 1줄 돌려져 있는 것도 있다(도면 755, 3). 목과 어깨 사이에 턱이 형성되어 있는 것들도 있다(도면 755, 4~6; 756, 1, 2). 목과 어깨의 경계 부분에 돌대 혹은 턱이 없는 것들도 다수 확인된다(도면 755, 7~9; 756, 3, 4) (도면 2013-121; 1996-58, 2). 목과 어깨의 경계 부분에 돌대 혹은 턱이 없으면서 구연의 대롱모양 단면이 분명하게 관찰되는 것들도 있다(도면 755, 10; 756, 5) (도면 2001-46; 1998-

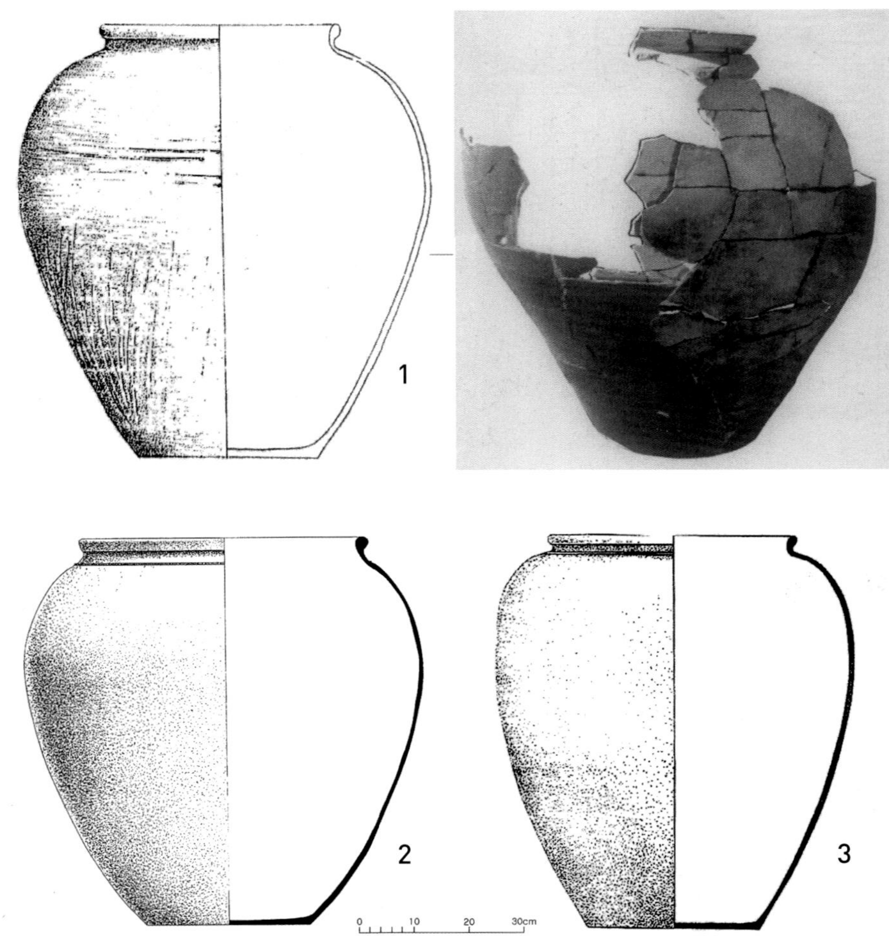

도면 754 | 크라스키노성 제31구역 와실유구 데-9방안(2004)(1), 제30구역 베-붸-6방안(2002)(2), 제34구역(2005) 출토 광견대옹

259, 2; 1997-112-1).

두 번째는 어깨 부분이 사선을 이루면서 밖으로 경사진 것인데 얼핏 보면 장동옹의 윗부분을 연상시키지만, 구경과 대비하여 어깨 부분의 너비를 관찰할 때에 역사다리꼴의 동체를 가진 광견옹일 수밖에 없다고 생각된다. 향후 전체가 복원되는 개체가 발견되면 그 형태가 분명하게 파악될 것이다. 8점이 확인된다.

두 번째 형식의 11점 대형 광견옹 중에는 어깨 부분에 턱이 형성된 것도 있다(도면 755, 11, 12, 13; 756, 6, 7). 어깨 부분에 턱이 형성되어 있는 것 중의 1점에는 목에 일정 간격으로 수직의 띠 모양 광택무늬가, 동체 부분에 수평의 띠 모양 광택무늬가 각각 시문되어 있다(도면 755, 11; 756, 6). 나머지 4점에는 어깨 부분에 돌대나 턱이 없다(도면 755, 14, 15).

그 외에도 편이 매우 작은 2점도 구연의 형태적 특징과 구경의 크기로 보아 광견 대옹일 것으로 생각된다. 1점은 구연이 2중으로 되어 있고, 구경은 46㎝이다(도면 755, 16; 756, 8). 다른 1점은 추정 구경이 45㎝이다(도면 1996-58, 3).

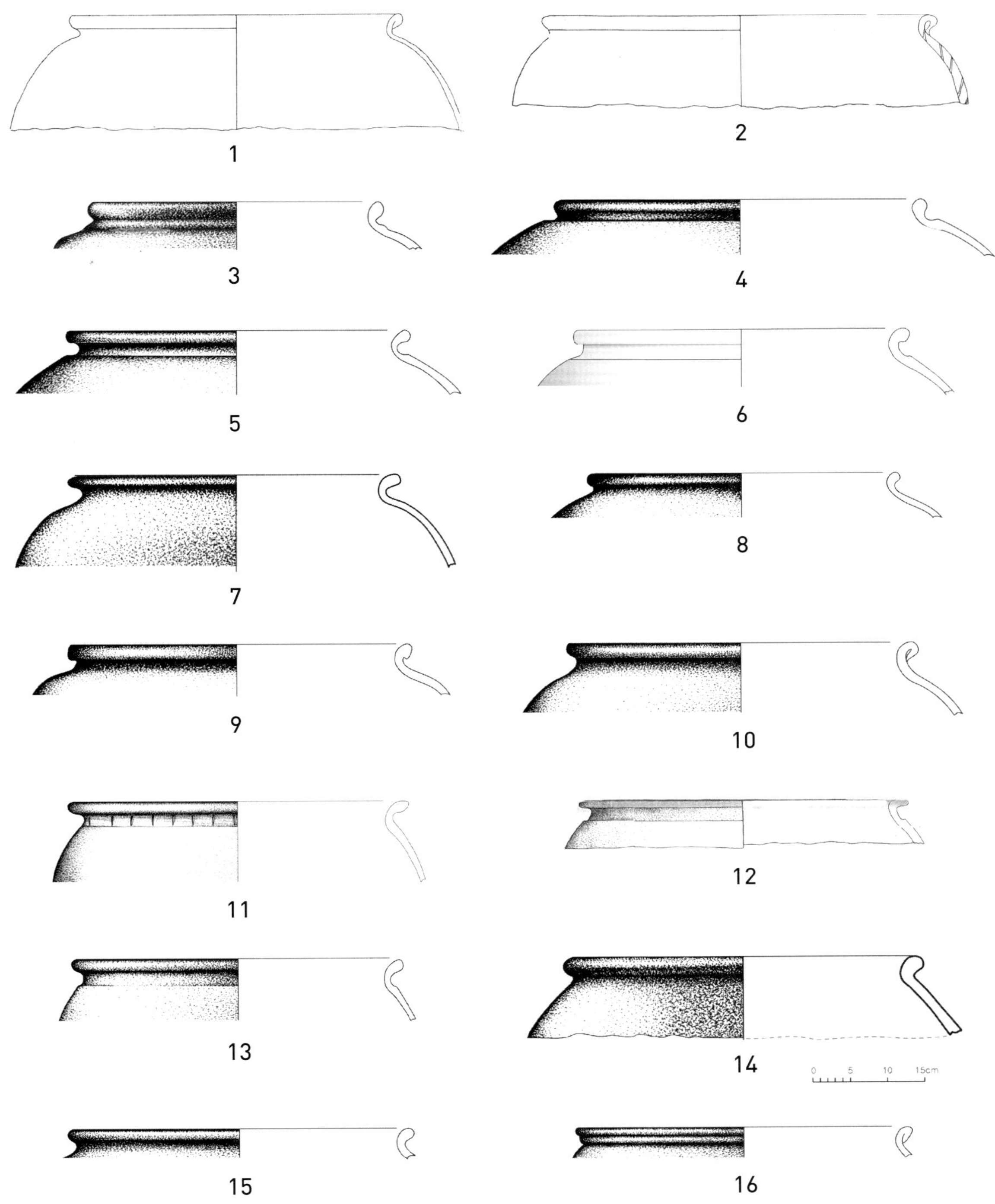

도면 755 | 크라스키노성 출토 광견대옹 구연-동체 윗부분: 1-제25구역 제2인공층 줴-1방안(2001-도46), 2-제15구역(1998-도259, 2), 3-제47구역 5섹터 제3인공층 제-5`방안(2012-도470, 1), 4-제53구역 남동쪽섹터 제3인공층 2호 수혈 붸-10,11방안(2018-도625, 1), 5-제53구역 2섹터 제4인공층 엠-2방안(2017-도604, 1), 6-제42구역 제6인공층 붸-1방안(2009-도806), 7-제44구역 동쪽섹터 제7인공층 까-21방안(2013-도65, 1), 8-제53구역 남서쪽섹터 제9인공층 에르-2방안(2018-도856, 2), 9-제53구역 서북쪽섹터 제3인공층 제-1-6`방안(2018-도540, 1), 10-제47구역 2섹터 제11인공층 게-14방안(2015-도506, 1), 11-제44구역 제8인공층 엠-22방안(2014-도126, 1), 12-제21구역 제2-3인공층(1999-도143, 1), 13-제49구역 2,4섹터 제2인공층 뻬-35방안(2014-도883, 2), 14-제44구역 제2인공층 엠-29방안(2010-도112), 15-제47구역 2섹터 제7인공층 붸-20방안(2015-도355, 1), 16-제49구역 2,4섹터 제2인공층 뻬-41방안(2014-도883, 3)

도면 756 | 크라스키노성 출토 광견대옹: 1-제53구역 2섹터 제4인공층 엠-2방안 출토 광견대옹 구연-동체 윗부분(2017-도591), 2-제42구역 제6인공층 붸-1방안(2009-도795), 3-제44구역 동쪽섹터 제7인공층 까-21방안(2013-도120), 4-제53구역 남서쪽섹터 제9인공층 에르-2방안 출토 광견대옹 구연-동체 윗부분(2018-도844), 5-제47구역 2섹터 제11인공층 게-14방안(2015-도491), 6-제44구역 제8인공층 엠-22방안(2014-도107, 2), 7-제49구역 2,4섹터 제2인공층 뻬-35방안(2014-도879), 8-제49구역 2,4섹터 제2인공층 뻬-41방안(2014-도878)

② 광견 중옹

중형의 광견옹은 온전한 형태가 보고된 것이 없다. 때문에 정확한 형태적 특징이 파악되지 않는다. 다만 대형 광견옹을 참고할 때에 몇몇 구연-동체 윗부분 편들은 중형의 광견옹에 속할 것으로 생각된다. 구순이 도톰하고 둥그스름한 단면 대롱모양이다. 구경은 36~41.1㎝ 사이이다. 어깨 부분은 대형 광견옹와 마찬가지로 두 종류가 확인된다. 다만 어깨 아랫부분은 남아 있는 것이 거의 없어 형태를 추정만 할 수 있을 뿐이다. 10점 중에서 7점은 어깨선이 완만하게 경사졌고, 3점은 급하게 경사졌다.

첫 번째 어깨 부분이 완만하게 경사진 것들은 목과 어깨 사이에 대부분이 돌대가 1줄 형성되어 있다(도면 757, 1~5). 그중에서 1점에는 돌대 바깥에 침선이 1줄 형성되어 있다(도면 757, 2). 다른 1점에는 목에 수직의 띠 모양 광택무늬가 일정 간격으로 시문되어 있다(도면 757, 3; 758, 3). 이 토기는 외면이 수평 띠 마연되었고, 속심은 회색, 표면은 흑색이다. 1점은 목과 어깨 사이에 턱이 형성되어 있다(도면 1997-112, 2). 나머지 1점도 목과 어깨 사이에 턱이 형성되어 있는 것으로 생각되지만 분명하지는 못하다(도면 757, 6). 이 토기는 외면을 둔하게 수평 띠 마연하였고, 속심과 내면은 주황-갈색이고, 내면은 갈색이다.

두 번째 어깨 부분이 거의 사선 방향은 것은 3점 모두 목과 어깨 사이에 돌대가 1줄씩 돌려져 있다(도면 757, 7~9; 758, 2, 3). 그중의 1점은 속심과 표면이 모두 회색이다(도면 757, 9; 758, 3).

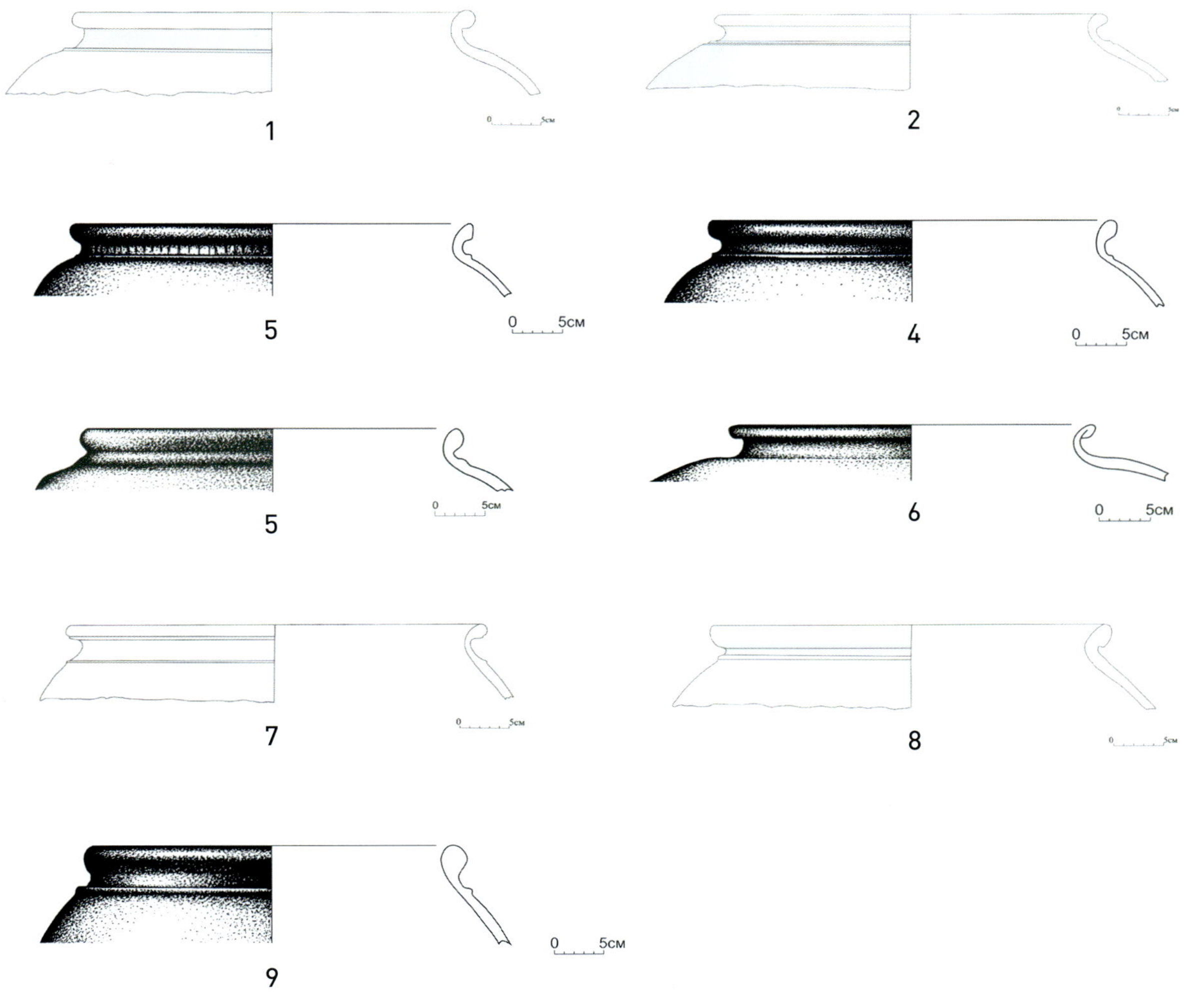

도면 757 | 크라스키노성 출토 광견중옹 구연-동체 윗부분: 1-제41구역 8호 주거지 이-2방안(2008-도442, 3), 2-제40구역(2008-도456, 1), 3-제50구역 1섹터 제4인공층 2호 수혈 치-1`방안(2015-도719, 3), 4-제50구역 1섹터 제3인공층 치-1`방안(2015-도724, 1), 5-제47구역 5섹터 제3인공층 제-5`방안(2012-도470, 1), 6-제44구역 제11인공층 베`-20방안(2014-도252, 1), 7-제41구역 제4인공층 8호 주거지 엔-2방안(2008-도439, 1), 8-제41구역 8호 주거지 까-4방안(2008-도442, 1), 9-제51구역 동쪽섹터 제10인공층 쥐-5방안(2018-도270, 1)

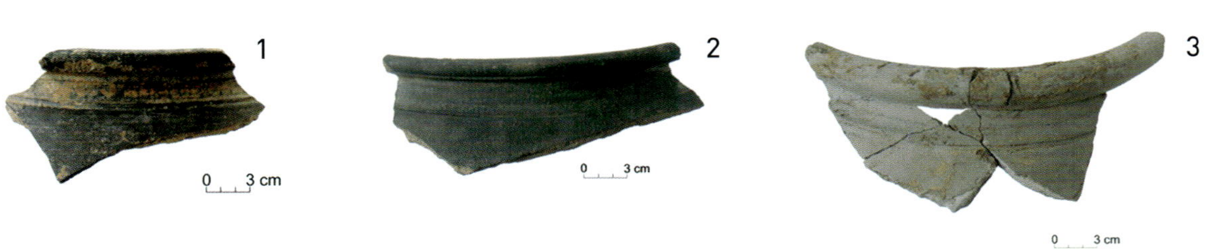

도면 758 | 크라스키노성 출토 광견중옹 구연-동체 윗부분: 1-제50구역 1섹터 제4인공층 2호 수혈 치-1`방안(2015-도717), 2-제41구역 제4인공층 8호 주거지 엔-2방안(2008-도186, 1), 3-제51구역 동쪽섹터 제10인공층 쥐-5방안(2018-도263)

(2) 원형구순 장동옹

동체가 장란형으로 길쭉하다. 형태가 온전하게 보고된 것은 2점에 불과하며, 구경이 각각 14.1㎝와 21.2㎝이다. 14.1~21.2㎝ 구간 및 부근의 동일특징 토기 구경은 12.6~16㎝, 17~18.2㎝, 19.9~25㎝로 서로 구분된다. 그런데 동일특징의 목과 구연을 가진 토기 중에는 기형이 확인되는 호선 기벽의 대형 심발도 있다(도면 804, 5). 이 심발은 구경이 21.4㎝이고 높이가 27.5㎝이다. 때문에 장동옹 구경 구간의 구연-동체 윗부분의 편들은 원칙상 호나 호선 기벽의 심발에 속할 가능성도 있음을 염두에 두어야만 한다. 그런데 해당되는 구연-동체 윗부분의 편들 중 절대다수는 어깨 부분까지만 남아 있다. 어깨 부분 아래까지도 기벽의 호선이 확인되는 것 중에는 온전한 형태의 옹과 호를 통해 옹인지 혹은 호인지 추정이 가능한 것들도 있다. 장동옹이 분명한 것은 장동옹으로, 호가 분명한 것은 호로, 옹인지 호인지 분명하지 못한 것은 옹-호로 각각 판단하고자 한다. 여기에서 호로 표기한 것들은 원칙상 호선 기벽 심발에 속할 수도 있으나 기벽의 호선이 전체적으로 호에 더 가깝다.

① 장동 대옹

전체 기형이 남아 있는 대형 장동옹은 1점이 보고되었다. 구경이 21.2㎝, 높이가 68㎝이다. 동체가 길쭉하며, 동최대경이 어깨 아랫부분에 위치한다. 구연은 도톰하고 둥그스름한데 구순의 끝부분이 거의 위로 향한다. 목이 짧게 형성되어 있고, 목과 어깨와의 사이에 가볍게 턱이 형성되어 있다. 외면에는 수평의 띠 마연이 되어 있다(도면 759, 1; 760, 1).

그 외에 5점은 편 상태인데 어깨 아래로 동체의 상당 부분이 남아 있다. 완만하게 내만 호선을 이루고 있는 기벽의 상태로 볼 때 장동옹이 분명하다. 그중 2점에는 목과 어깨의 경계 부분에 돌대가 1줄씩 돌려져 있다. 2점 모두 동체 외면을 수평 띠 마연하였고, 속심은 오렌지-갈색, 표면은 회색이다(도면 759, 2, 3; 760, 2). 다른 1점은 목과 어깨의 경계에 턱이 형성되어 있다. 외면에는 수평 띠 마연을 하였고, 속심과 표면은 회색이다(도면 759, 4; 760, 3). 나머지 2점은 목과 어깨에 턱이나 돌대가 없다(도면 759, 5, 6; 760, 4). 그중의 1점에는 구연의 중간 아랫부분에 얕게 홈이 돌려져 있다(도면 759, 6).

② 장동 중옹

전체 형태가 남아 있는 중형 장동옹은 보고된 것이 없다. 구경이 17㎝부터 18.2㎝ 사이이다. 짧은 목과 짧게 외반하는 도톰하고 둥그스름한 구연, 그리고 어깨와 동체 상부 기벽의 완만한 호선이 장동옹에 특징적이다. 4점이 확인된다. 그중에서 2점은 어깨 부분에 1줄씩의 돌대가 돌려져 있다. 1점은 구경이 18㎝이고, 외면에 수평 띠 모양 광택무늬가 시문되어 있으며, 속심은 명회색, 표면은 암회색이다(도면 761, 1; 760, 5). 다른 1점은 속심은 회색이고, 표면은 흑색이다(도면 761, 2; 760, 6).

다른 2점은 어깨에 돌대나 턱이 없다. 그중에서 1점은 구경이 18.2㎝이고, 속심은 회색, 표면은 흑색이다(도면 761, 3). 다른 1점은 구경이 17㎝이고, 속심과 표면이 회색이다(도면 761, 4).

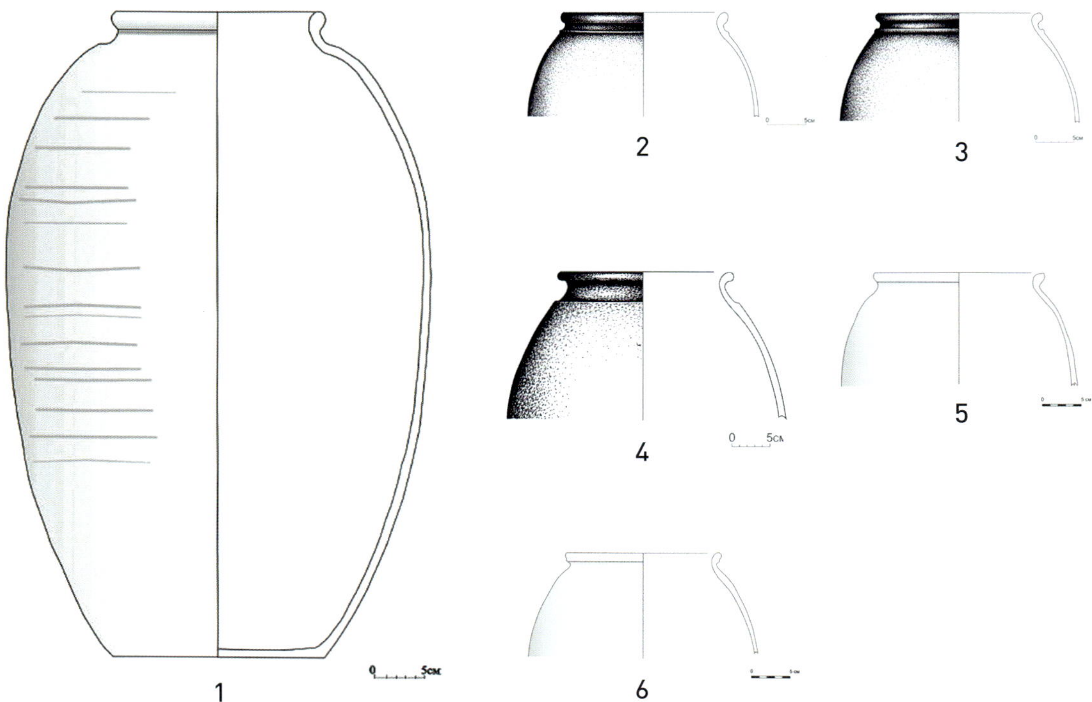

도면 759 | 크라스키노성 출토 장동대옹: 1-제41구역 8호 주거지 이-2,3방안(2008-도447), 2-제53구역 남동쪽섹터 제3인공층 2호 수혈 붸,게-10,11방안(2018-도627, 2), 3-제53구역 남서쪽섹터 제6인공층 떼-1방안(2018-도787, 1), 4-제53구역 남서쪽섹터 제6인공층 오-4방안(2018-도787, 5), 5-제42구역 제3인공층분(2009-도693, 2), 6-제40구역 10호 주거지 베-16방안(2009-도157, 1)

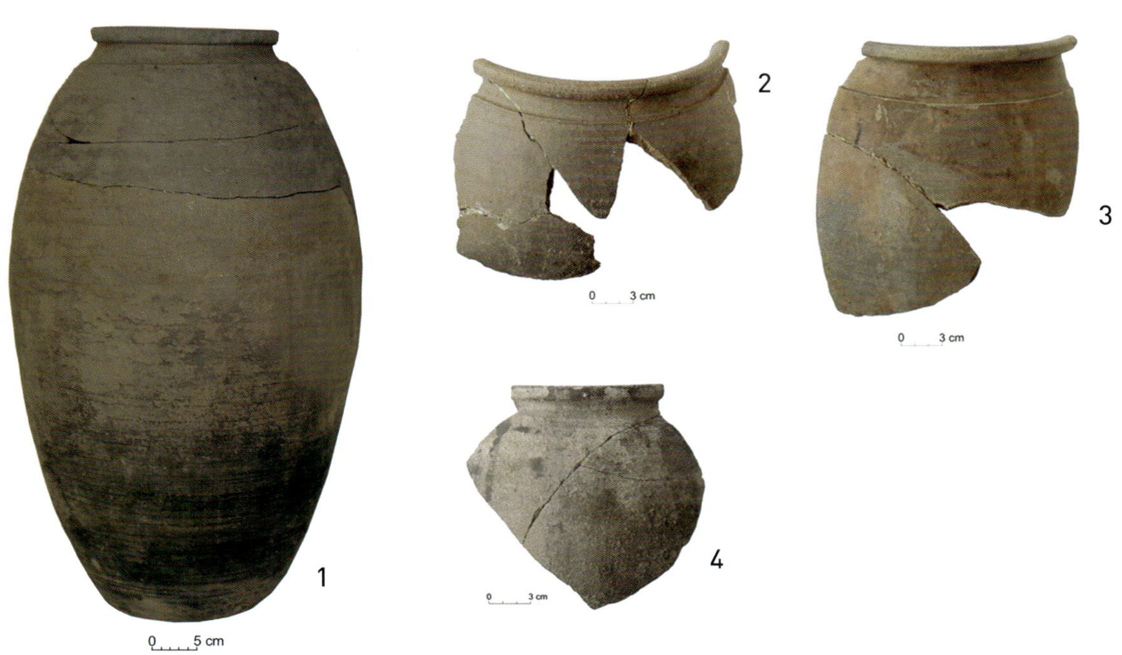

도면 760 | 크라스키노성 출토 장동대옹: 1-제41구역 8호 주거지 이-2,3방안(2008-도197), 2-제53구역 남서쪽섹터 제6인공층 떼-1방안(2018-도775), 3-제53구역 남서쪽섹터 제6인공층 오-4방안(2018-도774), 4-제42구역 제3인공층(2009-도682)

③ 장동 소옹

기형이 남아 있는 소형의 장동옹 1점은 구경이 14.1cm, 높이가 50cm, 저경이 20.3cm이다. 동최대경이 37.5cm로 경경 12.5cm에 비해 넓은 편이다. 동최대경이 동체의 중간보다 약간 아래쪽에 위치한다. 구연은 도톰하면서 둥그스름한 '대롱' 모양이며, 구연이 약 45도 방향으로 짧게 외반한다. 2008년에 제41구역의 8호 주거지에서 출토되었다(도면 762).

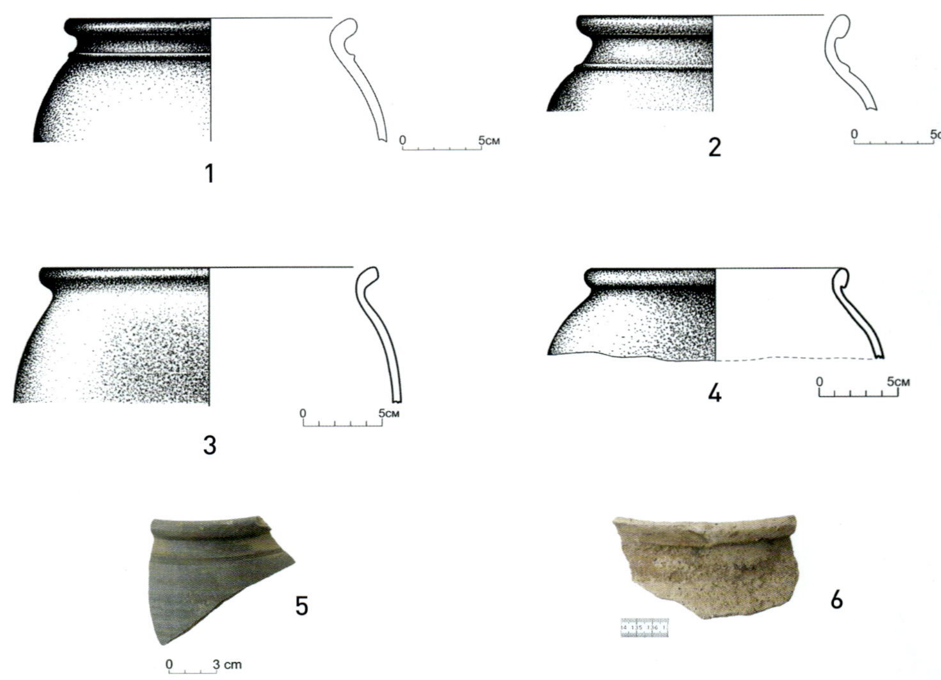

도면 761 | 크라스키노성 출토 장동중옹 구연-동체 윗부분: 1, 5-제53구역 서북쪽섹터 제2인공층 줴-10`방안(2018-도481, 5), 2, 6-제53구역 2섹터 제4인공층 엠-2방안(2017도604, 3), 3-제47구역 6섹터 제3인공층 붸-33방안(2013-도225, 2), 4-제44구역 제2인공층 엔-29방안(2010-도113)

도면 762 | 크라스키노성 제41구역 8호 주거지 제,이-3방안 출토 장동소옹(2008-도446)

(3) 원형구순 옹-호류 토기

구연-동체 윗부분만 남아 있어 옹인지 호인지 잘 구분이 되지 않는 토기들이다.

① 옹-호류 토기1

짧게 외반하는 대롱구순의 구연-동체부 윗부분 편들 중에서 구경 26~34.4㎝ 구간에 해당하는 것들이다. 14점이 확인된다. 모두 편 상태이다. 어깨 부분은 완만하게 경사진 것, 급하게 경사진 것, 그리고 거의 수평인 것이 있다.

어깨선이 완만하게 경사진 것은 광견의 옹일 가능성이 높다. 1점은 어깨에 돌대가 1줄 돌려져 있다(도면 763, 1). 이 토기는 목 부분은 수직의 띠 광택무늬로, 어깨 부분은 외면이 수평의 띠 광택무늬로 각각 장식되었다. 다른 2점은 어깨와 목의 경계 부분에 턱이 져있다(도면 763, 2, 3). 다른 1점은 어깨 부분에 침선이 1줄 돌려져 있다. 목은 수직의 띠 광택무늬로 장식되었다. 속심은 암갈색, 표면은 암회색이다(도면 763, 4; 764, 1). 1점은 어깨 아래로 동체가 일부 남아 있다(도면 763, 5; 764, 2). 나머지 1점은 구연의 아랫부분에 얕게 턱이 형성되어 있다(도면 763, 6; 764, 3).

어깨선이 급하게 경사진 것은 광견옹일 가능성도 있고 또 원칙상 장동옹이나 장동호일 가능성도 있다. 5점은

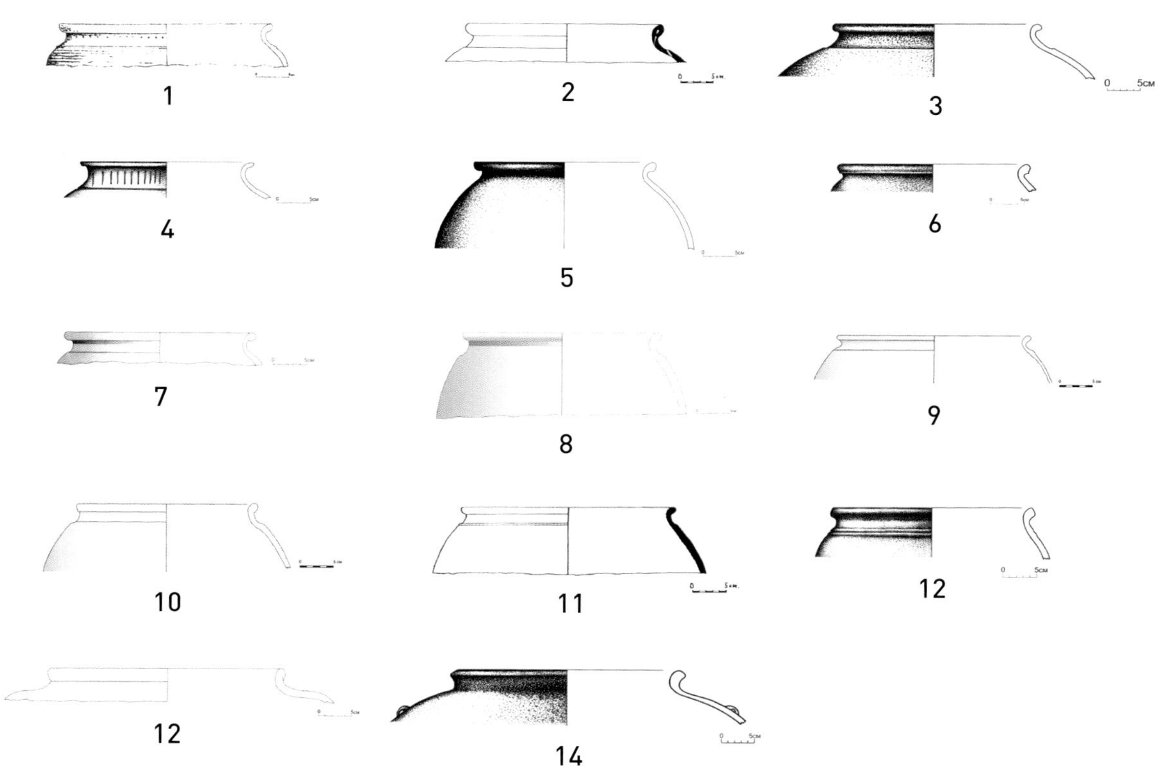

도면 763 | 크라스키노성 출토 원형구순 옹-호류 토기1: 1-31구역 와실유구 (2004-도182, 5), 2-제15구역 제4인공층(1997-도111, 3), 3-제48구역 동쪽섹터 제6인공층 쥐,제-29,30방안(2016-도63, 1), 4-제44구역 제8인공층 쥐-23방안(2014-도127, 2), 5-제53구역 남서쪽섹터 제7인공층 떼-1방안(2018-도810, 1), 6-제47구역 3섹터 제7인공층 게-30방안(2011-도703), 7-제34구역 제3인공층 데-11방안(2006-도202, 3), 8-제34구역 제7인공층 게-15방안(2007-도220, 2), 9-제40구역 1호 수혈 제7인공층 베,뤠-15,16방안(2009-도88, 1), 10-제42구역 제3인공층(2009-도693, 1), 11-제15구역 제4인공층(1997-도111, 2), 12-제47구역 5섹터 제3인공층 엠-3방안(2012-도468, 1), 13-제37구역(2008-도435, 2), 14-제45구역 서쪽섹터 제8인공층 까-5방안(2011-도256, 2)

도면 764 | 크라스키노성 출토 원형구순 옹-호류 토기1: 1-제44구역 제8인공층 줴-23방안(2014-도110, 2), 2-제53구역 남서쪽섹터 제7인공층 떼-1방안(2018-도803), 3-제47구역 3섹터 제7인공층 게-30방안(2011-도694), 4-제42구역 제3인공층(2009-도686), 5-제45구역 서쪽섹터 제8인공층 까-5방안(2011-도256, 1)

어깨와 목의 경계 부분에 턱이 형성되어 있다(도면 763, 7~11; 764, 4). 다만 그중의 1점에는 목과 어깨 사이에 돌대가 1줄 돌려져 있는 것처럼 보이나 분명하지는 않다. 1점에는 어깨에 2줄의 돌대가 돌려져 있다(도면 763, 12).

어깨선이 거의 수평에 가까운 것은 1점이 있다. 수평에 가까운 어깨가 끝나는 부분에서 동체 기벽이 급격하게 아래로 꺾이는 것으로 생각된다(도면 763, 13).

다른 1점은 어깨 부분이 완만하게 경사진 것인데 어깨에 '코 손잡이'가 있다(도면 763, 14; 764, 5). 구경이 33.8㎝이고, 견부의 잔존 직경이 53.8㎝인데 어깨 부분의 기벽 호선으로 보아 광견옹일 가능성이 높다고 생각된다.

② 옹-호류 토기2

대롱구순의 구연-동체부 윗부분 편들 중에서 옹 혹은 호가 분명한 것을 제외하고 구경 19.9~25㎝ 구간에 해당하는 것들이다. 어깨선이 완만하게 경사진 것, 급하게 경사진 것, 어깨 부분의 잔존부분이 너무 적어 어깨선의 상태를 파악하기 힘든 것들로 구분된다.

어깨선이 완만하게 경사진 것은 6점이 확인된다. 그중 2점은 목과 어깨 부분에 턱이 형성되어 있고, 속심과 표면이 회색이다(도면 765, 1, 2; 766, 1, 2). 다른 1점에도 목과 어깨 부분에 턱이 형성되어 있다(도면 765, 3). 1점은 목과 어깨 사이에 1줄의 돌대가 돌려져 있고, 목에는 지그재그 모양으로 띠 광택무늬가 시문되어 있다(도면 765, 4; 766, 3). 이 토기는 속심은 주황-갈색이고, 표면은 회색이다. 다른 2점은 어깨에 턱이나 돌대가 없다(도면 765, 5, 6; 766, 4). 그중의 1점은 속심은 회색, 표면은 암회색이다(도면 2014-540, 2).

어깨선이 급하게 경사진 것은 4점이 확인된다(도면 765, 7~10). 기벽의 호선 상태로 보아 장동옹일 가능성이 높다고 생각된다. 그중의 2점에는 목과 어깨 경계 부분에 턱이 형성되어 있다(도면 765, 7, 8).

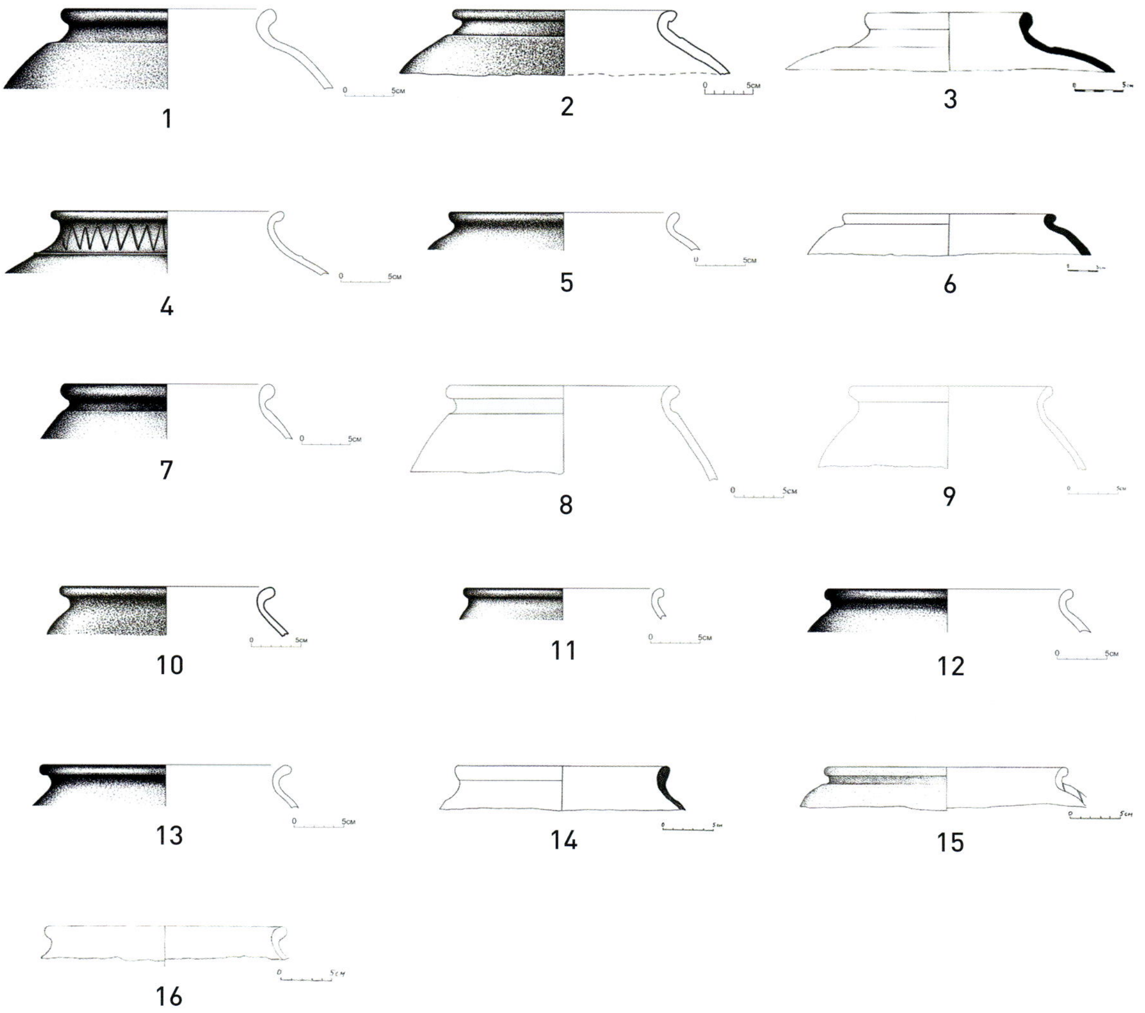

도면 765 | 크라스키노성 출토 원형구순 옹-호류 토기2: 1-제50구역(2015-도794, 5), 2-제45구역 제3인공층 쉬-6방안(2010-도383), 3-제15구역 제5인공층(1997-도114, 1), 4-제44구역 제9인공층 엘–25방안(2014-도177, 5), 5-제47구역 3섹터 제6인공층 베-29방안(2014-도540, 1), 6-제11, 12구역(1995-도46, 1), 7-제53구역 남동쪽섹터 제3인공층 뷔-10방안(2018-도625, 6), 8-제40구역 제3~4인공층 게-15방안(2008-도452, 2), 9-제41구역 제2~3인공층 이,까-4방안(2008-도436, 2), 10-제47구역 3섹터 제5인공층 게-23방안(2011-도701), 11-제49구역 2~4섹터 제2인공층 이-38방안(2014-도885, 4), 12-제50구역 1섹터 제3인공층 3호 수혈(2015-도756, 2), 13-제53구역 남서쪽섹터 제4인공층 뻬,에르-3방안(2018-도707, 2), 14-제12구역(1996-도64, 3), 15-제21구역 제2~3인공층(1999-도145, 12), 16-제23구역 제3인공층(1999-도161, 36)

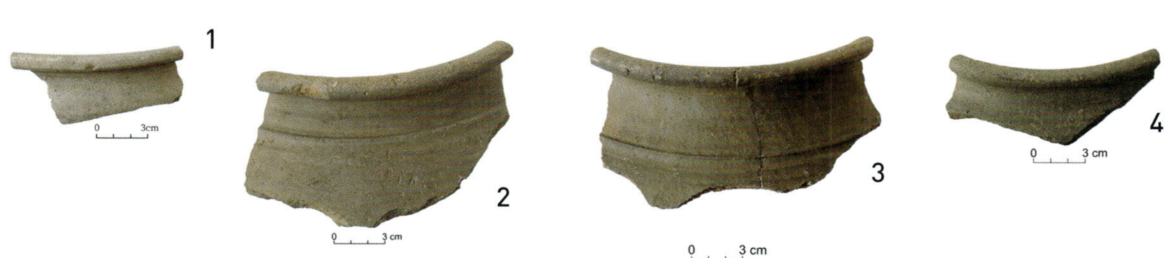

도면 766 | 크라스키노성 출토 원형구순 옹-호류 토기2: 제50구역(2015-도771), 2-제45구역 제3인공층 쉬-6방안(2010-도382), 3-제44구역 제9인공층 엘–25방안(2014-도139, 1), 4-제47구역 3섹터 제6인공층 베-29방안(2014-도532)

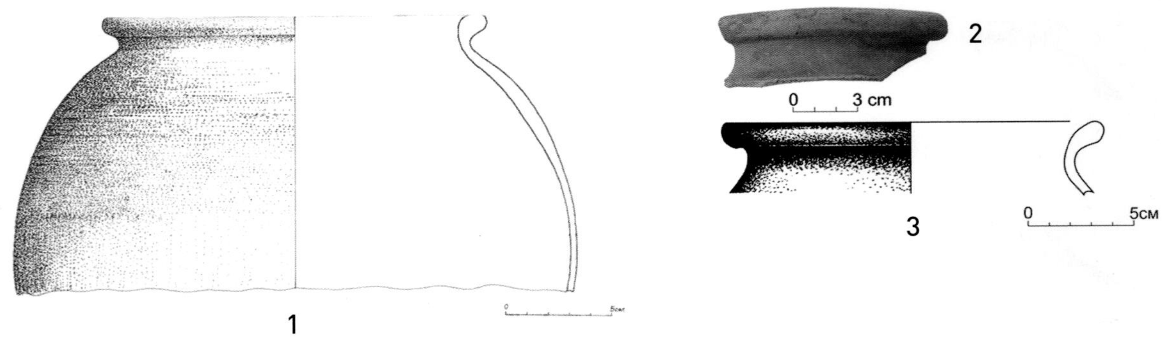

도면 767 | 크라스키노성 출토 원형구순 옹-호류 토기3: 1-제31구역 제6인공층 제-6방안(2003-도132), 2, 3-제53구역 남서쪽섹터 제6인공층 뻬-4방안(2018-도787, 4; 776)

어깨선의 상태를 판단하기 힘든 것도 7점이 있다(도면 2014-540) (도면 765, 5, 11~16). 그중의 1점은 속심은 갈색, 표면은 회색이다(도면 765, 5; 766, 4). 3점은 속심은 모두 회색, 표면은 회색(도면 765, 11, 12) 혹은 암회색(도면 765, 13)이다.

③ 옹-호류 토기3

대롱구순의 구연-동체부 윗부분 편들 중에서 옹 혹은 호가 분명한 것을 제외하고 구경 17~18.2㎝ 구간에 해당하는 것들이다. 2점이 확인된다. 1점은 동체 윗부분이 상당히 많이 남아 있는데 기벽의 호선 상태로만 보아서는 옹인지 호인지 구분이 힘들다(도면 767, 1). 다른 1점은 편이 매우 작다. 속심은 회색, 표면은 암회색이다(도면 767, 2, 3).

④ 옹-호류 토기4

대롱구순의 구연-동체부 윗부분 편들 중에서 옹 혹은 호가 분명한 것을 제외하고 구경 12.6~16㎝ 구간에 해당하는 것들이다. 어깨선이 완만하게 경사진 것과 급하게 경사진 것이 있다. 그 외에 편이 매우 작아 어깨선 상태를 파악하기 힘든 것도 있다.

어깨선이 완만하게 경사진 것은 어깨가 넓은 광견인데 호일 가능성도 있고 또 옹일 가능성도 있다. 6점이 확인된다. 그중의 2점은 어깨와 목의 경계 부분에 턱이 형성되어 있다(도면 768, 1, 2; 769, 1). 다른 1점은 목 부분에는 수평과 수직 방향, 어깨 부분의 외면에는 수평 방향으로 띠 광택무늬가 시문되었다(도면 768, 3). 나머지 3점은 다른 특징이 관찰되지 않는다(도면 768, 4, 5, 6).

어깨선이 급하게 경사진 것은 4점이 있다. 동체는 장동형일 것으로 생각된다. 모두 짧게 외반하는 구연이 있다. 그중의 1점에는 목 아래에 턱이 형성되어 있다(도면 768, 7). 1점은 동체 외면이 수평의 띠 광택무늬로 장식되었다(도면 768, 8). 다른 1점은 수직의 띠 광택무늬로 장식되었다(도면 768, 9). 4점은 다른 특징이 관찰되지 않는다(도면 768, 10~13; 769, 2).

편이 매우 작은 것들 중에는 목과 어깨 경계 부분에 턱이 진 것이 1점 있는데 속심은 주황-갈색, 표면은 흑색이다(도면 768, 14; 769, 3). 다른 1점은 목에 수직 때 광택무늬가 시문되어 있다. 이 토기는 속심은 명회색, 표면은

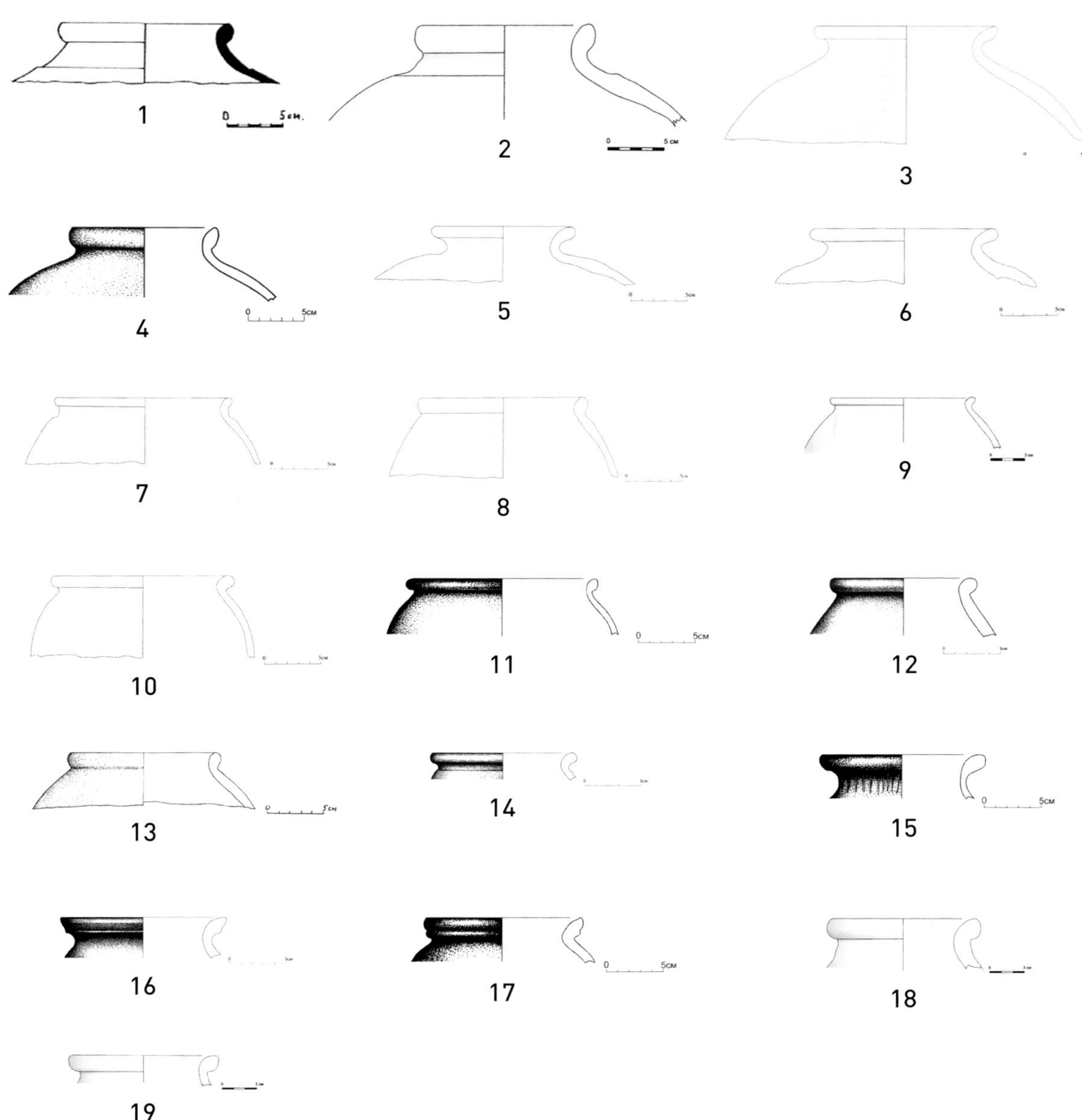

도면 768 | 크라스키노성 출토 원형구순 옹-호류 토기4: 1-제15구역 제4인공층(1997-도111, 4), 2-제40구역 1호 수혈 베-붸-15방안(2009-도90, 2), 3-제40구역 제4~5인공층 붸-17방안(2008-도457, 3), 4-제44구역 동쪽섹터 제6인공층 줴-25방안(2013-도90, 3), 5-제40구역 제2,3인공층 베-16방안(2008-도451, 3), 6-제40구역 제4인공층 베-16방안(2008-도453, 1), 7-제41구역 8호 주거지 제,이-3방안(2008-도443, 4), 8-제40구역 제2~4인공층 베,붸-16방안(2008-도450, 2), 9-제42구역 제3인공층 베-3방안(2009-도695, 2), 10-제40구역 제4인공층 붸-16방안(2008-도453, 2), 11-제53구역 남동쪽섹터 제3인공층 게-10,11방안(2018-도628, 3), 12-제47구역 7섹터 제2인공층 베-48방안(2013-도273, 4), 13-제21구역 제2~3인공층(1999-도145, 11), 14-제47구역 3섹터 제3,4인공층 아-25방안(2014-도492, 1), 15-제53구역 남서쪽섹터 제7인공층 떼-2방안(2018-도810, 3), 16-제47구역 2섹터 제12인공층 베-14방안(2015-도531, 4), 17-제53구역 남서쪽섹터 제7인공층 뻬-3`-1`방안(2018-도810, 4), 18-제40구역 복토 제거 중(2009-도87, 2), 19-제40구역 복토 제거 중(2009-도87, 3)

암회색이다(도면 768, 15; 769, 4). 2점은 구연의 아랫부분에 얕은 홈이 1줄 돌려져 있다(도면 768, 16, 17; 769, 5, 6). 2점은 속심과 표면이 회색 혹은 암회색이다. 나머지 2점은 다른 특징이 확인되지 않는다(도면 768, 18, 19).

도면 769 | 크라스키노성 출토 원형구순 옹-호류 토기4: 1-제40구역 1호 수혈 베-볚-15방안(2009-도202), 2-제47구역 7섹터 제2인공층 베-48방안(2013-도278), 3-제47구역 3섹터 제3,4인공층 아-25방안(2014-도483, 5), 4-제53구역 남서쪽섹터 제7인공층 떼-2방안(2018-도801), 5-제47구역 2섹터 제12인공층 베-14방안(2015-도520), 6-제53구역 남서쪽섹터 제7인공층 뻬-3`-1`방안(2018-도802)

⑤ 옹-호류 토기5

대롱구순의 구연-동체부 윗부분 편들 중에서 옹 혹은 호가 분명한 것을 제외하고 구경 11.6~12.2㎝ 구간에 해당하는 것들이다. 6점이 확인된다. 4점 모두 어깨선이 45도의 경사를 가진 것으로 생각된다. 1점은 어깨에 1줄의 돌대가 돌려져 있고, 목은 수직의 띠 광택무늬로 장식되었다(도면 770, 1). 다른 1점은 목에 턱이 형성되어 있고, 또 구연의 중간 부분에 얇은 홈이 1줄 돌려져 있다(도면 770, 2). 1점은 목과 어깨 사이에 약간의 꺾임이 있어 목이 잘 구분된다(도면 770, 3). 1점은 두터운 구연의 외측이 약간 편평하다. 이 토기는 외면이 수평 띠 마연되었고, 속심과 표면은 암회색이다(도면 770, 4). 나머지 2점은 구연부가 짧게 외반한다(도면 770, 5, 6).

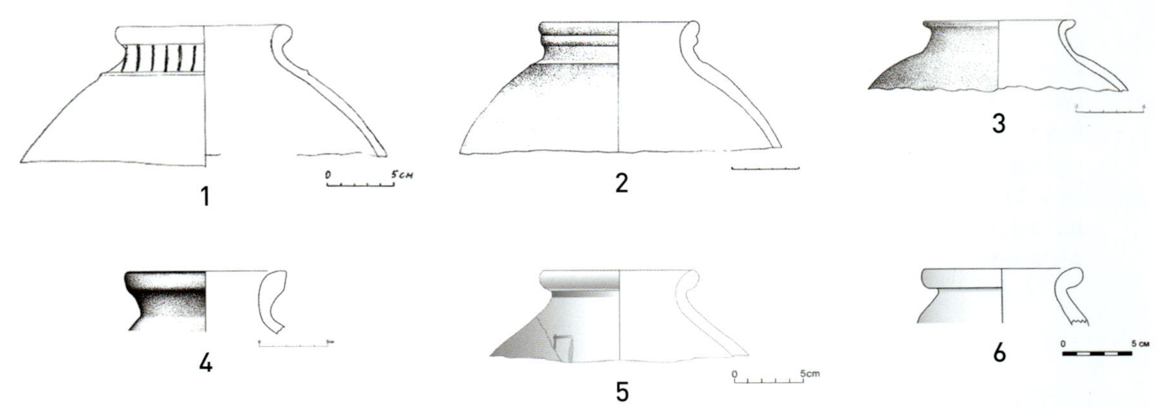

도면 770 | 크라스키노성 출토 원형구순 옹-호류 토기5: 1-제21구역 제4인공층 5호 수혈(1999-도144, 1), 2-제29구역 7호 수혈 베-볚-5-6방안(2001-도89), 3-제31구역 제6인공층 제-8방안(2003-도141, 1), 4-제47구역 6섹터 제1인공층(2013-도177, 1), 5-제34구역 서쪽섹터 제11인공층 게-15방안(2007-도239, 1), 6-제40구역 제6인공층 베-16방안(2009-도180, 5)

이 토기들은 경경이 9.2㎝, 9.9㎝ 등이어서 옹이었을 수도 있고, 호였을 수도 있고, 혹은 병의 역할을 하였을 수도 있다고 생각된다. 전체 기형이 남아 있는 토기가 출토된다면 그 성격이 분명해질 것이다.

(4) 심발 옹류 토기

전형적인 형태의 원형구순 광견옹이나 장동옹과는 구분되는 옹류 토기이다. 구연부가 모두 원형구순 옹류 토기에 비해 얇고 긴 편이다. 전체 기형이 확인되는 것이 없어 형태적인 특징을 모두 파악할 수가 없다. 다만 동체의 기벽이 상대적으로 강한 혹은 약한 호선을 이룬다. 배가 나온 심발류 토기와 기형이 비슷한데 구경이 30.8㎝ 이상인 것들이다. 10점이 있다. 구연부의 형태적 특징이 대부분 서로 차이가 나기 때문에 구경이 큰 것부터 차례로 소개하면 다음과 같다.

1점은 구경이 44.9㎝이다. 구연부의 안쪽이 넓게 약간 볼록하다. 목은 어깨와 구연부가 꺾인 부분이며, 어깨선은 장동형에 특징적인 호선을 보인다(도면 771, 1).

1점은 구경이 43.7㎝이다. C자 모양으로 외반하는 구연부에서 구순의 하변이 아래로 볼록하여 단면이 세장한 삼각형을 이룬다(도면 771, 2).

1점은 구연부의 두께가 대체로 일정하며, 어깨 부분에 얕은 돌대가 1줄 돌려져 있다. 구경은 41㎝이다(도면 771, 3).

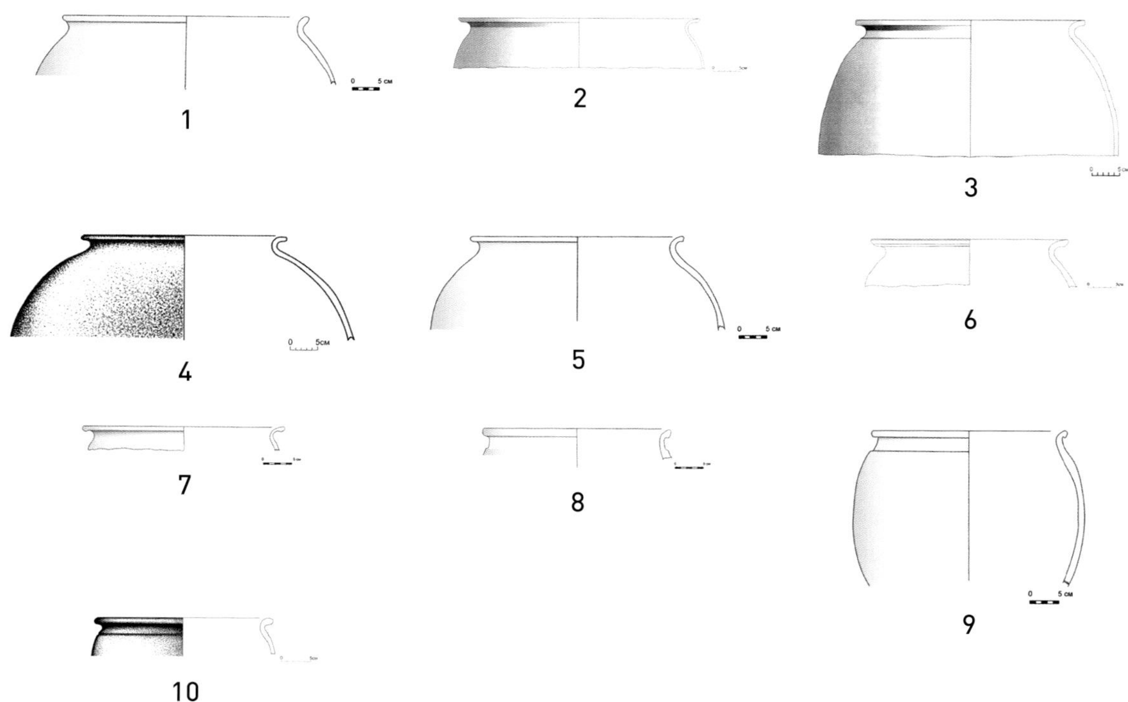

도면 771 | 크라스키노성 출토 심발 옹류 토기 구연-동체 윗부분: 1-제40구역 1호 수혈 베,뤠-15,16방안(2009-도100, 1), 2-제34구역 제4인공층 게-1방안(2006-도203, 3), 3-제34구역 제3~4인공층 데-7방안(2006-도209, 1), 4-제44구역 동쪽섹터 제6인공층 이,까-17,18방안(2013-도90, 1), 5-제40구역 제8인공층 줴-20방안(2009-도254, 5), 6-제37구역(2008-도435, 3), 7-제42구역 제4인공층 데-4방안(2009-도752, 5), 8-제40구역 제7인공층 뤠-16방안(2009-도254, 1), 9-제40구역 1호 수혈 제7인공층 뤠-16방안(2009-도99, 1), 10-제47구역 2섹터 제5인공층 게-12방안(2015-도299, 2)

도면 772 | 크라스키노성 출토 심발 옹류 토기 구연-동체 윗부분: 1-제44구역 동쪽섹터 제6인공층 이,까-17,18방안(2013, 도96), 2-제40구역 1호 수혈 제7인공층 뤠-16방안(2009-도198), 3-제47구역 2섹터 제5인공층 게-12방안(2015-도285)

1점은 동최대경과 구경이 비율이 호에 가깝다. 구경은 38㎝이다. 속심은 오렌지-갈색, 표면은 흑색이다(도면 771, 4; 772, 1).

1점은 구경이 37.7㎝이다. 구연부가 C자 모양으로 외반하는데 구순의 아래가 약간 아래로 넓어졌다(도면 771, 5).

1점은 구경이 34.5㎝이다. C자 모양으로 외반하는 구연부의 끝부분이 3중으로 되어 있는3겹 입술이다. 경경은 29.3㎝이다(도면 771, 6).

1점은 구경이 34.9㎝인데 구순이 동글-삼각형이다. 목과 어깨 사이에 턱이 져있다(도면 771, 7).

1점은 구경이 33.2㎝이다. 목이 약간 곧추선 듯 내만하며 구연부는 짧게 외반하였다. 구순의 단면이 동글-삼각형에 가깝다. 목과 어깨의 경계에 턱이 형성되어 있다(도면 771, 8).

1점은 구경이 33.1㎝이다. 동체의 기벽이 상당부분 확인된다. 구연부는 짧게 외반하였고, 구순의 아랫부분이 아래로 뾰족하다. 목과 어깨의 경계에 턱이 형성되어 있다(도면 771, 9; 772, 2).

마지막 1점은 구경이 30.8㎝이다. 어깨에 1줄의 수평 침선이 돌려져 있다. 속심과 표면이 모두 회색이다. 외면이 수평 띠 마연되었다(도면 771, 10; 772, 3).

(5) 직벽 옹류 토기

동체의 기벽이 비교적 곧은 옹류 토기로서, 동체의 모양이 원통형에 가까웠을 것으로 생각된다. 하지만 전체 기형이 확인되는 것이 없어 기종에 대한 최종 판단은 내릴 수가 없다. 전형적인 형태의 광견옹 및 장동옹과는 구분되며, 또한 그 외에도 동체의 기벽이 호선을 이루는 옹류 토기와도 뚜렷하게 구분된다. 구경이 28.4㎝부터 45.9㎝ 사이인데, 대형, 중형, 소형이 구분된다.

대형은 구경이 40.4㎝부터 45.9㎝까지 5점이 있고, 중형은 34㎝부터 37.6㎝까지 9점이 확인되며, 소형은 구경이 28.6㎝ 2점이 있다. 개체 수가 적어 따로 형식을 구분하지 않았다.

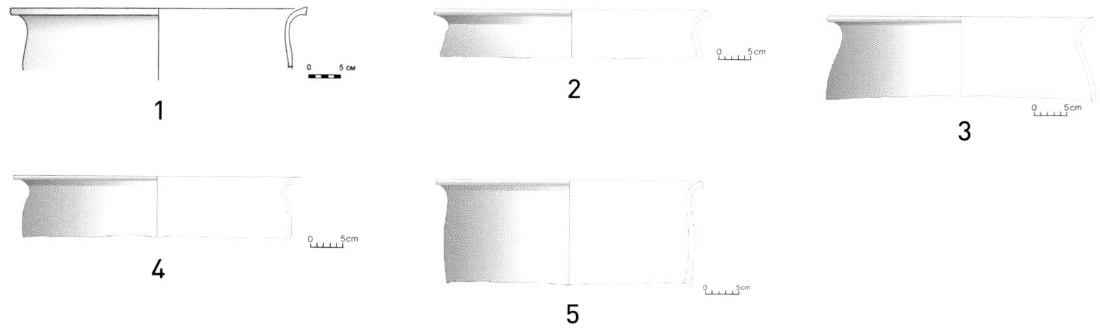

도면 773 | 크라스키노성 출토 대형 직벽 옹류 토기 구연-동체 윗부분: 1-제40구역 제11인공층 11호 주거지 아`-19방안(2009-도384, 3), 2-제34구역 제12~13인공층 붸,게-14,15방안(2007-도249, 3), 3-제34구역 제11인공층 데-11방안(2007-도239, 3), 4-제34구역 6호 주거지 붸-4방안(2007-도250, 1), 5-제34구역 6호 주거지 게-4방안(2007-도251, 2)

① 대형 직벽 옹

5점이 확인된다. 구경이 45.9㎝로 가장 큰 1점은 구연이 삼중이다. 구연부는 크게 호선을 이루며 외만하고, 어깨-동체 윗부분이 거의 수직 방형이며, 둘 사이의 경계가 거의 구분되지 않는다(도면 773, 1). 1점은 어깨에 턱이 약간씩 형성되어 있고, 어깨-동체 윗부분이 가볍게 바깥쪽으로 향하면서 내려간다. 구경은 42.6㎝이다(도면 773, 2). 다른 1점은 구경이 41.6㎝이다. 속심은 암회색, 표면은 갈색이다(도면 773, 3). 1점은 구경이 42.4㎝이다(도면 773, 4). 나머지 1점은 구경이 40.4㎝이며, 어깨-동체 윗부분이 거의 수직에 가깝게 아래로 내려간다(도면 773, 5).

② 중형 직벽 옹

9점 모두 외반된 구연부를 가졌지만, 구연부 자체는 서로 약간씩 차이가 있다. 1점은 목-구연부의 단면이 약한 C자 모양이지만 외측에 약간 꺾임이 있다. 구연은 아래쪽이 도톰하고, 구순은 뾰족한 편이다. 어깨 부분에 2줄, 동체 윗부분에 2줄 각각 수평 침선이 돌려져 있다. 구경은 36.4㎝이다. 동체의 기벽은 미약하게 호선을 이루지만 거의 곧은 상태로 아래로 내려간다(도면 774, 1). 다른 1점은 구연부가 거의 사선 방향으로 곧게 외반하였다. 어깨 부분에 2줄의 수평 침선이 돌려져 있다. 구경은 35.7㎝이다(도면 774, 2). 1점은 약하게 호선을 이루며 외반한 구연부의 구연이 삼중으로 되어있다. 어깨-동체 윗부분의 기벽은 미약하게 바깥을 향하며 내려간다. 구경은 37.6㎝이다(도면 774, 3; 775, 1).

1점은 구연부가 완만하게 호선을 이루며 크게 외반하는데 목-구연부의 단면이 넓은 C자 모양이다. 목 부분에는 수직 띠 광택무늬가 시문되었다. 어깨 부분에는 3줄의 수평 침선이 돌려져 있다. 구경은 36㎝, 경경은 30.8㎝이며, 속심은 갈색, 표면은 흑색이다(도면 774, 4). 1점은 외반하는 구연부의 끝부분이 위로 약간 돌출하였다. 어깨-동체 윗부분이 서로 구분이 되지 않고, 기벽이 거의 수직 상태로 아래로 향한다. 구경은 35.6㎝, 경경은 31.6㎝이며, 속심과 표면은 회색이다(도면 774, 5). 나머지 1점은 구경이 34㎝이다(도면 774, 6).

1점은 목은 수평 방향으로, 외면은 수직 방향으로 각각 띠 마연되었다. 구경은 39.8㎝이다(도면 774, 7). 다른 2점은 구경이 각각 36.7㎝와 40㎝이다(도면 774, 8, 9).

③ 소형 직벽 옹

2점이 있다. 2점 모두 2중 구순이다. 1점은 구연부가 상대적으로 많이 외반하였다. 목이 약간 구분된다. 구경은 28.6㎝이다(도면 774, 10). 다른 1점은 목이 따로 구분되지 않는다. 어깨 부분에는 2줄의 수평 침선이 돌려져 있다. 구경은 28.4㎝이다(도면 774, 11; 775, 2).

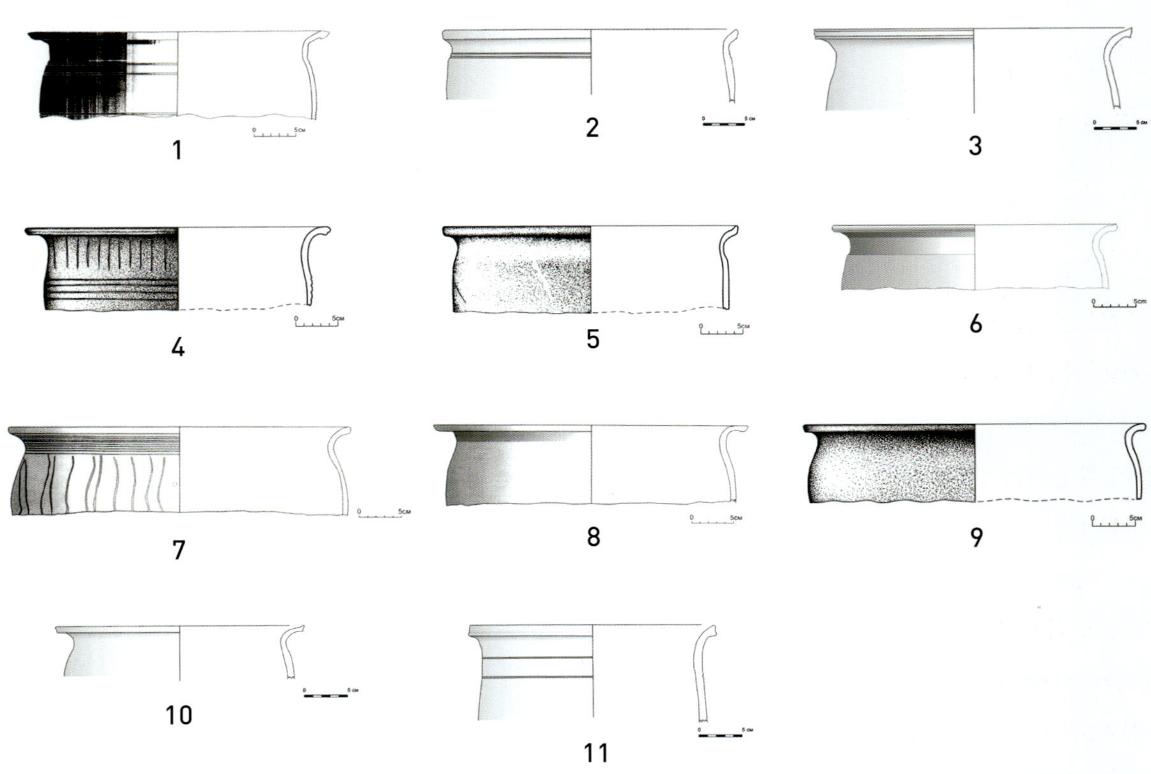

도면 774 | 크라스키노성 출토 중형 직벽 옹류 토기 구연-동체 윗부분: 1-제33a구역 제2인공층 엠-11방안(2006-도36), 2-제40구역 제13인공층 11호 주거지 붸-20방안(2009-도387, 1), 3-제40구역 제13인공층 11호 주거지 아`-19방안(2009-도387, 2), 4-제45구역 제2인공층 이-5방안(2010-도347), 5-제45구역 제1인공층 하-6방안(2010-도306), 6-제34구역 제10인공층 데-1,2방안(2007-도228, 1), 7-제34구역 제1인공층 예-2방안(2006-도199, 7), 8-제34구역 제5인공층 이-13방안(2006-도204, 4), 9-제45구역 제4인공층 까-5방안(2010-도432), 10-제40구역 제9인공층 게-21방안(2009-도154, 3), 11-제40구역 제12인공층 11호 주거지와 주변 아`-20방안(2009-도386, 1)

도면 775 | 크라스키노성 출토 중형 직벽 옹류 토기 구연-동체 윗부분: 1-제40구역 제13인공층 11호 주거지 아`-19방안(2009-도373), 2-제40구역 제12인공층 11호 주거지와 주변 아`-20방안(2009-도369)

2) 외반구연 호류 토기

호(壺)는 어깨가 안쪽으로 크게 내만하고 동체가 둥근 계통의 용기이다. 일반적으로 구경이 동최대경보다 크게 차이가 나게 작고, 또한 목의 직경인 경경이 저경과 거의 비슷하거나 혹은 더 작다. 하지만 호는 크기와 형태에 있어 옹과 유사한 것이 많다. 때문에 일반적으로 높이를 기준으로 하여 40㎝ 이상은 옹, 그 이하는 호로 판단을 한다. 옹과 호의 구분에 대해서는 옹류 토기 부분에서 검토한 바와 같다. 그런데 호는 동체가 둥근 계통의 심발과 구분이 애매한 것들이 있다.

호와 심발은 기본적으로 목이 좁은가 아니면 넓은가의 차이에 의해 서로 구분이 된다. 하지만 동체가 둥그스름하거나 혹은 길쭉한 장동형일 때에는 서로 구분하기 힘든 경우도 있다. 전체 기형이 남아 있는 경우에도 마찬가지이다. 예를 들어, 꼭샤로브까 1 성의 북편건물지군 1호 건물지에서 출토된 토기 1점은 동체가 둥근 형태인데 발굴조사보고서에는 "광구호"로 보고되었고,[28] 『발해토기 자료집』에는 "심발"로 소개되었다.[29] 그런데 크라스키노성에서는 전체 기형이 복원되는 것들은 극히 소수에 불과하고 절대다수는 편 상태이다. 호인지 심발인지 애매한 것들을 서로 구분하고, 또한 구연-동체 윗부분만 남아 있는 호 혹은 심발의 기종을 판단하기 위한 기준이 필요하다.

전체 기형이 남아 있는 경우 호와 심발은 경경과 저경의 크기 차이로 판단을 내릴 수 있다. 고구려와 발해의 토기에서는 대체로 경경이 저경보다 작다면 호로, 경경이 저경보다 크다면 심발로 인식을 한다. 이 기준이 모든 시기 모든 장소의 토기에 적용될 수 있다고는 생각되지 않지만 지금까지 발표된 고구려와 발해의 토기들에는 대개 이 기준이 적용되었다고 생각된다. 크라스키노성에서는 경경과 저경이 거의 비슷한 둥근 동체의 토기가 1점 확인되는데 전체 기형의 특징이 호라고 생각된다. 그런데 상기한 꼭샤로브까 1 성의 둥근 동체 토기는 일견하면 호를 연상시키지만 경경이 저경보다 크기 때문에 심발에 해당된다.

그렇다면 저부가 결실된 구연-동체 윗부분의 편들은 어떤 기준으로 호와 심발을 구분할 수 있는가? 전체 기형이 남아 있는 둥근 혹은 장동형의 호와 심발에서 경경과 동최대경의 비율에서 흥미로운 결과가 산출되었다. 기형이 확인되는 토기의 도면을 보고 비율을 산출하였는데 전체 경경과 동최대경이 아니라 동최대경의 반(半)을 1로 하였을 때의 경경의 반의 수치를 검토한 것이다.

크라스키노성에서 출토된 경경과 저경이 비슷한 둥근 동체 토기 1점은 동최대경반과 경경반의 비율이 1:0.55이다(도면 788, 1). 다만 경경과 저경이 비슷하더라도 동체가 볼록하지 않고 편평한 것은 심발이나 다른 기종에 속할 수도 있다. 경경이 저경보다 작은 구상호는 그 비율이 크라스키노성 출토 2점은 1:0.39와 1:0.4이고(도면 788, 3; 779, 1), 고르바뜨까 성 출토 1점[30]은 1:0.46이다. 크라스키노성 출토 편구상 동체 토기 1점은 그 비율이 1:0.36이다. 크라스키노성 출토 장동호는 그 비율이 1:0.37~0.51이다(도면 783, 5; 784, 2; 783, 1). 동체가 술통모양인 호 1점은 그 비율이 1:0.58이다(도면 781, 2).

28 대한민국 국립문화재연구소·러시아과학원 극동지부 역사학고고학민족학연구소, 2012, 『연해주 콕샤로프카-1 평지성 Ⅰ -본문편-』, 55쪽, 56쪽 도면 17, 1-1-3.

29 국립문화재연구소, 2014, 『발해토기 자료집』, 267쪽 표 60, 269쪽 도면 184, 3.

30 Гелман Е.И., Отчет об археологических исследованиях в Михайловском районе Приморского края в 2001 году // Архив Институт ДВО РАН. 도면 123, 1.

반면에 상기한 꼭샤로브까 1 성, 고르바뜨까성,[31] 영성고분군 1호 무덤[32]에서 각각 출토된 둥근 동체의 심발은 그 비율이 1:0.73~0.83이다. 장동형의 심발은 크라스키노성에서 출토된 것은 그 비율이 1:0.69~0.7이고, 마리야노브까성 출토품은 1:0.67~0.76이며, 석장구고분군 출토품은 1:0.65이고, 노보고르데예브까성 출토품은 1:0.72이다.[33] 크라스키노성에서 출토된 동체가 북 모양인 심발 2점은 그 비율이 각각 1:0.72이다(도면 802, 2, 1).

참고로 크라스키노성에서 출토된 장동옹 2점은 그 비율이 1:0.33~0.49이며(도면 762; 759, 1), 광견옹 2점은 1:0.65~0.66이다(도면 753, 2; 754, 3).

이 사실은 동최대경반과 경경반의 비율이 1:0.36~1:0.58까지는 호라고 볼 수 있고, 1:0.65부터 1:0.83까지는 심발이라고 볼 수 있음을 말해 주는 것이다. 다시 말해서 구연-동체 윗부분만 남은 경우 동최대경반을 1로 하였을 때에 경경반이 0.58이하이면 호, 0.65이상이면 심발로 각각 볼 수 있는 것이다. 따라서 구연-동체 윗부분만 남은 편들은 이 수치 혹은 이 비율을 참고하여 호와 심발로 서로 구분을 하였다. 흥미로운 사실은 장동옹은 그 비율이 호에, 광견옹은 그 비율이 심발에 각각 상응한다는 점이다. 이것은 옹과 호만 높이 40㎝를 기준으로 구분하는 것에서 나아가 옹과 심발도 크기를 통해 서로 구분이 필요함을 말해 주는 것이다.

크라스키노성에서 출토된 외반구연호는 크기, 구연부의 형태, 목의 길이, 동체의 모양 등등에 있어 매우 다양한 특징을 보인다. 또한 많은 개체가 구연-동체 윗부분만 출토되어 전체 기형을 판단할 수 있는 것도 제한된다. 크기는 구경이 9㎝부터 31㎝까지 확인되는데(도면 776) 구경이 큰 것들은 사실 옹에 속할 수도 있을 것이다. 구경은 9~16.5㎝, 17.4~22㎝, 24~31㎝가 각각 독립된 군집을 이룬다. 각각 소형, 중형, 대형으로 구분을 할 수 있다. 소형 호류 토기는 구경이 다시 9~13.4㎝와 14~16.5㎝로 세분된다. 전체 기형이 확인되는 토기 호 중에서 구경이 가장 큰 것은 21.5㎝인데 이 호의 높이는 28.4㎝이다. 그다음으로 구경이 큰 호는 구경이 20㎝이고 높이는 35.2㎝이다. 때문에 구경이 대형인 토기들은 원칙상 옹에 속할 수도 있다고 생각된다. 여기에서는 호-옹으로 소개하기

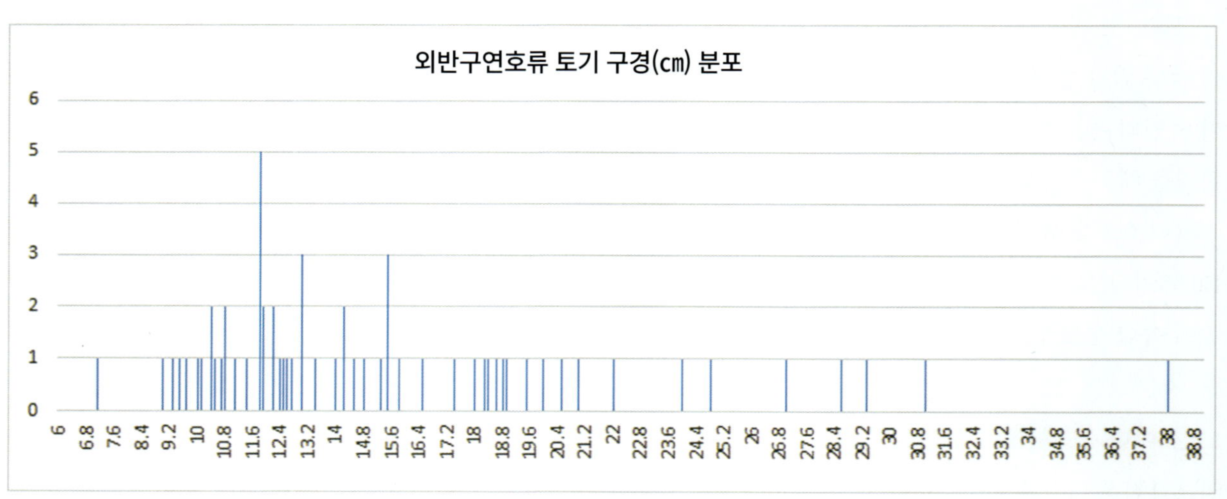

도면 776 | 크라스키노성 출토 외반구연 호류 토기 구경 분포도

31 국립문화재연구소, 2014, 『발해토기 자료집』, 247쪽 도면 169.

32 국립문화재연구소, 2014, 『발해토기 자료집』, 137쪽 도면 86.

33 국립문화재연구소, 2014, 『발해토기 자료집』, 276쪽 도면 190; 103쪽 도면 62; 265쪽 도면 181.

로 한다. 외반구연 호는 동체의 형태가 장동형, 구형, 편구형 등으로 구분이 가능하지만 이 속에서 다시 각기 다양한 변이를 보인다. 구연부의 형태도 비교적 다양한 편이다.

(1) 대형 호류 토기(호-옹)

구경이 24㎝부터 31㎝까지의 구간에 속하는 것들이다. 구경으로 보아 옹인 것들도 있었을 것이다. 6점이 확인된다. 모두 어깨-목-구연부는 단면이 C자 모양이나 세부적으로 약간씩 차이를 보인다. 동체는 전체 기형이 확인되는 것이 없지만 구상이었을 것으로 추정된다.

구연의 형태는 5종류가 확인된다. 1점은 구연이 약간 도톰하게 마무리되었다. 이 토기는 구경이 29.3㎝이고, 목의 높이가 약 3.5㎝이다(도면 777, 1). 다른 1점은 구연의 안쪽에 홈이 돌려져 있다. 구경이 28.6㎝, 경경이 23.6㎝이다(도면 777, 2). 2점은 외반구연의 끝부분이 갈고리 모양으로 안쪽으로 약간 굽은 것이다. 그중의 1점은 구경이 24.8㎝(도면 777, 3; 778)이다. 다른 1점은 구경이 24㎝이고, 속심과 표면이 주황-갈색이다(도면 777, 4). 1점은 구연의 끝부분이 구연 안쪽과 동일한 두께로 그대로 외반하면서 마무리된 것이다. 어깨와 목 사이가 약간 오목해졌다. 어깨 외면에 수평 띠 마연이 되었다. 속심은 주황-갈색이고, 표면은 흑색이다. 구경은 27㎝이다(도면 777, 5). 나머지 1점은 구연이 2중으로 되어 있다. 구경은 31㎝이다(도면 777, 6).

도면 778 | 크라스키노성 제40구역 13호 주거지 뛔-17방안 출토 외반구연 대형 호류 토기 구연-동체 윗부분(2009-도471)

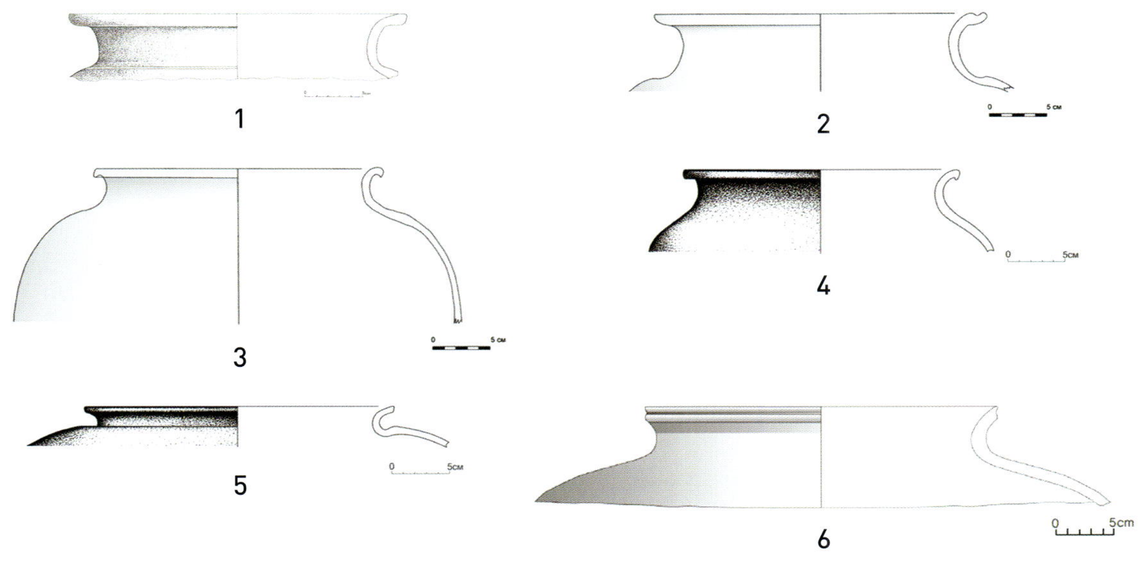

도면 777 | 크라스키노성 출토 외반구연 대형 호류 토기 구연-동체 윗부분: 1-제31구역 제3인공층 제-8방안(2003-도130), 2-제40구역 제9인공층 아`-20방안(2009-도154, 1), 3-제40구역 13호 주거지 뛔-17방안(2009-도488, 2), 4-제44구역 제13인공층 엠,엔-21방안(2014-도353, 4), 5-제44구역 제8인공층 제-24방안(2014-도127, 1), 6-제34구역 6호 주거지 뛔-4방안(2007-도251, 1)

(2) 중형 호류 토기

구경이 17.4㎝부터 22㎝까지의 구간에 속하는 것들이다. 12점이 확인된다. 동체의 모양이 원형, 즉 구상에 가까운 것, 장동인 것으로 추정되는 것, 그리고 술통모양인 것이 확인된다.

① 구상호

1점은 전체 기형이 확인된다. 이 토기는 경경이 15.3㎝이고, 동최대경이 38.5㎝로서, 동최대경이 경경의 약 2.5배 정도이다. 동최대경반과 경경반의 비율은 1:0.4이다. 이 토기는 구경은 18.3㎝, 저경은 18.7㎝, 높이는 32.6㎝로서, 구경과 저경이 거의 비슷하다. 동체의 모양은 거의 구체에 가깝다. 목-구연부는 단면이 C자 모양이며, 구순은 둥그스름하게 마무리된다. 동최대경 부분에 수평 침선이 돌려져 있다(도면 779, 1; 780, 1).

다른 1점은 목-구연부는 단면이 C자 모양인데 구연의 바깥 부분이 볼록하여 단면이 반원모양이다. 목 부분에는 수평의, 어깨와 그 아랫부분에는 망상의 띠 광택무늬가 각각 시문되었다. 구경은 18.9㎝이다(도면 779, 2). 다른 1점은 목-구연부만 남았는데 목과 구연부의 형태가 호에 특징적이다. 구연의 끝부분이 위로 뾰족하게 돌출하는 일종의 상첨구순이다. 구경은 22㎝이다(도면 779, 3).

3점은 모두 목-구연부가 C자 모양으로 외반하고, 구연이 둥그스름하게 마무리되는 것이다. 구연부의 전체적인 두께가 대체로 일정하거나 혹은 비슷하다. 그중의 2점은 구경이 각각 18㎝(도면 779, 4)와 18.4㎝(도면 779, 5; 780, 2)이다. 1점은 구경이 17.4㎝이고, 속심은 회색, 표면은 암회색이다(도면 779, 6).

1점은 구경이 19.5㎝인데 사실 목-구연부만 남아 있어 동체의 모양을 알 수 없다(도면 779, 7). 다만 대형 호류 토기 중에 이것과 동일한 갈고리 모양의 구연을 가진 토기가 있어 여기에 포함시켰다.

② 장동호

3점이 확인된다. 어깨부분의 호선이 비교적 급하게 경사졌다. 모두 목-구연부의 단면이 C자 모양에 가깝다. 1점은 구연의 바깥으로 점토 띠가 접치듯 겹쳐 일종의 대롱구순을 이룬다. 다만 구연이 전형적인 대롱구순에 비해 납작한 편이다. 구경이 18.8㎝이다(도면 779, 8). 다른 1점은 구연부의 내측이 약간 편평하고 구연의 끝부분 바깥쪽이 볼록하다. 목과 어깨 사이에 미약하게 턱이 형성되었다. 구경은 21㎝이다. 속심과 표면이 모두 회색이다(도면 779, 9). 나머지 1점은 구연이 2중이다. 목 부분이 수직 띠 광택무늬로 장식되었다. 구경은 18.6㎝이다(도면 779, 10; 780, 3).

③ 술통모양 호

2점이 확인된다. 모두 전체 기형이 남아 있다. 어깨부분이 비교적 크게 내만하였고, 또한 어깨와 목 사이에 거의 수평을 이루는 부분이 있어 전체적으로 술통모양의 인상을 준다고 생각된다. 사선방향으로 안쪽으로 기운 목이 뚜렷하게 구분된다. 구연이 도톰하고 둥그스름한 대롱구순이나 어깨의 턱이 분명하고 구연과 턱 사이의 목이 뚜렷하게 구분된다. 1점은 동최대경 윗부분에 1줄의 침선이 돌려져 있다. 크기는 구경 20㎝, 저경 26.5㎝, 높이 35.2㎝이다(도면 781, 1). 다른 1점은 목과 어깨 사이에 1줄의 돌대가 돌려져 있다. 구경 21.5㎝, 저경 23.9㎝, 높이 28.4㎝이다(도면 781, 2).

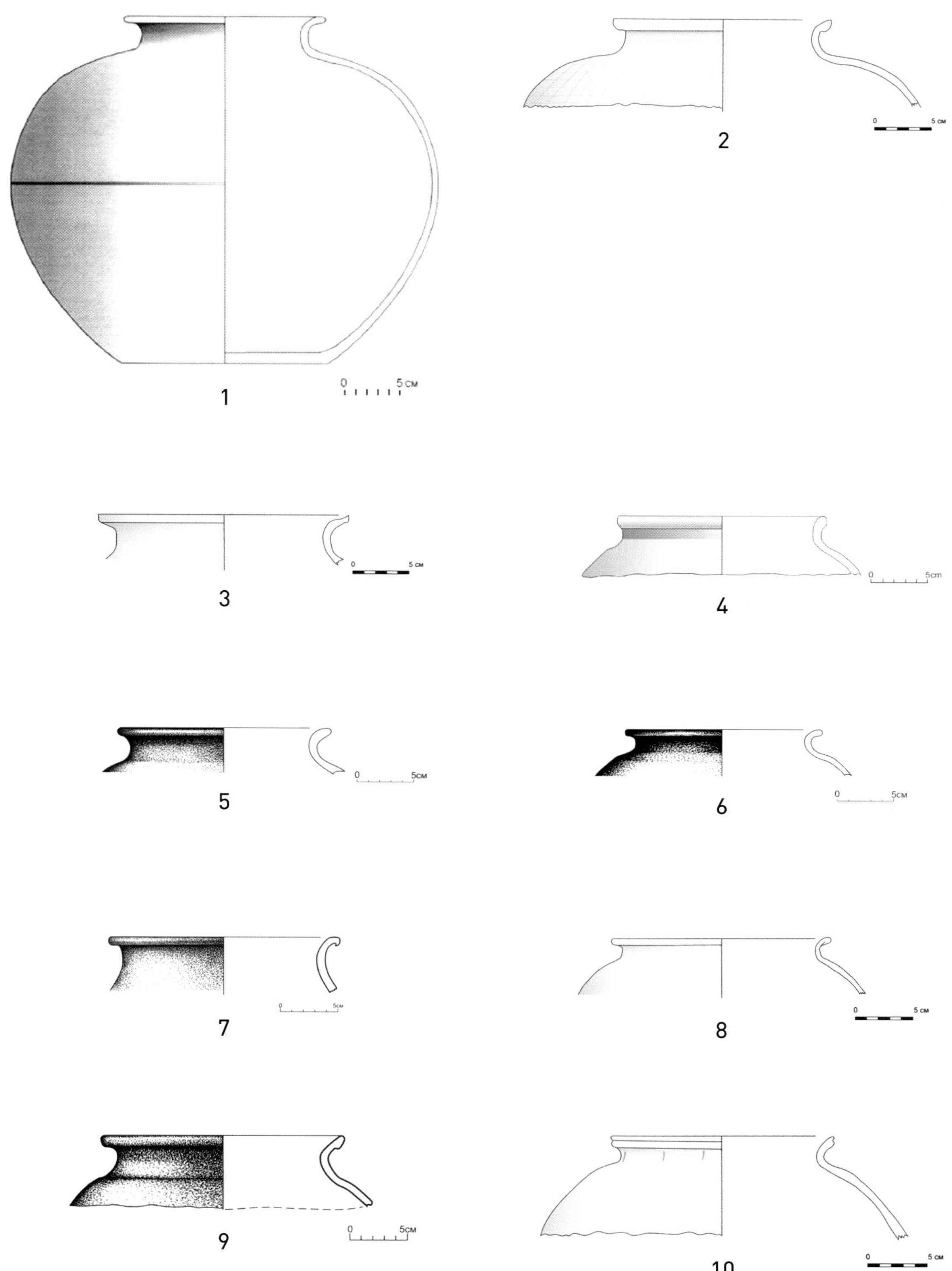

도면 779 | 크라스키노성 출토 외반구연 중형 구상호(1~7) 및 장동호(8~10): 1-제34구역 제6인공층 게-6방안(2006-도209, 2), 2-제40구역 제10인공층 11호 주거지 예,뤠-19방안(2009-도383, 2), 3-제40구역 제8인공층 줴-20방안(2009-도254, 2), 4-제34구역 제10인공층 예,줴-6방안(2007-도232, 1), 5-제48구역 동쪽섹터 제9인공층 줴-32방안(2016-도244, 2), 6-제53구역 남서쪽섹터 제10인공층 에쓰-1방안(2018-도877, 2), 7-제45구역 남쪽섹터 제6인공층 예-11방안(2011-도43), 8-제40구역 13호 주거지 아`아-20방안(2009-도487, 4), 9-제45구역 제4인공층 제-7방안(2010-도434), 10-제40구역 제22~24인공층 아-20방안(2009-도555, 7)

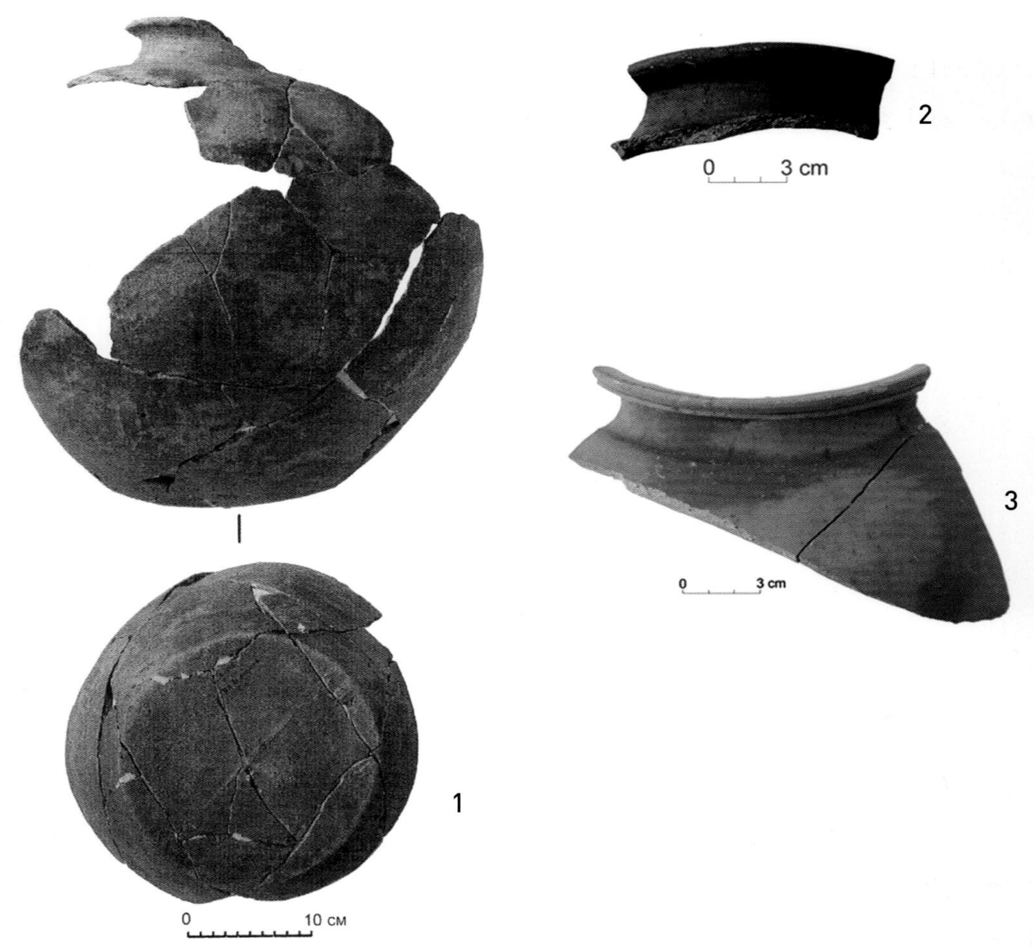

도면 780 | 크라스키노성 출토 외반구연 중형 구상호(1, 2) 및 장동호(3): 1-제34구역 제6인공층 게-6방안(2005-도160), 2-제48구역 동쪽섹터 제9인공층 줴-32 방안(2016-도240), 3-제40구역 제22~24인공층 아-20방안(2009-도551)

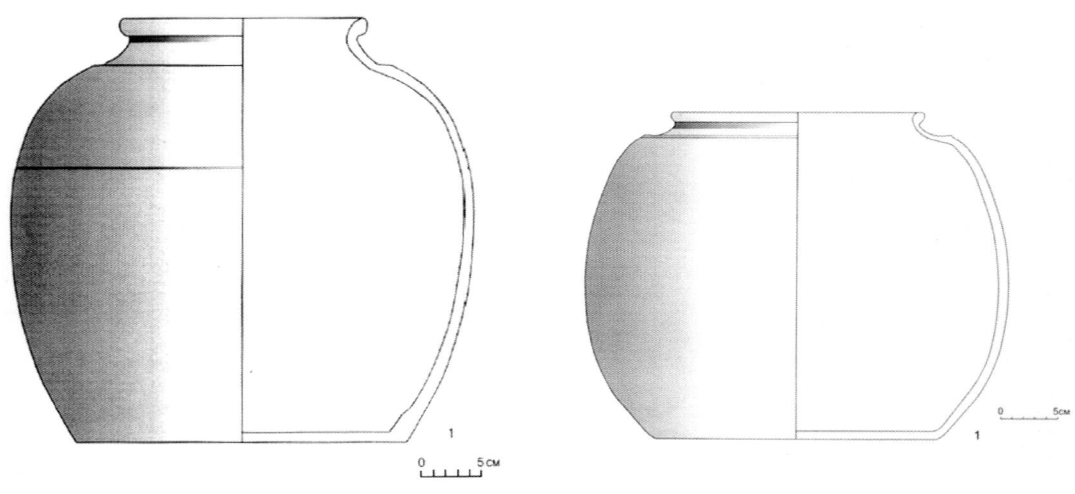

도면 781 | 크라스키노성 제34구역 제3인공층 출토 외반구연 중형 술통모양 호: 1 - 게-6방안(2006-도201, 1), 2 – 아-11방안(2006-도202, 1)

(3) 소형 호류 토기

구경이 9㎝부터 16.5㎝까지의 구간에 속하는 것들이다. 동체의 모양이 상당히 다양하다. 구경의 크기는 다시 소소형(9~13.4㎝)과 소대형(14~16.5㎝)의 두 구간으로 세분할 수도 있을 것이나, 여기에서는 일괄 소개하기로 한다.

소형 호류 토기에서 전체 기형이 확인되는 것은 편구형이 1점, 장동형이 6점, 구상 혹은 근구상이 3점, 그리고 구연부가 타원형인 것이 1점 각각 있다.

① 편구형 호

전체 기형이 확인된 것은 1점이 있다. 목-구연부의 단면은 C자 모양이다. 이 토기는 동체가 약간 납작한 혹은 땅딸막한 원형, 다시 말해서 편구형이다. 구연의 아랫부분이 삼각형 모양으로 볼록하다. 목과 어깨 일부는 수직의, 동체는 기저부까지 수평의 띠 광택무늬로 각각 장식되었다. 크기는 구경 16.5㎝, 경경 10.8㎝, 동최대경 31㎝, 저경 21㎝, 높이 25㎝이다. 이 토기는 동최대경이 경경의 약 3배이다. 동최대경반과 경경반의 비율은 1:0.36이다(도면 782, 1, 2).

② 장동호

전체 기형이 확인되는 것은 6점이다. 그중 2점은 크기가 소대형에 속하고, 4점은 소소형에 속한다.

소대형에 속하는 2점은 모두 구연부의 두께가 일정하고, 목-구연부의 단면이 C자 모양에 가깝다. 1점은 외면 대부분이 수평의 띠 광택무늬로 장식되었다. 크기는 구경 14.5㎝, 경경 8.7㎝, 동최대경 22.9㎝, 저경 14.6㎝, 높이 35㎝이다(도면 783, 1).

다른 1점은 동체가 윗부분이 좁은 장동형이다. 외면이 전체적으로 수평의 띠 광택무늬로 장식되었다. 크기는 구경 14.2㎝, 경경 11.9㎝, 동최대경 25.3㎝, 저경 20.4㎝, 높이 35.8㎝이다. 동최대경반과 경경반의 비율은

도면 782 | 크라스키노성 제45구역 남쪽섹터 제18인공층 데,예-11방안 수혈구덩이 출토 외반구연 소형 편구호(2011-도228, 1, 2)

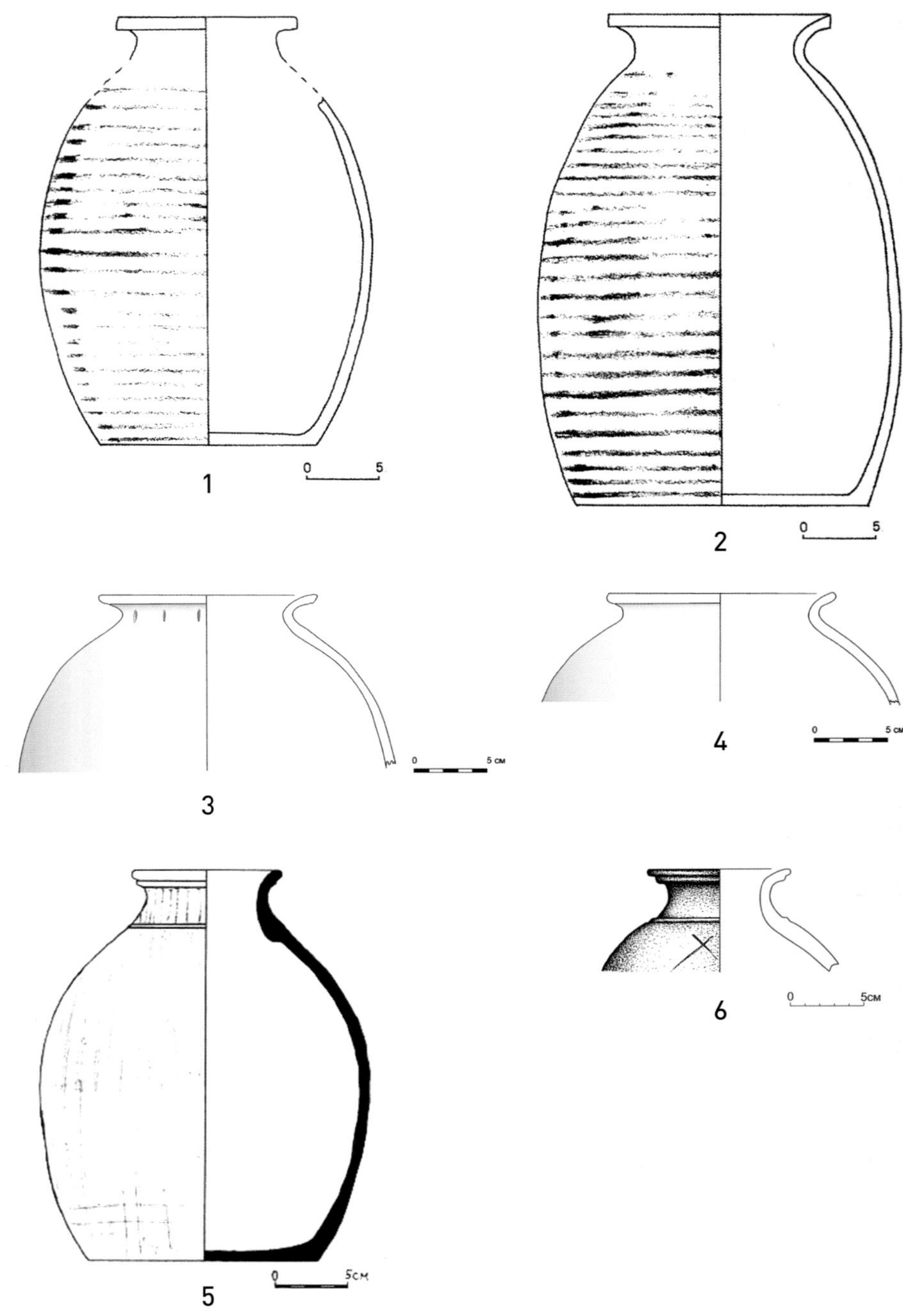

도면 783 | 크라스키노성 출토 외반구연 소형 장동호: 1-제15구역(1998-도258, 1), 2-제15구역(1998-도258, 2), 3-제40구역 제10인공층 11호 주거지 붸-18방안(2009-도383, 1), 4-제40구역 11호 수혈 베,붸-15,16 방안(2009-도100, 2), 5-제14구역(1997-도106, 8), 6-제49구역 2,4 섹터 제2인공층 엔-32방안(2014-도884, 1)

1:0.47이다(도면 783, 2).

구경의 크기가 소대형인 구연-동체 윗부분의 편이 2점 있다. 2점 모두 목-구연부는 단면이 경사가 급한 C자 모양이다. 어깨와 동체 윗부분이 남아 있는 기벽의 호선으로 보아 동체가 장동형이었을 것으로 생각된다. 그중의 1점에는 목 부분에 수직 띠 광택무늬가 시문되어 있다. 이 토기는 구경이 14.8㎝이다(도면 783, 3). 다른 1점은 구

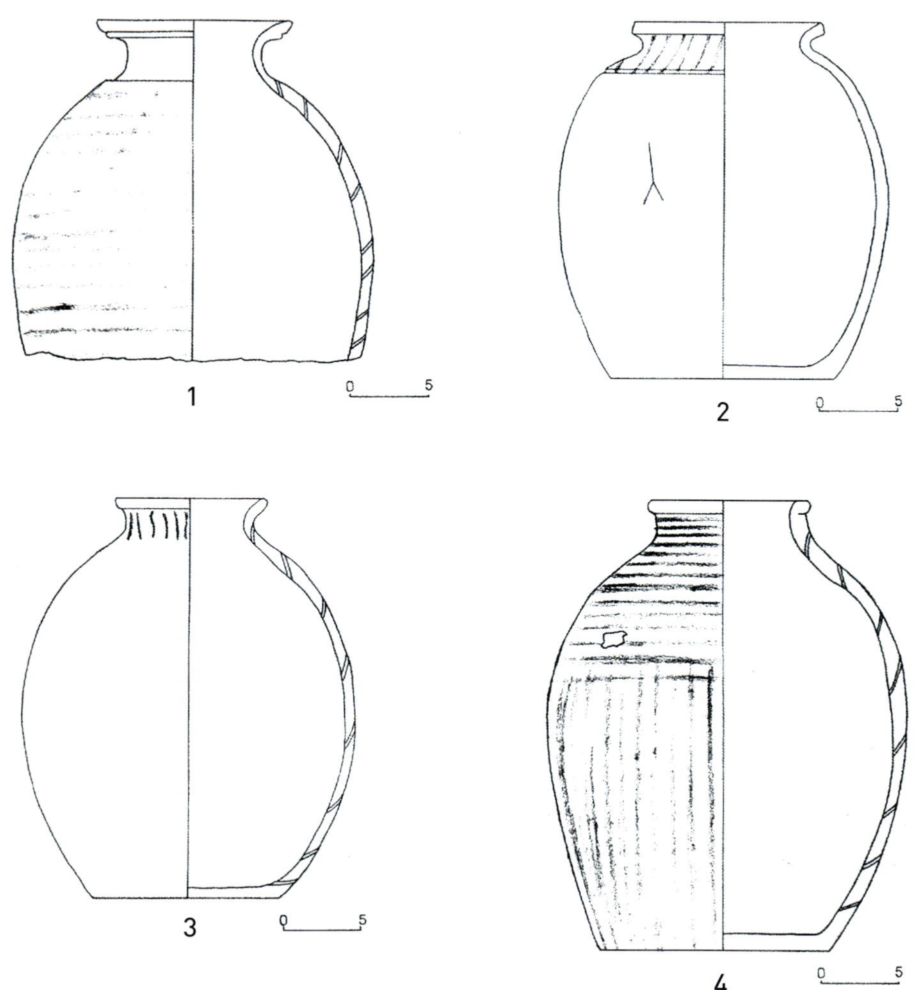

도면 784 | 크라스키노성 출토 외반구연 소형 장동호: 1-제15구역(1998-도256, 1), 2-제15구역(1998-도251, 1), 3-제15구역(1998-도255, 2), 4-제15구역(1998-도256, 2)

경이 15.5㎝이다(도면 783, 4).

소소형에 속하는 장동호 1점은 구연이 2중으로 되어 있다. 목 부분에 수직 방향으로 띠 모양 광택무늬가 시문되었고, 목과 어깨 사이에는 돌대가 가볍게 형성되어 있다. 동체 외면의 윗부분은 수직 띠 모양의, 기저 부분은 격자 띠 모양의 광택무늬로 각각 장식되었다. 이 토기의 크기는 구경 10.4㎝, 경경 7.7㎝, 경내경 6.1㎝, 동최대경 22.8㎝, 저경 15.8㎝, 높이 28.2㎝이다. 동최대경반과 경경반의 비율은 1:0.37이다(도면 783, 5). 소형의 호 중에서 목이 2중인 것들이 더 있는데 장동호에 속할 가능성이 높다.

구연이 2중인 1점은 목과 어깨의 경계 부분에 1줄의 돌대가 돌려져 있고, 어깨 부분에 X자 모양의 기호가 새겨져 있다. 이 토기는 구경이 10㎝, 경경이 6.9㎝이며, 외면을 수평 띠 마연하였다. 속심과 내면이 회색, 외면은 회백색이다(도면 783, 6; 786, 1). 다른 1점은 동체의 아랫부분까지 기형이 남아 있다. 이 토기는 목과 어깨의 경계에 턱이 형성되어 있고, 짧지만 목이 만들어져 있다. 이중 구연의 윗입술은 밖으로 길게 나왔다. 동체는 장동형이다. 외

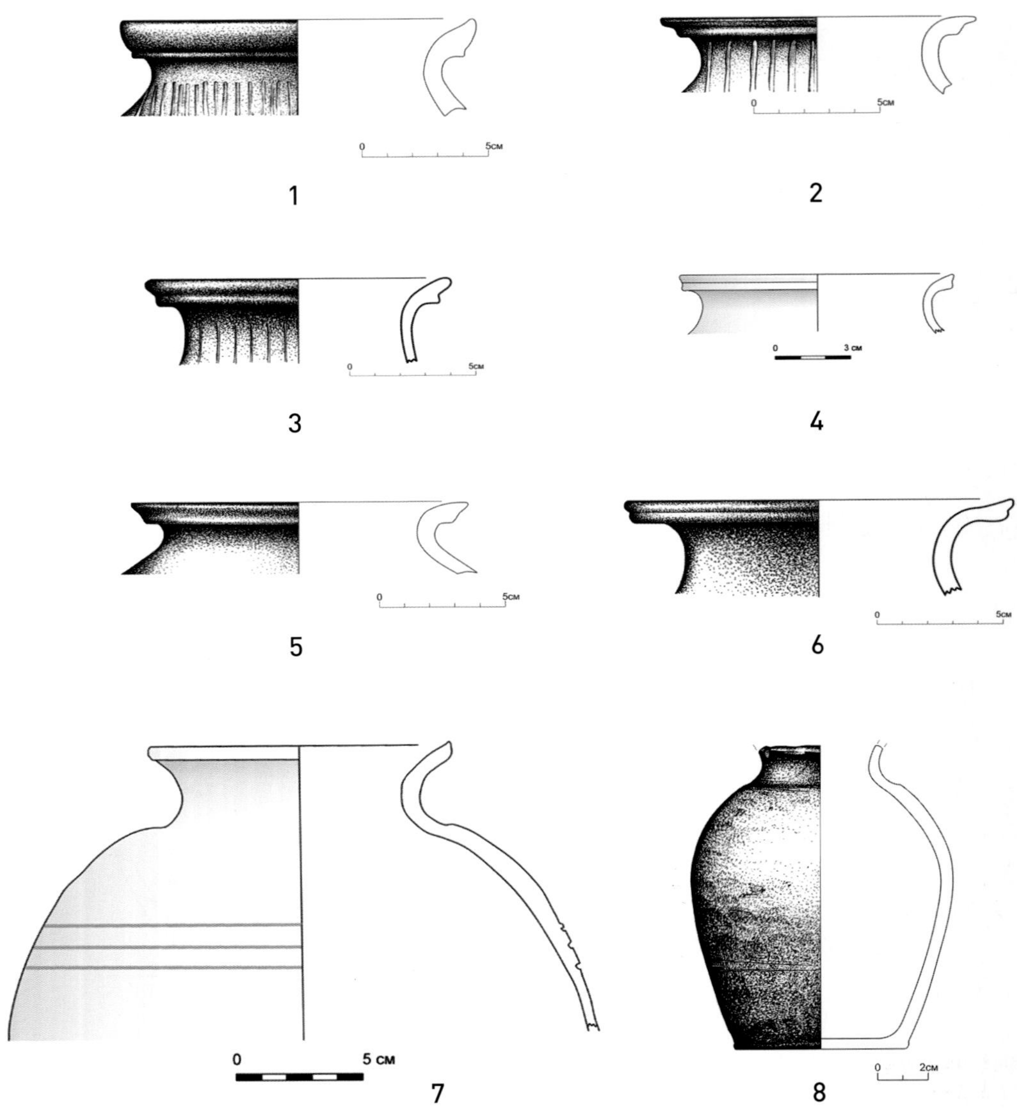

도면 785 | 크라스키노성 출토 외반구연 소형 장동호: 1-제47구역 3섹터 제4인공층 베-29방안(2014-도491, 5), 2-제49구역 2~4섹터 제2인공층 엠-33방안(2014-도886, 1), 3-제47구역 1섹터 제4인공층 베-6방안(2011-도577), 4-제42구역 제5인공층 엠-3방안(2009-도777, 2), 5-제47구역 3섹터 제13인공층 게-22방안(2014-도702, 5), 6-제47구역 2섹터 제2인공층 아-17방안(2011-도624), 7-제40구역 제11인공층 10호 주거지 베-16방안(2009-도334, 2), 8-제53구역 남동쪽섹터 제2인공층 붸-9방안호(2018-도568)

면이 수평의 띠 광택무늬로 장식되었다. 크기는 구경 12.5㎝, 경경 8.6㎝, 동최대경 23㎝이다(도면 784, 1). 다른 1점은 목-구연부만 남아 있는데 목 부분이 수직의 띠 광택무늬로 장식되었다. 이 토기는 구경이 11.1㎝이다(도면 1999-154, 12).

소형의 호에 속하면서 구연이 2중인 작은 편들이 있다. 이것들은 동체의 모양이 분명하지 못하다. 2중 구연을 가진 호 중에는 동체가 장동형도 있고, 또 구상도 있다. 때문에 이 구연부편들이 어떤 형태의 동체를 가졌는지는 판단하기 힘들다. 10점이 보이는데 그중의 4점은 목이 수직의 띠 광택무늬로 각각 장식되었다(도면 785, 1, 2, 3; 786, 3) (도면 1999-154, 12). 구경은 11.1~14㎝ 사이이다. 그중의 1점은 속심은 암회색, 표면은 흑색이고(도면 785,

도면 786 | 크라스키노성 출토 외반구연 소형 장동호: 1-제49구역 2,4 섹터 제2인공층 엔-32방안(2014-도882), 2-제47구역 3섹터 제4인공층 베-29방안(2014-도483), 3-제47구역 1섹터 제4인공층 베-6방안(2011-도559), 4-제42구역 제5인공층 엠-3방안(2009-도771, 4), 5-제47구역 3섹터 제13인공층 게-22방안(2014-도693), 6-제47구역 2섹터 제2인공층 아-17방안(2011-도623)

도면 787 | 크라스키노성 출토 외반구연 소형 장동호: 1-제40구역 제11인공층 10호 주거지 베-16방안(2009-도330), 2-제53구역 남동쪽섹터 제2인공층 붸-9방안(2018-도567)

1), 다른 1점은 속심은 암주황-갈색, 표면은 암회색이다(도면 785, 2). 나머지 5점은 구경이 10.1~13.4㎝ 사이이고 (도면 785, 4, 5; 786, 4, 5) (도면 1995-47, 23; 1999-161, 38; 2000-38, 12), 1점은 구경이 15.3㎝이다(도면 785, 6; 786, 6).

기형이 온전한 장동호 1점은 동체가 길쭉한 술통을 연상시킨다. 이 토기는 어깨 부분에 1줄의 침선이 돌려져 있고, 목 부분에는 수직의 띠 광택무늬가 시문되어 있다. 크기는 구경 12.2㎝, 경경 8.9㎝, 동최대경 23.6㎝, 저경 14.4㎝, 높이 25㎝이다. 경경이 동최대경의 1/2 정도이다. 동최대경반과 경경반의 비율이 1:0.51이다(도면 784, 2).

기형이 온전한 다른 장동호 1점은 동체가 계란모양이다. 구경은 9.5㎝, 경경은 8.1㎝, 동최대경은 21.2㎝, 저경은 1.7㎝, 높이는 26.7㎝이다. 목 부분에는 수직 띠 광택무늬가 시문되어 있다. 외면을 조밀하게 '거울' 마연을 하였다. 자연모래를 함유하는 점토로 만들었고, 속심은 밝은 회색, 표면은 암회색이며, 바닥에는 물레에서 사절한 흔적이 있는 것으로 보고되었다(도면 784, 3).

다른 장동호 1점은 목이 짧게 형성되어 있고 구연부가 매우 짧게 외반한다. 구연이 둥글게 마무리되었다. 외면은 위 1/3 정도는 수평의, 아래 2/3정도는 수직의 띠 광택무늬로 각각 장식되어 있다. 구경은 10.8㎝, 동최대경은 24.6㎝, 높이는 30.7㎝이다(도면 784, 4; 786, 2).

그 외에도 동체가 장동형으로 보이는 편이 1점 더 있다. 이 토기는 동체 최대경 가까이까지 남아 있다. 기벽의 호선으로 보아 동체는 장동형이었을 것이다. 어깨 동체에 3줄의 수평 침선이 등 간격으로 평행하게 돌려져 있다. 크기는 구경이 11.9㎝, 경경이 9.3㎝이다(도면 785, 7; 787, 1).

구연부는 결실되었지만 그 아래의 전체 기형이 장동형인 토기가 1점 있다. 이 토기는 크기가 잔존 구경 5.5㎝, 경경 4.8㎝, 높이 13.2㎝, 최대 직경 10.2㎝, 저경 7.2㎝이다. 동최대경은 중상위에 위치한다. 태토에는 다양한 크기 모래 포함되어 있다. 속심과 표면이 모두 회색이다. 동체에 드물게 침선이 그어져 있다(도면 785, 8; 787, 2).

③ 구상호

소형 호류 토기 중에서 전체 기형이 확인되는 것은 3점이 있다. 모두 구경이 소소형에 속한다.

1점은 동체가 거의 바른 구체이다. 목-구연부의 단면은 C자 모양이다. 구경은 10.4㎝, 저경은 8.4㎝, 동최대경은 16.1㎝, 높이는 16.9㎝이다. 동최대경반과 경경반의 비율이 1:0.55이다. 경경과 저경의 크기가 비슷하다. 구연부는 전체적인 두께가 대체로 일정하며 구순은 둥글게 마무리되었다. 동체 외면이 수평 띠 광택무늬로 장식되었고, 암회색이다(도면 788, 1; 789).

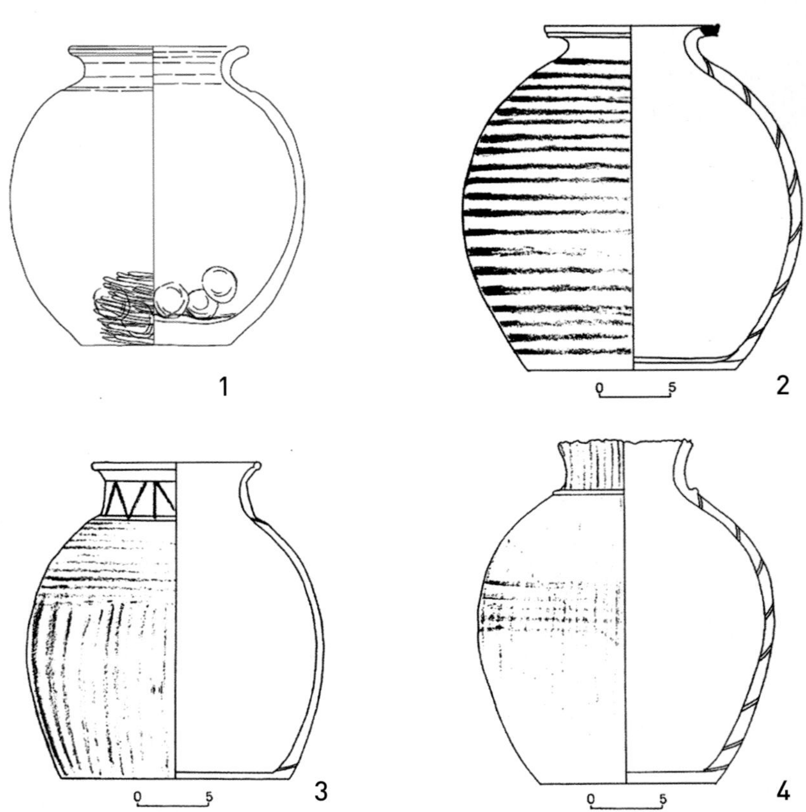

도면 788 | 크라스키노성 출토 외반구연 소형 구상호: 1-제41구역 8호 주거지(2008-도444, 1), 2-제15구역(1998-도255, 1), 3-제15구역(1998-도257, 1), 4-제15구역(1998-도257, 2)

도면 789 | 크라스키노성 제41구역 8호 주거지 출토 외반구연 소형 구상호(2008-도188)

다른 1점은 목이 매우 잘록하게 잘 표현되었고, 구연부는 거의 수평 방향이다. 동체는 약간 긴 구형이다. 구경은 12.2㎝, 경경은 8.9㎝, 동최대경은 23.6㎝, 저경은 14.4㎝, 높이는 25㎝이다. 속심은 밝은 회색이고, 표면은 암회색이다. 외면이 수평 띠 광택무늬로 장식되었다. 자연모래 함유 점토로 만들었고, 바깥 바닥에 모래받침의 흔적이 남아 있는 것으로 보고되었다(도면 788, 2).

다른 1점은 1998년에 우물에서 온전한 상태로 발견된 것이다. 목-구연부의 단면이 C자 모양인데 구연의 단면이 둥글다. 둥근 구연 안쪽에 한 줄의 홈이 돌려져 있다. 동체는 상대적으로 짧고, 기저부가 넓은 편이다. 동체의 모양이 비대칭의 원형에 가깝다. 목이 분명하게 구분된다. 목과 어깨의 경계 부분에 턱이 있다. 크기는 구경 11.9㎝, 경경은 9.7㎝, 동최대경은 21㎝, 저경은 16㎝, 높이 23.7㎝이다. 동체의 위 1/3은 수평의 띠 광택무늬로, 그 아래 2/3는 수평의 띠 광택무늬로 각각 장식되었다. 목에는 지그재그 모양의 띠 광택무늬가 있다. 자연모래 함유 점토로 만들었고, 속심은 오렌지-갈색, 표면은 회색이며, 바깥 바닥에 모래를 가볍게 깔은 흔적이 남아 있는 것으로 보고되었다(도면 788, 3).

그 외에 구연부를 제외한 전체 기형이 남아 있는 구상호가 1점 있다. 이 토기에는 어깨와 목의 경계 부분에 1줄의 돌대가 돌려져 있다. 동최대경이 중간 정도의 높이에 위치한다. 동체가 짧은 타원체에 가깝다. 추정 구경은 약 11㎝이다. 경경은 7.7㎝, 동최대경은 20.9㎝, 저경은 12㎝, 높이는 25㎝이다. 자연모래 함유 점토로 만들었다. 기면은 물손질 및 마연하였다. 먼저 동체 전체를 수직 방향으로 마연하고, 다음에는 수평 방향으로 중간 부분을 마연하였다. 목 부분은 수직 방향으로 마연하였다. 바닥은 치밀하게 깎기 조정한 다음에 물손질 하였다. 속심은 밝은 회색, 표면은 은회색이다(도면 788, 4).

④ 타원형 구연부 토기

1점이 있다. 전체 기형이 확인된다. 동최대경이 동체 중하 부분에 위치하는 장동형이다. 입의 평면 모양이 타원형인 점이 특징적이다. 구경은 9.8×12.2㎝, 경경은 11.2㎝, 동최대경은 22.1㎝, 저경은 14.6㎝, 높이는 23.9㎝이다.

이 토기는 석립이 드물게 포함된 자연모래 점토로 만들었고 속심과 표면이 모두 흑색인 것으로 그리고 수직 방향으로 전면 마연을 한 것으로 보고되었다(도면 790, 1).

⑤ 기타

소형의 호류 토기 중에는 동체의 모양이 장동형인지, 구상인지, 아니면 다른 형태인지 잘 구분이 되지 않는 것들도 다수 있다.

제1형식은 목-구연부의 단면이 C자 모양이고, 구순이 둥그스름하게 마무리되는 것이다. 6점이 확인된다. 구경은 9~13㎝ 사이이다. 그중의 1점은 속심은 갈색, 표면은 회색이다(도면 790, 2; 792, 1). 1점은 외면에 수평 띠 마연이 되었고, 속심과 표면이 회색이다(도면 790, 3; 792, 2). 다른 1점은 속심과 표면이 흑색인데 내면과 외면에 유기물 흔적이 있다(도면 790, 4). 1점은 구경이 11.4㎝인데 경경은 8.6㎝, 내경경은 7.2㎝이다(도면 791, 1). 나머지 2점은 목과 어깨의 경계 부분에 턱이 형성되어 있다(도면 791, 2, 3).

제2형식은 목-구연부의 단면이 ㄷ자 모양인 것이다. 2점이 있는데 1점은 목과 어깨 경계 부분에 턱이 형성되어 있다. 이 토기는 속심은 오렌지-갈색이고, 표면은 암갈색이다. 구경은 12.4㎝이다(도면 791, 4; 792, 3). 다른 1점은 구경이 11.8㎝이다(도면 791, 5; 792, 4).

제3형식은 구연의 끝부분이 아래로 처진 것이다. 2점이 있는데 1점은 구연의 끝부분이 갈고리 모양이다. 이 토기는 외면이 수평 띠 마연되었고, 속심과 표면이 회색이다(도면 791, 6). 다른 1점은 목이 수직의 띠 광택무늬로 장식되었다(도면 791, 7).

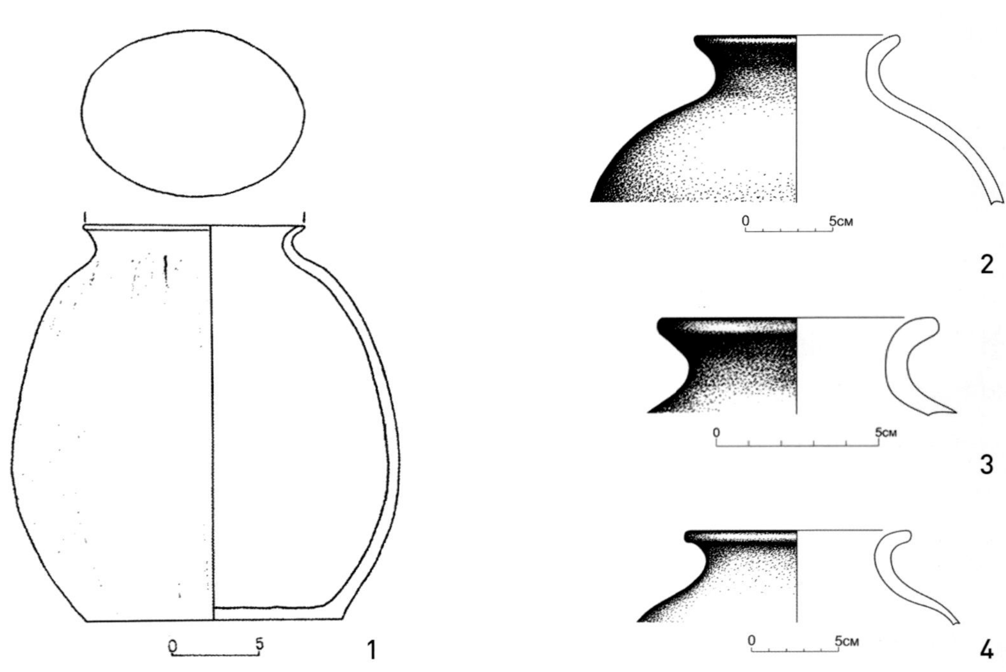

도면 790 | 크라스키노성 출토 타원형 구연부 토기(1)와 외반구연 토기 기타(2~4): 1-제15구역(1998-도251, 2), 2-제44구역 서쪽섹터 제19인공층 게-25방안(2015-도200, 1), 3-제50구역 3섹터 제4인공층 뷔-4방안(2015-도979, 2), 4-제44구역 제12인공층 뷔`-19방안(2014-도350, 1)

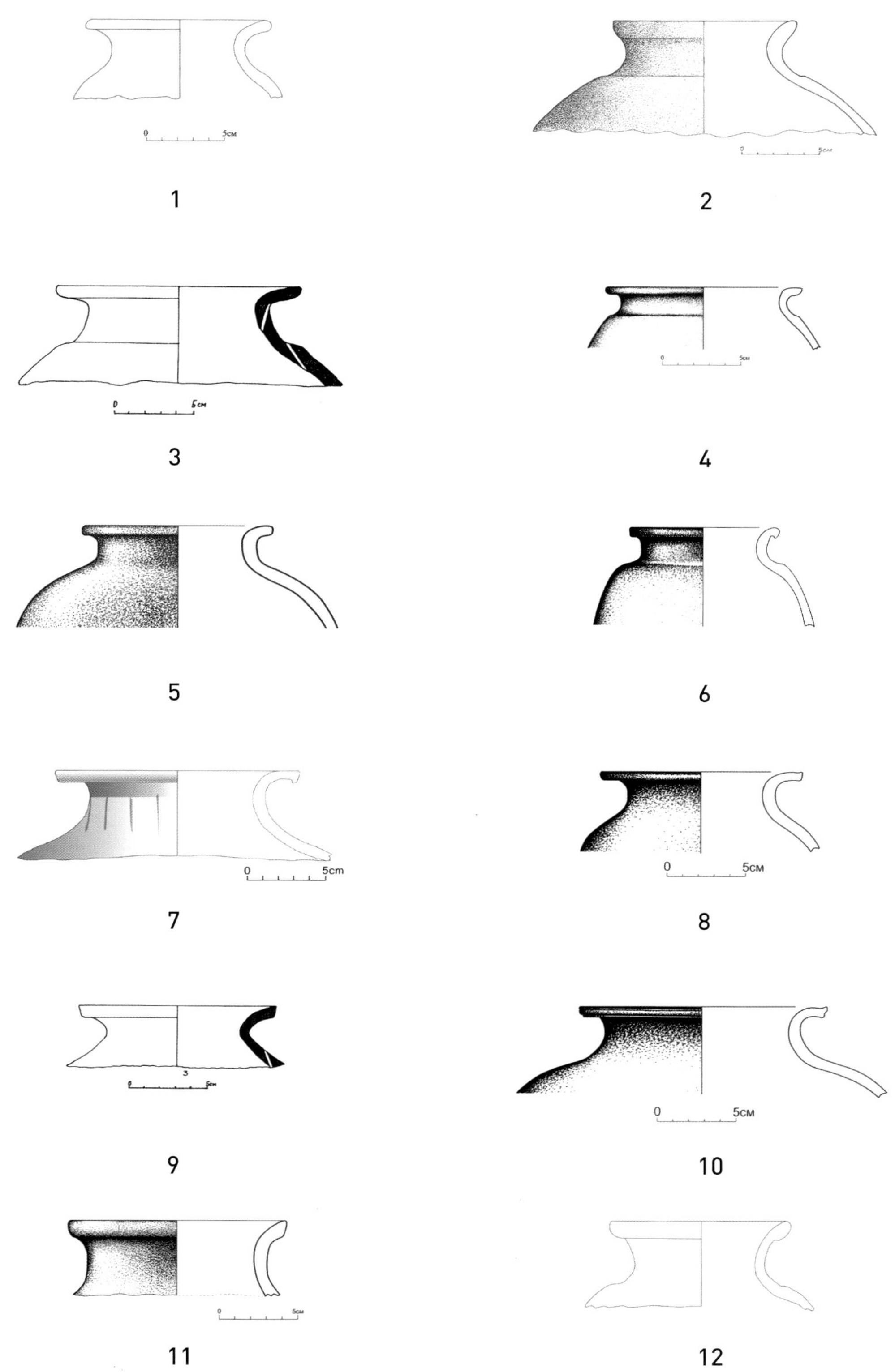

도면 791 | 크라스키노성 출토 외반구연 토기 기타: 1-제41구역 8호 주거지 엠-2,3방안(2008-도440, 1), 2-제31구역 제6인공층 제-6방안(2003-도137), 3-제11구역(1996-도63a), 4-제47구역 7섹터 제2인공층 아-46방안(2013-도273, 3), 5-제45구역 남쪽섹터 17호 주거지 이-9방안(2011-도92), 6-제48구역 동쪽섹터 제12인공층 수혈 줴-28,30방안(2018-도54, 4), 7-제34구역 6호 주거지 뤠-4방안(2007-도250, 4), 8-제49구역 2,4섹터 제2인공층 오-34방안(2014-도884, 2), 9-제11구역(1996-도63, 3), 10-제44구역 제11인공층 이-25방안(2014-도252, 4), 11-제49구역 제11인공층 엔-29방안(2010-도49), 12-제41구역 8호 주거지 이-4방안(2008-도443, 2)

도면 792 | 크라스키노성 출토 외반구연 토기 기타: 1-제44구역 서쪽섹터 제19인공층 게-25방안(2015-도195), 2-제50구역 3섹터 제4인공층 붸-4방안(2015-도969, 1), 3-제47구역 7섹터 제2인공층 아-46방안(2013-도279, 1), 4-제45구역 남쪽섹터 17호 주거지 이-9방안(2011-도92), 5-제49구역 2,4섹터 제2인공층 오-34방안(2014-도859. 2), 6-제44구역 제11인공층 이-25방안(2014-도243, 2), 7-제49구역 제11인공층 엔-29방안(2010-도50, 3)

제4형식은 구연의 끝부분이 위로 약간 뾰족한 것이다. 2점이 있다(도면 791, 8, 9; 792, 5).

제5형식은 길게 외반한 구연부의 바깥쪽 절반의 안쪽이 조금 오목해졌다. 1점이 있다. 어깨 부분의 호선으로 보아 동체가 구형 혹은 편구형이었을 것으로 생각된다. 이 토기는 구경이 15.8㎝, 경경이 12.4㎝이다. 속심은 주황-갈색이고, 표면은 암회색이다(도면 791, 10; 792, 6).

제6형식은 구연의 끝부분이 단면 삼각형을 이루는 것이다. 1점이 있다. 구경은 14.2㎝이다. 회색이다(도면 791, 11; 792, 7).

제7형식은 구연의 끝부분이 단면 반원형으로서 바깥쪽이 볼록한 것이다. 목과 어깨 사이에 턱이 형성되어 있다. 구경은 11.6㎝, 내경경은 7.1㎝이다(도면 791, 12).

(4) 병형 호류 토기

호류 토기 중에서 구경이 8.8~10.6㎝ 정도이고 경경이 이보다 더 작은 것들은 목이 좁아 병의 역할을 하였을 것으로 생각된다. 병과 호의 중간 단계로 생각되는 목의 너비를 가진 것들이다. 그런데 구경이 10.6㎝ 이상인 것들 중에도 동체에 비해 목의 너비가 크게 차이가 나게 작은 것들은 병형 호류 토기에 포함시킬 수 있을 것이다.

Ⅰ형식 병형 호. 구연부가 도톰한 대롱구순이고 또 짧게 외반하는 것이다. 9점이 확인되었다. 1점은 어깨와 동체 윗부분이 남아 있는데 목이 좁아서 동체가 타원형에 가까운 장동형이었을 것으로 생각된다. 이 토기는 구경이 10.6㎝, 경경이 8.3㎝, 목의 안쪽 직경인 경내경이 6.7㎝이다. 속심은 회색, 표면은 흑색이다(도면 793, 1; 794, 1). 다른 1점은 목과 구연부의 구성이 이것과 매우 유사한 형태인데 구경이 10㎝이고, 외면에 수평 띠 마연을 하였고, 속심과 표면이 회색이다(도면 793, 2; 794, 2). 1점은 어깨에 턱이 약간 형성된 것 같은 느낌을 주나 분명하지 못하다. 이 토기는 구경이 8.8㎝, 경경이 7.6㎝, 경내경이 6.1㎝이다(도면 793, 3).

다른 1점은 어깨 부분에 수직 띠 광택무늬가 시문되었다. 이 토기는 크기가 구경 10㎝, 경경 8.4㎝, 경내경 7.4㎝이다(도면 793, 4). 나머지 2점은 거의 목-구연부만 남았다. 크기는 각각 구경 10.5㎝, 경경 8.9㎝(도면 793, 5), 구경 10.2㎝, 경경 8.1㎝(도면 793, 6)이다.

나머지 1점은 구연부가 조금 길면서 바깥쪽으로 가면서 도톰한 것이다. 1점은 구연부의 바깥쪽 절반이 거의 수평이다. 이토기는 구경이 10.1㎝, 경경이 7.4㎝이고, 속심은 회색, 표면은 흑색이다(도면 793, 7).

Ⅱ형식 병형 호. 짧지만 약간의 길이가 있는 목이 구분되며 구연부-목-어깨의 단면이 C자 모양이다. 구순은 모두 둥글게 마무리되었다. 동체는 구상인 것과 장동형인 것으로 구분된다. 동체가 구상인 1점은 전체 기형이 남아 있다. 이 토기는 구경이 6.5㎝, 경경이 5㎝, 동최대경이 20.2㎝, 저경이 14.7㎝이다. 목-어깨 부분에는 격자 모양으로, 외면에는 기저부까지 수평 방향으로 각각 띠 광택무늬가 시문되어 있다. 바닥에는 기호가 새겨져 있다(도면 795, 1; 796, 1).

2점은 동체가 장동형일 것으로 생각된다. 2점 모두 동최대경 아래가 남아 있지 않다. 1점은 구경 9.3㎝, 경경 7.3㎝, 동최대경 13.5㎝이다(도면 795, 2). 다른 1점은 구경이 9.7㎝, 경경이 6.2㎝, 경내경은 4.6㎝이다. 구순이 아

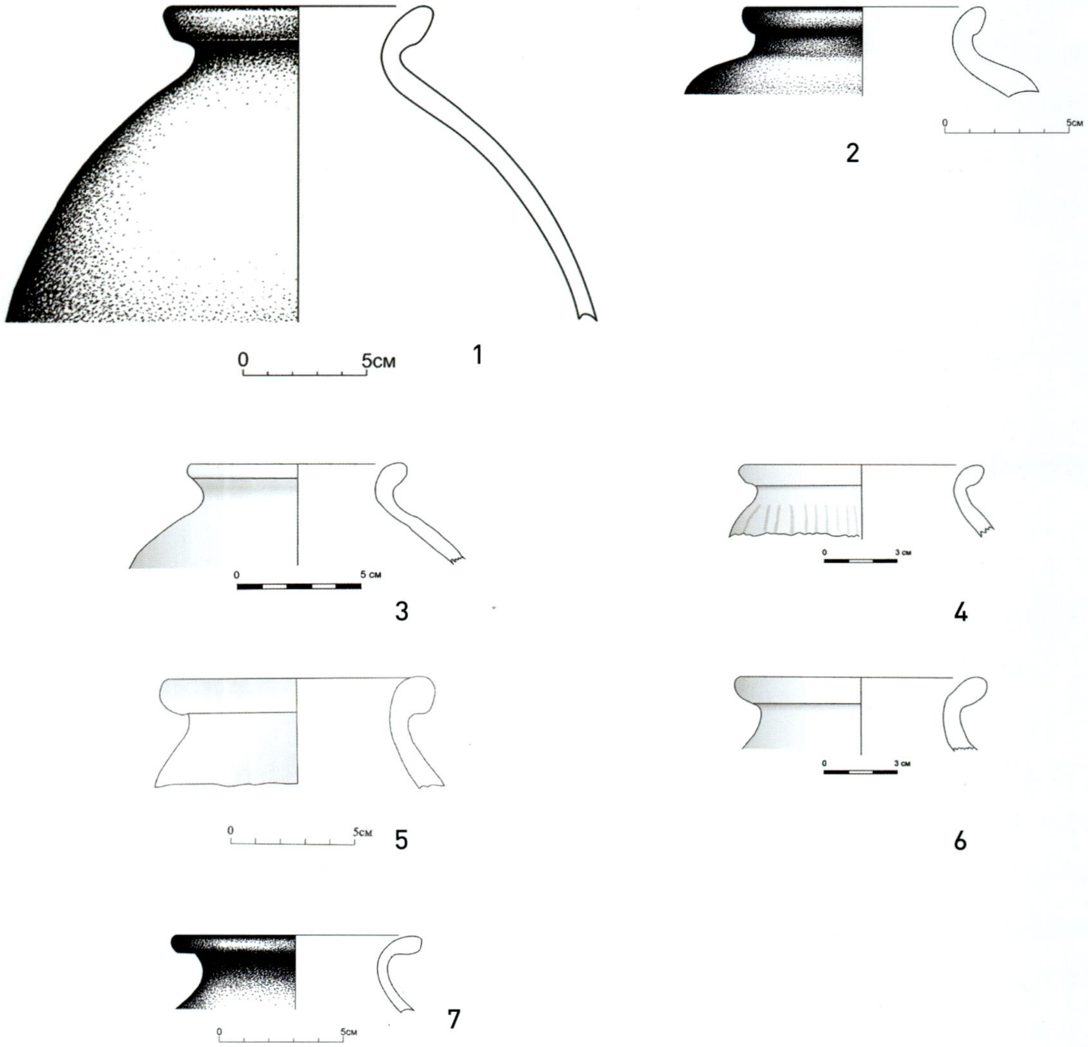

도면 793 | 크라스키노성 출토 외반구연 병형 호류 토기 | 형식: 1-제53구역 2섹터 제3인공층 엠-1,2방안(2017-도565, 1), 2-제50구역 2,3섹터 제2인공층 베-1`방안(2015-도858, 3), 3-제40구역 1호 수혈 베,붸-15,16방안(2009-도91, 1), 4-제40구역 제10인공층 붸-15방안(2009-도155, 3), 5-제40구역 제4인공층 붸-16방안(2008-도455, 2), 6-제40구역 1호 수혈 하부와 10호 주거지 상부 베,붸-15방안(2009-도148, 2), 7-제51구역(2018-도83, 2)

도면 794 | 크라스키노성 출토 외반구연 병형 호류 토기 | 형식: 1-제53구역 2섹터 제3인공층 엠-1,2방안(2017-도548), 2-제50구역 2,3섹터 제2인공층 베-1` 방안(2015-도852)

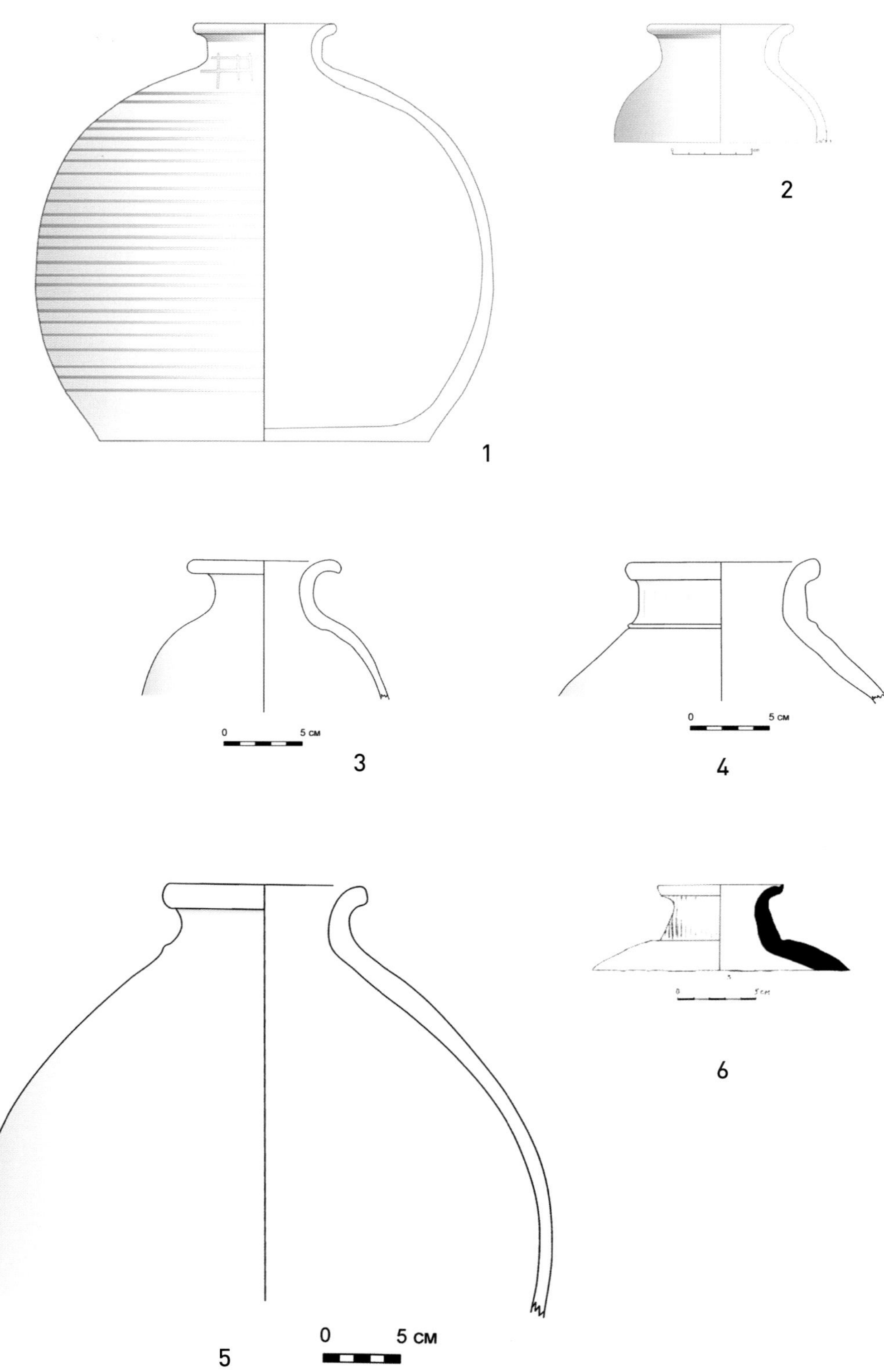

도면 795 | 크라스키노성 출토 외반구연 병형 호류 토기 II형식(1~5)과 III형식(6): 1-제34구역 제10인공층 5호 주거지 베-5방안(2007-도228, 3), 2-제34구역 제2인공층 아,게-14,15방안(2007-도219, 1), 3-제40구역 1호 수혈 베,뤠-15,16방안(2009-도100, 4), 4-제40구역 1호 수혈 베,뤠-15방안(2009-도90, 3), 5-제40구역 1호 수혈 베,뤠-15,16방안(2009-도97), 6-제15구역 제5인공층(1997-도115, 3)

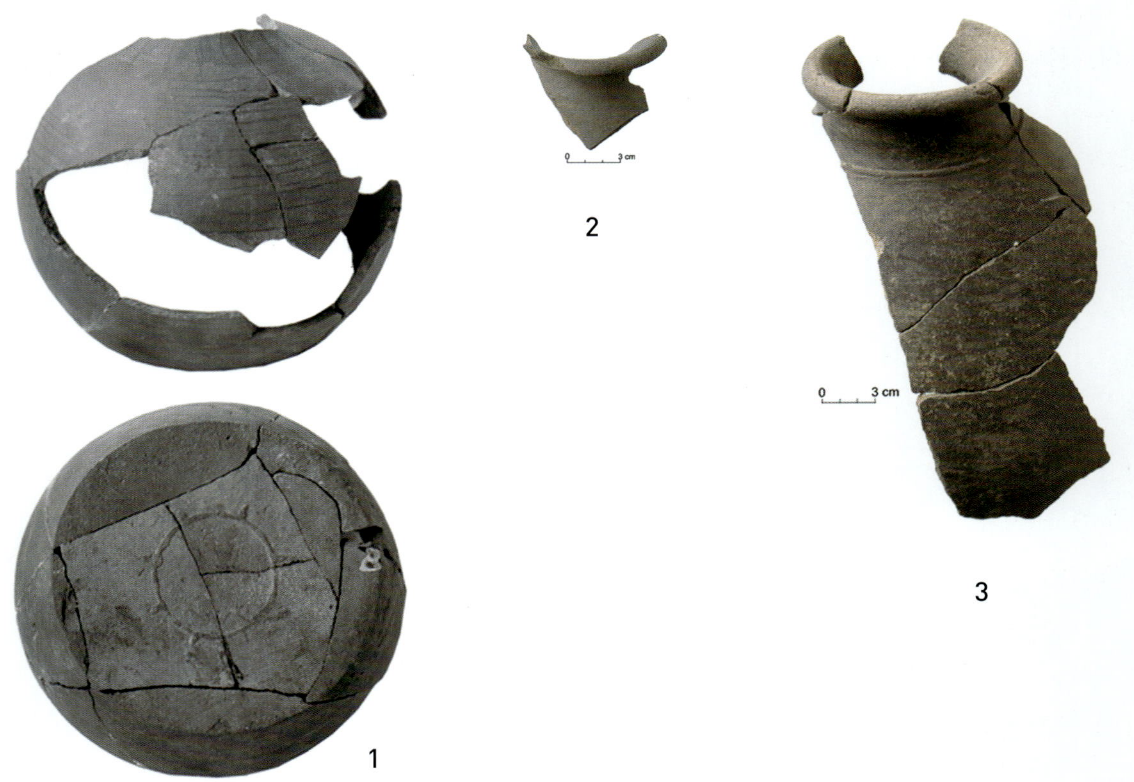

도면 796 | 크라스키노성 출토 외반구연 병형 호류 토기 II형식: 1-제34구역 제10인공층 5호 주거지 베-5방안(2007-도154), 2-제40구역 1호 수혈 베,붸-15,16방안(2009-도78, 2), 3-제40구역 1호 수혈 베,붸-15,16방안(2009-도178)

래로 굽어졌다(도면 795, 3; 796, 2).

다른 2점은 동체가 장동형일 것으로 추정은 되나 분명하지 못하다. 그중의 1점은 어깨 부분에 돌대가 1줄 있다. 목은 수직의 띠 광택무늬로 장식되었다. 구경은 12.2㎝, 경경은 10.5㎝이다(도면 795, 4). 다른 1점은 구경이 13.3㎝이고, 경경은 10.9㎝인데 동최대경에 비해 목이 상당히 좁은 편이다(도면 795, 5; 796, 3).

Ⅲ형식 병형 호. 1점이 있다. 외반하는 구연부의 끝부분이 위로 향하는 상첨구순을 가졌다. 사다리꼴 모양의 목이 구분된다. 목이 수직 띠 광택무늬로 장식되었다. 구경은 8.8㎝이다(도면 795, 6).

3) 심발류 토기

심발(深鉢)은 깊은 발, 즉 깊은 바리를 말하는 것이다. 발 중에서 구경이 높이보다 작은 것을 심발이라고 한다. 여기에서 덧붙여야 할 것은 호는 경경이 저경보다 작은 것이지만 발은 경경이 저경보다 크다는 사실이다. 따라서 기형이 어깨 부분이 발달하여 호인지 발인지 구분이 힘들 경우 경경이 저경보다 크고, 구경이 높이보다 작은 경우에는 심발류 토기로 파악하였다. 다만 크라스키노성에서 출토된 절대다수의 심발류 토기들은 구연-동체 윗부분이다. 때문에 외반구연 호류 토기 부분에서 검토한 바와 같이 동최대경 반을 1로 하였을 때에 경경 반이 0.65이상인 것에 준하는 비율을 가진 것들을 심발류 토기로 파악하였다.

심발류 토기는 구경이 7.9~14.4㎝(소형), 15~18.2㎝(중형), 18.8~25.5㎝(대형), 26.8~29.3㎝가 각각 구분되어 하나씩의 군집을 이루고 있다(도면 797). 구경이 가장 큰 26.8~29.3㎝ 구간의 것들은 옹에 속할 수도 있다고 생각된다. 때문에 심발-옹류 토기로서 소개하기로 한다. 기형이 심발류와 비슷한 토기들 중에는 구경이 그보다 더 큰 30.8㎝ 이상도 있는데 옹이 분명하다고 생각되기 때문에 옹류 토기에서 소개하였다.

심발류 토기는 구연부의 형태가 10개 형식 이상이 확인된다.

Ⅰ형식. 외반한 구연부의 끝부분이 위로 돌출한 상첨구순이다. 심발류 토기 중에서 가장 많은 수량을 보인다. 구연부가 수평에 가까운 것(Ⅰ-1형식), 사선에 가까운 것(Ⅰ-2형식), 구연부가 수평에 가까우면서 구순 안쪽에 홈이 형성되어 있는 것(Ⅰ-3형식)이 구분된다.

Ⅱ형식. 구연부가 길게 사선 방향으로 외반하며, 구순의 위 모서리가 위로 향하였지만 상첨구순인지 구분이 애매한 것이다. 준상첨구순으로 부를 수 있을 것이다.

Ⅲ형식. 구연부가 길게 외반하는데 구순까지의 두께가 대체로 일정한 것이다. 동일두께 구순으로 부를 수 있다. 구연부가 수평에 가까운 것(Ⅲ-1형식)과 사선에 가까운 것(Ⅲ-2형식)으로 구분된다.

Ⅳ형식. 사선방향으로 외반하는 구연부가 끝부분으로 가면서 점차 얇아지는 것이다. 구연부가 상대적으로 긴 것(Ⅳ-1형식)과 아주 짧은 것(Ⅳ-2형식)으로 구분된다.

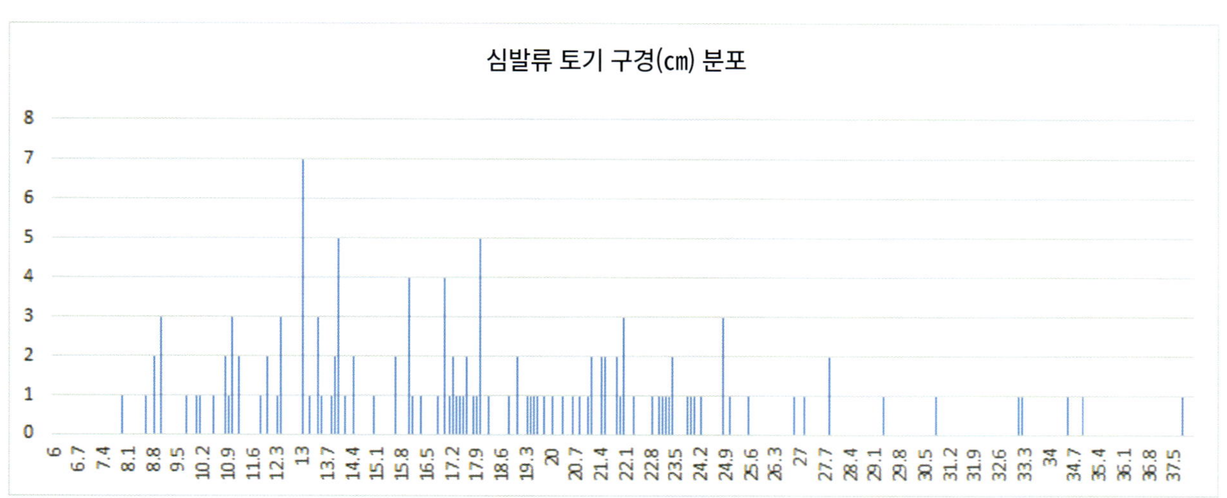

도면 797 | 크라스키노성 출토 심발류 토기 구경 분포도

Ⅴ형식. 구연부가 대롱구순이다. 짧은 구연부가 어깨에서 바로 밖으로 꺾인 것이다.

Ⅵ형식. 구연부가 대롱구순이다. 짧은 구연부와 어깨 사이에 목이 약간 형성되어 있다.

Ⅶ형식. 구연부가 도톰하고 가장자리가 둥그스름하게 마무리된다. 상대적으로 길쭉한 것(Ⅶ-1형식)과 짧은 것(Ⅶ-2형식)으로 구분된다. 최소 경경에서 수평으로 선긋기를 하였을 때에 구연부에 "꼬리"가 있으면 Ⅴ형식, 없으면 Ⅶ형식으로 판단할 수 있다.

Ⅷ형식. 외반하는 구연부의 끝부분 아래 절반이 동글-삼각형으로 볼록해진 것이다.

Ⅸ형식. 외반하는 구연부의 끝부분이 아래로 말려 갈고리 모양을 이루는 것이다.

Ⅹ형식. 외반하는 구연부의 끝부분의 위쪽이 안쪽으로 뾰족한 것이다. 내첨구순이다.

ⅩⅠ형식. 외반하는 구연부의 끝부분이 세장한 삼각형을 이루는 것이다.

ⅩⅡ형식. 길게 안쪽으로 약간 기울게 내만하는 어깨-목에서 가볍게 외반하는 구연부가 있는 것이다.

ⅩⅢ형식. 곧추선 듯 안쪽으로 살짝 기운 길쭉한 목-구연부가 있는 것이다.

그 외에도 다양한 형태의 구연부가 1점씩 발견된 것이 있어 기타 형식으로 소개하였다.

① 심발-옹류 토기
구경이 26.8~29.3㎝ 사이에 해당한다. 6점이 확인된다.

Ⅰ-2형식. 1점이 있다. 구연부가 사선방향으로 외반하였고, 구순의 위로 뾰족하다. 동체는 장동형일 것으로 생각된다. 구경은 27.8㎝이다(도면 798, 1).

Ⅲ-2형식. 1점이 있다. 사선방형으로 외반하는 구연부의 전 구간 두께가 거의 동일하다. 목-구연부의 단면이 C자형이다. 어깨부분에 2줄의 수평 침선과 그 아래의 2줄의 파상 침선이 각각 시문되어 있다. 구경은 26.8㎝이다(도면 798, 2; 799, 1).

Ⅴ형식. 1점이 있다. 구연부가 어깨에서 바로 밖으로 짧게 꺾인 대롱구순이다. 속심과 내면은 회색, 외면은 흑색이다. 구경은 21.5㎝이다(도면 798, 3; 799, 2).

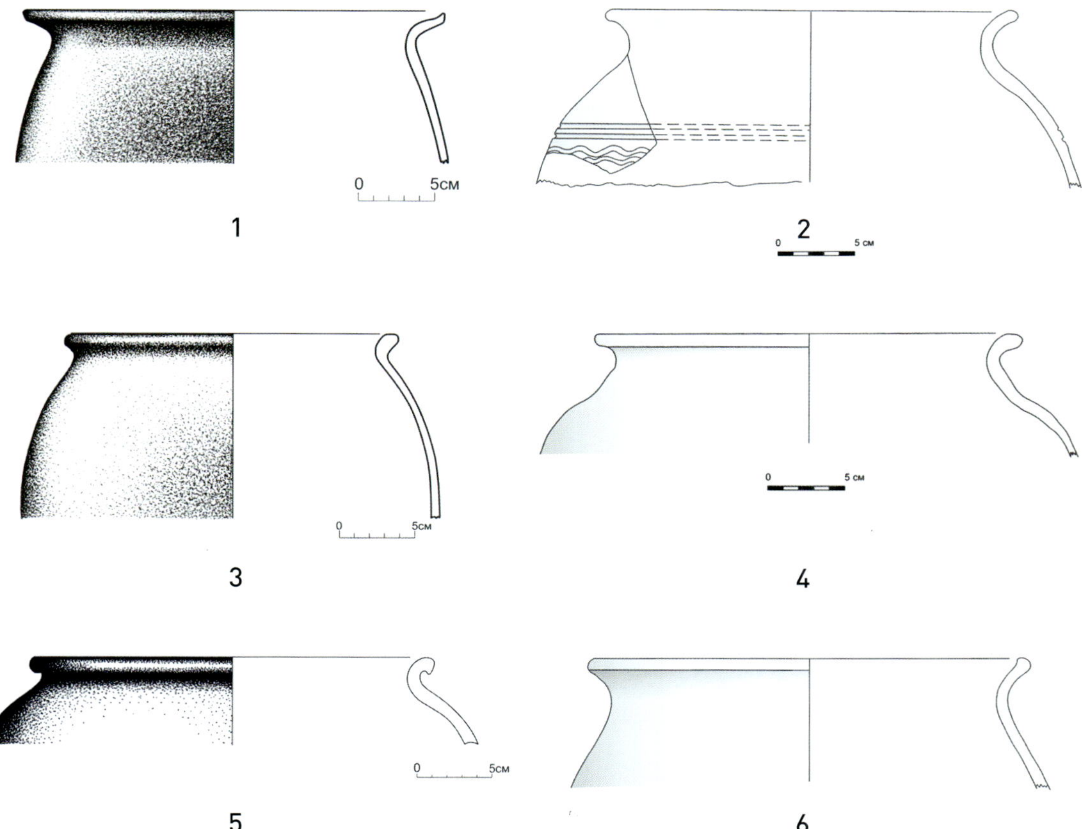

도면 798 | 크라스키노성 출토 대형 심발-옹류 토기 Ⅰ-2형식(1), Ⅲ-2형식(2), Ⅴ형식(3), Ⅶ형식(4), Ⅸ형식(5), Ⅹ형식(6): 1-제44구역 동쪽섹터 제5인공층 엔-20방안(2012-도164, 6), 2-제40구역 제12인공층 11호 주거지 아-21,아`-18방안(2009-도417, 2), 3-제47구역 6섹터 제3인공층 베-40방안(2013-도225, 1), 4-제40구역 1호 수혈 제7인공층 베,붸-15,16방안(2009-도88, 5), 5-제44구역 서쪽섹터 제18인공층 아-25방안(2015-도180, 3), 6-제40구역 13호 주거지 아`-21방안(2009-도497, 9)

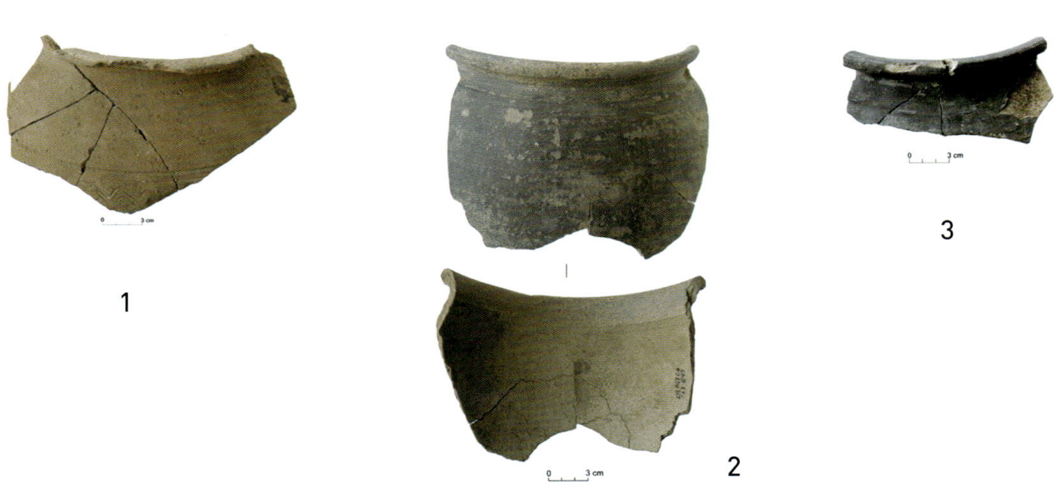

도면 799 | 크라스키노성 출토 대형 심발-옹류 토기 Ⅲ-2형식(2), Ⅴ형식(3), Ⅸ형식(5): 1-제40구역 제12인공층 11호 주거지 아-21,아`-18방안(2009-도377), 2-제47구역 6섹터 제3인공층 베-40방안(2013-도227), 3-제44구역 서쪽섹터 제18인공층 아-25방안(2015-도167)

Ⅶ-1형식. 1점이 있다. 구연부가 위쪽이 볼록하게 도톰하다. 구연부와 어깨 사이에 내만하는 목이 구분된다. 구경은 27.8㎝이다(도면 798, 4).

Ⅸ형식. 1점이 있다. 구연부의 끝부분이 아래로 조금 말린 갈고리 구순을 가진 것이다. 외면에 수평 띠 마연이 되었다. 속심은 회색, 표면은 흑색이다. 구경은 27.1㎝이다(도면 798, 5; 799, 3).

Ⅹ형식. 1점이 있다. 사선방향으로 외반하는 구연부에 내첨구순이 있는 것이다. 어깨선이 거의 곧은 사선이다. 구경은 29.3㎝이다(도면 798, 6).

② 대형 심발

구경이 18.8~25.5㎝ 사이이다.

Ⅰ형식 대형 심발. 크게 외반한 구연부의 끝부분이 위로 돌출한 상첨구순이다. 5점이 확인되는데 모두 구연부의 바깥쪽 절반이 수평에 가깝고 끝부분이 위로 돌출하였다. 모두 편 상태이지만 어깨와 그 아랫부분이 거의 수직에 가깝게 아래로 내려간다. 5점 모두 목이 잘록하게 형성되어 있다. 목-구연부의 단면은 C자 모양이다. 기형이 어느 정도 추정되는 1점은 구경이 22.8㎝이다(도면 800, 1; 803, 1). 다른 1점은 구경이 19.6㎝이고, 속심은 오렌

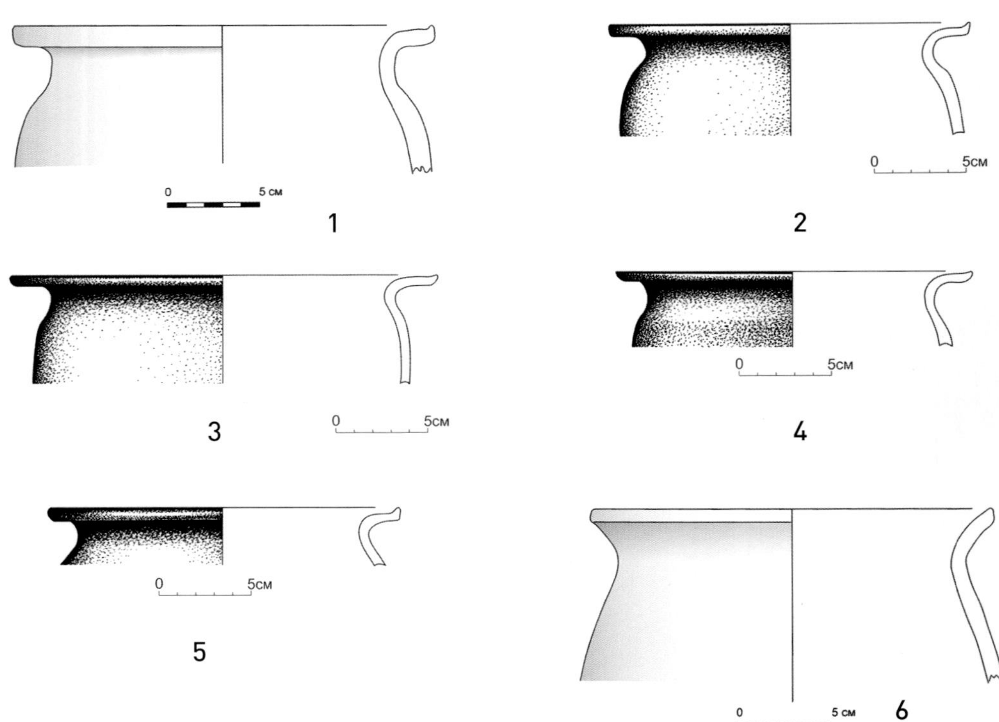

도면 800 | 크라스키노성 출토 대형 심발류 토기 Ⅰ형식(1~5)과 Ⅱ형식(6): 1-제42구역 제6인공층 제-4방안(2009-도807, 2), 2-제47구역 6섹터 제7인공층 아-32방안(2015-도629, 2), 3-제50구역 1섹터 제3인공층 수혈1(2015-도724, 6), 4-제47구역 2섹터 제11인공층 게-13방안(2015-도506, 3), 5-제53구역 남동쪽섹터 제3인공층 붸-10방안(2018-도625, 4), 6-제40구역 제14인공층 10,11호 주거지 아`-21방안(2009-도335, 2)

지-갈색, 표면은 흑색이다(도면 800, 2; 803, 2).

1점은 구경이 24㎝이고, 외면이 조밀하게 수평 띠 마연되었으며, 속심과 표면이 회색이다(도면 800, 3). 나머지 2점은 구경이 각각 19.4㎝(도면 800, 4; 803, 3)와 19㎝(도면 800, 5; 803, 4)이다. 2점 모두 속심과 표면이 암회색, 회색, 혹은 흑색이며, 더껑이 흔적이 남아 있다.

Ⅱ 형식 대형 심발. 1점이 확인된다. 구연부가 길게 사선 방향으로 외반하며, 구순의 위 모서리가 위로 향한다. 어깨선이 거의 곧은 사선이다. 구경은 21.8㎝이다(도면 800, 6).

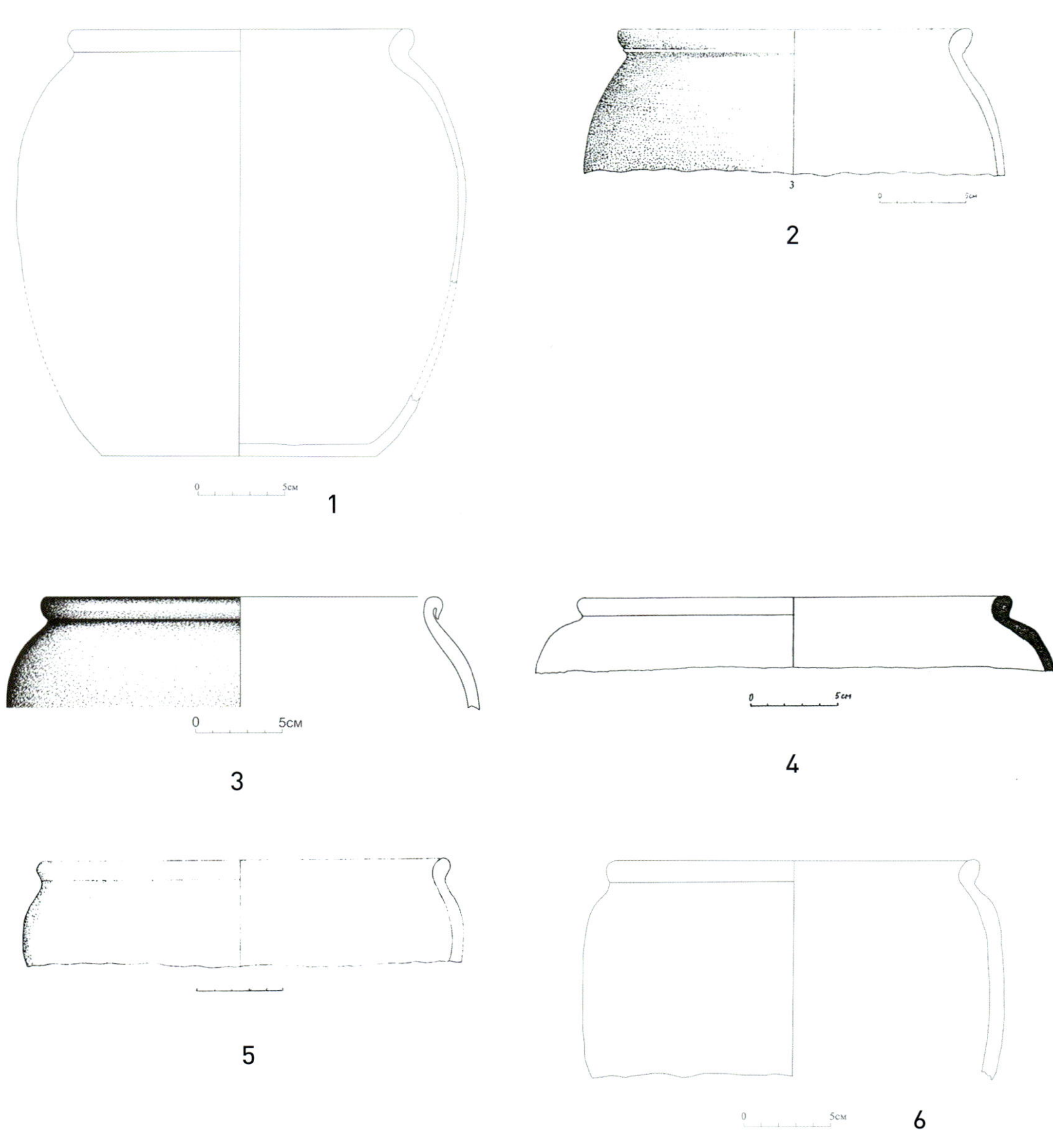

도면 801 | 크라스키노성 출토 대형 심발류 토기 Ⅴ형식: 1-제41구역 8호 주거지 이,까-3,4방안(2008-도440, 2), 2-제31구역 와실유구(2004-도181, 3), 3-제53구역 1섹터 제5인공층 예-3`방안(2017-도719, 2), 4-제12구역(1996-도65, 1), 5-제29구역 제2인공층 아-8방안(2001-도90), 6-제40구역 제2인공층 베-16방안(2008-도449, 2)

Ⅴ형식 대형 심발. 짧게 외반하는 구연부가 도톰한 일정의 대롱구순이다. 구연부가 어깨에서 바로 밖으로 꺾였다. 6점이 확인된다. 그중의 1점은 저부와 함께 출토되어 기형이 복원되었다. 기벽이 어깨 부분에서 조금씩 두꺼워지기 시작하여 짧게 외반하는 구연부에서 크게 두꺼워졌다. 동체 기벽이 완만하게 내만 호선을 이루고 있다. 구경은 19.8㎝, 경경은 19.5㎝, 동최대경은 26.4㎝, 저경은 16㎝, 추정 높이는 26㎝이다. 외면이 수평 띠 광택무늬로 장식되었다. 구경이 높이보다 작고, 경경이 저경보다 커서 발에 해당된다(도면 801, 1).

다른 4점은 모두 구연-동체 윗부분이다(도면 801, 2~5; 803, 5). 나머지 1점은 동체의 기벽이 많이 남아 있는데 아랫부분이 안쪽으로 약간 꺾인다. 동체가 짧으면 심발이라고 말하기 힘들 것인데 이와 동일한 기벽의 상태를 가진 것 중형 심발이 있어 심발에 포함시켰다. 외면이 수평 띠 광택무늬로 장식되었다. 구경은 21.3㎝이다(도면 801, 6).

Ⅵ형식 대형 심발. 짧게 외반하는 구연부가 대롱구순이고, 구연과 어깨 사이에 목이 약간 형성되어 있다. 목-구연부의 단면은 전체적으로 C자 모양에 가깝다. 11점이 확인된다. 그중의 2점은 전체 기형이 남아 있다.

기형이 확인되는 2점은 모두 목과 어깨 사이에 턱이 형성되어 있어 목이 뚜렷하게 구분된다. 동체는 광견 옹을 연상시킨다. 형태가 북과 닮았기 때문에 고동(鼓胴) 심발이라고 부를 수 있을 것이다. 동최대경은 중상위에 위치한다. 크기는 1점은 구경 23.8㎝, 높이 29.9㎝, 저경 19.7㎝이다(도면 802, 1). 다른 1점은 구경 23.4㎝, 높이 26㎝, 저경 18.4㎝이다(도면 802, 2). 2점 모두 동최대경반과 경경 반의 비율이 각각 1:0.72이다.

어깨와 그 아랫부분의 동체 기벽이 일부 남아 있는 3점은 동체 기벽이 모두 거의 수직에 가깝다. 그중의 1점은 구경이 18.8㎝이고, 목 부분에 수직 띠 광택무늬가 장식되어 있다. 동체 외면은 수평 띠 마연되어 있다. 속심과 내면은 흑색, 외면은 갈색이다(도면 802, 3). 다른 1점은 구경이 22.3㎝이고, 속심은 회색, 표면은 흑색이다(도면 802, 4). 1점은 어깨 부분에 1줄의 침선이 수평으로 돌려져 있다. 구경은 21.8㎝, 경경은 20.5㎝이다(도면 802, 5; 803, 6). 나머지 1점은 구경이 20.6㎝이다(도면 802, 6).

다른 3점은 목과 어깨 사이에 턱이 형성되어 있다. 그중의 2점은 외면이 수평 띠 마연되었고, 속심과 표면이 모두 회색이다(도면 802, 7, 8; 803, 7, 8). 1점은 구연이 밖으로 말린 것이 잘 확인된다(도면 802, 9).

나머지 2점은 속심은 모두 회색이고, 표면은 회색 혹은 암회색이다. 외면이 수평 띠 마연되었다(도면 802, 10, 11; 803, 9).

Ⅶ형식 대형 심발. 구연부가 도톰하고 가장자리가 둥그스름한 것이다. 상대적으로 길쭉한 것(Ⅶ-1형식)과 짧은 것(Ⅶ-2형식)이 있다.

Ⅶ-1형식. 5점이 확인된다. 그중의 4점은 어깨선의 경사가 급하여 동체가 장동형일 것으로 생각된다(도면 804, 1, 2, 3; 803, 10, 11) (도면 1997-112, 3). 1점은 목과 어깨 사이에 턱이 형성되어 있다(도면 1997-112, 3). 나머지 1점은 어깨선의 경사가 비교적 완만하다. 이 토기는 외면이 수평 띠 마연되었고, 속심은 회색, 표면은 암회색이다(도면 804, 4; 806, 1).

Ⅶ-2형식. 4점이 확인된다. 그중의 1점은 전체 기형이 복원되었다(도면 804, 5; 806, 2). 짧게 외만한 둥근 구연부의 아래쪽에 "꼬리"가 약간 형성되어 있다. 동체가 둥그스름하게 복원되었다. 구경은 21.4㎝, 경경은 19.2㎝, 동최대경은 29.6㎝, 저경은 27.5㎝, 추정 높이는 19㎝이다. 경경과 저경이 거의 비슷하나, 경경이 약간 더 크다. 기형이

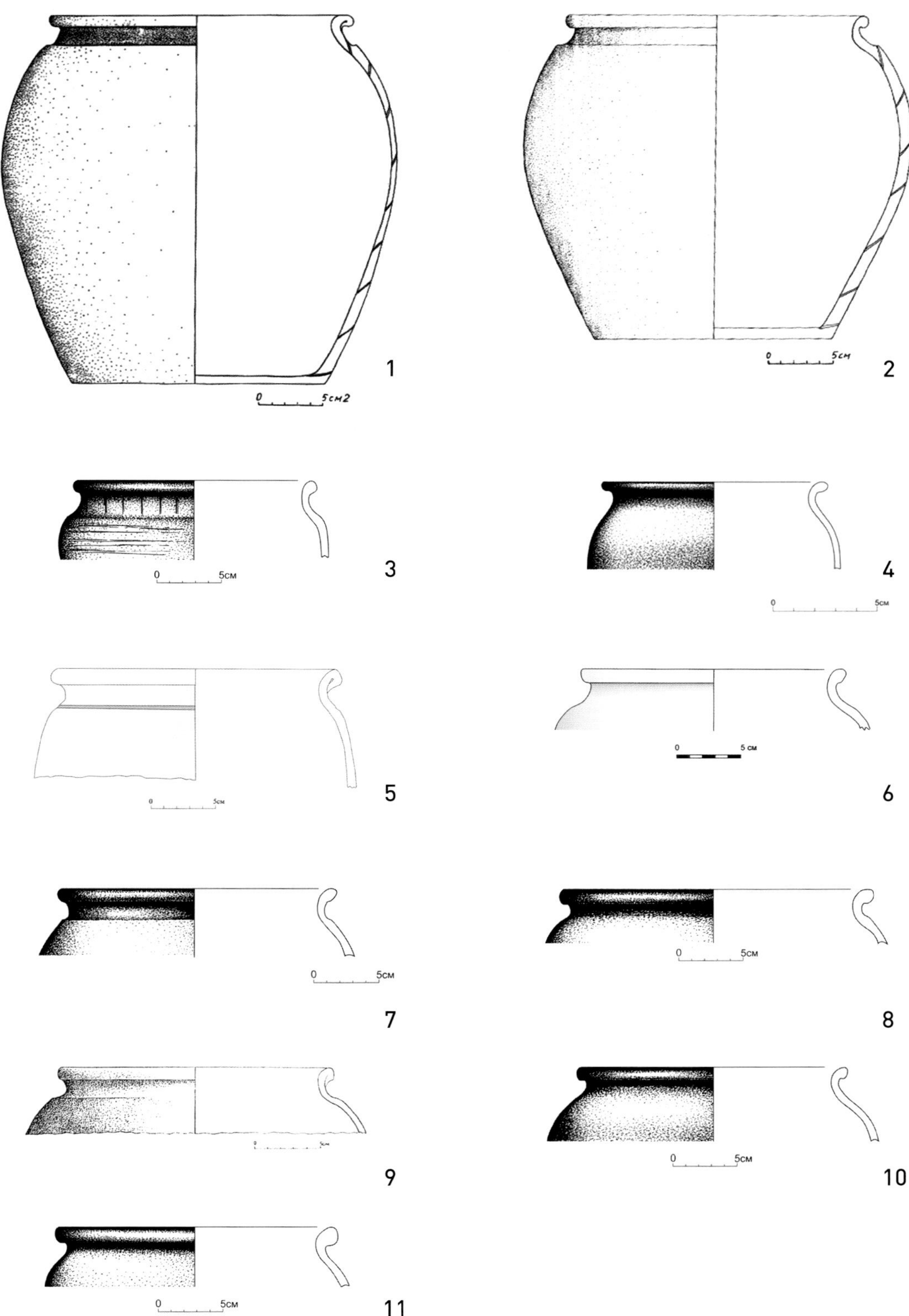

도면 802 | 크라스키노성 출토 대형 심발류 토기 VI형식: 1-제21구역 제4인공층(1999-도149), 2-제21구역 제2,3,4인공층(1999-도147), 3-제50구역 1섹터 제3인공층 치-2`방안(2015-도724, 2), 4-제50구역 3섹터 제3인공층 붸-1`방안(2015-도913, 3), 5-제40구역 제2,3인공층 제-15방안(2008-도451, 4), 6-제42구역 제2인공층 아`-2방안(2009-도664, 2), 7-제53구역 중앙섹터 제6인공층 까-2방안(2018-도742, 4), 8-제53구역 남서쪽섹터 제8인공층 에쓰-5방안(2018-도832, 2), 9-제31구역 와실유구(2004-도181, 4), 10-제53구역 남서쪽섹터 제4인공층 떼-1방안(2018-도707, 1), 11-제50구역 1섹터 제3인공층 수혈1(2015-도724, 4)

도면 803 | 크라스키노성 출토 대형 심발류 토기 Ⅰ형식(1~4), Ⅴ형식(5), Ⅵ형식(6~9), Ⅶ-1형식(10, 11): 1-제42구역 제6인공층 제-4방안(2009-도797), 2-제47구역 6섹터 제7인공층 아-32방안(2015-도622, 1), 3-제47구역 2섹터 제11인공층 게-13방안(2015-도492), 4-제53구역 남동쪽섹터 제3인공층 뤠-10방안(2018-도619, 3), 5-제53구역 1섹터 제5인공층 예-3`방안(2017-도708), 6-제40구역 제2,3인공층 제-15방안(2008-도398, 1), 7-제53구역 중앙섹터 제6인공층 까-2방안(2018-도731), 8-제53구역 남서쪽섹터 제8인공층 에쓰-5방안(2018-도826, 2), 9-제53구역 남서쪽섹터 제4인공층 떼-1방안(2018-도702, 4), 10-제45구역 제2인공층 이-10방안(2010-도340), 11-제50구역 3섹터 제4인공층 데-2`방안(2015-도967, 1)

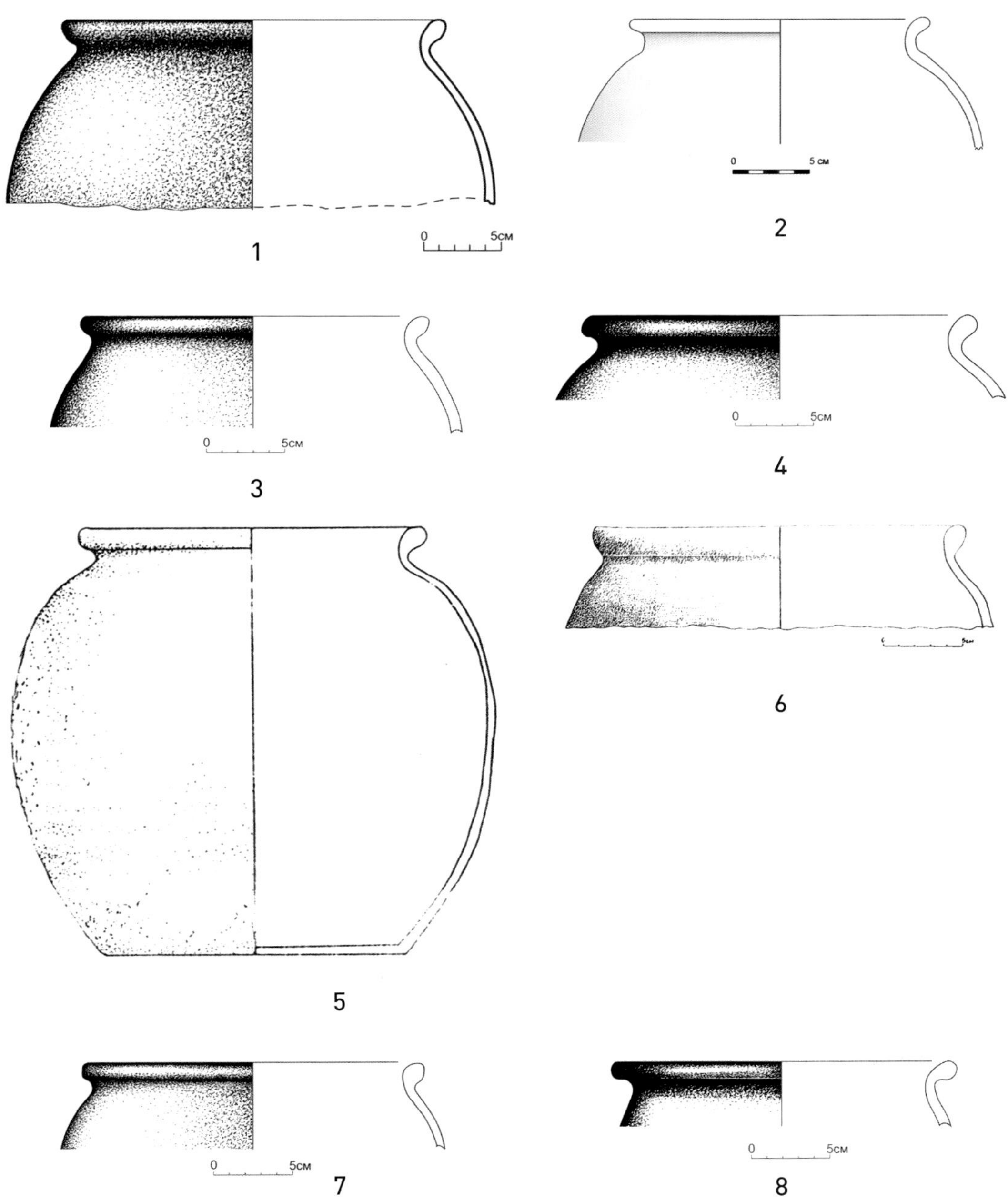

도면 804 | 크라스키노성 출토 대형 심발류 토기 VII-1형식(1~4)과 VII-2형식(5~8): 1-제45구역 제2인공층 이-10방안(2010-도341), 2-제42구역 제2인공층 이-3방안(2009-도664, 1), 3-제50구역 3섹터 제4인공층 데-2`방안(2015-도979, 4), 4-제53구역 서북쪽섹터 제2인공층 줴-10`방안(2018-도481, 4), 5-제27구역 제5인공층 뤠-5방안(2001-도117), 6-제31구역 와실유구(2004-도181, 5), 7-제47구역 3섹터 제5인공층 베-30방안(2014-도519, 3), 8-제53구역 남서쪽섹터 제4인공층 오-4방안(2018-도707, 5)

호를 닮았지만 동최대경반과 경경반의 비율이 1~0.6으로서 심발에 가깝기 때문에 심발로 간주하였다. 속심은 회색, 표면은 암회색이다. 외면이 수평 띠 마연되었다.

나머지 3점은 모두 편이다(도면 804, 6~8: 806, 3, 4).

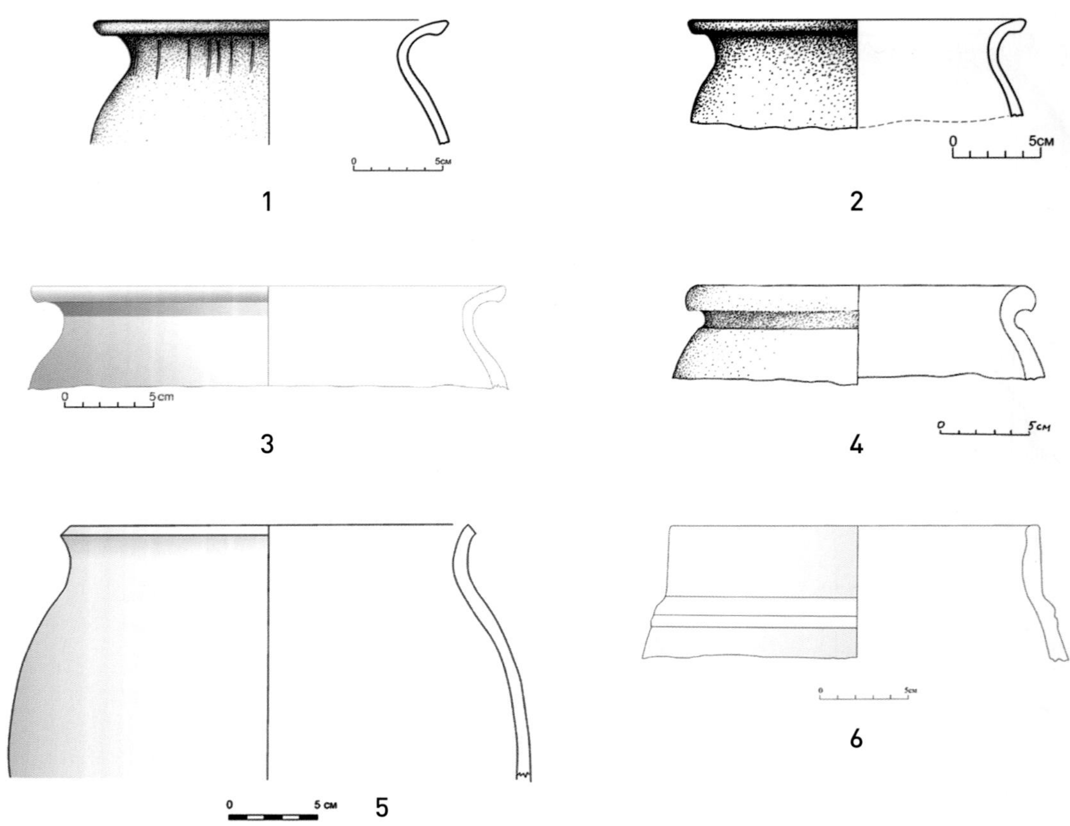

도면 805 | 크라스키노성 출토 대형 심발류 토기 VIII형식(1~3), IX형식(4), XII형식(5), XIII형식(6): 1-제45구역 남쪽섹터 제6인공층 제-7방안(2011-도47), 2-제45구역 제4인공층 제-7방안(2010-도433), 3-제34구역 제12~13인공층 아-3방안(2007-도249, 5), 4-제21구역 제2~3인공층(1999-도145, 8), 5-제40구역 제11인공층 11호 주거지 붸-20방안(2009-도384, 2), 6-제40구역 제2~4인공층 데-18방안(2008-도450, 3)

Ⅷ형식 대형 심발. 3점이 있다. 외반 구연부의 바깥쪽 절반 아랫부분이 둥그스름한 삼각형이다. 모두 목-구연부의 단면이 C자 모양이고, 동체는 장동형인 것으로 생각된다. 1점은 목이 수직 띠 광택무늬로 장식되었다. 이 토기는 구경이 19.3㎝이다(도면 805, 1; 806, 5). 다른 1점은 구경이 19㎝이고, 목이 수직 마연되었으며, 속심은 갈색, 외면은 회색이다(도면 805, 2). 나머지 1점은 구경이 25.5㎝이다. 어깨 아래부터 거의 남지 않았다(도면 805, 3).

Ⅸ형식 대형 심발. 외반하는 구연부의 끝부분이 아래로 말린 갈고리 모양이다. 구연부가 도톰하다. 1점이 있다. 어깨 부분에 턱이 형성되어 있다. 구경이 20㎝이다(도면 805, 4).

Ⅻ 형식 대형 심발. 길게 안쪽으로 약간 기울게 내만하는 어깨-목에서 가볍게 외반하는 구연부가 있다. 1점이 확인된다. 목-구연부의 단면이 넓은 C자 모양이다. 어깨 아래의 기벽 호선이 매우 완만한데 거의 수직에 가깝다. 구경이 23.3㎝이다(도면 805, 5; 806, 6).

XIII 형식 대형 심발. 곧추선 듯 안쪽으로 살짝 기운 길쭉한 목-구연부가 있는 것이다. 1점이 확인된다. 목-구

도면 806 | 크라스키노성 출토 대형 심발류 토기 VII-1형식(1), VII-2형(2~4), VIII형식(5), XII형식(6), XIII형식(7): 1-제53구역 서북쪽섹터 제2인공층 줴-10`방안(2018-도479, 2), 2-제27구역 제5인공층 붸-5방안(2001-도117), 3-제47구역 3섹터 제5인공층 베-30방안(2014-도509, 2), 4-제53구역 남서쪽섹터 제4인공층 오-4방안(2018-도700, 4), 5-제45구역 남쪽섹터 제6인공층 제-7방안(2011-도46, 3), 6-제40구역 제11인공층 11호 주거지 붸-20방안(2009-도375), 7-제40구역 제2~4인공층 데-18방안(2008-도397)

연부가 서로 구분되지 않고, 어깨와 목-구연부가 거의 같은 방향이다. 어깨에 2줄의 돌대가 돌려져 있다. 구경이 21.1㎝이다(도면 805, 6; 806, 7).

③ 중형 심발

구경이 15~18.2㎝ 사이이다.

Ⅰ형식 중형 심발. 크게 외반한 구연부의 끝부분이 위로 돌출한 상첨구순이다. 8점이 확인되었다. 목-구연부의 단면은 기본적으로 C자 모양이다. 구연부의 모양이 바깥쪽 절반이 거의 수평인 것(Ⅰ-1형식), 낮은 사선 방향인 것(Ⅰ-2형식), 높은 사선 방향인 것(Ⅰ-3형식)으로 각각 구분된다.

Ⅰ-1형식. 3점이 있다. 크게 외반하는 구연부의 바깥쪽 절반이 수평에 가깝다. 1점은 구경이 16㎝이고, 속심과 표면이 회색이며, 기면에 더껑이가 묻어있다. 어깨와 그 아랫부분이 거의 수직에 가깝게 내려가는 것이 확인된다(도면 807, 1 ; 811, 1). 다른 1점은 구경이 17㎝이다. 외면이 조밀한 수평 띠 마연되었고, 속심은 회색, 표면은 암회색이다(도면 807, 2). 나머지 1점에는 어깨 부분에 턱이 형성되어 있다. 이 토기는 구경이 16.1㎝이다(도면 807, 3 ; 811, 2).

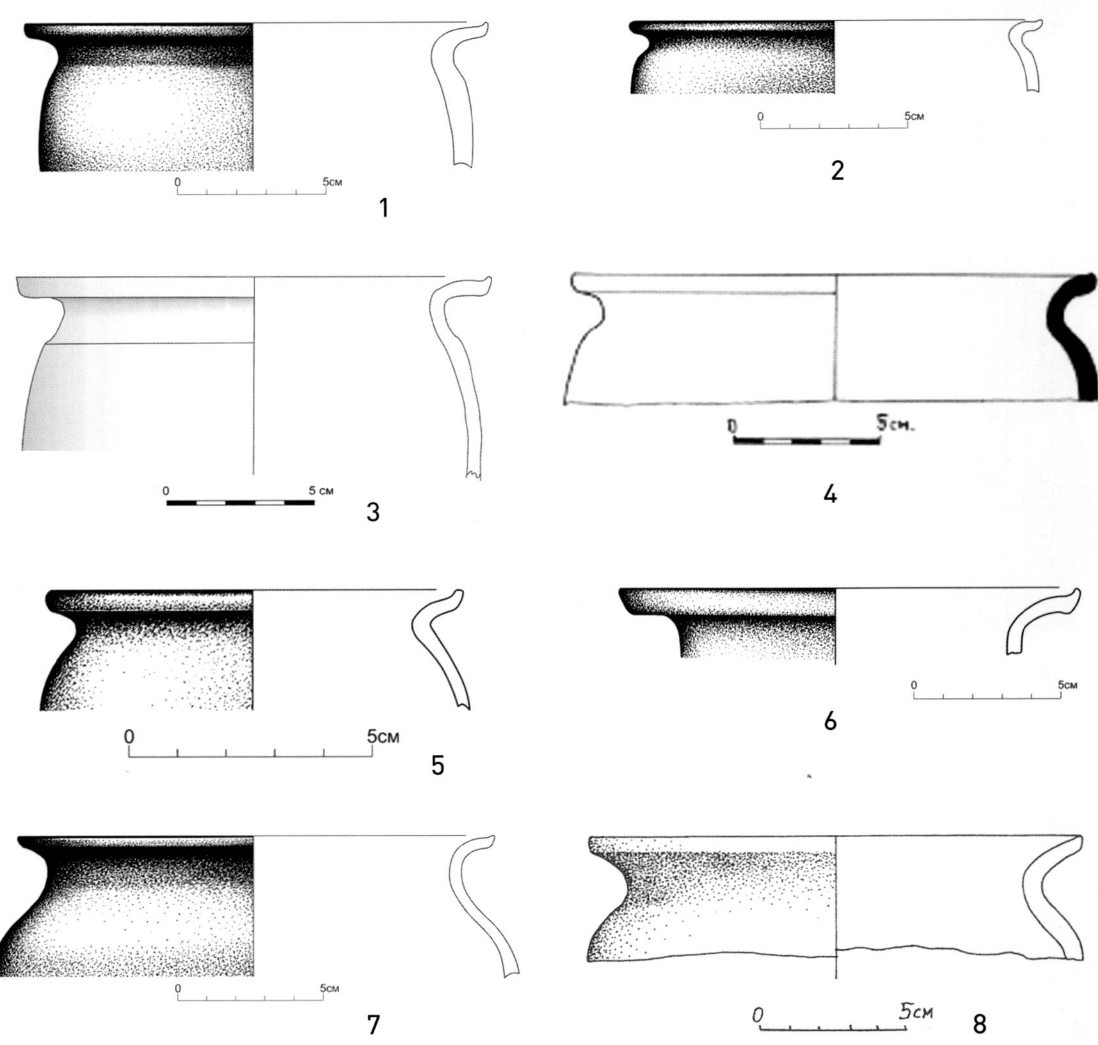

도면 807 | 크라스키노성 출토 중형 심발류 토기 Ⅰ-1형식(1~3), Ⅰ-2형식(4~7), Ⅱ형식(8): 1-제47구역 2섹터 제10인공층 게-13방안(2015-도460, 1), 2-제47구역 6섹터 제4인공층 베-32방안(2015-도562, 3), 3-제40구역 제7인공층 붸-17방안(2009-도151, 2), 4-제15구역 제5인공층(1997-도114, 3), 5-제53구역 2섹터 제2인공층 제,이-1`방안(2017-도490, 2), 6-제44구역 동쪽섹터 제6인공층 예-23방안(2013-도90, 4), 7-제47구역 2섹터 제12인공층 베,붸-12,13방안(2015-도531, 2), 8-제21구역 제3인공층 (1999-도138, 31)

I-2형식. 4점이 있다. 크게 외반하는 구연부가 낮은 사선 방향이다. 1점은 구경이 17.4㎝이다. 어깨 부분 아래로 기벽의 거의 수직 방향으로 내려간다(도면 807, 4). 다른 1점은 구경이 17.6㎝인데 내면과 외면에 유기물 흔적이 남아 있다. 속심과 외면은 암회색이다(도면 807, 5; 811, 3). 나머지 2점은 구경이 15.6㎝(도면 807, 6)와 17㎝(도면 807, 7; 811, 4)인데 모두 속심과 표면이 회색이다.

II 형식 중형 심발. 길게 사선 방향으로 외반하는 구연부의 끝부분이 조금 위로 향하여 상첨구순을 연상시키는 것이다. 1점이 확인되었다. 목-구연부는 단면이 C자 모양이다. 어깨 아랫부분이 수직에 가까운 상태이다. 구경은 17.3㎝이다(도면 807, 8).

III 형식 중형 심발. 크게 외반하는 구연부의 두께가 대체로 일정한 것이다. 2종류의 형식이 확인된다.

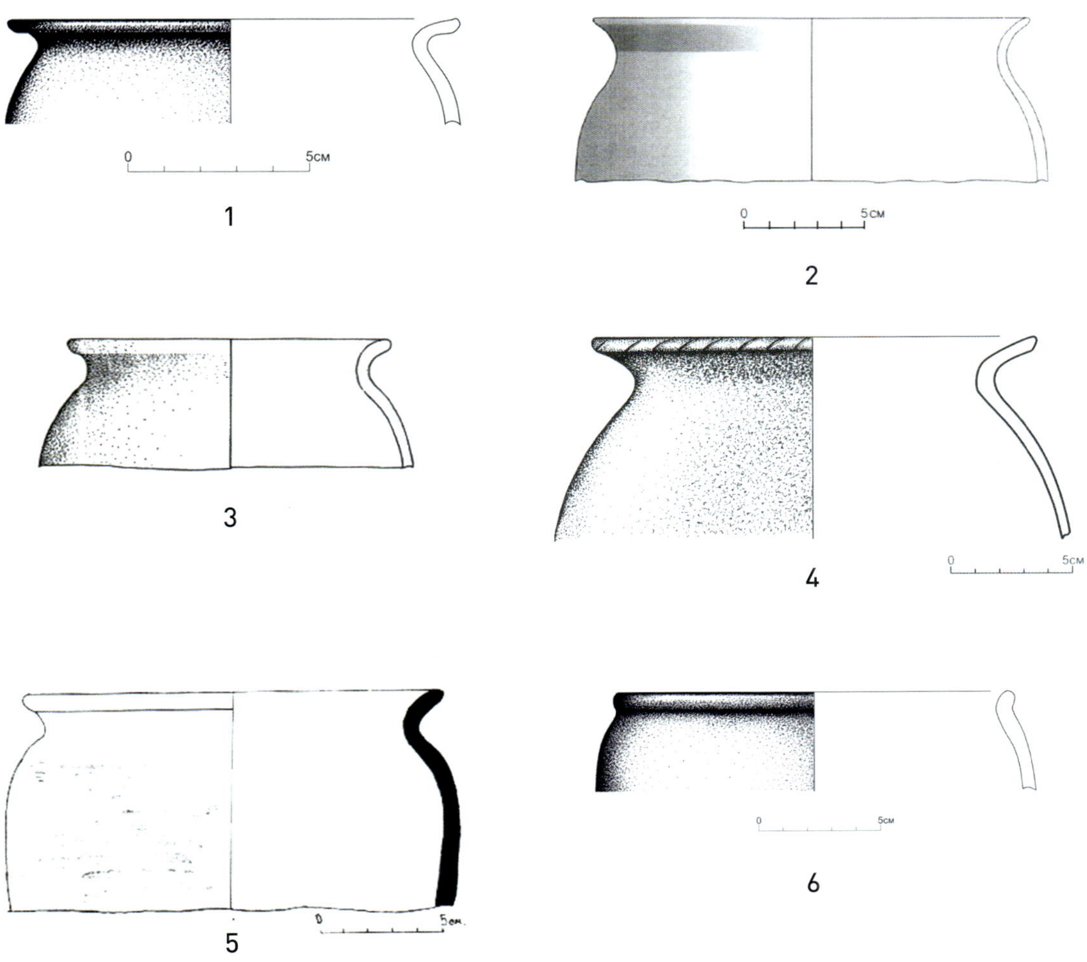

도면 808 | 크라스키노성 출토 중형 심발류 토기 III-1형식(1), III-2형식(2~5), IV-1형식(6): 1-제53구역 서북쪽섹터 제2인공층 줴-10`방안(2018-도482, 2), 2-제34구역 제2인공층 이-3방안(2006-도200, 3), 3-제21구역 제4인공층(1999-도148, 3), 4-제45구역 남쪽섹터 제13인공층 예-9방안식(2011-도188), 5-제15구역 제2인공층(1997-도108, 1), 6-제47구역 6섹터 제4인공층 베-32방안(2015-도531, 3)

Ⅲ-1형식. 1점이 있다. 구연부가 상대적으로 낮게 외반한다. 이 토기는 구경이 15.6㎝이고, 속심과 표면이 암회색이다. 표면에 더껑이와 그을음 흔적이 있고, 또 도면에는 표시되지 않았으나 목 기저부에 돌대가 있는 것으로 보고되었다(도면 808, 1).

Ⅲ-2형식. 4점이 있다. 목-구연부의 단면은 모두 C자 모양이다. 3점은 동체가 장동형인 것으로 생각된다(도면 808, 2, 3, 4). 그중의 1점은 구순에 단사선이 각목되어 있다(도면 808, 4). 이 토기는 구경이 18.2㎝이다. 나머지 1점은 어깨가 상대적으로 발달하였고 동체의 기벽이 거의 수직에 가깝다. 이 토기는 구경이 17.1㎝이다(도면 808, 5).

Ⅳ-1형식 중형 심발. 짧게 사선 방향으로 외반하는 구연부의 두께가 대체로 일정하다. 1점이 확인된다. 구경은 17㎝이다. 외면은 조밀하게 수평 띠 마연되었고, 속심은 회색, 표면은 암회색이다(도면 808, 6; 811, 5).

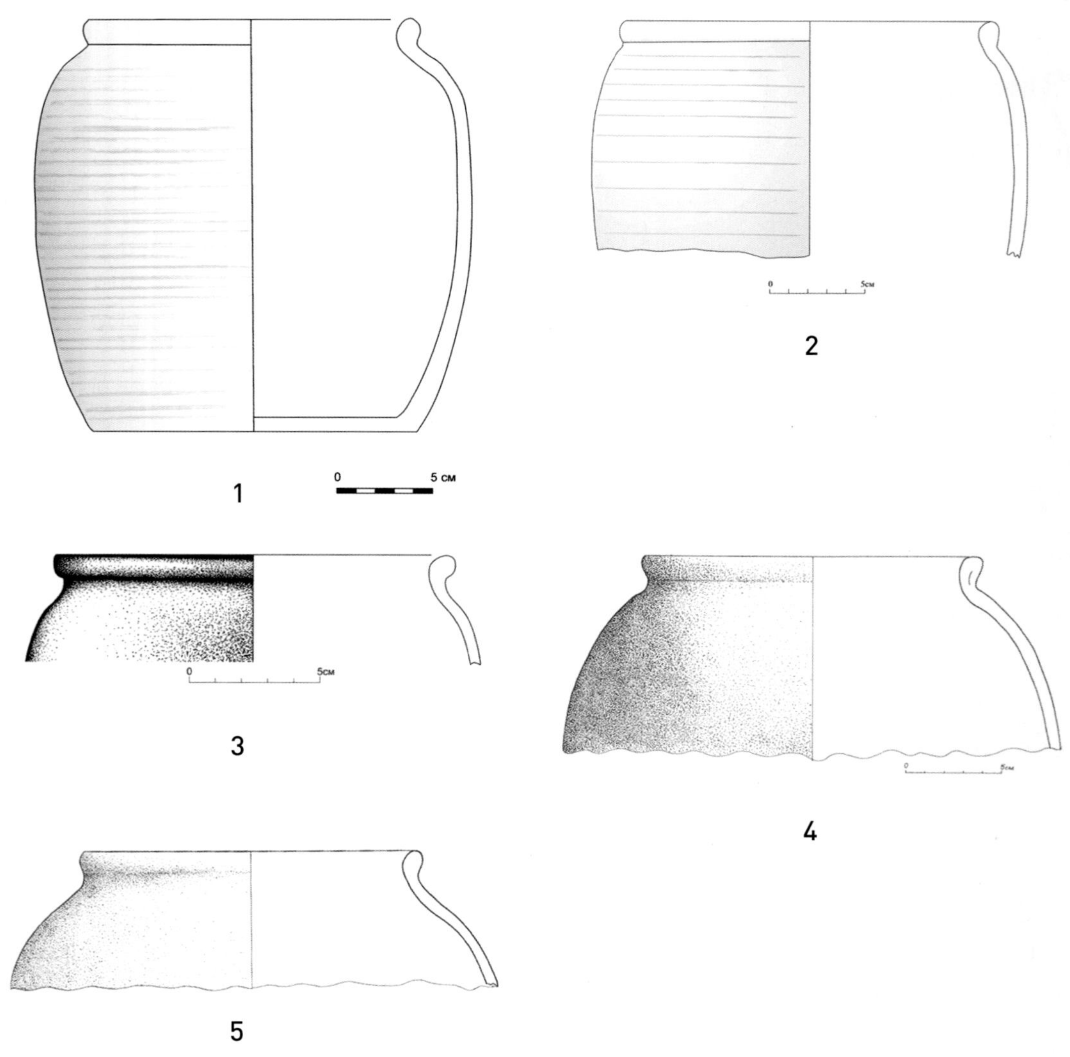

도면 809 | 크라스키노성 출토 중형 심발류 토기 Ⅴ형식: 1-제40구역 1호 수혈 베-15방안(2009-도98), 2-제40구역 제2~4인공층 베-16방안(2008-도450, 1), 3-제49구역 1섹터 제3인공층 제-30방안(2014-도987, 3), 4-제31구역 제5인공층식(2003-도129), 5-제31구역 제4인공층(2003-도142, 1)

V형식 중형 심발. 짧게 외반하는 구연부가 도톰한 대롱구순이고, 구연부가 어깨에서 바로 밖으로 꺾인 것이다. 5점이 확인된다. 구경이 이 형식 중형의 것과 큰 차이를 보이지 않는다. 1점은 기형이 전체적으로 온전하게 남아 있다. 목이 잘록하게 형성되어 있지만 목과 구연부, 목과 어깨의 경계가 거의 구분되지 않는다. 어깨와 그 아래 동체 기벽이 거의 둔각으로 연결되었으며, 동체 중간 부분 기벽이 거의 수직에 가깝다가, 기저 부분에서 약간 안쪽으로 호선을 이룬다. 외면이 전체적으로 수평 띠 마연되었다. 크기는 구경 17.6㎝, 경경 17.2㎝, 저경 16.9㎝, 높이 22.2㎝이다(도면 809, 1; 811, 6). 다른 1점은 위 절반 정도가 남아 있다. 어깨가 상대적으로 덜 발달하였다. 외면은 모두 수평 띠 광택무늬로 장식되었다. 구경은 17㎝, 동최대경은 20.1㎝이다(도면 809, 2; 811, 7). 1점은 구경이 16㎝이다. 속심은 주황-갈색, 표면은 흑색이다. 외면이 수평 띠 마연되었다(도면 809, 3; 811, 8). 나머지 2점은 동체가 장동형일 것으로 생각된다(도면 809, 4, 5).

VI형식 중형 심발. 짧게 외반하는 구연부가 도톰한 대롱구순이고, 구연과 어깨 사이에 목이 약간 형성되어 있다. 3점이 확인된다. 모두 구연이 어깨-동체의 연결 부분보다 안쪽으로 들어간 상태이다. 어깨와 그 아랫부분의 동체 기벽이 일부 남아 있는 2점은 동체 기벽이 모두 거의 수직에 가깝다. 1점은 목 부분은 수직의, 동체 부분은 수평의 띠 광택무늬로 각각 장식되었다. 이 토기는 구경이 21.8㎝, 동최대경이 21.8㎝이고, 회색이다(도면 810, 1). 다른 1점은 목과 동체 외면이 모두 수평의 띠 광택무늬로 장식되었다. 구경은 17.2㎝이다. 구연부가 길게 도톰하다(도면 810, 2). 나머지 1점은 구경이 18㎝이고, 속심은 오렌지-갈색, 표면은 흑색이다. 구연부가 길게 도톰

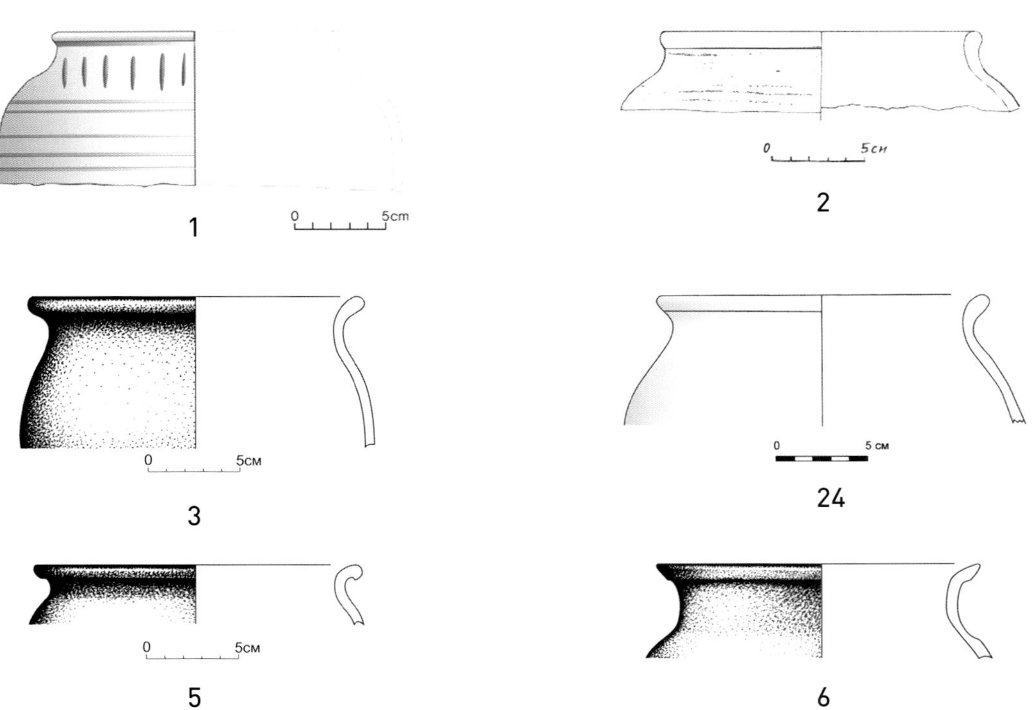

도면 810 | 크라스키노성 출토 중형 심발류 토기 VI형식(1~3), VII-1형식(4), IX형식(5), XI형식(6): 1-제34구역 제11인공층 붸-1방안(2007-도240, 2), 2-제23구역 제1인공층(1999-도160, 40), 3-제47구역 2섹터 제7인공층 붸-13방안(2015-도355, 5), 4-제40구역 1호 수혈 베,붸-15,16 방안(2009-도100, 3), 5-제53구역 남동섹터 제1인공층 데-7-11방안(2018-도556, 2), 6-제51구역 제4인공층 아-9방안(2017-도270, 2)

하다(도면 810, 3; 811, 9).

Ⅶ-1형식 중형 심발. 구연부가 도톰하고 가장자리가 둥그스름한 것인데 구연부가 상대적으로 길다. 1점이 있다. 동체는 장동형일 것으로 생각된다. 구경은 18㎝이다(도면 810, 4).

도면 811 | 크라스키노성 출토 중형 심발류 토기 Ⅰ-1형식(1, 2), Ⅰ-2형식(3, 4), Ⅳ-1형식(5), Ⅴ형식(6~8), Ⅵ형식(9), Ⅸ형식(10), Ⅺ형식(11): 1-제47구역 2섹터 제10인공층 게-13방안(2015-도446, 1), 2-제40구역 제7인공층 붸-17방안(2009-도211), 3-제53구역 2섹터 제2인공층 제,이-1`방안(2017-도486), 4-제47구역 2섹터 제12인공층 베,붸-12,13방안(2015-도520, 3), 5-제47구역 6섹터 제4인공층 베-32방안(2015-도521), 6-제40구역 1호 수혈 베-15방안(2009-도247), 7-제40구역 제2~4인공층 베-16방안(2008-도417, 1), 8-제49구역 1섹터 제3인공층 제-30방안(2014-도943, 3), 9-제47구역 2섹터 제7인공층 붸-13방안(2015-도345), 10-제53구역 남동섹터 제1인공층 데-7-11방안(2018-도552), 11-제51구역 제4인공층 아-9방안(2017-도53)

Ⅸ형식 중형 심발. 외반하는 구연부의 끝부분이 아래로 말린 갈고리 모양이다. 구연부가 도톰하다. 1점이 있다. 구경은 18㎝이고, 속심은 오렌지-갈색, 표면은 흑색이다. 외면이 수평 띠 마연되어 있다(도면 810, 5; 811, 10).

Ⅺ형식 중형 심발. 외반하는 구연부의 끝부분이 단면 세장 삼각형을 이룬다. 1점이 있다. 구순과 어깨 사이가 목을 이룬다. 구경은 17.2㎝이다. 오렌지-갈색이다(도면 810, 6; 811, 11).

④ 소형 심발

구경이 7.9~14.4㎝ 사이이다.

Ⅰ형식 소형 심발. 크게 외반한 구연부의 끝부분이 위로 돌출한 상첨구순이다. 목-구연부의 단면은 기본적으로 C자 모양이다. 4종류의 형식이 구분된다.

Ⅰ-1형식. 6점이 확인된다. 크게 외반하는 구연부의 바깥쪽 절반이 수평에 가깝다. 1점은 구경이 10.8㎝인데 기

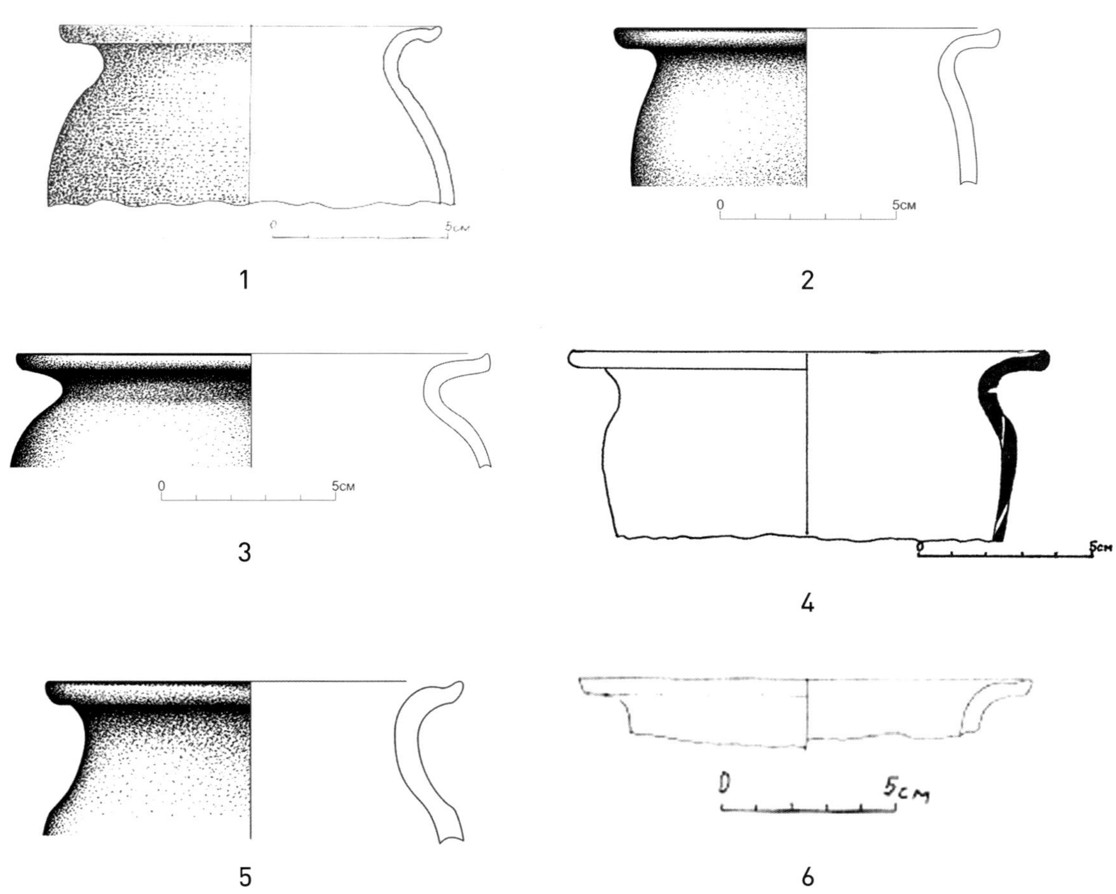

도면 812 | 크라스키노성 출토 소형 심발류 토기 Ⅰ-1형식: 1-제31구역 제4인공층 줴-6방안(2003-도135, 2), 2-제47구역 3섹터 제12인공층 뷔-25방안(2014-도679, 2), 3-제47구역 2섹터 제10인공층 베-20방안(2015-도460, 2), 4-제11구역(1996-도63-4), 5-제44구역 제12인공층 이,까-26방안(2014-도352, 4), 6-제22구역 제3~4인공층(1999-도155, 18)

벽이 어깨와 그 아랫부분은 완만하게 내만 호선을 이루다가 그 아래로는 거의 수직에 가깝게 내려가는 것이 확인된다(도면 812, 1). 다른 1점은 어깨 아래로 기벽의 거의 수직에 가깝게 내려간다. 이 토기는 구경이 11㎝이고, 속심과 표면이 흑색이며, 기면에 유기물 흔적이 남아 있다(도면 812, 2; 817, 1). 다른 1점은 구경이 8.6㎝이며, 외면이 수평 띠 마연되었고, 속심과 표면이 오렌지-갈색이다(도면 812, 3).

1점은 구연이 동최대경을 이루는 어깨 부분보다 밖으로 크게 돌출해 있다. 이 토기는 구경이 13.5㎝, 경경이 10.8㎝, 동최대경이 11.8㎝이다. 속심은 짙은 오렌지색이고, 표면은 대부분 흑색이다(도면 812, 4). 1점은 목이 비교적 길면서 윗부분이 안쪽으로 약간 축약되었다. 구경은 9㎝이다. 속심은 주황-갈색이고, 표면은 흑색이며, 외면에 유기물 흔적이 남아 있다(도면 812, 5). 나머지 1점은 구경이 13㎝이다(도면 812, 6).

Ⅰ-2형식. 크게 외반하는 구연부가 낮은 사선 방향이다. 14점이 확인된다. 그중의 1점은 전체 기형이 온전하게 남아 있다. 이 토기는 기벽의 호선이 상대적으로 더 많이 내만한 것은 사실이나 기본적으로 상첨구순 심발형 토기의 전형을 보여 준다고 생각된다. 구경이 10.1㎝로서 높이 13.2㎝보다 작고, 경경이 8.2㎝로서 저경 6.7㎝보다 크다. 어깨가 약간 발달하여 호의 느낌도 들지만 구경이 높이보다 작고, 경경이 저경보다 큰 것은 심발의 정의에 합당한 형태이다. 동최대경은 11.6㎝로서 토기의 2/3 정도 높이에 위치한다(도면 813, 1). 다른 1점은 동체 아랫부분이 남아 있지 않지만 잔존하는 부분의 크기와 기형이 위의 것과 거의 동일하다. 이 토기는 구경은 10㎝, 동최대경은 11.6㎝이다(도면 813, 2).

1점은 어깨와 동체 윗부분이 비교적 완만하게 내만 호선을 이룬다. 동최대경이 동체의 중간 정도에 위치한다고 생각되며, 동체의 형태가 타원에 가까운 장동형이었을 것으로 판단된다. 동최대경 윗부분에 수직 방향의 대상파수 흔적이 남아 있는 것으로 보고되었다. 전체적으로 흑색인데 내면 전체에 음식물 더껑이가, 외면에는 그을음이 각각 확인된다. 구경은 11㎝, 경경은 8.7㎝, 동최대경은 11.5㎝이다(도면 813, 3).

5점은 동체 윗부분도 일부씩 남아 있는 것이다. 기벽이 호선이 어깨 부분에서는 내만하였다가 그 아래는 대체로 수직 방향 혹은 안쪽으로 가볍게 호선을 이룬다. 모두 표면에 유기물 혹은 더껑이 자국이 있다. 속심과 표면은 회색 혹은 흑색이다. 1점은 구경이 13㎝, 동최대경이 13.3㎝로서 구연과 동최대경이 거의 동일한 선상에 위치한다(도면 813, 4). 다른 1점은 구경이 11㎝, 동최대경이 11.9㎝이다(도면 813, 5). 3점은 구경이 각각 12㎝(도면 813, 6; 817, 2), 13㎝(도면 813, 7; 817, 3), 14㎝(도면 813, 8)이다.

나머지 6점은 모두 목-구연부만 남아 있다. 구경은 1점이 8.8㎝이며(도면 814, 1), 나머지는 모두 13.4㎝부터 14.4㎝사이이다(도면 814, 2~5; 817, 4, 5, 6).

Ⅰ-3형식. 1점이 있다. 크게 외반하는 구연부가 높은 사선 방향으로 나 있다. 어깨 부분에 턱이 형성되어 있다. 구경은 12㎝, 경경은 10.7㎝이고, 속심과 표면이 회색이다(도면 814, 6).

Ⅰ-4형식. 바깥쪽 절반이 수평이고 구연부 위로 홈이 형성되어 있는 것이다. 3점이 확인된다. 구연이 위로 돌출하였다기보다는 볼록해진 것이다. 2점은 동체 아랫부분도 일부 남아 있는데 형태가 거의 동일하다. 어깨와 동체 윗부분이 내만 호선을 이루고 있고, 동최대경이 토기의 2/3정도 높이에 위치하는 것으로 생각된다. 1점은 구경

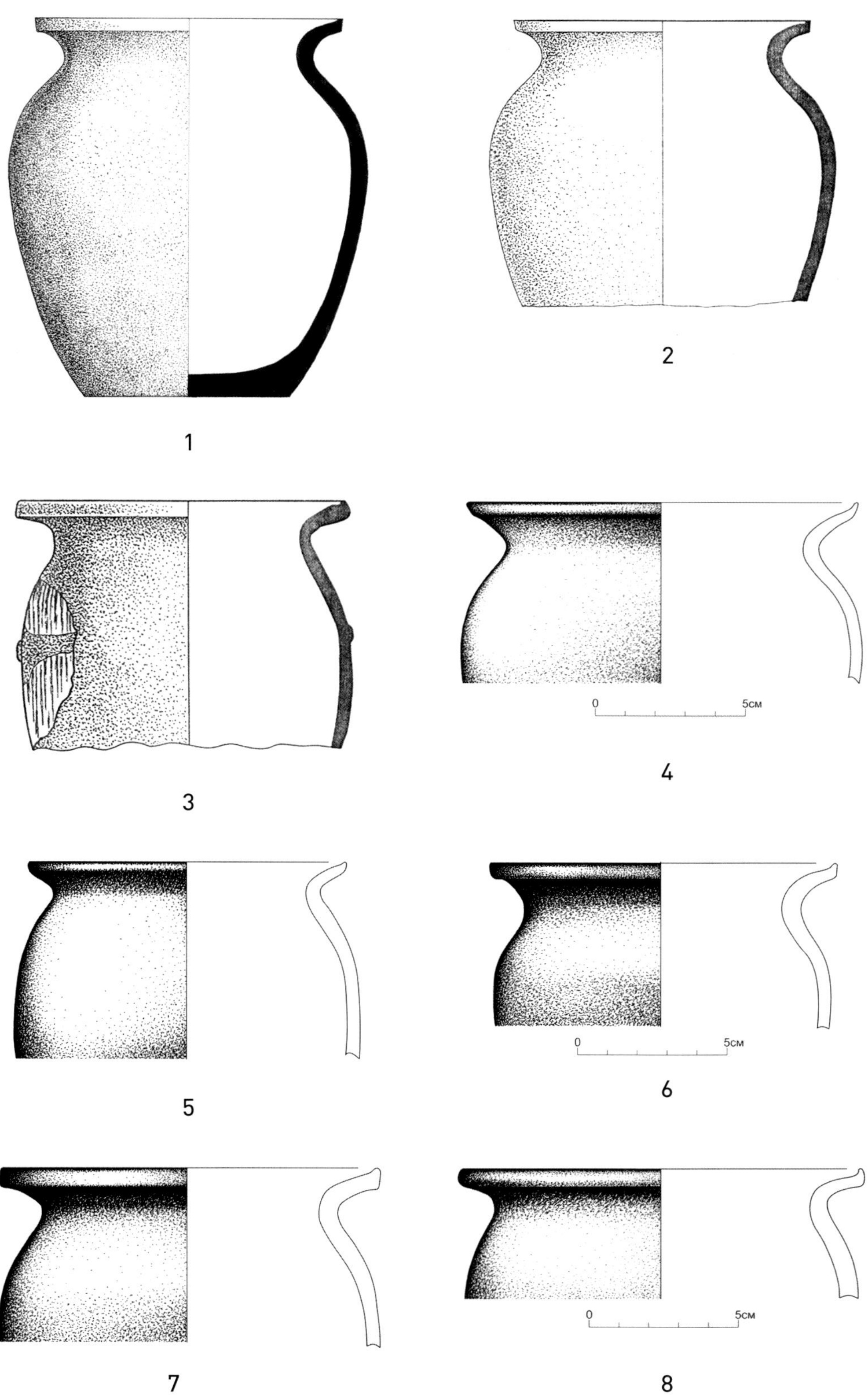

도면 813 | 크라스키노성 출토 소형 심발류 토기 Ⅰ-2형식: 1-제30구역 1호 수혈 까-3방안(2002-도91), 2-제30구역 1호 수혈식(2002-도81, 2), 3-제30구역 1호 수혈(2002-도81, 1), 4-제47구역 3섹터 제8인공층 아-30방안식(2014-도591, 1), 5-제47구역 6섹터 제6인공층 베-32방안(2015-도597, 2), 6-제50구역 3섹터 제2인공층 예-2방안(2015-도859, 1), 7-제50구역 2섹터 제3인공층 아-4방안(2015-도894, 2), 8-제53구역 1섹터 제3인공층 베-4방안(2017-도400, 3)

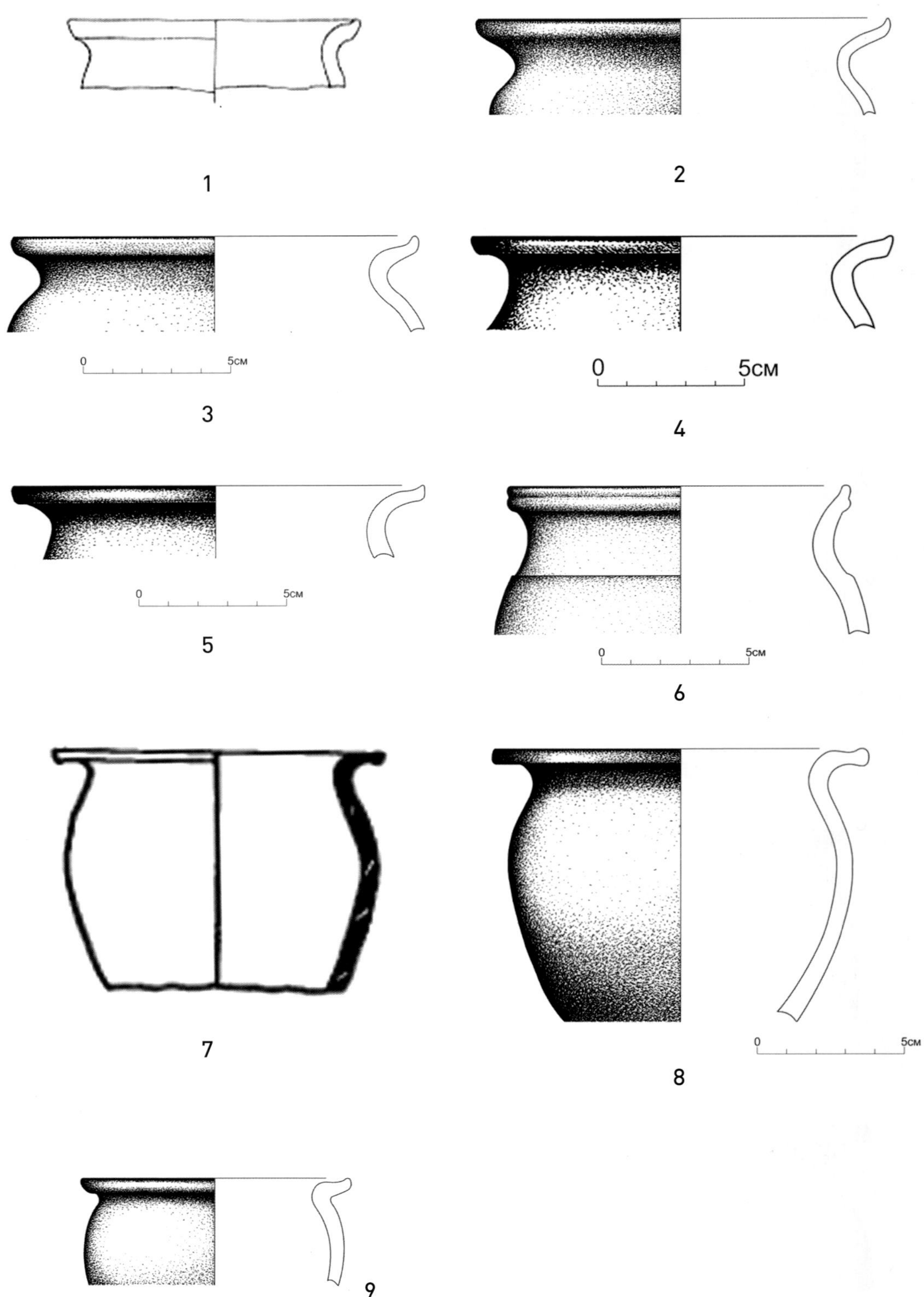

도면 814 | 크라스키노성 출토 소형 심발류 토기 Ⅰ-2형식(1~5), Ⅰ-3형식(6), Ⅰ-4형식(7~9): 1-제22구역 제3~4인공층(1999-도155, 19), 2-제47구역 3섹터 제4인공층 베-28방안(2014-도491, 4), 3-제47구역 2섹터 제6인공층 베-17방안(2015-도331, 4), 4-제53구역 남서쪽섹터 제4인공층 에쓰-1`방안(2018-도707, 4), 5-제53구역 남서쪽섹터 제8인공층 에르-3방안(2018-도832-6), 6-제53구역 1섹터 제2인공층중 게-3`방안(2017-도400, 1), 7-제15구역 제4인공층(1997-도111, 10), 8-제50구역 2섹터 제4인공층 쉬-1,3방안(2015-도977, 2), 9-제47구역 3섹터 제9인공층 아-30방안식(2014-도612, 4)

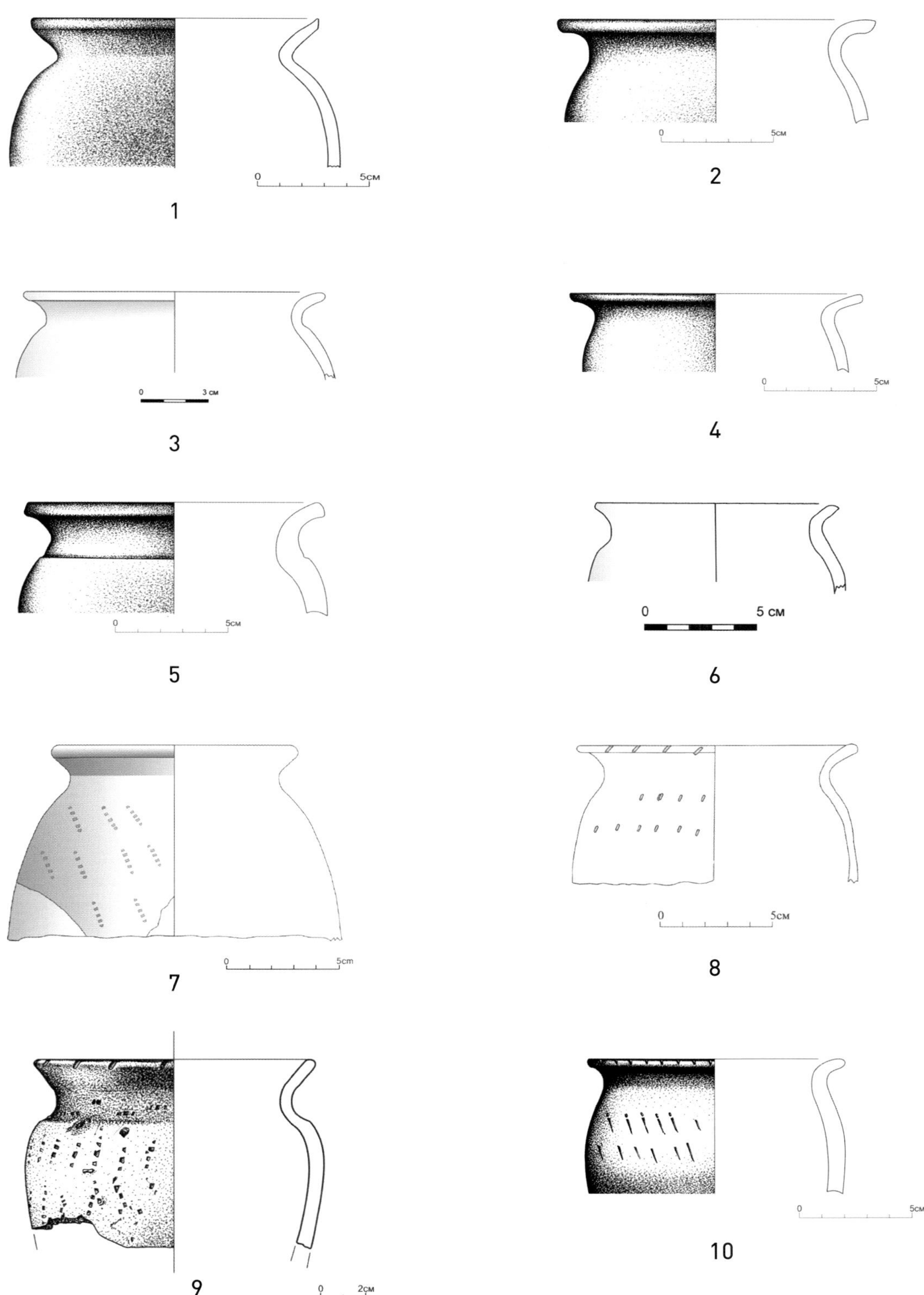

도면 815 | 크라스키노성 출토 소형 심발류 토기 II형식(1), III-1형식(2), III-2형식(3~9), IV-1형식(10): 1-제47구역 5섹터 제3인공층 뻬,에르-4`,5`방안(2012-도469, 5), 2-제47구역 3섹터 제9인공층 아-23방안(2014-도612, 2), 3-제42구역 제5인공층 엘-1방안(2009-도777, 3), 4-제47구역 3섹터 제10인공층 붸-25방안(2014-도635, 3), 5-제47구역 3섹터 제10인공층 아-22방안식(2014-도635, 2), 6-제40구역 제6인공층 줴-22방안(2009-도180, 6), 7-제34구역 제13인공층(2007-도248, 2), 8-제41구역 8호 주거지 까-2, 엘-1방안(2008-도444, 3), 9-제41구역 제6인공층 제-4방안(2009-도591), 10-제44구역 서쪽섹터 제21인공층 게-22방안(2015-도251, 1)

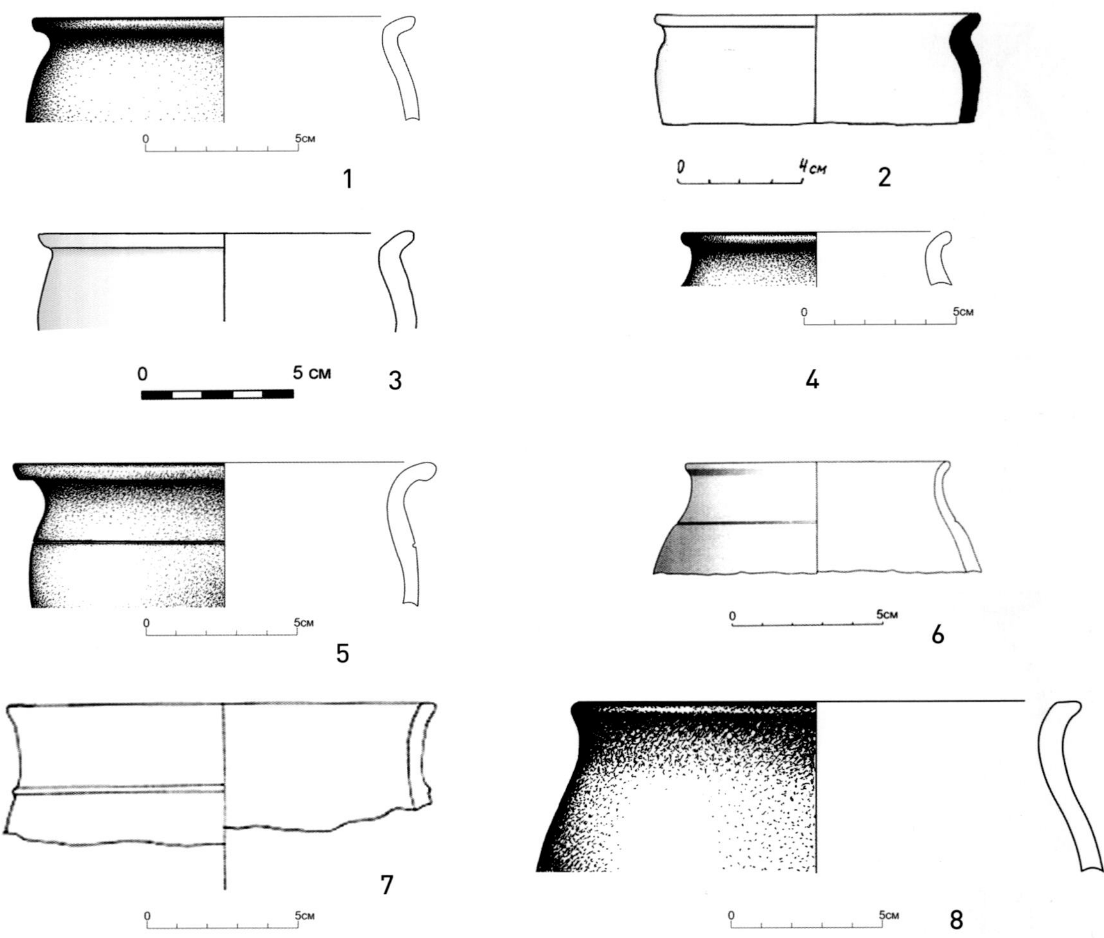

도면 816 | 크라스키노성 출토 소형 심발류 토기 IV-1형식(1~4), VIII형식(5), XI형식(6~8): 1-제50구역 3섹터 제2인공층 베-2`방안(2015-도859, 2), 2-제13구역 제3인공층(1997-도105, 3), 3-제40구역 제6인공층 붸-16방안(2009-도180, 3), 4-제50구역(2015-도794, 4), 5-제47구역 3섹터 제11인공층 붸-27 방안(2014-도659, 4), 6-제34구역 제1인공층 까-4방안(2006-도199, 3), 7-제22구역 제3~4인공층식(1999-도154, 11), 8-제53구역 남동쪽섹터 제3 인공층 붸,게-10,11방안(2018-도628, 4)

이 10.9*cm*, 경경이 9*cm*, 동최대경이 10.7*cm*이다. 도면에는 표시되지 않았지만 어깨 부분에 턱이 있다(도면 814, 7). 다른 1점은 구경이 13*cm*이다. 속심과 내면은 흑색이고, 외면은 회흑색인데 더껑이나 남아 있다. 이 토기는 저부가 남아 있지 않아 분명하지 않지만 심발이 아닌 발일 수도 있다(도면 814, 8; 817, 7). 나머지 1점은 구경이 9*cm*이고, 속심은 암갈색, 표면은 흑색이며, 구연부에 유기물 흔적이 있다. 이 토기의 구연은 상첨인지 아니면 그냥 볼록한 것인지 사실 조금 애매하다(도면 814, 9; 817, 8).

II 형식 소형 심발. 길게 사선 방향으로 외반하는 구연부의 끝부분이 조금 위로 향하여 상첨구순을 연상시키는 것이다. 1점이 확인되었다. 목-구연부는 단면이 C자 모양이다. 어깨 아랫부분이 수직에 가까우며, 이 형식의 중형 토기와 형태가 거의 동일하다. 크기는 구경 13*cm*, 경경 10.6*cm*, 동최대경 15*cm*이다(도면 815, 1; 817, 9).

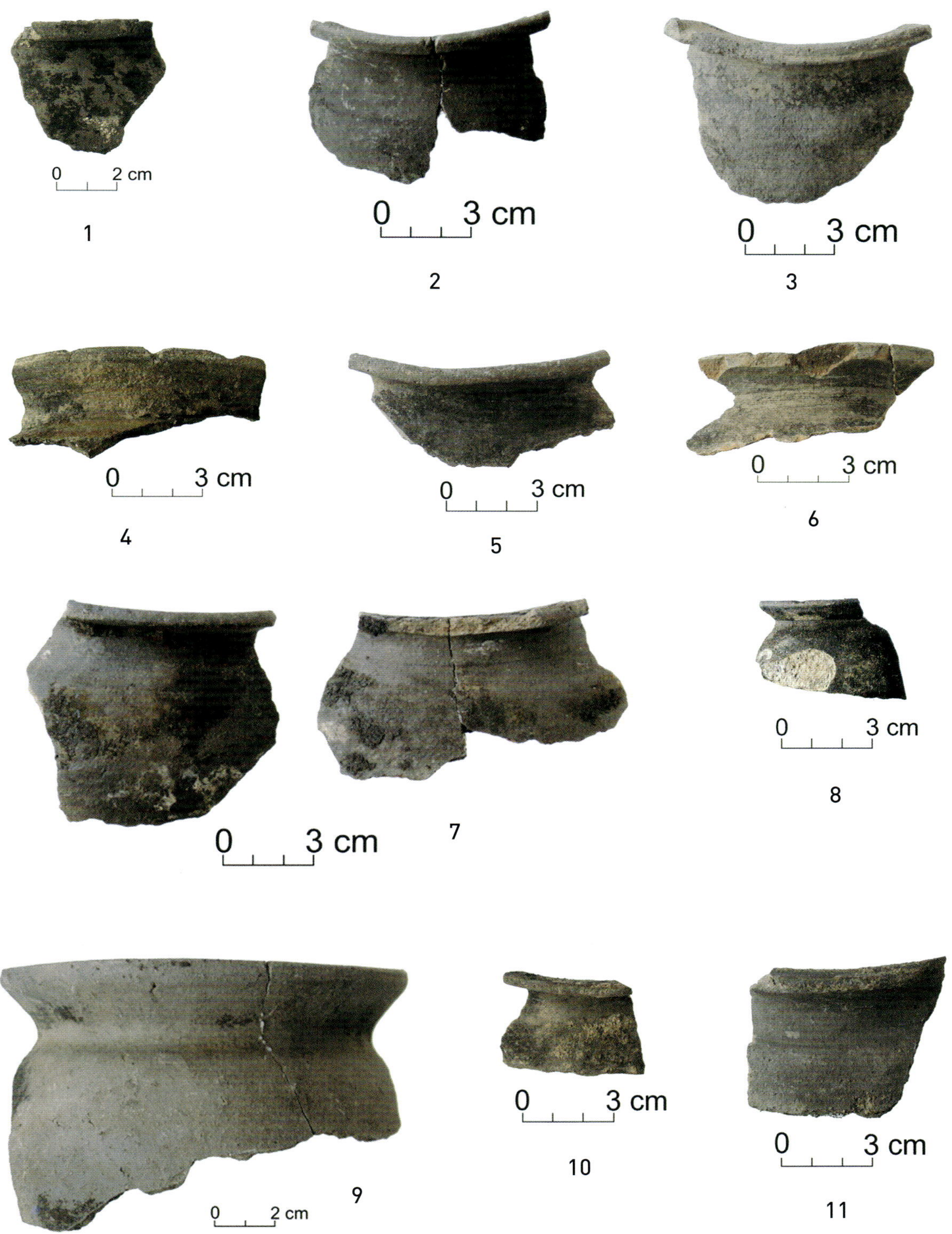

도면 817 | 크라스키노성 출토 소형 심발류 토기 Ⅰ-1형식(1), Ⅰ-2형식(2~6), Ⅰ-4형식(7, 8), Ⅱ형식(9), Ⅲ-2형식(10, 11): 1-제47구역 3섹터 제12인공층 뷔-25방안(2014-도671, 2), 2-제50구역 3섹터 제2인공층 예-2방안(2015-도853, 4), 3-제50구역 2섹터 제3인공층 아-4방안(2015-도883, 3), 4-제47구역 3섹터 제4인공층 베-28방안(2014-도485, 1), 5-제47구역 2섹터 제6인공층 베-17방안(2015-도324, 2), 6-제53구역 남서쪽섹터 제4인공층 에쓰-1`방안(2018-도700, 1), 7-제50구역 2섹터 제4인공층 쉬-1,3방안(2015-도946), 8-제47구역 3섹터 제9인공층 아-30방안(2014-도603, 4), 9-제47구역 5섹터 제3인공층 뻬,에르-4`,5`방안(2012-도480), 10-제47구역 3섹터 제10인공층 뷔-25방안(2014-도627, 3), 11-제47구역 3섹터 제10인공층 아-22방안(2014-도626, 3)

도면 818 | 크라스키노성 출토 소형 심발류 토기 III-2형식(1, 2), IV-1형식(2~5): 1-제34구역 제13인공층(2007-도155, 2), 2-제6인공층 제-4방안(2009-도590), 3-제44구역 서쪽섹터 제21인공층 게-22방안(2015-도242), 4-제50구역 3섹터 제2인공층 베-2`방안(2015-도853, 3), 5-제50구역(2015-도770, 1)

Ⅲ형식 소형 심발. 크게 외반하는 구연부의 두께가 대체로 일정한 것이다. 목-구연부의 단면은 모두 C자 모양이나 세부적으로 차이를 보인다. 2종류의 형식이 확인된다.

Ⅲ-1형식. 1점이 확인된다. 외반 구연부가 바깥쪽 절반의 거의 수평을 이룬다. 구경이 14㎝이고, 속심은 암갈색, 표면은 암회색이다(도면 815, 2).

Ⅲ-2형식. 7점이 확인된다. 1점은 구연부가 전체적으로 호선을 이루며 외반하는 것이다. 어깨 부분에 미약하게 턱이 형성되어 있다. 이 토기는 구경이 13.4㎝이다(도면 815, 3). 다른 1점은 외반하는 구연부가 약간 곧은 상태인데 구경이 13㎝이고, 속심과 표면이 회색이며, 표면에 유기물 흔적이 있다(도면 815, 4; 817, 10). 다른 1점은 구순이 약간 뾰족하다. 이 토기는 구경이 10.8㎝이다(도면 815, 6). 다른 1점은 어깨에 턱이 형성되어 있다. 구경은 13.2㎝이고, 속심과 표면이 회색이다(도면 815, 5; 817, 11).

3점은 동체에 음각 문양이 확인되는 것이다. 그중의 1점은 어깨와 그 아래로 5치의 치구압인문이 사선 방향으로 3줄 시문되어 있다. 이 토기는 구경이 9.7㎝이다(도면 815, 7; 818, 1). 나머지 2점에는 외면에 단치 압인문이 남아 있고, 구순에는 각각 눈금을 일정 간격으로 새겨 놓았다. 1점은 돋최대경이 어깨보다 훨씬 아랫부분에 위치한다. 이 토기는 크기가 구경 12.4㎝, 경경 10.1㎝, 동최대경 12.8㎝이다(도면 815, 8). 다른 1점은 어깨가 특히 발달하여, 동최대경이 어깨 부분에 위치한다. 구경이 12.4㎝이다(도면 815, 9; 818, 2).

Ⅳ-1형식 소형 심발. 짧게 사선 방향으로 외반하는 구연부가 끝부분으로 가면서 얇어진다. 5점이 확인된다. 1점은 동체가 2줄의 치구 압인문으로 장식되었다. 구연에는 눈금이 일정 간격으로 새겨져 있다. 이 토기는 구경이 11.8㎝, 경경이 10.2㎝이고, 속심과 표면이 모두 암회색이다(도면 815, 10; 818, 3). 다른 1점은 구경이 13㎝이고, 속심은 오렌지-갈색, 표면은 갈색이다(도면 816, 1; 818, 4). 나머지 3점은 구경이 각각 10.5㎝(도면 816, 2), 12.3㎝(도면 816, 3), 9㎝(도면 816, 4; 818, 5)이다.

Ⅷ형식 소형 심발. 외반하는 구연부의 바깥쪽 절반 아랫부분이 동글-삼각형으로 볼록해진 것이다. 1점이 있다. 목-구연부의 단면은 C자 모양이다. 동체 기벽이 거의 수직에 가깝다. 어깨 부분에 1줄의 침선이 돌려져 있다. 구경은 13.9㎝이고, 속심과 표면은 흑색이다(도면 816, 5).

XI형식 소형 심발. 길게 안쪽으로 약간 기울게 내만하는 어깨-목에서 가볍게 외반하는 구연부가 있다. 3점이 확인된다. 목-구연부의 단면이 넓은 C자 모양이다. 모두 동체 기벽의 호선은 거의 확인이 되지 않는다. 1점은 어깨 부분에 1줄의 침선이 돌려져 있다(도면 816, 6). 다른 1점은 어깨 부분에 돌대가 하나 돌려져 있다. 이 토기는 구경이 14㎝이다(도면 816, 7). 나머지 1점은 구경이 14.2㎝이고, 속심은 회색, 표면은 암회색이다(도면 816, 8).

4) 동이류 토기

동이와 깊이가 얕은 외반 구연 발, 즉 외반구연 발(淺鉢) 그리고 외반 구연 완은 모두 외반된 구연부를 가지고 있고, 구경에 비해 높이가 낮다는 공통의 특징을 가진다. 또한 동체의 모양도 다른 형태가 없는 것은 아니나 대부분의 경우 사선방향으로 약하게 외만 호선을 이루면서 아래쪽으로 축약되는 전체적으로 역사다리꼴을 연상시킨다. 때문에 동이, 외반구연 발, 그리고 외반구연 완은 그 구분이 매우 모호하다.

여기에서는 절대다수의 유물이 구연-동체 윗부분의 편 상태이기 때문에 구경을 중심으로 하여 동이, 발, 완의 구분을 하였다. 이 종류 토기들의 구경 분포를 참고하여 구경이 27㎝ 이상인 것은 동이, 구경이 17㎝부터 26.4㎝까지는 동이-발, 구경이 12.3㎝부터 16.5㎝까지는 (외반 구연) 발, 구경이 6.2㎝부터 12㎝까지는 (외반 구연) 완으로 각각 구분하였다(도면 819). 동이-발은 동이로 보아야하는지 아니면 발로 보아야하는 구분이 애매한 것이다.

그런데 동이와 동이-발은 발 및 완과 비교하여 크기에서 뿐만이 아니라 구연의 형식에서 있어서도 서로 차이를 보인다. 동이 및 동이-발은 모두 6개의 구연 형식이 확인되었지만, 외반 구연의 발과 완에서는 구연 형식이 동이 및 동이-발과 공통된 것이 매우 제한되어 있다.

높이를 제외하고 구경의 분포도만 작성한 것은 기형이 전체가 남아 있는 것이 소수에 불과하고 대부분의 경우 구연-동체 윗부분만 출토되었기 때문이다. 구경의 분포를 보면 동이는 대형, 중형, 소형으로 구분이 된다. 구경이

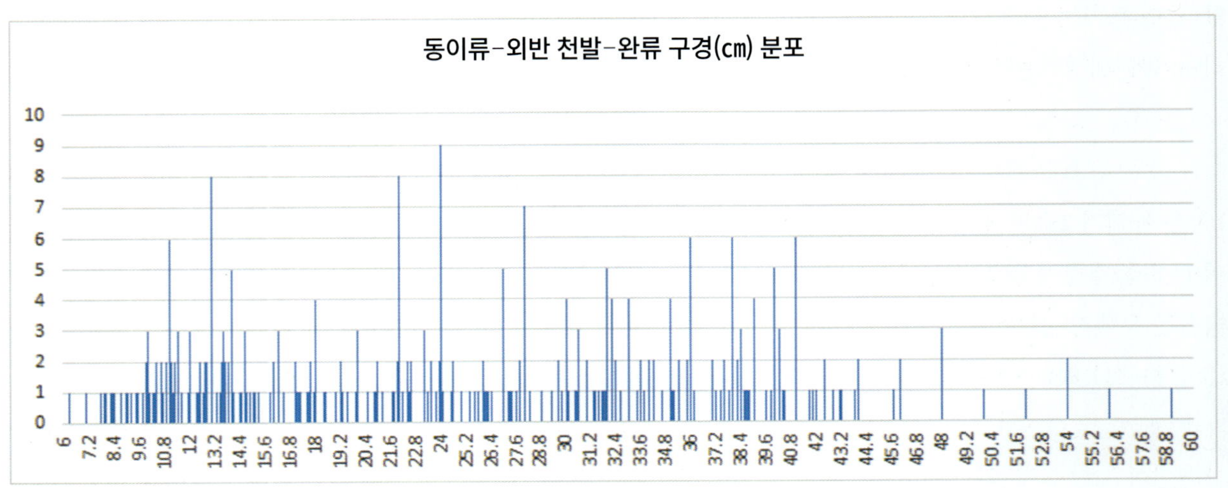

도면 819 | 동이류-외반구연 발과 완류 토기 구경 분포도

27~36.1㎝는 소형, 37㎝부터 44㎝까지는 중형 동이, 45.7㎝부터는 대형의 동이에 각각 해당된다.

다만 대형 동이로 구분된 것들 중에는 구경에 비해 깊이가 매우 낮은 대야류도 포함되었을 가능성이 있다고 생각된다. 하지만 구연-동체 윗부분만 남은 경우 서로 구분이 되지 않아 따로 구분하지를 않았다.

그 외에도 어깨-목-구연부만 남아 있는 편들의 경우 구경이 옹과 비슷한 것들이 많아 구분이 필요하다. 옹은 깊이가 깊고, 동이는 옹에 비하면 깊이가 낮다. 하지만 구연부-동체 윗부분의 편만 남은 것들은 깊이를 알 수가 없다. 전체 기형이 온전하게 남아 있는 옹과 동이는 구연부와 동체의 비율이 뚜렷한 차이를 보여준다. 옹은 구연부보다 동체가 훨씬 많이 밖으로 돌출해 있고, 동이는 구연부보다 동체가 오히려 안쪽에 위치하거나, 비슷하거나, 혹은 밖으로 조금 돌출해 있다.

다른 말로 표현하면 옹은 구경보다 동최대경이 많이 크고, 동이는 구경에 비해 동최대경이 작거나, 비슷하거나, 혹은 조금 크다. 예를 들어, 전체 기형이 남아 있는 옹은 구경과 동최대경의 비율이 광견 대옹은 1:1.6(도면 753, 1), 장동 대옹은 1:2(도면 759, 1)이다. 이에 반해 전체 기형이 남아 있는 동이는 구경과 동최대경의 비율이 1:0.95(도면 822, 1) 정도로서 동최대경이 구경보다 작은 것이 일반적이다. 하지만 구경과 동최대경이 거의 비슷한 것들도 있다(도면 843, 8, 3). 그 외에 구경보다 동최대경이 조금 더 큰 동이도 있는데 그 비율이 1:1.1정도 된다(도면 831, 6).

또한 동이는 어깨 아래의 기벽 호선이 크게 내만하며, 구연부도 동체와 비슷한 두께를 가지는 경향이 강하다. 이에 반해 옹은 많은 경우 구연부가 '대롱'구연을 가진다. 따라서 구연-동체 윗부분만 남아 있는 동이와 옹은 구경과 동최대경과의 상호관계, 어깨 아래 기벽의 호선 상태, 구연부 상태 등을 고려하여 서로 구분하였다.

동이는 일반적으로 기벽이 완만하게 안쪽으로 호선을 이루어 동체의 모양이 사다리꼴에 가깝다. 하지만 동이 중에서 동최대경이 구경보다 큰 동이는 기벽의 호선이 안쪽으로 크게 내만하여 동체의 모양이 북을 연상시킨다. 이 형태 동이는 북 모양 동이, 즉 고동(鼓胴)동이로서 각 형식 동이를 기술할 때에 따로 지적하였다. 그런데 이곳에 고동동이로 소개된 토기들은 사실 동이였을 수도 있고, 시루였을 수도 있고, 혹은 소위 파수부 호였을 수도 있다. 추후 이 종류 온전한 형태의 토기들이 증가하면 상호 간의 구분이 가능할 것이다.

동이와 발은 구연부의 형태가 몇 가지로 대분된다.

Ⅰ형식은 길게 외반하는 구연에서 구순이 위로 뾰족하게 돌출하는 것이다. 상첨(上尖)구순을 가진 구연부이다. 상첨구순 구연은 다시 구연이 수평 혹은 거의 수평인 것(Ⅰ-1형식)과 사선 혹은 거의 사선 방향으로 형성된 것(Ⅰ-2형식)으로 구분된다. 구연이 이중 혹은 삼중으로 된 것도 있는데 Ⅰ-3형식으로 설정하였다. Ⅰ형식은 동이와 발 중에서 가장 많은 수량으로 확인되는 구연 형식이다. 그런데 이 상첨구순을 가진 토기는 구경이 10~24㎝까지는 깊이가 깊은 심발형에 속하는 것들도 있다. 달리 말해, 구경 17.9㎝이하는 모두 심발형이고, 그 이상 구경 24㎝까지는 심발형에 속할 수도 있고, 동이-(얕은) 발에 속할 수도 있다.

Ⅱ형식은 길게 외반하는 구연의 안쪽과 바깥쪽이 동일한 두께를 가지거나 혹은 거의 비슷한 두께를 가지는 것이다. '동일 두께' 구연도 다시 구연이 수평 혹은 거의 수평인 것(Ⅱ-1형식)과 사선 혹은 거의 사선 방향으로 형성된 것(Ⅱ-2형식)으로 구분된다. 그 외에도 Ⅱ형식에 속하는 구연 중에는 구순이 이중으로 된 것이 있는데 Ⅱ-3형식으로 파악하고자 한다.

Ⅲ형식은 비교적 길게 외반하는 구연이 가장자리로 가면서 약간 볼록해지는 것이다. 위와 아래가 함께 볼록한 것도 있고 위만 볼록한 것도 있다. '조금 볼록' 구연으로 부를 수 있을 것이다. 구연이 수평 혹은 거의 수평인 것(Ⅲ-1형식)과 사선 혹은 거의 사선 방향으로 형성된 것(Ⅲ-2형식)으로 구분된다.

Ⅳ형식은 비교적 길게 외반하는 구연의 가장자리 아래쪽이 동글-삼각형 모양으로 볼록해진 것이다. 구연이 수평 혹은 거의 수평인 것(Ⅳ-1형식)과 사선 혹은 거의 사선 방향으로 형성된 것(Ⅳ-2형식)으로 구분된다. Ⅳ형식에 속하는 구연 중에도 구순이 이중으로 된 것이 있는데 Ⅳ-3형식으로 설정하였다.

Ⅴ형식은 외반하는 구연의 가장자리가 아래로 약간 꺾여 뾰족해진 것이다. 하첨(下尖)구순을 가진 구연으로 볼 수 있다.

Ⅵ형식은 비교적 짧게 외반하는 구연이 가장자리로 가면서 약간 얇아지는 혹은 안쪽과 거의 비슷한 두께를 가진 것이다. 이 형식 구연은 다시 구연이 수평방향인 것(Ⅵ-1형식), 낮은 사선방향인 것(Ⅵ-2형식) 그리고 사선방향인 것(Ⅵ-3형식)으로 구분된다. Ⅵ형식에 속하는 구연 중에도 구순이 이중으로 된 것이 있는데 Ⅵ-4형식으로 구분하였다.

Ⅶ형식은 비교적 짧게 외반하는 구연부가 밖으로 말려 도톰해진 소위 대롱구순을 가진 것이다.

Ⅷ형식은 매우 짧게 외반하는 구연부가 구순 자체인 것으로서 단면이 긴 삼각형 모양이다.

Ⅸ형식은 사선방향으로 외반하는 구연부에 내첨구순이 있는 것이다.

그런데 구연의 형태가 모두 각각의 형식으로 명료하게 구분되는 것은 아니다. 분명하게 구분되는 것이 대부분이지만, 그렇지 못한 것들도 있는데 근접한 형태를 통해 각 형식에 포함시켰다.

그 외에도 예외적인 형태의 구연도 확인되고 있다. 발견된 수량이 적기 때문에 예외적인 것으로 파악하였다.

(1) 대형 동이

구경이 45㎝ 이상이다. Ⅰ형식, Ⅱ형식, Ⅲ형식, Ⅳ형식, Ⅵ형식, Ⅶ형식의 구연만 확인된다.

Ⅰ형식 대형 동이. 상첨구순을 가진 대형 동이는 1점이 보고되었다. 구연이 사선 방향인 Ⅰ-2형식에 속한다. 구경은 50㎝이다. 속심은 회색, 표면은 암회색이며, 외면을 수평 띠 모양으로 마연하였다(도면 820, 1).

Ⅱ형식 대형 동이. 길게 외반하는 구연부의 안쪽과 바깥쪽이 거의 비슷한 두께를 가진다. 3점이 확인된다. 모두 고동동이이다.

Ⅱ-1형식. 2점이 있다. 구연부가 거의 수평이다. 그중의 1점은 구경이 52㎝이고, 외면이 수평 띠 마연되었으며, 속심과 표면이 오렌지-갈색이다(도면 820, 2; 821, 1). 다른 1점은 구경이 46㎝이다. 외면이 수평 띠 마연되었고, 속심은 오렌지-갈색, 표면은 흑색이다(도면 820, 3; 821, 2).

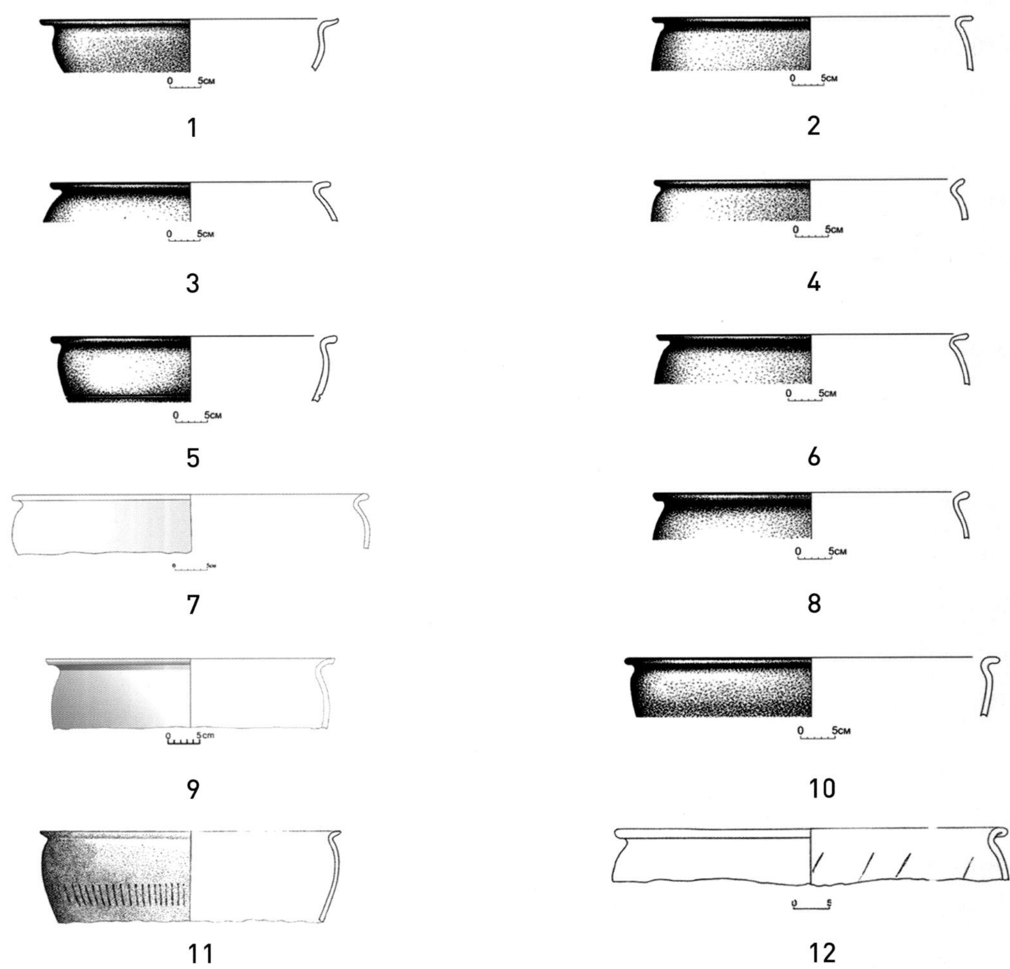

도면 820 | 크라스키노성 출토 대형 동이류 Ⅰ형식(1), Ⅱ-1형식(2, 3), Ⅱ-2형식(4), Ⅲ-1형식(5, 6), Ⅲ-2형식(7, 8), Ⅳ형식(9), Ⅵ-1형식(10), Ⅵ-2형식(11), Ⅶ형식(12) 구연-동체 윗부분: 1-제49구역 2,4섹터 제2인공층 오-36방안(2014-도883, 4), 2-제50구역 1섹터 제4인공층 1호 수혈(2015-도796, 1), 3-제50구역 1섹터 제4인공층 치-2방안(2015-도796, 3), 4-제49구역 2섹터 제2인공층 제-34방안(2014-도883, 5), 5-제53구역 남동쪽섹터 제3인공층 2호 수혈 붸,게-10,11방안(2018-도627, 1), 6-제50구역 1섹터 제4인공층 1호 수혈(2015-도796, 2), 7-제40구역 제3~4인공층 데-17방안(2008-도452, 1), 8-제53구역 남동쪽섹터 제3인공층 게-9방안(2018-도625, 2), 9-제34구역 제12~13인공층 아-4방안(2007-도249, 2), 10-제53구역 남동쪽섹터 제2인공층 게-11방안(2018-도580, 1), 11-제31구역 제6인공층 제-8방안(2003-도145), 12-제15구역(1998-도259, 1)

Ⅱ-2형식. 1점이 있다. 구연부가 거의 사선 방형이다. 구경은 48㎝이고, 외면이 수평 띠 마연되었으며, 속심은 주황-갈색, 표면은 흑색이다(도면 820, 4; 821, 3).

Ⅲ형식 대형 동이. 조금 볼록한 구연부를 가진 대형 동이는 4점이 보고되었다.

Ⅲ-1형식. 2점이 있다. 구연이 거의 수평 방향이다. 2점 모두 구연이 아래쪽으로 약간 볼록하다. 그중의 1점은 구경이 46㎝이다. 동최대경 아랫부분에 1줄의 침선이 돌려져 있다. 아마도 이 높이게 대상파수가 부착되었을 것이다. 외면을 수평 띠 모양 광택무늬로 장식하였다. 속심은 회색, 표면은 흑색이다(도면 820, 5). 다른 1점은 구경이 48㎝이고, 속심은 회색 음영이 도는 갈색이고, 표면은 회갈색이다. 동체가 볼록한 고동동이로 생각된다(도면 820, 6; 821, 4).

Ⅲ-2형식. 2점이 있다. 구연부가 사선 방향이며 구순이 볼록하다. 1점은 구경이 54㎝, 경경이 51.4㎝, 동최대경이 55㎝이다(도면 820, 7). 다른 1점은 고동동이로 생각된다. 구경은 48㎝이고, 속심과 표면이 회색이다(도면 820, 8).

Ⅳ형식 대형 동이. 1점이 확인된다. 구연의 아래쪽이 동글-삼각형 모양으로 볼록하다. 구연이 약간 사선 방향으로 형성되어 있는 Ⅳ-2형식이다. 구연부가 길게 외반한 것인데 구경이 45.7㎝이다(도면 820, 9).

Ⅵ형식 대형 동이. 비교적 짧게 외반하는 구연의 바깥쪽이 약간 얇아지는 대형 동이는 2점이 확인된다. 1점은

도면 821 | 크라스키노성 출토 대형 동이류 Ⅱ-1형식(1, 2), Ⅱ-2형식(3), Ⅲ-1형식(4) 구연-동체 윗부분: 1, 2-제50구역 1섹터 제4인공층 1호 수혈(2015-도775; 777), 3-제49구역 2섹터 제2인공층 제-34방안(2014-도845, 2), 4-제50구역 1섹터 제4인공층 1호 수혈(2015-도774)

구연이 거의 수평 방향인 Ⅵ-1형식이다. 구경이 56㎝이다. 외면에 수평 띠 모양 광택무늬가 있다. 속심은 회색, 표면은 흑색이다(도면 820, 10).

다른 1점은 구연이 사선 방향으로 형성되어 있는 Ⅵ-2형식이다. 구경은 54㎝이다. 동최대경 아랫부분에 수직 띠 모양 광택무늬가 시문되어 있다. 도면에는 확인되지 않지만 이 광택무늬 위와 아래로 침선을 그어 문양대를 구분한 것으로 보고되어 있다(도면 820, 11).

Ⅶ형식 대형 동이. 1점이 확인된다. 구연부가 짧게 외반하며 대롱구순이다. 어깨선으로 보아 고복동이일 가능성이 있다. 내면에 사선 방향으로 띠 광택무늬가 시문되어 있다. 외면은 띠 마연이 되었다. 구경은 59㎝, 경경은 55.2㎝이다(도면 820, 12).

(2) 중형 동이

Ⅰ형식부터 Ⅶ형식까지의 구연이 확인된다. 구경이 37㎝부터 44㎝까지이다.

Ⅰ형식 중형 동이. 구연부의 끝구분이 상첨구순이다. 구연의 바깥쪽 절반이 거의 수평을 이루는 것과 사선 방향인 두 가지 형식이 다 확인된다.

Ⅰ-1형식. 길게 외반한 구연의 바깥쪽 절반이 거의 수평을 이루는 것이다. 11점이 확인된다. 그중에서 2018년에 제48구역 동쪽 섹터 제12인공층에서 편 상태로 출토된 1개체는 기형이 온전하게 복원된다(도면 822, 1; 823). 이 동이는 크기가 구경 38.4㎝, 경경 34㎝, 높이 27㎝이다. 어깨 아랫부분에 2줄의 침선이 평행하게 돌려져 있고, 그 사이에 지그재그 모양으로 광택무늬가 시문되어 있다. 외면의 다른 부분에도 수평 띠 모양의 광택무늬가 시문되었고, 내면에도 수평 띠 모양의 광택무늬가 확인된다. 바닥에는 바깥쪽에 十자 모양의 기호가 양각으로 표현되어 있는데 물레판에서 생긴 것이다. 속심은 가장자리가 오렌지색인 회색이고, 표면은 오렌지-갈색이다.

2011년에 출토된 1점은 동체의 기형의 거의 복원된다(도면 822, 2). 이 동이는 기저부가 약간 급하게 안쪽으로 향하고 있다. 구경은 39㎝, 경경은 32.6㎝, 추정 저경은 15.4㎝, 추정 높이는 17.5㎝이다.

나머지 8점은 모두 구연-동체 윗부분만 남아 있다(도면 822, 3~10; 824, 2~5). 그중의 1점은 구경이 40㎝이고, 속심은 주황-갈색, 표면은 흑색이다(도면 822, 6; 824, 1). 나머지 것들은 대체로 속심은 회색, 표면은 회색 혹은 흑회색이며, 표면이 대체로 수평 방향으로 마연되었다.

나머지 1점은 구연과 어깨 사이에 목이 거의 형성되어 있지 않지만 전체적으로 이 형식 동이에 속할 것으로 생각된다. 이 1점은 구경이 39㎝이고, 속심은 주황-갈색, 표면은 회색이다(도면 822, 11; 824, 6).

Ⅰ-2형식. 길게 외반한 구연의 바깥쪽 절반이 거의 사선 방향으로 형성되어 있는 것이다. 5점이 확인된다. 2002년에 출토된 1점은 외면이 어깨 부분은 수평의, 그 아래는 수식의 띠 모양 광택무늬로 각각 장식되었다. 내면은 어깨 부분 아래로 연속 X자 모양의 광택무늬로 장식되었다. 이 동이는 크기가 구경 37.8㎝이다(도면 822, 12).

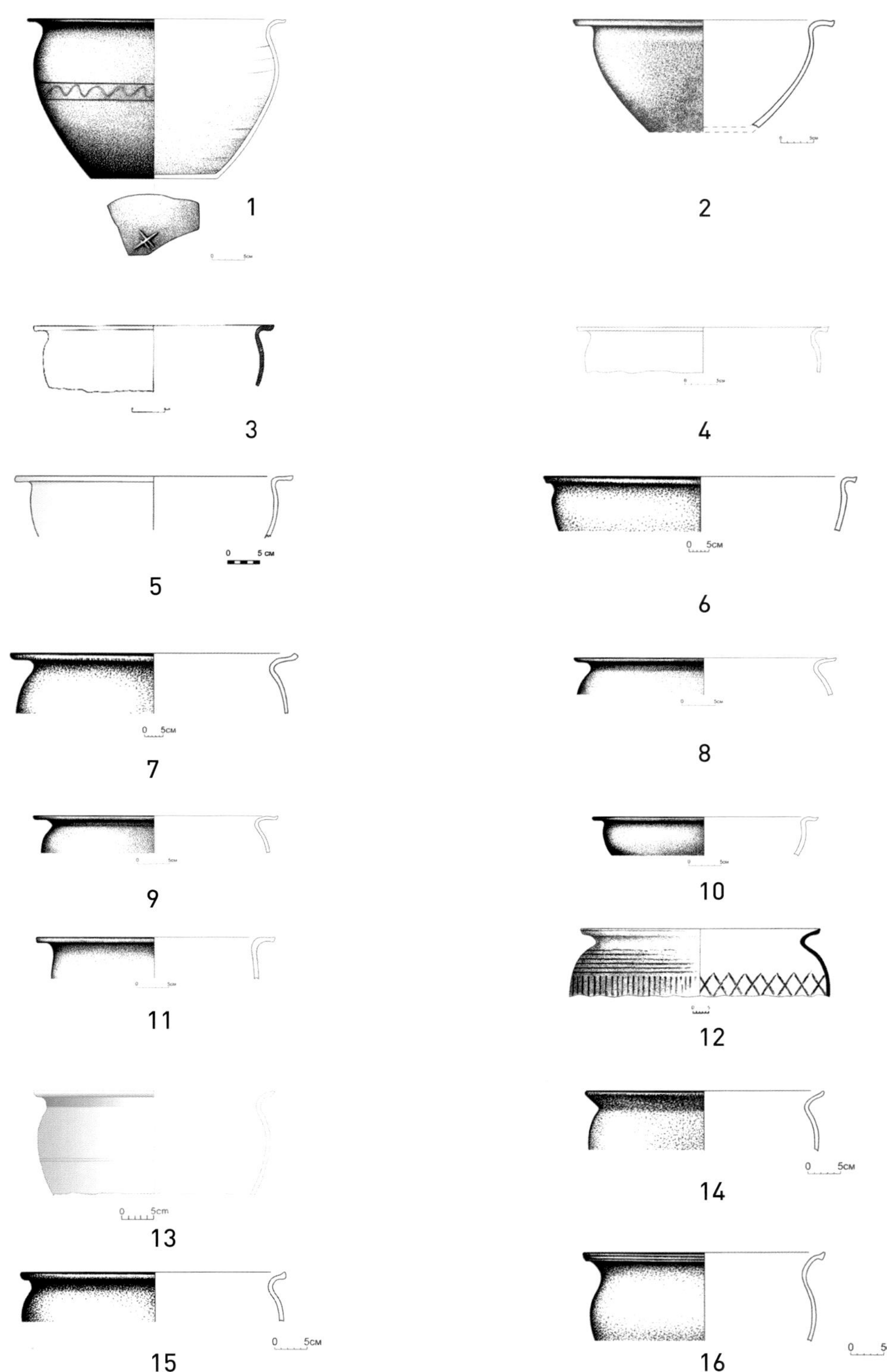

도면 822 | 크라스키노성 출토 중형 동이류 Ⅰ-1형식(1~11), Ⅰ-2형식(12~16): 1-제48구역 동쪽섹터 제12인공층 이,까-27,28방안(2018-도53, 2), 2-제45구역 남쪽섹터 제12인공층 이-5,6방안(2011-도182), 3-제2구역(1980-도44, 3), 4-제37구역(2008-도435, 1), 5-제40구역 제10인공층 9호 주거지 예-15방안(2009-도155, 1), 6-제47구역 3섹터 제13인공층 뤠-24방안(2014-도702, 2), 7-제47구역 3섹터 제13인공층 베-22방안(2014-도702, 3), 8-제47구역 2섹터 제7인공층 게-16방안(2015-도355, 2), 9-제47구역 2섹터 제8인공층 뤠-14방안(2015-도391, 1), 10-제53구역 남서쪽섹터 제4인공층 오-3방안(2018-도707, 3), 11-제44구역 제9인공층 쥬-25방안(2014-도177, 4), 12-제30구역 18호 수혈(2002-도69), 13-제33구역 제6인공층 엠-11방안(2007-도216, 2), 14-제47구역 3섹터 제5인공층 베-30방안(2014-도519, 1), 15-제44구역 서쪽섹터 제18인공층 베-23방안(2015-도180, 5), 16-제44구역 제10인공층 제-26방안(2014-도183, 2)

1점은 동최대경 아래에 2줄의 수평 침선이 돌려져 있다. 아마 높이에는 원래 대상파수가 부착되어 있었을 것이다. 이 토기는 구경이 38.2㎝이다(도면 822, 13). 다른 1점은 도면이 절반만 그려진 채로 보고되었는데 추정 구경이 41㎝이다(도면 1996-63b, 1). 2014년에 출토된 1점은 구경이 37㎝이고, 속심과 표면이 모두 회색이며, 수평 띠 모양의 마연 장식이 있다(도면 822, 14; 824, 7). 2015년에 출토된 1점은 구경이 41.8㎝이고, 속심은 오렌지-갈색, 표면은 회색이며, 표면이 수평 띠 모양 광택무늬로 장식되었다(도면 822, 15; 824, 8).

Ⅰ-3형식. 2014년에 출토된 1점은 구순이 3중으로 되어있다. 이 동이는 목이 상대적으로 넓다. 구경은 37.4㎝이고, 속심과 표면이 모두 회색이다(도면 822, 16; 824, 9).

Ⅱ형식 중형 동이. 길게 외반하는 구연의 안쪽과 바깥쪽이 동일한 혹은 거의 비슷한 두께를 가지는 것이다. 구연이 수평 방향인 것과 사선 방향인 것, 그리고 구순이 이중인 것이 모두 확인된다.

Ⅱ-1형식. 3점이 확인되었다. 1점은 구경이 39㎝이고, 외면이 수평 띠 모양 광택무늬로 장식되어 있다. 속심과 표면이 모두 암회색이다(도면 825, 1). 다른 1점은 구경이 40.2㎝이다. 외면이 수평 띠 광택무늬로 장식되었다. 속심은 갈색, 속심 가장자리는 회색, 표면은 회색이다(도면 825, 2). 나머지 1점은 구경이 40.4㎝이고, 속심은 주황-갈색, 표면은 흑색이다(도면 825, 3).

Ⅱ-2형식. 8점이 확인되었다. 1점은 어깨 부분에 대상파수가 부착되어 있다. 구경이 37.6㎝이다. 기벽이 거의 사선 방향으로 내려가는 것이 다른 동이들과는 차이가 난다(도면 825, 4; 826, 1).

다른 2점에는 동최대경 아랫부분에 1줄씩의 침선이 돌려져 있는 것이다. 그중의 1점은 기형의 거의 추정되는데 기벽이 완만하게 내만 호선을 이루면서 아래쪽으로 축약되고 있다. 구경이 38.4㎝이고, 외면에 수평 띠 광택무늬가 시문되었다. 속심은 회색, 표면은 흑색이다(도면 825, 5). 그중의 다른 1점은 구경이 40.2㎝, 경경이 37㎝, 동최대경이 39.3㎝이다(도면 825, 6; 826, 2).

2008년에 출토된 1점은 동최대경 부근에 1줄의 침선이 돌려져 있고, 그 아래로 나선 모양의 광택무늬가 시문되어 있다. 구경은 43.2㎝, 경경은 39.2㎝, 동최대경은 41.9㎝이다(도면 825, 7; 826, 3).

그 외에 이 형식에 속하는 동이가 4점 더 있다(도면 825, 8~11; 826, 4). 그중의 후자 2점은 어깨선의 호선으로 보아 고동동이로 생각된다.

Ⅱ-3형식. 3점이 확인되었다. 모두 길게 외반한 구연의 가장자리가 이중으로 되어 있다. 그중의 1점에는 동체에 1줄의 수평 침선이 돌려져 있다. 이 동이는 구경이 38.8㎝, 동최대경이 33.4㎝이며, 속심은 회색, 표면은 암회색이다(도면 825, 12; 826, 5).

다른 1점은 목과 어깨 부분에 수평 띠 광택무늬가 시문되어 있다. 이 토기는 구경이 37㎝이고, 속심은 회갈색, 표면은 암회색이다(도면 825, 13; 826, 6). 다른 1점은 구경이 37.6㎝이다(도면 825, 14).

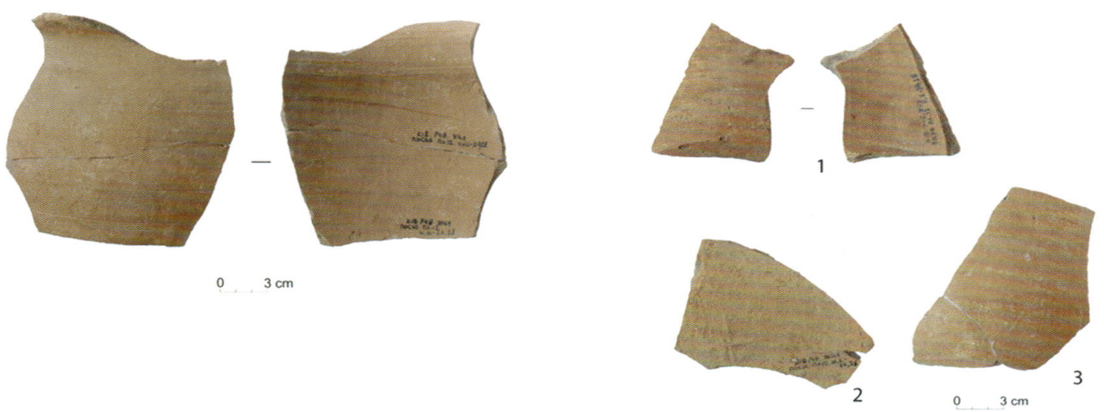

도면 823 | 크라스키노성 제48구역 동쪽섹터 제12인공층 이,까-27,28방안 출토 중형 동이류 Ⅰ-1형식(2018-도49; 50)

도면 824 | 크라스키노성 출토 중형 동이류 Ⅰ-1형식(1~6), Ⅰ-2형식(7~9): 1-제47구역 3섹터 제13인공층 붸-24방안(2014-도693, 2), 2-제47구역 3섹터 제13인공층 베-22방안(2014-도693, 3), 3-제47구역 2섹터 제7인공층 게-16방안(2015-도345, 2), 4-제47구역 2섹터 제8인공층 붸-14방안(2015-도382), 5-제53구역 남서쪽섹터 제4인공층 오-3방안(2018-도701, 2), 6-제44구역 제9인공층 줴-25방안(2014-도142), 7-제47구역 3섹터 제5인공층 베-30방안(2014-도508, 1), 8-제44구역 서쪽섹터 제18인공층 베-23방안(2015-도165), 9-제44구역 제10인공층 제-26방안(2014-도148, 1)

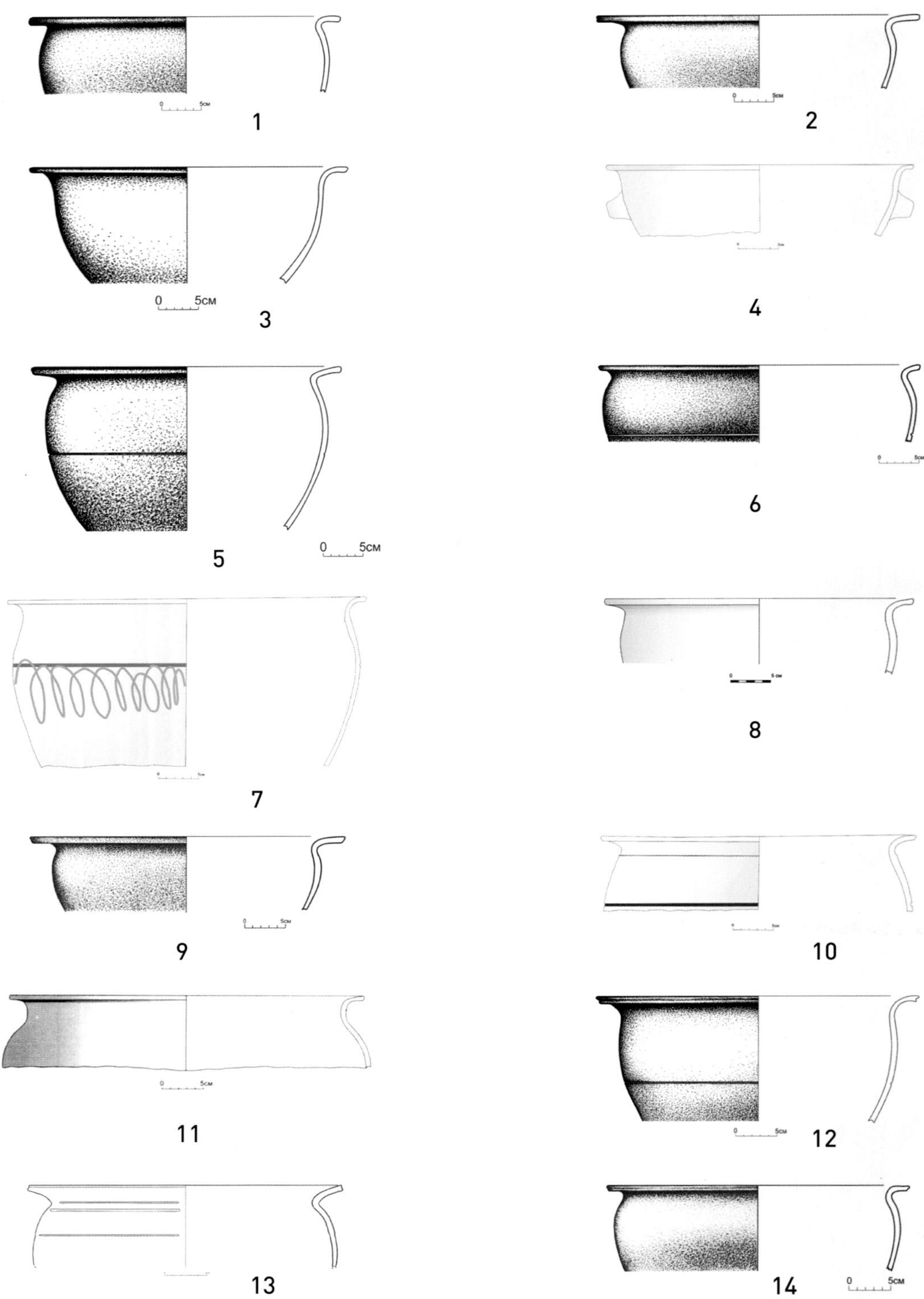

도면 825 | 크라스키노성 출토 중형 동이류 Ⅱ-1형식(1~3), Ⅱ-2형식(4~11), Ⅱ-3형식(12~14) 구연-동체 윗부분: 1-제44구역 동쪽섹터 제7인공층 엔-21방안(2013-도65, 2), 2-제47구역 7섹터 제3인공층 베-46, 게-47방안(2013-도303, 2), 3-제44구역 제10인공층 제-19방안(2014-도183, 1), 4-제40구역 제4~5인공층 제-16, 예-21방안(2008-도457, 1), 5-제47구역 3섹터 제8인공층 아-29방안(2014-도590, 1), 6-제47구역 3섹터 제8인공층 게-30방안(2011-도704), 7-제40구역 제4인공층 예-18방안(2008-도454, 2), 8-제40구역 13호주거지 아`-21방안(2009-도497, 8), 9-제45구역 남쪽섹터 제9인공층 이-5,6방안(2011-도171), 10-제40구역 제4인공층 제-18방안(2008-도454, 1), 11-제34구역 제1인공층 이-3방안(2006-도199, 4), 12-제44구역 제8인공층 게`-26방안(2014-도125, 1), 13-제47구역 7섹터 제3인공층 엔-47방안(2013-도308), 14-제44구역 서쪽섹터 제5인공층 아`-24방안(2012-도164, 3)

Ⅲ형식 중형 동이. 조금 볼록 구연을 가진 동이이다. 이 형식의 중형 동이는 6점이 확인된다.

Ⅲ-1형식. 구연이 거의 수평 방향이다. 3점이 이 형식에 속한다. 1점은 구경이 41㎝이다. 외면에 수평 및 수직 방향의 띠 광택문양이, 내면에 망상의 광택문양이 각각 시문되어 있다. 속심은 오렌지-갈색, 표면은 암회색이다(도면 827, 1). 다른 1점은 외면에 수평 침선이 1줄 돌려져 있고, 또 수평과 수직 띠 광택무늬들이 시문되어 있으며, 내면에 수직 띠 광택무늬가 시문되어 있다. 이 토기는 구경이 42.8㎝이고, 속심은 오렌지-갈색, 표면은 암회색이다(도면 827, 2). 나머지 1점은 외면을 수평 띠 마연하였고, 속심은 회색, 표면은 흑색이다. 구경은 44㎝이다(도면 827, 3; 828, 1).

Ⅲ-2형식. 구연부가 거의 사선 방향이다. 1점은 이 형식에 전형적인 구연부를 가지고 있다. 구연부의 끝부분

도면 826 | 크라스키노성 출토 중형 동이류 Ⅱ-2형식(1~6), Ⅱ-3형식(7) 구연-동체 윗부분: 1-제40구역 제4~5인공층 제-16, 예-21방안(2008-도430), 2-제47구역 3섹터 제8인공층 게-30방안(2011-도696), 3-제40구역 제4인공층 예-18방안(2008-도415), 4-제40구역 제4인공층 제-18방안(2008-도419, 2), 5-제44구역 제8인공층 게`-26방안(2014-도107, 1), 6-제47구역 7섹터 제3인공층 엔-47방안(2013-도305, 2; 306, 2), 7-제50구역 1섹터 제4인공층 1호 수혈(2015-도773)

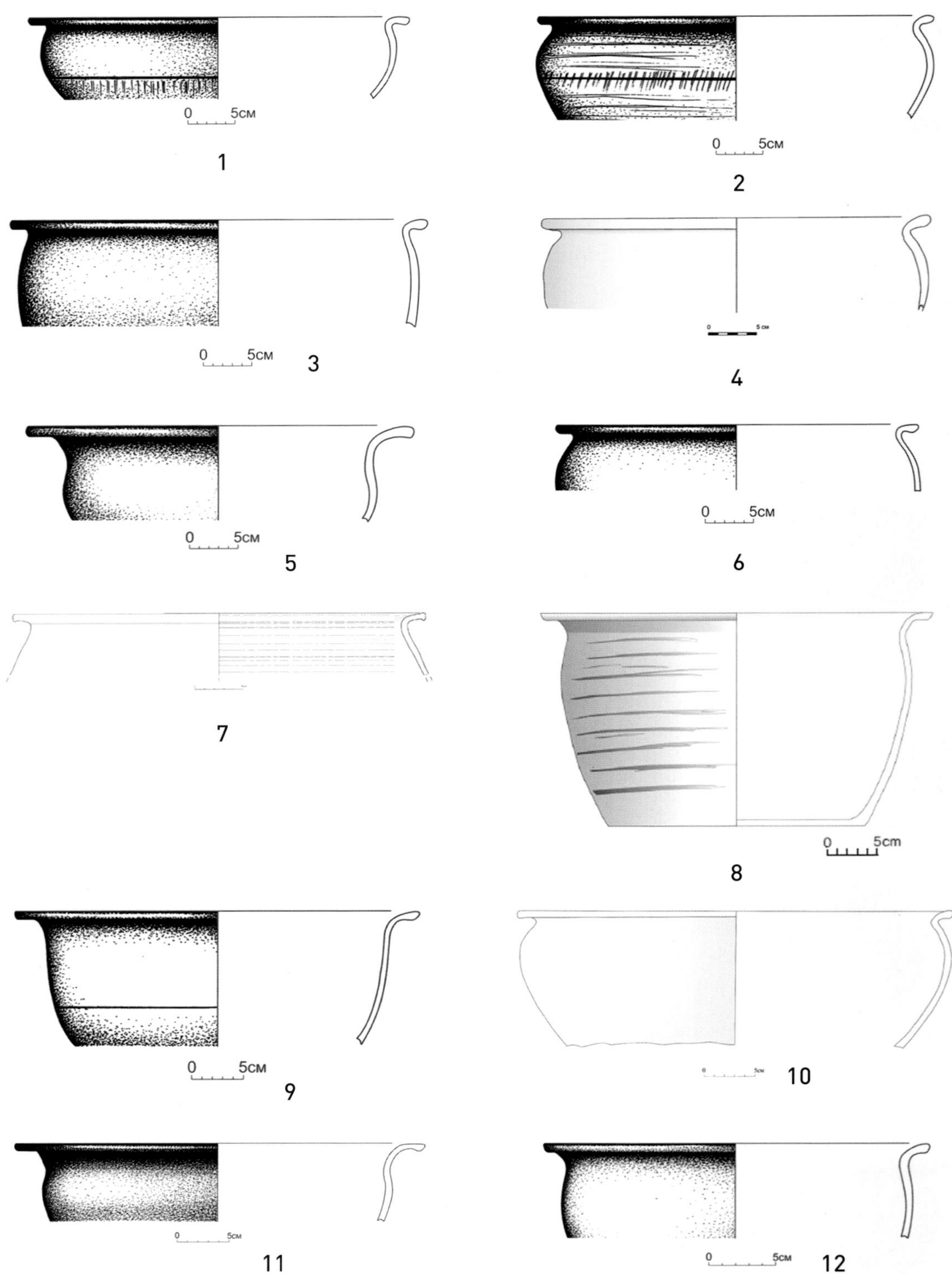

도면 827 | 크라스키노성 출토 중형 동이류 II-3형식(1), III-1형식(2, 3), III-2형식(4, 5), IV-1형식(6~9), IV-2형식(10~12) 구연-동체 윗부분: 1, 2-제50구역 1섹터 제4인공층 1호 수혈(2015-도796, 4; 796, 6), 3-제50구역 1섹터 제4인공층 3호 수혈(2015-도756, 3), 4-제40구역 1호 수혈 제7인공층 베, 뷔-15,16방안(2009-도88, 2), 5-제44구역 제13인공층 게`-17방안(2014-도353, 3), 6-제50구역 1섹터 제4인공층 1호 수혈(2015-도796, 5), 7-제44구역 동쪽섹터 제7인공층 엔-17방안(2013-도128), 8-제34구역 6호 주거지 뷔-4방안(2007-도250, 3), 9-제44구역 제9인공층 베-25방안(2014-도179, 2), 10-제40구역 제2인공층 데-19방안(2008-도449, 1), 11-제48구역 동쪽섹터 제12인공층 이,까-27,28방안(2018-도53, 1), 12-제44구역 제9인공층 엘-25방안(2014-도178, 5)

이 양쪽으로 조금 볼록하다. 이 토기는 구경이 40㎝이다(도면 827, 4). 다른 1점은 목이 길에 형성되어 있고, 외반한 구연부가 매우 긴 편이다. 구경은 41㎝이다. 외면이 수평 띠 광택무늬로 장식되었다. 속심과 표면이 모두 회색이다(도면 827, 5; 828, 2).

Ⅳ형식 중형 동이. 구연의 가장자리 아래쪽이 동글-삼각형 모양으로 볼록해진 것이다. 7점이 확인된다.

Ⅳ-1형식. 구연이 거의 수평인 것이다. 2점이 확인된다. 모두 고동동이로 생각된다. 1점은 구경이 38㎝이다. 내면에 수직 띠 광택무늬가 있다. 속심은 오렌지-갈색, 표면은 암갈색이다(도면 827, 6). 1점은 어깨 부분의 기벽이 거의 사선 방향이다. 동체의 기형이 분명하지는 않지만 결실된 부분 바로 가까이에서 내만하면서 안쪽으로 크게 축약될 것으로 생각된다. 구경은 42.4㎝이고, 속심은 갈색, 표면은 암회색이다(도면 827, 7; 828, 3).

Ⅳ-2형식. 구연이 사선 방형으로 형성되어 있다. 8점이 확인된다. 그중의 1점은 전체 기형이 확인된다. 기벽의 호선이 비교적 완만한 편이면서 미약하게 사선 방향이다. 목은 비교적 분명하게 구분된다. 구경은 38.4㎝, 높이는 21.6㎝, 저경은 24㎝이다. 외면에 수평 띠 광택무늬가 시문되었다(도면 827, 8).

다른 1점은 동체에 1줄의 침선이 수평으로 돌려져 있다. 구경은 40㎝이다. 속심은 회색, 표면은 흑색이다(도면 827, 9). 1점은 어깨가 특히 발달해 있다. 때문에 구경과 동최대경이 각각 43.8㎝와 43.4㎝로 서로 거의 차이가 나지 않는다. 경경은 40.3㎝이다(도면 827, 10).

1점은 구연부가 동최대경보다 크게 밖으로 돌출해 있다. 이 토기는 구경이 38㎝, 경경이 31.6㎝이며, 외며이 수평 띠 광택무늬로 장식되었다. 속심은 회색, 속심 가장자리와 표면은 오렌지-갈색이다(도면 827, 11; 828, 4). 나머지 1점은 속심과 표면이 모두 회색이다(도면 827, 12).

도면 828 | 크라스키노성 출토 중형 동이류 III-1형식(1), III-2형식(2), IV-1형식(3), IV-2형식(4) 구연-동체 윗부분: 1-제50구역 1섹터 제4인공층 3호 수혈(2015-도746), 2-제44구역 제13인공층 게`-17방안(2014-도489), 3-제44구역 동쪽섹터 제7인공층 엔-17방안(2013-도126, 3), 4-제48구역 동쪽섹터 제12인공층 이,까-27,28방안(2018-도51)

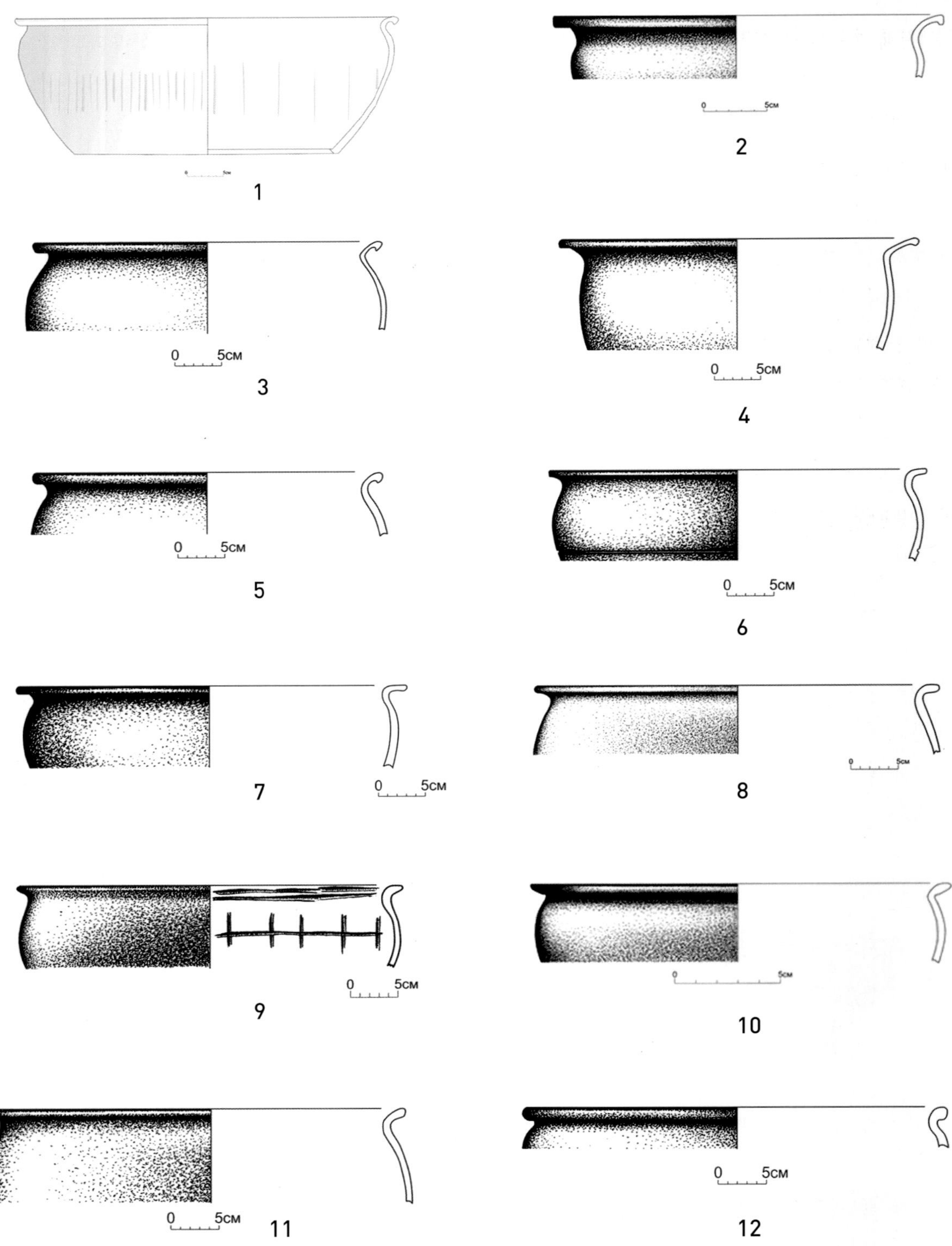

도면 829 | 크라스키노성 출토 중형 동이류 V형식(1~5), VI-1형식(6~8), VI-2형식(9~12): 1-제40구역 제5인공층 베-16방안(2008-도434, 1), 2-제48구역 동쪽섹터 제12인공층 제-29방안(2018-도54, 1), 3-제44구역 제12인공층 엔-21방안(2014-도351, 2), 4-제44구역 제12인공층 엔-20방안(2014-도351, 1), 5-제44구역 제13인공층 엔-21방안(2014-도353, 2), 6-제47구역 3섹터 제7인공층 게-30방안(2014-도560, 1), 7-제53구역 남서쪽섹터 제8인공층 에쓰-4`방안(2018-도832, 1), 8-제47구역 7섹터 제3인공층 게-48방안(2013-도303, 3), 9-제48구역 서쪽섹터 제4인공층 제`-32방안(2012-도213), 10-제50구역 3섹터 제3인공층 붸-1`방안(2015-도913, 1), 11-제49구역 4섹터 제3인공층 엘-40방안(2014-도986, 1), 12-제47구역 2섹터 제8인공층 게-12방안(2015-도391, 3)

Ⅴ형식 중형 동이. 구연의 가장자리가 아래로 약간 꺾여 뾰족해진 하첨구순을 가진 구연이다. 5점이 확인된다. 1점은 전체 기형이 파악된다. 구연이 밖으로 외반한 다음 다시 아래쪽으로 약간 꺾였고 구순이 약간 뾰족하다. 목이 구분되며, 기벽은 약간 사선 방향으로 완만하게 내만 호선을 이룬다. 외면과 내면에 수직 띠 광택무늬가 시문되어 있다. 구경은 41㎝, 경경은 37.8㎝, 동최대경은 39.8㎝, 저경은 27.8㎝, 높이는 15㎝이다. 구경에 비해 높이가 상대적으로 낮은 느낌이다. 속심과 표면이 모두 회색이다(도면 829, 1). 1점은 구연부가 약간 둥그스름하게 외반하다가 구순 부분이 아래로 꺾였다. 목이 잘 구분된다. 구경은 40㎝, 속심과 표면은 회색이다(도면 829, 2).

다른 2점은 구연부가 사선 방향으로 크게 외반하였다가 구순 부분이 아래로 꺾인 것이다. 2점 모두 외면이 수평 띠 광택무늬로 장식되었고, 속심은 주황-갈색, 표면은 갈색이다. 그중의 1점은 목이 미약하게 구분되는데 구경이 40.2㎝이고(도면 829, 3; 830, 1), 다른 1점은 목이 잘 구분되며, 구경은 38.6㎝이다(도면 829, 4; 830, 2). 나머지 1점은 구경이 38㎝이고, 외면이 수평 띠 마연되었으며, 속심은 흑색, 표면은 암회색이다(도면 829, 5).

Ⅵ형식 중형 동이. 짧게 외반하는 구연이 가장자리로 가면서 약간 얇아지는 혹은 안쪽과 거의 비슷한 두께를 가진 것이다. 6점이 확인된다.

Ⅵ-1형식. 구연이 거의 수평방향이다. 3점이 확인된다. 1점은 동체에 1줄의 수평 침선이 돌려져 있다. 구경은

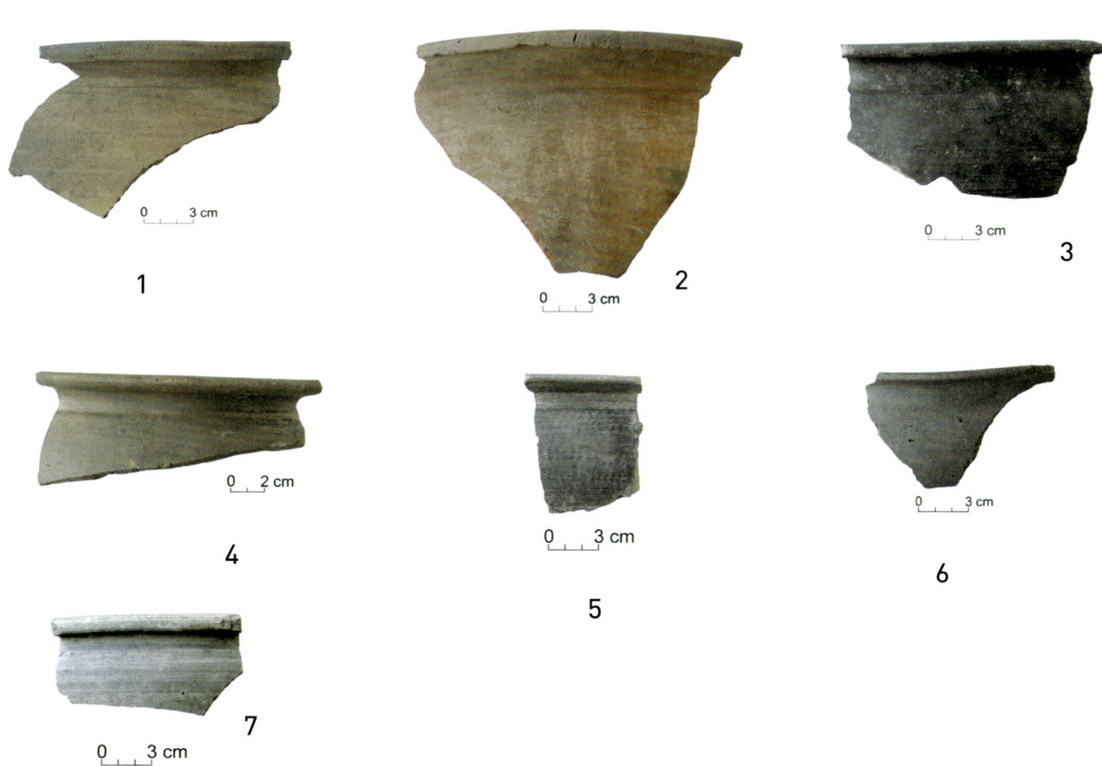

도면 830 | 크라스키노성 출토 중형 동이류 Ⅴ형식(1, 2), Ⅵ-1형식(3, 4), Ⅵ-2형식(5~7): 1-제44구역 제12인공층 엔-21방안(2014-도394), 2-제44구역 제12인공층 엔-20방안(2014-도339), 3-제53구역 남서쪽섹터 제8인공층 에쓰-4`방안(2018-도823), 4-제47구역 7섹터 제3인공층 게-48방안(2013-도305, 1), 5-제50구역 3섹터 제3인공층 퉤-1`방안(2015-도901, 1), 6-제49구역 14섹터 제3인공층 엘-40방안(2014-도969, 2), 7-제47구역 2섹터 제8인공층 게-12방안(2015-도380)

40㎝이고, 외면이 수평 띠 광택무늬로 장식되었다. 속심은 회색, 표면은 암회색이다(도면 829, 6). 다른 1점은 구경이 42.4㎝이며, 외면이 수평 띠 광택무늬로 장식되었다. 속심은 회색, 표면은 흑색이다(도면 829, 7; 830, 3). 나머지 1점은 구경이 42㎝이고, 외면이 수평 띠 마연되었으며, 속심과 표면은 회색이다(도면 829, 8; 830, 4).

Ⅵ-2형식. 구연이 낮은 사선방향이다. 1점은 내면에 수평과 수직 띠 광택무늬가 시문되어있다. 이 토기는 구경이 40.5㎝, 경경이 38.3㎝, 동최대경이 40.5㎝이다(도면 829, 9). 다른 2점은 구경이 모두 41㎝이며, 외면이 수평 띠 광택무늬로 장식되었고, 속심은 회색, 표면은 회색 혹은 흑색이다(도면 829, 10, 11; 830, 5, 6).

Ⅶ형식 중형 동이. 1점이 확인된다. 짧게 외반하는 구연부가 밖으로 말려 도톰해진 대롱구순이다. 어깨가 발달된 것인데 구경이 44㎝이다. 외면이 조밀하게 수평 띠 마연되었다. 속심과 표면은 회색이다(도면 829, 12; 830, 7).

(3) 소형 동이

구경이 25.1 ㎝부터 36.1㎝까지이다. Ⅴ형식과 Ⅷ형식을 제외한 나머지 모든 형식의 구연이 확인된다.

Ⅰ형식 소형 동이. 상첨구순 구연을 가진 소형 동이이다. 구연의 바깥쪽 절반이 거의 수평을 이루는 것과 사선방향인 두 가지 형식이 다 확인된다.

Ⅰ-1형식. 구연의 절반이 거의 수평을 이루는 것이다. 다만 세부 형태는 다양한 차이를 보인다. 1999년에 출토된 1점은 대상파수가 부착되어 있다. 대상파수 높이 위의 어깨 부분은 수평 띠 모양 광택무늬로, 대상파수와 동일 높이 동체는 수직 띠 모양 광택무늬로 각각 장식되었다. 이 동이는 구경이 28.8㎝이다(도면 831, 1).

2006년에 출토된 1점은 구연-동체 윗부분과 저부가 함께 출토되어 전체 기형이 추정 복원되었다. 구경은 36.1㎝, 저경은 18.9㎝이며, 추정 높이는 32.3㎝이다(도면 831, 2). 그런데 동이류 토기의 일반적인 높이를 통해 볼 때에 구경에 비해 높이가 지나치게 높게 복원된 것으로 생각된다.

2006년에 출토된 다른 1점은 어깨 부분에 1줄의 돌대가 돌려져 있다. 목 부분에는 파상의, 어깨 돌대 아랫부분에는 수평 띠 모양 광택무늬가 각각 시무되어 있다. 구경은 32.2㎝이다(도면 831, 3). 2008년에 출토된 1점은 목과 어깨 사이에 얕게 턱이 형성되어 있다. 이 동이는 구경이 34.6㎝, 경경이 30㎝이다(도면 831, 4). 2010년에 출토된 1점은 구순 안쪽에 비교적 넓게 홈-고랑이 형성되어 있다. 이 동이는 구경은 35㎝, 경경은 30.4㎝이며, 외면은 갈색, 속심과 내면은 회색이다. 외면은 수평 띠 모양의 광택무늬로, 내면은 물결모양의 광택무늬로 각각 장식되었다(도면 831, 5). 2017년에 출토된 1점은 어깨 부분에 1줄의 침선이 돌려져 있다. 기벽의 호선으로 보아 고동동이이다. 구경은 28㎝이고, 속심은 오렌지색, 표면은 회색이다. 외면에 수평 띠 모양 광택무늬가 시문되었다(도면 831, 6; 833, 1). 2014년에 출토된 1점은 구순이 2중으로 되어 있다. 이 동이는 구경이 35㎝이고, 속심은 주황-갈색이며, 표면은 회색이다(도면 831, 7; 833, 2).

1996년에 출토된 1점은 어깨선이 밖으로 사선 방향으로 내려가고 있어 호일 수도 있고, 또 약간 깊은 동이일 수

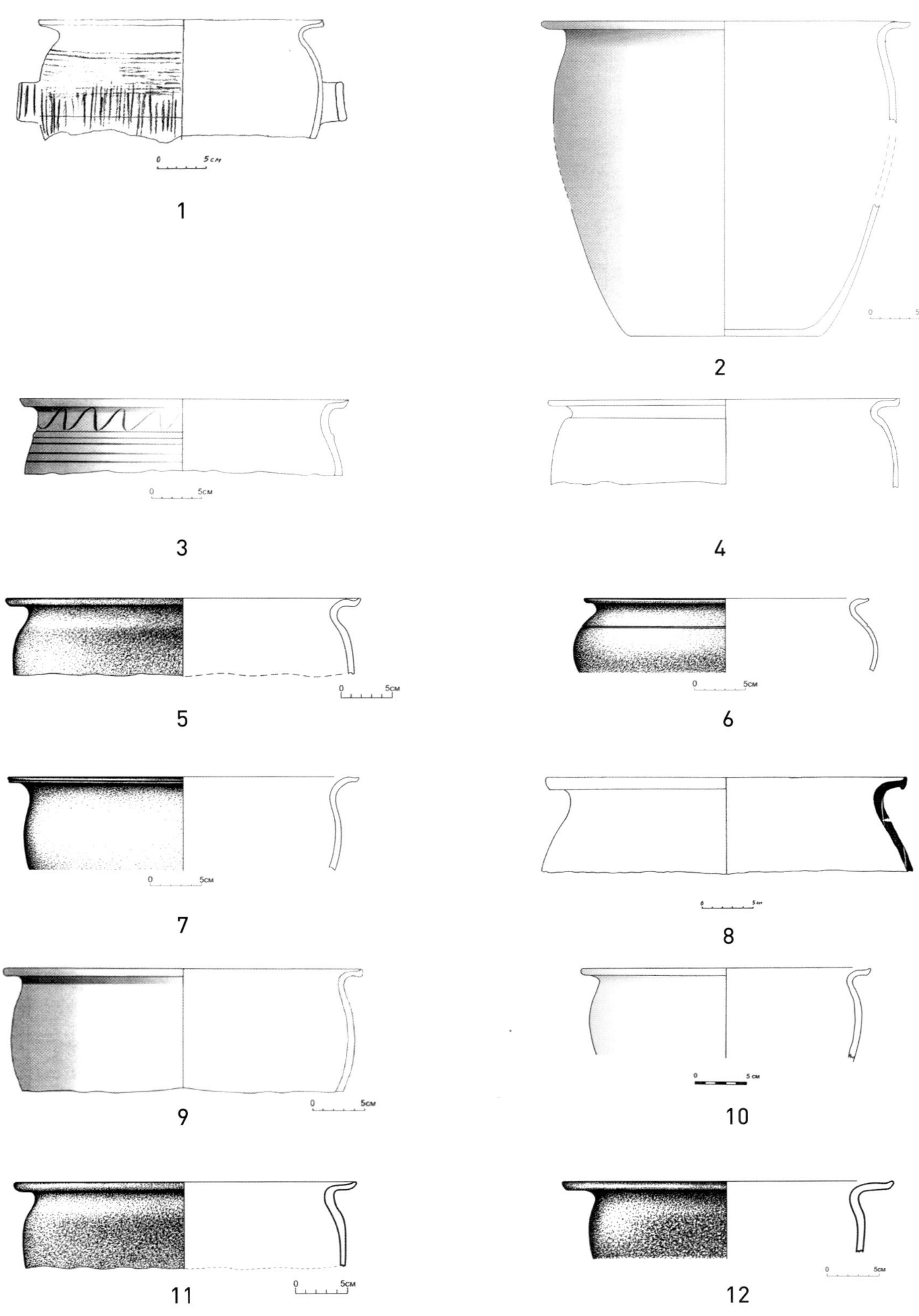

도면 831 | 크라스키노성 출토 소형 동이류 Ⅰ-1형식: 1-제22구역 제3~4인공층(1999-도153-1), 2-제34구역 제5인공층 이-13방안(2006-도204, 2), 3-제34구역 제1인공층 예-3방안(2006-도199, 5), 4-제40구역 제3~4인공층 예-15방안(2008-도452, 3), 5-제45구역 제2인공층 에르-6방안(2010-도349), 6-제53구역 2섹터 제4인공층 줴-1,2방안(2017-도605. 1), 7-제44구역 제11인공층 15호 주거지(2014-도252, 2), 8-제12구역(1996-도64, 2), 9-제34구역 제2인공층 이-3방안(2006-도205), 10-제40구역 1호 수혈 제7인공층 베,붸-15,16방안(2009-도88, 3), 11-제44구역 제3인공층 엘-17방안(2010-도196), 12-제48구역 제2인공층 이-28방안(2011-도386)

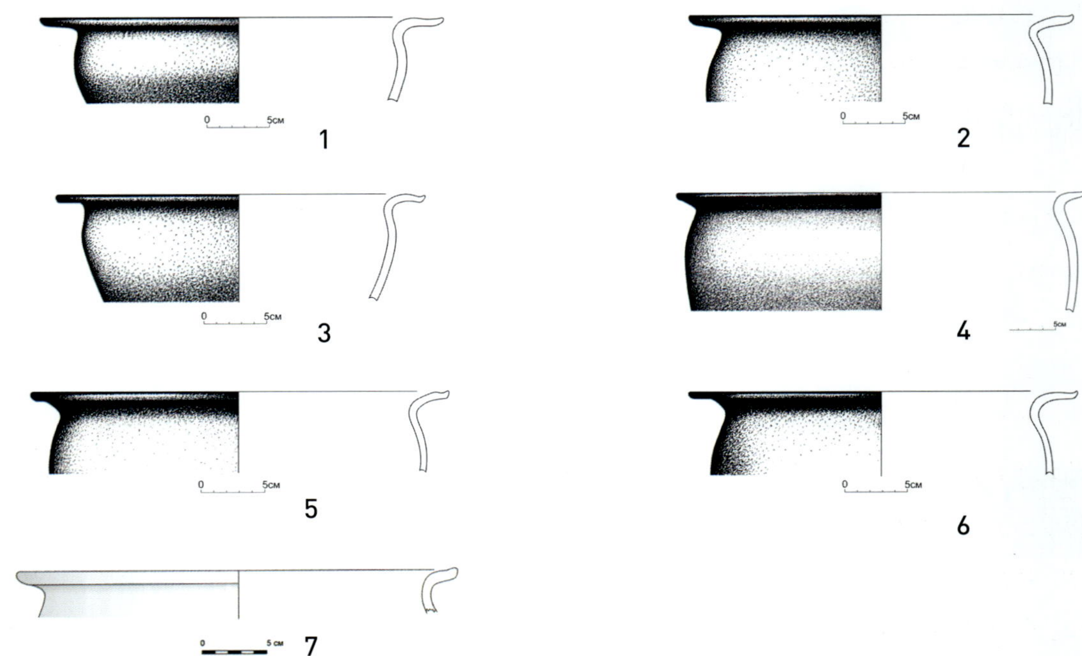

도면 832 | 크라스키노성 출토 소형 동이류 Ⅰ-1형식: 1-제47구역 2섹터 제5인공층 붸-17방안(2015-도299, 1), 2-제47구역 2섹터 제5인공층 붸-17방안(2015-도299, 3), 3-제47구역 6섹터 제4인공층 데-41방안(2015-도562, 1), 4-제50구역 2섹터 제1인공층 야-4`방안(2015-도824, 1), 5-제53구역 남서쪽 섹터 제5인공층 에쓰,떼-1`방안(2018-도761, 3), 6-제53구역 남서쪽섹터 제6인공층 뻬-2`방안(2018-도787, 2), 7-제40구역 제9인공층 데-21방안 (2009-도154, 2)

도면 833 | 크라스키노성 출토 소형 동이류 Ⅰ-1형식: 1-제53구역 2섹터 제4인공층 줴-1,2방안(2017-도595), 2-제44구역 제11인공층 15호 주거지(2014-도245, 1), 3-제44구역 제3인공층 엘-17방안(2010-도194, 4), 4-제47구역 2섹터 제5인공층 붸-17방안(2015-도286), 5-제47구역 2섹터 제5인공층 붸-17방안(2015-도287, 1), 6-제50구역 2섹터 제1인공층 야-4`방안(2015-도808, 4), 7-제53구역 남서쪽섹터 제5인공층 에쓰,떼-1`방안(2018-도755, 1)

도 있을 것이다. 이 토기는 구경이 35㎝, 경경이 30.6㎝이다. 속심은 오렌지색, 표면은 흑색이다(도면 831, 8).

나머지 11점은 크기는 약간씩 차이가 나도 전체적인 특징은 서로 비슷하다(도면 831, 9~12; 832, 1~7; 833, 3~7). 속심과 표면이 회색인 경우가 많고, 대체로 외면에 수평 띠 모양 마연을 하였다.

Ⅰ-2형식. 2008년에 제41구역의 8호 주거지에서 출토된 1점은 구연-동체 윗부분과 저부가 함께 출토되어 전체 기형이 대략적으로 복원되었다(도면 834, 1). 구경은 30㎝, 경경은 24.1㎝, 동최대경은 27.5㎝, 저경은 16.3㎝이며, 높이는 19.7㎝로 추정되었다. 이 동이의 다른 특징에 대해서는 보고된 것이 없다.

2006년에 제33-a구역에서 출토된 1점에는 동최대경 아랫부분에 대상파수가 부착되어 있다. 대상파수 및 이와 동일 높이의 외면에는 수평과 수직 방향의 광택무늬가, 그 위와 아랫부분에는 수평 방향의 광택무늬가 각각 시문되어 있다. 구경은 30.5㎝이다(도면 834, 2; 836, 1). 2015년에 출토된 1점은 동최대경 아랫부분은 수직 방향의, 그 위와 아래는 수평 방향의 띠 모양 광택무늬가 각각 시문되어 있다. 이 동이는 구경이 27㎝이고, 속심은 회색, 내면은 암회색, 외면은 흑색이다(도면 834, 3; 836, 2). 2014년에 출토된 1점은 동최대경 아랫부분이 수직의, 어깨 부분이 수평의 띠 모양 광택무늬로 각각 장식되었다. 이 동이는 구경이 30㎝이고, 속심은 주황-갈색, 표면은 회색이다(도면 834, 4; 836, 3).

2009년에 출토된 동이 1점은 동체 아랫부분에 침선이 1줄 돌려져 있다. 이 동이는 구경이 31.3㎝이다(도면 834, 5; 836, 4). 2016년에 출토된 1점은 구연이 2중으로 되어 있다. 이 동이는 구순이 전체적으로 위로 향하여 다른 것들과는 약간 차이를 보이나 전체적으로는 이 형식에 속한다고 볼 수 있을 것이다. 구경은 32.4㎝, 경경은 29.6㎝, 동최대경은 31.6㎝이다(도면 834, 6).

3점은 구연이 기벽에서 매우 급격하게 밖으로 꺾였고, 그리고 기벽의 호선도 호를 연상시킨다. 하지만 2008년에 제41구역 8호 주거지에서 출토된 복원 동이를 참고할 때에 이 3점도 동이에 속할 가능성이 높다고 생각된다. 2003년에 출토된 것은 기벽과 구연의 각도가 거의 예각인데 구경은 31.9㎝이다(도면 834, 7). 다른 2점은 구경이 각각 29㎝와 33.6㎝이며, 모두 속심과 표면이 회색이다(도면 834, 8, 9; 836, 5, 6).

나머지 12점은 세부 형태와 크기가 약간씩의 차이를 보이나 이 형식에 속한다(도면 834, 10~12; 835, 1~9; 836, 7~11).

Ⅱ형식 소형 동이. 길게 외반하는 구연의 안쪽과 바깥쪽이 동일한 혹은 거의 비슷한 두께를 가지는 것이다. 구연이 수평 방향인 것과 사선 방향인 것이 있다. 13점이 확인된다.

Ⅱ-1형식. 3점이 있다. 1점은 구연부 전체가 거의 수평 방향으로 형성되어 있다. 이 토기는 구경이 31㎝이다. 목이 약하게 구분되며, 기벽이 미약하게 호선을 이룬다(도면 837, 1). 다른 1점은 구연부의 안쪽은 사선 방향이고, 바깥쪽이 수평에 가깝다. 외면에 수평 띠 광택무늬가 시문되어 있다. 구경은 35.1㎝이다(도면 837, 2). 나머지 1점은 어깨가 돌출해 있다. 구연이 동최대경보다 상당히 많이 밖으로 나와 있다. 구경은 29.6㎝이다(도면 837, 3).

Ⅱ-2형식. 11점이 확인된다. 2008년에 출토된 1점은 동체에 1줄의 수평 침선이 돌려져 있다. 목과 구연부가 단

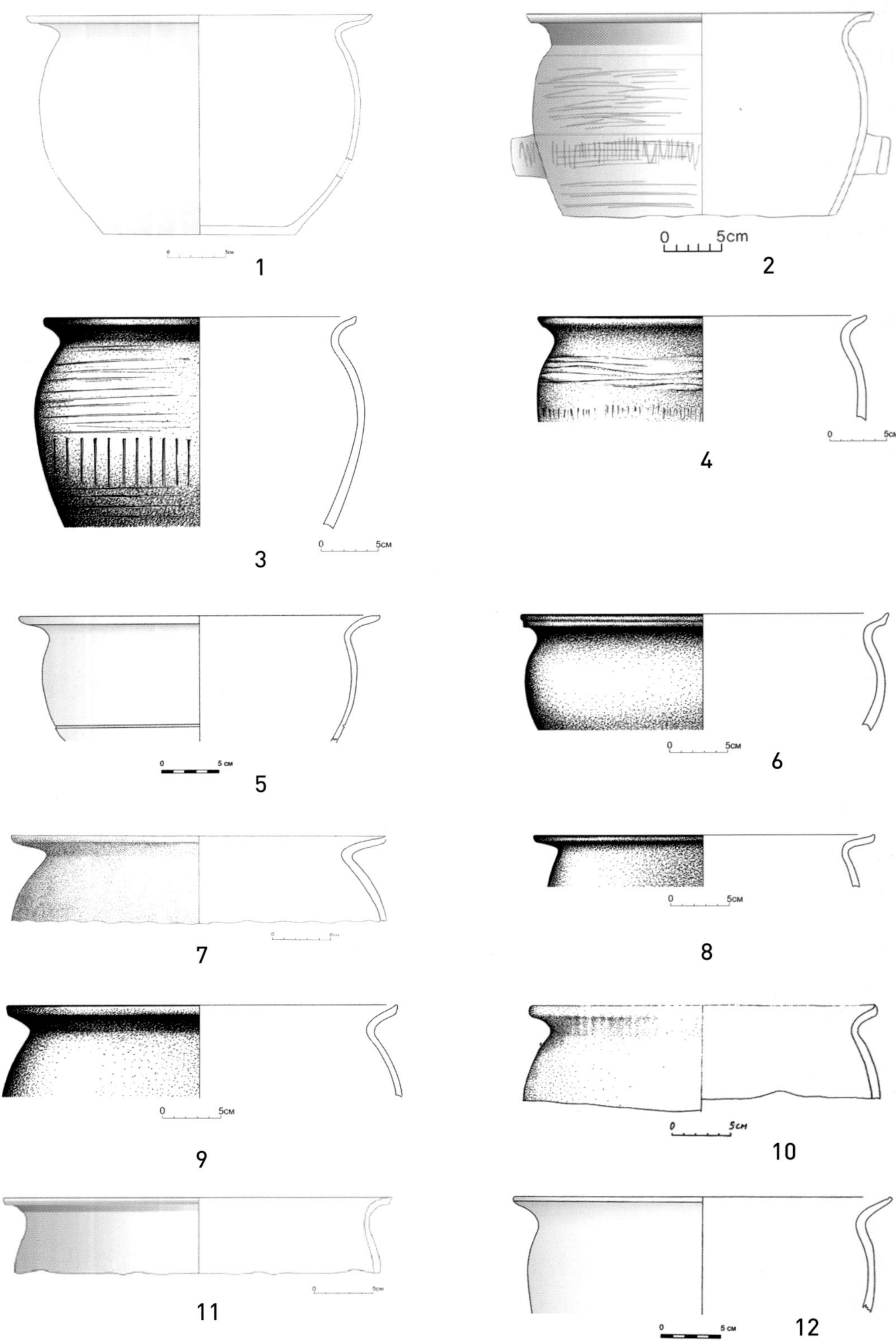

도면 834 | 크라스키노성 출토 소형 동이류 Ⅰ-2형식: 1-제41구역 8호 주거지 까-3,4방안(2008-도443, 1), 2-제33a구역 제6인공층 엠-4방안(2007-도216, 1), 3-제50구역 2섹터 제4인공층 에-5`방안(2015-도977, 1), 4-제47구역 3섹터 제13인공층 아-30방안(2014-도702, 1), 5-제40구역 9호 주거지 예-15방안(2009-도157, 3), 6-제48구역 동쪽섹터 제11인공층 4호 수혈(2016-도365, 1), 7-제31구역 제2인공층 제-8방안(2003-도131), 8-제49구역 2~4섹터 제2인공층 뻬-39방안(2014-도885, 1), 9-제50구역 1섹터 제4인공층 1호 수혈(2015-도795, 2), 10-제21구역 제3인공층(1999-도148, 1), 11-제34구역 제7인공층 베`-10방안(2007-도220, 3), 12-제40구역 제8인공층 볘-18방안(2009-도254, 3)

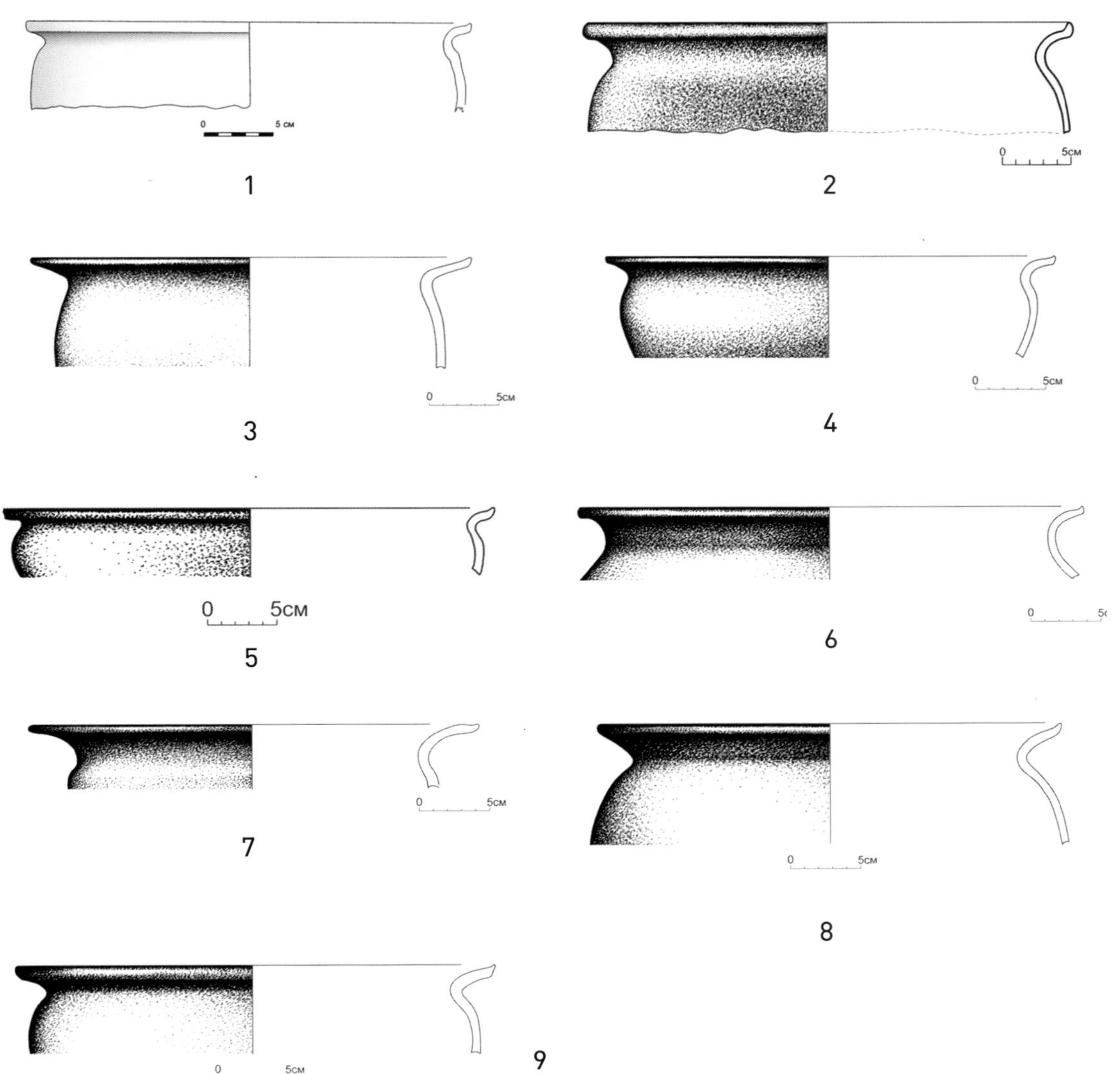

도면 835 | 크라스키노성 출토 소형 동이류 Ⅰ-2형식: 1-제42구역 제4인공층 게-2방안(2009-도752, 6), 2-제44구역 제3인공층 엠-28방안(2010-도195), 3-제44구역 제8인공층 엘-22방안(2014-도125, 2), 4-제47구역 3섹터 제10인공층 붸-22방안(2014-도635, 1), 5-제49구역 2섹터 제2인공층 예-37방안(2014-도883, 6), 6-제47구역 2섹터 제8인공층 아-12방안(2015-도391, 2), 7-제47구역 2섹터 제12인공층 베-16방안(2015-도531, 1), 8-제50구역 1섹터 제3인공층 1호 수혈(2015-도724, 5), 9-제53구역 중앙섹터 제6인공층 붸-1방안(2018-도742, 3)

면 'C'자 모양이다. 이 토기는 구경이 36㎝, 경경이 32.2㎝, 동최대경이 35㎝이다(도면 837, 4). 1점은 구경이 30㎝이고, 속심이 주황-갈색, 표면이 갈색이다(도면 837, 5; 838, 1). 다른 1점은 구경이 35.2㎝이고, 속심과 표면이 모두 회색이다. 표면에 수평 띠 광택무늬가 시문되어 있다(도면 837, 6). 1점은 구경이 35.4㎝이다(도면 837, 7).

3점은 구연부가 호선을 이루며 외반하였고, 동체가 구연보다 조금 더 밖으로 나가 위치한다. 고동동이로 생각된다. 1점은 구경이 27㎝이고, 속심과 표면이 회색이다(도면 837, 8; 838, 2). 다른 1점은 구경이 32㎝이다. 외면은 수평 띠 마연되었다. 속심은 회색, 표면은 암회색이다(도면 837, 9; 838, 3). 1점은 어깨에 턱이 형성되어 있다(도면 837, 10; 838, 4).

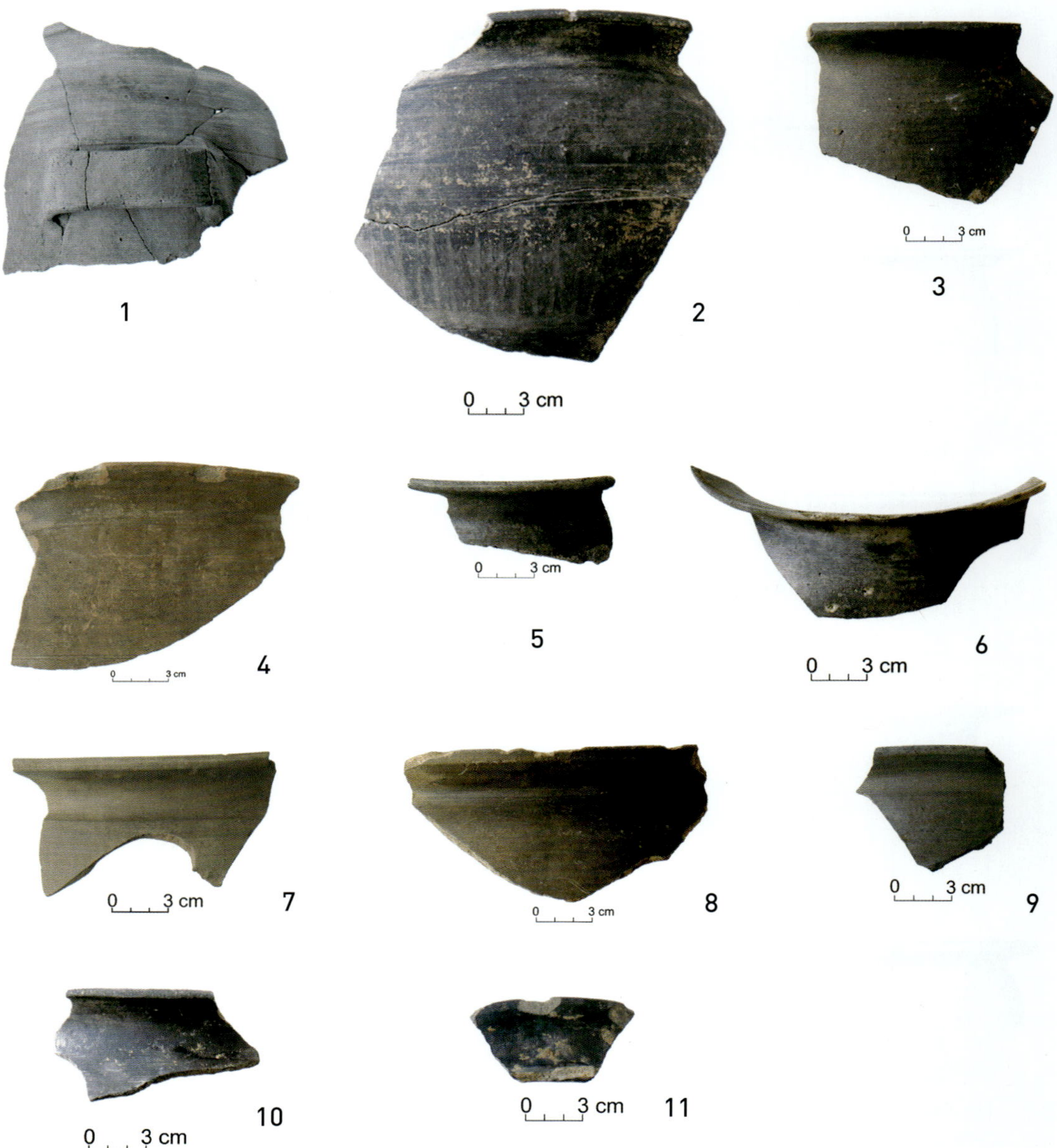

도면 836 | 크라스키노성 출토 소형 동이류 Ⅰ-2형식: 1-제33a구역 제6인공층 엠-4방안(2007-도208), 2-제50구역 2섹터 제4인공층 에-5`방안(2015-도948), 3-제47구역 3섹터 제13인공층 아-30방안(2014-도692), 4-제40구역 9호 주거지 예-15방안(2009-도143), 5-제49구역 2~4섹터 제2인공층 뻬-39방안(2014-도859, 1), 6-제50구역 1섹터 제4인공층 1호 수혈(2015-도776), 7-제44구역 제3인공층 엠-28방안(2010-도194, 1), 8-제44구역 제8인공층 엘-22방안(2014-도111, 2), 9-제47구역 3섹터 제10인공층 뤠-22방안(2014-도626, 1), 10-제47구역 2섹터 제8인공층 아-12방안(2015-도382), 11-제47구역 2섹터 제12인공층 베-16방안(2015-도520, 2)

4점은 구연부가 곧게 거의 사선 방향으로 외반하였다. 그중의 1점에는 동최대경 부분이 수직 띠 광택무늬로 장식되었다. 이 토기는 구경이 30.6㎝, 경경이 25.2㎝, 동최대경이 29㎝이다(도면 837, 11). 다른 1점은 구경이 32.4㎝이다(도면 837, 12). 1점은 구경이 35㎝이고, 외면이 수평 띠 마연되었다(도면 837, 13; 838, 5). 1점은 구경이 36㎝이고, 외면이 수평 띠 마연되었으며, 속심과 표면이 회색이다(도면 837, 14; 838, 6). 나머지 1점은 어깨 부분에 2줄, 1줄, 1줄의 수평 침선이 일정 간격으로 배치되어 있다. 구경은 30.1㎝이다(도면 837, 15).

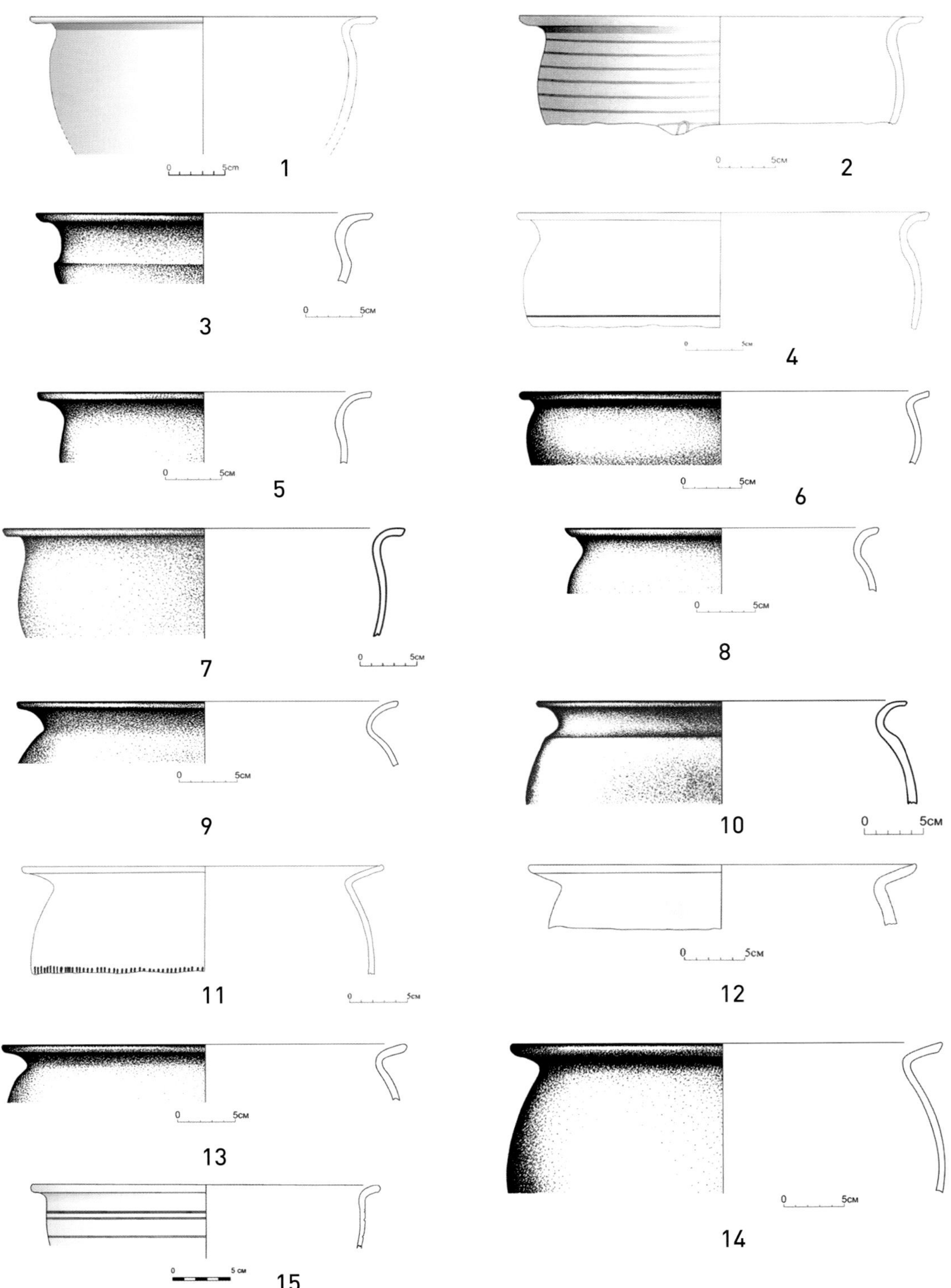

도면 837 | 크라스키노성 출토 소형 동이류 II-1형식(1~3)과 II-2형식(4~15): 1-제34구역 제8인공층 뤠-13방안(2007-도223, 1), 2-제34구역 제5인공층 데-3방안(2006-도204, 3), 3-제44구역 제10인공층 예-25방안(2014-도183, 5), 4-제41구역 제2~3인공층 엠-4방안(2008-도436, 1), 5-제44구역 제9인공층 뤠`-23방안(2014-도177, 1), 6-제53구역 남동쪽섹터 제3인공층 뤠,게-10,11방안(2018-도628, 1), 7-제45구역 서쪽섹터 제6인공층 까-5방안(2011-도247), 8-제44구역 제10인공층 아`-24방안(2014-도180, 3), 9-제47구역 3섹터 제8인공층 베-30방안(2014-도590, 3), 10-제44구역 서쪽섹터 제5인공층 뤠`-24방안(2012-도164, 4), 11-제41구역 8호 주거지와 주변 이,까-4방안(2008-도441, 2), 12-제41구역 제4인공층 8호 주거지 이,까-3방안(2008-도439, 3), 13-제53구역 2섹터 제4인공층 줴-2,1방안(2017-도604, 4), 14-제53구역 서북쪽섹터 제3인공층 뤠-10`방안(2018-도540, 2), 15-제40구역 13호 주거지 아`,아-20방안(2009-도487, 3)

도면 838 | 크라스키노성 출토 소형 동이류 II-2형식: 1-제44구역 제9인공층 붸`-23방안(2014-도143, 1), 2-제44구역 제10인공층 아`-24방안(2014-도150, 2), 3-제47구역 3섹터 제8인공층 베-30방안(2014-도574, 1), 4-제44구역 서쪽섹터 제5인공층 붸`-24방안(2012-도168, 3), 5-제53구역 2섹터 제4인공층 줴-2,1방안(2017-도593), 6-제53구역 서북쪽섹터 제3인공층 붸-10`방안(2018-도534), 7-제40구역 13호 주거지 아`,아-20방안(2009-도472)

Ⅲ형식 소형 동이. 구연이 약간 볼록한 것이다. 8점이 확인된다.

Ⅲ-1형식. 구연부의 바깥쪽 절반 정도가 거의 수평 방향이다. 2점이 확인되는데 모두 약간 오목하게 들어간 목이 구분된다. 1점은 외면이 수평 띠 광택무늬로 장식되었다. 이 토기는 구경이 34㎝이고, 속심은 회색, 표면은 암회색이다(도면 839, 1; 840, 1). 다른 1점은 구경이 32.2㎝이다(도면 839, 2).

Ⅲ-2형식. 1점은 저부와 함께 발견되어 기형의 거의 복원된다. 목이 약간 오목하게 들어가 있고, 목과 어깨 사이에 턱이 형성되어 있으며, 동최대경 아랫부분에 2중의 침선이 돌려져 있다. 이 토기는 구경이 30.6㎝, 저경이 23.8㎝, 추정 높이는 18.8㎝이다(도면 839, 3).

다른 1점은 구연부가 비교적 길에 형성되어 있다. 구연의 가장자리 부분이 약간 도톰하다. 목과 동최대경 아랫부분에 수직의 띠 광택무늬가 시문되었다. 그 사이에는 수평 방향으로 마연을 한 흔적이 남아 있다. 구경은 28㎝이고, 속심과 표면이 모두 회색이다(도면 839, 4; 840, 2). 다른 1점은 동최대경 아래에 침선이 1줄 돌려져 있고, 그 아래에 수직의 띠 광택무늬가 시문되어 있다. 기면을 대체로 수평 마연하였다. 구경은 30.6㎝이다(도면 839, 5).

다른 1점은 목과 어깨 사이에 가볍게 턱이 형성되어 있어 목이 조금 오목하게 들어간 느낌을 준다. 동최대경 아

도면 839 | 크라스키노성 출토 소형 동이류 III-1형식(1, 2)과 III-2형식(3~11): 1-제44구역 동쪽섹터 제7인공층 엔-21방안(2013-도128), 2-제44구역 동쪽섹터 제5인공층 엔-20방안(2012-도125), 3-제34구역 제10인공층 붸-게-14~15방안(2007-도229, 1), 4-제50구역 1섹터 3호 수혈(2015-도740, 3), 5-제44구역 동쪽섹터 제7인공층 엔-21방안(2013-도65, 3), 6-제48구역 동쪽섹터(2011-도341), 7-제31구역 와실유구(2004-도185, 3), 8-제21구역 제4인공층(1999-도150, 12), 9-제53구역 남서쪽섹터 제5인공층 뻬,에르-2-4방안(2018-도761, 1), 10-제53구역 남서쪽섹터 제4인공층 에쓰-4`방안(2018-도708, 1), 11-제53구역 남서쪽섹터 제8인공층 뻬-1방안(2018-도832, 5)

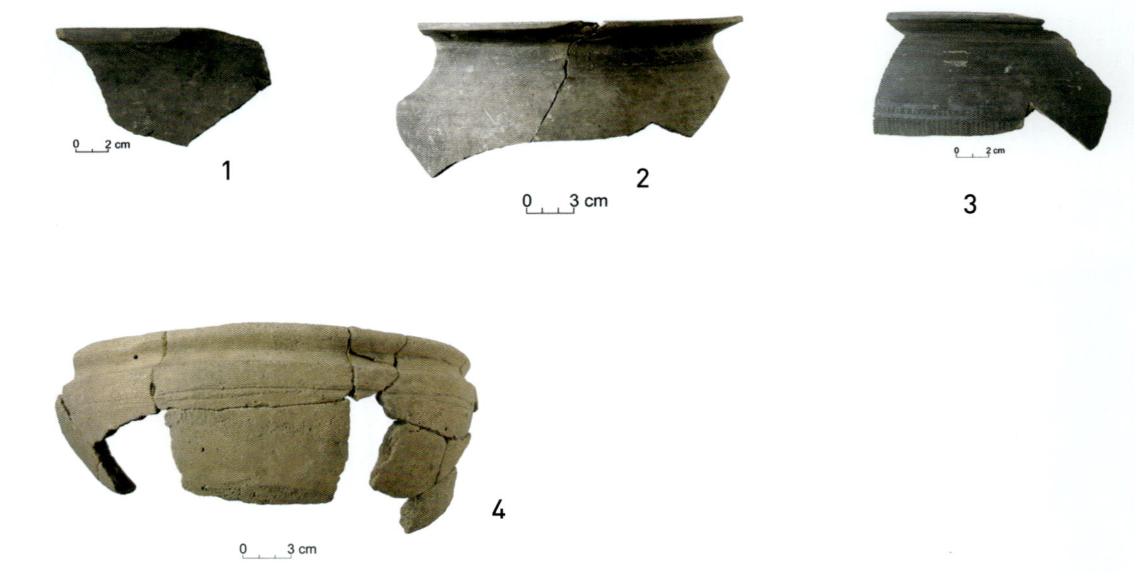

도면 840 | 크라스키노성 출토 소형 동이류 III-1형식(1)과 III-2형식(2~4): 1-제44구역 출토 동쪽섹터 제7인공층 엔-21방안(2013-도126, 3), 2-제50구역 1섹터 3호 수혈(2015-도750), 3-제48구역 동쪽섹터(2011-도341, 1), 4-제53구역 남서쪽섹터 제5인공층 뻬,에르-2-4방안(2018-도753)

래에 수평 방향으로 그리고 또 수직 방향으로 띠 광택무늬가 시문되어 있다. 이 토기는 크기가 구경 29.3㎝, 경경 27.1㎝, 동최대경 28.5㎝이다(도면 839, 6; 840, 3).

높이가 낮은 1점은 전체 기형이 확인된다. 구연부는 외반하였고, 목과 어깨 부분에 가볍게 융기대가 형성되어 있다. 기벽의 호선이 비교적 강한 편이다. 구경은 27.3㎝, 저경은 17.3㎝, 높이는 9.8㎝이다(도면 839, 7). 구연부와 어깨의 융기대가 이와 비슷한 것이 1점 더 있는데 구경이 29.6㎝이다(도면 839, 8). 다른 1점도 전체 기형이 거의 확인된다. 동최대경인 어깨와 구순 사이가 약간 오목하게 목을 이루고 있다. 구경은 32㎝, 저경은 21.4㎝, 높이는 12㎝이다. 속심과 표면이 모두 오렌지-갈색이다. 어깨 부분에 2줄의 침선이 돌려져 있다(도면 839, 9; 840, 4).

그 외에 이 형식에 속하는 토기가 2점 더 있다(도면 839, 10, 11). 2점 모두 속심은 회색, 표면은 회색 혹은 암회색이다.

Ⅳ형식 소형 동이. 구연의 가장자리 아래쪽이 동글-삼각형 모양으로 볼록해진 것이다. 몇 점은 동글-삼각형이 매우 약하게 표현되었다. 모두 8점이 확인된다.

Ⅳ-1형식. 1점이 있다. 목부터 시작하여 둥글게 호선을 이루며 외반한 구연부를 가진다. 구순 아래의 동글-삼각형이 매우 전형적이다. 구경은 28㎝이고, 속심은 회색, 표면은 흑색이다(도면 841, 1; 842, 1).

Ⅳ-2형식. 3점이 기형이 확인되고, 다른 1점은 기형이 거의 확인된다. 기형이 확인되는 2점은 구연이 사선 방향으로 곧장 밖으로 뻗었으며, 구순의 아래쪽이 동글-삼각형을 이룬다. 그중의 1점은 구경이 27.4㎝, 높이가 9.9㎝, 저경이 17.3㎝로서 상대적으로 낮아 보인다. 속심은 회색, 표면은 암회색이다(도면 841, 2; 842, 2). 그중의 다른 1점

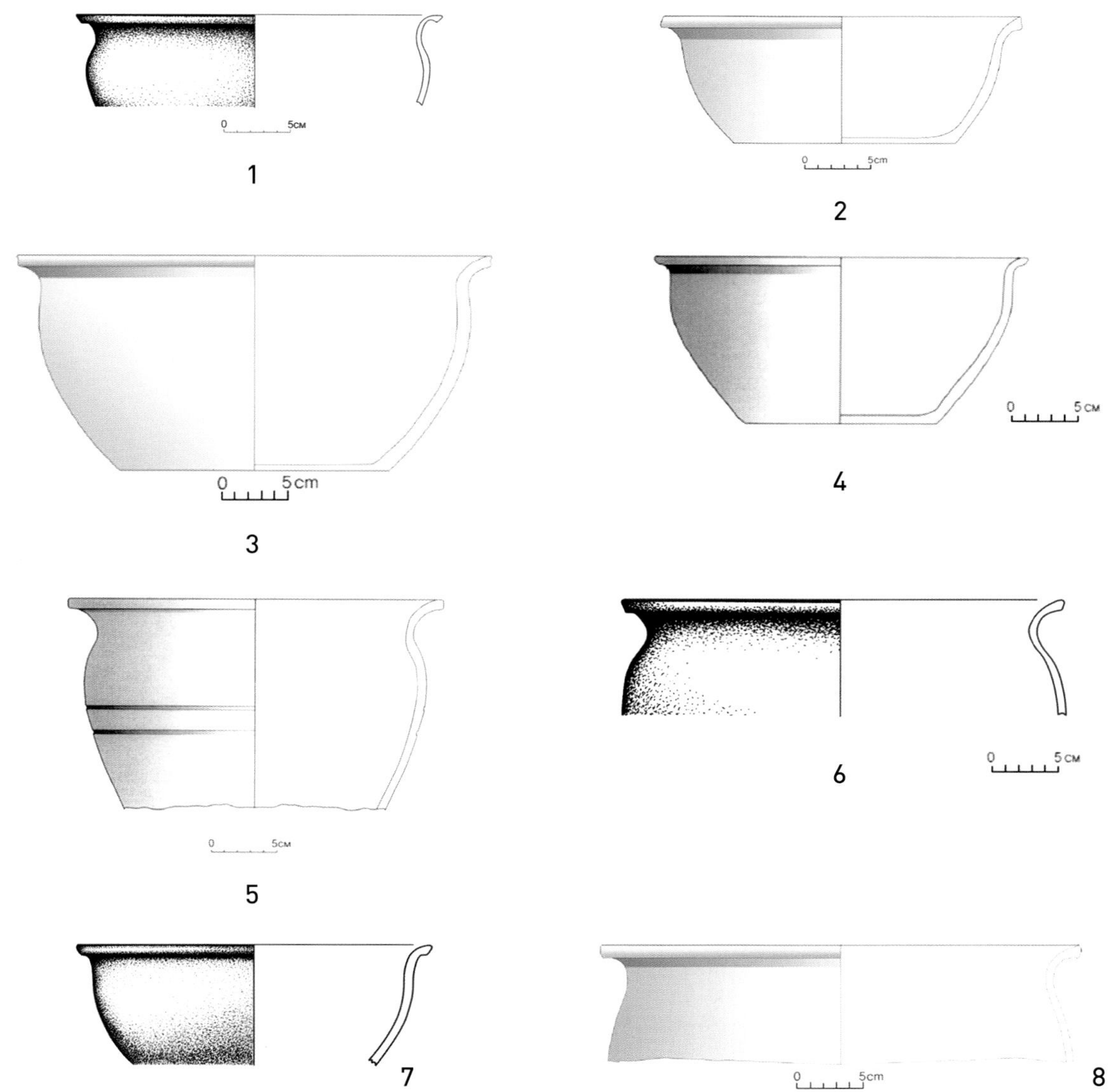

도면 841 | 크라스키노성 출토 소형 동이류 IV-1형식(1)과 IV-2형식(2~8): 1-제44구역 제7인공층 베`-17방안(2014-도90, 3), 2-제34구역 제10인공층 데-3방안(2007-도231, 1), 3-제34구역 제12~13인공층 6호 주거지 아-4방안(2007-도249, 4), 4-제34구역 제5인공층 이-7방안(2006-도205, 2), 5-제34구역 제3인공층 예-11방안(2006-도202, 2), 6-제44구역 제12인공층 베`-20방안(2014-도351, 3), 7-제44구역 동쪽섹터 제5인공층 이-21방안(2012-도164, 5), 8-제37구역 제2인공층 예-1~3방안(2007-도238, 1)

은 구경이 35.8㎝, 높이가 17.1㎝, 저경 20㎝이다. 속심과 내면은 갈색, 외면은 흑색이다(도면 841, 3).

기형이 남아 있는 다른 1점은 구연이 아래쪽으로 약간 볼록한 것이 미약하게 표현되어 있다. 기벽이 거의 사선 방향으로 약하게 호선을 이룬다. 구경이 27.8㎝이다(도면 841, 4). 1점은 기형의 거의 확인되는 것인데 구경에 비해 높이가 약간 높은 느낌을 준다. 동체에 2줄의 수평 침선이 돌려져 있다. 구경이 27.8㎝이다(도면 841, 5).

1점은 기벽이 거의 수직인 것이 남아 있는데 구경은 34㎝이다. 속심은 주황-갈색이고, 표면은 흑색이다. 외면에 수평 띠 광택무늬가 시문되었다(도면 841, 6). 1점은 기벽의 호선이 아랫부분이 안쪽으로 크게 들어왔고 또 목이 매우 미약하게 구분된다. 이 토기는 구경이 27㎝이다(도면 841, 7). 나머지 1점은 구경이 36㎝이다(도면 841, 8).

도면 842 | 크라스키노성 출토 소형 동이류 IV-1형식(1)과 IV-2형식(2~8): 1-제44구역 제7인공층 베`-17방안(2014-도85, 2), 2-제34구역 제10인공층 데-3방안 (2007-도150)

VI형식 소형 동이. 3가지 하위 단위 형식이 확인된다.

VI-1형식. 1점이 확인된다. 구연부 대부분이 수평을 이루고 기벽이 어깨 부분부터 거의 수직이다. 이 토기는 구경이 28㎝이고, 외면이 수평 띠 마연되어 있다. 속심은 회색, 표면은 흑색이다(도면 843, 1).

VI-2형식. 6점이 확인된다. 1점은 구연부 안쪽 절반은 사선 방향이고, 바깥쪽 절반이 거의 수평을 이룬다. 이 토기는 구경이 27㎝이다. 외면이 수평 띠 마연되어 있고, 속심과 표면이 모두 회색이다(도면 843, 2; 844, 1). 다른 1점은 내면과 외면에 수평 띠 마연의 흔적이 남아 있다. 이 토기는 구경이 32.2㎝이다. 속심은 회갈색, 표면은 암회색이다(도면 843, 3; 844, 2). 1점에는 외면의 수평 띠 광택무늬가 잘 남아 있다. 이 토기는 구경이 28.3㎝이다(도면 843, 4).

2점은 전체적인 형태와 세부 특징이 서로 거의 비슷하다. 모두 약간 사선 방향의 내만 호선 기벽과 오옥하게 들어간 목 그리고 밖으로 외반한 사선 방향의 구연부를 가진다. 단면이 위가 좁고 아래가 넓은 소위 S자 모양이다. 대부분의 경우 외면에 수평 띠 마연이 되어 있다(도면 843, 5, 6; 844, 3, 4).

나머지 1점은 구연부가 목에서 매우 급격하게 밖으로 꺾였고, 목이 측면에서 볼 때에 옆으로 누운 V자 모양이다. 구경이 27㎝이고, 외면에 수평 띠 마연이 되어 있으며, 속심은 회갈색, 표면은 암회색이다(도면 843, 7; 844, 5).

VI-3형식. 1점이 확인되었는데 기형이 어느 정도 파악이 된다. 이 토기는 약한 사선 방향으로 기벽이 내만 호선을 이루고 있고 목이 오목하게 들어가 있으면서 구연이 외반한다. 동체의 가운데 부분에 호선 모양의 광택무늬가 문양대를 이루면서 시문되어 있다. 그 위와 아래는 수평 마연되었다. 구경은 27.6㎝이고, 추정 높이는 12.2㎝이다(도면 843, 8).

VII형식 소형 동이. 2점이 확인된다. 짧게 외반하는 구연부가 밖으로 말려 도톰하다. 2점 모두 동최대경이 구경보다 조금 더 크다. 1점은 구경이 36㎝이고, 외면이 수평 띠 마연되었다. 속심은 회색, 표면은 암회색이다(도면 843, 9; 844, 6). 다른 1점은 구경이 36㎝이며, 외면이 수평 띠 마연되었고, 속심은 암주황-갈색, 표면은 흑색이다(도면 843, 10).

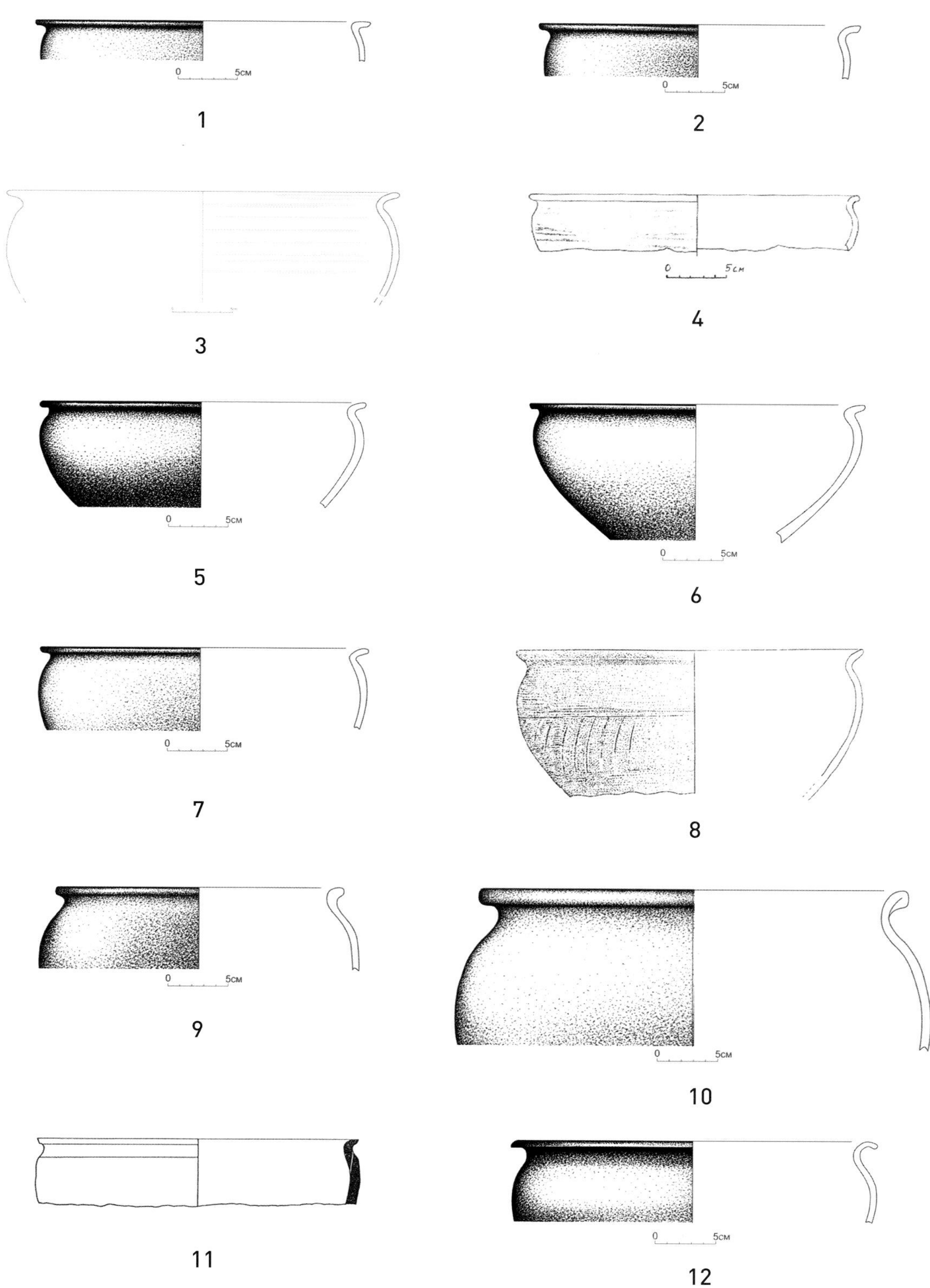

도면 843 | 크라스키노성 출토 소형 동이류 VI-1형식(1), VI-2형식(2~7), VI-3형식(8), VII형식(9~11), 기타 형식(12): 1-제49구역 2섹터 제2인공층 이-37방안(2014-도885, 2), 2-제49구역 3섹터 제2인공층 엘-30방안(2014-도885, 3), 3-제44구역 동쪽섹터 제7인공층 엔-21방안(2013-도119), 4-제22구역 제3인공층(1999-도151, 12), 5-제47구역 2섹터 제7인공층 베-18방안(2015-도355, 3), 6-제50구역 1섹터 제4인공층 3호 수혈(2015-도756, 1), 7-제49구역 2섹터 제3인공층 줴-34, 제-32방안(2014-도987, 1), 8-제31구역 와실유구(2003-도146), 9-제49구역 2섹터 제2인공층 줴-39방안(2014-도884, 6), 10-제49구역 4섹터 제3인공층 오-37방안(2014-도986, 4), 11-제12구역(1996-도66, 3), 12-제50구역 1섹터 제2인공층 치-3`방안(2015-도691, 2)

도면 844 | 크라스키노성 출토 소형 동이류 VI-2형식(1~5)과 VII형식(6): 1-제49구역 3섹터 제2인공층 엘-30방안(2014-도856, 1), 2-제44구역 동쪽섹터 제7인공층 엔-21방안(2013-도118), 3-제47구역 2섹터 제7인공층 베-18방안(2015-도345, 1), 4-제50구역 1섹터 제4인공층 3호 수혈(2015-도751), 5-제49구역 2섹터 제3인공층 쥐-34, 제-32방안(2014-도954, 3), 6-제49구역 2섹터 제2인공층 쥐-39방안(2014-도843, 1)

Ⅷ형식 소형 동이. 매우 짧게 외반하는 구연부가 구순 자체인 것으로서 단면이 긴 삼각형 모양이다. 1점이 있다. 목과 어깨의 경계에 턱이 형성되어 있다. 구경은 26.4㎝이다(도면 843, 11).

기타 형식 소형 동이. 1점이 있다. 외반하는 구연부의 끝부분이 상변과 하변이 평행을 이루면서 갈고리처럼 밖으로 굽어진 것이다. 이 토기는 구경이 30㎝이다. 속심과 표면은 회색이고, 외면은 수평 띠 마연되었다(도면 843, 12).

(4) 동이-발

형태가 동이 혹은 발과 유사하다. 동이와 발의 중간 크기에 해당하며, 구경이 17㎝부터 26.4㎝까지이다. Ⅰ형식부터 Ⅵ형식까지 모든 형식의 구연이 확인된다.

Ⅰ형식 동이-발. 상첨구순 구연을 가진 것이다. 구연의 바깥쪽 절반이 거의 수평을 이루는 것과 사선 방향인 두 가지 형식이 다 확인된다.

Ⅰ-1형식. 크게 외반하는 구연의 바깥쪽 절반이 수평 혹은 거의 수평에 가까운 것이다. 2009년에 제40구역 1호 구덩이에서 출토된 1점은 저부를 제외하고 기형이 거의 파악된다. 사선 방향으로 내만 호선을 이루는 기벽과 안

쪽으로 크게 만곡하는 목 그리고 바깥쪽으로 크게 꺾이는 구연이 있다. 구경은 17.9㎝이다. 동체 상부는 수평의 띠 모양 광택무늬로, 하부는 수직의 띠 모양 광택무늬로 각각 장식되었다(도면 845, 1; 846, 1).

2011년에 제45구역 남쪽섹터에서 출토된 1점도 저부를 제외하고 기형이 거의 파악된다. 목 부분이 수직의 띠 모양 광택무늬로 장식되어 있다. 구경은 19㎝, 경경은 16㎝, 동최대경은 17.2㎝이다(도면 845, 2; 846, 2). 2018년에 출토된 1점은 외면에 수평 띠 광택무늬, 내면에 망상 띠 모양 광택무늬가 각각 시문되어 있다. 이 동이-발은 구경이 25㎝이고, 속심은 회색, 표면은 흑색이다(도면 845, 3; 846, 3). 2017년에 출토된 1점이 고동동이에 해당하는 것으로 생각된다. 이 토기는 구경이 24㎝, 속심과 표면은 모두 회색이다. 외면이 수평 띠 모양 광택무늬로 장식되었다(도면 845, 4; 846, 4).

그 외에도 이 형식에 속하는 동이-발이 2점 더 확인된다(도면 845, 5, 6; 846, 5).

Ⅰ-2형식. 6점이 확인된다. 크게 외반하는 구연의 바깥쪽 절반이 사선 혹은 거의 사선 방향으로 형성되어 있는 것이다. 2점은 전체 기형이 남아 있다. 1점은 높이가 상대적으로 낮은 것인데 구경이 21.2㎝, 저경이 14.6㎝, 높이가 6.8㎝이다(도면 845, 7). 다른 1점은 상대적으로 높은 것인데 구경이 18㎝, 동최대경이 17.8㎝, 저경이 8㎝, 높이가 10.2㎝이다(도면 845, 8).

2017년에 출토된 1점은 어깨 아랫부분에 침선이 1줄 돌려져 있고, 그 위는 수평의 그 아래는 수직의 띠 모양 광택무늬로 각각 장식되었다. 이 토기는 구경이 22.4㎝, 동최대경이 22.2㎝이며, 속심과 표면이 모두 회색이다(도면 845, 9; 846, 6). 1996년에 출토된 1점은 목 부분이 사선 방향의 광택무늬로 장식되어 있다. 이 토기는 구경이 26.2㎝, 경경이 24.2㎝, 동최대경이 26.6㎝이다(도면 845, 10). 1점은 구경이 23.8㎝, 동최대경이 23.4㎝이다(도면 845, 11). 2014년에 출토된 1점은 목이 매우 넓게 형성되어 있다. 이 토기는 구경이 24㎝이다. 속심은 주황-갈색이고, 표면은 흑색이다(도면 845, 12; 846, 7).

Ⅰ-3형식. 2010년에 출토된 1점은 구순이 2중으로 되어있다. 어깨 부분에 十자 모양의 기호가 새겨져 있다. 구경은 21㎝, 경경은 18.8㎝, 동최대경은 20.6㎝이다. 속심은 회색, 외면은 흑색이다(도면 845, 13).

Ⅱ형식 동이-발. 길게 외반하는 구연의 안쪽과 바깥쪽이 동일한 혹은 거의 비슷한 두께를 가지는 것이다. 6점이 확인된다.

Ⅱ-1형식. 3점이 있다. 그중의 1점은 구연의 바깥쪽 부분이 거의 수평이다. 목이 오목하게 형성되어 있고, 어깨가 비교적 발달하였다. 구경은 22㎝이고, 외면이 수평 띠 광택무늬로 장식되었다. 속심은 회색, 표면은 흑색이다(도면 847, 1; 849, 1). 다른 1점은 구연부가 모두 거의 수평이다. 구경은 24㎝이고, 속심과 표면이 모두 흑색이다. 외면에 수평 띠 마연이 되어 있다(도면 847, 2). 나머지 1점은 크게 외반하는 구연부를 가지다. 구경은 24㎝이고, 속심은 오렌지-갈색, 표면은 흑색이다(도면 847, 3; 849, 2).

Ⅱ-2형식. 4점이 있다. 구연이 수평에 가까운 사선 방향으로 나있다. 3점은 형태가 거의 비슷한데 목이 오목하

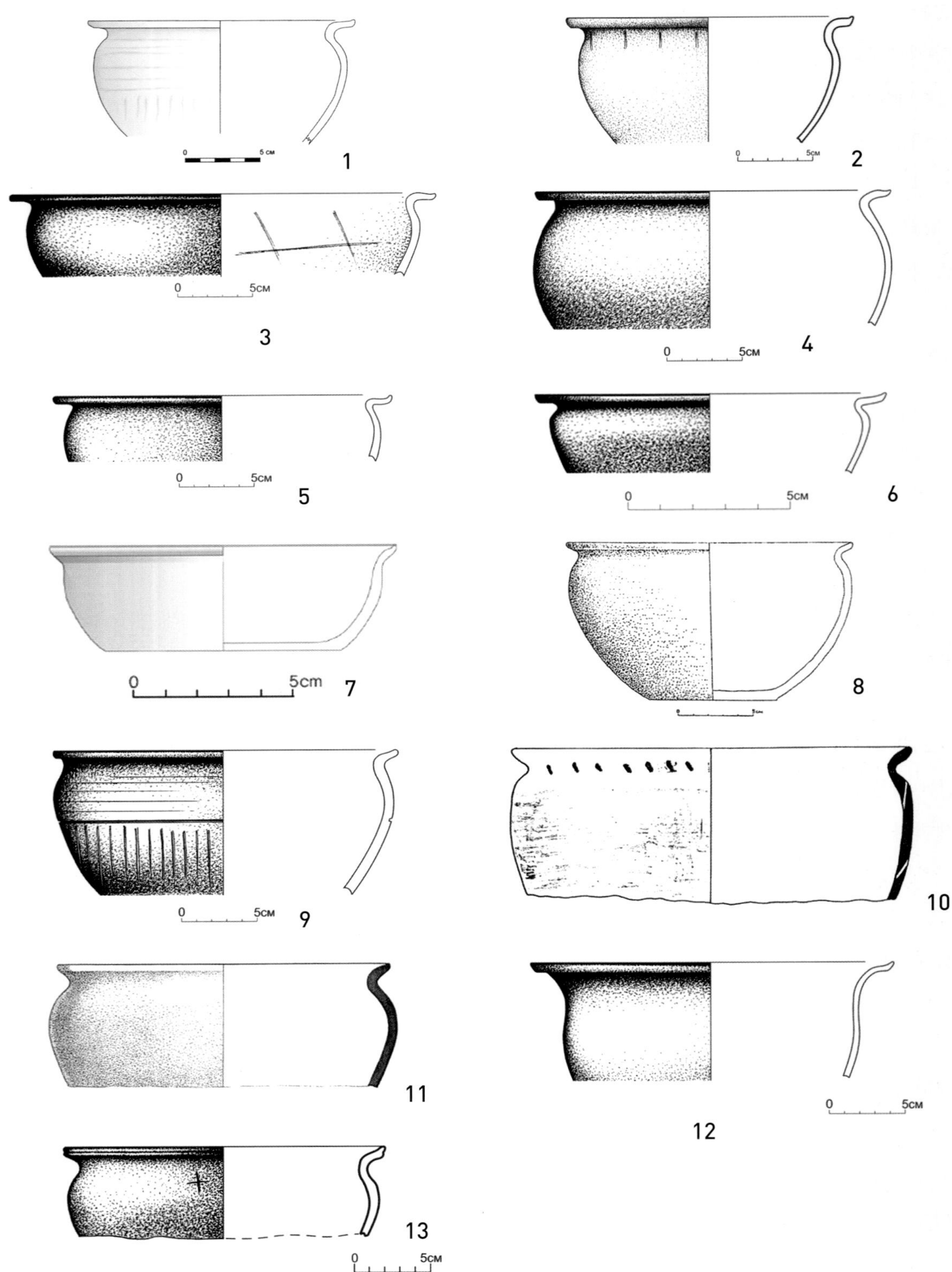

도면 845 | 크라스키노성 출토 동이-발 Ⅰ-1형식(1~6), Ⅰ-2형식(7~12), Ⅰ-3형식(13): 1- 제40구역 1호 수혈 붸-15방안(2009-도94, 3), 2-제45구역 남쪽섹터 제6인공층 제-7방안(2011-도44), 3-제53구역 남서쪽섹터 제8인공층 떼-5방안(2018-도832, 4), 4-제53구역 2섹터 제4인공층 엘-4방안(2017-도604, 2), 5-제47구역 3섹터 제4인공층 베-29방안(2014-도491, 3), 6-제50구역 3섹터 제3인공층 게-5방안(2015-도913, 2), 7-제34구역 제12인공층 게-1방안(2007-도245, 1), 8-제31구역 와실유구(2004-도182, 2), 9-제53구역 1섹터 제5인공층 예-5방안(2017-도719, 1), 10-제11구역(1996-도63a, 1), 11-제30구역 제1인공층(2002-도90, 1), 12-제44구역 제11인공층 15호 주거지 제-24방안(2014-도252, 5), 13-제45구역 제5인공층 제-7방안(2010-도473)

도면 846 | 크라스키노성 출토 동이-발 Ⅰ-1형식(1~5)과 Ⅰ-2형식(6, 7): 1-제40구역 1호 수혈 뤠-15방안(2009-도74), 2-제45구역 남쪽섹터 제6인공층 제-7방안(2011-도45, 1), 3-제53구역 남서쪽섹터 제8인공층 떼-5방안(2018-도828, 1), 4-제53구역 2섹터 제4인공층 엘-4방안(2017-도594), 5-제47구역 3섹터 제4인공층 베-29방안(2014-도485, 2), 6-제53구역 1섹터 제5인공층 예-5방안(2017-도707), 7-제44구역 제11인공층 15호 주거지 제-24방안(2014-도245, 2)

게 잘 구분되고, 기벽의 내만 호선이 일부 확인된다. 둘 다 속심과 표면이 회색이다. 1점은 구경이 18cm(도면 847, 4), 다른 1점은 구경이 24cm(도면 847, 5; 849, 3)이다. 1점은 어깨에 턱이 형성되어 있다. 구경은 18.4cm, 경경은 16.3cm, 동최대경은 17.8cm이다(도면 847, 6). 나머지 1점은 동최대경이 구경보다 크다. 고동동이로 생각된다. 구경은 24cm이다. 속심과 표면은 회색이다(도면 847, 7; 849, 4).

Ⅲ형식 동이-발. 구연이 약간 볼록한 것이다. 9점이 확인된다.

Ⅲ-1형식. 1점이 확인된다. 구연의 바깥쪽 절반이 거의 수평이다. 목이 오목하게 구분된다. 구경은 24cm이다. 속심과 표면이 명회색이다(도면 848, 1).

Ⅲ-2형식. 3점은 기형이 남아 있다. 그중의 1점은 깊이가 상대적으로 얕은데 구경이 24.1cm, 저경이 16cm, 높이가 11.9cm이다(도면 848, 2). 다른 2점은 상대적으로 깊다. 1점은 어깨, 목, 구연이 단면 바른 C자형이다. 이 토기는 외면 전체가 수평 띠 광택무늬로 장식되었다. 속심과 표면이 모두 암회색이다. 크기는 구경 17.7cm, 경경 16.2cm, 동최대경 19.2cm, 저경 12.9cm, 높이 13.3cm이다(도면 848, 3). 다른 1점은 구연이 거의 곧추선 사선 방향으로 나

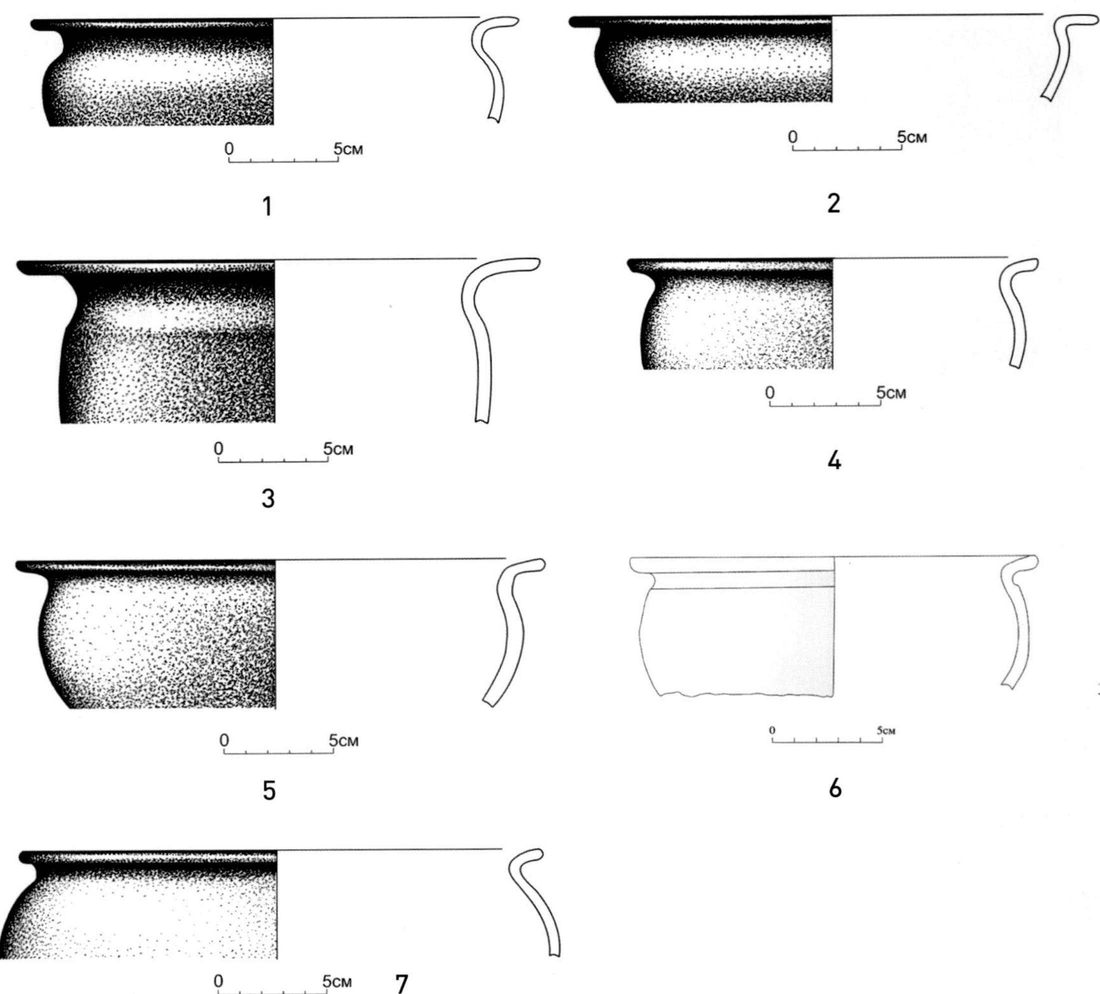

도면 847 | 크라스키노성 출토 동이-발 Ⅱ-1형식(1~3)과 Ⅱ-2형식(4~7) 구연-동체 부분: 1-제47구역 2섹터 제7인공층 게-17방안(2015-도355, 6), 2-제50구역 1섹터 제2인공층 떼-1`방안(2015-도691, 4), 3-제47구역 2섹터 제11인공층 붸-14방안(2015-도506, 2), 4-제47구역 3섹터 제11인공층 게-22방안(2014-도659, 2), 5-제49구역 4섹터 제3인공층 엘-40방안(2014-도987, 2), 6-제40구역 제4인공층 베,붸-15,16방안(2008-도453, 3), 7-제53구역 1섹터 제5인공층 이-3방안(2017-도719, 3)

있다. 크기가 구경 17㎝, 경경 15.2㎝, 동최대경 17.8㎝, 저경 8.8㎝, 높이 13.2㎝이다(도면 848, 4).

이 형식에 속하는 1점에는 대상파수가 남아 있다. 대상파수는 동최대경 아랫부분에 부착되었다. 구연은 곧추선 사선 방향으로 나있다. 도면에 표시는 되어있지 않지만 파수 높이에 침선이 1줄 있는 것으로 보고되었다. 속심은 짙은 오렌지색, 표면은 흑색이다. 구경은 25.4㎝이다(도면 848, 5).

다른 1점에는 내면에 크게 X자 모양으로 광택무늬가 시문되어 있다. 외면에는 수평 띠 마연이 되어있다. 동최대경이 구경보다 큰 고동동이다. 속심은 명회색, 표면은 암회색이다. 구경은 17.8㎝이다(도면 848, 6; 849, 5). 동최대경이 구경보다 큰 고동동이가 1점이 더 있는데 구경이 23.2㎝이고, 외면이 수평 띠 광택무늬로 장식되었다. 속심과 표면이 모두 회색이다(도면 848, 7; 852, 1).

그 외에도 이 형식에 속하는 동이-발이 2점 더 있다. 모두 비슷한 크기와 형태를 가진다(도면 848, 8, 9).

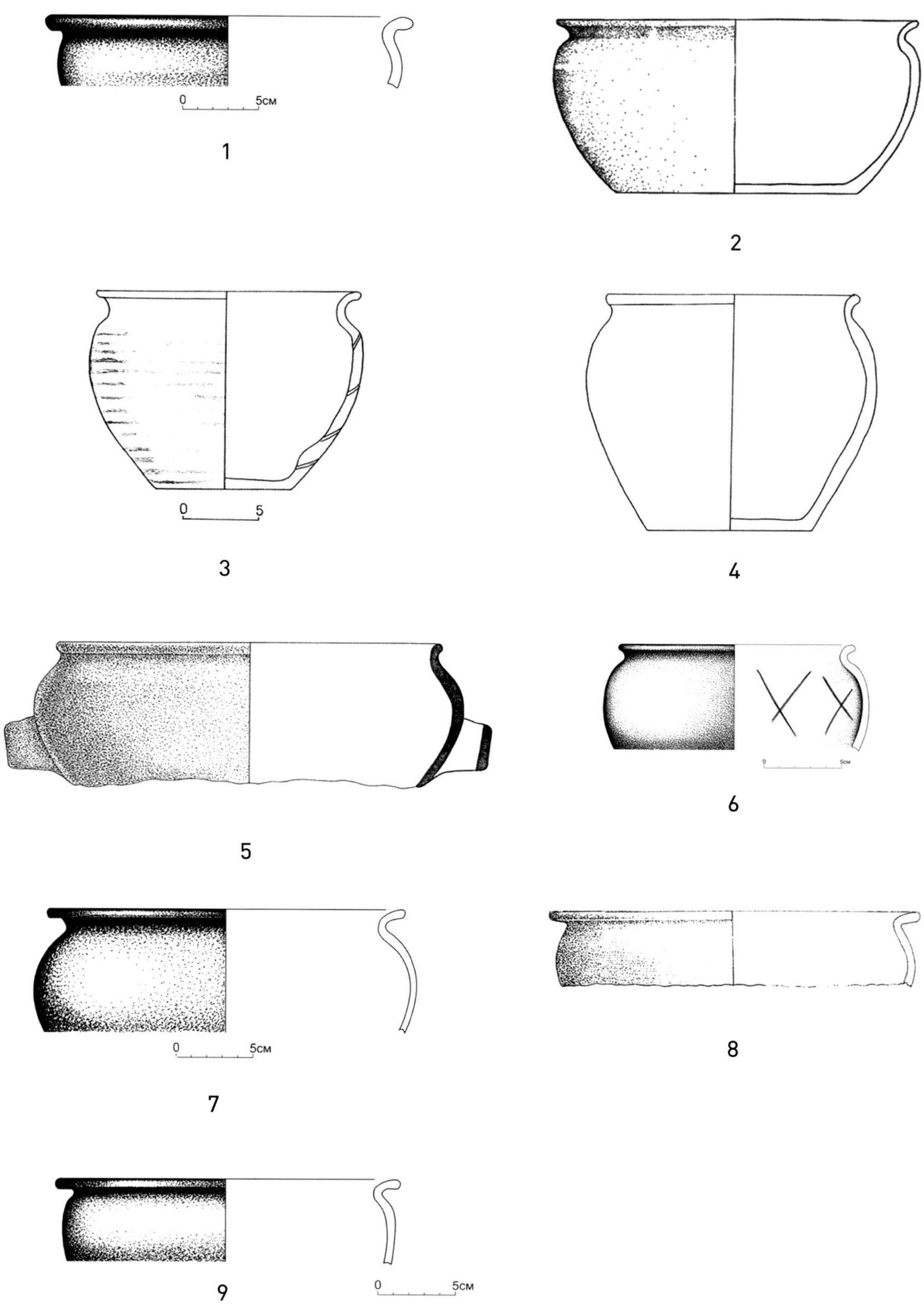

도면 848 | 크라스키노성 출토 동이-발 III-1형식(1)과 III-2형식(2~9) 구연-동체 부분: 1-제50구역 1섹터 제4인공층 1호 수혈(2015-도795, 1), 2-제21구역 제4인공층(1999-도149, 1), 3-제15구역(1998-도254, 1), 4-제15구역(1998-도254, 2), 5-제30구역 6호 수혈(2002-도78), 6-제47구역 6섹터 제7인공층 베-38방안(2015-도629, 3), 7-제53구역 남서쪽섹터 제9인공층 에르-2`1`방안(2018-도856, 4), 8-제31구역 와실유구(2004-도182, 4), 9-제50구역 3섹토 제4인공층 예-1방안(2015-도979, 5)

도면 849 | 크라스키노성 출토 동이-발 II-1형식(1, 2), II-2형식(3, 4), III-2형식(5) 구연-동체 부분: 제47구역 2섹터 제7인공층 게-17방안(2015-도347, 1), 2-제47구역 2섹터 제11인공층 붸-14방안(2015-도492, 1), 3-제49구역 4섹터 제3인공층 엘-40방안(2014-도969, 2), 4-제53구역 1섹터 제5인공층 이-3방안(2017-도709), 5-제47구역 6섹터 제7인공층 베-38방안(2015-도619)

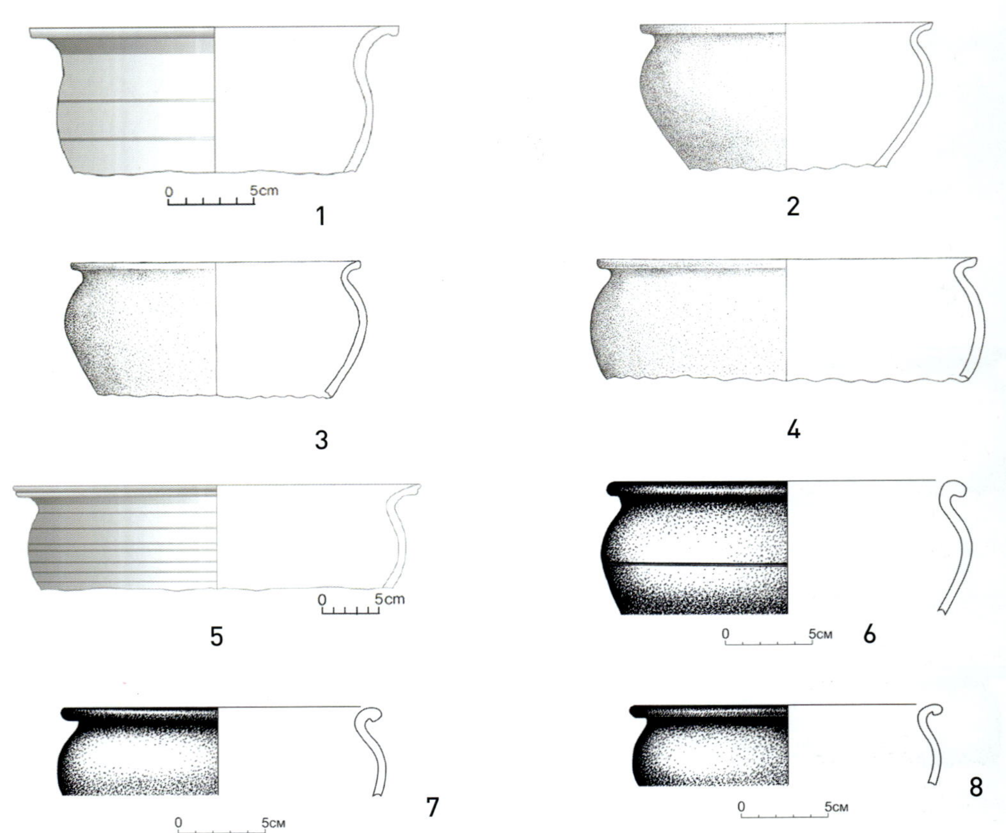

도면 850 | 크라스키노성 출토 동이-발 IV-1형식(1), IV-2형식(2~4), IV-3형식(5), V형식(6~8) 구연-동체 부분: 1-제34구역 제8인공층 아-4방안(2007-도224, 1), 2-제31구역 제6인공층 제-6방안(2003-도138), 3-제31구역 제6인공층 줴-6방안(2003-도141, 2), 4-제31구역 제6인공층 제-6방안(2003-도144), 5-제34구역 제11인공층 아-3방안(2007-도239, 2), 6-제53구역 서북쪽섹터 제1인공층 예-10`6`방안(2018-도430, 2), 7-제53구역 서북쪽섹터 제1인공층 예-10`방안(2018-도430, 3), 8-제53구역 서북쪽섹터 제2인공층 베-10`방안(2018-도481, 3)

Ⅳ형식 동이-발. 구연의 가장자리 아래쪽이 동글-삼각형 모양으로 볼록한 것이다. 모두 5점이 확인된다.

Ⅳ-1형식. 1점이 있다. 구연의 바깥쪽 절반의 거의 수평이다. 목이 넓게 형성되어 있다. 외면에 수평 띠 광택무늬가 시문되었다. 구경은 22㎝이다(도면 850, 1).

Ⅳ-2형식. 3점이 확인된다. 모두 구연-동체 윗부분의 편이지만 2점은 기형이 어느 정도 파악된다. 오목한 목과 둥글게 외반한 구연 그리고 사선 방향의 내만 호선 기벽은 전체 단면을 기울고 위가 짧은 상단(上短) S자형으로 만들고 있다. 그중의 1점은 구경이 17.1㎝(도면 850, 2), 다른 1점은 구경이 17.0㎝이다(도면 850, 3). 1점은 구경보다 동최대경이 조금 크다. 이 토기는 구경이 22.4㎝, 잔존 높이가 7.4㎝이다(도면 850, 4).

Ⅳ-3형식. 1점이 확인된다. 구연이 길게 외반한 것은 Ⅳ형식에 속하는 것이 맞다. 다만 구순이 이중이어서 세부 형식을 구분을 하였다. 기벽의 단면은 약간 기울은 상단 S자형이다. 외면에 수평 띠 광택무늬가 잘 남아 있다. 구경은 24.6㎝이다(도면 850, 5).

Ⅴ형식 동이-발. 구연의 가장자리가 아래로 약간 꺾여 뾰족해진 하첨구순이다. 3점이 확인된다. 모두 구경이 동최대경과 비슷하거나 혹은 약간 큰 고동동이이다. 기벽의 색깔도 모두 속심은 오렌지-갈색, 표면은 흑색으로 동일하다. 1점은 동체에 1줄의 수평 침선이 돌려져 있고, 외면이 수평 띠 광택무늬로 장식되었다. 이 토기는 구경이 20㎝이다(도면 850, 6; 852, 2). 다른 1점은 구경이 17.8㎝이다. 이 토기도 외면이 수평 띠 광택무늬로 장식되었다(도면 850, 7; 852, 3). 나머지 1점은 구경이 17.6㎝이다(도면 850, 8).

Ⅵ형식 동이-발. 구연이 짧게 외반하며, 가장자리로 가면서 약간 얇아지는 혹은 안쪽과 거의 비슷한 두께를 가진 것이다.

Ⅵ-1형식. 7점이 확인된다. 구연부가 거의 전체가 수평인 것도 있고, 바깥쪽 절반이 거의 수평인 것도 있다. 1점은 동최대경 아랫부분은 수직의 그 위와 아래는 수평의 띠 광택무늬로 장식된 것이다. 목이 오목하게 잘 구분되며 구연, 어깨, 기벽이 전체적으로 단면 약간 기울은 상단 S자 모양이다. 구연의 바깥쪽 절반이 거의 수평이며 심지어 아래로 약간 향한다. 이 토기는 속심은 명회색, 표면은 회색이다. 구경은 24㎝이다(도면 851, 1; 852, 4). 이와 비슷한 기형을 가진 것이 3점이 더 있는데 구경이 각각 21.8㎝(도면 851, 2), 18㎝(도면 851, 3), 24㎝(도면 851, 4)이다.

1점은 구경이 동최대경보다 약간 짧다. 어깨 아래의 기벽도 거의 곧게 내려간다. 하지만 기벽의 전체 호선을 보면 동이-발에 속한다고 생각된다. 일종의 고동동이에 해당한다. 이 토기는 구경이 20㎝이다. 속심은 회색, 표면은 흑색이다(도면 851, 5; 852, 5). 그 외에도 2점이 더 있다(도면 851, 6, 7; 852, 6).

Ⅵ-2형식. 32점이 확인된다. 기형이 온전하게 복원되는 것이 4점이 있다. 2점은 상대적으로 낮고, 다른 2점은

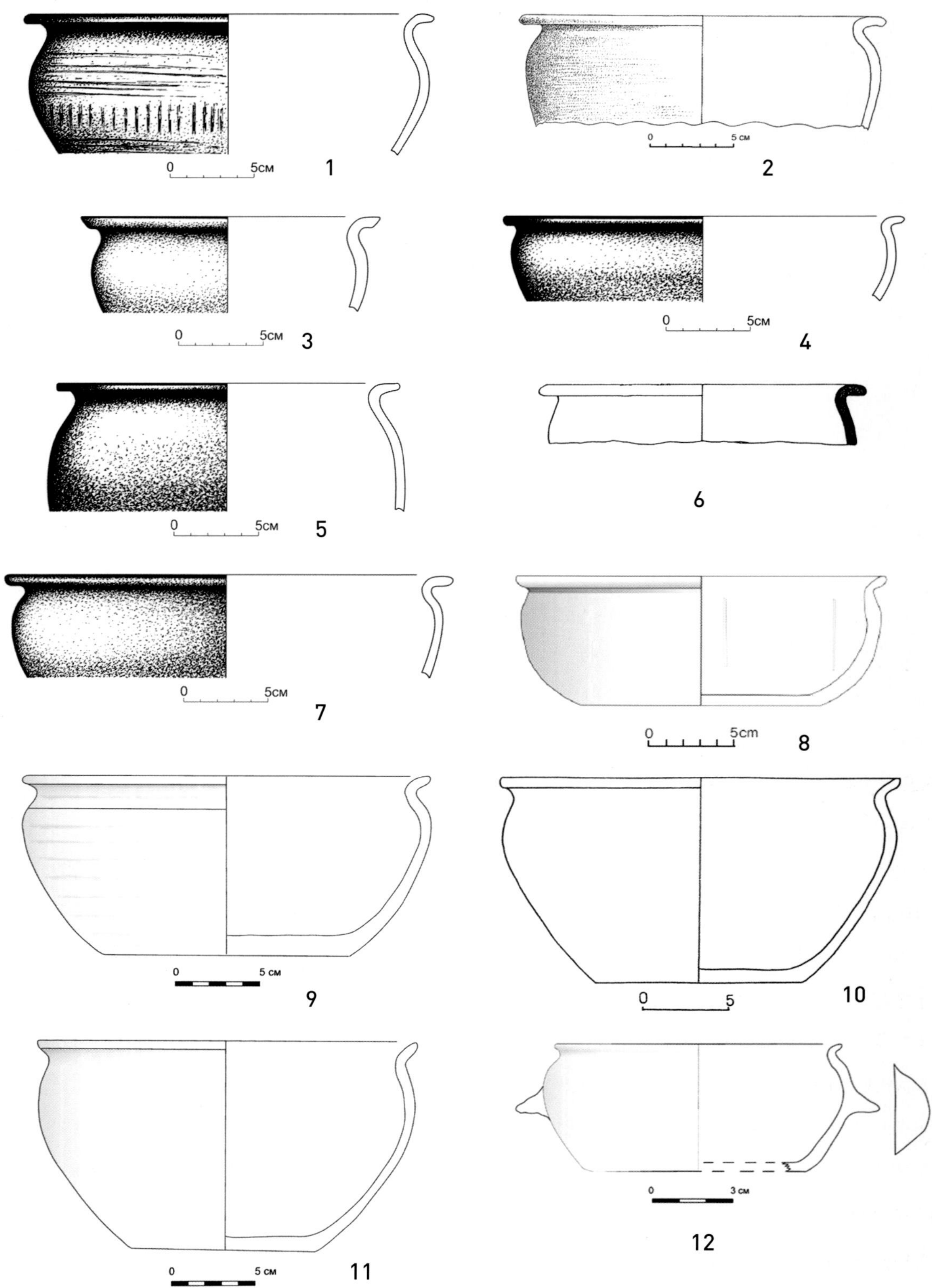

도면 851 | 크라스키노성 출토 동이-발 VI-1형식(1~7)과 VI-2형식(8~12) 구연-동체 부분: 1-제50구역 1섹터 제2인공층 우-4`방안(2015-도691, 3), 2-제35구역 제3인공층 붸-1방안(2006-도60, 3), 3-제44구역 제8인공층 줴-23방안(2014-도124, 5), 4-제50구역 제4인공층 1섹터 수혈(2015-도794, 6), 5-제50구역 1섹터 3호 수혈(2015-도740, 2), 6-제12구역(1996-도65, 5), 7-제47구역 3섹터 제5인공층 아-29방안(2014-도519, 2), 8-제34구역 제9인공층 게-13방안(2007-도224, 3), 9-제40구역 제7인공층 1호 수혈 붸-16방안(2009-도93, 1), 10-제15구역(1998-도253, 1), 11-제40구역 제7인공층 붸-17방안(2009-도93, 2), 12-제40구역 제7인공층 1호 수혈 붸-15방안(2009-도95, 1)

도면 852 | 크라스키노성 출토 동이-발 III-2형식(1), V형식(2, 3), VI-1형식(4~6) 구연-동체 부분: 1-제53구역 남서쪽섹터 제9인공층 에르-2`1`방안(2018-도846, 1), 2-제53구역 서북쪽섹터 제1인공층 예-10`6`방안(2018-도424, 3), 3-제53구역 서북쪽섹터 제1인공층 예-10`방안(2018-도424, 2), 4-제50구역 1섹터 제2인공층 우-4`방안(2015-도680, 1), 5-제50구역 1섹터 3호 수혈(2015-도748, 2), 6-제47구역 3섹터 제5인공층 아-29방안(2014-도508, 2)

상대적으로 높다. 높이가 낮은 혹은 깊이가 얕은 1점은 구경이 22㎝, 저경이 14㎝, 높이가 7.9㎝이다. 목이 단면 삼각형으로 형성되어 있고, 기벽이 내만 호선이 전반적으로 완만하다. 외면에 수평의 내면의 수직의 띠 광택무늬가 각각 시문되었다(도면 851, 8). 다른 낮은 1점은 구경이 23.9㎝, 저경이 14㎝, 높이가 11㎝이다. 어깨 부분에 1줄의 수평 침선이 돌려져 있고, 목과 동체의 외면 전체가 수평 띠 광택무늬로 장식되었다. 기면의 단면이 전형적인 약간 기운 상단 S자 모양이다(도면 851, 9; 854, 1).

높이가 상대적으로 약간 높은 혹은 깊이가 약간 깊은 2점은 기면의 단면이 전형적인 약간 기운 상단 S자 모양으로서 기형이 거의 동일하다. 그중의 1점은 구경이 23.5㎝, 경경이 22.8㎝, 동최대경이 23㎝, 저경이 12㎝, 높이가 12.5㎝이다. 구경과 동최대경이 거의 비슷하고, 높이과 저경이 또한 서로 비슷하다. 속심은 회색, 표면은 암회색이다(도면 851, 10). 다른 1점은 구경이 22.5㎝, 저경이 10.8㎝, 높이가 12㎝이다. 구경과 동최대경이 거의 비슷하다(도면 851, 11; 854, 2).

1점은 바닥까지 기형이 복원된다. 동체 기벽이 약간 강하게 외만 호선을 이룬다. 어깨의 아래에 평면 반원형의 귀 손잡이가 부착되어 있다. 구경은 22㎝, 저경은 18㎝, 높이는 9.6㎝이다(도면 851, 12; 854, 3).

다른 1점은 바닥의 극히 일부가 남아 있어 기형이 거의 확인된다. 이 토기는 구경이 21.9㎝, 높이가 11㎝이며, 구경과 동최대경이 거의 비슷하다. 상대적으로 높은 편이다(도면 853, 1). 다른 1점도 기형의 거의 확인되는데 상당히 높은 편이다. 구경은 17.3㎝, 높이는 11㎝이다(도면 853, 2; 854, 4).

1점은 구연-동체 윗부분이 저부와 함께 발견되어 전체 기형이 복원되었다. 이 토기도 기벽은 단면이 약간 기

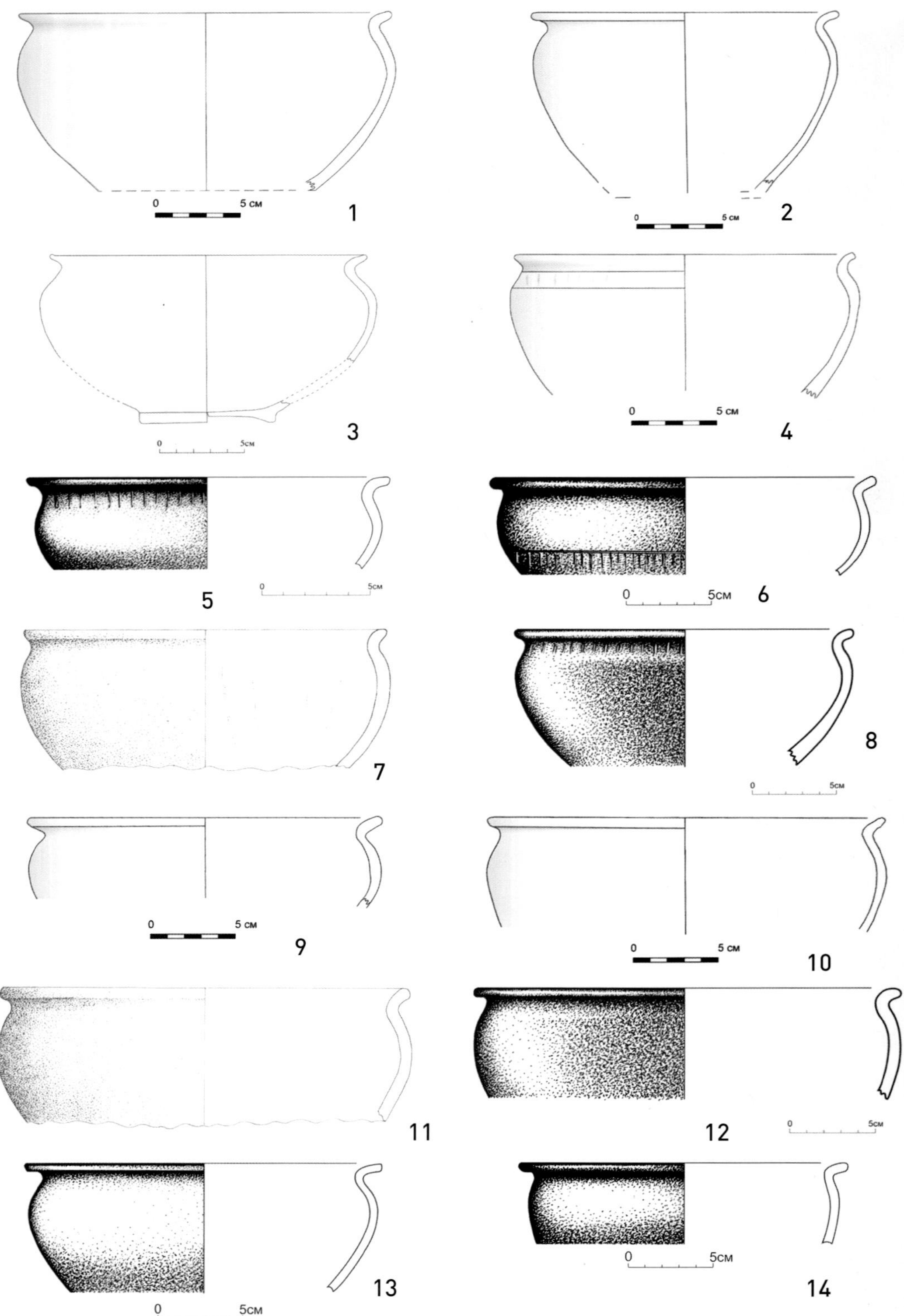

도면 853 | 크라스키노성 출토 동이-발 VI-2형식: 1-제40구역 제7인공층 쀄-17방안(2009-도92, 1), 2-제40구역 1호 수혈 게-16방안(2009-도94, 2), 3-제40구역 제4인공층 쀄-17, 베-19방안(2008-도453, 4), 4-제40구역 제7인공층 1호 수혈 쀄-15방안(2009-도92, 2), 5-제53구역 남동쪽섹터 제3인공층 2호 수혈 쀄,게-10방안(2018-도626, 4), 6-제53구역 서북쪽섹터 제2인공층 제-9`방안(2018-도481, 2), 7-제31구역 제6인공층 줴-6방안(2003-도139), 8-제47구역 2섹터 제3인공층 베-14방안(2011-도628), 9-제40구역 제7인공층 1호 수혈 쀄-16방안(2009-도93, 3), 10-제40구역 제6인공층 쀄-16방안(2009-도180, 4), 11-제31구역 제4인공층 예-7방안(2003-도128), 12-제47구역 2섹터 제2인공층 아-17방안(2011-도625), 13-제47구역 3섹터 제8인공층 아-29방안(2014-도590, 2), 14-제47구역 2섹터 제7인공층 게-20방안(2015-도355, 4)

도면 854 | 크라스키노성 출토 동이-발 VI-2형식: 1-제40구역 제7인공층 1호 수혈 퀘-16방안(2009-도201), 2-제40구역 제7인공층 퀘-17방안(2009-도199), 3-제40구역 제7인공층 1호 수혈 퀘-15방안(2009-도200), 4-제40구역 1호 수혈 게-16방안(2009-도73, 2), 5-제40구역 제7인공층 1호 수혈 퀘-15방안(2009-도73, 1), 6-제47구역 2섹터 제3인공층 베-14방안(2011-도627, 1), 7-제40구역 제7인공층 1호 수혈 퀘-16방안(2009-도72), 8-제47구역 2섹터 제2인공층 아-17방안(2011-도623, 1)

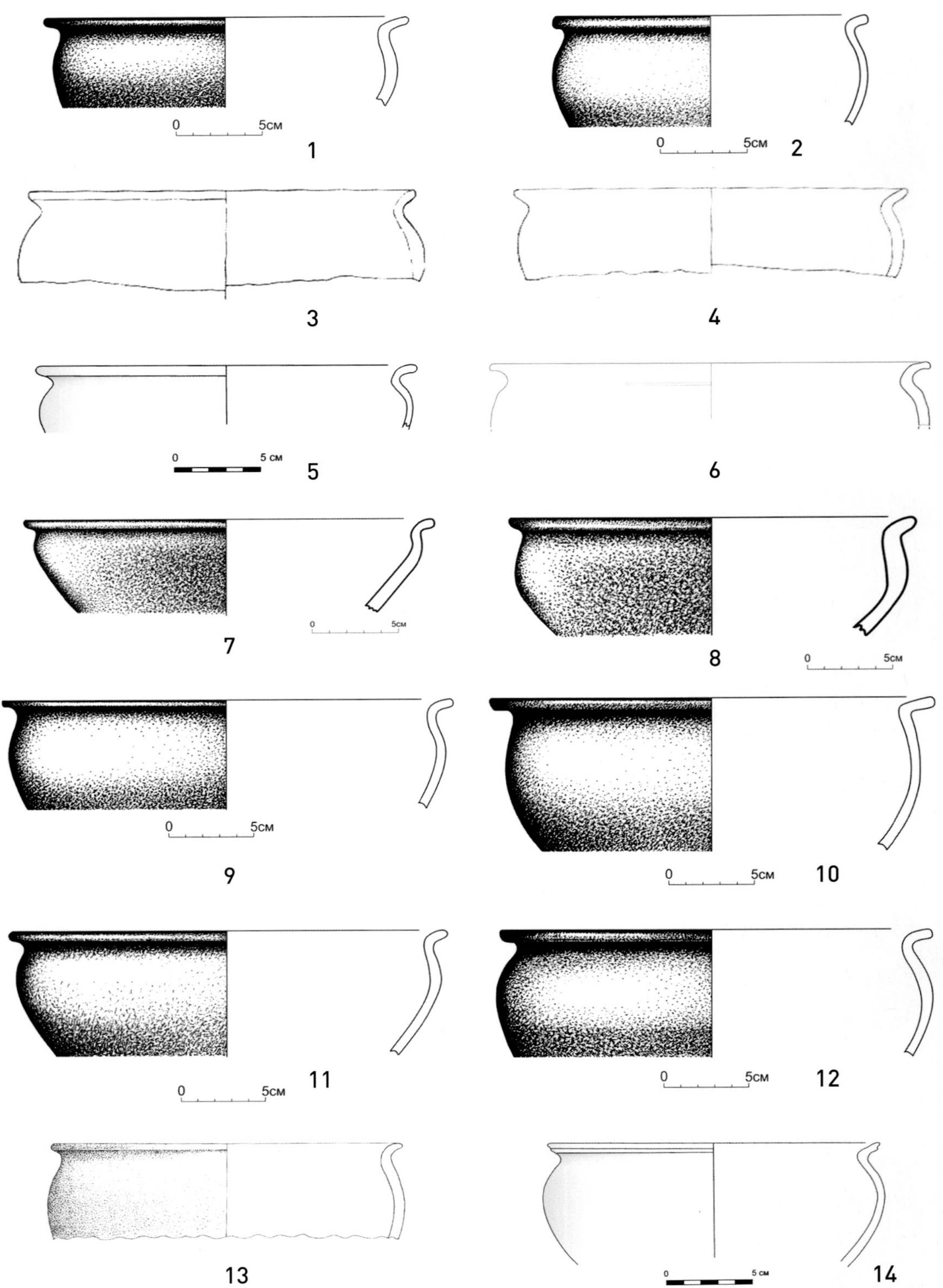

도면 855 | 크라스키노성 출토 동이-발 VI-2형식(1~13)과 VI-4형식(14) 구연-동체 부분: 1-제50구역 1섹터 제3인공층 치-1`방안(2015-도724, 3), 2-제51구역 제4인공층 예-8방안(2017-도270, 1), 3-제22구역 제3인공층(1999-도151, 10), 4-제23구역 제1~2인공층(1999-도161, 8), 5-제40구역 제7인공층 1호 수혈 베,붸-15,16방안(2009-도88, 4), 6-제47구역 7섹터 제2인공층 붸-52방안(2013-도280), 7-제47구역 3섹터 제2인공층 게-28방안(2011-도655), 8-제48구역 제3인공층 엠-31방안(2011-도460), 9-제47구역 6섹터 제7인공층 아-41방안(2015-도629, 1), 10-제53구역 서북쪽섹터 제2인공층 베-10`방안(2018-도481, 6), 11-제48구역 동쪽섹터 제8인공층 엠,엔-30,31방안(2016-도172, 2), 12-제53구역 남동쪽섹터 제3인공층 2호 수혈(2018-도628, 2), 13-제31구역 제6인공층 제-6방안(2003-도136), 14-제40구역 1호 수혈 베-16방안(2009-도94, 1)

도면 856 | 크라스키노성 출토 동이-발 VI-2형식(1~8)과 VI-4형식(9) 구연-동체 부분: 1-제47구역 3섹터 제8인공층 아-29방안(2014-도575, 1), 2-제47구역 2섹터 제7인공층 게-20방안(2015-도347, 2), 3-제51구역 제4인공층 예-8방안(2017-도52), 4-제47구역 7섹터 제2인공층 뭬-52방안(2013-도279, 2), 5-제47구역 3섹터 제2인공층 게-28방안(2011-도654, 1), 6-제47구역 6섹터 제7인공층 아-41방안(2015-도620), 7-제53구역 서북쪽섹터 제2인공층 베-10`방안(2018-도477), 8-제53구역 남동쪽섹터 제3인공층 2호 수혈(2018-도645, 2), 9-제40구역 1호 수혈 베-16방안(2009-도69, 2)

운 상단 S자 모양이로서 동이-발에 전형적인 형태이다. 하지만 이 토기에는 고리 모양 굽이 부착되어 있다. 크기는 구경 18.5㎝, 동최대경 19.8㎝, 저경 7.9㎝, 추정 높이 10.3㎝이며, 굽 높이는 0.6㎝이다. 동최대경이 구경보다 넓다(도면 853, 3).

1점은 기벽이 많이 남아 있는 것인데 어깨 부분에 수직 띠 광택무늬가 시문되어 있다. 이 토기는 구경이 19.9㎝이다(도면 853, 4; 854, 5). 다른 1점도 어깨 부분이 수직 띠 광택무늬로 장식되어 있는데 그 아래는 수평 띠 광택무늬로 장식되었다. 이 토기는 구경이 17.2㎝이다. 속심은 오렌지-갈색이고, 표면은 흑색이다(도면 853, 5). 다른 1점은 외면이 수평 띠 마연이 된 가운데 동최대경 아래쪽이 수직 띠 광택무늬로 장식되었다. 이 토기는 구경은 22.2㎝이고, 속심은 회색, 표면은 흑색이다(도면 853, 6). 다른 1점은 내면이 수직 띠 광택무늬로 장식되었다. 구경은 21.7㎝이다(도면 853, 7).

1점은 목 부분에 수직 띠 광택무늬가 일정 간격으로 시문되어 있다. 이 토기는 구경이 19.5㎝, 동최대경이 19.8㎝로서 구경과 동최대경이 거의 비슷하다(도면 853, 8; 854, 6).

8점은 크기와 구체적인 모양은 약간씩 차이가 나도 모두 이 형식에 속하는 것들이다(도면 853, 9~14; ; 854, 7; 855, 1, 2; 856, 1, 2, 3).

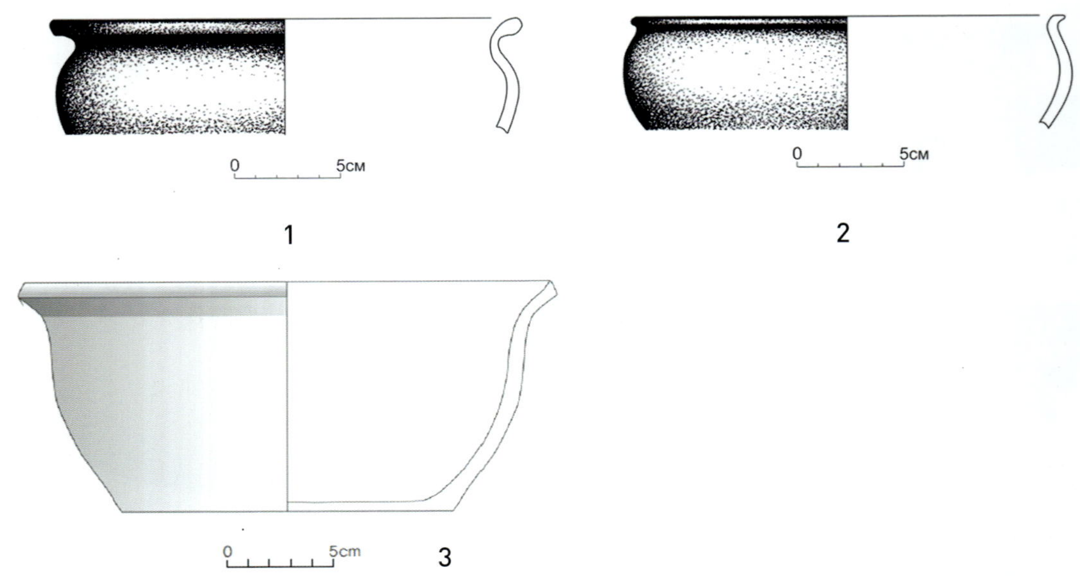

도면 857 | 크라스키노성 출토 동이-발 Ⅶ형식(1), Ⅷ형식(2), Ⅸ형식(3) 구연-동체 부분: 1-제50구역 1섹터 3호 수혈(2015-도740, 4), 2-제53구역 중앙섹터 제6인공층 엘-2방안(2018-도743, 2), 3-제34구역 제11인공층 제-1방안(2017-도240, 1)

도면 858 | 크라스키노성 출토 동이-발 Ⅶ형식(1)과 Ⅷ형식(2) 구연-동체 부분: 1-제50구역 1섹터 3호 수혈(2015-도747, 2), 2-제53구역 중앙섹터 제6인공층 엘-2방안(2018-도732, 2)

4점은 편이 매우 작지만 구연, 목, 어깨 부분의 호선을 볼 때에 이 형식에 속한다고 생각된다(도면 855, 3~6; 856, 4).

1점은 기벽이 목 아래로 거의 곧게 사선 방향으로 나있다. 이 토기는 구경이 23.4㎝, 동최대경이 22.4㎝이다(도면 855, 7; 856, 5). 다른 1점은 동최대경 부분의 기벽이 상당히 급격하게 꺾인다. 이 토기는 구경이 23.9㎝, 동최대경이 23.2㎝이다(도면 855, 8).

그 외에도 이 형식에 속하는 동이-발이 5점 더 있다(도면 855, 9~13; 856, 6, 7, 8).

Ⅵ-4형식. 1점이 확인된다. 구순이 이중인 것을 제외하면 일반적인 동이-발과 동일한 형태를 가진다. 구연, 목, 기벽의 단면이 약간 기운 상단 S자 모양이다. 구경이 19.3㎝, 동최대경이 19.9㎝이다. 동최대경이 구경보다 약간 더 크다(도면 855, 14; 856, 9).

Ⅶ형식 동이-발. 1점이 있다. 구연부가 밖으로 말려 도톰한 소위 대롱구순을 가진 것이다. 어깨와 그 아래 기벽

이 내만 호선을 이룬다. 구경은 22㎝이다. 외면이 수평 띠 마연되었다. 속심과 표면은 회색이다(도면 857, 1; 858, 1).

Ⅷ형식 동이-발. 매우 짧게 외반하는 구연부가 구순 자체인 것으로서 단면이 긴 삼각형 모양이다. 1점이 있다. 구경은 20㎝이다. 속심과 표면이 회색이다(도면 857, 2; 858, 2).

Ⅸ형식 동이-발. 1점이 있다. 전체 기형이 남아 있다. 구연부가 사선 방향으로 밖으로 올라가서 목이 잘 구분이 되지 않는다. 구순의 위가 안쪽으로 뾰족하게 돌출하는 내첨구순이다. 이 토기는 상대적으로 높이가 낮은 편이다. 구경은 25.8㎝, 저경은 15.9㎝, 높이는 11.5㎝이다(도면 857, 3).

5) 외반구연 발

구연, 목, 어깨, 동체 기벽의 호선 형태가 외반 구연의 완과 비슷하다. 다만 크기가 완에 비해 큰 것인데 구경이 12.3㎝부터 16.5㎝까지이다. 구연의 형태가 7가지 형식으로 구분된다.

- Ⅰ형식은 사선 방향의 외반 구연이 위로 돌출하는 상첨구순을 가진 것이다. 이중 구연도 있다.
- Ⅱ형식은 사선 방향 외반 구연의 양변이 곧고 평행 혹은 거의 평행한 것이다.
- Ⅲ형식은 사선 방향 외반 구연의 가장자리가 조금 볼록해진 것이다.
- Ⅳ형식은 외반 구연의 구순 아랫부분이 동글-삼각형으로 볼록해진 것이다.
- Ⅴ형식은 짧게 외반하는 구연으로서 양변이 대체로 곡선이다. 사선방향인 것은 대체로 가장자리 쪽이 얇아지며(Ⅴ-1형식), 구연의 바깥쪽 절반이 거의 수평인 것은 두께가 대체로 일정하다(Ⅴ-2형식).
- Ⅵ형식은 곧게 사선 방향으로 외반한 구연의 단면이 길쭉한 삼각형이다.
- Ⅶ형식은 외반한 구연과 그 아래 어깨 턱이 뚜렷하게 구분되는 것이다.

Ⅰ형식 외반구연 발. 상첨구순이 있는 외반하는 구연부를 가진 발이다. 2점이 확인된다. 2중 구연이 있는 것도 1점 포함되어 있다.

Ⅰ-1형식. 구순이 위로 약간 돌출한다. 기벽의 호선이 상당히 크게 내만하였다. 저부가 남아 있지 않다. 구경은 13.7㎝, 잔존 높이는 5.4㎝이다(도면 859, 1).

Ⅰ-2형식. 와실유구에서 출토된 1점이 이 형식에 속한다. 구연이 2중이다. 기형이 온전하게 확인된다. 낮게 외반하는 구연부의 구순이 2중이면서 윗입술이 위로 살짝 돌출되어 있다. 기벽의 단면은 사선 방향의 상단 S자 모양이다. 바닥에 사절 흔적이 남아 있다. 크기는 구경 14.4㎝, 동최대경 13.4㎝, 저경 7㎝, 높이 6.8㎝이다(도면 859, 2).

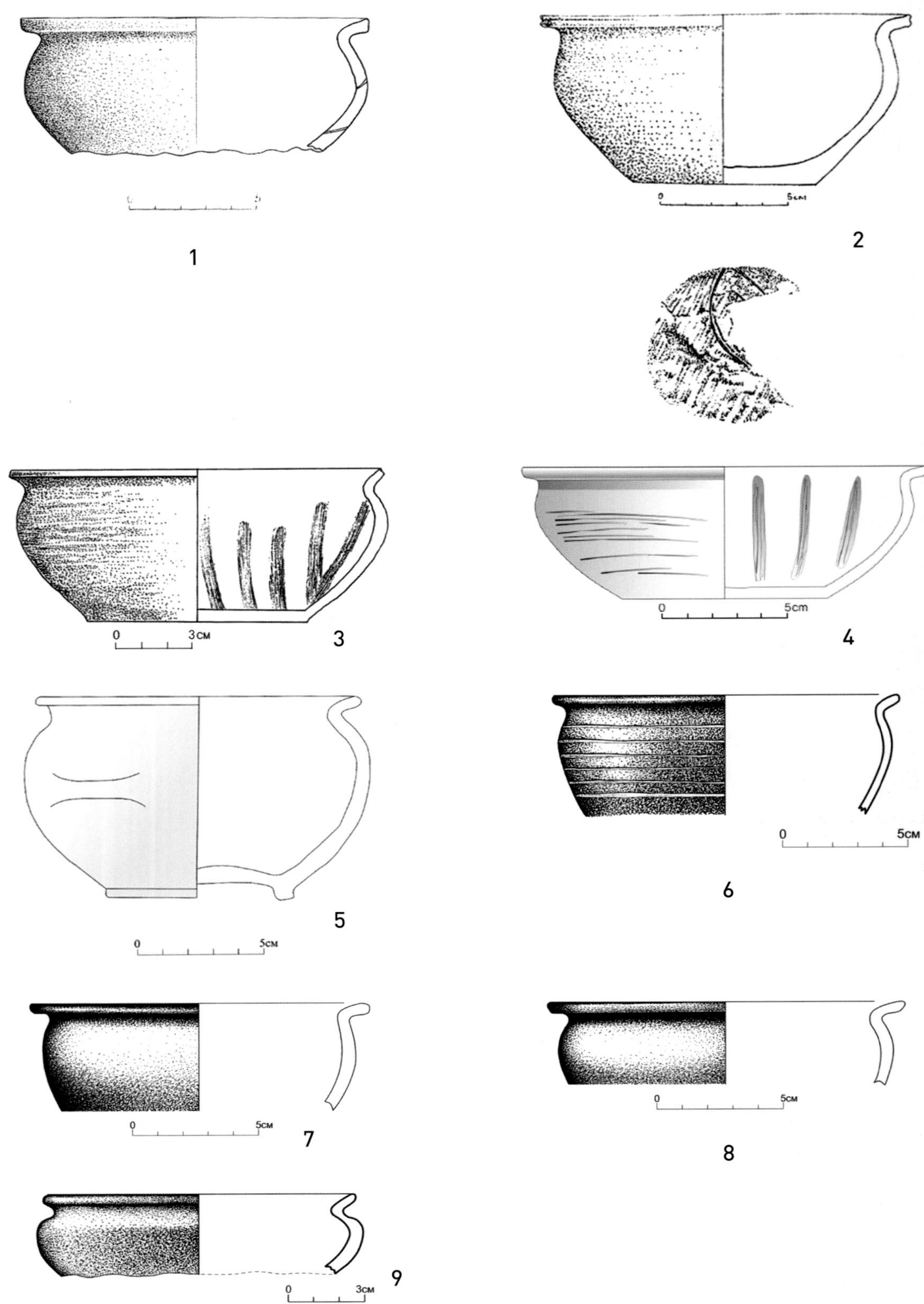

도면 859 | 크라스키노성 출토 외반구연 발 Ⅰ-1형식(1, 2)과 Ⅱ형식(3~9) 구연-동체 부분: 1-제31구역 제6인공층 줴-6방안(2003-도143, 1), 2-제31구역 와실 유구(2004-도186, 2), 3-제35구역 제4인공층 베-3방안(2006-도58), 4-제35구역 제5인공층 베-3방안(2007-도218, 4), 5-제40구역 제3~4인공층 베-16방안(2008-도452, 6), 6-제48구역 제3인공층 데`-28방안(2011-도462), 7-제48구역 동쪽섹터 제6인공층 엠-29방안(2016-도63, 6), 8-제48구역 동쪽섹터 제8인공층 엠,엔-37,38방안(2016-도174, 2), 9-제44구역 제1인공층 엔-21방안(2010-도53)

Ⅱ형식 외반구연 발. 사선 방향 외반 구연의 양변이 곧고 평행 혹은 거의 평행한 것이다. 7점이 확인된다. 3점은 기형이 남아 있다. 그중의 1점에는 굽이 있다. 굽이 없는 것은 상대적으로 낮고, 굽이 있는 것은 상대적으로 높다.

굽이 없고 기형이 온전한 2점은 기벽의 단면은 사선 방향으로 기울은 전형적인 상단 S자 모양이다. 2점 모두 내면에 수직 방향의 띠 마연 자국이 남아 있다. 그중의 1점은 크기가 구경 14.6㎝, 높이 6㎝이며(도면 859, 3; 860, 1), 다른 1점은 크기가 구경 16㎝, 저경 8.4㎝, 높이 5.4㎝이다(도면 859, 4).

굽이 있는 1점은 기벽의 단면은 전형적인 상단 S자 모양이나, 기울기가 약하여 상대적으로 깊어 보인다. 동최대경 부분에 유사 대상파수가 부착되어 있다. 굽은 고리 형태이다. 크기는 구경 12.5㎝, 동최대경 13.5㎝, 저경 7.3㎝, 높이 8.2㎝이다(도면 859, 5; 860, 2).

나머지 4점은 모두 구연-동체 윗부분만 있다. 그중의 1점은 외면이 수평 띠 광택무늬로 장식되어 있다(도면 859, 6). 이 토기는 구경이 13.8㎝, 경경이 12.7㎝, 동최대경이 13.4㎝이다. 2점은 이와 형태가 비슷하다(도면 859, 7, 8). 1점은 기벽의 단면이 상단 S자 모양인 것은 동일하나, 어깨가 크게 발달하였다. 외면에 수평 띠 마연을 하였다. 크기는 구경 12.3㎝, 경경 11.3㎝, 동최대경 12.9㎝이다. 동최대경이 구경보다 조금 더 크다(도면 859, 9; 862, 1).

Ⅲ형식 외반구연 발. 사선 방향 외반 구연의 가장자리가 양쪽으로 볼록해진 것이다. 2점이 확인된다. 1점은 구경은 14㎝이고, 속심은 명회색, 표면은 회색이다(도면 861, 1; 862, 2). 다른 1점은 어깨 부분에 돌대가 1줄 돌려져 있다. 구경은 15.3㎝이다(도면 861, 2).

Ⅳ형식 외반구연 발. 외반 구연의 구순 아랫부분이 동글-삼각형으로 볼록해진 것이다. 3점이 확인된다. 그중의 1점은 저부와 함께 발견되어 전체 기형이 추정 복원되었다. 이 토기의 구순 아랫부분은 전형적인 동글-삼각형이다. 평굽이 달려있는데 위쪽이 약간 오목하게 들어갔다. 크기는 구경 15.1㎝, 경경 13.8㎝, 동최대경 16.5㎝, 저경 6.3㎝, 추정 높이 9.5㎝, 굽 높이 0.6㎝이다. 동최대경이 구경보다 크다(도면 861, 3; 862, 3).

도면 860 | 크라스키노성 출토 외반구연 발 Ⅱ형식 구연-동체 부분: 1-제35구역 제4인공층 베-3방안(2006-도58), 2-제40구역 제3~4인공층 베-16방안(2008-도414)

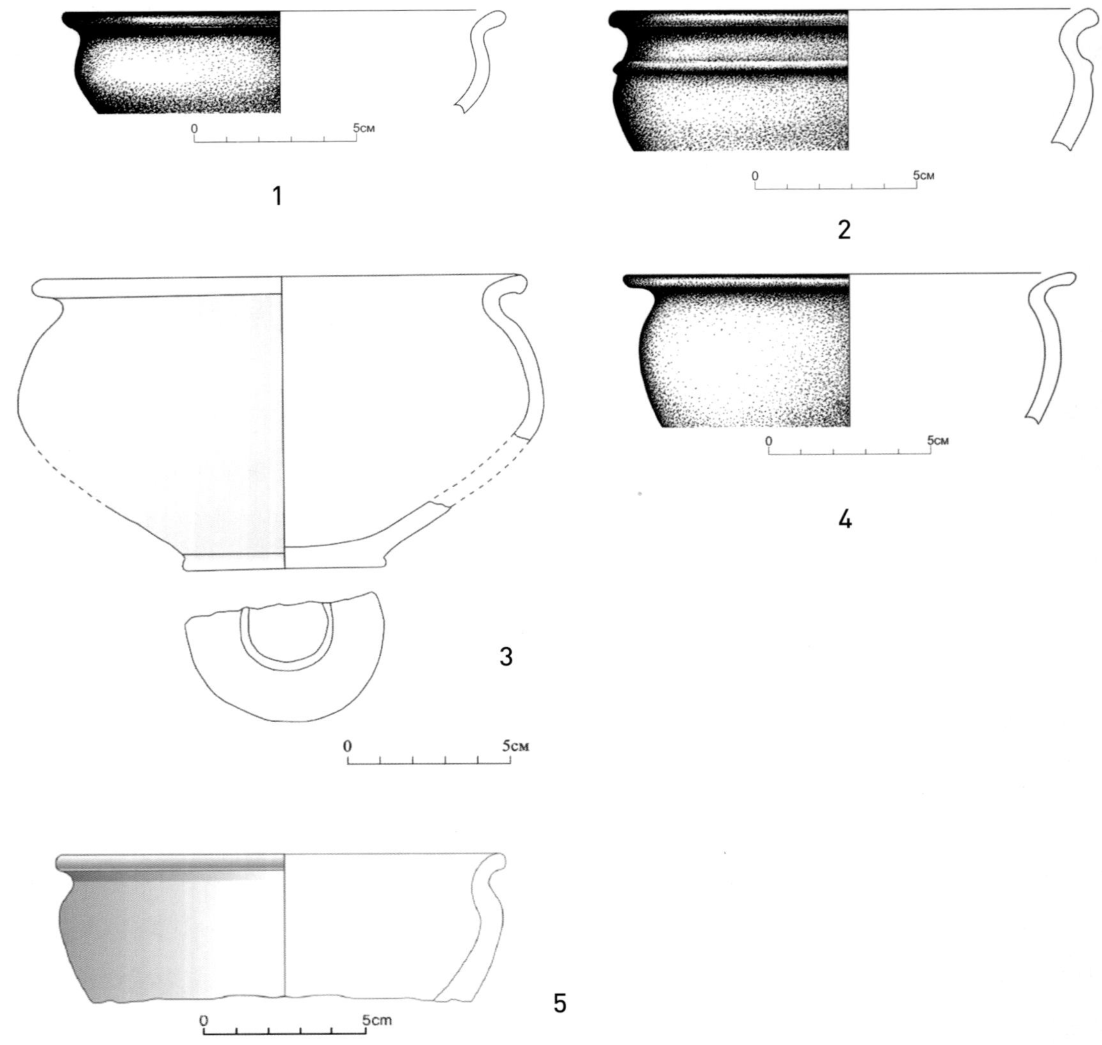

도면 861 | 크라스키노성 출토 외반구연 발 III형식(1, 2)과 IV형식(3~5) 구연-동체 부분: 1-제53구역 남서쪽섹터 제3인공층 오-2방안(2018-도682, 2), 2-제53구역 서북쪽섹터 제2인공층 까-6`방안(2018-도482, 1), 3-제40구역 제4인공층 제-16방안(2008-도453, 5), 4-제47구역 3섹터 제6인공층 베-23방안(2014-도540, 5), 5-제35구역 제5인공층(2007-도218, 5)

1점은 편 상태인데 구연비 상대적으로 길게 외반하였다. 구연의 아랫부분이 약간 길쭉한 동글-삼각형이다. 외면은 수평 띠 광택무늬로 장식되었다. 속심과 표면은 회색이다. 구경은 14㎝이다(도면 861, 4; 862, 4). 다른 1점은 구경이 13.8㎝이다(도면 861, 5).

Ⅴ형식 외반구연 발. 외반 구연 발 중에서는 수량이 가장 많다. 30점이 확인된다. 짧게 외반하는 구연으로서 양변이 대체로 곡선이다. 두 가지 형식으로 구분된다.

Ⅴ-1형식. 사선방향으로 짧게 외반하는 구연의 양변이 대체로 곡선이면서 가장자리 쪽이 얇아지는 형식이다. 24점이 이 형식에 해당한다. 기형이 남아 있는 것이 3점 있다. 모두 평저이며, 굽이 없고, 상대적으로 깊다. 기벽

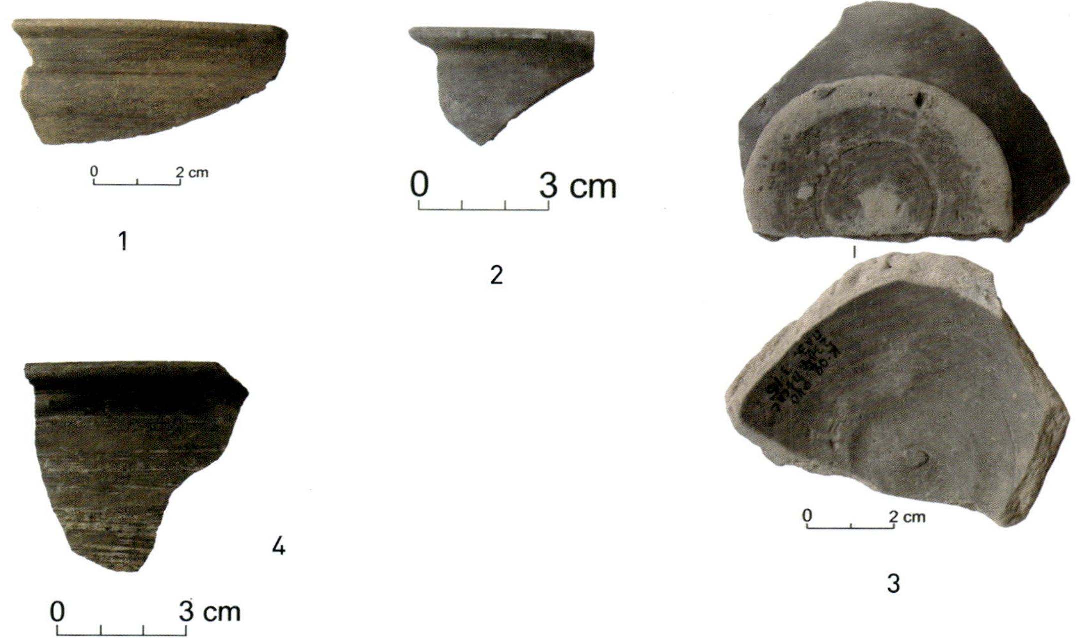

도면 862 | 크라스키노성 출토 외반구연 발 II형식(1), III형식(2)과 IV형식(3, 4) 구연-동체 부분: 1-제44구역 제1인공층 엔-21방안(2010-도51, 1), 2-제53구역 남서쪽섹터 제3인공층 오-2방안(2018-도675, 1), 3-제40구역 제4인공층 제-16방안(2008-도413), 4-제47구역 3섹터 제6인공층 베-23방안(2014-도531, 3)

의 단면은 모두 상단 S자 모양이나 거의 곧추선 상태이다. 1점은 외면이 수평의, 내면이 수평과 수직의 띠 광택무늬로 각각 장식되었다. 속심은 회색, 표면은 암회색이다. 이 토기는 크기가 구경 16.2㎝, 경경 15.8㎝, 동최대경 18.9㎝, 저경 10.9㎝, 높이 16.1㎝이다(도면 863, 1).

다른 1점은 속심이 흑색이고, 내면이 흑색 얼룩들이 있는 갈색이며, 외면이 갈색 얼룩들이 있는 흑색인데 음식 더껑이들이 많이 묻어 있다. 때문이 조리용기였을 것으로 추정되었다. 크기는 구경 16.2㎝, 동최대경 16.4㎝, 저경 11.7㎝, 높이 10.5㎝이다(도면 863, 2). 다른 1점은 크기가 구경 12.8㎝, 경경 11.9㎝, 동최대경 13.9㎝, 저경 8.1㎝, 높이 8.5㎝이다(도면 863, 3).

나머지는 모두 구연-동체 윗부분의 편들인데 일부 기저 부분까지 남아 있는 것들도 있다. 기벽의 호선 상태로 보아 상대적으로 높은 것도 있고 또 상대적으로 낮은 것도 있다고 생각된다. 상대적으로 높아 보이는 혹은 깊어 보이는 것들에서 3점은 기저부까지 형태가 확인된다. 그중의 1점은 크기가 구경 12.7㎝, 동최대경 11.4㎝, 잔존 높이가 6.2㎝이다(도면 863, 4). 나머지 2점도 이와 비슷한 상대적 깊이를 보인다(도면 863, 5, 6; 865, 1).

다른 1점은 목과 어깨 사이에 턱이 형성되어 있다. 구경은 16.5㎝이다(도면 863, 7). 1점은 구경 14.6㎝, 동최대경 15.1㎝이다. 외면이 수평 띠 광택무늬로 장식되었다. 속심은 오렌지-갈색, 표면은 흑색이다(도면 863, 8; 865, 2). 구연-동체 윗부분만 남은 다른 5점도 상대적으로 깊은 외반 구연 발로 생각된다(도면 863, 9, 10; 864, 1~3; ; 865, 3).

상대적으로 깊이가 얕아 보이는 것들은 기벽의 아랫부분 호선이 안쪽으로 크게 축약된다. 또한 상단 S자 모양인 기벽의 단면이 거의 사선 방향이다. 1점은 크기가 구경 14.6㎝, 동최대경 14.3㎝로서 구경이 동최대경에 비해 조금 더 크다(도면 864, 4). 다른 1점도 구경이 동최대경에 비해 조금 더 큰데 구경이 14㎝이다. 이 토기는 속심이

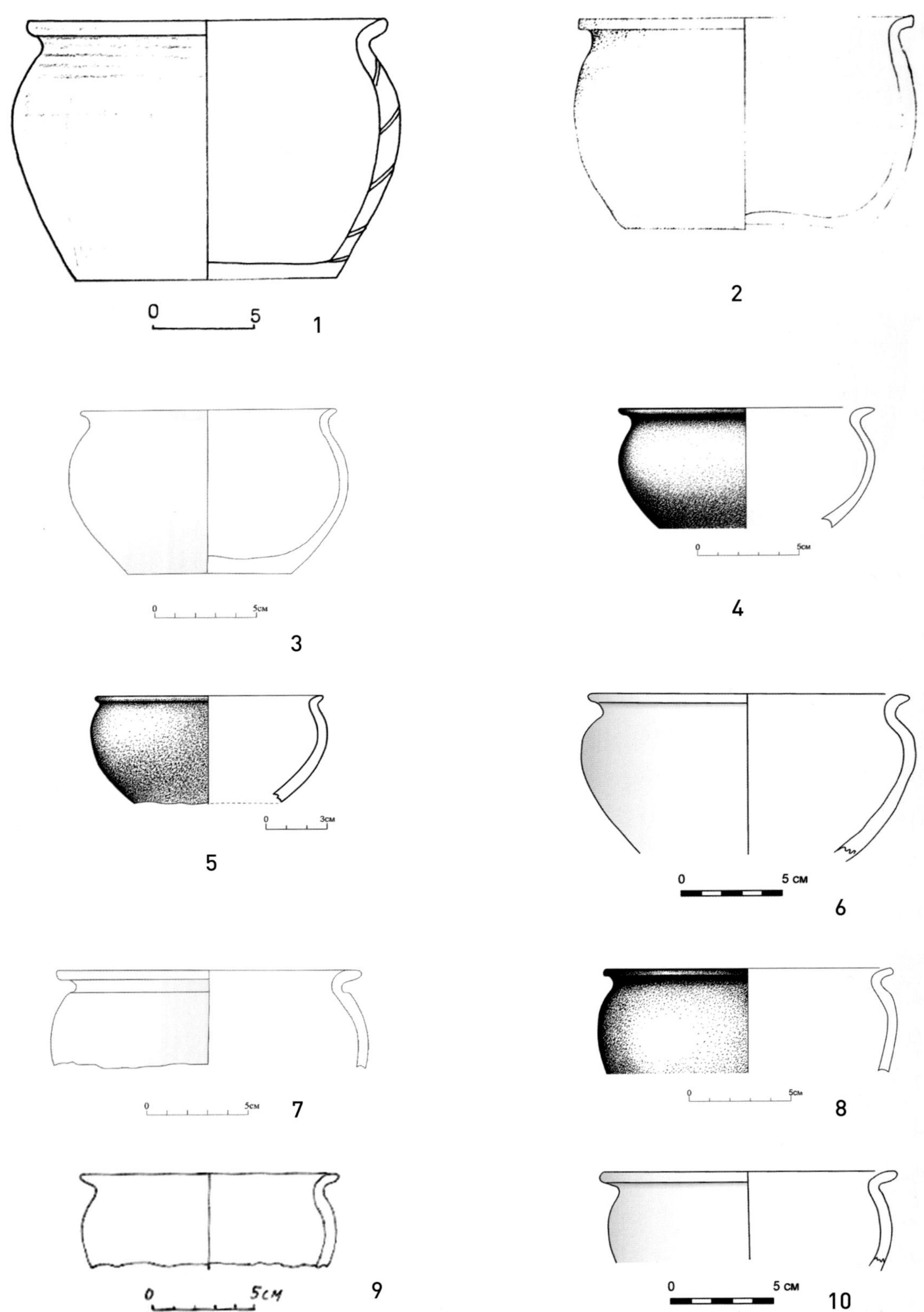

도면 863 | 크라스키노성 출토 외반구연 발 V-1형식: 1-제15구역(1998-도252, 3), 2-제29구역 게-2방안(2001-도88), 3-제40구역 제2인공층 붸-20방안(2008-도448, 2), 4-제48구역 동쪽섹터 제7인공층 엠-30,31, 줴-31, 이-35방안(2016-도116, 2), 5-제44구역 제3인공층 붸-20방안(2010-도207), 6-제40구역 제6인공층 붸-15방안(2009-도180, 8), 7-제40구역 제3~4인공층 붸-16방안(2008-도452, 5), 8-제53구역 남서쪽섹터 제9인공층 에르-4방안(2018-도856, 6), 9-제23구역 제1~2인공층(1999-도161, 9), 10-제40구역 제6인공층 베-16방안(2009-도180, 7)

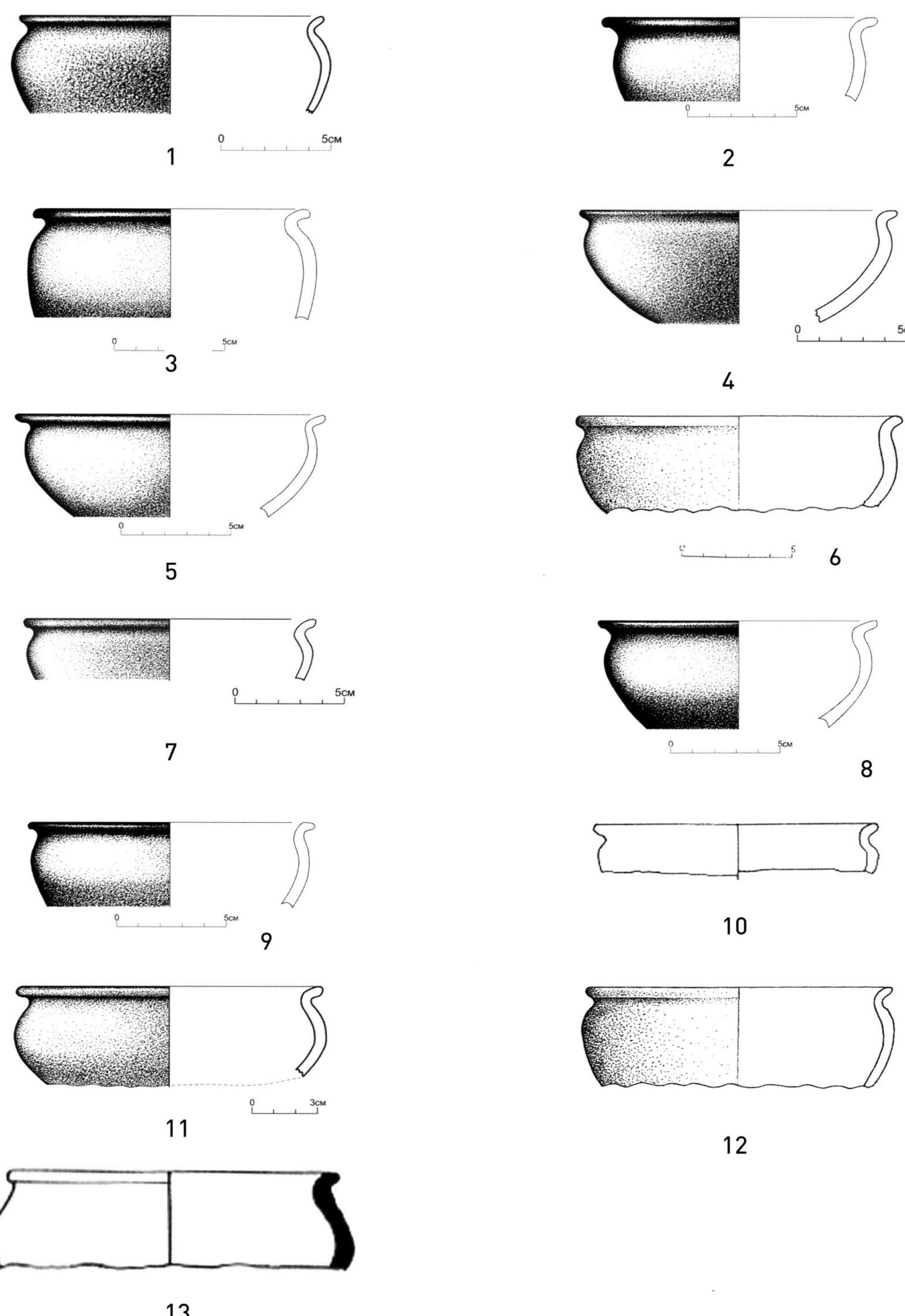

도면 864 | 크라스키노성 출토 외반구연 발 V-1형식 구연-동체 부분: 1-제48구역 제3인공층 데`-28방안(2011-도461), 2-제50구역 3섹터 제4인공층 게-1방안(2015-도979, 1), 3-제53구역 남동쪽섹터 제3인공층 이-7방안(2018-도626, 2), 4-제44구역 제4인공층 게`-18방안(2012-도77, 3), 5-제47구역 3섹터 제7인공층 베-27방안(2014-도560, 3), 6-제31구역 제6인공층 예-6방안(2003-도149, 1), 7-제47구역 5섹터 제3인공층, 뻬,에르-4,5방안(2012-도469, 3), 8-제53구역 중앙섹터(2018-도741, 2), 9-제53구역 남서쪽섹터 제6인공층 뻬-2`방안(2018-도788, 1), 10-제22구역 제3~4인공층(1999-도155, 17), 11-제44구역 제3인공층 베`-20방안(2010-도206), 12-제31구역 제4인공층 예-7방안(2003-도148, 2), 13-제15구역 제4인공층(1997-도111)

도면 865 | 크라스키노성 출토 외반구연 발 Ⅴ-1형식 구연-동체 부분: 1-제44구역 제3인공층 붸-20방안(2010-도203, 4), 2-제53구역 남서쪽섹터 제9인공층 에르-4방안(2018-도846, 2), 3-제48구역 제3인공층 데`-28방안(2011-도459, 3), 4-제47구역 3섹터 제7인공층 베-27방안(2014-도550, 2), 5-제44구역 제3인공층 베`-20방안(2010-도203, 2)

명회색이고, 표면은 암회색이다(도면 864, 5; 865, 4). 다른 것들도 대개 구경이 동최대경보다 조금이긴 하여도 큰 편이다(도면 864, 6~10).

하지만 동최대경이 구경과 비슷하거나 조금 더 큰 것도 있다. 1점은 구경이 13.6㎝, 동최대경이 14.1㎝이다(도면 864, 11; 865, 5). 다른 1점은 구경이 14㎝이다(도면 864, 12). 나머지 1점은 구경이 15.3㎝이다(도면 864, 13).

Ⅴ-2형식. 구연의 바깥쪽 절반이 거의 수평인 것이다. 그런데 세부적인 형태는 다시 3종류로 나뉜다. 첫 번째는 구연이 외반하면서 거의 바로 편평하게 수평을 이룬다. 1점이 있는데 기형이 거의 남아 있다. 속심은 회색, 표면은 암회색이다. 구경은 13㎝이다(도면 866, 1; 868, 1).

두 번째는 구연부가 상대적으로 길게 외반한 것이다. 3점이 여기에 속할 것이다. 1점은 온전하게 기형이 남아 있는데 고리 굽이 부착되어 있다. 목이 상대적으로 깊게 오목하며, 동체가 납작한 편이다. 외면에 수평 띠 광택무늬가 시문되었다. 속심은 명회색, 표면은 회색이다. 이 토기의 크기는 구경 15㎝, 동최대경 14.7㎝, 굽 직경 7.1㎝, 높이 5.6㎝이다(도면 866, 2; 868, 2). 다른 2점도 형태가 이와 비슷하다(도면 866, 3, 4; 868, 3).

세 번째는 구연부가 상대적으로 짧게 외반한 것이다. 5점이 확인된다. 2점은 외면이 조밀한 수평 띠 광택무늬로 장식되었다. 속심과 표면이 모두 회색 계통이다. 그중의 1점은 구경이 13.6㎝이다(도면 866, 5). 나머지 3점도 기본 특징이 거의 동일하다(도면 866, 6~8; 868, 4).

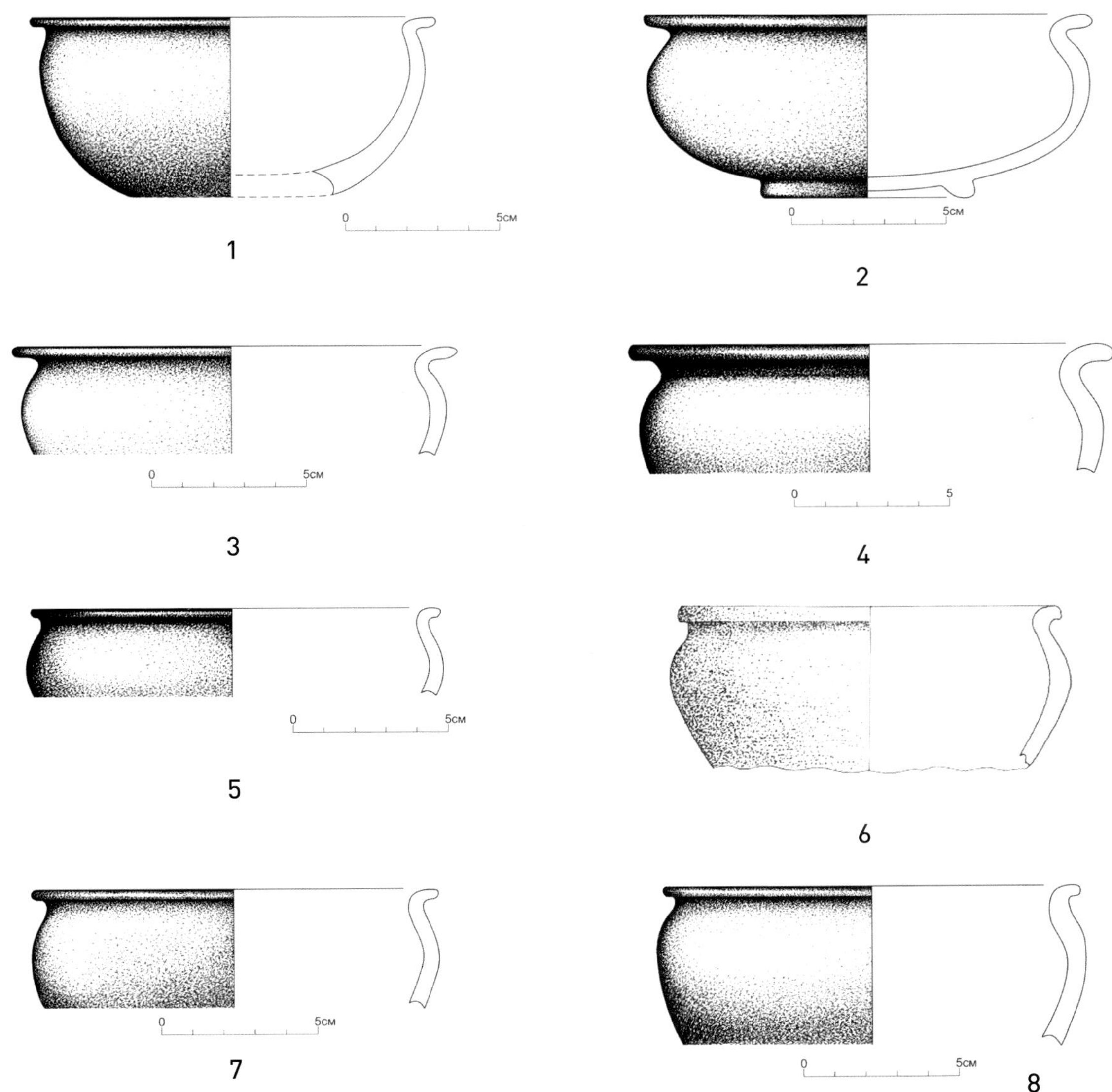

도면 866 | 크라스키노성 출토 외반구연 발 V-2형식 구연-동체 부분: 1-제47구역 3섹터 제7인공층 아-30방안(2014-도560, 4), 2-제44구역 제8인공층 엠-20,22방안(2014-도123, 2), 3-제44구역 제7인공층 엠-20방안(2014-도89, 2), 4-제50구역 1섹터 제2인공층 떼-1`방안(2015-도691, 5), 5-제53구역 중앙섹터 제6인공층 베-3`,2`방안(2018-도742, 2), 6-제31구역 제6인공층 제-7방안(2003-도135, 1), 7-제47구역 3섹터 제5인공층 뻬-29방안(2014-도520, 1), 8-제53구역 2섹터 제5인공층 까-3`방안(2017-도605, 3)

VI형식 외반구연 발. 곧게 사선 방향으로 외반한 구연의 단면이 길쭉한 삼각형이다. 2점이 확인된다. 1점은 기형이 남아 있는 것인데 평굽이 부착되어 있다. 굽의 외면이 아래쪽으로 가면서 약간 축약된다. 기벽이 완만하게 내만 호선을 이룬다. 구경은 13㎝, 저경은 7.2㎝, 높이는 6.5㎝이다(도면 867, 1). 다른 1점은 편인데 구경이 13.5㎝이다(도면 867, 2).

VII형식 외반구연 발. 외반한 구연과 그 아래 어깨 턱이 뚜렷하게 구분되는 것이다. 5점이 확인된다. 2014년에 출토된 1점은 매우 전형적이다. 구연이 사선 방향으로 외반하였고, 목이 잘록하게 들어가 있으며, 목과 어깨와의 사

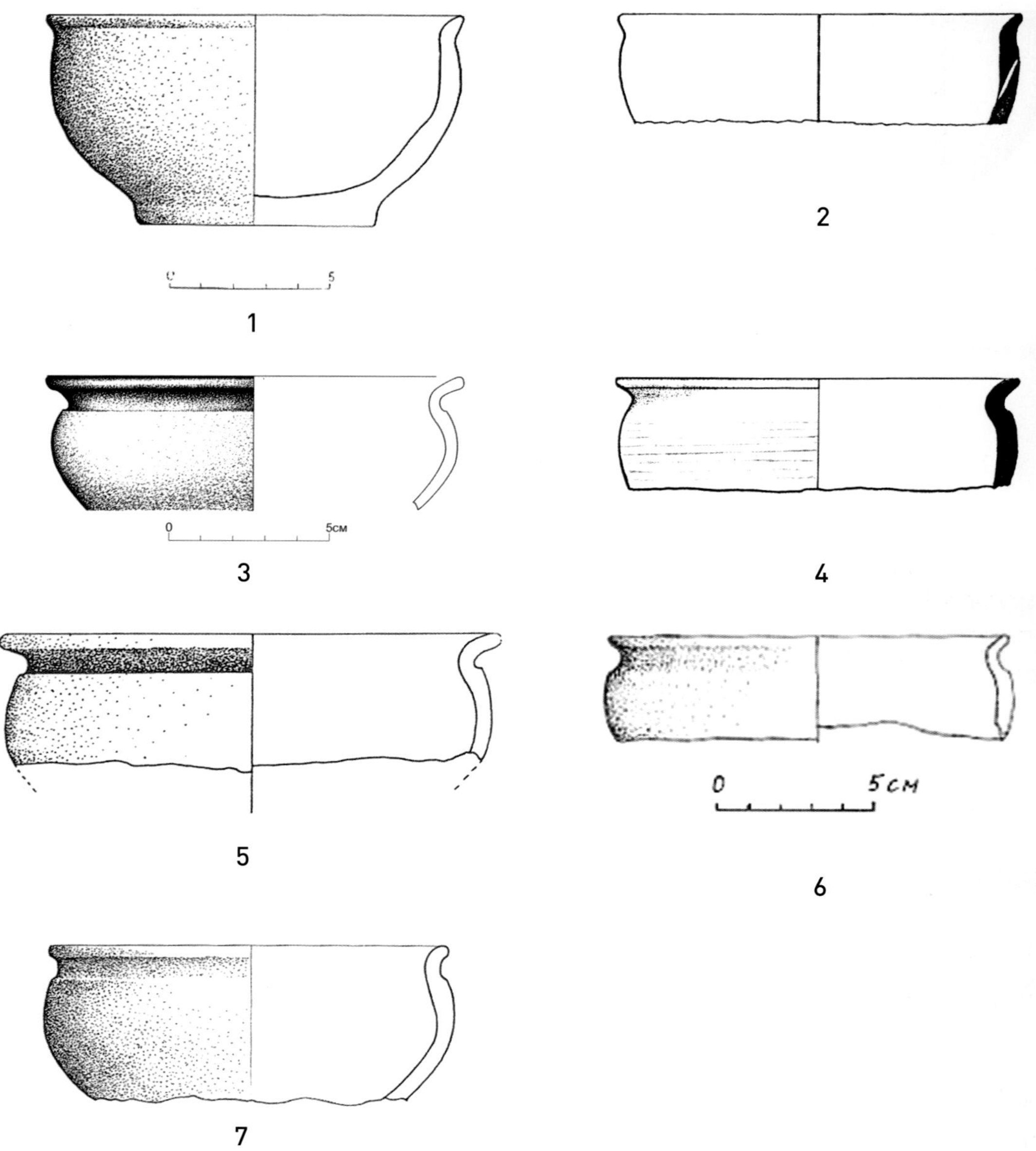

도면 867 | 크라스키노성 출토 외반구연 발 VI형식(1, 2)과 VII형식(3~7): 1-제31구역 제6인공층 제-8방안(2003-도149, 2), 2-제12구역(1996-도66. 2), 3-제47구역 3섹터 제9인공층 아-29방안(2014-도612, 1), 4-제11,12구역(1995-도48, 7), 5-제21구역 제2인공층(1999-도138, 23), 6-제21구역 제2~3인공층(1999-도144, 6), 7-제31구역 제6인공층 제-6방안(2003-도143, 2)

이에 턱이 뚜렷하게 표현되어 있다. 어깨-동체는 내만 호선을 이루며 안쪽으로 축약된다. 구경은 13㎝이다. 외면이 수평 띠 광택무늬로 장식되었고, 속심은 명회색, 표면은 회색이다(도면 867, 3; 868, 5). 1995년에 출토된 1점은 외면이 모두 수평 띠 광택무늬로 장식되어 있다. 이 토기는 회색이며, 구경은 12.8㎝, 동최대경은 12.6㎝이다(도면 867, 4). 나머지 3점은 구경이 각각 16.2㎝(도면 867, 5), 12.7㎝(도면 867, 6), 12.5㎝(도면 867, 7)이다.

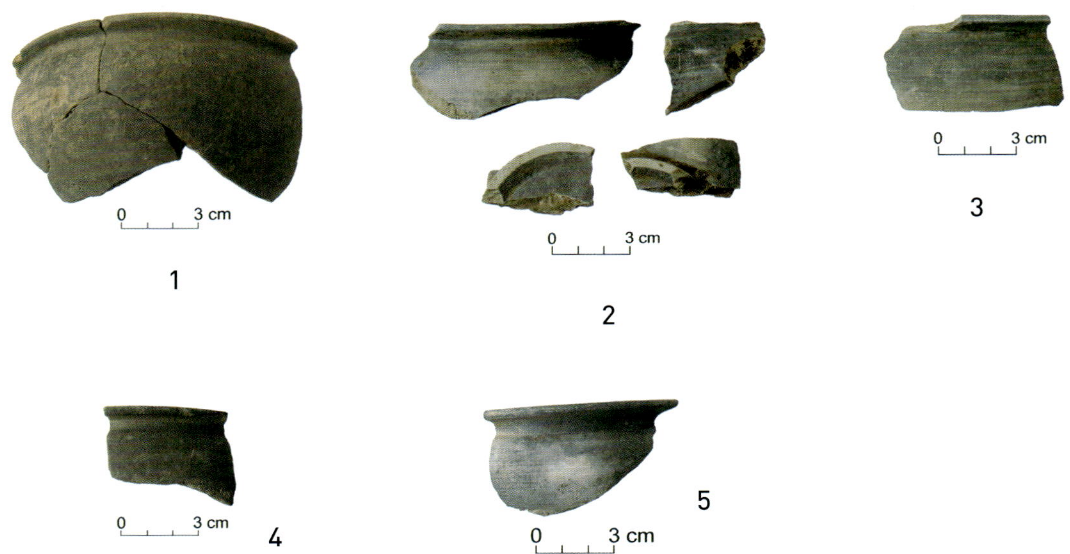

도면 868 | 크라스키노성 출토 외반구연 발 Ⅴ-2형식(1~4)과 Ⅶ형식(5): 1-제47구역 3섹터 제7인공층 아-30방안(2014-도550, 1), 2-제44구역 제8인공층 엠-20,22방안(2014-도116), 3-제44구역 제7인공층 엠-20방안(2014-도86, 3), 4-제47구역 3섹터 제5인공층 붸-29방안(2014-도511, 1), 5-제47구역 3섹터 제9인공층 아-29방안(2014-도603, 5)

6) 외반구연 완

구연, 목, 어깨, 동체 기벽의 호선 형태가 외반구연의 발과 비슷하다. 다만 크기가 발에 비해 작은 것인데 구경이 6.2㎝부터 12㎝까지이다. 다만 이 중에서 구경이 작은 것은 종지나 등잔으로도 사용되었을 가능성이 있다고 생각된다.

완은 굽이 있는 것과 없는 것이 있다. 하지만 절대다수의 것들은 구연-동체 윗부분의 편이기 때문에 원래 굽이 있었는지 없었는지 알 수가 없다. 굽이 있는 것과 없는 것은 기형이 확인되는 경우 전체적인 형태와 구연의 형태가 서로 큰 차이를 보이지 않는다.

구연의 형태는 크게 7가지 형식으로 구분된다.

- Ⅰ형식은 일종의 상첨구순이 있는 것이다.
- Ⅱ형식은 짧게 외반하는 구연이 사선방향이고 두께가 어깨 부분과 거의 비슷하거나 혹은 조금 더 얇은 것이다. 구연부 전체의 두께가 비슷한 것과 끝부분으로 가면서 완만하게 얇아지는 것은 서로 구분이 되기도 하고 또 구분이 애매한 것도 있어 일단은 하나의 세부 형식(Ⅱ-1형식)으로 통합하였다. 끝부분으로 가면서 급격하게 얇아져 구순의 단면이 삼각형에 가까운 것(Ⅱ-2형식)과 구연부가 거의 직립하듯 조금 밖으로 외반한 것(Ⅱ-3형식)도 있다.
- Ⅲ형식은 짧게 외반하는 구연이 사선방향인 것은 Ⅰ형식과 동일하나 구연의 두께가 어깨 부분에 비해 1/2 이

상으로 얇은 것이다. 완의 깊이는 상대적으로 깊은 것도 있고 얕은 것도 있다.

- Ⅳ형식은 짧게 사선 방향으로 외반하는 구연 및 또렷하게 구분되는 어깨 턱이 있는 것이다.
- Ⅴ형식은 구연이 수평으로 외반하여 어깨와 구연 사이가 거의 예각을 이루는 것이다.
- Ⅵ형식은 일종의 하첨구순이 있는 것이다.
- Ⅶ형식은 구연이 이중인 것이다.

Ⅰ형식 외반구연 완. 1점이 있는제 전체 기형이 확인된다. 짧게 외반하는 구연부의 끝부분에서 구순이 위로 약간 돌출한다. 어깨가 발달된 형태이다. 평굽이 부착되어 있는데 굽의 측면의 수직이다. 외면이 수평 띠 광택무늬로 장식되었다. 속심과 표면이 모두 흑색이다. 크기는 구경 12㎝, 저경 6㎝, 높이 5.6㎝이다(도면 869, 1).

Ⅱ형식 외반구연 완. 구연부가 모두 밖으로 사선방향으로 외반하였다. 모두 25점이 확인되었다. 이 형식 외반구연 완에는 굽이 있는 것이 포함된다. 굽이 있는 것은 모두 높이가 상대적으로 높다. 굽이 없는 것 중에는 이 형식에서 기형이 온전하게 남아 있는 것이 없다. 저부가 남아 있지 않은 구연-동체 윗부분의 편들은 기벽의 호선을 통해 볼 때에 높이가 상대적으로 낮은 것과 높은 것이 구분된다. 하지만 그 높고 낮은 것이 굽이 있고 없고를 반영한다고는 생각되지 않는다. 왜냐하면 완보다 크기가 더 큰 발의 경우 굽이 없는 것과 있는 것 모두 높이가 상대적으로 낮은 것도 있고 높은 것도 있기 때문이다.

Ⅱ-1형식. 3점은 전체 기형이 확인되는데 굽이 있다. 그중의 1점은 굽이 넓은 고리 굽이다. 구연의 두께가 어깨부분과 거의 동일하며, 구순은 둥그스름하다. 구연, 목, 어깨, 동체 기벽의 호선 단면이 사선 방향으로 기울은 상단 S자 모양이다. 크기는 구경 11.1㎝, 경경 10.5㎝, 굽 직경 4.1㎝, 높이 5.8㎝이다(도면 869, 2; 872, 1). 다른 2점은 모두 평굽이다. 굽의 윗부분이 안쪽으로 오목하게 들어갔다. 기벽의 호선은 전형적인 상단 S자형이다. 1점은 크기가 구경 10.9㎝, 굽 직경 5.2㎝, 높이 5.4㎝이고(도면 869, 3), 다른 1점은 크기가 구경 10㎝, 경경 8.9㎝, 굽 직경 4.5㎝, 높이 5.9㎝, 굽 높이 0.35㎝이다(도면 869, 4; 872, 2).

다음은 높이가 상대적으로 낮다고 생각된 것들에 대해 살펴보기로 한다. 낮은 것으로 본 것은 동체 아랫부분 기벽이 안쪽으로 크게 축약되기 때문이다. 7점이 확인된다. 모두 기벽의 단면은 사선 방향으로 기울은 상단 S자 모양이다. 1점은 구경이 10.4㎝이고, 속심은 회색, 표면은 흑색이다(도면 869, 5; 872, 3). 다른 1점은 구경이 11.2㎝이고, 속심은 오렌지-갈색, 표면은 흑색이다(도면 869, 6). 외면이 수평 띠 마연이 된 것들도 있다(도면 869, 7~9; 873, 1). 나머지 4점도 위의 것들과 서로 비슷하다(도면 869, 10~12; 870, 1; 873, 2~4).

다음은 높이가 상대적으로 높다고 생각되는 것들이다. 10점이 확인된다. 그중의 1점은 구연-동체 윗부분이 저부와 함께 발견되어 기형의 거의 복원되었다. 기벽의 호선 단면이 상단 S자 모양이지만 기울은 정도가 높이가 낮은 것에 비해 덜하다. 크기는 구경 13㎝, 저경 7.4㎝, 추정 높이 9.7㎝이고, 회색이다(도면 870, 2; 873, 5). 동체가 기저부 가까이까지 남아 있어 기형이 어느 정도 파악되는 것들도 5점이 있다. 그중의 1점은 외면에 수평 띠 마연이 되어 있고, 회백색이다. 구경은 8㎝, 경경은 7.2㎝이다(도면 870, 3; 873, 6). 다른 1점은 동최대경이 구경보다 약간 큰 것이다. 동체가 상대적으로 둥그스름한 느낌이다. 구경은 11.3㎝, 경경은 9.9㎝, 동최대경은 12.1㎝이다(도면

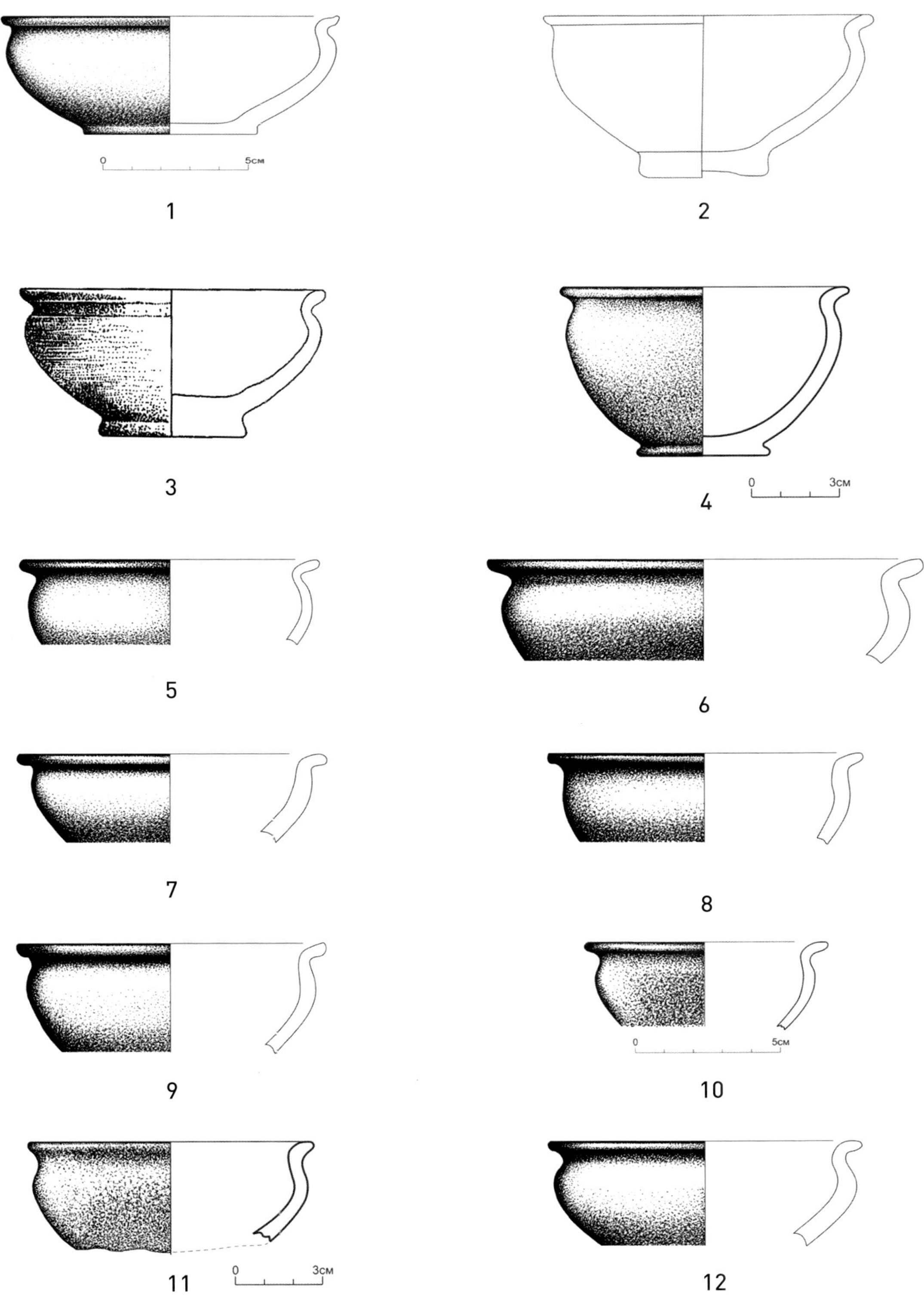

도면 869 | 크라스키노성 출토 외반구연 완 Ⅰ형식(1)과 Ⅱ-1형식(2~12): 1-제53구역 1섹터 제2인공층 데-3`방안(2017-도400, 2), 2-제40구역 제2,3인공층 아`-20방안(2008-도451, 5), 3-제34구역 제2인공층 베-12방안(2005-도137), 4-제44구역 제3인공층 쉐-26방안(2010-도204), 5-제47구역 2섹터 제5인공층 게-16, 베-18방안(2015-도300, 3), 6-제50구역 1,3섹터 제1인공층 아-5방안(2015-도823, 2), 7-제50구역 2섹터 제2인공층 야-2방안(2015-도858, 1), 8-제50구역 제4인공층 1섹터 수혈(2015-도794, 3), 9-제50구역 2섹터 제4인공층 쉐-3`방안(2015-도978, 3), 10-제47구역 3섹터 제2인공층 쀄-27방안(2011-도656), 11-제44구역 제3인공층 엔-21방안(2010-도218), 12-제50구역 3섹터 제4인공층 게-3`, 예-1방안(2015-도979, 3)

도면 870 | 크라스키노성 출토 외반구연 완 Ⅱ-1형식 구연-동체 부분: 1-제23구역 제3인공층(1999-도161, 37), 2-제53구역 2섹터 제3인공층 까-1방안(2017-도565, 2), 3-제44구역 제3인공층 줴-23방안(2010-도205), 4-제47구역 5섹터 제3인공층 에르-3`방안(2012-도468, 4), 5-제53구역 남서쪽섹터 제6인공층 에르-4`방안(2018-도788, 3), 6-제41구역 제2인공층 엘-6방안(2008-도437, 1), 7-제48구역 동쪽섹터 제7인공층중 엠-31방안(2016-도116, 3), 8-제47구역 7섹터 제1인공층(2013-도250, 2), 9-제50구역 3섹터 제2인공층 예-2방안(2015-도858, 2), 10-제53구역 남서쪽섹터 제6인공층 에쓰-1방안(2018-도788, 2)

870, 4). 1점은 외면에 수평 띠 마연이 되었다. 이 토기는 속심과 표면이 모두 암회색이고, 구경은 10.6㎝이다(도면 870, 5; 873, 7). 나머지 2점은 이와 비슷하다(도면 870, 6, 7; 873, 8).

그 외에도 높이가 상대적으로 높다고 생각되는 작은 편 상태의 외반 구연 완들이 5점 더 있다. 모두 상기한 외반 구연 완들과 비슷하다(도면 870, 8~10; 871, 1, 2; 873, 9~11).

Ⅱ-2형식. 3점이 있다. 그중의 1점은 전체 기형이 남아 있는데 평굽이다. 굽의 외면이 수직을 이루고 있다. 이 토기는 구연이 가장자리로 가면서 얇아지고 있으며, 동최대경이 구경보다 조금 더 크다. 크기는 구경 11.3㎝, 경경 10.8㎝, 동최대경 11.7㎝, 저경 6.1㎝, 높이 7㎝이며, 굽 높이는 0.6㎝이다. 회색이고, 기면을 반들반들하게 정면하

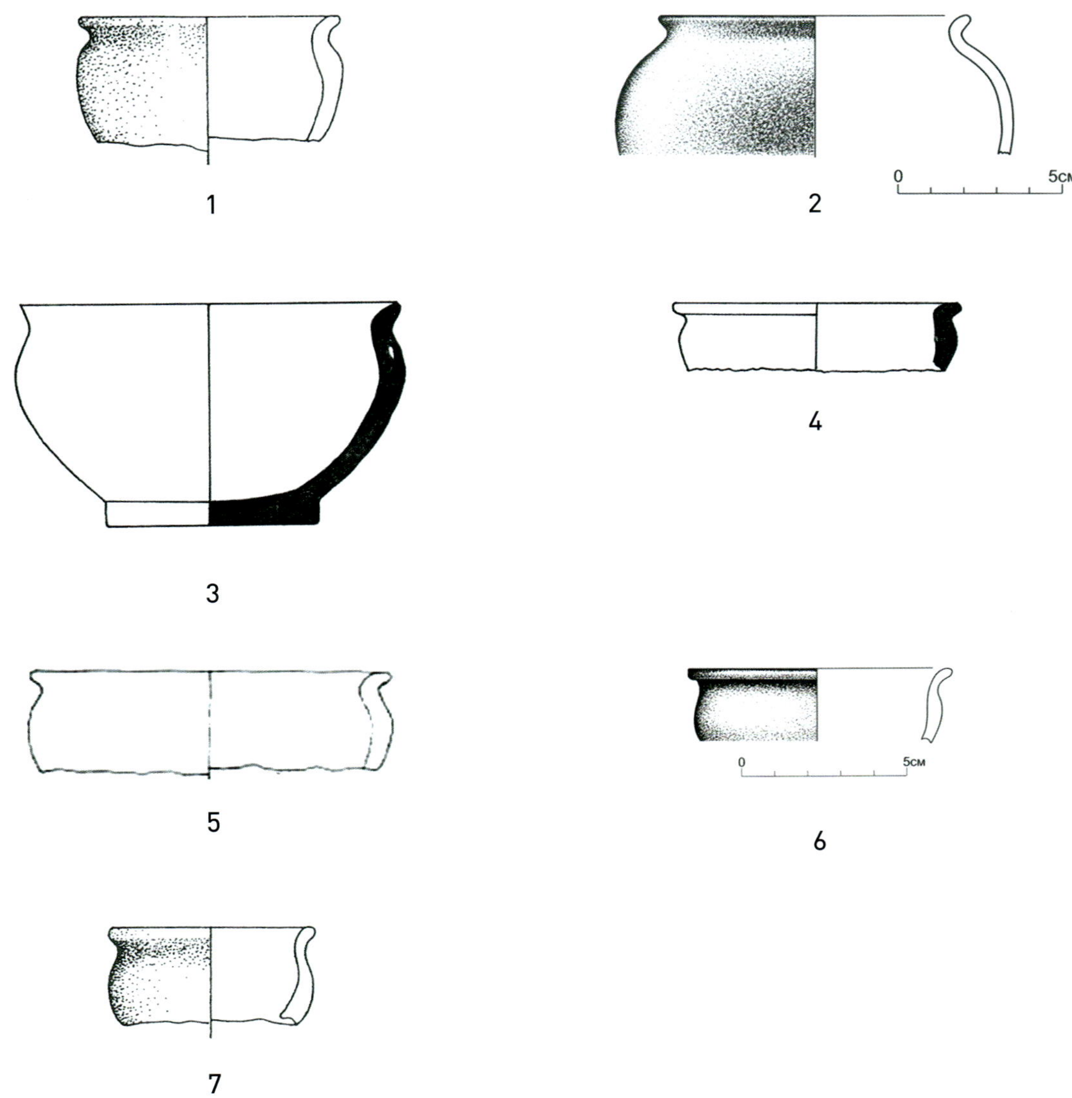

도면 871 | 크라스키노성 출토 외반구연 완과 종지 Ⅱ-1형식(1, 2), Ⅱ-2형식(3~5), Ⅱ-3형식(6, 7): 1- 제21구역 제2인공층(1999-도139, 48), 2-제44구역 제4인공층 까-18방안(2012-도77, 5), 3-제11구역(1996-도62, 1), 4-제11구역(1996-도62, 3), 5-제22구역 제3인공층(1999-도151, 11), 6-제53구역 2섹터 제3인공층 엠-2방안(2017-도564, 3), 7-제21구역 제2인공층(1999-도139, 47)

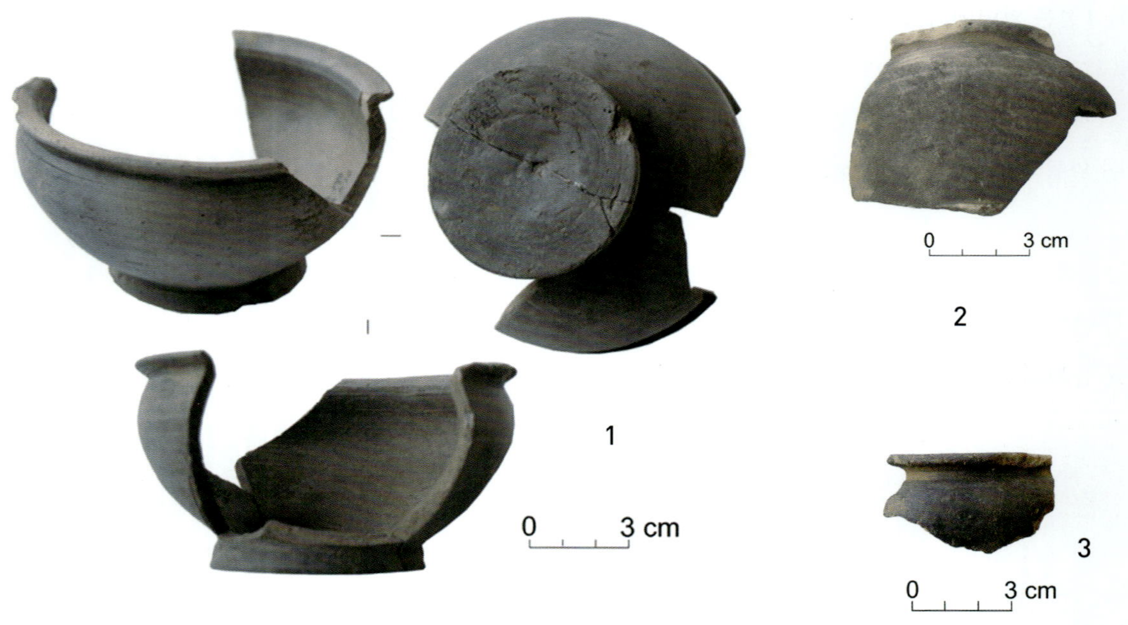

도면 872 | 크라스키노성 출토 외반구연 완 Ⅱ-1형식: 1-제40구역 제2,3인공층 아`-20방안(2008-도392), 2-제44구역 제3인공층 줴-26방안(2010-도203, 1), 3-제47구역 2섹터 제5인공층 게-16, 베-18방안(2015-도288, 4)

였다(도면 871, 3). 2점은 기저 부분이 확인되지 않는다. 구경은 각각 8.7㎝와 11.1㎝이다(도면 871, 4, 5).

Ⅱ-3형식. 2점이 있다. 구연부가 거의 거의 수직에 가깝게 조금 외반하였다. 1점은 구경이 8.3㎝인데 외면이 수평 띠 마연되었다. 속심은 오렌지-갈색, 표면은 흑색이다(도면 871, 6; 873, 12). 다른 1점은 구경이 6.2㎝이다(도면 871, 7).

Ⅲ형식 외반구연 완. 짧게 외반하는 구연이 사선 방향으로 나있고 구연의 두께가 어깨 부분에 비해 1/2 이상으로 얇은 것이다. 14점이 확인된다. 완의 깊이는 상대적으로 깊은 것도 있고 얕은 것도 있다.

1점은 전체 기형이 확인되는 것이다. 구연이 어깨 부분과 비교하여 1/2정도로 얇다. 동최대경 부분에 손잡이가 하나 달려있다. 외면은 수평 띠 마연이 되었다. 크기는 구경 9.5㎝, 저경 6.5㎝, 높이 4.5㎝이다(도면 874, 1). 이 토기는 상대적으로 얕아 보인다. 다른 4점도 저부가 남아 있지는 않지만 기벽의 호선 상태로 볼 때에 깊이가 상대적으로 얕아 보인다. 그중의 2점은 외면이 수평 띠 마연이 되었고, 속심은 회색 혹은 회백색, 표면은 암회색 혹은 흑색이다. 1점은 구경이 11㎝(도면 874, 2), 다른 1점은 구경이 11.6㎝이다(도면 874, 3; 877, 1). 그 외에도 높이가 낮은 것으로 보이는 2점이 더 있다(도면 874, 4, 5).

4점은 높이가 상대적으로 높다고 생각되는 것들이다. 그중의 1점은 구경이 11㎝인데 베이지색이다. 외면에 수평 방향으로 마연을 하였다(도면 874, 6; 877, 2). 2점은 외면에 수평 띠 마연을 한 것인데 속심은 회색이고 표면은 암회색 혹은 흑색이다. 그중의 1점은 구경이 10.3㎝(도면 874, 7), 다른 1점은 구경이 11㎝이다(도면 874, 8; 877, 3). 1점은 구경이 11.4㎝이다(도면 874, 9; 877, 4).

도면 873 | 크라스키노성 출토 외반구연 완 II-1형식(1~11)과 II-3형식(12): 1-제50구역 2섹터 제4인공층 쉐-3`방안(2015-도947, 3), 2-제47구역 3섹터 제2인공층 붸-27방안(2011-도654, 4), 3-제44구역 제3인공층 엔-21방안(2010-도217, 3), 4-제50구역 3섹터 제4인공층 게-3`, 예-1방안(2015-도968, 1), 5-제53구역 2섹터 제3인공층 까-1방안(2017-도547), 6-제44구역 제3인공층 줴-23방안(2010-도203, 3), 7-제53구역 남서쪽섹터 제6인공층 에르-4`방안(2018-도778, 1), 8-제48구역 동쪽섹터 제7인공층 엠-31방안(2016-도101), 9-제47구역 7섹터 제1인공층(2013-도251, 6), 10-제50구역 3섹터 제2인공층 예-2방안(2015-도853, 2), 11-제53구역 남서쪽섹터 제6인공층 에쓰-1방안(2018-도778, 2), 12-제53구역 2섹터 제3인공층 엠-2방안(2017-도549, 2)

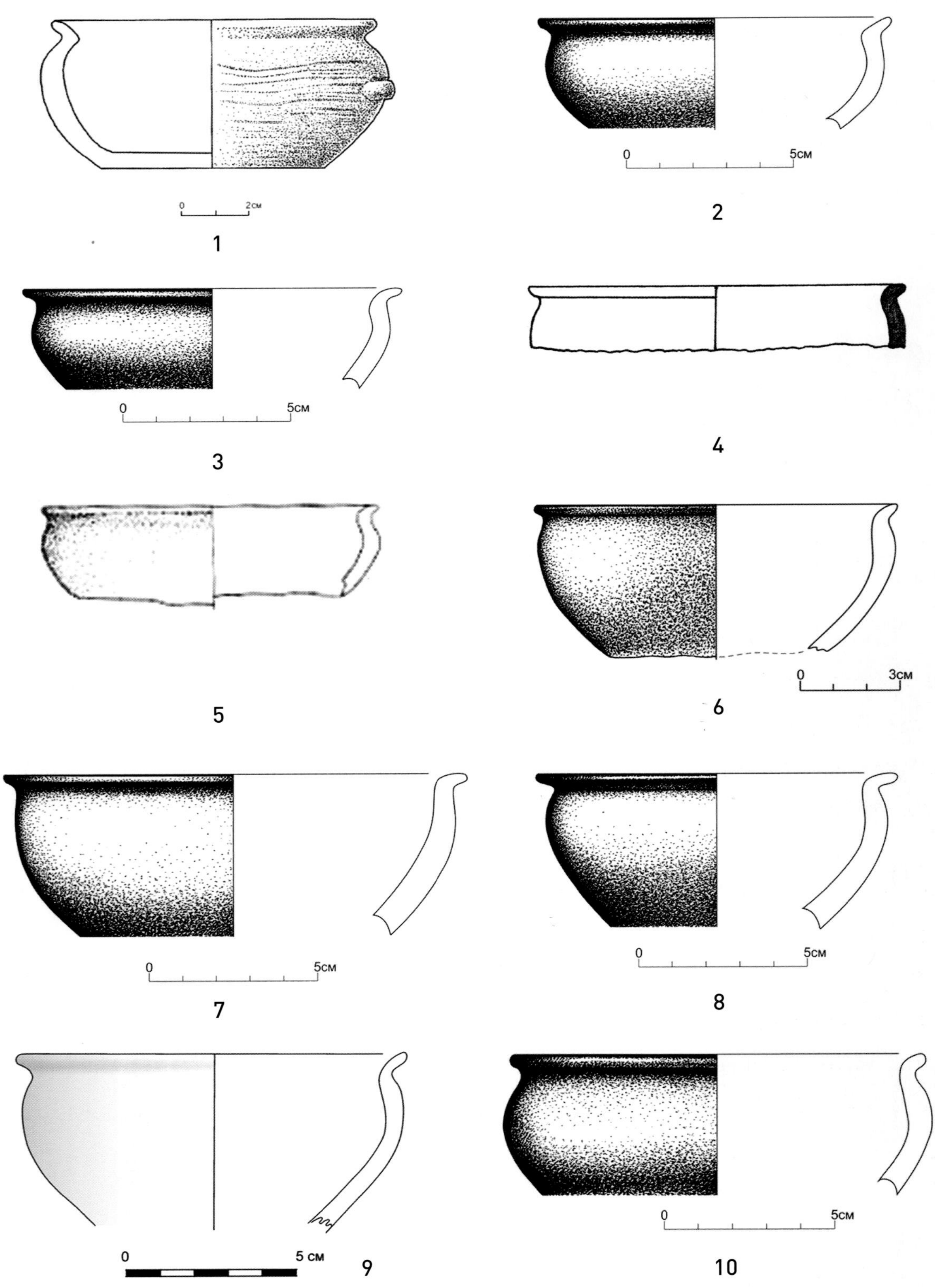

도면 874 | 크라스키노성 출토 외반구연 완 III형식: 1-제34구역 제4인공층 아-게-14,15방안(2006-도179, 1), 2-제50구역 3섹터 제3인공층 뤠-2`방안(2015-도914, 2), 3-제53구역 서북쪽섹터 제3인공층 뤠-7`방안(2018-도540, 4), 4-제11구역(1996-도62, 2), 5-제21구역 제2~3인공층(1999-도144, 7), 6-제45구역 제3인공층 예-11방안(2010-도388), 7-제50구역 3섹터 제1인공층 예-2방안(2015-도823, 3), 8-제50구역 3섹터 제3인공층 게-5방안(2015-도914, 3), 9-제40구역 1호 수혈 베,뤠-15,16방안(2009-도91, 5), 10-제53구역 서북쪽섹터 제1인공층 게-10`-6`방안(2018-도431, 1)

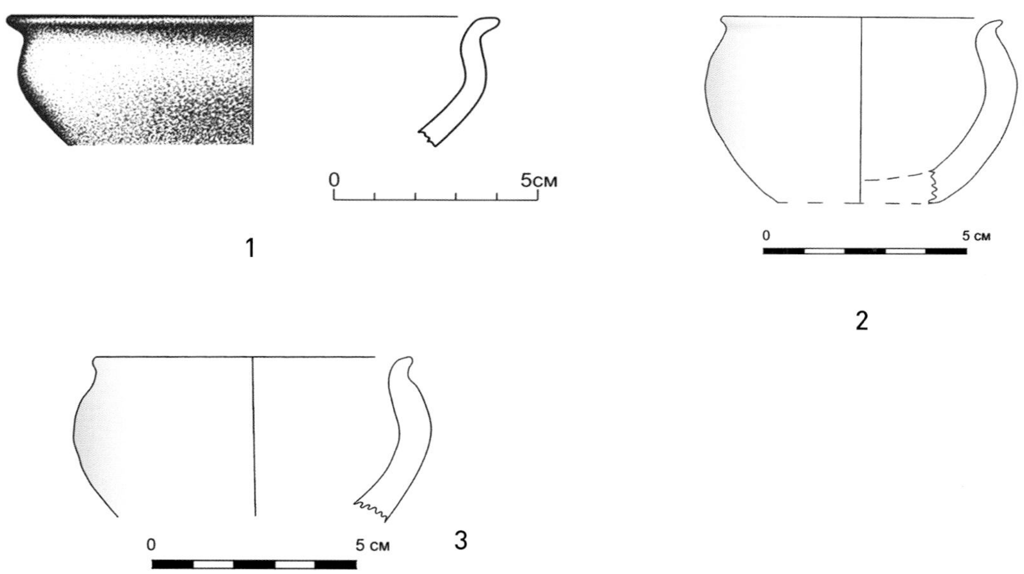

도면 875 | 크라스키노성 출토 외반구연 완 III형식 구연-동체 부분: 1-제47구역 5섹터 제2인공층 오-5방안(2012-도469, 2), 2-제40구역 제8인공층 게-15방안(2009-도255, 3), 3-제40구역 1호 수혈 베,볘-15,16방안(2009-도91, 4)

그 외에도 이와 비슷한 특징을 가진 완이 2점 더 있다(도면 874, 10; 875, 1).

다른 2점은 구연부가 끝부분으로 가면서 많이 얇아지는 것이다. 동체 기벽은 상대적으로 많이 두텁다. 1점은 전체 기형의 어느 정도 확인되는데 구경은 7㎝, 추정 저경은 3.8㎝, 높이는 4.8㎝ 정도이다(도면 875, 2). 1점은 구경이 7.9㎝이다(도면 875, 3; 877, 5).

IV형식 외반구연 완. 짧게 사선 방향으로 외반하는 구연 및 또렷하게 구분되는 어깨 턱이 있는 것이다. 4점이 확인된다.

1점은 기형이 온전하게 남아 있다. 이 토기는 구경에 비해 저경이 상대적으로 좁고, 구연, 목, 어깨, 동체의 기벽 호선이 거의 사선 방향으로 나있다. 구경과 동최대경이 동일하며, 전체적으로 깊이가 얕다. 크기는 구경 10.4㎝, 경경 9.8㎝, 동최대경 10.4㎝, 저경 3.8㎝, 높이 4.1㎝이다(도면 876, 1). 다른 1점은 저부가 결실된 것인데 형태는 위의 것과 거의 동일하지만 구연이 어깨 부분에 비해 얇은 편이다. 이 토기는 구경이 10.2㎝이다(도면 876, 2). 다른 1점은 구경이 9㎝, 경경이 7.7㎝이고, 회색이다(도면 876, 3; 877, 6). 나머지 1점은 구경이 11.9㎝이다(도면 876, 4).

V형식 외반 구연 완. 구연이 수평으로 외반하여 어깨와 구연 사이가 거의 예각을 이루는 것이다. 2점이 확인된다. 모두 저부는 남아 있지 않다. 1점은 구경이 8.9㎝, 동최대경이 9㎝로서 구경과 동최대경이 거의 비슷하다. 이 토기는 속심과 표면이 모두 회색이다(도면 876, 5; 877, 7). 다른 1점은 구경이 10.7㎝, 동최대경이 11.1㎝이다(도면 876, 6).

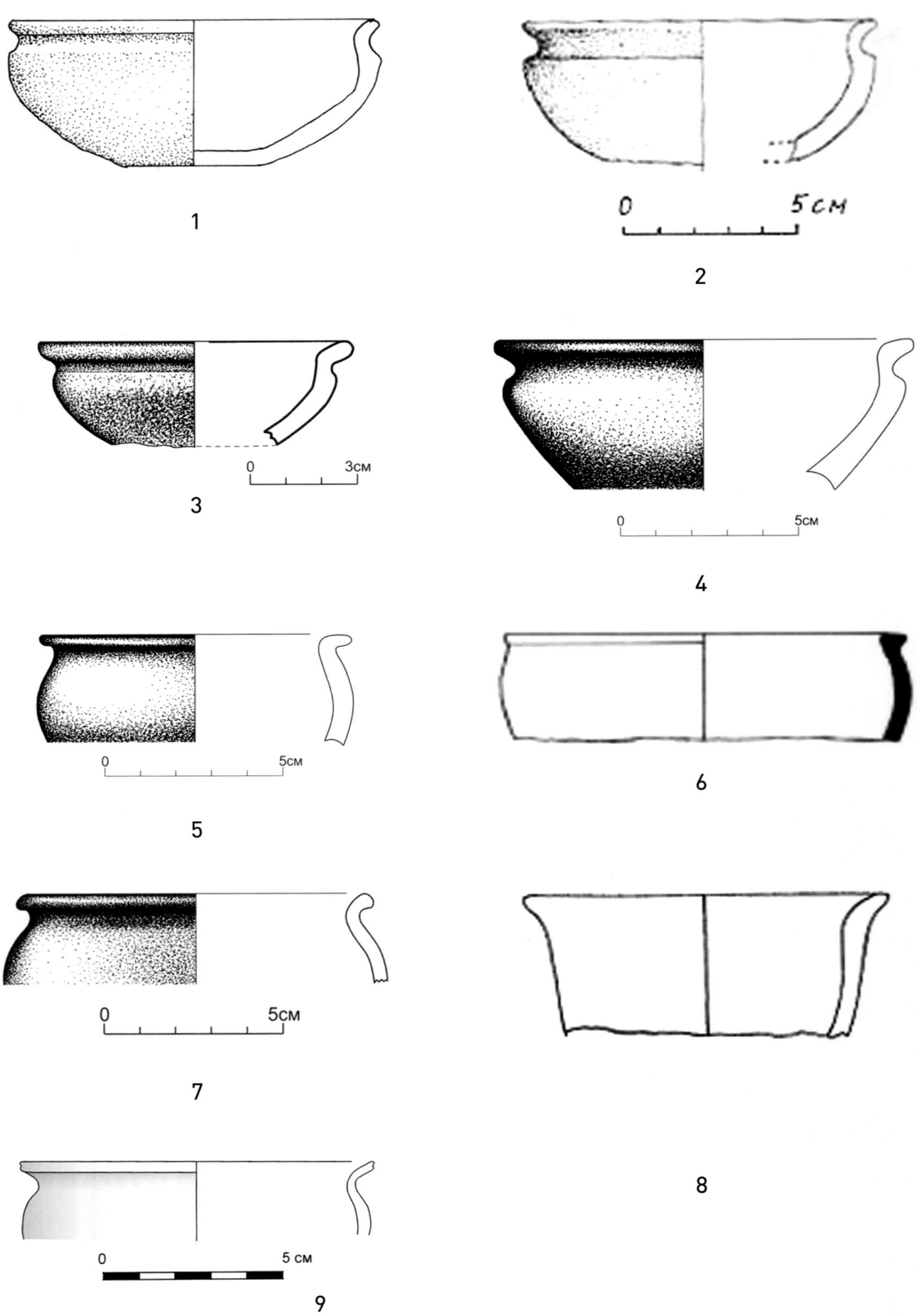

도면 876 | 크라스키노성 출토 외반구연 완 IV형식(1~4), V형식(5, 6), VI형식(7), VII형식(8), VIII형식(9): 1-제25구역 제3인공층 이-7방안(2001-도43), 2-제21구역 제2~3인공층(1999-도144, 5), 3-제44구역 제1인공층 까-27방안(2010-도52), 4-제50구역 1섹터 3호 수혈(2015-도740, 1), 5-제49구역 4섹터 제3인공층 엠-36방안(2014-도988, 2), 6-제15구역 제5인공층(1997-도114, 6), 7-제44구역 제4인공층 베-26방안(2012-도77, 1), 8-제21구역 제4인공층(1999-도150, 13), 9-제40구역 1호 수혈 베,뤠-15,16방안(2009-도91, 3)

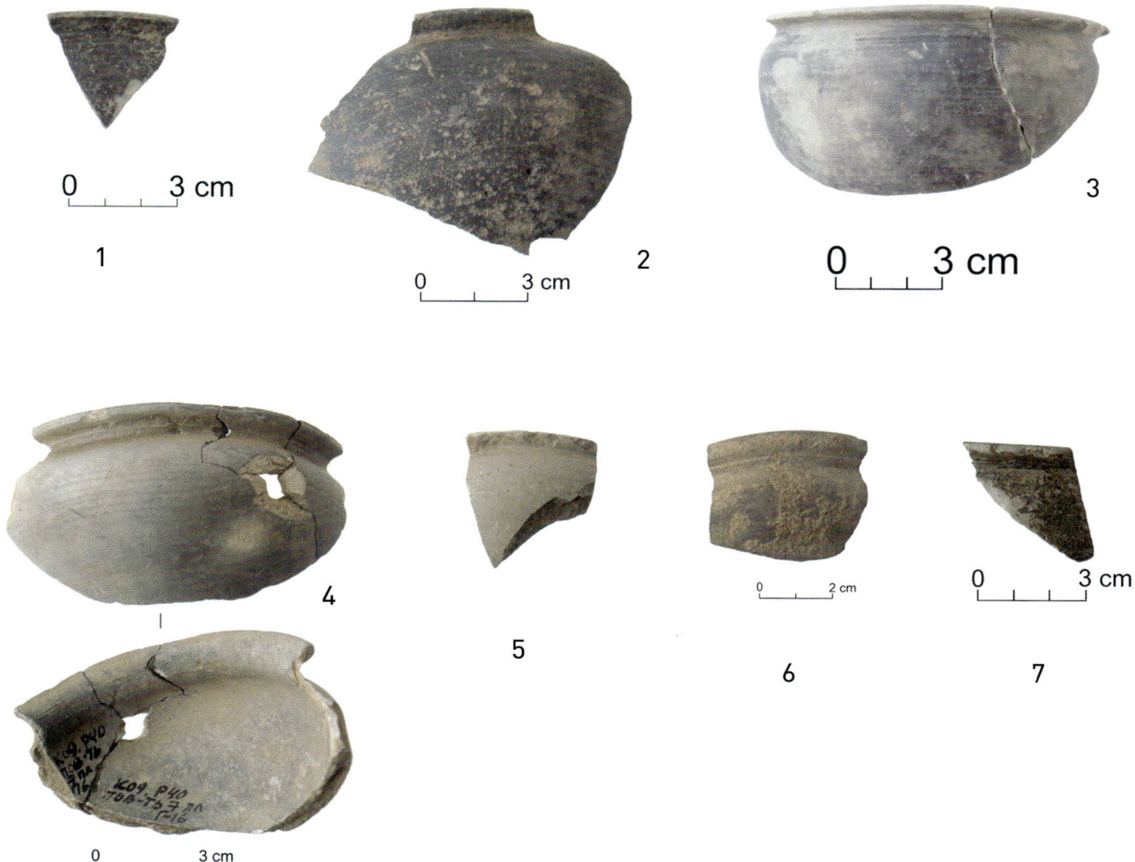

도면 877 | 크라스키노성 출토 외반구연 완 III형식(1~5), IV형식(6), V형식(7): 1-제53구역 서북쪽섹터 제3인공층 뤠-7`방안(2018-도531, 3), 2-제45구역 제3인공층 예-11방안(2010-도384, 1), 3-제50구역 3섹터 제3인공층 게-5방안(2015-도905), 4-제40구역 1호 수혈 베,뛔-15,16방안(2009-도206), 5-제40구역 1호 수혈 베,뛔-15,16방안(2009-도75), 6-제44구역 제1인공층 까-27방안(2010-도51, 2), 7-제49구역 4섹터 제3인공층 엠-36방안(2014-도970, 4)

Ⅵ형식 외반구연 완. 1점이 있다. 구순의 아래가 뾰족한 것이다. 구연-동체 윗부분만 잔존한다. 구경은 9.7㎝이다(도면 876, 7).

Ⅶ형식 외반구연 완. 1점이 있다. 기벽의 경사가 급한 편이다. 구연부가 부드럽게 외반한다. 목이 구분되지 않는다. 구경은 10.1㎝이다. 등잔일 것으로 보고되었다(도면 876, 8).

Ⅷ형식 외반구연 완. 구연이 이중인 것이다. 1점이 확인된다. 상대적으로 길게 외반하는 구연과 동체의 어깨 부분이 일부 잔존한다. 구경과 동최대경이 거의 비슷하다. 추정 구경은 9.9㎝이다(도면 876, 9).

7) 직구류 토기

직구(直口)의 토기는 내만하는 어깨와 곧은 구연부가 있는 토기이다. 목과 구연부가 서로 구분되지 않는다. 다만 여기에서 직구가 반드시 수직으로 선 직립(直立)의 구연부를 의미하는 것은 아니다. 구연부가 수직 방향으로 곧게 올라가는 것도 있고, 안쪽으로 곧게 내만하는 것도 있으며, 또한 실제로는 약간 굽은 것들도 있다. 굽은 구연이 있는 것은 엄밀한 의미에서는 직구류 토기에서 제외하는 것이 맞다. 하지만 통상적으로 내만하는 어깨에서 매우 짧게 외반하는 구연의 경우 직구류 토기에 포함시킨다.

직구류 토기는 일반적으로 크기에 따라 호 혹은 옹으로 구분된다. 그런데 크기가 호에 해당하는 것들 중에는 구경과 동최대경의 비율이 심발로 보이는 것들도 있다. 동체가 장동형으로 추정되는 것들 중에 그러한 것들이 보인다. 하지만 모두 구연-동체 윗부분의 편 상태이기 때문에 확정을 짓기가 힘들다.

직구류 토기는 구경이 5㎝부터 43.8㎝까지의 분포를 보인다(도면 878). 그런데 구경들이 군집하는 양상을 보면 36~43.8㎝, 25.6~32.5㎝, 15.2~24.8㎝, 5~14.6㎝가 각각 구분된다. 구경이 가장 큰 36~43.8㎝ 사이인 군집은 옹으로 판단할 수 있다. 그다음으로 큰 구경 25.6~32.5㎝ 사이의 군집은 동체의 형태에 따라 옹이 될 수도 있고, 또 호나 발이 될 수도 있다고 생각된다. 예를 들어, 전체 기형이 확인되는 직구호 1점은 구경이 30.4㎝로 상당이 큰 편이지만 동체가 편구형인 관계로 높이가 28.8㎝에 불과하다. 때문에 옹 다음에는 직구류 토기 대, 중, 소로서 각각 구분을 하였다. 이 속에는 호가 가장 많이 포함되어 있지만, 그 외에 발이나 다른 기종도 포함되어 있을 가능성도 있다.

직구류의 토기는 옹을 포함하여 모두 합하여 15개의 구연 형식이 구분되었다. 다만 큰 크기의 직구옹에는 몇몇 형식의 구연만이 확인되었다.

- Ⅰ 형식은 구연이 내만하는 어깨와 거의 동일 방향으로 그대로 내만하는 것이다. 구연과 어깨가 외면은 얕은 홈에 의해 서로 구분되나, 내면은 서로 구분이 되지 않는다.

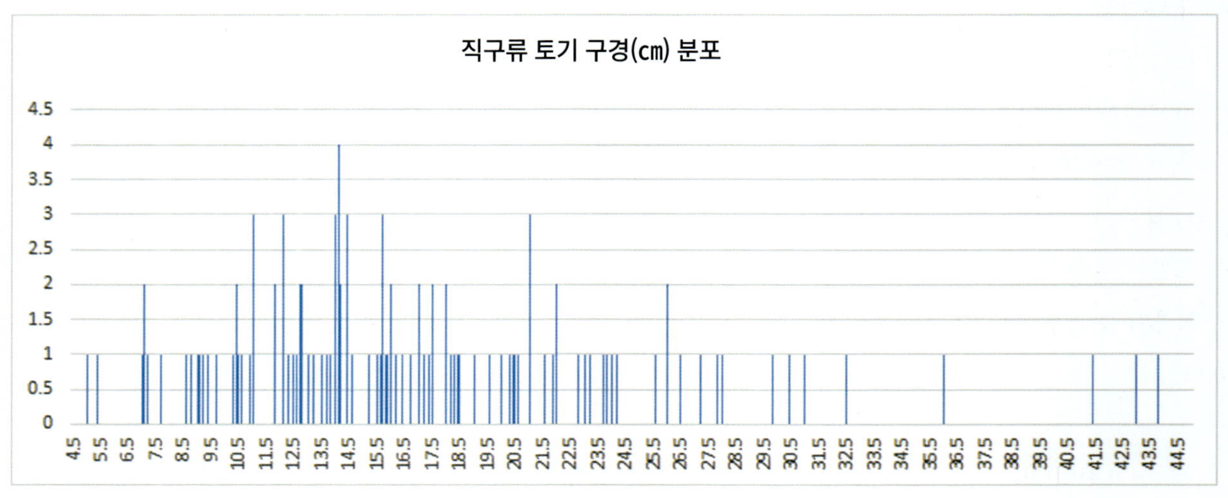

도면 878 | 크라스키노성 출토 직구류 토기 구경 분포도

- Ⅱ형식은 구연-목이 어깨의 턱에 의해 잘 구분이 되나, 목과 구연부는 경계가 분명하지 못한 것이다. 구연의 높이가 어깨 턱의 높이와 거의 비슷하다.
- Ⅲ형식은 목-구연부가 어깨의 턱에 의해 구분되며, 목-구연부의 안쪽 절반이 거의 사선 각도로 안쪽으로 향하는 것이다. 구연의 높이가 어깨 턱보다 조금 더 높다. 2가지 세부 형식으로 구분된다. Ⅲ-1형식은 구연부-목이 조금 굽었고, 어깨의 턱이 뚜렷하게 구분되는 것이다. Ⅲ-2형식은 구연의 높이가 어깨 턱의 높이보다 약간 더 높다. 어깨의 턱이 미약하게 표현되어 있다.
- Ⅳ형식은 짧은 구연이 갈고리처럼 반전된 것이다.
- Ⅴ형식은 구연이 어깨 부분보다 더 두껍게 둥글게 마무리된 것이다. 모두 어깨의 끝부분에서 꺾여 위로 향한다. 2가지 세부 형식으로 구분된다. Ⅴ-1형식은 어깨 부분이 거의 수평에 가까운 것이다. Ⅴ-2형식은 어깨 부분이 상대적으로 아래로 더 기울은 것이다.
- Ⅵ형식은 구연이 내만하는 어깨에서 위로 어깨 부분 두께의 1/2보다 더 작게 조금 형성되어 있는 것이다.
- Ⅶ형식은 구연부 매우 짧게 형성된 것인데 안쪽으로 사선 방향으로 난 것이 대부분이지만 거의 직립하는 것도 있다. 구연의 높이가 어깨 부분 두께와 거의 비슷하거나 혹은 더 적다. 2가지 세부 형식이 구분된다. Ⅶ-1형식은 구순이 둥그스름한 것이다. Ⅶ-2형식은 구순이 수평으로 편평한 것이다.
- Ⅷ형식은 구연부가 매우 짧게 형성되어 있으나 구연의 높이가 어깨 부분의 두께보다 더 큰 것이다. 2가지 세부 형식으로 구분된다. Ⅷ-1형식은 구순이 둥그스름한 것이다. Ⅷ-2형식은 구순의 수평으로 편평한 것이다.
- Ⅸ형식은 구연부가 어깨에서 약간 꺾이면서 사선 방향으로 내만하는 것이다.
- Ⅹ형식은 구연부가 어깨 부분 두께의 2배 이상 높이로 거의 직립하는데 목이 가볍게 형성되기도 하였다.
- Ⅺ형식은 구연이 어깨 부분 두께 정도의 높이로 짧게 직립하는데 가볍게 목이 형성되어 있다.
- Ⅻ형식은 구연부-목이 비교적 길고, 구연의 좌우가 바깥쪽(Ⅻ-1형식), 안쪽(Ⅻ-2형식), 안쪽과 바깥쪽(Ⅻ-3형식)으로 각각 돌출되어 있는 것이다.
- XIII형식은 목-구연부가 비교적 길게 형성되어 있고 거의 직립하듯 안쪽으로 약간 기운 것이다. 2가지 세부 형식이 구분된다. XIII-1형식은 목-구연부의 내면과 외면이 거의 곧은 것이다. XIII-2형식은 목-구연부가 안쪽으로 약간 기운 것인데 내면이 곡면을 이룬다.
- XIV형식은 목-구연부가 사선 방향으로 곧게 내만하고, 구연 부분이 위 혹은 밖으로 약간 꺾인 것이다.
- XV형식은 내만하는 목-구연부가 있고, 구연의 외측이 돌출한 것이다.

(1) 직구 옹

구경이 36㎝부터 43.8㎝ 사이이다. 4점이 확인된다. 1점은 Ⅳ형식, 1점은 Ⅷ-2형식, 2점은 Ⅹ형식에 각각 속한다.

Ⅳ형식. 1점이 있는데 작은 편 상태이다. 구연이 갈고리처럼 반전되었다. 구경은 36㎝이다. 속심과 표면이 흑색이다(도면 879, 1 : 880).

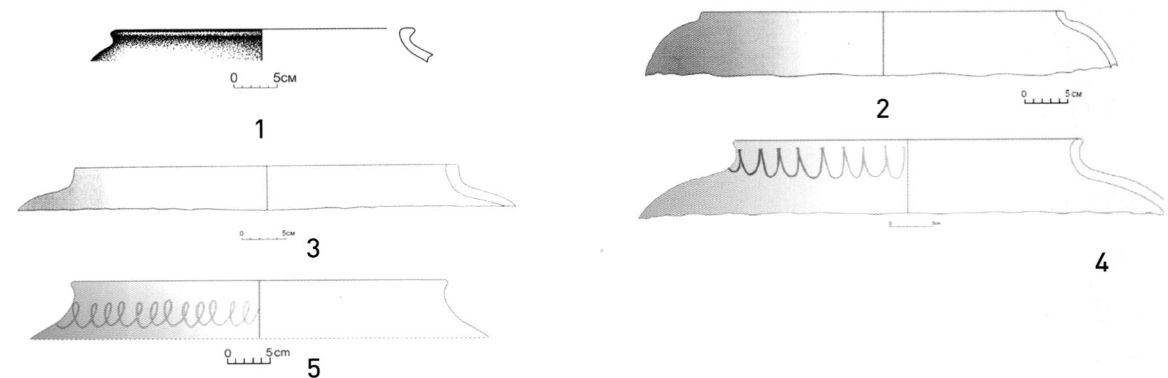

도면 879 | 크라스키노성 출토 직구옹 IV형식(1), VII-2형식(2), VIII-2형식(3), X 형식(4, 5) 구연-동체 부분: 1-제44구역 제13인공층 까-25,26방안(2014-도353, 1), 2-제34구역 제5인공층 게-8방안(2006-도205, 1), 3-제34구역 제1인공층 예-2방안(2006-도199, 6), 4-제34구역 제7인공층 아-베-6방안(2007-도220, 1), 5-제34구역 제12~13인공층 데-3방안(2007-도249, 1)

도면 880 | 크라스키노성 제44구역 제13인공층 까-25,26방안 출토 직구옹 IV형식 구연-동체 부분(2014-도419, 2)

Ⅶ-2형식. 1점이 확인된다. 내만하는 어깨에서 구연부가 사선 방향으로 안쪽으로 짧게 형성되어 있다. 구순은 편평하다. 구경은 약 41㎝이다(도면 879, 2)

Ⅷ-2형식. 구연부가 매우 짧게 형성되어 있으나 구연의 높이가 어깨 부분의 두께보다 더 큰 것이다. 구순이 수평으로 편평하다. 구경이 43㎝이며, 어깨 부분의 경사가 미약한 편이다(도면 879, 3).

Ⅹ형식. 구연부-목이 어깨 부분 두께의 2배 이상 높이이다. 2점 모두 구연부-목이 직립하면서 밖으로 조금 굽어져 '목'이 가볍게 형성되어 있다. 2점 모두 구연부-목 부분이 나선 모양의 띠 광택무늬로 장식되었다. 1점은 구경이 41.4㎝(도면 879, 4), 다른 1점은 구경이 43.8㎝이다(도면 879, 5).

(2) 직구류 토기 대형

구경이 25.6㎝부터 32.5㎝ 사이이다. 10점이 확인된다. 1점은 Ⅱ형식, 1점은 Ⅲ-2형식, 1점은 Ⅶ-2형식, 1점은 Ⅷ-1형식, 1점은 Ⅹ형식, 3점은 Ⅻ-1형식, 1점은 Ⅻ-2형식, 1점은 ⅩⅢ형식에 각각 속한다.

Ⅱ형식. 1점이 있다. 전체 기형이 확인된다. 구연-목은 어깨의 턱에 의해 잘 구분이 된다. 구연의 높이가 어깨

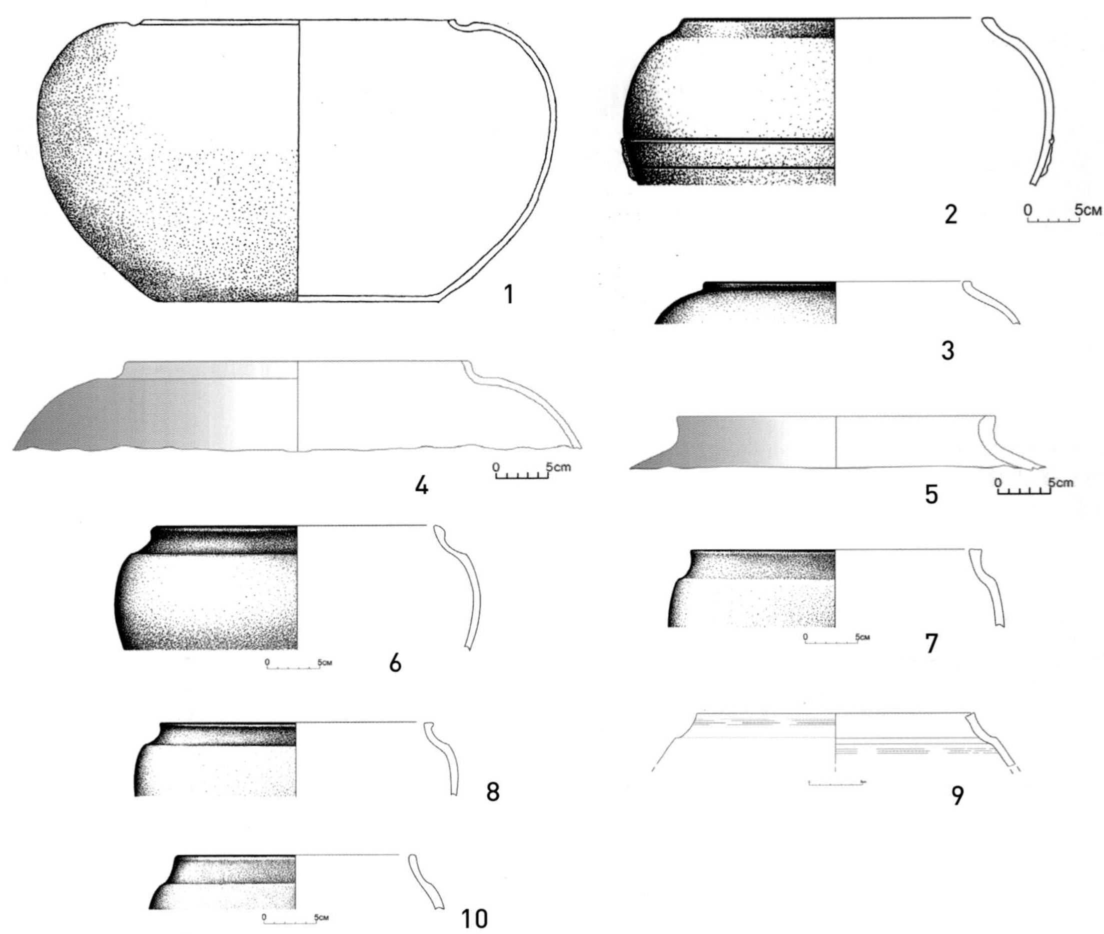

도면 881 | 크라스키노성 출토 대형 직구류 토기 II형식(1), III-2형식(2), VII-2형식(3), VIII-1형식(4), X형식(5), XII-1형식(6~8), XII-2형식(9), XIII-2형식(10): 1-제25구역 제3인공층 예-줴-1-2방안(2001-도45), 2-제44구역 제9인공층 제-25방안(2014-도178, 3), 3-제53구역 서북쪽섹터 제3인공층 1호 수혈(2018-도-540, 3), 4-제34구역 제9인공층 제-4방안(2007-도225, 1), 5-제34구역 제9인공층 데-5방안(2007-도225, 2), 6-제48구역 동쪽섹터 제11인공층 4호 수혈(2016-도365, 2), 7-제44구역 제8인공층 줴-26방안(2014-도124, 2), 8-제44구역 제12인공층 베-23방안(2014-도350, 3), 9-제44구역 동쪽섹터 제7인공층 줴-25방안(2013-도117), 10-제48구역 동쪽섹터 제9인공층 줴-31방안(2016-도244, 1)

턱의 높이와 거의 비슷하다. 구연과 어깨 턱 사이에 고랑이 돌려져 있다. 동체는 편구형이다. 납작한 호박을 연상시킨다. 어깨가 거의 수평이며, 동최대경이 동체의 2/3 높이에 위치한다. 외면을 마연하였다. 속심은 회색, 표면은 갈색이다. 바닥에 모래 받침 흔적이 있는 것으로 보고되었다. 크기는 구경 30.4*cm*, 동최대경 50.4*cm*, 저경 28.8*cm*, 높이 28.8*cm*이다. 저경과 높이가 동일하다(도면 881, 1).

Ⅲ-2형식. 목-구연부가 어깨의 턱에 의해 구분되며, 목-구연부의 안쪽 절반이 거의 사선 각도로 안쪽으로 향한다. 구순이 수평으로 편평하다. 동최대경 아랫부분에 2줄의 침선이 돌려져 있고, 또 이곳에 파수를 부착하였던 자국이 남아 있다. 속심은 회색, 표면은 주황-갈색과 흑색이다. 구경은 31*cm*이다(도면 881, 2; 882, 1).

Ⅶ-2형식. 1점이 확인된다. 구연부가 매우 짧게 형성되었다. 구연의 높이가 어깨 부분 두께보다 더 작다. 잔

도면 882 | 크라스키노성 출토 대형 직구류 토기 III-2형식(1), XII-1형식(2~4), XII-2형식(5): 1-제44구역 제9인공층 제-25방안(2014-도138, 1), 2-제48구역 동쪽 섹터 제11인공층 4호 수혈(2016-도352), 3-제44구역 제12인공층 베-23방안(2014-도363, 1), 4-제44구역 제8인공층 줴-26방안(2014-도110, 1), 5-제44구역 동쪽섹터 제7인공층 줴-25방안(2013-도116, 2)

존하는 기벽의 호선으로 보아 어깨가 발달하였을 것으로 생각된다. 이 토기는 속심과 표면이 회색이고, 구경은 25.6㎝이다(도면 881, 3).

Ⅷ-1형식. 1점이 있다. 구연부가 매우 짧게 형성되어 있으나 구연부의 높이가 어깨 부분의 두께보다 더 크다. 어깨가 발달되어 있다. 구경이 32.5㎝이다(도면 881, 4).

Ⅹ형식. 1점이 확인된다. 구연부가 어깨 부분 두께의 2배 이상 높이로 거의 직립한다. '목'이 매우 미약하게 형성되어 있다. 구경은 29.8㎝이다(도면 881, 5).

Ⅻ-1형식. 구연부-목이 비교적 길고, 구연의 바깥쪽이 볼록하여 구순이 역삼각형에 가깝다. 3점이 확인된다. 그중의 1점은 동최대경 아랫부분까지 기형이 확인된다. 구연이 밖으로 약간 삼각형을 이루고, 어깨 턱과의 사이에 목이 약간 형성되었다. 동최대경은 동체의 2/3정도 높이에 위치하는 것으로 생각된다. 크기는 구경이 27.2㎝, 동최대경이 35.2㎝이다(도면 881, 6; 882, 2). 다른 2점은 기형이 서로 거의 비슷하다. 구순은 바깥쪽이 삼각형으로

돌출하였고, 모두 어깨의 턱이 잘 구분된다. 어깨 아래의 기벽은 거의 수직에 가깝게 살짝 안쪽으로 축약되는 것으로 생각된다. 1점은 구경이 28㎝이고, 속심은 회색, 표면은 갈색이다(도면 881, 7; 882, 4). 다른 1점은 구경이 26㎝이고, 속심은 주황-갈색, 표면은 흑색이다(도면 881, 8; 882, 3).

XII-2형식. 1점이 확인된다. 구연부-목이 비교적 길고, 구연의 안쪽이 볼록하게 돌출하였다. 구연부-목과 어깨 사이에 턱이 형성되어 있고, 구연부-목과 어깨 부분이 모두 사선 방향으로 안쪽으로 내만한다. 구경은 26㎝이고, 속심과 표면이 적색이다. 경부에 수평 띠 마연이 되었다(도면 881, 9; 882, 5).

XIII-2형식. 목-구연부가 비교적 길게 형성되어 있고 안쪽으로 약간 기울었다. 내면이 곡면을 이룬다. 1점이 확인된다. 구연부-어깨 윗부분만 남아 있다. 어깨에 턱이 있다. 구경은 27.8㎝이다(도면 881, 10).

(3) 직구류 토기 중형

구경이 15.2㎝부터 24.8㎝ 사이이다.

I 형식. 구연이 내만하는 어깨와 거의 동일 방향으로 그대로 내만한다. 때문에 내만 구연 호를 연상시킨다. 다만 구연과 어깨가 얕은 홈에 의해 서로 구분되어 직구호에 속하는 것으로 판단할 수 있다. 2점이 확인된다. 2점 모두 구연과 어깨 사이의 홈이 매우 좁다. 이 홈의 아랫부분은 어깨의 턱을 이룬다.

1점은 외면이 수직 마연 띠 광택무늬로 장식되었고, 구경은 17.5㎝이다(도면 883, 1; 884, 1). 다른 1점은 속심은 오렌지-갈색, 표면은 회색이며, 구경은 16㎝이다(도면 883, 2; 884, 2).

II 형식. 구연-목은 어깨의 턱에 의해 잘 구분이 되나, 목과 구연부는 경계가 분명하지 못하다. 구연의 높이가 어깨 턱의 높이와 거의 비슷하다. 구연과 어깨 턱 사이에 고랑이 돌려져 있다. 2점이 확인된다. 1점은 저부와 함께 발견되어 전체 기형이 복원되었다. 모양이 동글-역사다리꼴이다. 어깨가 크게 발달하였다. 동최대경이 동체의 3/4 높이에 위치한다. 외면은 수평 띠 광택무늬로 장식되었다. 속심은 오렌지-갈색의 노출 부분이 있는 회색이고, 표면은 흑색이다. 크기는 구경 22.8㎝, 저경 16.4㎝, 높이 약 14.8㎝이다(도면 883, 3). 다른 1점도 기형이 위의 것과 비슷하였을 것으로 생각된다. 구경은 17.5㎝이다(도면 883, 4).

III 형식. 목-구연부가 어깨의 턱에 의해 구분되며, 목-구연부의 안쪽 절반이 거의 사선 각도로 안쪽으로 향한다. 구연의 높이가 어깨 턱보다 약간 더 높다.

III-1형식. 구연부-목이 조금 굽었고, 어깨의 턱이 뚜렷하게 구분된다. 어깨 턱 안쪽의 내면도 약간 꺾인 듯 굽어졌다. 구연부-목과 어깨 부분이 단면 계단 모양이다. 1점이 확인된다. 구연-동체 윗부분만 남아 있어 전체 기형을 알 수 없다. 구경은 16.2㎝이고, 속심은 회색, 표면은 흑색이다(도면 883, 5; 884, 3).

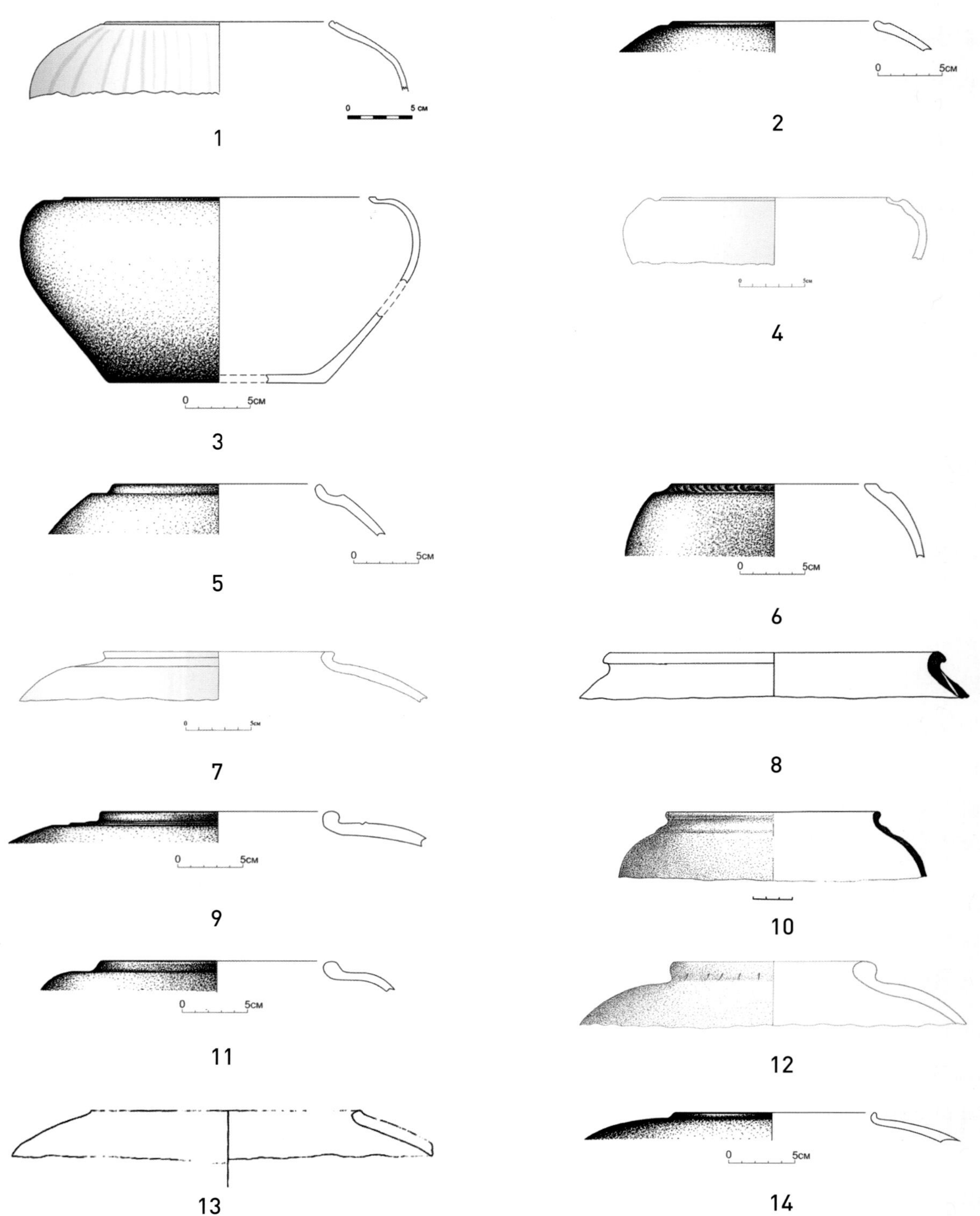

도면 883 | 크라스키노성 출토 중형 직구류 토기 Ⅰ형식(1, 2), Ⅱ형식(3, 4), Ⅲ-1형식(5), Ⅲ-2형식(6), Ⅳ형식(7, 8), Ⅴ-1형식(9), Ⅴ-2형식(10~12), Ⅵ형식(13, 14) 구연-동체 부분: 1-제40구역 제10인공층 9호 주거지 예-15방안(2009-도155, 2), 2-제50구역 2섹터 제3인공층 아-3방안(2015-도894, 1), 3-제53구역 2섹터 제2인공층 제-1방안(2017-도490, 3), 4-제41구역 제2인공층 엠-3방안(2008-도438, 3), 5-제49구역 1섹터 제3인공층 예-29방안(2014-도986, 5), 6-제49구역 2섹터 제2인공층 이-32방안(2014-도884, 3), 7-제40구역 제4인공층 베-16방안(2008-도455, 4), 8-제12구역(1996-도65), 9-제49구역 4섹터 제1인공층 오-33방안(2014-도759, 2), 10-제30구역 1호 수혈(2002-도90, 2), 11-제49구역 4섹터 제1인공층 뻬-37방안(2014-도759, 3), 12-제31구역 제6인공층 줴-8방안(2003-도133), 13-제22구역 제3인공층(1999-도152, 5), 14-제53구역 남서쪽섹터 제3인공층 뻬-4`방안(2018-도682, 1)

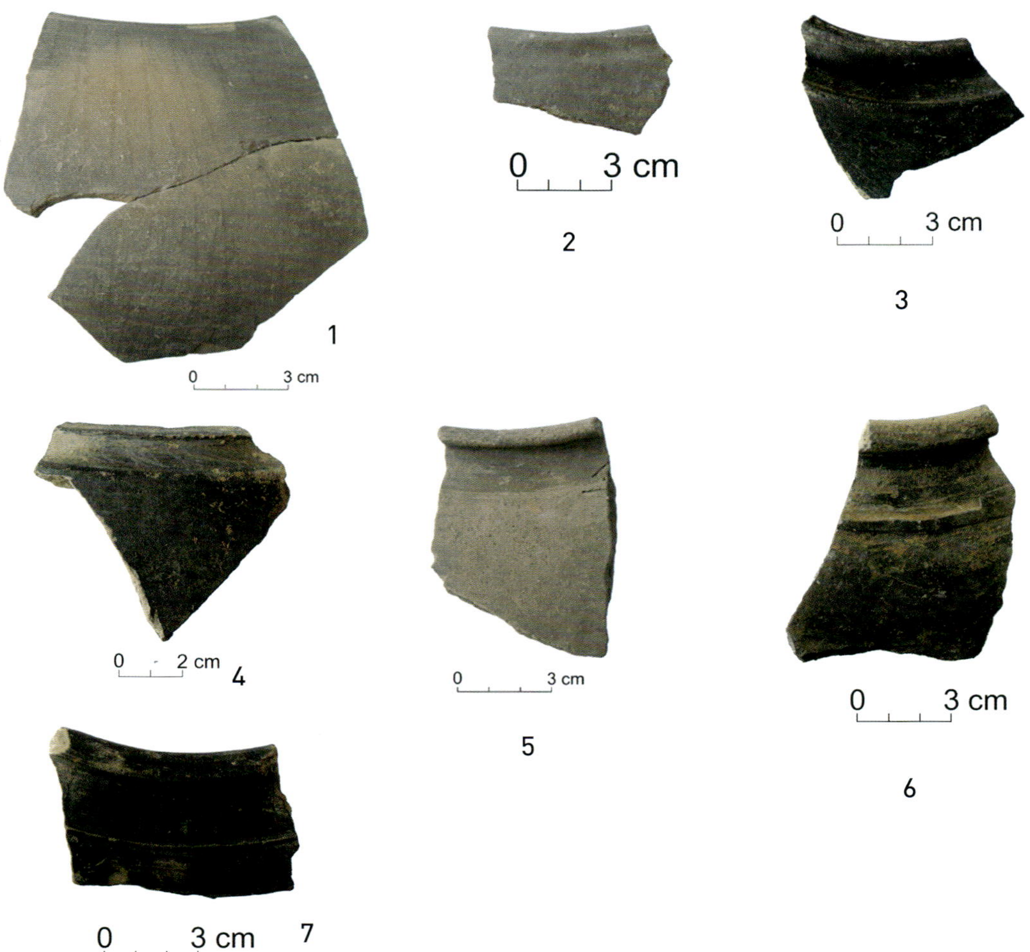

도면 884 | 크라스키노성 출토 중형 직구류 토기 Ⅰ형식(1, 2), Ⅲ-1형식(3), Ⅲ-2형식(4), Ⅳ형식(5), Ⅴ-1형식(6), Ⅴ-2형식(7) 구연-동체 부분: 1-제40구역 제10인공층 9호 주거지 예-15방안(2009-도144, 3), 2-제50구역 2섹터 제3인공층 아-3방안(2015-도884, 4), 3-제49구역 1섹터 제3인공층 예-29방안(2014-도943, 2), 4-제49구역 2섹터 제2인공층 이-32방안(2014-도834, 1), 5-제40구역 제4인공층 베-16방안(2008-도421, 1), 6-제49구역 4섹터 제1인공층 오-33방안(2014-도750, 3), 7-제49구역 4섹터 제1인공층 뻬-37방안(2014-도750, 2)

Ⅲ-2형식. 구연의 높이가 어깨 턱의 높이보다 약간 더 높다. 어깨의 턱이 미약하게 표현되어 있다. 어깨 턱 안쪽의 내면에 꺾임이 관찰되지 않는다. 구연부-목에 짧은 나선 모양의 띠 광택무늬가 시문되어 있다. 속심은 회색, 표면은 흑색이다(도면 883, 6; 884, 4).

Ⅳ형식. 구연이 갈고리처럼 반전된 것이다. 2점이 확인된다. 어깨가 발달된 형태이다. 구경은 26.5㎝(도면 883, 8)와 17.4㎝이다(도면 883, 7; 884, 5).

Ⅴ형식. 구연이 어깨 부분보다 더 두껍게 둥글게 마무리된 것이다. 구연이 어깨의 끝부분에서 꺾여 위로 향한다. 4점이 확인되었는데 모두 편 상태이다.

Ⅴ-1형식. 1점이 있다. 어깨 부분이 거의 수평에 가깝다. 어깨 부분에 1줄의 돌대가 돌려져 있다. 구경이 18.4㎝이다. 외면이 수평 띠 모양 광택무늬로 장식되었다. 속심과 표면은 회색이다(도면 883, 9; 884, 6).

Ⅴ-2형식. 3점이 확인된다. 어깨 부분이 상대적으로 아래로 더 기울었다. 1점은 어깨 부분에 1줄의 돌대가 돌려져 있다. 이 토기는 구경이 15.2㎝이고, 속심은 오렌지색, 표면은 흑색이다(도면 883, 10). 다른 1점은 구경이 18.5㎝이다. 외면이 '목' 부분은 수직 띠, 어깨 부분은 수평 띠 마연되었다. 속심과 표면이 회색이다(도면 883, 11; 884, 7). 나머지 1점은 구경이 15.5㎝이고, '목'에 수직 띠 광택무늬가 있다(도면 883, 12).

Ⅵ형식. 구연이 내만하는 어깨에서 위로 어깨 부분 두께의 1/2보다 더 작게 조금 형성되어 있다. 구연이 미약하게 표현되어 있어 내만 구연 호를 연상시킨다. 2점이 확인된다. 모두 구연-어깨 부분만 남아 있어 전체 기형은 파악되지 않는다. 다만 어깨의 호선으로 보아 어깨가 발달한 형태였을 것으로 판단된다. 구경이 각각 20.4㎝(도면 883, 13), 17.2㎝(도면 883, 14)이다.

Ⅶ형식. 구연부가 매우 짧게 형성된 것이다. 구연의 높이가 어깨 부분 두께와 거의 비슷하거나 혹은 더 작다. 구연은 안쪽으로 사선 방향인 것이 대부분이지만 거의 직립하는 것도 있다.

Ⅶ-1형식. 구순이 둥그스름한 것이다. 1점이 확인된다. 모두 구연-어깨 부분만 남아 있어 기형이 잘 파악되지 않는다. 다만 어깨의 호선이 비교적 수평에 가깝게 조금 기울은 것도 있고 또 사선 방향으로 내려가는 것도 있어 동체의 형태는 다양하였을 것으로 생각된다. 1점은 어깨가 거의 수평에 가깝게 조금 기울은 것인데 구경이 15.6㎝이다. 이 토기는 속심은 오렌지-갈색이고, 표면은 갈색이다(도면 885, 1; 887, 1).

Ⅶ-2형식. 구순이 수평으로 편평한 것이다. 구연이 대개 약간 기울은 상태로 안쪽으로 향한다. 7점이 확인된다. 1점은 전체 기형이 복원되었는데 편구형이다. 동최대경이 동체의 중간 부분에 위치한다. 때문에 구경과 저경의 길이가 차이가 나지만 상하가 대칭적인 듯한 느낌을 준다. 이 토기는 구경이 15.7㎝, 동최대경이 22.3㎝, 추정 저경이 11.4㎝, 높이가 10㎝이다(도면 885, 2; 887, 2).

다른 어깨에 돌대가 1줄 돌려져 있다. 어깨가 구연 바로 아래부터 약간 사선 방향으로 호선을 이루고 있다. 구경은 17㎝이다(도면 885, 3). 나머지는 모두 편이 작으나 어깨가 발달된 것이다(도면 885, 4~8; 887, 3, 4).

Ⅷ형식. 구연부가 매우 짧게 형성되어 있으나 구연의 높이가 어깨 부분의 두께보다 더 크다.

Ⅷ-1형식. 구순이 둥그스름한 것이다. 2점이 확인된다. 1점은 전체 기형이 확인되는데 동최대경 바로 아래에 귀 손잡이가 부착되어 있다. 귀 손잡이 높이에는 외면에 1줄의 침선이 돌려져 있다. 동최대경은 동체의 2/3 높이에 위치한다. 구경과 저경이 거의 비슷하다. 크기는 구경 21.9㎝, 저경 21.7㎝, 높이 13.8㎝이다(도면 885, 9). 다른 1점은 완만하게 경사진 넓은 어깨를 가지고 있는데 구경이 16㎝이다. 이 토기는 외면이 수평 마연되었고, 회색

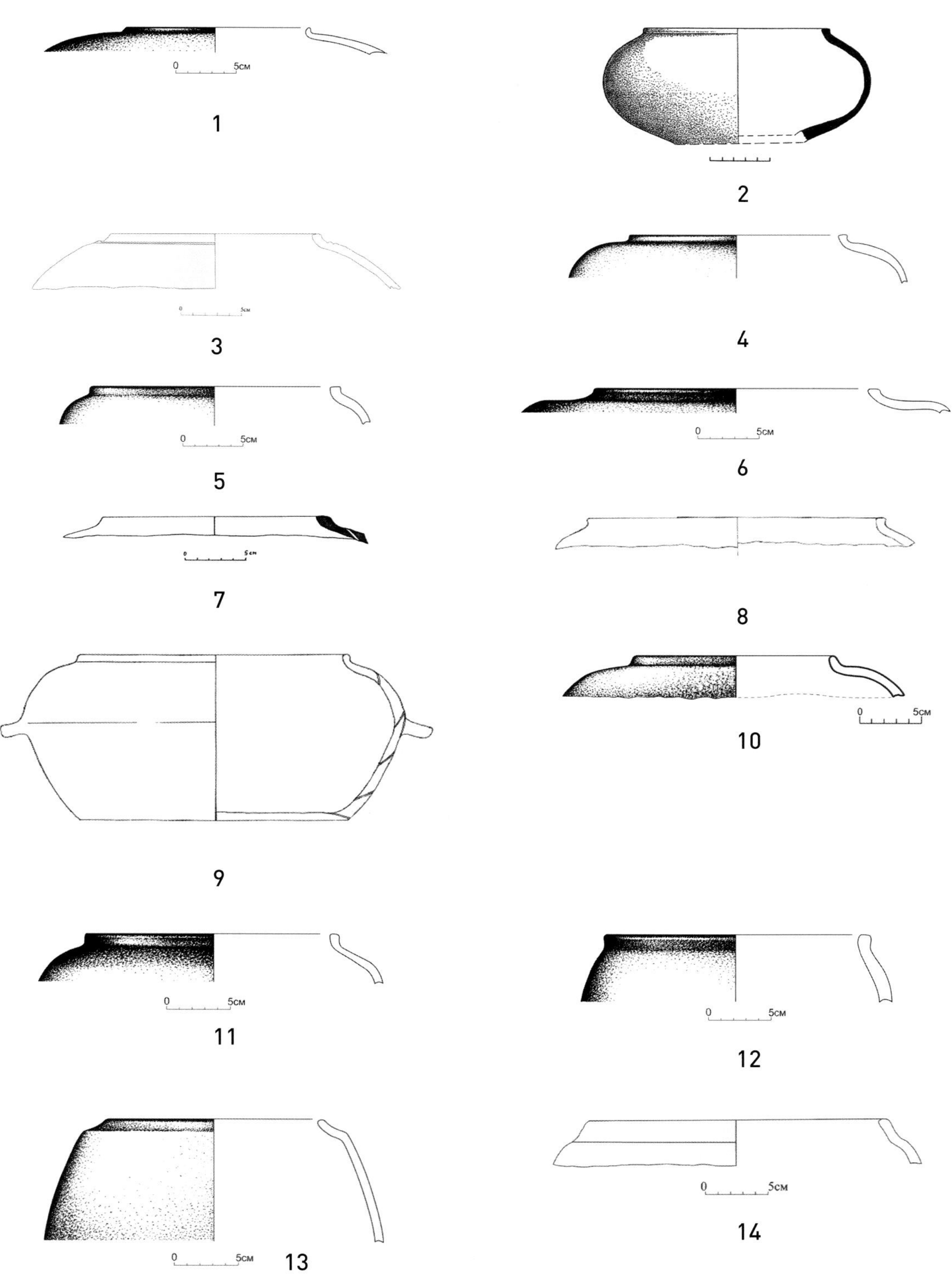

도면 885 | 크라스키노성 출토 중형 직구류 토기 VII-1형식(1), VII-2형식(2~8), VIII-1형식(9, 10), VIII-2형식(11~12), IX형식(13, 14): 1-제53구역 남서쪽섹터 제6인공층 떼-4,5방안(2018-도787, 3), 2-제30구역 쥐-제-7방안(2002-도79), 3-제40구역 제4인공층 베-16방안(2008-도455, 6), 4-제44구역 제9인공층 붸,게-23방안(2014-도178, 1), 5-제44구역 제10인공층 데-24방안(2014-도180, 1), 6-제53구역 남서쪽섹터 제10인공층 오-4`방안(2018-도877, 1), 7-제12구역(1996-도67, 2), 8-제22구역 제3~4인공층(1999-도154, 14), 9-제22구역 제3~4인공층(1999-도156), 10-제44구역 제2인공층 데,예-25방안(2010-도114), 11-제53구역 서북쪽섹터 제1인공층 엘-6`방안(2018-도430, 1), 12-제53구역 남동쪽섹터 제3인공층 데-9방안(2018-도625, 5), 13-제44구역 제9인공층 엘-24방안(2014-도177, 3), 14-제41구역 제4인공층 8호 주거지 엔-3방안(2008-도439, 2)

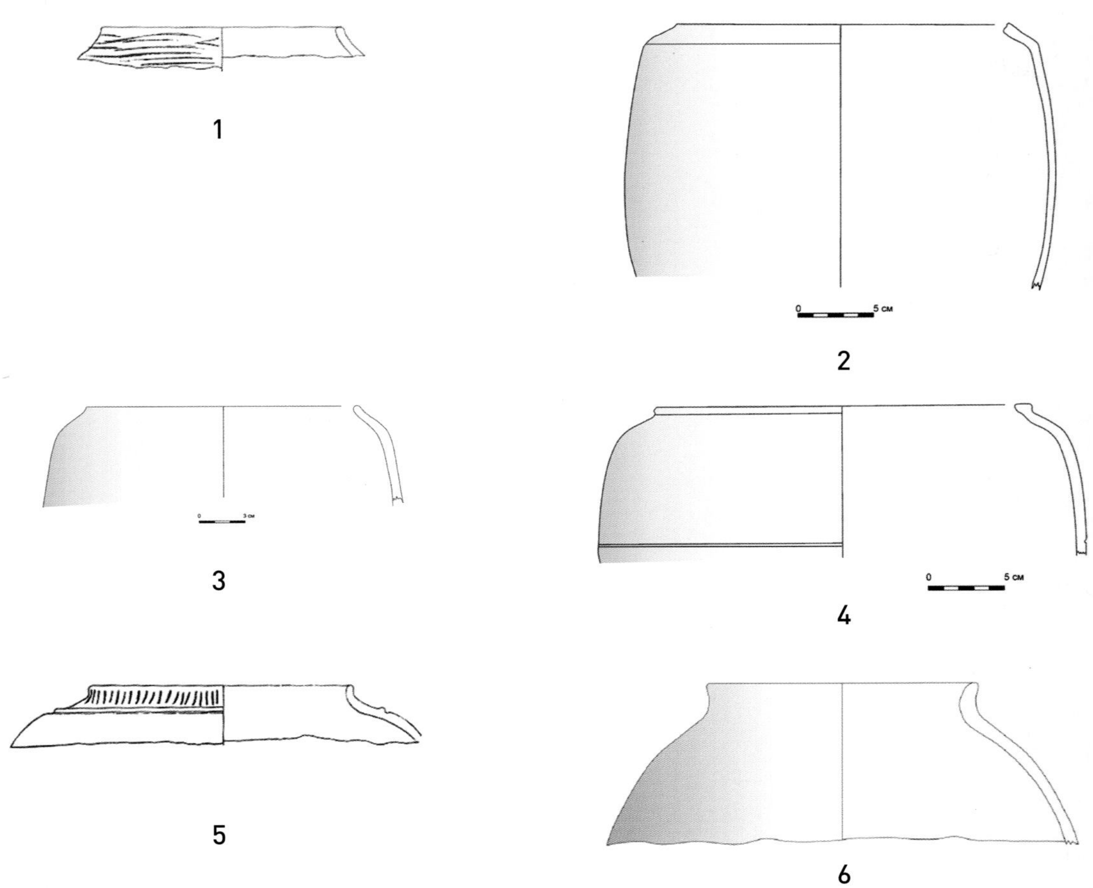

도면 886 | 크라스키노성 출토 중형 직구류 토기 IX형식(1~4)과 X 형식(5, 6) 구연-동체 부분: 1-제23구역 제3인공층(1999-도162, 3), 2-제40구역 제7인공층 1호 수혈 및 주변 아-17방안(2009-도89, 2), 3-제40구역 복토 제거 도중(2009-도87, 1), 4-제40구역 11호 주거지 아-17방안(2009-도148, 1), 5-제22구역 제3인공층(1999-도151, 13), 6-제34구역 5호 주거지 붸-5방안(2007-도231, 2)

이다(도면 885, 10).

Ⅷ-2형식. 구순이 수평으로 편평하다. 2점이 확인된다. 모두 구연-어깨 부분만 남아 있어 기형을 알 수 없다. 1점은 구경이 19.8㎝이다(도면 885, 11). 다른 1점은 구경이 21㎝이고, 속심은 오렌지-갈색, 표면은 암회색이다. 동체가 장동형으로 생각된다(도면 885, 12; 887, 5).

Ⅸ형식. 구연부가 어깨에서 밖으로 약간 꺾이면서 안쪽으로 향하는 것이다. 어떻게 보면 내만구연 토기를 닮기도 하였다. 6점이 확인된다. 1점은 동체 기벽이 비교적 많이 남아 있는데 거의 곧은 사선방향이다. 구경은 17㎝이다. 속심은 주홍-갈색, 표면은 회색이다(도면 885, 13; 887, 6). 다른 1점은 구경이 23.7㎝이다(도면 885, 14). 1점은 외면이 띠 마연되었다(도면 886, 1).

나머지 3점은 모두 내만하는 구연부와 원통형의 동체를 가진 것으로 생각된다. 합과 모양이 비슷하나 어깨 부분을 꺾지 않았다. 구순의 세부 형태는 모두 차이가 난다. 1점은 구경이 22㎝인데 구연에 낮게 홈이 져있다(도면

도면 887 | 크라스키노성 출토 중형 직구류 토기 Ⅶ-1형식(1), Ⅶ-2형식(2~4), Ⅷ-2형식(5), Ⅸ형식(6~8): 1-제53구역 남서쪽섹터 제6인공층 떼-4,5방안(2018-도776, 1), 2-제30구역 줴-제-7방안(2002-도79), 3-제44구역 제10인공층 데-24방안(2014-도152, 2), 4-제53구역 남서쪽섹터 제10인공층 오-4`방안(2018-도871, 1), 5-제53구역 남동쪽섹터 제3인공층 데-9방안(2018-도620, 3), 6-제44구역 제9인공층 엘-24방안(2014-도141, 1), 7-제40구역 제7인공층 1호 수혈 및 주변 아-17방안(2009-도244), 8-제40구역 복토 제거 도중(2009-도71)

886, 2; 887, 7). 다른 1점은 구경이 17.5㎝이다. 구순이 약간 위로 방향을 바꾸었고, 구연이 둥그스름하게 마무리되었다(도면 886, 3; 887, 8). 나머지 1점은 구경이 24.8㎝인데 구순이 약간 위로 구분되어 합에 근접한다. 동체에 1줄의 수평 침선을 돌리었다(도면 886, 4).

Ⅹ형식. 구연부가 어깨 부분 두께의 2배 이상 높이로 거의 직립하는데 목이 가볍게 형성되기도 하였다. 2점이 확인된다. 1점은 어깨 부분에 1줄의 돌대가 돌아간다. 구연은 거의 직립하였고, 구순이 둥그스름하다. 구연부-목은 수직 띠 광택무늬로 장식되었다. 구경은 18.3㎝이다. 어깨가 발달한 것으로 보인다(도면 886, 5). 다른 1점은 외면이 수평 띠 마연되었다. 구경은 18㎝이다. 어깨 부분이 아래로 사선 방향으로 내려오는 것으로 보아 동체가 장동형이었을 가능성이 있다(도면 886, 6).

Ⅺ형식. 구연이 어깨 부분 두께 정도의 높이로 짧게 직립 혹은 약간 외반하며 목이 미약하게 형성된 것도 있다.

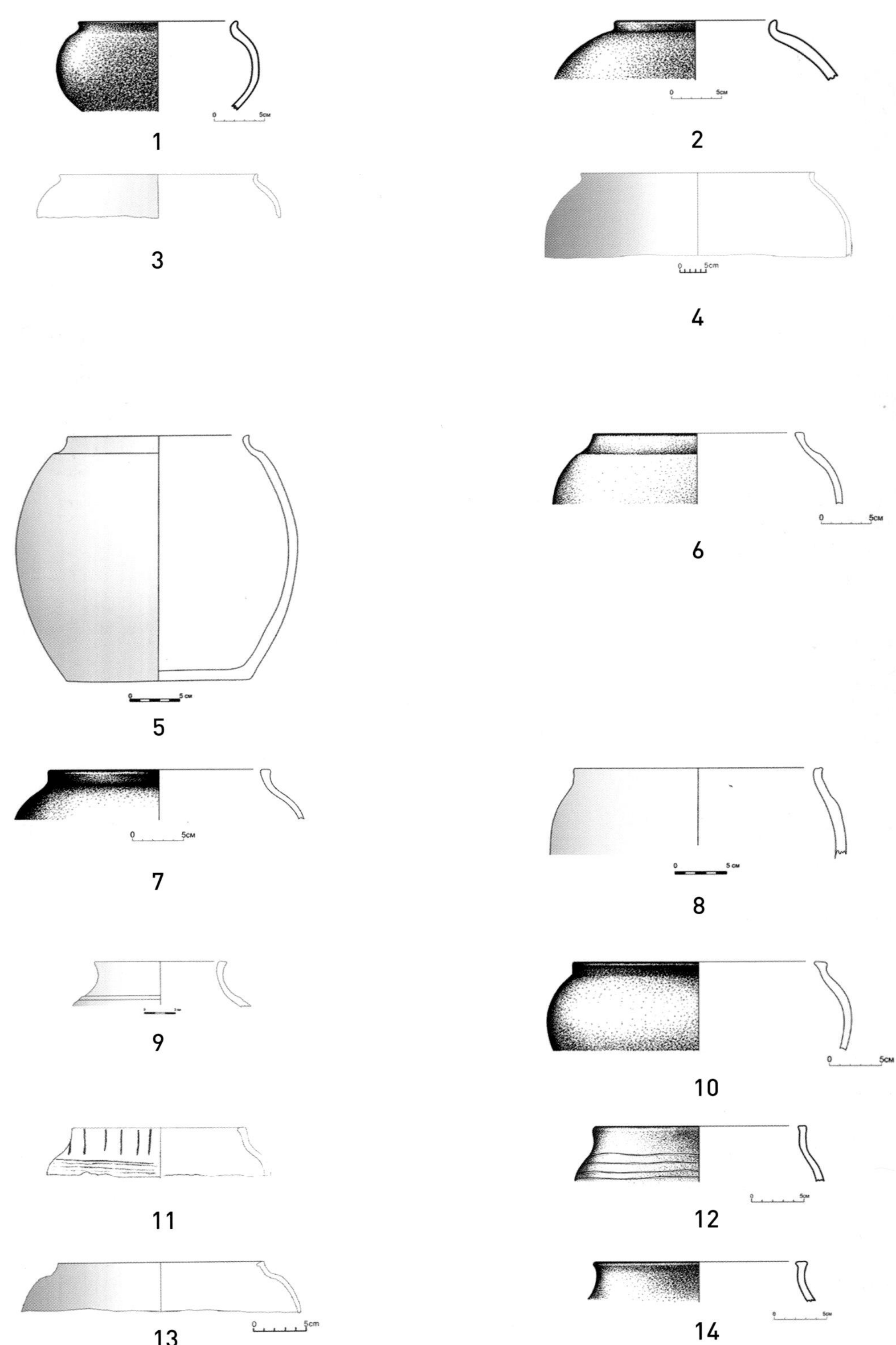

도면 888 | 크라스키노성 출토 중형 직구류 토기 XI형식(1~4), XII-1형식(5~9), XII-2형식(11~14): 1-제48구역 제2인공층 까`-28방안(2011-도384), 2-제48구역 제3인공층 까-29방안(2011-도466), 3-제40구역 제4인공층 뛔-16방안(2008-도455, 5), 4-제34구역 6호 주거지 베-1방안(2007-도250, 2), 5-제40구역 제7인공층 1호 수혈 및 주변 베-16방안(2009-도89, 1), 6-제44구역 제9인공층 제-23방안(2014-도178, 2), 7-제53구역 남서쪽섹터 제7인공층 에르-1방안(2018-도810, 2), 8-제40구역 1호 수혈 베,뛔-15방안(2009-도90, 1), 9-제40구역 제12인공층 11호 주거지와 주변 데-21방안(2009-도386, 3), 10-제47구역 2섹터 제6인공층 게-18방안(2015-도331, 1), 11-제23구역 제1인공층(1999-도160, 58), 12-제45구역 서쪽섹터 제6인공층 뻬-4방안(2011-도246), 13-제34구역 제8인공층 까-8방안(2007-도223, 3), 14-제47구역 1섹터 제4인공층(2011-도576)

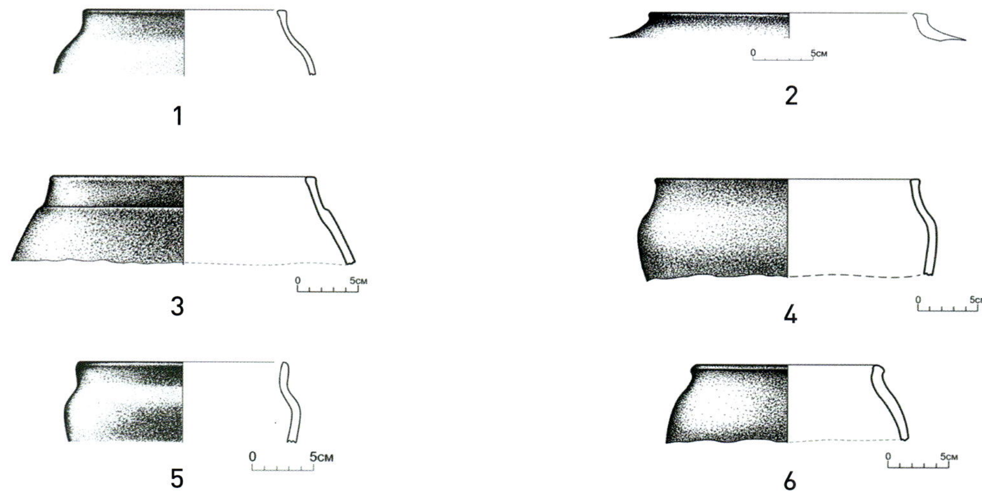

도면 889 | 크라스키노성 출토 중형 직구류 토기 XII-2형식(1, 2), XII-3형식(3, 4), 기타 형식(5, 6): 1-제44구역 제4인공층 줴`-32방안(2012-도77), 2-제53구역 중앙섹터 제6인공층 까-4방안(2018-도743, 1), 3-제44구역 제3인공층 엠-23방안(2010-도202), 4-제45구역 제2인공층 의-6방안(2010-도350), 5-제47구역 5섹터 제2인공층 엔-2방안(2012-도469, 1), 6-제45구역 제2인공층 에르-5방안(2010-도348)

구순은 대개 둥그스름하다. 4점이 확인된다. 모두 편 상태이지만 1점은 기저부 위까지 기형이 확인된다. 이 토기는 기벽이 둥글게 호선을 이룬다. 구연 아래에 약하게 목이 형성되어 있다. 구경이 15.8㎝, 경경이 15.5㎝, 동최대경이 20.2㎝이다(도면 888, 1; 890, 1). 나머지 3점은 크기는 차이가 나도 기형은 이와 비슷해 보인다(도면 888, 2~4; 890, 2).

XII형식. 구연부-목이 비교적 길고, 구연의 좌우가 바깥쪽, 안쪽, 안쪽과 바깥쪽으로 각각 돌출된 것이다.

XII-1형식. 구연의 바깥쪽이 볼록하여 구순이 역삼각형에 가깝다. 5점이 확인된다. 1점은 전체 기형이 남아 있다. 어깨에 턱이 있고, 턱 위로 목-구연부가 약간 곡선을 이루며 안쪽으로 향한다. 구연의 끝부분은 바깥쪽 위로 약간 뾰족하다. 동최대경이 거의 중간 부분에 위치하는데 어깨부터 아래 기벽의 호선이 동최대경을 중심으로 거의 대칭을 이루고 있고, 또 구경과 저경이 비슷하여 바른 술통 모양을 연상시킨다. 크기는 구경 18.2㎝, 저경 18.4㎝, 높이 24.3㎝이다(도면 888, 5; 890, 3).

다른 3점은 편 상태이다. 1점은 구경이 21㎝이고, 외면이 수평 띠 마연되어 있다. 어깨와 목의 경계에 턱이 있다. 속심은 주황-갈색, 표면은 회색이다. 그을음이 남아 있다(도면 888, 6; 890, 4). 1점은 구경이 20.6㎝이고, 속심과 표면이 회색이다(도면 888, 7; 890, 5). 1점은 구경이 23.8㎝이다(도면 888, 8). 나머지 1점은 어깨에 돌대가 1줄 있다. 구경은 16.7㎝이다(도면 888, 9).

XII-2형식. 구연이 볼록한데 안쪽으로 약간 돌출되었다. 구순은 모두 편평하다. 7점이 확인된다. 모두 편 상태인데 1점은 동최대경 아랫부분까지 기형이 확인된다. 동최대경이 동체의 2/3정도 높이에 위치하였을 것으로 생각된다. 구경은 24㎝이다. 외면에 수평 띠 마연을 하였다. 속심과 표면이 회색이다(도면 888, 10; 890, 6). 다른 1점은 구연부-목은 수직의, 어깨 부분은 수평의 띠 광택무늬로 각각 장식되었다. 이 토기는 구경이 16.4㎝이다(도면

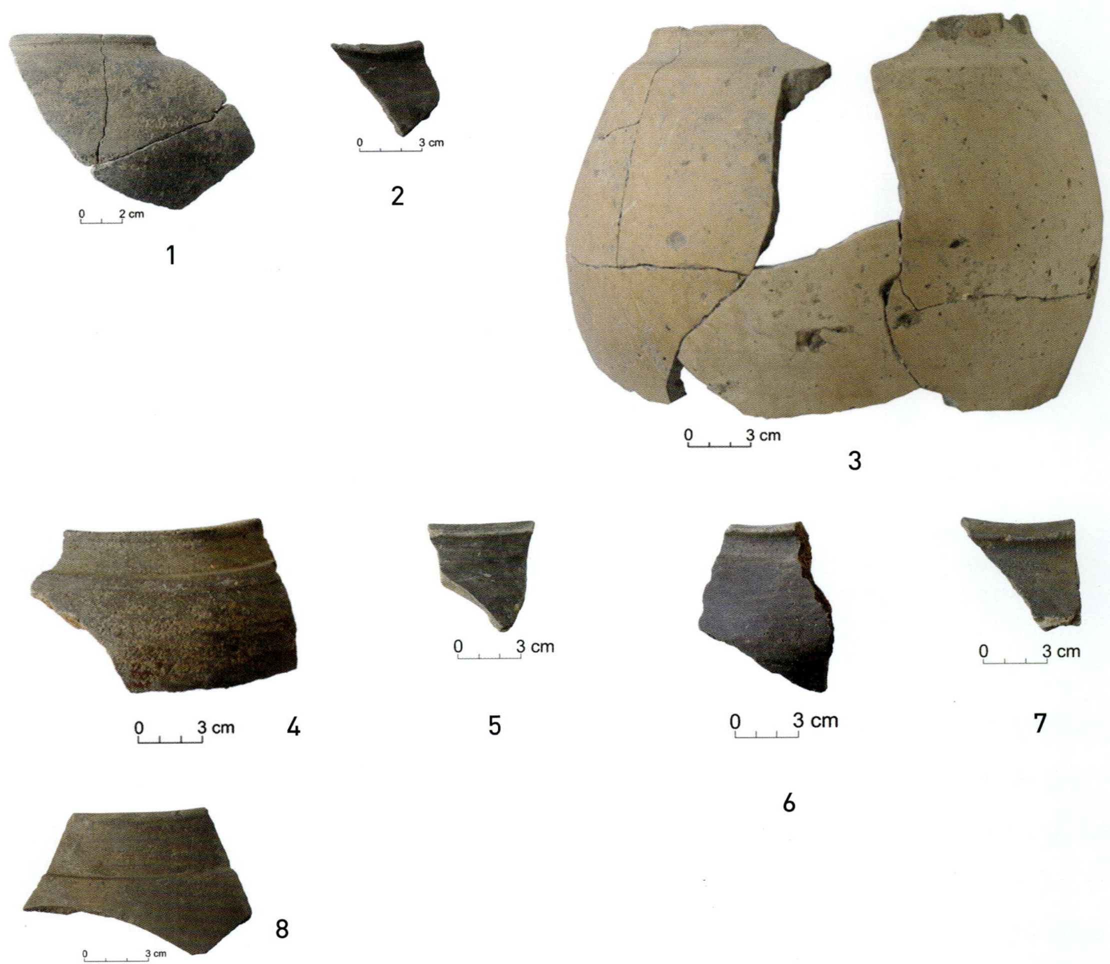

도면 890 | 크라스키노성 출토 중형 직구류 토기 XI형식(1, 2), XII-1형식(3~5), XII-2형식(6, 7), XII-3형식(8): 1-제48구역 제2인공층 까`-28방안(2011-도384, 1), 2-제40구역 제4인공층 붸-16방안(2008-도421, 5), 3-제40구역 제7인공층 1호 수혈 및 주변 베-16방안(2009-도197), 4-제44구역 제9인공층 제-23방안(2014-도141, 2), 5-제53구역 남서쪽섹터 제7인공층 에르-1방안(2018-도805, 4), 6-제47구역 2섹터 제6인공층 게-18방안(2015-도320, 1), 7-제53구역 중앙섹터 제6인공층 까-4방안(2018-도734, 3), 8-제44구역 제3인공층 엠-23방안(2010-도201)

888, 11). 1점은 어깨 부분이 수평의 띠 광택무늬로 장식되었다. 구경은 20.3㎝이다(도면 888, 12). 그 외에도 4점이 더 있다(도면 888, 13, 14; 889, 1, 2; 890, 7).

XII-3형식. 구연의 안쪽과 바깥쪽이 다 밖으로 돌출한 것이다. 2점이 확인된다. 모두 구순은 수평으로 편평하다. 1점은 어깨의 턱으로 인해 구연부-목이 잘 구분된다. 구연부-목이 곧게 안쪽으로 살짝 내만하였다. 이 토기는 구경이 22㎝이고, 속심은 갈색, 표면은 회색이다(도면 889, 3; 890, 8). 다른 1점은 구연부-목이 약간 굽었다. 동최대경이 어깨 부분에 위치한다. 구경은 22㎝, 동최대경은 25㎝이다(도면 889, 4).

기타 형식. 1점은 거의 직립하는 구연부가 있다. 어깨가 동최대경을 이룬다. 구경은 17.2㎝이다(도면 889, 5). 다른 1점은 기형은 심발을 연상시킨다. 구순이 약간 도톰하다. 구경은 16㎝이다(도면 889, 6).

(4) 직구류 토기 소형

구경이 5㎝부터 14.6㎝ 사이이다.

Ⅱ형식. 구연의 높이가 어깨 턱의 높이와 거의 비슷하다. 구연-목은 어깨의 턱에 의해 잘 구분이 되나, 목과 구연부는 경계가 분명하지 못하다. 전체 기형이 복원되는 1점은 모양이 편구형이다. 동최대경이 중상위에 위치한다. 외면이 수평 띠 마연되었다. 속심은 오렌지-갈색, 표면은 갈색이다. 크기는 구경 7㎝, 저경 11㎝, 높이 9.2㎝이다(도면 891, 1). 크기가 작은 직구호이다. 나머지 3점은 모두 구연-동체 윗부분만 남은 것이다. 구경은 각각 11.8㎝(도면 891, 2), 9.1㎝(도면 891, 3), 14.2㎝(도면 891, 4)이다. 그중의 1점은 외면이 수평 띠 마연되었고, 속심은 주황-갈색, 표면은 회색이다(도면 891, 4).

Ⅲ형식. 목-구연부가 어깨의 턱에 의해 구분되며, 목-구연부의 안쪽 절반이 거의 사선 각도로 안쪽으로 향한다. 구연의 높이가 어깨 턱보다 약간 더 높다

Ⅲ-1형식. 구연부-목이 안쪽으로 내만하면서 조금 굽었다. 어깨의 턱이 뚜렷하게 구분된다. 구연부-목과 어깨부분이 단면 계단 모양이다. 3점이 확인된다. 모두 구연부-동체 윗부분만 남아 있어 전체 기형을 알 수 없다. 하지만 어깨 아랫부분의 기벽의 호선을 보면 동체가 장동형이었을 가능성이 높다. 1점은 구경이 14.4㎝이며, 속심은 흑색, 표면은 주황색과 회색 등이다(도면 891, 5; 893, 1). 나머지 2점은 구경이 각각 13.7㎝(도면 891, 6)과 12.7㎝(도면 891, 7)이다.

Ⅲ-2형식. 구연의 높이가 어깨 턱의 높이보다 약간 더 높다. 어깨의 턱이 미약하게 표현되어 있다. 어깨 턱 안쪽의 내면에 꺾임이 관찰되지 않는다. 4점이 확인된다. 모두 편 상태이지만 몇 점은 기저부 윗부분까지 기형이 파악된다. 1점은 구연이 약간 뾰족하며 안쪽으로 살짝 기울었다. 기벽의 호선으로 보아 동체가 구체였을 것으로 생각된다. 동최대경이 동체의 중간 정도 높이에 위치한다. 크기는 구경 9㎝, 동최대경 14.2㎝이다(도면 891, 8; 893, 2).
다른 1점은 구연과 어깨 턱 사이의 '목' 부분에 수직 띠 광택무늬가 시문되어 있다. 기벽의 호선으로 보아 편구형이었을 것으로 추정되며, 동최대경은 동체의 중간 높이에 위치하였다고 생각된다. 크기는 구경 12.1㎝, 동최대경 24.6㎝이다(도면 891, 9). 1점에는 구연부-목에 직선의 띠 광택무늬가 시문되어 있다(도면 891, 10). 다른 1점은 구경이 13.8㎝이다(도면 891, 11; 893, 3).

Ⅳ형식. 구연이 갈고리처럼 반전된 것이다. 1점이 확인된다. 구연과 어깨 턱 사이의 '목'이 약간 오목하면서 수평 방향으로 짧게 형성되어 있다. 구연은 짧게 밖으로 반전하였다. 어깨가 발달한 동체를 가진 것으로 보인다. 구경이 10.9㎝이다(도면 891, 12).

Ⅴ형식. 구연이 어깨 부분보다 더 두껍게 둥글게 마무리된 것이다. 구연이 어깨의 끝부분에서 꺾여 위로 향한다.

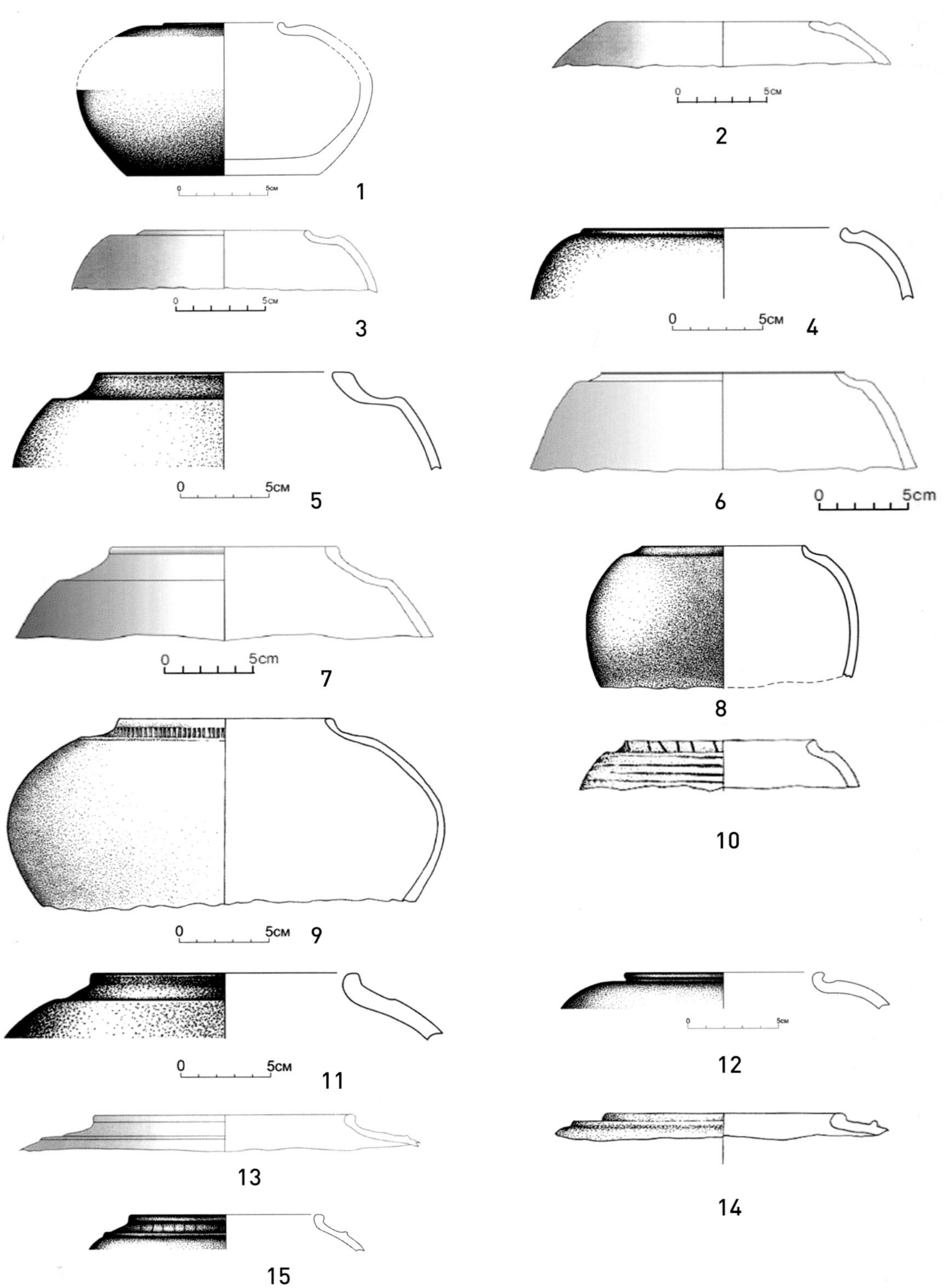

도면 891 | 크라스키노성 출토 소형 직구류 토기 II형식(1~4), III-1형식(5~7), III-2형식(8~11), IV형식(12), V-1형식(13, 14), V-2형식(15): 1-제50구역 1섹터 제3인공층 치-2`방안(2015-도723, 1), 2-제34구역 제2인공층 까-10방안(2006-도200, 4), 3-제34구역 제5인공층 이-5방안(2006-도205, 5), 4-제44구역 제10인공층 15호 주거지 이-23방안(2014-도183, 4), 5-제44구역 제13인공층 아-23방안(2014-도353, 5), 6-제34구역 제7인공층 예-줴-4방안(2007-도221, 1), 7-제34구역 제8인공층 뤠-6방안(2007-도224, 2), 8-제45구역 제4인공층 제-7방안(2010-도428), 9-제31구역 제6인공층 제-8방안(2003-도147), 10-제21구역 제2~3인공층(1999-도144, 4), 11-제47구역 2섹터 제9인공층 뤠-17방안(2015-도423, 1), 12-제48구역 동쪽섹터 제8인공층 까-31방안(2016-도173, 2), 13-제34구역 제3인공층 베-9방안(2006-도202, 4), 14-제21구역 제2~3인공층(1999-도145, 10), 15-제53구역 남동쪽섹터 제1인공층 예-8방안(2018-도556, 3)

Ⅴ-1형식. 2점이 있다. 2점 모두 어깨 부분이 거의 수평에 가깝고, 어깨 부분에 1줄의 돌대가 돌려져 있다. 1점은 구경이 14.2㎝이고(도면 891, 13), 다른 1점은 구경이 13.2㎝이다(도면 891, 14).

Ⅴ-2형식. 1점이 확인된다. 어깨 부분이 상대적으로 아래로 더 기울었다. 어깨 부분에 1줄의 돌대가 돌려져 있다. 구연과 돌대 사이가 수직 띠 광택무늬로 장식되었다. 이 토기는 구경은 11㎝이고, 속심은 회색, 표면은 흑색

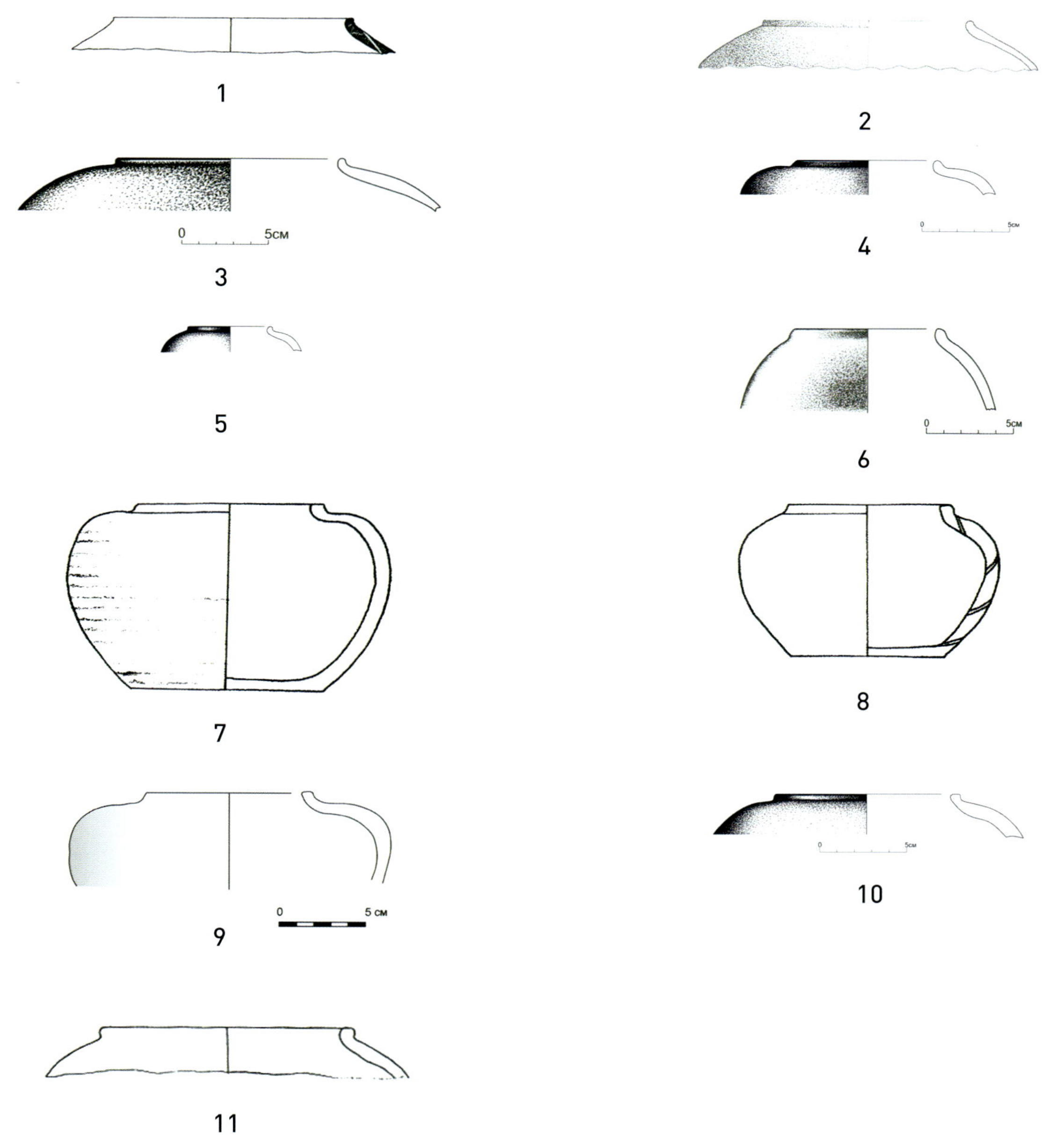

도면 892 | 크라스키노성 출토 소형 직구류 토기 Ⅵ형식(1, 2), Ⅶ-1형식(3~6), Ⅶ-2형식(7~11): 1-제12구역(1996-도67, 3), 2-제31구역 제4인공층(2003-도140, 1), 3-제47구역 3섹터 제4인공층 게-22방안(2014-도491, 1), 4-제47구역 2섹터 제10인공층 아-13방안(2015-도460, 3), 5-제50구역 3섹터 제3인공층 붸-5방안(2015-도914, 4), 6-제44구역 제4인공층 예-26방안(2012-도77, 2), 7-제15구역(1998-도252, 1), 8-제15구역(1998-도252, 2), 9-제42구역 제6인공층 제-1방안(2009-도807, 1), 10-제50구역 3섹터 제3인공층 베-4`방안(2015-도914, 1), 11-제21구역 제4인공층(1999-도150, 14)

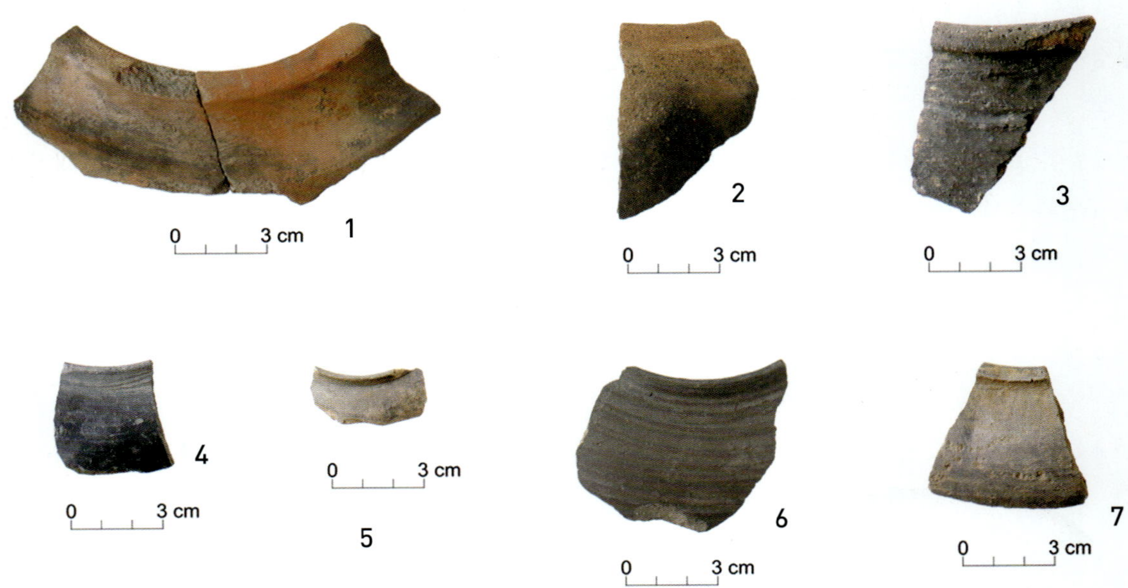

도면 893 | 크라스키노성 출토 소형 직구류 토기 III-1형식(1), III-2형식(2, 3), VII-1형식(4, 5), VII-2형식(6, 7): 1-제44구역 제13인공층 아-23방안(2014-도420, 2), 2-제45구역 제4인공층 제-7방안(2010-도427, 3), 3-제47구역 2섹터 제9인공층 뤠-17방안(2015-도411, 3), 4-제47구역 2섹터 제10인공층 아-13방안(2015-도447, 1), 5-제50구역 3섹터 제3인공층 뤠-5방안(2015-도904, 2), 6-제42구역 제6인공층 제-1방안(2009-도797, 2), 7-제50구역 3섹터 제3인공층 베-4`방안(2015-도904, 3)

이다(도면 891, 15).

VI형식. 구연이 내만하는 어깨에서 위로 어깨 부분 두께의 1/2보다 더 작게 조금 형성되어 있다. 구연이 미약하게 표현되어 있어 내만 구연 호를 연상시킨다. 2점이 확인된다. 모두 구연-어깨 부분만 남아 있다. 어깨가 발달한 형태였을 것으로 판단된다. 구경이 각각 14㎝(도면 892, 1), 12.1㎝(도면 892, 2)이다.

VII형식. 구연부가 매우 짧게 형성된 것이다. 구연의 높이가 어깨 부분 두께와 거의 비슷하거나 혹은 더 작다. 구연은 안쪽으로 사선 방향인 것이 대부분이지만 거의 직립하는 것도 있다.

VII-1형식. 구순이 둥그스름한 것이다. 4점이 확인된다. 모두 구연-동체 윗부분만 남아 있다. 3점은 어깨가 매우 발달되어 있다. 그중의 1점은 구경이 13㎝이다. 외면이 조밀하게 수평 띠 마연되었다. 속심과 표면이 회색이다(도면 892, 3). 다른 2점은 어깨가 아래로 꺾이는 것이 확인된다. 그중의 1점은 구경이 14㎝이고, 속심과 표면이 회색이다. 더껑이가 남아 있는 것으로 보고되었다(도면 892, 4; 893, 4). 다른 1점은 구경이 5㎝에 불과하다. 외면이 조밀하게 수평 띠 마연되었다. 속심은 명회색, 표면은 회색이다(도면 892, 5; 893, 5).

나머지 1점은 동체 기벽의 호선이 거의 사선 방향으로 내려간다. 동체가 장동형있을 가능성이 높다. 이 토기는 구경이 8.6㎝이다(도면 892, 6).

VII-2형식. 구순이 수평으로 편평한 것이다. 구연이 대개 약간 기울은 상태로 안쪽으로 향한다. 5점이 확인된다.

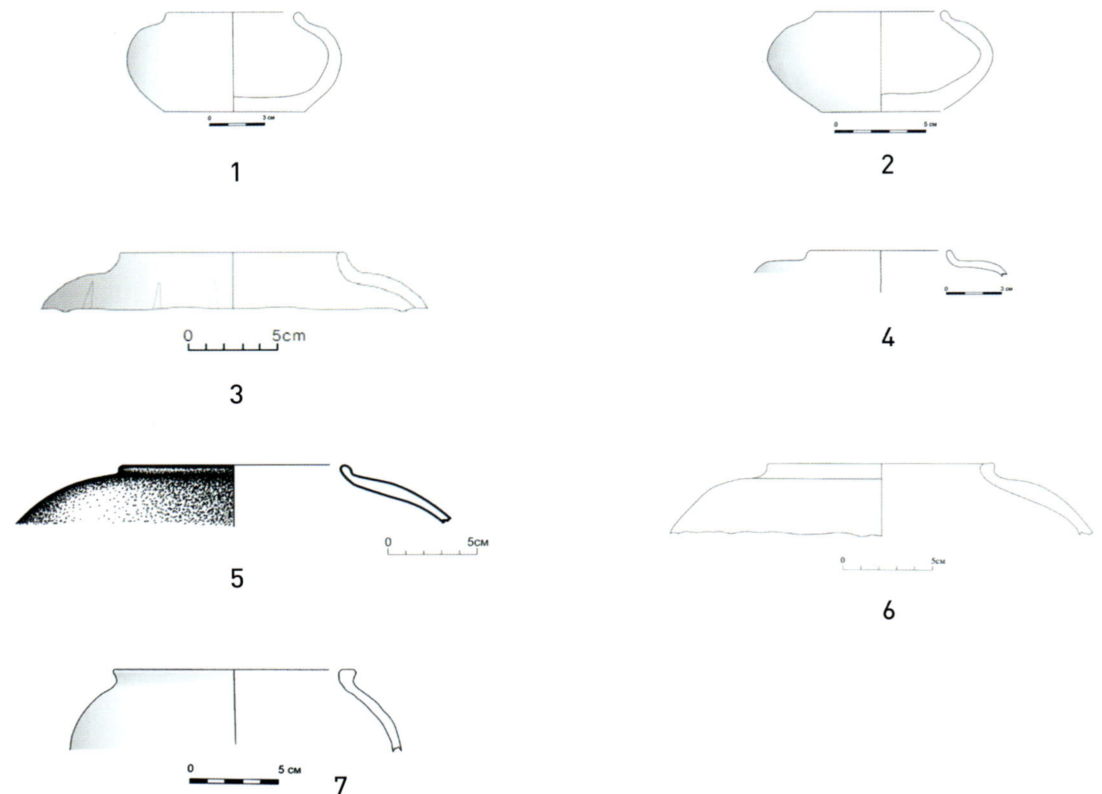

도면 894 | 크라스키노성 출토 소형 직구류 토기 Ⅷ-1형식(1~5)과 Ⅷ-2형식(6, 7) 구연-동체 부분: 1-제40구역 1호 수혈 하부와 10호 주거지 상부(2009-도148, 3), 2-제40구역 제7인공층 베-15,16방안(2009-도255, 1), 3-제34구역 제7인공층 뷔-14,15방안(2007-도221, 2), 4-제40구역 제7인공층 1호 수혈 및 주변 베-16방안(2009-도89, 3), 5-제47구역 3섹터 제6인공층 게-22방안(2011-도702), 6-제40구역 제4인공층 뷔-16방안(2008-도455, 3), 7-제42구역 제2인공층 예`-3방안(2009-도664, 3)

그중의 1점은 동최대경이 동체 2/3 높이에 위치한다. 크기는 구경 9.4㎝, 동최대경 14.8㎝, 저경 8.7㎝, 높이 10.7㎝이다(도면 892, 7). 다른 1점은 생김새가 이와 거의 동일하다. 크기는 구경 10.3㎝, 동최대경 17.8㎝, 저경 11.2㎝, 높이 8.8㎝이다(도면 892, 8). 이 2점은 모양의 납작한 호박을 연상시킨다.

나머지는 모두 편 상태이지만 그중의 1점은 기형이 기저부 위까지 남아 있다. 어깨가 발달한 것이 원래 형태는 편구형이었을 것으로 생각된다. 이 토기는 구경이 9.7㎝이다(도면 892, 9; 893, 6). 1점은 속심과 표면이 모두 회색이며, 구경은 11㎝이다(도면 892, 10; 893, 7). 다른 1점은 크기는 달라도 기본 형태는 이와 비슷하다(도면 892, 11).

Ⅷ형식. 구연부가 매우 짧게 형성되어 있으나 구연의 높이가 어깨 부분의 두께보다 더 크다.

Ⅷ-1형식. 구순이 둥그스름한 것이다. 4점이 확인된다. 2점은 전체 기형이 확인되는데 형태와 크기가 서로 거의 비슷하다. 모두 편구형이나, 1점은 동최대경 부분이 급격하게 꺾여 전체적인 형태가 주판알을 연상시킨다. 2점 모두 구연이 약간 도톰한데 사실은 그 아랫부분의 '목'이 약간 얇아졌기 때문이다. 동최대경은 동체 중간 높이 정

도면 896 | 크라스키노성 출토 소형 직구류 토기 Ⅷ-1형식(1)과 Ⅷ-2형식(2) 구연-동체 부분: 1-제47구역 3섹터 제6인공층 게-22방안(2011-도694, 3), 2-제40구역 제4인공층 눼-16방안(2008-도421, 5)

도면 895 | 크라스키노성 제40구역 1호 수혈 하부와 10호 주거지 상부 출토 소형 직구류 토기 Ⅷ-1형식 구연-동체 부분(2009-도67)

도에 위치한다. 1점은 크기가 구경 7.1㎝, 저경 7.6㎝, 높이 5.6㎝이고(도면 894, 1; 895), 모양이 주판알을 연상시키는 다른 1점은 크기가 구경 7.2㎝, 저경 6.6㎝, 높이 5.6㎝이다(도면 894, 2).

나머지 3점은 어깨가 거의 수평에 가까워 위의 2점과는 기형이 약간 차이가 있을 것으로 생각된다(도면 894, 3~5; 896, 1).

Ⅷ-2형식. 구순이 수평으로 편평하다. 2점이 확인된다. 모두 구연-어깨 부분만 남아 있다. 구경은 각각 12.7㎝(도면 894, 6; 896, 2), 13.5㎝(도면 894, 7)이다.

Ⅸ형식. 구연부가 어깨에서 밖으로 약간 꺾이면서 안쪽으로 향하는 것이다. 3점이 확인된다. 1점은 전체 기형이 남아 있다. 2007년에 제34구역의 6호 주거지의 내부와 외부에서 각각 편들이 발견된 이 토기는 외면이 3줄의 침선 지그재그 문양으로 장식되어 있다. 동체의 호선이 전체적으로 일정하며, 구연부는 어깨 부분에서 약간 밖으로 꺾이면서 안쪽으로 향한다. 구순은 둥그스름하다. 속심과 내면의 일부가 갈색이고, 외면은 흑색이다. 외면을 잘 마연하였다. 구경과 저경이 비슷하며, 동체의 모양이 위와 아래가 절단된 공을 연상시킨다. 크기는 구경 12.3㎝, 동최대경 18.6㎝, 저경 12.5㎝, 높이 14.1㎝이다(도면 897, 1; 898).

1점은 어깨 부분에 1줄의 돌대가 돌려져 있다. 이토기는 구경이 9.2㎝이고, 외면이 수평 띠 광택무늬로 장식되었다. 속심은 오렌지-갈색, 표면은 흑색이다(도면 897, 2). 1점은 기벽의 호선으로 보아 동체가 장동형이었을 것으로 생각된다. 구경은 7.1㎝이다(도면 897, 3; 900, 1). 나머지 1점은 편이 매우 작다(도면 897, 4).

Ⅺ형식. 구연이 어깨 부분 두께 정도의 높이로 짧게 직립 혹은 약간 외반하며 목이 미약하게 형성된 것도 있다. 구순은 대개 둥그스름하다. 6점이 확인된다.

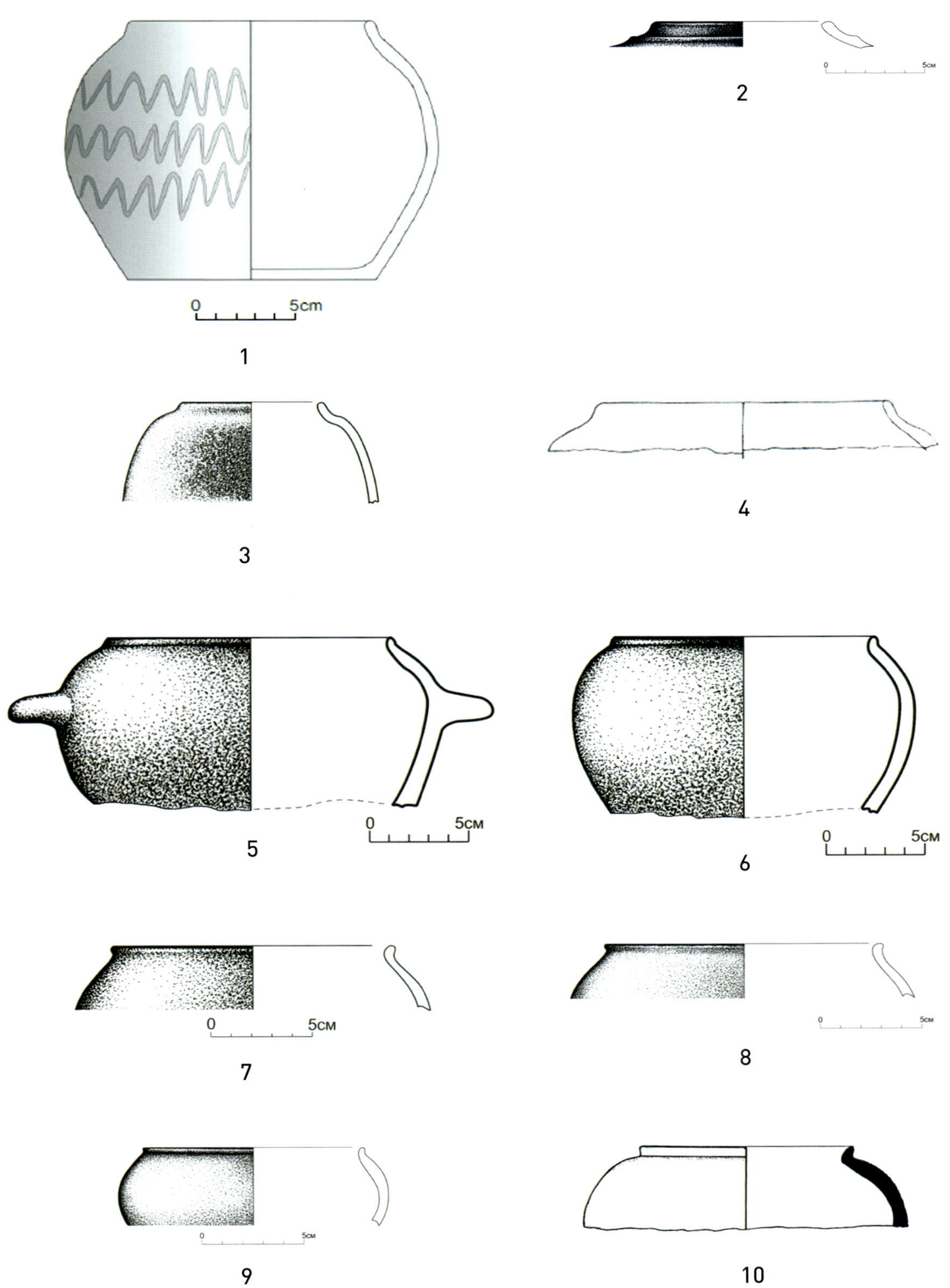

도면 897 | 크라스키노성 출토 소형 직구류 토기 IX형식(1~4)과 XI형식(5~10): 1-제34구역 제12인공층 예-2,3방안(2007-도243, 1), 2-제47구역 2섹터 제12인공층 베-14방안(2015-도531, 5), 3-제45구역 남쪽섹터 제6인공층 제-7방안(2011-도42), 4-제23구역 제1인공층(1999-도160, 59), 5-제44구역 제1인공층 예-23방안(2010-도58), 6-제44구역 제3인공층 줴-24방안(2010-도212), 7-제49구역 2섹터 제2인공층 까-36방안(2014-도884, 5), 8-제49구역 2~4섹터 제2인공층 예-34방안(2014-도885, 6), 9-제47구역 3섹터 제5인공층 베-30방안(2014-도520, 2), 10-제11, 12구역(1995-도47, 24)

도면 898 | 크라스키노성 제34구역 제12인공층 예-2,3방안 출토 소형 직구류 토기 IX형식(2007-도151)

1점에는 동최대경 부분에 귀 손잡이가 부착되어 있다. 구연은 살짝 직립한다. 이 토기는 갈색이며, 구경은 14.6㎝, 동최대경은 19.4㎝이다(도면 897, 5; 900, 2). 1점은 기벽이 둥글게 호선을 이룬다. 구경이 12.8㎝, 동최대경이 16.8㎝이다(도면 897, 6; 900, 3). 2점은 크기는 서로 달라도 형태가 이와 거의 비슷하다(도면 897, 7, 8; 900, 4).

1점은 동최대경 아랫부분까지 기형이 남아 있는데 구경이 11㎝이며, 외면이 수평 띠 마연되었고, 속심과 표면이 회색이다(도면 897, 9; 900, 5). 1점은 짧게 외반한 구연의 단면이 삼각형을 닮았다. 이 토기는 구경이 10.5㎝이다(도면 897, 10).

XIII형식. 목-구연부가 비교적 길게 형성되어 있고 거의 직립하는 것이다. 2점이 확인된다. 목-구연

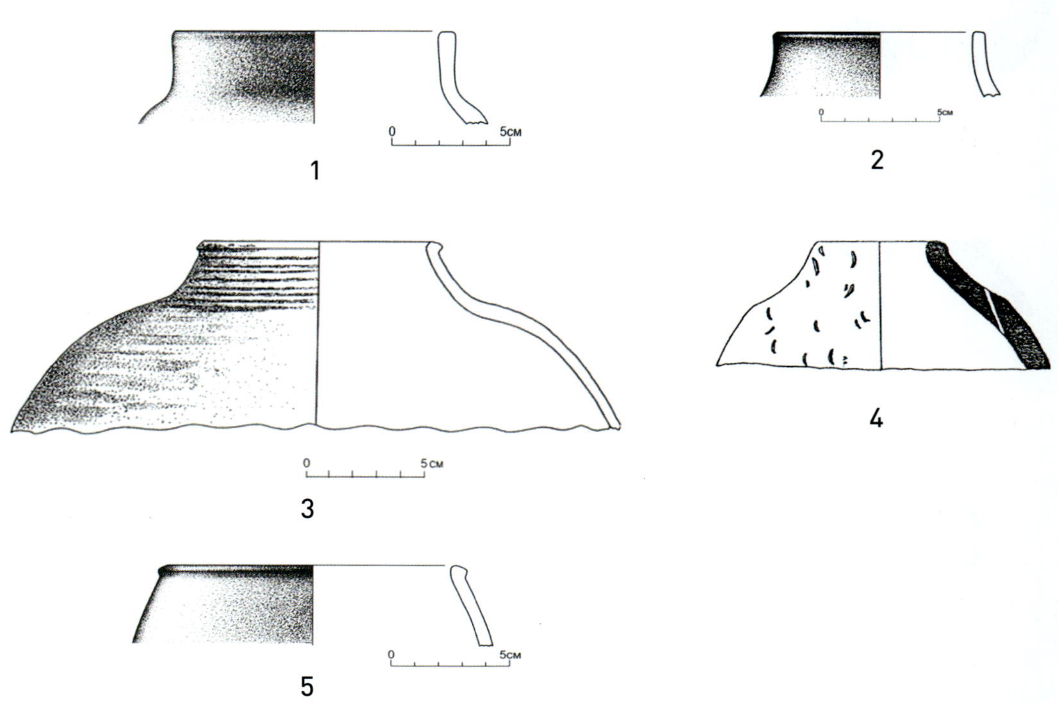

도면 899 | 크라스키노성 출토 소형 직구류 토기 XIII형식(1, 2)과 XIV형식(3~5) 구연-동체 부분: 1-제47구역 5섹터 제3인공층 엠-4방안(2012-도468, 2), 2-제47구역 8섹터 제2인공층 예-48방안(2013-도354, 2), 3-제33a구역 제2인공층 엠-오-10,11방안(2006-도35), 4-제12구역(1996-도68, 3), 5-제47구역 5섹터 제3인공층 뻬,에르-4,5방안(2012-도469, 4)

도면 900 | 크라스키노성 출토 소형 직구류 토기 IX형식(1)과 XI형식(2~5), XIII형식(6), XIV형식(7): 1-제45구역 남쪽섹터 제6인공층 제-7방안(2011-도41, 7), 2-제44구역 제1인공층 예-23방안(2010-도57), 3-제44구역 제3인공층 줴-24방안(2010-도211, 1), 4-제49구역 2~4섹터 제2인공층 예-34방안(2014-도846, 2), 5-제47구역 3섹터 제5인공층 베-30방안(2014-도511, 3), 6-제47구역 5섹터 제3인공층 엠-4방안(2012-도459, 2), 7-제47구역 5섹터 제3인공층 뻬,에르-4,5방안(2012-도459, 3)

부의 내면과 외면이 거의 곧다. 구순은 모두 편평하다. 1점은 어깨 부분이 약간 남아 있는데 호선의 상태로 보아 호였을 것으로 생각된다. 이 토기는 구경이 11.8cm이다(도면 899, 1; 900, 6). 다른 1점은 목-구연부만 남아 있다. 구경은 8.8cm이고, 속심은 회색, 표면은 암회색이다(도면 899, 2).

XIV형식. 목-구연부가 사선 방향으로 곧게 내만한다. 2점이 확인된다. 1점은 구연 부분이 바깥쪽으로 약간 꺾였다. 목-구연부의 위가 좁고 아래가 넓으며, 어깨 부분에서 한 번 밖으로 꺾여 동체 윗부분과 호선을 이루며 연결된다. 구연부-목이 수평 띠 광택무늬로 장식되었다. 구경은 10.4cm이다(도면 899, 3). 다른 1점은 안쪽으로 모여지는 목-구연부의 끝부분인 구연이 위로 약간 꺾이면서 마무리되었다. 구경이 5.4cm이다(도면 899, 4). 이 2점은 목-구연부의 형태로 보아 병이었을 가능성이 높다.

XV형식. 1점이 확인된다. 내만하는 목-구연부가 있고, 구연의 외측이 돌출하였다. 남아 있는 기벽의 호선을 볼 때에 장동형이 동체를 가졌을 것으로 생각된다. 구경은 12.6cm이다(도면 899, 5; 900, 7). 어깨가 따로 구분되지 않기 때문에 내만 구연 호에 가깝다.

8) 내만구연 토기

구연이 어깨와 경계가 없이 그대로 내만하면서 마무리되는 토기이다. 목이 따로 구분되지 않는다. 내만 구연 토기는 기형이 호를 연상시키는 것도 있고, 동이나 발을 연상시키는 것도 있다. 때문에 이 토기 기종에 대한 구분이 필요하다. 이 글에서는 내만 구연 토기의 구연 내경이 저경보다 작은 것은 호로 간주를 하였다. 구연 내경이 저경보다 큰 것은 구경의 크기에 따라 동이(구경 23.6~27.0㎝), 동이-발(구경 19.6㎝), 완(구경 10㎝)으로 구분된다(도면 901). 그 외에도 내만한 구연부를 가진 토기들 중에는 합을 연상시키는 것도 있는데 어깨 부분을 꺾지 않아 합인지의 여부가 분명하지 못하다. 때문에 여기에서 소개한다.

(1) 내만구연 호

구연의 내경이 저경보다 작은 것이다. 기벽의 호선 상태에 따라 편구형(扁球形)과 장동형이 구분된다.

① 편구형 내만구연 호

5점이 확인된다. 그중의 2점은 전체 기형이 남아 있다. 2점 모두 기벽의 호선이 위가 넓은 반(半) 동글-마름모꼴이다. 1점은 구경이 13.5㎝, 동최대경이 22.6㎝, 저경이 16.1㎝, 높이가 12.1㎝이다(도면 902, 1). 다른 1점은 어깨부분과 동최대경 부분이 수평의 침선들로 장식되어 있다. 구경은 18.6㎝, 저경은 18.2㎝, 높이는 10.2㎝이다. 구경이 저경보다 약간 크지만 구연의 내경은 저경보다 작다(도면 902, 2).

나머지 3점은 모두 편이다. 모두 구연-어깨 부분이 안쪽으로 크게 내만하였다. 1점은 구연부터 동체 기저부 가까이까지 남아 있다. 편구모양의 기벽 호선이 잘 확인된다. 구경은 11.5㎝, 동최대경은 20.6㎝이다(도면 902, 3).

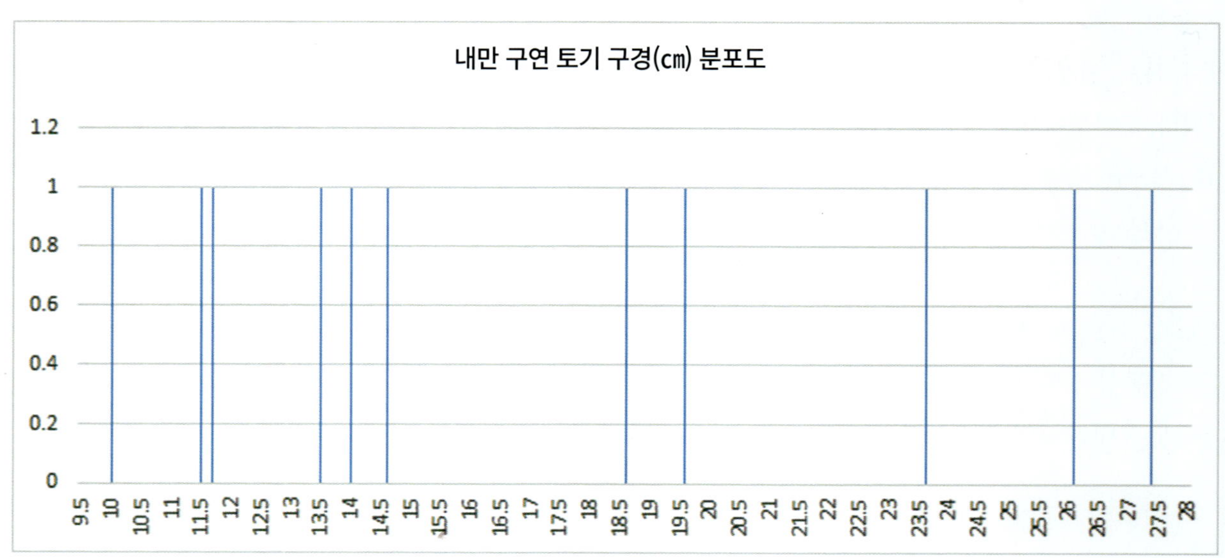

도면 901 | 크라스키노성 출토 내만구연 토기 구경 분포도

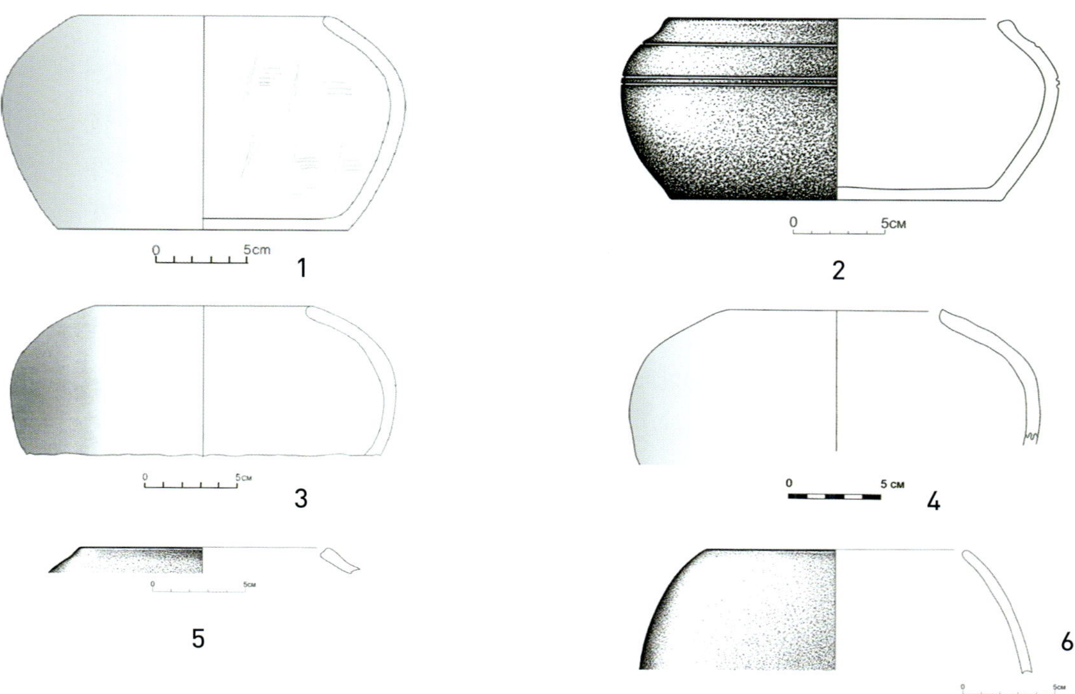

도면 902 | 크라스키노성 출토 편구형(1~5), 장동형(6) 내만구연 호: 1-제34구역 제10인공층(2007-도230, 1), 2-제49구역 2,4섹터 제2인공층 까-37방안(2014-도884, 7), 3-제34구역 제6인공층 붸-7방안(2006-도207, 1), 4-제40구역 1호 수혈 내부(2009-도96, 1), 5-제44구역 제7인공층 아-26방안(2014-도89, 1), 6-제44구역 제8인공층 예-26방안(2014-도126, 2)

도면 903 | 크라스키노성 출토 편구형(1,2) 및 장동형(3) 내만구연 호: 1-제40구역 1호 수혈 내부(2009-도76), 2-제44구역 제7인공층 아-26방안(2014-도83, 4), 3-제44구역 제8인공층 예-26방안(2014-도111, 1)

도면 904 | 크라스키노성 출토 내만구연 호: 제40구역 제3인공층 붸-17방안(2008-도393)

다른 1점은 구경이 11.7㎝이다(도면 902, 4; 903, 1). 나머지 1점은 구연부가 극히 일부 잔존한다. 표면과 속심이 모두 흑색이고, 구경이 14㎝이다(도면 902, 5; 903, 2). 그 외에 사진만 제시된 온전한 형태의 편구형 내만구연 호가 1점 더 확인된다(도면 904).

② 장동형 내만구연 호

1점이 확인된다. 구연-동체 윗부분이 남아 있다. 기벽의 내만 호선이 비교적 급하여 동체가 장동형일 것으로 생각된다. 목이 따로 구분되지 않고, 구연과 어깨의 경계도 분명하지 못하다. 외면이 수평 띠 광택무늬로 장식되었다. 속심과 표면이 모두 암회색이다. 구경은 14.6㎝이다(도면 902, 6; 903, 3).

(2) 내만구연 동이

구경이 저경보다 훨씬 더 크다. 1점은 2008년에 제40구역에서 출토된 것인데 귀 손잡이가 달려 있다. 기벽의 호선은 단면이 반 동글-마름모꼴이다. 구연 바로 아래 외측에는 1줄의 침선이 돌려져 있다. 귀 손잡이는 동체 최대경보다 약간 아래에 부착되었고, 끝부분이 아래로 약간 쳐진 상태이다. 이 토기는 크기가 구경 27.4㎝, 동최대경 30㎝, 저경 21.6㎝, 높이 10.6㎝이다(도면 905, 1; 906). 다른 1점은 구연-동체 윗부분만 남은 편 상태이다. 구연 바로 아래 외측에 1줄의 침선이 돌려져 있다. 구경은 23.6㎝, 동최대경은 28.2㎝이다(도면 905, 2). 다른 1점은 구연-동체 윗부분만 있는 편이다. 구경은 26.1㎝이다(도면 905, 3).

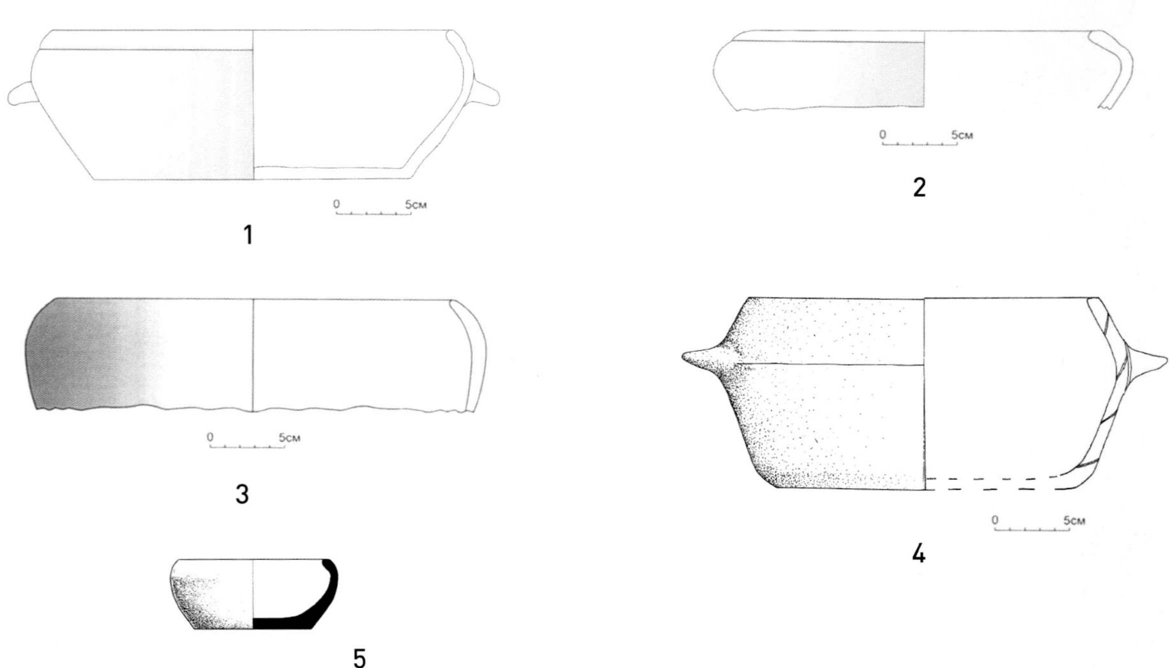

도면 905 | 크라스키노성 출토 내만구연 동이(1~4), 완(5): 1- 제40구역 제2인공층 데-15, 줴-17방안(2008-도448, 3), 2-제40구역 제2인공층 붸-20방안(2008-도448, 1), 3-제34구역 제5인공층 예-2방안(2006-도204, 1), 4-제21구역 제2~3인공층(1999-도143, 2), 5-제30구역 4호 수혈(2002-도75, 3)

도면 906 | 크라스키노성 출토 내만구연 동이: 제40구역 제2인공층 데-15, 줴-17방안(2008-도376, 377)

(3) 내만구연 동이-발

1점이 있다. 구경의 크기가 동이-발에 해당한다. 1점은 전체 기형이 복원된다. 귀 손잡이가 동최대경 부분에 거의 수평으로 부착되어 있다. 구연의 내경이 저경보다 크다. 구경이 19.6㎝이다. 구순이 수평을 이룬다(도면 905, 4).

(4) 내만구연 완

1점이 있다. 구경이 10㎝로 작지만 내만구연의 동이나 동이-발과 비슷한 형태적 특징을 가지고 있다. 저경은 7.8㎝, 높이는 4.5㎝이다. 속심은 흑색, 표면은 갈색이다. 내면에 흑색 물질이 남아 있는데 래크(옻)인 것으로 확인되었다(도면 905, 5).

9) 병류 토기

(1) 장경병

목이 좁고 긴 병이다. 목 부분 혹은 목과 구연 부분이 함께 붙어있는 것들이 출토되었다. 구연부가 남아 있는 것들은 구연이 완만하게 밖으로 외반하는 것과 급격하게 외반하는 두 종류로 구분된다. 구연이 급격하게 외반하는 것은 목과 구연부 사이의 돌대 위가 접시 모양을 가지고(도면 907, 1; 908, 1), 구연이 완반하게 밖으로 외반하는 것

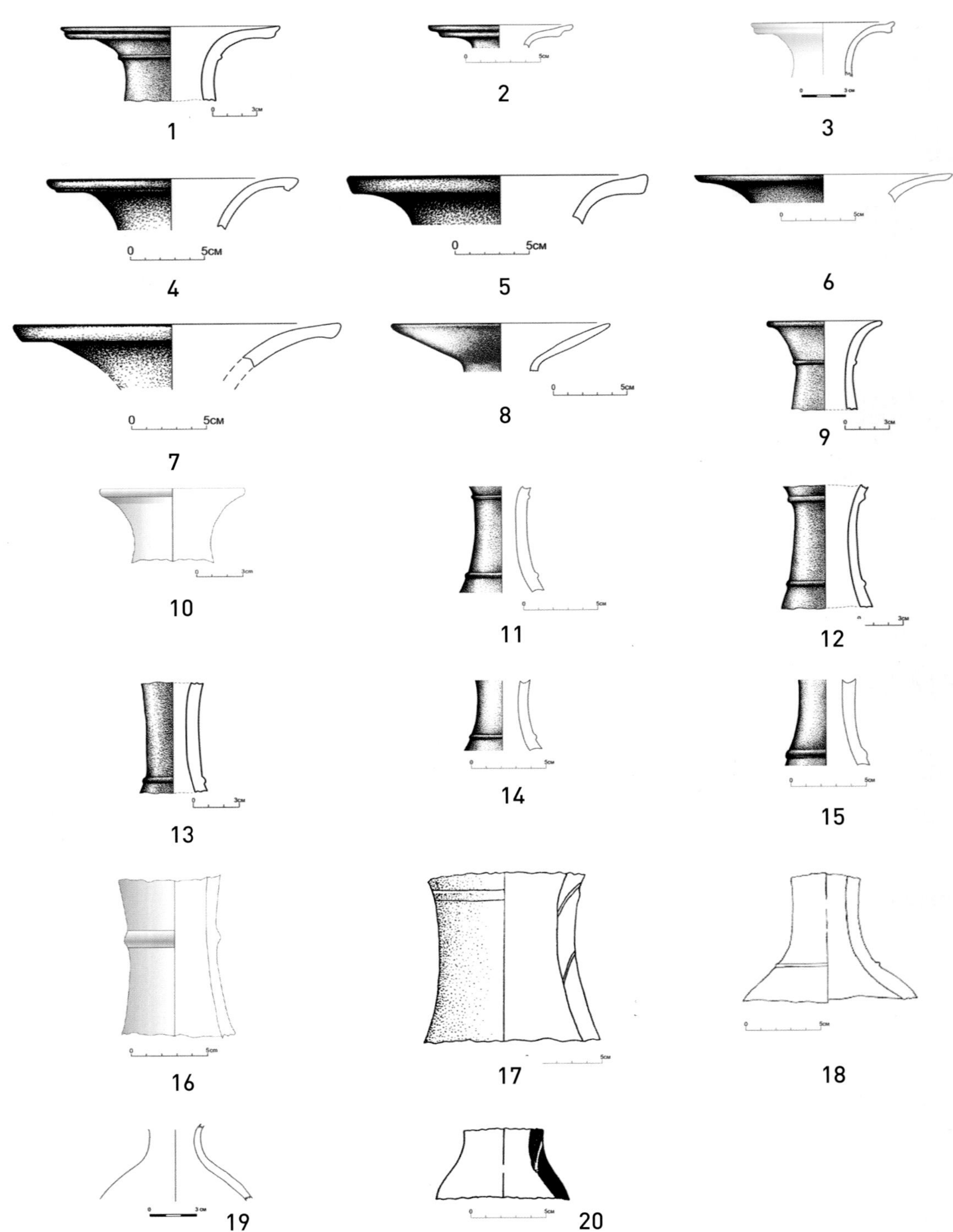

도면 907 | 크라스키노성 출토 병류 토기 장경병 Ⅰ-1형식(1~3), Ⅰ-2형식(4~8), Ⅱ형식(9,10) 구연-목 부분, 목 부분(11~17), 목-어깨 부분(18), 중장경병 목-어깨 부분(19,20): 1-제45구역 제3인공층 엘-10방안(2010-도390), 2-제49구역 2~4섹터 제2인공층 엘-37방안(2014-도886, 3), 3-제40구역 제7인공층 게-12방안(2009-도95, 3), 4-제44구역 제11인공층 제-26방안(2014-도253, 1), 5-크라스키노성 제48구역 동쪽섹터 제11인공층 4호 수혈(2016-도365), 6-제47구역 2섹터 제6인공층 뤠-19방안(2015-도331), 7-제44구역 제7인공층 뤠`-29방안(2014-도90, 4), 8-제47구역 5섹터 제3인공층 까-4방안(2012-도470, 6), 9-제44구역 제1~3인공층 줴-24방안(2010-도220), 10-제34구역 제10인공층 5호주거지 베-5방안(2007-도232, 2), 11-제47구역 3섹터 제9인공층 게-28방안(2014-도613, 4), 12-제45구역 제1인공층 예-9방안(2010-도304), 13-제45구역 제3인공층 쉬-3방안(2010-도393), 14-제47구역 3섹터 제4인공층 베-30방안(2014-도492), 15- 제49구역 2~4섹터 제2인공층 엔-28방안(2014-도886), 16-제34구역 제11인공층 까-5방안(2007-도241), 17-제25구역 베-1방안(2001-도47), 18-제21구역 제4인공층 5호 수혈(1999-도144), 19-제40구역 제7인공층 뤠-19방안(2009-도95, 2), 20-제12구역(1996-도68, 5)

도면 908 | 크라스키노성 출토 병류 토기 장경병 Ⅰ-1형식(1,2), Ⅰ-2형식(3~5), Ⅱ형식(6) 구연-목 부분, 목 부분(7~9), 목-어깨 부분(10): 1-제45구역 제3인공층 엘-10방안(2010-도391, 1), 2-제49구역 2~4섹터 제2인공층 엘-37방안(2014-도860, 1), 3-제44구역 제11인공층 제-26방안(2014-도244, 2), 4-제44구역 제7인공층 뤠`-29방안(2014-도87), 5-제47구역 5섹터 제3인공층 까-4방안(2012-도459, 1), 6-제44구역 제1~3인공층 줴-24방안(2010-도219, 1), 7-제45구역 제1인공층 예-9방안(2010-도303, 1), 8-제47구역 3섹터 제4인공층 베-30방안(2014-도489, 1), 9-제49구역 2~4섹터 제2인공층 엔-28방안(2014-도850), 10-제37구역 제6인공층 게-6방안(2007-도345,350)

은 목과 구연부 사이의 돌대 위가 완 모양을 가진다(도면 907, 9).

접시모양 구연부 장경병(Ⅰ형식)은 구순이 두 겹인 것과 한 겹인 것이 있다. 구순이 두 겹인 것(Ⅰ-1형식)은 구경이 14.9cm(도면 907, 1), 10cm(도면 907, 2; 908, 2), 9.7cm(도면 907, 3) 등 크기가 다양하다. 이에 반해 구순이 한 겹인 것(Ⅰ-2형식)은 구경이 17cm(도면 907, 4; 908, 3)부터 21.9cm(도면 907, 7; 908, 4)까지 상대적으로 큰 편이다. 경경이 확인되는 것은 구순이 두 겹인 것이 2점 있는데 하나는 6.1cm(도면 907, 1), 다른 하나는 4.0cm(도면 907, 3)이다. 이 5점의 접시모양 구연부는 모두 밖으로 되바라진 형태를 가진다. 그런데 접시모양 구연부가 사선모양으로 뻗어있는 것도 1점이 있다(도면 907, 8; 908, 5). 구경이 14.8cm이고 확인되는 경경이 5.1cm인 이 토기도 목이 좁고 긴 병일 것으로 추정이 된다.

완모양 구연부 장경병(Ⅱ형식)은 구순이 한 겹이다. 구연부가 남아 있는 것은 2점이 확인되었다. 1점은 구경이 8cm, 경경이 3.9cm이고(도면 907, 9; 908, 6), 다른 1점은 구경이 9.4cm이다(도면 907, 19). 모두 구연부가 밖으로 되바라진 형태이다.

두 종류 장경병 모두 길쭉한 목의 윗부분과 아랫부분에는, 다시 말해서 구연부와 목의 경계 부분 그리고 목과 어깨의 경계 부분에는 대부분의 경우 각각 1줄씩의 돌대가 돌아가는 것으로 파악된다. 목의 길이는 위와 아래에 돌대가 남아 있는 장경병을 예로 든다면 두 돌대 사이의 길이가 5.32cm(도면 907, 11) 혹은 5.54cm(도면 907, 12; 908, 7)이다. 온전하게 남아 있는 것이 없어 전체적인 크기는 파악이 되지 않는다. 구연부 아래에 돌대가 없는 것도 있다(도면 907, 3; 908, 10).

장경병은 모두 물레에서 성형을 한 윤제 토기이다. 색깔은 오렌지-갈색(도면 907, 1), 속심은 회색, 표면은 흑색(도면 907, 15; 908, 9), 속심과 표면이 주황-갈색(도면 907, 4) 등 다양하다.

(2) 중장경병

2점이 있는데 목 일부와 그 아래의 어깨 부분이 남아 있다. 1점은 목의 경계가 어느 정도 구분된다. 어깨선으로 보아 동체는 장동형이었을 것으로 생각된다. 경경이 3.3cm이다(도면 907, 19). 다른 1점은 목의 윗부분이 결실되어 목의 상대적인 길이를 알 수가 없다. 하지만 장경병에 돌대가 없어 중장경병일 가능성이 높다. 경경은 4.7cm이다(도면 907, 20).

(3) 종지모양 구연부 병

구연부가 종지모양인 병이다. 모두 4점이 보고되었는데, 구연부 아래로 짧게 형성된 잘록한 목과 어깨 일부분이 남아 있고, 그 아래는 모두 결실되어 전체 기형은 파악이 되지 않는다. 종지모양 구연부는 모두 목과 구순 사이가 오목하게 들어가 있는데 상대적으로 얕은 것(도면 909, 1, 2; 910, 1, 2)과 깊은 것(도면 909, 3, 4; 910, 3)이 구분된다. 깊은 것에는 모두 종지모양 구연부에 수직방향으로 띠 모양의 광택무늬가 시문되어 있다. 크기는 구경이 8cm에 경경이 4.8cm(도면 909, 1; 910, 1), 구경이 6.2cm에 경경이 3.3cm(도면 909, 3; 910, 3) 등이다.

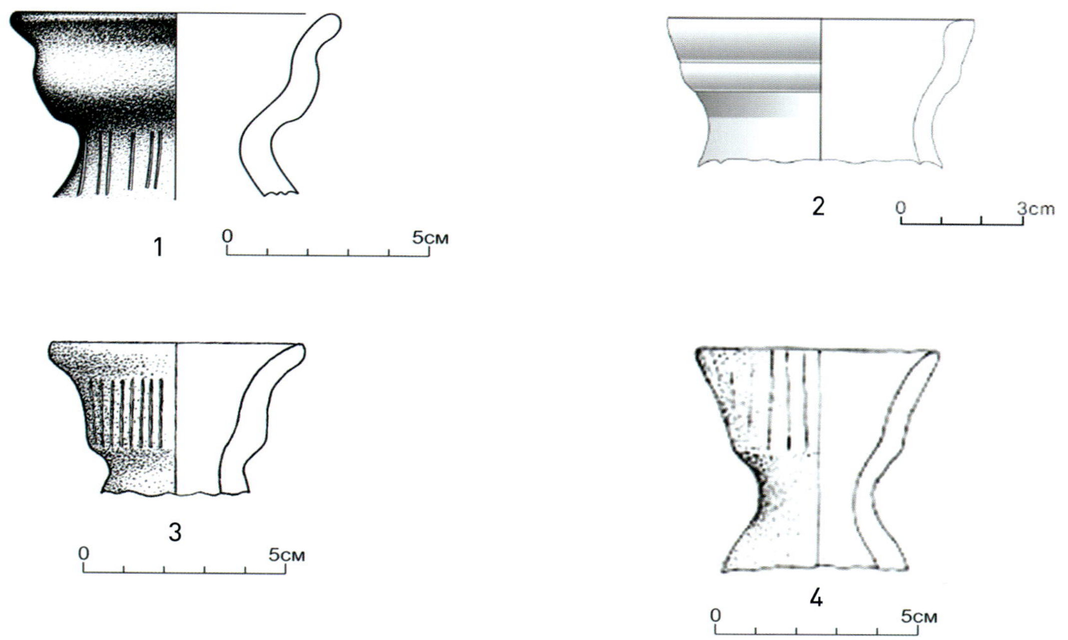

도면 909 | 크라스키노성 출토 병류 토기 종지모양 구연부 병 구연-목 부분: 1-제47구역 5섹터 제3인공층 오-6`방안(2012-도470, 7), 2-제34구역 5호 주거지 데-4방안(2007-도229, 2), 3-제31구역 제6인공층 제-8방안(2003-도150, 1), 4-제21구역 제2~3인공층(1999-도144, 15)

도면 910 | 크라스키노성 출토 병류 토기 종지모양 구연부 병 구연-목 부분: 1-제47구역 5섹터 제3인공층 오-6`방안(2012-도481, 2), 2-제34구역 5호 주거지 아래층 데-4방안(2007-도181, 1), 3-제31구역 제6인공층 제-8방안(2003-도91)

(4) 편병

2점이 출토되었다. 모두 동체의 한쪽 면이 편평하다. 1998년에 우물에서 출토된 편병은 전체적으로 길쭉한 동체를 가졌고, 잘록해진 목이 구분된다(도면 911; 912). 목과 어깨의 경계 부분에는 턱이 졌다. 구순은 편평하다. 동체의 편평한 부분 좌우에 대칭적으로 2개씩 모두 4개의 고리 귀 손잡이가 부착되어 있다. 목과 동체를 모두 수직 방향으로 마연하였다. 태토는 자연모래가 함유된 점토를 사용하였다. 속심은 회색이고, 외면은 2/3 높이까지는

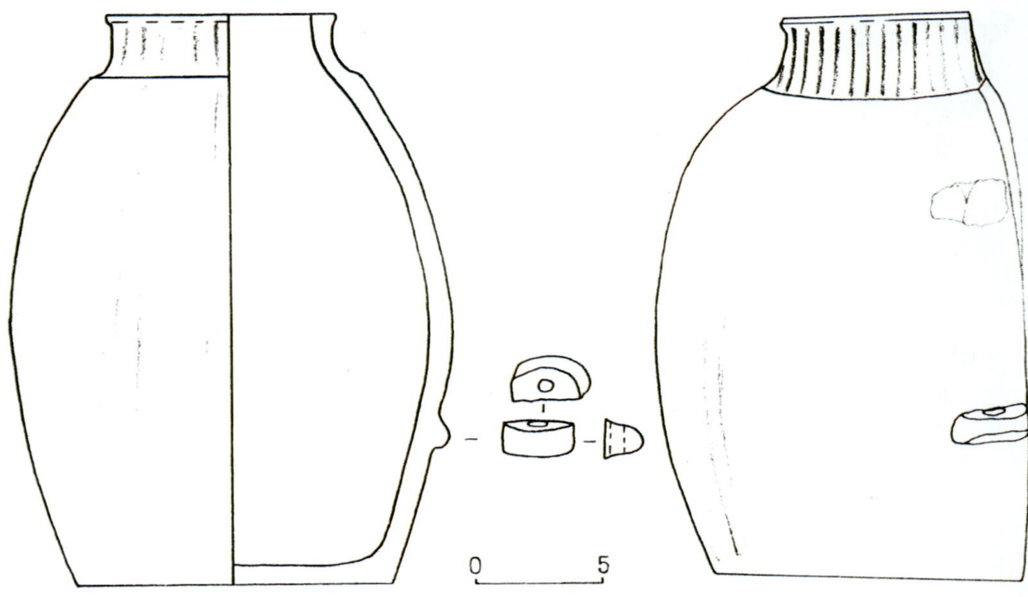

도면 911 | 크라스키노성 출토 병류 토기 편병: 제15구역(1998-도250)

도면 912 | 크라스키노성 출토 병류 토기 편병: 제15구역(1998-도250)

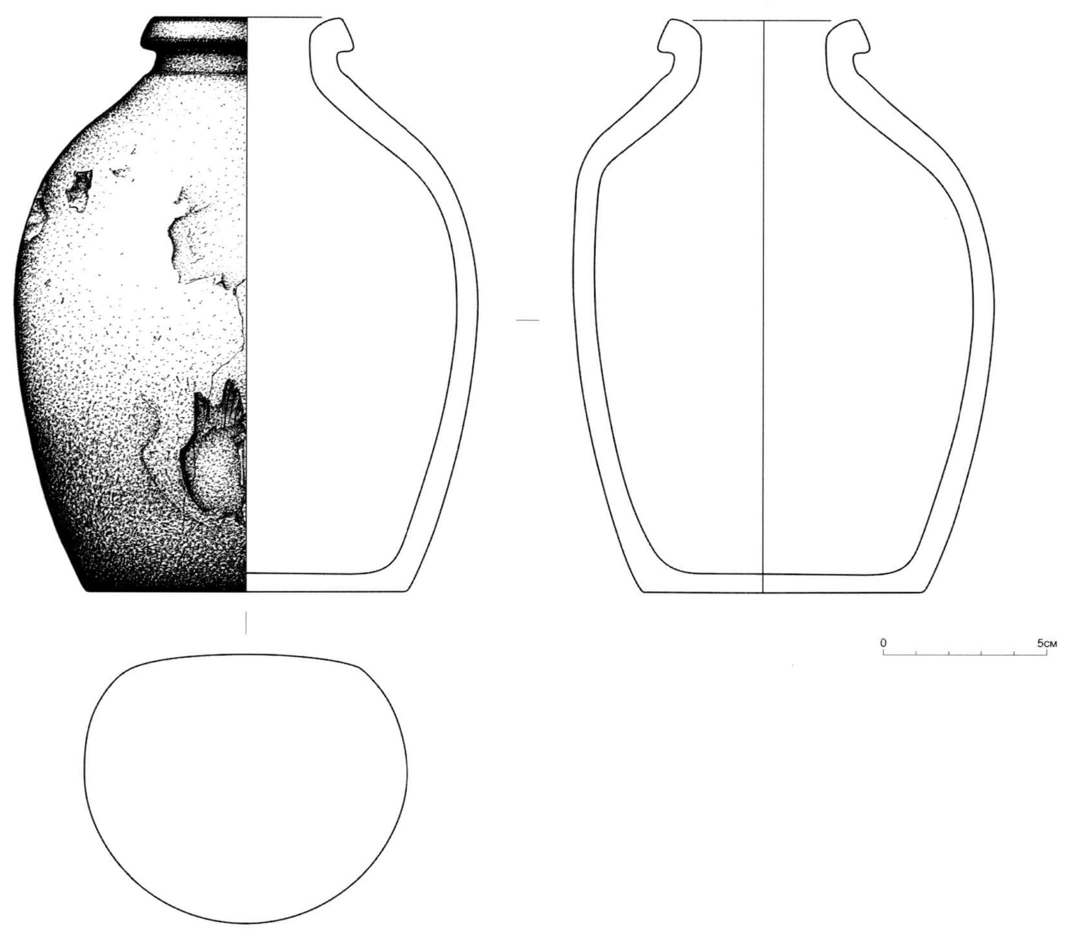

도면 913 | 크라스키노성 출토 병류 토기 편병: 제50구역 1섹터 제4인공층 1호 수혈 치-3방안(2015-도761)

회색, 그 아래는 오렌지-갈색이다. 이 토기는 처음에는 물레에서 성형을 하였고, 그다음에는 한쪽 면은 편평하게 만들었다. 크기는 구경 7×8.8㎝, 경경 8.6~9.9㎝, 동최대경 17㎝, 저경 12.3㎝, 높이 23.4㎝이다.

다른 1점의 편병은 2015년에 제50구역의 1호 저장구덩이(수혈)에서 출토되었다. 이 토기는 한쪽 면이 편평하다. 목은 짧게 형성되어 있고, 구연부는 짧게 외반한다. 바닥은 편평하다. 속심과 외면이 모두 암회색이다. 크기는 구경 5.7㎝, 경경 5.6㎝, 동최대경 14.2㎝, 높이 18.2㎝, 저경 9.7㎝이다(도면 913; 914).

(5) 거란 토기 (화)병

어깨가 발전된 길쭉한 동체와 잘록한 목 그리고 외반된 구연이 있다. 어깨와 목의 경계 부분에는 낮게 턱이 졌고 목에는 1줄의 돌대가 돌아간다. 바닥은 편평하나, 가운데 부분이 원형으로 약간 볼록하다. 바닥의 볼록한 부분은 직경이 2.5㎝이다. 기저부에 거란 토기에 특징적인 '빗금'무늬가 9줄 시문되어 있다. 구경은 7.9㎝, 가장 좁은 부분의 경경은 6.1㎝, 동체 최대경은 17㎝, 저경은 7.3㎝, 높이는 24.2㎝이다. 태토에 직경 2㎜ 이하의 석립이 섞인

도면 914 | 크라스키노성 출토 병류 토기 편병: 제50구역 1섹터 제4인공층 1호 수혈 치-3방안(2015-도761)

0.5~1㎜ 크기의 광물이 혼입되어 있다. 태토의 단면에 백색의 입자가 확인된다. 속심은 흙-갈색이고, 표면은 회색이다. 표면은 물손질 및 마연하였다. 다만 마연 흔적은 동체 윗부분에만 남아 있다. 목 부분에는 돌대 위는 수직방향, 돌대 아래는 수평방향으로 마연을 하였다(도면 915).

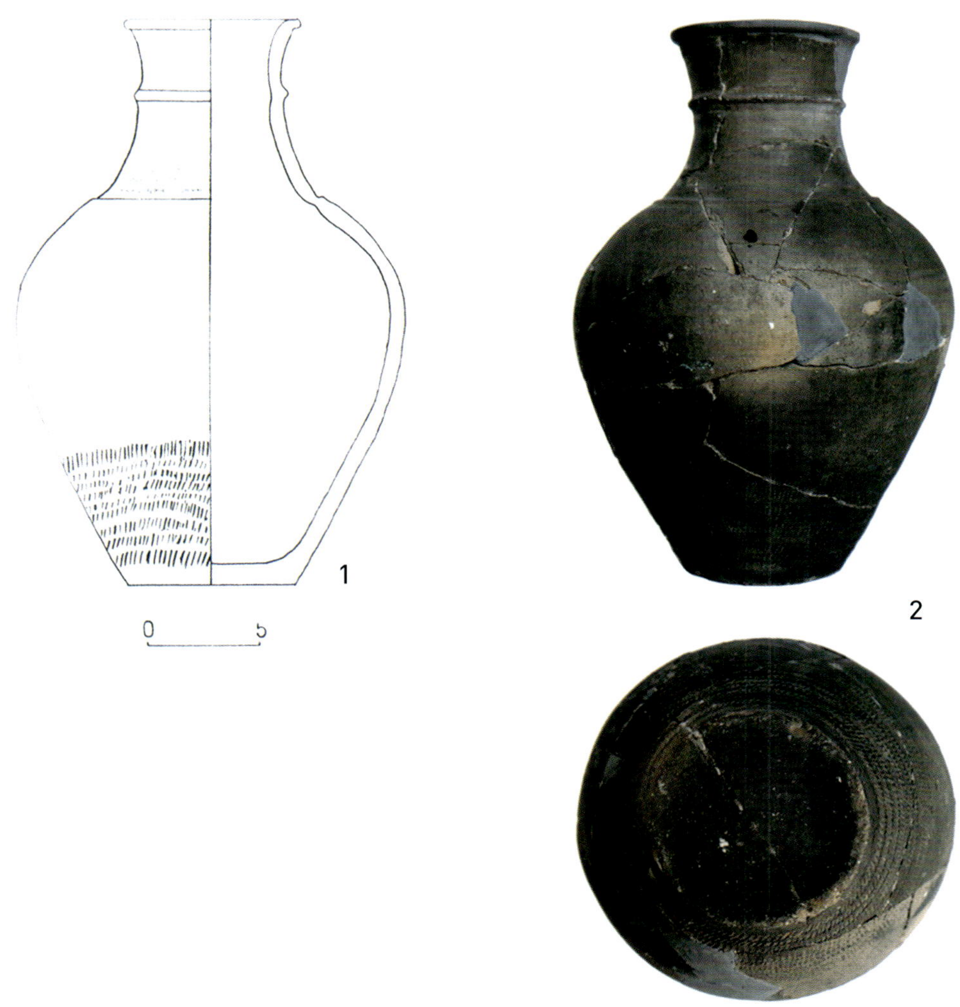

도면 915 | 크라스키노성 출토 병류 토기 거란토기 화병: 제15구역(1998-도249, 1)

10) 반류 토기

반(盤)은 바닥이 넓고 깊이가 낮은 용기를 말한다. 그런데 반은 뚜껑과 잘 구분이 되지 않는 경우도 있다. 사실 반은 뒤집어 사용하면 뚜껑이 되기도 한다. 동체의 기벽이 호선을 이루고 또 외반하는 구연부가 있는 경우에는 반일 가능성이 높다. 기벽의 호선이 강한 경우에는 반이 분명하고, 호선이 약한 경우에도 외반 구연이 있으면 반일 가능성이 높으나 원칙상 뚜껑으로도 사용이 가능하다. 기벽이 곧은 사선방향인 것은 반으로도 쓰였을 수도 있지만 뚜껑으로 쓰였을 가능성이 더 높다고 생각된다. 때문에 외반하는 구연부가 있는 것은 모두 반의 범주에서, 그렇지 않은 것은 반-뚜껑의 범주에서 각각 검토하였다.

(1) 반

모두 9개 형식이 확인된다.

Ⅰ형식. 구연은 짧게 외반하고 구순이 약간 도톰하면서 둥그스름하게 처리되었다. 기벽이 미약하게 호선을 이루는 것과 사선방향으로 곧은 것이 있다. 바닥은 모두 편평하다. 1980년에 제2구역에서 출토된 2점은 모두 구연과 동체 사이에 1줄의 홈-고랑이 돌아간다. 그중의 1점은 크기가 구경 31.5㎝, 높이 6.3㎝, 저경 21㎝, 기벽 두께 0.7㎝이고(도면 916, 1), 다른 1점은 크기가 구경 33.2㎝, 저경 24㎝, 높이 7.3㎝인데, 목 부분에 지그재그 모양의 광택무늬가 시문되어 있다(도면 916, 2). 2007년에 제37구역에서 출토된 것은 기벽이 거의 곧게 사선 방향으로 올라가는 것인데 매우 낮다. 구경은 31.2㎝이다(도면 916, 3). 2015년에 제50구역에서 출토된 1점은 크기가 구경 30㎝, 저경 23.2㎝, 높이 6㎝이고, 표면에 수평 띠 모양 마연을 하였다. 속심과 표면이 모두 오렌지-갈색이다(도면 916, 4; 917, 1).

Ⅱ형식. 구연과 동체 사이의 외측이 홈-고랑이 돌려져 있으면서, 구순이 기벽에 비해 절반 정도로 얇게 처리된 것이다. 이 형식의 반은 다시 구순 안쪽에 얕게 홈이 있다. 1980년에 제2구역에서 2점이 출토되었다. 2점 모두 어깨 부분에 1줄의 낮은 융기선이 돌아간다. 그중의 1점은 크기가 구경 26.8㎝, 높이 6㎝, 저경 21.7㎝ 기벽 두께 1.2㎝이다(도면 916, 5). 다른 1점은 크기가 구경 28.8㎝, 높이 4.9㎝, 저경 24.6㎝, 기벽 두께 1㎝이다(도면 916, 6).

Ⅲ형식. 구연과 동체 사이의 외측에 홈-고랑이 돌려져 있는 것은 제2형식 반과 같으나 구순 안에 홈이 없는 것이다. 2018년에 제51구역에서 출토된 1점은 크기가 구경 33㎝, 경경 32㎝, 높이 5㎝, 저경 28.6㎝이다. 태토에는 다양한 크기의 모래가 포함되어 있다. 속심과 표면이 모두 회색이다(도면 916, 7; 917, 2). 다른 1점은 2008년에 제40구역에서 출토된 것인데 어깨가 특히 강조되었고, 내면이 수직 방향의 띠 모양 광택무늬로 장식되었다(도면 916, 8). 2004년에 제31구역의 와실유구에서 출토된 2점은 크기가 각각 구경 26㎝, 저경 21.8㎝, 높이 5.7㎝(도면 916, 9), 구경 25.8㎝, 저경 19.4㎝, 높이 4.2㎝(도면 916, 10)이다. 2008년에 편 상태로 출토된 1점은 기벽이 가볍게 내만 호선을 그리며 짧게 외반하는 구연을 가진다. 전체적인 특징이 제3형식 반에 속할 가능성이 높아고 생각된다. 이 반은 구경이 25.2㎝이다(도면 916, 11).

Ⅳ형식. 안쪽으로 호선을 그리는 기벽과 밖으로 외반하다가 아래로 약간 도톰하게 처진 구연이 있는 것이다. 3점이 확인되었다. 그중에서 2003년에 제31구역에서 출토된 1점은 구순의 안쪽에 얕게 턱이 형성되어 있다. 크기는 구경 32.2㎝, 저경 26㎝, 높이 6.2㎝이다. 환원 소성하였고, 내면에 망상의 광택무늬가 있다(도면 916, 12). 2005년에 제34구역(도면 916, 13)과 2006년에 제34구역(도면 916, 14; 917, 3)에서도 이 형식의 반이 출토되었다.

Ⅴ형식. 기벽이 사선 방향으로 올라가고, 구연부는 거의 수평에 가깝게 외절하였다고 다시 위로 짧게 꺾였다. 2014년에 제49구역에서 1점이 출토되었다. 크기는 구경 30㎝, 저경 20㎝, 높이 5㎝이다. 태토에 작은 입자의 사립

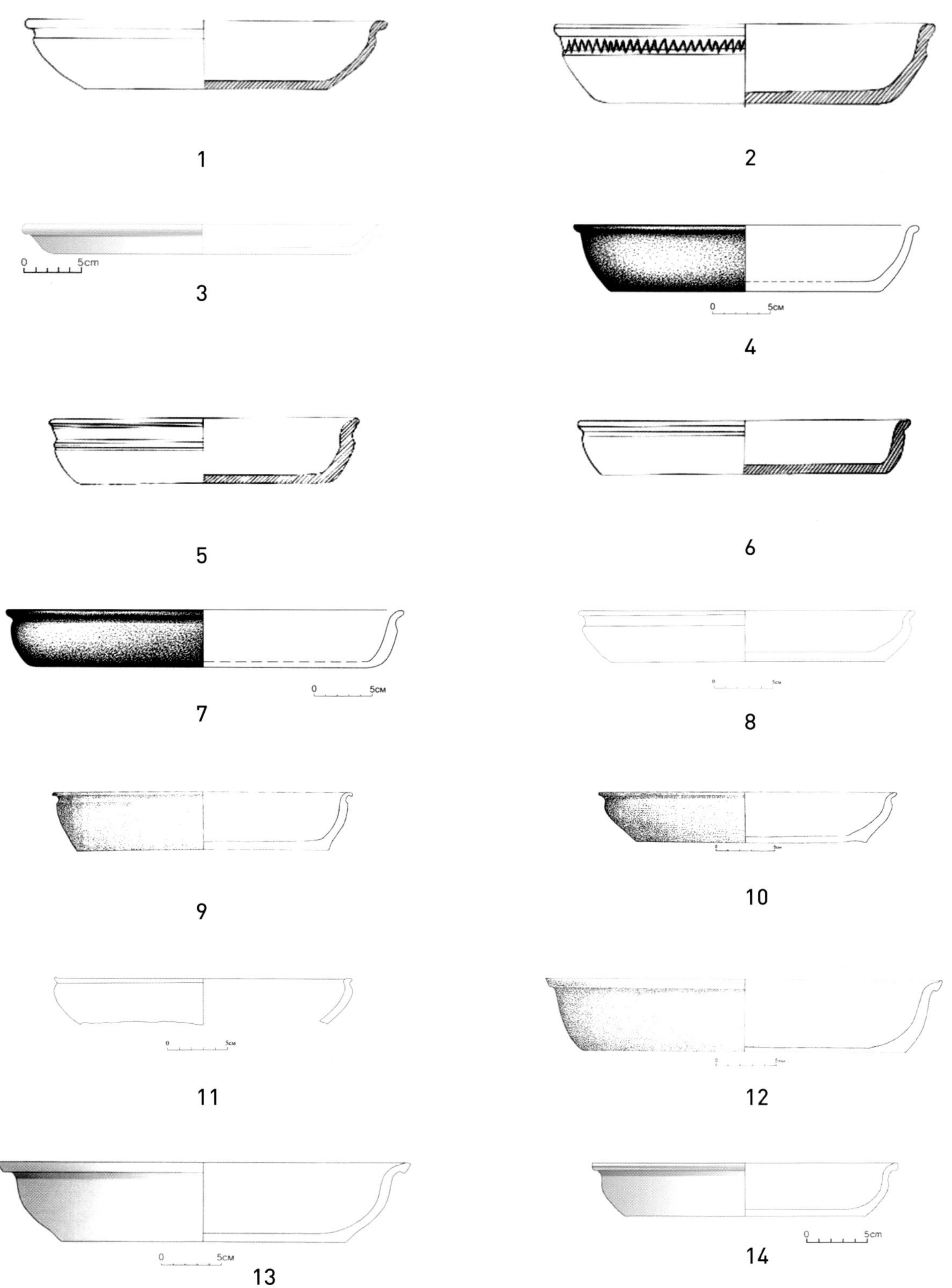

도면 916 | 크라스키노성 출토 반 Ⅰ형식(1~4), Ⅱ형식(5,6), Ⅲ형식(7~11), Ⅳ형식(12~14): 1-제2구역(1980-도43, 2), 2-제2구역(1980-도43, 3), 3-제37구역 제3인공층 데-2방안(2007-도238, 2), 4-제50구역 1섹터 제2인공층 하-5방안(2015-도691, 1), 5-제2구역(1980-도43, 1), 6-제2구역(1980-도44, 1), 7-제51구역 제9인공층 아-8방안(2018-도236, 1), 8-제40구역 제4~5인공층 줘-18방안(2008-도457, 2), 9-제31구역 와실유구(2004-도185, 1), 10-제31구역 와실유구(2004-도185, 2), 11-제40구역 제2,3인공층 제-22방안(2008-도451, 2), 12-제31구역 제6인공층 제-8방안(2003-도134), 13-제34구역 제4인공층 까-4방안(2006-도203, 2), 14-제34구역 제10인공층 까-6방안(2007-도228, 2)

도면 917 | 크라스키노성 출토 반 Ⅰ형식(1), Ⅲ형식(2), Ⅳ형식(3): 1-제50구역 1섹터 제2인공층 하-5방안(2015-도680, 2), 2-제51구역 제9인공층 아-8방안(2018-도229, 2), 3-제34구역 제10인공층 까-6방안(2007-도180, 2)

이 함유되어 있다. 속심과 표면이 모두 회색이다. 기면에 수평 띠 마연이 되었다(도면 918, 1; 919, 1).

Ⅵ형식. 부드럽게 외반하는 구연부가 있는 것이다. 2018년에 제53구역에서 1점이 출토되었다(도면 918, 2; 919, 2). 이 반은 크기가 구경 30㎝, 저경 20㎝, 높이 5㎝이다. 기면에 수평 띠 모양 마연을 하였다. 태토에는 다양한 크기의 모래가 포함되어 있다. 속심은 가장자리가 오렌지-갈색인 회색이고, 표면은 회갈색이다.

Ⅶ형식. 사선 방향으로 올라가는 기벽과 짧게 외반하는 구연이 있는 것이다. 구순이 뾰족한 편이다. 2008년에 제40구역에서 1점이 출토되었다. 크기는 구경 약 49.8㎝, 저경 액 42.5㎝, 높이 약 6.8㎝이다(도면 918, 3).

Ⅷ형식. 내만 호선을 그리면서 위로 올라간 기벽이 구연부에서 밖으로 심하게 꺾였고, 그리고 구순 안쪽에 오목하게 홈이 형성되어 있는 것이다. 5점이 확인되었다. 1980년에 제2구역에서 출토된 1점은 크기가 구경 30.7㎝, 높이 7㎝, 저경 25㎝, 기벽 두께 0.8㎝이다(도면 918, 4). 그 외에 이 형식 반은 2002년에 제30구역(도면 918, 5), 2006년에 제34구역(도면 918, 6), 2008년에 제40구역(도면 918, 7; 919, 3)에서 각각 출토되었다. 2010년에도 1점이 출토되었는데 구경이 24㎝, 저경이 18㎝, 높이가 7.4㎝이며, 회색이다(도면 918, 8; 919, 4).

Ⅸ형식. 기벽이 거의 사선 방향으로 올라가다가 어깨 부분에서 크게 내만 호선을 이루면서 내만하다가 다시 목 부분에서 크기 외반하여 구연을 이룬다. 구순의 아랫부분이 아래로 뾰족하게 처졌다. 크기는 구경 약 27㎝, 저경 약 15.2㎝, 높이 약 5㎝이다(도면 918, 9; 919, 5).

Ⅹ형식. 구연부가 짧게 외반하며, 기벽이 호선을 이루고 있다. 모두 4점이 확인되는데 그중의 1점은 전체 기형이 확인된다. 이 토기는 구경은 23.9㎝, 경경은 22.1㎝, 저경은 18.7㎝, 높이는 6.4㎝이다. 속심은 백색, 표면은 명회색이다(도면 918, 10). 다른 3점은 이와 거의 비슷한 형태일 것으로 생각된다. 구경은 각각 25.3㎝, 23.6㎝, 35.7㎝이다(도면 918, 11~13).

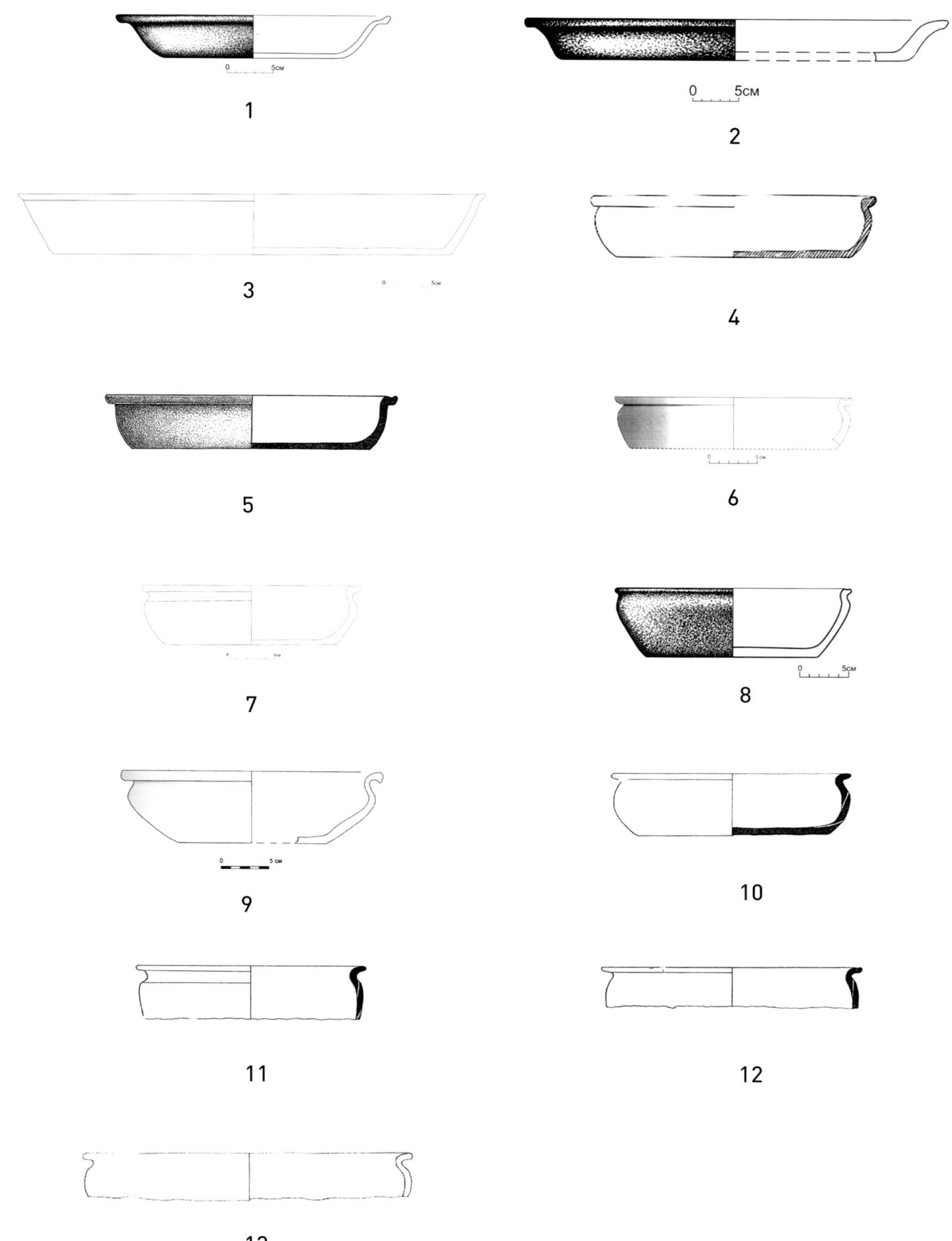

도면 918 | 크라스키노성 출토 반 V형식(1), VI형식(2), VII형식(3), VIII형식(4~8), IX형식(9), X형식(10~13): 1-제49구역 2,4섹터 제1인공층 뻬-36방안(2014-도759, 1), 2-제53구역 남서쪽섹터 제9인공층 떼-1방안(2018-도856, 1), 3-제40구역 제5인공층 데-15방안(2008-도434, 2), 4-제2구역(1980-도44, 2), 5-제30구역 18호 수혈(2002-도76), 6-제34구역 제6인공층 제-6방안(2006-도208, 5), 7-제40구역 제3~4인공층 데-15방안(2008-도452, 4), 8-제45구역 제2인공층 에쓰-4,5방안(2010-도343), 9-제40구역 12호 주거지 게-15,16방안(2009-도553, 1), 10-제12구역(1996-도66, 1), 11-제12구역(1996-도66, 4), 12-제12구역(1996-도66, 5), 13-제22구역 제3~4인공층(1999-도157, 1)

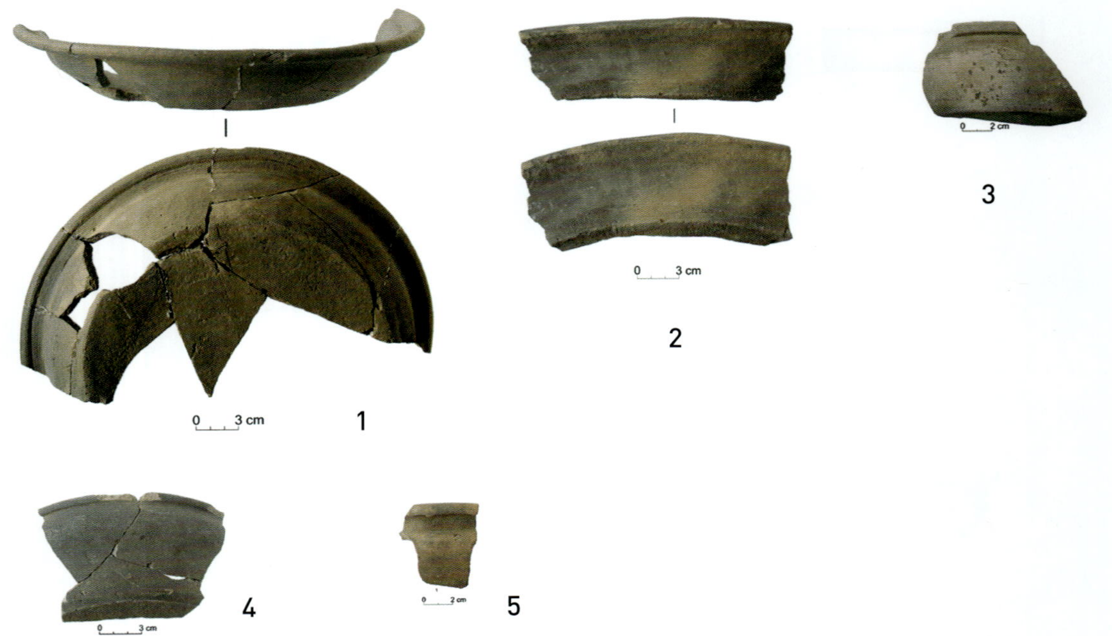

도면 919 | 크라스키노성 출토 반 V형식(1), VI형식(2), VIII형식(3,4), IX형식(5): 1-제49구역 2,4섹터 제1인공층 뻬-36방안(2014-도751), 2-제53구역 남서쪽 섹터 제9인공층 떼-1방안(2018-도843), 3-제40구역 제3~4인공층 데-15방안(2008-도395), 4-제45구역 제2인공층 에쓰-4,5방안(2010-도342), 5-제40구역 12호 주거지 게-15,16방안(2009-도534)

도면 921 | 크라스키노성 출토 반 III형식: 제40구역 9호주거지 게-16방안(2009-도329)

(2) 반-뚜껑

넓고 낮은 토기로서 뚜껑으로도 사용을 하고 또 뒤집어 반으로도 사용할 수 있는 토기이다. 구경과 높이의 비율을 보면 반과 큰 차이를 보이지 않는다. 다만 구연이 곧게 마무리된 것은 뚜껑-반으로, 구연이 밖으로 꺾이는 것은 반으로 간주하였다. 구연이 곧게 마무리되는 반-뚜껑은 3종류가 있다.

제1형식의 반-뚜껑은 동체-구연부의 기벽이 그대로 사선 방향으로 올라가는 것이다. 측면에서 보면 납작한 사다리꼴이다. 구순은 납작한 것도 있고 약간 편평한 것도 있다. 크기가 2개 그룹으로 구분된다. 첫 번째 작은 크기의 제1형식 반-뚜껑은 크기가 구경 23㎝, 저경 18.2㎝, 높이 3.6㎝(도면 920, 1) 혹은 구경 25.8㎝, 저경 20.2㎝, 높이 5.3㎝(도면 920, 2)이다. 두 번째 큰 크기의 제1형식 반-뚜껑은 크기가 구경

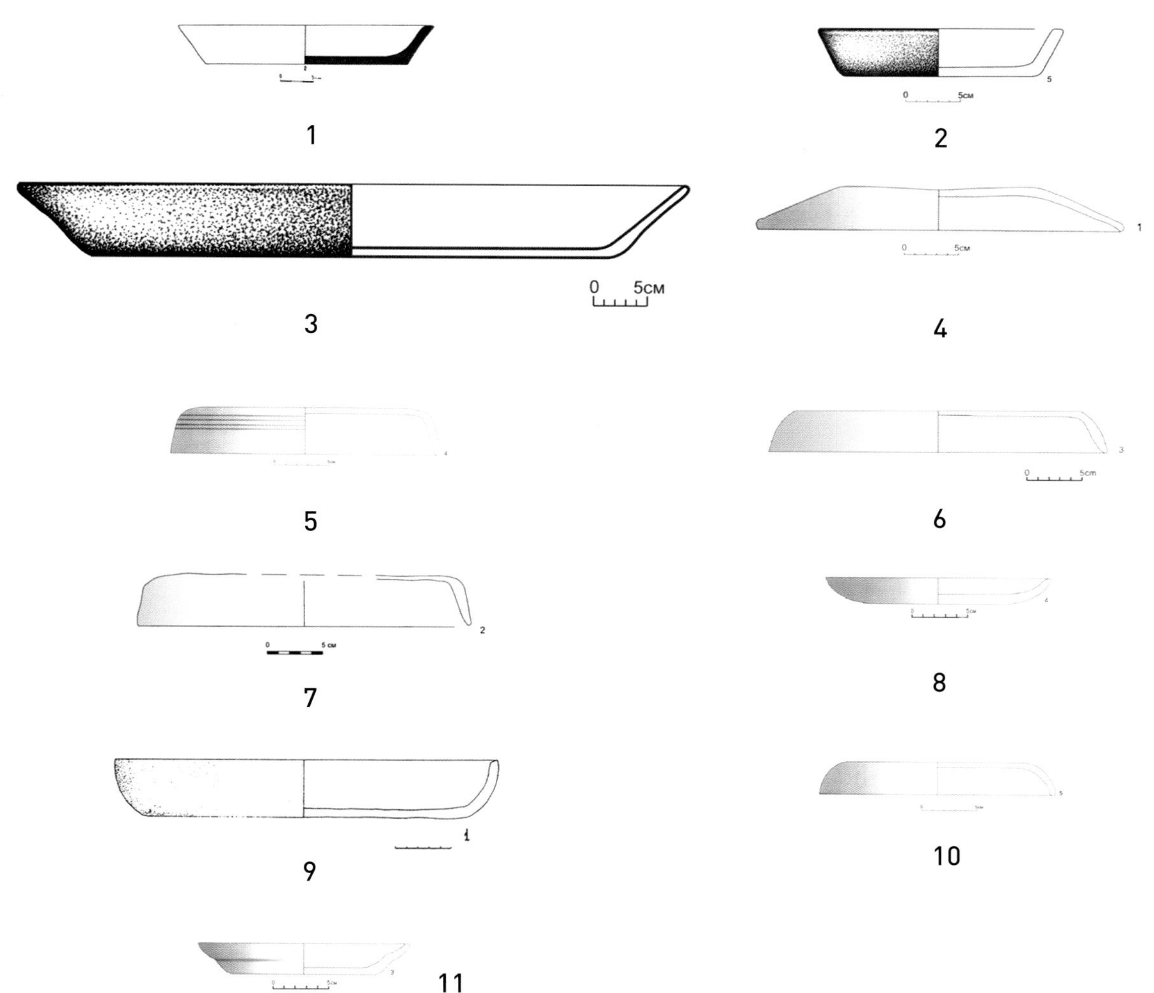

도면 920 | 크라스키노성 출토 반-뚜껑 Ⅰ형식(1~3), Ⅱ형식(4), Ⅲ형식(5~7), Ⅳ형식(8~10), Ⅴ형식(11): 1-제11, 12구역(1995-도46, 2), 2-제48구역 동쪽섹터 제8인공층 이-28방안(2016-도172, 5), 3-제45구역 제4인공층 제-7방안(2010-도429), 4-제34구역 제4인공층 베-11방안(2006-도203, 1), 5-제34구역 제4인공층 붸-8방안(2006-도203, 4), 6-제34구역 5호 주거지 아래층 붸-7,8방안(2007-도231, 3), 7-제40구역 9호 주거지 게-16방안 (2009-도157, 2), 8-제34구역 제5인공층 이-12방안(2006-도205, 4), 9-제27구역 제6인공층 데-1`방안 수혈(2001-도119, 11), 10-제34구역 제4인공층 데-2방안(2006-도203, 5), 11-제34구역 제5인공층 줴-1방안(2006-도205, 3)

60*cm*, 저경 42*cm*, 높이 7*cm*이다(도면 920, 3). 이 반-뚜껑은 외면은 수평 방향으로 마연하였고, 속심은 회색, 외면은 암회색이다.

제2형식의 반-뚜껑은 동체-구연부의 기벽이 그대로 완만한 사선 방향으로 낮게 올라가는 것인데 기벽의 길이가 상대적으로 길다. 1점이 확인되었다. 크기는 구경 32.9*cm*, 높이 3.9*cm*이다(도면 920, 4).

제3형식의 반-뚜껑은 동체-구연부의 기벽이 급하게 사선 방향으로 올라가는 것이다. 구순이 둥그스름하거나 혹은 약간 뾰족하다. 2006년에 출토된 1점은 동체의 기저 부분에 4줄의 침선이 평행하게 돌려져 있다. 크기는 구경 24*cm*, 높이 4.4*cm*이다(도면 920, 5). 다른 1점은 크기가 구경 30.4*cm*, 높이 3.9*cm*이다(도면 920, 6). 1점은 편 상태로 출토되었다(도면 920, 7; 921).

제4형식의 반-뚜껑은 기벽이 완만하게 안쪽으로 호선을 그리는 것이다. 호선이 그대로 구순까지 이어지는 것도 있고(도면 920, 8), 구연에서 짧게 안쪽으로 조금 더 굽어져 마무리되는 것도 있다(도면 920, 9, 10). 2005년에 제34구역에서 출토된 1점은 후자에 속하는데 크기가 구경 21.2㎝, 높이 3.1㎝이다(도면 920, 11).

제5형식의 반-뚜껑은 1점이 확인되었다. 사선 방향으로 올라가는 기벽이 중간 부분에서 밖으로 약간 외절하다가 다시 위로 올라가는데 크기와 형태가 접시를 연상시킨다. 크기는 구경 18.8㎝, 저경 12.9㎝, 높이 2.9㎝이다(도면 2006-205, 3).

11) 직구·직벽·약호선기벽 사발, 대접, 완류 토기

최대경이 구경에 있고, 기벽이 곧거나 혹은 미약하게 호선인 상태의 토기들이다. 구연부는 곧은 직구가 기본적인 형태이지만, 기벽이 곧거나 미약하게 호선인 기벽을 가진 토기 중에서 구연부가 기벽 두께 이하로 매우 짧게 외반하는 것은 이 부류의 토기에 포함시켰다. 사발, 대접, 완, 접시가 여기에 해당한다. 다만 사발, 대접, 완은 형태와 크기에 있어 서로 구분이 힘들다. 구경과 저경 그리고 높이, 즉 기고와의 관계에 있어 상대적으로 높은 것은 사발, 낮은 것은 대접이라고, 크기가 작은 것은 완이라고 각각 칭할 수 있다. 크기가 더 작은 것은 종지라고 부를 수 있다. 기벽에 사선 방향으로 낮게 형성된 것은 접시로 볼 수 있을 것이다.

이 종류 토기들은 전체 기형이 남아 있는 높이가 상대적으로 높다고 생각되는 것들은 높이와 구경의 비율이 1:1.7(도면 923, 1)과 1:1.8(도면 928, 9)을 보였다. 높이가 상대적으로 낮다고 생각되는 것들은 높이와 구경의 비율이 1:2.6(도면 926, 1), 1:2.4(도면 929, 6), 1:2.5(도면 929, 7), 1:2.3(도면 929, 5), 1:3(도면 926, 3), 1:3.1(도면 926, 5) 등이다. 높이와 구경의 비율이 1:3.1인 1점은 반을 연상시키기도 한다. 하지만 반은 높이와 구경의 비율이 1:5가 일반적이며(도면 916, 1, 4), 1:4.5(도면 916, 5), 1:5.9(도면 916, 6), 1:6.2(도면 916, 8) 등으로서 기본적으로 1:4.5 이상이다.

구경은 6㎝부터 37㎝까지가 확인된다(도면 922). 28㎝부터 37㎝까지는 대형, 15.5㎝부터 25㎝까지는 중형, 6㎝부터 15㎝까지는 소형에 해당한다.

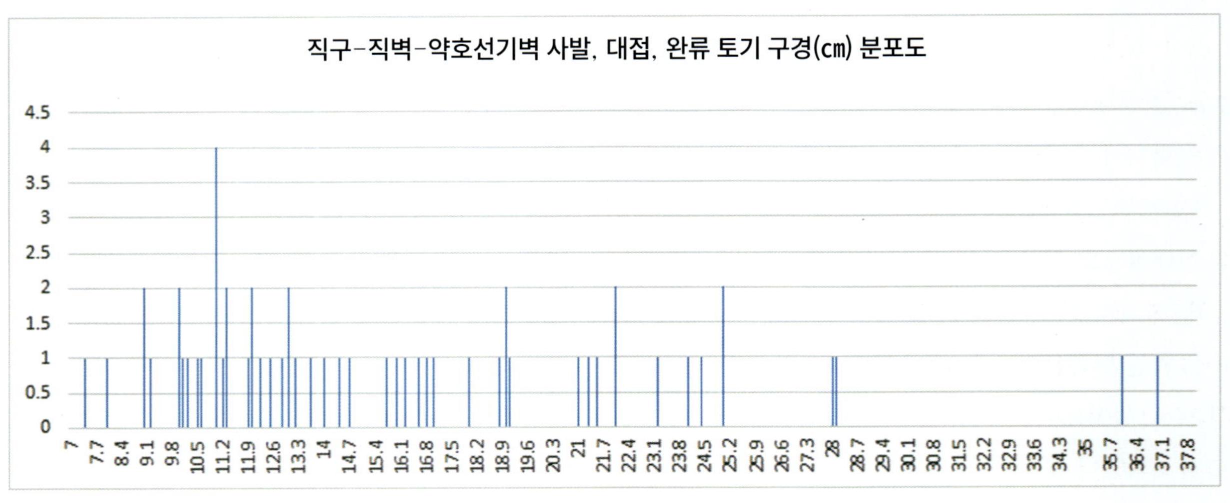

도면 922 | 크라스키노성 출토 직구-직벽-약호선기벽 사발, 대접, 완류 토기 구경 분포도

따라서 이 글에서는 구경이 대형과 중형이면서 높이와 구경의 비율이 1:7과 1:8 정도인 것은 사발, 1:2.3부터 1:3.1까지의 것들 혹은 이와 유사한 비율을 보이는 것들은 대접으로 각각 구분하고자 한다. 구경이 소형인 사발 형태와 대접 형태의 것들은 완으로 구분할 것이다.

전체 기형이 확인되지 않은 것은 대략적인 추정 기형을 중심으로 하여 각각 구분하였다.

① 사발

높이와 구경의 비율이 1:7과 1:8 정도 되어 상대적으로 높은(혹은 깊은) 것들이다. 구경은 15.5㎝ 이상이다. 기형이 전체가 남아 있는 혹은 일부 기형이 확인되는 것들에는 4가지 종류가 보이는데 첫 번째는 완만한 호선 기벽을 가진 역사다리꼴이고(Ⅰ형식), 두 번째는 곧은 기벽을 가진 역사다리꼴(Ⅱ형식)이며, 세 번째는 완만한 호선 기벽을 가진 역사다리꼴이나 구연이 도톰하게 마무리된 것이고(Ⅲ형식), 네 번째는 사선 방향의 기벽 단면이 전체적으로 미약한 S자 모양을 이루는 것이다(Ⅳ형식).

Ⅰ형식 사발. 8점이 확인된다. 구연부터 저부까지 동체 기벽이 매우 완만하게 내만 호선을 이룬다. 그중 7점은 어깨-목-구연부가 서로 구분이 되지 않는다. 높이가 상대적으로 높은 편이다. 1점은 전체 기형이 온전하게 남아 있어 이 종류 사발의 전형을 보여 준다. 이 토기는 동체 윗부분에 1줄의 침선이 돌려져 있다. 구경은 24㎝, 높이는 14.3㎝, 저경은 11.5㎝이다. 높이와 구경의 비율이 1:1.7 정도 된다. 속심은 오렌지-갈색이고, 표면은 갈색이다(도면 923, 1).

나머지는 모두 편들인데 기벽의 호선 상태가 위의 토기와 비슷하다. 그중의 1점은 동체가 위에서 아래로 침선인 3줄의 직선, 2줄의 좁은 파상선, 1줄의 직선, 2줄의 넓은 파상선, 1줄의 직선으로 각각 장식되어 있다. 이 토기는 구경이 19㎝이고, 속심은 주황-갈색, 표면은 암회색이다(도면 923, 2). 다른 1점은 '어깨' 부분에 1줄의 침선이 돌려져 있다. 구경은 18㎝이고, 속심은 주황-갈색, 표면은 암회색이다(도면 923, 3). 1점은 외면이 모두 수평 띠 광택무늬로 장식되어 있다. 구경은 21.3㎝이다. 환원소성된 것으로 보고되었다(도면 923, 4; 925, 1). 다른 1점은 구경이 16㎝이고, 외면이 수평 띠 마연되었으며, 속심은 명회색, 표면은 회색이다(도면 923, 5; 925, 2). 2점은 구경이 각각 15.7㎝(도면 923, 6; 925, 3)와 23.2㎝(도면 923, 7)이다.

나머지 1점은 목과 구연부가 살짝 구분된다. 위로 향한 구순의 가운데로 홈-고랑이 형성되어 있다. 구경은 17㎝이고, 오렌지-갈색이다(도면 923, 8).

Ⅱ형식 사발. 곧은 기벽을 가진 역사다리꼴의 사발로 추정되는 것은 4점이 확인된다. 사실 이 형식의 사발은 구경이 작은 동일 형태의 완(도면 928, 9)에서 원래 형태를 추정해 볼 수 있다. 구경이 사발에 해당하는 것들에서 상대적으로 잘 남은 1점은 곧은 기벽이 위로 가면서 점차 밖으로 향하며, 외반하는 구연이 짧게 형성되어 있다. 목-어깨가 구분되지 않는다. 이 토기는 구경이 16.8㎝이다(도면 924, 1; 925, 4). 다른 1점에는 구연이 안쪽으로 약간 돌출한다. 구경은 19.1㎝이다(도면 924, 2; 925, 5).

나머지 2점은 작은 편 상태이다. 1점은 구경이 18.8㎝이고, 외면이 수직 띠 마연되었으며, 속심과 표면이 암회색이다(도면 924, 3). 다른 1점은 구경이 16.2㎝이다(도면 924, 4; 925, 6).

Ⅲ형식 사발. 완만한 호선 기벽을 가진 역사다리꼴의 사발로 추정되며, 구연이 도톰하다. 2점이 확인된다. 모두 저부가 없다. 기벽의 호선이 아래로 가면서 조금씩 축약되는 것으로 보아 대접보다는 발에 가까웠을 것으로 생각된다. 2점 모두 도톰한 구연부로 인해 목이 형성되어 있다. 1점은 구경이 22㎝이고, 외면이 수평 띠 마연되었으며,

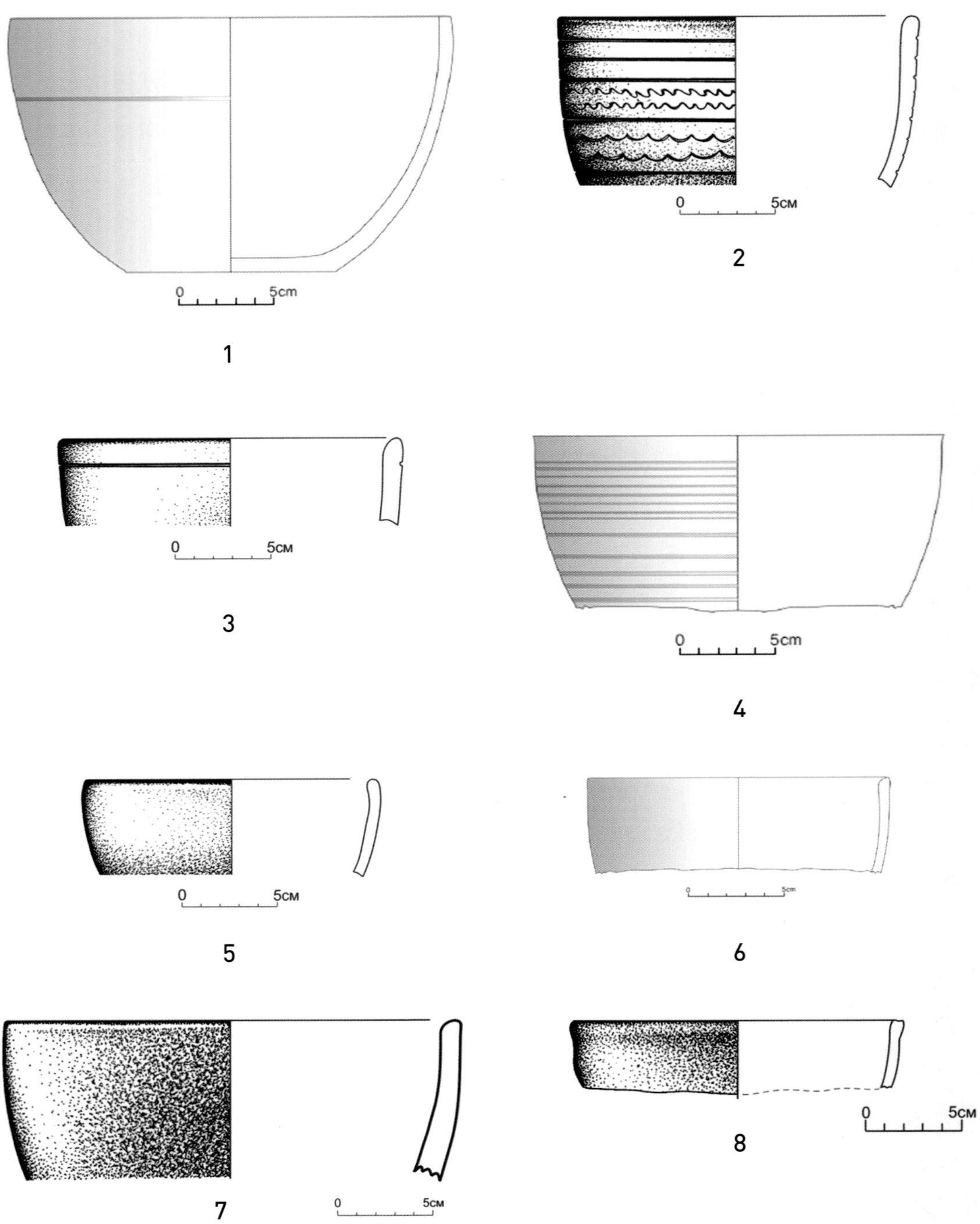

도면 923 | 크라스키노성 출토 사발 Ⅰ형식 구연-동체 부분: 1-제34구역 제8인공층 제-7방안(2007-도223, 2), 2-제44구역 제11인공층 데-23, 까-25, 이-26방안(2014-도253, 2), 3-제44구역 제10인공층 데-23방안(2014-도180, 2), 4-제34구역 제12인공층 서쪽섹터의 남쪽 주거지 게-14방안(2007-도243, 2), 5-제44구역 제14인공층 게,데-23,24방안(2014-도449, 2), 6-제34구역 제13인공층 6호 주거지 내부 베-5방안(2007-도248, 1), 7-제48구역 제2인공층 엠-3방안(2011-도383), 8-제45구역 제3인공층 까-4방안(2010-도387)

속심은 회갈색, 표면은 흑색이다(도면 924, 5; 925, 7). 다른 1점은 구경이 25㎝이다. 외면은 수평 띠 마연되었고, 내면에는 망상의 광택무늬가 있다. 속심과 표면이 모두 오렌지-갈색이다(도면 924, 6).

Ⅳ형식 사발. 사선 방향의 기벽 단면이 전체적으로 미약한 S자 모양을 이룬다. 2점이 있다. 외반 구연의 발과는 기벽의 호선이 많은 차이를 보여 이 부분에서 소개하였다. 2점 모두 저부는 결실되었다. 1점은 구연부가 상대적으

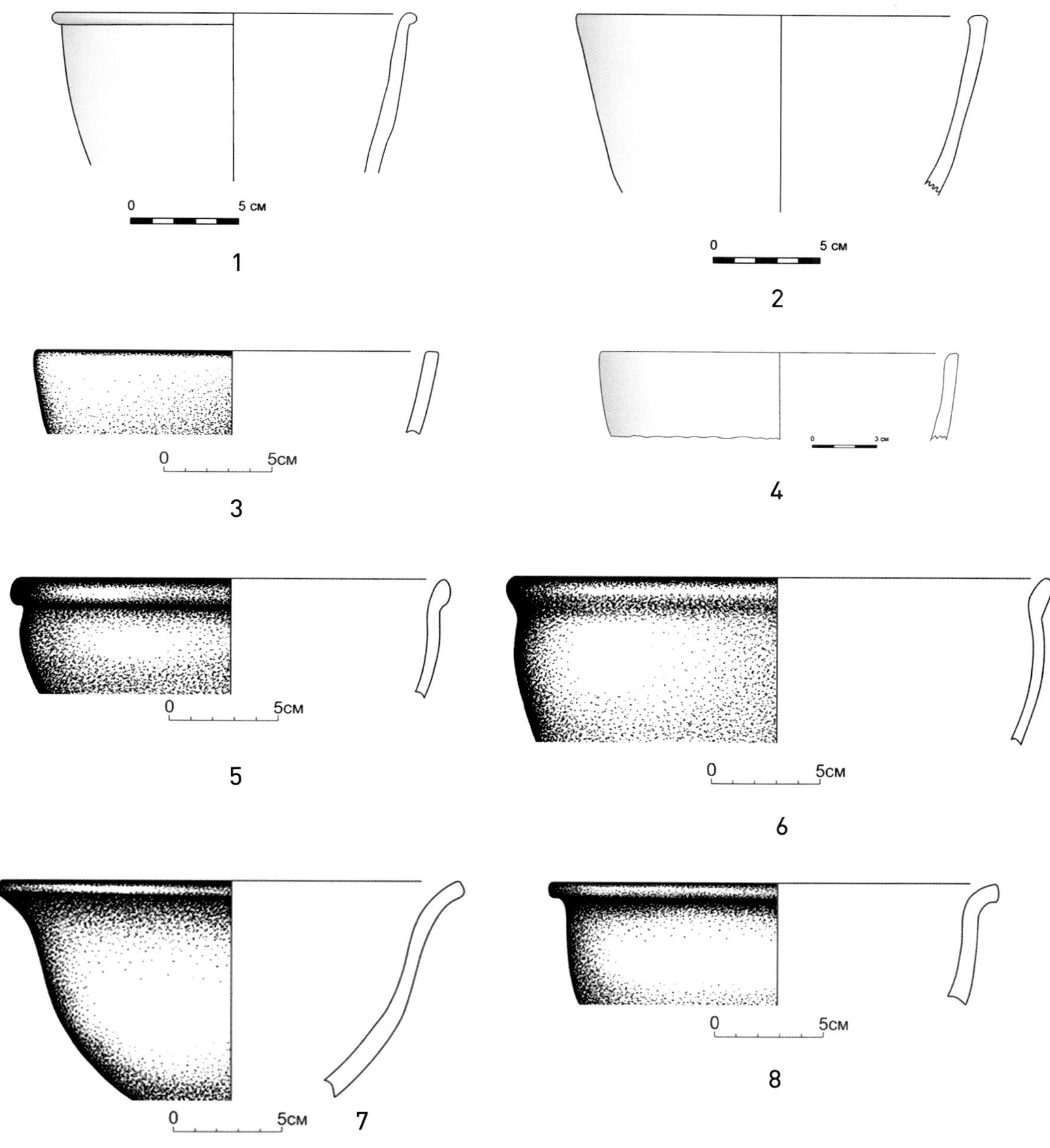

도면 924 | 크라스키노성 출토 사발 Ⅱ형식(1~4), Ⅲ형식(5~8) 구연-동체 부분: 1-제40구역 제6인공층 베-21방안(2009-도180-1), 2-제40구역 제14인공층 11호 수혈 예-22방안 (2009-도423, 1), 3-제44구역 제8인공층 베`-16방안(2014-도124, 4), 4-제40구역 제22~24인공층 아`-19방안(2009-도555, 9), 5-제53구역 남동쪽섹터 제1인공층 이-7-11방안 (2018-도556, 1), 6-제53구역 남동쪽섹터 제3인공층 엠-7방안(2018-도625, 3), 7-제44구역 제10인공층 제-19방안(2014-도183, 3), 8-제44구역 제14인공층 게`-24방안(2014-도449, 1)

로 길게 형성된 것인데 구경는 22㎝이고, 외면이 수평 띠 마연되었다. 속심은 주황-갈색이고, 표면은 흑색이다(도면 924, 7). 다른 1점은 구경이 21㎝이다. 외면은 수평 띠 마연되었고, 속심은 주황-갈색, 표면은 흑색이다(도면 924, 8; 925, 8).

도면 925 | 크라스키노성 출토 사발 I형식(1~3), II형식(4~6), III형식(7,8) 구연-동체 부분: 1-제34구역 제12인공층 서쪽섹터의 남쪽 주거지 게-14방안(2007-도162, 3), 2-제44구역 제14인공층 게,데-23,24방안(2014-도436, 2), 3-제34구역 제13인공층 6호 주거지 내부 베-5방안(2007-도162-1), 4-제40구역 제6인공층 베-21방안(2009-도177, 2), 5-제40구역 제14인공층 11호 수혈 내부 예-22방안 (2009-도422, 1), 6-제40구역 제22~24인공층 아`-19방안 (2009-도549, 4), 7-제53구역 남동쪽섹터 제1인공층 이-7-11방안 (2018-도552, 2), 8-제44구역 제14인공층 게`-24방안(2014-도436, 1)

② 대접

높이와 구경의 비율이 1:2.3부터 1:3.1까지로서 상대적으로 낮은 것들이다. 전체 기형이 온전하게 남아 있는 것은 3개 종류가 보인다. 첫 번째는 사발 Ⅰ형식과 비슷하게 완만한 호선 기벽을 가진 역사다리꼴이면서 직구를 가진 것이고(Ⅰ형식), 두 번째는 사발 Ⅱ형식과 비슷하게 곧은 기벽을 가진 역사다리꼴(Ⅱ형식)이다. 세 번째는 완만한 호선 기벽을 가진 역사다리꼴이나 구연이 도톰하게 마무리된 것이다(Ⅲ형식). 그 외 1점씩 보이는 형태의 대접도 있다.

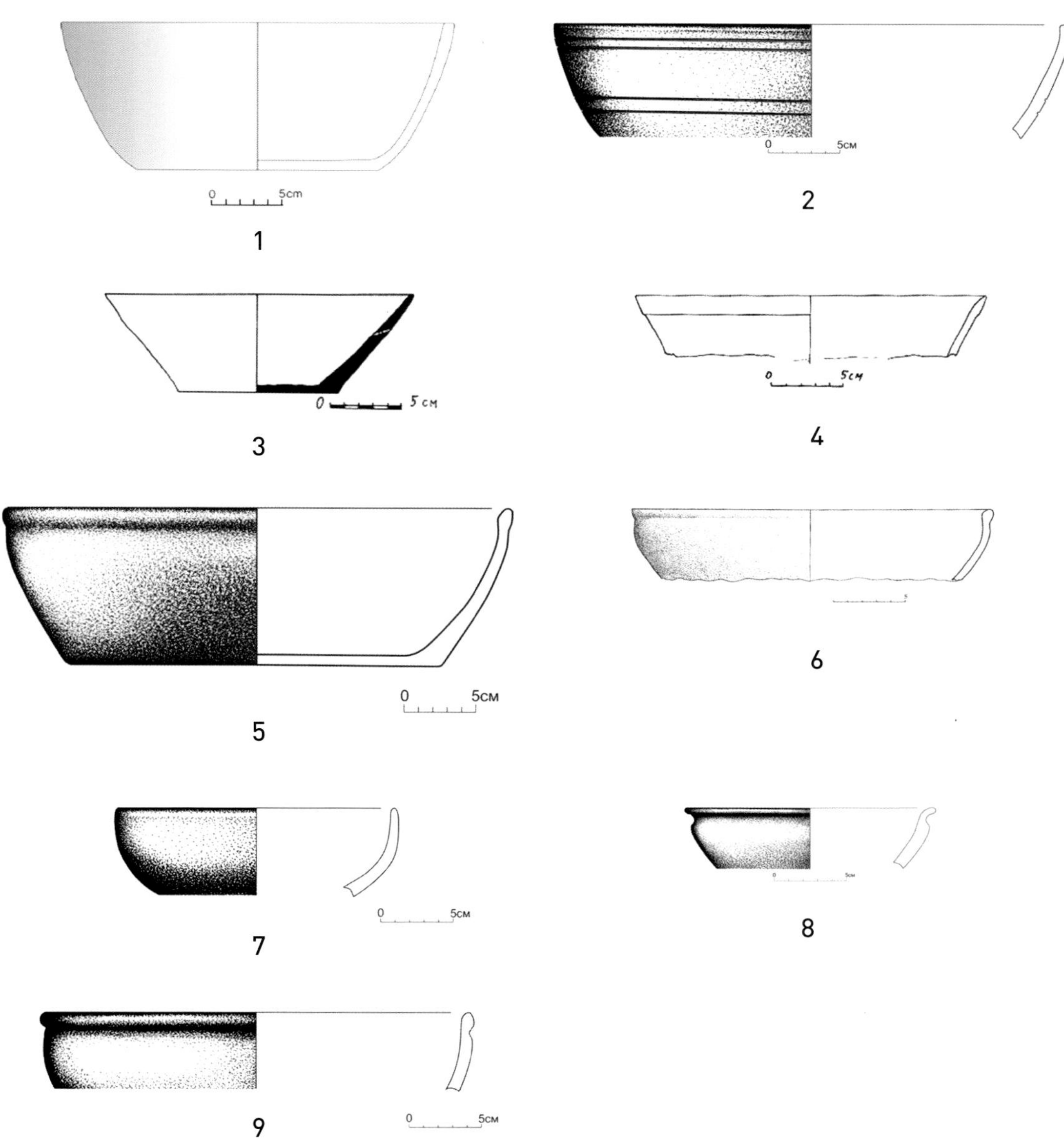

도면 926 | 크라스키노성 출토 대접 Ⅰ형식(1,2), Ⅱ형식(3,4), Ⅲ형식(5,6), 기타형식(7~9): 1-제34구역 제8~9인공층 줴-3,4방안(2007-도224, 4), 2-제44구역 제11인공층 제-24방안 (2014-도252, 3), 3-제14구역(1997-도106, 9), 4-제23구역 제1~2인공층(1999-도161, 10), 5-제47구역 5섹터 제3인공층 엠-5방안(2012-도468, 3), 6-제31구역 제6인공층 줴-8방안 (2003-도142, 2), 7-제44구역 서쪽섹터 제21인공층 붸-26방안(2015-도251, 2), 8-제47구역 3섹터 제6인공층 아-30방안(2014-도540, 4), 9-제53구역 남서쪽섹터 제4인공층 에쓰-5방안(2018-도708, 2)

도면 927 | 크라스키노성 출토 대접 III형식(1), 기타형식(2): 1-제47구역 5섹터 제3인공층 엠-5방안(2012-도458), 2-제44구역 서쪽섹터 제21인공층 붸-26방안(2015-도239)

Ⅰ형식 대접. 2점이 확인된다. 1점은 전체 기형이 남아 있다. 기벽이 완만하게 호선을 이루는 역사다리꼴이다. 구경은 28.1㎝, 높이는 10.9㎝, 저경은 17.2㎝이다. 높이와 구경의 비율이 1:2.6이다(도면 926, 1). 다른 1점은 구연 아래와 동체 가운데 부분이 각각 2줄씩의 수평 침선으로 장식되어 있다. 구경은 37㎝이고, 속심은 주황-갈색, 표면은 암회색이다(도면 926, 2).

Ⅱ형식 대접. 2점이 있다. 기형이 모두 확인되는 1점은 형태가 곧은 기벽을 가진 역사다리꼴이다. 이 토기는 구경이 21.5㎝, 높이가 7.2㎝, 저경이 11㎝이다. 높이과 구경의 비율은 1:3이다(도면 926, 3). 다른 1점은 윗부분만 남아 있는데 구연이 뾰족하고, 구연 아래 외측에 약간 턱이 형성되어 있다. 구경은 24.4㎝이다(도면 926, 4).

Ⅲ형식 대접. 2점이 확인된다. 기형은 완만한 호선 기벽을 가진 역사다리꼴이다. 구연이 양쪽으로 도톰하면서 둥글게 마무리되었다. 2점 모두 구연 아래에 목이 형성되어 있다. 1점은 전체 기형이 잘 남아 있다. 이 토기는 구경이 36㎝, 높이가 11.6㎝, 저경이 26.6㎝이다. 높이와 구경의 비율은 1:3.1이다(도면 926, 5; 927, 1). 다른 1점은 저부의 형태가 확인되지 않는다. 구경은 25㎝, 잔존 높이는 5.1㎝이다(도면 926, 6).

기타 대접. 기벽과 구연의 형태가 1점씩에서만 발견되는 것들이다.

1점은 기벽의 중간 부분이 상당히 급하게 굽은 것이다. 구연부는 거의 직립한다. 구경은 19㎝이고, 외면은 수평띠 마연되었다. 속심과 표면이 모두 오렌지-갈색이고, 외면에 짙은 색 얼룩이 묻어 있다(도면 926, 7; 927, 2).

다른 1점은 기벽과 구연 사이의 바깥 부분에 홈-고랑이 형성된 것이다. 구연부가 어깨 부분의 1/2정도 두께이다. 구경은 16.6㎝이고, 속심과 표면이 회색이다(도면 926, 8).

나머지 1점은 구연부가 거의 동일 선상에서 가볍게 호선을 이루고 있고, 그리고 구연 바깥쪽에 좁은 홈-고랑이 돌려진 것이다. 구경은 28㎝이고, 속심과 표면이 암회색이다(도면 926, 9).

③ 완

구경이 6㎝부터 15㎝까지이다. 사발 및 대접과 비슷한 형태이지만 크기가 작다. 기벽과 구연의 세부 형태가 7개 세부 형식으로 구분되며, 그 외 1점씩만 있는 것들도 있다.

Ⅰ 형식 완. 기벽의 호선이 완만한 것인데, 기벽의 일정 높이에서 안쪽으로 살짝 꺾여 어깨-구연부가 직립한 것이다. 3가지 세부 형식이 있다.

Ⅰ-1형식. 기벽의 아래에서 2/3정도 높이에서 어깨-목-구연부가 거의 직립한다. 2점이 확인된다. 1점은 전체 기형이 온전하게 남아 있다. '목-어깨' 부분이 4줄의 수평 침선으로 장식되었다. 내면과 내저에 유기물 흔적이 있다. 구경은 11㎝, 높이는 6.2㎝, 저경은 7㎝이다(도면 928, 1). 다른 1점은 윗부분만 남아 있는데 구연 아래에 4줄의 수평 침선이 돌려져 있다. 구경은 11.9㎝이다(도면 928, 2).

Ⅰ-2형식. 기벽이 완만하게 호선을 이루는데 아래에서 3/4정도 높이에서 어깨-구연이 약간 안쪽으로 굽어진 것이다. 2점이 있는데 모두 기형이 확인된다. 2점 모두 내면에 유기물 흔적이 남아 있다. 1점은 구경이 10.6㎝, 높이가 5㎝, 저경이 7㎝이며, 회색이다. 이 토기에는 평굽이 있다(도면 928, 3). 다른 1점은 구경이 10.2㎝, 높이가 5㎝, 저경이 6.6㎝이며, 모두 흑색이다(도면 928, 4).

Ⅰ-3형식. 기벽의 1/2정도 높이에서 어깨-구연부가 직립한다. 구경은 7.4㎝, 높이는 5㎝, 저경은 5.3㎝이다(도면 928, 5).

Ⅱ 형식 완. 기벽이 거의 곧은 것으로서 형태가 역사다리꼴이며, 상대적으로 낮다. 3점이 있다. 2점은 기형이 온전하게 남아 있다. 그중의 1점은 구경이 12.2㎝, 높이가 6㎝, 저경이 8.1㎝, 바닥 두께가 1.2㎝이다. 외면은 회색이고, 내면에는 회갈색의 유기물 흔적이 있다(도면 928, 6). 이 토기는 등잔으로 사용되었다고 추정되었다. 다른 1점은 구경이 9.2㎝, 높이가 4.5㎝, 저경이 7.2㎝이다. 흑색이며, 바닥에 사절흔이 있는 것으로 보고되었다(도면 928, 7). 나머지 1점은 편인데 구경이 10.5㎝이다(도면 928, 8).

Ⅲ 형식 완. 사발 Ⅱ 형식과 같은 형태를 가졌으나, 크기가 작은 것이다. 2점이 확인된다. 1점은 저부가 남아 있어 전체 기형이 복원되었다. 기벽이 거의 곧은 역사다리꼴이다. 구연이 안쪽으로 약간 돌출하였고, 바닥에 굽이 조금 형성되어 있다. 이 토기는 구경이 14.7㎝, 추정 높이가 8.3㎝, 저경이 7.1㎝이며, 높이와 구경의 비율이 1:1.8이다(도면 928, 9). 다른 1점은 구연이 밖으로 약간 돌출하였다. 구경은 10㎝이고, 회색이다(도면 928, 10).

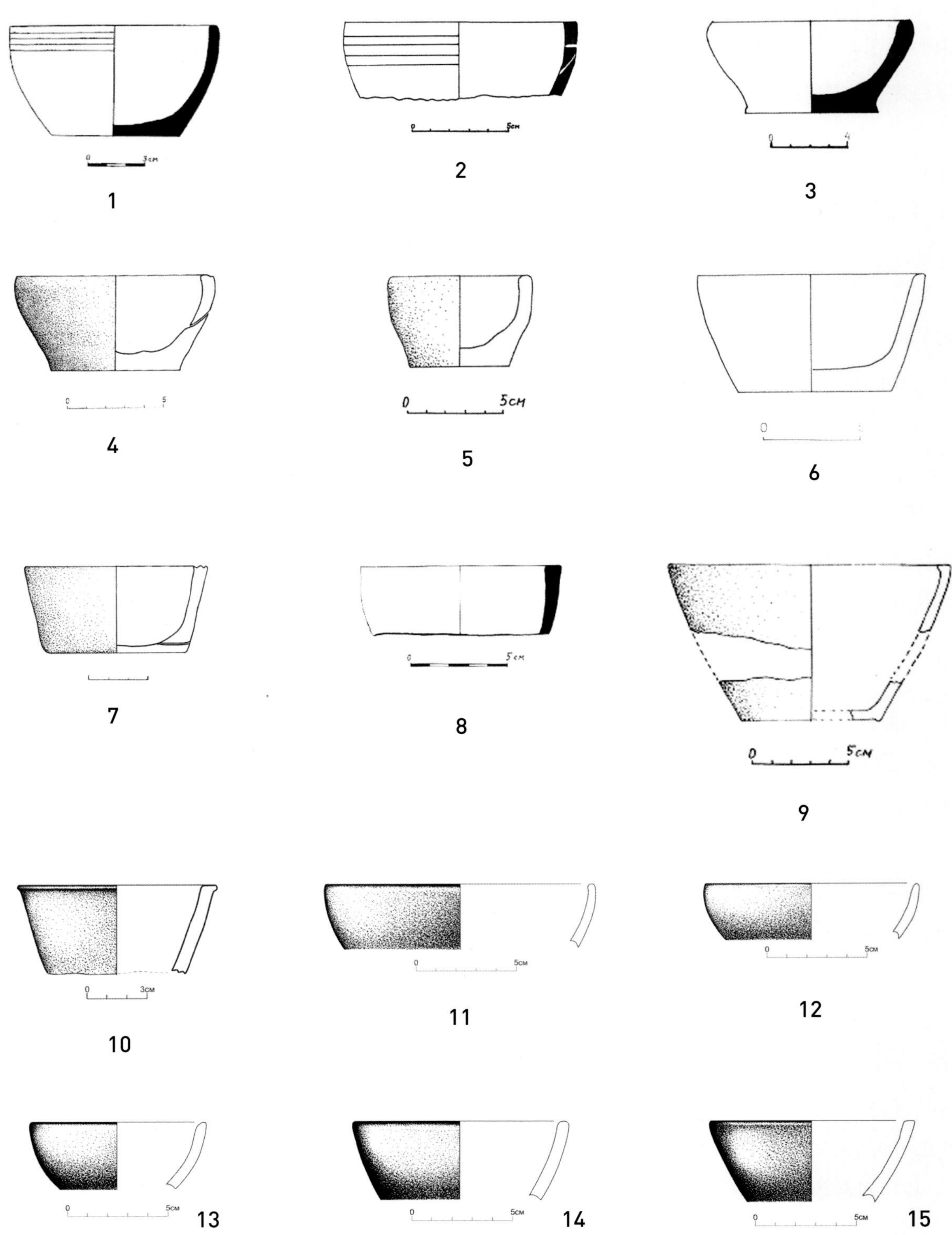

도면 928 | 크라스키노성 출토 완 Ⅰ-1형식(1,2), Ⅰ-2형식(3~5), Ⅱ형식(6~8), Ⅲ형식(9,10), Ⅳ형식(11~15): 1-제10구역(1994-도153, 1), 2-제11구역(1996-도63, 2), 3-제9구역 출토(1994-도164, 39), 4-제31구역 제6인공층 쥐-8방안(2003-도150, 2), 5-제21구역 제3인공층(1999-도137, 42), 6-제17구역(1998-도248, 1), 7-제25구역(2001-도44), 8-제15구역 제4인공층(1997-도113, 1), 9-제21구역 제3인공층(1999-도140, 2), 10-제45구역 제3인공층 까-3방안(2010-도389), 11-제49구역 1,2,4섹터 제3인공층 오-31방안(2014-도987, 4), 12-제49구역 1~4섹터 제1인공층 엘-32방안(2014-도738, 15), 13-제50구역 1섹터 제3인공층 에프-1`방안(2015-도723, 3), 14-제50구역 2섹터 제4인공층 유-3방안(2015-도978, 2), 15-제51구역(2018-도83, 1)

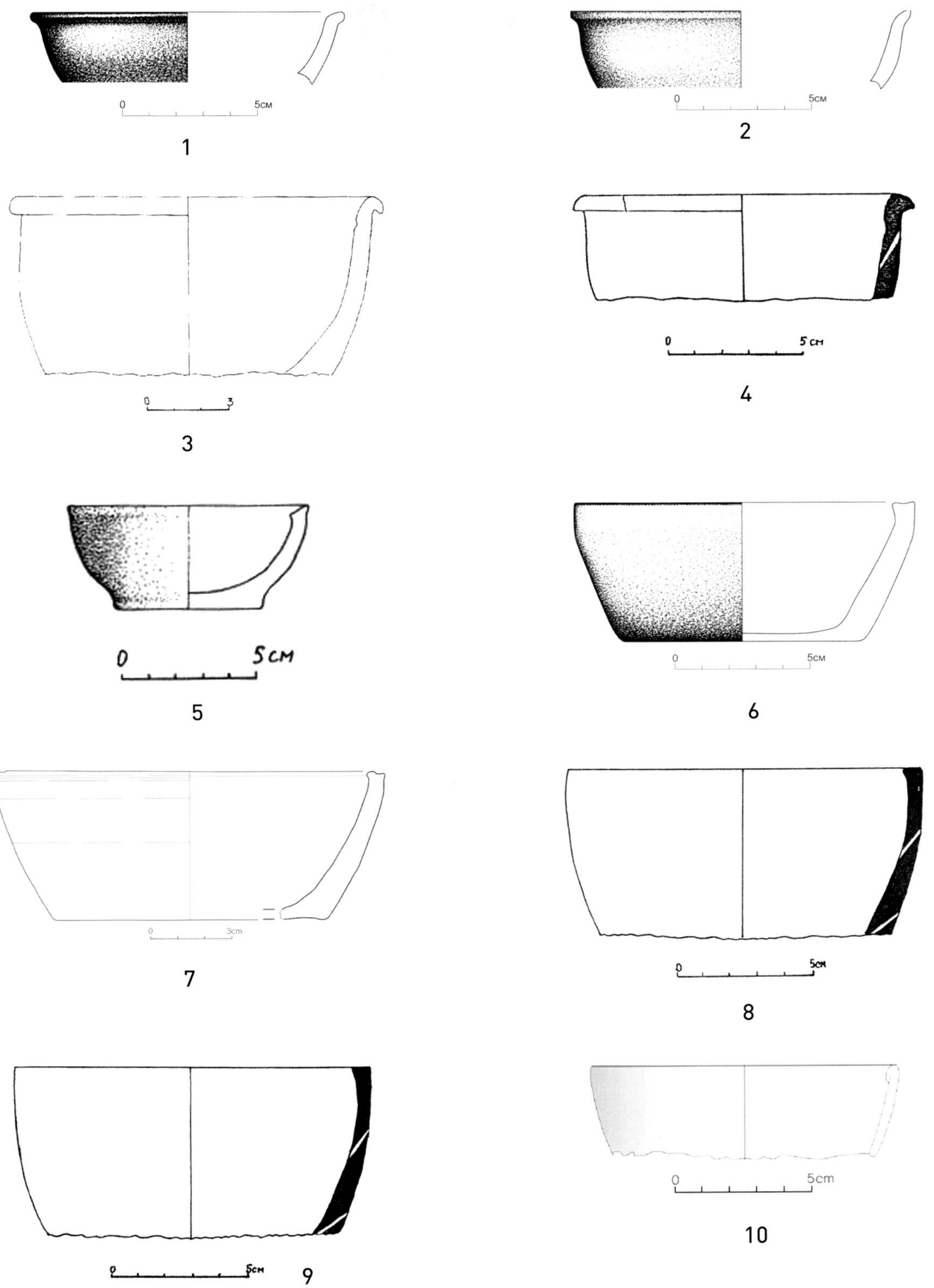

도면 929 | 크라스키노성 출토 완 Ⅴ형식(1,2), Ⅵ형식(3,4), Ⅶ형식(5~10): 1-제50구역 1,3섹터 제4층 에프-5`방안(2015), 2-제53구역 2섹터 제1인공층 이-3`,4`방안(2017-도490, 1), 3-제25구역(2000-도40, 2), 4-제12구역(1996-도66, 6), 5-제21구역 제4인공층(1999-도148, 2), 6-제44구역 제8인공층 구덩이3 예-25방안(2014-도124, 1), 7-제44구역 동쪽섹터 제7인공층 엠-24방안(2013-도133), 8-제11구역(1996-도62, 4), 9-제11구역(1996-도63, 1), 10-제37구역 제2인공층 예-제-1방안(2007-도237, 1)

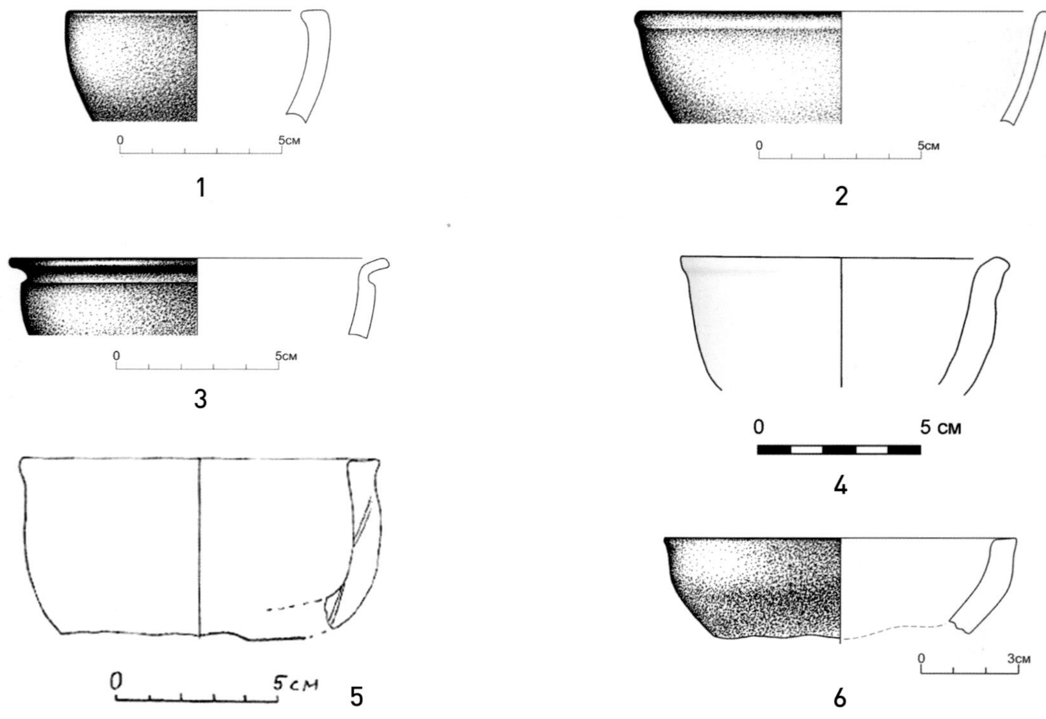

도면 930 | 크라스키노성 출토 완 VII형식(1), 기타형식(2~6): 1-제47구역 3섹터 제4인공층 베-30방안(2014-도492, 2), 2-제53구역 2섹터 제3인공층 엔-1`방안(2017-도564, 1), 3-제50구역 1섹터 제3인공층 쯔-1`방안(2015-도723, 2), 4-제40구역 제6인공층 아-22방안(2009-도180, 2), 5-제21구역 제4인공층(1999-도142, 24), 6-제45구역 제1인공층 에프-6방안(2010-도305)

Ⅳ형식 완. 기벽이 완만하게 호선을 이루고, 구연부가 직구인 것이다. 5점이 있는데 모두 편 상태이다. 그중에서 구경이 14㎝로서 가장 큰 1점은 외면이 수평 띠 마연되었고, 속심은 회색, 표면은 암회색이다(도면 928, 11; 931, 1). 1점은 구경이 11㎝이고, 속심은 흑색, 표면은 갈색이다(도면 928, 12). 나머지 3점은 모두 속심과 표면이 회색 혹은 흑색이다. 구경은 각각 9㎝(도면 928, 13), 11㎝(도면 928, 14; 931, 2), 10㎝(도면 928, 15)이다.

Ⅴ형식 완. 기벽이 완만하게 호선을 이루고 , 구연부가 짧게 살짝 외반하였다. 2점이 있는데 모두 편이다. 1점은 구경이 12㎝이고(도면 929, 1), 다른 1점은 구경이 13㎝이다(도면 929, 2). 2점 모두 외면이 조밀하게 수평 띠 마연되었고, 속심과 표면이 회색이다.

Ⅵ형식 완. 기벽이 완만하게 호선을 이루나 기벽의 1/2이상은 거의 수직에 가까우며, 살짝 외반한 구연부가 갈고리 모양을 이룬다. 2점이 있는데 1점은 기저부분까지 남아 있다. 이 토기는 구경이 13.6㎝이다(도면 929, 3). 다른 1점은 구경이 12.5㎝이다(도면 929, 4).

Ⅶ형식 완. 약하게 호선을 이루는 기벽이 있고, 구연의 안쪽이 약간 돌출한 것이다. 7점이 확인된다. 그중에서 3점은 전체 기형이 남아 있다. 1점은 구순이 약간 안쪽으로 경사졌다. 바닥에는 낮게 평굽이 있다. 구경은 9㎝, 높

도면 931 | 크라스키노성 출토 완 Ⅳ형식(1,2), Ⅶ형식(3~5), 기타형식(6,7): 제49구역 1,2,4섹터 제3인공층 오-31방안(2014-도953, 1), 2-제50구역 2섹터 제4인공층 유-3방안(2015-도947, 2), 3-제44구역 제8인공층 구덩이3 예-25방안(2014-도145), 4-제44구역 동쪽섹터 제7인공층 엠-24방안(2013-도132, 1,2), 5-제47구역 3섹터 제4인공층 베-30방안(2014-도485, 5), 6-제53구역 2섹터 제3인공층 엔-1`방안(2017-도546, 3), 7-제40구역 제6인공층 아-22방안(2009-도177, 3)

이는 3.9㎝, 저경은 4.4㎝이다(도면 929, 5). 다른 1점은 구경이 13㎝, 높이가 5.5㎝, 저경이 9㎝이다. 높이와 구경의 비율이 1:2.4이다. 속심과 표면은 회색이다(도면 929, 6; 931, 3). 다른 1점은 구경이 14.4㎝, 높이가 5.7㎝, 저경이 10㎝이며, 높이와 구경의 비율이 1:2.5이다. 표면은 암회색, 속심은 회갈색이다(도면 929, 7; 931, 4). 나머지 4점은 모두 편 상태인데 모두 내면에 유기물 흔적이 있다. 구경은 각각 12.8㎝(도면 929, 8), 11.3㎝(도면 929, 9), 11.2㎝(도면 929, 10), 8㎝(도면 930, 1; 931, 5)이다. 대부분이 흑색이고, 등잔으로 사용되었을 것으로 추정되었다.

기타 형식 완. 기벽와 구연의 특징이 1점씩에만 있는 것들이다.

1점은 완만하게 호선을 이루는 기벽이 있고, 구연의 바깥쪽 부분이 약간 돌출한 것이다. 구경은 13.2㎝이고, 전체가 암회색이다(도면 930, 2; 931, 6).

1점은 살짝 외반한 구연부가 있고, 구연부 아래 외측이 홈-고랑이 1줄 형성된 것이다. 구연부의 두께가 어깨 부분의 절반 정도이다. 구경은 12㎝이고, 속심은 명회색, 표면은 암회색이다(도면 930, 3).

1점은 살짝 외반하는 구연부가 있는 것이다. 구연의 바깥쪽이 약간 뾰족하다. 구경이 10.1㎝이다(도면 930, 4; 931, 7).

1점은 기벽의 기저부가 둥그스름하게 안쪽으로 꺾인다. 구연의 바깥쪽이 약간 돌출하였고, 구순은 편평하다. 구경은 11.3㎝이다(도면 930, 5).

나머지 1점은 기벽이 사선 방향이며, 어깨-목 부분에서 위로 꺾인다. 구경은 11㎝이다. 외면에 수평 마연을 하였다. 속심은 오렌지-갈색이고, 표면은 흑색이다(도면 930, 6).

12) 뚜껑류 토기

(1) 꼭지 달린 뚜껑

꼭지가 남아 있는 뚜껑은 모두 5점이 확인된다. 손잡이의 형태가 모두 다르다. 1점은 1998년에 제16구역에서 출토된 것인데 뚜껑의 가운데에 대롱 모양의 손잡이가 위로 길쭉하게 나있다. 대롱 모양 손잡이에는 외면이 이

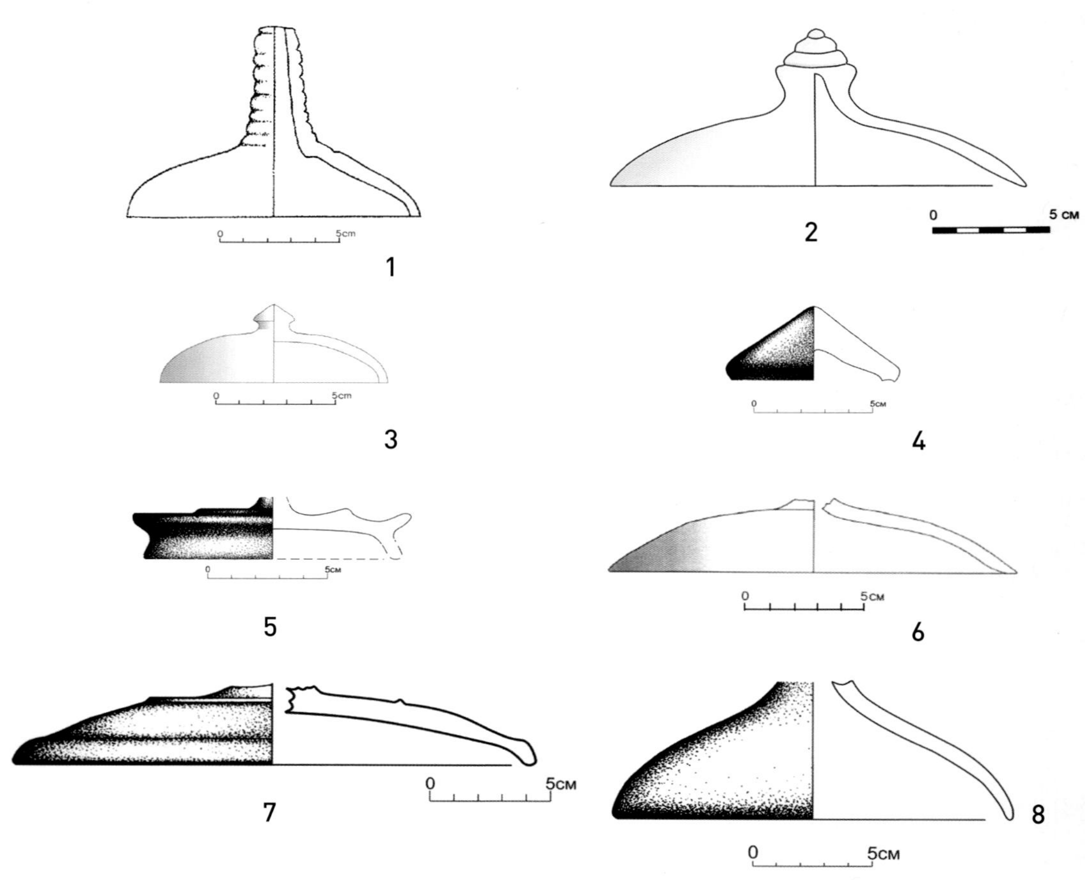

도면 932 | 크라스키노성 출토 꼭지 달린 뚜껑: 1-제16구역 출토(1998-도248, 2), 2-제40구역 9호 주거지 게-17방안(2009-도148, 4), 3-제34구역 제12인공층 게-4~5방안(2007-도244-1), 4 -제50구역 3섹터 제2인공층 데-4방안(2015-도859, 3), 5-제53구역 남서쪽섹터 제5인공층 떼-4방안(2018-도762, 1), 6-제34구역 제2인공층 줴-3방안(2006-도200, 1), 7-제47구역 7섹터 제2인공층 게-48방안(2013-도273, 2). 8-제44구역 제10인공층 데-25방안(2014-도180, 5)

랑-고랑 주름으로 되어있는데 이랑이 9개이다. 뚜껑 몸체와 드림부는 둥그스름하게 이어져 있고, 드림부는 거의 수직 방향이다. 뚜껑의 직경은 12.7㎝, 대롱 손잡이의 구멍 직경은 1.6㎝, 전체 높이는 10㎝이다. 속심은 회색과 갈색이고 표면은 외면은 회갈색, 내면은 회색이다. 뚜껑의 그릇 부분은 물레에서, 대롱 손잡이 부분은 손으로 각각 만들었다(도면 932, 1; 933, 1).

다른 1점은 2009년에 제40구역에서 출토된 것이다. 꼭지가 단추 모양의 기초 위에 3층 보탑이 놓여 있는 형상

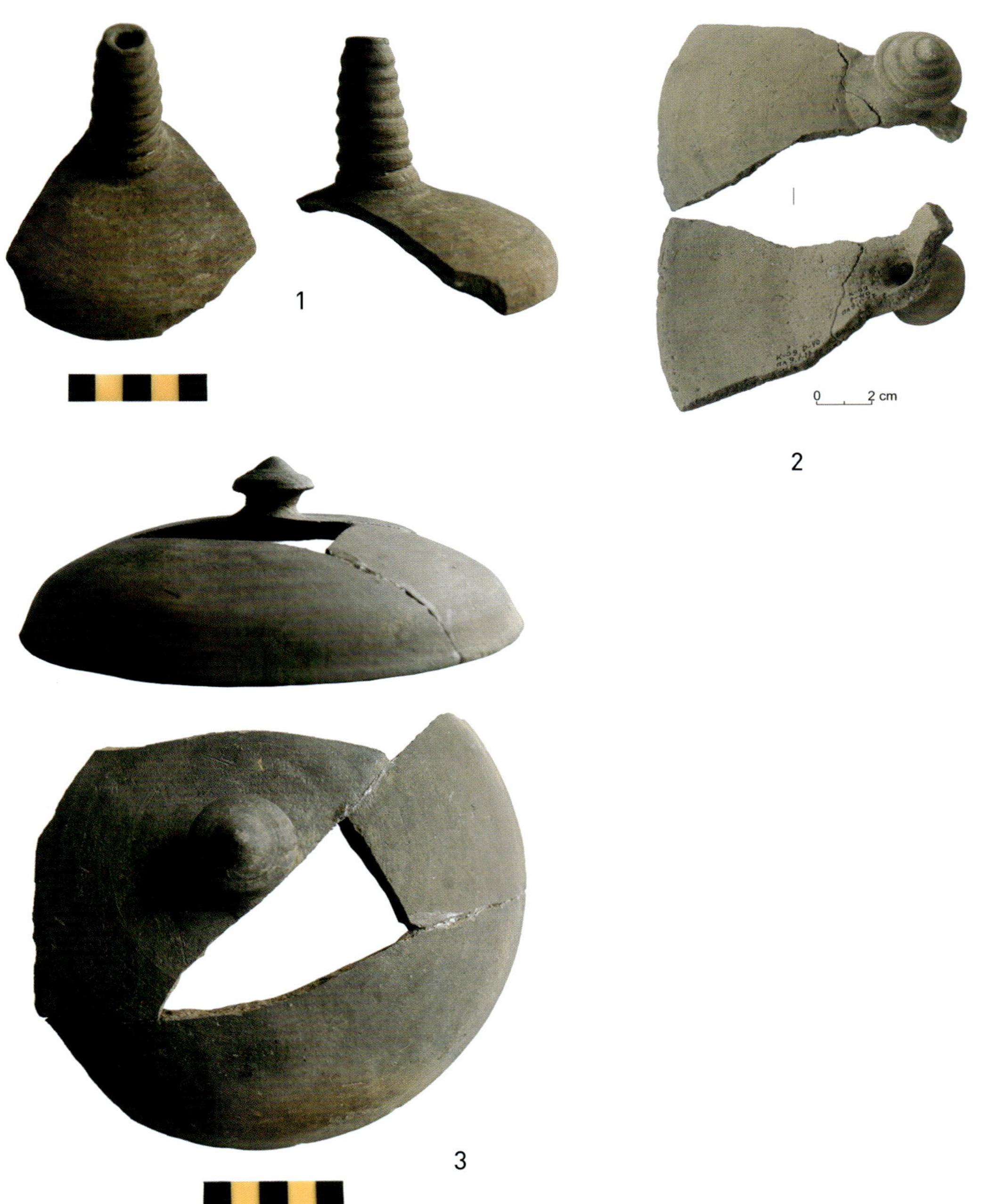

도면 933 | 크라스키노성 출토 꼭지 달린 뚜껑: 1-제16구역 출토(1998), 2-제40구역 9호 주거지 게-17방안(2009), 3-제34구역 제12인공층 게-4~5방안(2007)

도면 934 | 크라스키노성 출토 꼭지 달린 뚜껑: 1-제50구역 3섹터 제2인공층 데-4방안(2015-도853, 6), 2-제53구역 남서쪽섹터 제5인공층 떼-4방안(2018-도754), 3-제47구역 7섹터 제2인공층 게-48방안(2013-도275), 4-제44구역 제10인공층 데-25방안(2014-도151)

을 하고 있다. 뚜껑 몸체와 드림부가 전체적으로 가볍게 호선을 이루는 형태이다. 크기는 추정 구경 17.8㎝, 추정 높이 7.6㎝이다(도면 932, 2; 933, 2).

다른 1점은 보주형의 꼭지가 있는 것이다. 2007년에 제34구역에서 출토되었다. 크기는 구경 19.5㎝, 손잡이 포함 높이 7㎝이다. 속심은 갈색, 표면은 회색이다(도면 932, 3; 933, 3). 보주형의 뚜껑만 발견된 것도 있는데 속이 비어있다(도면 932, 4; 934, 1).

다른 1점의 뚜껑 꼭지는 일부만 남아 있는데 원추형이었을 것으로 생각된다. 이 뚜껑은 드림새와 전처럼 넓은 턱이 있으며 뚜껑 몸체의 중간 부분에 융기된 부분이 하나 돌아간다. 구경은 12㎝, 꼭지를 제외한 높이는 2.4㎝이다. 속심과 내면은 명갈색이고 외면은 흑색이다(도면 932, 5; 934, 2).

그 외에도 뚜껑이 있었을 것으로 보이는 뚜껑의 편이 3점이 더 있다(도면 932, 5~8; 934, 3, 4). 그중의 1점에는 드림새에 턱이 있고, 몸체 부분에 돌대가 1줄 돌려져 있다(도면 932, 7; 934, 3).

(2) 합 뚜껑

아래로 향한 드림새 구순의 바깥쪽에 턱이 형성되어 있는 뚜껑이다. 2점은 기형이 온전한 상태로 보고되었다.

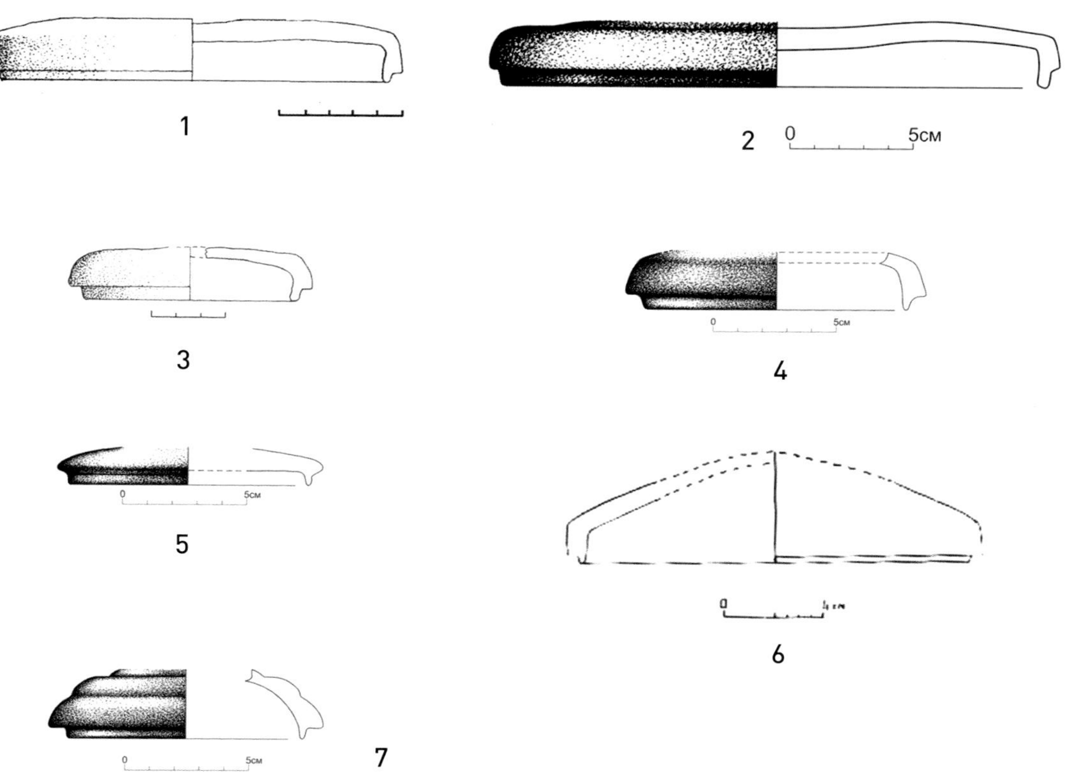

도면 935 | 크라스키노성 출토 합 뚜껑: 1-제29구역 7호 수혈 베-붸-5방안(2001-도86-2), 2-제53구역 서북쪽섹터 제2인공층 게-10`방안(2018-도481, 1), 3-제25구역 제6인공층 붸-3방안(2001-도39, 3), 4-제49구역 2,3,4섹터 제3인공층 엠-30방안(2014-도988, 1), 5-제44구역 제10인공층 이-19방안(2014-도184, 1), 6-제7구역(1983-도32, 1), 7-제47구역 3섹터 제6인공층 베-22방안(2014-도540, 6)

동체 부분이 거의 납작하고 꼭지-손잡이는 없다. 2001년에 출토된 1점은 회색이며, 구경은 15.8*cm*, 최대경은 17*cm*, 높이는 2.5*cm*이다(도면 935, 1). 2018년에 출토된 다른 1점은 속심은 명회색, 표면은 암회색이며, 크기는 구경 21*cm*, 최대경 23*cm*, 높이 2.4*cm*이다(도면 935, 2; 936, 1).

이 2점과 매우 흡사하게 생긴 합 뚜껑의 편이 2점 더 확인되었는데 드림새의 턱 부분이 조금 더 두텁다(도면 935, 3, 4; 936, 2). 그중에서 2001년에 제25구역에서 출토된 턱이 거의 수평을 이루는 뚜껑 1점은 크기가 동체 최대경은 9.7*cm*이며, 구경은 8.4*cm*이다. 뚜껑의 가운데 부분이 일부 남아 있으나 손잡이는 원래부터 없었던 것으로 보인다. 모래 점토로 만들었고, 속심은 황갈색, 정면한 표면은 회색이다(도면 935, 3).

1점은 턱이 약간 사선 방향으로 나 있고 또 턱 부분의 가장자리가 둥그스름한데 크기가 구경 10.2*cm*, 동최대경 11*cm*이다(도면 935, 5).

다른 1점은 드림새는 수직 방향이고, 턱도 수평을 유지하지만, 동체가 거의 사선 방향이다(도면 935, 6).

그 외에도 턱이 거의 수평을 이루는 뚜껑이 하나 더 있는데 동체가 넓은 2번의 이랑-고랑으로 형성된 것이 차이가 난다. 2014년에 제47구역에서 출토된 이 뚜껑은 크기가 구경 9.5*cm*, 최대경 11.1*cm*이다. 속심과 표면이 모두 회색이다(도면 935, 7; 936, 3).

도면 936 | 크라스키노성 출토 합 뚜껑: 1- 제53구역 서북쪽섹터 제2인공층 게-10`방안(2018-도474), 2-제49구역 2,3,4섹터 제3인공층 엠-30방안(2014-도963-3), 3-제47구역 3섹터 제6인공층 베-22방안(2014-도535)

(3) 각종 뚜껑

크라스키노성에서는 구연과 동체 부분만 남아 있어 손잡이의 존재 여부가 확인되지 않는 뚜껑들이 많이 발견되었다. 구연부분과 동체의 특징에 의해 몇 가지 형식으로 구분된다.

Ⅰ형식. 구연에 턱이 없어 구연부 자체가 드림새 역할을 하고 또 동체에 이랑-고랑이 연속적으로 있는 뚜껑이다(도면 937, 1~4; 938, 1~4). 구순의 형태는 모두 세부적으로 보면 차이가 난다. 2016년에 제48구역에서 출토된 1점은 구연의 외면에 침선으로 파상문이 베풀어 놓았다. 동체와 구연부가 둔각을 이루면서 꺾어져 있고, 구순의 편평한 면이 '접지면'을 이룬다. 구경은 21.5㎝이다(도면 937, 4; 938, 4). 2014년에 제44구역에서 출토된 1점은 동체와 구연부가 거의 구분되지 않고 그대로 사선 방향으로 곧게 연결되어 있다. 구연부 외면에 2줄의 고랑이 돌려져 있다. 태토에 다양한 크기의 사립과 석립 함유되어 있고, 속심 오렌지-갈색, 표면은 흑색이다. 외면에 수평 띠 모양의 마연-광택무늬가 시문된 것으로 보고되었다. 구경은 25㎝로 크다(도면 937, 2; 938, 2).

Ⅱ형식. 구연이 완만하게 밖으로 꺾이고, 구연-동체 연결부에 1줄 혹은 2줄의 돌대가 돌려져 있는 뚜껑이다. 1점은 돌대가 1줄이 돌려져 있고 구순은 둥그스름하다. 이 뚜껑은 구경이 15.8㎝이다(도면 937, 5). 다른 1점은 돌대가 2줄이고 구순이 둥그스름하다. 크기는 구경 21㎝이다. 동체에 수평 띠 모양과 수직의 마연 흔적이 있고, 윗부분은 2열의 침선문으로 장식되었다. 손잡이가 있었을 가능성이 있다(도면 937, 6).

Ⅲ형식. 동체-구연부가 가볍게 호선을 이루고 있고 구순이 동글-뾰족하며 구연 외측에 1줄의 융기선이 돌려진 것이다. 3점이 확인되었는데 모두 크기도 비슷하고 또 거의 비슷한 형태적 특징을 보인다. 2009년에 제40구역 1호 수혈에서 출토된 1점은 구경이 약 25.2㎝이다(도면 937, 7; 938, 5). 2011년에 제47구역에서 출토된 것은 구경이 약

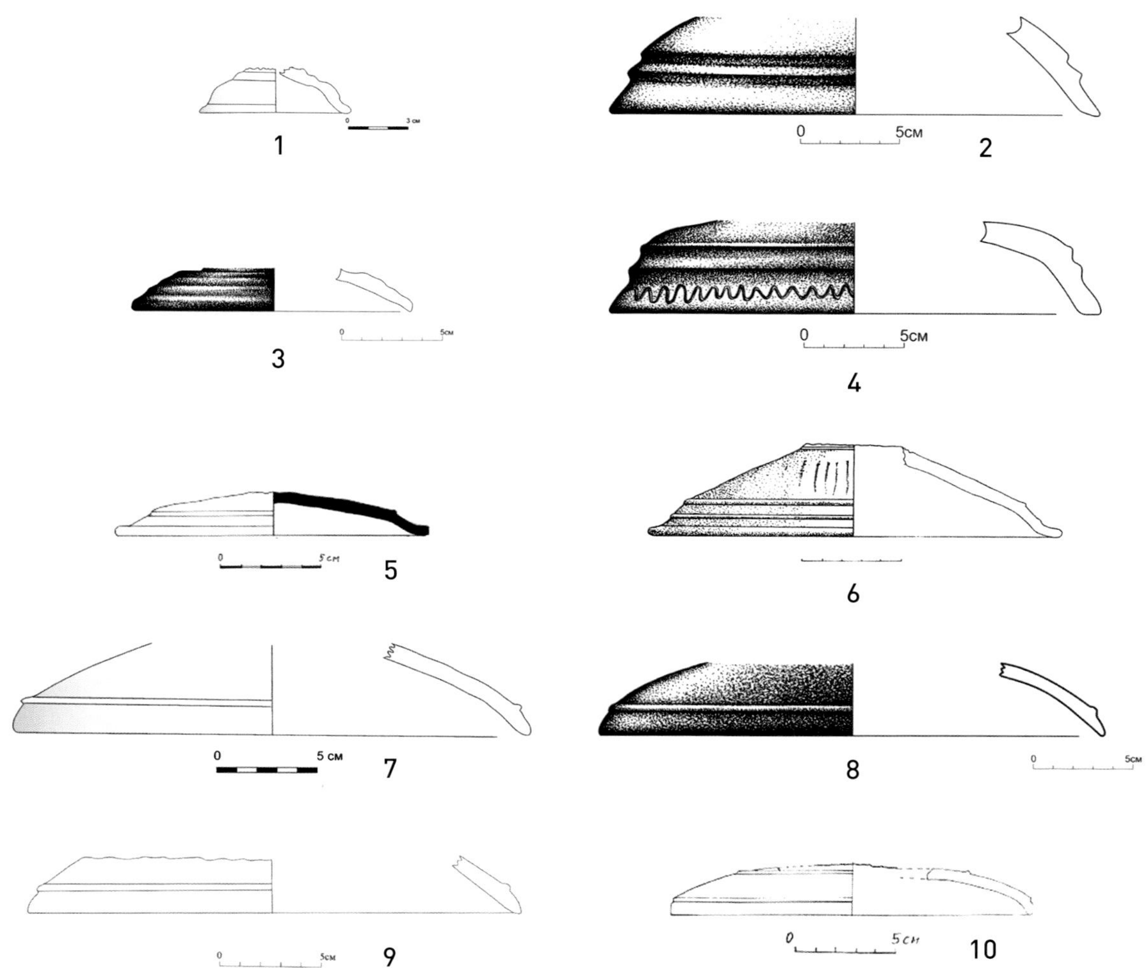

도면 937 | 크라스키노성 출토 각종 뚜껑 Ⅰ형식(1~4), Ⅱ형식(5,6), Ⅲ형식(7~9), Ⅳ형식(10): 1-제42구역 제4인공층 줴-1방안(2009-도752, 4), 2-제44구역 제10인공층 게`-23방안(2014-도180, 4), 3-제47구역 2섹터 제9인공층 아-13방안(2015-도423, 4), 4-제48구역 동쪽섹터 제9인공층 제-27방안(2016-도244, 3), 5-제15구역 제5인공층(1997-도115, 5), 6-제25구역 아-5방안(2001-도41, 1), 7-제40구역 1호 수혈 내부 베,붸-15,16방안(2009-도96, 2), 8-제47구역 3섹터 부식토층(2011-도652), 9-제40구역 제4인공층 베-16방안(2008-도455, 7), 10-제23구역 제1인공층(1999-도160, 54)

25.3㎝이다(도면 937, 8; 938, 6). 2008년에 제40구역에서 출토된 것은 구경이 24.3㎝이다(도면 937, 9).

Ⅳ형식. 완만하게 호선을 그리는 구연과 동체와의 사이에 1줄의 홈-이랑이 돌려져 있는 것이다. 동쪽 위쪽에는 1줄의 융기선이 돌려져 있다. 1999년에 제23구역에서 출토된 1점이 있다(도면 937, 10). 이 뚜껑은 구경이 약 18.3㎝이다.

Ⅴ형식. 반원의 반을 연상시키는 호선 모양의 뚜껑이다. 구순은 대부분이 수평으로 면을 이룬다. 2001년에 제25구역에서 출토된 뚜껑은 가운데에 구멍이 하나 뚫려있다. 구경은 36.4㎝이며, 가운데 구멍의 직경은 4.2㎝, 전체 높이는 4.9㎝이다. 이 뚜껑은 첨가물의 크기가 0.5㎜ 이하인 모래 점토로 만들었다. 속심과 표면 모두 회색이다.

도면 938 | 크라스키노성 출토 각종 뚜껑 I 형식(1~4), III형식(5,6): 1-제42구역 제4인공층 줴-1방안(2009-도741, 3,4), 2-제44구역 제10인공층 게`-23방안(2014-도152, 3), 3-제47구역 2섹터 제9인공층 아-13방안(2015-도411, 1), 4-제48구역 동쪽섹터 제9인공층 제-27방안(2016-도240, 2), 5-제40구역 1호 수혈 내부 베,붸-15,16방안(2009-도241), 6-제47구역 3섹터 부식토층(2011-도651, 4)

외면의 가운데 부분에는 수직으로 거칠게 정면한 흔적이 남아 있다(도면 939, 1). 2006년에 제34구역 5호 주거지에서 출토된 것은 구경이 18㎝이고, 속심은 갈색, 표면은 회색이다(도면 939, 2). 2006년에 제34구역에서 출토된 다른 뚜껑은 크기가 구경 약 20㎝이다(도면 939, 3). 2014년에 제44구역에서 출토된 것은 구경이 32㎝이고, 속심과 표면이 모두 갈색이다. 태토에는 거친 입자의 모래가 섞여 있다(도면 939, 4; 940, 1). 다른 1점은 구경이 40.3㎝로 크다(도면 939, 6). 그런데 이와 비슷한 형태의 뚜껑들 중에는 크기가 매우 작은 것도 있다. 2007년에 출토된 1점은 구경이 7.3㎝이고, 높이는 2.3㎝에 불과하며, 구순도 약간 동글-뾰족하다(도면 939, 7).

VI형식. 동체가 완만하게 경사지다가 구연부에서 살짝 안쪽으로 호선을 이루는 것이다. 구순이 동글-뾰족하다. 2014년에 제49구역에서 출토된 1점이 이 형식에 속한다. 동체에 2줄의 침선이 돌려져 있고 또 수평 띠 마연이 되어 있다. 구경은 10㎝이다. 속심은 명회색이고 표면은 회색이다. 태토에는 작은 입자의 사립이 섞여 있다(도면 939, 8; 940, 2).

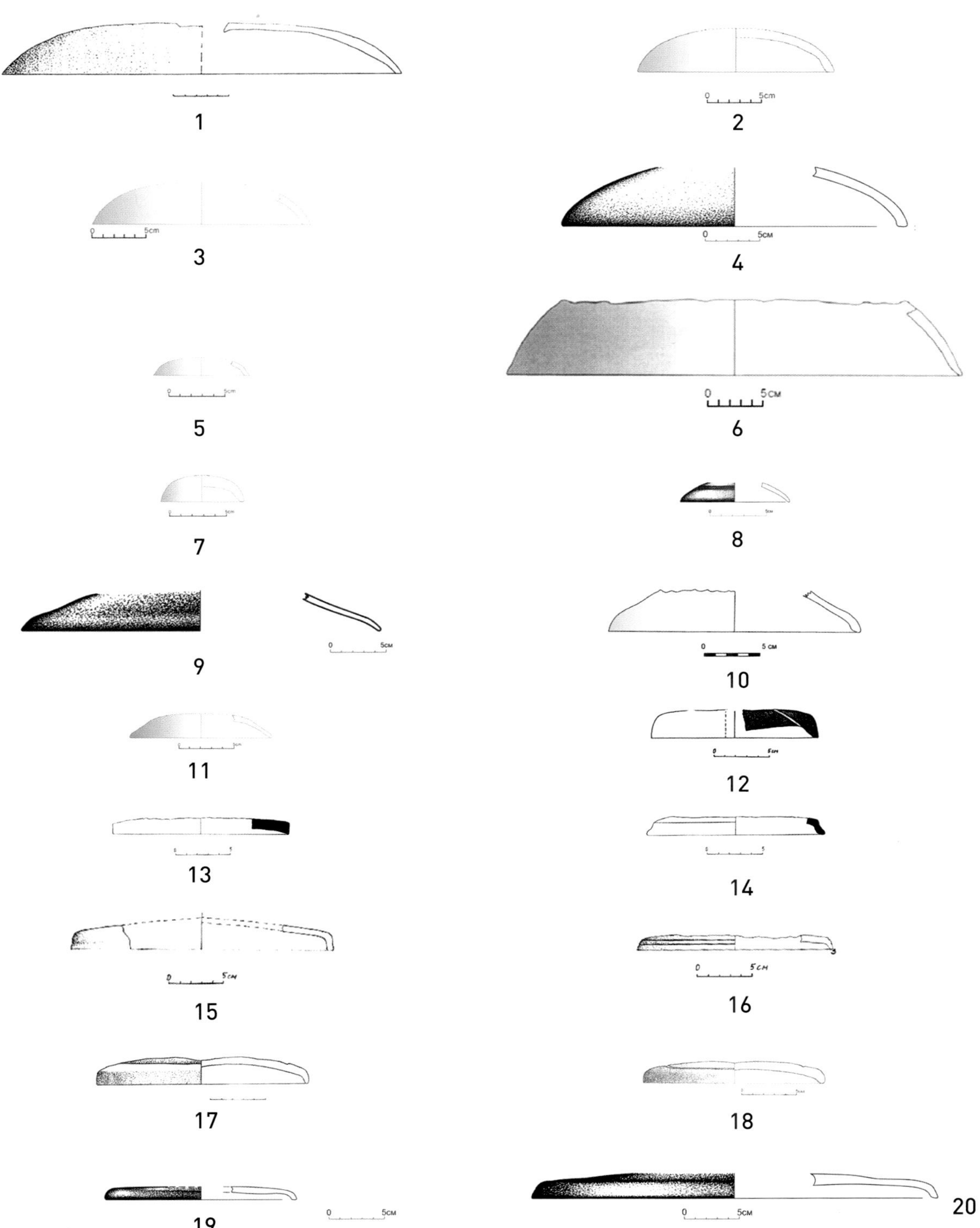

도면 939 | 크라스키노성 출토 각종 뚜껑 Ⅴ형식(1~7), Ⅵ형식(8), Ⅶ형식(9~11), Ⅷ형식(12~20): 1-제25구역 제3인공층 이-8방안(2001-도40), 2-제34구역 5호 주거지 베-5방안(2007-도231, 4), 3-제34구역 제7인공층 아-8방안(2007-도220, 4), 4-제44구역 제14인공층 베`-22방안(2014-도449, 3), 5-제34구역 제12인공층 베-10방안(2007-도245, 2), 6-제34구역 제5인공층 이-5방안(2006-도205, 6), 7-제34구역 제8인공층 제-4방안(2007-도222, 3), 8-제49구역 1~4섹터 제1인공층(2014-도738, 16), 9-제48구역 제3인공층 게-28방안(2011-도456), 10-제42구역 제4인공층 베-2방안(2009-도752, 2), 11-제37구역 제1인공층(2007-도236-1), 12-제12구역(1996-도65, 6), 13-제15구역 제3인공층(1997-도110, 2), 14-제15구역 제3인공층(1997-도110, 1), 15-제21구역 제3인공층(1999-도140, 3), 16-제21구역 제2~3인공층(1999-도144, 3), 17-제25구역 제3인공층 아-4방안(2001-도41, 2), 18-제31구역 제6인공층 제-8방안(2003-도140, 2), 19-제47구역 3섹터 제13인공층 붸-28방안(2014-도702, 4), 20-제53구역 남서쪽섹터 제9인공층 에르-2방안(2018-도856, 3)

도면 940 | 크라스키노성 출토 각종 뚜껑 V형식(1), VI형식(2), VII형식(3), VIII형식(4,5): 1-제44구역 제14인공층 베`-22방안(2014-도437, 1), 2-제49구역 1~4섹터 제1인공층(2014-도736, 1), 3-제42구역 제4인공층 베-2방안(2009-도743, 2), 4-제47구역 3섹터 제13인공층 붸-28방안(2014-도695, 4), 5-제53구역 남서쪽섹터 제9인공층 에르-2방안(2018-도845)

Ⅶ형식. 동체가 밖으로 호선을 그리는 듯 조금 휜 느낌을 주며 구연부에서 약간 안쪽으로 굽은 것이다. 2점이 확인된다. 1점은 구경이 약 51.6㎝(도면 939, 9), 다른 1점은 구경이 약 22.4㎝이다(도면 939, 10; 940, 3). 이 형식에 속할 것으로 생각되는 뚜껑이 1점 더 있다(도면 939, 11).

Ⅷ형식. 거의 수평에 가까운 동체와 짧게 형성된 드림부가 있는 뚜껑이다. 1996년에 제12구역(도면 939, 12), 1997년에 제15구역(도면 939, 13, 14), 1999년에 제21구역(도면 939, 15, 16), 2001년(도면 939, 17), 2003년(도면 939, 18), 2014년에 제47구역(도면 939, 19; 940, 4), 2018년에 제53구역(도면 939, 20; 940, 5)에서 각각 출토되었다. 2014년에 제47구역에서 출토된 뚜껑은 구경이 18.4㎝, 높이가 1.2㎝이다. 수평 띠 모양 마연이 되어 있다. 속심은 오렌지-갈색이고, 표면은 흑색이다. 태토에는 주로 작은 입자의 사립이 함유되어 있다(도면 939, 19). 2018년에 제53구역에서 출토된 뚜껑은 구경이 37㎝이다. 태토에는 주로 부드러운 모래가 포함되어 있다. 속심은 회색, 표면은 암회색이다(도면 939, 20).

Ⅸ형식. 구연부가 비교적 길게 내만하는 뚜껑이다. 2005년에 제34구역에서 출토된 뚜껑에는 동체에 2줄의 융기선이 돌려져 있다(도면 941, 1). 2014년에 제44구역에서 출토된 것은 구연부가 크게 내만하다가 구순 쪽에서 약간 직립한다. 이 뚜껑은 구경이 24㎝이다. 태토에는 주로 작은 입자의 사립 함유되어 있다. 속심은 회색, 표면은 오렌지-갈색이다(도면 941, 2; 942, 1). 2008년에 제40구역에서 출토된 다른 1점은 동체와 구연부가 거의 직각을 이룬다(도면 941, 3).

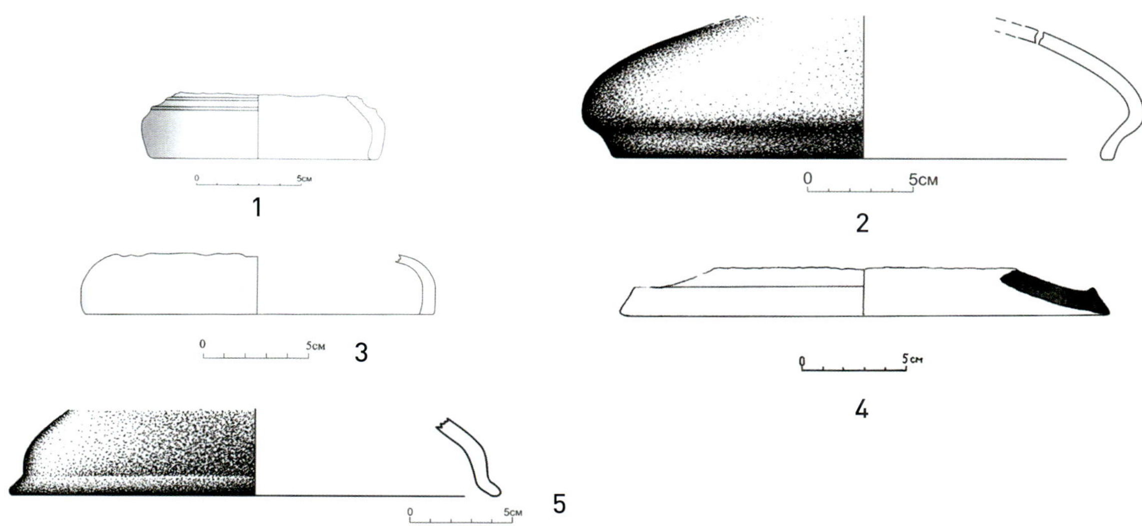

도면 941 | 크라스키노성 출토 각종 뚜껑 IX형식(1~3), X 형식(4), XI형식(5): 1-제34구역 제1인공층 까-4방안(2006-도199, 2), 2-제44구역 제12인공층 엔-20,21방안(2014-도350, 2), 3-제40구역 제5인공층 데-22방안(2008-도458, 2), 4-제11구역(1996-도60-1), 5-제47구역 5섹터 제3인공층 쥐-4`방안(2012-도470, 2)

도면 942 | 크라스키노성 출토 각종 뚜껑 IX형식(1), XI형식(2): 1 -제44구역 제12인공층 엔-20,21방안(2014-도348), 2-제47구역 5섹터 제3인공층 쥐-4`방안(2012-도459, 4)

X형식. 구순의 바깥 부분 바로 가까이에 1줄의 돌대가 형성되어 있는 형식이다. 구순의 안쪽은 약간 오목하다. 구경은 약 23.7㎝이다. 이 뚜껑은 속심이 회색이고, 표면이 명갈색이다(도면 941, 4).

XI형식. 구연이 밖으로 조금 외반하였다. 구경은 24.2㎝이다(도면 941, 5; 942, 2).

(4) 뚜껑-접시

구연 안쪽에 얕게 턱이 형성되어 있는 낮은 토기이거나 혹은 턱이 없지만 이와 유사한 낮은 토기로서 일반적으로 뚜껑으로 인식된다. 하지만 이 토기를 뒤집으면 접시로 사용을 할 수가 있다. 러시아 학계에서는 연구자들에 따라 접시로 부르기도 하고, 혹은 뚜껑이라고 부르기도 하며, 때로는 뚜껑-접시로, 때로는 접시-뚜껑으로도 부른다. 도면도 위와 아래가 뒤바뀌어 보고되는 경우가 많다. 뚜껑이라는 관점에서 보면 둥근 고리 굽 형태의 손잡이가 달린 것이다. 접시라는 관점에서 보면 둥근 고리 굽이 달려있다. 몸체는 완만하게 내만 호선을 그리며 구연(혹은 드림부) 부분에서 거의 둔각으로 한 번 밖으로 짧게 꺾였다가 곧 아래로 다시 꺾인다. 외면은 대체로 매끈하고 문양이 없지만, 간혹 돌대나 침선이 돌려져 있는 것도 있다. 구경은 9.6~36.6㎝ 사이이다. 구순 혹은 드림부의 꺾인 정도에 따라 몇 가지 형식이 세분된다.

I형식. 구연 안쪽에 턱이 분명하게 잘 표현된 것이다. 온전하게 기형이 확인되는 것이 11점이 있다. 그런데 그 중에는 동체에 2줄의 돌대가 돌려져 있는 것도 있다. 이 뚜껑-접시는 크기가 구경 15㎝, 높이 3.6㎝, 굽 직경 6.8㎝이다(도면 943, 1). 2003년에 제31구역에서 출토된 1점은 대형의 뚜껑-접시이다. 고리 모양의 굽-손잡이가 달려있고, 기벽은 사선 방향으로 완만하게 내만하다가 목 부분에서 한번 외절하며, 다시 구연에서 위로 꺾인다. 구연 안쪽에 가볍게 턱이 있다. 동체 아래부분에 2줄의 침선이 돌아간다. 구경은 28.4㎝, 높이는 6.5㎝, 굽 직경은 13.3㎝이다. 산화소성 후 연기씌움을 하였다(도면 943, 2). 외면의 구연 바로 아래(혹은 위)에 얕게 턱이 형성된 것도 있다(도면 943, 3, 4). 그중의 1점은 1998년에 우물의 바닥에서 목제 완과 나란히 바닥이 위로 향한 채로 발견된 것인데 접시로 보고되었다. 이 뚜껑-접시는 기면을 흑색 마연하였다. 크기는 구경이 12.5㎝, 높이가 2.8㎝, 굽 모양 손잡이 직경이 5.6㎝, 굽 모양 손잡이 높이가 0.5㎝이다. 기벽 두께는 0.5㎝이다(도면 943, 3). 다른 1점은 2004년에 제31구역의 와실유구에서 출토된 것인데 구경이 11.3㎝, 굽 직경이 5.4㎝, 높이가 2.3㎝로서 상당히 작은 크기이며, 표면이 매끈하게 잘 마연되었다. 나머지 6점은 크기는 달라도 형태는 대체로 서로 비슷하다(도면 943, 5~10; 944, 1, 2). 그런데 나머지 1점은 구경과 깊이의 비율이 상대적으로 높은데 구경은 9.7㎝, 굽 직경은 4.4㎝, 높이는 3.7㎝이다(도면 943, 11; 944, 3).

전체 기형이 확인되지 못한 편 상태의 뚜껑-접시 중에도 제1형식에 속하는 것들이 5점 보고되었다(도면 943, 12~16; 944, 4~7).

II형식. 구연 안쪽의 턱이 미약하게 표현된 것이다. 기형이 확인되는 것은 4점이 보고되었다. 1점은 구연 외측에 1줄의 고랑이 형성되어 있는데 구경은 약 9.6㎝, 높이는 약 2.2㎝이다(도면 945, 1; 946, 1). 1점은 구경과 높이

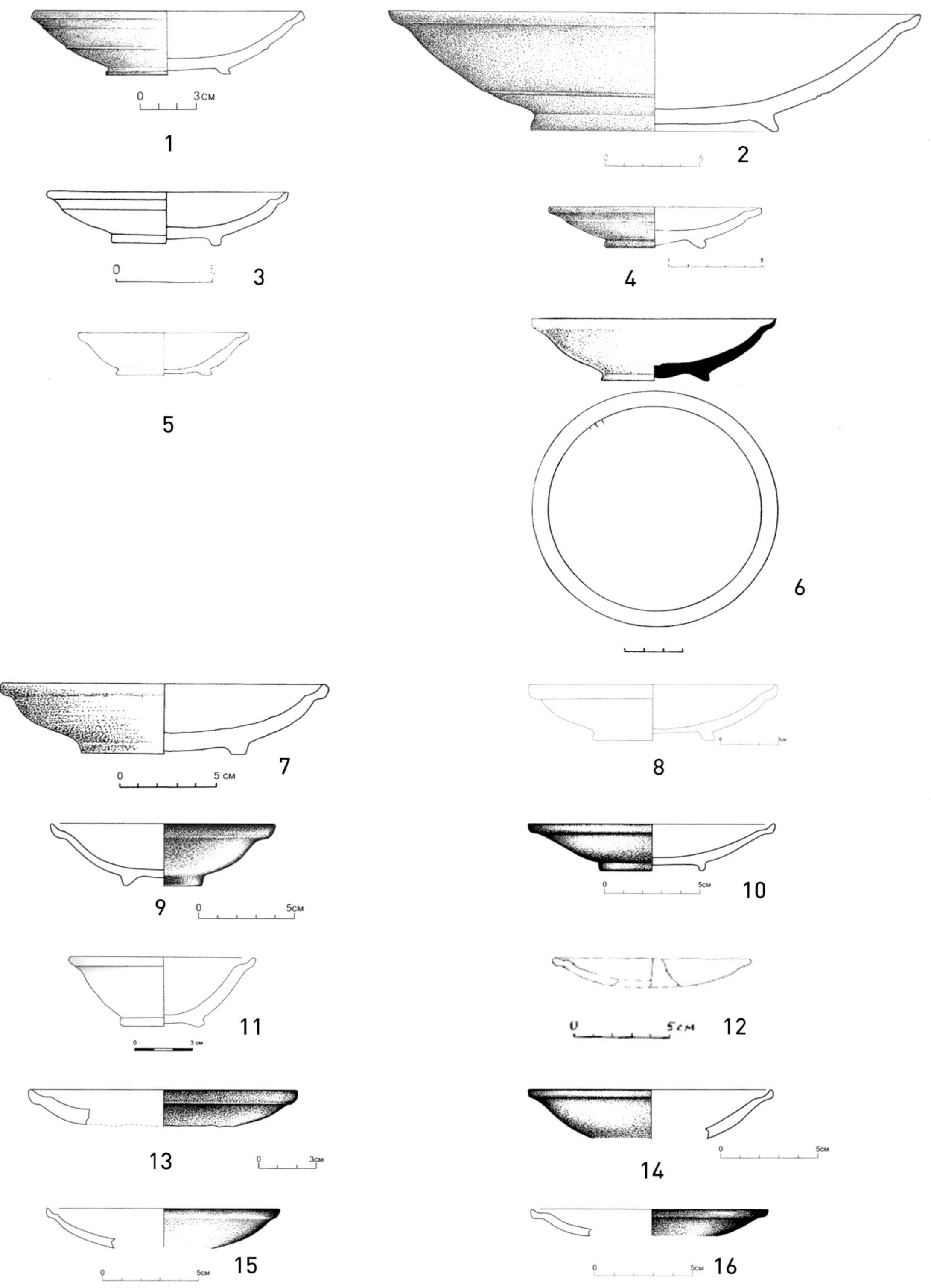

도면 943 | 크라스키노성 출토 뚜껑-접시 Ⅰ형식: 1-제34구역 제10인공층 붸-14방안(2006-도182), 2-제31구역 제5인공층 예-6방안(2003-도151), 3-제15구역(1998-도248, 4), 4-제31구역 와실유구(2004-도185, 4), 5-제23구역 제1인공층(1999-도160, 17), 6-제30구역 4호 수혈(2002-도72), 7-제4인공층 베-2방안(2006-도60, 2), 8-제40구역 제2,3인공층 제-16방안(2008-도451, 1), 9-제47구역 5섹터 제3인공층 뻬-5`방안(2012-도470, 8), 10-제47구역 7섹터 제3인공층 베-46방안(2013-도303, 4), 11-제40구역 제14인공층 10,11호 주거지 붸-14방안(2009-도335-4), 12-제21구역 제2~3인공층(1999-도142, 1), 13-제45구역 제3인공층 유-3방안(2010-도385), 14-제47구역 7섹터 제3인공층 붸-45방안(2013-도303, 5), 15-제53구역 2섹터 제3인공층 엘-1`방안 (2017-도564, 2), 16-제53구역 서북쪽섹터 제2인공층 베-6`방안 (2018-도482, 4)

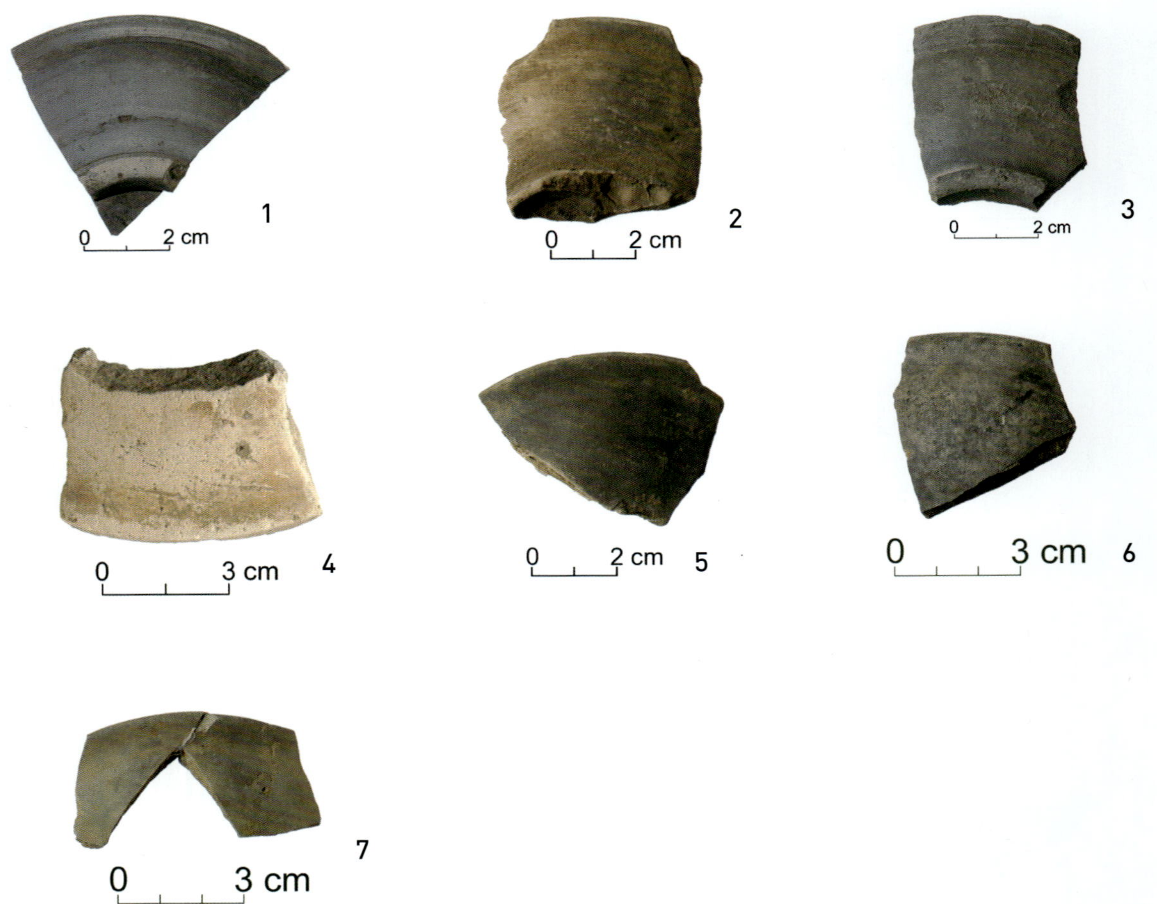

도면 944 | 크라스키노성 출토 뚜껑-접시 I 형식: 1-제40구역 제2,3인공층 제-16방안(2008-도396), 2-제47구역 7섹터 제3인공층 베-46방안(2013-도312, 2), 3-제40구역 제14인공층 10,11호 주거지 뤠-14방안(2009-도327-1), 4-제45구역 제3인공층 유-3방안(2010-도384, 3), 5-제47구역 7섹터 제3인공층 뤠-45방안(2013-도312, 1), 6-제53구역 2섹터 제3인공층 엘-1`방안 (2017-도546, 1), 7-제53구역 서북쪽섹터 제2인공층 베-6`방안 (2018-도476, 3)

의 비율이 낮아 상당히 납작해 보이는데 구경이 14.6cm, 굽 직경이 6.2cm, 높이가 약 2.6cm이다(도면 945, 2; 946, 2). 다른 2점은 크기는 달라도 전체적인 형태는 다른 것들과 비슷하다(도면 945, 3, 4; 946, 3).

Ⅱ형식에 속하는 편 상태의 뚜껑-접시들도 있다(도면 945, 5~9; 946, 4~6).

Ⅲ형식. 구연 안쪽의 턱이 미약하게 표현은 되었으나 구순이 얇게 위로 향하는(혹은 드림새 가장자리가 아래로 향하는) 것이다. 전체 기형이 확인되는 것은 2점이 있다. 그중의 1점은 구경과 높이의 비율이 상대적으로 높은 것인데 구경은 12.6cm, 굽 직경은 6cm, 높이는 3.6cm이다. 이 뚜껑-접시는 속심은 명회색, 외면은 회색이고, 수평 방향으로 매끈하게 마연을 하였다(도면 945, 10; 946, 7). 이것과 매우 비슷한 구순을 가진 편 상태의 뚜껑-접시가 2점이 더 있다(도면 945, 11, 12; 946, 8). 편 상태인 다른 3점은 구순의 전체적인 형태는 서로 약간 차이가 나나 대체로 제3형식에 속한다고 생각된다(도면 945, 13~15; 946, 9~11). 1점은 동체가 연속되는 고랑과 이랑으로 된 것이다. 이 뚜껑-접시는 크기가 상당히 큰 편인데 구경은 36.6cm, 높이는 5.2cm이다(도면 945, 16).

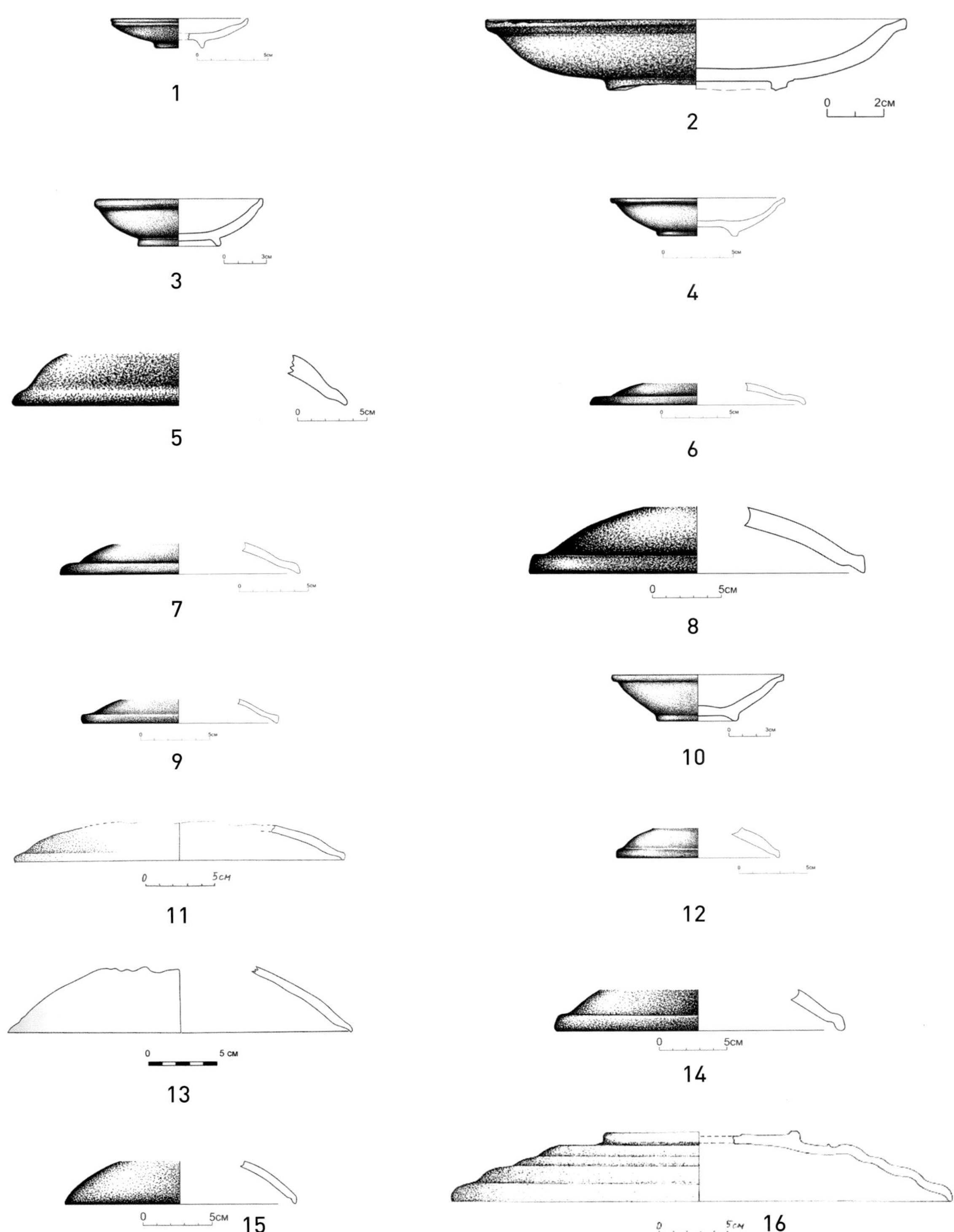

도면 945 | 크라스키노성 출토 뚜껑-접시 II형식(1~9), III형식(10~16): 1-제47구역 2섹터 제3인공층 아,베-15방안(2011-도634), 2-제47구역 1섹터 제3인공층 붸-8방안(2011-도575), 3- 제48구역 서쪽섹터 이`-34방안(2012-도197), 4-제48구역 동쪽섹터 제7인공층 엠-27방안(2016-도117, 3), 5-제48구역 제3인공층 제`-29방안(2011-도458), 6-제50구역 둑 제거후의 1섹터 제4인공층 수혈 내부 쯔-2방안(2015-도794, 1), 7-제50구역 1섹터 제3인공충 2호 수혈 내부(2015-도719, 1), 8-제53구역 남동쪽섹터 제2인공층 엘-7방안 (2018-도580, 4), 9-제53구역 서북쪽섹터 제2인공층 제-9`방안(2018-도482, 3), 10-제44구역 제3인공층 엔-21방안(2010-도200), 11-제21구역 제2인공층(1999-도137, 18), 12-제47구역 3섹터 제5인공층 붸-22방안(2014-도520, 3), 13-제42구역 제4인공층 엠-3방안 (2009-도752, 3), 14-제47구역 3섹터 제4인공층 붸-24방안(2014-도491, 2), 15-제49구역 2,4섹터 제2인공층 까-36방안(2014-도884, 4), 16-제21구역 제3인공층(1999-도140, 1)

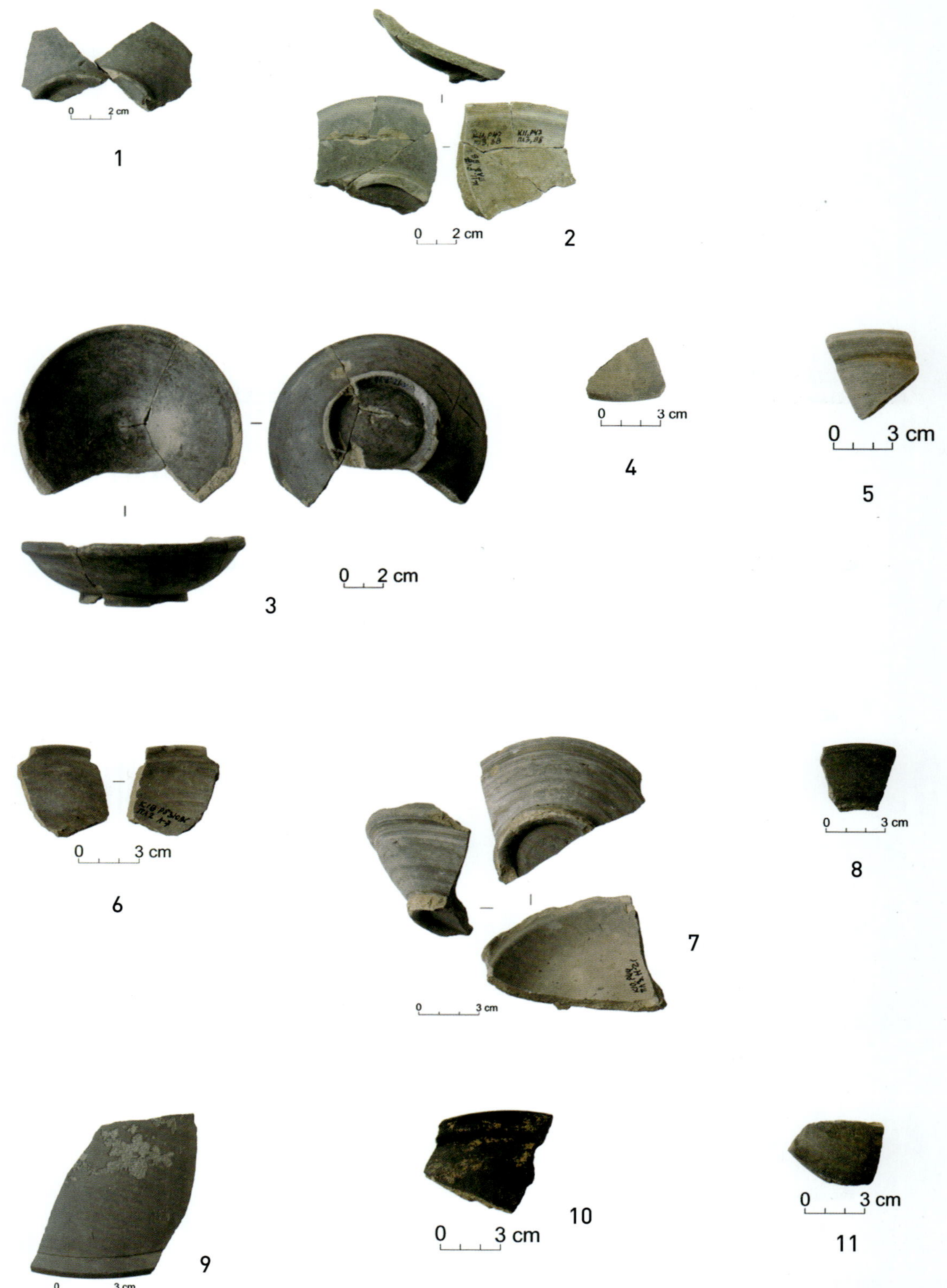

도면 946 | 크라스키노성 출토 뚜껑-접시 II형식(1~6), III형식(7~11): 1-제47구역 2섹터 제3인공층 아,베-15방안(2011-도634, 1), 2-제47구역 1섹터 제3인공층 붸-8방안(2011-도573), 3-제48구역 서쪽섹터 이`-34방안(2012-도196), 4-제48구역 제3인공층 제`-29방안(2011-도455, 2), 5-제50구역 둑 제거후의 1섹터 제4인공층 수혈 내부 쯔-2방안(2015-도771, 2), 6-제53구역 남동쪽섹터 제2인공층 엘-7방안 (2018-도572, 2), 7-제44구역 제3인공층 엔-21방안(2010-도199), 8-제47구역 3섹터 제5인공층 붸-22방안(2014-도511, 5), 9-제42구역 제4인공층 엠-3방안 (2009-도743, 1), 10-제47구역 3섹터 제4인공층 붸-24방안(2014-도483, 3), 11-제49구역 2,4섹터 제2인공층 까-36방안(2014-도846, 3)

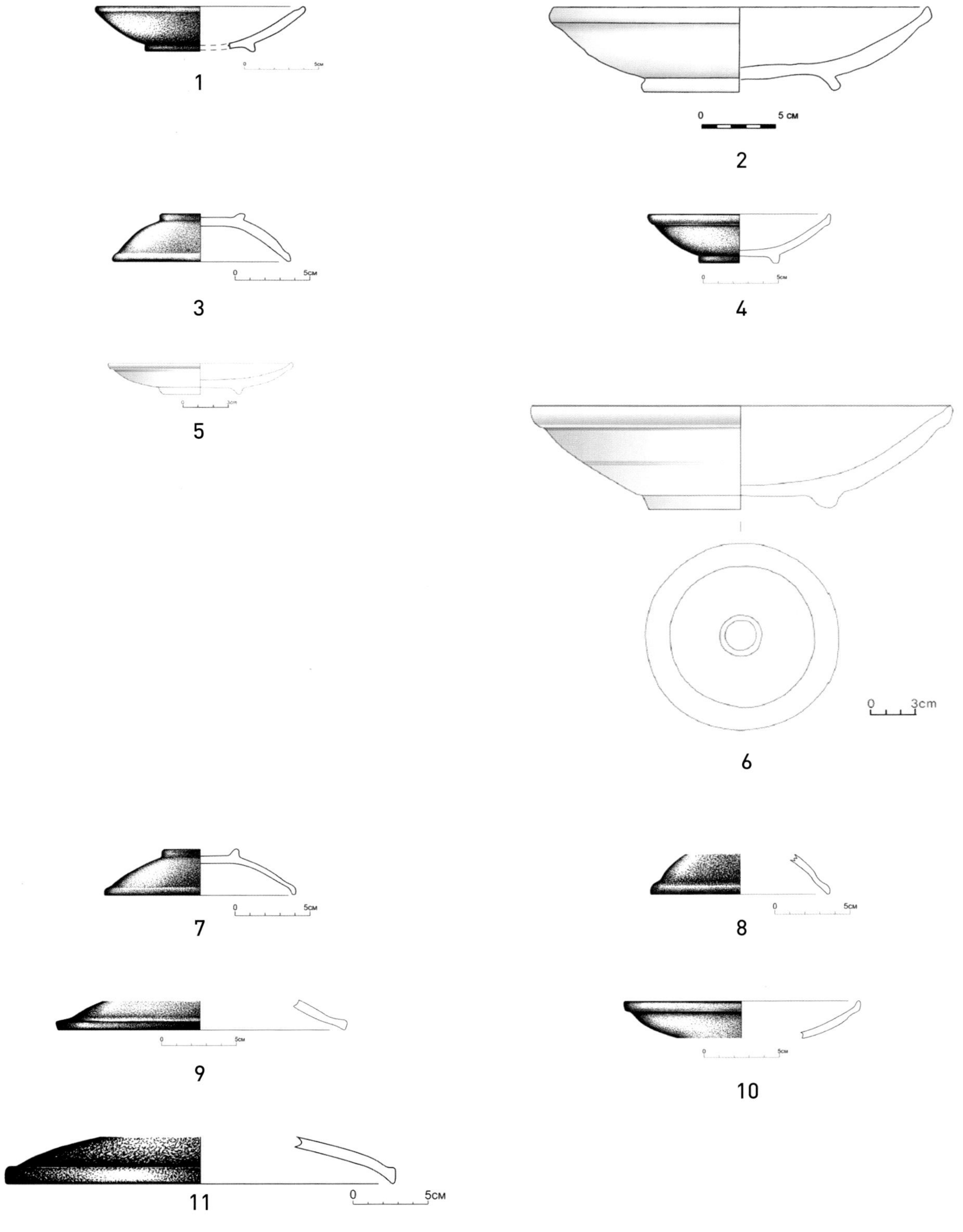

도면 947 | 크라스키노성 출토 뚜껑-접시 IV형식(1), V형식(2~11): 1-제47구역 1섹터 제3인공층 아-6, 뤠-8방안(2011-도574), 2-제42구역 제4인공층 까-4방안(2009-도752, 1), 3-제47구역 5섹터 제3인공층 엔-3`-4`방안(2012-도470, 4), 4-제48구역 동쪽섹터 제7인공층 엔-29,30방안(2016-도117, 1), 5-제35구역 제2인공층 베-2방안(2007-도217, 3), 6-제34구역 제10인공층 뤠-14방안(2007-도227, 1), 7-제47구역 5섹터 제3인공층 쥐-2`방안(2012-도470, 3), 8-제48구역 제3인공층 제`-29방안(2011-도457), 9-제50구역 1,3섹터 제1인공층 쯔-1`방안(2015-도823, 1), 10-제48구역 동쪽섹터 제7인공층 엔-28방안(2016-도117, 2), 11-제53구역 남서쪽섹터 제9인공층 떼-1`방안(2018-도856, 5)

Ⅳ형식. 구순 안쪽에 짧게 턱이 형성되어 있고, 구순 외면은 기벽이 그대로 굴곡이 없이 올라간(혹은 내려간) 것이다. 1점이 확인되었다. 크기는 구경 14㎝, 굽 저경 7.4㎝, 높이 3.2㎝이다(도면 947, 1; 948, 1).

Ⅴ형식. 구순 안쪽에 턱이 없거나 혹은 거의 없는 것이다. 구연의 외측이 약간 도톰해져 기벽이 약간 굴곡을 이룬다. 이 형식의 뚜껑-접시는 형태가 온전하게 확인되는 것은 1점을 제외하고는 모두 접시로 보고되었다. 하지만 전체 기형이 확인되지 못한 편 상태의 것들은 모두 뚜껑으로 보고되었다.

Ⅴ형식의 뚜껑-접시들에서 가장 큰 것은 구경이 25.6㎝, 굽 직경이 13.2㎝, 높이가 5.1㎝이다(도면 947, 2; 948, 2). 가장 작은 것은 뚜껑으로 보고된 것인데 크기가 구경 11㎝, 굽 직경 5.2㎝, 높이 3.2㎝이다(도면 947, 3). 구경과 높이의 비율이 상대적으로 높은 것 1점은 크기가 구경 12.1㎝, 굽 직경 5.2㎝, 높이 3.4㎝이다(도면 947, 4; 948, 3). 나머지 3점은 크기는 서로 차이가 나도 전체적인 형태는 다른 것들과 비슷하다(도면 947, 5~7).

Ⅴ형식에 속하나 전체 기형이 확인되지 못한 것들도 5점이 있다(도면 947, 8~11; 948, 4, 5). 그중에는 표면이 수평의 띠 모양으로 마연되고, 또 속심과 표면이 회색 혹은 속심은 회색 표면은 흑색인 것들이 있다.

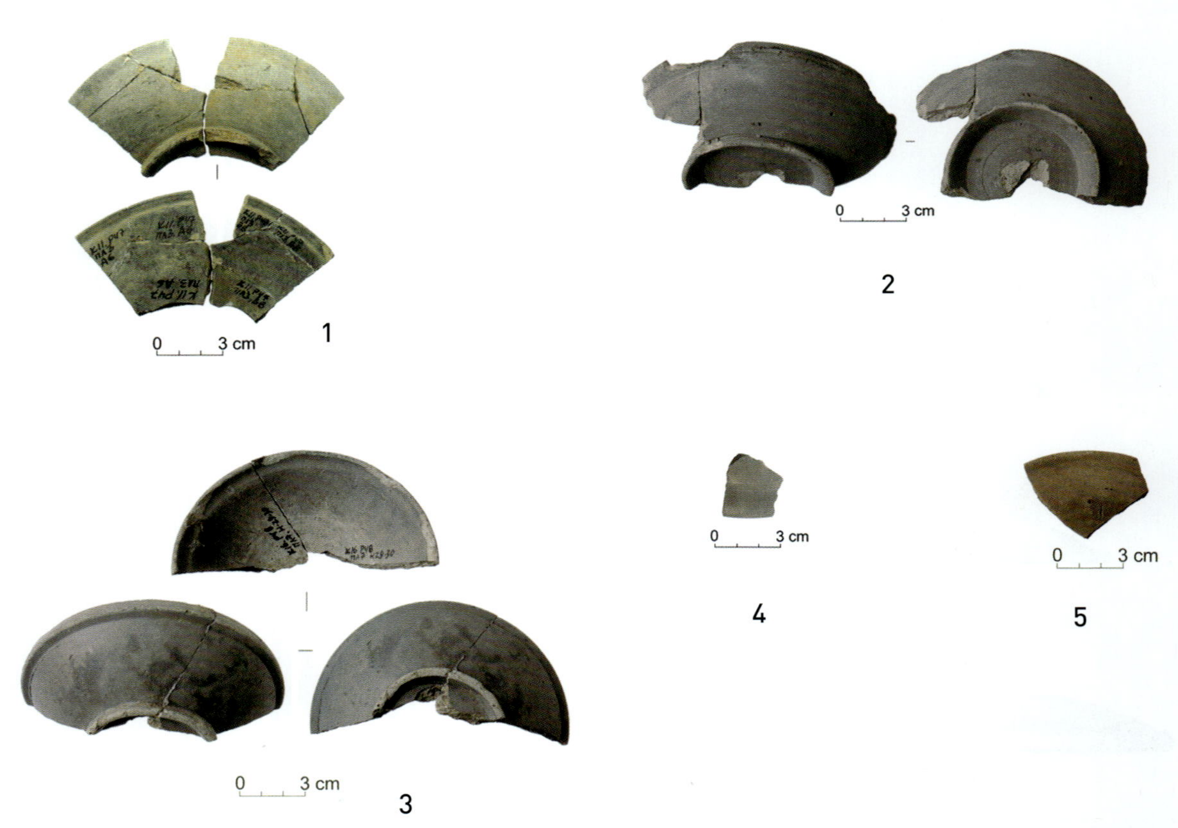

도면 948 | 크라스키노성 출토 뚜껑-접시 Ⅳ형식(1), Ⅴ형식(2~5): 1-제47구역 1섹터 제3인공층 아-6, 붸-8방안(2011-도572), 2-제42구역 제4인공층 까-4방안(2009-도737), 3-제48구역 동쪽섹터 제7인공층 엔-29,30방안(2016-도100), 4-제48구역 제3인공층 제`-29방안(2011-도455, 1), 5-제48구역 동쪽섹터 제7인공층 엔-28방안(2016-도102, 2)

13) 접시

접시는 구경에 비해 높이가 낮은 납작한 토기이다. 뚜껑-접시로 보고된 것들 중 상당수는 접시로도 사용이 되었음이 분명하다. 전체 형태가 온전한 것들 중 기본 용도가 접시인 것이 분명한 것은 5점이 확인된다. 대부분 세부 형태가 차이가 나는데 2점은 서로 닮았다. 그 외에도 접시로 보고된 편들이 있다.

1점은 1994년에 제10구역에서 출토된 것으로 기면에 자연 유약의 흔적이 있다(도면 949, 1). 경질이고 1000℃ 이상에서 소성하였을 것으로 추정되었다. 기면을 치밀하게 마연하였다. 바닥과 기벽이 전체적으로 완만하게 내만 호선을 이루고 있으며, 구연에서 가볍게 외반하였다. 구순은 둥그스름하다. 동체 아랫부분에 침선이 돌려져 있다. 바닥에는 고리 모양 굽이 부착되어 있는데 약간 밖으로 향한다. 구경은 24.5㎝, 굽 직경은 10.4㎝, 높이는 4.5㎝, 굽 높이는 0.7㎝이다.

다른 1점은 2015년에 제47구역 섹터 6에서 출토된 것이다(도면 949, 2; 950, 1). 구경에 비해 굽 직경이 상대적으로 작은 편이다. 바닥과 기벽이 넓은 둔각을 이루고 있고, 기벽은 극히 미약하게 내만 호선을 이루고 있다. 구연

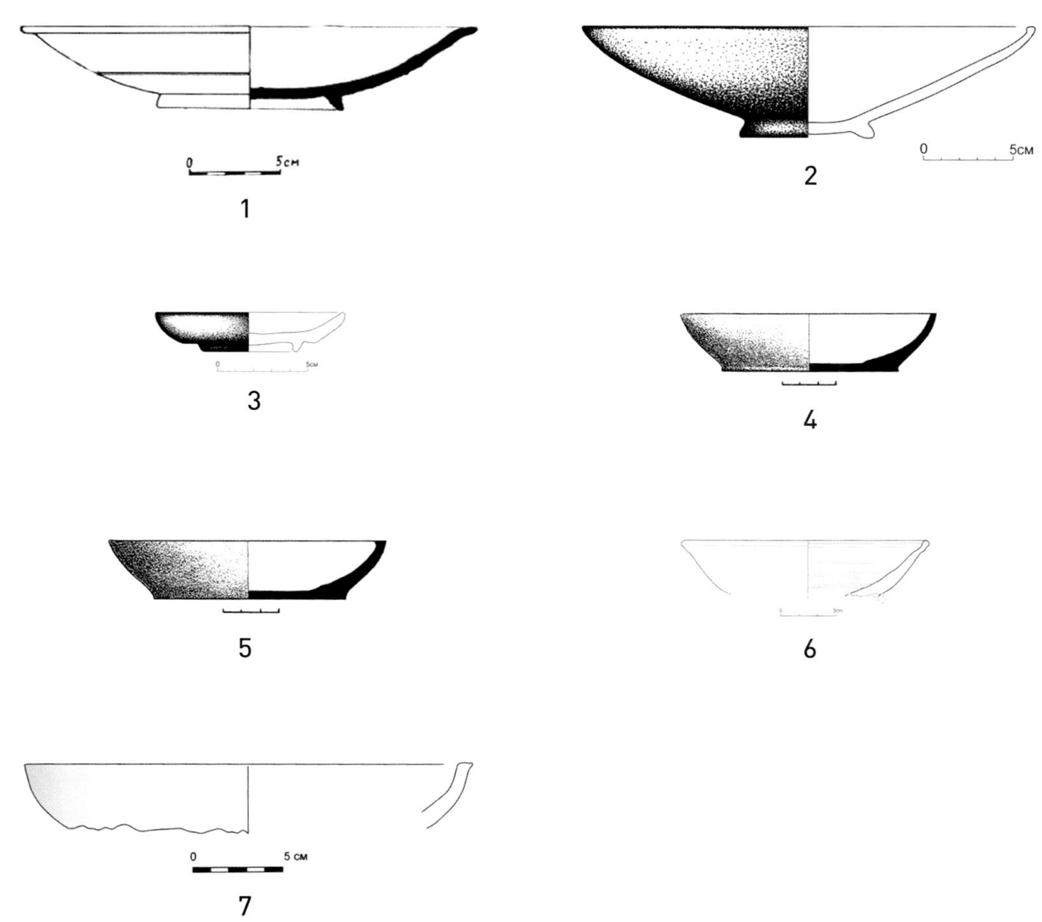

도면 949 | 크라스키노성 출토 접시: 1-제10구역 제-15방안(1994-도148, 11), 2-제47구역 6섹터 제6인공층 붸-41방안(2015-도597, 1), 3-제53구역 남서쪽섹터 제4인공층 뻬,에르-2방안(2018-도708, 3), 4-제30구역 1호 수혈(2002-도75, 1), 5-제30구역 4호 수혈(2002-도75, 2), 6-제47구역 7섹터 제3인공층 베-46방안(2013-도314), 7-제40구역 제21인공층 34호 수혈 베-18방안(2009-도553, 2)

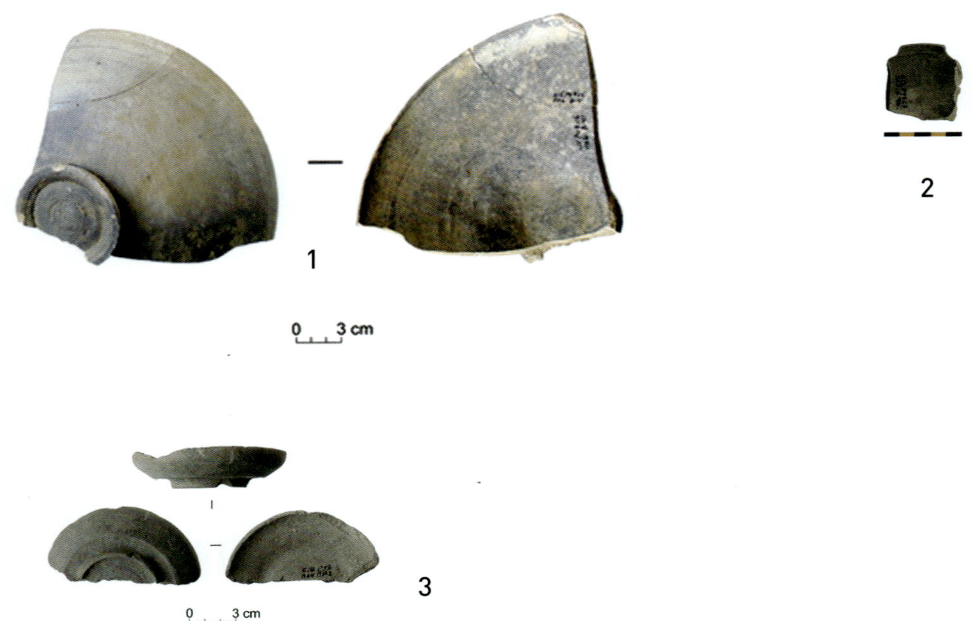

도면 950 | 크라스키노성 출토 접시: 1-제47구역 6섹터 제6인공층 붸-41방안(2015-도587), 2-제53구역 남서쪽섹터 제4인공층 뻬,에르-2방안(2018-도699), 3-제47구역 7섹터 제3인공층 베-46방안(2013-도313)

은 내만하면서 위로 짧게 꺾여있다. 구순은 편평하다. 바닥에는 고리 모양 굽이 달려 있다. 속심과 표면이 모두 회색이며, 표면을 수평의 띠 모양으로 치밀하게 마연하였다. 크기는 구경 25.2㎝, 굽 직경 7.4㎝, 높이 6.8㎝, 굽 높이 0.9㎝이다.

1점은 2018년에 제53구역 남서섹터에서 출토된 것이다(도면 949, 3; 950, 2). 납작한 형태를 하고 있다. 기벽이 거의 낮은 사선 방향으로 올라가며, 구연은 기벽의 외면을 약간 축약하여 표현하였다. 구순은 둥그스름하다. 고리 모양 굽이 부착되어 있다. 속심과 표면이 모두 회색이고, 외면에 수평 띠 모양 마연을 하였다. 크기는 구경 11㎝, 높이 2.4㎝, 굽 직경 5.3㎝이다.

2002년에 출토된 2점은 형태가 서로 비슷하다. 2점 모두 구경에 비해 저경이 상당히 넓은 편이며, 굽은 평굽이다. 기형도 바닥은 곧고 편평하며, 기벽은 가볍게 내만 호선을 이루고 있고, 구연이 기벽과 서로 구분되지 않는다. 구순은 편평하나, 1점은 구순의 안쪽이 돌출한 것이 차이를 보인다. 그중의 1점은 제30구역의 1호 구덩이에서 출토되었다. 구경은 14.2㎝, 높이는 3.4㎝, 저경은 10.6㎝이다. 자연모래 함유 점토로 만들었고, 속심과 표면이 모두 흑색이다. 물레를 정지한 다음에 물레에서 떼어낸 자국이 남아 있다(도면 949, 4). 다른 1점은 제30구역의 4호 구덩이에서 출토되었다. 구경은 14.8㎝, 저경은 10.4㎝, 전체 높이는 3.2㎝이다. 모두 자연모래 함유 점토로 만들었고, 속심과 표면이 흑색이다. 물레를 정지한 다음에 물레에서 떼어낸 자국이 남아 있다(도면 949, 5).

그 외에 접시로 보고된 구연-동체부편이 2점 더 있다. 1점은 구경이 13.2㎝인데 속심은 회색, 표면은 암회색이다(도면 949, 6; 950, 3). 다른 1점은 구경이 24.5㎝이다(도면 949, 7).

14) 시루

시루는 바닥에 구멍을 내어 음식을 조리하는데 사용한 용기로 알려져 있다. 그런데 한국에서는 콩나물을 시루에서 기르기도 하여 시루의 용도가 반드시 음식조리에만 제한된 것이 아니었음을 알 수 있다. 시루는 형태적으로 동이와 비슷한 경우가 많아 바닥이 없이 구연부나 동체부가 편 상태로 출토되면 동이와 서로 구분이 되지 않는다.

여기에서는 바닥에 시루구멍이 확인된 것들만 포함하여 소개하였다. 다만 2점은 구연-동체 윗부분이 시루로 보고된 것이 있어 포함시켰다. 시루구멍은 크기가 다양하나 비교적 큰 것들로 된 것들(Ⅰ형식)과 작은 것들만으로 된 것들(Ⅱ형식)이 서로 구분된다. Ⅱ형식의 시루구멍을 가진 시루는 소공(小孔) 혹은 다공(多孔) 시루로 부를 수 있을 것이다.

Ⅰ형식. 시루 구멍이 바닥에 전체적으로 남아 있는 것은 2점에 불과한데 구멍의 모양과 개수가 서로 다른 형식이다. 그 외에 전체가 확인되지는 않아도 그 둘과 다른 형식의 것도 보인다. 편 상태로 출토된 것들은 이 세 형식 중의 하나에 속한다. 하지만 어느 형식인지 구분이 되지 않는 것들도 있다(도면 2014-613, 1; 703, 2; 1999-141, 23; 150, 15).

Ⅰ-1형식. 가장자리 쪽에 타원형의 구멍을 4개 등 간격으로 내고, 그리고 가운데에 원형의 구멍을 1개 낸 시루이다. 1999년에 제22구역에서 출토된 1점은 바닥이 모두 남아 있는 이 형식의 시루이다. 도면에 제시된 축척을 통해 크기를 산출해 보면 저경은 약 24.8㎝, 시루 구멍의 크기는 가장자리 타원형의 것은 3.5×5.8㎝, 가운데 둥근 것은 직경이 약 4.3㎝이다(도면 951, 1). 2015년에 제47구역에서 출토된 시루도 이 형식에 속한다(도면 951, 2; 952, 1).

Ⅰ-2형식. 바닥의 가장자리에 6개의 상대적으로 작은 구멍이 등 간격으로 배치되어 있고, 가운데에 큰 구멍이 1개 배치된 것이다. 2009년에 제40구역에서 출토된 것은 시루 바닥이 일부 결실되기는 하였으나 전체적인 양상은 잘 확인된다. 이 시루 바닥은 크기가 직경 약 19.7㎝, 가운데 구멍 직경 약 5.8㎝, 가장자리 구멍 직경 약 2.0㎝이다(도면 951, 3; 952, 2).

Ⅰ-3형식. 1점이 확인된다. 바닥에 구멍들이 일부씩만 남아 있지만 원래는 가운데에 상대적으로 큰 구멍이 하나 있고, 그 둘레에 4개의 작은 구멍이 배치된 것으로 생각된다. 이 시루의 저경은 21.5㎝이고, 가운데 구멍은 직경이 약 4.7㎝, 그 둘레의 구멍은 직경이 약 2.5㎝로 추정된다(도면 951, 4; 952, 3).

Ⅰ-4형식. 바닥의 가장자리와 가운데에 배치된 구멍이 모두 원형이고 또 크기가 비슷한 것이다. 2009년에 제40구역에서 출토된 것은 저경이 26.6㎝이고, 바닥에 있는 구멍의 직경이 약 5㎝이다(도면 951, 5; 952, 4), 2014년에 제44구역에서 출토된 시루는 저경이 22㎝이고, 속심은 주황-갈색, 표면은 갈색이다(도면 951, 6; 952, 5). 1999년에 출토된 1점도 이 형식에 속할 것으로 생각된다(도면 951, 7).

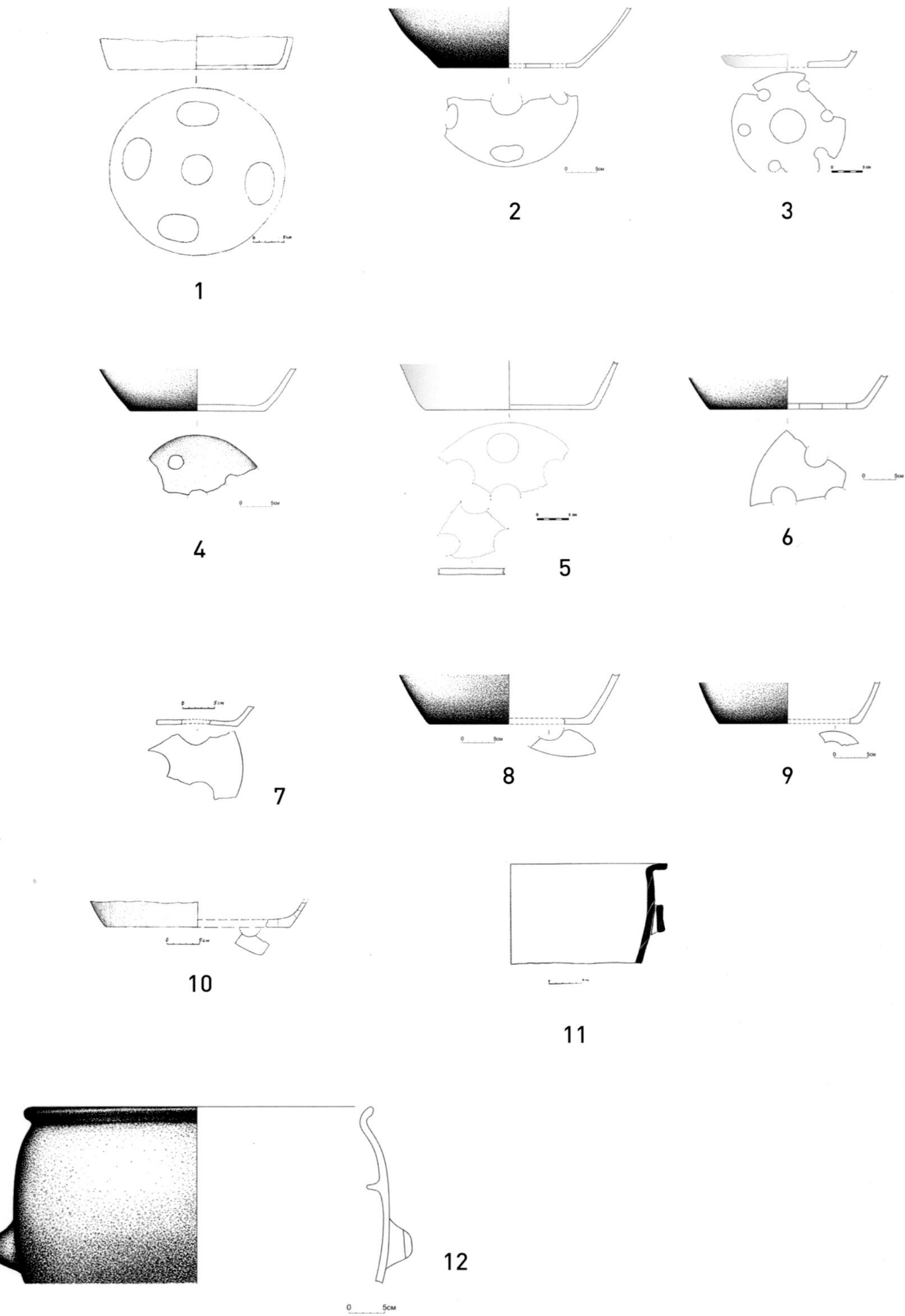

도면 951 | 크라스키노성 출토 시루 Ⅰ-1형식(1,2), Ⅰ-2형식(3), Ⅰ-3형식(4), Ⅰ-4형식(5~7)과 기타(8~12): 1-제22구역 제3~4인공층(1999-도159, 2), 2-제47구역 2섹터 제11인공층 아-19방안(2015-도506, 4), 3-제40구역 제12~18인공층 13호 주거지 베,볘-21, 예-21,22방안(2009-도489, 9), 4-제44구역 제10인공층 예-25방안(2014-도185), 5-제40구역 제14인공층 11호 수혈 내부(2009-도423, 2), 6-제44구역 제8인공층 엘-24방안(2014-도127, 5), 7-제21구역 제4인공층(1999-도150, 15), 8-제47구역 3섹터 제9인공층 아-30방안(2014-도613, 1), 9-제47구역 3섹터 제13인공층 게-30방안(2014-도703, 2), 10-제21구역 제4인공층(1999-도141, 23), 11-제12구역(1996-도68, 1), 12-제50구역 2섹터 제1인공층 아-5-5`방안(2015-도824, 2)

도면 952 | 크라스키노성 출토 시루 Ⅰ-1형식(1), Ⅰ-2형식(2), Ⅰ-3형식(3), Ⅰ-4형식(4,5): 1-제47구역 2섹터 제11인공층 아-19방안(2015-도494), 2-제40구역 제12~18인공층 13호 주거지 베,볘-21, 예-21,22방안(2009-도468), 3-제44구역 제10인공층 예-25방안(2014-도162), 4-제40구역 제14인공층 11호 수혈 내부(2009-도420), 5-제44구역 제8인공층 엘-24방안(2014-도115)

그 외에도 3점의 편 상태로 출토된 Ⅰ형식에 속하는 시루 저부가 보고되었다. 그중의 1점은 구멍이 1개만 일부 남아 있는데 저경은 24㎝이고, 속심은 회색, 표면은 암회색이며, 표면에 수평 띠 모양의 광택무늬가 시문되어 있다(도면 951, 8; 953, 1). 다른 1점은 저경이 21.6㎝이고, 속심은 명회색, 표면은 회색이다(도면 951, 9; 953, 2). 다른 1점은 바닥에 뿐만 아니라 동체 기저부에도 구멍이 만들어져 있다. 이 시루는 저경이 27.4㎝이다(도면 951, 10).

시루로 보고된 1점은 구연-동체 윗부분이다(도면 951, 11). 직경이 4~5㎝인 시루 구멍이 있는 바닥이 함께 출토된 것으로 보고되었다. 구연은 크게 외반하였고 거의 수평을 유지한다. 어깨 부분에 대상파수가 부착되어 있다. 구경은 45.5㎝, 동최대경은 41.6㎝이며, 기벽의 두께는 0.9~1㎝이다.

시루로 보고된 다른 1점은 내면에 전이 달려있다. 전은 동최대경 높이에 위치한다. 기벽은 완만하게 내만 호선을 이루고 있고, 구연부는 사선 방향으로 외반하였는데 약간 도톰해졌다. 동최대경 아랫부분에는 대상파수가 부착되어 있다. 구경은 52㎝이고, 외면에 수평 띠 마연이 되어있다. 속심은 회색, 표면은 흑색이다(도면 951, 12; 953, 3).

Ⅱ형식 시루 구멍이 있는 바닥은 편 상태인 3점이 보고되었다. 모두 바깥쪽 직경이 약 0.5㎝이고 안쪽 직경이 약 0.3㎝인 작은 구멍들을 조밀하게 배치하였다. 모두 바깥쪽에서 안쪽을 향해 구멍을 내었는데 안쪽은 구멍 둘레가 바닥의 표면 위로 약간 돌출되어 있다. 2002년에 제30구역에서 편 상태 1점(도면 954, 1)과 2003년에 제31구역에서 편 상태 2점(도면 954, 2, 3)이 각각 출토되었다.

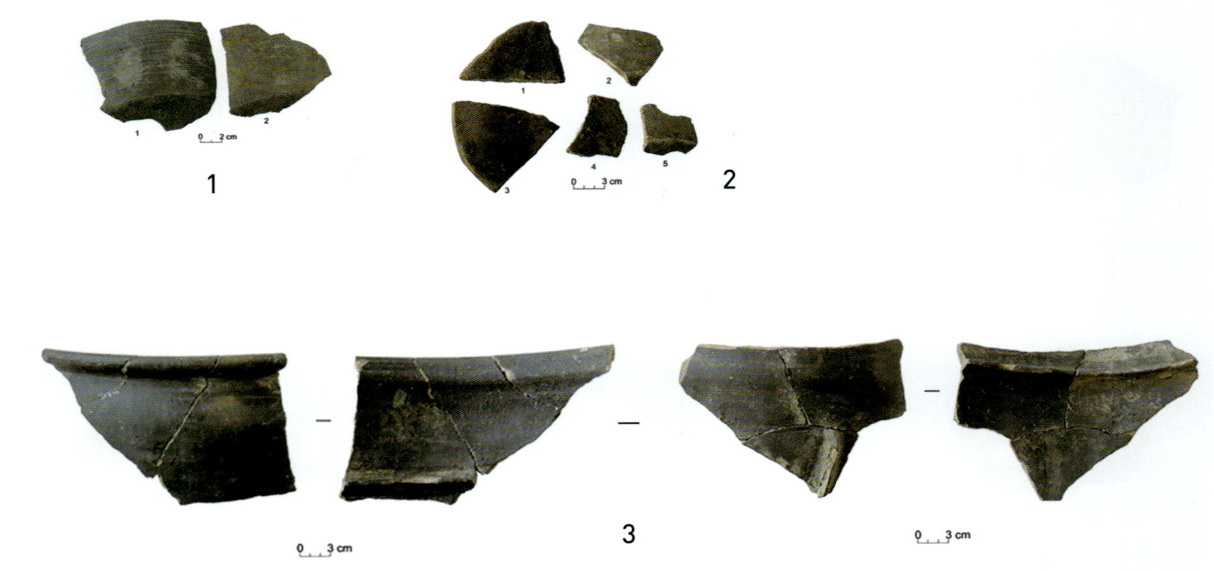

도면 953 | 크라스키노성 출토 시루: 1-제47구역 3섹터 제9인공층 아-30방안(2014-도604-1), 2-제47구역 3섹터 제13인공층 게-30방안(2014-도697, 5), 3-제50구역 2섹터 제1인공층 아-5-5`방안(2015-도809, 810)

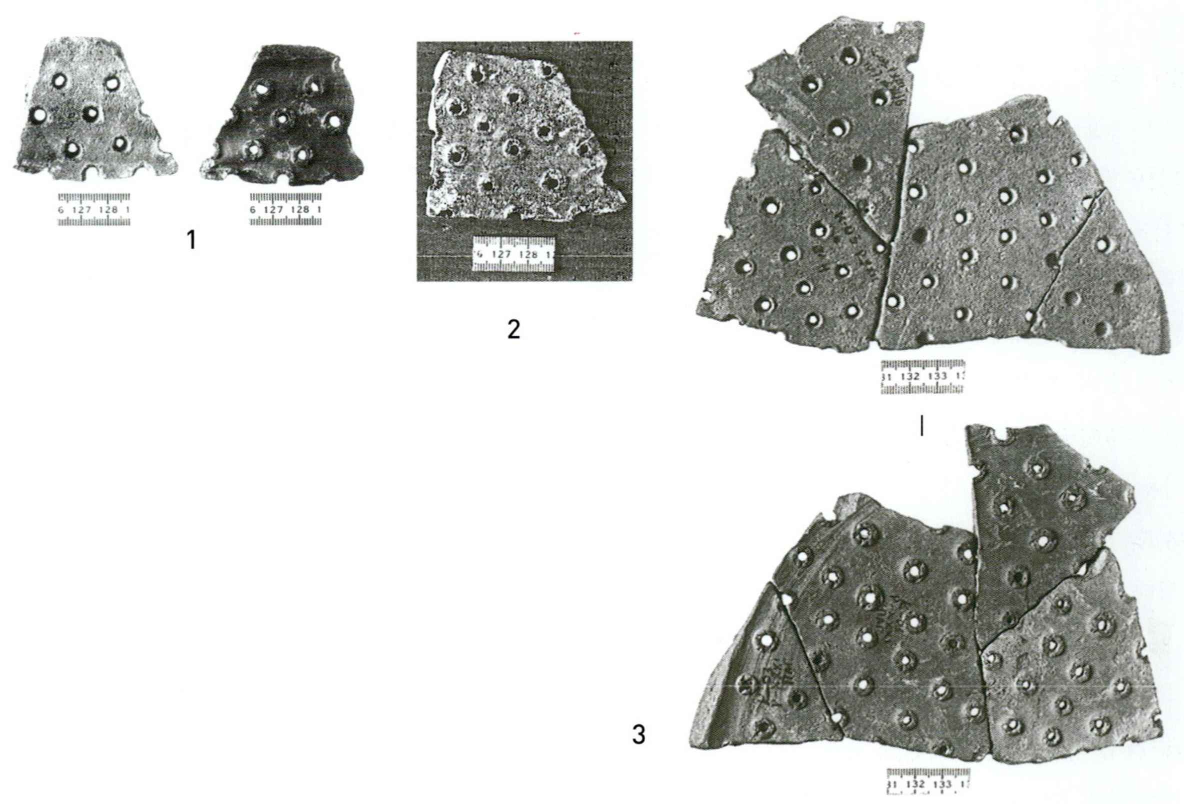

도면 954 | 크라스키노성 출토 시루 II 형식: 1-제30구역 붸-베-6방안(2002-도82), 2-제31구역 제6인공층 줴-6방안(2003-도90), 3-제31구역(2003-도115)

15) 드문 기형 토기

(1) 주전자

2003년에 제31구역의 와실유구에서 1점이 출토되었다(도면 955, 1). 구연부와 기저부가 모두 결실되었다. 목 부분이 수직의 띠 광택무늬로 장식되었다. 목과 어깨 사이에 한 줄의 돌대가 돌아간다. 동체는 수평의 띠 마연으로 장식하였다. 동체가 가장 볼록한 부분에 주둥이를 부착하여 놓았다. 주둥이는 구멍 직경이 0.9~1㎝이고, 전체 직경은 1.9~3.5㎝이다. 주전자의 경경은 8.7㎝, 동체 최대경은 13.8㎝이다. 속심은 밝은 회색이고 표면은 회색이다.

(2) 사이부호

2002년에 제30구역의 13호 구덩이에서 1점이 출토되었다(도면 955, 2). 4개의 고리모양 손잡이가 수평 방향으로 달려 있다. 고리모양 손잡이의 구멍 직경은 0.7~0.8㎝이다. 구연은 완만하게 외반하였고, 구순은 둥그스름하게 처리되었으며, 구경은 7.6㎝이다. 구연에는 깊이 0.3㎝의 홈이 하나 있다. 경부의 직경은 6㎝이고 동체 최대경은 12.6㎝, 저경은 9.4㎝, 높이는 14.3~15㎝이다. 느린 물레에서 윤적법으로 성형하였고, 타날을 한 다음에 정면을 한 것으로 그리고 물레에서 바닥을 포함하여 조정을 한 것으로 보고되었다. 회색이다.

(3) 구멍꼭지 손잡이 토기

2점이 확인된다. 1점은 좁은 목이 있는 일종의 협경(狹頸) 호이다. 구연부는 남아 있지 않다. 동최대경이 중하위에 위치한다. 바닥은 편평하다. 안쪽으로 축약되는 어깨 부분에 꼭지 손잡이가 있는데 수직 방향으로 구멍을 뚫어 놓았다. 표면이 대체로 회갈색이다. 크기는 경경 6.6㎝, 저경 9.6㎝, 높이 16.4㎝이다(도면 955, 3; 957, 1).

다른 1점은 동체 부분만 남아 있다. 기벽의 호선으로 보아 호 혹은 심발에 해당될 것으로 생각된다. 꼭지모양 손잡이에 수직 방향으로 구멍이 뚫려있다. 동최대경은 11.5㎝이다. 외면은 수직 띠 마연을 하였고, 속심은 회색, 표면은 흑색이다(도면 955, 4).

(4) 유사 대상파수 완

1994년에 2점이 출토되었다. 동최대경 부분에 수평 방향으로 대상파수를 닮은 손잡이가 부착되어 있다. 하지만 파수 안쪽으로 손을 넣을 수 있는 공간이 없다. 2점 모두 기형이 서로 비슷하다. 기벽는 동최대경 부분에서 심하게 꺾여 내만 호선을 이른다. 구연부는 짧고 낮은 사선 방향으로 외반하였다. 그중의 1점은 어깨 부분이 거의 직립하며, 2줄의 이랑으로 장식되었다. 손잡이의 외면과 손잡이 높이 외면은 수직 띠 광택무늬가 수평 방향으로 장식되었다. 바닥은 평저이다. 크기는 구경 14㎝, 높이 5.1㎝, 저경 7㎝이다. 회색이고, 기벽이 단단하다(도면 955,

5; 957, 2). 다른 1점은 어깨 부분이 안쪽으로 살짝 기울었고, 바닥에 짧은 고리 굽이 부착되어 있다. 구연부가 매우 얇게 만들어졌다. 손잡이의 외면은 수직 띠 광택무늬로 장식되었다. 크기는 구경 14㎝, 높이 5㎝, 저경 8㎝이다. 속심은 회색이고, 표면은 흑색이다(도면 955, 6).

(5) 합

합(盒)은 1점이 확인된다. 구연부터 잔존하는 기저부까지의 기벽이 완만하게 내만 호선을 이루고 있다. 구연부 외측에 턱이 형성되어 있고, 구연부의 두께가 동체 기벽의 1/2정도이다. 구연부도 동체 기벽과 동일한 축 선상에서 내만하고 있다. 구순은 둥그스름하다. 어깨 부분에 1줄의 침선이 돌려져 있다. 구경은 11.6㎝이다. 속심은 암주황색이고, 표면은 회흑색이다. 기면에 유기물 흔적이 남아 있다(도면 955, 7; 957, 3).

(6) 화병형 토기

1994년에 제10구역에서 출토되었다. 기형이 복원되었다. 동체가 깊고 동최대경이 어깨 부분에 있다. 목이 상대적으로 좁다. 구연부는 단면 C자 모양으로 외반한다. 구연 아래에 1줄의 돌대가 부착된 소위 2중 구순이다. 동체 중간부분에 수직방향으로 손잡이가 부착되었는데 동체 기벽과 붙어있다. 구경은 10.6㎝, 저경은 14㎝, 추정 높이는 35㎝이다. 전체적으로 회색인데, 구연부와 목에 흑색의 유기물 흔적이 있다. 윤제이고, 기벽은 매우 단단한 경질이다(도면 955, 8).

(7) 장경호

생긴 것이 화병형 토기를 연상시키나, 어깨가 상대적으로 좁다. 외반한 구연부와 어깨 사이에 상대적으로 긴 목이 구분되어 있다. 3점이 확인되는데 크기가 서로 많은 차이가 난다. 1점은 구경이 10.4㎝이고, 동최대경이 13.4㎝이다. 구순의 단면이 삼각형인데 구연의 가운데 부분이 매우 약하게 홈이 져 2중 구순인지 홑 구순인지 구분이 힘들다. 어깨 부분에는 다중 파상무늬가 음각으로 시문되어 있다. 동체의 윗부분은 수평의 평행하는 침선들로 장식되었다(도면 955, 9; 957, 4). 다른 1점은 구경이 19.8㎝이다. 경경은 11.2㎝이고, 경내경은 8.4㎝ 정도이다. 전체적으로 회색이다(도면 955, 10). 나머지 1점은 구연부가 남아 있지 않다. 다만 목의 직경이 8.7㎝이기 때문에 이 부류 토기에 속할 것으로 생각된다. 어깨에 2줄의 돌대가 돌려졌고 그 아래 수평 띠 광택무늬가 시문되었다(도면 955, 11).

(8) 기벽 단면 S자 완

기벽의 단면이 거의 바른 S자 모양이다. 구연은 둥그스름하게 마무리된다. 구경은 12㎝, 저경은 11㎝, 높이는 3.8㎝이다. 회갈색이다. 내면과 내저에 유기물 흔적이 있다(도면 955, 12).

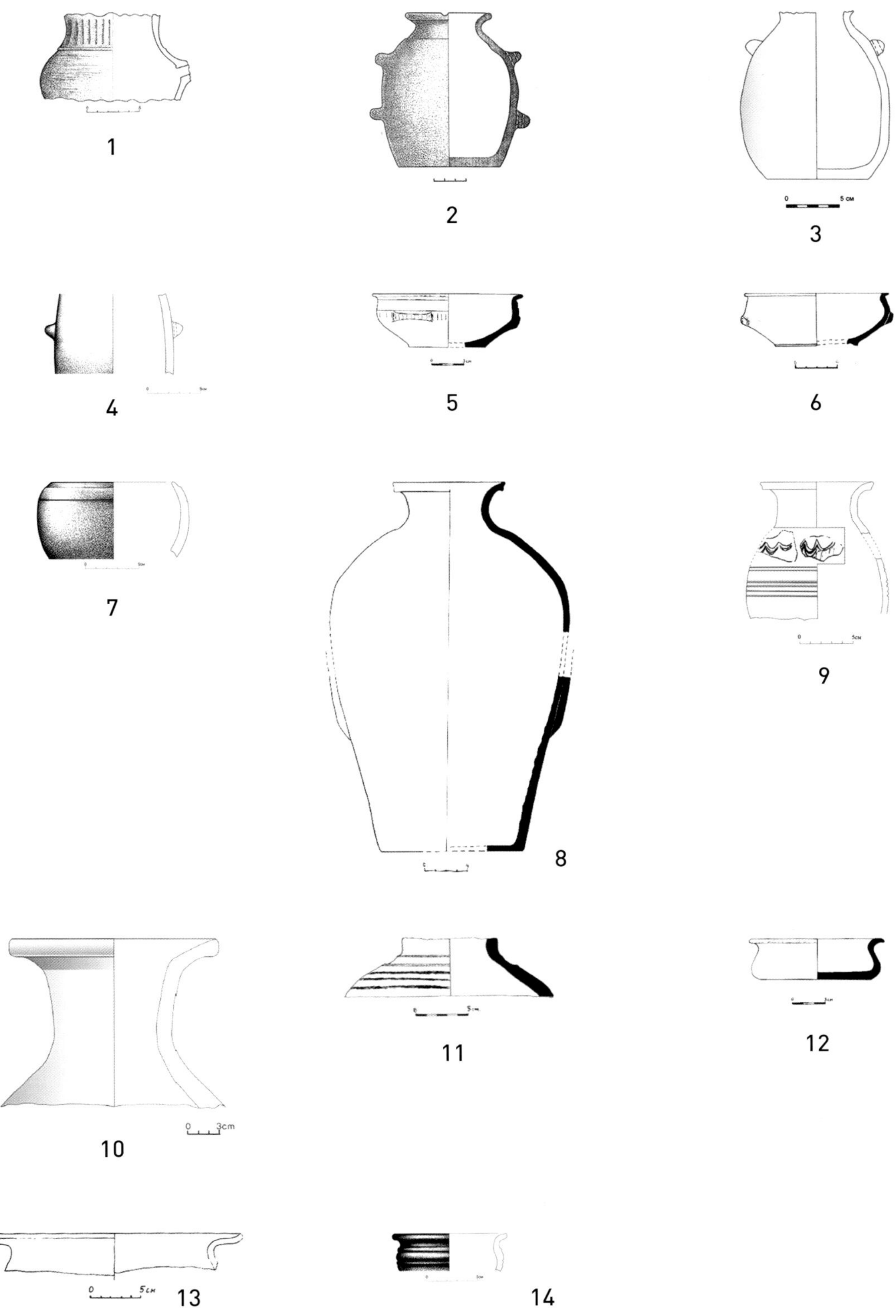

도면 955 | 크라스키노성 출토 주전자(1), 사이부호(2), 구멍 꼭지 손잡이 토기(3,4), 유사 대상파수 완(5,6), 합(7), 화병형토기(8), 장경호(9~11), 기벽 단면 S자 완(12), 대야 모양 토기(13), 이랑 동체 토기(14): 1- 제31구역 제6인공층 쮀-8방안(2003-도152), 2-제30구역 13호 수혈, 3-제40구역 제19인공층 13호 주거지 아-19방안(2009-도490, 1), 4-제44구역 제9인공층 베`-18방안(2014-도176, 3), 5-제10구역(1994-도153, 2), 6-제9구역 (1994-도164, 38), 7-제47구역 3섹터 제12인공층 아-29방안(2014-도679, 1), 8-제10구역 베`-21방안(1994-도156), 9-제40구역 제5인공층 제-18방안(2008-도458, 3) 10-제34구역 제10인공층 까-6방안(2007-도227, 2), 11-제15구역 제5인공층(1997-도114, 2), 12-제10구역(1994-도153, 3), 13-제22구역 제3인공층(1999-도151, 5), 14-제53구역 중앙섹터 제6인공층 데-5방안(2018-도742, 1)

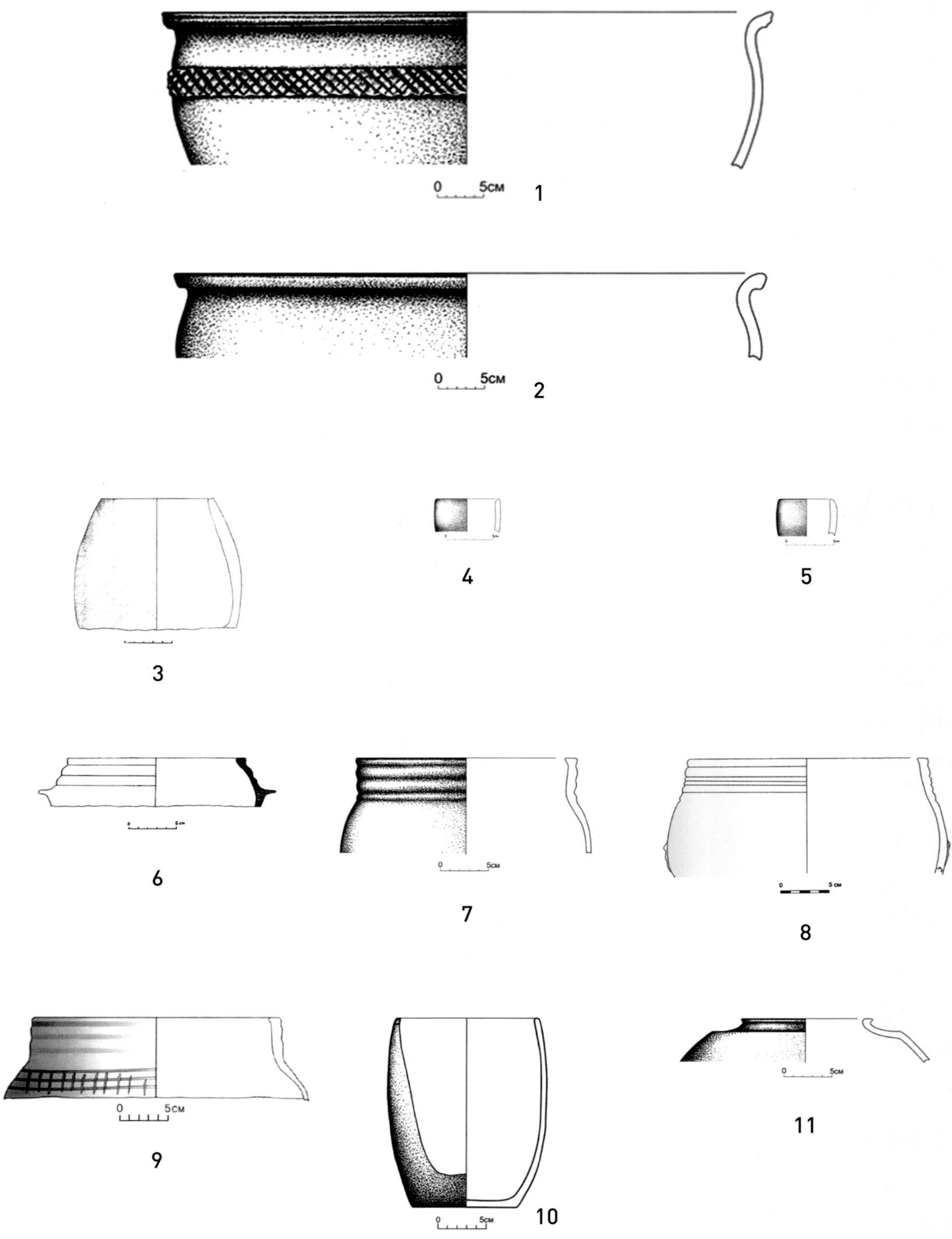

도면 956 | 크라스키노성 출토 대형 용기(1,2), 포도주잔 모양 토기(3~5), 부형토기(6~9), 도린 입 토기(10), 내만 목 토기(11): 1- 제44구역 제9인공층 까-26방안(2014-도179, 1), 2-제48구역 동쪽섹터 제6인공층 쥐,제-29,30방안(2016-도63, 2), 3-제29구역 제4인공층 붸-1방안(2001-도91), 4-제49구역 2~4섹터 제2인공층 엠-30방안(2014-도886, 4), 5-제49구역 2~4섹터 제2인공층 뻬-31방안(2014-도886, 5), 6-제12구역(1996-도67, 1), 7-제44구역 제9인공층 이-20방안(2014-도177, 2), 8-제40구역 제12인공층 15호주거지 제-21방안(2009-도417, 1), 9-제34구역 제6인공층 까-10방안(2006-도208, 1), 10-제45구역 제5인공층 쥐-8방안(2010-도469), 11-제44구역 제15인공층 게-22방안(2014-도460, 1)

(9) 대야 모양 토기

목-어깨 아래로 남아 있지 않아 전체 기형이 확인되지 않는다. 구연부가 길고 낮게 외반하였고, 구순이 위로 향한다. 형태는 기벽 단면 S자 모양의 완을 연상시키나 구경이 24.7㎝로서 작은 대야였을 가능성이 높다고 생각된다(도면 955, 13).

(10) 이랑 동체 토기

동체 전체가 연속적인 이랑고랑으로 되어 있다. 구연부와 동체 전체의 기벽은 단면이 완만한 S자 모양이다. 구연은 위로 약간 솟았다. 구경은 11.4㎝이다. 속심은 회색, 표면은 암회색이다. 이 토기는 다리의 흔적은 남아 있지 않으나 형태와 크기가 삼족기를 연상시킨다(도면 955, 14).

(11) 대형 용기

생긴 것은 동이와 비슷하나, 동이에 비해 훨씬 더 큰 것이다. 2점이 확인된다. 1점은 동체의 기벽이 가볍게 내만호선을 이루고 있고, 구연부는 사선 방향으로 외반하였다. 구연이 삼중으로 되어 있다. 어깨 부분에는 사격자문으로 새김을 한 융기대가 1줄 돌려져 있다. 구경이 68㎝이다. 속심은 명회색, 표면은 암회색이다(도면 956, 1; 957, 5). 다른 1점은 짧게 외반하는 구연부의 아래쪽이 동글-삼각형으로 볼록해진 것이다. 구경은 64.6㎝이고, 경경은 61.5㎝, 동최대경은 63.7㎝이다(도면 956, 2; 957, 6).

(12) 포도주잔 모양 토기

3점이 확인된다. 모두 저부가 남아 있지 않다. 모두 구연부-어깨가 구분되지 않는다. 모두 속심과 표면이 회색이다. 1점은 기벽이 1/3정도 높이에서 안쪽으로 기울었다. 구경은 11.9㎝이다(도면 956, 3). 다른 2점은 기벽이 거의 곧게 위로 올라간다. 그중의 1점은 구순이 바깥쪽으로 약간 뾰족하다. 구경이 11.2㎝이고, 외면이 수평 띠 마연되었다(도면 956, 4). 나머지 1점은 구경이 6㎝이다(도면 956, 5).

(13) 부형토기

솥(釜) 모양의 토기이다. 4점이 확인된다. 모두 목-구연부가 연속 고랑-이랑들로 되어 있다. 1점은 목-구연부에 3개의 이랑이 있고, 그 아래에는 전이 달려있다. 목-구연부는 안쪽으로 살짝 내경한다. 전 아래는 다시 기벽이 안쪽으로 축약되고 있다. 그 아래는 남아 있지 않다. 구경은 18.5㎝, 동최대경은 23㎝이고, 속심은 흑색, 표면은 회색이다(도면 956, 6).

다른 1점은 목-구연부가 거의 직립한 상태인데 이랑이 4개이며, 구연의 안쪽이 삼각형으로 약간 돌출해 있다.

도면 957 | 크라스키노성 출토 구멍 꼭지 손잡이 토기(1), 유사 대상파수 완(2), 합(3), 장경호(4), 대형 용기(5,6), 부형토기(7,8): 1-제40구역 제19인공층 13호 주거지 아-19방안(2009-도483), 2-제10구역(1994-도169), 3-제47구역 3섹터 제12인공층 아-29방안(2014-도672, 1), 4-제40구역 제5인공층 제-18방안(2008-도429), 5-제44구역 제9인공층 까-26방안(2014-도138, 2), 6-제48구역 동쪽섹터 제6인공층 줘,제-29,30방안(2016-도49), 7-제44구역 제9인공층 이-20방안(2014-도153), 8-제40구역 제12인공층 15호주거지 제-21방안(2009-도414)

목-구연부 아래에는 동체가 약간 볼록해진다. 구경은 23㎝이고, 속심과 표면이 회색이다(도면 956, 7; 957, 7). 다른 1점은 목-구연부가 살짝 안쪽으로 내경하며 이랑은 5개이다. 목-구연부 아래로는 동체가 약간 배가 불러졌다. 동최대경 부분에 손잡이 혹은 전의 흔적이 남아 있다. 구경이 24.8㎝이다(도면 956, 8; 957, 8). 나머지 1점은 목-구연부가 아주 살짝 안쪽으로 기울었고, 이랑은 3개이다. 구연의 안쪽이 약간 돌출하였다. 약간 부풀은 동체의 어깨 부분에는 수평과 수직의 띠 광택무늬로 인해 망상의 문양이 만들어졌다. 구경이 25.3㎝이다(도면 956, 9).

(14) 도린 입 토기

2010년에 제45구역에서 1점이 출토되었다. 편 상태이지만 기형이 복원된다(도면 956, 10; 959, 1). 물레에서 성형한 윤제이다. 정면에서 보면 술통모양이지만 한쪽이 기저 아래쪽까지 깊게 도려내어졌다. 기벽이 전체적으로 완만한 내만 호선을 이루며, 구연부가 기벽과 따로 구분되지 않는다. 구순은 둥그스름하게 마무리되었다. 구순 아래로 침선이 1줄 돌려져 있다. 바닥은 편평하고 약간 타원형이다. 구경은 15㎝, 동최대경은 16.4㎝, 높이는 24㎝이다. 바닥의 크기는 9.3×10.6㎝이다. 구순에서 아래로 도려내어진 깊이는 16.6㎝, 구순 부분의 도려내어진 부분 너비는 14㎝이다. 태토에는 다양한 크기 사립이 섞여 있다. 오렌지-갈색이다.

(15) 내만 목 토기

3점이 확인된다. 어깨에서 꺾인 목이 아주 낮게 내만하다가 밖으로 외절하는 구연부-구순으로 마무리되는 토기이다. 목과 구순이 함께 갈고리모양을 이룬다. 1점은 구경이 13.8㎝이고, 속심과 표면은 회색이다(도면 956, 11). 다른 1점은 구경이 17㎝이다. 속심과 표면은 흑색이다(도면 958, 1). 나머지 1점은 목에 약간 꺾임이 있다. 구경은 14.4㎝이다(도면 958, 2).

(16) 2중 구순 추정 발

3점이 있다. 구연부의 특징은 협타심발에 가깝지만 동체의 길이가 협타심발과는 달리 짧았던 것으로 생각된다. 전체 기형이 확인되는 것이 없다. 1점은 구경이 18㎝이다. 아래 입술이 각목으로 장식되었다. 속심은 오렌지-갈색, 표면은 회색이다. 윤제이다(도면 958, 3; 959, 2). 1점은 구경이 10.5㎝이다(도면 958, 4). 이 2점의 토기는 말갈 특징을 가진 발해 토기로 평가된다. 다른 1점은 어깨 부분에 1줄의 파상선이 새겨져 있다. 구경은 12.6㎝, 동최대경은 12.8㎝이다(도면 958, 5; 959, 3).

(17) 2중 구순 심발

구연부가 거의 직립에 가깝게 조금 밖으로 벌어지면서 위로 향한다. 동최대경 아래의 기벽의 호선 상태로 보아 협타심발은 아니다. 구순은 협타심발의 Ⅰ형식에 해당된다. 구경은 20.8㎝, 경경은 20.1㎝, 동최대경은 21.8㎝이다(도면 958, 6; 959, 4).

(18) 2중 구순 대형 토기

3점이 있다. 1점은 구경이 40㎝로서 크기가 옹에 해당될 것으로 생각된다. 하지만 하나의 일체를 이루고 있는 구연부-목만 남아 있어 동체의 형태를 전혀 짐작할 수가 없다(도면 958, 7). 다른 1점은 2중 구순의 두 구순이 모두 위로 향한다. 목과 어깨가 구분된다(도면 958, 8). 나머지 1점은 옹 혹은 호일 것으로 생각된다. 구경이 36㎝이다. 속심은 갈색, 표면은 암회색이다(도면 958, 9; 959, 5).

(19) 3중 구순 토기

4점이 확인된다. 실측 도면이 제시된 3점은 모두 잘록하게 들어간 목이 있다. 협타심발형 토기로 생각된다. 그 중의 1점은 구경이 14㎝인데 속심은 흑색, 표면은 회갈색이다. 내면과 외면에 유기물 흔적이 있다(도면 958, 10; 959, 6). 다른 2점은 구경이 각각 16㎝와 13.4㎝이다(도면 958, 11, 12). 1점은 사진만 보고되었다(도면 959, 7).

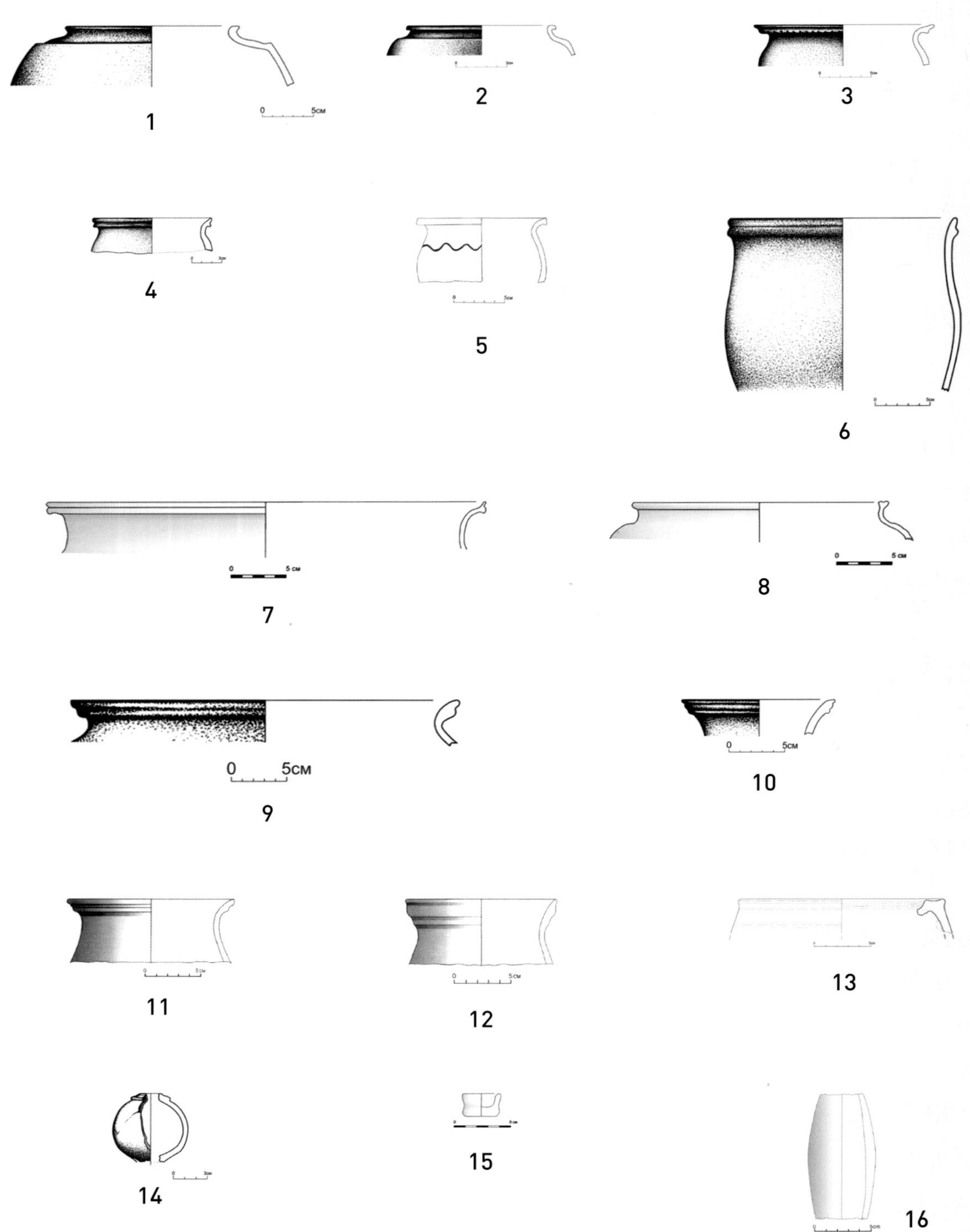

도면 958 | 크라스키노성 출토 내만 목 토기(1,2), 2중 구순 추정 발(3~5), 2중 구순 심발(6), 2중 구순 대형 토기(7~9), 3중 구순 토기(10~12), T자 모양 구순 토기(13), 미니어처 토기(14,15), 긴 술통모양 토기(16): 1-제44구역 제13인공층 엔-21방안(2014-도353, 6), 2-제48구역 동쪽섹터 제11인공층 4호 수혈(2016-도365, 4), 3-제47구역 2섹터 제6인공층 게-13방안(2015-도331, 2), 4-제45구역 제3인공층 에쓰-6방안(2010-도392), 5-제41구역 8호 주거지 이-3방안(2008-도444, 2), 6-제45구역 남쪽섹터 제15~16인공층 데-10방안(2011-도210), 7-제40구역 제8인공층 쥐-15방안(2009-도254, 4), 8-제42구역 제3인공층 예-3방안(2009-도695, 1), 9-제49구역 1,2,4섹터 제3인공층 까-31방안(2014-도986, 2), 10-제44구역 제15인공층 게`-17방안(2014-도460, 3), 11-제34구역 제5인공층 제-8방안(2006-도206, 1), 12-제34구역 제6인공층 이-13방안(2006-도208, 4), 13-제44구역 동쪽섹터 제6인공층 엔-23방안(2013-도94), 14-제44구역 제3인공층 엘,엠-18방안(2010-도226), 15-제40구역 제8인공층 제-20방안(2009-도255, 2), 16-제35구역 제4인공층(2007-도218, 2)

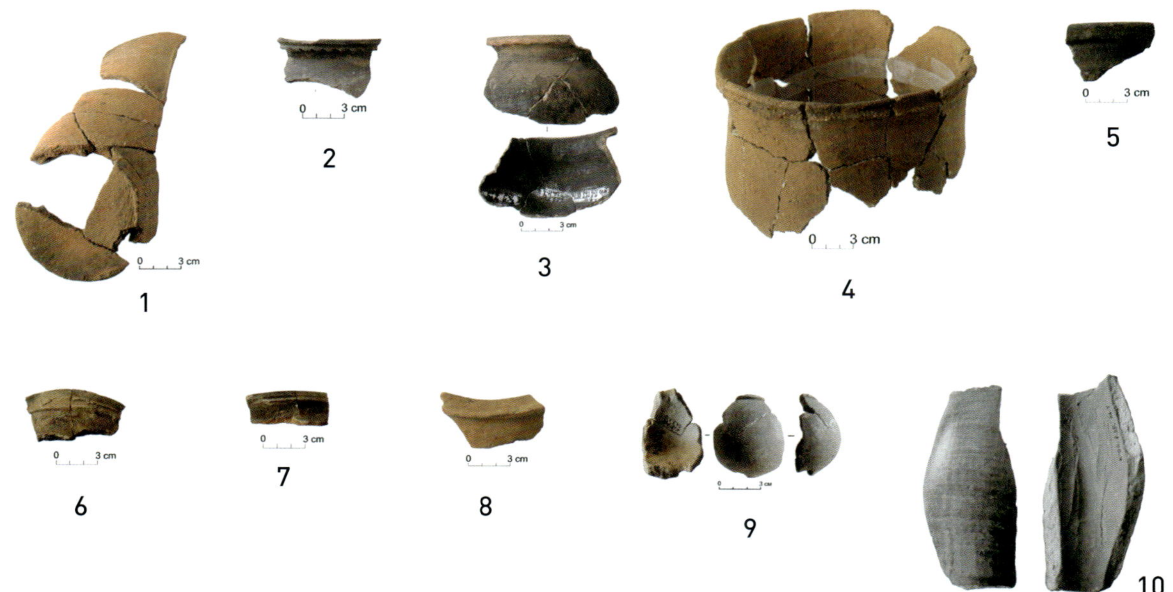

도면 959 | 크라스키노성 출토 도린 입 토기(1), 2중 구순 추정 발(2,3), 2중 구순 심발(4), 2중 구순 대형 토기(5), 3중 구순 토기(6,7), T자 모양 구순 토기(8), 미니어처 토기(9), 긴 술통모양 토기(10): 1-제45구역 제5인공층 줴-8방안(2010-도468), 2-제47구역 2섹터 제6인공층 게-13방안(2015-도324, 1), 3-제41구역 8호 주거지 이-3방안(2008-도192a), 4-제45구역 남쪽섹터 제15~16인공층 데-10방안(2011-도210, 1), 5-제49구역 1,2,4섹터 제3인공층 까-31방안(2014-도942, 2), 6-제44구역 제15인공층 게`-17방안(2014-도455, 2), 7-제44구역 서쪽섹터 제15인공층아-26방안(2014-도455, 3), 8-제44구역 동쪽섹터 제6인공층 엔-23방안(2013-도93, 2), 9-제44구역 제3인공층 엘,엠-18방안(2010-도225), 10-제35구역 제4인공층(2007-도207, 1)

(20) T자 구순 토기

1점이 있다. 구순이 목의 안쪽으로 많이 그리고 바깥쪽으로 조금 각각 돌출하였다. 이 두 구순 사이에 또 약간 볼록한 구순이 있다. 목과 구순의 단면이 전체적으로 T자 모양에 가깝다. 구경은 17.8㎝이고, 속심은 회색, 표면은 적색이다(도면 958, 13; 959, 8).

(21) 미니어처 토기

2점이 있다. 1점은 2010년에 제44구역에서 편 상태로 출토되었다. 전체적인 모양이 작은 공(球)을 연상시킨다. 구연부가 남아 있는데 기벽에서 그대로 내만하였다. 구연의 외면에는 돌대가 1줄 낮게 돌려져 있다. 바닥은 크기가 매우 작았을 것으로 생각된다. 구경은 2.2㎝, 동최대경은 5.4㎝, 잔존 높이는 6.2~6.5㎝이다. 속심은 회색, 표면은 암회색이다. 물레에서 성형하였다(도면 958, 14; 959, 9). 다른 1점은 기벽이 곧은 종지 모양이다. 구경은 3.4㎝, 저경은 2.7㎝, 높이는 1.9㎝이다(도면 958, 15).

(22) 긴 술통 모양 토기

2007년에 제35구역 제4인공층에서 출토된 1점이 대표적이다(도면 958, 16; 959, 10). 속이 빈 길쭉한 술통 모양을 하고 있다. 양쪽 끝부분이 모두 결실되었다. 잔존 길이는 약 11.2㎝이고, 동최대경은 5.9㎝이다. 외면에 수직 띠마연 흔적들이 확인되었다. 태토는 정선된 점토를 사용하였고, 회색이다.

(23) 기대

기대로 생각되는 토기는 5점이 확인된다. 그중 3점은 2009년에 제40구역에서 출토되었는데 모두 형태가 다르다.

제40구역의 12호 주거지 내부퇴적토에서 발견된 1점은 목이 좁고 대각의 아랫부분이 넓어 깔때기를 뒤집어 놓은 형태를 하고 있다. 윗부분은 남아 있지 않다. 태토는 니질이고 미세 석립이 소량 혼입되어 있다. 점토 테쌓기 방식과 회전대 조정으로 성형한 것으로 보고되었다. 수직 방향으로 정면하였다. 표면이 윗부분은 적갈색, 아랫부분은 암회색이다. 크기는 잔존 높이 액 29.7㎝, 대각 접지면 직경 30㎝이다(도면 960, 1; 961, 1).

다른 1점은 제40구역의 11호 주거지에서 출토되었다. 대각만 남아 있고 윗부분은 결실되었다. 대각의 목이 상대적으로 넓고, 이에 비해 대각의 아랫부분은 상대적으로 좁다. 때문에 대각의 목에서 아랫부분으로 완만하게 넓어지는 형태라고 말할 수 있다. 대각 접지면은 약간 외반하면서 둥그스름하다. 크기는 잔존 높이가 약 21.2㎝이고, 대각 접지면의 직경은 16.3㎝이다. 태토는 니질이며, 속심은 회백색, 표면은 회색이다. 외면의 윗부분에 수직 방향으로 정면한 자국이 잘 남아 있다(도면 960, 2; 961, 2).

다른 1점의 기대는 기형이 복원된다. 이 기대의 편들은 제34구역과 제40구역의 1호 구덩이에서 각각 발견되었다. 속이 비어 있고, 넓은 쪽과 좁은 쪽이 대칭을 이루고 있다. 넓은 쪽을 기대의 윗부분으로 파악하였는데 구경이 18㎝이다. 대각으로 파악한 좁은 쪽의 구경, 즉 대각 접지면의 직경은 14㎝이다. 전체 높이는 9.1㎝이다. 대각과 위의 접시부분 모두 외면이 수평 방향으로 돌려진 이랑-고랑들로 장식되어 있다. 대각의 이랑-고랑들 위에는 가운데 원형 투공 1개를 중심으로 네 방향에 물방울과 유사한 투공을 배치하였다. 투공은 토기의 바깥쪽에서 안쪽으로 구멍을 뚫었다. 속심은 황갈색, 표면은 암회색이다(도면 961, 3). 2006년에 제34구역에서 출토된 '화병'모양 토기의 일부로 보고된 토기 1점은 바로 이 기대의 윗부분 일부였다고 생각된다. 이랑이 3단으로 서로 동일하고, 구경도 18.2㎝로 보고되어 서로 비슷하다(도면 960, 3; 961, 4).

1점은 2009년에 제42구역에서 출토되었다. 목과 구연부 혹은 대각부가 남아 있는데 잔존부분 단면이 C자 모양이다. 구연부 혹은 대각부는 외면이 3단의 이랑으로 되어있다. '구경'은 20㎝, 경경은 13.2㎝이다(도면 960, 4; 961, 5). 2009년에 제34구역과 제40구역의 1호구덩이에서 발견된 기대의 형태를 염두에 둔다면 이 토기도 기대일 가능성이 높다.

나머지 1점은 기대일 수도 있지만 분명하지는 않다. 접지면이 편평하고 안쪽으로 약간 돌출하였다. 접지면 직경은 18.1㎝이다(도면 960, 5).

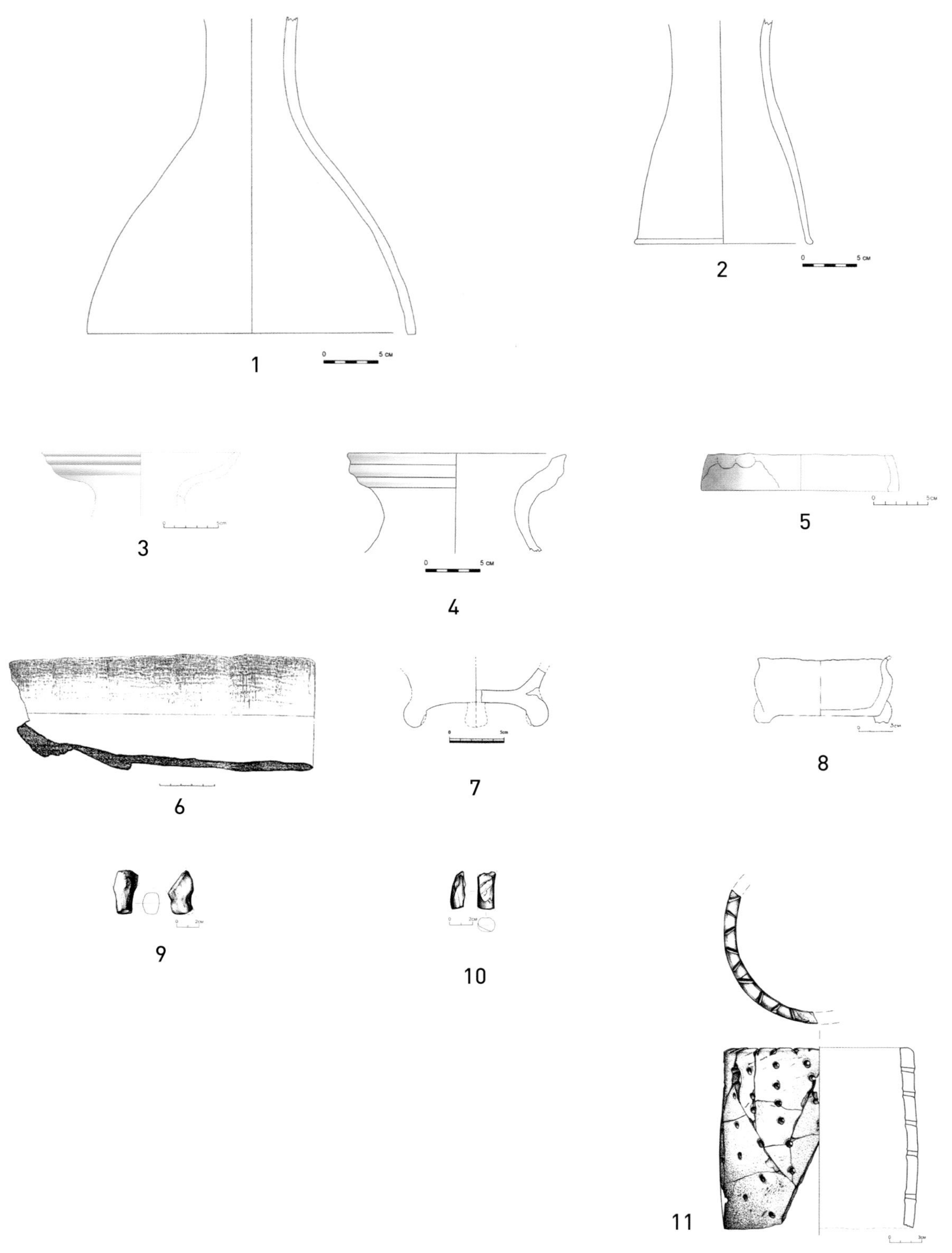

도면 960 | 크라스키노성 출토 기대(1~5), 뿔 모양 토기(6), 삼족기(7,8), 삼족기 다리(9,10), 다공토기(11): 1-제40구역 12호 주거지 붸-15, 게-16방안(2009-도554, 1), 2-제40구역 제11인공층 11호 주거지 게-19, 베-21방안(2009-도385, 1), 3-제34구역 제9인공층 붸-게-14,15방안(2007-도226, 3), 4-제42구역 제2인공층 줴-4방안(2009-도664, 4), 5-제34구역 제2인공층 이-3방안(2006-도200, 6), 6-제30구역 6호 수혈(2002-도77), 7-제9구역 혹은 제10구역(1994-2004-도73), 8-제25구역(2000-도39), 9-제53구역 3섹터 제1인공층 에르-4방안(2017-도646), 10-제53구역 북서섹터 제1인공층 엠-10`방안(2018-도422), 11-제44구역 제1~3인공층 게-18방안(2010-도198)

(24) 뿔 모양 토기

2002년에 제30구역의 6호 구덩이에서 일부의 편이 출토되었고, 다른 일부의 편은 2001년에 제29구역에서 출토되었다(도면 960, 6; 961, 6). 속이 빈 뿔의 형태를 하고 있다. 구연 쪽이 넓고 맞은편의 결실된 쪽이 좁기 때문에 모양이 뿔을 연상시킨다. 좁은 쪽으로 동체에 2개의 턱이 형성되어 있다. 구순은 둥그스름하고 약간 뾰족하게 처리되었다. 구경은 10.5㎝이며, 잔존 높이는 27.5㎝이다. 자연모래 함유 점토로 만들었고, 회색이다. 물레에서 윤적법으로 성형하였고, 수직으로 마연하였다.

(25) 삼족기

삼족기(三足器)는 세 개의 다리가 부착되어 있는 용기이다. 다리가 부착된 것이나 혹은 부착된 흔적이 있는 것은 쉽게 삼족기로 구분이 가능하지만, 그렇지 않은 경우에는 삼족기인지의 여부를 판단하기가 힘들다. 때문에 극히 일부를 제외하고는 대부분의 경우 삼족기는 다리만 보고되었다. 동체와 다리가 함께 남아 있는 혹은 동체와

도면 961 | 크라스키노성 출토 기대(1~5), 뿔 모양 토기(6), 삼족기(7): 1-제40구역 12호 주거지 뻬-15, 게-16방안(2009-도533), 2-제40구역 제11인공층 11호 주거지 게-19, 베-21방안(2009-도376), 3-제40구역(2009-도84), 4-제34구역 제9인공층 뻬-게-14,15방안(2007-도194, 1), 5-제42구역 제2인공층 줴-4방안(2009-도662, 9), 6-제30구역 6호 수혈(2002), 7-제5구역(1981-도27)

다리를 부착하였던 흔적이 함께 남아 있는 삼족기는 사진이나 도면으로 제시된 것이 1981년도 발굴보고서에 3점, 1994년도 발굴보고서에 1점, 2000년도 발굴보고서에 1점이 각각 있을 뿐이다. 1994년에는 녹유 삼족기(도면 960, 7; 962, 1)도 1점 출토된 것으로 보고되었다.

1981년에는 제5구역의 금당지에서 토기 삼족기가 6개체가 출토된 것으로 보고되었다. 그중에서 3점은 사진이 제시되었는데 용기부분이 낮은 완의 형태를 하고 있다. 모두 윤제이고, 회색이며, 구연은 외반하였다. 가장 큰 1점은 구경이 17.6㎝, 높이가 5.7㎝이다(도면 961, 8). 다른 1점은 크기가 구경 13㎝, 높이 5.6㎝, 저경 9㎝이다(도면 961, 7). 다른 1점은 가장 작은 것으로 구경이 11.4㎝, 높이가 3.5㎝, 저경이 7.4㎝이다(도면 961, 9).

1994년도에 전각지 일대에서 출토된 삼족기는 다리 1개와 저부 일부가 함께 남아 있다. 바닥은 편평하고, 다리를 따로 만들어 부착하였다. 크기는 잔존 높이 5.7㎝, 다리 높이 2.7㎝이다(도면 1994(2004)-73; 165~166).

2000년도에 제25구역에서 출토된 1점은 도면이 제시되었는데 구연이 결실된 용기부분과 다리 일부가 함께 남아 있다. 용기부분은 완의 형태를 하고 있고, 구연부는 외반하였으며, 목과 어깨가 구분된다. 바닥은 편평하다. 다리는 불룩한 윗부분이 남아 있다. 추정 높이는 5.6㎝이다(도면 960, 8). 1981년에 발견된 것과 비슷한 형태이다.

삼족기에 부착되었을 것으로 생각되는 토제 다리는 1981년에 3점(도면 962, 2), 1994년에 1점, 1996년에 1점(도

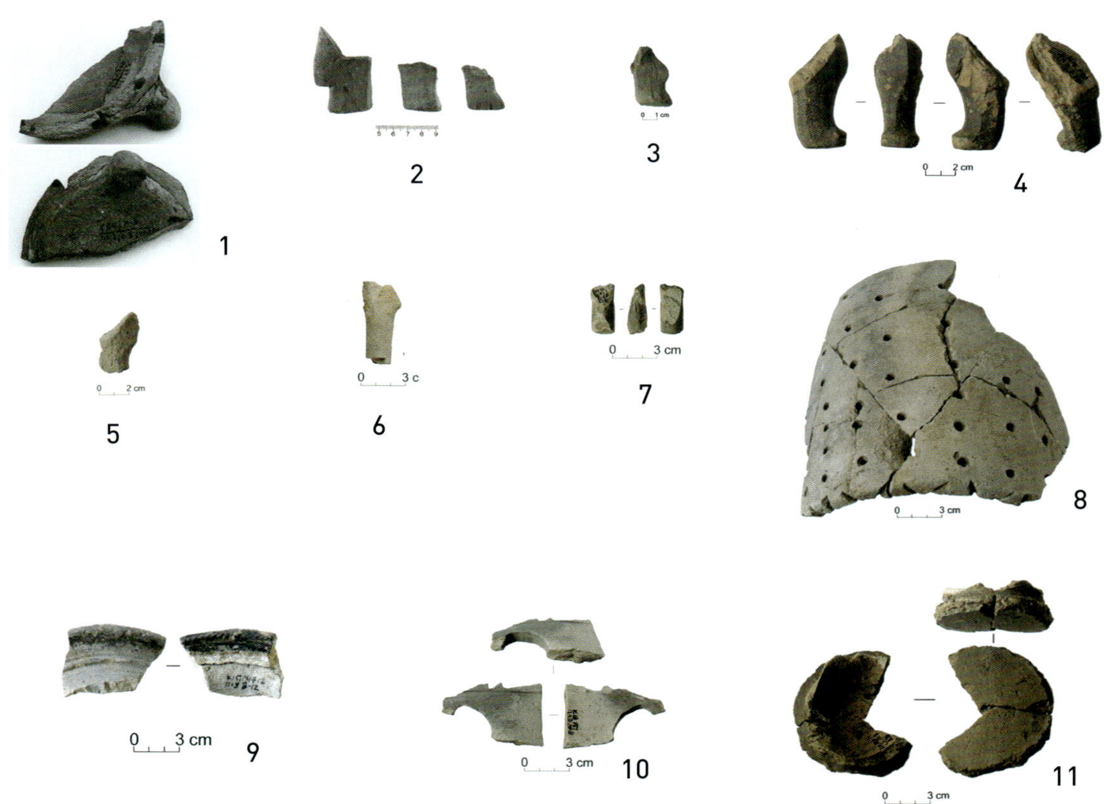

도면 962 | 크라스키노성 출토 삼족기(1), 삼족기 다리(2~7). 다공토기(8), 투공토기 구연부편(9), 향로편(10), 뚜껑 모양 토기(11): 1-제9구역 혹은 제10구역(1994-2004-도165), 2-제5구역(1981-도28), 3-제48구역 서쪽섹터 제4인공층 엘`-28방안(2012-도243), 4-제49구역 4섹터 제3인공층 엘-36방안둑(2014-도933), 5-제53구역 3섹터 제1인공층 에르-4방안(2017-도645), 6-제51구역 제13인공층 제-5,6방안(2018-도355, 1), 7-제53구역 북서섹터 제1인공층 엠-10`방안(2018-도421), 8-제44구역 제1~3인공층 게-18방안(2010-도197), 9-제47구역 2섹터 제9인공층 뛔-12방안(2015-도412), 10-제51구역 제9인공층 줴-8방안(2018-도190), 11-제47구역 3섹터 제8인공층 베-25방안(2014-도577)

면 1996-17, 4), 1997년에 1점(도면 1997-38, 2), 1998년에 제17구역에서 2점(도면 1998-233, 2, 3), 1999년에 제21구역에서 2점(도면 1999-76, 1, 2; 142, 22, 23), 2001년에 2점(도면 2001-134; 147, 2), 2011년에 제48구역에서 1점(도면 2011-328), 2012년에 제48구역에서 크기가 2.2×2.2×1.5㎝인 1점(도면 962, 3), 2014년에 제49구역에서 크기가 길이 3㎝, 너비와 폭 1.4×1.5㎝인 1점(도면 962, 4), 2016년에 1점(도면 2016-44), 2017년에 제53구역에서 길이 4.2㎝, 너비와 폭 윗부분 2.5×2.1㎝, 아랫부분 1.5×2.1㎝인 1점(도면 960, 9; 962, 5), 2018년에 제51구역에서 1점(도면 962, 6), 제53구역에서 크기기 3.5×1.6×1.4㎝인 것 1점(도면 960, 10)이 각각 출토되었다.

(26) 다공 토기

2008년과 2010년에 제44구역에서 편 상태로 출토되었다. 1개체에 해당하며 아랫부분은 발견되지 않았다. 원통형으로 복원된다(도면 960, 11; 962, 8). 기벽과 구연이 서로 잘 구분되지 않는다. 기벽에 작은 구멍들이 열을 이루며 조밀하게 뚫려있다. 구멍들의 직경은 약 0.6㎝이다. 구순에는 지그재그 방향으로 단선 모양 새김을 해 놓았다. 구경은 17.9㎝, 동최대경은 18.7㎝, 기벽의 두께는 1㎝이다. 잔존 높이는 17.2㎝이다. 이 토기에 바닥이 있었는지의 여부는 분명하지 못하다. 속심과 표면이 회색이다. 향로였을 것으로 추정되었지만 정확한 용도는 알 수 없다.

(27) 투공 토기 구연부편

2015년에 제47구역에서 출토된 토기 목-구연부편 1점에는 목 부분에 둥근 투공 구멍이 있었던 자국이 남아 있다. 목-구연부가 나팔 모양으로 함께 밖으로 벌어지는 형태를 하고 있으며, 구연 안쪽에 1줄의 돌대가 형성되어 있다. 구연의 외측에는 둥근 구멍무늬를 일정 간격으로 조밀하게 배치하였고, 그 조금 아래에는 1줄의 돌대가 돌려져 있다. 이 토기는 구경이 18.9㎝이고, 속심과 표면이 회색이며, 구연 가장자리에 유기물 흔적이 조금 확인된다. 이 토기는 목에 투공이 있어 향로였을 가능성도 있다고 생각된다. 구연 안쪽의 돌대는 뚜껑 받침 부분일 수도 있을 것이다(도면 963, 1; 962, 9).

(28) 향로

향로로 보고된 토기는 모두 동체부에 투공 구멍이 뚫려 있다. 6점이 보고되었는데 모두 편 상태여서 전체 향로의 모습은 알 수 없다. 1999년에 제21구역에서 4점이 출토되었는데 투공은 둥근 형태이며 크기가 작은 것들만 있는 것과 큰 것들만 있는 것이 서로 구분된다. 또한 동체에 돌대가 돌려져 있기도 하다(도면 963, 2~5).

2009년에 제42구역에서 출토된 1점은 기벽의 일부가 확인된다. 중간바닥일 수도 있는 잔존하는 바닥의 직경이 복원되었는데 직경이 28.5㎝이다. 잔존 높이는 10.2㎝이다. 둥근 투공의 일부가 남아 있고, 윗부분에 융기대가 1줄 돌려져 있는데 보리이삭무늬로 장식되었다. 속심은 회색, 외면은 암회색이다(도면 2009-713)(도면 964, 11).

2018년에 제51구역에서 출토된 1점은 편의 크기가 6.7×4.3×0.9㎝이다. 속심은 명회색이고, 표면은 회색이다. 2개의 둥근 투공 흔적이 확인된다(도면 963, 6; 962, 10).

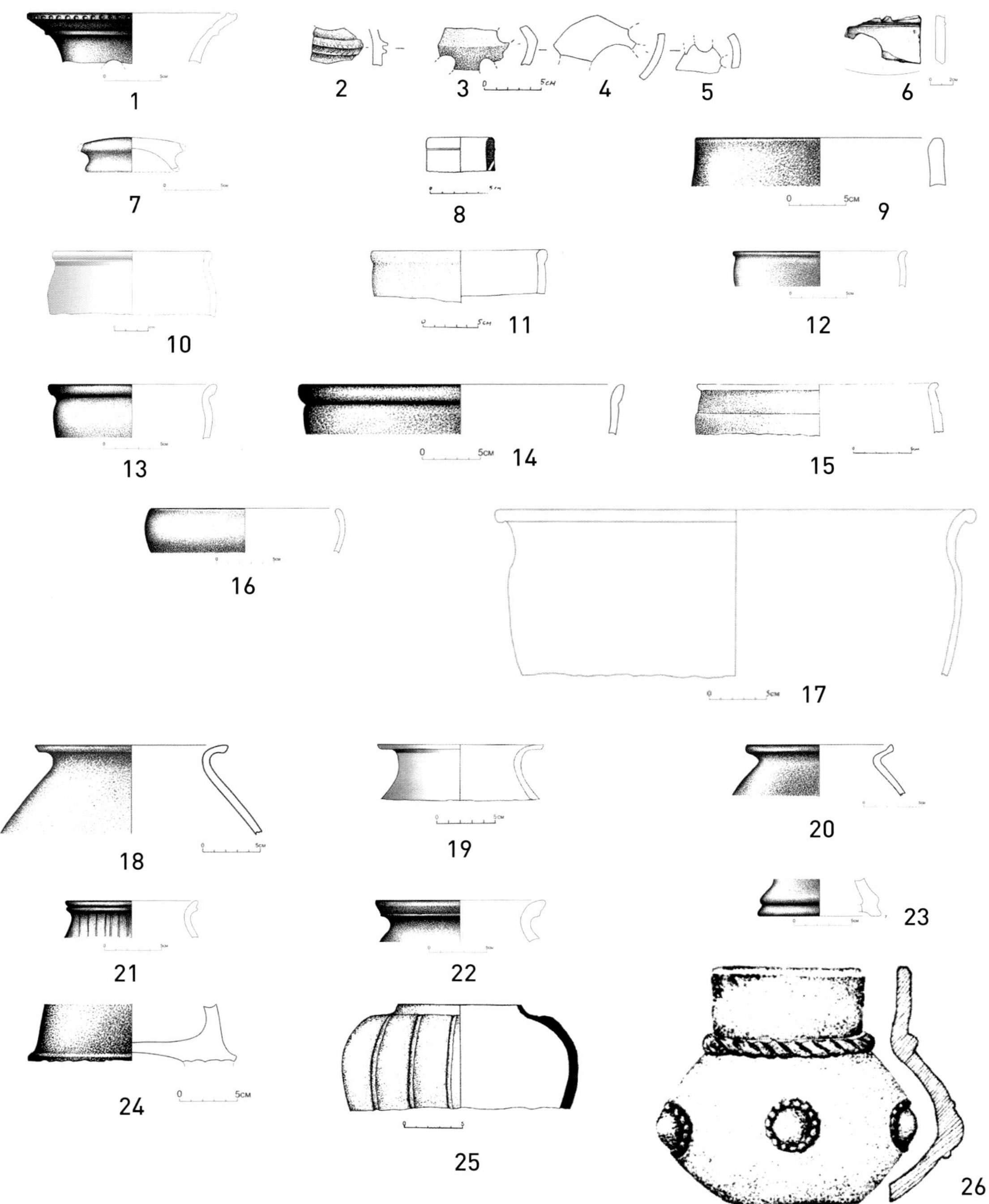

도면 963 | 크라스키노성 출토 투공토기 구연부편(1), 향로편들(2~5), 향로편(6) 뚜껑 모양 토기(7), 수직 구연부 토기(8,9), 발류 토기(10~16), 대형토기 구연-동체 부분(17), 외반구연 호-심발(18~20), 2중 구순 토기 구연-목 부분(21,22), 특수기형 토기(23,24), 과형토기 구연-동체 부분(25), 화문장식 의례 용기(26): 1-제47구역 2섹터 제9인공층 붸-12방안(2015-도423, 3), 2~5-제21구역 제3인공층(1999-도140, 4,5,6,7), 6-제51구역 제9인공층 줴-8방안(2018-도191), 7-제47구역 3섹터 제8인공층 베-25방안 (2014-도591, 2), 8-제12구역(1996-도68, 4), 9-제47구역 3섹터 제11인공층 아-22방안(2014-도659, 1), 10-제35구역 제2인공층 베-2방안(2007-도217, 1), 11-제21구역 제2~3인공층(1999-도145, 9), 12-제49구역 2~4섹터 제2인공층 까-41방안(2014-도885, 5), 13-제50구역 2섹터 제4인공층 에프-5`방안 (2015-도978, 1), 14-제53구역 남동쪽섹터 제2인공층 엠-7방안(2018-도580, 2), 15-제31구역 와실유구(2004-도182, 3), 16-제53구역 2섹터 제5인공층 까-5`방안(2017-도605, 2), 17-제41구역 8호 주거지와 주변 오-4,5방안(2008-도441, 1), 18-제45구역 남쪽섹터 제8인공층 엘-8방안(2011-도153), 19-제34구역 제3인공층 줴-10방안(2006-도201, 2), 20-제48구역 제3인공층 데-29방안(2011-도465), 21-제47구역 2섹터 제5인공층 베-20방안 (2015-도300, 2), 22-제47구역 2섹터 제12인공층 베-14방안(2015-도531, 4), 23-제49구역 2~4섹터 제2인공층 엔-28방안(2014-도886, 7), 24-제51구역 제12인공층 베-9방안(2018-도330, 2), 25-제16구역 제2인공층 엔-8, 오-10방안(1998-도35), 26-제5구역 (1981-도29)

(29) 뚜껑 모양 토기

2014년에 제47구역에서 출토되었다. 형태가 매우 독특하다. 손잡이 부분은 미약하게 곡면을 이루면서 드림부보다 밖으로 약간 돌출해 있다. 때문에 손잡이 부분과 드림부 사이에 외측으로 오목하게 홈이 형성되었다. 드림부는 밖으로 향한 사선 방향이며, 가장자리는 결실되었다. 드림부 구경은 8.4㎝, 최대 직경은 9.4㎝이다. 속심은 회색, 속심 가장자리는 주황색, 표면은 회색이다(도면 963, 7; 962, 11).

(30) 수직 구연부 토기편

2점이 있다. 일반적인 직구류 토기와는 다른 것이다. 1점은 크기가 매우 작은데 구경이 5.3㎝이다. 직구 병이었을 수도 있다. 구순 아래 외측에 1줄의 돌대가 낮게 돌려져 있다(도면 963, 8). 다른 1점은 구경이 21㎝로 상당히 크다. 직구 호였을 가능성도 있으나 알 수 없다. 속심은 회색, 표면은 암회색이다(도면 963, 9).

(31) 발류 토기

전체 기형은 확인되지 않으나 기벽이 대체로 수직 방향이어서 심발 및 발과는 차이가 나는 기형을 가진 발류로 생각되는 토기이다. 구연부는 대부분이 살짝 외반하였으나 내만구연도 있다. 5점은 기벽이 약간 호선을 이룬다(도면 963, 10~14; 964, 1~3). 1점은 기벽이 전체적으로 내마한다(도면 963, 15). 나머지 1점은 구연이 살짝 내만한다(도면 963, 16).

(32) 대형 토기 구연부편

위로 향하는 목-구연부가 있고 밖으로 향한 구순이 둥글다. 어깨 부분이 동최대경을 이루고, 그 아래로 계속 축약되는 동체를 가졌다. 동이 혹은 옹일 것으로 생각된다. 구경은 42.5㎝이다(도면 963, 17).

(33) 외반구연 호 혹은 심발

어깨선이 거의 사선방향으로 곧게 뻗어있다. 어깨선의 상태로 보아 호일 수도 있고 심발일 수도 있다고 생각된다. 2점은 구연부가 C자 모양으로 외반한다. 그중의 1점은 구순이 아래쪽이 약간 볼록해졌다. 이 토기는 구경이 16.7㎝이다(도면 963, 18; 964, 4). 다른 1점은 구연부의 바깥쪽 부분이 거의 수평을 이룬다. 구경은 14.2㎝이다(도면 963, 19). 나머지 1점은 구연부가 약간 꺾임이 있게 외반하고 구순이 위로 뾰족하다. 구경은 12.4㎝이다(도면 963, 20; 964, 5).

도면 964 | 크라스키노성 출토 발류 토기(1~3), 외반구연 호-심발(4,5), 2중 구순 토기 구연-목 부분(6,7), 특수기형 토기(8), 과형토기 구연-동체 부분(9), 화문장식 의례용기(10), 추정 향로(11): 1-제49구역 2~4섹터 제2인공층 까-41방안(2014-도846, 4), 2-제50구역 2섹터 제4인공층 에프-5`방안 (2015-도947, 1), 3-제53구역 남동쪽섹터 제2인공층 엠-7방안(2018-도574, 2), 4-제45구역 남쪽섹터 제8인공층 엘-8방안(2011-도152), 5-제48구역 제3인공층 데-29방안(2011-도463, 2), 6-제47구역 2섹터 제5인공층 베-20방안 (2015-도288, 3), 7-제47구역 2섹터 제12인공층 베-14방안(2015-도520, 1), 8-제51구역 제12인공층 베-9방안(2018-도322), 9-제16구역 제2인공층 엔-8, 오-10방안(1998-도35), 10-제5구역(1981-도29), 11-제42구역 제4인공층 쉐-3방안(2009-도712; 713)

(34) 2중 구순 토기 구연부편

기형 확인이 어려운 2중 구순을 가진 토기 구연부편 2점이다. 1점은 구경이 14.8㎝인데 말갈적 특징이 있는 발해 토기로 평가된다(도면 963, 22; 964, 7). 다른 1점은 목이 수직 띠 광택무늬로 장식되었다. 이 토기는 속심은 회색, 표면은 암회색이다. 구경은 11.8㎝이다(도면 963, 21; 964, 6).

(35) 특수 기형 토기

독특한 기형을 가진 것으로 보이나 기형을 알 수 없다. 2점이 있다. 1점은 저경이 11㎝이고, 속심과 표면이 회색이다(도면 963, 23). 다른 1점은 잔존 최대경이 17㎝이다. 속심은 회황색, 표면은 회색이다(도면 963, 24; 964, 8).

(36) 과형토기

1998년에 제16구역에서 1점이 출토되었다. 동체가 일정 간격으로 수직 방향 골이 형성되어 있는 과형(瓜形)

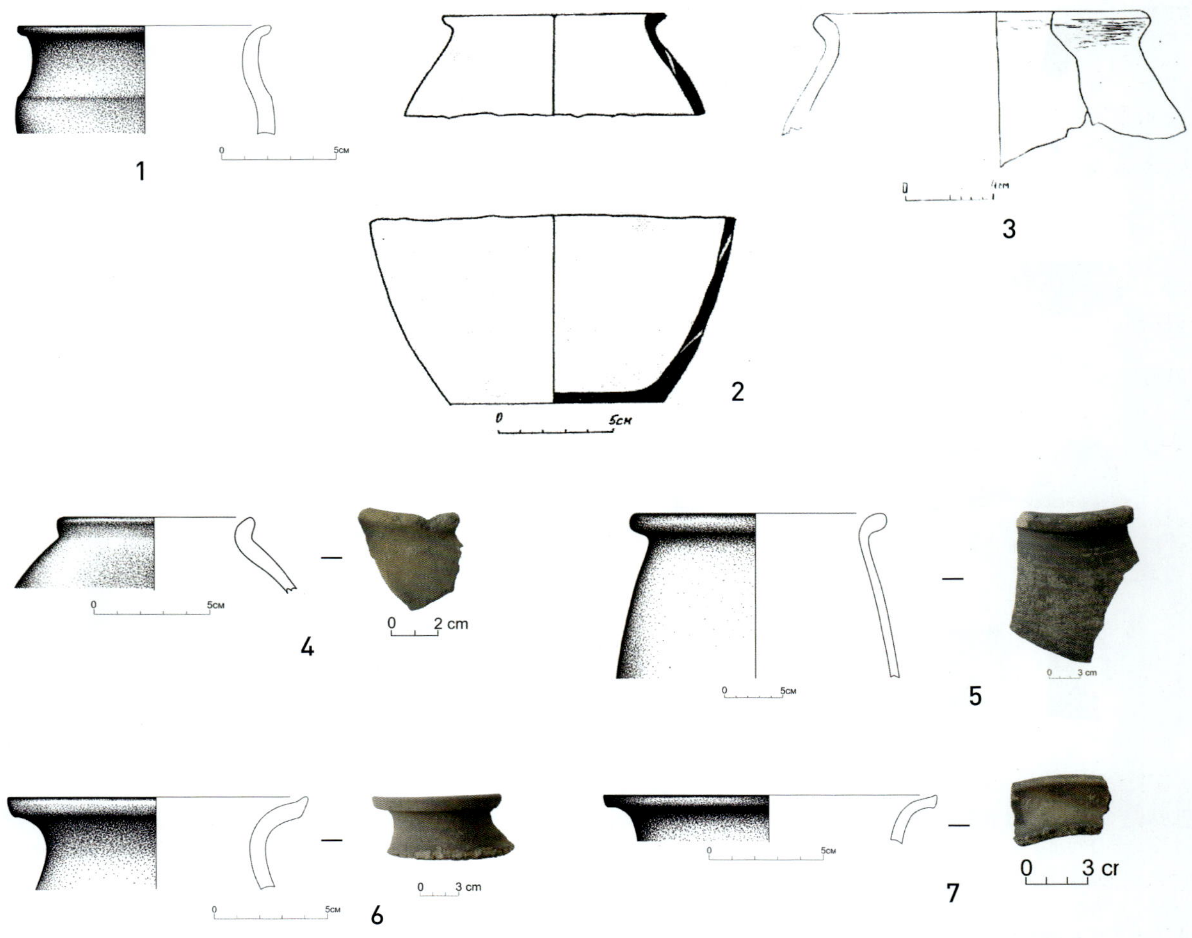

도면 965 | 크라스키노성 출토 기타 토기: 1-제50구역 2섹터 제3인공층 야-3`방안(2015-도894, 4), 2-제11구역(1996-도63, 3b), 3-제6구역(1983-도15), 4-제47구역 7섹터 제1인공층(2013-도250, 1), 5-제48구역 동쪽섹터 제8인공층 엠,엔-30,31방안(2016-도173, 1), 6-제47구역 2섹터 제6인공층 뤠-17방안(2015-도331, 5), 7-제50구역 1섹터 제4인공층 수혈(2015-도794, 2)

이다. 구연부가 곧은 직구인데 직구형 토기의 소형에 해당한다, 구연부-목이 어깨 부분의 두께에 비해 상당히 얇은 편이다. 구경은 10.6㎝, 동최대경은 20.4㎝이다(도면 963, 25; 964, 9).

(37) 화문장식 의례용기

1981년에 제5구역의 금당지 기단 밖에서 출토되었다. 바닥이 없고, 대신에 크고 둥근 구멍이 있다. 볼록한 동체는 진주알을 돌린 반구상의 화문(직경 4.8㎝)으로 장식을 하였으며, 동체와 경부 사이에는 꼬은 돌대를 부착하였다. 높은 경부는 곧은 구연으로 마무리된다. 이 용기의 높이는 30㎝, 기벽의 두께는 1.9㎝, 바닥 구멍의 직경은 17㎝이다. 윤제이고, 회색이다(도면 963, 26; 964, 10). 용마루를 장식하였던 보탑의 일부였을 것으로 파악되기도 한다.

(38) 기타 토기

제50구역에서 출토된 1점은 어깨와 목의 굴곡선이 독특하다. 동체는 길쭉하였을 것으로 생각된다. 이 토기는 속심은 회색, 표면은 암회색이고, 구경이 11.2㎝이다(도면 965, 1). 제11구역에서 발견된 다른 1점은 구연-동체 윗부분과 기저부분은 있으나 동체 가운데 부분이 결실된 것이다. 기면에 타날자국이 남아 있는 수제 토기로 보고되었다. 구경이 9.6㎝이다(도면 965, 2). 제6구역에서 출토된 1점은 구연부의 모양이 제11구역에서 출토된 것과 비슷하다. 표면에 타날자국이 남아 있는 수제 토기이다. 적색이고, 구경은 14.5㎝이다(도면 965, 3). 제47구역에서 출토된 1점은 목에 광택무늬가 시문되어 있다. 표면은 오렌지-갈색이고, 속심은 회색이다. 구경은 8㎝이다(도면 965, 4). 제48구역에서 출토된 1점은 길쭉한 동체를 가졌고 윤제이며 회색이다. 구경은 21.6㎝이다(도면 965, 5). 제47구역에서 출토된 1점은 회색의 윤제이며 구경은 13.4㎝이다(도면 965, 6). 나머지 1점은 제50구역에서 출토되었다(도면 965, 7).

16) 명문 토기

크라스키노성에서 한자 명문이 새겨진 혹은 한자를 연상시키는 기호가 새겨진 토기편들이 종종 발견되었다. 드물게는 양각으로 표현된 것도 있다. 일부는 판독이 되었지만, 대부분은 판독되지 못하였다. 발견된 순서대로 명문 토기를 소개한다.

1994년에는 제9구역의 전각지에서 출토된 토기 동체부편 1점에 한자가 새겨진 것이 확인되었으나 판독이 되지 못하였다(도면 966, 1).

1997년에는 제15구역에서 명문 토기 동체부편이 1점 출토되었다(도면 966, 2).

1999년에는 제21구역에서는 '女'자가 새겨진 토기 동체부편 1점(도면 966, 3)과 판독이 되지 않은 다른 명문 토기 동체부편 1점(도면 966, 4)이 각각 출토되었다.

2001년에는 제27구역에서 '木'자가 새겨진 말갈계 심발형 토기 구연부편이 1점 출토되었다(도면 966, 5).

2007년에는 제34구역에서 한자를 연상시키는 부조 기호가 있는 토기 저부편들이 출토되었는데 판독이 힘들다(도면 966, 6~11).

2008년에 제40구역에서 출토된 암회색의 토기 동체부편에 '日'자를 연상시키는 명문이 새겨져 있다(도면 966, 12).

2008년에 제41구역 8호 주거지에서 명문의 일부만 남은 토기 동체부편이 1점 출토되었다. 회갈색의 토기 외면에 짧게 그은 2개의 줄이 평행하게 배치되어 있는데 명문의 일부로 생각된다(도면 966, 13).

2008년에 제41구역 8호 주거지에서 출토된 토기 아랫부분에 '道隆弘知'라는 4글자로 된 한자 명문이 있다(도면 966, 14). 도륭은 조금 크게 왼쪽에 위에서 아래로, 홍지는 조금 작게 오른쪽에 위에서 아래로 각각 썼다. 여기에서 도륭(道隆)은 '도가 융성하다' 혹은 '도를 융성하게 한다'라는 뜻이며, 승려의 이름 혹은 사찰의 이름으로 사용된 예들도 보인다고 한다. 일반인의 이름으로 사용된 예도 있지만, 그 경우 성이 함께 쓰이기 때문에 일반인보다는 승려 이름이 더 합당한 것으로 판단되었다. 홍지(弘知)는 '지혜를 넓힌다' 혹은 '넓은 지혜'라는 뜻이며, 승

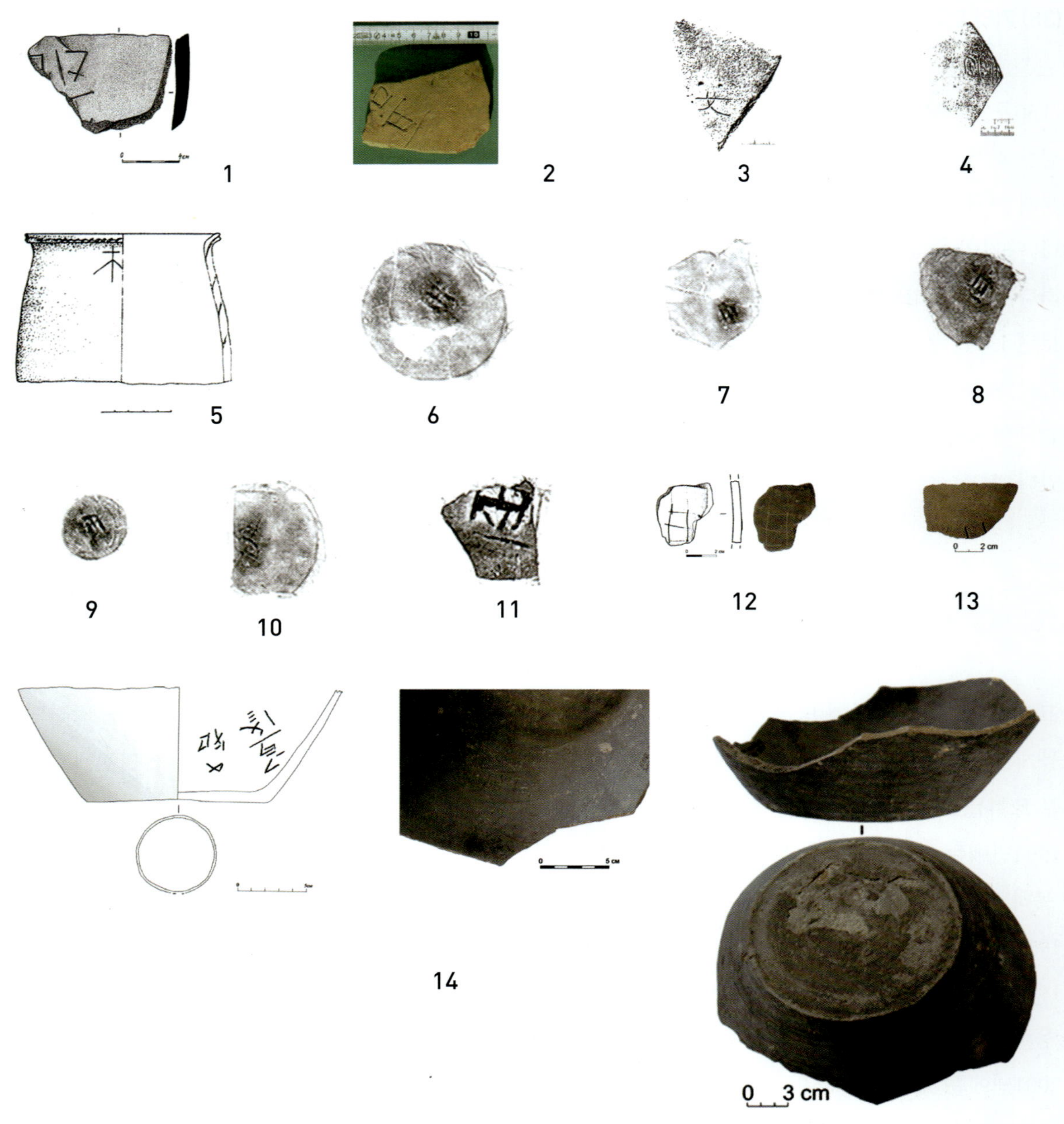

도면 966 | 크라스키노성 출토 명문 토기편: 1-제9구역 전각지 데-14방안(1994-도69), 2-제15구역 제2인공층 제`-7방안(1997-도35, 2), 3-제21구역 제2인공층 에르-7방안(1999-도50), 4-제21구역 제4인공층 붸-4방안(1999-도76, 3), 5-제27구역 제5인공층 붸-6방안 (2001-도118), 6~11-제34구역(2007-도212), 12-제40구역 제2인공층 예-7방안(2008-도317,318), 13-제41구역 동쪽구역 8호 주거지(2008-도208, 4), 14-제41구역 8호 주거지 까-3방안(2008-도445)

려의 이름에서 확인할 수 있다. 도륭과 홍지가 『속고승전』 등 불교경전에서 주로 그 예를 찾을 수 있어 불교와 관련된 용어임이 틀림없다고 생각된다. 다만 도륭과 홍지가 승려 이름일 경우 현재 이 두 명칭이 일본 인명으로 쓰이고 있어 일본의 승려일 가능성이 제기된 바 있다. 하지만 당시 발해를 거쳐 일본으로 돌아간 일본 승려는 계융(戒融)만 알려져 있어 그들이 반드시 일본의 승려라고 말할 수는 없다. 향후 추가 자료가 기대된다.

이 명문이 있는 토기 아랫부분은 기저부와 바닥에 해당한다. 명문은 토기가 완전히 소성되고 난 다음에 쓴 것

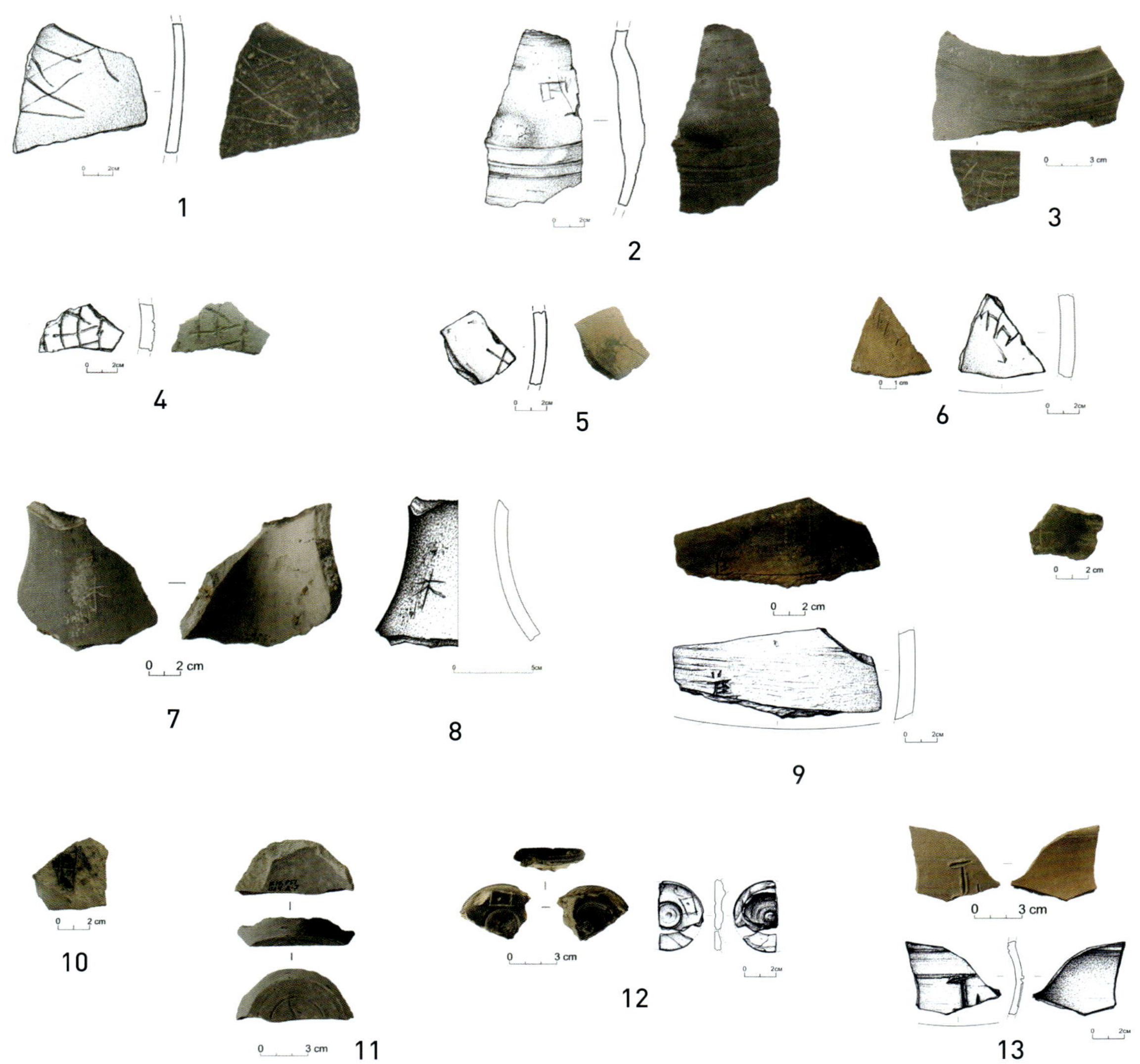

도면 967 | 크라스키노성 출토 명문 토기편: 1-제40구역 제6인공층 붸-19방안(2009-도160,161), 2-제40구역 제8인공층 예-19방안(2009-도228,229), 3-제40구역 제8인공층 베,붸-15,16방안(2009-도238), 4-제48구역 제2인공층 제-36방안(2011-도375), 5-제48구역 제2인공층 제-36방안(2011-도376), 6-제47구역 제13인공층 붸-23방안(2014-도688), 7-제47구역 제13인공층 게-28방안(2014-도689), 8-제47구역 2섹터 제6인공층 붸-20방안 (2015-도316), 9-제47구역 2섹터 붸-12방안(2015-도408), 10-제47구역 2섹터 제12인공층 아-15방안(2015-도518), 11-제51구역 제4인공층 데-7방안(2017-도82), 12-제51구역 제4인공층 데-9방안(2017-도86), 13-제48구역 동쪽섹터 주거지 이-27방안(2018-도48)

이다. 이 토기는 원래 입이 좁은 옹이었을 것으로 추정되었고, 따라서 이 토기가 아직 깨어지기 전에는 글을 쓰기 힘들었을 것이기 때문에 아마도 이 토기가 깨어진 다음에 글을 썼을 것으로 판단되었다. 하지만 이 토기 아랫부분은 옹이 아닌 입이 넓은 동이의 것일 수도 있다. 그렇다면 아직 이 토기가 사용 중일 때에 글을 썼을 수도 있을 것이다. 토기의 크기는 저경이 13㎝, 잔존 높이가 8.4㎝이다. 표면은 암회색이다.

2009년에는 제40구역에서 명문 혹은 기호가 새겨진 4점의 토기 동체부편이 출토되었다. 1점은 흑색의 기면에 엇갈리게 선들을 그은 것인데 어떤 글자인지 혹은 기호인지 파악이 힘들다(도면 967, 1). 다른 1점은 흑색의 기면에 글자를 새긴 것이다(도면 967, 2). 이 글자는 '武'일 가능성이 있는 것으로 추정되었으나, 사실 알 수가 없다.

다른 1점은 암회색의 토기 어깨 부분에 한자를 새긴 것이다. 일부만 남아 있어 어떤 글자인지는 알 수 없다(도면 967, 3). 나머지 1점은 도면이나 사진이 제시되지 않았다.

2011년에는 제48구역에서 글자를 연상시키는 새김 기호가 있는 2점의 토기 동체부편이 출토되었다(도면 967, 4). 그중의 1점은 잔존하는 기호 부분이 '十'자 모양이다(도면 967, 5).

2014년에는 제47구역에서 2점의 명문 토기편이 출토되었다. 그중의 1점은 갈색의 동체부편이다. 토기편의 크기는 6.1×4.3cm, 두께는 0.9cm이다. 명문은 토기를 소성하기 전에 새긴 것이다(도면 967, 6). 어떤 글자인지 판독이 되지 않는다. 다른 1점은 회색 병의 목 부분에 새겨 놓은 것이다. 이 경부편은 높이 8.1cm가 잔존한다. 경경은 6.3cm이며, 기벽의 두께는 0.7~0.8cm이다. 토기를 소성한 다음에 '木'자를 새겼다(도면 967, 7).

2015년에 제47구역에서 출토된 토기 동체부편 1점에는 토기 소성 전에 새긴 한자 하나가 뚜렷하게 남아 있는데 아랫부분이 일부 결실되었다. 동체부편의 크기는 12.5×5.6cm이고, 두께는 1cm이다. 한자의 일부 구성 요소들은 확인되나 전체 글자는 파악되지 않는다(도면 967, 8).

2015년에 제47구역에서 출토된 다른 작은 암회색 토기 동체부편에는 '十'자 모양의 기호가 새겨져 있다. 소성 후에 새긴 것이다(도면 967, 9).

2015년에 제47구역에서 출토된 다른 작은 토기 동체부편에는 '日'자를 연상시키는 글자가 있다(도면 967, 10).

2017년에 제51구역에서 출토된 토기 저부편의 바깥 바닥에는 글자를 새긴 것 같은 기호가 있는데 판독이 되지 않는다(도면 967, 11).

2017년에 제51구역에서 출토된 토기 저부편에는 바깥 바닥에 '日'자를 닮은 글을 새겨 놓았다. 이 토기 저부편는 저경이 5.5cm, 바닥 두께가 0.5~0.6cm이다. 속심은 명회색, 표면은 암회색이다(도면 967, 12).

2018년에 제48구역 28호 주거지에서 출토된 적갈색 토기 동체부편에는 토기를 소성하기 전에 새긴 한자 명문의 일부가 남아 있다. 토기편의 크기는 4.9×4.6×0.5cm이다(도면 967, 13).

17) 협타심발(심발형) 토기류

발해 유적에서 출토되는 동체가 좁고(狹) 길쭉한(楕) 협타동체(狹楕胴體)를 가진 토기 혹은 심발형 토기는 일반적으로 말갈계통의 것으로 알려져 있다. 협타동체 토기들 중에서 구연이 2중인 것은 말갈계통이 거의 분명하다고 생각되나 구연이 2중이 아닌 것들은 그 계통에 대해 속단할 수 없다고 생각된다. 협타형 혹은 심발형 토기 중에는 외반구연이면서 동체가 장동형인 것도 있는데 말갈계통과는 거리가 멀다. 장동형의 동체를 가진 심발형 토기보다도 더 길쭉한 동체를 가진 토기들을 한국에서는 말갈 심발형 토기, 중국에서는 말갈관, 통형관 등의 이름으로 불리어지고 있다. 하지만 기형은 이와 유사하나 말갈계통이 아닌 것들도 있다고 생각되기 때문에 이 형태 토기에 대한 새로운 명칭이 필요하다. 이 부류 토기들을 지칭하는 용어로서 협타동체 심발형 토기 혹은 협타형 토기라는 명칭을 제안하고 싶다. 물론 협타심발로 부를 수도 있을 것이다.

협타형 토기는 사실 동체의 세부 형태가 매우 다양하다. 크라스키노성에서는 전체 기형이 확인되는 것은 소수에 불과하고 대부분의 경우 구연-동체 윗부분의 편 상태로만 보고가 되어 원래의 기형을 파악하는 것이 매우 힘들다. 때문에 기형이 어느 정도 파악되는 것을 중심으로 기형 분류를 하였고, 나머지는 기타 형태로 소개하였다. 구연부는 끝부분이 아래 돌대로 인해 2중 구순으로 불리는 것이 절대다수이다. 다만 여기에서 말하는 2중 구순 혹은 2중 구연의 구성은 한국 신석기시대의 이중구연 토기의 겹 입술과는 완전히 다른 개념임을 지적할 필요가 있다. 그 외에도 협타형 토기 중에는 구순이 한 겹, 즉 홑 구순인 것들도 있다.

협타심발은 수제인 것도 있지만 윤제인 것도 있다. 하지만 보고서의 도면과 사진만으로는 수제인지 아니면 윤제인지 구분하는 것이 한계가 있다. 다만 보고서에 수제 혹은 윤제로 분명하게 기록한 것은 모두 각 토기 부분에서 언급하였다. 또한 협타심발로 소개된 토기들 중에는 다른 기종이 포함되었을 가능성도 전혀 없는 것은 아니다. 하지만 구연-동체 윗부분의 편 상태에서는 사실상 구분이 힘들기 때문에 협타심발일 가능성이 높은 것들은 모두 포함을 시켰다.

(1) 2중 구순 협타 심발형 토기

구연부의 형식은 많은 변이가 보인다. 구연부 끝부분 2중 구순의 세부 형태를 통해 다음 형식을 구분해 보았다.

Ⅰ형식. 윗입술이 그대로 사선방향으로 호선을 그리면서 외반하고, 아래 입술의 하변도 약간 낮은 각도이긴 하나 윗입술과 거의 비슷한 방향인 것이다.

Ⅱ형식. 윗입술은 그대로 사선방향으로 호선을 그리면서 외반하고, 아래 입술의 하변은 거의 수평을 이루는 것이다.

Ⅲ형식. 윗입술은 그대로 사선방향으로 호선을 그리면서 외반하나, 아래 입술의 하변은 포물선을 그리면서 아래로 향하는 것이다.

Ⅳ형식. 윗입술은 그대로 사선방향으로 호선을 그리면서 외반하고, 아래 입술은 기저부가 좁은 돌대 모양을 이루는 것이다.

Ⅴ형식. 윗입술의 안쪽이 약간 내만하고, 윗입술이 위를 향한다. 구연부의 방향이 거의 수평에 가까운 것(Ⅴ-1형식), 사선에 가까운 것(Ⅴ-2형식), 거의 수직에 가까운 것(Ⅴ-3형식)으로 구분된다.

Ⅵ형식. 윗입술이 매우 짧고, 아래 입술은 거의 수평인 것이다. 윗입술이 거의 수직인 것(Ⅵ-1형식)과 약간 사선방향인 것(Ⅵ-2형식)으로 구분된다.

Ⅶ형식. 윗입술이 상대적으로 길고 수직 혹은 거의 수직인 것이다. 윗입술이 수직인 것(Ⅶ-1형식)과 거의 수직인 것(Ⅶ-2형식)으로 구분된다.

Ⅷ형식. 두터운 윗입술이 사선방향으로 호선을 그리면서 외반하고, 아래 입술은 매우 미약하게 표현된 것이다.

Ⅸ형식. 윗입술과 아래의 입술 사이 간격이 좁고 또 두 입술 사이의 골이 매우 낮은 것이다. 2종류로 구분된다. Ⅸ-1형식은 윗입술과 아래 입술 하변의 방향이 Ⅰ형식과 비슷한 것이다. Ⅸ-2형식은 아래 입술 하변의 방향이 윗입술과 동일한 것이다.

Ⅹ형식. 윗입술과 아래 입술 하변의 방향은 Ⅲ형식과 비슷하나, 위와 아래의 입술 사이 간격이 좁고 또 두 입술 사이의 골이 매우 낮은 것이다.

Ⅺ형식. 아래 입술은 두텁게, 윗입술은 매우 미약하게 표현된 것이다.

① 동체의 모양이 장타원형에 가까운 것 1

동체의 모양이 바른 장타원형에 가까운 것이다. 전체 기형이 확인되는 것이 1점 있고, 전체 기형이 대략 복원된 것도 1점 있다. 나머지는 동체 기저부 혹은 그 이상이 결실된 것이다. Ⅰ~Ⅳ형식, Ⅷ~Ⅺ형식의 구연부 형태가 확인된다. 구연부-목-어깨부분의 단면이 C자 모양이다.

Ⅰ형식. 6점이 확인된다. 윗입술이 사선방향으로 호선을 그리면서 외반하고, 아래 입술의 하변도 약간 낮은 각도로 윗입술과 거의 비슷한 방향을 향한다. 1점은 동체의 중간 부분이 결실되었으나 전체 기형이 복원되었다. 경경과 저경 사이에서 완만하게 부풀어 오른 기벽의 호선이 위와 아래가 거의 대칭을 이루게 복원되었다. 구경은 9.8㎝, 경경은 8.3㎝, 추정 동최대경은 13㎝, 저경은 6.8㎝이다(도면 968, 1). 다른 1점은 구경이 15.9㎝, 동최대경이 15.8㎝이다(도면 968, 2; 970, 1).

다른 1점은 속심과 표면이 암갈색이고, 내면과 외면에 유기물 흔적이 있다. 구경은 13㎝이다(도면 968, 3). 1점은 구경이 12㎝이고, 속심은 주황-갈색, 표면은 유기물 흔적이 있는 갈색이다. 말갈 특징의 발해 토기로 평가된다(도면 968, 4; 970, 2). 1점은 어깨 부분에 수평의 침선과 나선문이 시문되어 있다(도면 968, 5; 970, 3). 나머지 1점은 구경이 14.2㎝이다(도면 968, 6).

Ⅱ형식. 4점이 있다. 아래 입술의 하변의 거의 수평 방향이다. 1점은 어깨 부분에 1줄의 돌대가 돌려져 있다. 외면을 수평 띠 마연하였다. 내면에는 그을음, 외면에는 다수의 유기물 흔적이 부착되어 있다. 구경은 13.5㎝이다. 말갈 토기로 보고되었다(도면 968, 7; 970, 4). 다른 1점은 윤제로 보고되었는데 구경은 16.9㎝이다. 속심은 주황-갈색, 표면은 갈색이다(도면 969, 1). 다른 1점은 어깨 부분에 1줄의 수평 침선이 돌려져 있다. 구경은 13.4㎝이다(도면 969, 2). 나머지 1점은 어깨에 턱이 형성되어 있다. 구경은 16.8㎝이다. 말갈 특징의 발해 토기로 평가된다(도면 969, 3; 970, 5).

Ⅲ형식. 3점이 확인된다. 아래 입술의 하변이 아래를 향한다. 3점 모두 윤제이며, 말갈 요소를 지닌 발해 토기로

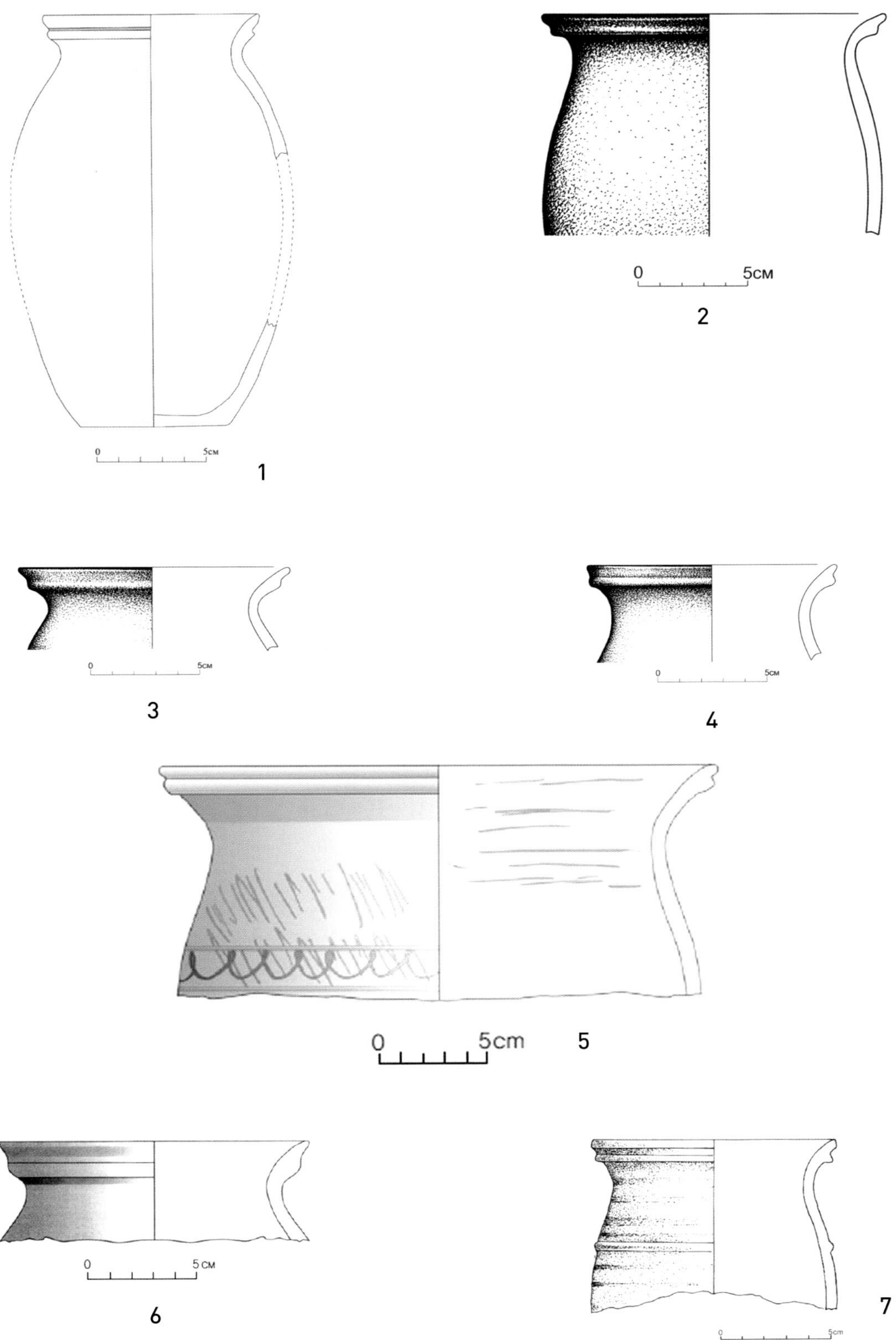

도면 968 | 크라스키노성 출토 2중 구순 협타심발 바른 장타원형 Ⅰ형식(1~6), Ⅱ형식(7): 1-제41구역 제2인공층(2008-도438, 4), 2-제48구역 동쪽섹터 제8인공층 까-28방안(2016-도172, 4), 3-제44구역 제8인공층 꿰`-24방안(2014-도122, 2), 4-제44구역 제12인공층 제-25방안(2014-도352, 2), 5-제34구역 서쪽섹터 남쪽 주거지(2007-도251, 3), 6-제34구역 제6인공층 제-6방안(2006-도208, 3), 7-제34구역 제10인공층 5호 주거지 꿰-4방안(2007-도233, 2)

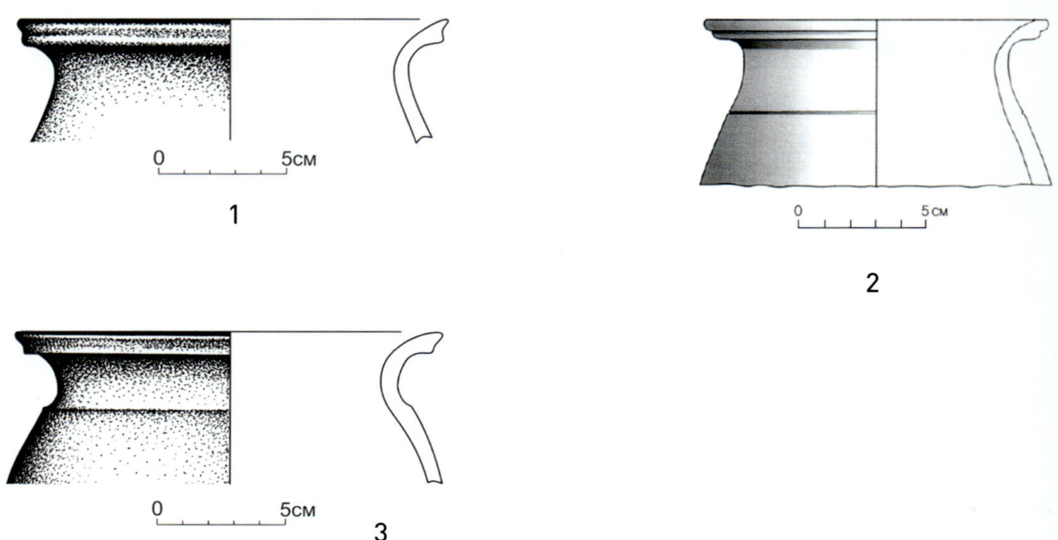

도면 969 | 크라스키노성 출토 2중 구순 협타심발 바른 장타원형 II형식: 1-제44구역 제8인공층 쥐-26방안(2014-도124, 3), 2-제34구역 제6인공층 까-4방안(2006-도208, 2), 3-제48구역 동쪽섹터 제6인공층 제-31방안(2016-도63, 5)

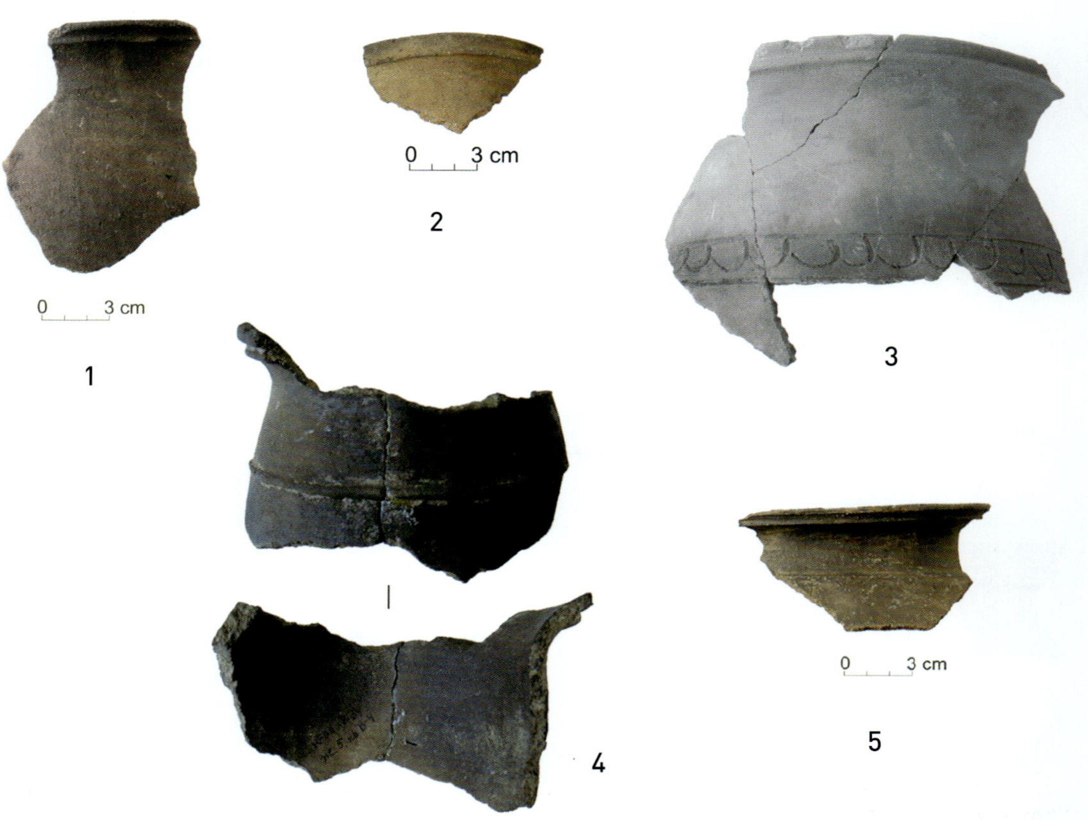

도면 970 | 크라스키노성 출토 2중 구순 협타심발 바른 장타원형 I형식(1~3), II형식(4,5): 1-제48구역 동쪽섹터 제8인공층 까-28방안(2016-도153), 2-제44구역 제12인공층 제-25방안(2014-도366, 2), 3-제34구역 서쪽섹터 남쪽 주거지(2007-도156, 1), 4-제34구역 제10인공층 5호 주거지 뷔-4방안(2007-도184), 5-제48구역 동쪽섹터 제6인공층 제-31방안(2016-도54, 4)

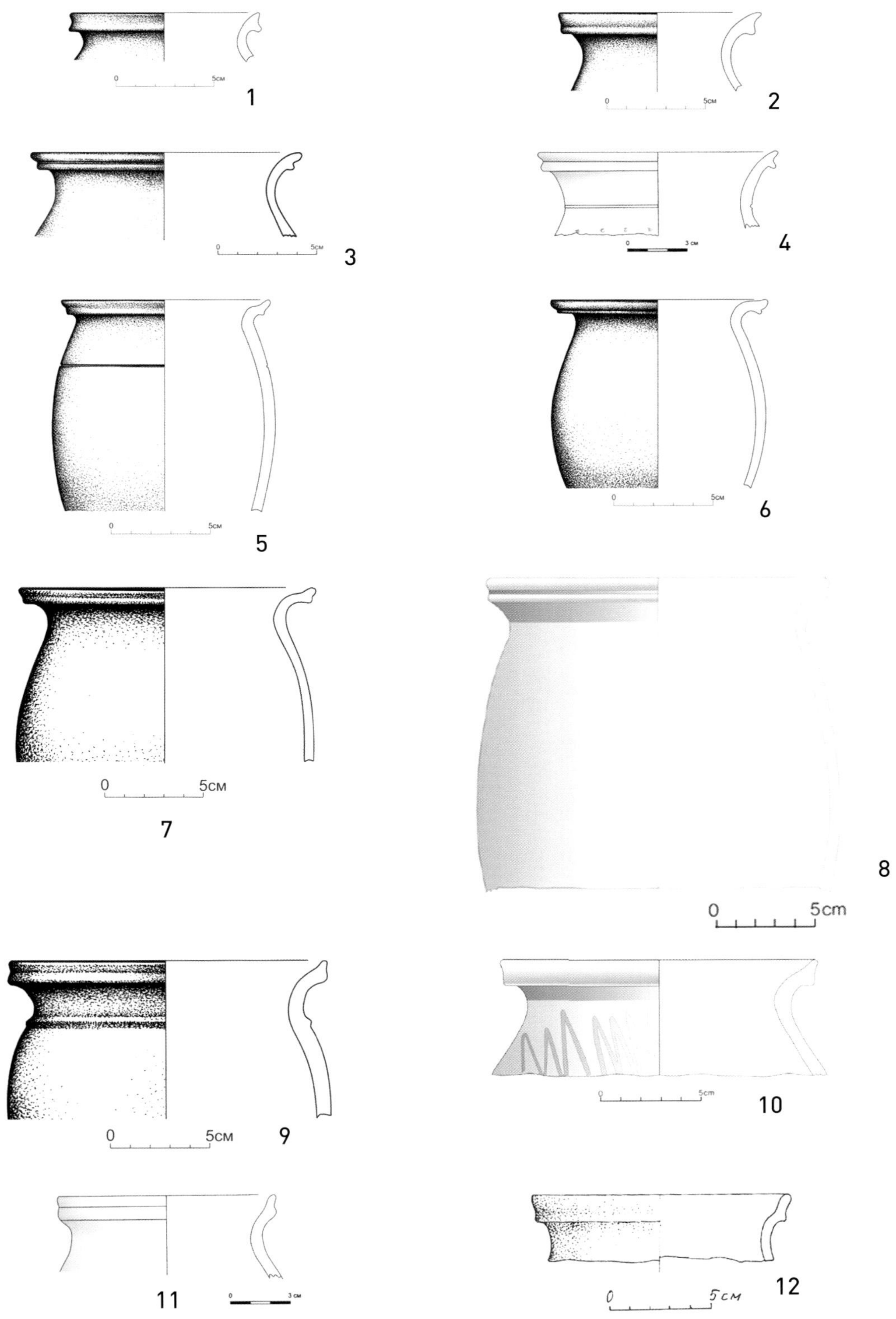

도면 971 | 크라스키노성 출토 2중 구순 협타심발 바른 장타원형 III형식(1~3), IV형식(4), V-1형식(5~7), V-2형식(8~12): 1-제44구역 제7인공층 게-22방안(2014-도90, 1), 2-제44구역 제12인공층 베-24방안(2014-도352, 3), 3-제45구역 남쪽섹터 제6인공층 쥐-6방안(2011-도49), 4-제40구역 15호 주거지 제-22방안(2009-도487, 2), 5-제44구역 제8인공층 까-19방안(2014-도122, 1), 6-제44구역 제10인공층 까-23방안(2014-도184, 2), 7-제44구역 제11인공층 이-26방안(2014-도253, 3), 8-제34구역 데-1방안(2007-도253, 2), 9-제44구역 제9인공층 엘-25방안(2014-도178, 4), 10-제34구역 제8인공층 뤠-7방안(2007-도222, 2), 11-제40구역 제12인공층 11호 주거지와 주변 뤠-18방안(2009-도386, 4), 12-제21구역 제4인공층(1999-도141, 18)

도면 972 | 크라스키노성 출토 2중 구순 협타심발 바른 장타원형 III형식(1~3), V-1형식(4), V-2형식(5): 1-제44구역 제7인공층 게-22방안(2014-도84, 1), 2-제44구역 제12인공층 베-24방안(2014-도366, 3), 3-제45구역 남쪽섹터 제6인공층 줴-6방안(2011-도48, 1), 4-제44구역 제8인공층 까-19방안(2014-도112), 5-제44구역 제9인공층 엘-25방안(2014-도143, 2)

평가된다. 1점은 구경이 9.9㎝이며, 회색이다. 외면이 수평 띠 마연되었다(도면 971, 1; 972, 1). 다른 1점은 구경이 11㎝이고, 속심은 갈색, 표면은 회갈색이다(도면 971, 2; 972, 2). 나머지 1점은 구경이 13.8㎝이다(도면 971, 3; 972, 3).

Ⅳ형식. 돌대, 즉 아래 입술의 기저부가 매우 좁은 것이다. 1점이 있다. 목의 가장 잘록한 부분에 1줄의 침선이 돌려져 있다. 그 아래로 어깨 부분에는 일정 간격으로 작은 점이 찍혀있다. 구경은 11.9㎝이다(도면 971, 4).

Ⅴ형식. 윗입술이 위로 향하는 것이다.

Ⅴ-1형식. 4점이 확인된다. 윗입술이 구연부에서 꺾이면서 위로 향한다. 윗입술 안쪽에 미약하게 턱이 형성되었다. 4점은 동체 기벽의 호선이 어느 정도 확인된다. 그중의 1점은 어깨 부분에 침선이 1줄 돌려져 있다. 이 토기는 구경이 10.9㎝, 동최대경이 11.6㎝이다. 속심과 표면은 갈색이다(도면 971, 5; 972, 4). 다른 1점은 구경이 11.3㎝이다. 외면을 조밀하게 수직 마연하였다. 속심은 회색, 표면은 흑색이다(도면 971, 6). 다른 1점은 구경이 15㎝이고, 속심은 회색, 표면은 암갈색이다. 외면에 유기물 흔적이 있다(도면 971, 7).

Ⅴ-2형식. 5점이 확인된다. 거의 위로 향한 윗입술의 안쪽이 약간 오목하다. 1점은 동체의 기벽이 어느 정도 파악이 된다. 구경은 17.4㎝이다. 물레 보완의 말갈 토기로 보고되었다(도면 971, 8). 다른 1점은 구경이 16㎝이다. 어

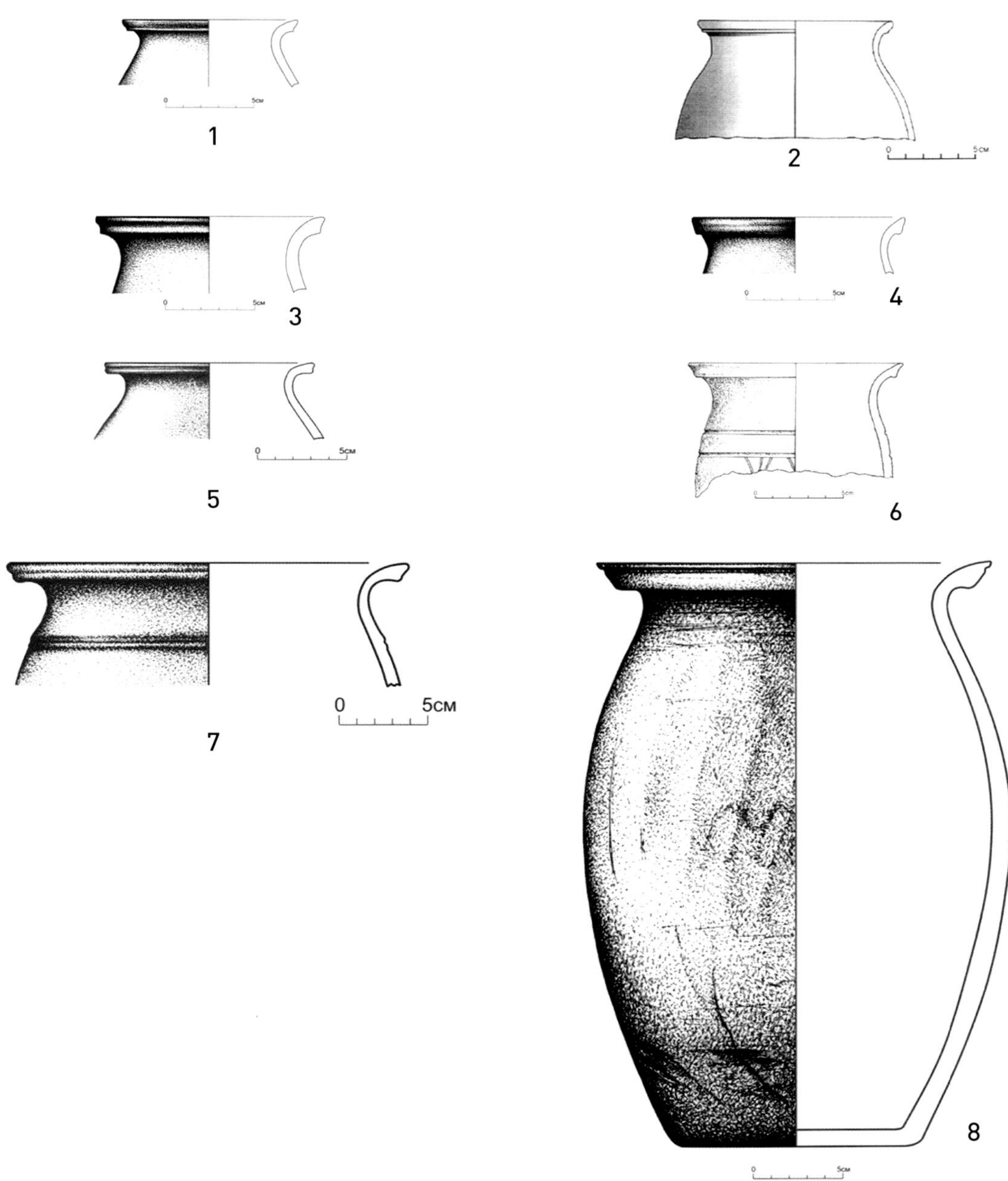

도면 973 | 크라스키노성 출토 2중 구순 협타심발 바른 장타원형 VIII형식(1,2), IX-1형식(3~5), X 형식(6,7), XI형식(8): 1-제44구역 제7인공층 이-23방안(2014-도90, 2), 2-제34구역 제3인공층 까-11방안(2006-도201, 3), 3-제47구역 2섹터 제5인공층 아-15방안(2015-도300, 1), 4-제51구역 제13인공층 제-8방안(2018-도360, 1), 5-제44구역 제4인공층 까-18방안(2012-도77, 4), 6-제34구역 제10인공층 5호 주거지 게-5방안(2007-도233, 1), 7-제44구역 서쪽섹터 제5인공층 뷔`-24방안(2012-도164, 1), 8-제48구역 동쪽섹터 제7인공층 엔-31방안(2016-도83)

깨에 1줄의 돌대가 돌리어져 있다. 속심과 표면은 주황-갈색이고, 내면에는 유기물 흔적, 외면에는 그을음 자국이 있다(도면 971, 9; 972, 5). 1점은 목-어깨 부분이 지그재그 모양의 띠 광택무늬로 장식되었다. 회색이다. 구경은 15.8㎝이다(도면 971, 10). 1점은 구경이 11㎝이다(도면 971, 11). 나머지 1점은 구경이 12.4㎝인데 윗입술이 길어 반구상 구연을 연상시킨다(도면 971, 12).

도면 974 | 크라스키노성 출토 2중 구순 협타심발 바른 장타원형 IX-1형식(1), X 형식(2), XI형식(3): 1-제51구역 제13인공층 제-8방안(2018-도351, 4), 2-제34구역 제10인공층 5호 주거지 게-5방안(2007-도183), 3- 제48구역 동쪽섹터 제7인공층 엔-31방안(2016-도82)

Ⅷ형식. 2점이 있다. 윗입술 아래에 아래 입술이 미약하게 표현되어 있다. 1점은 구경이 10.3㎝이다. 속심과 표면이 모두 회색이고, 유기물 흔적이 있다(도면 973, 1). 다른 1점은 구경이 11.2㎝이다(도면 973, 2).

Ⅸ-1형식. 윗입술과 아래 입술 하변의 방향이 Ⅰ형식과 비슷하나, 위와 아래의 입술 사이 간격이 좁고 또 두 입술 사이의 골이 매우 낮은 것이다. 3점이 확인된다. 1점은 구경이 13.2㎝인데 속심은 오렌지-갈색, 표면은 암갈색이다(도면 973, 3). 다른 1점은 구경이 12.2㎝이고, 속심은 회색, 표면은 갈회색이다(도면 973, 4; 974, 1). 나머지 1점은 구경이 11.8㎝이다(도면 973, 5).

Ⅹ형식. 2점이 있다. 윗입술과 아래 입술 하변의 방향은 Ⅲ형식과 비슷하나, 위와 아래 입술 사이의 골이 매우 낮은 것이다. 1점은 어깨 부분에 2줄의 침선이 돌려져 있다. 아래 침선의 아래에 새김으로 무언가 기호가 새겨져 있다. 내면에 그을음 얼룩이 있다. 구경은 11.8㎝이다(도면 973, 6; 974, 2). 다른 1점은 어깨 부분에 낮게 2줄의 돌대가 거의 붙은 상태로 돌려져 있고, 그 사이는 오목하다. 구경은 23.2㎝이다(도면 973, 7).

Ⅺ형식. 1점이 있는데 전체 기형이 확인된다. 아래 입술은 두텁게, 윗입술은 매우 미약하게 표현된 것이다. 전형적인 2중 구순과는 차이를 보인다. 목이 짧고 잘록하게 형성되어 있다. 경경과 저경 사이에서 완만하게 부풀어 오른 기벽의 호선은 위와 아래가 거의 대칭을 이룬다. 구경은 21.6㎝, 경경은 16.6㎝, 동최대경은 23.4㎝, 저경은 12.6㎝, 높이는 21.6㎝이다. 동최대경과 높이의 비율이 1:1.4이다(도면 973, 8; 974, 3).

② 동체의 모양이 장타원형에 가까운 것 2

동체의 모양이 약간 편평해진 장타원형에 가까운 것이다. 전체 기형이 확인되는 것은 없다. 구연부는 Ⅰ~Ⅳ형식, Ⅸ형식이 확인된다.

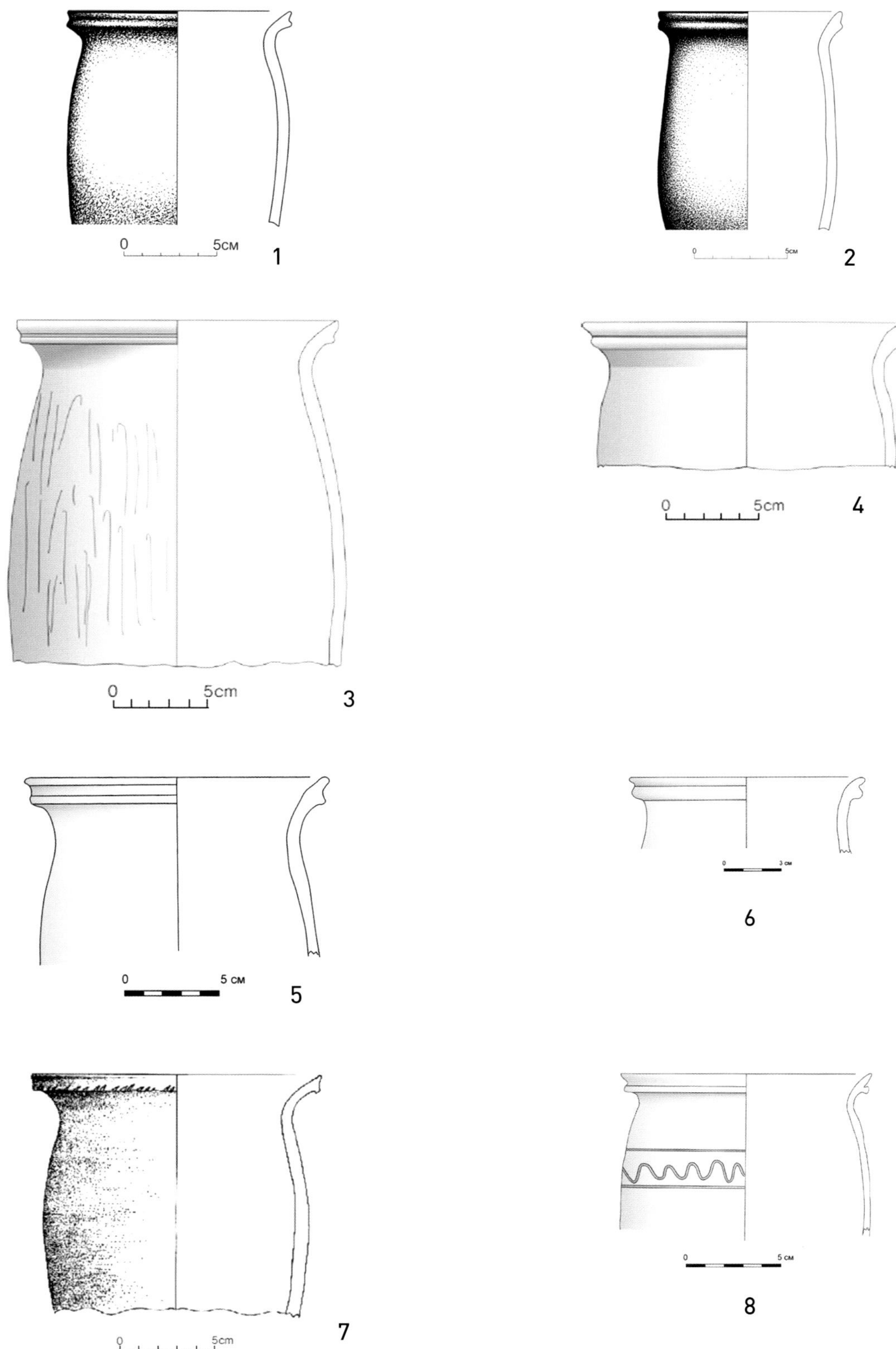

도면 975 | 크라스키노성 출토 2중 구순 협타심발 편평 장타원형 I 형식(1~4), II 형식(5,6), III형식(7). IV형식(8): 1-제44구역 제14인공층 게`-24방안(2014-도449, 4), 2-제44구역 복토 제거 중 베-24방안(2015-도58, 1), 3-제34구역 6호 주거지 붸-4,베-2방안(2007-도252, 2), 4-제34구역 제12인공층 베-2방안(2007-도243, 3), 5-제40구역 제14인공층 10,11호 주거지 붸-14방안(2009-도335, 3), 6-제40구역 15호 주거지 제-22방안(2009-도487, 1), 7-제34구역 제10인공층 5호 주거지 베-6방안(2007-도234, 1), 8-제40구역 제7인공층 9호 주거지 게,예-18방안(2009-도151, 3)

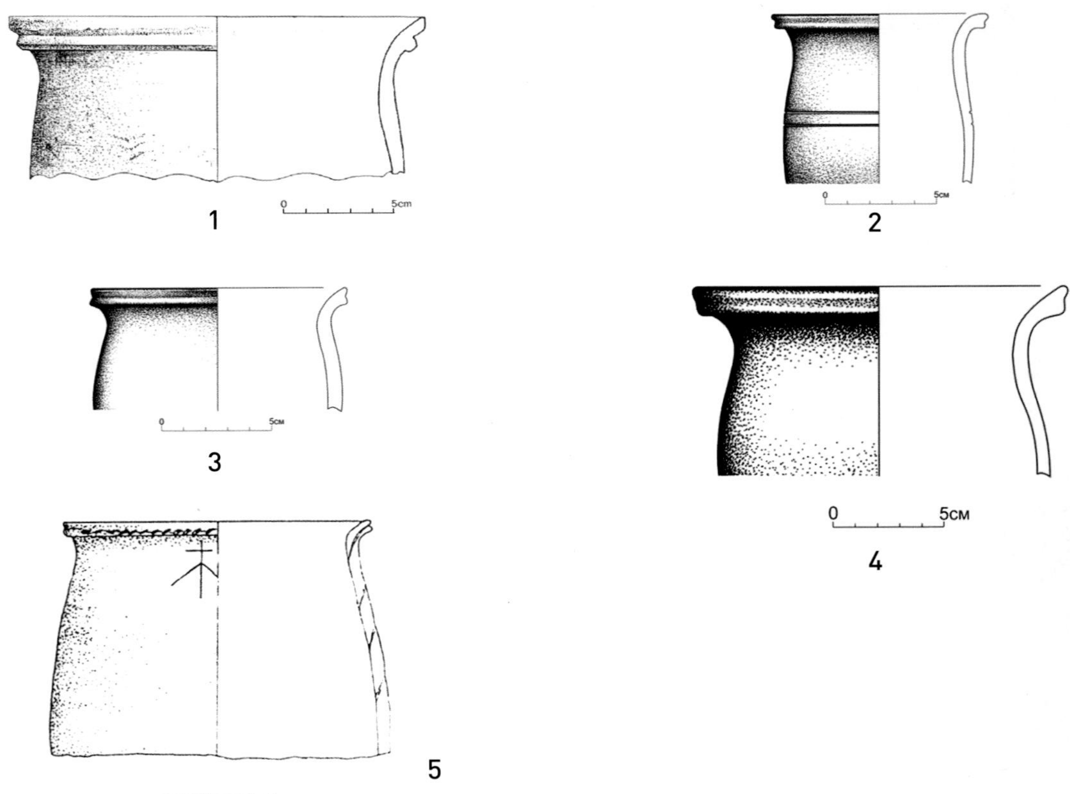

도면 976 | 크라스키노성 출토 2중 구순 협타심발 편평 장타원형 IV형식(1), IX-1형식(2~4), IX-2형식(5): 1-제34구역 제10인공층 5호 주거지(2007-도235), 2-제44구역 제8인공층 엔-29방안(2014-도123, 1), 3-제44구역 제12인공층 게`-24방안(2014-도352, 1), 4-제44구역 서쪽섹터 제19인공층 뤠-25방안(2015-도200, 2), 5-제27구역 제5인공층 뤠-6방안 (2001-도118)

Ⅰ형식. 4점이 있다. 3점은 동체의 중위 아랫부분까지 기형이 확인된다. 그중의 1점은 구경이 12㎝인데, 속심은 회색이고, 표면은 그을음과 유기물 흔적이 얼룩져 있는 흑색이다. 말갈 토기의 특징을 가진 발해 토기로 평가된다(도면 975, 1; 977, 1). 다른 1점은 구경이 10.9㎝이다. 이 토기는 속심은 오렌지-갈색이고, 외면은 회색이다. 외면에 수평 띠 모양 마연을 하였다(도면 975, 2; 977, 2). 1점은 구경이 16.8㎝이다(도면 975, 3). 나머지 1점은 구경이 17.7㎝이다(도면 975, 4).

Ⅱ형식. 2점이 있다. 아래 입술의 하변의 거의 수평 방향이다. 구경은 각각 16㎝(도면 975, 5; 977, 3)와 12.3㎝(도면 975, 6)이다.

Ⅲ형식. 1점이 확인된다. 아래 입술의 하변이 아래를 향한다. 구경은 14.3㎝이다. 아래 입술에 사선방향으로 짧게 각목이 되어 있다(도면 975, 7; 977, 4).

Ⅳ형식. 아래 입술의 기저부가 매우 좁은 것이다. 2점이 있다. 1점은 어깨 부분에 2줄의 침선이 수평으로 돌려

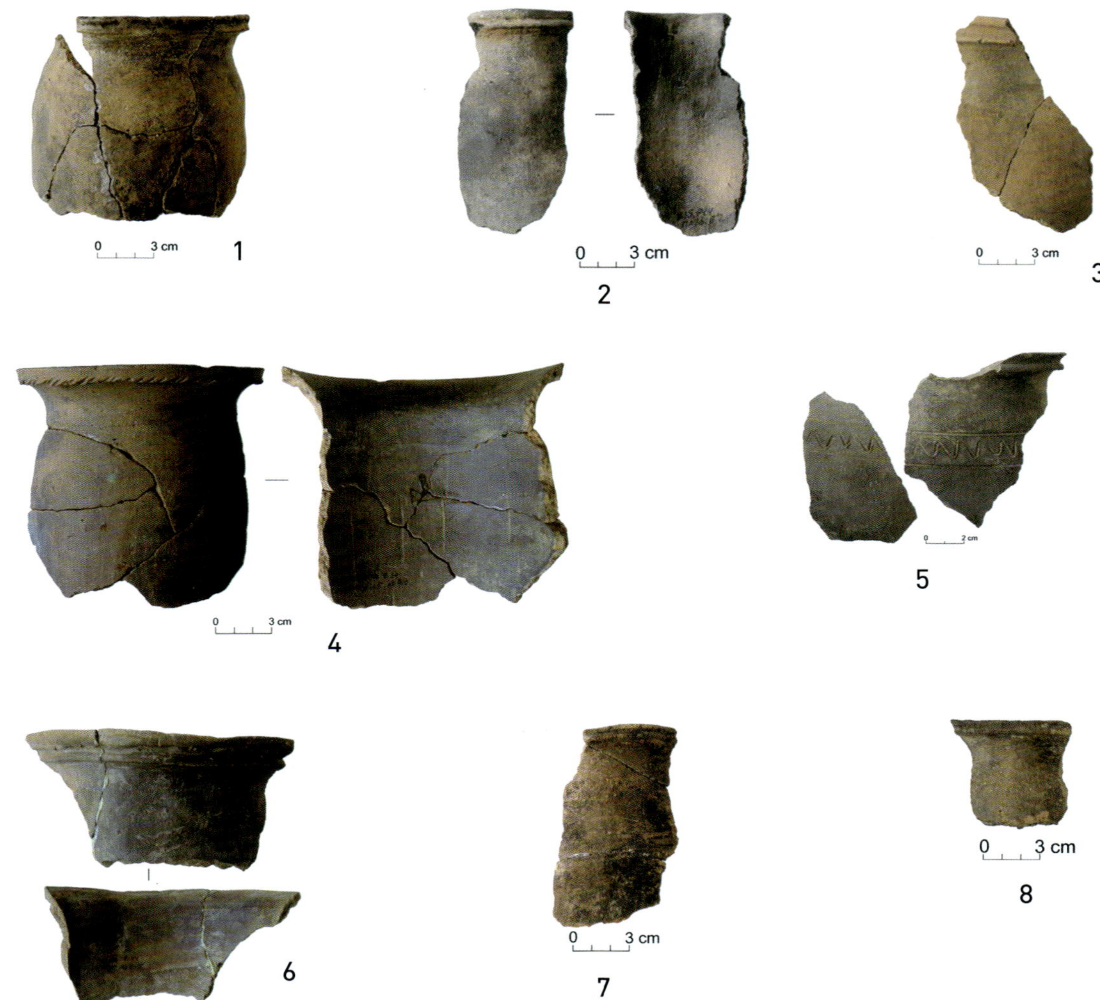

도면 977 | 크라스키노성 출토 2중 구순 협타심발 편평 장타원형 Ⅰ형식(1,2), Ⅱ형식(3), Ⅲ형식(4), Ⅳ형식(5,6), Ⅸ-1형식(7,8): 1-제44구역 제14인공층 게`-24방안(2014-도434), 2-제44구역 복토 제거 중 베-24방안(2015-도51), 3-제40구역 제14인공층 10,11호 주거지 붸-14방안(2009-도328, 2), 4-제34구역 제10인공층 5호 주거지 베-6방안(2007-도189), 5-제40구역 제7인공층 9호 주거지 게,예-18방안(2009-도150), 6-제34구역 제10인공층 5호 주거지(2007-도185), 7-제44구역 제8인공층 엔-29방안(2014-도113, 2), 8-제44구역 제12인공층 게`-24방안(2014-도366, 1)

져 있고, 그 사이에 파상문이 시문되었다. 구경은 13.2㎝이다(도면 975, 8; 977, 5). 1점은 구경이 17.4㎝이다. 말갈토기로 보고되었다(도면 976, 1; 977, 6).

Ⅸ형식. 윗입술과 아래의 입술 사이 간격이 좁고 또 두 입술 사이의 골이 매우 낮은 것이다.

Ⅸ-1형식. 윗입술과 아래 입술 하변의 방향이 Ⅰ형식과 비슷한 것이다. 3점이 확인된다. 1점은 동체 기저부를 제외하고 기형이 복원된다. 어깨 부분에 2줄의 침선이 수평으로 돌려져 있다. 회갈색이고, 내면과 외면에 유기물 흔적이 있다. 구경은 10㎝이다. 말갈 특징을 가진 발해 토기로 평가된다(도면 976, 2; 977, 7). 다른 1점은 속심과 내면은 흑색, 외면은 유기물 흔적이 있는 갈흑색이다. 구경은 12.2㎝이다(도면 976, 3; 977, 8). 나머지 1점은 구경은

16.9㎝이고, 외면이 수직 띠 마연되었다. 속심은 오렌지-갈색, 표면은 암갈색이다. 말갈 토기 특징이 있는 발해 토기로 평가된다(도면 976, 4).

Ⅸ-2형식. 아래 입술 하변의 방향이 윗입술과 동일한 것이다. 1점이 있다. 아래 입술에 각목이 되어 있다. 목 부분에 한자 木 명문이 새겨져 있다. 구경은 14.1㎝이다. 속심과 표면은 흑색이다. 표면에 유기물 흔적이 있는데 조리용기일 것으로 평가되었다. 수제의 말갈 토기로 보고되었다(도면 976, 5).

③ 동체의 윗부분이 수직 방향으로 거의 곧은 것

어깨에서부터 시작하여 동체 기벽이 수직 방향으로 거의 곧은 상태이다. 구연부는 외반하는 것과 직립하는 것이 있다. 구연부-목-어깨부분의 단면 형태가 여러 가지이다.

Ⅰ형식. 1점이 확인된다. 목과 어깨가 서로 잘 구분되지 않는다. 구연부는 거의 사선방향이다. 구경은 13㎝이다. 속심과 내면은 흑색, 외만은 갈색이다. 내면에 유기물 흔적이 남아 있다(도면 978, 1; 980, 1).

Ⅱ형식. 3점이 확인된다. 3점 모두 구연부가 사선방향으로 부드럽게 외반한다. 1점은 아래 입술에 둥근 점 모양을 각목하였다. 외면에는 수직 띠 마연을 하였다. 속심은 흑색, 표면은 암갈색이다. 구경은 12㎝이다. 이 토기는 말갈 특징의 발해 토기로 평가된다(도면 978, 2; 980, 2). 다른 1점은 구경이 14㎝이다(도면 978, 3; 980, 3). 나머지 1점은 윗입술이 상대적으로 짧다. 이 토기는 구경이 11㎝, 속심과 내면은 흑색, 외면은 갈색이다(도면 978, 4; 980, 4).

Ⅲ형식. 4점이 확인된다. 아래 입술의 하변이 모두 아래로 향한다. 모두 말갈 토기로 보고되었다. 물레 보완인 것으로 보고된 2점은 구경이 각각 8.7㎝(도면 978, 5)와 12.3㎝(도면 978, 6)이다. 구경이 12.1㎝인 1점은 윤제로 보고되었다(도면 978, 7). 나머지 1점은 구경이 16㎝이다(도면 978, 8; 980, 5).

Ⅴ-2형식. 1점이 있다. 윗입술이 위로 향한다. 윗입술과 아래 입술 사이의 구분이 상당히 미약한 편이다. 구경은 11.1㎝이다(도면 978, 9).

Ⅵ형식. 윗입술이 매우 짧고, 아래 입술은 거의 수평인 것이다.

Ⅵ-1형식. 윗입술이 거의 수직인 것이다. 2 점이 있다. 모두 작은 편 상태이며, 말갈 토기로 보고되었다. 그중의 1점은 어깨 부분에 돌대의 흔적이 남아 있다. 구경은 16.9㎝이다(도면 978, 10). 다른 1점은 구경이 14.2㎝이고, 흑색이며, 표면에 음식 더껑이 흔적이 남아 있다(도면 979, 1).

Ⅵ-2형식. 1점이 있다. 속심과 내면은 흑색이고, 외면은 적갈색인데 내면에 더껑이가 있다. 구경은 13.4㎝이다(도면 979, 2).

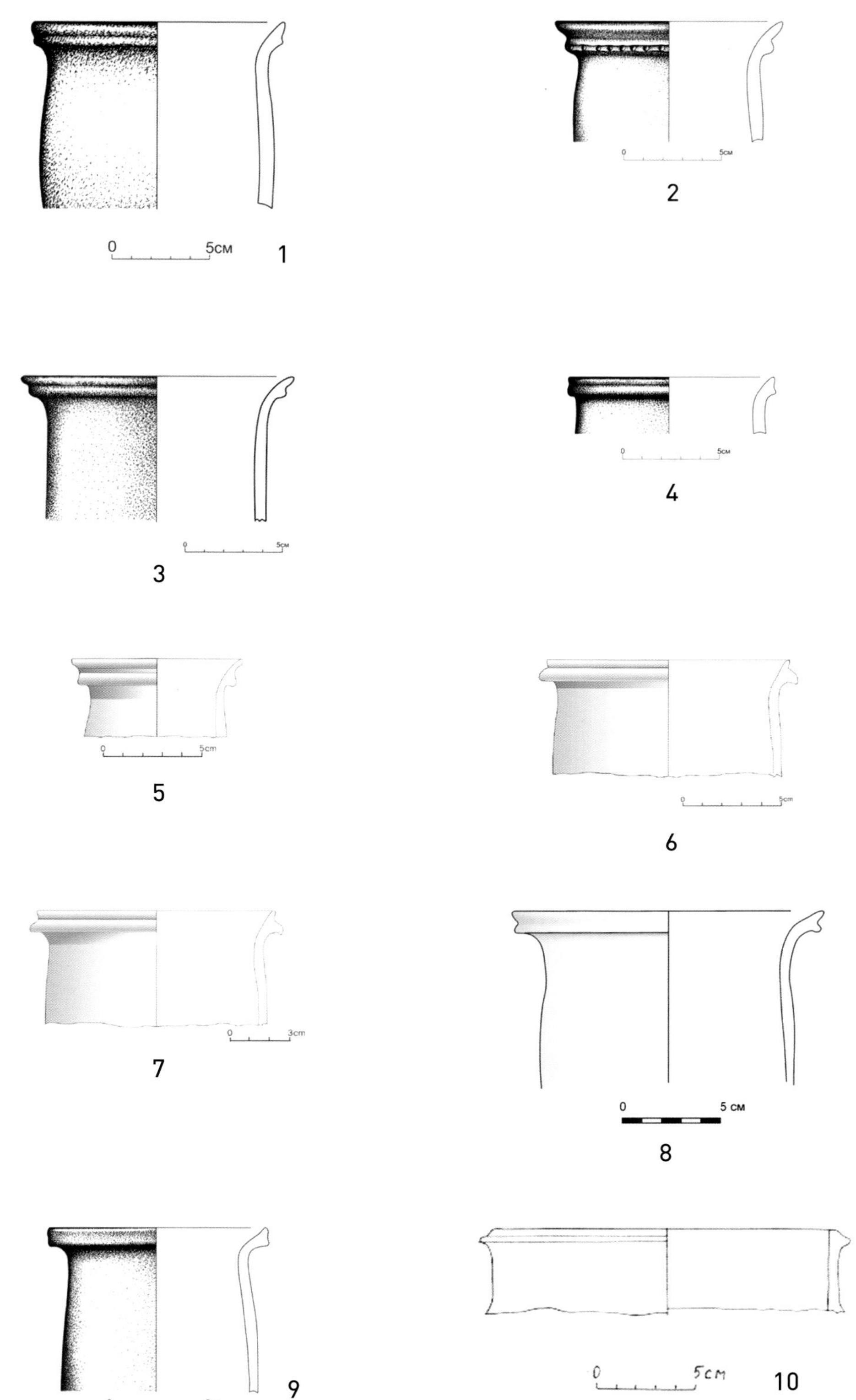

도면 978 | 크라스키노성 출토 2중 구순 협타심발 상부 수직 Ⅰ형식(1), Ⅱ형식(2~4), Ⅲ형식(5~8), Ⅴ-2형식(9), Ⅵ-1형식(10): 1-제44구역 제15인공층 뤠`-20방안(2014-도460, 4), 2-제44구역 제10인공층 줘-26방안(2014-도181, 2), 3-제45구역 남쪽섹터 제10인공층 엘-10방안(2011-도170), 4-제44구역 서쪽섹터 제18인공층 베-21방안(2015-도180, 1), 5-제34구역 게-2방안(2007-도255, 3), 6-제34구역 6호 주거지 뤠-1방안(2007-도256, 4), 7-제34구역 6호 주거지리 뤠-4, 베-2방안(2007, 도252, 3), 8-제40구역 제13인공층 11호 주거지 뤠-20방안(2009-도387, 3), 9-제48구역 동쪽섹터 제8인공층 까,엘-31,32방안(2016-도174, 3), 10-제24구역 제1인공층(1999-도163, 2)

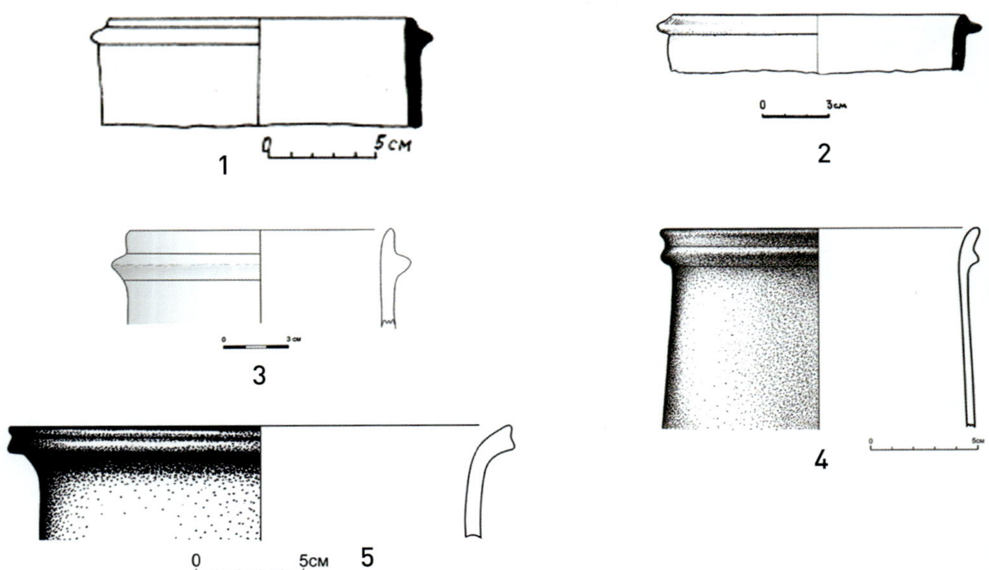

도면 979 | 크라스키노성 출토 2중 구순 협타심발 상부 수직 VI-1형식(1), VI-2형식(2), VII-1형식(3), VII-2형식(4), IX-1형식(5): 1-제13구역 제2인공층(1997-도105, 1), 2-제11, 12구역(1995-도47, 3), 3-제40구역 제10인공층 붸-18방안(2009-도155, 5), 4-제45구역 남쪽섹터 제16인공층 데-11방안 (2011-도214), 5-제44구역 서쪽섹터 제18인공층 아-23방안(2015-도180, 2)

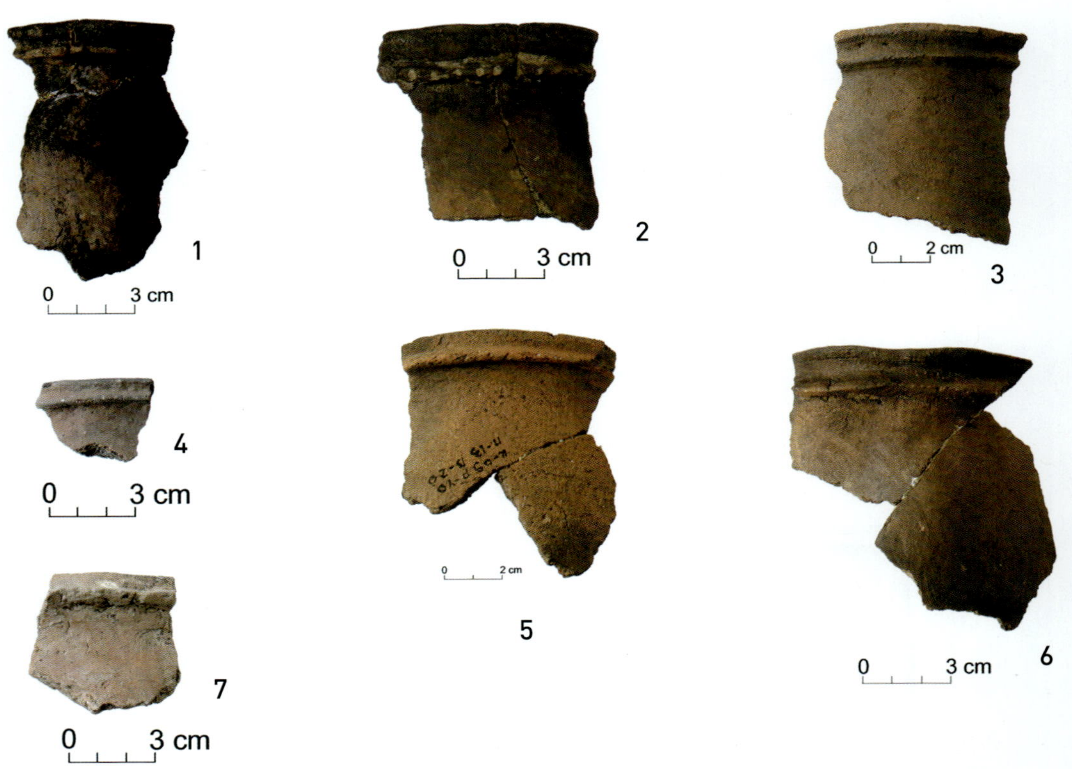

도면 980 | 크라스키노성 출토 2중 구순 협타심발 상부 수직 I 형식(1), II 형식(2~4), III형식(5), VII-2형식(6), IX-1형식(7): 1-제44구역 제15인공층 붸`-20방안(2014-도455, 1), 2-제44구역 제10인공층 줴-26방안(2014-도159, 3), 3-제45구역 남쪽섹터 제10인공층 엘-10방안(2011-도170, 1), 4-제44구역 서쪽섹터 제18인공층 베-21방안(2015-도168, 4), 5-제40구역 제13인공층 11호 주거지 붸-20방안(2009-도366), 6-제45구역 남쪽섹터 제16인공층 데-11방안 (2011-도214, 1), 7-제44구역 서쪽섹터 제18인공층 아-23방안(2015-도168, 3)

Ⅶ형식. 윗입술이 상대적으로 길고 수직 혹은 거의 수직인 것이다.

Ⅶ-1형식. 윗입술이 수직인 것이다. 1점이 있다. 구경은 12.1㎝이다(도면 979, 3).

Ⅶ-2형식. 1점이 확인된다. 윗입술이 수직에 가까운 사선방향이다. 구연부 아래의 기벽이 밖으로 조금 벌어지는 직선이다. 구경은 14.5㎝이다. 말갈 토기로 보고되었다(도면 979, 4; 980, 6).

Ⅸ-1형식. 1점이 확인된다. 구경은 23.4㎝이고, 오렌지-갈색이다(도면 979, 5; 980, 7).

④ 동체의 윗부분이 사선방향으로 거의 곧은 것

목에서 그 아래로 동체 기벽이 사선방향으로 거의 곧게 내려가는 것이다. 전체 기형이 확인되는 것이 없다. 구연부는 모두 외반하며, Ⅰ~Ⅳ형식이 보인다.

Ⅰ형식. 4점이 있다. 그중의 1점은 구경이 16.1㎝이고, 말갈 토기로 보고되었다(도면 981, 1; 983, 1). 다른 1점은 구경이 9.9㎝이며, 속심은 흑색, 표면은 암갈색이다. 조리에 사용된 것으로 추정되었고, 말갈 토기로 보고되었다(도면 981, 2). 나머지 2점은 구경이 각각 13.8㎝와 12.1㎝이다(도면 981, 3, 4).

Ⅱ형식. 1점이 있다. 구경은 14㎝이다(도면 981, 5).

Ⅲ형식. 1점이 있다. 구경은 17㎝, 속심은 주황-갈색, 외면은 갈색이고, 내면에 유기물 흔적이 있다(도면 981, 6).

Ⅳ형식. 1점이 있다. 구경은 17.6㎝이다. 말갈 토기로 보고되었다(도면 981, 7).

⑤ 동체의 윗부분이 사선 방향으로 호선인 것

목에서 시작하여 그 아래의 동체 윗부분 기벽이 줄곧 사선방향으로 밖으로 호선을 이루는 것이다. 전체 기형이 확인된 것은 없다. Ⅲ형식, Ⅴ형식, Ⅶ형식 구연이 확인된다.

Ⅲ형식. 2점이 있다. 1점은 구경이 18㎝이다. 말갈 특징의 발해 토기로 평가된다(도면 982, 1). 다른 1점은 구경이 9.5㎝이다(도면 982, 2).

Ⅴ형식. 윗입술의 안쪽이 약간 내만한 것이다.

Ⅴ-2형식. 윗입술이 거의 수평에 가깝다. 어깨 부분에 1줄의 돌대가 돌려져 있다(도면 982, 3; 983, 2).

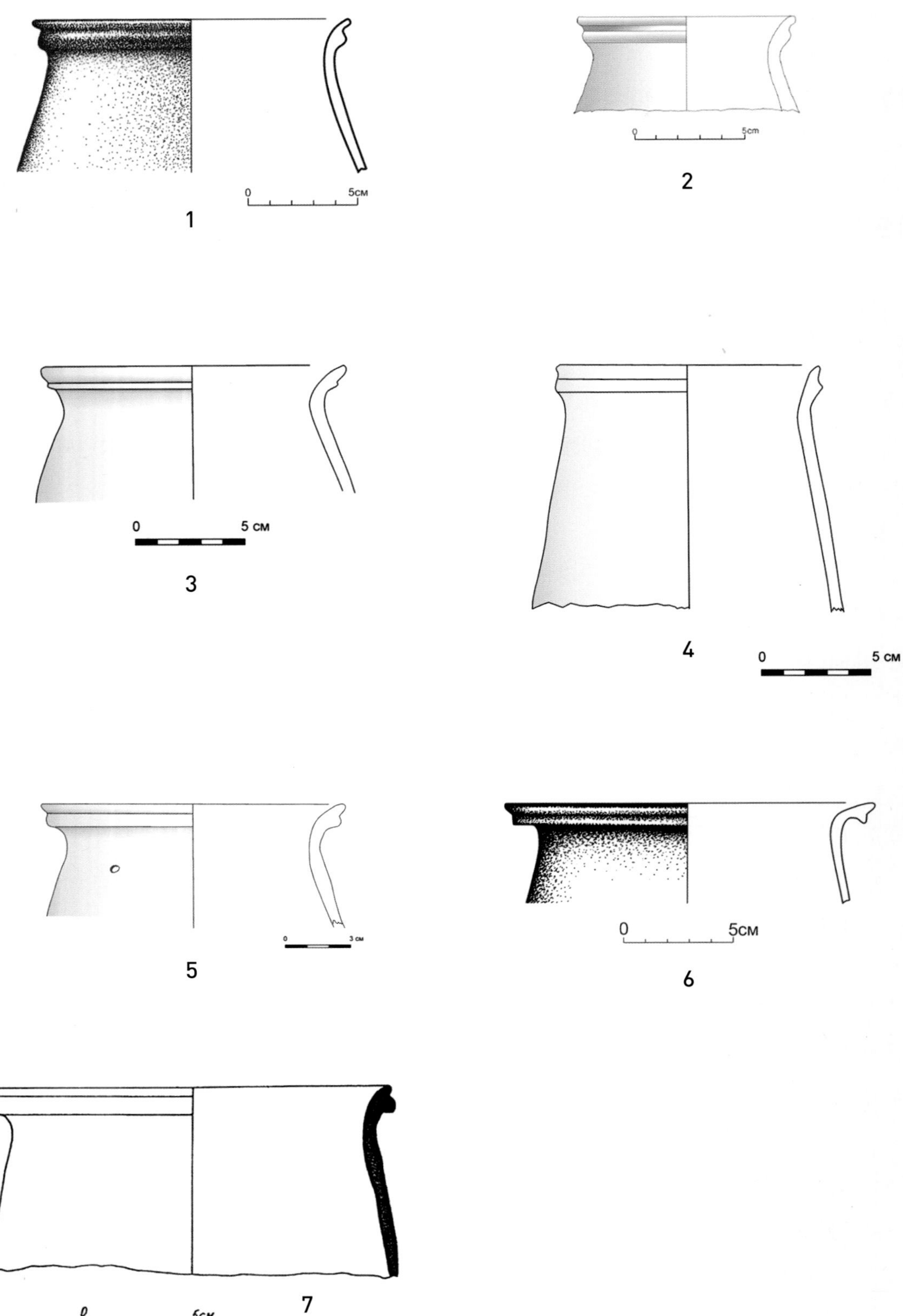

도면 981 | 크라스키노성 출토 2중 구순 협타심발 상부 사선 직 Ⅰ형식(1~4), Ⅱ형식(5), Ⅲ형식(6), Ⅳ형식(7): 1-제45구역 남쪽섹터 17호 주거지 2호 노지(2011-도105), 2-제37구역 제1인공층(2007-도236, 8), 3-제40구역 제11인공층 11호 주거지 붸-20방안(2009-도384, 1), 4-제40구역 수혈 아-19방안(2009-도553, 3), 5-제40구역 제11인공층 11호 주거지 붸-20방안(2009-도334, 1), 6-제44구역 제11인공층 제-25방안(2014-도253, 4), 7-제11구역 출토(1996-도63b, 2)

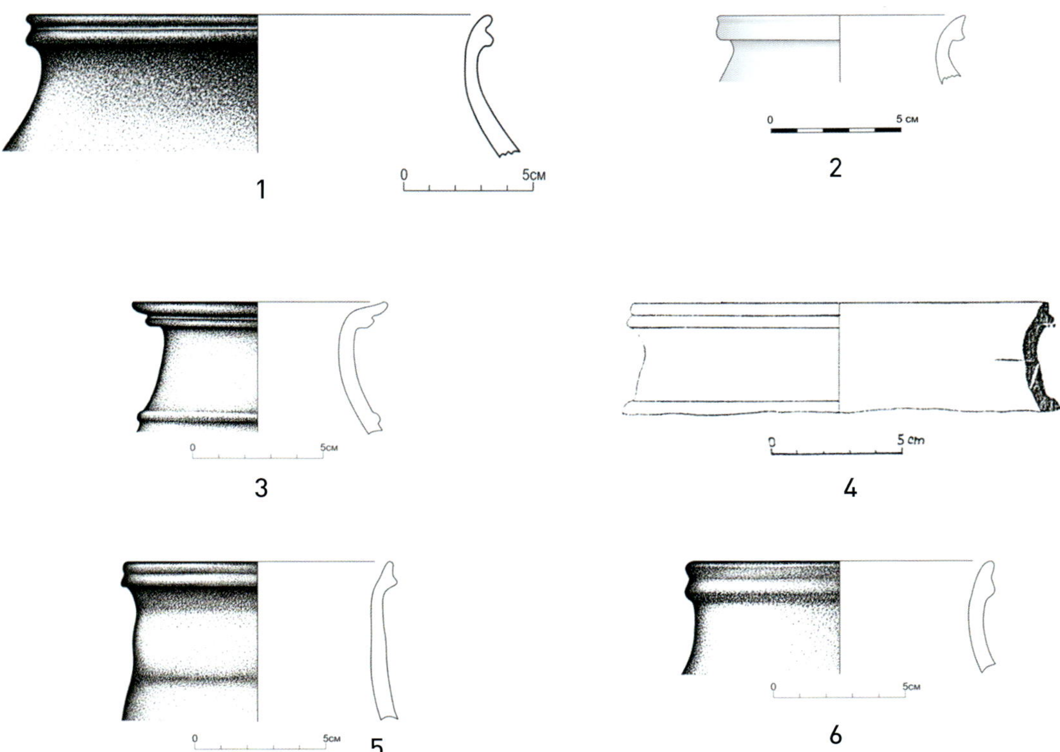

도면 982 | 크라스키노성 출토 2중 구순 협타심발 상부 사선 직 III형식(1,2), V-2형식(3), V-3형식(4,5), VII-2형식(6): 1-제44구역 제4인공층 엘-19방안(2012-도77, 6), 2-제40구역 제7인공층 게-22방안(2009-도151, 4), 3- 제44구역 제10인공층 게-24방안(2014-도181, 3), 4- 제11구역(1996-도58, 4), 5-제48구역 동쪽섹터 제9인공층 제-37방안(2016-도244, 4), 6-제44구역 제9인공층 1번 수혈 엠-21방안(2014-도176, 1)

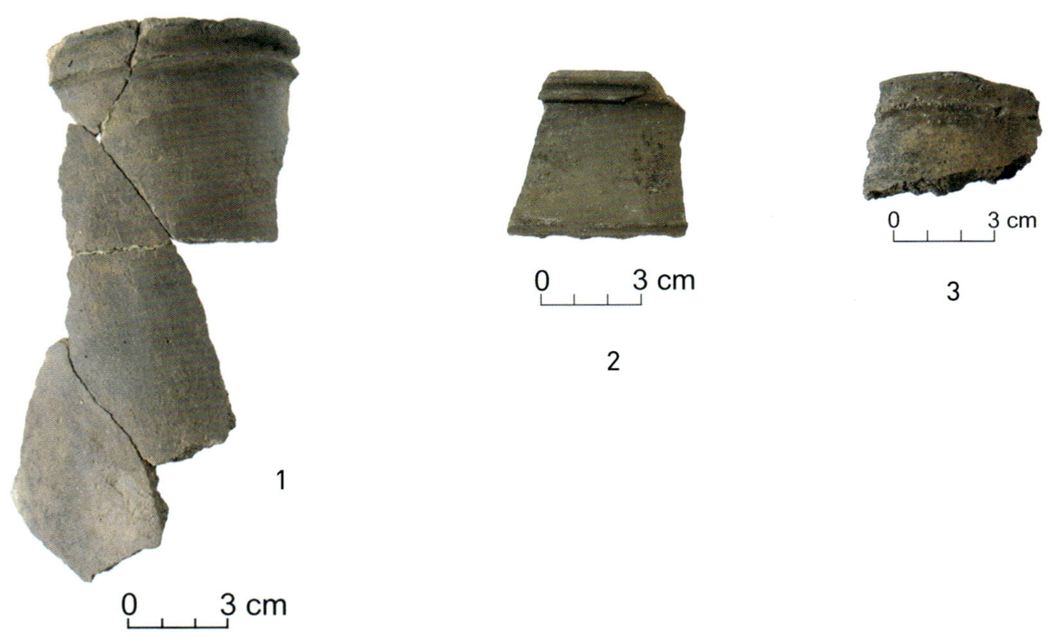

도면 983 | 크라스키노성 출토 2중 구순 협타심발 상부 사선 직 I 형식(1), V-2형식(2), VII-2형식(3): 1-제45구역 남쪽섹터 17호 주거지 2호 노지(2011-도105, 1), 2-제44구역 제10인공층 게-24방안(2014-도181, 3), 4- 제11구역(1996-도159, 2), 3-제44구역 제9인공층 1번 수혈 엠-21방안(2014-도144, 2)

Ⅴ-3형식. 윗입술의 방향이 거의 수직에 가까운 것이다. 2점이 있다. 1점은 어깨 부분에 1줄의 돌대가 돌려져 있다. 구경이 15.8㎝이고, 흑색이다. 말갈 토기로 보고되었다(도면 982, 4). 다른 1점은 구경이 10.1㎝이다, 기벽에 굴곡이 있다(도면 982, 5).

Ⅶ-2형식. 1점이 있다. 구경은 11.9㎝이다. 속심은 절반은 흑색, 다른 절반은 암갈색, 표면은 흑색이다. 유기물 흔적이 있다. 말갈 특징의 발해 토기로 평가된다(도면 982, 6; 983, 3).

⑥ 기벽의 윗부분이 안쪽으로 축약되는 것

구연부와 목이 서로 구분되지 않으면서 일정 높이까지 아래로 기벽이 축약되는 것이다. 그런데 구연-동체 윗부분 편의 이 특징이 동체의 특정 형태를 반영하는 것은 아니다. 구연-동체 윗부분만 보면 이 그룹에 속하면서도 동체의 모양은 완전히 서로 다른 것이 관찰되기 때문이다. 축약되는 이 부분의 아래로 동체가 부풀어 오른 것도 있고(도면 984, 1), 또 그 아래로 극히 조금만 넓어진 것도 있다(도면 984, 6). 이 예는 구연-동체 윗부분의 편 상태만 가지고서는 협타심발형 토기의 기형을 추정하는 것이 얼마나 힘든 일인지는 잘 보여준다. 구연부는 Ⅰ형식, Ⅲ형식, Ⅵ-1형식이 보인다.

Ⅰ형식. 2점이 확인되는데 기형이 어느 정도 추정된다. 2점 모두 축약되는 목 아래로 부풀어 오른 동체가 있다. 때문에 축약된 부분이 목을 형성하고 있다. 1점은 아래 입술에 원형 각목이 되어 있고, 어깨 부분에는 X자 모양 기호가 하나 새겨져 있다. 구경은 12.4㎝, 경경은 11.2㎝, 동최대경은 15㎝이다. 속심과 표면이 흑색이고, 내면과 외면에 더껑이와 그을음 흔적이 있다. 목이 상대적으로 길다(도면 984, 1; 985, 1). 다른 1점도 목이 구분되나 위의 것보다는 짧다. 구경은 10.5㎝이다(도면 984, 2).

Ⅱ형식. 3점이 있다. 목이 있다고 생각되나 전체 기형은 분명하지 못하다. 1점은 구경이 17㎝인데 속심과 표면은 회색이고, 외면에 그을음 흔적이 있다. 말갈 특징을 가진 발해 토기로 평가된다(도면 984, 3). 다른 1점은 구경이 15㎝이다. 속심과 외면은 회색이고, 내면에 유기물 흔적이 있다. 외면을 수직 마연하였다. 말갈 특징의 발해 토기로 평가된다(도면 984, 4; 985, 2). 나머지 1점은 구경이 12.6㎝이다. 물레 보완의 말갈 토기로 보고되었다(도면 984, 5).

Ⅲ형식. 2점이 있다. 1점은 기형이 복원되었는데 위가 조금 넓은 원통모양이다. 아래 입술에 각목이 되었다. 구경은 10.6㎝, 저경은 5.8㎝이고, 높이는 18㎝로 추정되었다. 속심은 오렌지-갈색, 표면은 암갈색이다. 외면이 일부 수직 마연되었다(도면 984, 6; 985, 3). 다른 1점은 남아 있는 기벽의 호선으로 보아 위의 것과는 기형이 달랐을 것으로 생각된다. 구경은 8.1㎝이다. 물레 보완을 한 말갈 토기로 보고되었다(도면 984, 7).

Ⅵ-1형식. 1점이 있다. 속심과 내면은 흑색, 외면은 갈색이며, 외면에 수직방향 마연을 하였다. 구경은 13㎝이다(도면 984, 8).

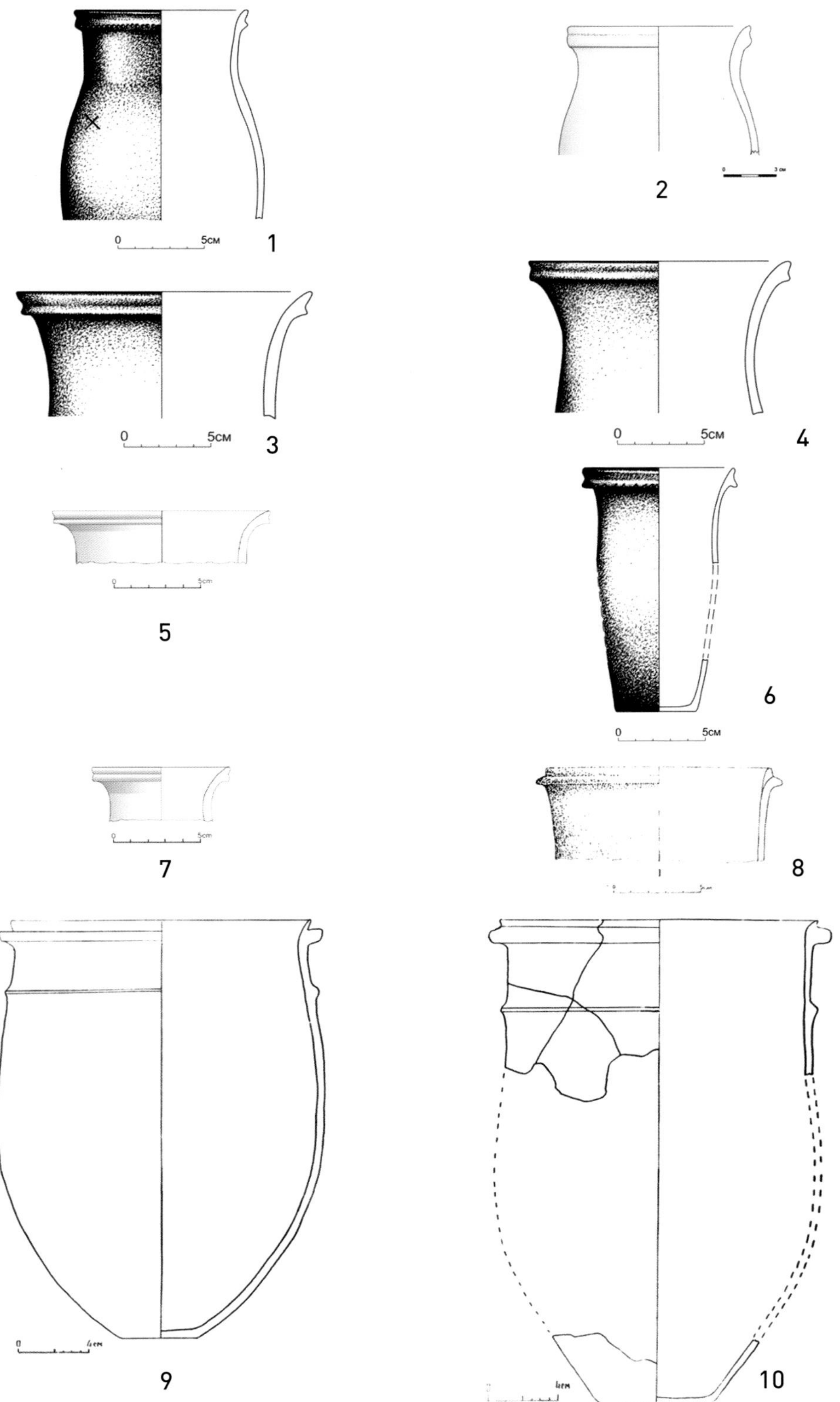

도면 984 | 크라스키노성 출토 2중 구순 협타심발 상부 축약 I 형식(1,2), II 형식(3~5), III형식(6,7), VI-1형식(8), U자 모양(9,10): 1-제48구역 동쪽섹터 제12인공층 이,까-27,28방안 (2018-도54, 2), 2-제40구역 9호 주거지 퇴적층 데-14방안(2009-도156, 1), 3-제44구역 제13인공층 엠,엔-21방안(2014-도354, 2), 4-제44구역 제14인공층 제-25방안 (2014-도449, 5), 5-제34구역 제12인공층 뤠-1방안(2007-도244, 8), 6-제48구역 동쪽섹터 제12인공층 줴-29,30방안(2018-도54, 3), 7-제34구역 제12인공층 데-2방안(2007-도244, 3), 8-제31구역 와실유구(2004-도181, 1), 9-제6구역(1983-도14a), 10-제6구역(1983-도14)

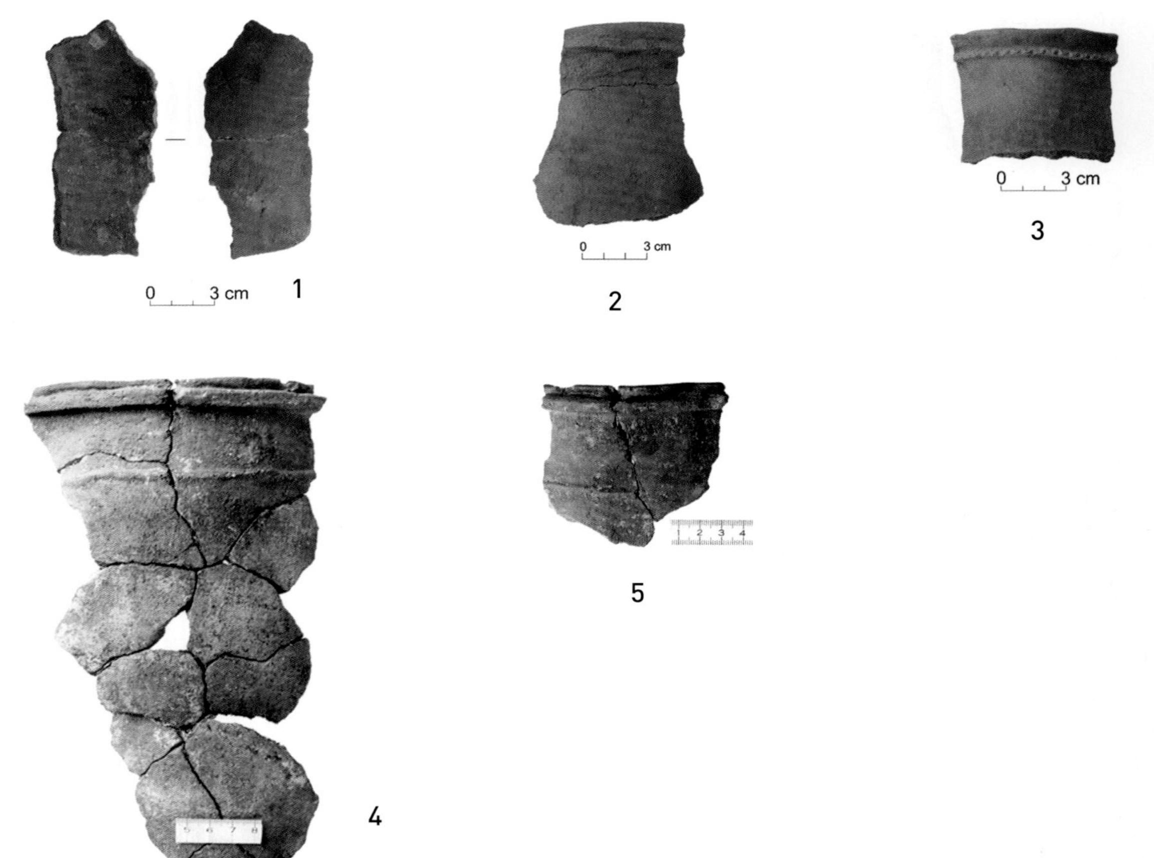

도면 985 | 크라스키노성 출토 2중 구순 협타심발 상부 축약 I 형식(1), II 형식(2), III형식(3), U자 모양(4,5): 1-제48구역 동쪽섹터 제12인공층 이,까-27,28방안 (2018-도40), 2-제44구역 제14인공층 제-25방안 (2014-도435), 3-제48구역 동쪽섹터 제12인공층 줴-29,30방안(2018-도41, 1), 4-제6구역(1983-도13), 5-제6구역(1983-도16)

⑦ 동체의 형태가 단면 U자를 연상시키는 것

VI-2형식. 윗입술이 매우 짧으면서 가볍게 외반한다. 아래 입술은 비교적 크게 돌출하였다 . 2점이 있다. 그중의 1점은 전체 기형이 확인된다. 구연 혹은 윗입술이 매우 얇고 약간 외반한다. 어깨 부분에 1줄의 돌대가 돌려져 있다. 동체의 기벽이 포물선 형태이며, 토기 단면이 U자를 연상시킨다. 이 토기는 태토에 모래, 석영 입자가 다수 포함되어 있고, 암갈색이며, 기벽에 더껑이가 묻어있는 것으로 보고되었다. 구경은 17.2㎝, 저경은 4.5㎝, 높이는 24.2㎝이다(도면 984, 9; 985, 4). 다른 1점은 구연-동체 윗부분과 저부를 통해 전체 기형이 위의 것과 비슷하게 추정 복원되었다. 구경은 18㎝, 저경은 6.2㎝이다(도면 984, 10; 985, 5).

⑧ 기타 형태

동체 윗부분의 특징이 위에서 소개한 것들과 조금씩 차이가 나면서 따로 별도 그룹을 구분하기가 힘든 것들이다. 구연부의 형식을 기준으로 소개하면 다음과 같다.

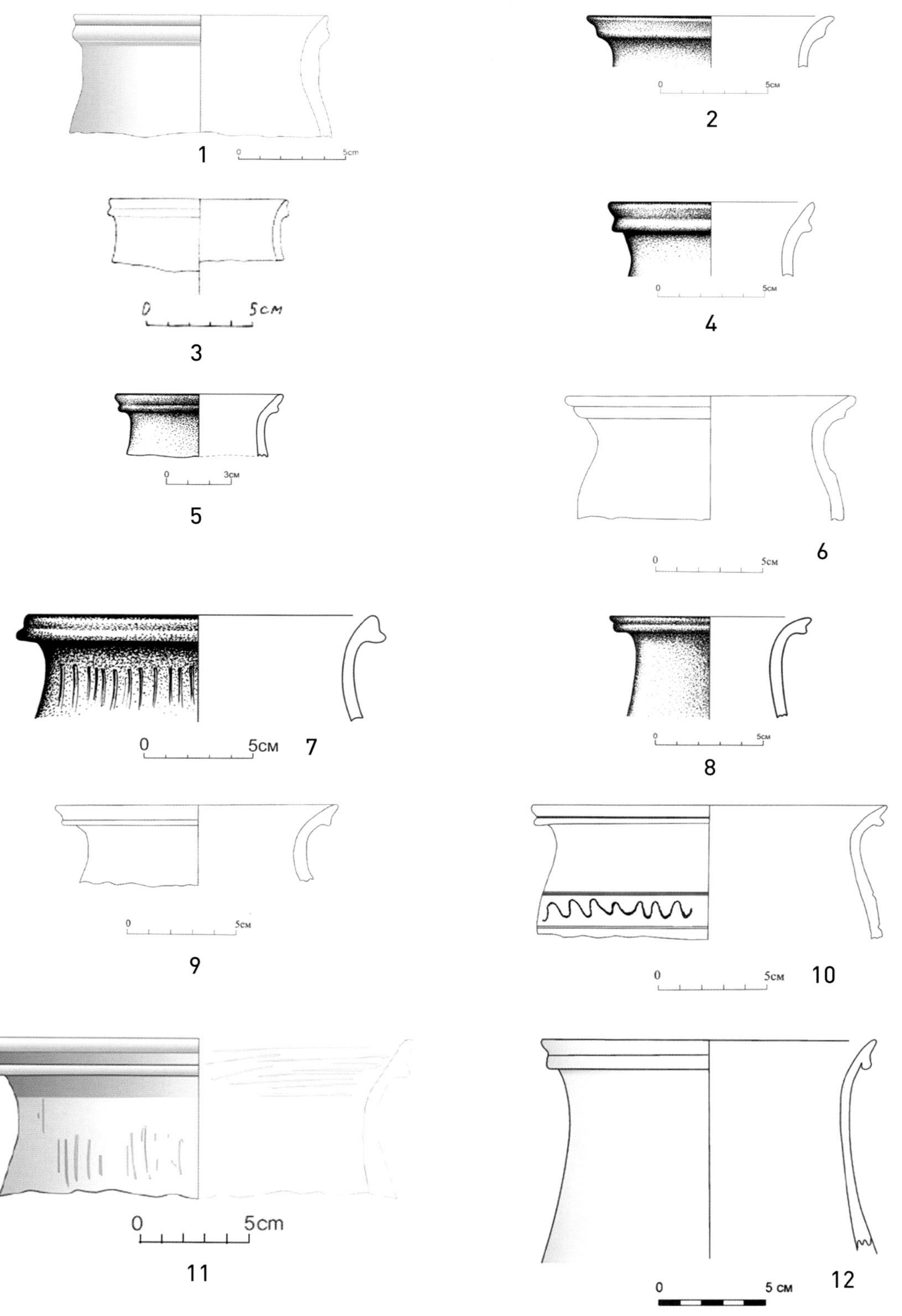

도면 986 | 크라스키노성 출토 2중 구순 협타심발 기타 동체 Ⅰ형식(1~3), Ⅱ형식(4~6), Ⅲ형식(7~9), Ⅳ형식(10~12): 1-제34구역 제11인공층 예-3방안(2007-도240, 3), 2-제44구역 제8인공층 붸`-24방안(2014-도122, 3), 3-제22구역 제3~4인공층(1999-도154, 22), 4-제44구역 제10인공층 14호 주거지(2014-도184, 3), 5-제45구역 제4인공층 까-6방안(2010-도435), 6-제40구역 제4인공층 베-18방안(2008-도455, 1), 7-제44구역 제11인공층 제-25방안(2014-도253, 5), 8-제45구역 남쪽섹터 제6인공층 데-7방안(2011-도50), 9-제41구역 8호 주거지 엔-5,6방안(2008-도443, 3), 10-제40구역 제5인공층 게-15방안(2008-도458, 1), 11-제34구역 게-3방안(2007-도253, 1), 12-제40구역 제12인공층 11호 주거지 아-21, 아`-18방안(2009-도417, 3)

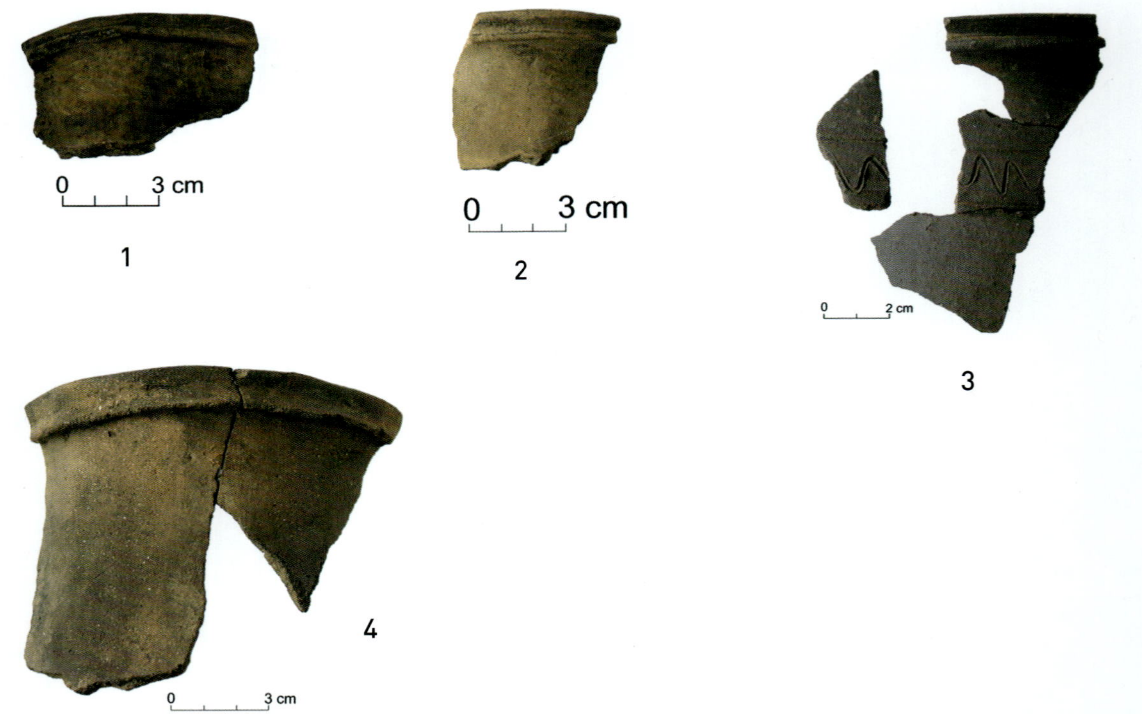

도면 987 | 크라스키노성 출토 2중 구순 협타심발 기타 동체 III형식(1,2)), IV형식(3,4): 1-제44구역 제11인공층 제-25방안(2014-도246, 1), 2-제45구역 남쪽 섹터 제6인공층 데-7방안(2011-도48, 2), 3-제40구역 제5인공층 게-15방안(2008-도428), 4-제40구역 제12인공층 11호 주거지 아-21, 아`-18방안(2009-도365)

Ⅰ형식. 3점이 있다. 1점은 윤제이면서 말갈 토기로 보고되었다. 구경은 11.9㎝이고, 다량의 유기물 흔적이 있다(도면 986, 1). 다른 1점은 속심은 절반은 갈색, 다른 절반은 흑색, 내면은 흑색, 외면은 주황-갈색이다. 유기물 흔적이 있다. 구경은 12㎝이다(도면 986, 2). 1점은 구경이 8.4㎝이다(도면 986, 3).

Ⅱ형식. 3점이 있다. 1점은 구경이 11㎝이고, 속심과 내면은 흑색, 외면은 주황색이다(도면 986, 4). 다른 1점은 구경이 7.8㎝이다(도면 986, 5). 2점 모두 말갈 특징을 가진 발해 토기로 평가된다. 나머지 1점은 어깨에 턱이 형성되어 있다. 구경은 13.4㎝이다(도면 986, 6).

Ⅲ형식. 3점이 있다. 1점은 목 부분이 수직의 띠 광택무늬로 장식되었다. 구경은 16㎝이다. 속심과 내면은 흑색, 외면은 유기물 흔적이 있는 갈색이다(도면 986, 7; 987, 1). 나머지 2점은 구경이 각각 9.3㎝와 13㎝이다(도면 986, 8, 9; 987, 2).

Ⅳ형식. 3점이 있다. 1점은 어깨 부분에 2줄의 침선이 수평으로 평행하게 배치되어 있고, 그 사이에 파상문이 시문되어 있다. 구경은 16.4㎝이다(도면 986, 10; 987, 3). 다른 1점은 외면은 수직, 내면은 수평 방향으로 정면 흔적이 남아 있다. 물레 보완한 말갈 토기로 보고되었다(도면 986, 11). 나머지 1점은 구경이 15.7㎝이다(도면 986, 12; 987, 4).

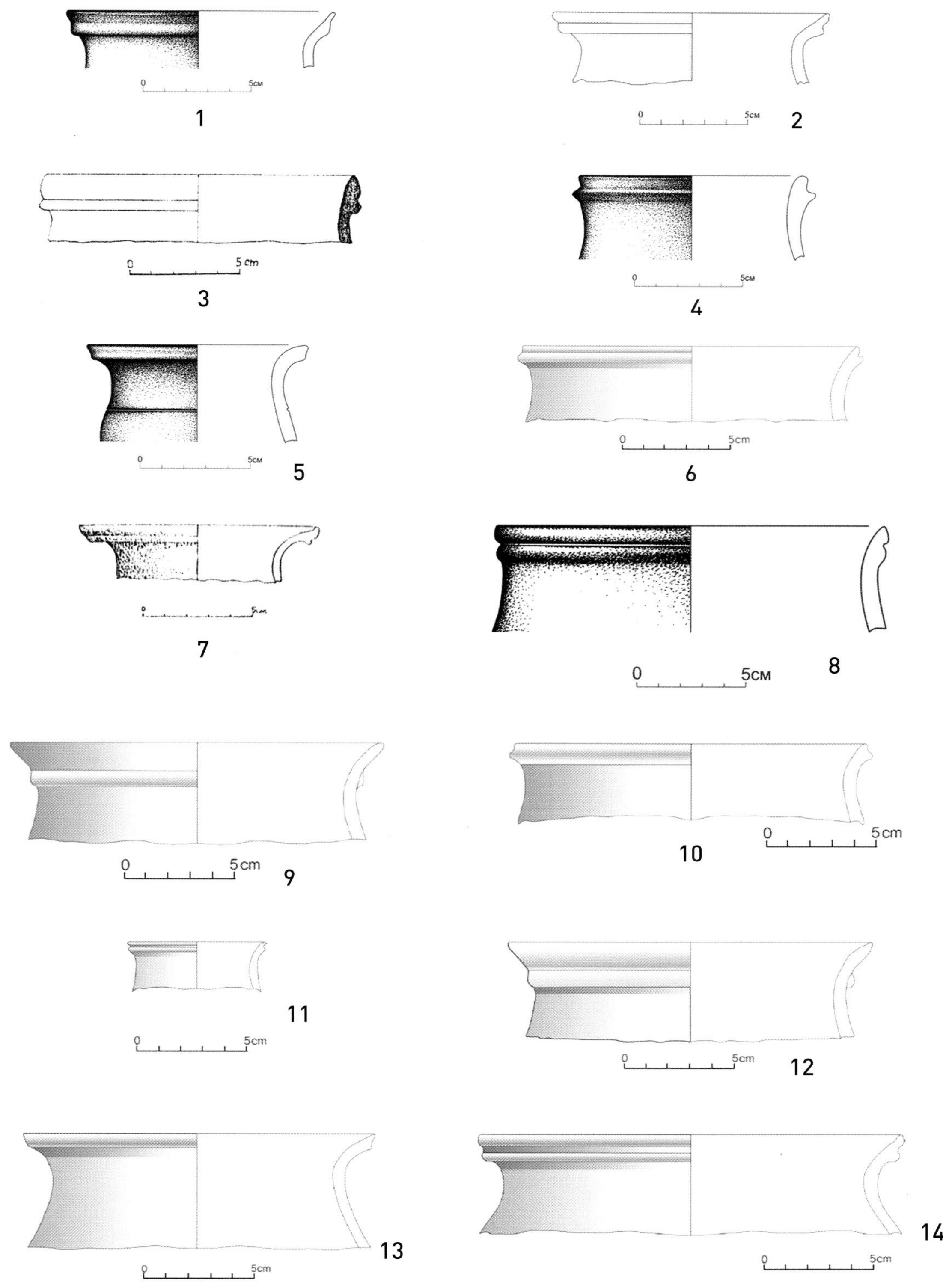

도면 988 | 크라스키노성 출토 2중 구순 협타심발 기타 동체 Ⅴ-2형식(1,2), Ⅵ-2형식(3), Ⅶ-2형식(4), Ⅸ-1형식(5), Ⅸ-2형식(6), Ⅻ형식(7), 기타 구연(8~14): 1-제7인공층 뷔-23방안 (2014-도89, 3), 2-제41구역 제2인공층 엔-2방안(2008-도438, 2), 3-제11구역(1996-도58, 5), 4-제44구역 제7인공층 제-10방안(2014-도89, 4), 5-제47구역 3섹터 제12인공층 아-37방안(2014-도679, 3), 6-제34구역 베-5방안(2007-도254, 5), 7-제31구역 와실유구(2004-도181, 2), 8-제44구역 제10인공층 엔-25방안(2014-도181, 1), 9-제34구역 제11인공층 뷔-14방안(2007-도239, 4), 10-제34구역 제11인공층 베-5방안(2007-도239, 5), 11-제34구역 제12인공층 베-1방안(2007-도245, 3), 12-제34구역 뷔-14방안(2007-도254, 4), 13-제34구역 제9인공층 예-줴-1-2방안(2007-도226, 1), 14-제37구역 제2인공층 예-줴-3,4방안(2007-도237, 2)

도면 989 | 크라스키노성 출토 2중 구순 협타심발 기타 동체 V-2형식(1), IX-1형식(2), 기타 구연(3): 1-제7인공층 붸-23방안 (2014-도84, 2), 2-제47구역 3섹터 제12인공층 아-37방안(2014-도671, 1), 3-제44구역 제10인공층 엔-25방안(2014-도159, 1)

V-2형식. 2점이 있다. 1점은 구경이 12.8㎝이다. 속심은 주황-갈색, 표면은 갈색이다. 유기물 흔적이 있다(도면 988, 1; 989, 1). 다른 1점은 구경이 12.7㎝이다(도면 988, 2).

VI-2형식. 1점이 있다(도면 988, 3).

VII-2형식. 1점이 있다. 구경은 11㎝이다. 속심은 주황-갈색, 표면은 갈색이며, 유기물 흔적이 있다. 말갈 특징을 가진 발해 토기로 평가된다(도면 988, 4).

IX형식. 2종류의 세부 형식이 확인된다.

IX-1형식. 1점이 있다. 구경은 10㎝, 어깨에 1줄의 침선이 돌려져 있다. 속심과 표면이 흑색이다(도면 988, 5; 989, 2).

IX-2형식. 1점이 있다. 물레 보완의 말갈 토기로 보고되었다. 구경은 15.6㎝이다(도면 988, 6).

XII 형식. 1점이 있다. 구순이 위로 향하는 것이 잘 관찰된다. 구경은 11㎝이다(도면 988, 7).

기타 형식 구연부. 상기 구연부 형식들에 포함시키기가 애매한 편들도 8점 있다(도면 988, 8~14; 989, 3).

(2) 홑 구순 협타 심발형 토기

동체는 좁고 길쭉한 협타형 혹은 심발형인데 구순이 2중이 아니라 홑인 것이다. 7개의 구연부 형식이 확인된다. 몇몇 형식의 홑 구연은 2중 구연과 형태적 발전관계에 있다고 생각된다.

I 형식. 구순이 단면 삼각형이면서 아래 모서리가 아래로 처져 갈고리를 연상시키는 것이다. 5점이 확인된다.

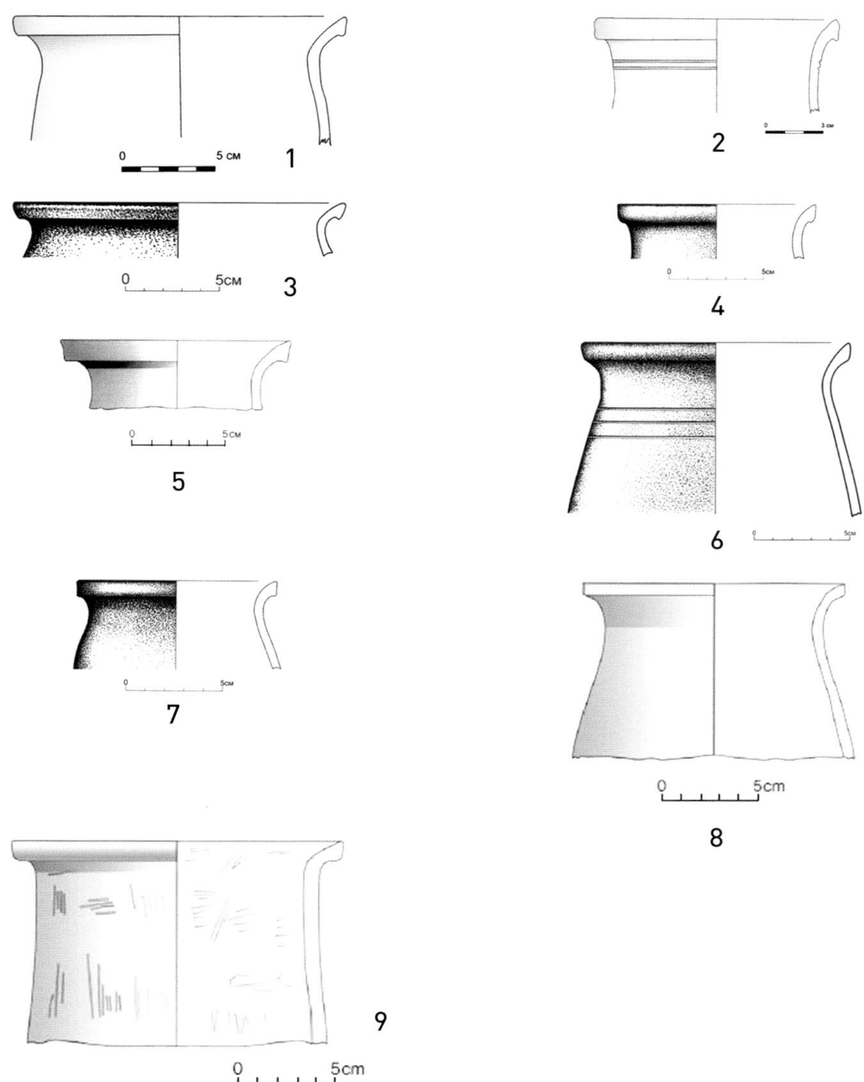

도면 990 | 크라스키노성 출토 홑 구순 협타심발 Ⅰ형식(1~5), Ⅱ형식(6~9): 1-제40구역 13호 주거지 상부 퇴적층 아-20방안(2009-도488, 1), 2-제40구역 제14인공층 10,11호 주거지 베-16방안(2009-도335, 1), 3-제48구역 동쪽섹터 제6인공층 제-28방안(2016-도63, 4), 4-제48구역 동쪽섹터 제8인공층 쥐-36방안(2016-도173, 3), 5-제34구역 제2인공층 베-8방안(2006-도200, 2), 6-제45구역 남쪽섹터 제15인공층 예-10방안(2011-도209), 7-제48구역 동쪽섹터 제9인공층 이-32방안(2016-도246, 2), 8-제34구역 제12인공층 예-3방안(2007-도243, 4), 9-제34구역 6호 주거지 베-5방안(2007-도229, 3)

모두 외반한 구연부를 가졌다. 1점은 어깨 부분 아래가 조금 남아 있어 기형이 어느 정도 추정이 되는데 전형적인 협타심발인 것으로 생각된다. 이 토기는 구경이 17.8㎝이다(도면 990, 1). 나머지는 편이 작아 동체의 형태가 분명하지 않다. 그중의 1점은 목 부분에 2줄의 침선이 수평으로 평행하게 돌려져 있다. 구경은 12.9㎝이다(도면 990, 2; 991, 1). 2점은 말갈 특징을 가진 발해 토기로 평가되는데 구경은 각각 17.8㎝와 17㎝이다(도면 990, 3, 4). 나머지 1점은 구경이 12.3㎝이다(도면 990, 5).

Ⅱ형식. 구순이 단면 삼각형인데 아래 모서리의 하변이 아래로 처지지 않은 것이다. 4점이 확인된다. 3점은 목-

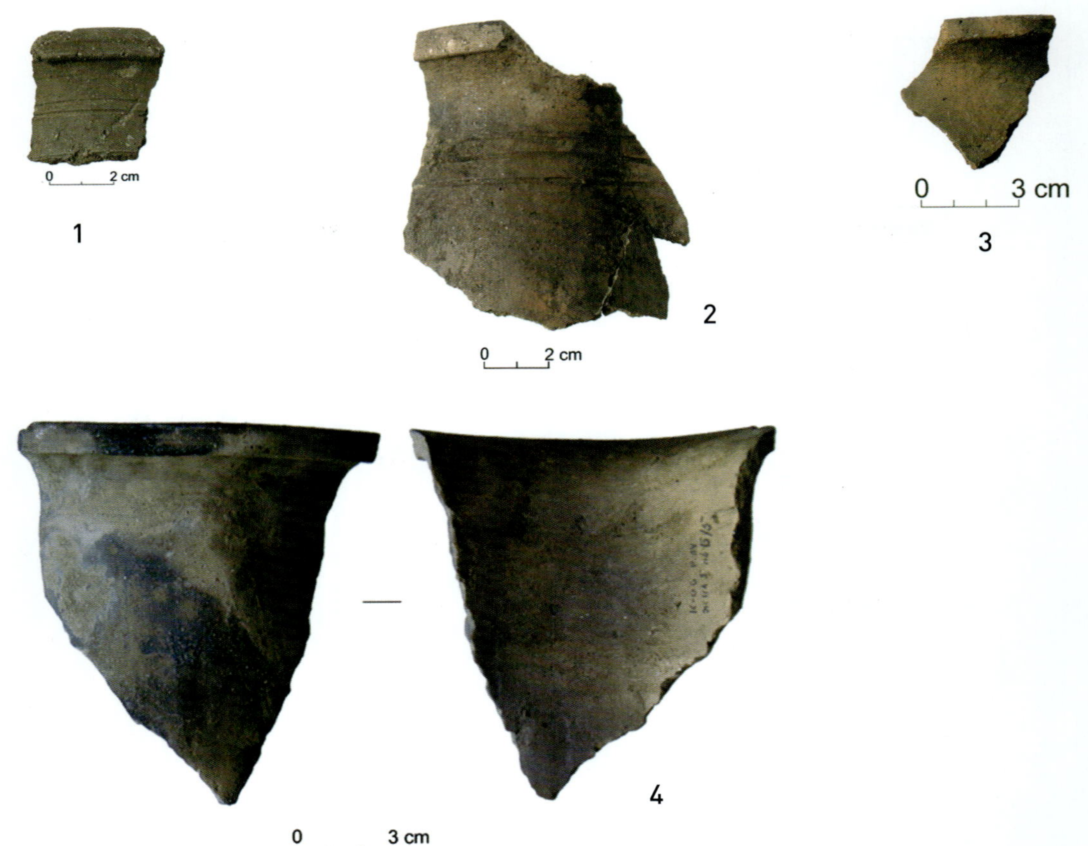

도면 991 | 크라스키노성 출토 홑 구순 협타심발 Ⅰ형식(1), Ⅱ형식(2~4): 1-제40구역 제14인공층 10,11호 주거지 베-16방안(2009-도327, 2), 2-제45구역 남쪽섹터 제15인공층 예-10방안(2011-도209, 1), 3-제48구역 동쪽섹터 제9인공층 이-32방안(2016-도238, 1), 4-제34구역 6호 주거지 베-5방안(2007-도190)

어깨의 기벽이 사선방향으로 거의 곧게 아래로 내려간다. 그중의 1점은 어깨 부분에 3줄의 수평 침선이 평행하게 돌려져 있다. 구경은 13,1㎝이다(도면 990, 6; 991, 2). 구경이 10.2㎝인 1점은 말갈 특징의 발해 토기로 평가된다(도면 990, 7; 991, 3). 1점은 구경이 13.7㎝이다(도면 990, 8). 나머지 1점은 기벽의 거의 수직 방향으로 곧게 내려간다. 외면을 타날 후 정면한 것으로 보고되었다. 구경은 16.9㎝이다(도면 990, 9; 991, 4).

Ⅲ형식. 구순의 상변과 하변이 평행을 이루는 것이다. 3점이 확인된다. 그중의 2점은 전체 기형이 확인된다. 외반하는 구연부 아래로 목이 형성되어 있고, 어깨는 살짝 넓어지는데 동최대경이 중상위에 위치한다. 그 아래로 동체 기벽은 완만하게 축약된다. 외면을 수직 손 마연하였다. 속심은 짙은 오렌지색, 내면은 흑색, 외만은 갈색이다. 구경은 14.5㎝, 저경은 8.6㎝, 높이는 20.5㎝이다(도면 992, 1). 다른 1점은 목이 조금 더 깊게 형성되어 있다. 목 아래의 동체는 위와 아래가 거의 대칭을 이루눈 장타원형이다. 구경은 13㎝, 저경은 9.7㎝, 높이는 20.8㎝이다(도면 992, 2). 나머지 1점에도 목이 약간 형성되어 있다. 구경은 19.2㎝이다. 윤제이며, 말갈 토기로 보고되었다(도면 992, 3; 994, 1).

Ⅳ형식. 구연부가 짧게 외반하고 구순이 둥그스름한 것이다. 2점이 있다. 2점 모두 목 아래의 동체가 약간 편평

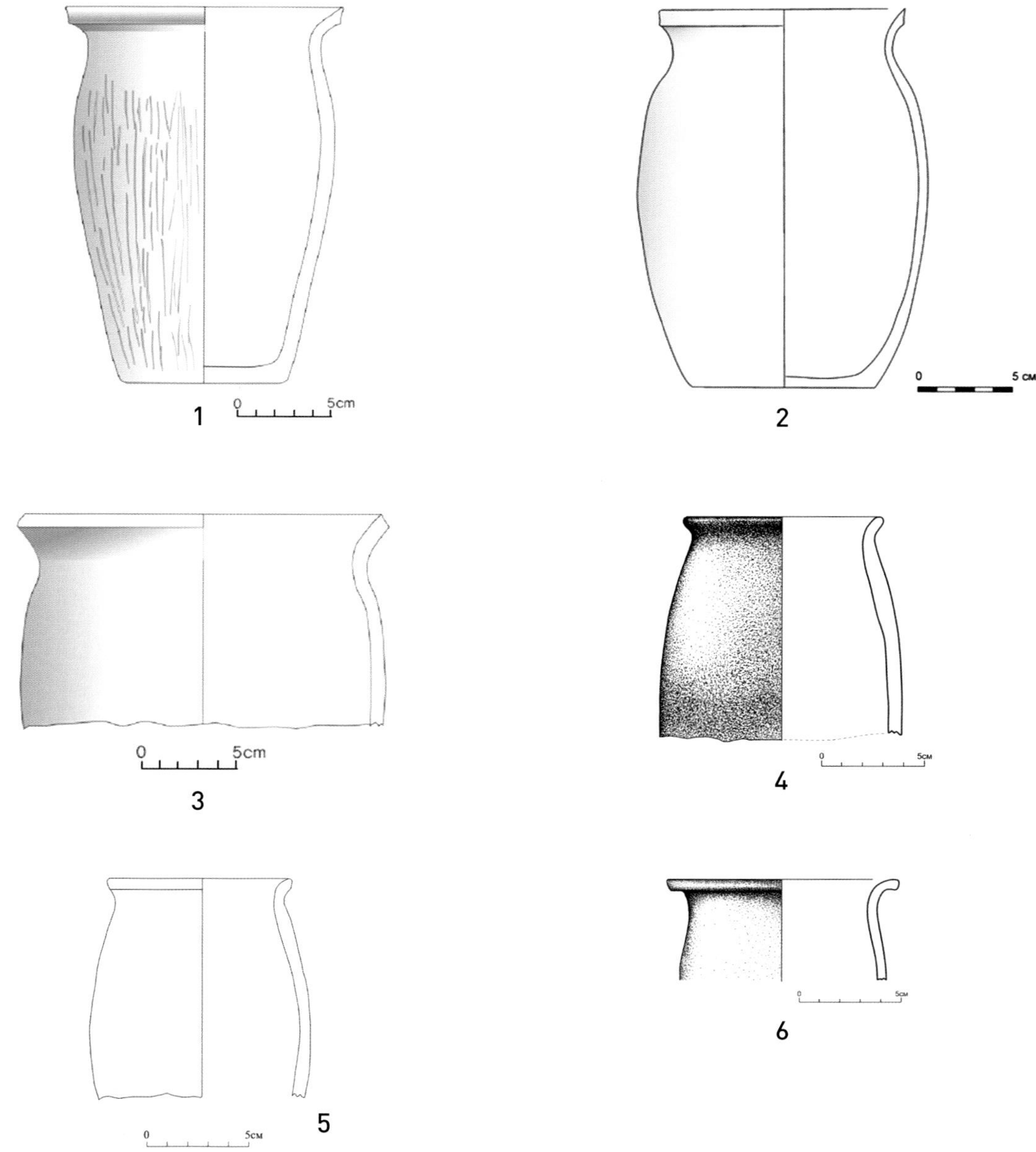

도면 992 | 크라스키노성 출토 홑 구순 협타심발 III형식(1~3), IV형식(4,5), V형식(6): 1-제34구역 제10인공층 제-3방안(2007-도230, 2), 2-제40구역 11호 주거지 베-19, 붸-18방안(2009-도156, 2), 3 -제34구역 6호 주거지 붸-4, 베-2방안(2007-도252, 1), 4-제44구역 제3인공층 줴-24방안(2010-도210), 5-제40구역 제2,3인공층 제-17방안(2008-도451, 6), 6-제45구역 남쪽섹터 제7인공층 데-8방안(2011-도73)

한 장타원형에 가까우며, 서로 비슷하게 생겼다. 구경은 각각 9.8㎝와 8.8㎝이다(도면 992, 4, 5; 994, 2, 3).

V형식. 외반하는 구연부가 거의 수평을 이루는 것이다. 1점이 확인된다. 구연부-목-어깨의 단면이 넓은 C자 모양이다. 구경은 11.3㎝이다. 말갈 토기로 보고되었다(도면 992, 6; 994, 4).

VI형식. 구순이 위를 향하는 일종의 상첨구순이다. 구연부가 사선방향인 것(VI-1형식), 거의 수직인 것(VI-2형

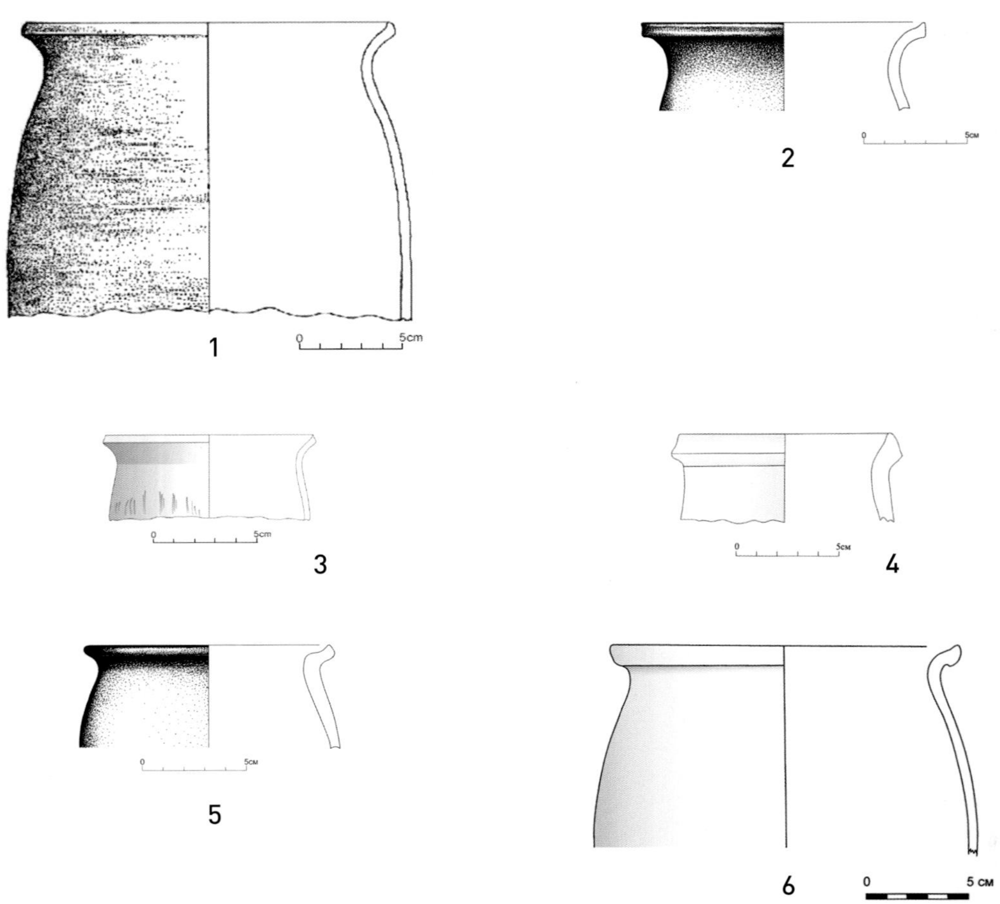

도면 993 | 크라스키노성 출토 홑 구순 협타심발 VI-1형식(1,3), VII-1형식(2), VI-2형식(4), VI-3형식(5,6): 1-제34구역 제10인공층 5호 주거지 붸-4방안(2007-도234, 2), 2-제47구역 3섹터 제11인공층 베-27방안(2014-도659, 5), 3-제34구역 제12인공층 베-5방안(2007-도244, 2), 4-제41구역 제2인공층 엠-3방안(2008-도438, 1), 5-제53구역 남서쪽섹터 제5인공층 에쓰-1방안(2018-도762, 2), 6-제40구역 제7인공층 게-15방안(2009-도99, 2)

식), 구순이 둥그스름한 것(VI-3형식)으로 구분된다.

VI-1형식. 1점은 비록 기저부는 없지만 기형이 어느 정도 확인된다. 잘록하게 목이 형성되어 있고, 그 아래의 동체는 약간 편평한 장타원형이었을 것으로 생각된다. 속심은 흑색, 표면은 암갈색이다. 어깨 부분에 유기물 흔적이 있다. 말갈 토기로 보고되었다. 구경은 16.6㎝이다(도면 993, 1; 994, 5). 나머지도 비슷한 형태였을 것으로 생각된다(도면 993, 2, 3).

VI-2형식. 1점이 있다. 구경은 10.3㎝이다(도면 993, 4).

VI-3형식. 2점이 있는데 모두 동체 기형이 장타원형이었을 것으로 생각된다. 1점은 구경이 12.4㎝이고, 속심과 표면이 모두 암회색이다. 말갈 특징을 가진 발해 토기로 평가된다(도면 993, 5). 다른 1점은 구경이 17.1㎝이다(도면 993, 6).

도면 994 | 크라스키노성 출토 홑 구순 협타심발 III형식(1), IV형식(2,3), V 형식(4), VI-1형식(5), VI-3형식(6,7): 1-제34구역 6호 주거지 뭬-4, 베-2방안(2007-도157, 2), 2-제44구역 제3인공층 줴-24방안(2010-도209, 1), 3-제40구역 제2,3인공층 제-17방안(2008-도379, 2), 4-제45구역 남쪽섹터 제7인공층 데-8방안(2011-도75, 1), 5-제34구역 제10인공층 5호 주거지 뭬-4방안(2007-도186), 6-제53구역 남서쪽섹터 제5인공층 에쓰-1방안(2018-도755, 2), 7-제40구역 제7인공층 게-15방안(2009-도211)

13. 자기와 시유 그릇

크라스키노성에서는 자기와 유약을 입힌 그릇들도 적지 않게 출토되었다. 유약을 입힌 그릇은 대부분 삼채기에 해당한다. 그 외에도 자연 유약이 나온 그릇도 있다. 자기와 유약 그릇들은 대부분의 경우 편 상태로 발견되어 전체 기형이 복원되는 것이 많지 않다. 크라스키노성에서 출토된 자기와 시유 그릇은 백자와 삼채기가 가장 많은 수량을 차지한다. 백자는 대부분이 정요에서 생산한 정요 자기이나 자주요에서 생산한 것도 있고, 또한 장사요에서 생산을 한 갈색 계통의 자기도 있다. 또한 흑색과 진갈색의 자기도 발견된 것이 있으며, 19세기 말~20세기 초 조선에서 생산한 자기들도 발견되었다. 자연유 그릇은 접시인데 토기 접시 부분에서 소개하였다.

1) 삼채기

가장 많은 수량을 보인다. 1981년에 제5구역의 금당지에서 녹색, 황색, 갈색의 유약이 시유된 삼채 뚜껑 및 다른 동체부의 편들이 수점 출토되었다(도면 995, 1).

1983년에 제7구역의 2호 구덩이에서 녹색과 황색이 시유된 삼채기편이 2점 출토되었으나 사진이나 도면은 제시된 것이 없다.

1994년에 사찰구역에서 다수의 납유 삼채기편들이 출토되었다(도면 995, 2~11). 삼채기는 단색과 다색이 구분되어 보고되었다. 제10구역에서 출토된 서로 다른 개체에서 나온 2점이 납유 단색에 해당한다. 1점은 석축담장 부근에서 출토되었다(도면 995, 2). 구연부편인데 동체가 둥근 내만구연호의 일부로 생각된다. 태토는 백색에 가까우면 연한 편이다. 시유를 하기 전에 기벽에 황-크림색 슬립을 입혔다. 외면은 짙은 녹색, 내면은 알록달록한 밝은 녹색이다. 다른 1점은 마찬가지로 석축담장 가까이에서 출토되었는데 낮은 합의 윗부분이다(도면 995, 3). 뚜껑받이 턱이 잘 남아 있다. 태토는 부드럽고 베이지색이나 부분적으로 오렌지색 음영이 있는데 2차의 불로 인할 것이다. 태토에 0.3㎜ 이하의 석영 사립과 드물게 입자가 더 굵은 그리고 태토 자체와 비슷한 경도를 가진 내화

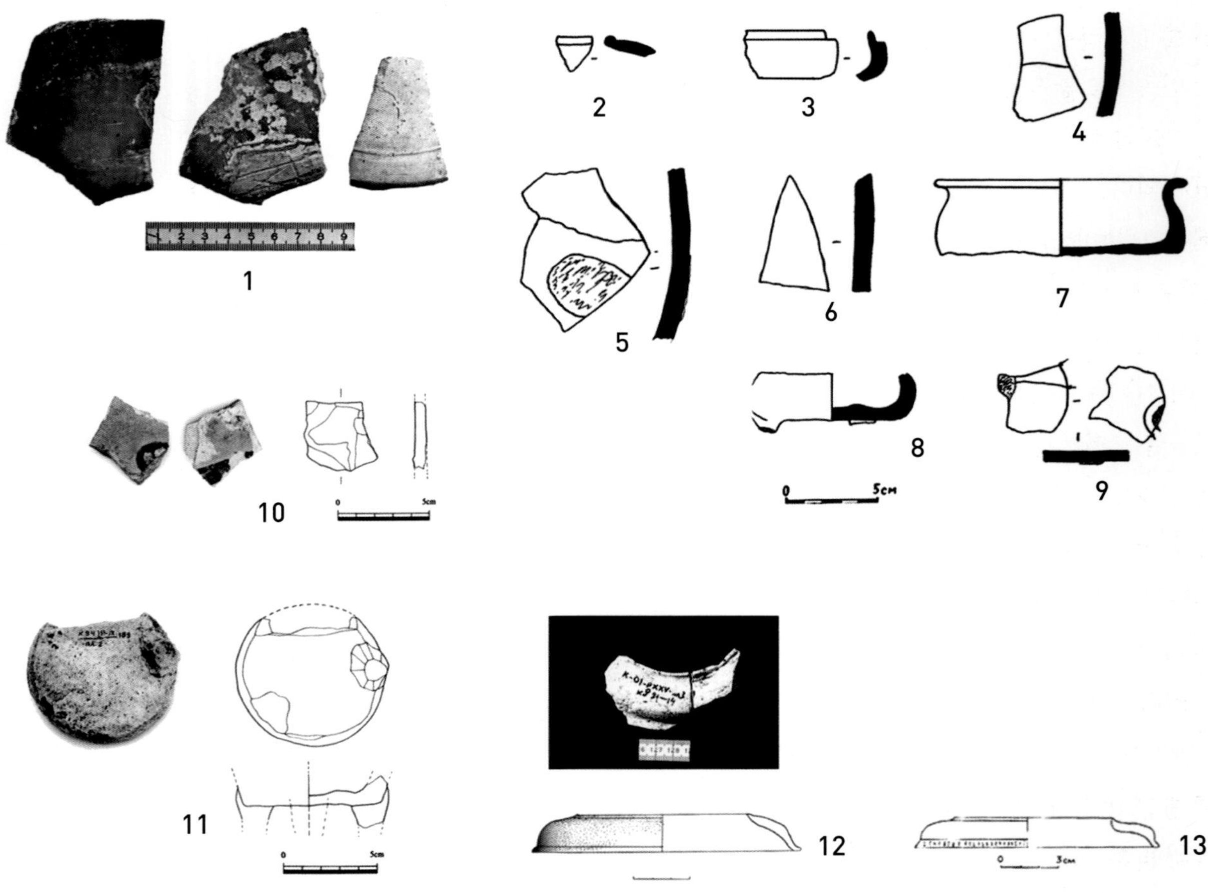

도면 995 | 크라스키노성 출토 삼채기편들: 1-제5구역(1981-도37), 2~9-제 10구역(1994-도147; 148), 10-(1994-한국어본 도78; 173; 174), 11-(1994-한국어본 도77; 170~172), 12-(2001-도38), 13-제25구역(2000-도39, 1)

토로 생각되는 첨가물이 섞여 있다. 외면은 짙은 녹색이고, 내면은 부분적으로 시유하였다. 유약이 남은 부분은 빙열이 확인된다.

다색 납유 도자기는 6개체에서 나온 8개의 편이 있다. 제10구역에서 출토된 2점은 기벽이 0.8㎝로 두꺼운 동체 부편이며 기형은 확인되지 않는다(도면 995, 4). 기벽이 연질이고 밝은 갈색이다. 기면에 슬립은 확인되지 않았다. 외면은 녹색인데 붓으로 세로 방향으로 시유하였고, 내면은 밝은 갈색인데 붓으로 가로 방향으로 시유하였다. 빙열이 있고, 유층이 쉽게 떨어져 나온다.

제10구역에서 출토된 다른 2점은 1981년에 금당지에서 출토된 구상동체의 대형 삼채기에 속하는 것이다(도면 995, 5). 기벽은 연질이고, 회백색이다. 슬립을 입히지 않고 소성을 한 후 기면에 바로 시유를 하였다. 외면은 밝은 녹색, 짙은 녹색, 그리고 갈색의 유약이 0.1㎜ 이하로 두텁게 시유되었고, 내면은 밝은 녹색 한 가지 색만 얇게 시유되었다. 외면에 덧붙인 장식의 흔적이 남아 있다. 빙열이 있다. 다른 다색 삼채를 입힌 1점은 작은 편이다. 기형이 확인되지 않지만, 기벽의 호선으로 보아 목 부분일 것으로 추정되었다(도면 995, 6). 기벽이 조금 더 단단하고, 밝은 회색이다. 소성을 한 다음에 기벽보다 조금 더 밝은색의 슬립을 입혔고, 그다음에 시유를 하였다. 외면은 밝은 녹색, 짙은 녹색, 황색, 갈색이 띠를 이루며 시유되어 있고, 내면은 밝은 녹색이 얇게 시유되었다.

1994년에 제10구역에서는 삼채 삼족기의 편이 1점 발견되었다. 다리는 남아 있지 않았지만 기형이 삼족기와 일치한다(도면 995, 7). 구경은 13.5㎝, 경경은 12㎝, 동최대경은 13.2㎝이다. 저경은 동최대경과 비슷하다. 기벽은 연질이고, 크림색이다. 슬립은 관찰되지 않았다. 유약은 양면에 시유되었고, 일부분에만 남아 있다. 유면은 빙열이 있음에도 광택을 유지하고 있다. 녹색, 황색, 갈색이 보인다.

1994년에 제9구역에서 2개체에 해당하는 삼채 삼족기 편들이 발견되었다. 삼채 삼족기 1점은 다리 1개가 일부 남아 있다(도면 995, 8). 동최대경은 9㎝, 저경은 7㎝이다. 기벽은 연질이고, 회백색이다. 다만 유약을 입힌 기면은 베이지색이다. 슬립을 입힌 다음에 짙은 녹색, 밝은 녹색, 그리고 갈색의 유약을 시유하였다. 나머지 삼채 삼족기 1점은 저부편이다(도면 995, 9). 기벽은 연질이고, 밝은 갈색이다. 시유되지 않은 부분은 기면은 회색이다. 내면은 갈색 반점이 있는 짙은 녹색이다.

그 외에도 한국어본 보고서에 1994년에 출토된 삼채기 2점이 보고되어 있는데 러시아본 보고서에 소개된 것과 동일한 것인지 분명하지 못하다. 1점은 동체부편이고, 다른 1점은 삼족기 저부편이다. 삼채기 동체부편은 잔존 높이가 3.8㎝에 불과하며, 부분적으로 녹유가 시유되었다(도면 995, 10). 삼채 삼족기는 바닥과 다리 1개의 일부가 각각 남아 있다. 기면에 녹유가 일부만 남아 있다. 다리는 다각형으로서 따로 제작하여 부착하였다. 삼족기의 내저는 가운데 부분을 오목하게 깎아서 마무리하였다. 정선된 태토에 미세한 사립이 섞여 있다. 삼채 삼족기의 잔존 높이는 3.1㎝이다(도면 995, 11).

1999년에는 제21구역에서 삼채기편이 1점 출토된 것으로 보고되었다. 도면이나 사진은 제시된 것이 없다.

2000년에는 제25구역에서 모두 8점의 삼채기편이 출토되었다. 그중의 1점은 경작층에서 출토된 것인데 속이 빈 둥근 테 덮개 모양이고, 아래쪽 가장자리가 눈금무늬로 장식되었다. 기벽은 연질이고, 속심에 암회색 간층이 있는 밝은 분홍색이다. 외면에만 녹황색의 납 유약이 시유되었다. 기면과 유면 사이에 슬립은 확인되지 않는다. 구경이 12.9㎝이다(도면 995, 13). 그 외에 경작층에서 1점, 제2인공층에서 4점, 제3인공층에서 2점의 삼채기편이 각각 출토되었으나 도면이나 사진은 제시되지 않았다.

2001년에는 11개체에서 나온 약 30점의 시유 그릇 편이 출토되었다. 대부분은 작은 편 상태이다. 보고된 것은 수점에 불과한데 대부분이 삼채기이다. 유물의 형태가 어느 정도 확인된 삼채기가 분명한 것은 4점이 있다. 그중의 1점은 속이 빈 테 덮개 모양 유물이고, 1점은 잔 윗부분이며, 2점은 뚜껑이다. 1점은 주전자인데 삼채기인지 분명하지 못하여 기타 자기에서 소개하였다.

2001년에 제25구역에서 출토된 속이 빈 테 덮개 모양의 삼채기편은 2000년에 출토된 것과 비슷한 형태이다. 윗부분 직경은 9.5㎝이고, 아랫부분 직경은 14.8㎝이다. 높이는 2㎝이다. 외면에만 시유를 하였는데 기면과 유면 사이에 슬립을 사용하지 않았다. 유약은 밝은 녹색이며, 빙열이 있다(도면 995, 12).

제25구역에서 출토된 뚜껑편은 가운데 부분이 남아 있지 않다. 외면에 너비 2~2.5㎜인 2열의 고리 모양 돌대를 돌렸다. 가장자리에는 너비 3㎜의 턱이 있다. 태토는 밝은 베이지 색이고, 모래를 포함하며, 입자가 굵은 첨가물은 보이지 않는다. 납 유약을 양면에 슬립이 없디 바로 시유하였다. 뚜껑의 안쪽은 약간 녹색을 띠는 거의 무색인 유약이 얇게(0.1㎜ 이하) 덮여있다. 뚜껑의 바깥쪽과 가장자리는 바탕으로 밝은 녹색 유약을 0.1㎜ 이하의 두께로 시유하였고, 그 위로 밝은 갈색의 유약을 이용해 얼룩 모양의 문양을 넣었다. 밝은 갈색 유약은 일부에만 남아 있다. 추정 직경은 10.1㎝이다(도면 996, 1).

제25구역에서는 삼채 잔 윗부분도 1점이 출토되었다(도면 996, 2). 구연은 밖으로 약간 바래졌고 뾰족하다. 구경은 9.6㎝이다. 구연 바로 아래 바깥쪽에는 침선의 하나 돌려져 있다. 태토는 회백색이며 입자가 굵은 혼입물을 첨가하지 않았다. 외면에는 유약이 시유되어 있다. 내면에도 시유가 되었는지는 불분명하다. 적어도 구연부 가장자리에는 유약이 없다. 아주 밝은 황록색 유약이 바탕 역할을 하는데, 태토 위에 거의 흰색을 띤다. 유약의 두께는 0.1㎜ 이하이다. 침선 부분에는 유약의 두께가 다른 곳보다 두꺼우며 이로 인해 진한 녹색을 띤다. 기벽 위에 바로 시유하였다.

삼채 뚜껑편 1점은 제29구역의 4호 구덩이에서 출토되었다. 합의 뚜껑으로 생각된다. 최대 직경은 16㎝이다. 약간 결실된 구연-돌기 부분은 직경이 15㎝이다. 기벽은 밝은 베이지색이며, 태토에는 입자가 굵은 모래는 보이지 않고, 굵기가 0.5㎜ 이하인 황토 입자가 관찰된다. 납 유약은 황색이며, 외면에만 태토 위에 바로 시유하였다(도면 996, 3).

그 외에 2001년에 제25구역에서 발견되었고 사진만 제시된 삼채기편도 3점이 있다(도면 996, 4).

2002년에는 녹색의 납 유약으로 덮인 삼채기편이 5점 출토되었다. 시유가 된 것은 6점이었는데 그중의 1점은 장사요 자기편이다.

2004년에는 제31구역 와실유구에서 2개체에 속하는 4점의 발해 삼채 그릇편이 출토되었다(도면 996, 5), 그중의 1점은 기벽이 0.8㎝로 두꺼운 동체부편이다. 이 삼채기편은 기벽이 회백색과 크림색이다. 태토는 드물게 큰 입자 사립이 섞인 자연 모래 점토를 사용하였다. 기면과 유면 사이에 슬립이 관찰되지 않았다. 외면에는 진한 녹색 유약 위로 붓으로 갈색의 유약을 띠 모양으로 칠하였다. 유면의 두께는 0.2㎜이다. 내면은 얇게 유약을 발랐는데 연한 녹색이고, 드물게 황색도 있다. 빙열이 관찰된다.

2005년 제34구역 1호 주거지에서 삼채기편이 1점 출토되었다(도면 996, 6).

2007년도 발굴조사보고서에는 2006년에 제34구역의 4호 주거지에서 삼채 내만구연 호가 1점 출토된 것으로 보고되었다. 이 호는 구경이 11㎝이다. 기벽은 크림색이고, 태토는 고운 입자의 점토이며, 기면과 유면 사이에 슬립이 잘 남아 있다. 유약은 녹색과 황색이 일부 구간에만 잔존한다(도면 996, 7). 그 외에도 2007년에는 제38구역에서 삼채 그릇 구연부편이 1점 출토되었지만, 사진만 제시되고 구체적인 내용은 보고되지 않았다(도면 996, 8).

2008년에는 제40구역에서 3점의 삼채기 동체부편이 출토되었다. 2점은 외면이 녹색과 갈색 유약으로 덮였고(도면 997, 1, 2), 다른 1점은 외면이 녹색 유약으로 덮였다(도면 997, 3).

2009년에는 삼채기편이 제40구역 1호 구덩이에서 1점이, 제42구역에서 1점이 각각 출토되었다. 제40구역에서 출토된 것은 뚜껑편이다(도면 997, 4). 뚜껑 동체 및 드림새 일부가 남아 있다. 뚜껑의 턱 상단부의 최대 직경은 6.8㎝, 드림부 직경은 5.4㎝이다. 기벽은 밝은 회색이고, 유약은 슬립이 없이 바로 외면에만 칠하였다. 유약의 두께는 0.1㎜이다. 아주 연한 색깔을 띠고, 부분적으로 갈색의 반점이 있다. 납 유약을 사용한 것으로 판단되었다. 제42구역에서 출토된 것은 삼채 그릇의 저부편이다(도면 997, 5). 크기는 저경 10.6㎝, 바닥 두께 0.6㎝, 동체 두께 0.4㎝이다. 기벽은 밝은 회색인데, 유약을 입히지 않은 부분은 좀 더 밝은 색이다. 양면에 유약을 발랐으나 바깥 바닥에는 유약이 흘러내린 흔적만 남아 있다. 내면에는 밝은 녹색의 유약이 칠하여 있고, 외면에는 밝은 녹색의 유약이 칠해졌으나 갈색 반점이 확인된다. 전체적인 색깔은 밝은 녹색, 짙은 녹색, 짙은 갈색이다.

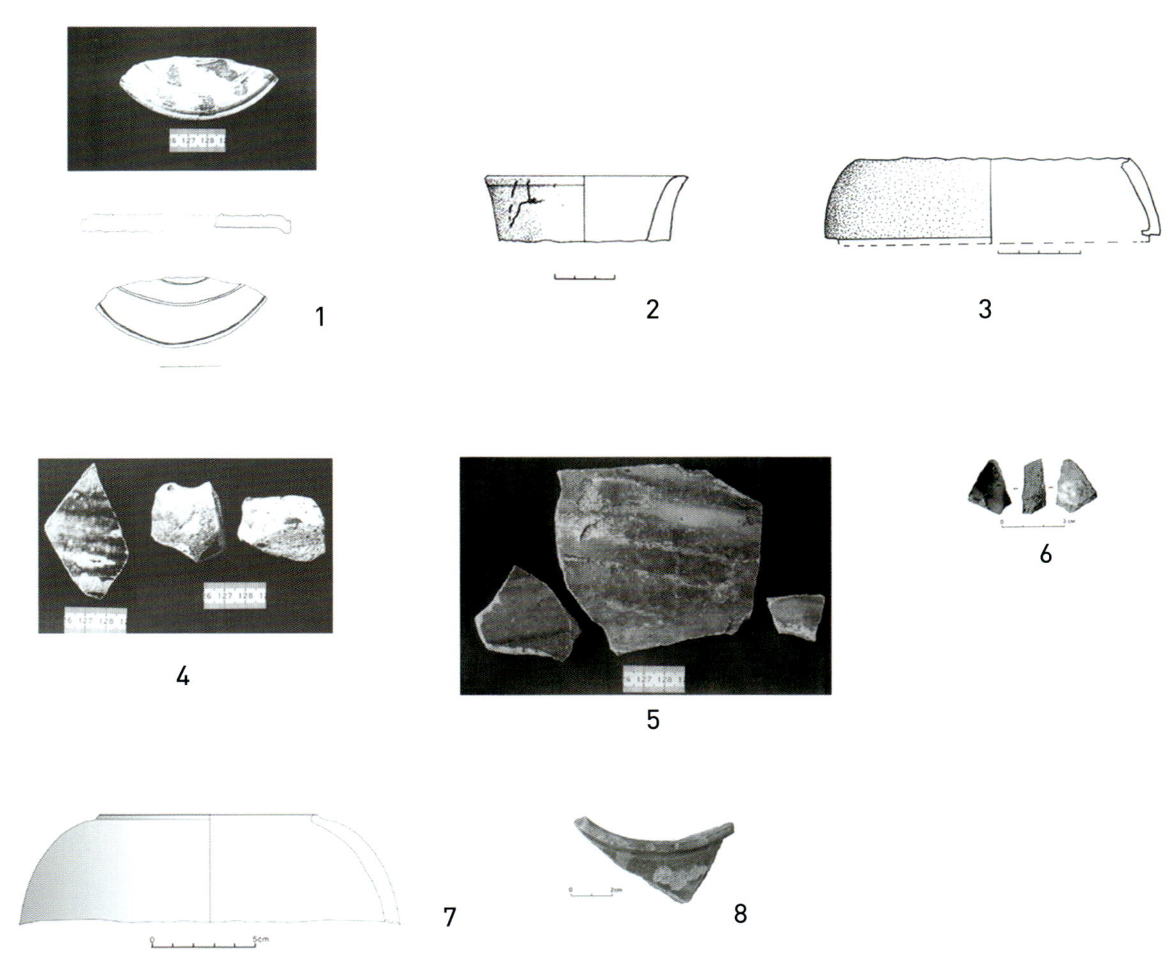

도면 996 | 크라스키노성 출토 삼채기편들: 1, 2-제25구역(2001-도37; 39, 1), 3-제29구역(2001-도 86, 1), 4-제25구역(2001-도 42), 5-제31구역(2004-도145), 6-제34구역(2005-도153, 1), 7-제34구역(2006-도222, 1), 8-제38구역(2007-도30, 2)

2010년도 발굴조사보고서에는 제44구역에서 출토된 삼채기편이 3점 보고되었다. 모두 작은 편 상태이다. 1점은 동체부편인데 크기가 6×6.8㎝이고, 기벽의 두께가 1.1㎝이다. 기벽은 크림색이고, 외면에는 밝은 녹색과 짙은 녹갈색 유약이 시유되었다. 내면에는 밝은 갈색 유약이 시유되었는데 빙열이 있다(도면 997, 6). 다른 1점은 목 부분에 해당하는 작은 편이다. 양면에 녹갈색 유약이 시유되었고, 빙열이 있다(도면 997, 7). 다른 1점도 작은 편인데 사진이나 도면이 제시되지 않았다.

2011년에 제48구역에서 2점의 삼채기 동체부편이 출토되었다. 그중의 1점은 크기가 3.6×6.3㎝, 기벽 두께가 0.7~0.75㎝이다. 기벽은 베이지색이다. 육안으로 보이는 석영질 사립의 크기는 0.5㎜를 넘지 않는다. 시유는 슬립

도면 997 | 크라스키노성 출토 삼채기편들: 1, 2, 3-제40구역(2008-도270; 350; 319), 4-제40구역(2009-도33; 34), 5-제42구역(2009-도652, 3), 6, 7-제44구역(2010-도34; 103, 1), 8-제48구역(2011-도549)

없이 기벽에 바로 하였다. 외면에는 유약이 녹색, 짙은 녹색, 갈색이 띠를 이루고 있고, 가장자리는 황색이다. 유약의 두께는 0.15㎜이다. 내면의 밝은 녹색 유약은 두께가 0.1㎜ 이하로 더 얇다(도면 997, 8). 다른 1점은 크기가 2.3×3.1㎝이다. 기벽의 두께는 0.75~0.8㎝이다. 기벽은 베이지색이고, 양면이 시유되었다. 외면은 황갈색이고 유약 두께가 0.15㎜이다. 내면은 녹색이고 유약 두께가 0.05㎜이다(도면 998, 1).

2012년도에는 삼채기편이 제44구역에서 1점, 제47구역에서 1점, 제48구역에서 2점 등 모두 4점이 발견되었다. 제44구역에서 출토된 1점은 동체부편이다. 주로 녹색의 유약과 부분적으로 암녹색 및 황갈색의 유약이 남아 있다. 기벽의 두께는 0.6㎝, 유면의 두께는 바깥쪽은 0.2㎜, 안쪽은 0.1㎜ 미만이다. 태토에 작은 입자와 중간 입자의 모래가 포함되어 있다. 기벽이 회백색이다. 기면과 유면 사이에 슬립이 관찰된다(도면 998, 2).

제47구역에서 출토된 1점은 황녹색의 유약이 시유된 뚜껑편이다. 잔존 크기는 0.8×3×3.1㎝이다. 뚜껑 기벽의 두께는 0.7~0.8㎝이다. 유약은 외면에만 발랐는데 그 두께가 0.1~0.2㎜이다(도면 998, 3).

제48구역에서 출토된 1점은 녹색의 납 유약이 시유된 뚜껑편이다(도면 998, 4). 구경은 22㎝이상이다. 기벽의 두께는 구연부는 0.5㎝, 동체 부분은 0.4~0.5㎝이다. 황갈색의 얼룩이 있는 녹색의 유면이 남아 있다. 유면의 두께

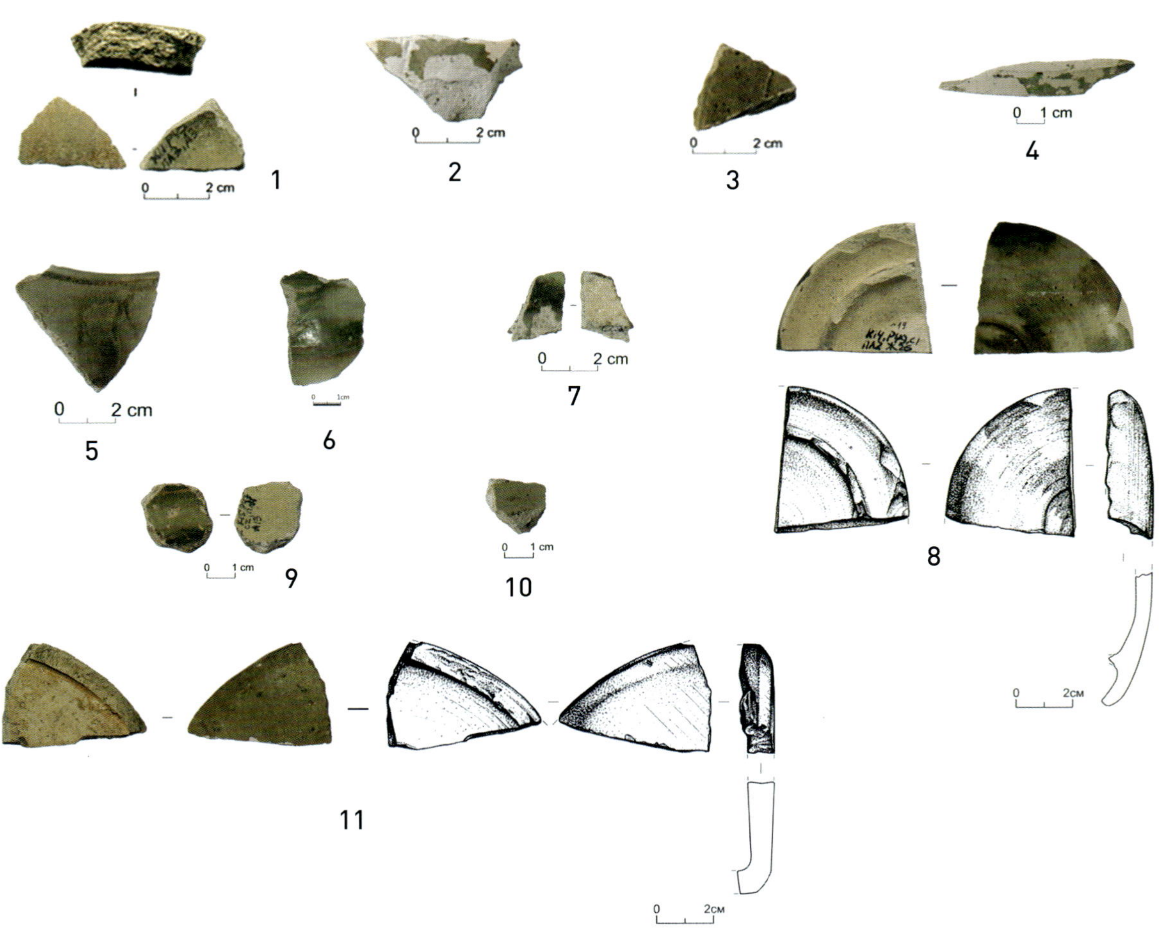

도면 998 | 크라스키노성 출토 삼채기편들: 1– 제48구역(2011-도 541), 2-제44구역(2012-도114), 3-제47구역(2012-도412), 4, 5-제48구역(2012-도254; 244), 6-제44구역(2013-도39), 7-제47구역(2014-도690), 8-제49구역(2014-도777), 9, 10-제47구역(2015-도480; 516), 11-제50구역(2015-도738; 739)

는 0.1~0.15㎜이며, 안쪽에는 유약을 바르지 않았을 것으로 판단된다. 기벽은 크림색이며, 태토에 작은 입자와 중간 입자의 모래가 섞여 있다. 슬립도 있었을 것으로 보이나 분명하지는 않다(도면 998, 4). 제48구역에서 출토된 다른 1점은 사진만 제시되었는데 삼채기 구연부편이다(도면 998, 5).

2013년에는 제44구역에서 1점의 삼채기 동체부편이 출토되었다. 유색은 녹색과 갈색이 중심이다(도면 998, 6).

2014년에 삼채기는 제47구역과 제49구역에서 각각 1점씩이 출토되었다. 제47구역에서 출토된 것은 동체부편이다. 잔존 크기는 2.6×1.4×0.9㎝이다. 내면의 유약은 연황색이고, 반투명하며 두께는 0.1㎜ 이하이다. 외면의 유약은 주로 짙은 녹색과 밝은 녹색이나 갈색의 작은 반점이 하나 있다. 외면 유약층의 두께는 약 0.1㎜이다. 기벽은 회백색이고, 태토에는 개별적으로 사립이 보인다(도면 998, 7).

제49구역에서는 삼채 합의 뚜껑편이 1점 출토되었다. 추정 구경은 8.7㎝, 추정 높이는 1.4㎝이다. 외면에만 시유하였다. 유약은 밝은 녹색이며 그 위에 짙은 녹색과 갈색의 유약 얼룩들이 형성되어 있다. 태토에는 고운 입자의 사립이 섞여 있다. 기벽은 밝은 회색이고 내면은 황회색이다(도면 998, 8).

2015년에는 삼채기편이 제47구역에서 2점, 제50구역에서 2점이 각각 출토되었다. 제47구역에서 발견된 1점은 삼채기 동체부편으로 만든 원판모양의 놀이 알이다. 이 놀이 알은 색깔이 녹갈색이고 크기는 28×23×10㎜이며, 가장자리는 타날되었다(도면 998, 9). 다른 1점은 작은 동체부편이다(도면 998, 10).

제50구역에서 발견된 1점은 삼채기 뚜껑편이다. 합의 뚜껑으로 생각되나, 드림부는 남아 있지 않다. 동최대경은 약 9㎝이다. 외면에 녹색의 유약이 시유되어 있다(도면 998, 11). 다른 1점은 동체 일부와 구연부가 남아 있어

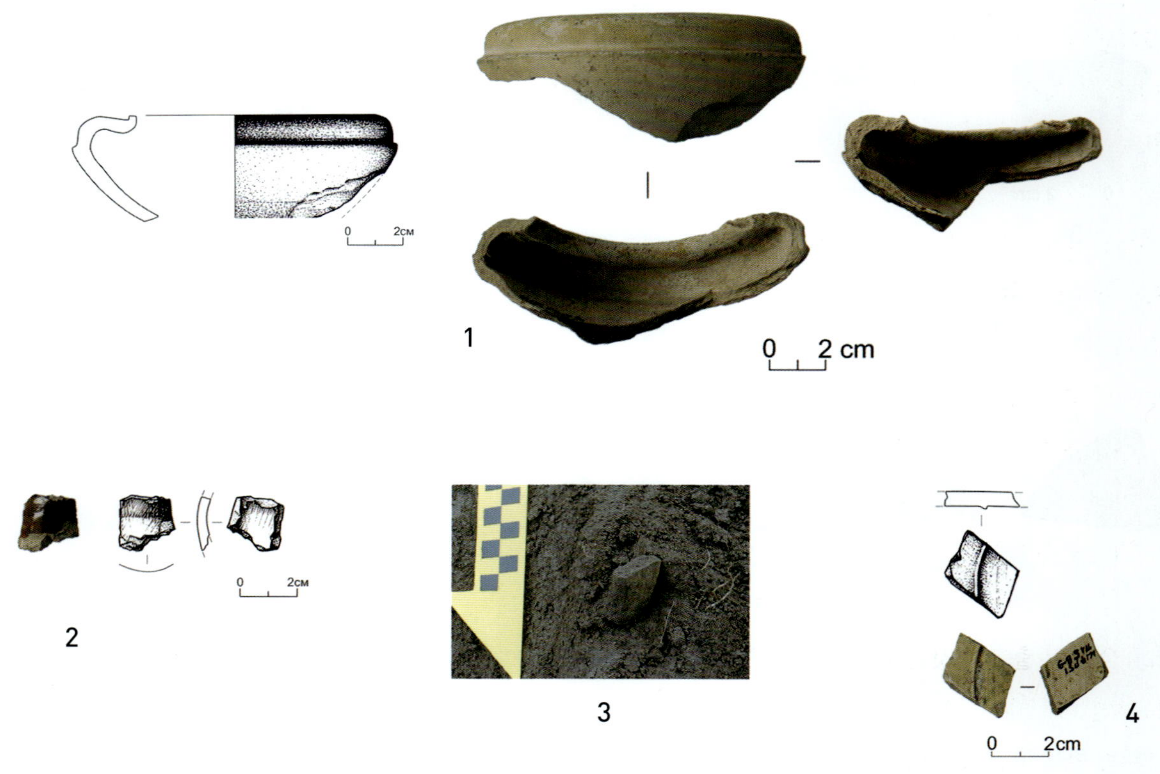

도면 999 | 크라스키노성 출토 삼채기편들: 1-제50구역(2015-도877; 878), 2-제48구역(2016-도77; 78), 3, 4-제51구역(2017-도87; 167; 168)

그릇의 윗부분은 기형이 복원된다. 전체적으로 납작한 느낌을 주는 이 그릇은 동최대경 위의 어깨가 안쪽으로 거의 수평에 가깝게 내만하였고, 구연부는 위로 짧게 꺾여 직립한다. 동최대경 부분에 턱이 형성되어 있다. 구경은 7.5㎝, 동최대경은 11.6㎝이다(도면 999, 1).

2016년에는 제48구역에서 삼채기의 목 부분이 1점 출토되었다. 유색은 갈색이다(도면 999, 2).

2017년에는 제51구역에서 삼채기편이 2점 출토되었다. 1점은 유약은 잔존 상태가 나쁘며, 황갈색 유약층의 두께는 0.1㎜이다. 잔존 크기는 3.9×2.2×0.8㎝이다(도면 999, 3). 다른 1점은 뚜껑편으로 보고된 것이다. 유약은 양면에 투명하게 시유되었다. 부분적으로 녹색의 유약이 확인된다. 유약층의 두께는 외면은 약 0.1㎜, 내면은 0.1㎜ 이하이다. 윗면에 고리 모양의 돌대가 1줄 돌려져 있다. 잔존 크기는 2.4×1.8×0.55㎝이다. 돌대의 너비는 2㎜, 높이는 1㎜이다(도면 999, 4).

2) 백자

1983년에 제7구역에서 백자 완이 1점 출토되었다. 이 완은 기벽이 사선 방향으로 나있고 직구이다. 접시를 연상시키는 얕은 완이다. 바깥 바닥에는 굽이 낮게 확인된다. 크기는 구경 16.5㎝, 높이 4㎝, 굽 직경 9.5㎝이다(도면 1000, 1).

1990년에는 제8구역에서 2점의 백자편이 출토된 것이 사진으로 제시되어 있다(도면 1000, 2). 2점 모두 구연부편으로 생각된다.

1994년에 제10구역에서 장석 유약을 사용한 2점의 자기편이 출토되었다. 1점은 소형 자기의 동체부편이다(도면 1000, 3). 기벽은 회색이며, 양면이 짙은 회색의 유약으로 덮여있다. 유약과 기면이 견고하게 붙어있다. 빙열은 거의 없다. 다른 1점은 화형 접시의 구연부편이다(도면 1000, 4). 외면의 고품질 백색 유면은 매끈하고 균일하며 광택이 있다. 기면은 아주 좋은 질의 백설색이다. 자주요(磁州窯)의 제품으로 판단되었다.

2004년에 제31구역의 와실유구에서 1개체에 속하는 2점의 정요 백자 구연부편이 출토되었다(도면 1000, 5). 대접으로 생각되는데 구연부가 약간 도톰하다. 저부는 남아 있지 않다. 구경은 14.6㎝이다. 유색은 회색 음영이 도는 백색이다.

2009년에는 정요 백자편이 제40구역에서 4점, 제42구역에서 1점이 각각 출토되었다. 제40구역의 1호 수혈구덩이에서 출토된 1점은 구연부편이다. 양면에 시유를 하였고 백색이다. 다른 1점은 10호 주거지 윗부분에서 출토된 것인데 작은 편이다(도면 1000, 6). 다른 1점도 10호 주거지에서 출토된 것이다. 작은 편인데 목이 긴 병의 목 부분일 것으로 생각된다. 경경은 2.7㎝이고, 기벽의 두께는 0.4~0.5㎝이다. 양면에 백색의 유약이 시유되었다(도면 1000, 7). 다른 1점은 13호 주거지에서 출토된 작은 동체부편이다(도면 1000, 8). 백색의 유면에 빙열이 확인된다. 제42구역에서 출토된 것은 작은 구연부편이다. 기벽의 두께는 0.3㎝이다(도면 1000, 9).

2010년에는 제44구역에서 정요 백자편이 2개체에서 나온 4점이 출토되었다. 3점의 저부편은 1개체의 자기에 속하는데 해무리굽이 있다. 저경은 7.6㎝이다. 외면과 내면에 백색의 유약이 시유되어 있다. 굽의 접지면과 바깥 바닥에는 시유가 되지 않았다(도면 1000, 10). 다른 1점은 기벽의 두께가 0.3㎝인 작은 동체부편이다(도면 1001, 1).

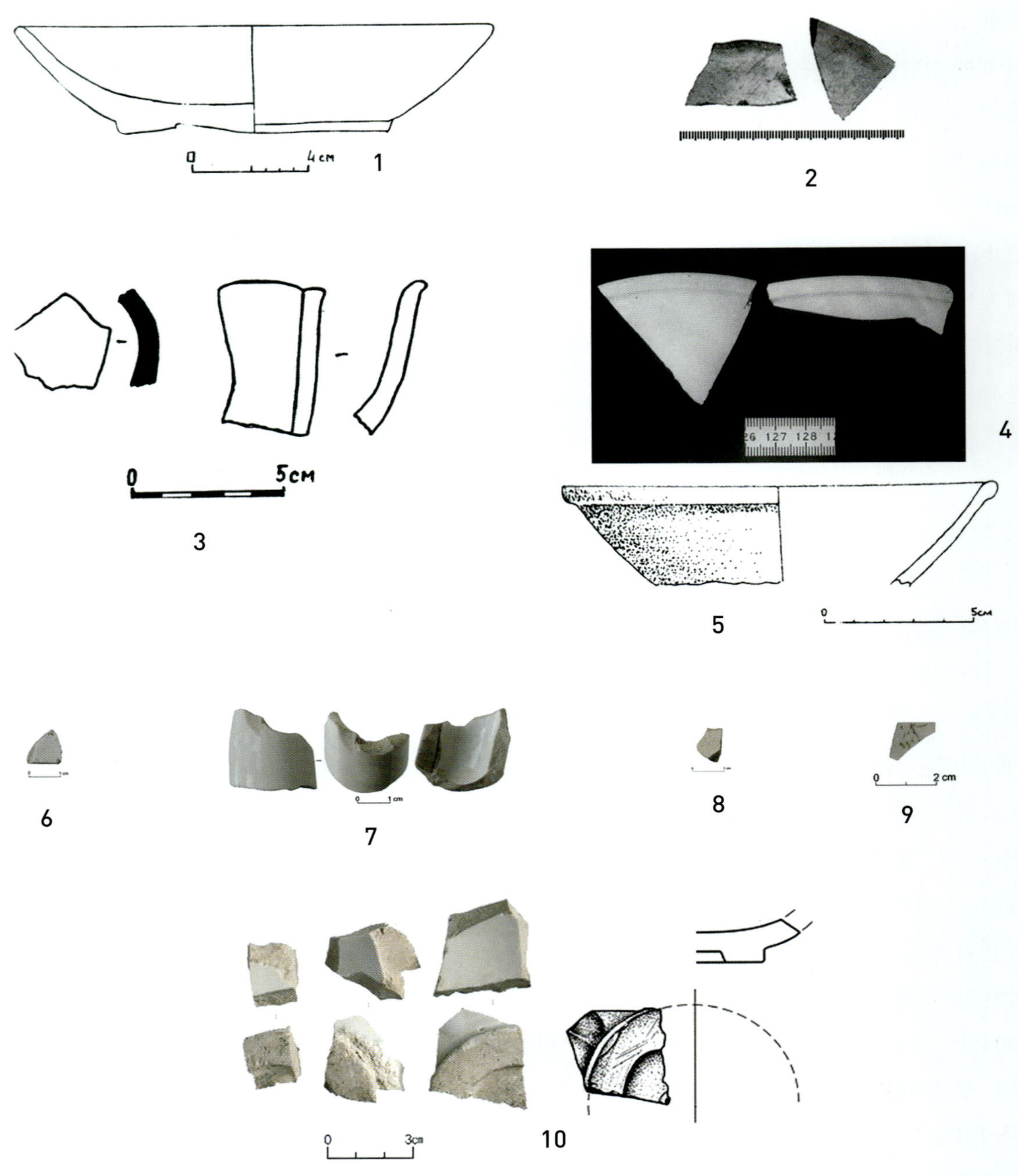

도면 1000 | 크라스키노성 출토 백자편들: 1-제7구역(1983-도32, 2), 2-제8구역(1990-도17), 3, 4-제10구역(1994-도148, 9; 144, 2; 148, 10), 5-제31구역(2004-도144; 182, 1), 6~8-제40구역(2009-도140, 4; 296; 297; 457), 9-제42구역(2009-도652, 2), 10-제44구역(2010-도182; 183)

2011년에는 제48구역에서 정요 백자편이 1점 출토되었다(도면 1001, 2). 고리 굽이 달린 저부편이다. 굽 직경은 7*cm*이다. 기벽과 바닥 두께는 0.6*cm*, 굽의 두께는 0.65*cm*이다. 바깥 바닥에는 시유를 하지 않았다.

2012년에 정요 백자편은 제47구역에서 1점이 발견되었는데 동체부편이다. 잔존 크기는 3×1.8×0.4*cm*, 기벽 두께는 0.25~0.4*cm*이다. 기벽은 백색이고 회색 음영이 가볍게 돈다. 유약은 주변 환경의 영향을 받았는데 짙은 색의 균열이 있는 것으로 보아 기벽이 화재에 노출되었을 가능성이 있다(도면 1001, 3).

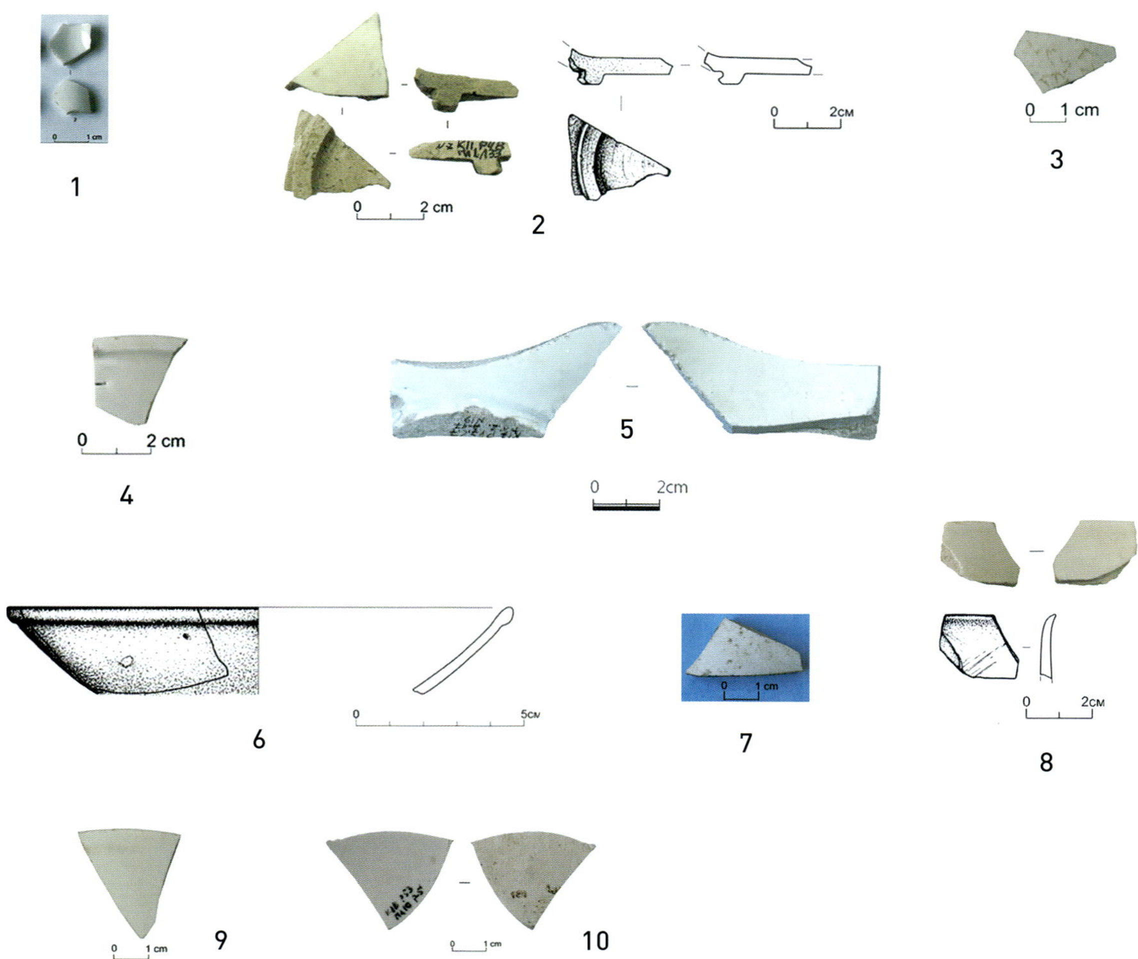

도면 1001 | 크라스키노성 출토 백자편들: 1-제44구역(2010-도100, 2), 2-제48구역(2011-도327), 3-제47구역(2012-도454), 4-제48구역(2012-도151; 152), 5-제47구역(2013-도266), 6, 7-제49구역(2014-도788; 808), 8-제50구역(2015-도960; 961), 9, 10-제53구역(2018-도615; 865)

2012년에 제48구역에서는 1점의 자기편이 출토되었는데 자주요 제품으로 추정되는 백자 완의 구연부편 1점만 보고되었다. 구경은 약 14㎝, 기벽 두께는 0.3~0.4㎝이다. 기벽은 설백색이며 유약의 상태는 좋고 유약 두께는 0.1㎜ 미만이다(도면 1001, 4). 다만 보고서의 이 유물 캡션에는 정요 자기라고 소개되어 있다.

2013년에 제47구역에서는 정요 백자 저부편이 1점 출토되었다. 평굽이 있다. 저경은 약 7.8㎝이다. 잔존 높이는 3.9㎝, 굽 높이는 0.5㎝, 기벽 두께는 0.5㎝이다(도면 1001, 5).

2014년에는 제49구역에서 2점의 정요 백자편이 출토되었다. 1점은 대접의 구연부편인데 구연이 약간 도톰하다. 추정 구경은 15.1㎝이다(도면 1001, 6). 다른 1점은 작은 동체부편이다(도면 1001, 7).

2015년에 제50구역에서 정요 백자 구연부편이 1점 출토되었다. 유색은 유백색이다(도면 1001, 8).

2018년에 제53구역에서 정요 백자편이 2점 출토되었다. 1점은 완의 구연부편이다. 잔존 크기는 3.2×2.8㎝이고, 기벽의 최대 두께는 0.3㎝이다. 전체가 유약으로 덮여있다. 기벽은 설백색이다. 유약은 가벼운 회색 음영을 띠며 유약층의 두께는 0.1㎜ 이하이다(도면 1001, 9). 다른 1점은 동체부편이다. 잔존 크기는 3.2×3.3㎝이고, 바닥의 두께는 0.2~0.3㎝이다. 고리 모양의 굽이 약간 남아 있는데 저경이 약 45㎜이다. 완의 내면을 덮고 있는 유약층은 두께가 0.1㎜ 이하이며, 유약의 색깔은 회색 음영을 띤다(도면 1001, 10).

3) 기타 자기

2000년에 제25구역의 제3인공층에서 장석 유약을 입힌 자기 동체부편이 1점 출토되었다. 기벽은 회색이고, 태토에 입자가 큰 혼입물은 보이지 않으며, 양면의 유색이 모두 녹갈색이다. 기벽의 두께는 0.4~0.6㎝이다. 이 자기편은 월주요 청자로 판단되었다. 다만 사진이나 도면은 제시되지 않았다.

2001년에 제29구역에 유약이 입혀진 술 주전자 1개체에 속하는 편들이 출토되었다. 목과 구연부는 결실되었다(도면 1002, 1). 안쪽으로 축약된 어깨와 그 아래 기벽은 호선을 이루고 있고, 동체는 장동형이다. 어깨 부분에 손잡이의 자국이 남아 있다. 바닥은 편평하다. 잔존 높이는 15㎝, 경부 직경은 4.6㎝, 저경은 6.8㎝, 동최대경은 11㎝이다. 기벽은 베이지색에 가까운 밝은 갈색이며, 시유되지 않은 부분의 표면은 갈색이다. 태토의 입자가 꽤

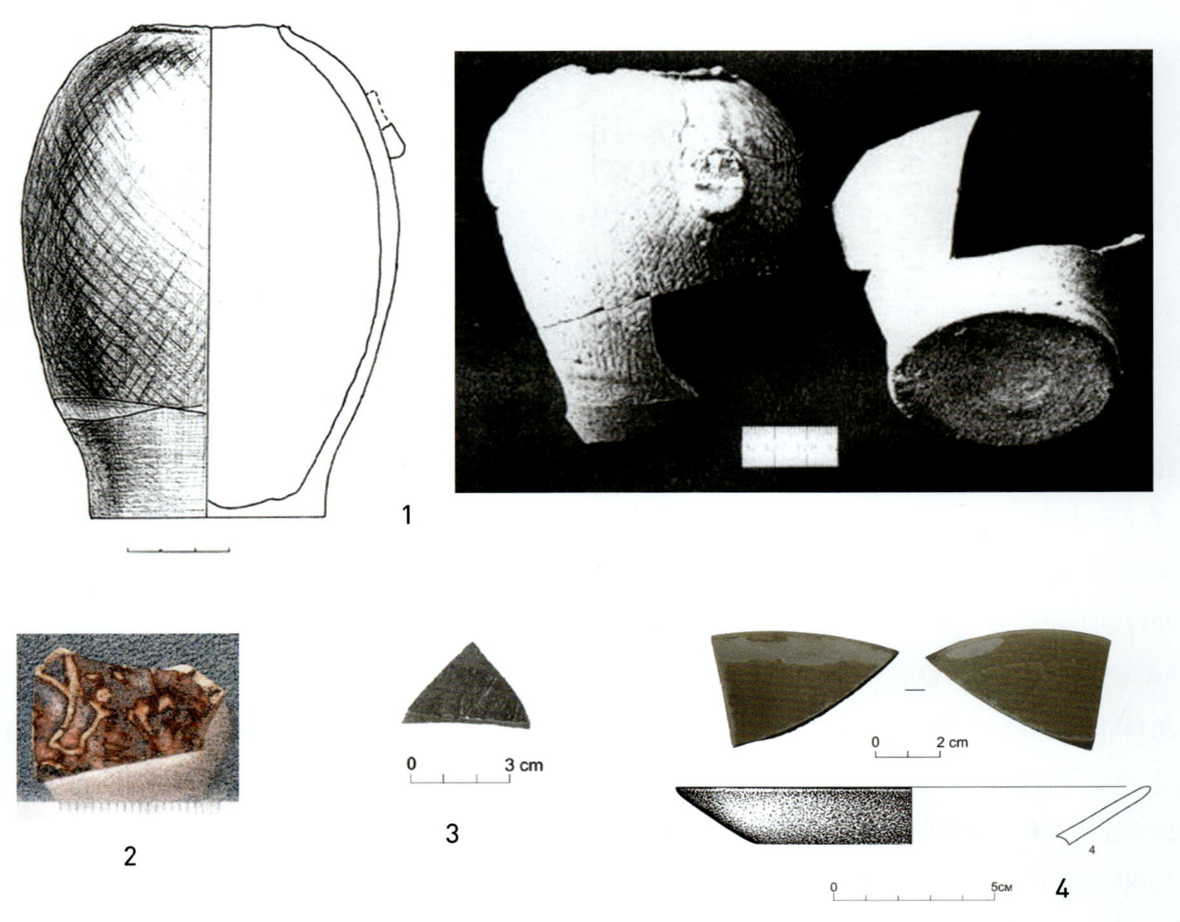

도면 1002 | 크라스키노성 출토 자기편들: 1-제29구역(2001-도85), 2-제30구역(2002-도92), 3-제45구역(2001-도216, 1), 4-제49구역(2014-도728; 759, 4)

고운 편이다. 점토로 물손질을 하였는데, 소성 후에는 회백색보다 더 밝은색을 띠게 되었다. 내면은 중간 정도부터 시작하여 윗부분만 물손질을 하였다. 외면은 기저부분을 남겨놓고 그 위로는 모두 물손질을 하였다. 물손질한 부분 위로 유약을 시유하기 전에 표면을 암색이 될 정도로 정면하였는데 이로 인해 가느다란 사격자 모양의 문양이 생겨났다. 다음에는 황갈색의 반투명한 유약을 시유하였다. 반투명한 유약 사이로 암갈색 사격자의 문양이 보인다. 유면의 두께는 0.1㎜이다. 내면에는 전면을 시유하였고, 외면에는 물손질 한 부분을 따라 시유하였다. 유약이 잘 남아 있는 곳에는 빙열이 있다. 이 술 주전자는 기술적 특성, 문양, 장식 등이 당나라 시기에 특징적인 것으로 판단되었다.

2002년에는 제30구역에서 갈색의 자기 동체부편이 1점 출토되었다. 외면이 부조 식물무늬로 장식된 것으로 보고되었다(도면 1002, 2). 이 자기는 장사요(長沙窯) 제품인 것으로 판단되었다.

2011년에는 제45구역의 제5건축면에서 흑색 유약이 시유된 도기편이 2점 출토되었다. 그중의 1점은 크기가 3×3.5㎝이다(도면 1002, 3). 기벽은 회색이고, 두께는 0.4㎝이다. 경질이며, 소성온도는 900℃를 넘었을 것으로 추정되었다. 유약의 두께는 0.05㎜를 넘지 않는다. 외면만 시유되었다. 장석 유약을 사용한 것으로 판단되었다.

2014년에는 제49구역에서 월주요 청자 구연부편이 1점 출토되었다. 기벽의 호선으로 보아 대접이나 접시였을 것으로 생각된다. 추정 구경은 15.2㎝이다. 기벽은 단단한 정도가 석기질이다. 양면에 시유를 하였다. 유색은 회녹색이다. 기벽은 회색이다. 유면의 두께는 0.1㎜이다(도면 1002, 4). 이 유물은 텍스터에는 정요 완으로, 캡션에는 월주요 제품으로 각각 소개되어 있다.

4) 근현대(19세기 말~20세기 초) 자기

1999년에 제23구역의 경작층에서 2개체의 백자에서 나온 수점의 편들이 출토되었다. 그중의 1점이 보고되었는데 채색 그림이 있는 자기 완의 구연부편이다(도면 1003, 1). 기벽과 유면이 모두 회색이고, 구경은 15.8㎝이다.

2005년도 발굴보고서에는 제32구역에서 출토된 백자편 1점이 보고되었다(도면 2005-33, 1).

2007년에 제38구역에서 백자 저부편과 동체부편이 출토되었다(도면 1003, 2).

2011년에 제48구역의 표토와 부식토에서 3점의 조선 자기편이 출토되었다. 그중의 1점은 넓은 고리 굽이 있는 완의 저부편이다. 유색은 녹색의 느낌이 드는 것이다(도면 2011-330)(도면 1003, 3). 다른 1점은 청화백자 저부편인데 작은 잔의 일부였을 것으로 생각된다(도면 2011-331)(도면 1003, 4).

2014년에는 제49구역에서 19세기의 것으로 판단된 자기편이 2점 출토되었다. 1점은 내면에만 홍갈색의 유약이 시유되어 있고(도면 1003, 5), 다른 1점은 유색이 연한 회청색이며 검은 색으로 그림이 그려져 있다(도면 1003, 6).

2015년에는 제50구역에서 19~20세기의 자기편도 4점이 출토되었다. 1점은 백자 저부편이다(도면 1003, 7). 3점은 동체부편인데 유색이 코발트색에 가깝다(도면 1003, 8).

2017년에 제53구역의 표토-경작층에서 근대의 것으로 판단되는 6점의 백자편이 출토되었다. 1점은 구연 바깥쪽에 남색의 띠를 1줄 돌려놓았고, 동체에는 검은색으로 표현한 '福'자가 있다(도면 1004, 1). 다른 1점에는 구연 아래에

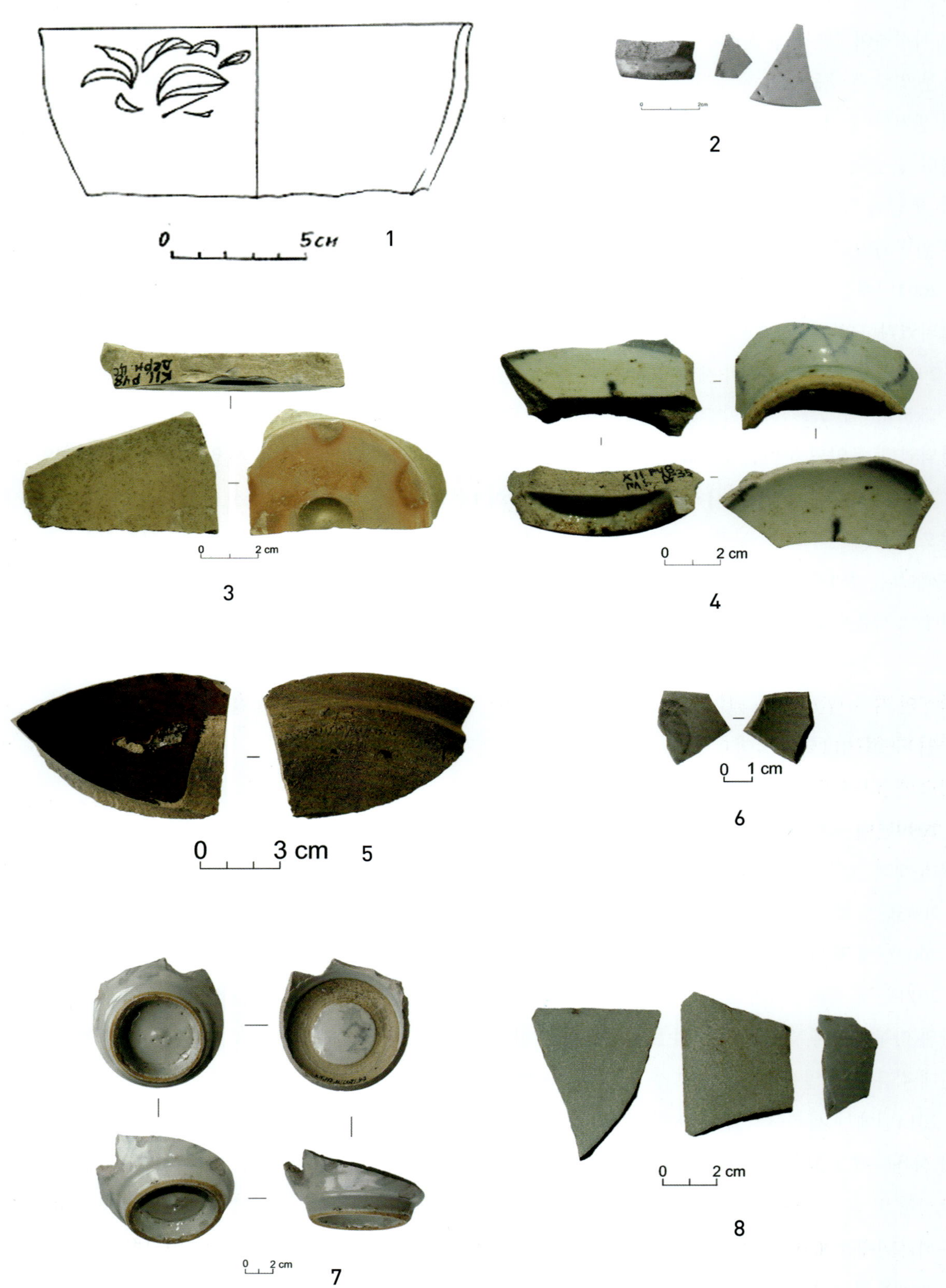

도면 1003 | 크라스키노성 출토 근현대 자기편들: 1-제23구역(1999-도160, 1), 2-제38구역(2007-도24), 3-제48구역(2011-도330), 4-제48구역(2011-도331), 5, 6-제49구역(2014-도748; 749), 7, 8-제50구역(2015-도662; 663)

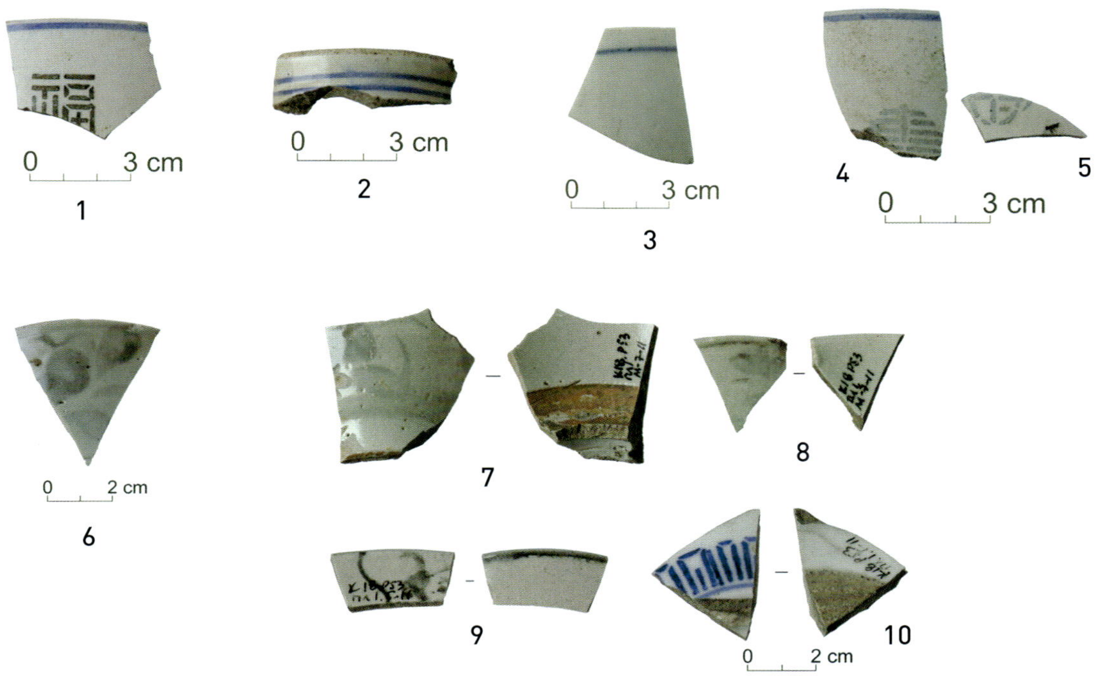

도면 1004 | 크라스키노성 출토 근현대 자기편들: 1~6-제53구역(2017-도387; 482; 483; 484, 1; 484, 2; 663), 7~10-제53구역(2018-도548, 1, 2, 3; 548, 4)

남색의 띠가 2줄 돌려져 있다(도면 1004, 2). 다른 1점은 구연 바깥쪽에 1줄의 남색 띠를 돌렸다(도면 1004, 3). 1점은 구연 바깥쪽에 1줄의 남색 띠를 돌렸고, 동체에는 '壽'를 형상화한 글자가 있다(도면 1004, 4). 1점은 동체부편인데 형상화한 글자가 하나 있다(도면 1004, 5). 나머지 1점은 외면에 식물과 관련된 그림을 그려 놓았다(도면 1004, 6).

2018년에는 제53구역의 표토에서 근대의 백자편이 4점 출토되었다. 3점은 상대적으로 이른 시기의 것이고(도면 1004, 7~9), 1점은 상대적으로 늦은 시기의 것이다(도면 1004, 10).

14. 식물유체

크라스키노성의 고식물학 자료에 의한 식물유체 분석은 3회에 걸쳐 보고되었다. 2002년과 2007년에 채취한 토양시료에서 추출한 식물유체에 대한 분석 결과는 2008년도 발굴조사보고서에,[34] 2009년도의 식물유체에 대한 분석 결과는 2009년도 발굴조사보고서에,[35] 2015년도의 식물유체에 대한 분석결과는 2015년도 발굴조사보고서

34 동북아역사재단·러시아과학원 극동분소 역사고고민족학연구소 편, 2010, 『2008년도 연해주 크라스키노 발해성 한·러 공동 발굴보고서』, 동북아역사재단.

35 동북아역사재단 · 러시아과학원 극동분소 역사고고민족학연구소 편, 2011, 『2009년도 연해주 크라스키노 발해성 한·러 공동 발굴보고서』, 동

에[36] 각각 보고되었다.

2002년도 토양시료는 제20구역 내 동문지 문화층인 성벽 외곽 자갈층 아래의 검은 숯이 포함된 층에서 채취하였다. 토양시료 채취 지점이 분명한 것은 아니지만, 성벽 외곽 자갈층은 동문지 옹성 내의 도로 유구를 지칭하는 것으로 생각된다. 다시 말해서 동문지 옹성 내 도로 유구에 깔은 자갈층 아래에서 토양시료를 채취한 것이다. 제20구역에서 채취한 토양시료의 전체 양은 약 45리터였다. 여기에서 307개의 탄화된 식물 씨앗이 확인되었는데 그중 207개는 재배식물의 것이고, 나머지 100개는 잡풀(김)과 야생식물의 것이었다.

2007년도에는 제34구역의 6호 주거지 내부퇴적토와 제34구역 남쪽 부분에서 일부만 조사된 주거지의 내부퇴적토에서 각각 토양시료를 채취하였다. 이 두 주거지는 제34구역에서 가장 아래의 문화층인 제5생활면에 해당한다. 이곳에서는 30개의 토양시료를 채취하였고, 각 토양시료의 양은 10~12리터 정도였다. 그런데 식물 씨앗은 16개 토양시료에만 들어있었다. 모두 21개의 식물 씨앗이 발견되었는데 그중 17개는 재배식물이었고, 나머지는 잡풀 혹은 야생식물 씨앗이었지만 종류가 구분되지 못하였다.

2009년에는 제42구역과 제40구역에서 각각 토양시료를 채취하였다. 제42구역에 12개의 토양시료를, 제40구역에서 117개의 토양시료를, 그 외에도 구체적인 장소가 명기되지 않았지만 3개의 토양시료가 더 채취되어 모두 133개의 토양시료에서 식물유체를 추출하였다. 각 토양시료의 양은 3~5리터 정도였다. 이곳에서는 식물유체의 수량이 매우 적게 추출되었는데 대부분의 경우 각 토양시료에 수 개 정도의 식물 씨앗이 들어있었고, 오직 소수의 토양시료에서만 10~20개의 식물 씨앗이 확인되었다. 식물 씨앗은 모두 탄화된 상태였으며, 심하게 손상된 것도 적지 않았다.

2015년에는 모두 36개의 토양시료를 채취하였는데, 제47구역에서 12개, 제44구역에서 19개, 제50구역에서 4개의 각각 채취하였고, 그 외 채취 지점이 보고되지 않은 것이 1개 더 있었다.

토양시료에서 식물유체를 추출한 방법은 기본적으로 물 체질이었다. 먼저 발굴조사 현장에서 토양시료를 채취하여 비닐봉지에 넣어 캠프로 가져간다. 다음에는 캠프 혹은 개울가에서 양동이에 물을 채우고 그 속으로 토양시료를 일정 양을 붓는다. 그다음에는 양동이 안의 토양시료가 물에 잘 흩어지게 젓는데 그러면 흙보다 가벼운 탄화된 식물유체가 물의 위쪽으로 올라온다. 그러면 체를 넣어 위에 뜬 것을 체 속에 넣고 물속에서 다시 체를 흔들어 흙이나 체의 눈보다 작은 물체들이 빠져 나가게 한다. 다음에는 체에 남은 것들을 꺼내어서 식물유체를 선별한다.

2002년에 제20구역에서 채취한 토양시료에서 추출된 307개의 식물 씨앗 중에서 재배식물에 속하는 것은 207개, 잡풀(김)과 야생식물에 속하는 것은 100개였다.

재배 곡물식물로는 대두(콩), 조, 기장, 피, 밀이 동정(同定)되었다. 여기에서 동정이 되었다는 것은 종(種)이 구분된 것을 의미한다. 잡풀과 야생식물로는 명아주, 까마중, 돌피, 싸리속, 콩류가 각각 동정되었다. 그 외 19개의 잡풀(김)과 들풀 씨앗은 쪼가리가 너무 작거나 심하게 훼손되어 종을 동정하지 못하였다.

대두(Clycine max (L) Merr.)는 159개가 확인되어 전체에서 가장 많은 수량을 보였다. 절대다수가 형태적 특징이 손상된 상태였지만, 2개는 형태적 특징이 잔존하였다. 형태적 특징이 남아 있는 탄화 콩알의 크기는 6.3-3.7-

북아역사재단.

36 바쉬딴니끄 S.V., 「2015년도 발굴조사 결과에 의한 크라스키노성에서의 고식물학 조사」, 『연해주 크라스키노 발해성 2015년도 발굴조사』, 동북아역사재단·러시아과학원 극동지소 역사학고고학민족학연구소, 2018.

3.1㎜와 6.8-4.1-3.3㎜였다(도면 2008-469, 1).

조(Setaria italica L.)는 34개가 확인되었다. 조의 씨앗, 즉 좁쌀은 거의 모두 껍질이 벗겨진 상태였는데 이것은 음식을 만들기 위해 사전에 준비한 것으로 판단되었다. 2개는 껍질이 그대로 있었다. 껍질의 없는 상태의 좁쌀은 평균 크기가 1.20-1.09-0.78㎜였다(도면 2008-469, 2).

기장(Panicum miliaceum L.)은 9개가 확인되었다. 2개에는 껍질이 남아 있었다. 기장의 평균 크기는 1.29-1.29-0.92㎜였다(도면 2008-470, 1).

피(Echinochloa utilis Ohwi et Yabuno)는 피를 연상시키는 것은 3개가 확인되었다. 피의 씨앗은 평균 크기가 1.46-1.27-0.85㎜였다.

밀(Triticum aestivum L.)은 2개만 확인되었는데 심하게 손상된 상태였다(도면 2008-470, 2).

이상 재배 곡물식물은 콩 159개, 조 34개, 기장 9개, 피 3개, 밀 2개가 각각 확인되었다. 수량을 놓고 볼 때에 콩이 절대적으로 가장 많았으며, 그다음은 기장류(조, 기장, 피)가 많았고, 밀은 극히 적게 확인되었다

잡풀과 야생식물로 동정된 씨앗들은 명아주(Chenopodium album L.)가 65개(도면 2008-471, 1), 돌피(Echinochloa crus-galli L.)가 8개(도면 2008-471, 2), 까마중(Solanum nigrum L.)이 6개(도면 2008-472, 1), 싸리속(Lespedeza sp.)이 1개(도면 2008-472, 2), 그리고 콩류(Leguminoseae)가 1개이다.

잡풀 중에서는 명아주가 가장 많은 수량으로 확인되었다. 그다음은 돌피, 까마중, 콩류 순으로 각각 확인되었다. 그 외 야생식물인 싸리속의 씨앗도 1개 확인되었다.

2007년도에 제34구역에서는 21개의 식물 씨앗이 발견되었다. 재배 곡물식물은 조, 피, 팥, 쌀보리, 밀 혹은 보리가 17개였고, 나머지는 잡풀 혹은 야생식물의 씨앗이었지만 동정되지 못하였다.

조(Setaria italica)는 6개가 확인되었는데 그중 3개는 조로 추정되는 것이었다. 6호 주거지와 제34구역 남쪽 부분 주거지 모두에서 확인되었다. 씨눈은 남아 있는 것이 없었다. 씨눈이 있었던 씨눈 띠 부분은 약간 길쭉하다(도면 2008-473, 1). 껍질은 남아 있지 않다. 다만 1점에 껍질의 잔재가 남아 있었는데 표면이 조에 특징적인 것이었다.

피(Echinochloa utilis)는 4개가 확인되었다. 6호 주거지와 제34구역 남쪽 부분에서 각각 발견된 것이다. 씨눈이 넓은 타원모양이고 씨앗 길이의 80%가 씨눈 자리이다(도면 2008-473, 2). 확인된 피 씨앗의 평균 크기는 1.66-1.33-1.0㎜이다.

팥(Phaseohus angularis)은 6호 주거지와 제34구역 남쪽 부분 주거지에서 각각 1개씩 확인되었다. 1개는 반쪽이고, 다른 1개는 두 쪽이 모두 있는 것이다. 반쪽인 것의 내면에서 씨눈의 자리가 잘 확인된 것으로 보고되었다(도면 2008-474, 1). 발견된 팥알의 크기는 3.6-2.8-2.4㎜와 3.4-3.2-1.9㎜이다.

쌀보리(Hordeum vulgare var.nudum)은 제34구역의 남쪽부분 주거지에서 1개가 발견되었다. 크기는 4.9-3.5-2.4㎜이다(도면 2008-474, 2).

그 외에 6호 주거지에서 밀 혹은 보리일 것으로 보이는 씨앗의 작은 쪼가리가 1개 확인되었다.

2009년에는 제40구역과 제42구역에서 재배 곡물식물, 야채식물, 야생 식용식물, 그리고 잡풀의 씨앗들이 각각 확인되었다.

재배 곡물식물로 동정된 것으로는 보리(겉보리, 쌀보리), 밀, 기장류(피, 조, 기장), 콩류(팥, 콩)가 있다. 곡물은 제40구역에서만 확인되었다.

보리는 겉보리(Hordeum vulgare)와 쌀보리(Hordeum vulgare var.nudum) 2종류가 있다. 28개가 확인되었는데, 그 중19개는 겉보리이고, 7개는 쌀보리이다. 쌀보리는 3개를 측정한 평균 크기가 4.83-2.96-2.20㎜였다. 겉보리는 8개를 측정하였는데 평균 크기가 4.04-2.26-2.05㎜였다. 참고로 시니예 스깔르이 발해시기 문화층에서 발견된 겉보리는 평균 크기가 5.02-2.86-2.21㎜였다. 보리는 밀이 발견된 주거지들에서만 발견되었다.

밀(Triticum aestivum)은 2009년도에 동정된 곡물 중에서 가장 많은 수량을 차지하였다. 9호, 10호, 11호, 13호 주거지에서 모두 발견되었다. 16개의 토양시료에서 173개가 확인되었는데 그중13호 주거지의 2개 토양시료에서 121개가 확인되었다. 밀은 2개 종류가 있는데 하나는 타원형에 가까운 것이다(도면 2009-830). 다른 한 종류는 조금 더 좁고 길쭉하다. 크기는 길이 2.9~4.8㎜, 너비 2.1~3.0㎜, 두께 1.8~2.7㎜ 사이이다.

기장류 곡물은 피가 181개로 가장 많고, 그다음은 조가 126개로 많으며, 기장은 3개에 불과하다. 피(Echinochloa utilis)의 크기는 길이 1.4~1.9㎜, 너비 1.1~1.65㎜, 두께 0.8~1.2㎜였고, 평균 크기는 길이 1.66㎜, 너비 1.43㎜, 두께 1.01㎜였다. 피는 등이 볼록하고, 배는 납작하며, 씨눈 띠는 넓고 크고, 씨눈은 둥글고 크다. 약간 뾰족한 윗부분은 피의 씨앗에서 물방울을 연상시킨다. 몇몇 피의 씨앗에는 껍질이 남아 있었다(도면 2009-828).

조(Setaria italica)는 둥그스름한 모양을 가지는데 배는 편평하고, 씨눈 띠는 좁고 길며 씨눈은 작고 길쭉하다. 조의 씨앗, 즉 좁쌀 중의 일부는 기저부가 곧고, 위는 간혹 약간 둘로 나뉘어져 있다. 조는 피에 비해 조금 더 작고, 더 둥그스름하다. 몇몇 좁쌀에는 껍질이 남아 있다(도면 2009-829). 좁쌀의 길이는 1.1~1.5㎜, 너비는 1.0~1.5㎜, 두께는 0.8~1.2㎜였다.

기장(Panicum miliaceum)은 3개만 확인되었고, 손상이 매우 심한 상태였다.

콩류는 팥과 대두가 발견되었는데 팥이 더 많다. 팥은 48개가, 대두는 16개가 각각 확인되었다. 그 외에 대두 혹은 팥으로 보이는 곡물의 쪼가리들이 더 발견되었다.

팥(Phaseohus angularis)은 온전한 것도 있고 반쪽도 있다(도면 2009-831). 7개가 온전한 것이고, 41개가 반쪽이다. 12개 토양시료에서 추출된 것이다. 9호, 10호, 13호 주거지에서 주로 발견되었다. 크기는 4.5-3.34-3.35㎜였다.

대두(Clycine max)는 9호, 10호, 11호, 13호 주거지의 5개 토양시료에서 16개가 확인되었다. 손상이 심한 상태였고, 다만 수개의 대두에 씨눈이 잔존했다. 이 씨눈의 형태와 크기 등을 통해 대두로 동정되었다. 가장 손상이 덜된 대두의 평균 크기는 5.22-2.87-2.80㎜였다.

2009년도에 확인된 재배 곡물식물은 피와 조가 가장 많고, 그다음은 팥과 밀, 겉보리, 대두이다. 쌀보리와 기장은 존재는 확인되었지만 수량이 매우 적다.

야채식물은 제40구역의 11호와 13호 주거지 그리고 제3생활면(제11인공층)에서 발견되었다. 십자화과속(Brassicaceae) 식물인데 겨자(cf. Brassica sp.)로 동정되었다. 겨자의 씨앗은 5개 토양시료에서 42개가 확인되었다. 구체이고 타원형의 작은 씨눈이 있다. 크기는 0.9~1.3 – 0.9~1.2㎜였다.

야생 식용식물은 가래(Jungcea manchurica), 개암(Corylus sp.), 그리고 잣(Pinus koraiensis)의 껍데기가 매우 적은 수량으로 발견되었다.

잡풀(김)의 씨앗은 종이 동정된 것이 43개에 불과하였지만 종류는 다양하였다. 그 외 동일한 개수인 43개의 잡풀 씨앗은 종이 동정되지 못하였다. 잡풀은 명아주과 식물(Chenopodiaceae)과 기장속 식물(Paniceae), 사초과 식물(Cyperaceae), 그리고 아욱과 식물(Malvaceae)이 각각 확인되었다.

명아주과 식물로는 명아주(Chenopodium album), 여뀌(Polygonum hydropiper, P.orientale, P.perfoliatum), 가지속(Solanum sp.)이, 기장속 식물로는 돌피(Echinochloa crus-galli), 강아지풀(Setaria viridis), 새삼(Cuscuta sp.)이, 사초과 식물로는 사초속(Carex sp.), 고랭이속(Scirpus sp.)이, 아욱과 식물로는 국화과(Asteraceae), 꿀풀과(Labitae)가 각각 동정되었다.

그 외에도 폐기물구덩이에서 채취한 34개 토양시료에서 415개의 잡풀 씨앗이 확인된 것이 있다. 하지만 이것들은 종이 동정되지 못하였다. 이 잡풀 씨앗들은 크기가 길이 2.3~3.5㎜, 너비 2.1~2.8㎜, 두께 1.8~2.1㎜였다(도면 2009-832).

2015년도에는 제47구역에서 12개의 토양시료, 제44구역에서 19개 토양시료, 제50구역에서 4개의 토양시료, 그리고 구역이 표기되지 않은 1개 토양시료에서 식물유체를 추출하였다. 그 결과 재배 곡물식물, 야채식물, 야생 식용식물, 그리고 잡풀의 씨앗들이 각각 확인되었다.

재배 곡물식물은 밀, 밀수소맥(密穗小麥), 대두, 기장, 콩과식물이 있고, 야채식물은 갓으로 추정되는 십자화과 식물이, 야생 식용식물은 잣과 개암이, 잡풀은 나도닭의 덩굴과 마디풀이 각각 있다.

재배 곡물식물 중 밀(Triticumaestivum)과 밀수소맥(Triticumcompactum)은 낱알이 각각 1개씩 확인되었다.

대두(Glycinemax)는 45개의 낱알과 반쪽이 확인되었다. 씨앗 중의 일부는 보존 상태가 양호하다. 콩 껍질과 콩눈이 있는 것들을 통해 종을 동정하였다. 하지만 많은 씨앗들은 빠르고 급격한 온도작용의 결과 심하게 손상되었다. 콩에는 기름이 많이 함유되어 있어 탄화 도중에 "끓어오르며" 그 결과 콩 낱알의 내부가 파괴되고, 그리고 종 동정에 중요한 형태적 속성들이 흔히 상실된다.

기장은 다수가 불에 눌러 붙은 기장(밀) 죽의 형태로 발견되었다.

특정이 안 된 콩과식물은 씨앗은 2개, 꼬투리가 1개, 그리고 편들이 확인되었다.

야채식물은 십자화과(Brassicaceae) 씨앗이 2개 확인되었는데 갓(Brassicajuncea)일 가능성이 있는 것으로 판단되었다.

야생 식용식물 중에서 잣(Pinus Koraiensis)과 개암(Corylus)은 껍데기가 2개씩 편 상태로 각각 확인되었다.

잡풀 중에서 나도닭의 덩굴(Fallopia Convolvulus)은 씨앗이 2개, 마디풀(P. Patulum Bieb)은 씨앗이 1개 각각 확인되었다. 나도닭의 덩굴과 마디풀은 훼손된 거주 지역, 들판과 길의 가장자리에서 자란다. 경작지에서는 잡초이다.

따라서 크라스키노성에서는 지금까지 재배 곡물식물, 야채식물, 야생 식용식물, 잡풀과 비식용 야생식물의 씨앗들이 식물유체로 각각 확인되었음을 알 수 있다.

재배 곡물식물은 2002년도 토양시료에서 대두 159개, 조 34개, 기장 9개, 피 3개, 밀 2개가, 2006년에 조 6개, 피 4개, 팥 2개, 쌀보리 1개, 밀 혹은 보리 1개가, 2009년에 겉보리 19개, 쌀보리 7개, 밀 173개, 피 181개, 조 126개, 기장 3개, 팥 48개, 대두 1개가, 2015년에 밀 1개, 밀수소맥 1개, 대두 45개, 죽 형태의 기장, 콩과식물 씨앗 2개와 꼬투리 1개 및 편들이 각각 동정되었다.

곡물식물로 동정된 것의 종류는 보리, 밀, 기장류, 콩류로 구분된다. 보리는 쌀보리가 1+7=8개, 겉보리가 19개, 모두 27개가 확인되었다. 밀은 밀 2+173+1=176개, 밀수소맥 1개, 모두 177개가 확인되었다. 그 외 밀 혹은 보리가 1개 더 있다. 기장류는 조 34+6+126=166개, 기장 9+3=12개와 죽 형태의 잔존물, 피 3+4+181=188개, 모두 366개와 죽 형태가 확인되었다. 콩류는 대두 159+1+45=205개, 팥 2+48=50개, 모두 255개가 확인되었다. 그 외에도 콩과식물 씨앗 2개와 꼬투리 1개 그리고 편들이 확인되었다.

곡물식물의 씨앗은 대두 205개, 피 188개, 밀 176개, 조 166개, 팥 50개, 겉보리 19개, 기장 12개, 쌀보리 8개, 밀수소맥 1개 순서로 확인되었다. 이를 종류별로 보면 기장류(피, 조, 기장)의 씨앗이 366개로 가장 많이 발견되었음을 알 수 있다. 다만 여기에서 피와 조를 제외한 기장은 수량이 많지 않다. 하지만 기장으로 만든 죽 잔재물이 발견되었기 때문에 기장 역시 중요한 곡물 중의 하나였음을 알 수 있다. 그다음으로 많은 수를 보이는 것은 255개가 발견된 콩류(대두, 팥)의 씨앗이다. 그다음으로 많이 발견된 것이 밀(밀, 밀수소맥)로서 177개가 확인되었다. 보리(쌀보리, 겉보리)의 씨앗은 27개가 발견되어 수량은 적지만 당시 보리 역시 재배되었음을 보여 주었다.

야채식물은 2009년에 겨자로 추정되는 십자화과 식물 씨앗 42개, 2015년에 갓으로 보이는 십자화과 식물 씨앗 2개가 각각 발견된 것이 전부이다. 수량은 적지만 발해시기에 겨자와 갓이 식용으로 사용되었음을 보여 주는 중요한 자료라고 평가할 수 있다.

야생 식용식물은 2009년에 가래, 개암 잣 껍데기가 매주 적은 수량으로, 2015년에 잣 껍데기 2개과 개암 껍데기 2개가 각각 확인되었다. 이 사실은 크라스키노성의 주민들이 야생 식용식물의 채집에도 종사하였음을 보여 준다.

잡풀과 비식용 야생식물은 2002년도 토양시료에서 씨앗이 명아주 65개, 돌피 8개, 까마중 6개, 싸리속 1개, 콩류 1개가 각각 확인되었다. 2009년에는 명아주, 여뀌, 가지속, 돌피, 강아지풀, 새삼, 사초속, 고랭이속, 국화과, 꿀풀과 등의 씨앗이 모두 합하여 43개가 확인되었다. 그 외에도 종이 동정되지 못한 415개의 잡풀 씨앗이 발견되었다. 2015년에 나도닭의 덩굴 2개와 마디풀 1개가 각각 확인되었다.

따라서 크라스키노성에서 발견된 재배 곡물식물, 야채식물, 야생 식용식물, 잡풀과 비식용 야생식물의 씨앗들은 당시 발해 사람들의 식생활의 일면을 잘 보여 주는 중요한 자료라고 하겠다.

15. 동물유체

크라스키노성에서 발견된 동물유체는 육상 포유류 동물과 바다 포유류 동물인 고래, 조류, 어류, 그리고 바다 연체동물이 있다.

육상 및 바다 포유류 동물와 조류에 대한 분석결과는 2018년도 발굴조사보고서에서 총괄되었다.[37] 2018년도 발굴조사보고서에는 2008년, 2009년, 2011~2014년에 크라스키노성의 제34구역, 제40구역, 제41구역, 제42구역, 제44구역, 제45구역, 제47구역, 제48구역, 제49구역 등 9개 발굴구역에서 출토된 동물 뼈와 새 뼈 등의 자료들이 모두 한꺼번에 소개되어 있다. 다시 말해서 2018년도 발굴조사보고서에는 그 이전의 발굴조사보고서에 보고된 것들과 새로이 출토된 동물 뼈들에 대한 분석결과가 한꺼번에 보고된 것이다. 때문에 각각의 년도에 어떤 동물 뼈들이 출토되었는지에 대해서는 별도 보고내용이 있는 경우에만 파악이 가능하다.

37 오멜꼬 V.E.,「크라스키노성 발굴조사 출토 포유류와 조류들」,『연해주 크라스키노 발해성 2018년도 발굴조사』, 동북아역사재단·러시아과학원 극동지소 역사학고고학민족학연구소, 2019.

크라스키노성에서는 2018년도까지의 발굴조사기간 동안에 모두 1,483점의 동물 뼈와 8점의 새 뼈가 수습되었다. 그리고 이 뼈들에 대한 분류작업은 러시아과학원 극동지소 동아시아지역 생명다양성 연방학술센터(Federal Scientific Center of the East Asia Terrestrial Biodiversity)의 표준 수집품을 참고하여 실시된 것으로 보고되었다.

크라스키노성의 발굴조사보고서에는 2009년도[38]와 2012년도[39]에 수습된 동물 뼈 시료들에 대한 분석결과는 각각 별도로 보고된 것이 있다. 2018년도 발굴조사보고서에 9개 발굴구역 중 제47구역, 제48구역 그리고 제49구역 출토 자료들은 생물학박사 V.V.가실린이 분석하였다고 소개되어 있다. 그 외에도 동물 뼈 시료들에 대한 분석결과는 별도의 논문형식으로 보고된 내용들도 있다.[40]

어류인 물고기 뼈는 종이 동정되지 못한 것이 1개 2012년에 제44구역에서 발견된 것으로 보고되었다.[41]

바다 연체동물인 조개류에 대한 분석결과는 2001년도,[42] 2008년도,[43] 2009년도,[44] 2011년도,[45] 2012년도[46]에 각각 보고되었다. 2001년도 보고 내용은 논문형식으로, 나머지 년도의 것들은 발굴조사보고서에 부록의 형식으로 각각 발표되었다.

1) 포유류 동물

포유류 동물은 상기한 바와 같이 육상과 바다의 것들이 있다. 육상 포유류 동물은 다시 가축과 들짐승(야생동물)으로 구분된다. 모두 498점의 포유류 뼈에 대해 종을 동정할 수 있었는데 그중 절대 다수에 해당하는 93%가 가축이었다. 야생동물의 뼈는 37개가 확인되어 전체의 7%를 차지한다.

포유류 가축의 뼈들은 461개가 소, 돼지, 말, 개, 작은 뿔 동물(염소/양), 쌍봉낙타 등 6개 종(種)으로 동정되었다.

38 오멜꼬 V.E., 비노꾸로바 M.A., 「크라스키노성 출토 동물 뼈 분석 -2009년도 출토 자료를 중심으로-」, 『연해주 크라스키노 발해성 2013년도 발굴조사』, 대한민국 동북아역사재단·러시아과학원 극동 역사학고고학민족학연구소, 2014.

39 빠나센꼬 S.E., 「크라스키노성 출토 동물 뼈 분석-2012년도 출토 자료를 중심으로-」, 『연해주 크라스키노 발해성 2012년도 발굴조사』, 대한민국 동북아역사재단·러시아과학원 극동 역사고고민족학연구소·극동연방대학교, 2013.

40 겔만 E.I., 랴쉡스까야 M.S., 간제이 L.A., 바쉬딴니끄 S.V., 오멜꼬 V.E., 라꼬프 V.A., 샤로바 O.A., 2017, 「크라스키노성 주민들의 생계 보장 시스템에서 식물과 동물의 역할」, 『발해 염주성 이야기』, 청아출판사.
Винокурова М.А., Омелько В.Е., Гасилин В.В., Гельман Е.И. Млекопитающие (Mammalia) Краскинского городища (Бохай, VIII-X вв.), Приморский край // Териофауна России и сопредельных территорий: международное совещание (X съезд Териологического общества при РАН). Москва, 2016. С. 72. (비노꾸로바 M.A., 오멜꼬 V.E., 가실린 V.V., 겔만 E.I., 「크라스키노성의 포유류 동물들(발해, 8~10세기), 연해주」, 『러시아와 주변 지역의 포유류 동물들: 국제학술회의 (러시아과학원 포유류학협회 제10차 학술대회』, 모스크바, 2016, 72쪽.)

41 빠나센꼬 S.E., 「크라스키노성 출토 동물 뼈 분석-2012년도 출토 자료를 중심으로-」, 『연해주 크라스키노 발해성 2012년도 발굴조사』, 대한민국 동북아역사재단·러시아과학원 극동 역사고고민족학연구소·극동연방대학교, 2013.

42 Лещенко Н.В., Раков В.А., Болдин В.И., Морское собирательство и рыболовство (по метериалам археологических исследований Краскинского городища) // Россия и АТР, 2002, № 1.

43 동북아역사재단 · 러시아과학원 극동분소 역사고고민족학연구소 편, 2010, 『2008년도 연해주 크라스키노 발해성 한·러 공동 발굴보고서』, 동북아역사재단.

44 동북아역사재단 · 러시아과학원 극동분소 역사고고민족학연구소 편, 2011, 『2009년도 연해주 크라스키노 발해성 한·러 공동 발굴보고서』, 동북아역사재단.

45 라꼬프 V.A., 샤로바 O.A., 「2011년도 크라스키노성 발굴조사 출토 연체동물」, 『2011년도 연해주 크라스키노 발해성 한·러 공동 발굴보고서』, 대한민국 동북아역사재단·러시아과학원 극동 역사고고민족학연구소, 2012.

46 옐롭스까야(샤로바) O.A., 「크라스키노성 출토 연체동물 -2012년도 출토 자료를 중심으로-」, 『연해주 크라스키노 발해성 2012년도 발굴조사』, 대한민국 동북아역사재단·러시아과학원 극동 역사고고민족학연구소·극동연방대학교, 2013.

가축의 뼈들 중에서 가장 많은 수를 차지하는 것은 소(Bos taurus)의 뼈이다. 소(牛)의 뼈는 모두 215개가 확인되어 전체의 47%를 차지한다. 소의 뼈들이 작은 쪼가리나 깨어진 상태로 출토되었기 때문에 성내에서 발견된 것들은 식용으로 사용되었을 것으로 추정되었다. 두 번째로 많은 수를 차지하는 것은 돼지(Sus scrofa)의 뼈인데 125개가 수습되어 전체의 27%를 차지한다. 세 번째로 많은 수를 차지하는 가축의 뼈는 말(Equus caballus)이다. 말의 뼈는 67개가 확인되어 전체의 14.5%를 차지한다. 그다음으로 많이 발견된 가축의 뼈는 개(Canis familiaris)이다. 개의 뼈는 50개가 확인되었고 전체의 10.8%를 차지한다. 성내 여러 장소에서 작은 쪼가리나 잘게 부서진 상태로 발견된 것으로 보아 식용으로도 사용되었을 것으로 판단되었다.

그 외에 작은 뿔 동물(Capra et Ovis)과 쌍봉낙타(Camelus bactrianus)의 뼈도 발견되었는데 작은 뿔 동물의 뼈는 3개로서 전체의 0.7%를 차지하고, 쌍봉낙타의 뼈는 1개로서 전체의 0.2%를 차지한다. 여기에서 작은 뿔 동물은 양과 염소를 지칭하는 것이다. 다만 양과 염소의 뼈들은 원래 구분하기가 힘들고 또 성내에서 수습된 것들은 뼈의 상태가 나빠 양의 뼈인지 혹은 염소의 뼈인지 서로 구분이 되지 못하고 일괄하여 작은 뿔 동물로 지칭한 것이다. 쌍봉낙타의 뼈는 제1지골이다(도면 2012-496). 이 쌍봉낙타 뼈의 크기는 최대 길이 82㎜, 넓은 쪽 끝부분의 너비 37㎜, 좁은 쪽 끝부분의 너비 31㎜이다.

V.E.오멜꼬가 작성한 크라스키노성에서 발견된 포유류 가축의 뼈 현황은 다음의 표와 같다(표 1).

육상 포유류 야생동물의 뼈들은 35개가 시베리아 노루, 매화사슴, 말사슴, 멧돼지, 여우, 오소리, 토끼, 회색 쥐 등 모두 8개의 종으로 동정되었다. 육상 포유류 야생동물의 뼈 중에서 가장 많은 수를 차지하는 것은 13개가 발견된 시베리아 노루(Capreolus pygargus)이다. 두 번째로 많은 수를 차지하는 것은 8개가 확인된 매화사슴(Cervus nippon)이다. 그다음으로 많은 수를 차지하는 것은 6개가 확인된 멧돼지(Sus scrofa)이다. 네 번째로 많은 수를 차지하는 것은 4개가 확인된 말사슴(Cervus elaphus)이다. 그다음으로 여우(Vulpes vulpes), 오소리(Meles leucurus), 토끼(Lepus sp.), 회색 쥐(Rattus norvegicus)의 뼈는 각각 1개씩만 확인되었다. 노루, 멧돼지, 매화사슴, 말사슴은 고기, 가죽, 뿔, 뼈를 얻기 위해, 여우, 오소리, 토끼는 고기와 가죽을 얻기 위해 사냥하였을 것으로 판단되었다.

표 1. 크라스키노성 출토 육상 포유류 가축 뼈의 수량[47]

종	발굴구역							합계 (수량 / %)
	40	41	42	44	47	48	49	
소 - Bos taurus L., 1758	1	13	32	19	80	9	61	215 / 47
돼지 - Sus scrofa f. domestica L., 1758	1	4	46	12	41	3	18	125 / 27
말 - Equus caballus L., 1758	-	6	21	4	18	6	12	67 / 14.5
개 - Canis familiaris L., 1758	-	-	29	3	15	3	-	50 / 10.8
작은 뿔 동물 - Capra et Ovis	-	-	-	-	-	3	-	3 / 0.7
쌍봉낙타 - Camelus bactrianus L., 1758	-	-	-	-	-	1	-	1 / 0.2
합계	2	23	128	36	154	25	91	461

47 오멜꼬 V.E., 「크라스키노성 발굴조사 출토 포유류와 조류들」, 『연해주 크라스키노 발해성 2018년도 발굴조사』, 동북아역사재단·러시아과학원 극동지소 역사학고고학민족학연구소, 2019.

바다 포유류 야생동물의 뼈는 고래의 뼈도 2개 출토되었다. 모두 척추 뼈이며 가공의 흔적이 남아 있다. 1개는 제47구역에서, 다른 1개는 서북지역 주거구역에 위치하는 제34구역의 6호 주거지 내부퇴적토(도면 2007-146)에서 각각 출토되었다. 고래의 뼈는 아직은 발해유적에서 크라스키노성에서 출토된 이 2개가 유일하다.

포유류 야생동물의 뼈는 육상과 바다의 것을 합쳐 37개가 발견되었다. 전체 동물 뼈의 약 7%를 차지한다.

V.E.오멜꼬가 작성한 크라스키노성에서 발견된 육상 및 바다 포유류 야생동물의 뼈 현황은 다음과 같다(표 2).

크라스키노성에서 발견된 육상 포유류 가축의 뼈는 발해 사람들이 소, 돼지, 말, 개, 작은 뿔 동물(염소/양)을 사육하였음을 보여 주었다. 소는 견인동물이기 때문에 경작을 하거나 수레를 끌 때에 이용하였을 것이다. 말은 기승동물이기도 하지만 또한 견인동물이기도 하다. 때문에 사람들은 말을 기승용으로 활용하였을 것이고 또 때로는 소와 마찬가지로 농사를 짓거나 수레를 끌 때에도 이용하였을 것이다. 말은 발해에 중요한 가축 동물 중의 하나였을 것으로 판단되는데 『신당서』「발해전」에 의하면 발해에는 솔빈의 말이 특히 유명하였다. 크라스키노성이 위치하는 곳은 동경 용원부 염주지역이기 때문에 발해에서는 말이 솔빈부 이외의 지역에서도 사육되었음을 알 수 있다. 성내에서 작은 쪼가리 상태 혹은 인위적으로 손상된 흔적이 있는 소와 말을 뼈들은 소와 말이 또한 고기로도 활용되었음을 보여 주고 있다. 소는 아마도 가죽을 얻는데도 필요하였을 것이다.

돼지는 전형적인 식용동물이다. 하지만 말갈의 경우 돼지의 껍질을 가공하여 옷을 만들어 입기도 하였기 때문에 돼지는 고기뿐만 아니라 때로는 가죽을 얻기 위해서도 사육되었을 것이다. 개는 반려동물이다. 때문에 평소에는 사람들과 함께 지내면서 집을 지키고 또 사냥에도 활용되었을 것이다. 하지만 개 역시 성내에서 발견되는 뼈들의 상태로 볼 때에 식용으로도 활용되었을 것이다. 작은 뿔 동물은 염소인지 양인지 구분이 되지 못하였지만 크라스키노성 주변의 자연환경이 바닷가이면서 저습지임을 생각하면 양보다는 염소일 가능성이 더 높다고 생각된다.

표 2. 크라스키노성 출토 육상 및 바다 포유류 야생동물 뼈의 수량[48]

종	발굴구역				합계
	32	42	47	48	
시베리아 노루 - Capreolus pygargus Pallas, 177	-	11	2	-	13
매화사슴(梅花鹿) - Cervus nippon Temminck, 1838	-	7	1	-	8
말사슴(馬鹿) - Cervus elaphus L., 1858	-	3	1	-	4
멧돼지 - Sus scrofa L.,1758	-	2	2	2	6
여우 - Vulpes vulpes L.,1758	-	-	-	1	7
오소리 - Meles leucurus Hodgson, 1847	-	1	-	-	1
토끼 - Lepus sp.	-	1	-	-	1
회색 쥐 - Rattus norvegicus Berkenhout, 1769	-	1	-	-	1
고래 - Cetaceae	1	-	1	-	2
합계	1	26	7	3	37

48 오멜꼬 V.E., 「크라스키노성 발굴조사 출토 포유류와 조류들」, 『연해주 크라스키노 발해성 2018년도 발굴조사』, 동북아역사재단·러시아과학원 극동지소 역사학고고학민족학연구소, 2019.

육상 포유류 가축의 뼈 중에서 쌍봉낙타의 뼈는 특히 주목된다. 쌍봉낙타는 기후조건 때문에 연해주지역에서는 사육할 수가 없다. 따라서 이 쌍봉낙타는 서쪽 어디에선가 출발하여 최종적으로는 발해의 영역을 횡단해 동해 바닷가의 크라스키노성에까지 와서 생을 마감한 것으로 판단해야만 한다. 낙타는 대상과 교역의 상징이다. 그런 낙타의 뼈가 크라스키노성에서 발견되었다는 것은 이 유적이 교통로의 한 거점이었음을 증명하는 것이다. 이 사실은 크라스키노성이 육로 교통로의 종점이자 해로 교통로의 출발점이었다는 기존 학계의 의견을 다시 한번 뒷받침한다.

육상 포유류 야생동물인 시베리아 노루, 매화사슴, 말사슴, 멧돼지, 여우, 오소리, 그리고 토끼의 뼈는 성의 주민들이 이러한 동물들에 대한 사냥에도 종사하였음을 잘 보여 주고 있다.

바다 포유류 야생동물인 고래의 뼈는 성의 주민들이 고래 고기도 섭취하였음을 보여 준다. 크라스키노성은 내륙으로 깊게 들어온 엑스뻬지찌야만의 해안 가까이에 위치한다. 때문에 이곳의 바다에 들어온 고래를 사냥하였을 가능성이 높다. 물론 해안으로 밀려 온 고래를 잡았을 수도 있을 것이다.

2) 조류 동물

크라스키노성에서는 새의 뼈가 매우 적은 수로 발견되었다. 2018년도까지 발견된 것을 모두 합쳐 8개에 불과하다. 그중에서 가장 많은 수를 차지하는 것은 꿩(Phasianus colchicus)의 뼈로서 3개가 확인되었다. 그다음은 닭(Gallus gallus)의 뼈가 1개, 집오리일 가능성이 있는 오리과(科)(Anatidae) 새의 뼈가 1개 각각 발견되었다. 그 외에 종을 동정하지 못한 새의 뼈가 3개 더 있다.

이 조류 새의 뼈 자료는 비록 적은 수로 발견되었어도 크라스키노성 주민들의 식생활과 관련하여 중요한 정보를 포함한다. 바로 닭이 가축으로 사육되었고, 오리도 가축으로 사육되었을 가능성을 보여 주었고, 또한 꿩을 사냥하였음을 알 수 있다.

V.E.오멜꼬가 작성한 크라스키노성에서 발견된 조류 뼈의 현황은 다음의 표와 같다(표 3).

표 3. 크라스키노성 출토 조류 뼈의 수량[49]

종	발굴구역			합계
	41	42	45	
닭 - Gallus gallus L., 1758	-	1	-	1
오리과 - Anatidae	-	1	-	1
꿩 - Phasianus colchicus L., 1758	1	2	-	3
조류 (미 판정)	2	-	1	3
합계	3	4	1	8

49 오멜꼬 V.E., 「크라스키노성 발굴조사 출토 포유류와 조류들」, 『연해주 크라스키노 발해성 2018년도 발굴조사』, 동북아역사재단·러시아과학원 극동지소 역사학고고학민족학연구소, 2019.

3) 어류

어류에 속하는 물고기 뼈는 보고된 것이 거의 없다. 2012년에 물고기 뼈 1개가 발견된 것으로 보고되었을 뿐이다.[50] 종은 동정되지 못하였다. 때문에 이 물고기가 주변의 하천에서 잡은 것인지 혹은 바다에서 잡은 것인지 파악이 되지 않는다. 하지만 크라스키노성에서 바다 포유류 동물인 고래의 뼈가 발견되고 또 다양한 종류의 바다 연체동물 껍데기들이 확인된 것을 보면 바다에서 물고기 잡이도 하였음이 분명하다. 물고기 뼈는 1개만 그 존재가 확인되었지만 중요한 것은 크라스키노성 주민들이 물고기도 식자재로 활용하였음을 보여 준다는 사실일 것이다.

4) 바다 연체동물

바다 연체동물은 바다에서 서식하는 패류를 지칭한다. 크라스키노성에서는 바다 연체동물로 이매패류(二枚貝類)와 복족류 (腹足類) 그리고 만각류(蔓脚類)가 확인되었다.

바다 연체동물은 2001년에 특히 많은 수량으로 발견되었고 그 분석 결과도 일찍이 보고되었다.[51]

2001년에 사찰구역 담장 문지 남쪽 5m 거리의 발굴구역 남동쪽 부분 깊이 1.5m 정도에서 크기가 2.9×1.8m인 패각 무지가 발견되었다. 이곳에는 동물 뼈, 토기편, 다른 유기물질 등이 섞여 있었다. 수습한 패각의 무게는 약 3.5㎏이었고, 그중8~10%는 3~5㎜ 이하의 작은 쪼가리들이었다. 이 패각 무지에서 이매패류인 홍합, 참굴, 북방대합, 가리비, 우럭, 바지락, 개량조개, 동죽, 떡조개(백합), 담치 등 10개 종(種)의 연체동물이 동정되었다. 그 외에도 만각류에 속하는 따개비도 확인되었다. 2001년에 발견된 바다 연체동물의 양상은 다음과 같다.

홍합(Crenomytilus grayanus). 가장 많은 수량으로 발견되었으며, 수습된 무게는 3,065그램 이상이다. 껍데기의 수는 50개 이상이다. 전체 수량에서 87.9%를 차지한다. 왼쪽 껍데기가 21개, 오른쪽 껍데기가 27개이다. 크기는 7~19㎝ 사이로 매우 큰 것들이었다(평균 약 14.5㎝). 홍합 껍데기의 크기가 매우 큰 것들이기 때문에 홍합은 채집한 곳에서 선별이 이루어져 어린 것들은 다시 바다에 놓아 주었을 것으로, 오직 큰 개체들만 성으로 가져왔을 것으로 판단되었다.

참굴(Crassosrea gigas). 무게가 266그램 이상이며, 전체의 약 7.6%를 차지한다. 거의 온전한 형태 껍데기가 아래 것은 6개, 위 것은 7개가 확인되었다. 굴 껍데기의 크기는 10~16㎝이고, 껍데기의 두께는 10~14㎜이다. 1개는 크기가 약 18㎜인데 1년 이하의 것이다. 절대다수의 굴은 연령이 5~10년 된 것이었다.

50 빠나센꼬 S.E., 「크라스키노성 출토 동물 뼈 분석 -2012년도 출토 자료를 중심으로-」, 『연해주 크라스키노 발해성 2012년도 발굴조사』, 대한민국 동북아역사재단·러시아과학원 극동 역사고고민족학연구소·극동연방대학교, 2013.

51 Лещенко Н.В., Раков В.А., Болдин В.И., Морское собирательство и рыболовство (по метериалам археологических исследований Краскинского городища) // Россия и АТР, 2002, № 1.

북방대합(Spisula sachalinensis). 무게가 약 80그램으로서 전체의 2.2%를 차지한다. 4개체 중 왼쪽과 오른쪽 껍데기 편이 1개씩, 왼쪽 온전한 것 1개가 각각 확인되었다. 껍데기의 크기는 8.7~9.5㎝로서 큰 것이고, 연령은 12~15년으로 추정되었다.

가리비(Mizuhopecten yessoensis). 위 껍질 3개의 편인데 무게 42그램으로 전체의 1.2%에 해당된다. 잔존 상태가 좋지 않지만 남아 있는 정수리 부분을 통해 원래 크기는 약 9㎝, 13㎝, 15㎝였을 것으로 추정되었다. 연령은 3~6년이다.

우럭(Mya arenaria). 1개가 편 상태로 출토되었다. 길이가 13~14㎝로 매우 큰 것이다.

바지락(Ruditapes philippinarum). 오른쪽 껍데기가 거의 온전한 상태로 확인되었다. 무게는 약 5그램이다. 크기가 52㎜로 큰 것이며, 연령은 7~8년이다.

개량조개(Mactra chinensis). 왼쪽 껍데기 편이 1개 발견되었는데 길이가 65㎜이다. 보존상태 불량하여 연령 판단이 불가하였지만, 크기가 중간 크기여서 연령이 대략 6~8년일 것으로 추정되었다.

동죽(=불통조개=동조개)(Mactra veneriformis). 1개의 편이 확인되었고 길이가 약 42㎜이다. 큰 크기에 해당한다.

떡조개(백합)(Dosinia japonica). 길이 약 52㎜의 껍데기에서 나온 편이 1개 발견되었다.

담치(Modiolus sp.). 왼쪽 껍데기의 작은 편이 1개 발견되었다. 정수리와 앞쪽 가장자리가 잘 보존되어 있어 원래의 길이는 약 40㎜였을 것으로 추정되었다. 성년 담치는 길이가 12~15㎝이기 때문에 이 길이는 상당히 작은 크기이다. 때문에 다른 연체동물들과 함께 우연히 딸려 온 것으로 판단되었다. 하지만 담치가 성 가까이의 바다에서 다른 연체동물들과 함께 서식하기 때문에 성의 주민들이 담치도 채집하였을 것이라 생각된다.

2001년도에는 비교적 보존상태가 좋은 이매패류(二枚貝類) 연체동물의 껍데기가 10개종이 확인되었는데 홍합이 87.9%로 가장 많고, 참굴이 7.6%로 그다음으로 많다. 그다음은 북방대합(2.2%)과 가리비(1.2%)이지만 비율이 낮은 편이다. 나머지 우럭, 바지락, 개량조개, 동죽, 떡조개(백합), 담치 등은 껍데기가 1개씩만 확인되었다.

그 외 만각류(蔓脚類)(Cirripedia)의 껍데기도 6개가 편 상태로 확인되었다. 이것은 모두 따개비(Balnus rostratus)에 속한다. 크기는 높이 약 3~4.5㎝이다. 따개비는 암벽이나 돌, 빈 패각, 홍합이나 참굴의 위 껍데기에 붙어 서식한다. 따개비도 식용으로 사용하였을 것으로 판단되었다.

2008년도 발굴조사보고서에는 2006년과 2008년에 수습한 바다 연체동물의 패각에 대한 분석결과가 보고되어 있다.[52] 모두 54개의 패각시료가 분석되었는데 그중 44개 패각시료는 제34구역에서 수습한 것이다. 이곳에서는

52 동북아역사재단·러시아과학원 극동분소 역사고고민족학연구소 편, 2010, 『2008년도 연해주 크라스키노 발해성 한·러 공동 발굴보고서』, 동북아역사재단.

시료를 수습한 구체적인 장소는 제8, 제9, 제10, 제12, 제13인공층에 해당하는 5호 주거지와 6호 주거지, 그리고 물을 퍼내기 위해 발굴단이 만든 물구덩이이다. 2008년에는 제41구역 8호 주거지 바닥에서 8개의 패각시료를, 제37구역에서 1개 패각시료를, 제40구역에서는 표토에서 1개 패각 시료를 각각 수습하여 분석하였다.

2006년과 2008년에는 이매패류에 해당하는 4종의 연체동물 패각이 확인되었다. 바로 홍합, 참굴, 북방대합, 그리고 고랑가리비이다. 그 외에 2008년에는 크라스키노성에서는 처음으로 복족류(腹足類) 연체동물인 소라고둥의 패각이 발견되었다. 그 외에 만각류 연체동물인 따개비(Balnus rostratus)의 패각도 확인되었다. 또한 홍합 껍데기에서 해면(Cliona sp.)의 흔적이 확인된 것도 있다.

홍합(Crenomytilus grayanus)의 껍데기 혹은 그 쪼가리들은 사실상 모든 패각시료들에 포함되어 있었고, 그 비율도 각 시료에서 전체 유기물질 중 98~100%를 차지하였다. 홍합의 오른쪽과 왼쪽 껍데기의 비율은 거의 동일하였다. 제9인공층에서 발견된 거의 온전한 홍합 껍데기 6개는 길이가 100~200㎜ 사이였고, 평균 길이는 142.5㎜였다. 정수리가 남아 있는 껍데기 쪼가리들도 길이가 80~90㎜로 큰 크기였음을 보여 주었다. 따라서 홍합은 길이 80~100㎜ 이상의 큰 것들만 크라스키노성에 공급되었을 것으로 판단되었다(도면 2008-479~481). 상대적으로 얇고 깨끗한 표면과 정수리가 흔히 손상되고 해면이 붙어 있는 것들은 이 홍합이 깊이 8~12m의 펄 속에서 채집되었음을 보여 주는 것으로 판단되었다. 홍합 껍데기의 약 25~30%는 해면에 의해 손상된 것이 확인되었다. 홍합은 제9인공층에서 32개 이상으로 많이, 그 아래는 점차 줄었다가 다시 12와 13인공층에서 30~43개로 증가하는 경향을 보였다.

참굴(Crassosrea gigas) 껍데기 쪼가리들은 4개의 시료에서 확인되었는데 모두 제41구역 8호 주거지 바닥에서 출토되었다. 쪼가리들의 상태가 좋지 못하였으며 대개 무게가 5~35그램에 불과하여 작은 개체였을 것으로 판단되었다(도면 2008-477).

고랑가리비(Swiftopecten swifti) 껍데기는 제40구역의 표토에서 작은 쪼가리 상태로 발견된 것이 전부이다.

북방대합(Spisula sachalinensis)은 제34구역의 6호 주거지와 제41구역 제6인공층에서 출토되었다. 6호 주거지 출토 2개의 쪼가리 중 큰 것은 길이가 약 80㎜, 높이가 60㎜였다(도면 2008-476). 제41구역에서 출토된 왼쪽 껍데기 쪼가리는 길이가 82.8㎜, 높이가 69.3㎜, 무게가 50.2그램이었다.

복족류(腹足類) 연체동물인 소라고둥(Neptunea bulbacea)은 수관 등의 패각이 제41구역의 제6인공층에서 2개가 출토되었다(도면 2008-483 아래 열 1, 2). 이 2개는 길이가 32㎜와 37㎜, 높이가 약 70~80㎜였다. 젊은 개체에 해당하며, 육질을 꺼내기 위해 깨트린 흔적이 확인되었다.

만각류 연체동물인 따개비는 껍데기가 모두 10개로서 제13인공층에서 2개, 6호 주거지에서 6개, 물구덩이에서 1개가 각각 발견되었다. 제13인공층에서는 따개비 쪼가리가 북방대합과 함께 발견되었다. 따개비는 홍합에 자주 달라붙기 때문에 홍합과 함께 왔을 것으로 판단되었다(도면 2008-482, 1, 2; 483, 3). 따개비 껍데기는 크기가 45㎜까지였고, 10개 중 4개에 해면에 의해 손상된 흔적이 있었다.

2009년도 발굴조사보고서에는 2009년에 수습된 바다 연체동물의 패각에 대한 분석결과가 보고되어 있다.[53] 제40구역과 제42구역에서 상대적으로 큰 236개와 작은 쪼가리들 등 모두 300개체 이상의 패각이 분석되었다. 패

53 동북아역사재단·러시아과학원 극동분소 역사고고민족학연구소 편, 2011, 『2009년도 연해주 크라스키노 발해성 한·러 공동 발굴보고서』, 동북아역사재단.

각시료는 제42구역의 위 6개 인공층과 제40구역의 제11, 제12인공층 및 11호 주거지에서 수습한 것이다.

제42구역에서는 이매패류 5종과 복족류 1종이 확인되었다. 그 외에 제42구역과 제40구역에서는 공통적으로 홍합이 발견되었다. 또한 만각류인 따개비 껍데기도 확인되었다.

북방대합(Spisula sachalinensis)이 가장 많은 수량으로 발견되었다(도면 823). 제42구역의 제2~6인공층 전체에서 확인되었다. 북방대합의 껍데기는 92개체에 해당하며, 그중에는 상당히 큰 껍데기들도 있다. 껍데기의 길이는 41.2~96.1㎜였고, 연령은 4년부터 11~14년으로 판단되었다. 북방대합 껍데기 중 가장 흔히 보이는 것은 길이가 70~90㎜였고, 연령은 7~12년이었다. 참고로 사할린의 중세유적에서 출토된 북방대합 껍데기는 평균 길이가 90~110㎜로서, 크라스키노성에서 발견된 것보다 훨씬 더 크다. 몇몇 북방대합 껍질에는 돌구슬우렁이(Cryptonatica janthostoma)로 보이는 맹패(猛貝) 복족류 연체동물이 뚫은 구멍이 직경 2~3㎜로 나있었다. 북방대합의 나이테를 통해 사실상 모두 여름에 채집한 것으로 판단되었다.

가리비(Mizuhopecten yessoensis)의 껍데기는 적은 수량이 발견되었다(도면 2009-826). 껍데기는 모두 크기가 크다. 대개 아래 껍데기인데 그중의 하나에는 (천공) 해면이 손상시킨 흔적이 확인되었다. 크라스키노성에 가리리 껍데기가 적게 발견되는 것인 이것이 칼로 쉽게 열 수 있기 때문에 잡은 곳에서 육질을 꺼내었기 때문일 것으로 추정되었다.

그 외에도 제42구역에서는 참굴(Crassosrea gigas)(도면 2009-827, 7)과 북방밤색무늬조개(Glycymeris yessonsis)(도면 2009-824)의 껍데기도 소량으로 발견된 것이 있다.

이매패류인 홍합의 껍데기는 제40구역과 제42구역에서 모두 발견되었다. 홍합 껍데기는 대개 두껍고 단단한 정수리 부분이 잔존하였는데 이 부분을 통해 길이가 대략 140~160㎜였던 것으로 추정되었다. 2009년에는 홍합이 적은 수량으로 발견되었지만, 제40구역의 10호 주거지에서 상대적으로 많은 9개 껍데기가 확인되었다.

복족류는 소라(Rapana venosa)가 있다. 소라의 껍데기는 42구역에서 발견되었다(도면 2009-825). 맹패(猛貝) 소라는 굴 서식지에 혹은 그 가까이의 1~3m 깊이에 살기 때문에 굴과 함께 잡았을 것으로 판단되었다.

2009년에는 북방대합이 가장 많이 발견되었고, 그다음은 매우 적은 수량으로 홍합이, 그다음은 더 적은 수량으로 가리비, 참굴, 북방밤색무늬조개, 소라, 따개비 등이 확인되었다.

2011년에는 제45구역에서 홍합, 북방대합, 소라 등의 이매패류와 복족류 연체동물의 패각들이 출토되었다.[54]

홍합(Crenomytilus grayanus)은 제45구역에서 70개체에 속하는 길이 80~195㎜의 큰 껍데기들이 출토되었다. 껍데기의 가장자리 특징을 통해 9월~10월 초의 가을에 채집한 것으로 판단되었고, 이 홍합 개체들의 연령은 20년 이상으로 판단되었다. 홍합은 일부 개체가 껍데기와 외피의 복원된 길이를 통해 연령이 50년 정도인 것이 확인되었다. 홍합 껍데기의 끝부분에는 천공의 흔적들이 남아 있고, 제12인공층 출토 홍합 껍데기 외피에는 붉은 해초의 흔적이 있었다.

북방대합(Spisula sachalinensis)의 껍데기들은 모두 8개체에 속한다. 제45구역의 제11인공층에서 출토된 3개체는 길이가 각각 약 65㎜, 70㎜, 95㎜였다. 나머지 5개체에 해당되는 북방대합의 왼쪽 껍질은 제16인공층에서 출토되었다. 그중길이가 110㎜로 가장 긴 것은 연령이 12년으로 판단되었다. 이 길이는 북방대합에 있어 매우 큰 크기

54 라꼬프 V.A., 샤로바 O.A., 「2011년도 크라스키노성 발굴조사 출토 연체동물」, 『2011년도 연해주 크라스키노 발해성 한·러 공동 발굴보고서』, 대한민국 동북아역사재단·러시아과학원 극동 역사고고민족학연구소, 2012.

이다. 나머지는 길이가 80㎜ 이하로서 연령이 7~8년이었다. 북방대합은 껍데기의 아랫부분 혹은 어린 가장자리가 남아 있는 것이 없어 채집 계절은 확인되지 못하였다.

소라(Rapana venosa) 껍데기는 제45구역의 제13인공층에서 쪼가리 상태로 3개가 출토되었다. 높이가 각각 29.4㎜, 38㎜, 60㎜였다. 소라 껍데기들은 모두 바삭바삭하고 겹으로 갈라졌는데 이것은 끓는 물에 삶았기 때문인 것으로 판단되었다. 소라는 굴 서식지나 그 가까이에서 서식하지만 제45구역에서는 굴 껍데기들이 발견되지 않았다.

2012년도에는 제48구역에서 북방대합과 참굴 2종류의 이매패류 연체동물의 패각과 그 쪼가리들이 제3, 제4, 제5인공층에서 모두 27개가 출토되었다.[55] 몇몇 패각에는 따개비의 흔적이 확인되기도 하였다.

북방대합(Spisula sachalinensis)은 패각의 크기가 47~82㎜로 복원되는 것이 11개체 발견되었다. 제5인공층의 엘-3방안에서 3개의 상대적으로 온전한 껍데기가 확인되었는데 2개는 왼쪽, 1개는 오른쪽 껍데기였다. 왼쪽 껍데기 중의 1개는 길이가 79㎜이나 아래 가장자리가 손상되었고, 껍데기의 가운데에 안쪽으로부터 뚫린 구멍이 하나 있었다(38×41㎜). 제5인공층의 까-33방안에서는 길이가 약 47㎜와 80㎜인 오른쪽 껍데기 2개가 심하게 손상된 상태로 확인되었다. 제4인공층에서는 7개의 껍데기(오른쪽 3개, 왼쪽 4개)가 확인되었다.

참굴(Crassosrea gigas)의 껍데기는 대부분이 작은 쪼가리들이었다. 비교적 온전하게 남은 위 껍데기가 2개 확인되었는데 길이가 80㎜이하였다. 그 외에도 제5인공층에서 길이가 60㎜이하인 굴 껍데기가 6개 발견되었다. 10%의 굴 껍데기들이 따개비 클리오나에 의한 손상을 입었다. 2개의의 온전한 굴 껍질에 남아 있는 생장 고리를 통해 이 참굴은 9월에 채집된 것으로 파악되었다. 큰 껍데기 쪼가리들에는 살아 있을 때에 껍데기를 연 자국이 있는데 바로 근육 가까이의 가장자리가 손상되어 있다.

이상 2018년까지 크라스키노성에서 확인된 바다 연체동물의 껍데기 현황에 대해 살펴보았다. 크라스키노성에서 발견된 바다 연체동물은 이매패류, 복족류, 그리고 만각류로 구분된다.

이매패류. 홍합(Crenomytilus grayanus), 참굴(Crassosrea gigas), 북방대합(Spisula sachalinensis), 가리비(Mizuhopecten yessoensis), 고랑가리비(Swiftopecten swifti), 우럭(Mya arenaria), 바지락(Ruditapes philippinarum), 개량조개(Mactra chinensis), 동죽(=불통조개=동조개)(Mactra veneriformis), 떡조개(백합)(Dosinia japonica), 담치(Modiolus sp.), 북방밤색무늬조개(Glycymeris yessonsis) 등이 확인되었다.

복족류. 소라고둥(Neptunea bulbacea)과 소라(Rapana venosa)가 각각 확인되었다.

만각류. 따개비(Balnus rostratus)가 확인되었다.

2018년까지 크라스키노성에서 이매패류가 12개의 종, 복족류가 2개의 종, 그리고 만각류가 1개의 종이 각각 확인되었다는 것은 크라스키노성 주민들의 매우 다양한 바다 연체동물을 식자재로 사용하였음을 증명해 준다. 하

55 옐롭스까야(샤로바) O.A., 「크라스키노성 출토 연체동물 -2012년도 출토 자료를 중심으로-」, 『연해주 크라스키노 발해성 2012년도 발굴조사』, 대한민국 동북아역사재단·러시아과학원 극동 역사고고민족학연구소·극동연방대학교, 2013.

지만 각 종의 바다 연체동물이 발견된 비율은 서로 차이를 보인다.

홍합의 껍데기는 2001년에 50개 이상, 2009년에 소량, 2011년에 70개체가 각각 확인되었다. 또한 2008년도 발굴조사보고서에는 각 시료 전체의 98~100%가 홍합의 껍데기인 것으로 보고되었다. 따라서 홍합은 크라스키노성 주민들의 식생활에서 매우 중요한 패류 식자재였을 것이다. 홍합은 껍데기의 안쪽에 삶았을 때에 생기는 더껑이가 많이 확인되어 대부분의 경우 삶아서 먹었을 것으로 혹은 쪄서도 먹었을 것으로 추정되었다. 다만 불에 그슬린 흔적이 있는 것들도 있어 구어 먹었을 가능성도 있다고 생각된다.

홍합은 껍데기의 크기, 두께, 형태 등을 통해 약 8~ 10m 깊이의 바다에 서식하는 것을 잡은 것으로 판단되었다. 현재 홍합은 크라스키노성에서 5~7km 떨어져 있는 엑스뻬지찌야만, 레이드 빨라다만, 노브고르드스까야만, 그리고 포시에트만에 서식하는 것으로 보고되었다. 포시에트만에서는 홍합의 유충들이 6~10월에 바닥에 정착하고, 또 홍합이 암벽 곳 가까이에 밀집하여 무리를 이루고 서식하는 것으로 알려져 있다.

참굴의 껍데기는 2001년에 온전한 것이 13개, 2009년에 소량, 2012년에 소량이 각각 확인되었다. 또한 2008년도 발굴조사보고서에는 쪼가리들이 소량 확인된 것으로 보고되었다. 이 수치만을 놓고 본다면 참굴이 크라스키노성 주민들의 식생활에서 그렇지 큰 비중을 차지하지 못한 식자재였음을 말해 준다. 하지만 굴은 생산지역에서 껍데기를 벗기고 육질만 유통하였을 수도 있기 때문에 이 수치들이 실상을 말해 주는 것은 아닐 것이다. 굴은 삶거나 쪄서 먹은 것으로 판단되었다. 하지만 오늘날과 같이 굴은 날로도 먹고 또 구워서도 먹었을 가능성도 있다고 생각된다.

참굴은 현재 크라스키노성 가까이의 엑스뻬지찌야만과 노브고로드스까만에 1~5m 정도의 깊이에서 서식하는 것으로 보고되었다.

북방대합의 껍데기는 2001년에 4개, 2009년에 92개체, 2011년에 8개체, 2012년에 11개체가 각각 확인되었다. 또한 2008년도 발굴조사보고서에는 쪼가리가 소량 확인된 것으로 보고되었다. 따라서 북방대합은 전체 바다 연체동물 중 상당한 비율을 차지하였음을 알 수 있다. 북방대합은 연령이 4세부터 11~14년까지를 따뜻한 시기인 여름에 채집한 것으로 보고되었다. 또한 북방대합은 먹기 전에 끓는 물에 삶았을 것으로 판단되었다. 또한 북방대합이 살아있을 때에 껍질을 연 흔적은 보이지 않았다고 하였다. 하지만 북방대합의 껍데기들 중에는 앞쪽과 뒤쪽 가장자리가 손상된 것들이 있다고 한다. 이것은 칼로 앞쪽과 뒤쪽의 근육을 자르며 대합을 열었음을 보여 주는 것으로 판단되었다. 만약에 그렇다면 북방대합은 살았을 때에 칼을 이용하여 껍데기를 벗기기도 하였음을 말할 것이다.

현재 북방대합은 포시에트만(bay)의 모래 개펄에 서식하고 있고, 큰 무리들은 2~7m 깊이에서도 확인된다. 그 외에도 엑스뻬지찌야만의 나지모바(추르하도) 모래톱 가까이와 레이드 팔라다만(inlet)에서도 깊이 1m부터 4~7m의 모래 바닥에 북방대합이 무리를 지어 서식하는 것으로 보고되었다. 또한 나지모바 모래톱 가까이의 쉘레하곶 부근에서 서식한다.

북방대합은 강한 폭풍우 시에 모래톱이나 모래 해안으로 내던져 지기도 한다. 때문에 폭풍이 지난 다음에 해안으로 밀려온 것들을 잡았을 수도 있었을 것이다. 또한 보트를 타고 잡았을 수도 있었을 것이다. 19세기 말~20세기 초에 한국인들은 일반적으로 여자와 아이들이 북방대합을 채집하였는데 깊이가 1.5m의 얕은 곳에서는 발로 모래를 뒤집어 잡았을 것이고, 더 깊은 곳에서는 보트를 타고 나무로 만든 삼지의 조개갈퀴로 모래를 뒤집은 다음에 유리 바닥이 있는 나무 통으로 보면서 건져 올렸다고 한다. 때문에 발해 사람들도 한국인들과 동일한 방법으로 북방대합을 잡았을 가능성이 있다고 추정되었다.

가리비의 껍데기는 2001년에 3개, 2009년에 소량이 각각 확인되었고, 가리비의 일종인 고랑가리비는 2008년도 발굴조사보고서에 쪼가리가 1개 확인된 것으로 보고되었다. 가리비는 비율이 매우 낮다. 하지만 가리비는 껍데기가 접시로도 사용될 수 있고 또 각종 장식에 사용될 수도 있다. 때문에 이 수치를 통해 크라스키노성 주민들이 가리비를 매우 드물게 먹었다고 판단하는 것은 잘못일 것이다.

현재 가리비는 레이드 팔라다만, 엑스뻬지찌야만 입구 부분, 노보고로드스까야만의 2~15m 깊이 혹은 그 이상의 깊이에서, 그리고 엑스뻬지지야만의 남동쪽에 위치하는 추르하도(나지모바) 모래톱 부근에서 깊이 2~10m에 서식한다. 가리비는 폭풍 다음에 나지모바 모래톱과 다른 해안에서 잡았을 수도 있고, 자맥질을 하여 손으로 건지거나 혹은 조개끌개를 사용하여 건졌을 것으로 판단되었다. 크라스키노성에 가리비의 껍데기가 적게 발견되는 것인 이것이 칼로 쉽게 열수 있기 때문에 잡은 곳에서 육질을 꺼내었기 때문일 것으로 추정되었다.

우럭, 바지락, 개량조개, 동죽, 떡조개(백합), 그리고 담치는 2001년에 1개씩만 확인된 것으로, 북방밤색무늬조개는 2009년에 소량이 확인된 것으로 각각 보고되었다. 크라스키노성 주민들이 이것들을 얼마나 식용하였는지에 대해서는 알 수가 없다. 하지만 중요한 것은 우럭, 바지락, 개량조개, 동죽, 떡조개(백합), 북방밤색무늬조개 등이 크라스키노성 주민들의 식자재 중의 하나였다는 사실이다. 북방밤색무늬조개 껍질은 작은 숟가락을 만들거나 의복 장신구를 만들 때에 많이 사용된다고 한다.

현재 우럭은 포시에트만에 0.5m 깊이까지의 모래 속에서, 바지락은 엑스뻬지찌야만의 해안가에 깊이 1~4m의 모래흙 혹은 뻘-모래흙에서, 동죽은 엑스뻬지찌야만의 1~3m 깊이 및 성에서 1~1.5㎞ 떨어진 쭈까노브까강 하구에 각각 서식하는 것으로 보고되었다. 바지락과 동죽은 함께 서식하기도 한다.

개량조개는 흔히 떡조개(백합) 및 북방대합과 함께 서식하는 것으로 알려져 있다. 개량조개는 크기와 개체 수가 북방대합에 비해 적다. 개량조개와 떡조개는 추르하도 모래톱과 쉘레하곶 가까이에 서식하고, 폭풍이 불고 난 다음에 추르하도 모래톱에서 잡는 것이 가능였을 것으로 판단되었다. 담치는 엑스뻬지지야 만에서 홍합과 함께 서식한다. 북방밤색무늬조개는 엑스뻬지찌야만의 입구 가까이 1.5~5m 깊이에 서식하는 것으로 보고되었다.

복족류인 소라고둥의 껍데기는 2008년도 발굴조사보고서에 2개가 확인된 것으로 보고되었다. 소라의 껍데기는 2009년에 1개, 2011년에 쪼가리가 3개 각각 발견되었다. 따라서 복족류인 소라고둥과 소라는 그 비율이 매우 낮음을 알 수 있다. 아마도 중요한 것은 소라고둥과 소라도 크라스키노성 주민들의 식자재 중의 하나였다는 사실일 것이다.

만각류인 따개비의 껍질은 2001년에 6개가 확인되었고, 2008년도 발굴조사보고서에 10개가 발견된 것으로 보고되었다. 따개비는 바닷가의 바위나 바다 속의 홍합 등에 붙어서 살기도 하여 홍합 등에 딸려 왔을 수도 있다. 하지만 크기가 큰 따개비의 육질은 식용으로도 사용되기 때문에 의도적으로 채집하였을 수도 있을 것이다.

따라서 크라스키노성에서 확인된 이매패류 12개의 종은 현재 모두 크라스키노성 주변의 바다인 작은 만들과 모래톱 주변에 서식하고 있음을 알 수 있다. 이 사실은 성의 주민들이 해안이나 혹은 작은 배를 타고 근해에서 이 바다 연체동물들을 채집하였음을 말해 준다.

Краскинское городище

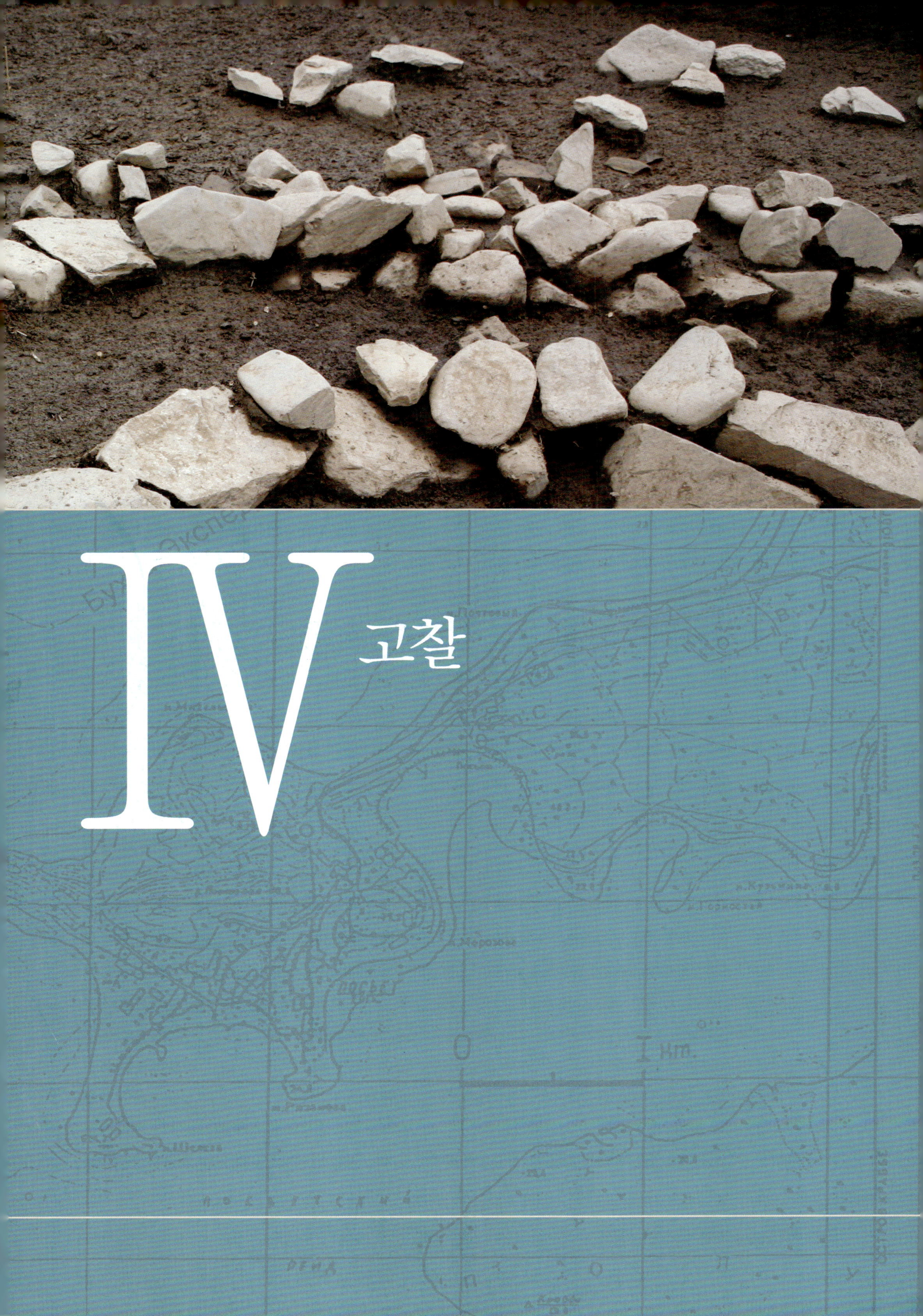

IV 고찰

1. 크라스키노성의 구획과 유구배치

1980년부터 2018년까지 28번의 여름 발굴조사 시즌에 걸쳐 53개 구역에서 실시된 크라스키노성에서의 발굴조사는 몇몇 지점에 집중되어 실시되었다.

성 내부에서 발굴조사가 된 장소들은 사찰이 위치하는 서북지역과 '十'자 모양으로 교차하는 도로가 조사된 중북지역으로 크게 구분되고 있다. 그 외에도 매우 작은 면적이긴 하여도 성의 중남지역과 동문지 주변 등이 조사된 적이 있다. 서북지역은 석축담장에 의해 북쪽의 사찰구역과 남쪽의 주거구역이 분명하게 구분되고 있다. 하지만 사찰구역의 동쪽 부분은 그 경계가 모호하다. 이곳은 유구의 성격을 통해 그 경계를 대략적으로 구분된다. 때문에 발굴조사가 비교적 넓은 면적으로 실시된 서북지역 북부 사찰구역, 서북지역 남부 주거구역, 중북지역 주거구역에서는 유구 배치와 구획 문제를 어느 정도 파악할 수 있다.

서북지역 북부 사찰구역은 석축담장과 성벽에 의해 남쪽과 서쪽, 북쪽 경계가 잘 구분된다. 동쪽 경계는 뚜렷하게 구분되지는 못하지만 제31구역의 와실유구와 그 남쪽 제33a구역의 방형 초석건물이 사찰구역의 동쪽 경계 가까이에 위치한다고 생각된다. 왜냐하면 와실유구와 방형 초석건물은 사찰과 관련된 유구로 생각되기 때문이다. 이곳 동쪽의 제37구역, 제41구역, 제45구역에는 이미 "주거지" 등으로 보고된 유구들이 위치한다.

사찰구역에 대한 발굴조사는 1980년에 처음 금당지의 초석과 와적층을 확인한 후 25년 이상의 세월이 흐른 다음인 2006년에 마침내 종료되었다. 하지만 최근의 주거구역과 도로구역에서 5개 혹은 그 이상의 생활면이 확인됨으로 인해 과거 사찰구역에서 생토로 인식되었던 토층의 밑으로 계속해서 문화층이 존재할 가능성이 크게 높아졌다. 때문에 사찰구역에 대한 재발굴조사가 언젠가는 필요할 것이다.

사찰구역의 유구는 크게 석축담장, 금당지 및 관련 유구들, 전각지, 방형 초석건물지, 와실유구, 우물, 가마터들, 그리고 기타 유구들로 이루어져 있다.

이곳에서 도시구획과 관련하여 주목을 끄는 유구는 사찰구역과 그 바깥을 구분하는 석축담장이다. 석축담장은 1994년에 제10구역에서, 1995년과 1996년에 제12구역에서 각각 조사되었다. 사찰구역의 남(서)쪽에 서서북-동동남 방향으로 일직선을 이루며 축조되어 있다. 금당지의 기단 남서변과 평행을 이루고 있다. 이 담장을 경계로 북쪽은 사찰구역이고, 남쪽은 주거구역이다. 석축담장의 동쪽(정확하게 말하는 동동남쪽) 부분에는 중문으로 명명된 문지가 위치한다. 이 중문지는 너비가 3.9m이다. 석축담장은 이 중문지의 서쪽으로 길이 22.8m, 동쪽으로 길이 8m로 각각 확인되었다. 따라서 중문지를 포함하는 담장의 전체 노출 길이는 34.7m이다. 담장의 서쪽 끝부분은 성벽과 거의 접하고 있지만, 성벽과의 사이에 약 1m 정도 단절부가 있다. 때문에 발굴조사단은 성벽과 석축담장 사이의 이 단절부에는 사찰구역으로 내왕할 수 있는 쪽문이 있었을 것으로 판단하였다. 쪽문 지붕도 기와지붕이었을 것으로 추정되었다. 중문지는 단절부 모양으로 확인되었으며 바닥에는 자갈을 깔았고, 또한 와편과 토기편들도 수 겹이 깔려 있었는데 문길을 포장한 것으로 판단되었다. 이 중문지는 안쪽으로 정확하게 금당지의 계단쪽으로 향한다.

석축담장 안의 유구배치는 "위생활면" 금당과 중문을 중축으로 삼았음을 알 수 있다. 그것은 중문과 금당의 정면 계단이 일직선상에 배치되어 있기 때문이다. 또한 금당의 정면 기단가장자리와 석축담장이 평행을 이룬다는 사실도 사찰구역 내부는 일정한 공간적 배치구조를 가지고 있었음을 말해준다. "중간생활면"의 금당지와 담장으로 보고된 유구들도 기본적으로는 "위생활면" 금당지와 동일한 방향으로 배치되었다. 하지만 "중간생활면"의 유구들은 석축담장보다는 제51구역에서 2018년에 조사된 가장 아래 생활면의 도로와 관련이 있을 것이다.

사찰구역 내의 다른 중요한 건물 중의 하나는 방형의 석축기단으로 된 전각지로서, 1994년에 제9구역에서 조사되었다. 금당지의 남동쪽 모서리에서 남동쪽으로 약 15m 거리에 위치한다. 사찰구역의 다른 한 중요 유구는 초석 건물터이다. 2005년 제32구역과 2006년 제33-a구역에 걸쳐 조사되었다. 평면상 장방형이다. 모두 16개의 초석으로 이루어져 있다. 장축은 동북-남서 방향이다. 이 건물터는 제3생활면에 속하는 것으로 보고되었는데 아마도 "중간생활면" 금당과 동일 시기일 것이다. 사찰과 관련된 건물이었음에는 틀림없지만 용도는 분명하지 못하다. 사찰구역 내의 다른 한 중요한 유구로는 와실유구가 있다. 와실유구는 2003년과 2004년에 제31구역에서 조사되었다. 금당지의 동북쪽 모서리에서 동쪽에서 14m 떨어진 곳에 위치한다. 사찰구역 내의 이 와실유구는 지하에 조성된 것이기 때문에 여름에도 서늘하였을 것이고, 따라고 상하기 쉬운 음식 등을 저장하였던 공간이었을 가능성이 높다. 사찰구역에는 식수를 얻을 수 있는 우물도 있었다. 우물은 1997년과 1998년에 제15구역에서 조사가 되었다. 금당지의 남서쪽 모서리에서 약 18.3m의 거리에 위치한다. 우물의 서쪽 가까이에는 성벽이 지나간다. 사찰구역의 남서쪽 모서리 안쪽에 해당된다.

사찰구역 내에서는 그 외에도 기와를 생산한 1호부터 12호까지의 가마터들과 다른 2기의 추정 가마터, 그리고 제철생산과 관련된 것으로 보이는 노 등의 생산시설이 조사되었다. 가마들은 제1생활면에 속하는 것들도 있고, 또 제2생활면에 속하는 것들도 있다. 다만 이 생산시설들은 모두 사찰구역 내의 중요 건물들 외곽에 분포하고 있으며, 사찰의 구성요소는 아니었을 것으로 생각된다. 가마들은 모두 사찰 내 건물들의 지붕에 사용될 기와를 생산하였을 것이고, 자신의 역할이 끝난 다음에는 바로 폐기되었을 것이다. 따라서 이 생산시설들은 비록 사찰구역 내에 위치는 하지만 사찰의 구성요소는 아니고 필요시 임시적으로 만들어진 보조시설로 보아야할 것이다.

크라스키노성의 사찰구역은 석축담장에 의해 또렷하게 구분되고 있지만 일반적인 가람배치와는 달리 금당과 추정 종루, 창고시설 등만 확인되었고, 탑, 강당 등의 시설은 보이지 않는다.

서북지역 남부 주거구역에 위치하는 제34구역, 제40구역, 제44구역, 그리고 제48구역 동쪽섹터에서는 제5생활면 혹은 제6생활면까지 문화층이 조사되었다. 그 아래는 발굴조사 당시 생토로 파악하였던 토층이 위치한다. 이 4개의 발굴구역은 북쪽에서 남쪽으로 서로 이어져 있다. 각 발굴구역의 유구들은 독립적으로 위치하는 것도 있지만 이웃하는 발굴구역들에 서로 걸쳐서 위치하는 것도 다수 있다. 때문에 이 4개 발굴구역의 발굴조사 내용에 대해서는 한꺼번에 살펴보는 것이 전체적인 유구배치 상황을 판단하는데 그리고 유구의 겹 놓인 관계를 이해하는데 훨씬 더 도움이 될 것이라 생각된다.

서북지역 남부 주거구역의 제1생활면에서 1호 주거지와 2호 주거지, 1호 건물지와 2호 건물지는 모두 네 모서리가 근 방위방향으로 방향이 동일하다. 특히 구들의 평면모양이 'ㄷ'자인 1호 주거지의 경우에는 출입구가 남남서쪽에 있을 것으로 추정되는데 이것은 사찰구역의 "위생활면" 금당과 동일한 배치방향을 가진다. 이 사실은 크라스키노성의 건물들은 적어도 서북지역의 경우 남남서향이었음을, 즉 남향에 가까웠을 것으로 추정할 수 있다. 또한

1호 건물지와 2호 건물지 사이에 약 4m의 빈 공간이 있고, 또 1호 주거지의 남동쪽 옹에서 1호 건물지와의 사이에 약 2.7m의 빈 공간이 있는 것으로 보아 각 건물들 사이에도 일정한 간격을 유지하였음을 알 수 있다. 하지만 1호 주거지와 2호 주거지는 서로 거의 인접하고 있어 경우에 따라서는 집들이 벽체를 공유하였을 가능성도 있다.

제2생활면에 속하는 여러 유구들 중 주거지는 9호, 20-21호, 22호, 23호 주거지가 있다. 다만 9호 등의 주거지들은 모두 일부분씩만 조사되어 전체 양상을 파악할 수가 없다. 하지만 잔존하는 구들이나 건물의 벽체 혹은 건물의 기단은 하나같이 모서리들이 근 방위방향임을 알 수 있다. 이 사실은 제2생활면과 제1생활면 모두 동일한 구획의도에 따라 건물들이 축조되었음을 말할 것이다. 하지만 주거지들의 윤곽이 분명하지 못하기 때문에 집들의 배치양상에 대해서는 논의하기가 힘들다.

제3생활면에는 4호, 10호, 11호, 14호, 15호 주거지 등이 해당된다. 이 유구들 중 14호 주거지의 경우에는 구들이 남아 있지만, 4호, 11호, 15호 주거지는 구들도 확인되지 않았고, 또 주거지의 윤곽선도 분명하지 못하기 때문에 유구의 방향에 대해 판단하기가 힘들다.

서북지역의 남부 주거구역에서 제4생활면에 속하는 주거지는 5호, 13호, 24호가 있다. 그중24호 주거지에는 구들이 조사되었는데 구들의 한쪽 모서리가 근 방위방향으로 나있어 제4생활면에서도 건축물들의 기본 방향은 모서리들이 근 방위방향이었다고 판단할 수 있을 것이다. 이 사실은 5호 주거지의 네 모서리가 근 방위방향인 사실을 통해서도 뒷받침된다.

제5생활면에는 6호, 12호, 28호 "주거지"가 속하는 것으로 파악된다. 이 유구들은 모두 수혈식이고, 구들이 없다. 또한 노지도 분명하지 못하다. 도면에 제시된 평면모양의 틀리지 않았다만 주거지의 방향도 일정하지 못하다. 때문에 이 유구들이 정말로 주거지인지에 대해서는 조금 더 숙고가 필요하다고 생각된다. 만약에 이 유구들이 주거지라면, 제5생활면 단계에서는 아직 성에 대한 구획의 개념이 성립되지 않았다고 판단해야할 것인데, 이것은 중북지역 주거구역의 조사결과와 모순된다.

중북지역 주거구역에 대한 발굴조사는 2011년에 제47구역을 중심으로 시작되었다. 동서방향과 남북방향의 '十'자 모양으로 서로 교차하는 도로에 의해 도시구획이 분명하게 확인된 지역이다. 도로는 2011년에 그 존재가 확인되었고, 2013년, 2014년, 2015년에 계속해서 조사가 이루어졌다. 그 결과 중북지역에서는 동서방향 도로가 62.5m, 남북방향 도로가 16.3m 길이로 각각 확인되었다. 도로의 너비는 측구가 뚜렷하게 구분되지 않기 때문에 정확하게 판단을 내릴 수가 없다. 때문에 도로 노면과 주변의 토양의 차이에 의해 혹은 도로의 노면에 깔은 돌의 분포범위를 통해 도로의 너비를 추정할 수밖에 없다. 하지만 이것들은 발굴구역 혹은 섹터에 따라 차이를 보이기 때문에 도로의 원래 너비를 실제로 반영하는지는 불분명하다. 예를 들어, 처음 도로의 존재가 확인된 제47구역 섹터3에서는 제1생활면의 도로와 관련이 있다고 생각된 갈색 사질토층의 전체 너비가 약 5.8m이었다. 2013년에 제47구역의 섹터8에서 길이 10.7m로 조사된 동동북-서서남 방향(이하 동서방향)의 도로는 돌을 깐 부분의 너비가 120~180㎝에 불과하였다. 제50구역의 섹터2와 섹터3에서 확인된 도로에 돌이 깔린 부분의 너비는 약 3.5m이었다.

중북지역 주거구역에서 동서, 남북 방향으로 서로 교차하는 '十'자 모양으로 배치된 도로는 크라스키노성 내부가 도로들에 의해 정연하게 구획되었음을 말해준다. 하지만 도로의 다른 교차지점이 아직 확인되지 않아 도로에 의해 구획된 각 구간, 즉 방의 크기는 아직 알 수가 없다.

그런데 큰 도로에 의해 구획된 '방'이 다시 몇 개의 세부단위로 구획되었음을 보여 주는 자료도 있다. 바로 2011년에 제47구역에 섹터1과 2012년에 제47구역의 섹터4에서 조사된 석축담장기초와 19호 주거지의 동벽이 그것이다. 이 석축담장기초와 19호 주거지의 동벽은 남북 방향 도로와 약 21m의 거리를 두고 서로 평행을 유지한다. 이 사실은 '방' 내부가 동서 너비 21m 정도의 세부단위로 구획되었을 가능성을 보여 준다고 생각된다. 하지만 남북너비는 얼마나 되었는지 아직은 추정할 수 없다.

중북지역 주거구역에서는 '十'자 모양으로 교차하는 도로의 서북부분에서 18호 주거지, 19호 주거지, 1호, 2호, 3호 저장구덩이가 각각 조사되었다. 또한 주거지들 사이에는 빈 공터도 존재한다. 도로의 서남부분에서는 25호 주거지, 26호 주거지, 27호 주거지 등이, 동북부분에서는 22호 주거지 등이 각각 조사되었다. 다만 이 주거지들 중 25호와 27호 주거지는 제1생활면이 아니라 제2생활면 혹은 제3생활면에 속한다. 이 주거지들은, 훼손이 심하여 방향을 알기 힘든 22호 주거지를 제외하고, 모두 구들의 방향이 도로와 동일하다. 이 사실은 중북지역 주거구역의 집들이 도로들에 의해 구획된 일정 면적의 공간 내에 질서정연하게 배치되어 있었음을 말하는 것이다. 또한 하나의 '방' 내에 주거지들, 마당들, 저장시설 등이 일정 구역을 차지하게 배치되었음도 말해준다.

도로의 서북부분에는 18호와 19호 주거지 사이의 제47구역 섹터2에서 25호 주거지 구들로 보고된 석열유구가 하나 있다. 이 유구는 북북서-남남동 방향으로 2줄을 돌을 평행하게 배치한 석열 형태의 구조물이다. 이 석열이 노출된 길이는 약 1.2m이고, 석열의 너비는 약 0.58m이다. 이 유구는 25호 주거지 구들로 보고되었다. 하지만 이 석열을 이루고 있는 2줄의 돌들은 양쪽 측면 쪽이 면을 맞추고 있고, 또 그 안쪽은 간격도 불규칙적일 뿐만 아니라 면을 맞추고 있지 않기 때문에 구들의 고래로 보기에는 무리가 있다고 생각된다. 그리고 안쪽에서 그을음 등의 흔적도 전혀 확인되지 않았다. 이 유구의 북쪽 부분은 제47구역의 제1부분에, 남쪽 부분은 발굴구역 남쪽으로 계속될 것으로 추정되지만 아직 조사되지가 못하였다. 그런데 주목을 끄는 것은 이 석열유의 방향이 남북방향 도로와 동일하고, 그리고 남북방향 도로와 석축담장기초의 거의 가운데 부분에 위치한다는 사실이다. 어쩌면 이 석열은 18호 주거지의 담장기초일 수도 있을 것이고, 또 동시에 너비 약 21m 세부단위 구획을 다시 세분하는 담장의 기초일 수도 있을 것이다.

중북지역의 도로는 제47구역 섹터 3에서 제5생활면까지 조사가 되었다. 그런데 이곳의 제4생활면 도로는 위의 제1, 제2, 제3생활면 도로에 비해 서쪽으로 약 1m 이동되었다. 참고로 제4생활면 도로에서 돌을 깐 노면의 너비는 3.6m 이상이었다. 하지만 방향은 제1생활면부터 제5생활면까지 모두 동일하였다.

크라스키노성의 중북지역 주거구역에서 조사가 된 동동북-서서남 방향(대략 동서방향)과 북북서-남남동 방향(대략 남북방향)의 서로 교차하는 도로의 존재는 이 성내부가 일정한 면적으로 구획된 계획도시였음을 말하는 것이다. 이 도로는 동서방향으로 약 62.5m, 남북방향 약 16.3m 길이로 각각 확인되었다. 하지만 아직은 도로의 교차지점이 한 곳만 확인되어 도로에 의해 구획된 각 단위 '방'의 크기를 알 수가 없다. 그런데 교차 지점의 북서쪽에서 조사된 석축담장기초와 19호 주거지의 동벽이 동일한 방향으로 하나의 선을 이루고 있고, 또 남북방향 도로와 약 21m의 거리를 두고 평행한다는 사실이 확인되었다. 이 사실은 도로의 두 교차지점 내부가 다시 일정 규모로 세부 구획되었을 가능성을 보여 준다. 중북지역 주거구역에서는 다수의 주거지와 저장용 움들, 주거지들 사이의 공터 등이 조사되었다. 주거지들은 방향이 모두 한 변은 동동북-서서남 방향, 다른 한 변은 북북서-남남동 방향으로서 도로와 동일하다. 또한 저장용 움들도 주거지와 도로 사이의 일정공간을 점유하고 있는 것으로 확인되었다. 하지만 도로 교차지점의 어느 한 방향으로도 건축물의 배치상태를 전체적으로 말해줄 수 있는 만큼의 면적이 발굴되지 못하였다. 향후 도로의 다른 교차지점들을 찾아내고 그러고 그 교차지점들 안의 '방'의 내부를 비록 하나라도 전면적으로 조사할 필요가 있을 것이다.

중북지역 주거구역의 제47구역 섹터3에서는 도로가 제5생활면까지 조사가 되었다. 그런데 각 생활면의 도로 방향이 모두 동일한 것으로 확인되었는데, 이 사실은 크라스키노성은 처음부터 계획도시로 축조되었음을 그리고 처음 계획된 구획이 성 존속의 마지막 순간까지 계속 유지되었음을 말하는 것이다. 이에 대해서는 서북지역 남부 주거구역에서 제4생활면까지의 주거지들이 모두 일정 방향으로 배치된 사실에 의해서도 뒷받침된다. 다만 서북지역 남부 주거구역에서는 제5생활면의 "주거지"로 보고된 유구들에 대해 다른 각도에서도 검토가 필요하다고 생각된다.

서북지역 북부 사찰구역은 석축담장에 의해 그 남쪽의 주거구역과 뚜렷하게 구분된다. 이곳에는 석축담장의 사이에 난 중문과 사찰구역 내의 "위 생활면" 금당의 정문이 동일한 축 선상에 위치하는 것이 주목된다. 중문과 금당 중문을 하나의 축으로 삼고 그 주변에 다른 사찰관련 건물들을 배치하였을 것이다. 하지만 이곳에는 삼국시대의 일반적인 가람배치와는 큰 차이를 보인다. 금당은 크게 부각되었지만 탑지, 강당지, 회랑 등은 전혀 확인되지 못하였다. 추정 종루, 추정 저장창고, 우물 등이 확인되었을 뿐이다. 이곳에서 조사된 가마들은 사찰의 구성 요소라기보다는 사찰 건물에 사용된 기와 등의 물품을 생산하였던 임시 생산시설이었다. 그런데 이 사찰구역을 구분한 석축담장은 처음부터 만들어진 것이 아니었다. 이 석축담장 아래로 금당으로 곧장 향하는 도로가 확인되었고, 또 "중간생활면" 금당지와 담장도 조사되었다. 그런데 여기에서 주목되는 것은 "중간생활면" 금당지와 담장도 "위생활면" 금당지 등과 동일한 방향으로 배치되어 있다는 사실이다. 이 사실은 사찰구역 역시 처음부터 크라스키노성의 전체 구획에 맞추어 조성되었음을 말하는 것이다.

2. 크라스키노성의 층위와 절대연대문제

발해고고학에서 시기구분과 편년문제는 아직 해결되지 못한 과제들 중의 하나이다. 이것은 절대연대가 알려져 있는 유물 혹은 유적의 수가 매우 제한되어 있고, 또 넓은 면적에 걸쳐 층위발굴이 된 유적이 거의 없다는데 그 원인이 있다. 그런데 크라스키노성은 1980년부터 시작된 오랜 발굴조사 덕분에 비교적 넓은 면적이 조사되었고, 또 무엇보다 더 중요한 것은 층위발굴이 이루어져 유적 자체의 시기구분이 가능해졌다는 사실이다. 특히 서북지역 사찰구역 석축담장 남서쪽의 제51구역에서 확인된 도로의 5개 생활면은 이곳의 도로 생활면들과 사찰구역 석축담장 그리고 성벽의 상대적인 조영순서를 보여 주었다. 또한 서북지역 남부 주거구역에서는 모두 6개의 생활면이 구분되었고, 그중몇몇 생활면들에서는 절대연대자료가 확보되어 유구들 간의 상대적인 연대는 물론이고 절대연대도 파악이 가능하게 되었다. 절대연대는 그 외에 다른 발굴구역들에서도 확보된 것이 있다. 중북지역 주거구역에서도 도로의 5개 생활면이 조사되어 크라스키노성 전체적으로 도로에는 5개의 생활면이 있었을 가능성을 보여 주었다.

크라스키노성에서 조사된 층위자료들은 유구들 간의 시간적 상관관계를 파악할 수 있게 한다. 또한 각 생활면에서 출토된 유물에 대한 분석은 유물들의 시기구분과 편년에도 도움이 될 것이다. 다만 유물의 수량이 매우 많기 때문에 모든 유물들과 생활면을 결부시켜 연구하는 것은 향후의 과제라고 하겠다. 하지만 제51구역 도로 생활면에서 출토된 와당들은 상대적으로 수량이 적으면서도 각 생활면에서의 문양의 변화가 관찰되어 와당의 시기구분에는 큰 도움이 된다.

크라스키노성의 층위자료들에 의한 시기구분과 절대연대자료들은 발해고고학의 시기구분과 편년문제를 해결하는 기초가 될 것으로 기대된다.

1) 서북지역 주거구역 토층조사

크라스키노성에서는 주거구역에서 토층조사가 가장 잘 된 것이 서북지역 주거구역이다. 이곳에는 제34구역, 제40구역, 제44구역, 그리고 제48구역이 위치한다. 그중에서 제44구역의 서쪽섹터 서벽과 남벽 그리고 북벽은 한국과 러시아 조사단이 공동으로 토층을 직접 관찰하고 실측하였으며 또한 몇 몇 생활면에서 목탄시료를 채취하여 다수의 방사성탄소연대 자료를 확보하였다. 때문에 크라스키노성 주거구역에서의 토층조사의 표준이 된다고 말할 수 있다.

크라스키노성 제44구역의 서벽과 남벽 그리고 북벽은 지표에서 생토까지 토층의 양상이 모두 확인되었다. 이 중에서 서벽과 남벽에는 시간에 따른 사람들의 건축행위 및 생활의 흔적이 특히 잘 파악된다. 서벽의 경우 노출된 전체 토층의 두께가 약 2.3m에 달하고, 또한 서벽 남쪽 부분과 남벽 전체 부분에는 시굴 구덩이를 통해 더 아래의 토층 상태도 어느 정도 파악이 되었다. 제44구역의 층위조사 내용은 절대연대 문제와 함께 2015년도 발굴조사 보고서 고찰부분에서 이미 충분히 검토한 적이 있다.[56] 때문에 여기에서는 제44구역과 관련된 부분은 그 내용을 대부분 수용하였고 일부의 내용만 수정 혹은 보완하였다.

제44구역의 서벽과 남벽에서는 가장 위의 표토와 가장 아래의 생토를 포함하여 모두 19개의 기본 층위가 구분되었다(도면 189~191). 아래부터 위로 토층과 방사성탄소연대를 함께 설명하면 다음과 같다.

서벽에서 생토는 XIX층이다. 생토상면이 서벽의 북쪽은 높고 남쪽으로 가면서 완만하게 낮아진다. 높은 곳과 낮은 곳의 레벨 차이는 약 1m이다. 생토는 기본적으로 밝은 황회백색의 사질토이다. 서벽 북쪽은 생토층이 3개의 층으로 구분되었는데 가운데 XIX-2로 표시된 토층의 한쪽 가장자리는 인위적인 행위에 의해 일부 흙이 뒤집어진 것으로 생각된다. XIX-4로 표시된 토층은 상대적으로 짙은 색인데, 역시 인위적인 행위에 의해 뒤집어졌거나 혹은 위의 문화층(XVIII층)의 재가 아래로 스며든 결과로 생각된다.

56 김은국·정석배, 「크라스키노성 제44구역 층위문제와 방사성탄소연대」, 『연해주 크라스키노 발해성 2015년도 발굴조사』, 동북아역사재단 한국고중세사연구소·러시아과학원 극동지소 역사학고고학민족학연구소, 2018.

XVIII층은 소토, 숯, 재 등이 섞여 있는 문화층이다. 19~21방안에 걸쳐 위치하며 가운데 있는 구덩이에 의해 토층이 단절되어 있다. 18방안의 돌무지를 포함하는 생토 바로 위 토층도 XVIII층에 속할 것으로 추정된다. XVIII층의 소토+숯 층 부분(서벽 21방안)에서 3건의 방사성탄소연대가 산출되었다. 2 sigma calibration 연대를 소개하면 다음과 같다.

- 310AD (76.7%) 420AD, 250AD (18.7%) 300AD (KCL16-253); 250AD (95.4%) 440AD (KCL16-251); 420AD (95.4%) 550AD (KCL16-252).

이 XVIII층 위로 상당히 두껍게 흑회색의 뻘층(XVII층)이 형성되어 있다. 그런데 이 뻘층은 남쪽으로 남벽 아래에서도 확인되었는데 남벽 아래에서는 거의 생토를 이루고 있다. 서벽 북쪽 부분의 XVIII층은 3개의 층으로 세분되는데 인간 활동에 의해 교란이 된 것으로 생각된다.

XVI층은 얇은 명회백색 혹은 명황갈색의 사질토층들이 역시 얇은 회백색 혹은 암회색의 사질토층들과 차례로 겹 놓여 있는 집층(集層)이다. 멀리서 보면 전체적으로 밝은 색을 가진 층위이다. 서벽의 남쪽 끝부분과 남벽의 서쪽 부분에는 명황갈색 사질토층이 두껍고 회백색 등 암색의 사질토층은 여전히 얇게 반복되고 있다. 이 집층의 아래 부분에는 소토+숯(혹은 재) 층이 얇게 형성되어 있다. 바로 이 XVI층의 아래 부분 소토+숯(혹은 재) 층(남벽 B방안)에서 2건의 방사성탄소연대가 산출되었다. 2 sigma calibration 연대를 소개하면 다음과 같다.

- 575AD (95.4%) 655AD (KCL16-254); 640AD (92.7%) 690AD, 750AD (2.7%) 770AD (KCL16-256).

그 위의 XV층도 집층이다. 아래 부분에 숯(혹은 재) 층이 얇게 형성되어 있는 구간이 있고, 또 숯이 섞인 회백색 혹은 암회색의 사질토층들이 반복되고 있어 전체적으로 짙은 색을 가진 층위이다. 서벽과 남벽에 거의 전체적으로 분포한다. 이 집층의 윗부분에 위치하는 소토+숯 층(남벽 A'방안)에서 3건의 방사성탄소연대가 산출되었다. 2 sigma calibration 연대를 소개하면 다음과 같다.

- 500AD (84.6%) 650AD, 430AD (10.8%) 490AD (KCL16-257); 630AD (91.5%) 710AD, 740AD (3.9%) 770AD (KCL16-259); 650AD (95.4%) 780AD (KCL16-258).

XIV층은 서벽의 남쪽 끝부분과 남벽에서 확인된다. 암회색으로 볼 수 있는 짙은 색의 사질토층이다. 토층이 비교적 두껍다.

XIII층은 명회백색의 사질토층으로서 비교적 두껍고 밝은 색에 속한다. 서벽의 중간 부분과 북쪽 부분에서만 확인되었다.

그 위의 XII 층은 서벽의 중간과 남쪽 부분에만 위치한다. 소토+숯 층과 대부분이 적색 소토인 2개의 층으로 이루어져 있다. 아래의 XII -2층은 현장 발굴조사 시 러시아조사단이 제5생활면으로 파악한 층이다. 대부분이 적색 소토인 XII -2층(서벽 22방안)에서 2건의 방사성탄소연대가 산출되었다. 2 sigma calibration 연대를 소개하면 다음과 같다.

- 600AD (93.6%) 690AD, 750AD (1.8%) 770AD (KCL16-260); 565AD (95.4%) 660AD (KCL16-261).

XI 층은 황갈색과 회백색의 사질토가 반복된 집층으로서 밝은 색의 층위에 속한다. 서벽의 남쪽 부분과 남벽에서 확인된다. 남벽의 숯 층(남벽 Б방안)에서 2건의 방사성탄소연대가 산출되었다. 2 sigma calibration 연대를 소개하면 다음과 같다.

- 660AD (95.4%) 780AD (KCL16-265); 650AD (95.4%) 780AD (KCL16-266).

X층은 서벽의 북쪽 부분에서만 확인된다. 소토+숯 층과 백색의 모래층으로 이루어져 있다. 현장조사 시 러시아조사단이 제4생활면으로 파악한 바 있는 소토+숯 층(서벽 19방안)에서 3건의 방사성탄소연대가 산출되었다. 2 sigma calibration 연대를 소개하면 다음과 같다.

- 610AD (88.3%) 720AD, 740AD (7.1%) 770AD (KCL16-262); 640AD (83.4%) 720AD, 740AD (12.0%) 770AD (KCL16-263); 1,100BC (95.4%) 600AD (KCL16-264).

여기에서 XI 층과 X층은 모두 XII 층 바로 위에 위치를 달리 하여 얹혀 있기 때문에 사실 층위적으로 선후관계를 파악하기가 힘들다. 비슷한 시기에 남겨진 것으로 생각된다.

IX층은 회갈색의 사질토층으로서 짙은 색에 해당된다. 서벽의 남쪽 부분과 남벽 부분에는 회갈색과 암회색의 얇은 사질토층들이 집층을 이룬다. 남벽의 IX층 아래 부분 숯 층(남벽 A'방안)에서 1건의 방사성탄소연대가 산출되었다.

- 890AD (95.4%) 990AD (KCL16-267). 그 외에도 서벽의 IX층 윗부분 숯 층(서벽 23방안)에서 1건의 방사성탄소연대가 산출되었다: BP 50,707±997 (KCL16-269).

그 위의 VIII층은 비교적 두꺼운 암회색의 사질점토층으로서 집층이 아닌 단층이다. 서벽의 중간과 북쪽 부분에만 위치한다. VIII층 내에 적색 소토 렌즈 층도 있고, 숯이 많이 섞여 있는 소토+숯 층도 있다. 현장조사 시에 러시아조사단이 적색 소토 렌즈 층과 소토+숯 층을 제3생활면으로 파악한 바 있다. VIII층 내의 소토+숯 층에서 방사성탄소연대 시료를 채취하였지만 안타깝게도 연대측정 결과가 없다. 17방안의 VIII층 상면에서 아래로 구덩이가 하나 파져 있는데 구들의 고래가 지나간 흔적이다. 제2생활면과 관련된 구들일 것이다.

Ⅶ층은 서벽의 남쪽 부분에만 위치한다. 회갈색 혹은 회백색 사질토층으로 단일 토층이다. 상대적으로 밝은 색의 토층이다.

Ⅵ층은 서벽의 중간 부분에만 위치한다. 암회색의 사질토로서 상대적으로 짙은 색의 토층이다.

Ⅴ층은 서벽의 중간과 남쪽 부분 그리고 남벽에 걸쳐 위치한다. 암회색의 사질점토층이며 토층이 두껍다. 상대적으로 짙은 색이다.

Ⅳ층은 서벽의 남쪽 끝부분과 남벽에서 확인된다. 황갈색의 사질토층이며, 밝은 색 토층이다.

그 위의 Ⅲ층은 황갈색의 토층으로서 서벽과 남벽에 전체적으로 확인된다. 하나의 토층으로 되어 있다. 상대적으로 밝은 색에 속한다.

Ⅱ층도 서벽과 남벽 전체적으로 확인된다. 회백색 혹은 황갈색 사질토이며 상대적으로 밝은 색에 속한다. 하나의 토층으로 되어 있다. Ⅱ층 상면에서 시작된 서벽의 20방안에 위치하는 구덩이를 현장조사 시에 러시아조사단이 제1생활면의 유구로 파악한 바 있다.

가장 위의 Ⅰ층은 표토-교란층이다. 흑회색의 사질토이다.

이상 서북지역 주거구역에서 조사된 제44구역의 서벽과 남벽 토층을 생활면 및 방사성탄소연대와 함께 검토해 보았다. 이와 같은 층위조사와 유구의 겹 놓인 관계를 바탕으로 서북지역 주거구역, 중북지역 주거구역 제53구역, 서북지역 사찰구역 동쪽 일대, 그리고 서북지역 제51구역 도로구간에 대한 유구들 간의 선후관계가 파악이 되었다.

2) 생활면 구분과 유구들의 상대편년

서북지역 남부 주거구역, 서북지역 사찰구역 동쪽 일대, 중북지역 제53구역, 그리고 서북지역 제51구역 도로구간은 층위 발굴을 통해 5개 혹은 6개의 생활면이 구분되었다. 때문에 각 생활면에 속하는 주거지나 저장구덩이 혹은 기타 유구들은 상대적인 축조 혹은 사용시기가 파악이 된다. 또한 서북지역 제51구역은 도로와 성벽 그리고 사찰담장의 상대적인 조영 순서를 밝힐 수 있게 하였다.

서북지역 제51구역에서는 모두 도로 생활면이 5개가 확인되었다. 제51구역은 사찰구역 석축담장 및 성 서벽과 바로 인접하여 설정되었기 때문에 도로와 석축 담장 그리고 도로와 성 서벽의 상대적인 축조순서가 파악되었다. 가장 아래의 도로 제5생활면과 바로 위의 제4생활면에서는 도로가 북동-남서 방향으로 곧게 석축담장 아래를 지나 곧장 "중간 생활면" 금당지를 향해 나있었다. 다시 말해서 도로 제5생활면과 제4생활면에서는 아직 석축담장이 축조되지 않았다. 그런데 그 위로 제3생활면에서는 도로가 동-서 방향으로 사찰구역을 구분하는 석축담장과 거의 평행을 이루며 나있다. 이것은 석축담장이 도로 제4생활면과 제3생활면 사이의 어느 순간에 축조되었음을 말한다. 이후 도로 제2생활면과 제1생활면의 방향은 모두 바뀌지 않았다.

도로 생활면들과 성벽과의 조영 순서도 파악이 되었다. 제51구역의 서벽은 성벽에 바로 잇대어 위치하는데 제51구역의 도로를 조사할 때에 성벽의 내측에 쌓은 면석이 함께 노출되었다. 그런데 도로의 생활면들은 성벽 내측의 면석 기단보다 더 깊은 곳까지 계속 발견되었다. 도로 제5생활면은 성벽 면석의 기단보다 더 아래에 위치하였고, 도로 제4생활면은 성벽 기단과 동일한 깊이에 위치였다. 이 사실은 도로 제4생활면에서 성벽을 쌓았음을 의미한다.

서북지역 사찰구역 석축담장과 도로 그리고 성벽은 도로 생활면에 의해 상대적인 축조시기가 확인되었다. 가장 이른 단계에 도로 제5생활면이 존재하였고, 그다음에 도로 제4생활면에서 성벽을 축조하였으며, 그다음 일정 기간의 시차를 두고 도로 제4생활면과 제3생활면 사이에 사찰구역 석축담장을 축조하였다.

서북지역 남부 주거구역에서 층위 조사가 이루어진 곳은 제34구역, 제40구역, 제44구역, 그리고 제48구역 동쪽 섹터이다. 제1생활면에서는 제34구역의 1호 주거지, 2호 주거지, 제34호와 제40구역에 걸쳐 위치하는 '3호 주거지'(2009년 (1호) 폐기물 구덩이), 제40구역의 1호 (돌기초벽) 건물지, 제44구역과 제48구역에 걸쳐 위치하는 2호 건물지, 제44구역의 1호 건물지, 1호, 2호, 3호, 4호 유구, 1호, 2호, 3호 구덩이, 제48구역의 추정 토축기단, 대형 돌무지, 석열, (열주유형) 추정 건물지, 1호(48구), 2호(48구), 3호(48구) 유구, 폐기물 구덩이(48구) 등이 각각 조사되었다. 제2생활면에서는 제40구역의 9호 주거지, 제44구역의 20-21호 주거지, 1호 (말각방형), 2호 (돌무지), 3호 (추정 적심), 4호 (석열) 유구, 추정 건물지, 23호 주거지, 제48구역의 22호 주거지, 1호 수혈구덩이, 토기편무지, 적심초석, 1호와 2호 구덩이, 경제건축 수혈구덩이, 돌 사용 구조물 등이 각각 조사되었다. 제3생활면에서는 제34구역의 4호 주거지, 제40구역의 10호, 11호, 14호, 15호 주거지와 2호, 3호, 11호 구덩이, 제44구역의 추정 건물지(기둥구조물 유구), 노지 유구, 1호와 2호 수혈구덩이, 1b호 노지, 배수도랑, 1호~8호 구덩이, 10호, 11호 구덩이, 제48구역의 슬래그 집중 분포지, 6호~13호 구덩이 등이 각각 조사되었다.

서북지역 남부 주거구역의 제4생활면에서는 제34구역에서 5호 주거지, 제40구역의 '13호 주거지', 16호 저장구덩이, 21호, 22호, 23호, 24호, 25호 구덩이, 24호 주거지, 1호와 2호 돌무지, 제48구역의 2호, 3호, 4호, 5호 수혈구덩이, 14호, 15호, 16호 구덩이, 18호~32호 구덩이 등이 각각 조사되었다. 제5생활면에서는 제34구역의 6호 주거지, 제34구역과 제40구역에 걸쳐 위치하는 12호 주거지, 제40구역의 수혈구덩이, 34호 구덩이(저장 구덩이) 및 기타 구덩이들, 제44구역의 19호, 20호, 24호 구덩이가 포함된 13호 주거지, 12호, 13호, 14호, 17호, 18호구덩이, 수혈구덩이, 제48구역의 4호 수혈구덩이, 28호 주거지, 5호 수혈구덩이 등이 각각 조사되었다. 제6생활면에서는 제44구역의 추정 건축물 벽체 잔존물, 재무지, 3호, 5호 구덩이, 12호~14호 구덩이, 재 및 그을음 얼룩들, 숯-그을음 얼룩 등이 각각 조사되었다.

서북지역 사찰구역 동쪽 일대에서는 제37구역, 제41구역, 그리고 제45구역이 위치한다. 가장 위의 제1생활면에서는 석열, 석축구조물, 장방형 초석, 적석유구, 돌무지, 7호 주거지, 16호 주거지, 6호 구덩이, 2호 유구, 3호 유구, 4호 유구, 7호 구덩이가 각각 조사되었다. 그 아래의 제2생활면에서는 수혈구덩이, 8호 주거지, (2011) 1호 유구, (2011) 2호 유구가, 그 아래의 제3생활면에서는 17호주거지, 4호 구덩이가 각각 조사되었다. 그 아래의 제4생활면에서는 (2011) 4호 유구, (2011) 5호 유구(3호 노지), (2011) 7호 구덩이가, 그 아래의 제5생활면에서는 (2011-45) 4호 유구(수혈 구덩이), 저장구덩이 등이 각각 조사되었다.

중북지역 제53구역에서는 제1생활면에서 26호 주거지, 1호 구덩이, 2호 구덩이, 석열유구가, 제2생활면에서 25호 주거지, 3호 구덩이, 4호 구덩이가, 제3생활면에서 2018-남서섹터 2호 구덩이, 27호 주거지, 제4생활면에서 석벽구조물과 석축구조물이 각각 조사되었다.

3)절대연대 문제

크라스키노성에서는 수차에 걸쳐 방사성탄소연대 측정을 하였는데 2007년도, 2008년도, 2009년도, 2010년도, 그리고 2015년도 발굴조사보고서에 그 결과가 보고되었다. 먼저 각 년도에 발표된 방사성탄소연대를 소개하면 다음과 같다.

2007년도 보고 방사성탄소연대 4건

1. 제34구역 레벨 -192㎝, SNU07-R093, 1400±60년, 640AD
2. 제34구역 레벨 -199㎝, SNU07-R094, 1310±50년, 740AD
3. 제37구역 수혈구덩이, SNU07-R095, 1360±50년, 690AD
4. 제37구역 수혈구덩이, SNU07-R096, 1380±70년, 680AD

2008년도 보고 방사성탄소연대 5건

1. 제37구역 붸-2방안 제8인공층 레벨 -116㎝, BP1530±50, 530AD
2. 제40구역 게-17방안 제4(1)인공층 레벨 -89㎝, BP1150±40, 880AD
3. 제40구역 게-14방안 제5인공층 레벨 -106㎝, BP1250±50, 780AD
4. 제41구역 엔-3방안 제6인공층 레벨 -83㎝, BP1570±50, 490AD
5. 제41구역 까-2방안 제6인공층 레벨 -68㎝, BP1260±60, 780AD.

2009년도 보고 방사성탄소연대 6건

1. 제41구역 엔-1방안 레벨 -100, 2000±50년, 10AD
2. 제41구역 엔-4방안 레벨 -112, 1910±50년, 80AD
3. 제41구역 오-1방안 레벨 -115, 1660±50년, 380AD
4. 제40구역 붸-17방안 레벨 -136, 1480±100년, 585AD
5. 제40구역 에-18방안 레벨 -123, 1480±50년, 590AD
6. 제42구역 데-4방안 레벨 -324, 1480±50년, 615AD

2010년도 보고 방사성탄소연대 5건

1. COAH-8256, 제40구역, 제15인공층, 10호 주거지, 뷔-16방안, 레벨 -185㎝, 제3생활면, 1220±40년
2. COAH-8257, 제40구역, 제18인공층, 13호 주거지, 아-22방안, 레벨 -181㎝, 제4생활면, 1270±50년
3. COAH-8258, 제40구역, 제19인공층, 12호 주거지, 뷔-16방안, 레벨 -194㎝, 제5생활면, 1340±40년
4. COAH-8259, 제40구역, 제21인공층, 13호 주거지 밑, 아-29방안, 레벨 -204㎝, 제5생활면, 1745±50년
5. COAH-8260, 제40구역, 제23인공층, 13호 주거지 및 수혈구덩이, 아-20방안, 레벨 -216㎝, 제5생활면, 1780±35년

2015년도 보고 방사성탄소연대 17건

№	층위	방사성탄소연대	확률	Sigma Calibration 및 LAB번호		연대범위	비고	
1	IX	890AD ~ 990AD	95.4%	2	KCL16-267	890AD ~ 990AD	7	
		895AD ~ 920AD	27.0%	1				
		945AD ~ 980AD	41.2%					
2		BP 50,707±997	-	-	KCL16-269	-	8-2	
3	X	610AD ~ 720AD	88.3%	2	KCL16-262	610AD ~ 770AD	5-1	동일지점
		740AD ~ 770AD	7.1%					
		645AD ~ 685AD	68.2%	1				
4		640AD ~ 720AD	83.4%	2	KCL16-263	640AD ~ 770AD	5-2	
		740AD ~ 770AD	12.0%					
		650AD ~ 690AD	68.2%	1				
5		1,100BC ~ 600AD	95.4%	2	KCL16-264	-	5-3	
		800BC ~ 100AD	68.2%	1				
6	XI	660AD ~ 780AD	95.4%	2	KCL16-265	660AD ~ 780AD	6-1	동일지점
		680AD ~ 725AD	37.9%	1				
		740AD ~ 770AD	30.3%					
7		650AD ~ 780AD	95.4%	2	KCL16-266	650AD ~ 780AD	6-2	
		660AD ~ 720AD	46.3%	1				
		740AD ~ 770AD	21.9%					
8	XII	600AD ~ 690AD	93.6%	2	KCL16-260	600AD ~ 770AD	4-1	동일지점
		750AD ~ 770AD	1.8%					
		640AD ~ 675AD	68.2%	1				
9		565AD ~ 660AD	95.4%	2	KCL16-261	565AD ~ 660AD	4-2	
		600AD ~ 650AD	68.2%	1				

10	XV	500AD ~ 650AD	84.6%	2	KCL16-257	430AD ~ 650AD	3-1	동일지점
		430AD ~ 490AD	10.8%					
		540AD ~ 630AD	68.2%	1				
11		630AD ~ 710AD	91.5%	2	KCL16-259	630AD ~ 770AD	3-3	
		740AD ~ 770AD	3.9%					
		645AD ~ 675AD	68.2%	1				
12		650AD ~ 780AD	95.4%	2	KCL16-258	650AD ~ 780AD	3-2	
		670AD ~ 720AD	43.3%	1				
		740AD ~ 770AD	24.9%					
13	XVI	575AD ~ 655AD	95.4%	2	KCL16-254	575AD ~ 655AD	2-1	동일지점
		605AD ~ 645AD	68.2%	1				
14		640AD ~ 690AD	92.7%	2	KCL16-256	640AD ~ 770AD	2-3	
		750AD ~ 770AD	2.7%					
		650AD ~ 675AD	68.2%	1				
15	XVIII	310AD ~ 420AD	76.7%	2	KCL16-253	250AD ~ 420AD	1-3	동일지점
		250AD ~ 300AD	18.7%					
		260AD ~ 280AD	5.4%	1				
		330AD ~ 400AD	62.8%					
16		250AD ~ 440AD	95.4%	2	KCL16-251	250AD ~ 440AD	1-1	
		340AD ~ 420AD	68.2%	1				
17		420AD ~ 550AD	95.4%	2	KCL16-252	420AD ~ 550AD	1-2	
		430AD ~ 470AD	25.8%	1				
		480AD ~ 540AD	42.4%					

2015년도 보고 방사성탄소연대 17건은 먼저 토층을 구분하고 그다음에 각각의 토층에서 시료를 채취하였기 때문에 시료를 채취한 층위와 생활면이 분명하게 구분된다. XVIII층은 제6생활면, XII-2층은 제5생활면, X층은 제4생활면, VIII층은 제3생활면, VII층은 제2생활면, II층은 제1생활면에 각각 해당된다.

2007년도 보고 방사성탄소연대 4건의 구체적인 위치와 생활면은 다음과 같이 파악된다.

제34구역의 2건 방사성탄소연대는 시료 채취 레벨이 -192㎝와 -199㎝로 기록되어 있다. 이 레벨은 제34구역에서는 제5생활면에 속하는 제13인공층 혹은 제14인공층에 해당된다. 제34구역의 제5생활면에서는 북쪽에 6호 주거지가 남쪽에 12호 주거지가 각각 위치한다. 아마도 이 2기 주거지 중의 한 곳에서 시료를 채취하였을 것인데 중요한 것은 제5생활면에서 시료를 채취하였다는 사실이다. 따라서 제34구역 제5생활면의 주거지들은 방사성탄소연대에 의해 절대연대가 640AD와 740AD인 것이다.

제37구역의 2건 방사성탄소연대는 수혈구덩이에서 시료를 채취한 것으로 기록되어 있다. 제37구역에서는 수혈구덩이가 제2생활면에서만 조사되었기 때문에 이 2건 방사성탄소연대는 제2생활면에 해당된다고 보아야만 한다. 이 경우 제37구역 제2생활면의 방사성탄소연대는 690AD와 680AD가 된다.

2008년도 보고 방사성탄소연대 5건의 구체적인 위치와 생활면은 다음과 같이 파악된다.

제37구역에서는 제8인공층 다음에 바로 생토면이 확인되었다. 때문에 2008년에 제8인공층에서 채취한 목탄 시료로 산출한 방사성탄소연대 1건은 제5생활면에 해당한다고 판단할 수 있을 것이다. 다시 말해서 530AD는 제37구역의 제5생활면과 관련된 연대이다.

제40구역에서 제4인공층 레벨 -89㎝는 제1생활면에 해당한다. 때문에 880AD라는 연대는 제1생활면에 해당될 것이다. 제40구역에서 제5인공층 레벨 -106㎝은 제2생활면에 해당되는 것으로 판단된다. 때문에 780AD이라는 연대는 제2생활면의 것으로 보아야 한다.

제41구역에 목탄 시료를 채취한 엔-3방안과 까-2방안의 제6인공층 레벨 -83㎝과 레벨 -68㎝은 모두 제2생활면에 속하는 8호 주거지에 위치한다. 다시 말해서 제41구역의 2건 방사성탄소연대(490AD와 780AD)는 제2생활면 8호 주거지의 것이다.

2009년도 보고 방사성탄소연대 6건의 구체적인 위치와 생활면은 다음과 같이 파악된다.

제41구역의 3건 연대는 유적의 연대와 지나치게 동떨어졌기 때문에 시료가 심각하게 오염되었을 가능성이 매우 높다.

제40구역의 뻬-17방안 레벨 -136은 제3생활면에 속하는 8호 주거지의 아래 부분에 해당한다. 다시 말해서 이곳에서 채취한 목탄 시료에서 산출한 585AD라는 방사성탄소연대는 제3생활면 8호 주거지의 아래 부분과 관련이 있다.

제40구역의 예-18방안 레벨 -123은 제2생활면에 속하는 9호 주거지가 위치하는 곳이다. 다시 말해서 590AD 연대는 제2생활면 9호 주거지의 것이다.

제42구역은 남문지 북쪽 광장지역에 위치한다. 이곳에서 1건의 방사성탄소연대가 산출된 것인데 615AD을 보여 주고 있다.

2010년도 보고 방사성탄소연대 5건은 각각의 것들에 대한 생활면들이 함께 표시되어 있다. 제40구역의 1220±40년은 제3생활면 10호 주거지, 제40구역의 1270±50년은 제4생활면 13호 주거지 윗부분, 제40구역의 1340±40년은 제5생활면의 12호 주거지, 제40구역의 1745±50년은 제5생활면의 13호 주거지 중간 부분, 제40구역의 1780±35년은 제5생활면의 13호 주거지 및 수혈 구덩이의 아래 부분에 각각 해당된다. 다만 이 연대들은 BP로만 표시되어 있어 서기 몇 년에 해당하는지 따로 계산을 해야만 한다. 방사성탄소연대에서 일반적인 1950년을 기준으로 할 때에 1220±40년은 730±40년, 1270±50년은 680±50년, 1340±40년은 610±40년, 1745±50년은 205±50년, 1780±35년은 170±35년으로 각각 산출된다.

이상의 방사성탄소연대들을 표로 정리하면 다음과 같다.

크라스키노성 방사성탄소연대(연도는 AD임)

№	서북지역 주거구역			서북지역 사찰구역 동쪽 -일대		남문지 북쪽 광장지역
	제34구역	제40구역	제44구역	제37구역	제41구역	제42구역
제1생활면	-	880	-	-	-	615
제2생활면	-	780	-	680	490	
	-	590	-	690	780	
제3생활면	-	585	-	-	-	
	-	730±40	-	-	-	
제44구역 IX층	-	-	890~990	-	-	
제4생활면	-	680±50	610~770(평균 690)	-	-	
	-	-	640~770(평균 705)	-	-	
제44구역 XI층	-		660~780(평균 720)	-	-	
	-	-	650~780(평균 715)	-	-	
제5생활면	640	610±40	600~770(평균 685)	530	-	
	740	205±50	565~660	-	-	
	-	170±35	-	-	-	
제44구역 XV층	-	-	430~650	-	-	
	-	-	630~770(평균 700)	-	-	
	-	-	650~780(평균 715)	-	-	
제44구역 XVI층	-	-	640~770(평균 705)	-	-	
	-	-	575~655	-	-	
제6생활면	-	-	420~550	-		
	-	-	250~440	-		
	-	-	250~420	-		

크라스키노성에서 산출된 방사성탄소연대들은 표에 잘 드러나 있듯이 각 생활면에 따라 일정한 연대를 보여주지 못한다. 또한 동일한 생활면 혹은 동일 지점에서 채취한 시료들에서 얻은 방사성탄소연대로 서로 차이를 보이는 경우가 많다. 하지만 제6생활면을 제외한 방사성탄소연대 값들은 모두 발해시기에 포함되는 연대를 포함하고 있다.

발해시기에 해당되는 연대들만 검토해보면 제6생활면과 제5생활면 사이의 XVI층과 XV층은 평균 705년과 715년, 700년으로서 발해의 초기에 해당한다. 만약에 이 연대를 신뢰한다면 제6생활면과 제5생활면 사이의 문화층들은 발해의 가장 이른 단계에 해당한다고 판단할 수 있다.

제5생활면은 740년, 제5생활면과 제4생활면 사이의 XI층은 715년과 720년, 제4생활면은 705년, 제3생활면은 730년이라는 연대가 각각 확인된다. 제5생활면이 아래에 위치하고 제3생활면이 위에 위치한다는 사실을 감안해 보면 이 연대들은 상호 모순적이다. 하지만 적어도 이 연대들은 제6생활면과 제5생활면 사이의 연대들보다는 늦은 값이다. 때문에 제5생활면, 제4생활면, 제3생활면들은 시기적으로 큰 차이를 보이지 않는다고 판단해야할 것이다. 하지만 제2생활면에서 780년이라는 연대가 2건 산출되었기 때문에 제5생활면, 제4생활면, 제3생활면은 715년부터 780년 사이에 존속한 것으로 판단하는 것이 합리적일 것이다.

제2생활면은 780년이 2건이 있기 때문에 상당히 신뢰할 수 있다고 생각된다. 제1생활면은 880년이다. 여기서 주목되는 것은 제2생활면의 연대는 제5생활면, 제4생활면, 제3생활면의 것보다 늦고, 제1생활면의 연대는 제2생활면의 것보다 늦다는 점이다. 이것은 매우 자연스러운 결과이다. 이 연대들을 신뢰할 경우 크라스키노성에서는 제2생활면에 축조된 건축물들부터 매우 장기간 사용되었다고 말할 수 있을 것이다.

제6생활면은 모든 방사성탄소연대 값이 발해건국 이전에 해당된다. 이 사실은 제6생활면은 발해 이전의 고구려시기에 해당함을 말하는 것이다.

따라서 크라스키노성의 절대연대는 제6생활면 고구려시기, 제6생활면과 제5생활면 사이기간 700년 전후~715년 전후(발해 건국 직후 시기), 제5생활면, 제4생활면, 제3생활면 715년 전후~780년 전후(발해 전기), 제2생활면 780년 전후~880년 전후(발해 중기), 제1생활면 880년 전후~발해 멸망까지(발해 후기)로 각각 판단할 수 있다.

물론 이 연대들은 제6생활면을 제외하고 발해시기에 해당하는 것들만 취사한 것이고, 또 몇몇 경우에는 평균값을 가져온 것이기 때문에 절대적으로 옳다고 말할 수는 없다. 하지만 어느 정도는 진실에 근접할 것이라 생각된다.

3. 크라스키노성의 역사적 고찰

발해는 698년 고왕(高王) 대조영(大祚榮)이 고구려 유민을 중심으로 동모산(東牟山: 현재 중국 길림성 소재)에서 진(振, 震)이란 국호로 건국하였다. 이후 발해는 당 및 돌궐, 거란, 남쪽의 신라, 동해 건너 일본과 개방적 대외교류를 지속하여 해동성국(海東盛國)으로 칭송되었다. 고왕 이후 15대 마지막 왕 대인선(大諲譔) 통치 시기까지 전국을 5개의 중심 도성(京), 15개의 부(府), 62개의 주(州)로 나누고, 신라도, 일본도, 거란도, 영주도 등의 대외교통로를 두어 동아시아의 문화 전달자로서의 역할을 수행하였다.

발해가 당시 주변국과 교류한 역사사실을 담은 사료들을 통해 보면 발해는 고구려를 계승하였던 나라였음을 알 수 있다. 발해는 시호 및 연호를 사용하였으며 황제국가를 표방하고 부여와 고구려를 계승하였던 독립 국가였음을 확인할 수 있다.

발해는 무왕 인안 8년(727년)부터 마지막왕 대인선 13년(919)년까지 모두 34회에 걸쳐 일본에 사신을 파견하였고, 반대로 일본은 13회에 걸쳐 발해로 사신을 파견하였다. 그렇다면 일본도의 출항지는 어디에 있었을까?

이와 관련하여 러시아정교회의 승원관장이자 중국학 전문가였던 팔라디 카파로프가 1870년 8월 23일자 제정

러시아 지질학협회에 보낸 서한의 내용은 매우 중요하다. 그는 중국의 문헌자료들을 참고하여 "포시에트에는 얀추(얀치헤)강과 기찐(까진)강 사이에 옛날 군항이 있었을 것이다"라고 지적하였다. 다시 말해서 팔라디 카파로프는 지금의 크라스키노성 일대에 '옛날 군항'의 존재를 추정하였던 것이다. 하지만 그는 이듬해인 1871년 4월에 제정러시아 지질학협회의 위임에 의해 극동지역을 여행하면서 크라스키노성을 발견하였지만 제염 저장소의 흔적으로만 판단하였다.

이후 오랫동안 이 유적은 사람들의 기억에서 잊혀 졌으며 1958년에야 고고학자들에 의해 다시 발견되었다. 하지만 이때에는 이 유적을 12~13세기의 금대 여진유적으로 잘못 판단하였다. 크라스키노성이 발해의 유적으로 인정을 받게 된 것은 1960년과 1963년에 러시아의 저명한 동양학 전문가인 E.V.샤브꾸노프가 이 유적에 대해 정밀지표조사를 실시하여 발해유물을 확인하면서 부터였다. E.V.샤브꾸노프는 크라스키노성을 발해 동경 용원부 염주의 치소였고 그리고 발해와 일본 간의 교류가 이루어졌던 장소로 추정하였다.

오늘날 많은 학자들에 의해 크라스키노성은 발해 염주의 치소이자 일본도의 출항지로 인정받고 있다. 이 문제와 관련하여『신당서』「발해전」의 "예맥의 옛 땅으로 동경을 삼고 용원부 또는 책성부라 하였고 경, 염, 목, 하 4주를 거느리게 하였다. … 용원의 동남쪽은 바다에 접해 있는데 일본으로 가는 길이다"(獩貊故地爲東京 曰龍原府 亦曰柵城府 領慶鹽穆賀四州. … 龍原東南濱海 日本道也)라는 기록이 매우 중요한 역할을 한다. 오늘날 동경 용원부는 고고학 발굴조사를 통해 훈춘의 팔련성으로 인정되고 있다. 다시 말해서 지금의 팔련성에 있었던 동경 용원부에서 동남쪽으로 바다에 접해있는 주가 바로 일본도의 바닷길 기점이었다고 볼 수 있는 것이다. 여기에서 바닷가에 위치하였던 주(州)로는 소금 염(鹽)자를 쓰고 있는 염주임은 누구나 쉽게 추정할 수 있을 것이다. 또한 실제로 크라스키노성은 팔련성에서 본다면 동남쪽에 해당된다. 더욱이 크라스키노성 주변으로 흐르고 있는 쭈까노브까강이 과거에는 얀치헤(중국어명칭 岩杵河 yanchuhe)로 불리고 있었는데 염(鹽 yan)과 암(岩 yan)이 동일한 음으로 발음된다는 점을 염두에 둔다면 염주의 치소, 다시 말해서 염주성이 지금의 크라스키노성이라는 의견에는 의심의 여지가 없다.

이와 관련하여『요사』「지리지」의 염주와 개주 진국군에 대한 기록도 매우 중요한 단서를 제공하고 있다. 이 기록에 의하면 "염주는 본래 발해 용하군이었다. 해양, 접해, 격천, 용하 4개의 현이 있었는데 모두 폐지되었다. 호수는 3백이었다. 개주에 예속되었다. 서로 1백 40리 떨어져 있다"(鹽州 本渤海龍河郡 故縣四 海陽 接海 格川 龍河 皆廢 戶三百 隷開州 相去一百四十里). 개주에 대해서는 다음과 같이 말하고 있다. "개주 진국군. 절도사를 두었다. 본래는 예맥의 땅이었는데 고구려가 경주라 하였고 발해가 동경용원부라 하였다. 궁전이 남아 있었다. 경주, 염주, 목주, 하주의 군무를 총괄한다"(開州 鎭國軍 節度 本濊貊地 高麗爲慶州 渤海爲東京龍原府 有宮殿 都督慶鹽穆賀四州事).『요사』「지리지」이 두 기록은 요의 개주가 발해 당시의 동경용원부였고 염주는 해양, 접해 등의 바다 해자가 붙은 현들을 거느리고 있었던 것으로 보아 바닷가에 위치하고 있었음이 틀림없음을 보여주고 있다. 또한 염주는 개주, 다시 말해서 동경용원부와 170리 떨어진 곳에 위치하였음을 알 수 있다.

발해가 일본으로 보낸 34회의 사절단 중 33회의 사절단이, 그리고 일본이 발해로 보낸 13회의 사절단이 각각 모두 염주성을 통해 왕래하였을 것으로 판단된다. 하지만 양국을 왕래한 선박이 크라스키노성에 바로 정박을 한 것은 아니었다. 이 유적 가까이의 동해 엑스뻬지찌야 만은 깊이가 얕기 때문에 선박은 인접하여 위치하는 포시에트 만에 정박을 하였을 것이고 나룻배 등 작은 배에 걸아타고서 이 성 가까이로 접근하였을 것으로 보고 있다.

발해는 일본도를 통해 다양한 상품을 교역하였다. 발해에서는 주로 담비가죽, 호랑이가죽, 곰가죽, 표범가죽, 인삼, 잣, 꿀을 가져갔고, 일본에서는 주로 여러 종류의 비단과 솜, 금, 수은, 금칠, 칠, 수정염주 등을 보내었다. 발해는 적게는 1척 많게는 17척의 배를, 사절단은 적게는 23인으로 많게는 359인으로 구성하여 일본과 적극적으로 교류를 하였던 것이다.

하지만 실제 크라스키노성 발굴조사에서는 일본도를 통한 발해와 일본 양국 간의 교역의 증거가 거의 발견이 되지 못하였다. 아마도 그것은 크라스키노성이 사절들 및 그 사절들과 동행한 상인들의 최종 목적지가 아니었기 때문일 것이다. 발해 사절단의 최종 목적지는 당시 일본의 수도였던 평안경이었고, 일본 사절단의 최종 목적지는 발해의 수도가 있었던 구국, 중경, 상경, 동경 등이었다. 그러므로 크라스키노성은 발해 사절단의 출항지, 일본 사절단의 입항지 역할을 하였다. 이와 관련하여 크라스키노성에서는 이 성이 육로와 해로의 연결거점이었음을 분명하게 보여주는 유물들이 출토되었다. 1980년부터 시작된 이 유적에서의 발굴조사에서 쌍봉낙타의 뼈, 청동 쌍봉낙타상, 금박구슬, 화병모양 거란토기 등과 같은 서역-북방과 관련된 유물들과 함께 해로를 통해 신라와도 교류하였음을 보여 주는 편병, 반대로 발해의 놀이문화가 서쪽으로 위구르에서도 공유되었음을 보여주는 고누판 등과 같은 유물이 출토되었다. 또한 당과의 교역을 보여주는 자기들이 깨어진 편 상태이기 하나 적지 않게 출토되었다.

이 유적에서 출토된 쌍봉낙타의 뼈와 청동으로 만든 쌍봉낙타상은 크라스키노성이 육로와 해로의 연결거점이었음을 보여주는 결정적인 증거라고 할 수 있다.

낙타의 뼈는 2012년도에 크라스키노성의 제48구역에서 출토되었다. 쌍봉낙타의 제1지골로서 길이가 8.2㎝이다. 연해주는 몬순 기후로서 겨울에 습하기 때문에 낙타는 사육을 할 수가 없다고 한다. 다시 말해서 이 유적에서 출토된 낙타 뼈는 낙타를 주요 운송 및 교통수단으로 이용하는 일단의 대상들이 내륙지역에서 이곳 동해 바닷가까지 직접 왕래하였음을 보여 준다고 하겠다. 서쪽에서 이곳까지 온 상인들은 다음에는 배를 타고 해로를 통해 일본 혹은 신라까지도 왕래하였을 가능성이 엿보인다고 하겠다. 이 낙타의 뼈는 발해유적에서는 처음으로 발견된 것으로서 발해시기 동서간의 문화교류를 증명하는 지극히 중요한 유물이라고 평가할 수 있다. 발해 때에 시작된 낙타를 이용한 동서간의 왕래는 발해 이후 여진시기까지 계속해서 이어진 것으로 생각되는데 이 사실은 12세기 후반~13세기 초로 편년되는 연해주 노보고르제예브까 산성의 여진 문화층에서 발견된 다른 낙타의 뼈를 통해 확인할 수 있다.

크라스키노성에서는 그 3년 후인 2015년도에 정말 예기치 못하였던 매우 중요한 유물을 하나 더 발견하게 된다. 바로 청동으로 만든 쌍봉낙타상이다. 제47구역의 섹터 2에서 구들이 딸린 18호 주거지보다 더 아래의 문화층에서 출토된 이 유물은 쌍봉낙타의 형상을 매우 사실적으로 담고 있다. 크기는 1.8×1.9㎝로서 매우 작지만 쌍봉낙타의 머리, 가슴, 2개의 혹, 4개의 다리, 그리고 꼬리가 매우 입체적으로 묘사되어 있어 보는 이들로 하여금 감탄을 자아내게 한다. 이 유물이 발견되었을 때에 우리 발굴단원들은 만세를 부르면서 기쁨을 표현하였는데 그 기억이 아직도 생생하다.

쌍봉낙타의 형상은 한나라, 서위, 북조 등의 도용, 특히 당의 삼채도용과 무덤벽화에서 많이 찾을 수 있고, 소그드의 동전에서도 드물지 않게 볼 수 있다. 예를 들어, 소그드의 부하라 오아시스에 위치하는 바라흐샤 성터에서 출토된 소그드의 동전에는 목 수염이 없는 것과 목 수염이 무성하게 나 있는 두 종류의 쌍봉낙타가 표현되어 있다. 발해와 지리적으로 가장 가까운 곳에서 출토된 쌍봉낙타 도용의 예는 요녕성 조양시 황하로당묘(1호 무덤)에서 찾을 수 있다. 이 유적에서는 쌍봉낙타 도용이 2점 출토되었는데 그 중 1점에는 호인 한 명이 낙타 등 위에 얹은 짐 위에 앉아있다. 당의 도용에 표현된 쌍봉낙타들에도 대개 호인이 함께 표현되어 있어 당시 쌍봉낙타는 호인, 다시 말해서 소그드인들의 상징과도 같은 존재였음을 알 수 있다. 만약에 그렇다면 동해 바닷가에 위치하는 크라스키노성까지 발해 당시에 서역의 소그드인들이 드나들었을 수도 있는 것이다. 실제로 발해와 소그드의 왕래에 대해서는 노보고르제예브까 마을 일대에서 우연히 발견된 소그드 은화를 통해서도 알 수 있다.

발해 당시 낙타가 사육된 지역에 대해 살펴본다면 제일 먼저 몽골과 투바를 중심으로 한 위구르와 남부 시베리아 하카시야 지역의 예니세이 키르기스를 거론할 수 있다. 『신당서』「회골전」에는 탁타(橐它)로 표기된 낙타가 위구르와 예니세이 키르기스에서 사육되고 있었음을 보여주고 있다. 또한 하카시야 지역에는 예니세이 키르기스시기에 남긴 바위그림에 쌍봉낙타가 그려져 있기도 하다. 탁타는 쌍봉낙타를 지칭한 것으로 보이는데 오늘날 몽골과 고르느이 알타이지역에서 서식하고 있는 쌍봉낙타를 통해 그 사실을 추정해 볼 수 있다.

따라서 실제로 크라스키노성에서 확인된 낙타가 구체적으로 어느 지역에서 왔는지에 대해서는 확단하기도 매우 힘들다. 다만 당시 쌍봉낙타가 호인들의 전유물로 여겨졌음을 염두에 둔다면 서역에서 왔을 가능성도 배제할 수가 없고, 그리고 최소한 서역-북방지역과 관련된 것만큼은 분명하다고 하겠다.

금박구슬은 2009년에 크라스키노성의 제40구역에서 출토되었다. 크기는 0.5×0.6㎝, 구멍의 직경은 0.2㎝이다. 이 유물은 발해유적에서는 처음 발견된 금박구슬로서 발해의 대외교류에 있어 역시 매우 중요한 의미를 가진다. 금박구슬은 신라, 가야, 백제 등의 유적에도 출토된 것이 있고, 남방의 바닷길과 북방의 초원길을 따라 오래전부터 유통되고 있었던 것으로 파악되고 있다. 금박구슬은 기원전 3세기경에 처음 등장하였고, 이집트, 서아시아, 이란, 인도, 중국, 동남아시아, 흑해북안, 중앙아시아, 남시베리아, 한국, 일본 등에 널리 분포하고 있다. 이 유물을 발견한 러시아의 E.I.겔만은 이 금박구슬이 근동지역의 한 공방에서 생산되었을 것으로 추정한다. 한국의 금박구슬은 서기 2세기 이후에 유행한 동남아시아, 특히 타일랜드 지역의 금박구슬과 관련이 있을 것으로 추정되고 있지만, 발해의 크라스키노성에서 출토된 금박구슬은 이와는 달리 초원길을 따라 전래되었을 가능성이 매우 높다고 생각된다.

크라스키노성에서는 거란과의 교역을 보여주는 유물도 출토되었는데 바로 화병모양 거란토기이다. 이 유물은 1998년에 크라스키노성의 우물 내부퇴적토에서 출토되었다. 이 토기는 동체의 2/3지점에 최대경이 위치하는 모양을 하고 있으며 잘록하게 좁아지는 목의 가운데 부분 및 목과 어깨의 경계 부분에 각각 1줄씩을 돌대를 가지고 있다. 바닥의 가운데에는 둥근 원이 하나 양각으로 표현되어 있다. 특징적인 것은 동체 하단부에 짧은 띠 모양의 누른 무늬를 9줄 연속적으로 베풀어놓았다는 것이다. 토기의 전체 높이는 24.2㎝이다. 발굴 보고자들은 이 토기를 거란 토기로 보고하면서 거란이 발해를 정복할 때에 거란 군대가 이곳까지 온 증거가 될 수도 있다고 하였다.

이 형태의 화병모양 토기는 실제로 거란 유적에서 적지 않게 출토되었으며 동체 하단부에 상기한 것과 동일한 문양이 시문되어 이 문양이 거란 토기에 매우 특징적인 것임을 알 수 있다. 더욱이 거란에서는 이와 동일한 형태의 자기 혹은 시유 토기도 사용되었다. 따라서 이 토기는 거란 토기임이 분명하다. 다만 문제가 되는 것은 이 토기의 형태 및 문양의 특징이 요 건국 이전과 이후가 아직 잘 구분되지 못하고 있다는 점이다.

우물 내에서 이 토기는 바닥보다는 약간 더 위에서 편병을 포함하는 다른 발해의 완형 혹은 완형에 가까운 토기들과 함께 출토되었고, 이 토기 포함층 위로는 기와와 토기의 편들이 퇴적되어 있었다. 아마도 그러한 발굴 정황 때문에 발해 멸망 당시에 폐기되었을 것으로 파악한 것으로 생각되는데 우물을 폐기하면서 굳이 토기들을 폐기할 필요가 있었을까하는 의문이 든다. 사실 이 토기의 모양을 자세히 보면 물을 보관하기에 매우 적합하다는 것을 알 수 있다. 이 우물에서 출토된 다른 토기들도 크기가 이 화병형 토기와 비슷한 항아리들 혹은 편병으로서 모두 액체용기를 저장하기에 적당한 것들이다. 이 토기들은 인위적인 폐기보다는 물을 길으면서 빠뜨린 것이었을 가능성도 적지 않다고 생각된다. 다시 말해서 이 거란토기는 거란 군대가 아니라 그 이전 거란인의 왕래에 대해 증명할 수도 있을 것이다.

다음에는 신라와의 교류를 보여 주는 편병에 대해 살펴보기로 한다. 지금까지 크라스키노성에서 2점의 편병이 출토되었다. 1점은 1998년에 우물에서 거란 토기와 함께, 다른 1점은 2015년에 제50구역의 저장시설에서 각각 출토되었다. 우물 출토 편병은 한쪽 면이 납작한 1면 편병이며 납작한 면의 양쪽 가장자리에 4개의 귀-손잡이를 부착한 것이다. 귀-손잡이는 지금은 1개만 남아 있지만 나머지 3곳에 부착 자국이 그대로 남아 있다. 이 편병의 전체 높이는 23.4㎝이다. 저장시설에서 출토된 편병은 모양이 우물에서 출토된 것과는 차이를 보인다. 이 편병은 일면 편병이며 짧은 목과 외반하는 구연을 가지고 귀-손잡이가 없다. 이 편병은 높이가 18.2㎝로서 앞의 것에 비해 작은 편이다. 그런데 흥미로운 점은 이 두 가지 종류의 편병 모두 통일신라가 남긴 울릉도 천부동 고분군에서 출토된 적이 있다는 사실이다.

첫 번째 편병은 천부동 1호 석실무덤에서 출토된 것과 거의 판박이인데 똑같이 네 개의 귀가 있고 일면 편병이다. 차이가 있다면 크기와 목의 유무 그리고 귀-손잡이의 세부 형태이다. 천부동 1호 석실무덤 출토 편병은 높이가 37.5㎝로서 크라스키노성에서 출토된 것 보다는 규모가 더 크며, 목이 없고, 귀-손잡이가 고리모양으로 되어있다. 두 번째의 편병은 천부동 2호 석실무덤에서 출토된 것과 비슷하다. 그런데 이와 유사한 일면 편병은 장도 청해진유적에서도 출토된 적이 있다. 다만 통일신라의 편병은 구연부가 반구형으로서 크라스끼노 성 출토 편병과는 약간의 차이를 보인다.

하지만 이러한 형태의 편병은 아직 일본에서는 발견된 것이 없고 또 발해와 서쪽으로 이웃하였던 거란지역과 그 남쪽의 당에서도 확인된 것이 없다. 다시 말해서 이 편병은 발해와 통일신라 사이의 교류관계를 증명해주는 대단히 중요한 유물임을 알 수 있다. 발해와 통일신라 사이에는 신라도가 있었는데 이 길은 육로였을 것이다. 따라서 발해와 통일신라는 육로 외에 바닷길을 통해서도 서로 교류하였음을 알 수 있다.

크라스키노성에서 발견된 당나라와의 교역을 보여주는 유물로는 절강성의 월주요, 하북성의 정요와 자주요, 그리고 호남성의 장사요에서 생산된 자기 유물들을 들 수 있다. 이 유물들은 수량이 많은 것은 아니며 또한 대부분의 경우 작은 편 상태이지만 크라스키노성에서 꾸준하게 출토되는 유물 중의 하나이다. E.I.겔만은 이 자기들은 육로가 아니라 바닷길을 통해 발해로 유입되었을 것으로 판단한다.

당과 관련된 중요한 유물 중의 하나는 삼채기가 있다. 당삼채로 알려져 있는 이 용기들은 일반적으로 당에서 생산되었을 것으로 인식되고 있지만 E.I겔만은 발해에서도 삼채기를 생산하였다고 생각하면서 이것을 발해삼채로 부르고 있다. 당삼채와 발해삼채의 차이는 유약에 포함된 납 산화물 함량의 차이인데 당 삼채에는 납 산화물의 함량이 28.6~33.1%로 작다면 발해삼채에는 그 함량이 56.32~72.79%로 매우 높다. E.I.겔만은 발해가 삼채를 생산하게 된 것은 안록산의 난이 오랫동안 지속되자 당에서 삼채산업이 붕괴되고 그로 인해 삼채를 생산하였던 장인들이 멀고 살길을 찾아 발해로까지 온 결과일 것으로 보았다.

지금까지는 발해로 유입된 외래의 요소에 대해 기술을 하였다면 아래에서는 발해에서 서쪽으로 간 놀이문화 중의 하나에 대해 살펴보기로 한다. 바로 고누에 대한 이야기이다.

2004년에 크라스키노성의 기와벽실로 명명된 유구에서 기하모양의 무늬가 새겨진 사암 판돌이 하나 출토되었다. 이 기하무늬는 네모가 2개 중첩된 모양이며 각각의 모서리와 가운데에 선이 그어져 있어 사실은 참고누판을 새긴 것이었다. 다만 이 판돌의 외연이 모두 결실되어 있어 바깥쪽으로 세 번째의 네모가 더 새겨져 있었는지의 여부는 분명하지가 못하다. 이 사암 고누판은 크기가 19~21㎝이고 두께는 8.5~10㎝이다.

한국에는 고려시대까지의 참고누판으로 경상북도 칠곡의 송림사 오층전탑에서 수습된 전돌 고누판 1점, 황해도 봉천의 원산리 도자기가마터 출토 갑자, 즉 갑발에 그려진 갑발 고누판 1점, 개성 만월대에서 출토된 전돌 고누판 2점 그리고 고려시대 항몽유적지인 제주 항파두리유적 출토 고누판이 1점 있다. 원산리 도자기가마터 출토 갑발 고누판은 갑발의 바닥이 원형이라서 고누판의 가장 바깥쪽 선이 네모가 아니라 원이었다.

송림사의 고누판은 6세기 중엽일 가능성이 제기된 상태이다. 하지만 송림사 5층 전탑이 진흥왕 5년(544)에 축조된 것으로 알려져 있기는 하나 이후 고려 선종 9년(1092), 조선 숙종 12년(1686), 철종 9년(1858) 등 수 차에 걸쳐 중창을 하였기 때문에 보수를 하면서 고누판이 그려진 전돌이 들어갔을 가능성도 없는 것은 아니다. 원산리 청자가마터 유물은 10세기 초, 개성 만월대와 항파두리 유적 출토품은 13세기로 각각 편년된다.

고누판은 몽골의 하르-발가스 성터와 길림시 송원시의 탑호성에서도 출토된 것이 있다. 둘 다 참고누판이다. 하라-발가스는 쿠툴룩-빌게 가한이 745년에 세운 위구르 한국의 수도로서 840년 경 예니세이 키르기스의 공격에 의해 완전히 폐기되었다. 점토판에 새김으로 그린 고누판은 궁전(혹은 사원) 건축물이 있는 성의 서쪽에 위치하는 한 건물터에서 출토되었다. 이 건물터에서는 9개의 원형 주좌 방형 초석과 함께 당나라 시기의 수막새도 1점 발견되었다. 하라-발가스는 예니세이 키르기스의 공격 이후 완전히 불에 타 폐기되었고 이후 다시는 재건되지 못하였다. 이후의 유물로는 개별 지점들에서 몽골시기의 토기편이 간혹 확인되는 것으로 보고되었다. 이 사실은 이 유적의 초석 건물터에서 출토된 고누판이 하르-발가스가 위구르 한국의 수도로 사용되었을 당시의 유물임을 보여 준다고 하겠다. 탑호성은 요금대의 유적이다.

고누판과 비슷한 혹은 동일한 모양의 문양은 남카프카스와 동유럽 등에서 확인된다. '바빌론 기호'라고 불리는 이 문양은 기원전 수 천 년 전부터 최근의 건축물에까지 확인되며 '지옥신의 요새'를 표현한 것으로 해석되었다. '바빌론의 기호'와 참고누와의 관련에 대해서는 향후 연구가 필요하다고 생각된다. 그 외 인도의 카주라호 버마나 사원의 돌난간과 바라하 사원의 난디 사원(서기 900년 건립)의 바닥과 난간에도 고누가 새겨져 있다고 한다.

고누는 한국의 중요한 전통놀이 중의 하나로서 오늘날에도 고누를 두는 모습을 드물지 않게 볼 수 있다. 그런데 이 고누는 중국의 소수민족인 장족, 산동성 연태, 광서성 북해, 복건성의 여족 등도 즐기고 있고, 몽골에서도 '지르게'로 불리며 지금도 두고 있다.

지금까지의 자료를 놓고 볼 때에 만약에 송림사 5층 전탑의 고누판이 6세기에 만들어진 것이 맞다면 고누는 한국에서 가장 먼저 발생하여 초원길과 바닷길을 통해 서쪽으로 그리고 남쪽으로 보급되었다고 볼 수 있다. 그 다음으로 이른 연대를 보이는 고누판은 크라스키노 성터와 하르-발가스 유적에서 출토된 것이다. 크라스키노 성은 발해 구국시기에 이미 존속을 시작하여 발해 멸망 때까지 계속해서 사용되었다. 다시 말해서 크라스키노 성은 서기 8세기 초부터 10세기 1/4분기까지 사용된 유적이다. 때문에 이 두 유적 출토 고누판은 아직은 어느 것이 먼저인지 알 수 없다. 이 사실은 발해와 위구르 한국과의 인적 교류에 대한 또 하나의 증거가 될 수 있다고 생각된다. 이와 관련하여 김은국이 제기한 '고누 길'은 시사한 바가 매우 크다고 생각된다.

이와 같이 크라스키노 성에서 출토된 유물들은 발해의 활발했던 대외교류에 대해서도 증명하고 있다. 이 유적에서 출토된 서역-북방, 당, 통일신라 관련 유물들은 크라스키노 성이 육로와 해로의 연결거점이었음을 잘 보여주고 있다. 낙타를 탄 그리고 낙타에 짐을 실은 대상들이 이곳까지 왕래하였고, 발해와 일본의 사절들이 이곳을 지나 상대방의 도성을 왕래하였던 것이다. 다시 말해서 염주성은 발해 육로의 동쪽 끝 지점이었으며, 발해 일본도의 바닷길 시발점이었고, 일본으로 가는 길목이었을 뿐만 아니라 신라로 가는 길목의 역할도 하였다.

맺음말

크라스키노성은 유적의 중요성으로 인해 일찍부터 학계의 주목을 받았다. 러시아과학원 극동지소 역사학고고학민족학연구소가 1980년에 이 유적에서 발굴조사를 시작한 이후 중간중간 단절된 시기가 있기는 하였으나 2018년까지 모두 28번의 여름 발굴기간에 발굴조사가 이루어졌다. 국내 학계에서도 일찍부터 이 유적에 주목하여 1993~1994년에는 대륙연구소, 1998년에는 한국미술사연구소, 2001년과 2002년에는 고구려연구회, 2004~2006년에는 고구려연구재단, 2007~2015년, 2017~2018년에는 동북아역사재단이 각각 이 유적에서 러시아와 공동발굴조사를 수행하였다. 1998년부터는 일본의 청산학원대학(青山學院大學)에서 이 성의 동벽과 동문지 일대에서 간헐적으로 발굴조사를 수행하였고, 2011년에는 중국 길림대학이 성 내 일부 지역에 대해 탐침조사를 하였다.

이 책은 1980년부터 2018년까지의 크라스키노성 발굴조사 내용을 담고 있다. 크라스키노성은 오랜 발굴조사 덕분에 오늘날 대표적인 발해유적의 하나로 자리매김하였다. 이 유적은 또한 발해 동경용원부 염주의 치소이면서 발해 일본도의 육로구간 종점이자 해로구간 출발점이었던 곳으로 이해되고 있다.

지금까지 발간된 크라스키노성 발굴조사보고서들은 모두 각 해당연도 해당 발굴구역 단위의 조사내용을 담고 있다. 그런데 하나의 발굴구역은 한 차례의 발굴조사 기간에 발굴이 완료되지 못한 것이 대부분이었으며, 하나의 유구를 여러 시기의 발굴기간에 걸쳐 조사한 것들도 상당히 많다. 그로 인해 특정 유구들의 조사내용이 서로 다른 연도의 발굴조사보고서에 흩어진 상태로 보고된 것들도 적지 않다. 더욱이 각 해당연도의 발굴조사내용은 러시아어로는 모두 보고되었으나, 한국어로는 한국팀과 공동발굴조사를 한 것을 위주로 보고되었을 뿐이다. 러시아팀이 단독으로 발굴을 한 내용은 단편적인 내용만이 국내에 소개되었다. 따라서 크라스키노성에서 발굴된 개별 중요 유구나 유물에 대해서는 파악 가능하였으나 발굴조사성과에 대한 총체적인 이해는 쉬운 일이 아니었다. 이와 관련하여 국내 학계에서는 이미 수년 전부터 크라스키노성에서 실시한 지금까지의 발굴조사성과를 한눈에 파악할 수 있는 종합적인 학술서를 발간해야 한다는 요구가 있었다.

동북아역사재단은 이에 부응하여 크라스키노성에서 실시한 그동안의 발굴조사성과를 모두 담는 학술서를 기획하게 되었다. 이 책에서는 유적의 입지와 발굴 경과를 소개하였고, 그동안 발굴조사가 된 유구들과 유물들을 체계적으로 정리, 소개 및 서술하였고, 크라스키노성의 구획과 배치문제, 층위와 각 생활면의 상대 및 절대 편년 문제, 유적의 역사적 의미 등에 대해 논하였다.

유구와 관련해서는 해당 발굴연도와 발굴구역 단위가 아니라 크게 서북지역, 중북지역, 중남지역, 동문지 일대로 구분하여 소개하였다. 서북지역은 다시 유구의 성격과 위치를 통해 북부 사찰구역, 남부 주거구역, 서남부 도로구역, 동부 일대, 동북부 일대로, 중북지역은 도로-주거구역과 북부 일대로 각각 세분하였고, 그 외 중남부 광장지역, 서벽과 동벽의 성벽 조사내용, 동문지와 부근의 치 조사내용 등도 함께 검토하였다.

유구 자체에 대해서는 서북지역 사찰구역의 경우에는 층위나 생활면 구분이 위생활면과 중간생활면 금당지 및 관련 시설을 제외하고는 분명하지 않아 유구 단위로 검토를 하였다. 서북지역 남부 주거구역과 동부 일대 그리고 서남부 도로구역에는 시간상 서로 차이가 분명한 문화층들이 구분되었기 때문에 먼저 생활면을 구분하고 그다음에 각 생활면 단위로 유구들을 소개하였다. 중북지역 도로-주거구역도 마찬가지로 생활면들을 먼저 구분하였고 그다음에 각 생활면에 속하는 유구들을 차례로 소개하였다.

중요 유구들을 열거한다면 서북지역 북부 사찰구역의 경우에는 석축담장, 위생활면 금당지, 중간생활면 금당지, 중간생활면 석축담장 기초, 전각지, 와실유구, 초석 건물터, 우물, 다수의 가마터 등을 들 수 있다. 서북지역 남부 주거구역에서는 제1생활면에서 1호 주거지, 2호 주거지, 1호 건물지, 2호 건물지, 제2생활면에서 9호 주거지, 20-21호 주거지, 22호 주거지, 23호 주거지, 제3생활면에서 4호 주거지, 10호 주거지, 11호 주거지, 14호 주거지, 15호 주거지, 제4생활면에서 5호 주거지, 13호 주거지, 24호 주거지, 제5생활면에서 6호 주거지, 12호 주거지, 28호 주거지, 폐기물 구덩이 등이 조사되었다.

중북지역 도로-주거구역에서는 동서방향과 남북방향의 '十'자 모양으로 서로 교차하는 도로가 동서방향 62.5m, 남북방향 16.3m 길이 각각 노출되었으며, 이 도로의 서북쪽 부분에서 18호 주거지, 19호 주거지, 1호, 2호, 3호 저장구덩이가, 도로의 서남쪽 부분에서는 25호 주거지, 26호 주거지, 27호 주거지 등이, 동북쪽 부분에서는 22호 주거지 등이 각각 조사되었다. 서북지역 서남부 도로구역과 중북지역 도로-주거구역의 도로에서 각각 5개씩의 생활면이 구분된 사실과 성벽의 축조방법과 문지의 구조를 파악하고, 치의 존재를 확인한 것도 중요하다. 특히 중북지역 도로-주거구역의 '十'자 모양으로 서로 교차하는 도로는 크라스키노성이 계획도시였고, 또 성 내가 일정 규모의 '방' 단위로 구획되어 있었음을 보여주었다.

유적 발굴조사 내용은 그것이 어떤 유적이든 그 자체로서 매우 중요하다. 그런데 크라스키노성 발굴조사성과가 고고학적으로 특히 중요한 이유 중의 하나는 이 유적의 문화층들이 5개 혹은 6개의 생활면으로 구분된다는 사실에 있다. 예를 들어, 서북지역 서남부 도로구역(제51구역)에서는 5개의 도로 생활면이 구분되어 도로 각 생활면과 사찰구역 담장 그리고 성벽의 축조 시기 등에 대한 상관관계가 파악되었다. 이곳에는 가장 이른 단계에 도로 제5생활면이 존재하였고, 그다음에 도로 제4생활면에서 성벽을 축조하였으며, 그다음 일정 기간의 시차를 두고 도로 제4생활면과 제3생활면 사이에 사찰구역 석축담장을 축조한 것이 확인되었다.

서북지역 남부 주거구역에서는 제34구역과 제40구역 그리고 제48구역에서는 5개씩의 생활면이, 제44구역 서쪽 섹터에서는 6개의 생활면이 각각 구분되었다. 가장 주목되는 것은 제44구역 서쪽 섹터의 생활면들인데 이곳에서는 가장 아래 제6생활면 위로 발해 시기에 성토 대지를 조성한 것과 그리고 그 위로 발해 시기에 형성된 5개의 생활면이 다시 구분되었다. 각 생활면에서 조사된 주거지 등의 유구들은 일정한 배치 구도와 특징을 보여 이 유적에서 주거지 등 유구의 변천 양상을 파악할 수 있게 하였다. 더욱이 제44구역 서쪽 섹터 서벽에는 생활면이 분명한 상태에서 채취한 다수의 목탄 시료에서 얻어진 방사성탄소연대가 있다. 이곳의 방사성탄소연대와 서북지역 남부 주거구역 내의 다른 지점들에서 확보한 방사성탄소연대들은 이곳 각 생활면의 절대연대를 판단할 수 있게 하였다.

서북지역 남부 주거구역을 중심으로 살펴본 크라스키노 성의 절대연대는 제6생활면은 고구려시기, 제6생활면과 제5생활면 사이 기간은 700년 전후~715년 전후(발해 건국 직후 시기), 제5생활면, 제4생활면, 제3생활면은 715년 전후~780년 전후(발해 전기), 제2생활면은 780년 전후~880년 전후(발해 중기), 제1생활면은 880년 전후~발해 멸망까지(발해 후기)로 각각 판단되었다.

따라서 이곳 서북지역 남부 주거구역 각 생활면에서 조사된 주거지나 건물지 등의 유구들은 상대적인 편년뿐만 아니라 절대적인 편년도 어느 정도 가능하게 되었다. 다만 서북지역 남부 주거구역의 각 생활면에 대한 절대연대를 다른 곳의 생활면들에 그대로 적용할 수 있을지의 여부는 추가적인 검토를 통해 판단해야 할 것이다. 예를 들어, 다른 곳의 제5생활면 중에는 제44구역 서쪽 섹터에서 확인된 제6생활면과 시간적으로 서로 상응할 수 있는 것들도 있다고 생각된다.

유물은 불교 관련 유물, 지붕 관련 유물, 토제, 석제, 철제, 청동(금동)제, 청동-철제 유물, 납, 유리, 뼈로 만든 유물, 토기, 자기와 시유기, 식물유체, 동물유체로 구분하여 검토하였고 그 내용을 소개 및 서술하였다.

유물의 종류는 지극히 다양하다. 불교 관련 유물로는 금동불상, 석불 상체, 불두, 석불 몸체, 석제 판불편, 금동불수, 금동광배, 금동불상대좌 등이 있으며, 그 외 금당에서 발견된 철제 완, 토제 완, 토제 삼족기, 삼채기, 금당의 지붕에 사용되었던 철제 풍탁 등도 불교와 관련된 유물일 것이다.

지붕 관련 유물로는 각종 평기와, 마루기와, 와당, 마루 장식기와 등이 있는데 마루 장식기와 중에서 치미 외에 용마루의 가운데에 얹은 '연꽃봉우리장식'으로 보고된 보탑이 특히 주목된다.

토제유물에는 벼루, 촛대, 도가니, 다공체유물, 벽돌, 어망추, 방추차, 고리, 토우, 놀이 알, 구슬, 목걸이 알 등등이 있다. 다공체유물은 입방체가 일반적이나 크라스키노성에서는 집모양 다공체와 불탑모양 다공체유물도 출토되어 주목된다. 벼루는 발해인들이 붓글씨를 썼음을, 촛대는 초를 피워 집안을 밝혔음을 보여주는 실증적인 증거이다. 토우 중에는 말의 형상과 원숭이 모자상이 있다.

석제유물은 오리모양 장식, 고누판, 다듬잇돌, 숫돌, 용기, 돌확, 방추차, 어망추, 사용흔이 있는 자갈돌 등의 각종 생활용품과 홍옥 목걸이 알, 수정 구슬, 백색 돌 구슬, 환옥, 옥장식, 떠꾸미개 등의 장식품이 있다. 고누판과 다듬잇돌은 발해유적에서는 처음 발견된 유물로서 발해인들이 고누를 두었고 또 의복을 다듬이질하여 입었음을 보여주는 실증적 증거이다. 공기놀이에 사용된 공깃돌도 다량 출토되었다.

철제유물은 주조하여 만든 주철제와 단조하여 만든 철제로 구분이 되어 보고되었다. 주철제 유물에는 수레바퀴 차관과 비녀못, 솥, 보습 등이 있다. 주조와 단조한 것으로 모두 포함하는 철제유물은 농공구류, 어구류, 무기류, 일상생활용품, 건축소모품과 부속품, 수레바퀴 부속품, 교구(띠 부속품), 지붕 부속품, 용도미상 철제유물, 기타 철제유물 등으로 구분된다. 농공구류는 삽, 낫, 도끼, 자귀, 정, 톱, 보습, 집게, 칼, 어구류는 낚싯바늘과 작살, 무기류는 창, 창고달이, 화살촉, 찰갑, 일상생활용품은 솥과 용기, 다리미, 부싯쇠, 갈고리, 바늘, 아궁이 뚜껑, 건축소모품과 부속품은 못, 자릿쇠, 꺾쇠, 배목, 자물쇠와 열쇠, 문고리 빗장, 추정 빗장 부속품, 쇠고리, 추정 경첩, 수레바퀴 부속품은 차관과 비녀못, 교구는 버클, 과대장식, 사미, 용도미상 철제유물은 고깔모양 철제품, 쌍각 미늘, 용수철모양 철제품, 클립, 회전고리, 원통모양 철제품, 관상 철제품, 추정 타악기 공, 기타 철제유물은 겹 판상 철제유물, 감은 철제유물, 못을 박은 철제유물, 판상 철제유물, 축모양 철제유물, 덩이모양 철제유물 등이 각각 출토되었다. 그 외에 근현대의 철제 숟가락과 편자도 발견된 것이 있다. 일상생활용품 중 다리미는 당시 사람들도 의복을 다리미로 다려서 멋을 내었음을 말한다.

청동(금동) 유물은 쌍봉낙타상, 장신구, 대금구(띠 부속품), 장식품, 용품, 용기, 동전, 용도불명 유물, 슬래그 등이 출토되었다. 장신구로는 비녀, 팔찌, 반지가, 교구는 버클, 과대장식, 사미가, 장식품은 심엽형 장식, 十자모양 장식, 드리개, 꺾쇠모양 장식, 포형장식, 방울이, 청동 용품은 거울, 핀셋, 회전고리, 메기, 고리, 클립, 배목, 연결고리, 미니어처 갈고리, 미니어처 끌이, 용기는 완이, 동전은 개원통보가, 용도불명 유물은 막대기모양 유물, 용수철모양 유물, 판모양 유물 등이 각각 확인된다. 그 외에 청나라의 도광통보와 건륭통보, 근현대의 청동단추와 담뱃대도 출토된 것이 있다.

청동-철제 유물은 청동과 철이 함께 사용된 유물인데 대금구의 하나인 버클에서 확인된다. 유리 제품은 금박유리구슬과 유리구슬이 있다. 골제 유물은 명적 예비품과 판상 유물이 발견된 것이 있다. 목제 유물은 목기 완과 빗, 그리고 규화목 쪼가리가 있다.

토기는 보고서에 도면이 제시된 것을 중심으로 분류를 하였다. 토기를 분류하는 데에는 기종 구분의 기준이 필요하여 먼저 각 기종의 특성을 분석하여 각각의 토기들이 어느 기종에 속하는지를 파악하였고, 그다음에 각 토기를 옹류 토기, 외반구연 호류 토기, 심발류 토기, 동이류 토기, 외반구연 (천)발, 외반구연 완, 직구류 토기, 내만구연 토기, 병류 토기, 반류 토기, 직구·직벽·약호선 기벽 사발, 대접, 완류 토기, 뚜껑류 토기, 접시, 시루, 드문 기형 토기, 명문 토기, 그리고 말갈계의 협타형(심발형) 토기로 각각 구분하였다. 각 기종의 토기는 다시 구연부의 특징에 따라 형식을 설정하여 형식 단위로 소개하였다.

자기와 시유기는 삼채기, 백자, 기타 자기, 근현대 자기로 구분하여 소개하였다.

크라스키노성에서 발견된 식물유체는 재배 곡물식물, 야채식물, 야생 식용식물, 잡풀과 비식용 야생식물의 씨앗들로 각각 구분되었는데 당시 발해 사람들의 식생활의 일면을 잘 보여준다. 동물유체는 포유류 동물, 조류 동물, 어류, 바다 연체동물로 구분하여 소개하였다. 바다 포유류 동물 중에는 고래의 뼈도 있어 주목된다. 동물의 뼈 중에는 쌍봉낙타의 지골도 출토된 것이 있다. 이곳에서 발견된 쌍봉낙타의 뼈와 청동 쌍봉낙타상은 이곳 발해의 동쪽 끝에 위치하는 크라스키노성에까지 서역 혹은 중부아시아의 대상들이 직접 왕래하였음을 보여주는 물질적인 증거라고 말할 수 있다.

따라서 이 책에서는 1980년부터 2018년까지 크라스키노성에서 발굴조사가 된 모든 생활면과 각 생활면 속의 유구들 그리고 출토유물들을 모두 일목요연하게 파악할 수 있도록 체계적으로 소개하였다. 그렇지만 이 책에는 유물 각 형식 간의 상대적인 편년과 절대적인 편년 작업의 성과는 반영되지 못하였다. 서북지역 서부 도로구역과 사찰구역에서는 8개 형식의 와당이

일정한 형식 단위로 출현하는 것이 확인되었고, 서북지역 남부 주거구역에서는 청동 대금구와 토기의 상대적 편년이 어느 정도 설정이 된다. 하지만 아쉽게도 아직 이 유물들 각 형식 간의 상대 편년 작업은 완료되지 못하였다. 특히 토기는 기종과 기형 및 구연부 형식이 다양하고 출토양상이 복잡하여 분석에 많은 시간이 필요하다. 향후 유물 각 형식 간의 상대 및 절대 편년 작업이 마무리되는 대로 관련 연구 성과를 발표하여 보완하여 갈 것이다.

오늘날 크라스키노성이 발해의 표지유적으로 인식되고 있는 것은 결코 우연이 아니다. 발해유적 중에서는 가장 오랫동안 발굴되었고, 도성을 제외하고는 가장 넓은 면적이 발굴되었으며, 지극히 다양한 유구와 유물이 출토되었고, 더하여 유구와 유물의 상대 편년과 절대 편년이 가능한 자료들이 확보되었다.

유적 발굴 못지않게 소홀히 해서는 안 되는 것이 보존과 관리일 것이다. 이제는 크라스키노 발해 염주성의 향후 보존과 관리에 대한 국제적 논의도 함께 추진해야 할 시점에 와 있다.

이 책이 발해의 역사와 문화를 이해하고 연구할 때 도움이 되길 바란다.

【 크라스키노성 발굴조사보고서와 관련 논저 목록 】

- 고구려연구재단 편(2004),『러시아 연해주 크라스키노 발해사원지 발굴보고서』, 고구려연구재단.
- 고구려연구재단 편(2005),『2004년도 러시아 연해주 발해 유적 발굴보고서』, 고구려연구재단.
- 김은국(2006),「8~10세기 동아시아 속의 발해 교통로」,『한국사학보』24,고려사학회.
- 김은국(2010),「크라스키노 성과 후쿠라항」,『고대 환동해교류사-2부 발해와 일본』, 동북아역사재단.
- 김은국(2013),「발해의 환동해 교류와 연해주」,『백산학보』97.
- 김은국(2014),「한·몽 발해유적과 '고누길'」,『역사민속학』제46호, 한국역사민속학회.
- 김은국(2015),「渤海 鹽州城 발굴의 전개와 방향」,『中央史論』42.
- 김은국(2016),「최근 10년간 발해사 연구성과와 방향」,『동북아역사논총』53호,동북아역사재단
- 김은국(2017),「渤海 鹽州城의 최근 발굴성과와 분석」,『고구려발해연구』58, 고구려발해학회
- 김은국(2017),「발해의 놀이문화」,『발해 염주성 이야기』, (김은국 외 지음), 청아출판사.
- 김은국 외(2017),『발해 염주성 이야기』, 청아출판사.
- 김은국(2019),「크라스키노 성 발굴의 역사고고학적 이용」『동북아 고대성터 국제학술회의』발표문(중국 길림대, 2019. 9)
- 김은국(2019),「크라스키노 발해성의 발굴성과와 과제」,『발해문화 속의 크라스키노 성 국제학술회의』, 동북아역사재단.
- 김은국(2020),「한국의 발해유적 조사 성과에 대한 재해석」,『발해 유적의 국가별 발굴 성과와 재해석』(김은국 편), 동북아역사재단.
- 김은국 편(2020),『발해 유적의 국가별 발굴 성과와 재해석』, 동북아역사재단.
- 대륙연구소 편(1994),『러시아 연해주 발해유적』, 대륙연구소출판부.
- 동북아역사재단(2019),『발해문화 속의 크라스키노성 국제학술회의』.
- 동북아역사재단·한국전통문화대학교 북방문화유산연구소·극동발해역사연구협회·러시아과학원 극동지소 역사학고고학민족학연구소(2018),『발해의 문화유산 Ⅰ』(2018년도 크라스키노성 발굴기념 국제학술회의).
- 동북아역사재단·러시아 극동 역사고고민족학연구소(2006),『2005년도 러시아 연해주 크라스키노성 발굴보고서』, 동북아역사재단.

- 동북아역사재단·러시아 극동 역사고고민족학연구소(2007), 『2006년도 러시아 연해주 크라스키노성 발굴보고서』, 동북아역사재단.
- 동북아역사재단·러시아 극동 역사고고민족학연구소(2008), 『2007년도 러시아 연해주 크라스키노 발해성 발굴보고서』, 동북아역사재단.
- 동북아역사재단·러시아과학원 극동분소 역사고고민족학연구소(2010), 『2008년도 연해주 크라스키노 발해성 한·러공동 발굴보고서』, 동북아역사재단.
- 동북아역사재단·러시아과학원 극동분소 역사고고민족학연구소(2011), 『2009년도 연해주 크라스키노 발해성 한·러공동 발굴보고서 Ⅰ, Ⅱ』, 동북아역사재단.
- 동북아역사재단·러시아과학원 극동분소 역사고고민족학연구소(2011), 『2010년도 연해주 크라스키노 발해성 한·러공동 발굴보고서』, 동북아역사재단.
- 동북아역사재단, 러시아과학원 극동지소 역사학고고학민족학연구소(2012), 『2011년도 연해주 크라스키노 발해성 한·러 공동 발굴보고서』, 동북아역사재단.
- 동북아역사재단·러시아과학원 극동 역사고고민족학연구소·극동연방대학교(2013), 『연해주 크라스키노 발해성 2012년도 발굴조사』, 동북아역사재단.
- 동북아역사재단·러시아과학원 극동지소 역사학고고학민족학연구소(2014), 『연해주 크라스키노 발해성 2013년도 발굴조사』, 동북아역사재단.
- 동북아역사재단·러시아과학원 극동지소 역사학고고학민족학연구소(2015), 『연해주 크라스키노 발해성 2014년도 발굴조사』, 동북아역사재단.
- 동북아역사재단·러시아과학원 극동지소 역사학고고학민족학연구소(2018), 『연해주 크라스키노 발해성 2015년도 발굴조사』, 동북아역사재단.
- 동북아역사재단·러시아과학원 극동지소 역사학고고학민족학연구소(2019), 『연해주 크라스키노 발해성 2017년도 발굴조사』, 동북아역사재단.
- 동북아역사재단·러시아과학원 극동지소 역사학고고학민족학연구소(2019), 『연해주 크라스키노 발해성 2018년도 발굴조사』, 동북아역사재단.
- 문명대·이남석·V.I.Boldin 외(2004), 『러시아 연해주 크라스키노 발해 사원지 발굴보고서』, 고구려연구재단.
- 정석배(2015), 「발해의 가마(窯)에 대한 일고찰」, 『선사와 고대』 43.
- 정석배(2017), 「크라스키노성에서 출토된 농기구, 어구, 사냥도구, 수레 부속품 유물」, 『발해 염주성 이야기』, (김은국 외 지음), 청아출판사.
- 정석배(2017), 「염주성을 통한 발해의 대외 교류와 교역」, 『발해 염주성 이야기』, (김은국 외 지음), 청아출판사.
- 정석배(2019), 「크라스키노 성의 유구 배치와 구획 문제」, 『발해문화 속의 크라스키노 성 국제학술회의』, 동북아역사재단.
- 정석배(2020), 「크라스키노 성 출토 발해와당의 종류와 상대편년 문제」, 『고구려·발해·북방사 연구의 새로운 모색』, 제74회 고구려발해학회 국내 학술대회(제1회 전국 고구려발해학 대회).
- 웨.웨.샤브꾸노프 엮음 / 송기호·정석배 옮김(1996), 『러시아 연해주와 발해 역사』, 민음사

- 겔만 E.I., 이블리예프 A.L.(2017), 「크라스키노 성의 축성」, 『발해 염주성 이야기』, 청아출판사.
- E.I.겔만 / 정석배 역(2010), 「러시아 연해주 발해유적 발굴의 현황과 의의」, 『高句麗渤海研究』 第38輯, 高句麗渤海學會.
- 겔만 E.I. / 정석배 옮김(2019), 「크라스키노 성의 층위, 편년, 그리고 시기구분」, 『발해문화 속의 크라스키노 성 국제학술회의』 발표논문집, 동북아역사재단
- 『발해: 역사와 고고학』- 염주성 고고학조사 시작 30주년 기념 국제학술회의 발표문(노문), 블라디보스토크, 2010.
- 田村晃一 編(2005), 『東アジアの都城と渤海』, 東京 : 東洋文庫
- 田村晃一(2011), 『クラスキノ』, 渤海文化研究中心
- 中澤寛将(2012), 『北東アジア中世考古学の研究 - 靺鞨·渤海·女真-』, 六一書房
- クラスキノ土城発掘調査団(2002), 「2001年度ロシア·クラスキノ土城発掘調査概要報告」, 『青山史学』 20
- クラスキノ土城発掘調査団(2003), 「2002年度ロシア·クラスキノ土城発掘調査概要報告」, 『青山史学』 21
- クラスキノ土城発掘調査団(2004), 「2003年度ロシア·クラスキノ土城発掘調査概要報告」, 『青山史学』 22
- クラスキノ土城発掘調査団(2005), 「2004年度ロシア·クラスキノ土城発掘調査概要報告」, 『青山史学』 23
- クラスキノ土城発掘調査団(2006), 「2005年度ロシア·クラスキノ土城発掘調査概要報告」, 『青山史学』 24
- クラスキノ土城発掘調査団(2008), 「2007年度ロシア·クラスキノ土城発掘調査概要報告」, 『青山史学』 26
- クラスキノ土城発掘調査団(2009), 「2008年度ロシア·クラスキノ土城発掘調査概要報告」, 『青山史学』 27
- クラスキノ土城発掘調査団(2010), 「2009年度ロシア·クラスキノ土城発掘調査概要報告」, 『青山史学』 28
- クラスキノ土城発掘調査団(2011), 「2010年度ロシア·クラスキノ土城発掘調査概要報告」, 『青山史学』 29
- クラスキノ土城発掘調査団(2012), 「2011年度ロシア·クラスキノ土城発掘調査概要報告」, 『青山史学』 30
- Андреев Г.И., Андреева Ж.В. Отчет об археологических исследованиях Прибрежного отряда Дальневосточной экспедиции в Лазовском, Ольгинском и Хасанском районах Приморского края в 1958 г. // Архив ИА РАН. – Р-1, №1777. – 46 л.; Альбом к отчету 27 л., 97 илл.(안드레예프 G.I., 안드레예바 J.V.. 『1958년도 연해주 라조지구, 올가지구, 하산지구에서의 극동조사단 해안 팀의 고고학조사보고서』. 러시아과학원 고고학연구소 문서보관소. P-1, No.1777. 46쪽; 보고서 앨범 27쪽, 97개 도면.)
- Археологические исследования Российско-корейской археологической экспедиции на Краскинском городище в Российском Приморье в 2011 году / Гельман Е.И., Асташенкова Е.В., Болдин В.И., Ивлиев А.Л., Пискарева Я.Е., Ким Ын-Гук, Чжун Сук-Бэ. Фонд изучения истории Северо-Восточной Азии, ИИАЭ ДВО РАН. Сеул, 2012. (김은국, 겔만 E.I., 정석배, 아스따쉔꼬바 E.V., 볼딘 V.I., 이블리예프 A.L., 삐스까료바 Ya.E., 2012, 『2011년도 연해주 크라스키노 발해성 한·러 공동 발굴보고서』, 대한민국 동북아역사재단, 러시아과학원 극동지소 역사학고고학민족학연구소.)
- Археологические исследования Российско-корейской археологической экспедиции на Краскинском городище в Российском Приморье в 2012 году / Гельман Е.И., Ким Ын-Гук, Чжун Сук-Бэ, Асташенкова Е.В., Пискарева Я.Е., Ким Ынок, Болдин В.И. Сеул: Фонд изучения истории Северо-Восточной Азии, ИИАЭ ДВО РАН, 2013. (김은국, 겔만 E.I., 정석배, 김은옥, 아스따쉔꼬바 E.V., 삐스까료바 Ya.E., 볼딘 V.I., 2013, 『연해주 크라스키노 발해성 2012년

도 발굴조사』, 동북아역사재단, 러시아과학원 극동지소 역사학고고학민족학연구소, 극동연방대학교.)

• Археологические исследования Российско-корейской археологической экспедиции на Краскинском городище в Российском Приморье в 2013 году / Гельман Е.И., Ким Ын-Гук, Чжун Сук-Бэ, Ким Ын-Ок, Асташенкова Е.В., Пискарева Я.Е. Сеул: Фонд изучения истории Северо-Восточной Азии, ИИАЭ ДВО РАН. 2014. (김은국, 겔만 E.I., 정석배, 김은옥, 아스따쉔꼬바 E.V., 삐스까료바 Ya.E., 2014, 『연해주 크라스키노 발해성 2013년도 발굴조사』, 동북아역사재단, 러시아과학원 극동지소 역사학고고학민족학연구소.)

• Археологические исследования Российско-корейской археологической экспедиции на Краскинском городище в Российском Приморье в 2014 году / Гельман Е.И., Ким Ын-Гук, Чжун Сук-Бэ, Ким Ын-Ок, Асташенкова Е.В., Пискарева Я.Е., Т.1, 2. Сеул: Фонд изучения истории Северо-Восточной Азии, ИИАЭ ДВО РАН, 2015. (김은국, 겔만 E.I., 정석배, 아스따쉔꼬바 E.V., 삐스까료바 Ya.E., 김은옥, 2015, 『연해주 크라스키노 발해성 2014년도 발굴조사 1, 2』, 동북아역사재단, 러시아과학원 극동지소 역사학고고학민족학연구소.)

• Археологические исследования Российско-корейской археологической экспедиции на Краскинском городище в Российском Приморье в 2015 году / Гельман Е.И., Асташенкова Е.В., Пискарева Я.Е, Санафеев А.Ю., Ким Ын-Гук, Чжун Сук-Бэ. Сеул: Фонд изучения истории Северо-Восточной Азии, ИИАЭ ДВО РАН. 2018. (김은국, 겔만 E.I., 정석배, 아스따쉔꼬바 E.V., 삐스까료바 Ya.E., 사나페예프 A.Yu., 2018, 『연해주 크라스키노 발해성 2015년도 발굴조사』, 동북아역사재단, 러시아과학원 극동지소 역사학고고학민족학연구소.)

• Архимандрит Палладий Кафаров. Пребывание во Владивостоке и посещение южноуссурийских портов в 1871 году. Архив Русского географического общества. Разряд 60, опись 1, No.11. Л. 8. (아르히만드리트 빨라디이 까파로프, 『1871년도의 블라디보스톡 방문과 유즈노우쑤리스크 항만들 방문』, 러시아지질학협회 문서보관소, 라즈랴드 60, 오삐시 1, No.11. 리스트 8.)

• Асташенкова Е.В., Болдин В.И. Декор концевых дисков Краскинского городища // Россия и АТР. – Владивосток, 2004. – No.1. – С. 122 –129. (아스따쉔꼬바 E.V., 볼딘 V.I., 「크라스키노 성의 와당 장식」, 『 러시아와 아시아태평양지역』, 블라디보스톡, 2004. No.1, 122~129쪽.)

• Бессонова Е.А., Ивлиев А.Л. Результаты применения магниторазведки для решения археологических задач на Краскинском городище // Вестник ДВО РАН. 2007. - No.5. - С. 92-101. (베스소노바 E.A., 이블리예프 A.L. 「크라스키노성에서의 고고학 과제 해결을 위한 자기탐사의 결과들」, 『러시아과학원 극동지소 베스뜨니끄』, 2007, No.5, 92~101쪽.)

• Болдин В.И. О результатах полевых исследований на городищах Краскинское и Синельниково 1 в Приморском крае в 1999 году // Архив ИИАЭН ДВО РАН. Ф.1, оп.2, №427. (볼딘 V.I. 『1999년 연해주 크라스키노 성터 및 씨넬니꼬보 1 성터 야외조사 결과에 대하여』, 러시아과학원 극동지소 극동제민족 역사학고고학민족학연구소 문서보관소, 폰드 1, 오삐시 2, No.427.)

• Болдин В.И. О результатах полевых исследований на Краскинском городище в Приморском крае в 1994 году // Архив ИИАЭН ДВО РАН. Ф.1, оп.2, №385. (볼딘 V.I. 『1994년 연해주 크라스키노 성터 야외조사 결과에 대하여』, 러시아과학원 극동지소 극동제민족 역사학고고학민족학연구소 문서보관소, 폰드 1, 오삐시 2, No.385.)

- Болдин В.И. О результатах полевых исследований на Краскинском городище в Приморском крае в 1995 году // Архив ИИАЭН ДВО РАН. Ф.1, оп.2, №391. (볼딘 V.I.『1995년 연해주 크라스키노 성터 야외조사 결과에 대하여』, 러시아과학원 극동지소 극동제민족 역사학고고학민족학연구소 문서보관소, 폰드 1, 오삐시 2, No.391.)
- Болдин В.И. О результатах полевых исследований на Краскинском городище в Приморском крае в 1996 году // Архив ИИАЭН ДВО РАН. Ф.1, оп.2, №399. (볼딘 V.I.『1996년 연해주 크라스키노 성터 야외조사 결과에 대하여』, 러시아과학원 극동지소 극동제민족 역사학고고학민족학연구소 문서보관소, 폰드 1, 오삐시 2, No.399.)
- Болдин В.И. О результатах полевых исследований на Краскинском городище и городище Синельниково 1 в Приморье в 1998 году // Архив ИИАЭН ДВО РАН. Ф.1, оп.2, №418. (볼딘 V.I.『1998년 연해주 크라스키노 성터 및 씨넬니꼬보 1 성터 야외조사 결과에 대하여』, 러시아과학원 극동지소 극동제민족 역사학고고학민족학연구소 문서보관소, 폰드 1, 오삐시 2, No.418.)
- Болдин В.И. О результатах полевых исследований на Краскинском городище, городище Синельниково 1 и в Анучинском районе Приморского края в 1997 году // Архив ИИАЭН ДВО РАН. Ф.1, оп.2, №407. (볼딘 V.I.『1997년 연해주 크라스키노 성터, 씨넬니꼬보 1 성터, 아누치노 구역의 야외조사 결과에 대하여』, 러시아과학원 극동지소 극동제민족 역사학고고학민족학연구소 문서보관소, 폰드 1, 오삐시 2, No.407.)
- Болдин В.И. О результатах полевых исследований на Краскинском и Новогордеевском городище в Приморском крае в 2000 году // Архив ИИАЭН ДВО РАН. Ф.1, оп.2, №437. (볼딘 V.I.『2000년 연해주 크라스키노 성터 및 노보가르제예브까 성터 야외조사 결과에 대하여』, 러시아과학원 극동지소 극동제민족 역사학고고학민족학연구소 문서보관소, 폰드 1, 오삐시 2, No.437.)
- Болдин В.И. Отчет о результатах полевых исследований на Краскинском городище в Приморском крае в 2002 году // Архив ИИАЭН ДВО РАН. Ф.1, оп.2, №531. (볼딘 V.I.『2002년 연해주 크라스키노 성터 야외조사 결과에 대하여』, 러시아과학원 극동지소 극동제민족 역사학고고학민족학연구소 문서보관소, 폰드 1, 오삐시 2, No.531.)
- Болдин В.И. Отчет об археологических исследованиях на Краскинском городище в Приморском крае в 1980 году // Архив ИА РАН. Р-1, №7775. (볼딘 V.I.『1980년 연해주 크라스키노 성터 고고학조사 보고서』, 러시아과학원 고고학연구소 문서보관소, P-1, No.7775.)
- Болдин В.И. Отчет об археологических исследованиях на Краскинском городище в Приморском крае в 1981 году // Архив Института истории, археологии и этнографии народов Дальнего Востока ДВО РАН (в дальнейшем: ИИАЭН ДВО РАН). Ф.1, оп.2, №171. (볼딘 V.I.『1981년 연해주 크라스키노 성터 고고학조사 보고서』, 러시아과학원 극동지소 극동제민족 역사학고고학민족학연구소 문서보관소, 폰드 1, 오삐시 2, No.171.)
- Болдин В.И. Отчет об археологических исследованиях на Краскинском городище в Приморском крае в 1983 году // Архив ИА РАН. Р-1, №9822. (볼딘 V.I.『1983년 연해주 크라스키노 성터 고고학조사 보고서』, 러시아과학원 고고학연구소 문서보관소. P-1, No.9822.)
- Болдин В.И. Отчет об археологических исследованиях на Краскинском городище в Приморском крае в 1990 году // Архив ИИАЭН ДВО РАН. Ф.1, оп.2, №361. (볼딘 V.I.『1990년 연해주 크라스키노 성터 고고학조사 보고서』, 러시아과학원 극동지소 극동제민족 역사학고고학민족학연구소 문서보관소, 폰드 1, 오삐시 2, No.361.)

• Болдин В.И. Результаты полевых исследованийна Краскинском городище в Приморье в 2001 году // Архив ИИАЭН ДВО РАН. Ф.1, оп.2, №615. (볼딘 V.I. 『2001년 연해주 크라스키노 성의 야외조사 결과들』, 러시아과학원 극동지소 극동제민족 역사학고고학민족학연구소 문서보관소, 폰드 1, 오뻬시 2, No.615.)

• Болдин В.И. Результаты полевых исследованийна Краскинском городище в Приморье в 2003 году // Архив ИИАЭН ДВО РАН. Ф.1, оп.2, №546. (볼딘 V.I. 『2003년 연해주 크라스키노 성의 야외조사 결과들』, 러시아과학원 극동지소 극동제민족 역사학고고학민족학연구소 문서보관소, 폰드 1, 오뻬시 2, No.546.)

• Болдин В.И. Результаты полевых исследованийна Краскинском городище в Приморье в 2005 году // Архив ИИАЭН ДВО РАН. Ф. 1, оп 2, No.505. (볼딘 V.I. 『2005년 연해주 크라스키노 성의 야외조사 결과들』, 러시아과학원 극동지소 극동제민족 역사학고고학민족학연구소 문서보관소, 폰드 1, 오뻬시 2, No.505.)

• Болдин В.И. Результаты полевых исследованийна Краскинском городище в Приморье в 2006 году // Архив ИИАЭН ДВО РАН. Ф. 1, оп 2, No.602. (볼딘 V.I. 『2006년 연해주 크라스키노 성의 야외조사 결과들』, 러시아과학원 극동지소 극동제민족 역사학고고학민족학연구소 문서보관소, 폰드 1, 오뻬시 2, No.615.)

• Болдин В.И. Результаты полевых исследованийна Краскинском городище в Приморье в 2007 году // Архив ИИАЭН ДВО РАН. Ф. 1, оп 2, No.615. (볼딘 V.I. 『2007년 연해주 크라스키노 성의 야외조사 결과들』, 러시아과학원 극동분소 역사고고민족학연구소 문서보관소. 폰드 1. 오뻬시 2. No.615.)

• Болдин В.И., 2003, 「Черепичные печи Краскинского городища」, 『Проблемы археологии и палеоэкологии Северной, Восточной и Центральной Азии』, Новосибирск. (볼딘 V.I., 2003, 「크라스키노 성의 기와 가마들」, 『북, 동, 중부 아시아의 고고학과 고생태학의 문제들』, 노보시비르스크.)

• Болдин В.И., Гельман Е.И., Ивлиев А.Л., Лещенко Н.В. Отчет об археологических исследованиях на Краскинском городище Приморского края в 2007г. – Сеул: Фонд изучения истории Северо-ВосточнойАзии, Институт истории, археологи и и этнографии народов Дальнего Востока ДВО РАН, 2008. (볼딘 V.I., 겔만 E.I., 이블리예프 A.L., 레쉔꼬 N.V., (동북아역사재단), 『2007 러시아 연해주 크라스키노 발해성 발굴보고서』, 동북아역사재단, 러시아과학원 극동분소 역사고고민족학연구소, 2008.)

• Болдин В.И., Гельман Е.И., Ивлиев А.Л., Никитин Ю.Г. Интеграция на Краскинском городище: 4 года исследований // Вестник ДВО РАН, 2001, No.3.-С. 74-91. (볼딘 V.I., 겔만 E.I., 이블리예프 A.L., 니끼친 Yu.G., 「크라스키노 성에서의 통섭: 발굴조사 4주년」, 『러시아과학원 극동지소 소식지』, 2001, No.3, 74~91쪽.)

• Болдин В.И., Ивлиев А.Л., 1984, 「Черепичное производство в Бохае (по материалам Краскинского городища)」, 『Археология юга Сибири и Дальнего Востока』, Новосибирск. (볼딘 V.I., 이블리예프 A.L., 1984, 「발해의 기와생산(크라스키노 성 자료를 통해)」, 『시베리아 남부와 극동의 고고학』, 노보시비르스크.)

• Болдин В.И., Ивлиев А.Л., Лещенко Н.В. и др. Отчет об археологических исследованиях на Краскинском городище в 2006 г. Сеул: Фонд изучения Северо-Восточной Азии, Институт истории, археологии и этнографии народов Дальнего Востока ДВО РАН, 2007. (볼딘 V.I., 이블리예프 A.L., 레쉔꼬 N.V. 외, (동북아역사재단), 『2006 러시아 연해주 크라스키노 성 발굴보고서』, 대한민국 동북아역사재단, 러시아 극동지소 역사고고민족학연구소, 2008.)

• БолдинВ.И. Результаты археологических исследованийна Краскинском городище в Приморье в 2004 году // Архив

ИИАЭН ДВО РАН. Ф.1, оп.2, №564. (볼딘 V.I. 『2004년도 연해주 크라스키노 성터 고고학조사 결과들』, 러시아과학원 극동지소 극동제민족 역사학고고학민족학연구소 문서보관소, 폰드 1, 오뻬시 2, No.564.)

• Бохай: история и археология (в ознаменование 30-летия с начала археологических раскопок на Краскинском городище). Тез. межд. научн. конф. 4-9 сентября 2010 г. – Владивосток, 2010. – 101 с. (『발해: 역사와 고고학』. 크라스키노 성 고고학조사 시작 30주년 기념. 국제학술회의 발표요지문. 블라디보스톡, 2010. 101쪽.)

• Винокурова М.А., Омелько В.Е., Гасилин В.В., Гельман Е.И. Млекопитающие (Mammalia) Краскинского городища (Бохай, VIII-X вв.), Приморский край // Териофауна России и сопредельных территорий: международное совещание (X съезд Териологического общества при РАН). Москва, 2016. С. 72. (비노꾸로바 M.A., 오멜꼬 V.E., 가실린 V.V., 겔만 E.I., 「크라스키노성의 포유류 동물들(발해, 8~10세기), 연해주」, 『러시아와 주변 지역의 포유류 동물들: 국제학술회의 (러시아과학원 포유류학협회 제10차 학술대회』, 모스크바, 2016, 72쪽.)

• Гельман Е.И. Археологические исследования на Краскинском городище в 2010 году // Архив ИИАЭН ДВО РАН. Ф. 1, оп 2, №670. (겔만 E.I. 『2010년도 크라스키노 성터 고고학 조사』, 러시아과학원 극동지소 역사학고고학민족학연구소 문서보관소, 폰드 1, 오뻬시 2, No.670.)

• Гельман Е.И. Археологические исследования на Краскинском городище в 2011 году // Архив ИИАЭН ДВО РАН. Ф. 1, оп 2, №690. (겔만 E.I. 『2011년도 크라스키노 성터 고고학 조사』, 러시아과학원 극동지소 역사학고고학민족학연구소 문서보관소, 폰드 1, 오뻬시 2, No.690.)

• Гельман Е.И. Археологические исследования на Краскинском городище в 2012 году. Т. I-III. // Архив ИИАЭН ДВО РАН. Ф. 1, оп 2, №713. (겔만 E.I. 『2012년도 크라스키노 성터 고고학 조사』, 권 I-III, 러시아과학원 극동지소 역사학고고학민족학연구소 문서보관소, 폰드 1, 오뻬시 2, No.715.)

• Гельман Е.И. Археологические исследования на Краскинском городище в 2013 году. // Архив ИИАЭН ДВО РАН. Ф. 1, оп 2, №743. (겔만 E.I. 『2013년도 크라스키노 성터 고고학 조사』, 러시아과학원 극동지소 역사학고고학민족학연구소 문서보관소, 폰드 1, 오뻬시 2, No.743.)

• Гельман Е.И. Археологические исследования на Краскинском городище в 2014 году. // Архив ИИАЭ ДВО РАН. Ф. 1, оп 2, №744. Т. I-IV. (겔만 E.I. 『2013년도 크라스키노 성터 고고학 조사』, 러시아과학원 극동지소 역사학고고학민족학연구소 문서보관소, 폰드 1, 오뻬시 2, No.743. 권 I-IV.)

• Гельман Е.И. Археологические исследования на Краскинском городище в 2017 году. Архив ИИАЭ ДВО РАН. Ф. 1, оп.2, д. 867. Т. I-IV. 2018. – Т.I, 190 л.; Т. II, 168 л.; Т. III, 168 л. (겔만 E.I. 『2017년도 크라스키노 성터 고고학 조사』, 러시아과학원 극동지소 역사학고고학민족학연구소 문서보관소, 폰드 1, 오뻬시 2, 젤로 867, 권 1-4, 2018, 권 1, 190쪽; 권 2, 168쪽; 권 3, 168쪽.)

• Гельман Е.И. Археологические исследования на Краскинском городище в Хасанском районе Приморского края в 2015 году. Т.1-4. // Архив ИИАЭ ДВО РАН, Р-1, д. №840. (겔만 E.I. 『2015년도 연해주 하산지구 크라스키노 성터 고고학 조사』 권 1-4, 러시아과학원 극동지소 역사학고고학민족학연구소 문서보관소, 에르(P)-1, 젤로 No.840)

• Гельман Е.И. Археологические исследования на Краскинском городище в Хасанском районе Приморского края в 2016 году. // Архив ИИАЭ ДВО РАН, Р-1, д. №841. 302 л. (겔만 E.I. 『2016년도 연해주 하산지구 크라스키노 성터 고고

학 조사』, 러시아과학원 극동지소 역사학고고학민족학연구소 문서보관소, 에르(P)-1, 젤로 No.841, 302쪽)

- Гельман Е.И. Бохайский город в российской истории: от архимандрита Палладия до наших дней // Ойкумена. Регионоведческие исследования. 2018. No.1 (44). С. 60-72. (겔만 E.I.,「러시아 역사에서 발해의 도시: 승원관장 빨라디이부터 현재까지」,『인류서식지. 지역학연구』, 2018, No.1 (44), 60~72쪽.)
- Гельман Е.И. Отчет об археологических исследованиях на Краскинском городище в Хасанском районе Приморского края в 2008 году // Архив ИИАЭН ДВО РАН. Ф. 1, оп 2, №632. (겔만 E.I.『2008년 연해주 하산지구 크라스키노 성터 고고학조사 보고서』, 러시아과학원 극동지소 역사학고고학민족학연구소 문서보관소, 폰드 1, 오삐시 2, No.632.)
- Гельман Е.И. Отчет об археологических исследованиях на Краскинском городище в Хасанском районе Приморского края в 2009 году // Архив ИИАЭН ДВО РАН. Ф. 1, оп 2, №653. (겔만 E.I.『2009년 연해주 하산지구 크라스키노 성터 고고학조사 보고서』, 러시아과학원 극동지소 역사학고고학민족학연구소 문서보관소, 폰드 1, 오삐시 2, No.653)
- Гельман Е.И., Асташенкова Е.В., Буравлев И.Ю. Бронзолитейное производство в Бохае (по данным археологических исследований Краскинского городища) // Мультидисциплинарные исследования в археологии. Вып. 3. Ремесла и промыслы. Владивосток: ИИАЭ ДВО РАН, 2017. С.141 – 179. (겔만 E.I., 아스따쉔꼬바 E.V., 부라블레프 I.Yu.,「발해의 청동생산(크라스키노 성 고고학조사 자료를 통해)」,『고고학에서의 융합연구』, 제3권, 수공업과 산업. 블라디보스톡: 러시아과학원 극동지소 역사학고고학민족학연구소, 2017, 141~179쪽.)
- Гельман Е.И., Асташенкова Е.В., Пискарева Я.Е., Бессонова Е.А., Зверев С.А. Мультдисциплинарные исследования бохайской группы погребений в окрестностях Краскинского городища // Археология, этнография и антропология Евразии. 2016. No.4. – С. 94-101. (겔만 E.I., 아스따쉔꼬바 E.V., 삐스까료바 Ya.E., 베스소노바 E.A., 즈베레프 S.A.,「크라스키노 성 부근 발해 고분그룹의 융합적 조사」,『유라시아의 고고학, 민족학, 인류학』, 2016, No.4, 94~101쪽.)
- Гельман Е.И., Болдин В.И., Ивлиев А.Л. Раскопки колодца Краскинского городища // История и археология Дальнего Востока. К 70-летию Э.В. Шавкунова. Владивосток: Изд-во Дальневосточного университета, 2000. С.153-165. (겔만 E.I., 볼딘 V.I., 이블리예프 A.L.,「크라스키노 성의 우물 발굴조사」,『극동의 역사학과 고고학. E.A.샤브꾸노프 70주년 기념』, 블라디보스톡: 극동대학교 출판부, 2000, 153~165쪽.)
- Краскинское городище – характер и функциональное назначение. – Токио: Университет Аояма гаккуин, Институт истории, археологии и этнографии народов Дальнего Востока ДВО РАН, 2013. Яп. и англ. яз.; Ворота и дверные замки с ключами на древних и средневековых городищах в Восточной Азии. Мат-лы XII российско-японской конф-ции, Аояма гаккуин, Токио. Токио, 2017. Яп. и русс. яз. (크라스키노 성 - 성격과 기능. -도쿄" 아오야마 학원대학, 러시아과학원 극동지소 역사학고고학민족학연구소, 2013. 일본어와 영어; 동아시아 중세 성들의 성문과 열쇠가 딸린 자물쇠들. 제12차 러-일 학술회의 자료집, 아오야마 학원대학, 도쿄, 2017. 일본어와 러시아어)
- Лещенко Н.В., Раков В.А., Болдин В.И., 2002, Морское собирательство и рыболовство (по метериалам археологических исследований Краскинского городища) // Россия и АТР, No.1. (레쉔꼬 N.V., 라꼬프 V.A., 볼딘 V.I., 2002,「바다 채집과 어로(크라스키노 성 고고학 조사 자료를 통해)」,『러시아와 아시아-태평양지역』, No.1.)
- Омелько В.Е., Винокурова М.А. Анализ костей животных Краскинского городища (по результатам исследований в 2009 г.) // Археологические исследования на Краскинском городище в Приморском крае России в 2013 году. Сеул:

Фонд изучения истории Северо-восточной Азии, 2014. C. 73 – 78. (오멜꼬 V.E., 비노꾸로바 M.A.,「크라스키노 성의 동물 뼈 분석(2009년도 조사 결과를 통해)」,『연해주 크라스키노 발해성 2013년도 발굴조사』, 동북아역사재단 · 러시아과학원 극동지소 역사학고고학민족학연구소, 2014, 73~78쪽.)

• Отчет об археологических исследованиях на Краскинском городище Приморского края Росии в 2005. Сеул, 2006. (고구려연구재단,『2005년도 러시아 연해주 크라스키노성 발굴보고서』, 대한민국 고구려연구재단, 러시아 극동 역사고고민족학연구소, 2006.)

• Панасенко В.Е. Анализ костей животных Краскинского городища (по результатам исследований в 2012 году) // Археологические исследования на Краскинском городище в Приморском крае России в 2012 году. Сеул: Фонд изучения истории Северо-восточной Азии, 2013. C. 213 – 215. (빠나센꼬 V.E.,「크라스키노 성 동물 뼈 분석(2012년도 조사 결과를 통해)」,『연해주 크라스키노 발해성 2012년도 발굴조사』, 동북아역사재단, 러시아과학원 극동지소 역사학고고학민족학연구소, 극동연방대학교, 2013, 213~215쪽.)

• Съедин В.Т., Бессонова Е.А., Гельман Е.И., Зверев С.А., Коптеп М.А., Ноздрачев Е.А. Минеральное сырье Краскинского городища (Приморский край) // Вестник Дальневосточного отделения Российской Академии наук, No.1(167). 2013. -C. 131-140. (스예딘 V.T., 베스소노바 E.A., 겔만 E.I., 즈베레프 S.A., 꼬쁘떼쁘 M.A., 노즈드라체프 E.A.「(연해주) 크라스키노 성의 광물」,『러시아과학원 극동지소 베스뜨니끄』, No.1(167). 2013. 131~140쪽.)

• Шавкунов Э.В. Бохайское городище близ пос. Краскино в Приморье // Записки Приморского филиала Географического Общества СССР. Т.25. 1966. С.141-144. (샤브꾸노프 E.V.「연해주 크라스키노 마을 부근의 발해성터」,『소련 지질학협회 연해주지부의 메모』. 권 25. 1966. 141~144쪽.)

• Шавкунов Э.В. Бохайское городище близ пос. Краскино в Приморье // Записки Приморского филиала Географического Общества СССР. Т.25. 1966. С.141-144. (샤브꾸노프 E.V.,「연해주 크라스키노 마을 부근의 발해성」,『소비에트 지리학협회 연해주 지부 메모』, 권 25, 1966, 141~144쪽.)

크라스키노 발해성 - 발굴 40년의 성과 -
Kraskino Balhae Fortress : 40 Years of Excavation Accomplishments

초판 1쇄 인쇄 2021년 2월 1일
초판 1쇄 발행 2021년 2월 15일

지은이 김은국 · 정석배
펴낸이 이영호
펴낸곳 동북아역사재단

등 록 제312-2004-050호(2004년 10월 18일)
주 소 서울시 서대문구 통일로 81, NH농협생명빌딩
전 화 02-2012-6065
팩 스 02-2012-6189
홈페이지 www.nahf.or.kr
제작·인쇄 청아출판사

ISBN 978-89-6187-614-8 93910